산림법강의

이 규 태

Forest Law

法 文 社

머 리 말

우리 국토의 63% 이상이 산림이고, 이를 직접적으로 규율하는 개별법만도 20여 개가 넘는 현실을 감안할 때, 아직까지 이를 일관된 관점에서 체계적으로 설명하는 산림법에 관한 기본서가 없었다는 것은 다소 의아스러운 일이다. 이것은 특히 산림정책을 효과적으로 수립・집행하고 현실에 부응하는 새로운 대안을 제시하기 위해서는 산림법에 대한 올바른 이해가 필요하다는 현실적인 측면에서 보면 더욱 안타까운 사실이기도 하다. 법은 정책의 또 다른 모습이기 때문이다. 이런 점에서 산림법에 관한 첫 기본서가 될 「산림법강의」를 쓰는 내내 저자는 무거운 부담감과 책임감을 함께 견뎌내야 했음을 고백하지 않을 수 없다.

「산림법강의」는 산림법이 가진 특성과 원칙을 새로 규명하고, 이에 기반하여 산림법 전체를 일관된 관점에 따라 해설한 기본서이다. 이 책에는 산림법의 법원(法源)인 주요 법률이 시행령 및 시행규칙을 포함하여 설명되어 있을 뿐만 아니라 현행 법률에 담긴 산림정책을 확장된 산림정책적 관점에 따라 재검토한 입법론적 대안까지 제시되어 있다. 또한 산림법 해석에 필요한 범위 내에서는 국토, 농업 및 환경 분야 등의 법률까지 광범위하게 비교하여 해설함으로써 산림법을 보다 객관적으로 넓게 이해할 수 있도록 하였다.

사실 이 책에는 산림법의 분법화 과정과 「산림기본법」을 중심으로 한 새로운 산림정책의 틀을 만드는 일에 직접 참여했던 저자의 공적 경험이 여러 곳에 숨겨져 있다. 1992년 「산림원칙성명」을 읽고 산림분야에 종사하겠다는 결심을 한 이래 25년 동안 산림분야에 근무하면서 선・후배 및 동료들과 함께 꾸었던 꿈의 흔적들이 행간(行間) 속에 담겨 있는 것이다. 세상의 일 가운데 혼자 할 수 있는 일은 없다고 믿는다. 따라서 이 책은 산림법에 대한 기본서일 뿐만 아니라 그들의 꿈과 열정에 대한 증인으로서 저자가 진술하는 증언이기도 하다.

결코 일일이 열거할 수 없을 정도로 많은 이들의 격려와 기도가 이 책에 담겨 있다. 그 하나하나 모여 한 줄이 되고 장과 절을 이루었다. 만일 그들의 응원이 없었다면 이 책은 결코 빛을 보지 못했을 것이다. 그럼에도 불구하고 법문사의 대표님과 김용석, 권혁기님에게는 특별한 감사를 전하고 싶다. 함께 책을 만들고 출판하는 놀라운 기쁨을 나눌 수 있었기 때문이다. 많은 주의를 기울였음에도 불구하고 혹 실수가 있다면 그것은 온전히 저자의 몫일 것이다. 다만 독자들의 넓은 이해를 구할 뿐이다.

2021년 8월

이 규 태

차　　례

제1장 법 일반론

제 1 절　법이란 무엇인가 ······ 3

Ⅰ. 법의 본질 ······ 3

[1] 법의 정의 ······ 3

1. 법에 대한 첫 질문 3　　2. 법의 개념 1
3. 법규범의 분류 2　　4. 법의 기능 3

[2] 법과 도덕·관습 및 종교 ······ 5

1. 법과 도덕 5　　2. 법과 관습 6
3. 법과 종교 8

Ⅱ. 법의 정당성에 대한 논쟁 ······ 9

[1] 자연법 논쟁 ······ 9

1. 논쟁의 의의 9　　2. 자연법과 실정법 10
3. 자연법과 실정법의 관계 12

[2] 법과 정의 ······ 13

1. 정의란 무엇인가 13　　2. 정의에 대한 논쟁 14
3. 법과 정의의 관계 15

[3] 부정의한 법과 불복종의 문제 ······ 17

1. 부정의한 법에 대한 준수 여부 17
2. 저항권 및 시민불복종에 대한 논쟁 17

Ⅲ. 법치주의 ······ 19

[1] 법치주의의 의의 ······ 19

1. 개　　념 19　　2. 헌법상의 법치주의 20

[2] 실질적 법치주의의 중요성 ······ 22

Ⅳ. 법과 정책 ······ 22

[1] 정책의 개념 ······ 22

[2] 법과 정책의 관계 ······ 23

1. 법과 정책의 불가분성 23　　2. 법과 정책의 접점 24

[3] 산림법 해석에 학제적 연구가 필요한 이유 ······ 25

제 2 절 법의 체계와 분류 ········· 27

Ⅰ. 법의 존재형식 ········· 27

[1] 법 원 ········· 27

1. 법원의 개념 27
2. 법원의 분류 27
3. 성문법주의와 불문법주의 28

[2] 성 문 법 ········· 29

1. 헌 법 29
2. 법 률 30
3. 명 령 31
4. 규 칙 35
5. 자치법규 35
6. 조약 및 국제법규 36

[3] 불 문 법 ········· 37

1. 관 습 법 37
2. 판 례 법 38
3. 조 리 39

Ⅱ. 법의 분류 ········· 39

[1] 국내법과 국제법 ········· 39

[2] 공법과 사법 ········· 40

1. 공법과 사법의 구별 40
2. 현대복지국가와 사회법 41

[3] 일반법과 특별법 ········· 42

[4] 그 밖의 분류 ········· 43

1. 실체법과 절차법 43
2. 조직법과 행위법 43
3. 재산법과 가족법 43

제 3 절 헌법개정 및 입법절차 ········· 44

Ⅰ. 헌법개정 ········· 44

[1] 개 념 ········· 44

[2] 헌법개정의 절차 ········· 44

1. 발 의 44
2. 공 고 45
3. 의 결 45
4. 확정 및 공포 45

Ⅱ. 입법절차 ········· 46

[1] 법 률 ········· 46

1. 입법과정 개요 46
2. 법률안의 제안 46
3. 법률안의 심의와 의결 48
4. 법률안의 공포 51

[2] 명 령 ········· 52

1. 대통령령(시행령) 52　　2. 총리령·부령(시행규칙) 52

제 2 장　법해석 일반론

제 1 절　법의 해석 ······ 53

Ⅰ. 법해석의 개념 ······ 53

Ⅱ. 법해석의 방법 ······ 54

[1] 법해석 방법의 분류 ······ 54

[2] 유권해석 ······ 54

1. 입법해석 54　　2. 행정해석 54
3. 사법해석 55

[3] 학리해석 ······ 55

1. 문리해석 55　　2. 논리해석 56

[4] 산림법에의 적용 ······ 58

제 2 절　법해석을 위한 일반개념 ······ 58

Ⅰ. 사법적 법률관계의 기본원칙 ······ 58

[1] 사적자치의 원칙 ······ 58

1. 개　　념 58　　2. 사적자치의 내용 59

[2] 신의성실의 원칙 ······ 61

1. 개　　념 61　　2. 신의성실의 내용 61

[3] 권리남용금지의 원칙 ······ 63

Ⅱ. 법　　인 ······ 64

[1] 법률상 권리의 주체 ······ 64

1. 자연인과 법인 64　　2. 인(人)과 사람 64

[2] 법인의 종류 ······ 65

1. 공법인과 사법인 65　　2. 영리법인과 비영리법인 65
3. 사단법인과 재단법인 66　　4. 일반법인과 특수법인 66

[3] 법인의 설립 ······ 67

1. 법정주의 원칙 67　　2. 법인설립 절차 67

[4] 법인의 능력 ············ 68
1. 권리능력 68
2. 행위능력 및 불법행위능력 69
[5] 법인의 해산 ············ 70
1. 일반적 해산사유 70
2. 사단법인에 특유한 해산사유 70

Ⅲ. 부동산과 동산 ············ 71
[1] 물 건 ············ 71
1. 물건의 개념 71
2. 물건의 분류 71
[2] 부 동 산 ············ 72
1. 토 지 72
2. 토지의 정착물 73
[3] 동 산 ············ 74

Ⅳ. 법률행위와 의사표시 ············ 75
[1] 법률행위 ············ 75
1. 개 념 75
2. 법률행위의 종류 75
[2] 의사표시 ············ 76
1. 개 념 76
2. 의사와 표시의 불일치 76
3. 하자있는 의사표시 78

Ⅴ. 대리제도 ············ 78
[1] 개 념 ············ 78
[2] 대리의 종류 ············ 79
1. 임의대리와 법정대리 79
2. 능동대리와 수동대리 79
3. 유권대리와 무권대리 79
4. 복 대 리 80
[3] 대리의 내용 ············ 80
1. 대 리 권 80
2. 대리행위 81
3. 대리의 효과 81

Ⅵ. 무효와 취소 ············ 82
[1] 무 효 ············ 82
1. 개 념 82
2. 전환 및 추인 82
[2] 취 소 ············ 83
1. 개 념 83
2. 추 인 84
[3] 무효와 취소의 차이 ············ 85

Ⅶ. 조건과 기한 ············ 85
[1] 개 념 ············ 85

[2] 조 건 ········ 85
1. 내 용 85
2. 조건의 종류 86
[3] 기 한 ········ 86
1. 내 용 86
2. 기한의 종류 87
Ⅷ. 기 간 ········ 87
[1] 개 념 ········ 87
[2] 기간의 계산방법 ········ 88
1. 자연적 계산법과 역법적 계산법 88
2. 시 · 분 · 초의 계산 88
3. 일 · 주 · 월 · 년의 계산 88
4. 기간의 역산 89
Ⅸ. 시 효 ········ 90
[1] 개 념 ········ 90
[2] 소멸시효 ········ 90
1. 개 념 90
2. 소멸시효의 효과 91
[3] 취득시효 ········ 92
Ⅹ. 법률용어에 대한 이해 ········ 92
[1] 주의해야 할 법률용어 ········ 92
1. 준 용 92
2. 선의와 악의 93
3. 추정과 간주 93
4. 하여야 한다와 할 수 있다 94
5. 계약의 해제와 해지 94
6. 대항하지 못한다 94
[2] 용어의 정의에 대한 이해 ········ 95
제 3 절 행정법상의 기본개념 ········ 96
Ⅰ. 행정의 이해 ········ 96
[1] 행정의 의의 ········ 96
1. 행정의 개념에 대한 논쟁 96
2. 통치행위 98
3. 실질적 의미의 행정 99
[2] 행정의 분류 ········ 99
1. 주체에 의한 분류 99
2. 내용에 의한 분류 100
3. 목적에 의한 분류 100
4. 법적 효과에 의한 분류 101
Ⅱ. 행정상 법률관계 ········ 101
[1] 개 념 ········ 101
[2] 행정상 법률관계의 종류 ········ 102

1. 행정법관계 102 2. 사법관계 102
[3] 행정법관계의 당사자 ········ 103
1. 행정주체와 상대방 103 2. 행정주체 103
[4] 행정법관계에서의 개인적 공권 ········ 107
1. 개 념 107 2. 개인적 공권과 반사적 이익 107
[5] 행정법관계에 대한 사법규정의 적용 ········ 109

Ⅲ. 행정행위 ········ 109
[1] 개 념 ········ 109
1. 행정행위에 대한 논쟁 109 2. 행정행위와 처분 110
[2] 특성 및 구분 ········ 111
1. 행정행위의 특성 111 2. 행정행위의 구분 111
[3] 행정행위의 효력 ········ 113
1. 행정행위의 특별한 효력 113 2. 내 용 114

Ⅳ. 재량행위와 기속행위 ········ 115
[1] 개 념 ········ 115
[2] 구별의 실익 ········ 116
[3] 구별 기준 ········ 116
1. 법률규정이 명확한 경우 116
2. 요건규정이 공백이거나 일반적 공익규정만을 규정하고 있는 경우 117
3. 법률규정이 불명확한 경우 117

Ⅴ. 법률행위적 행정행위와 준법률행위적 행정행위 ········ 118
[1] 구분의 실익 ········ 118
[2] 법률행위적 행정행위 ········ 118
1. 명령적 행정행위 118 2. 형성적 행정행위 121
[3] 준법률행위적 행정행위 ········ 123
1. 확인행위 123 2. 공증행위 123
3. 통지행위 124 4. 수리행위 124

Ⅵ. 행정행위의 부관 ········ 124
[1] 부관의 의의 ········ 124
1. 개 념 124 2. 종 류 125
[2] 부관의 한계 ········ 126
1. 부관을 붙일 수 있는 행정행위 126

2. 사후부관 127 3. 일반적인 한계 127
[3] 부관의 무효와 행정행위의 효력 ······ 128
Ⅶ. 행정행위의 무효와 취소 ······ 128
[1] 행정행위의 하자 ······ 128
[2] 무효인 행정행위와 취소할 수 있는 행정행위 ······ 129
1. 개 념 129 2. 무효와 취소의 구별기준 129
3. 무효와 취소를 구별하는 실익 130
Ⅷ. 행정계획 ······ 130
[1] 개 념 ······ 130
[2] 행정계획의 내용 ······ 131
1. 종 류 131 2. 법적 성질 132
3. 계획의 절차 133
[3] 산림행정과 행정계획 ······ 133
1. 산림행정의 특성 133 2. 산림법과 산림행정계획 134
3. 산림행정계획에 대한 시사점 134
Ⅸ. 청문제도 ······ 135
[1] 개 념 ······ 135
[2] 청문절차 ······ 136
1. 통 지 136 2. 청문의 실시 137
3. 청문의 종결 139
[3] 청문결과의 반영 ······ 139
Ⅹ. 벌 칙 ······ 139
[1] 행 정 벌 ······ 139
[2] 벌칙적용 시 공무원의 의제 ······ 140
[3] 양벌규정 ······ 141
Ⅺ. 주의해야 할 기본용어 ······ 142
[1] 특별권력관계 ······ 142
[2] 행 정 청 ······ 142
[3] 권한의 위임 및 위탁 ······ 143
[4] 행정지도 ······ 143
[5] 행정쟁송 ······ 144
[6] 행정상 강제집행과 행정상 즉시강제 ······ 144

제 3 장 산림법 개관

제 1 절 산림과 산림정책 ············ 147

Ⅰ. 산림에 대한 이해 ············ 147

[1] 산림과 지속가능한 발전 ············ 147

1. 지속가능한 발전 147
2. 산림, 지속가능한 발전의 토대 149

[2] 우리나라 산림의 현황 ············ 151

1. 우리 산림의 과거 151
2. 산림 현황 152
3. 산림의 가치 154

[3] 산림의 특성 ············ 156

1. 재생가능자원으로서의 산림 156
2. 투자의 장기성과 낮은 수익성 156
3. 공익적 가치와 시장실패 156
4. 복합적 성질을 가진 자산 157

Ⅱ. 산림정책 ············ 158

[1] 개념 및 변화과정 ············ 158

1. 개 념 158
2. 산림정책의 변화과정 159

[2] 시기별 산림정책 ············ 161

1. 치산녹화 이전 시기(1948~1966) 161
2. 치산녹화 시기(1967~1987) 161
3. 지속가능한 산림경영 기반구축 시기(1988~2007) 165
4. 녹색복지국가 구현 시기(2008년 이후) 168

제 2 절 산림법의 이해 ············ 171

Ⅰ. 산림법의 범위 ············ 171

[1] 산림법의 정의 ············ 171

[2] 산림법의 법원 ············ 172

1. 헌 법 172
2. 법 률 172
3. 명령 및 자치법규 174
4. 조약 및 국제법규 174

[3] 헌법과 산림 ············ 175

1. 헌법개정과 산림 175
2. 환경권과 산림 177

Ⅱ. 산림법의 특성과 원칙 ············ 179

[1] 산림법의 특성 ············ 179

1. 공 법 성　179　　2. 전 문 성　179
3. 국 제 성　180　　4. 다 양 성　181

[2] 산림법의 원칙 ······ 181

1. 지속가능성의 원칙　181　　2. 통합성의 원칙　182
3. 형평성의 원칙　182　　4. 협동성의 원칙　183

Ⅲ. 산림법의 체계 ······ 184

[1] 산림법의 분법화 ······ 184

1. 개　　념　184　　2. 추진과정　185

[2] 산림법의 체계 ······ 186

제 4 장　산림기본법

Ⅰ. 총　　론 ······ 189

[1] 개　　요 ······ 189

[2] 법적 지위 및 성격 ······ 190

1. 법적 지위　190　　2. 법적 성격　191

Ⅱ. 총　　칙 ······ 192

[1] 법의 목적 ······ 192

[2] 기본이념 ······ 192

[3] 국가 및 지방자치단체 등의 책무 ······ 193

1. 국가 및 지방자치단체　193
2. 국민과 산림소유자 등의 협력의무　194

Ⅲ. 산림기본계획 및 연차보고 ······ 195

[1] 산림기본계획 ······ 195

1. 계획의 성격　195　　2. 계획의 체계　196
3. 계획의 수립　198　　4. 계획의 내용　200
5. 수립절차　200　　6. 집행 및 평가　202

[2] 연차보고 ······ 203

Ⅳ. 시책의 기본방향 및 주요 내용 ······ 205

[1] 산림의 보전 및 이용 ······ 205

1. 시책의 기본방향　205　　2. 주요 내용　206

[2] 산림의 공익기능 증진 등 ········· 209
1. 시책의 기본방향 209 2. 주요 내용 210
[3] 임업의 육성 ········· 215
1. 시책의 기본방향 215 2. 주요 내용 216
[4] 국유림 관리 ········· 219
1. 시책의 기본방향 219 2. 주요 내용 220
[5] 산촌진흥 ········· 221
1. 시책의 기본방향 221 2. 주요 내용 222
[6] 국제협력 및 통일대비 ········· 223
1. 시책의 기본방향 223 2. 주요 내용 224

제 5 장 산지관리

제 1 절 산지관리법 ········· 227
Ⅰ. 총 론 ········· 227
[1] 개 요 ········· 227
[2] 목적 및 기본원칙 ········· 229
[3] 산지에 대한 이해 ········· 230
1. 개 념 230 2. 산지에 해당하는 토지 230
3. 산지에서 제외되는 토지 231
4. 산지의 개념에 대한 판례의 입장 232
Ⅱ. 산지관리계획제도 ········· 233
[1] 계획의 체계 ········· 233
[2] 계획의 수립 및 내용 ········· 234
[3] 수립절차 ········· 235
1. 기본계획 235 2. 지역계획 237
Ⅲ. 산지의 구분 ········· 238
[1] 보전산지와 준보전산지 ········· 238
1. 산지의 구분 238 2. 보전산지 238
3. 준보전산지 240
[2] 보전산지의 지정 및 변경 · 해제 ········· 240

1. 지정권자 및 지정절차 240　　2. 보전산지의 변경 · 해제 241

[3] 산지의 구분과 정보체계 ········· 243

1. 산지구분도 243
2. 산지관리정보체계 및 산지전용통합정보시스템 244

[4] 「국토의 계획 및 이용에 관한 법률」과의 관계 ········· 245

Ⅳ. 산지의 이용 및 제한 ········· 246

[1] 개　요 ········· 246

1. 규정의 체계 246
2. 산지전용과 산지일시사용의 개념 247

[2] 산지전용 · 일시사용제한지역 ········· 249

1. 지　정 249　　2. 행위제한 251
3. 지정해제 253

[3] 보전산지 ········· 254

1. 원　칙 254　　2. 예외적으로 허용되는 행위 254
3. 공익용산지에서의 특례 257

Ⅴ. 산지전용 및 산지일사용 ········· 258

[1] 산지전용허가 ········· 258

1. 허가신청 258　　2. 허가절차 260
3. 산지전용의 허가 263　　4. 허가의 효력 267
5. 산지전용허가의 취소 270

[2] 산지전용신고 ········· 271

1. 신고대상 및 절차 271　　2. 산지전용기간 272
3. 산지전용신고의 효력 272

[3] 산지일시사용허가 ········· 273

1. 산지일시사용허가의 대상 273　　2. 산지일시사용허가의 효력 274

[4] 산지일시사용신고 ········· 276

1. 신고대상 및 절차 276　　2. 산지일시사용신고의 효력 277

[5] 산지이용을 위한 협의 ········· 278

1. 산지에서의 지역 · 지구 및 구역 등의 지정협의 278
2. 산지전용 및 산지일시사용이 의제되는 행정처분을 위한 협의 281

Ⅵ. 토석채취 ········· 284

[1] 개　요 ········· 284

[2] 토석채취제한지역 ········· 285

1. 지정대상 및 절차 285 2. 행위제한 287
3. 지정해제 288

[3] 토석채취 ··· 289
1. 허가에 의한 토석채취 289 2. 신고에 의한 토석채취 296
3. 허가·신고 없이 할 수 있는 토석채취 301
4. 자연석의 채취 302

[4] 토석채취가 의제되는 행정처분의 협의 ··· 303
1. 의의 및 필요성 303 2. 협의 절차 304
3. 토석채취 관련 규정의 적용 304

[5] 광구에서의 토석채취 ··· 305
1. 광물과 토석 305 2. 광구에서의 토석채취 등 306

Ⅶ. 국유림의 산지에서의 토석채취 ··· 307

[1] 토석의 매각·무상양여 ··· 307
1. 토석의 매각 307 2. 토석의 무상양여 308

[2] 계약해제 및 무상양여취소 등의 조치 ··· 309

Ⅷ. 재해방지 및 복구 ··· 310

[1] 재해방지 ··· 310
1. 재해예방조치 310 2. 재해방지 조치명령 313
3. 조치명령의 강제이행 314

[2] 산지전용지 등의 복구 ··· 315
1. 복구대상 및 방법 315 2. 복구의 실행 318
3. 복구준공검사 및 복구비의 반환 320
4. 복구전문기관의 지정·육성 321

[3] 불법전용산지 ··· 322
1. 불법전용산지 등에 대한 조사 및 조치 322
2. 불법산지전용지의 복구 322

[4] 권리·의무의 승계 ··· 323

Ⅸ. 산지관리 관련 조직 ··· 324

[1] 산지관리위원회 ··· 324
1. 구성 및 운영 324 2. 심의사항 325

[2] 한국산림토석협회 ··· 326

[3] 한국산지보전협회 ··· 326

제 2 절 민간인 통제선 이북지역의 산지관리에 관한 특별법 ······ 327
Ⅰ. 총 론 ······ 327
[1] 개 요 ······ 327
[2] 목적 및 국가 등의 책무 ······ 329
1. 목 적 329
2. 국가 등의 책무 329
[3] 법적 특성 ······ 330
Ⅱ. 민북지역 산지관리계획 ······ 330
[1] 계획의 수립 ······ 330
[2] 계획의 내용 ······ 331
Ⅲ. 생태적 산지전용지구에서의 산지전용 ······ 332
[1] 생태적 산지전용지구의 지정 ······ 332
1. 지정대상 및 절차 332
2. 지정 · 지정변경 및 해제 334
[2] 생태적 산지전용지구에서의 산지전용 ······ 336
1. 실시계획의 승인 신청 336
2. 실시계획의 승인 · 변경승인 및 취소 337
3. 준공검사 340
Ⅳ. 민북지역의 산지관리에 관한 특례 ······ 340
[1] 산지구분에 관한 특례 ······ 340
[2] 산지전용 · 일시사용제한지역에 관한 특례 ······ 341
1. 산지전용 · 일시사용제한지역의 지정 341
2. 허용행위 342
[3] 보전산지에서의 행위제한에 관한 특례 ······ 343
1. 민북지역 산지 중 보전산지에서의 행위제한 343
2. 허용행위 344
[4] 산지전용허가기준에 관한 특례 ······ 345
[5] 산지복구에 관한 특례 ······ 346
Ⅴ. 민북지역 산지의 관리 및 주민 지원 ······ 347
[1] 민북지역 산지의 관리 ······ 347
[2] 주민에 대한 지원 ······ 347

제 3 절 백두대간 보호에 관한 법률 ······ 348

Ⅰ. 총 론 ······ 348
[1] 개 요 ······ 348
[2] 법적 특성 ······ 350
[3] 총 칙 ······ 352
1. 목적 및 보호대상 352 2. 기본원칙 352
Ⅱ. 백두대간보호 기본계획 ······ 353
[1] 기본계획 ······ 353
1. 원칙과 기준의 수립 353 2. 기본계획의 수립 354
3. 기본계획의 내용 354
[2] 백두대간보호 시행계획 ······ 355
Ⅲ. 백두대간보호지역의 지정 및 행위제한 ······ 355
[1] 백두대간보호지역 ······ 355
1. 개 념 355 2. 지정절차 356
3. 토지 등의 매수 357 4. 지정해제 및 구역변경 358
[2] 백두대간보호지역에서의 행위제한 ······ 359
1. 핵심구역 359 2. 완충구역에서의 허용행위 362
3. 개발행위에 따른 사전협의 363
Ⅳ. 지역주민과 백두대간보호 ······ 364
[1] 주민지원사업 ······ 364
[2] 주민참여 등을 통한 백두대간보호 ······ 365
1. 주민에 의한 보호·관리활동 365 2. 정책협의체의 구성 및 운영 366

제 6 장 산림자원

제 1 절 산림자원의 조성 및 관리에 관한 법률 ······ 367
Ⅰ. 총 론 ······ 367
[1] 개 요 ······ 367
[2] 목적, 기본이념 및 책무 ······ 368
1. 목 적 368 2. 기본이념 및 책무 369
[3] 법률의 적용범위 ······ 370

Ⅱ. 산림자원 및 산림에 대한 이해 ······ 371
[1] 산림자원 ······ 371
1. 정 의 371
2. 산림자원과「산림자원의 조성 및 관리에 관한 법률」 371
[2] 산 림 ······ 372
1. 산림에 속하는 입목·대나무와 토지 372
2. 산림에서 제외되는 입목·대나무와 토지 374
3. 산림의 구분 및 관할 행정청 375
Ⅲ. 지속가능한 산림경영 ······ 375
[1] 지속가능한 산림경영의 원칙 ······ 375
1. 지속가능한 산림경영과 산림소유자 375
2. 산림지속성지수 및 산림인증 376
[2] 산림의 기능별 구분 및 관리 ······ 377
[3] 산림관리기반시설의 설치 ······ 378
[4] 산림자원조사 및 정보화 ······ 379
1. 산림자원조사 379
2. 산림자원정보체계 380
[5] 산림과학기술의 육성 ······ 381
1. 산림과학기술 기본계획 381
2. 공동연구 및 연구개발 성과의 이전 382
3. 시험림 382
Ⅳ. 산림자원의 조성 및 육성 ······ 384
[1] 산림경영계획 ······ 384
1. 개념 및 내용 384
2. 수립절차 385
3. 산림경영계획의 실행 386
4. 산림경영계획 인가의 취소 387
[2] 산림용 종묘생산 ······ 388
1. 산림용 종묘 388
2. 산림용 종자의 개발 및 등록 391
3. 우량종자의 채취 391
[3] 산림의 조성 및 육성 ······ 393
1. 산림의 조성 393
2. 산림의 육성 395
[4] 특수산림사업지구 ······ 396
1. 지정기준 및 절차 396
2. 사업의 실행 397
3. 지정해제 398
[5] 무궁화의 보급 및 관리 ······ 398
1. 나라꽃 무궁화 398
2. 무궁화진흥계획 399

3. 무궁화의 보급 및 관리 400
[6] 산림경영지도원 ······ 400

V. 산림사업의 시행 ······ 401

[1] 산림사업의 개념 ······ 401
1. 산림사업의 범위 401　2. 산림사업과 임업 및 산림산업 403
[2] 산림사업의 시행 ······ 404
1. 산림소유자에 의한 시행 404
2. 산림소유자의 동의에 의한 산림사업 407
3. 산림소유자의 동의 없는 산림사업 408
[3] 산림사업법인에 의한 산림사업 ······ 409
1. 산림사업법인의 등록 409　2. 산림사업의 시행 410
3. 산림사업법인에 대한 관리 412
[4] 산림사업에 대한 자금지원 및 반환 ······ 414
1. 자금지원 414　2. 산림사업보조금의 반환 415

VI. 산림자원의 이용 ······ 416

[1] 입목과 임산물 ······ 416
1. 입목 및 「입목에 관한 법률」 416　2. 임 산 물 417
[2] 입목벌채 및 임산물의 굴취 · 채취 ······ 418
1. 허가에 의한 벌채 및 굴취 · 채취 418
2. 신고에 의한 벌채 및 굴취 · 채취 420
3. 허가나 신고 없이 하는 벌채 및 굴취 · 채취 421
4. 확인 · 점검 및 허가의 취소 422
[3] 목재의 이용증진 ······ 424
[4] 기업경영림 ······ 425
1. 지정목적 및 절차 425　2. 지정의 효과 426
3. 지정해제 427
[5] 임산물의 유통제한 및 수입추천 ······ 427
1. 임산물의 유통제한 427　2. 임산물의 수입추천 428

VII. 산림의 공익기능 증진 ······ 429

[1] 산림의 보전 ······ 429
1. 산림생물다양성 및 수목 · 산림의 보전 429
2. 특별수종육성권역 431　3. 산림복원 433
[2] 산림환경기능증진자금 ······ 438

1. 녹색자금의 설치 및 사업 438　　2. 녹색자금의 운용 439

제 2 절 국유림의 경영 및 관리에 관한 법률 441

Ⅰ. 총　론 441

[1] 개　요 441

[2] 목적 · 기본원칙 및 적용범위 443

1. 목적과 기본원칙 443　　2. 적용범위 443

[3] 국유림의 경영 · 관리기관 444

Ⅱ. 국유림의 조사 및 국유림종합계획 등 444

[1] 국유림의 조사 444

[2] 국유림종합계획 445

1. 수립기간 및 내용 445　　2. 국유림종합계획의 변경 및 공표 446

[3] 국유림경영관리자문위원회 447

Ⅲ. 국유림의 경영 및 지역주민과의 협력 447

[1] 국유림의 경영 447

1. 국유림경영계획 447　　2. 국유림의 목재생산 449
3. 시범림의 조성 및 운영 450

[2] 국유림의 경영대행 451

[3] 지역주민과의 협력 452

1. 국유림과 지역주민 452　　2. 국유림의 보호협약 452
3. 국민의 숲 453　　4. 공동산림사업 454

Ⅳ. 국유림의 관리 456

[1] 국유림의 확대 및 매수 456

1. 국유림확대계획 456　　2. 공유림 등의 매수 456

[2] 국유림의 구분 458

1. 보전국유림과 준보전국유림 458　　2. 구분에 따른 효과 459
3. 국유림의 재구분 460

[3] 준보전국유림의 매각 및 교환 462

1. 매각 및 교환의 사유 · 요건 등 462
2. 매각 또는 교환가격의 결정 및 납부방법 463

[4] 국유림의 대부 또는 사용허가 464

1. 개념 및 기준 464

2. 보전국유림에 사용허가를 할 수 있는 경우 464
3. 대부 등의 효과 465
4. 대부 또는 사용허가의 취소 469
[5] 국유임산물의 매각 또는 무상양여 ······ 471
1. 국유임산물의 매각 471　2. 국유임산물의 무상양여 473

제3절 도시숲 등의 조성 및 관리에 관한 법률 ······ 473

Ⅰ. 총　론 ······ 473
[1] 개　요 ······ 473
[2] 목적 및 국가 등의 책무 ······ 475
1. 목　적 475　2. 국가 등의 책무 475
[3] 도시숲 등에 대한 이해 ······ 476
1. 도 시 숲 476　2. 생활숲 및 가로수 478
3. 가 로 수 479

Ⅱ. 계획제도 및 도시숲 등의 총량제 ······ 480
[1] 계획제도 ······ 480
1. 실태조사 480　2. 도시숲 등 기본계획 480
3. 도시숲 등 조성·관리계획 481
[2] 도시숲 등의 총량제 ······ 482
1. 개　념 482　2. 실태조사 483
3. 관리지표의 설정·운영 483　4. 도시숲 등의 유지·증가 484
5. 통계관리 및 정보체계의 구축·운영 484

Ⅲ. 도시숲 등의 조성 및 관리 ······ 485
[1] 원칙과 방법 ······ 485
1. 도시숲 및 생활숲 485　2. 가 로 수 486
[2] 도시숲 등의 시범사업 ······ 488
[3] 도시숲 등의 조성·관리사업 ······ 489
1. 도시숲 등의 조성·관리사업을 할 수 있는 자 489
2. 보고 및 검사 490
[4] 국가 등의 지원 및 원상회복명령 ······ 490
1. 보조금의 지원과 반환 490　2. 원상회복명령 491
[5] 도시숲 등의 조성·관리 심의위원회 ······ 492

Ⅳ. 민간참여 활성화 ······ 493

[1] 도시숲 등과 민간참여 493
[2] 도시숲지원센터의 지정 · 운영 493
1. 지정 및 사업 493 2. 지정취소 등 494
[3] 국민참여의 활성화 495
[4] 모범 도시숲 등의 인증 496
1. 인증기관의 지정 및 인증의 신청 496
2. 지정취소 등 496
[5] 도시숲 등의 기부채납 497

제 7 장 산림산업

제 1 절 임업 및 산촌 진흥촉진에 관한 법률 499
Ⅰ. 총 론 499
[1] 개 요 499
[2] 목적 및 기본원칙 500
1. 목 적 500 2. 기본원칙 501
[3] 임업 및 산촌에 대한 이해 501
1. 임 업 501 2. 임업인 및 임산물 503
3. 산 촌 504
[4] 임업인의 날 505
Ⅱ. 임업의 구조개선 505
[1] 임업의 구조개선 505
1. 구조개선의 의미 505 2. 산림의 소유구조개선 506
3. 경영구조의 개선 506 4. 임산물 유통구조의 개선 508
[2] 임업인의 소득향상 509
1. 임산물소득원의 개발 및 육성 509 2. 산림의 복합경영 지원 510
3. 임산물가공업의 지원 511
[3] 목재의 활용 및 비축 511
1. 지속가능한 산림경영 산물의 우선구매 511
2. 산지목재비축계약 512
[4] 산림의 이용 및 지원 514

[5] 임업관련 전문인력의 육성 515
1. 임업의 구조개선과 인력 515
2. 임업인 등에 대한 교육·훈련 516
3. 임업후계자 및 독림가 517
4. 임업분야 교육의 지원 520
5. 임업기능인의 양성 520
[6] 재정지원 521
Ⅲ. 특별관리임산물 522
[1] 개 념 522
[2] 특별관리임산물의 생산 523
1. 생산의 신고 523
2. 신고의 처리 및 지원 524
3. 생산과정의 확인 524
[3] 품질관리 525
1. 품질검사 525
2. 폐기 또는 반송명령 526
3. 품질표시 527
4. 정보의 공개 527
[4] 특별관리임산물의 유통관리 528
[5] 통계조사 및 수출지원 528
1. 통계조사 528
2. 수출지원 529
Ⅳ. 임업의 기계화 529
[1] 임업의 기계화 529
1. 입법의 필요성 529
2. 임업기계화계획 531
[2] 임업기계장비의 품질인증 531
1. 품질인증 531
2. 품질인증기관의 지정 및 지정취소 532
3. 품질인증 관련 보고 및 조사 533
Ⅴ. 임업진흥권역 및 특수용도목재생산구역 534
[1] 임업진흥권역 534
1. 임업진흥권역의 지정 534
2. 임업진흥계획 535
3. 임업진흥권역의 변경 및 해제 536
[2] 특수용도목재생산구역 537
1. 지정기준 및 효과 537
2. 지정변경 및 해제 537
Ⅵ. 산촌의 진흥 538
[1] 기본방향 538
[2] 산촌에 대한 조사 및 산촌진흥기본계획 538
1. 산촌에 대한 조사 538
2. 산촌진흥기본계획 539

[3] 산촌진흥지역 ······ 540
1. 산촌진흥지역의 지정 540 2. 산촌진흥특화사업 540
3. 국공유 임산물의 무상양여 544
[4] 산촌활성화지원센터 ······ 544
1. 지정 및 운영 544 2. 지정 취소 545
Ⅶ. 한국임업진흥원 ······ 545
[1] 설립 및 사업 ······ 545
[2] 운영 및 지도 · 감독 ······ 546
1. 운　　영 546 2. 지도 · 감독 547
제 2 절 목재의 지속가능한 이용에 관한 법률 ······ 547
Ⅰ. 총　　론 ······ 547
[1] 개　　요 ······ 547
[2] 목적 및 기본이념 ······ 549
1. 목　　적 549 2. 기본이념 550
[3] 목재의 지속가능한 이용에 대한 이해 ······ 550
1. 적용범위 550 2. 목재의 지속가능한 이용 551
Ⅱ. 목재의 지속가능한 이용에 관한 종합계획 ······ 553
[1] 통계 · 실태조사 및 정보체계의 구축 · 운영 ······ 553
[2] 목재의 지속가능한 이용에 관한 종합계획 ······ 554
1. 종합계획 554 2. 지역종합계획 554
Ⅲ. 목재문화의 진흥 ······ 555
[1] 목재문화 ······ 555
[2] 목재문화의 진흥을 위한 제도 ······ 556
1. 목재문화체험장 556 2. 목재문화지수 556
3. 전통목재문화의 계승 · 발전 557 4. 지역 목재문화의 진흥 559
5. 탄소저장량의 표시 560
Ⅳ. 목재교육의 활성화 ······ 561
[1] 목재교육 ······ 561
[2] 목재교육의 활성화를 위한 제도 ······ 562
1. 목재교육전문가 양성기관 562 2. 목재교육프로그램 563
3. 목재교육전문가 자격제도 565

Ⅴ. 목재·목재제품의 품질 및 유통관리 …… 567

[1] 품질관리 …… 567

1. 원목의 규격 및 품질기준 567
2. 목재제품의 규격 및 품질기준 567
3. 목재제품의 안전성평가 572
4. 목재제품 신기술의 지정 573
5. 목재제품의 인증제도 574
6. 사법경찰권 574

[2] 유통관리 …… 575

1. 목재 및 목재제품의 생산·판매·유통 및 사용제한 575
2. 우선구매 576
3. 목재이용명예감시원 577
4. 포 상 금 577

[3] 수입관리 …… 578

1. 수입신고 578
2. 수입검사 578

Ⅵ. 목재의 지속가능한 이용 촉진 …… 579

[1] 목재생산업 …… 579

1. 개념 및 등록 579
2. 등록의 변경 및 양도·합병 580
3. 목재생산업자에 대한 관리 581
4. 등록취소 등 582

[2] 목재이용의 활성화 …… 583

1. 산림바이오매스에너지 사용의 확대 583
2. 목구조기술자 자격제도 584
3. 전문인력의 양성 585

[3] 목재산업 …… 586

1. 목재산업의 육성 586
2. 생산·수입 및 판매 등의 실적 보고 587

Ⅶ. 목재 관련 조직 …… 588

[1] 지속가능한 목재이용위원회 …… 588

[2] 목재문화진흥회 …… 589

제 3 절 석재산업 진흥에 관한 법률 …… 589

Ⅰ. 총 론 …… 589

[1] 개 요 …… 589

[2] 목적 및 책무 …… 591

1. 목 적 591
2. 국가 및 지방자치단체의 책무 591

Ⅱ. 석재산업 진흥에 관한 종합계획 …… 592

[1] 실태조사 ······ 592
[2] 종합계획의 수립 · 시행 ······ 592
1. 종합계획 592
2. 시행계획 593

Ⅲ. 석재채취업 및 석재가공업의 등록 ······ 593
[1] 등 록 ······ 593
1. 등록요건 593
2. 등록증의 발급 및 관리 · 감독 594
[2] 등록취소 등 ······ 595

Ⅳ. 석재산업의 진흥 ······ 596
[1] 기반 조성 ······ 596
1. 전문인력의 양성 596
2. 기술개발 596
[2] 석재산업의 진흥을 위한 제도 ······ 597
1. 전시 및 홍보지원 597
2. 석재사업자에 대한 지원 597
3. 우수사업자 인증제도 598
4. 전통석재제품의 인증 및 전통석재제품명인 인정제도 599
5. 석재산업진흥지구 602
6. 원산지 표시제도 및 지리적표시 등록제도 603

Ⅴ. 지도 · 감독 및 석재사업자협회 ······ 605
[1] 석재사업자에 대한 지도 · 감독 ······ 605
[2] 석재사업자협회 ······ 605

제 4 절 산림기술 진흥 및 관리에 관한 법률 ······ 606

Ⅰ. 총 론 ······ 606
Ⅱ. 산림기술진흥계획 및 산림기술의 개발지원 ······ 607
[1] 산림기술진흥계획 ······ 607
[2] 산림기술 연구 · 개발 및 시범사업 ······ 608
1. 산림기술 608
2. 산림기술개발전문기관 및 산림기술연구기관 609
3. 시범사업 610
[3] 산림기술정보체계 ······ 610

Ⅲ. 산림기술자 ······ 611
[1] 산림기술자에 대한 이해 ······ 611
1. 개 념 611
2. 종류별 자격요건 611

3. 산림기술자의 업무 613

[2] 자격증의 발급 및 명의대여 등의 금지 ······ 614

1. 자격증의 발급 614 2. 명의대여 등의 금지 615

[3] 산림기술자 등의 경력증명서 발급 ······ 615

[4] 산림기술자의 자격취소 ······ 616

[5] 산림기술자의 양성 ······ 617

1. 교육기관의 지정 및 지정취소 617 2. 교육·훈련의 실시 618

[6] 한국산림기술인회 ······ 618

Ⅳ. 산림기술용역 ······ 619

[1] 산림기술용역업의 등록 ······ 619

1. 개 요 619 2. 등록요건 620
3. 산림기술용역업의 등록 622 4. 등록취소 등 622

[2] 산림기술용역업의 업무 ······ 623

1. 산림사업 설계·감리의 범위 623 2. 종류별 업무범위 624

[3] 산림기술용역업의 육성 및 관리 ······ 625

1. 산림기술용역의 대가기준 625 2. 육성 및 지원시책 625
3. 산림기술용역업에 대한 관리 626

Ⅴ. 산림사업의 품질 및 안전관리 ······ 627

[1] 품질관리 ······ 627

1. 실적관리 627 2. 산림사업 등의 부실측정 628
3. 산림기술자의 배치 628

[2] 안전관리 ······ 629

1. 안전관리계획 629 2. 안전교육 630

제 5 절 산림조합법 ······ 630

Ⅰ. 총 론 ······ 630

[1] 개 요 ······ 630

[2] 조합에 대한 이해 ······ 632

1. 개념 및 명칭 632 2. 법적 성격 633
3. 최대봉사의 원칙 및 정치적 중립 등의 의무 634
4. 조합 등에 대한 특례 규정 635

Ⅱ. 조합의 설립·조합원 및 기관 ······ 637

[1] 조합의 설립 ······ 637

1. 설립목적 및 구역 637
2. 설립행위 638
3. 조합의 정관 639
4. 설립등기 639

[2] 조합원 ········ 640

1. 조합원과 준조합원의 자격 640
2. 조합원의 권리와 의무 641
3. 탈퇴 및 제명 643

[3] 조합의 기관 ········ 644

1. 총 회 644
2. 대의원회 646
3. 이 사 회 647
4. 조합의 임원 647
5. 조합의 직원 655
6. 운영평가자문회의 656

Ⅲ. 조합의 사업 및 관리 ········ 656

[1] 사 업 ········ 656

1. 지역조합 656
2. 전문조합 658
3. 사업의 운영 660

[2] 관 리 ········ 661

1. 회계의 구분 661
2. 사업계획 및 운영의 공개 661
3. 회계의 처리 662
4. 출 자 664

Ⅳ. 조합의 합병·분할·해산 및 청산 ········ 665

[1] 합병 및 분할 ········ 665

1. 조합의 합병 665
2. 조합의 분할 666

[2] 조합의 해산 ········ 666

1. 해산사유 666
2. 파산선고의 경우 667
3. 해산등기 668

[3] 조합의 청산 ········ 668

1. 의 의 668
2. 청산조합 및 청산인 668
3. 청산등기 669

Ⅴ. 조합공동사업법인 ········ 670

[1] 개 념 ········ 670

[2] 설립·회원 및 기관 ········ 670

[3] 조합의 사업 및 운영 ········ 671

Ⅵ. 중 앙 회 ········ 672

[1] 설립 및 회원 ········ 672

1. 설 립 672
2. 회원의 자격 및 출자 등 672

[2] 중앙회의 기관 ········ 673

1. 총 회 673 2. 대의원회 674
3. 이 사 회 674 4. 임 원 675
5. 감사위원회 678 6. 인사추천위원회 678
7. 집행간부와 직원 678

[3] 중앙회의 사업 ······ 679

1. 사업의 구분 679 2. 사업의 내용 679
3. 사업의 운영 681 4. 전문조합협의회 682

[4] 중앙회 자금 등의 관리 ······ 682

1. 자금의 관리 682 2. 사업계획 및 수지예산 683
3. 명칭사용료 683 4. 결 산 683

[5] 회원에 대한 지도·감사 ······ 684

1. 중앙회의 지도 684 2. 조합감사위원회 684
3. 분쟁조정위원회의 설치·운영 685

Ⅶ. 산림청장 등의 감독 및 지도 ······ 686

[1] 감 독 ······ 686

1. 감독 및 검사 686 2. 회계감사의 의뢰 686
3. 위법·부당한 의결사항 및 위법행위에 대한 조치 687

[2] 경영지도 ······ 687

1. 경영지도의 사유 687 2. 경영지도의 효과 688

[3] 설립인가의 취소 ······ 689

제6절 산림조합의 구조개선에 관한 법률 ······ 689

Ⅰ. 총 론 ······ 689

[1] 개 요 ······ 689

[2] 부실조합 및 부실우려조합 ······ 690

1. 개 념 690 2. 부채·자산의 평가 및 산정 692
3. 부실예방을 위한 입법적 관점 692

Ⅱ. 부실조합 등의 관리 및 지원 ······ 693

[1] 중앙회의 책무 ······ 693

[2] 부실조합 등에 대한 적기시정조치 ······ 693

1. 적기시정조치 693
2. 적기시정조치의 이행을 위한 지원조치 695
3. 자금지원 695
4. 적기시정조치의 실효성 확보를 위한 행정처분 697

5. 관리인의 선임 및 임무 699
[3] 조합의 파산 및 청산 ········ 700
[4] 손해배상청구권의 행사 ········ 701
1. 손해배상청구의 요구 및 대위에 의한 청구 701
2. 업무 및 재산상황에 대한 조사 등 702

Ⅲ. 상호금융예금자보호기금 ········ 702
[1] 기금의 설치 및 재원 ········ 702
[2] 기금의 관리 ········ 703
1. 관리기관 703
2. 기금관리위원회 703
[3] 기금의 운용 및 관리 ········ 705
1. 기금의 운용 705
2. 기금의 회계 705
3. 기금채의 발행 706

Ⅳ. 예금보험 ········ 706
[1] 보험사고와 예금보험제도 ········ 706
[2] 보험료 및 보험금 ········ 707
1. 보험료의 납부 707
2. 보험금의 지급 707
3. 보험금의 계산 708
4. 관리기관의 예금 등 채권의 취득 709
[3] 배상책임보험 가입 요구 ········ 709

제 8 장 산림보호

제 1 절 산림보호법 ········ 711

Ⅰ. 총 론 ········ 711
[1] 개 요 ········ 711
[2] 기본원칙과 법률의 적용 ········ 713
1. 산림보호의 기본원칙 713
2. 법률의 적용 713

Ⅱ. 산림보호구역 ········ 714
[1] 개 념 ········ 714
[2] 지정 및 지정의 고시 ········ 715

1. 지 정 715 2. 지정의 고시 716

[3] 행위제한 ···· 716

1. 금지되는 행위 716 2. 허용되는 행위 717

[4] 산림보호구역의 관리 ···· 719

1. 관리원칙 및 방안 719 2. 산림유전자원보호구역의 관리 720
3. 산림보호구역 토지의 매수 및 교환 722

[5] 산림보호원의 고용 ···· 723

[6] 지정해제 및 재지정 ···· 724

1. 지정해제 724 2. 재 지 정 726

Ⅲ. 보호수·산림정화구역 및 입산통제구역 등 ···· 727

[1] 보 호 수 ···· 727

1. 지정대상 및 절차 727 2. 행위제한 및 보호·관리 728
3. 지정해제 729

[2] 산림정화구역 및 입산통제구역 ···· 730

1. 산림정화구역 730 2. 입산통제구역 731

[3] 생태숲 및 특별산림보호대상종 ···· 732

1. 생 태 숲 732 2. 특별산림보호대상종 733

[4] 산림의 건강·활력도 ···· 734

Ⅳ. 산림병해충의 예찰 및 방제 ···· 735

[1] 산림병해충 예찰·방제계획 ···· 735

1. 계획수립 전 735 2. 장기계획 736
3. 연도별 계획 737

[2] 산림병해충 예찰·방제대책본부 ···· 737

[3] 산림병해충의 예찰 및 방제 ···· 738

1. 예 찰 738 2. 방제조치 및 명령 739
3. 산림병해충 특별방제구역 741 4. 산림병해충 모니터링센터 742

Ⅴ. 수목진료 및 나무의사·나무병원 ···· 742

[1] 수목진료 ···· 742

[2] 나무의사 및 수목치료기술자 ···· 743

1. 개 념 743 2. 자격의 취득 및 상실 744
3. 나무의사의 업무 및 교육 745 4. 나무의사 등의 양성기관 746
5. 한국나무의사협회 747

[3] 나무병원 ···· 748

1. 나무병원의 등록 748 2. 나무병원의 업무 749
3. 등록취소 및 영업정지의 처분 749

[4] 보고 및 검사 ······ 750

Ⅵ. 산불방지 및 복구 ······ 751

[1] 산불방지대책 ······ 751
1. 산불에 대한 이해 751 2. 산불방지대책의 수립 752
3. 산불방지대책본부 753 4. 산불조심기간 및 산불경보 754

[2] 산불의 예방과 진화 ······ 755
1. 산불예방 및 진화를 위한 조치의무 755
2. 산불의 예방 756
3. 산불의 진화 759

[3] 산불피해지의 복구 ······ 762
1. 산불조사 762
2. 산불피해지 복구 및 사상자에 대한 보상 763
3. 산불대응의 평가 및 분석 763
4. 산불방지에 대한 문책 요구 등 764

Ⅶ. 산사태의 예방·대응 및 복구 ······ 765

[1] 산사태예방대책 ······ 765
1. 산사태에 대한 이해 765
2. 산사태예방대책의 수립·시행 765
3. 산사태예방지원본부의 설치·운영 767
4. 산사태정보체계 및 산사태위기경보 767

[2] 산사태의 예방 ······ 769
1. 산사태 발생 우려지역에 대한 조사 769
2. 산사태취약지역 769
3. 산사태예방 교육 773

[3] 산사태에 대한 대응 ······ 773
1. 산사태 발생의 신고 773
2. 산사태대응팀 및 산사태현장예방단 773

[4] 산사태 발생지의 복구 및 대응 평가 ······ 774
1. 산림복구 및 복원계획 774 2. 산사태 대응의 평가 및 분석 774
3. 산사태예방에 대한 문책요구 775

제 2 절 사방사업법 ······ 776

Ⅰ. 총 론 ······ 776

[1] 개 요 ········· 776
[2] 사방사업의 개념 및 구분 ········· 777
1. 개 념 777 2. 구 분 778

Ⅱ. 황폐지 실태조사 및 사방사업 기본계획 ········· 779
[1] 황폐지 실태조사 ········· 779
[2] 사방사업 기본계획 ········· 780

Ⅲ. 사방지의 지정 및 지정해제 ········· 781
[1] 사방지의 지정 ········· 781
[2] 사방지에서의 행위제한 ········· 781
[3] 지정해제 ········· 782

Ⅳ. 사방사업의 시행 ········· 784
[1] 국가사방사업 ········· 784
1. 시행자 및 비용의 부담 784 2. 설계 및 시공기준 784
3. 사방사업의 시행 785
[2] 국가 외의 자의 사방사업 ········· 788
1. 사방사업계획 및 사방지 지정 788 2. 사방사업의 시행 789

Ⅴ. 사방시설의 관리 등 ········· 790
[1] 사방시설의 관리 ········· 790
[2] 사방댐 데이터베이스의 구축·운영 ········· 790
[3] 기술개발 및 국제협력 ········· 791
[4] 한국치산기술협회 ········· 791

제 3 절 소나무재선충병 방제특별법 ········· 792

Ⅰ. 총 론 ········· 792
[1] 개 요 ········· 792
[2] 산림소유자 등의 의무 등 ········· 794
1. 산림소유자 등의 의무 794 2. 국가 및 지방자치단체의 책무 795
3. 다른 법률과의 관계 796

Ⅱ. 예비관찰조사 및 역학조사 ········· 796
[1] 예비관찰조사 ········· 796
1. 예비관찰조사의 방법 796 2. 타인의 토지에의 출입 등 797

[2] 신고 및 보고 · 진단 798
[3] 역학조사 798

Ⅲ. 소나무재선충병의 방제 799

[1] 방제대책본부의 설치 · 운영 799
[2] 방제명령 및 방제방법 800
1. 방제명령 800
2. 방제방법 및 벌채된 감염목 등의 처리 801
[3] 방제사업 802
1. 직접방제사업 및 공동방제사업 802
2. 방제사업의 설계 · 감리 804
3. 방제사업의 대행 804
[4] 발생지역 주변의 산림관리 805
1. 소나무류 조림 및 육림의 금지 805
2. 모두베기에 의한 방제 805

Ⅳ. 소나무류의 이동제한 806

[1] 소나무류 반출금지구역 806
1. 반출금지구역의 지정 806 2. 지정 효과 806
3. 지정해제 809
[2] 감염목 등의 판매 · 이용금지 809
[3] 소나무류 반출금지구역이 아닌 지역에서의 소나무류의 이동 810
[4] 소나무류에 대한 일시 이동중지명령 810
[5] 이동제한에 대한 단속 811
1. 이동제한금지 소나무류의 취급에 대한 단속 811
2. 소나무류 취급업체에 대한 조사 등 811

Ⅴ. 소나무재선충병 모니터링센터 등 812

[1] 소나무재선충병 모니터링센터 812
[2] 소나무재선충병명예감시원 813

제 4 절 청원산림보호직원 배치에 관한 법률 813

Ⅰ. 총 론 813

Ⅱ. 청원산림보호직원의 배치 및 직무 814

[1] 배치 및 경비 814

1. 배 치 814 2. 경비의 납입 815
[2] 직 무 ········· 816
1. 직무의 내용 816 2. 승진체계의 도입 여부 817
Ⅲ. 청원산림보호직원의 임면 및 신분보장 ········· 818
[1] 임 명 ········· 818
[2] 신분보장 및 징계 ········· 819
1. 신분보장 819 2. 징 계 819
[3] 휴직 및 퇴직 ········· 820
1. 휴 직 820 2. 퇴 직 820

제 5 절 수목원 · 정원의 조성 및 진흥에 관한 법률 ········· 821

Ⅰ. 총 론 ········· 821
Ⅱ. 수목원과 정원에 대한 이해 ········· 823
[1] 수목원 ········· 823
1. 개념 및 구분 823 2. 수목원의 사업 824
3. 국립수목원 825
[2] 정 원 ········· 826
1. 개념 및 구분 826 2. 정원의 사업 827
[3] 수목원 · 정원진흥기본계획 ········· 828
Ⅲ. 수목원의 조성 및 등록 · 운영 ········· 829
[1] 수목원의 조성 ········· 829
1. 수목원조성예정지 829 2. 수목원조성계획 831
[2] 수목원의 등록 ········· 833
1. 등 록 833 2. 등록의 취소 및 말소 834
[3] 수목원의 운영 ········· 835
1. 입장료 및 시설이용료 835 2. 개원 및 휴원 836
3. 수목유전자원의 교류 및 정보교류 등의 지원 836
4. 시정요구 836 5. 금지되는 행위 837
Ⅳ. 정원의 조성 및 운영 ········· 838
[1] 정원의 조성 ········· 838
1. 수목원 관련 규정의 준용 838 2. 국가정원의 지정 838
[2] 정원의 등록 ········· 839

[3] 정원의 운영 및 평가 ······ 840
1. 입장료 및 시설사용료 840
2. 정원의 운영 및 관리 840
3. 정원에 대한 평가 841

Ⅴ. 정원산업의 진흥 ······ 841
[1] 정원산업의 개념 ······ 841
[2] 정원산업의 진흥 및 정원문화의 활성화 ······ 842
1. 진흥사업의 추진 842
2. 실태조사 및 통계 작성 842
3. 연구 및 기술개발의 촉진 842
4. 창업지원 843
5. 국제교류 ·해외시장 진출의 활성화 및 박람회 등 지원 843
[3] 정원지원센터의 설치·운영 ······ 844

Ⅵ. 교육기관의 지정 및 한국수목원정원관리원 ······ 844
[1] 수목원 또는 정원전문가 교육기관의 지정 ······ 844
1. 지정절차 844
2. 지정에 따른 효과 845
3. 지정의 취소 등 845
[2] 한국수목원정원관리원 ······ 846
1. 설립 및 사업 846
2. 임원 및 직원 등 846
3. 운영 및 회계 847

제 9 장 산림복지

제 1 절 산림복지 진흥에 관한 법률 ······ 849

Ⅰ. 총 론 ······ 849
[1] 개 요 ······ 849
[2] 산림복지에 대한 이해 ······ 850
[3] 목적 및 책무 ······ 852

Ⅱ. 산림복지진흥계획 및 정보체계의 구축 ······ 853
[1] 산림복지진흥계획 ······ 853
1. 실태조사 및 통계작성 853
2. 산림복지진흥계획의 수립 854
3. 산림문화·휴양기본계획 등과의 관계 855
[2] 산림복지정보체계 ······ 856

Ⅲ. 산림복지서비스 ········· 857

[1] 개념 및 공급체계 ········· 857

[2] 산림복지시설을 통한 산림복지서비스의 제공 ········· 858

1. 산림복지시설 858 2. 산림복지서비스의 제공 859
3. 산림복지시설을 조성·운영하는 자의 권한 및 의무 859

[3] 산림복지서비스제공자를 통한 산림복지서비스의 제공 ········· 862

1. 산림복지서비스제공자 862 2. 산림복지서비스이용권 865

[4] 산림복지전문업을 통한 산림복지서비스의 제공 ········· 869

1. 개 념 869 2. 등록 및 관리 869
3. 등록취소 870

[5] 지도·명령 및 조사 ········· 871

Ⅳ. 산림복지지구 ········· 871

[1] 지정 및 지정기준 ········· 871

1. 지정절차 871 2. 지정기준 872

[2] 지정해제 ········· 873

Ⅴ. 산림복지단지 ········· 874

[1] 개 요 ········· 874

1. 개념 및 조성원칙 874 2. 생태적 산지이용기준 875

[2] 조성계획 ········· 875

1. 사업시행자 875 2. 조성계획의 수립 877

[3] 실시계획 ········· 878

1. 실시계획의 승인 878 2. 실시계획의 승인에 따른 효과 879
3. 실시계획의 승인취소 881

[4] 조성사업 ········· 881

1. 조성사업의 시행 881 2. 토지 등의 수용·사용 882
3. 이주대책 883 4. 부담금의 감면 및 금지행위 883
5. 조성공사의 시정명령 884

[5] 준공검사 ········· 884

Ⅵ. 산림복지 관련 조직 ········· 885

[1] 산림복지심의위원회 ········· 885

1. 심의사항 885 2. 구성 및 임기 886

[2] 한국산림복지진흥원 ········· 887

1. 설립 및 사업 887
2. 임원 및 직원 888
3. 운영 및 지도 · 감독 889

제 2 절 산림문화 · 휴양에 관한 법률 889

Ⅰ. 총 론 889

[1] 개 요 889
[2] 산림문화 · 휴양에 대한 이해 892
1. 개 념 892
2. 산림문화 · 휴양시설의 비교 892
[3] 목적 및 국가 등의 책무 893

Ⅱ. 산림문화 · 휴양기본계획 및 정보망의 구축 등 894

[1] 산림문화 · 휴양기본계획 894
1. 기초조사 894
2. 산림문화 · 휴양기본계획 894
[2] 산림문화 · 휴양정보망 896
[3] 산림문화 · 휴양발전 지역협의회 896

Ⅲ. 산림치유지도사 및 산림레포츠지도사 897

[1] 산림치유지도사 897
1. 산림치유 897
2. 산림치유지도사의 자격 등 897
3. 산림치유지도사의 활용 899
4. 자격취소 및 정지 900
[2] 산림치유지도사 양성기관 900
1. 양성기관의 지정 900
2. 지정취소 901
[3] 산림레포츠지도사 902
1. 자격의 부여 및 업무 등 902
2. 산림레포츠지도사의 활용 902

Ⅳ. 자연휴양림 903

[1] 자연휴양림의 지정 및 지정해제 903
1. 자연휴양림의 지정 903
2. 지정해제 905
[2] 자연휴양림의 조성 905
1. 자연휴양림 조성계획 905
2. 다른 법률에 따른 인 · 허가 등의 의제 906
3. 조성계획의 승인취소 907
[3] 자연휴양림의 운영 908
1. 입장료 등 908
2. 안전관리 및 금지행위 909
3. 휴식년제 910
4. 자연휴양림 조성 · 관리의 위탁 911

Ⅴ. 산림욕장 등 ······ 911

[1] 산림욕장 등의 조성 ······ 911

1. 산림욕장 등 조성계획 911　　2. 산림욕장 등의 조성 912
3. 다른 법률에 따른 인·허가 등의 의제 915
4. 조성계획의 승인취소 915

[2] 산림욕장 등의 운영 ······ 916

Ⅵ. 숲길 등 ······ 916

[1] 숲 길 ······ 916

1. 개념 및 구분 916　　2. 숲길기본계획 917
3. 숲길의 조성 및 국가숲길의 지정 918
4. 운영 및 관리 920

[2] 등산 및 트레킹 ······ 922

1. 등산·트레킹학교 922　　2. 한국등산·트레킹지원센터 922

[3] 산악구조대 ······ 923

Ⅶ. 산림문화자산 ······ 924

[1] 개 념 ······ 924

[2] 지정 및 지정해제 ······ 925

1. 지정기준 및 절차 925　　2. 지정해제 925

[3] 산림문화자산의 관리 ······ 926

1. 보호·관리 및 지원 926　　2. 실태점검 926
3. 토지 등의 매수 927

제 3 절 산림교육의 활성화에 관한 법률 ······ 928

Ⅰ. 총 론 ······ 928

[1] 개 요 ······ 928

[2] 산림교육에 대한 이해 ······ 929

Ⅱ. 산림교육종합계획 ······ 930

[1] 실태조사 ······ 930

[2] 산림교육종합계획의 수립 및 시행 ······ 931

Ⅲ. 산림교육전문가 및 양성기관 등 ······ 932

[1] 산림교육전문가 ······ 932

1. 개념 및 자격 932 2. 산림교육전문가의 의무 933
3. 산림교육전문가의 활용 933 4. 자격취소 및 자격정지 934

[2] 산림교육전문가 양성기관 …… 935

1. 양성기관의 지정 및 지원 935 2. 산림교육 전문과정 936
3. 보고 및 검사 936 4. 지정취소 936

[3] 산림교육프로그램 …… 937

1. 개발·보급 및 인증 937 2. 인증에 따른 지원 및 의무 938
3. 인증의 취소 938

Ⅳ. 산림교육시설 …… 939

[1] 유아숲체험원 …… 939

1. 등록기준 및 절차 939 2. 운영관리 및 지원 940
3. 등록취소 941

[2] 산림교육센터 …… 941

1. 지정기준 및 절차 941 2. 산림교육센터의 사업 942
3. 운영관리 및 지원 942 4. 지정의 취소 943

Ⅴ. 산림교육 관련 조직 …… 944

[1] 산림교육심의위원회 …… 944

[2] 한국숲사랑청소년단 …… 944

제10장 기후변화 및 해외산림자원개발협력

제 1 절 탄소흡수원 유지 및 증진에 관한 법률 …… 947

Ⅰ. 총 론 …… 947

[1] 개 요 …… 947

[2] 산림의 정의 등 …… 949

[3] 목적 및 책무 …… 950

1. 목 적 950 2. 책 무 951

Ⅱ. 탄소흡수원 증진 종합계획 및 정보·통계 …… 952

[1] 탄소흡수원 증진 종합계획 …… 952

1. 내용 및 수립절차 952 2. 연차별 실행계획 953

[2] 탄소흡수원 정보 및 통계 …… 953

1. 탄소흡수원 정보 및 통계의 작성 953
2. 탄소흡수원 정보체계의 구축 및 운영 954

Ⅲ. 탄소흡수원 유지 및 증진활동 ········ 954

[1] 탄소흡수원의 확충 ········ 954

1. 신규조림 등 954
2. 보호지역 956
3. 재해방지 957

[2] 탄소저장 목제품 및 산림바이오매스에너지의 이용증진 ········ 958

1. 목제품의 이용증진 958
2. 목제품의 이용실태조사 959
3. 목재산업의 에너지 효율화 959
4. 산림바이오매스에너지의 활용 960

[3] 산지전용 억제 등과 복합형 탄소흡수원의 유지·증진 ········ 961

1. 산지전용 억제 및 산림황폐화 방지 961
2. 복합형 탄소흡수원 유지 및 증진 962

Ⅳ. 산림탄소상쇄제도 ········ 963

[1] 개 념 ········ 963

[2] 인정되는 활동·유형 및 사업등록 ········ 963

1. 인정되는 활동 963
2. 산림탄소상쇄의 유형 및 구별의 실익 964
3. 사업의 등록 및 등록취소 965

[3] 산림탄소흡수량의 모니터링·검증 및 인증 ········ 965

1. 모니터링 965
2. 검 증 966
3. 인 증 967

[4] 산림탄소등록부의 구축 및 운영 ········ 968

[5] 산림탄소흡수량의 거래 ········ 968

1. 거래형식 968
2. 거래방식 969

Ⅴ. 탄소흡수원 증진 기반 조성 ········ 970

[1] 탄소흡수원 지수의 개발 및 공표 ········ 970

[2] 산림탄소상쇄제도의 운영 ········ 970

1. 산림탄소상쇄 운영 등에 관한 표준 970
2. 산림탄소흡수량의 측정·보고 및 검증 971

[3] 연구개발·교육 및 훈련 ········ 972

1. 연구개발 및 기술의 이용·보급촉진 972
2. 탄소흡수원 특성화 학교의 지정 972
3. 교육훈련 및 홍보 973

[4] 탄소흡수원 유지 및 증진활동의 지원 ········ 973

[5] 시장 및 관련 산업의 육성과 국제협력 등의 강화 ······ 974
1. 산림탄소흡수량 시장 및 관련 산업의 육성 974
2. 국제협력 및 지원의 강화 974

Ⅵ. 탄소흡수원 유지 및 증진 관련 조직 ······ 975
[1] 탄소흡수원증진위원회 ······ 975
[2] 산림탄소센터 ······ 976

제 2 절 해외농업·산림자원 개발협력법 ······ 976

Ⅰ. 총 론 ······ 976
[1] 개 요 ······ 976
[2] 해외산림자원개발에 대한 이해 ······ 978
1. 해외산림자원 및 해외산림자원개발 978
2. 대한민국국민과 외국인 979
3. 개발의 방법 980
[3] 목적 및 다른 법률과의 관계 ······ 980
1. 목 적 980
2. 다른 법률과의 관계 980

Ⅱ. 해외산림자원개발 기반 구축 및 국제산림협력사업 ······ 981
[1] 해외산림자원개발종합계획의 수립 ······ 981
[2] 해외산림자원개발 기반 구축 ······ 982
1. 해외산림자원의 조사 등 982
2. 해외산림자원개발 종합정보시스템 982
3. 인력의 육성 및 관리 982
[3] 국제산림협력사업 ······ 983
[4] 정부의 지원 및 관계 기관의 협조 ······ 984
1. 정부의 지원 984
2. 관계 기관의 협조 986

Ⅲ. 해외산림자원개발 ······ 986
[1] 사업계획의 신고 ······ 986
1. 신고절차 986
2. 내용의 보완 및 신고 수리 987
[2] 해외산림자원개발사업자에 대한 지원 ······ 987
1. 회사설립 및 운영의 지원 987
2. 자금의 융자지원 988
3. 조세에 대한 특례 989
[3] 해외산림자원개발사업자의 의무 ······ 989
1. 현황보고 989

2. 비상시 해외산림자원의 국내반입 990
3. 보고 및 검사 991

Ⅳ. 해외산림자원개발투자회사 및 해외산림자원개발투자전문회사 ············ 991

[1] 법적근거 및 준용규정 ············ 991

[2] 설립 및 존립기간 ············ 991

1. 설 립 991
2. 회사의 성격 992
3. 존립기간 993

[3] 영업보고서의 제출 및 감독 · 검사 ············ 993

[4] 집합투자업에 대한 특례 ············ 993

[5] 재산운용의 방법 ············ 994

1. 해외산림자원개발투자회사 994
2. 해외산림자원개발투자전문회사 995

[6] 자금차입 등 ············ 996

1. 해외산림자원개발투자회사 996
2. 해외산림자원개발투자전문회사 996

Ⅴ. 해외산림자원개발 관련 조직 ············ 997

[1] 해외농업 · 산림자원개발심의회 ············ 997

[2] 해외산림자원개발협회 ············ 998

■ 주요 참고문헌 ············ 999

■ 찾아보기

판례색인 1005
사항색인 1007

산림법강의

제1장 법 일반론

제1절 법이란 무엇인가

Ⅰ. 법의 본질

[1] 법의 정의

1. 법에 대한 첫 질문

우리는 통상적으로 매우 착한 사람을 일컬어 '법 없이도 살 사람'이라고 한다. 법과 관련된 이러한 표현은 아마도 '법보다 주먹이 가깝다'라는 말과 함께 우리가 일상생활 중에서 가장 많이 접하는 말 중의 하나일 것이다. 여기에서 법이란 사회생활을 유지하기 위하여 우리가 반드시 지켜야만 하는 어떤 약속이나 규칙을 의미하는 것으로 이해된다. 이것은 '법 없이도 살 사람'이 사회생활을 위하여 필요한 약속이나 규칙조차 필요 없을 정도로 순박하고 정직한 사람을 의미한다는 점에서 쉽게 알 수 있는 일이다.

그러면 법은 우리가 통상 말하는 약속이나 규칙과 같은 의미만을 가지고 있는 것일까? 법이 사회생활을 유지하기 위하여 구성원들이 지켜야 할 약속이나 규칙, 즉 규범의 일종이라는 것은 분명하다. 그러나 이처럼 법을 규범의 하나로서 이해하더라도 이러한 법이 넓은 의미에서의 규범에 속하는 관습·종교 및 도덕과도 다른 모습을 가지고 있다는 것은 부인할 수 없는 사실이다. 도대체 '사회가 있는 곳에 법이 있다'라는 말처럼 우리의 삶과 분리할 수 없는 법이란 무엇을 의미하는 것일까?

2. 법의 개념

일반적으로 법이란 '국가와 사회를 유지하기 위한 강제적인 사회규범'으로서 사회규범적 성격과 강제규범적 성격을 함께 가진 것으로 이해된다.[1] 여기에서 규범

1) 김동근 외 7인, 「법학개론」, 법률출판사, 2016, 26~27면.

이란 사회를 유지하기 위하여 사회구성원에게 일정한 행위를 하거나 하지 않도록 요구하는 일정한 행동양식으로써 '약속은 지켜져야 한다'(pacta sunt servanda)거나 '살인하지 말라'와 같은 당위성의 기준을 말한다. 이러한 규범은 그 적용범위에 따라 자신에게 개인적으로 적용되는 개인규범과 사회구성원에게 요구되는 사회규범으로 구분된다.

개인규범은 개인의 영역에 속하는 것이므로 각자에게 남겨두고 사회규범에 대해서만 살펴본다면 사회규범이란 국가와 사회를 유지하기 위하여 공동체의 구성원에게 요구되는 일반적인 준칙을 의미한다. 이러한 사회규범은 개인과 공동체 사이를 규율하는 것으로서 도덕·관습 및 종교 등을 포함한다. 법의 경우에도 국가와 사회를 유지하기 위한 규범이라는 점에서 당연히 사회규범의 일종에 속한다.

사회규범은 위반행위에 대하여 제재를 가함으로써 그 이행을 강제하는 강제성이 있느냐에 따라 강제규범과 비강제규범으로 구별한다. 이에 따르면 종교나 도덕과 같은 규범은 일정한 강제성에도 불구하고 그 위반에 대하여 외부적인 제재가 따르지 않는다는 점에서 비강제규범에 해당하나, 법의 경우에는 위반이 있는 경우에 국가권력에 기반을 둔 제재가 강제된다는 점에서 다른 사회규범과는 구분된다.[2] 사실 법은 가장 강한 강제성을 가진 대표적인 강제규범이다.

3. 법규범의 분류

가. 의 의

법은 국가와 사회를 유지하기 위한 강제적인 사회규범으로서 다양한 성격을 가지고 있다. 법이 가진 이러한 규범성은 통상적으로 (1) 행위규범, (2) 조직규범, (3) 재판규범으로 구분한다.[3] 법규범에 대한 이러한 분류는 전체 법체계 내에서 우리가 구체적인 법규내용을 보다 잘 이해하도록 도와준다는 점에 그 실익이 있다. 예를 들면 어떤 법조문이 조직규범에 해당하는 경우에는 행위규범과는 달리 일반적인 조직규범의 해석 틀에 따라 설립의 근거, 조직의 성격, 업무내용, 기관 및 예산 등으로 이를 체계화하여 분석할 수 있기 때문이다.

---

2) 법과 국가의 긴밀한 관계는 국가 없는 법은 생각할 수 없을 정도로 의문의 여지가 없다. 이에 대하여 대표적인 법실증주의자로서 순수법학을 주장한 켈젠(H. Kelsen, 1881~1973)은 "국가와 법이 동일하다"라고까지 주장하였다. 보다 자세한 내용은 오세혁, 「법의 한계: 법철학 및 사회철학 입문」, 세창출판사, 2013, 11면을 참고하라.

3) 홍성찬, 「법학원론」, 박영사, 2017, 25~27; 김동근 외 7인의 앞의 책, 28~29면.

나. 분류에 따른 내용

행위규범이란 일반인의 행위와 관련된 규범으로서 이는 다시 법적으로 일정한 행위를 하도록 허용하는 허용규범과 이를 명령하는 명령규범 및 어떤 행위를 하지 못하게 금지하는 금지규범으로 구분할 수 있다. 이에 따르면 첫째, 허용규범이란 일정한 능력이나 지위를 부여하거나 구체적인 권리를 설정하는 규범으로서 예를 들어 "산지전용을 하려는 자는 그 용도를 정하여 대통령령으로 정하는 산지의 종류 및 면적 등의 구분에 따라 산림청장 등의 허가를 받아야 하며…"와 같은 규정을 말한다(산지관리법 제14조 제1항). 둘째, 명령규범이란 일정한 행위를 해야 할 의무를 부과하거나 적극적인 행위를 명령하는 규범으로서 일반적으로는 "산림소유자, 산림소유자 외에 감염목 또는 감염우려목…의 소유자 및 그 대리인…은 재선충병이 발생하였거나 발생할 우려가 있을 때에는 이를 구제·예방하여야 한다"와 같은 형식을 취한다(소나무재선충병방제 특별법 제3조 제1항). 셋째, 금지규범이란 법적 의무자에게 일정한 행위를 하지 않을 것을 요구하는 규범을 말하는데, 이러한 금지규범은 많은 경우에 위반에 따른 벌칙과 같이 재판규범과 연계되어 있는 것이 특징이다. 금지규범은 보통 "산림치유지도사는 다른 사람에게 그 명의를 사용하게 하거나 자격증을 대여해서는 아니된다"와 같은 형식으로 규정한다(산림문화·휴양에 관한 법률 제11조의2 제6항).

조직규범은 「정부조직법」 등과 같이 국가기관, 지방자치단체 및 공공기관 등의 단체나 조직을 구성하고 권한을 부여하는 규범을 말한다. 이러한 조직규범은 "산림복지단지의 조성·운영 등 산림복지서비스 활성화를 위하여 한국산림복지진흥원을 설립한다"와 같은 형식으로 규정되어 있다(산림복지진흥에 관한 법률 제49조 제1항).

재판규범은 행위규범이나 조직규범에 위반되는 경우에 재판절차 등을 통하여 당사자에게 일정한 법적 제재를 가하는 규범으로서 벌칙을 포함하여 민·형사상 책임을 지우는 규정 등을 말한다. 예를 들면 "과실로 인하여 타인의 산림을 태운 자나 과실로 인하여 자기 산림을 불에 태워 공공을 위험에 빠뜨린 자는 3년 이하의 징역 또는 3천만원 이하의 벌금에 처한다"와 같은 규정은 대표적인 재판규범에 속하는 것이다(산림보호법 제53조 제5항).

4. 법의 기능

법을 국가와 사회를 유지하기 위한 강제적인 사회규범으로 인식한다면, 이러한 법이 국가와 사회질서를 유지하고 안정시키는 기능을 가지고 있다는 것은 쉽게 이해할 수 있다. 그러나 이와 함께 법의 본질이 자유와 평등 및 개인의 기본권과 같은 개념과 분리할 수 없는 것이라면, 법은 또한 이러한 가치를 보장하는 역할을 수행해야 할 것이다. 한편 법은 한 국가와 사회의 다양한 모습을 반영한 규범체계로서 우리의 삶이 그대로 담겨있기도 하다. 도덕·관습 및 종교 등을 포함한 문화는 물론 정치체제와 경제상황, 그리고 정의에 대한 사회구성원의 통합된 생각까지 모두 법을 통하여 나타나고 유지된다. 이러한 관점에서 법이 가진 문화적 기능에 주목하는 입장은 충분히 경청할 만한 것이다.[4]

이처럼 법은 관점에 따라 그 역할이 다양하지만[5] 일반적으로는 다음과 같은 기능을 가지는 것으로 이해된다. 첫째, 법은 보장적 기능을 가진다. 보장적 기능이란 법을 통하여 자유와 평등, 생명 및 재산과 같은 개인의 불가침의 권리를 선언하고 보장하며, 분야별로 구체적인 입법을 통하여 이를 실현하는 기능을 말한다. 여기에서 자유와 평등, 생명 및 재산과 같은 기본권은 정의의 본질에 속하는 것으로서 이러한 개인의 권리는 법으로 보호받으며 오직 법에 의해서만 제한될 수 있을 뿐이다. 이러한 관점에서 볼 때 법치주의야말로 진정한 민주주의 사회를 위한 기본원칙이며 '법과 정의를 연결하는 교량'인 셈이다.

둘째, 법은 통제적 기능을 가진다. 여기에서 통제적 기능이란 국가권력에 기반한 강제력으로 국가와 사회질서를 유지함으로써 무질서로부터 법적 질서를 수호하고 국가와 사회를 통제하는 기능을 말한다. 법에 있어서 통제적 기능은 본질적인 것으로서 만일 법이 이와 같은 기능을 수행할 수 없다면 법은 그 존재의미를 상실하게 될 것이다. 법의 이러한 통제기능은 현대사회에 이르러서는 소극적인 질서유지를 넘어 공공복리를 위한 적극적인 조정과 통합에까지 그 역할을 확대하는 경향을 보이고 있다.

셋째, 법은 분쟁해결적 기능을 가진다. 법이 가지는 이러한 분쟁해결적 기능은 사회의 본질과 관련된 기능으로서 다양한 구성원들이 이해관계를 맺으며 살아가는 공동체에서 발생하는 갈등과 분쟁을 해결하는 기능을 말한다. 사실 다양한 이해관계가 얽혀있는 사회에서 갈등과 분쟁은 어쩌면 필연적인 것일 수도 있다. 그러므

---

4) 이에 따르면 법제도는 국가의 정신이고 문화를 대표하며 시대적 문화성을 상징한다. 즉 법은 사회적·문화적 산물로서 문화의 종합적인 결실이며, 사회정의의 실현을 위한 인간의 의지로서 기능한다(홍성찬의 앞의 책, 25면).

5) 예를 들어 홍성찬(앞의 책, 22-25면)은 법의 기능을 인권보장적 기능, 안정적 기능, 통제적 기능, 분쟁해결적 기능 및 문화적 기능으로 구분하고 있으며, 박영하(「법학개론」, 청목출판사, 2016, 75~81면)의 경우에는 질서유지기능, 지도기능, 통제 및 교정기능, 평가기능 및 제도형성기능으로 구분하고 있다.

로 중요한 문제는 갈등과 분쟁 그 자체가 아니라 그것을 해결하는 방식일지도 모른다. 때로는 갈등과 분쟁을 조정하고 통합하는 방식에 따라 공동체의 미래가 결정될 수도 있기 때문이다. 법은 이러한 사회적 갈등과 분쟁을 해결하는 평화적·제도적 장치로서 사회구성원이 동의한 가치판단 기준이며, 필요한 경우에는 그 이행을 강제할 수 있는 기준이기도 한 것이다.

[2] 법과 도덕·관습 및 종교

1. 법과 도덕

법이 가진 개념적 요소를 분해하여 법을 이해하려는 것은 매우 효과적인 방법 중의 하나임이 분명하다. 그러나 이러한 분석적 방법과는 달리 법을 보다 넓은 의미의 사회규범과 비교함으로써 법의 특성이 저절로 드러나게 하는 것도 유용한 방법일 것이다. 특히 법과 동일한 사회규범 범주에 속하는 도덕·관습 및 종교를 비교하여 그 차이점을 살펴보는 것은 특별히 의미있는 일이라고 생각한다. 이러한 관점에서 우선 법과 도덕을 비교해 보기로 한다.

일반적으로 도덕은 사회생활을 유지하기 위하여 사람이 마땅히 지켜야 할 도리나 바람직한 행위기준을 말한다. 이러한 도덕은 법과 가장 가까운 사회규범으로서 서로 밀접한 관계를 가지고 있다. 예를 들어 '살인하지 말라'라는 것은 도덕적인 요청인 동시에 법률적인 명령이기도 하기 때문이다. 그러나 형법상 '간통죄'의 위헌여부에 대한 논쟁[6]에서 보듯이 도덕과 법률 사이에는 부인할 수 없는 틈도 존재하는 것이 사실이다. 그렇다면 법과 도덕은 서로 어떻게 다른 것일까?

법과 도덕을 구별하는 가장 일반적인 기준은 법이 인간의 외면적 행위를 규율하는데 반하여 도덕은 내면적 의사를 규율한다는 것이다. 그러나 법률상 고의와 과실이 구별되는 점 등을 보더라도 법이 인간의 내면적 의사를 고려하지 않고 있다는 주장은 다소 극단적으로 보인다는 문제가 있다. 한편 이러한 주장과는 달리 법은 타율적 규범이나 도덕은 양심에 기반한 자율적 규범이라는 점을 강조하는 입

---

6) 배우자가 있는 사람이 배우자가 아닌 사람과 성관계를 가진 경우에 이를 처벌하는 간통죄(형법 제241조)는 1953년 형법 제정 이래 범죄행위로서 처벌되어 왔다. 그러나 개인의 사생활에 형법이 지나치게 개입한다는 관점에서 해당 조항의 위헌여부에 대한 논쟁이 끊이지 않았으며, 1990년 이래 4차례의 합헌결정에도 불구하고 성적 자기결정권 및 사생활의 비밀과 자유를 침해하여 헌법에 위반된다는 헌법재판소의 위헌결정으로 결국 2015년 2월 26일 폐지되었다(헌재 2015. 2. 26. 2009헌바17 등). 간통죄에 대한 이러한 논쟁은 부부간의 성적 성실의무 등 도덕적 요구와 법적 의무가 언제나 일치하는 것은 아니라는 것을 잘 보여주는 것이다.

장도 있다. 그러나 이에 대해서는 자율성과 타율성을 구분하는 기준이 여전히 불명확하다는 점에서 스스로 한계를 가지고 있다는 반론도 있다.

법과 도덕의 구별기준에 대한 이러한 다양한 의견에도 불구하고, 이들을 구별하는 가장 유력한 기준은 '국가권력에 의한 강제성 여부'라는 것이 일반적인 생각이다. 이에 따르면 법의 경우에는 위반한 사람에게 국가권력에 기반하여 강제적인 제재가 가해지지만, 도덕의 경우에는 위반자에게 사회적 비난만이 가해질 뿐 국가권력에 의한 제재는 가해지지 않는다.

사실 법과 도덕을 명확하게 구분하려는 시도는 근대적인 것이라고 보아야 한다. 고대 그리스에서조차 법과 도덕의 구분은 모호했으며, 이러한 혼돈은 도덕에서 법의 궁극적인 정당성을 찾는 자연법론 사상과 연계되어 중세에 이르기까지 어느 정도 유지되어 왔기 때문이다. 법과 도덕을 명확하게 구분한 것은 토마지우스(Christian Thomasius, 1655~1728)의 성과이다. 그는 "도덕성은 인간의 내적 삶에 제한되지만, 법은 반대로 외면적이다"라고 하면서, "진정한 법적인 효력을 가진 법은 주권을 가진 통치자에 의하여 결정되어 제정된 실정법"이라고 주장하였다.[7] 토마지우스의 이러한 주장 이후 법과 도덕은 그 기준의 모호성에도 불구하고 전통적으로 별개의 것으로 인식되어 왔다.

어쩌면 법과 도덕에 대한 이러한 논쟁은 다소 소모적인 것으로 비춰질 수도 있다. 왜냐하면 법과 도덕 모두 일정한 강제성을 가진 사회규범으로서 내용에 있어서도 앞에서 살펴본 것과 같이 많은 부분이 중복되는 등 밀접한 관련성을 가지고 있기 때문이다. 그러나 법을 보다 잘 이해하기 위해서는 다소 수고스럽더라도 법과 도덕을 구분하려는 노력이 반드시 필요해 보인다. 옐리네크(Georg Jellinek, 1851~1911)의 주장처럼 '법은 도덕의 최소한'이어야 할 뿐만 아니라, 「정부조직법」과 같이 도덕과의 관련성이 적은 것처럼 보이는 법도 실재하기 때문이다. 그러나 법과 도덕에 대한 이러한 논쟁에 대하여 우리가 어느 입장에 서든 법과 도덕은 모두 사회생활을 규율하는 규범으로서 상호의존 내지 보완관계에 있다는 점은 부인할 수 없을 것이다.[8]

2. 법과 관습

관습이란 일정한 사회에서 구성원 대다수에 의하여 반복적으로 수행되고 승인

---

7) 김선복, 「법철학」, 세종출판사, 2014, 155면.
8) 최문기 외 16인, 「법학통론」, 신지서원, 2016, 36면.

되어 온 행동양식을 말한다. 이러한 관습은 자연적으로 발생하나 일단 반복되어 관행으로 굳어지는 경우에는 이를 준수하여야 한다는 의식이 구성원들 사이에서 강하게 형성되므로 실제적인 사회규범으로서의 역할을 수행하게 된다.

사실 역사적으로 살펴보면 사회관행이 관습을 형성하고, 이렇게 형성된 관습의 상당 부분이 법규범으로 수용되었다는 것을 알 수 있다. 이것은 특정한 관습이 사회 구성원들로부터 광범위한 법적 인식을 얻게 되는 경우 불문법인 관습법의 위치에 이르기도 한다는 점에서 잘 알 수 있다. 이처럼 관습은 현실적으로 사회규범으로서의 일정한 역할을 감당하기도 하지만, 이 경우에도 법과는 다음과 같은 점에서 차이가 있다.

- 법은 국가권력을 기반으로 하여 성립되는데 반하여, 관습은 사회 속에서 그 구성원들에 의하여 자연적으로 발생되어 반복된 관행으로부터 성립한다.
- 법은 국가권력에 의한 강제성을 기반으로 하여 실현되나, 관습은 국가권력이 아니라 사회 구성원의 규범의식에 의하여 유지된다.
- 법은 국가권력이 미치는 국가 전체에 적용되지만, 관습은 규범의식이 미치는 전체 혹은 부분사회에만 적용된다.

법과 관습을 구별하는 이러한 기준은 법과 도덕의 경우에서 이미 살펴본 것처럼 다소 모호하고 상대적인 것일 뿐 절대적인 기준이 되지는 못한다. 실제로 사회생활의 유지에 중요한 관습인 경우에는 국가권력에 의하여 법으로 제정될 뿐만 아니라 일정한 관습의 경우에는 국가의 승인을 얻어 관습법이 되기도 하기 때문이다.

이러한 경우 관습은 일정한 요건 아래에서 국가권력에 의하여 제정된 법의 해석기준이 되거나 법률에 대한 보충적 효력을 가지기도 한다. 이것은 특히 관습이 큰 영향을 미치는 법의 경우에 보다 광범위하게 드러나는데, 현행 민법의 경우에도 아래와 같이 많은 규정에서 이를 명문으로 시인하고 있다.[9] (1) 민사에 관하여 법률에 규정이 없으면 관습법에 의하고 관습법이 없으면 조리에 의한다(민법 제1조). (2) 법령 중의 선량한 풍속 기타 사회질서에 관계없는 규정과 다른 관습이 있는 경우에 당사자의 의사가 명확하지 않은 때에는 그 관습에 의한다(민법 제106조). (3) 물권은 법률 또는 관습법에 의하는 외에는 임의로 창설하지 못한다(민법 제185조). (4) 건물을 축조함

9) 이외에도 민법은 저수·배수 및 인수를 위한 공작물의 비용부담(제224조), 수류의 변경(제229조 제3항), 용수권(제231조~제233조)에 관한 다른 관습의 적용(제234조), 경계표·담의 설치(제237조 제3항), 고용계약에 따른 보수액과 지급시기(제656조 제1항 및 제2항) 등에서 관습의 법적 효력을 명문으로 규정하고 있다.

에는 특별한 관습이 없으면 경계로부터 반미터 이상의 거리를 두어야 한다(민법 제242조 제1항). (5) 여행자는 약정한 시기에 대금을 지급하여야 하며, 그 시기의 약정이 없으면 관습에 따르고, 관습이 없으면 여행의 종료 후 지체 없이 지급하여야 한다(민법 제674조의5). 이처럼 법과 관습은 서로 밀접한 관련성을 가지고 있으며, 일정한 규범의식을 바탕으로 서로 보완하고 의존하면서 우리 사회생활을 규율하고 있는 것이다.

3. 법과 종교

종교란 일반적으로 신 또는 절대자의 존재에 대한 믿음과 그를 숭배하기 위한 활동 및 그런 믿음의 체계를 포함한다. 이러한 종교는 동물이나 자연 등을 숭배하는 초기적 신앙형태부터 기독교·불교 등의 세계 종교에 이르기까지 다양한 모습을 가지고 있다. 종교는 믿음을 기반으로 하므로 내재적 규범임에도 불구하고 다른 어떤 형태의 규범보다 강력한 영향력을 가지고 있으며, 이로 인하여 역사적으로 종교지도자와 국가를 운영하는 정치지도자가 동일시되는 혼란스러운 모습이 나타나기도 하였다. 실제로 초기 문명사회는 종교지도자와 정치지도자가 동일시되는 제정일치의 국가 모습을 가지고 있었는데, 이러한 전통은 고대 이집트 및 로마제국 등의 경우에는 정치지도자를 신격화하는 모습까지 보이기도 하였다.

종교와 정치의 혼동은 당연히 법의 독자성을 위협하였으며, 특히 기독교 사상이 지배한 중세 서양의 경우에는 종교가 법을 흡수하여 교회법이 국가와 사회를 지배하는 상황이 벌어지기도 하였다. 그러나 근대 이후에는 종교와 법의 분리가 일반화되어 종교에 관한 법은 종교 내부만을 규율하게 되었으며, 이는 국교를 인정하는 경우에도 일부의 국가를 제외하고는 일반적으로 받아들여지고 있다. 이와 같은 종교와 법의 분리는 매우 자연스러운 것인데, 이는 다음과 같은 점에서 법과 종교는 서로 차이가 있기 때문이다.

- 법은 사회질서를 유지하기 위한 강제적인 규범이나, 종교의 경우에는 절대자에 대한 믿음을 기반으로 한 신앙적·내면적인 규범으로서 일반적으로는 강제성을 가지지 않는다.
- 법은 위반행위가 있을 경우 국가권력에 기반하여 그 이행을 강제하지만, 종교의 경우에는 내부규율을 어기는 경우라도 개인의 믿음에 영향을 미칠 뿐, 그것이 법 위반행위가 되지 않는 이상 국가권력이 개입하지는 않는다.

이처럼 법과 종교는 실질적으로 다른 것이므로 서로 명확히 구별하는 것이 옳을 것이다. 법과 종교가 혼합되어 종교가 법을 지배함으로써 생겼던 많은 역사적

비극을 결코 반복할 수는 없기 때문이다. 그러나 이것이 법과 종교 사이의 밀접한 관련성을 부인하는 근거는 되지 않는다. 실제로 '살인하지 말라'와 같은 많은 종교적 계율이 도덕과 연계하여 법적 의무로 규정되어 있기 때문이다.[10] 결국 법과 종교는 실질적으로는 서로 다른 것이지만, 사회질서를 유지하고 공동의 선을 지향한다는 점에서는 상호간에 보충적인 역할을 하고 있는 것이다.

Ⅱ. 법의 정당성에 대한 논쟁

[1] 자연법 논쟁

1. 논쟁의 의의

법은 국가와 사회를 유지하기 위한 강제적인 사회규범이므로 우리가 법을 지켜야 하는 것은 당연하다. 법을 준수한다는 것은 국가와 사회질서를 유지하기 위한 가장 기본적인 의무이기 때문이다. 더군다나 법은 국가권력을 기반으로 그 이행을 강제한다는 특성이 있으므로 만일 이를 지키지 않을 경우에는 제재를 받을 수밖에 없다. 이러한 제재에는 벌금 등과 같이 금전적인 불이익에 그치는 경우도 있지만, 사형이나 징역처럼 국가와 사회로부터 강제로 격리되는 형벌도 포함된다.

그러나 만일 특정 인종에 대한 차별을 규정한 나치의 '뉘른베르크(Nürnberger) 법'[11]과 같이 국가권력이 정당하지 않거나 법이 정의롭지 않다면 이러한 경우에도 우리는 무조건 법을 준수하여야 하는가? 아니면 '부정의한 법은 법이 아니다'(lex iniusta non est lex)라는 신념으로 법에 대하여 저항해야 하는가? 사실 이것은 매우 무거운 주제이다. 국가권력의 정당성이나 정의와 같은 개념은 현실에서는 매우 복합적인 의미를 가질 뿐만 아니라 때로는 지나치게 정치적이기도 하기 때문이다. 그러나 이러한 주제들이 너무 난해하고 현학적이며 전혀 실용적이지도 않은 것처

10) 종교적 계율의 대표적인 사례는 성경에 기록되어 있는 십계명(출애굽기 20장 3절~17절, 신명기 5장 7절~21절)에서 찾아볼 수 있다. 십계명은 하나님이 모세를 통하여 기록하도록 한 기독교의 핵심교리로서 하나님과의 관계(4개 계명)와 사람 사이의 관계(6개 계명)에 대한 10가지의 계명으로 구성되어 있다. 이 중에서 사람 사이를 규율하는 계명은 ① 네 부모를 공경하라, ② 살인하지 말라, ③ 간음하지 말라, ④ 도둑질하지 말라, ⑤ 네 이웃에 대하여 거짓 증거하지 말라, ⑥ 네 이웃의 집을 탐내지 말라는 내용으로서 종교적인 규범이 도덕 및 법과 어떻게 연관되어 있는지를 잘 보여주고 있다.

11) 1935년 9월 나치에 의하여 제정된 법으로서 독일 내 유대인에 대한 국적 박탈 및 독일인과의 결혼금지 등 인종차별을 규정하고 있으며, 이를 어긴 경우에는 혼인의 무효뿐만 아니라 강제노동형에 처하도록 하였다. 이는 나치에 의하여 제정된 대표적인 악법 중의 하나이다.

럼 보일지라도, 어쩌면 이것은 법의 문제에서 가장 중요한 주제일지도 모른다. 왜냐하면 이러한 고민이야말로 법의 본질에 대한 물음이며, 진정한 법률가와 위장된 '법기술자'를 구분하는 기준이 되기 때문이다.

법의 본질에 대한 논의는 법에 대한 철학적 성찰을 주로 하는 법철학의 오랜 주제에 속한다. 그러나 법에 대한 이러한 철학적 고민은 단지 지적인 탐구에만 그치는 것이 아니라 현실의 법에 대하여 비판적으로 성찰하고, 이를 통하여 법적용에서 나타나는 문제들을 고민하면서 그것을 해결하기 위한 이론적인 근거를 제공하는 등 매우 실천적인 의미를 가지고 있기도 하다.[12] 이것이 산림법을 포함하여 법을 다루는 데 있어 법철학적 관점이 중요한 이유이기도 하다.

2. 자연법과 실정법

가. 개 념

'법이란 무엇인가'라는 관점에서 법을 바라보면 우리는 자연법과 실정법 사이의 오래된 갈등관계에 직면하게 된다. 사실 법의 역사는 곧 자연법과 실정법 간의 긴장과 대립의 역사라 해도 과언이 아니다.[13] 자연법(natural law)이란 모든 시대와 장소에 적용될 수 있는 영구불변의 법으로서 실정법을 초월하여 그 자체로서 유효한 자연적 존재질서에 기초하는 불변의 법을 의미한다. 반면에 실정법(positive law)은 이러한 자연법과 대립되는 개념으로서 국가에 의하여 실제로 제정된 법을 말한다. 일반적으로 자연법은 국가에 의하여 제정되거나 변경 또는 폐지될 수 있는 실정법과는 달리 시대와 지역을 넘어 보편적이고 항구적으로 적용되며, 실정법보다 상위의 개념으로 받아들여진다.

나. 자연법 사상

자연법에 대한 사상은 고대 그리스로부터 시작하여 중세를 거쳐 근대와 현대에 이르기까지 다양하게 전개되었다. 그리스에서는 객관적인 진리나 정의를 부정하며 인간의 주관성을 강조한 소피스트(Sophist)[14]들의 활동에도 불구하고, 플라톤(Plato, BC.427~BC.347)과 아리스토텔레스(Aristoteles, BC.384~BC.322)를 거치면서 실정법과는 구별된 자연법의 개념이 형성되었다. 이러한 경향은 아리스토텔레스 이후 스

12) 김정오 외 4인, 「법철학: 이론과 쟁점」, 박영사, 2012, 14면.
13) 최문기 외 16인의 앞의 책, 40면.
14) 진리의 절대성을 부정한 소피스트들의 이러한 주장은 '인간은 만물의 척도'라는 프로타고라스(Protagoras, BC.490추정~BC.420추정)의 주장에 잘 나타나 있다.

토아학파(Stoicism)에 이르러서는 자연법이야말로 모든 실정법의 근거가 될 수 있는 세계의 자연적 도덕질서이며, 따라서 협의의 자연법은 인간의 본성과 일치하는 올바른 이성이라고 인식되었다.[15)]

중세의 경우에는 자연법 사상이 기독교와 만나면서 더욱 구체화되었는데, 특히 토마스 아퀴나스(Thomas Aquinas, 1225~1274)는 "오직 이성만이 기준 또는 규칙일 수 있으므로 법률은 행위의 규칙 또는 척도로서 이성에 속해야 한다"라고 주장하였다. 이러한 관점은 "신법이나 명백한 이성에 반하는 시민법은 모두 법이 아니다"라는 윌리엄 오캄(William of Ockham, 1285추정~1349)의 다소 극단적인 주장에까지 이르게 되었다.

중세 이후에는 신학자들을 대신하여 비로소 법학자들과 정치철학자들이 자연법론의 논쟁에 참여하였으며, 특히 그로티우스(H. Grotius, 1583~1645)에 의하여 근대적인 성격을 갖게 된 자연법은 푸펜도르프(Samuel Pufendorf, 1632~1694)에 이르러서는 자연법을 유지하는 실질적인 원리로서 인간의 존엄과 자유·평등이 강조되었다. 이러한 자연법 사상이 당시까지 그나마 남아있던 봉건적 속박으로부터 인간을 해방시키고 근대 시민사회의 기반이 된 것은 아주 자연스러운 일이었다.

특히 18세기는 자연법 사상의 전성기로서 로크(J. Locke, 1632~1704), 볼프(C. Wolff, 1679~1754), 몽테스키외(C. Montesquieu, 1689~1755), 루소(J.J. Rousseau, 1712~1778) 등과 같은 대표적인 자연법론자들이 활동하였다. 이들의 자연법 사상은 계몽주의적 경향과 결합하면서 근대 시민혁명에 이론적 기반을 제공하였으며, 결국에는 프랑스 대혁명과 미국의 독립 등을 쟁취하는 성과를 이루어냈다. 이후 이러한 근대적인 자연법론은 역사법학[16)]의 등장과 함께 일시 쇠퇴하였으나, 19세기 후반 일종의 수정된 자연법론을 주장한 슈탐러(R. Stammler, 1856~1938) 등에 의하여 여전히 중요한 관심사로 남아있다.

다. 법실증주의

법실증주의란 법을 해석하고 적용하는 데 있어 정치·사회 및 윤리적 요소와 같은 가치를 배제한 채 오직 법 그 자체만을 기준으로 삼으려는 입장을 말한다.

---

15) 김선복의 앞의 책, 44면.

16) 역사법학은 사비니(F.K. von Savigny, 1779~1861)에 의하여 시작되었으며, 모든 시대와 국가에 적용되는 일반론적이고 추상적인 자연법론에 반대하여 법의 역사성과 민족성을 강조하였다. 사비니는 이러한 방법으로 로마법을 연구하여 독일법학의 기초를 세움으로써 현대 독일법학에 있어 가장 중요한 법학자 중의 한 명이 되었다.

이러한 법실증주의는 실정법을 초월하는 자연법의 존재를 인정하지 않으며, 법이 추구해야 할 이념에 대한 연구나 법 현상에 대한 도덕적·정치적 평가보다는 실정법 그 자체를 사실로 인정하고 그에 대한 기술적 연구에 치중하는 이론이다.[17)]

그러므로 법실증주의적 관점에 따르면 법은 인류보편의 가치를 실현하기 위한 수단이 아니라 법을 제정한 권력자의 뜻에 따라 어떤 가치를 위해서든지 활용될 수 있는 수단으로 인식된다. 법에서 도덕과 같은 가치를 제외한 이러한 법실증주의는 법을 권력자의 도구로 만들었다는 비판을 주로 받지만, 다른 한편으로는 법의 독자성을 확보하고 법적 안정성과 예측가능성을 높이는 데 기여하기도 하였다는 평가를 받기도 한다.

그러나 법실증주의의 공과에 대한 논쟁과는 별도로 과연 법에서 가치의 문제를 배제하는 것이 가능하기는 한 것일까? 이에 대하여 안타깝게도 많은 역사적인 경험은 법에서 가치를 배제하는 것이 얼마나 비극적인 결과를 가져올 수 있는지 우리에게 잘 알려주고 있다. 나치를 포함하여 공산국가와 제3세계의 많은 전제정권에서 형식적 합법성의 모양을 갖추고 자행된 인권에 대한 탄압과 인종차별 등이 그 증거이다. 결국 법은 결코 가치를 배제한 사실일 수는 없는 것이다.[18)]

3. 자연법과 실정법의 관계

자연법 사상에 따르면 정당하지 않은 법은 법이라고 할 수 없는 반면, 법실증주의적 입장에서는 형식적 합법성을 갖추어 제정된 실정법이라면 그 자체로서 법이라고 본다. 그러나 아무리 양보하더라도 형식적인 제정절차를 거쳤다고 하여 그 가치와 내용을 불문하고 이를 법으로 인정할 수 없다는 점은 분명하다. 부정의한 법은 법이 아니기 때문이다.

이러한 관점에서 법의 본질에 대한 질문에 답하고자 하는 자연법이 실정법의 정당성에 대한 기초가 되어야 한다는 것은 의문의 여지가 없다. 이것은 실정법 자체가 완전하고 불변한 것이 될 수 없었기 때문에, 이러한 실정법을 초월하는 영구적으로 올바른 질서로서의 자연법을 구하게 된 것이라는 사실을 감안하면 매우 자연스러운 것이다. 또한 자연법 사상이 중세와 절대군주의 굴레로부터 시민을 해방시키고 민주주의 발전의 토대가 되었다는 역사적 사실에 비추어 보면 그 당위성은 더욱 분명해진다. 따라서 실정법에 대한 법실증주의적 관점의 유효성을 일부 인정

---

17) 김정오 외 4인의 앞의 책, 21면.
18) 김상용, 「자연법론과 법정책」, 피앤씨미디어, 2015, 134면.

하더라도, 자연법은 여전히 실정법에 대한 비판적 존재로서 법실증주의의 남용에 대한 감시역할과 실정법에 대한 보완기능을 담당해야 할 것이다.[19] 이런 점에서 실정법은 자연법 내에서만 유효하며, 따라서 자연법을 그 한계로 한다고 할 것이다.

[2] 법과 정의

1. 정의란 무엇인가

정의가 무엇인가에 대한 대답은 대단히 복잡해 보인다. 이것은 우리가 "정의롭다"거나 "정의롭지 못하다"라는 말을 얼마나 자주 사용하고 있는지를 감안하면 대단히 의아한 일이기도 하다. 그러나 정치적 목적 등을 갖고 의도적으로 왜곡하는 일부의 경우를 제외한다면, 정의란 일반적으로 '공정하고 이치에 합당한'(fair and reasonable) 상태를 의미한다. 이러한 정의는 옳고 그름을 판단하는 기준으로서 인류의 보편적 가치이며, 따라서 정의로운 국가와 사회는 의심할 여지없이 우리 모두의 지향점이기도 하다.

그렇다면 구체적으로 정의란 무엇일까? 사실 이에 대해서는 고대 그리스로부터 시작하여 너무나도 다양한 주장들이 있어 왔음에도 불구하고 여전히 논쟁이 진행 중일 정도로 일치된 개념을 찾아보기 힘든 것이 현실이다. 이것은 정의에 대한 논쟁이 단지 법의 본질에 대한 것일 뿐만 아니라 우리의 삶, 즉 정치·경제 및 사회 전반에 대한 문제와 밀접하게 관련되어 있기 때문이다.[20] 더군다나 정의의 기준에 관한 판단에는 감정이나 종교적 신념 등과 같은 비합리적인 요소도 작용하는데,[21] 이러한 것들은 정의에 대한 우리의 이해를 더욱 어렵게 만들기도 한다.

이런 점에서 정의란 무엇인가에 대한 우리의 고민은 문제를 해결하는 것이 아니라 새로운 도전이 될지도 모른다. 그러나 이러한 불안감에도 불구하고 우리는 정의가 무엇인가에 대한 물음을 주저해서는 안 될 것이다. 왜냐하면 이러한 질문이야말로 우리 사회의 근원적 존재가치에 대한 물음이기 때문이다.

---

19) 전장헌, 「법학원론」, 박영사, 2016, 11면.
20) 정의의 개념에 대한 이러한 주장들에 대해서는 홍성찬의 앞의 책, 75~78면을 참고하기 바란다. 고대 그리스로부터 최근에 이르기까지 정의에 대한 다양한 주장을 잘 요약해 놓고 있기 때문이다.
21) 표시열, 「정책과 법: 원리 · 판례」, 박영사, 2014, 10면.

2. 정의에 대한 논쟁

가. 아리스토텔레스의 정의론

정의에 대한 체계적인 개념은 아리스토텔레스로부터 찾아볼 수 있는데, 그는 정의를 크게 보편적 정의와 특수적 정의로 구분하였다. 이에 따르면 보편적 정의란 법을 지키는 것과 같이 모든 사회구성원들에게 요구되는 것을 말한다. 여기에서 법을 지킨다는 것은 넓은 의미의 사회규범에 대한 준수를 포함하며, 이런 점에서 보편적 정의란 공동체의 구성원일 경우 누구나 공동체 내에서 요구하는 일반원칙을 지켜야 한다는 것을 의미한다. 보편적 정의는 다른 말로 법률적 정의라고도 한다.

특수적 정의란 공동체의 일반원칙을 준수해야 한다는 보편적 정의와 구별되는 개념으로서 특수한 상황에 적용되는 정의를 말한다. 이러한 특수적 정의는 다시 평균적 정의와 분배적 정의로 구분되는데, 평균적 정의란 공동체의 구성원은 모두 동일한 가치를 가지고 있으므로 평등하게 취급되어야 한다는 '형식적인' 평등을 말하며, 분배적 정의란 구성원이 가진 차이에 따라 부와 권력 등과 같은 공동체의 가치를 나누는 '실질적인' 평등을 의미한다. 따라서 평균적 정의에 따르면 기본적인 권리가 사회구성원 모두에게 차별 없이 주어지고, 심지어는 범죄를 저지른 경우에도 그에 상응하는 처벌만을 받는 것이 정의로운 것이나, 분배적 정의에 따르면 "각자에게 그의 몫을"[22] 주는 것이 정의로운 것이다.

나. 근대 이후의 정의론

아리스토텔레스 이후 정의가 무엇인가에 대한 논쟁은 중세를 지나 근대에 오자 다시 활발해지면서 정의란 "공동체의 행복이 극대화되도록 추구하는 것"이라는 벤담(J. Bentham, 1748~1832)의 공리주의적 주장과 같은 일정한 성과를 가져 오기도 하였다. 그러나 정의와 관련하여 무엇보다도 의미있는 주장은 칸트(I. Kant, 1724~1804)의 '자유의지'로부터 얻을 수 있는데, 이를 통하여 비로소 정의와 자유의 관계가 명확하게 드러났기 때문이다. 이것은 고대의 정의론이 미덕에서 출발하는 반면 근대의 정의론은 자유에서 출발한다는 관점[23]에서 보면 매우 큰 진전이었다.

---

22) 이를 다른 말로 하면 정의란 '같은 것은 같게, 다른 것은 다르게' 하는 것이다. 우리는 이러한 분배적 정의개념을 통하여 형식적이고 절대적인 평등이 아닌 실질적인 평등의 가치를 발견하게 된다. 한편 평균적 정의는 산술적·교환적 정의라고도 하며, 분배적 정의는 비례적 정의로 부르기도 한다.

현대에 이르러서는 자유를 억압하는 전체주의적 국가의 대두와 자본주의의 발전에 따른 왜곡된 현실을 반영하듯 정의에 대한 논쟁은 더욱 치열해졌다. 이러한 논쟁들 중에서 특히 롤스(J. Rawls, 1921~2002)의 주장은 경청할 필요가 있는데, 그는 자유와 기회, 소득 및 부와 같은 사회의 기본적 가치는 평등하게 배분되어야 한다고 하면서, 만일 그렇지 않은 경우에는 그것이 사회의 최소 수혜자에게 유리한 경우에만 정당하다고 주장하였다. 정의에 대한 그의 이러한 관점은 다음과 같은 2개의 원칙[24]에 잘 나타나 있는데, 그는 이러한 정의의 원칙에 부합되는 사회가 공정한 사회라고 역설하였다.

- 각자는 다른 사람들의 유사한 자유의 체계와 양립할 수 있는 평등한 기본적 자유의 가장 광범위한 체계에 대하여 평등한 권리를 가져야 한다.
- 사회적・경제적 불평등은 다음과 같은 두 조건을 만족시키도록, 즉 (1) 모든 사람들의 이익이 되리라는 것이 합당하게 기대되고, (2) 모든 사람들에게 개방된 직위와 직책이 결부되게끔 편성되어야 한다.

3. 법과 정의의 관계

정의의 개념에 대하여 어떠한 입장을 따르더라도 민주적 가치를 인정하는 한에 있어서는 법과 정의가 서로 무관하다고 주장할 수는 없을 것이다. 사실 법과 정의의 밀접한 연관성에 대한 이러한 입장은 고대 그리스 이후 보편적인 것인데,[25] 특히 소크라테스(Socrates, BC.470추정~BC.399)의 경우에는 법과 정의를 동일한 것으로 인식하기까지 하였다. 그러나 누구보다도 법과 정의에 대하여 가장 깊이 있는 통찰을 보여준 철학자는 법을 정의에서 나온 것으로 이해한 아리스토텔레스일 것이다. 그에 따르면 법은 정의를 드러내며 정의는 법을 통하여 실현된다. 법과 정의는 서로 분리할 수 없지만 결코 동일한 것은 아니다. 즉 정의는 법의 이념이며,

---

23) Michael J. Sandel(이창신 옮김), 「정의란 무엇인가」, 김영사, 2013, 21면.

24) J. Rawls(황경식 옮김), 「A Theory of Justice 정의론」, 이학사, 2003, 105면. 이를 좀 더 구체적으로 살펴보면 제1원칙은 기본적 자유를 규정하는 규칙이 모든 사람에게 평등하게 적용될 뿐만 아니라 할 수 있는 한 가장 광범위한 자유를 허용할 것을 요구하는 것이고, 제2원칙은 부와 소득이 모두에게 균등하게 분배될 필요는 없지만 그 분배는 모든 사람에게 이익이 되는 방향으로 이루어져야 하며, 권한과 책임을 갖게 되는 직위는 누구나 접근할 수 있어야 한다는 것이다(홍성우, 「존 롤즈의 정의론 읽기」, 세창미디어, 2015, 42~43면).

25) 이러한 보편적 인식과는 달리 트라시마코스(Thrasymachus, BC.459~BC.400)의 법에 대한 인식은 매우 독특하다. 그는 "정의는 오로지 강자의 이익일 뿐이며, 따라서 국가 내에서는 정부의 이익이다"라고 하면서 법률은 권력을 지닌 개인 및 집단이 자신의 권익을 증대시키기 위하여 만든 것이라고 주장하였다. 이에 대해서는 김선복의 앞의 책, 19면을 참고하라.

법에 대한 가치를 부여하는 것이다.[26]

법과 정의에 대한 가장 일반적인 설명은 독일의 대표적인 법철학자인 라드브루흐(G. Radbruch, 1878~1949)를 통하여 들을 수 있다. 그의 설명에 의하면 정의란 법적 안정성 및 합목적성과 함께 '법으로서 지향해야 할 가치나 목적'인 법의 이념을 구성하는 것이다.[27] 이러한 정의는 평균적 정의와 분배적 정의로 나누어지는데, 평등한 개인들 간의 정의인 평균적 정의를 위해서는 우선 당사자를 평등하게 하는 분배적 정의가 적용되어야 한다. 즉 라드브루흐에 따르면 분배적 정의야말로 정의의 원형이며, 법의 가치기준으로서 법이 어떻게 적용되어야 할 것인가에 대한 방향을 설정하여 주는 것이다. 한편 법의 이념을 구성하는 이러한 정의와 법적 안정성 및 합목적성은 상호보완의 관계에 있으면서도 때로는 상호 모순된 입장에 서기도 한다. 따라서 혹시라도 법의 이념 사이에 모순이나 충돌이 있는 경우에는 상호간에 비교형량을 통하여 조정하여야 하나, 그 우열이 크지 않은 경우에는 궁극적으로 정의의 이념에 최우선적인 지위를 인정해야 할 것이다.[28]

법과 정의에 대한 라드브루흐의 이러한 주장은 '정의를 포함한 법의 이념에 봉사하는 것'을 법이라고 함으로써 이에 부합하지 않는 부정의한 실정법은 법이 아니라는 선언으로 요약할 수 있다. 우리는 통상 이를 '라드브루흐 공식'(Radbruchsche Formel)이라고 부르는데, 이는 실정법이 정의를 추구하지 않거나 참을 수 없는 정도로 정의에 반하는 경우 그 실정법은 법이 아니며, 따라서 정의가 그 실정법을 대신하여야 한다는 원칙이다.

---

26) 홍성찬의 앞의 책, 74면.

27) 여기에서 '법적 안정성'이란 법이 안정적으로 기능하고 작용하여야 한다는 것을 말한다. 따라서 법이 법으로서 기능하지 못하게 되는 경우에는 법적 안정성을 잃게 된다. 이러한 법적 안정성은 국가와 사회질서유지라는 법의 본질적인 측면에서만이 아니라 법 그 자체에 대한 안정도 요구한다. 법은 시행 이후에만 적용되고 과거의 사실에 대하여는 소급해서 적용될 수 없다는 '법률 불소급의 원칙'과 같은 것은 법에 대한 이러한 신뢰를 보호하기 위한 것이다. 이러한 '법률 불소급의 원칙'은 우리 헌법에서도 규정하고 있는데, 이에 따르면 헌법 제13조 제1항은 "모든 국민은 행위시의 법률에 의하여 범죄를 구성하지 아니하는 행위로 소추되지 아니하며, 동일한 범죄에 대하여 거듭 처벌받지 아니한다"라고 하면서, 이를 참정권과 재산권에 확대하여 같은 조 제2항에서는 "모든 국민은 소급입법에 의하여 참정권의 제한을 받거나 재산권을 박탈당하지 아니한다"라고 분명하게 선언하고 있다. 한편 법의 이념을 구성하는 또 다른 개념인 '합목적성'이란 법이 그 목적인 정의를 실현하려면 시대와 사회가 바람직하다고 여기는 가치나 기준에 부합하여야 한다는 것을 의미한다. 이러한 합목적성은 시대와 사회의 가치관에 따른 상대적인 개념인데, 현대복지국가에서는 개인의 자유와 공공복리를 적절하게 조화시키는 것이 합목적성에 부합하는 것이라고 여겨진다.

28) 박명수 · 김학범, 「법학개론」, 법문사, 2017, 18~20면.

[3] 부정의한 법과 불복종의 문제

1. 부정의한 법에 대한 준수 여부

법은 정의와 법적 안정성 및 합목적성과 같은 법의 이념에 따라야 한다. 따라서 만일 실정법이 이에 부합하지 않거나 심지어는 의도적으로 이러한 법의 이념을 왜곡하는 경우 그 실정법은 더 이상 법이 아니다. 즉 라드브루흐의 선언처럼 '부정의한 법'은 법이 아닌 것이다.

그렇다면 이처럼 부정의한 실정법은 법이 아니라면 이러한 실정법은 지키지 않아도 되는 것일까? 법이 따라야 할 이념의 핵심이 정의라면, 이미 정의의 모습을 상실한 실정법은 법이 아니므로 이를 준수하지 않아도 되는 것이 아닌가? 아니 법이 부정의한 모습을 가지고 있다면, 그 법을 지키는 것이 오히려 부정의한 것이 되는 것은 아닐까? 이러한 의문은 당연하면서도 매우 중요한 것이다. 실제로 국가의 최고규범임에도 정치적 특성이 강한 헌법의 경우에 이러한 논쟁은 단순히 이론적인 것을 넘어 '저항권'이라는 모습으로 현실에서 자주 다뤄진다.

2. 저항권 및 시민불복종에 대한 논쟁

헌법상 저항권이란 위헌적인 권력행사에 의하여 헌법적 가치질서가 완전히 무너지는 것을 저지하기 위한 예비적인 수단으로서 국가권력에 의한 헌법침해에 대한 최후적·초실정법적인 보호수단이다.[29] 따라서 저항권은 헌법을 보호하기 위한 것이지 헌법질서를 변혁하려는 것이 아니며, 이런 점에서 저항권과 혁명권은 서로 분명히 구별되어야 한다.[30] 이러한 초실정법적인 저항권에 대하여 법실증주의자들의 경우에는 당연히 이를 부인하지만, 근대 자연법론자들이라고 하여 모두 저항권

---

29) 허영, 「한국헌법론」, 박영사, 2018, 86면.

30) 대법원은 1975년 긴급조치위반사건 판결(대판 1975. 4. 8. 74도3323)에서 저항권을 부정하였으며, 이후 10·26관련 김재규 사건에서는 소수의견만이 이를 인정하였다(헌재 1995. 12. 15. 95헌마221등). 그러나 헌법재판소는 노동조합 및 노동관계조정법 등에 관한 위헌제청의 건에서 "저항권은 국가권력에 의하여 헌법의 기본원리에 대한 중대한 침해가 행하여지고 그 침해가 헌법의 존재 자체를 부인하는 것으로서 다른 합법적인 구제수단으로는 목적을 달성할 수 없을 때에 국민이 자기의 권리·자유를 지키기 위하여 실력으로 저항하는 권리"이기는 하지만, "국회법 소정의 협의 없는 개의시간의 변경과 회의일시를 통지하지 아니한 입법과정의 하자는 저항권 행사의 대상이 되지 아니한다"라고 결정하였다(헌재 1997. 9. 25. 97헌가4). 이러한 결정을 볼 때 헌법재판소가 저항권을 헌법상 기본권으로 인정하는지에 대해서는 불명확하기는 하지만, 대법원 판례처럼 이를 전적으로 부인하고 있는 것으로는 보이지 않는다(양건, 「헌법강의」, 법문사, 2018, 1064~1066면).

을 인정하는 것은 아니다. 저항권을 인정한 로크와는 달리 홉스(Th. Hobbes, 1588~1679)와 칸트 등은 이에 대하여 부정적이기 때문이다.

사실 저항권에 대한 논쟁에서 그 중심은 저항권의 유무가 아니라 어떠한 경우에 이를 행사할 수 있는가 하는 점이다. 이는 저항권이 무분별하게 행사되는 경우 그로 인하여 헌법을 포함한 실정법이 붕괴되고, 결국에는 회복할 수 없는 무질서가 초래될 것이 너무나도 분명하기 때문이다. 이러한 상황은 헌법을 보호하기 위한 예비적인 수단이라는 저항권의 본질과도 결코 부합되는 것이 아니다.

우리가 어떤 법이 정의롭다고 말할 때 그 내면에는 정의와 합목적성뿐만 아니라 법적 안정성도 고려하고 있음을 잊지 말아야 한다. 국가와 사회 속에서 법이 안정적으로 기능하고 작용하는 법적 안정성 또한 법의 이념으로서 매우 중요하기 때문이다. 이런 점에서 헌법상 저항권은 헌법을 보호하기 위한 최후의 수단으로서만 가능하다고 해야 할 것이다.[31] 이것은 저항권의 행사가 사실로서의 힘을 기반으로 한다는 점과 합법적인 저항권의 행사와 헌법적 가치질서를 무분별하게 뒤흔드는 저항권의 남용은 엄격하게 구별되어야 하기 때문이다.

부정의하다고 생각되는 법에 대한 시민불복종(civil disobedience)의 문제도 이와 다르지 않다. "우리는 먼저 인간이어야 하고, 그 다음에 국민이어야 한다고 나는 생각한다. 법에 대한 존경심보다는 먼저 정의에 대한 존경심을 기르는 것이 바람직하다"라는 주장[32]도 일정한 조건하에서만 정당화될 수 있기 때문이다.[33] 따라서 부정의한 법에 대한 판단과 이를 무력화시키기 위한 '현명한' 시민의 행동도 저항권과 같이 법의 이념적 구조 안에서 최후의 수단으로만 신중히 행사되어야 하며, 그 행동을 위한 판단은 입법기관이 제대로 역할을 수행하고 있는지 또는 사법기관의 독립성은 보장되고 있는지, 그리고 언론의 자유는 변함없이 확고한지 등과 같이 정의를 지키기 위한 수단을 종합적으로 살펴보고 결정해야 할 것이다. 마지막까지 법에 대한 신뢰를 놓지 않으려는 노력은 어느 상황에서나 필요하기 때문이다.

---

31) 일반적으로 저항권의 행사요건으로는 보충성 또는 예비성, 최후수단성 및 성공가능성을 든다. 이에 대하여 보다 자세한 내용은 허영의 앞의 책, 90면을 참고하라. 이와 관련하여 "민주적 기본질서를 침해하는 국가권력에 대한 다른 구제수단이 없는 경우 저항권 주장은 인정되어야 할 것"이라는 입장도 이와 같은 것으로 이해된다(김철수, 「헌법학신론」, 박영사, 2013, 96면).

32) Henry D. Thoreau(강승영 옮김), 「시민의 불복종」, 은행나무, 2019, 21면.

33) 롤스는 시민불복종이 정당화되기 위한 조건으로 ① 정의에 대한 중대하고 명백한 침해일 것, ② 통상적인 법적 구제수단을 거쳤을 것, ③ 시민불복종을 행하는 반대자들은 유사한 상황의 다른 모든 사람들에게도 이를 인정할 것, ④ 본래 의도된 목적이 증진되어야 하며 그런 의미에서 전략적으로도 합리적일 것을 제시하였다. 롤스의 이러한 조건은 양건의 앞의 책, 1063~1064면에서 재인용한 것이다.

Ⅲ. 법치주의

[1] 법치주의의 의의

1. 개 념

법치주의란 국민의 대표로 구성된 국회에서 제정한 법률에 따라 국가가 운영되어야 한다는 원칙을 말한다. 이러한 법치주의는 객관적인 규범인 법률에 따라 입법부 · 행정부 및 사법부의 국가작용이 이루어져야 한다는 것으로서 어떤 개인이나 집단이 자의적인 기준에 따라 국가를 운영하는 '사람(人)의 지배'와는 대비되는 개념이다.

법치주의는 영미법계의 '법의 지배(rule of law)'와 독일의 '법치국가'에서 유래된 말로서 통상적으로 어느 하나에 한정하지 않고 두 개념을 포괄하는 의미로 사용한다.[34] 이에 따르면 우선 법의 지배란 국왕도 법 아래에서 법의 지배를 받아야 한다는 원칙으로서 영국에서 의회주권이 확립되는 과정에서 정립되었으며, 미국에 도입되어서는 미국 헌법의 기본원리가 되었다. 법의 지배는 영국의 헌법학자인 다이시(A. V. Dicey, 1835~1922)에 의하여 이론적으로 정립되었는데, 특히 법의 우위와 법 앞의 평등 등을 그 핵심내용으로 한다. 이러한 법의 지배는 자의적이고 독단적인 힘에 의한 지배를 거부하는 것이다.

법치국가란 사람이나 자의가 지배하는 국가가 아니라 법이 지배하는 국가로서 모든 국가권력의 행사가 법적으로 구속을 받는 국가를 말한다.[35] 그러나 독일의 이러한 법치국가 사상은 법의 지배 원리와 같이 민주주의와 결합하지 못함으로써 법의 내용보다는 형식에 치우치게 되었으며, 그 결과 나치에 의하여 법치주의 원리가 철저하게 유린당하는 쓰라린 경험을 하게 되었다. 독일이 이러한 한계를 벗어난 것은 나치가 몰락한 제2차 세계대전 이후의 일로서 현재의 독일연방공화국은 법률의 형식만이 아니라 그 내용에 있어서도 자유와 평등을 지향하는 정당성을 갖추도록 하는 실질적인 의미에서의 법치국가 체제를 확립하고 있다.[36] 이러한 의미에서 오늘날에는 영미법계의 법의 지배와 독일의 법치국가 사상은 별 차이가 없다

34) 양건의 앞의 책, 231면.

35) 한수웅, 「헌법학」, 법문사, 2018, 233면.

36) 이것은 현재의 독일기본법이 연방헌법재판소에 의한 위헌법률심사를 통하여 법률에 대한 헌법의 우위를 확고하게 규정하고 있는 것으로 확인할 수 있다. 이에 대하여는 성낙인, 「헌법학」, 법문사, 2019, 255면을 참고하라.

고 보아야 할 것이다.[37)]

우리 헌법은 이러한 법치주의를 명문으로 규정하고 있지는 않지만, 실질적으로는 이를 헌법상의 기본원리 가운데 하나로 삼고 있음은 의심할 여지가 없다. 이는 현행 헌법 중에서 (1) 기본권 보장, (2) 권력분립제도, (3) 위헌법률에 대한 심사·결정제도, (4) 법치행정의 보장, (5) 신뢰보호 및 과잉금지의 원칙 등과 같은 내용에서 법치주의를 분명히 확인할 수 있기 때문이다.[38)]

2. 헌법상의 법치주의

가. 기본권 보장

헌법은 제10조에서 "모든 국민은 인간으로서의 존엄과 가치를 가지며, 행복을 추구할 권리를 가진다. 국가는 개인이 가지는 불가침의 기본적 인권을 확인하고 이를 보장할 의무를 진다"라고 하여 기본권 보장을 통하여 자유·평등 및 정의가 실현되도록 규정하고 있다. 이와 같은 기본권 보장을 통한 자유와 평등, 그리고 정의의 실현은 법치주의의 실질적인 내용을 이루는 것이다. 헌법은 또한 이러한 기본권 보장에 관한 규정과 함께 그 권리가 침해된 경우에는 그로부터 효과적으로 구제받을 수 있는 제도들도 함께 규정하고 있는데,[39)] 이는 기본권을 형식적·선언적 차원에서가 아니라 실질적으로 보장하고자 하는 헌법적 의지가 표현된 것으로 보아야 할 것이다.

나. 권력분립제도

헌법은 국가권력을 입법권·행정권 및 사법권으로 나누어 이를 각각 국회와 행정부 및 법원에 속하도록 하고 있다(제40조·제66조 제4항 및 제101조). 이는 '견제와 균형'을 통하여 국가작용의 남용을 방지함으로써 법치주의를 실질적으로 보장하려는 헌법적 장치라고 할 것이다. 이러한 권력분립의 원칙은 헌법 제8조에 따른 정당설립의 자유 및 복수정당제의 보장, 제111조부터 제113조에 따른 헌법재판제도, 제117조 및 제118조에 따른 지방자치제도 등에도 적용되어 있다.

---

37) 양건의 앞의 책, 233면. 이와 같은 입장으로는 양건의 앞의 책, 162면의 주3)을 참고하라.

38) 허영의 앞의 책, 165~168면. 한편 성낙인(앞의 책, 264~270면)은 헌법상 법치주의의 내용으로서 ① 성문(경성)헌법, ② 기본권과 실질적 적법절차의 보장, ③ 권력분립, ④ 사법적 권리보장, ⑤ 포괄적 위임입법의 금지를 들고 있으며, 그 파생원칙으로서 신뢰보호의 원칙 등이 있다고 주장한다.

39) 이러한 권리구제를 위한 제도로는 인신보호를 위한 기본권(헌법 제12조, 제16조 및 제27조), 국가배상청구권(헌법 제29조) 및 손실보상청구권(제23조 제3항) 등을 들 수 있다.

다. 위헌법률에 대한 심사 · 결정제도

헌법은 법률이 헌법에 위반되는지에 대하여 독립된 헌법기관인 법원이 이를 심사(제107조 제1항)하고 헌법재판소가 결정(제111조 제1항 제1호)하는 제도를 두고 있는데, 이는 입법권의 남용을 방지하고 개인의 기본권을 실질적으로 보장하기 위한 것으로서 법치주의를 구현하기 위한 핵심적인 제도라고 할 것이다.

라. 법치행정의 보장

법치주의를 실질적으로 보장하기 위해서는 행정권이 법률에 의하여 명확하게 규정되고 효과적으로 통제되는 것이 중요하다. 이를 위하여 헌법은 제75조에서 "대통령은 법률에서 구체적으로 범위를 정하여 위임받은 사항과 법률을 집행하기 위하여 필요한 사항에 관하여 대통령령을 발할 수 있다"라고 함으로써 행정권에 의한 위임입법이 국회의 입법권 아래에 있음을 분명히 하고 있다. 헌법은 또한 명령 · 규칙 및 처분이 헌법이나 법률에 위반한 경우에는 대법원에서 그 위헌 및 위법 여부를 최종적으로 심사(제107조 제2항)하도록 함으로써 행정에 대한 법률의 우위를 확고히 보장하고 있다.

마. 신뢰보호 및 과잉금지의 원칙

헌법재판소에 따르면 헌법은 법치주의의 실질적인 요청에 따른 파생원칙으로서 신뢰보호의 원칙을 인정하고 있는데, 이러한 신뢰보호의 원칙은 입법 · 행정 및 사법 등 모든 국가작용에 요청되지만, 특히 입법의 경우에는 소급입법의 금지를 그 핵심으로 하는 것으로 이해된다.[40] 한편 법치주의의 내용에 이와 같은 신뢰보호의 원칙과는 별도로 국가긴급권의 발동과 관련된 과잉금지의 원칙을 포함하여 설명하는 입장도 있다.[41]

---

40) 헌법재판소는 대학입시전형 관련 내신평가방식의 변경과 관련하여, "헌법상의 법치국가원리의 파생원칙인 신뢰보호의 원칙은 국민이 법률적 규율이나 제도가 장래에도 지속할 것이라는 합리적인 신뢰를 바탕으로 이에 적응하여 개인의 법적 지위를 형성해 왔을 때에는 국가로 하여금 그와 같은 국민의 신뢰를 되도록 보호할 것을 요구한다…"라고 하면서 법치주의의 파생원칙으로서 신뢰보호의 원칙을 인정하고 있다(헌재 1997. 7. 16. 97헌마38). 한편 권영성도 "신뢰보호의 원칙은 헌법상 법치국가의 원리를 그 이론적 근거로 한다"라고 주장하였으며(권영성, 「헌법학원론」, 법문사, 2010, 158면), 성낙인은 이러한 "신뢰보호의 원칙은 법령의 개정에 있어서도 적용이 된다"라고 하였다(성낙인의 앞의 책, 257면). 이와 함께 한수웅의 앞의 책, 268~269면도 참조하라.

41) 허영의 앞의 책, 168~169면.

[2] 실질적 법치주의의 중요성

법치주의를 형식적으로만 이해하는 경우에는 법의 내용은 불문하고 법률의 형식만 갖추면 된다는 오류에 빠지기 쉽다. 그러나 나치정권과 일본제국주의 시대와 같은 전체주의 국가의 경우에도 국가작용은 법률의 형식에 따라 이루어졌다는 것을 잊어서는 안 된다. 그들은 모두 형식적 법치주의의 모습을 갖추고 있었던 것이다.

어떤 이유에서든지 법에서 가치의 문제를 배제하는 것은 현란한 속임수와 협박에 개인의 자유와 인권이 유린당했던 수많은 역사적 경험에 눈을 감는 것이나 다름없는 일이다. 무지와 공포에 굴복하여 또다시 법의 모양만을 따를 수는 없다. 법은 결코 정의로부터 떼어낼 수 없는 것이기 때문이다. 아무리 그럴듯하게 보이더라도 자유와 평등, 개인의 기본적 인권 및 정의가 보장되지 않는 법은 부정의한 법으로서 법률의 외형만 갖춘 것에 불과할 뿐이다. 진정한 법치주의를 실현하기 위해서는 법의 실질적인 내용이 더욱 중요하다. 사실 현대 법치주의의 핵심은 합법성의 근거가 되는 법률(lex)과 정당성의 근거가 되는 법(jus)을 조화시키는 것이다.[42)]

이러한 관점에서 법치주의는 개인의 기본권 보장, 국가권력의 분립, 위헌법률에 대한 통제 및 언론의 자유 등과 같은 민주주의적 가치와 결합하여야만 한다. 이는 이러한 민주적 장치들이 제대로 기능을 할 때에만 법치주의는 비로소 형식적인 것을 넘어 실질적 법치주의를 이루게 되고, 이를 통하여 '법과 정의를 연결하는 교량'으로서의 역할을 기대할 수 있기 때문이다.

Ⅳ. 법과 정책

[1] 정책의 개념

정책이란 "바람직한 사회 상태를 이룩하려는 정책목표와 이를 달성하기 위해 필요한 정책수단에 대하여 권위 있는 정부기관이 공식적으로 결정할 기본방침"을 의미한다.[43)] 이러한 정책은 사회문제를 해결하여 공익을 달성하고자 하는 정부의

---

42) 허영의 앞의 책, 163면.

43) 정정길 외 4인, 「정책학원론」, 대명출판사, 2020, 35면. 사실상 정책의 개념에 대하여는 매우 다양한 의견들이 존재하는데, 이것은 보는 관점에 따라 정책의 어느 측면을 강조할 것인가에 대한 입장이 다르기 때문이다. 정책에 대한 이러한 다양한 주장에 대해서는 특히 남궁 근(「정책학」, 법문사, 2017, 12~15면)과 권기현(「정책학 강의」, 박영사, 2018, 85~87면)의 설명을 참

미래지향적인 의사결정으로서 문제형성 → 정책형성 → 대안선택 → 정책집행 → 정책평가와 같은 일련의 과정으로 이루어진다.[44)45)]

이처럼 정책이란 일반적으로 어떤 사회의 바람직한 목표를 달성하기 위한, 즉 문제해결을 위한 수단으로 이해된다. 그러나 급변하는 현대사회에서 정책을 단지 문제해결의 수단으로만 인식하는 것은 지나치게 편협해 보인다. 실제로 바람직한 사회를 이루기 위해서는 문제해결뿐만이 아니라 문화와 가치 등과 같은 사회의 구성요소들을 바람직하게 바꾸는 것이 필요하기 때문이다. 이러한 관점에서 정책을 "인간의 존엄성이 실현되는 바람직한 사회를 만들기 위하여 사회적 시스템・구조・문화・가치・규범・행태・물리적 환경 등을 어떻게 바꾸며, 또 어떠한 방법으로 바꾸고자 하는가 하는 정부개입의 목적들과 수단들을 권위 있게 결정해 놓은 것"으로 이해하는 주장이 있다.[46)] 이러한 주장은 정책을 단지 문제해결의 수단으로서가 아니라 사회적 가치의 바람직한 배분으로 보는 입장까지 포괄하고자 하는 것으로서 큰 의미가 있어 보인다.

정책에 대한 연구는 정책의 대상 및 정책결정 과정에 대하여 보다 분명하게 알 수 있게 해줄 뿐만 아니라 정책결정에 영향을 미치는 제도와 시스템에 대한 이해도 높여줄 것으로 기대된다. 또한 실무적인 차원에서도 이러한 연구가 보다 효율적이고 합리적인 새로운 정책을 수립하고 집행할 수 있는 기반이 된다는 점에서 중요한 의의를 갖는다고 할 것이다.

[2] 법과 정책의 관계

1. 법과 정책의 불가분성

법은 정책을 만들고 집행하며 평가하는 과정 전체와 밀접하게 연계되어 있으므로 법과 정책은 따로 떼어 생각할 수 없다. 문제해결을 위하여 대안을 찾는 절차

조하라.

44) 정책결정 과정의 첫 단계인 문제형성이야말로 정책을 다루는 데 있어 어쩌면 가장 중요한 단계일지도 모른다. 문제를 문제로 인식하는 것이 모든 정책의 시작이기 때문이다. 의도적으로 문제를 문제에서 배제하는 것이 정책에 있어서는 가장 치명적인 것이 될 수도 있다.

45) 미국의 정책학자인 앤더슨(J.E. Anderson)의 정책결정 과정에 대한 구분으로 표시열의 앞의 책, 5면에서 재인용하였다. 한편 문제형성 → 정책형성 → 대안선택까지의 과정만을 좁은 의미에서의 정책결정 과정이라고도 할 수 있는데, 어떻게 대안을 선택하여 정책을 결정하는가에 대해서는 합리모형을 포함하여 다양한 이론모형들이 존재한다. 이에 대하여는 노화준, 「정책학원론: 복잡성 과학과의 융합학문적 시각」, 박영사, 2016, 443~464면을 참고하라.

46) 노화준의 앞의 책, 7면.

와 의사결정의 과정, 그리고 정책을 집행하는 방법 및 평가까지 정책은 법에 담겨 표현된다.[47] 정책은 또한 법의 이념인 정의의 실현을 목표로 한다. 사회적 가치의 바람직한 배분을 통하여 인간의 존엄성이 실현되는 정의로운 사회를 만드는 것이 정책의 최종 목표이기 때문이다.

이러한 관점에서 법률과 정책은 본질상 동일하며, 따라서 '법이 곧 정책'이라는 생각은 틀린 것이 아니다.[48] 특히 국민의 자유와 권리 및 의무에 관련된 정책인 경우에는 국회의 의결을 거치는 법률의 형태를 갖추어야 하므로 이러한 측면에서 보면 법률과 정책의 동질성은 더욱 분명해진다고 할 것이다.

2. 법과 정책의 접점

법과 정책이 서로 밀접하게 연계되어 있다면 서로가 맞닿는 지점은 어디쯤일까? 사실 이에 대하여는 법률과 정책의 필연적 불가분성에도 불구하고 아직까지는 체계적인 연구가 미흡한 것이 사실이다.[49] 그러나 이러한 한계에도 불구하고 법과 정책이 외부에 가장 현저하게 드러나는 접점부터 찾아본다면 그 단서를 얻게 될지도 모르는 일이다. 입법과정이 그런 곳이다.

실제로 입법과정은 핵심적인 정책결정 과정의 하나로서 법과 정책의 만남이 가장 극적으로 표출되는 지점이다. 이것은 국민의 자유와 권리를 제한하거나 국민에게 새로운 의무를 부과하는 정책은 반드시 국민의 대표자로 구성된 국회에서 법률로 결정되어야 하기 때문이다.[50] 물론 법률로 정할 필요가 없거나 위임받은 범위 내의 정책인 경우에는 이러한 과정을 거치지 않아도 되겠지만, 국회의 입법과정은 국민의 자유와 권리를 제한하거나 국민에게 새로운 의무를 부과하는 중요정책인

---

47) 정부의 정책은 주로 법률과 예산의 형태로 드러난다. 법률과 예산은 정책의 목표, 방향 및 구체적인 내용을 담고 있으며, 둘은 형태는 다르지만 서로 밀접하게 연계되어 만들어지고 집행된다. 이러한 특성은 예산이 법률의 형태를 갖는 미국·영국 등의 국가에서는 더욱 분명하게 드러난다.

48) 정정길 외 4인의 앞의 책, 36~37면. 이와 관련하여 홍준형은 "정책학에 있어 법은 주로 정책을 실행하기 위한 수단이나 정책결정의 산물로서 고려되나 법정책학은 법을 사회과학적인 인식의 대상으로 삼아 정책의 제도적 여건, 정책결정이 이루어지는 과정인 동시에 정책과정의 산물로서 이해한다"라고 하면서, "법적 과정은 특히 입법과정의 측면에서는 그 자체가 하나의 정책결정 과정이며, 이를 통해 상충하는 이해관계나 집단의 요구가 조정되고 또 수용되는 복합적인 경로(channel)가 된다"라고 주장하였다(홍준형, 「법정책의 이론과 실제」, 법문사, 2008, 21면).

49) 표시열의 앞의 책, 3면.

50) 이에 대하여 헌법은 제37조 제2항에서 "국민의 모든 자유와 권리는 국가안전보장·질서유지 또는 공공복리를 위하여 필요한 경우에 한하여 법률로써 제한할 수 있으며, 제한하는 경우에도 자유와 권리의 본질적인 내용을 침해할 수 없다"라고 명확하게 선언하고 있다.

경우에는 결코 회피하거나 생략할 수 없는 절차인 것이다. 예를 들어 만일 산림청이 국토의 균형적인 발전을 이유로 산지에 대한 규제를 획기적으로 완화하는 정책을 수립하려고 한다면, 산림청에서는 「산지관리법」의 해당 규정을 개정하거나 산지규제 완화정책을 담은 특별법을 제정하여야 한다. 산지의 이용에 관한 사항은 국민의 권리와 의무에 직접 관련된 중요한 사항이므로 법률을 제정하거나 개정하지 않고서는 현재의 내용에 변화를 가져올 수 없기 때문이다. 결국 산지규제에 대한 새로운 정책을 현실화하려면 법률을 바꾸거나 새로 제정해야만 하는 것이다. 이렇게 정책의 문제는 입법의 문제가 되고, 국회의 입법과정에서 정책은 법과 만나게 된다.

이러한 관점에서 볼 때 국회는 정부의 중요한 정책들이 '법의 모습'을 하고 모이는 광장으로서 그 입법과정은 정책을 다듬고 평가하며, 때로는 이를 무력화시키고 제거하는 정책과정인 것이다. 이러한 과정에는 이익단체나 이해관계인이 첨예한 여론의 이름으로 참여하며, 국회는 공청회 등을 통하여 국민의 의견을 수렴한다. 정책은 국회의 입법과정을 통하여 마치 거대한 용광로에서 불순물이 걸러지듯 녹여지고 다듬어지는 것이다. 이렇듯 국회의 입법과정은 정책과정이면서 가장 치열한 정치과정이기도 하다.[51]

법과 정책은 이러한 입법과정 이외에도 (1) 법문화 내지 법치주의, (2) 헌법가치, (3) 법의 원리, (4) 사법부의 판단과 같은 여러 지점에서 서로 만나고 영향을 끼친다.[52] 예를 들어 사법부의 경우 법률에 대한 최종적인 판단인 판결을 통하여 정책에 개입하고 평가하는 것이 그것이다. 이런 점에서는 사법부도 정책의 동반자라고 할 수 있는데, 실제로 많은 경우에 사법부의 판결을 통하여 중요한 정책이 바뀌거나 변경되기도 하는 것이 사실이다.

[3] 산림법 해석에 학제적 연구가 필요한 이유

정책을 연구대상으로 하는 정책학은 현실문제의 해결을 위한 학문으로서 특별히 학제간의 연구를 필요로 한다. 학제간의 연구란 어떤 연구를 인접 학문분야의 이론과 기법을 동원하여 연구하는 것으로 특정 학문분야를 뛰어넘어 학제적(inter-

51) 이와 함께 국회는 헌법 제61조에 따라 국정감사와 국정조사를 실시하는데, 행정부의 정책집행에 대하여 감사하고 조사하는 이러한 과정 또한 법과 정책이 만나는 중요한 접점 중의 하나임이 분명하다. 한편 정책결정과 정치의 관계에 대하여는 사공영호, "정책이란 무엇인가?: 정책의 수단적 가치에 대한 반성", 「한국정책학회보」, 제17권 제4호, 2008, 1~36면을 참고하라.

52) 표시열의 앞의 책, 20~21.

disciplinary)으로 문제를 해결하는 연구방법을 말한다.

법학은 정책학의 인접학문이며 경제학·행정학 및 정치학 등과 밀접히 연관되어 있다. 특히 법과 정책이 불가분의 관계에 있다면 법학 또한 정책학과 긴밀히 협력하는 것은 자연스러운 일이다.[53] 특히 산림법의 경우에는 임학·조경학 등과 같은 자연과학 분야만이 아니라 정책학·행정학·경제학 및 사회복지학 등과 같은 사회과학 분야와도 밀접하게 관련되어 있으므로 이러한 학제적 연구방법을 충실히 따르는 것은 매우 중요하다고 생각한다. 산림법이 산림이나 산지 등을 기반으로 하고 있다고 하여 그것을 해석하는 데 임학적 사고만을 고집하는 것은 대단히 안일하면서도 편협한 생각일 수 있기 때문이다.

사실 법과 정책의 관계를 이러한 학제적 연구방법에 따라 체계적으로 분석하는 것은 법정책학의 영역에 속하는 것이다. 법정책학이란 문제중심적 사고와 법에 대한 통합과학적·제도론적 접근방식에 기반하여 법규범의 해석·적용이라는 전통적 법학방법을 뛰어넘어, 법규범이 추구했던 목적을 달성하지 못한 경우 그 원인을 규명하고 대책을 찾아 나서는 학문이다. 이러한 법정책학은 객관적 법사실의 연구에 머무르지 않고 문제를 실천적으로 해결하려는 처방적 학문[54]으로서 산림정책학적 수요가 많은 산림법에 적용하기에 적합한 것으로 보인다. 따라서 앞으로 이 책에서는 학제적 연구방법을 충실히 따르면서 넓은 의미의 법정책학적 관점에 따라 산림법을 해석하고 적용해 나가고자 한다. 이를 위하여 현재의 산림정책에 대한 평가, 법의 정책적 효과에 대한 검토 및 법집행의 타당성 여부는 물론 입법론적 대안에 이르기까지 산림법에 담긴 산림정책 전반에 대하여 긴장감을 유지한 채 다루어 나갈 것이다.

---

53) 이와 유사한 관점에서 박세일 등은 "왜 법학·경제학·경영학·정치학·사회학·윤리학·역사학 등 사이에 학제적 연구가 활발해지는 것일까?"라고 물으면서, 이질적인 분야인 법과 경제의 상호관계와 작용을 연구하는 법경제학의 중요성에 대하여 강조하고 있다. 이에 대하여는 박세일 외 6인, 「박세일 경제학」, 박영사, 2019, 8~9면 및 42면을 참고하라.

54) 법정책학에 대한 설명은 표시열의 앞의 책, 19면을 참고하라. 표시열은 이 책에서 법정책학을 법에 초점을 둔 정책학적 법학과 정책에 초점을 둔 법정책학으로 구분하고 있으나, 이 책에서는 이러한 구분을 따르는 대신 두 개념을 합한 넓은 의미의 법정책학이라는 개념을 사용하고자 한다.

제2절 법의 체계와 분류

Ⅰ. 법의 존재형식

[1] 법 원

1. 법원의 개념

법원(法源, source of law)이란 법의 연원을 줄여서 표현한 것으로서 일반적으로는 법의 존재형식을 의미한다. 이러한 법원에 대하여 법철학적 관점에서는 다양한 의미로 사용하기도 하지만 통상적으로는 적용법규를 의미하는 것으로 이해하면 충분하다. 예를 들어 민사에 관하여 분쟁이 생겼을 경우에 이를 해결하기 위한 법규로서 민법이 있다면, 그 민법이 어떤 모습으로 존재하고 또 그 범위는 어디까지인가 하는 것이 민법의 법원인 것이다. 결국 민법의 법원이란 민사에 관한 적용법규를 의미하는 것이다(민법 제1조). 이는 산림법에 관한 법원의 경우에도 마찬가지이다. 그러므로 산림법의 법원이란 '산림에 관한 적용법규'를 의미하는 것으로서 산림에 관한 법적 분쟁이 발생하거나 행정행위에 대하여 적용할 법규가 필요한 경우에 어떠한 법을 적용할 것인가에 관한 것으로 이해하면 된다.

2. 법원의 분류

법원은 표현형식에 따라 성문법과 불문법으로 나누어진다. 성문법(written law)이란 일정한 절차를 거쳐 문서 형식으로 공포된 법으로서 제정법이라고도 한다. 성문법은 그 체계에 따라 헌법, 법률, 명령, 규칙, 자치법규 및 조약으로 구분된다. 이러한 성문법과는 달리 불문법(unwritten law)은 문서의 형식을 갖추지 않은 법으로서 일정한 제정절차를 거치지 않은 법을 말하며 관습법 · 판례법 및 조리와 같은 것을 말한다.

법의 진화과정을 존재형식의 측면에서 보면 불문법에서 성문법으로 이행되었다는 주장[55]도 있으나, 성문법과 불문법의 차이는 진화적인 측면보다는 오히려 역사 · 문화 및 정치적 상황에 영향을 받아 각 국가에서 고유하게 형성된 것으로 보는 것이 합리적으로 보인다. 그러나 불문법에 대한 성문법의 진화론적 우위를 인

55) 홍성찬의 앞의 책, 34면.

정하지 않는다고 하더라도 봉건제의 폐지를 확정짓고 사유재산제도를 인정한 나폴레옹법전(1804년)과 같은 성문법전이 갖는 인류문화사적 가치는 결코 낮게 평가되어서는 안 될 것이다. 더군다나 국가권력에 대하여 개인이 가진 불가침의 기본권을 선언한 미국의 헌법(1787년)과 같은 성문헌법의 영향력은 부인할 수 없는 것이다. 근대 시민사회의 정신을 담은 체계적인 법전이 역사의 발전과 인권보장에 기여하였다는 것은 의문의 여지가 없기 때문이다.

3. 성문법주의와 불문법주의

가. 개 념

성문법주의란 어떤 국가의 법이 헌법을 정점으로 하여 성문법 중심으로 체계화되어 있는 것을 말하며, 우리나라를 포함하여 주로 독일과 프랑스와 같은 대륙법계 국가가 여기에 해당한다. 이와는 달리 불문법주의는 불문법을 중심으로 한 국가로서 영국과 미국 등 영미법계의 국가가 속하는 법체계이다. 특히 영국은 헌법조차 불문헌법을 중심으로 이루어진 대표적인 불문법주의 국가로서 법원의 판례를 중심으로 한 보통법(common law) 체계를 이루고 있다.

나. 성문법주의와 불문법주의의 차이

성문법주의는 법원의 표현형식뿐만 아니라 그 체계와 내용에 있어서도 불문법주의와는 다른 차이를 가지고 있는데, 특히 그 법규범이 문서의 형태로서 법전 안에 체계화되어 있으므로 법체계의 통일성을 유지하기가 쉽고 법의 내용이 명확하다는 특성을 가진다. 그러므로 성문법주의에 따를 경우 법적 안정성 측면에서 볼 때 불문법주의보다는 유리하며, 외국법을 받아들이는 것도 불문법주의의 경우보다 용이하다고 할 수 있다. 성문법주의 아래에서는 법률의 제정이나 개정 절차만으로 외국법의 내용을 받아들일 수 있기 때문이다. 그러나 다른 한편으로 성문법주의는 법의 내용이 법전 안에 갇혀버림으로써 내용이 고정되는 경향을 보이기도 한다. 이에 따라 성문법주의 아래에서 법은 사회현실에 신속하고 융통성 있게 적응하지 못할 뿐만 아니라, 그 내용에 있어서도 사회현실을 반영하는 대신 입법자의 의도가 과다하게 반영됨으로써 '성문법 만능주의'와 같은 결과를 초래하기도 한다.

불문법주의의 경우에는 이러한 성문법주의와는 달리 법체계의 통일성을 유지하기가 어려우며 법의 내용도 명확하지 않다는 특성을 가진다. 따라서 불문법주의는 법적 안정성 측면에서 성문법주의보다는 불리하며, 외국법을 받아들이는 것도 쉽지 않다. 그러나 이러한 약점에도 불구하고 불문법주의 아래에서의 법은 일반적으로 성문법주의의 법보다는 현실을 잘 반영하고 신축성이 있는 것으로 평가된다.

그러나 서로 다른 이러한 특성에도 불구하고 성문법주의와 불문법주의의 차이가 본질적으로 법의 규범성에 영향을 미친다고 보기는 어렵다. 법의 효력은 법전에 있는 것이 아니라 법을 지키려는 국민의 법의식에 있기 때문이다. 결국 성문법주의와 불문법주의의 차이는 각국의 역사·문화 및 정치적 상황이 반영된 것으로서 서로 넘을 수 없을 만큼 간격을 두고 있는 사이는 아닌 것이다. 실제로 점차 둘 사이의 경계는 희미해지는 모습을 보이고 있는데, 이는 성문법주의 국가에서도 일정한 범위에서 불문법을 법원으로 인정할 뿐만 아니라, 대표적인 불문법 국가인 영국에서도 불문법을 보완하기 위하여 성문법을 제정하는 경향을 보이고 있기 때문이다.

[2] 성 문 법

1. 헌 법

헌법은 국가의 기본질서에 관한 법으로서 강한 정치적 특성을 가지고 있으며, 특히 민주국가의 헌법인 경우에는 기본권 보장 및 권력분립 등과 같은 헌법적 가치를 선언하고 보장하는 기능을 한다. 이러한 헌법은 법체계의 정점에 있는 국가 최고의 기본법으로서 국가의 법질서 중에서도 가장 강한 우선적 효력을 가지고 있으며, 따라서 법률·명령 등과 같은 하위 법규범은 헌법이 인정하는 범위 내에서만 그 효력을 유지할 수 있다.

헌법이 가지는 이러한 최고규범성의 근거는 헌법을 보는 관점에 따라 다르다. 즉 규범주의적 헌법관에 따르면 헌법의 최고규범성은 헌법이 국가의 기본질서라는 헌법규범의 내재적 논리로부터 나오는 당연한 결론이라고 주장하나, 결단주의적 헌법관에서는 헌법제정권자인 국민이 내린 정치적 결단에 그 최고규범성의 근거가 있다고 주장한다. 한편 통합과정론적 헌법관에 따르면 사회통합을 위한 공감대적인 가치질서를 헌법이라고 하면서 헌법의 최고규범성의 근거를 이러한 사회통합과정에서 찾기도 한다.[56]

56) 헌법의 본질에 대한 다양한 주장들에 대하여는 허영의 앞의 책, 13~20면; 권영성의 앞의 책, 11~14면; 한수웅의 앞의 책, 15~19면; 김철수의 앞의 책, 17~18면을 참조하라. 헌법의 본질에 대한 이러한 다양한 의견들을 정리하여 성낙인은 "사실로서의 헌법은 정치성·개방성·이념성·역사성·가치성 등을, 규범으로서의 헌법은 최고규범·기본권보장규범·권력통제규범·수

헌법은 개정절차에 따라 경성헌법과 연성헌법으로 구분하는데 헌법의 개정절차가 일반 법률의 개정절차보다 엄격한 경우에는 경성헌법이라고 하며, 반대로 그 개정절차가 일반 법률의 개정절차와 별다른 차이가 없는 경우에는 연성헌법이라고 한다. 현행 헌법은 헌법의 최고규범성을 보장한다는 측면에서 대부분의 다른 국가와 같이 경성헌법에 속하며, 따라서 그 개정절차는 법률의 개정보다 엄격한 절차에 따르도록 정하고 있다(第128조~第130조).

헌법(대한민국헌법, 1987년 10월 29일)의 구성을 살펴보면 다음과 같다.

- 전문
- 주권 및 정치체제, 국민의 요건, 영토, 공무원제도 및 정당제도(제1조~제9조)
- 국민의 기본적 권리 및 의무(제10조~제39조)
- 국회, 정부(대통령 · 행정부), 법원, 헌법재판소 및 선거관리위원회(제40조~제116조)
- 지방자치와 경제(제117조~제127조)
- 헌법개정(제128조~제130조)

헌법과 관련하여 우리나라가 영국과 같은 불문헌법 국가와는 달리 성문헌법을 가지고 있음에도 불문헌법과 같이 관습헌법의 개념이 인정될 수 있는가 하는 점은 의문이다. 이에 대하여 헌법재판소는 「신행정수도의 건설을 위한 특별조치법」의 위헌확인심판에서 "서울이 수도라는 점은 우리의 제정헌법이 있기 전부터 전통적으로 존재하여 온 헌법적 관습이며 우리 헌법조항에서 명문으로 밝힌 것은 아니지만 자명하고 헌법에 전제된 규범으로서 관습헌법으로 성립된 불문헌법에 해당한다"[57]라고 결정하여 관습헌법의 개념을 인정하고 있다.

2. 법　률

법률은 국민의 대표자로 구성된 입법기관인 국회에서 제정한 실정법을 의미한다. 이러한 법률은 넓은 의미에서 법과 혼용하는 경우도 있으나, 일반적으로는 일정한 절차에 따라 국회에서 제정한 법률만을 의미하며 이를 형식적 의미에서의 법률이라고도 한다.

법률을 제정하는 입법권이 오직 국민의 대표기관인 국회에 있다는 것은 대의민주주의에 있어 가장 핵심적인 내용의 하나이다. 이러한 원칙은 국왕이라도 의회의

권적 조직규범 · 헌법보장을 위한 규범으로서의 특성을 가진다"라고 하였다(성낙인의 앞의 책, 26면).

57) 헌재 2004. 10. 21. 2004헌마554 · 566(병합).

동의 없이는 법률을 반포하거나 그 집행을 정지할 수 없다고 선언한 영국의 권리장전(1689년)과 입법・행정 및 사법권을 분리한 미국헌법(1787년)에까지 닿아있는 것으로서 민주주의의 본질에 속하는 것이다.

우리 헌법도 이러한 원칙에 따라 "국민의 모든 자유와 권리는 국가안전보장・질서유지 또는 공공복리를 위하여 필요한 경우에 한하여 법률로써 제한할 수 있으며, 제한하는 경우에도 자유와 권리의 본질적인 내용을 침해할 수 없다(제37조 제2항)"라고 하면서 이에 따른 "입법권은 국회에 속한다(제40조)"라고 하여 '국회입법원칙'을 명문으로 규정하고 있다. 이러한 국회입법원칙은 국민의 자유와 권리를 제한하거나 새로운 의무를 부과하는 것은 국회에서 제정한 법률의 형식에 따라야 한다는 것이므로 법률의 위임 없이 하위규범인 명령이나 규칙에서 이러한 내용을 규정하는 것은 헌법과 법률에 위배된 것으로서 효력이 없게 된다. 최근에는 이러한 국회입법원칙을 확대하여 국민의 자유와 권리 및 의무에 직접적인 관련이 없는 내용이라도 국민에게 큰 영향을 미치는 경우에는 법률로 정하도록 하고 있는 추세이다.[58)]

3. 명 령

가. 개 념

명령이란 법률에서 위임된 사항이나 법률을 집행하기 위하여 행정부가 제정하는 위임입법으로서 행정입법이라고도 한다. 이러한 명령은 법률과 달리 국회의 의결을 거치지 않는 하위규범으로서 법률의 내용에 위반한 명령은 위법한 것으로 효력이 없게 된다.

명령은 법규로서의 성질을 갖는 법규명령으로서 행정입법의 또 다른 형태인 행정명령과는 구별하여야 한다. 행정명령이란 법규의 성질을 갖지 않은 것으로서 행정기관 내부에서만 효력을 가지며 훈령・지시・예규 및 일일명령과 같은 것을 말한다. 이러한 행정명령은 행정규칙이라고도 하는데, 법규적 성질을 갖는 것이 아니

---

58) 우리나라의 전체 법률은 국가법령정보센터에 수록된 현재 유효한 법률만을 기준으로 할 때 1,541건(2021년 6월 30일 기준)에 이른다. 부처별로는 법무부, 국토교통부, 해양수산부, 행정안전부 및 보건복지부 등이 많은 법률을 관장하고 있으며, 산림청은 22건의 법률을 가지고 있어 청단위에서는 경찰청 다음으로 많은 법률을 맡고 있다. 청단위 중에서 관세청과 국세청은 소관 법률이 없는데, 이는 기획재정부가 해당 청의 소관 업무에 관한 법률도 함께 관장하고 있기 때문이다. 행정부 이외에서는 국회가 「국회법」, 「국정감사 및 조사에 관한 법률」 등 11개를 맡고 있으며, 대법원(8개), 중앙선거관리위원회(7개) 및 헌법재판소(1개)의 경우에도 각 기관의 소관 법률을 책임지고 있다. 이와 같은 법률통계에 대하여는 법제처의 홈페이지(www.moleg.go.kr) 중 법제업무정보-법령통계 및 현황 또는 국가법령정보센터(www.law.go.kr)를 참고하라.

므로 여기에서는 따로 설명하지 않는다.

나. 헌법상의 명령

명령으로 표현되지만 성격이 전혀 다른 것으로서 헌법에 규정되어 있는 대통령의 '긴급재정·경제처분 및 명령'과 '긴급명령'이 있다. 다음과 같은 이러한 명령은 헌법상 대통령이 갖는 국가긴급권의 일종으로서 법률의 효력을 갖는다.

- 대통령은 내우·외환·천재·지변 또는 중대한 재정·경제상의 위기에 있어서 국가의 안전보장 또는 공공의 안녕질서를 유지하기 위하여 긴급한 조치가 필요하고 국회의 집회를 기다릴 여유가 없을 때에 한하여 최소한으로 필요한 재정·경제상의 처분을 하거나 이에 관하여 법률의 효력을 가지는 명령을 발할 수 있다(제76조 제1항).
- 대통령은 국가의 안위에 관계되는 중대한 교전상태에 있어서 국가를 보위하기 위하여 긴급한 조치가 필요하고 국회의 집회가 불가능한 때에 한하여 법률의 효력을 가지는 명령을 발할 수 있다(제76조 제2항).

다. 명령의 구분

A. 위임명령과 집행명령

명령은 내용에 따라 위임명령과 집행명령으로 구분한다. 위임명령이란 법률에서 위임한 사항에 관하여 규율하는 법규명령을 말한다. 헌법은 이러한 위임명령에 관하여 제75조에서 "대통령은 법률에서 구체적으로 범위를 정하여 위임받은 사항… 대통령령을 발할 수 있다"라고 규정하고 있다. 이와 함께 총리령이나 부령도 그것이 법률이나 대통령령의 위임에 의한 것이라면 위임명령에 속하는데, 헌법은 이에 대하여 제95조에서 "국무총리 또는 행정각부의 장은 소관사무에 관하여 법률이나 대통령령의 위임…총리령 또는 부령을 발할 수 있다"라고 하여 이를 분명히 하고 있다.

위임명령은 사실상 법률의 내용을 보충하는 것이므로 보충명령이라고도 하는데, 이는 위임받은 범위 안에서는 새로운 법규사항을 정할 수 있기 때문이다. 그러나 위임명령은 본질적으로 위임받은 사항에 대해서만 규정할 수 있으므로 그 범위를 벗어나거나 일반적·포괄적으로 위임 또는 재위임하는 것은 허용되지 않으며 위임한 법률이 유효한 경우에만 그 효력을 가진다. 헌법 제75조에서 위임명령의 경우 '법률에서 구체적으로 범위를 정하여 위임받은 사항'이라고 한 것은 위임명령의 이러한 허용범위를 잘 보여주는 것이다.

이러한 위임명령과는 달리 집행명령이란 법률을 집행하기 위하여 필요한 사항을 규율하는 법규명령을 말한다. 집행명령은 법률의 시행을 위한 명령이라는 의미에서 시행명령이라고도 하는데, 통상 이러한 뜻으로 대통령령은 시행령, 총리령과 부령은 시행규칙이라고도 부른다. 헌법은 이러한 집행명령에 대하여 제75조에서 "대통령은…법률을 집행하기 위하여 필요한 사항에 관하여 대통령령을 발할 수 있다"라고 하고, 제95조에서는 "국무총리 또는 행정각부의 장은 소관사무에 관하여…직권으로 총리령 또는 부령을 발할 수 있다"라고 하여 이에 대한 헌법적 근거를 분명히 하고 있다.

집행명령은 위임명령과는 달리 새로운 입법사항을 정할 수 없을 뿐만 아니라 법률을 구체적으로 집행하기 위한 세부적인 사항만을 규율하는 것이므로 엄격하게 법률의 범위 내에서만 효력을 갖는다. 따라서 집행할 법률에 없는 내용이나 집행할 법률의 내용에 변경을 가하는 것은 집행명령의 한계를 벗어난 것으로서 허용되지 않는다.

B. 대통령령, 총리령 및 부령

명령은 제정권자에 따라 대통령령, 총리령 및 부령으로 구분한다. 이에 따르면 대통령령은 대통령이 제정하며, 총리령과 부령은 각각 국무총리와 행정각부의 장관이 제정한다. 부령의 제정권자는 헌법 제95조에 따라 행정각부의 장관이므로 국무총리 소속의 중앙부처인 '처'의 경우에는 비록 장관급 부처라고 하더라도 부령을 제정할 수 없다. 예를 들면 국무총리 소속인 국가보훈처의 경우 처장은 장관급에 해당하지만 부령을 제정할 수 없으며, 만일 명령으로 규정할 필요가 있는 사항이 있는 경우에는 「국가유공자 등 예우 및 지원에 관한 법률 시행규칙」(총리령 제1677호, 2021. 4. 7.)과 같이 총리령의 형식으로 제정하여야 한다.

총리령과 부령이 효력에 있어서 서로 차이가 있는지에 대하여는 논란의 여지가 있으나, 일반적으로는 효력상 우열의 차이가 없는 것으로 보는 것이 보통이다.[59] 이것은 국무총리가 행정각부 장관에 대하여 갖는 지휘·감독권(헌법 제86조 제2항 및 정부조직법 제18조 제1항)과 규범으로서 명령이 갖는 효력의 우열문제는 다른 것이라는 측면에서 타당하다고 할 것이다.

---

59) 허영의 앞의 책, 941면; 권영성의 앞의 책 1038면; 성낙인의 앞의 책, 604면; 한수웅의 앞의 책, 1274면. 이러한 통설의 의견에 대하여 김철수는 "우열관계는 명문의 규정이 없기 때문에 동위로 보는 것이 합리적일 것 같으나, 국무총리가 행정부의 일체성을 유지하는 관건이 되고 또 행정각부에 대하여 국무총리는 통할권을 가지고 있기 때문에 총리령이 실질적으로 상위라고 볼 것이다"라고 하면서 총리령 우위를 주장하고 있다(김철수의 앞의 책, 1516면).

라. 산림법과 명령

산림법 내에서 위임명령과 집행명령이 어떻게 규정되어 있는지를 알기 위해서는 산림법의 규정을 하나하나 살펴보는 것이 필요하다. 그러나 이는 산림법에 대한 해석의 문제이기도 하므로 각각의 법률을 해석할 때 함께 설명하기로 하고, 여기에서는 우선 「산림복지 진흥에 관한 법률」을 예로 들어 이를 개략적으로 살펴보고자 한다.

우선 「산림복지 진흥에 관한 법률 시행령」 제17조 제1항은 "법 제9조 제1항에 따른 산림복지서비스이용권 제공계획…에는 다음 각 호의 사항이 포함되어야 한다"라고 하면서 그 각 호에서 산림복지서비스이용권 제공계획의 내용 및 수립 시기 등을 규정하고 있는데, 이는 「산림복지 진흥에 관한 법률」 제9조 제2항이 "제1항에 따른 산림복지서비스이용권 제공계획의 내용, 수립 시기, 절차 및 변경 등에 필요한 사항은 대통령령으로 정한다"라는 규정에 따른 것이다. 그러므로 여기에서 시행령 제17조 제1항은 「산림복지 진흥에 관한 법률」 제9조 제2항의 위임명령에 해당하는 것으로서 그 위임의 범위는 '산림복지서비스이용권 제공계획의 내용, 수립 시기, 절차 및 변경 등에 필요한 사항'인 것이다.

이와는 달리 「산림복지 진흥에 관한 법률」 시행규칙 제11조 제1항은 "산림복지전문업 등록자가 등록사항을 변경하려는 경우에는 변경사유가 발생한 날부터 14일…이내에 별지 제9호 서식에 따른 산림복지전문업 등록 변경신청서에 변경사항을 증명하는 서류와 산림복지전문업 등록증…을 첨부하여 한국산림복지진흥원에 신청하여야 한다"라고 규정하고 있는데, 이는 같은 법 제21조에 따른 산림복지전문업의 등록과 관련하여 등록자가 그 등록사항을 변경하려는 경우에 필요한 신청서 서식, 신청 기한 및 신청방법 등을 정한 것이다. 따라서 시행규칙 제11조는 법 제21조를 집행하기 위하여 직권으로 제정한 집행명령에 해당하는 것이다.

시행령과 시행규칙은 모두 위임명령과 집행명령의 성격을 가지고 있으며, 시행령은 위임명령만을 규정하고 시행규칙은 집행명령만을 규정하는 것은 아니다. 이것은 「산림복지 진흥에 관한 법률 시행령」이 제1조에서 "이 영은 「산림복지 진흥에 관한 법률」에서 위임된 사항과 그 시행에 필요한 사항을 규정함을 목적으로 한다"라고 하고, 같은 법 시행규칙 제1조의 경우에도 "이 규칙은 「산림복지 진흥에 관한 법률」 및 같은 법 시행령에서 위임된 사항과 그 시행에 필요한 사항을 규정함을 목적으로 한다"와 같이 시행령과 시행규칙이 모두 '위임된 사항과 그 시행에 필요한 사항'을 규정한다고 하는 것으로 알 수 있다.

산림법의 하위법령인 부령은 산림청장이 아니라 행정각부의 장의 하나인 농림축산식품부장관이 제정하여 공포한다. 따라서 「산림복지 진흥에 관한 법률 시행규칙」은 농림축산식품부령으로 공포(농림축산식품부령 제384호, 2019. 7. 16.)되어 있다. 물론 이것이 「산림복지 진흥에 관한 법률 시행규칙」의 내용에 관한 실무적인 제정작업까지 농림축산식품부의 공무원이 담당한다는 것을 의미하는 것은 아니다. 시행규칙의 제정을 위한 실무작업은 당연히 해당 법률의 소관부처인 산림청에서 담당한다.

4. 규　　칙

규칙이란 헌법에 따라 행정부 이외의 헌법기관이 제정한 법규로서 명령의 성질을 가지는 것을 말한다. 이러한 규칙은 국회와 같은 헌법기관들이 자율적으로 사무를 처리하기 위한 것으로서 헌법상의 권력분립의 원칙에 따른 것이다. 따라서 헌법에 따른 이와 같은 규칙은 명령의 일종인 시행규칙(총리령 및 부령)이나 자치법규에 속하는 규칙과는 다른 것이다. 각 헌법기관이 가지는 규칙제정권의 헌법적 근거 및 내용은 다음과 같다.

- 국회는 법률에 저촉되지 않는 범위 안에서 의사와 내부규율에 관한 규칙을 제정할 수 있다(제64조 제1항).
- 대법원은 법률에 저촉되지 않는 범위 안에서 소송에 관한 절차, 법원의 내부규율과 사무처리에 관한 규칙을 제정할 수 있다(제108조).
- 헌법재판소는 법률에 저촉되지 않는 범위 안에서 심판에 관한 절차, 내부규율과 사무처리에 관한 규칙을 제정할 수 있다(제113조 제2항).
- 중앙선거관리위원회는 법령의 범위 안에서 선거관리 · 국민투표관리 또는 정당사무에 관한 규칙을 제정할 수 있으며, 법률에 저촉되지 않는 범위 안에서 내부규율에 관한 규칙을 제정할 수 있다(제114조 제6항).

5. 자치법규

자치법규란 지방자치단체가 법령의 범위 안에서 제정한 자치에 관한 규정을 말한다. 헌법은 제117조 제1항에서 "지방자치단체는…법령의 범위 안에서 자치에 관한 규정을 제정할 수 있다"라고 하고 있으며, 이에 따라 「지방자치법」에서는 지방자치단체가 조례와 규칙을 제정할 수 있도록 하고 있다(같은 법 제22조~제28조). 이러한 자치법규는 '법령의 범위 안에서' 자치사무를 위하여 제정된 것이므로 상위규범인 법령에 위반하지 않는 범위 안에서만 그 효력이 인정되며, 동일한 법적 원리에 따라 시·군 및 자치구의 조례나 규칙은 시·도의 조례나 규칙을 위반해서는 안 된다(지방자치법 제24조).

자치법규는 제정권자와 절차에 따라 조례와 규칙으로 구분한다. 조례란 지방자치단체가 법령의 범위 안에서 지방의회의 의결을 거쳐 제정하는 것으로서 자치사무에 관하여 제정할 수 있으나, 주민의 권리제한 또는 의무부과에 관한 사항이나 벌칙을 정할 때에는 반드시 법률의 위임이 있어야 한다. 이와는 달리 규칙은 지방자치단체의 장이 제정하는 것으로서 법령이나 조례가 위임한 범위에서 제정할 수 있다.

6. 조약 및 국제법규

조약은 국가와 같은 국제법 주체 간의 문서에 의한 합의로서 대통령이 체결하고 비준한다(헌법 제73조). 조약은 협약(convention), 협정(agreement), 선언(declaration) 및 의정서(protocol) 등과 같이 다양한 명칭으로 표현되며, 국회의 동의가 필요하다는 점에서 법률 또는 조약에서 위임받은 사항이나 그 시행을 위하여 국회의 동의 없이 행정부가 체결하는 행정협정이나 조약 이전의 합의문과는 다른 것이다.

조약에는 자유무역협정(FTA)과 같이 당사자 국가 간에 체결하는 양자조약과 다수의 국가 간에 체결하는 다자간 조약이 있다. 조약 중에서 상호원조 또는 안전보장에 관한 조약, 중요한 국제조직에 관한 조약, 우호통상항해조약, 주권의 제약에 관한 조약, 강화조약, 국가나 국민에게 중대한 재정적 부담을 지우는 조약 또는 입법사항에 관한 조약을 체결·비준하는 경우에는 국회의 동의를 받아야 한다(헌법 제60조 제1항).

조약과 유사한 국제규범으로서는 '일반적으로 승인된 국제법규'가 있는데, 이것은 우리나라가 직접 승인한 것은 아니지만 그 규범성이 국제사회에서 보편적으로 인정된 것으로서 성문의 국제법규와 국제관습법 및 일반적으로 승인된 조약이 포함된다.[60] 이러한 국제규범에 대하여 헌법은 "헌법에 의하여 체결·공포된 조약과 일반적으로 승인된 국제법규는 국내법과 같은 효력을 가진다(제6조)"라고 하여 국제규범의 법적 효력을 명문으로 인정하고 있다.

산림은 환경과 함께 국제적 관심이 높은 분야로서 많은 조약이 존재한다. 이러

60) 국제관습법으로는 '포로의 살해금지'와 같은 전시국제법상의 일반원칙이나 외교관의 대우에 관한 일반원칙 등이 있으며, 일반적으로 승인된 조약에는 「전쟁포로의 대우에 관한 제네바 협약」, 「집단살해죄의 방지와 처벌에 관한 협약(집단학살 금지 협약)」과 같은 것이 있다.

한 산림・환경 관련 조약에는 「기후변화에 관한 국제연합 기본협약」(UNFCCC), 「생물다양성에 관한 국제협약」(UNCBD), 「사막화방지를 위한 국제연합협약」(UNCCD), 「멸종위기에 처한 야생동식물종의 국제거래에 관한 협약」(CITES), 「물새 서식지로서 국제적으로 중요한 습지에 관한 협약」(람사르 협약) 등과 같은 국제환경협약과 다자간 조약으로서 '아시아산림협력기구'(AFoCO)를 설립하기 위하여 우리나라와 아세안(ASEAN) 국가 간에 체결한 「아시아산림협력기구 설립에 관한 협정」[61] 등이 있다. 최근에는 산림과 관련된 이러한 국제환경협약이 국가 간의 관계뿐만 아니라 국내의 개인 및 기업의 경제활동 등에 영향을 미치는 의무관계까지 규정하는 사례가 늘어나고 있으므로 이를 국내법적으로 조화시키는 것이 점차 중요해지고 있다.[62]

[3] 불 문 법

1. 관 습 법

관습법이란 입법권을 가진 국가기관이 제정한 법이 아니라 사회구성원의 오랜 관습이 법적 가치를 인정받아 규범으로 정착한 법을 말한다. 따라서 단순한 관습이 모두 관습법으로 인정을 받는 것은 아니며, 그중에서 특히 법규범으로서의 확신과 가치를 가진 것만이 관습법으로서의 규범성을 인정받게 된다.

이와 관련하여 대법원은 "사회의 거듭된 관행으로 생성한 어떤 사회생활규범이 법적 규범으로 승인되기에 이르렀다고 하기 위해서는 그 사회생활규범은 헌법을 최상위 규범으로 하는 전체 법질서에 반하지 않은 것으로서 정당성과 합리성이 있다고 인정될 수 있는 것"이어야 한다고 하면서, "그렇지 아니한 사회생활규범은 비록 그것이 사회의 거듭된 관행으로 생성된 것이라고 할지라도 이를 법적 규범으로 삼아 관습법으로서의 효력을 인정할 수 없는 것"이라고 분명히 하고 있다.[63]

---

61) 「아시아산림협력기구(AFoCO) 설립에 관한 협정」(조약 제2386호)은 2018년 4월 27일에 발효되었다. '아시아산림협력기구'의 설립과정 및 의의 등에 대하여 보다 자세한 내용은 산림청(2013), 「녹색아시아의 꿈, AFoCO와 함께 한 날들」을 참고하라.

62) 박종원, "국제환경협약의 국내법적 이행에 관한 연구", 「환경법연구」(39권 1호), 2017. 4, 101~144면.

63) 대판 전원합의체 2003. 7. 24. 2001다48781. 또한 헌법재판소도 「신행정수도의 건설을 위한 특별조치법」의 위헌확인심판에서 이와 동일한 취지로 "관습헌법이 성립하기 위하여서는 관습법의 성립에서 요구되는 일반적 성립 요건이 충족되어야 한다"라고 하면서, "첫째, 기본적 헌법사항에 관하여 어떠한 관행 내지 관례가 존재하고, 둘째, 그 관행은 국민이 그 존재를 인식하고 사라지지 않을 관행이라고 인정할 만큼 충분한 기간 동안 반복 내지 계속되어야 하며(반복・계속성), 셋째, 관행은 지속성을 가져야 하는 것으로서 그 중간에 반대되는 관행이 이루어져서는 아니 되고(항상성), 넷째, 관행은 여러 가지 해석이 가능할 정도로 모호한 것이 아닌 명확한 내용

관습법은 성문법의 발달로 그 의미가 약화된 것은 사실이지만 일정한 범위에서는 여전히 그 효력을 유지하고 있는데, 일반적으로는 성문법의 규정이 없는 경우에 이를 보충하는 효력을 갖는다. 이것을 관습법의 보충적 효력이라고 하는데, 민법은 제1조에서 "민사에 관하여 법률에 규정이 없으면 관습법에 의하고 관습법이 없으면 조리에 의한다"라고 하여 이를 명문으로 인정하고 있다.[64]

그러나 관습법이 언제나 보충적 효력만을 가지는 것은 아니며 일정한 경우에는 성문법을 변경하는 효력을 가지기도 한다. 즉 상법 제1조는 "상사에 관하여 본법에 규정이 없으면 상관습법에 의하고 상관습법이 없으면 민법의 규정에 의한다"라고 하여 상사에 관해서는 민법보다 상관습법에 효력의 우위를 인정하고 있다. 이러한 점을 볼 때 관습이 큰 영향을 미치는 법률관계에 있어서는 관습법이 여전히 중요한 법규범으로서의 역할을 감당하고 있다고 보아야 할 것이다.[65]

관습법과 사실인 관습은 구분하여야 하는데, 민법은 제106조에서 "법령 중의 선량한 풍속 기타 사회질서에 관계없는 규정과 다른 관습이 있는 경우에 당사자의 의사가 명확하지 아니한 때에는 그 관습에 의한다"라고 하여 이를 분명히 하고 있다. 이것은 임의규정과 다른 관습이 있는 경우에 당사자의 의사가 명확하지 않은 때에는 그 관습을 법률행위 해석의 표준으로 삼는 것이라는 점에서 당사자의 의사와는 상관없이 법규범으로서 효력을 갖는 관습법과는 다른 것이다.

2. 판 례 법

판례법이란 법원의 판례를 통하여 형성된 법규범을 말한다. 이러한 판례법은 유사한 사건에 대하여 동일한 취지의 판결이 반복되어 성립되는 것으로서 법원의 판결 자체가 판례법이 되는 것은 아니다. 판례법이 법원이 될 수 있느냐에 대하여 영국이나 미국과 같은 불문법주의 국가에서는 논란의 여지가 없으나 성문법주의를 취하는 대륙법계 국가에서는 의견이 나누어진다. 즉 판례의 법원성을 인정하는 입장에서는 실제 재판에서 판례가 가지는 현실적인 효력을 감안할 때 대륙법계에서

을 가진 것이어야 한다(명료성). 또한 다섯째, 이러한 관행이 헌법관습으로서 국민들의 승인 내지 확신 또는 폭넓은 컨센서스를 얻어 국민이 강제력을 가진다고 믿고 있어야 한다(국민적 합의)"라고 하였다(헌재 2004. 10. 21. 2004헌마554 · 566(병합)).

64) 그러나 민법과는 달리 형법에서는 관습법의 이러한 보충적 효력이 전혀 인정되지 않는다. 형법에는 '법률이 없으면 범죄도 없고 형벌도 없다'라는 죄형법정주의의 원칙이 적용되기 때문이다.

65) 민법도 일정한 관습법을 인정하고 있는데 이러한 것으로는 ① 수목이나 미분리 과실에 대한 명인방법, ② 관습상 법정지상권, ③ 분묘기지권, ④ 종중, ⑤ 사실혼 등이 있다. 이에 대한 자세한 설명은 김준호, 「민법강의」, 법문사, 2019, 9~10면; 김형배 · 김규완 · 김명숙 공저, 「민법학강의」, 신조사, 2016, 14~16면을 참조하라.

도 판례가 사실상 법적 구속력을 갖는다는 점을 부인하기는 어려울 것이라고 주장하나 (1) 사법권의 독립을 확고히 하기 위해서는 법원의 판결이 다른 판결의 영향을 받지 않아야 하고, (2) 민법의 경우에도 제1조에서 법률과 관습법만을 직접적으로 규정할 뿐 판례에 대해서는 언급이 없으며, (3) 「법원조직법」 제8조에 따르면 상급법원 재판에서의 판단은 '해당 사건'에 관해서만 하급심을 기속한다는 점 등을 고려할 때 판례에 대하여 법해석을 위한 기준 이상의 규범성을 인정하지 않는 다수의 의견을 따르는 것이 타당한 것으로 보인다.

3. 조　　리

조리란 사물의 도리 또는 법의 일반원리이며, 법률상으로는 통상 신뢰보호의 원칙, 사회통념, 선량한 풍속 기타 사회질서, 신의성실의 원칙 등으로 표현하기도 한다. 이처럼 사물의 본질적인 법칙을 의미하는 조리는 법규범의 공백을 이유로 재판을 거부할 수 없다는 근대법의 일반원칙을 반영한 것으로서 적용할 법률이 없는, 즉 '법의 흠결'의 경우에 법해석을 위한 마지막 기준으로서 기능하는 것이다.

조리를 법원으로 인정할 수 있느냐에 대해서는 논란이 있으나, 민법 제1조가 "민사에 관하여 법률에 규정이 없으면 관습법에 의하고 관습법이 없으면 조리에 의한다"라고 규정하고 있는 한에서는 이를 인정할 수밖에 없을 것이다. 대법원의 경우에도 민사에 관해서는 조리를 법원으로 인정하고 있다.[66] 그러나 민법과는 달리 죄형법정주의 원칙을 따르는 형법에 있어서는 관습법의 경우와 같이 조리의 법원성을 인정할 수 없다고 해야 할 것이다.

Ⅱ. 법의 분류

[1] 국내법과 국제법

국내법이란 한 국가의 주권이 미치는 영토 내에서 적용되는 법으로서 해당 국가의 국민은 물론 국내법이 미치는 영토 내의 외국인에게도 일반적으로 적용된다.

---

66) 이와 관련하여 대법원은 '이사회결의무효확인청구'에서 "여기서 조리라 함은 사물의 본성을 말하며 흔히 사물·자연의 이치, 사물의 본질적 법칙, 사람의 이성에 기하여 생각되는 규범 등으로 표현된다. 현행 민법은 이처럼 법률과 관습법이 존재하지 않는 경우 조리에 대하여 보충적인 법원성을 인정하고 있고, 이는 성문법주의하에서 법률의 흠결이 불가피하다는 고려에 기인하는 것으로 이해할 수 있다"라고 하여 조리의 법원성을 분명하게 밝히고 있다(대판 전원합의체 2007. 5. 17. 2006다19054).

이러한 국내법의 적용범위와 관련하여 북한지역에 우리의 법률이 적용되느냐에 대해서는 논란의 여지가 있다. 종래의 판례와 학설은 이에 대하여 헌법이 명문으로 "대한민국의 영토는 한반도와 그 부속도서로 한다"(제3조)라고 규정하고 있으므로 헌법상으로는 북한지역도 우리 영토로서 국내법이 적용되어야 한다고 주장하지만,[67] 일부는 이러한 입장에 반대하여 북한체제를 현실적으로 인정하면서 통일 전의 독일과 같은 '1민족 2국가론'의 방식으로 접근하여야 한다고 강조한다.[68] 그러나 어느 주장을 따르더라도 현실적으로는 북한지역에 우리 법률이 적용될 수 없다는 점과 북한지역을 벗어난 탈북주민에 대한 법적 보호의 중요성을 강조한다는 점에 있어서는 이견이 없어 보인다.

국제법이란 국내법에 대비되는 개념으로서 국가 간의 합의에 따라 상호간의 권리와 의무를 규율하는 국제공법을 말한다. 이전에는 국제법의 주체로 국가만을 인정하였으나, 최근에는 국가 이외에도 국제연합(UN)과 같은 국제조직이나 일정한 조건의 개인에게도 국제법의 당사자 지위를 인정하고 있다. 국제법은 주로 조약과 일반적으로 승인된 국제법규로 구성되며, 이러한 국제법에 대하여 헌법이 제6조에서 국내법과 같은 효력을 인정하고 있음은 앞에서 이미 설명한 것과 같다. 한편 국제공법인 이러한 국제법과 구별하여야 하는 것으로서 국제사법이 있는데, 이것은 국가 간의 사적인 법률관계[69]에 적용하는 법으로서 섭외사법이라고도 한다.

[2] 공법과 사법

1. 공법과 사법의 구별

가. 구별기준에 대한 논쟁

일반적으로 헌법, 형법 및 행정법 등은 공법이라고 하고, 민법이나 상법과 같은 법은 사법에 속한다고 한다. 그러나 통상적으로 인정되는 이러한 분류에도 불구하고 공법과 사법을 구별하는 문제는 로마법 이래로 오랜 논쟁의 대상이 되어왔다.

---

67) 권영성의 앞의 책, 122~125면; 김철수의 앞의 책, 149면; 성낙인의 앞의 책, 100~101면. 이와 관련하여 한수웅은 "영토조항을 영토의 형식을 빌려 국가에게 평화통일의 과제를 부과하고 있는 통일목표조항으로 이해한다면 영토조항과 평화통일조항은 상호충돌 하는 것이 아니라 상호보완 하는 것"이라고 주장한다(한수웅의 앞의 책, 102면).

68) 허영의 앞의 책, 184~185면.

69) 예를 들어 미국 국적을 가진 남성이 미국에 주소를 둔 한국 국적의 여성과 결혼하였다가 이혼하는 경우에 그 재산의 분할은 어느 국가의 법률에 따라야 하는가와 같은 법률관계를 말하며, 이와 같이 외국적 요소가 있는 법률관계에 관하여 재판의 관할에 관한 원칙과 준거법을 정하는 법률을 국제사법이라고 한다.

그동안 제기되었던 공법과 사법의 구별기준에 대한 주장들은 다음과 같다.

- 이익설: 공익의 보호를 목적으로 하는 법이 공법이고, 사익의 보호를 목적으로 하는 법은 사법이라는 주장
- 주체설: 법률관계의 주체가 국가나 공공단체인 경우에는 공법이고, 그 주체가 개인인 경우에는 사법이라는 주장
- 성질설 또는 법률관계설: 불평등한 법률관계를 규율하는 것이 공법이고, 대등한 법률관계를 다루는 것은 사법이라는 주장
- 생활관계설: 권력적 통치관계를 규정하는 것이 공법이고, 비권력적인 동등한 개인적 생활관계를 다루는 법은 사법이라는 주장
- 구별부인론: 국가와 개인 간의 관계는 본질적으로 법률상 권리·의무의 관계이므로 공법과 사법 간에는 차이가 없다거나 법 앞에서는 모두가 평등하다는 영미법적 관점에서 공법과 사법의 구별은 인정할 수 없다는 주장

나. 구별의 기준 및 실익

공법과 사법의 구별기준에 대한 다양한 주장들에도 불구하고 어느 하나의 기준만으로 이를 구별하는 것은 쉽지 않은 일이다. 각 주장들이 모두 타당한 측면을 가지고 있을 뿐만 아니라, 예를 들어 행정주체가 사인(私人)의 지위에서 행하는 국고관계와 같이 하나의 기준만으로는 구별하기 어려운 예외적인 경우도 존재하기 때문이다. 따라서 공법과 사법을 구별하는 가장 바람직한 기준은 그 기준에 대한 다양한 주장들을 종합적으로 고려하여 판단하는 것으로 보인다.

공법과 사법을 구별하여 이해하는 것은 그 구별의 어려움에도 불구하고 충분한 실익이 있는 일이다. 이것은 공익적이고 강제적인 법률관계를 규율하는 공법과 사익을 추구하는 자율적이고 평등한 사법적 법률관계의 차이가 실정법적으로 존재하는 것을 현실적으로 인정하고, 각각의 특성에 따라 개별 법률을 다루는 것이 구체적인 형평성을 제고하는데 도움이 되기 때문이다. 그러나 이처럼 공법과 사법의 구별에 따른 실익을 인정하더라도 현대복지국가에서는 이러한 구분이 점차 애매해지고 있다는 것은 부인할 수 없는 일이다. 이는 공공복리를 강조하는 적극적 복지국가의 경우에는 공익을 위하여 개인의 사적 자치를 제한하는 '사법의 공법화'가 일반화되는 경향을 보이고 있기 때문이다.

2. 현대복지국가와 사회법

현대복지국가는 공공복리의 중요성을 강조하면서 개인의 경제생활에 대한 국가의 개입을 확대하려는 모습을 보이고 있다. 우리 헌법도 이러한 경향에 따라 공공

복리를 위하여 필요한 경우에는 법률로써 개인의 자유와 권리를 제한할 수 있게 하고 있을 뿐만 아니라(제37조 제2항) 개인과 기업의 경제상의 자유와 창의에 대한 존중을 기본으로 하면서도(제119조 제1항), 경제에 대한 국가의 포괄적인 개입을 인정하는 특별한 규정을 두고 있다.

헌법에 따르면 이러한 내용은 (1) 균형 있는 국민경제의 성장 및 안정과 적정한 소득분배의 유지, (2) 경제의 민주화를 위한 규제와 조정, (3) 광물 기타 중요한 지하자원 등의 채취·개발 또는 이용에 대한 특허, (4) 국토와 자원에 대한 국가의 보호 및 균형 있는 개발과 이용을 위한 계획의 수립, (5) 농지에 대한 경자유전의 원칙 및 소작제도의 금지, (6) 국토의 효율적이고 균형 있는 이용·개발 및 보전을 위한 제한과 의무의 부과, (7) 농·어업 및 중소기업의 보호·육성과 지역경제의 육성, (8) 소비자보호운동의 보장, (9) 대외무역의 육성과 이에 대한 규제 및 조정, (10) 사영기업 국·공유의 원칙적 금지 등과 같이 경제 전반에 걸쳐 규정되어 있다(헌법 제119조 제2항~제126조).[70] 헌법이 선언하고 있는 이러한 경제질서는 현대복지국가적 특성을 반영한 것으로서 다양한 법률을 통하여 헌법적 질서에 편입되어 있으며, 특히 법적 측면에서는 경제적 약자를 보호하기 위한 노동법·경제법 및 사회보장법과 같은 사회법의 발달을 가져왔다.

[3] 일반법과 특별법

법은 효력범위에 따라 일반법과 특별법으로 구분할 수 있다. 일반법은 일반적이고 보편적인 범위에서 효력을 가지나 특별법은 특정한 사항에 국한하여 효력을 가진다. 특별법은 일반법으로는 규율하기 어려운 사항에 보다 특별하게 대응하기 위한 것으로서 특례법이라고도 한다.

일반법과 특별법을 구별하는 실익은 법의 적용순위에서 차이가 나기 때문인데,

---

70) 그러나 이러한 규정들에도 불구하고 헌법은 제10조에서 "모든 국민은 인간으로서의 존엄과 가치를 가지며…국가는 개인이 가지는 불가침의 기본적 인권을 확인하고 이를 보장할 의무를 진다"라고 선언하면서, 제119조 제1항에서는 "대한민국의 경제질서는 개인과 기업의 경제상의 자유와 창의를 존중함을 기본으로 한다"라고 하여 자유로운 경제질서의 원칙을 강조하고 있다. 이러한 관점에서 볼 때 우리 헌법이 개인의 기본권 보장을 최우선으로 하는 자유민주적 기본질서의 토대 위에 서 있다는 것은 부정할 수 없는 사실이다(권영성의 앞의 책, 158면). 그러므로 우리는 경제생활을 포함한 사법적 법률관계에서도 제한이 원칙이 아니라 '허용이 원칙'이 되는 헌법의 이러한 기본원칙을 따르는 것이 바람직할 것으로 보인다. 다만, 이에 대하여 김철수(김철수의 앞의 책, 182면)는 민주적 기본질서와 자유민주적 기본질서는 다른 개념이라고 전제하면서 민주적 기본질서는 자유민주적 기본질서와 사회민주적 기본질서의 공통개념이므로 자유민주적 기본질서만이 유일한 민주적 기본질서라고 할 수는 없다고 주장하기도 한다.

특별법은 '특별법 우선의 원칙'에 따라 일반법보다 우선하여 적용하는 것이 원칙이다. 한편 일반법과 특별법은 법해석의 방법에 있어서도 차이가 있는데, 통상적으로 일반법은 넓게 해석하지만 특별법은 좁고 엄하게 해석하는 것이 보통이다.

산림법상 특별법에는 「민간인 통제선 이북지역의 산지관리에 관한 특별법」과 「소나무재선충병 방제특별법」이 있다. 이것은 각각 일반법인 「산지관리법」과 「산림보호법」을 대신하여 '민간인 통제선 이북지역'이라는 제한된 지역의 산지에 대한 관리와 '소나무재선충병'이라는 특정한 산림병해충을 방제하기 위하여 특별하게 제정된 것이다. 따라서 민간인 통제선 이북지역에서의 산지관리에 대해서는 「민간인 통제선 이북지역의 산지관리에 관한 특별법」이, 그리고 소나무재선충병에 대해서는 「소나무재선충병 방제특별법」이 우선적으로 적용된다.

[4] 그 밖의 분류

1. 실체법과 절차법

실체법이란 권리와 의무의 종류 및 내용 등과 같은 실체에 대하여 규정한 법을 말하며, 절차법이란 실체법의 내용을 실현하기 위한 법적 절차에 관한 법으로서 소송법이라고도 한다. 절차법에는 직접 소송과 관련된 「민사소송법」과 「행정소송법」뿐만이 아니라, 이와 간접적으로 관련된 「부동산등기법」과 같은 법도 포함된다. 산림법은 모두 실체법에 속하며, 만일 산림법과 관련된 분쟁이 있는 경우에는 행정과 민사에 관한 일반 절차법을 따르면 된다.

2. 조직법과 행위법

조직법이란 국가와 공공단체 등의 조직에 관한 법을 말하고, 행위법이란 법률주체의 행위를 규율하기 위한 법을 말한다. 「정부조직법」은 대표적인 조직법에 속한다.

3. 재산법과 가족법

재산법이란 재산적 이해관계에 관한 사항을 규율하기 위한 법으로서 상법과 「회사법」 및 민법 중 물권과 채권에 관한 규정(제185조~제766조) 등을 말하며, 가족법이란 친족관계와 상속을 규율하는 신분법으로서 민법의 친족과 상속에 관한 규정(제767조~1118조)이 대표적이다. 가족법은 합리성과 보편성을 보이는 재산법과는 달리 신분관계를 규율하는 특성으로 인하여 사회의 역사·문화적 특수성을 반영하며 보수적인 경향을 보인다.

제3절 헌법개정 및 입법절차

Ⅰ. 헌법개정

[1] 개 념

헌법의 개정이란 헌법의 규범성을 높이기 위하여 헌법이 정하는 일정한 절차에 따라 헌법의 조문이나 문구에 변경을 가하는 것을 말한다. 이러한 헌법개정은 성문헌법의 경우에만 해당하는 것으로 불문헌법을 채택하고 있는 국가의 경우에는 헌법개정이 아니라 법률개정의 문제로 다루어진다.

헌법의 개정과 헌법의 변질은 서로 다른 개념인데, 명시적으로 조항에 변경을 가하는 것이 헌법개정이라면 헌법의 변질은 어떤 헌법규범이 외형적으로는 고쳐지지 않은 채 시대의 변천에 따라 그 내용이 달라지는 것을 말한다. 헌법을 개정하는 경우에도 개정의 규모가 광범위하여 헌법전의 거의 전부를 새로 만드는 것과 같은 전면개정의 경우에는 헌법개정이란 표현 대신 특별히 '헌법개혁'이라는 개념을 사용하기도 한다. 우리나라의 제2공화국 헌법과 현행 헌법은 이러한 헌법개혁의 대표적인 사례이다.[71]

일반적으로 헌법개정의 방법은 국가에 따라 다른데, (1) 헌법개정을 위한 헌법의회를 소집하는 방법, (2) 국민투표에 의한 방법, (3) 국회와 같은 입법기관에서 개정하나 개정절차를 일반 법률보다 엄격하게 정하는 방법, (4) 연방제 국가인 경우에 주(州)의 참여나 동의를 필요로 하는 방법 등이 있다.

[2] 헌법개정의 절차

1. 발 의

헌법개정은 국회재적의원의 과반수나 대통령의 발의로 제안된다(제128조 제1항). 그러나 대통령이 헌법개정안을 발의하는 경우에는 반드시 국무회의의 심의를 거쳐야 한다(제89조 제3호). 헌법을 개정하는 경우에도 대통령의 임기연장이나 중임변경을 위한 내용은

---

71) 허영의 앞의 책, 50면. 한편 헌법개정의 한계에 대하여 김철수는 그 한계를 인정하면서 "헌법개정권력은 헌법제정권력을 제도화한 것이므로 헌법제정권자의 근본결단을 변경하는 개정은 할 수 없다"라고 주장한다(김철수의 앞의 책, 43면).

그 헌법개정 제안 당시의 대통령에 대해서는 효력이 없다(제128조 제2항).

만일 대통령이 임기연장 또는 중임변경을 위한 이러한 효력의 한계를 일탈하기 위하여 헌법규정을 먼저 삭제한 후에 임기연장이나 중임변경을 제안하는 경우 그 효력이 어떻게 되는지에 대하여는 논란의 여지가 있다. 이에 대하여는 헌법개정을 통하여 임기연장 또는 중임변경에 관한 조문을 먼저 삭제한 후에 다시 헌법을 개정한다면, '개정 제안 당시의 대통령'이라도 헌법적 제한을 받지 않으므로 임기연장이나 중임변경이 가능하다는 주장도 있을 수 있으나, 이러한 헌법개정 방식은 헌법의 명문규정을 의도적으로 일탈하기 위한 것으로서 헌법적으로는 인정하기 어렵다고 보아야 할 것이다.[72)]

2. 공　　고

제안된 헌법개정안은 대통령이 20일 이상의 기간 동안 공고하여야 한다(제129조). 이러한 공고는 헌법개정안의 내용에 대한 국민적 이해를 높이기 위한 것이므로 적극적인 방법으로 행해져야 할 것이다.

3. 의　　결

헌법은 헌법개정 방법으로 국회의 의결과 함께 반드시 국민투표를 거치도록 하고 있다(제130조 제1항·제2항). 이것은 헌법질서의 안정성을 중시하는 우리 헌법의 경성헌법적 특성을 보여주는 것이다. 국회는 헌법개정안이 공고된 날로부터 60일 이내에 의결하여야 한다. 이 경우 국회의 의결은 재적의원 3분의 2 이상의 찬성을 얻어야 하며, 국회에서 의결한 헌법개정안은 국회가 의결한 후 30일 이내에 국민투표에 부쳐야 한다.

4. 확정 및 공포

헌법개정안은 국회의원선거권자 과반수의 투표와 투표자 과반수의 찬성을 얻은 때에 확정되며, 대통령은 헌법개정안이 확정된 즉시 이를 공포하여야 한다. 대통령

---

72) 이와 같은 헌법적인 판단과는 별개로 실제 이러한 방식에 따라 헌법개정이 시도된다면, 그러한 개헌은 국민적인 저항에 부딪힐 것이 분명하다. 1987년 개정된 현행 헌법은 단임제 대통령제로 상징되는 자유민주적 대한민국을 위한 생생한 역사적 경험을 '헌법정신'으로 담고 있기 때문이다. 성낙인은 이와 유사한 취지에서 "이 규정은 한국헌법의 불행한 '왈츠'가 대통령의 집권연장에서 비롯되었다는 반성적 성찰에서 대통령 단임을 통한 권력의 민주화를 기하려는 주권적 의사의 표현이다. 그러므로 이 규정이 가지는 한국헌법에서의 가치를 결코 과소평가하여서는 안 될 것이다"라고 주장한다(성낙인의 앞의 책, 59면).

은 확정된 헌법개정안에 대하여 법률의 경우와 같이 거부권을 행사하여 공포를 거부하거나 지체할 수 없다.

Ⅱ. 입법절차

[1] 법 률

1. 입법과정 개요

헌법은 국회의원과 정부에게 모두 법률안을 제안할 수 있도록 하고 있는데(제52조), 통상적으로 국회의원이 법률을 제안하여 입법하는 것을 '의원입법'이라 하고, 정부가 제안하여 입법하는 것을 '정부입법'이라고 한다. 이러한 법률안의 제안에는 제정과 개정이 모두 포함된다.

본래 입법권은 국민의 대표자로 구성된 국회의 본질적인 권한으로서 국회가 전적으로 이를 행사하여야 하나, 현대복지국가에서는 행정의 전문성 등을 감안하여 정부에게도 이를 인정하고 있는 것이 현실이다. 그러나 삼권분립에 기반한 대통령제 국가인 미국에서는 여전히 의원입법만을 인정하고 있으며, 정부에서 입법이 필요한 경우에도 여당 의원을 통하여 입법함으로써 형식적으로는 의원입법의 형식을 취하고 있다.

국회의원과 정부에 의한 이러한 입법과정은 사실 법률안이 국회에 제안된 이후에는 동일한 절차에 따라 진행되지만, 정부입법의 경우에는 행정부 내부적으로 정한 절차를 먼저 거쳐야 법률안을 국회에 제출할 수 있게 되므로 의원입법에 비하여 훨씬 복잡하고 시간도 오래 걸리게 된다.

2. 법률안의 제안

가. 의원입법

국회의원이 법률안을 제출하려면 10인 이상의 찬성을 얻은 후에 찬성자와 연서하여 의장에게 제출하여야 한다(국회법 제79조 제1항·제2항). 이 경우 예산상 또는 기금상의 조치를 수반하는 법률안의 경우에는 예상되는 비용에 관한 국회예산정책처의 추계서 또는 국회예산정책처에 대한 추계요구서를 함께 제출하여야 한다(국회법 제79조의2 제1항). 이전에는 국회의원이 법률안을 제출하려면 20인 이상의 찬성을 얻도록 하고 있었으나 2018년에 「국회법」을 개정하여 이를 10인 이상으로 하였다. 이것은 국회의원의 법률안 제출권을 강화하고자 하는 것으로 이해되나 이로 인하여 법률안의 제출이 남발될 우려가 있는 것도 사실이다. 한편 국회 상임위원회나 특별위원회와 같은 위원회가 그 소관에 속하는 사항에 관하여 법률안을 제출하는 경우에는 해당 위원회의 위원장이 제안자가 되며, 이 경우에는 법률안 제출을 위한 국회의원 10인 이상이라는 인원수의 제한을 받지 않는다(국회법 제51조).

나. 정부입법

정부입법 과정은 우선 당해 연도에 입법할 법률에 대한 계획을 수립하는 정부입법계획의 수립(①)으로부터 시작한다. 정부입법계획은 매년 초에 확정되는데, 이 계획이 확정되면 각 소관부처에서는 그 계획에 따라 법률안 작성(②)을 시작하게 된다.

법률안 작성이 완료되면 실무자는 결재를 얻은 후에 부패영향평가(③)를 받는다. 부패영향평가는 「부패방지 및 국민권익위원회의 설치와 운영에 관한 법률」에 따른 부패영향평가 등과 같이 각 개별법에 따른 것으로서 제안하려는 법률에 내재하는 부패유발요인, 성평등에 미칠 영향, 지역인재 고용에 미치는 영향 및 개인정보 침해요인 등을 체계적으로 분석·평가하는 것이다.

부패영향평가를 거친 후에는 관계부처 및 당정 협의(④)를 추진하는데, 이것은 법률안을 관계되는 부처에 보내는 한편 주요 내용에 대해서는 여당과 별도로 협의하는 방식으로 진행된다. 관계부처 및 당정 간의 이러한 협의는 중앙행정기관과 여당 간에 법률안 내용을 공유함으로써 차관회의와 국무회의에서 법률안이 원활하게 심의되도록 조정하고, 법률안 내용 중 민감한 정책에 대해서는 미리 정치적 의견을 교환하기 위한 것이다.

관계부처 및 당정 협의를 마친 법률안은 국민의 의견을 수렴하기 위하여 입법예고(⑤)의 절차를 이행하게 된다. 입법예고는 법령 등을 제·개정하거나 폐지하는 경우에 그 내용을 미리 국민에게 알림으로써 법률안에 대한 다양한 의견을 수렴하여 이를 입법안에 반영하고자 하는 것이다. 이러한 입법예고는 관보에 공고하거나 신문·방송·인터넷 등의 방법으로 통상 40일 이상 실시하는데, 긴급을 요하거나 입법내용의 성질 등이 예고할 필요가 없거나 곤란하다고 판단되는 경우에는 법제처장과 협의하여 이를 생략하거나 단축할 수 있다.

입법예고를 거친 법률안은 정부의 규제심사(⑥)를 받게 된다. 규제심사는 제정되는 법률안에 새로운 규제를 만들거나 기존 규제를 강화하는 내용이 포함되어 있는지를 살펴보는 것으로서 「행정규제기본법」에 따라 규제개혁위원회에서 심사하게 된다. 규제개혁위원회는 소관 부처에서 법령안과 함께 제출한 규제영향분석서 등을 기초로 신설·강화 규제의 타당성 여부를 심사하여 필요하다고 인정되는 경우에는 규제의 신설 또는 강화를 철회하거나 개선하도록 권고할 수 있다. 이러한 규제심사는 법률을 제정하는 경우에는 반드시 받아야 하는 것으로서 「행정규제기본법」 제16조 제1항에서는 심사를 받지 않고는 규제를 신설하거나 강화할 수 없도록 명문으로 규정하고 있다.

규제심사를 마친 법률안은 법제처(⑦)에 제출하여 법률안의 체계와 조문에 대하여 전문적인 심사를 받게 된다. 법제처에서는 조문의 글자와 글귀까지 면밀하게 검토를 하며, 이를 마친 법률안은 각 중앙행정기관의 차관이 참석하는 차관회의(⑧)에 상정된다. 차관회의에서는 관계부처 간의 협의사항이 제대로 반영되었는지의 여부 등을 확인하게 되는데, 청단위의 중앙행정기관인 경우 그 기관의 장인 청장은 차관회의의 구성원이 아니므로, 예를 들어 산림청 소관 법률인 경우에도 산림청장이 아니라 소속 부처의 차관인 농림축산식품부의 차관을 통해서만 법률안에 대한 의견을 개진할 수 있다.

차관회의를 마친 법률안은 헌법 제89조 제3호에 따라 국무회의의 심의(⑨)를 거쳐야 하며 이후 대통령의 재가(⑩)를 얻은 다음 비로소 국회(⑪)에 제출하게 된다. 행정부에서 법률안을 제출하기 위해서는 이와 같이 복잡한 절차를 거쳐야 하며, 그 결과 이러한 절차에 부담을 느끼는 일부 부처에서는 여당 의원을 통하여 법률안을 제출하는 의원입법의 형태를 선호하는 경향을 보이기도 한다.

① 정부입법계획 수립 → ② 제·개정 법률안 작성 → ③ 부패영향평가 → ④ 관계부처 및 당정 협의 → ⑤ 입법예고 → ⑥ 규제심사 → ⑦ 법제처 심사 → ⑧ 차관회의 → ⑨ 국무회의 심의 → ⑩ 대통령 재가 → ⑪ 국회 제출

[정부입법 절차]

3. 법률안의 심의와 의결

가. 법률안의 회부

법률안의 심의는 상임위원회[73]를 중심으로 이루어지며 본회의에서 의결됨으로써 결정된다. 법률안이 제출되면 우선 국회의장은 해당 법률안을 인쇄하거나 전산

73) 국회의 위원회에는 상임위원회와 특별위원회 두 종류가 있으나(국회법 제35조), 여기에서는 일반적인 법률안 입법절차를 설명하는 것이므로 상임위원회를 중심으로 설명한다.

망에 입력하는 방법으로 국회의원에게 배부하고 본회의에 보고하며 소관상임위원회에 회부하여 심사하게 한다(국회법 제81조 제1항). 예를 들어 산림청 소관 법률안인 경우에는 농림축산식품해양수산위원회에 회부한다. 그러나 폐회나 휴회 등으로 본회의에 보고할 수 없을 때에는 보고를 생략하고 회부할 수 있다.

나. 상임위원회에의 상정

상임위원회에서는 법률안이 해당 위원회에 회부된 때 긴급하고 불가피한 사유로 위원회의 의결이 있는 경우 이외에는 일정한 기간이 지난 이후에만 의안을 상정할 수 있다. 이는 해당 상임위원회에 속한 국회의원에게 충분한 검토시간을 주기 위한 것으로 이해된다. 법률안의 종류에 따른 상정기간은 (1) 일부개정법률안의 경우에는 15일, (2) 제정법률안·전부개정법률안 및 폐지법률안의 경우에는 20일, (3) 체계·자구 심사를 위하여 법제사법위원회에 회부된 법률안의 경우에는 5일로 한다(국회법 제59조).

위원회의 위원장은 위원회에 회부된 법률안의 입법 취지와 주요 내용 등을 국회공보나 국회의 인터넷 홈페이지 등에 게재하는 방법 등으로 입법예고하여야 한다(국회법 제82조의2 제1항). 그러나 체계·자구 심사를 위하여 법제사법위원회에 회부된 법률안은 입법예고의 대상에서 제외한다. 「국회법」에 따른 입법예고 기간은 특별한 사정이 있는 경우 이외에는 10일 이상으로 한다.

다. 상임위원회의 심사

「국회법」에 따르면 법률안에 대한 소관상임위원회의 심사는 다음과 같이 진행한다. 이에 따르면 우선 법률안이 상정되면 제안자로부터 해당 법률안의 입법취지에 대하여 설명(①)과 이에 대한 전문위원의 검토보고(②)를 듣는다(국회법 제58조 제1항·제6항). 이 경우 상임위원회는 상정된 법률안이 제정법률안과 전부개정법률안인 경우에는 공청회나 청문회를 개최하여야 한다. 그러나 상임위원회가 의결하는 경우에는 이러한 공청회나 청문회를 생략할 수 있다.

법률안의 제안자는 의원입법인 경우에는 법률안을 발의한 국회의원이, 정부입법인 경우에는 소관 부처의 장이나 소속 공무원이 된다. 전문위원은 상임위원회에 속하여 위원장과 국회의원의 입법활동 등을 지원하는 전문지식을 가진 위원으로서 통상 국회공무원이 담당한다. 법률안에 대한 전문위원의 검토보고서는 특별한 사정이 없으면 상임위원회의 상정일 48시간 전까지 소속 국회의원에게 배부되어야 한다(국회법 제58조 제9항).

전문위원이 검토보고를 마치면 상임위원회에 속한 국회의원 간에 법률안에 대하여 대체토론(③)을 실시한다(국회법 제58조 제1항). 대체토론이란 법률안에 대한 문제점 등에 관한 일반적 토론을 말하며 제안자와의 질의·답변도 포함한다. 법률안에 대한 대체토론이 끝나면 위원장은 통상적으로 해당 법률안을 소위원회에 회부하여 심사(④)하게 한다(국회법 제58조 제2항·제3항). 이처럼 법률안을 소위원회에 회부하는 것은 대체토론이 끝난 후에만 할 수 있다. 법률안의 심사는 일반적으로 소위원회에서 집중적으로 이루어지는 것이 현실이므로 소위원회의 역할은 매우 중요하다고 할 수 있다.

법률안을 한 조항씩 읽으면서 의결하는 축조심사(⑤)는 주로 소위원회에서 이루어지나 중요한 법률안인 경우에는 상임위원회 전체 회의에서 이루어지기도 한다(국회법 제58조 제1항·제5항). 이러한 축조심사는 상임위원회의 의결로 생략할 수 있으나, 제정법률안과 전부개정법률안의 경우에는 생략하지 못한다. 소위원회의 축조심사까지 마친 법률안은 상임위원회 전체 회의(⑥)에 다시 회부되며, 소속 국회의원의 찬반토론을 거쳐 표결(⑦)한다.

① 법률안 입법취지 설명 → ② 전문위원 검토보고 → ③ 대체토론 → ④ 소위원회 회부 → ⑤ 축조심사 → ⑥ 상임위원회 전체 회의 → ⑦ 표결

[상임위원회의 법률안 심사과정]

라. 법제사법위원회의 심사

상임위원회의 표결에 따라 채택된 법률안은 법제사법위원회에 회부된다(국회법 제86조 제1항). 법제사법위원회에서는 법률안의 체계와 자구에 대한 심사를 한다. 이 경우 위원장이 간사와 협의한 경우에는 제안자의 취지 설명과 토론을 생략할 수 있다.

마. 본회의 의결

법제사법위원회의 체계와 자구에 대한 심사를 마친 법률안은 본회의에 부의한다(국회법 제81조 제1항). 그러나 법제사법위원회가 회부된 법률안에 대하여 이유 없이 회부된 날부터 120일 이내에 심사를 마치지 않았을 때에는 심사대상 법률안의 소관상임위원회 위원장은 간사와 협의하여 이의가 없는 경우에는 국회의장에게 그 법률안의 본회의 부의를 서면으로 요구할 수 있다(국회법 제86조 제3항). 이 경우 이의가 있는 때에는 그 법률안에 대한 본회의 부의요구 여부를 무기명투표로 표결하되, 해당 상임위원회 재적위원 5분의 3 이상의 찬성으로 의결하여야 한다.

본회의에서는 법률안을 심사한 상임위원장의 심사보고를 듣고 질의·토론을 거쳐 표결한다(국회법 제93조). 그러나 본회의의 의결로 질의와 토론을 모두 생략하거나 그중 하나를 생략할 수 있다. 국회법 제95조에 따르면 의안에 대하여 수정동의를 할 수 있는데, 법률안에 대한 수정동의는 30인 이상의 찬성을 얻은 후에 연서하여 미리 의장에게 제출하여야 한다. 그러나 소관상임위원회에서 심사보고한 수정안은 찬성 없이 의제가 되며, 소관상임위원회는 소관 사항 외의 안건에 대해서는 수정안을 제출하지 못한다. 법률안은 국회 재적의원 과반수의 출석과 출석의원 과반수의 찬성으로 의결하며, 가부동수인 때에는 부결된 것으로 본다(헌법 제49조 및 국회법 제109조).

4. 법률안의 공포

국회에서 의결된 법률안은 정부에 이송되어 15일 이내에 대통령이 공포한다(헌법 제53조 제1항). 대통령의 법률안에 대한 서명 및 공포에는 헌법 제89조 제3호 및 제82조에 따라 국무회의의 심의와 국무총리 및 관계 국무위원의 부서가 필요하다.

대통령제를 채택하는 우리나라는 삼권분립을 위하여 국회에서 의결한 법률안에 대하여 대통령이 거부권을 행사할 수 있도록 규정하고 있는데, 이에 따르면 대통령은 법률안에 이의가 있을 때에는 15일 이내에 이의서를 붙여 국회로 환부하고, 그 재의를 요구할 수 있다(헌법 제53조 제2항·제3항). 이것은 국회의 폐회 중에도 같다. 그러나 이 경우에도 대통령은 법률안의 일부나 이를 수정하여 재의를 요구할 수는 없다. 법률안에 대한 대통령의 이러한 거부권 행사를 환부거부라고 하는데, 미국과 달리 회기계속의 원칙을 채택하고 있는 우리나라에서는 보류거부[74]가 인정되지 않는다.

대통령의 법률안에 대한 재의의 요구가 있는 경우 국회는 해당 법률안을 재의에 붙인다(헌법 제53조 제4항·제5항). 이 경우 만일 재적의원과반수의 출석과 출석의원 3분의 2 이상의 찬성으로 재의결하면 그 법률안은 법률로서 확정된다. 한편 대통령이 15일 이내에 법률안을 공포하거나 국회에 재의를 요구하지 않은 경우에도 그 법률안은 법률로서 확정된다.

대통령은 확정된 법률을 지체 없이 공포하여야 한다(헌법 제53조 제6항). 대통령이 15일 이내에 법률안을 공포하거나 국회에 재의를 요구하지 않아 법률이 확정된 후 또는

74) 법률안에 대한 보류거부란 환부거부가 허용되는 기간 내에 국회가 회기만료로 폐회되는 경우 대통령이 그 법률안을 국회에 환부하지 않고 그대로 보류함으로써 폐기시키는 것을 말한다. 이러한 보류거부는 미국처럼 회기 불계속의 원칙을 채택하는 국가에서는 매우 효과적인 법률안 거부방식의 하나가 된다.

국회의 재의결을 거친 확정법률이 정부에 이송된 후 5일 이내에 대통령이 공포하지 않을 때에는 국회의장이 이를 공포한다. 법률의 공포는 법제처에서 공포번호를 부여한 후에 행정안전부에 관보게재를 의뢰하여 이루어지게 된다. 법률은 관보에 게재되어 공포됨으로써 법률로서 성립하게 되며, 특별한 규정이 없는 한 공포한 날로부터 20일을 경과함으로써 효력을 발생한다(헌법 제53조 제7항).

[2] 명　　령

1. 대통령령(시행령)

대통령령의 제·개정절차는 입법과정과 유사하다. 그러나 대통령령은 행정부 내에서만 이루어지는 것이므로 국회에 제출할 필요가 없으며, 국무회의의 심의를 거쳐 국무총리와 관계 국무위원이 부서한 후 대통령의 재가를 받아 공포한다(헌법 제89조 제3항 및 제82조). 대통령령은 법제처에서 공포번호를 부여한 후 행정안전부에 관보게재를 의뢰하여 공포하게 된다. 대통령령은 관보에 게재되어 공포됨으로써 대통령령으로서 성립하게 된다.

① 대통령령안 작성 → ② 부패영향평가 → ③ 관계부처 협의(통상적으로 당정협의는 생략한다) → ④ 입법예고 → ⑤ 규제심사 → ⑥ 법제처 심사 → ⑦ 차관회의 → ⑧ 국무회의 심의 → ⑨ 관계 국무위원의 부서 및 대통령 재가 → ⑩ 공포

[대통령령의 제·개정 절차]

2. 총리령·부령(시행규칙)

총리령과 부령을 제·개정하는 절차는 대통령령의 경우보다 간략하다. 즉 총리령과 부령은 국무회의의 심의를 거칠 필요가 없으며, 법제처의 심사를 받은 후 대통령이 아니라 국무총리(총리령)나 행정 각부의 장관(부령)이 결재함으로써 확정된다. 총리령은 국무총리의 결재를 받아 법제처에서 공포번호를 부여하나 부령은 소관 부처에서 해당 부령의 공포번호를 부여하며, 각각 행정안전부에 관보게재를 의뢰함으로써 공포하게 된다.

① 총리령·부령안 작성 → ② 부패영향평가 → ③ 관계부처 협의(통상적으로 당정협의는 생략한다) → ④ 입법예고 → ⑤ 규제심사 → ⑥ 법제처 심사 → ⑦ 공포

[총리령·부령의 제·개정 절차]

제2장 법해석 일반론

제1절 법의 해석

Ⅰ. 법해석의 개념

법은 역사적 경험과 이론적 추론 등에 따라 예상되는 경우를 가정하여 이를 일반적인 개념으로 표현한 것이므로 규정된 내용이 어렵고 추상적인 것이 보통이다. 따라서 구체적인 경우에 이러한 법을 적용하기 위해서는 관련되는 규정의 의미와 내용을 정확하게 밝히는 것이 필요하다. 이것이 우리가 흔히 '법을 해석한다'라고 하는 것이다.

법해석이란 추상적으로 규정되어 있는 법규범을 구체적인 경우에 적용하기 위하여 그 의미와 내용을 명확하게 하는 것이므로 단순히 문장을 해석하는 것과는 다르며, 객관적이고 논리적인 방법에 따라 이루어져야 한다. 이러한 법해석은 법의 구체적인 의미를 밝히는 것으로서 입법정책과는 분명히 구별되어야 하는 것이지만, 해석을 통하여 해당 법규범의 합리성·타당성 등을 드러나게 해 준다는 측면에서는 입법정책에도 자연스럽게 영향을 미치게 된다.[1] 대법원에 따르면 법해석의 구체적인 방법과 한계는 다음과 같다.[2]

- 법해석은 법의 표준적 의미를 밝히는 것이므로 객관적 타당성이 있어야 한다.
- 가급적 모든 사람이 수긍할 수 있는 일관성을 유지함으로써 법적 안정성이 손상되지 않아야 한다.
- 사회현실에서 일어나는 다양한 사안에 법을 적용하는 것이므로 구체적 사안에 맞는 가장 타당한 해결이 될 수 있도록 해석하여야 한다.
- 가능한 법률에 사용된 문언의 통상적인 의미에 충실하게 해석하는 것을 원칙으로 하면서 법률의 입법취지와 목적, 제·개정 연혁, 법질서 전체와의 조화 및 다른 법령과의 조화 등을 고려하는 체계적·논리적 해석방법을 추가적으로 활용하여야 한다.

---

1) 홍성찬의 앞의 책, 214면.
2) 대판 전원합의체 2013. 1. 17. 2011다83431.

Ⅱ. 법해석의 방법

[1] 법해석 방법의 분류

법해석은 법적 구속력을 가지느냐의 여부에 따라 유권해석과 학리해석으로 구분한다. 유권해석은 권위 있는 국가기관에 의한 해석으로서 법적 구속력을 가지며 그 해석기관에 따라 입법해석, 행정해석 및 사법해석으로 나누어진다. 이와는 달리 학리해석은 법률가 등에 의한 학술적·이론적 해석으로서 법적 구속력을 갖지 않으므로 유권해석과 비교하여 무권해석이라고도 한다. 이러한 학리해석은 해석의 방법에 따라 문리해석과 논리해석으로 구분하는데, 학리해석 방법의 다양한 차이는 결코 옳고 그름의 문제가 아니므로 서로 보완하여 법해석에 활용하는 것이 타당할 것이다.

[2] 유권해석

1. 입법해석

입법해석이란 입법기관이 법조문 자체에 특정한 용어나 법규의 의미를 해석하는 규정을 두는 것으로서 예를 들면 (1) 산촌이란 산림면적의 비율이 현저히 높고 인구밀도가 낮은 지역으로서 대통령령으로 정하는 지역을 말한다(산림기본법 제3조 제2호), (2) 이 법은 산림복지지구 지정 및 산림복지단지 조성에 관하여 다른 법률에 우선하여 적용한다(산림복지 진흥에 관한 법률 제4조 제1항), (3) 이 법을 해석·적용할 때에는 아동·청소년의 권익을 우선적으로 고려하여야 하며, 이해관계인과 그 가족의 권리가 부당하게 침해되지 않도록 주의하여야 한다(아동·청소년의 성보호에 관한 법률 제3조) 등과 같은 형식으로 나타난다.

이러한 입법해석은 용어의 정의, 다른 법률과의 관계, 해석규정 및 예시규정 등과 같이 법령 내에서 다양한 형식으로 표현되는데, 이는 사실 법으로써 법을 해석하는 것이므로 실질적으로는 법의 해석이 아니라 법의 제정에 속하는 것으로 보아야 할 것이다.

2. 행정해석

행정해석이란 행정관청의 소관 법령에 대한 해석을 말한다. 이러한 행정해석은 통상 국민의 법령상의 질의에 대한 회신이나 하급행정기관의 질의에 대하여 상급

행정기관의 회신 또는 훈령의 형식으로 이루어진다.

행정해석은 행정기관에 의한 법해석으로서 최종적인 판단인 것은 아니지만 질의한 국민이나 하급행정기관에게는 사실상 구속력을 갖기 때문에 유권해석에 속한다. 그러나 이것이 행정상의 법령해석 기준인 훈령의 법원성을 인정하는 것이 아님은 물론이다. 훈령은 행정명령 또는 행정규칙으로서 재판기준이 아니므로 하급행정기관만을 구속할 뿐 직접 국민에게 적용되는 것은 아니기 때문이다.

3. 사법해석

사법해석이란 구체적인 소송에 대하여 법원이 내린 해석으로서 일반적으로 재판상 판결의 형식으로 이루어진다. 이러한 사법해석은 사법권에 기반한 것으로서 법해석에 있어서 최종적인 권한을 갖는다.

[3] 학리해석

1. 문리해석

문리해석이란 법조문의 문장이나 자구를 언어적으로 해석하는 법해석 방법으로서 문언적 해석이라고도 한다. 이러한 문리해석은 법의 해석에 있어 가장 기본적인 방법으로 법조문에 사용된 단어나 문장의 일반적인 의미를 넘어서 해석하는 것은 허용되지 않는다. 문리해석은 추상적이고 함축적인 법조문을 구체적으로 적용하기 위한 첫 단계일 뿐이므로 법조문의 문구에 지나치게 집착하여 다른 해석방법을 가볍게 여기는 것은 올바른 해석방법이라고 할 수 없다.

문리해석에서는 법에 사용된 용어나 표현 등이 시기에 따라 달라진 경우에 어느 시기를 기준으로 해석하여야 하는가라는 문제가 생기게 된다. 이런 일은 단지 이론상의 문제만이 아니라 현실적인 것이기도 한데, 특히 민법 제103조의 '선량한 풍속'과 같이 추상적인 가치를 담은 용어를 어떻게 해석해야 할 것인가와 같은 것이 그 좋은 예이다. 사실 이러한 문제는 기본적으로 언어의 변천에 관한 것으로서 그 해석에 대해서는 제정 당시를 기준으로 해석하여야 한다는 주장과 해석 당시를 그 기준으로 하여야 한다는 주장으로 나누어진다. 그러나 이에 대하여는 제정 당시를 기준으로 하지 않을 경우에는 사용된 용어나 표현의 의미가 해석 시기에 따라 달라지므로 법적 안정성을 기대할 수 없게 될 것이라는 주장을 경청할 필요가 있더라도, 법적용에 있어 구체적인 형평성을 보장하는 것도 법해석의 중요한 목표

중의 하나라는 관점에서 시간의 변화에 따른 언어의 한계범위를 넘지 않는 한에서는 해석 당시를 기준으로 삼는 것이 보다 타당한 것으로 보인다.[3]

2. 논리해석

가. 개념 및 구분

논리해석이란 법조문의 문장이나 자구의 언어적 의미에 제한을 받지 않고 법규범 전체를 종합적으로 고려하여 논리적 방법에 따라 해석하는 것을 말한다. 논리해석에는 당연히 문리해석적 방법도 포함되나 논리해석은 이를 넘어 법의 객관성을 확보하려는 해석방법이라는 점에서 문리해석과는 구별된다. 이러한 논리해석은 그 해석방법에 따라 다시 확장해석, 축소해석, 반대해석, 물론해석, 보충해석, 유추해석, 연혁해석 및 비교해석 등으로 구분한다.

나. 논리해석의 방법

A. 확장해석 및 축소해석

확장해석이란 법조문의 문장이나 자구를 그 의미보다 확대하여 넓게 해석하는 것을 말한다. 이러한 확장해석은 법조문의 원래 의미와는 다르지만 입법취지에 합당하게 해석함으로써 법의 구체적인 타당성을 확보하려는 것이다. 예를 들어 형법 제260조의 폭행죄는 '사람의 신체'에 대하여 폭행을 가한 경우에 성립하는데, 여기에서 폭행의 개념을 신체에 대한 유형력의 행사에 국한하지 않고 사람이 참기 어려운 괴롭힘이나 고통을 주는 반복된 고함, 폭언 및 소음 등도 포함하는 것으로 해석한 대법원의 판례[4]는 이러한 확장해석을 잘 보여주는 것이다. 그러나 확장해석을 하는 경우에도 형법상 죄형법정주의의 원칙을 위배하면서까지 이를 적용할 수는 없는 것이므로 피고인에게 불리한 때에는 이러한 해석방법을 따를 수 없음은 물론이다.

축소해석이란 확장해석과는 달리 법조문의 문장이나 자구를 그 의미보다 엄격

---

3) 홍성찬의 앞의 책, 221면. 한편 홍성찬은 같은 책에서 "법은 언어에 의한 표현이기에 언어는 법해석의 자료인 동시에 한계가 된다"라고 통찰력 있게 주장하고 있다(같은 책, 164면). 이와 함께 법과 언어의 관계에 대해서는 하시우치 타케시 · 홋타 슈고 편저(서경숙 · 니시야마 치나 옮김), 「법과 언어: 법언어학으로의 초대」, ㈜박이정, 2016을 참고하라.

4) 대법원은 폭행죄에 있어서 유형력의 행사에 신체의 청각기관을 자극하는 음향도 포함되는지의 여부에 대하여 "형법 제260조에 규정된 폭행죄는 사람의 신체에 대한 유형력의 행사를 가리키며, 그 유형력의 행사는 신체적 고통을 주는 물리력의 작용을 의미하므로 신체의 청각기관을 직접적으로 자극하는 음향도 경우에 따라서는 유형력에 포함될 수 있다"라고 함으로써 폭행의 개념을 넓게 인정하고 있다(대판 2003. 1. 10. 2000도5716).

하게 해석하는 것을 말한다. 예를 들어 “사람을 살해한 자는 사형, 무기 또는 5년 이상의 징역에 처한다”라는 형법 제250조의 살인죄에서 ‘사람을 살해한 자’의 사람에 행위자인 본인은 포함하지 않는다고 해석하는 것과 같은 것이다.[5] 이러한 축소해석은 법조문을 좁게 제한적으로 해석하는 것으로서 제한해석이라고도 한다.

B. 반대해석 및 물론해석

반대해석이란 해당 사항에 대해서는 법조문에 명시한 규정이 없으나 그 반대의 경우에 대해서는 규정이 있는 경우에 그 규정과 반대로 해석하는 것을 말하며, 물론해석이란 법조문에 명시적으로 규정되어 있지 않더라도 법령의 취지 등을 고려할 때 당연히 포함되어 있는 것으로 해석하는 방법을 말한다. 이러한 반대해석이나 물론해석은 특히 법조문이 흠결되어 있거나 불명확한 경우에 적용되는 해석방법이다.

C. 보충해석 및 유추해석

보충해석이란 법조문의 내용이 불명확하거나 일부 흠결되어 내용이 없는 경우에 명시적으로 규정된 법조문의 문장이나 자구를 보충하여 해석하는 것으로서 변경해석이라고도 한다. 특히 이러한 보충해석은 자의적인 해석으로 법적 안정성을 해칠 수 있으므로 엄격하고 제한적으로 적용하여야 한다.

보충해석과 구별하여야 하는 해석방법으로 유추해석이 있는데, 이는 법조문에 직접적인 규정이 없는 경우에 이와 성질이 유사한 다른 법조문을 적용하여 해석하는 것을 말한다. 이러한 유추해석은 모든 경우를 예상하여 법을 제정할 수는 없다는 현실적인 한계를 인정하더라도 실제로는 법규범이 흠결되어 있는데도 불구하고 유사한 규정을 적용한다는 점에서 매우 제한적으로 인정되어야 할 것이다. 따라서 유추해석은 법령에서 금지하고 있는 경우나 피고인에게 형사상 불리한 경우 또는 유추해석의 결과가 부당한 경우 등에는 결코 허용되어서는 안 된다.

D. 연혁해석 및 비교해석

연혁해석이란 법조문 그 자체에 중점을 두는 다른 해석방법과는 달리 법의 제·개정 연혁에 대한 자료, 법령안에 관한 제안이유서 및 입법과정에서의 회의록 등을 활용하여 법을 해석하는 방법을 말한다. 이러한 연혁해석은 입법자의 입법의

---

5) 따라서 형법상으로 자살은 처벌을 받지 않으며, 다만 다른 사람을 교사 또는 방조하여 자살하게 한 경우에만 자살교사·방조죄(형법 제252조 제2항)로 처벌받을 뿐이다(배종대, 「형법각론」, 홍문사, 2018, 50면).

도를 고려하여 해석하고자 하는 것으로서 여기에서 입법의도란 연혁관련 자료에 담긴 객관적인 입법취지나 입법목적 등을 의미하는 것이지 입법자의 주관적인 의도를 추정하여 해석하고자 하는 것은 아님에 주의하여야 한다.

연혁해석과는 달리 비교해석이란 해석의 대상인 법조문을 외국의 법이나 이전의 구법과 그 내용을 비교하여 해석하는 것을 말한다. 이러한 비교해석은 여러 국가의 법을 비교하여 연구함으로써 법해석과 입법정책에 반영하고자 하는 비교법학의 주된 연구방법이기도 하다.

[4] 산림법에의 적용

산림법에 대한 유권해석은 법령에 대한 질의·응답과 같은 형식으로 산림행정기관에서 이루어질 것이므로 앞으로 이 책에서 산림법을 해석하는 것은 주로 학리해석의 방법을 따르게 될 것이다. 산림법은 주로 산림행정 작용에 대하여 규정하는 행정법으로서 공법에 속하므로 민법 등과 같은 사법과는 달리 산림행정기관에 의한 행정행위와 산림·산지에 대한 이용·제한 등을 포함하여 국민의 권리와 의무에 관련된 내용을 주로 규정하고 있다. 그러므로 앞으로는 문리해석의 원칙에 따라 산림법의 문장이나 자구를 해석하면서 확장해석이나 축소해석 등과 같은 논리해석적 방법도 보충적으로 활용하고자 한다. 이와 함께 특히 논쟁이 있는 규정에 대해서는 입법취지 등을 포함한 입법자의 의도도 해석에 반영하기 위하여 노력할 것이다. 만일 우리가 이러한 종합적인 해석방법을 충실히 적용하여 산림법을 살펴보게 된다면, 우리는 산림법에 대한 합목적적인 해석뿐만 아니라 입법정책에 대한 의미있는 시사점도 함께 얻는 성과를 거두게 될 것으로 기대된다.

제2절 법해석을 위한 일반개념

Ⅰ. 사법적 법률관계의 기본원칙

[1] 사적자치의 원칙

1. 개 념

사적자치의 원칙이란 개인이 자신의 자유로운 의사에 따라 사법상의 법률관계를 결정하고 책임을 부담한다는 원칙으로서 사적생활의 영역에 대한 국가의 개입과 간섭은 최소한에 그쳐야 한다는 것을 의미한다. 이것은 자기의 문제, 즉 개인의 법률관계를 자신이 스스로 결정하는 것이야말로 자유의 본질에 가장 가까울 뿐만 아니라 합리적이라는 믿음에 기초한 것이다.[6] 헌법재판소도 이와 유사한 입장에서 사적자치의 원칙을 '헌법상의 행복추구권 속에 함축된 일반적 행동자유권으로부터 파생되는 것'으로 보고 있다.[7] 이러한 사적자치의 원칙은 우리 민법의 전체에 반영되어 있는데, 특히 민법 제105조에서는 "법률행위의 당사자가 법령 중의 선량한 풍속 기타 사회질서에 관계없는 규정과 다른 의사를 표시한 때에는 그 의사에 의한다"라고 하여 이를 간접적으로나마 분명히 하고 있다.

사적자치의 원칙은 (1) 법률관계를 자신의 자유로운 의사에 따라 형성할 수 있다는 계약자유의 원칙, (2) 사유재산권에 대한 절대적 지배를 인정하는 사유재산권 존중의 원칙, (3) 자기의 과실이 있는 행위에 대해서만 책임을 부담한다는 과실책임의 원칙을 그 내용으로 한다. 사적자치를 이루는 이러한 원칙은 통상적으로 근대민법의 3원칙[8]이라고 하며, 우리 민법도 기본적으로는 이를 따르고 있는 것으로 인정된다.

2. 사적자치의 내용

가. 계약자유의 원칙

사적자치의 핵심은 개인이 자신의 자유로운 의사에 따라 사법상의 법률관계를 형성하는 것이다. 여기에서 법률관계란 법에 의하여 규율되는 생활관계로서 일반

---

6) 자유와 평등이라는 칼로 중세의 봉건적 속박을 끊어버린 근대 시민사회는 자연스럽게 자유와 평등을 그 기본이념으로 하였다. 중세에 대항하던 날카로운 검이었던 자유와 평등이 그대로 근대 시민사회를 받치는 토대가 된 것이다. 이러한 자유와 평등은 시민혁명 이후 각국의 법체계를 구성하는 기본원리가 되었으며, 그 결과 사법적 법률관계도 자유와 평등을 기본 틀로 하여 이루어지게 되었다.

7) 헌법재판소는 「화재로 인한 재해보상과 보험가입에 관한 법률」 제5조 제1항의 위헌여부에 관한 헌법소원에서 "계약자유의 원칙이란 계약을 체결할 것인가의 여부, 체결한다면 어떠한 내용의, 어떠한 상대방과의 관계에서, 어떠한 방식으로 계약을 체결하느냐 하는 것도 당사자 자신이 자기의사로 결정하는 자유뿐만 아니라, 원치 않으면 계약을 체결하지 않을 자유"를 말한다고 하면서, "이는 헌법상의 행복추구권속에 함축된 일반적 행동자유권으로부터 파생되는 것"이라고 하였다(헌재 1991. 6. 3. 89헌마204).

8) 이와 관련하여 송덕수는 우리 민법이 근대민법의 3원칙 외에 이를 제약하는 여러 제도를 두고 있다고 하면서 이를 '사회적 조정의 원칙'이라고 주장하고 있다. 이러한 사회적 조정의 원칙과 관련된 민법의 규정으로는 신의성실의 원칙(제2조 제1항), 권리남용금지(제2조 제2항), 사회질서(제103조), 폭리행위금지(제104조), 임대차에서의 강행규정(제652조), 정당방위와 긴급피난(제761조), 유류분제도(제1112조 이하) 등이 있다(송덕수, 「민법총칙」, 박영사, 2018, 35~36면).

적으로 권리와 의무관계로 이루어진다. 이러한 사적자치의 원칙은 개인의 의사에 따라 법률행위를 자유롭게 할 수 있다는 점에서 '법률행위 자유의 원칙'과 같은 의미이며, 또한 법률행위의 주된 형태가 계약이라는 측면에서 결국 '계약자유의 원칙'이기도 하다. 민법은 이러한 계약자유의 원칙에 따라 당사자 간의 계약에 법적 구속력을 인정하고 있으며, 계약내용도 당사자가 정할 수 있도록 함으로써 이를 실질적으로 보장하고 있다.

나. 사유재산권 존중의 원칙

사유재산권은 인간으로서의 존엄과 가치를 위한 양보할 수 없는 요건 중의 하나로서 기본적 인권의 핵심에 속하는 것이다. 따라서 헌법은 이를 본질적인 헌법질서의 하나로 인정하고 있으며 민법 또한 이를 명문으로 규정하고 있다. 그러나 이러한 사유재산권이라도 공공복리와 같은 헌법상의 제한이나 신의성실 및 권리남용금지의 원칙과 같은 민법상의 한계를 벗어날 수는 없다(헌법 제37조 제2항 및 민법 제2조). 사유재산권에 대하여 정하고 있는 헌법과 민법의 주요 규정을 살펴보면 다음과 같다.

- 모든 국민은 소급입법에 의하여 참정권의 제한을 받거나 재산권을 박탈당하지 아니한다(헌법 제13조 제2항).
- 모든 국민의 재산권은 보장된다. 그 내용과 한계는 법률로 정한다(헌법 제23조 제1항).
- 공공필요에 의한 재산권의 수용·사용 또는 제한 및 그에 대한 보상은 법률로써 하되, 정당한 보상을 지급하여야 한다(헌법 제23조 제3항).
- 소유자는 법률의 범위 내에서 그 소유물을 사용, 수익, 처분할 권리가 있다(민법 제211조).
- 토지의 소유권은 정당한 이익 있는 범위 내에서 토지의 상하에 미친다(민법 제212조).

다. 과실책임의 원칙

과실책임의 원칙이란 다른 사람에게 손해를 입혔을 경우에도 행위자에게 고의나 과실과 같은 귀책사유가 있는 경우에만 책임을 부담한다는 원칙으로서 행위에 따른 책임의 범위를 명확하게 설정한다는 데 그 의의가 있다. 따라서 이러한 과실책임의 원칙에 따르면 행위자는 자기의 책임한계 내에서만 책임을 지게 되며, 그 책임의 한계를 넘는 무과실책임에 따른 과도한 부담으로부터 벗어나게 된다. 민법은 이러한 원칙에 따라 다음과 같이 채무불이행이나 불법행위로 인하여 손해배상책임이 발생하는 경우에도 고의나 과실이 있는 경우에만 책임을 지도록 하고 있다.

- 채무자가 채무의 내용에 좇은 이행을 하지 아니한 때에는 채권자는 손해배상을 청구할 수 있다. 그러나 채무자의 고의나 과실 없이 이행할 수 없게 된 때에는 그러하지 아니하다(민법 제390조).
- 고의 또는 과실로 인한 위법행위로 타인에게 손해를 가한 자는 그 손해를 배상할 책임이 있다(민법 제750조).

[2] 신의성실의 원칙

1. 개 념

신의성실의 원칙이란 권리를 행사하고 의무를 이행하는 데 있어 상대방의 신뢰를 저버리지 않도록 성실하게 행동하여야 한다는 원칙을 말한다. 민법은 제2조 제1항에서 "권리의 행사와 의무의 이행은 신의에 좇아 성실히 하여야 한다"라고 하여 이를 명문으로 규정하고 있다. 대법원은 이러한 신의성실의 원칙에 대하여 "법률관계의 당사자가 상대방의 이익을 배려하여 형평에 어긋나거나 신뢰를 저버리는 내용 또는 방법으로 권리를 행사하거나 의무를 이행하여서는 아니된다는 추상적 규범"이라고 하면서 "신의성실의 원칙에 위배된다는 이유로 그 권리의 행사를 부정하기 위해서는 상대방에게 신의를 공여하였다거나 객관적으로 보아 상대방이 신의를 가짐이 정당한 상태에 있어야 하고, 이러한 상대방의 신의에 반하여 권리를 행사하는 것이 정의관념에 비추어 용인될 수 없는 정도의 상태에 이르러야 할 것"이라고 분명하게 선언하고 있다.[9]

신의성실의 원칙에 위반하여 권리를 행사한 경우에는 권리의 남용에 해당하게 되어 그 법률효과가 생기지 않는다. 즉 신의성실에 위반한 것은 강행규정에 위반한 것이 되는 것이다. 이러한 신의성실의 원칙은 가족관계를 포함한 사법적 법률관계뿐만 아니라 공법적 법률관계 및 민사소송법과 같은 절차법에도 적용되는 대원칙으로서 산림법에 의한 법률관계에도 당연히 적용된다.

2. 신의성실의 내용

가. 모순행위금지의 원칙

모순행위금지의 원칙이란 자신이 앞에 했던 행위와 모순되는 행위를 뒤에 할 수는 없다는 원칙으로서 영미법의 '금반언(禁反言)의 원칙'와 유사한 것이다. 민법은 제452조 제1항에서 "양도인이 채무자에게 채권양도를 통지한 때에는 아직 양

9) 대판 2003. 4. 22. 2003다2390.

도하지 아니하였거나 그 양도가 무효인 경우에도 선의인 채무자는 양수인에게 대항할 수 있는 사유로 양도인에게 대항할 수 있다"라고 하여 채권의 양도통지와 관련하여 이러한 원칙을 분명히 하고 있다.

나. 실효의 원칙

실효의 원칙이란 권리자가 상당한 기간 동안 권리를 행사하지 않고, 이로 인하여 상대방에게 더 이상 권리를 행사하지 않을 것이라는 정당한 신뢰를 준 경우에는 이후에 새삼스럽게 권리를 행사하는 것이 허용되지 않는다는 원칙이다. 이러한 실효의 원칙은 일반적으로 사법상의 권리뿐만 아니라 항소권과 같은 소송법상의 권리에도 적용되는 것으로 인정된다.

다. 사정변경의 원칙

사정변경의 원칙이란 행위 이후에 당사자 쌍방이 예견하지 못하고 또 예견할 수도 없었던 상황변경이 발생하여 당초의 행위내용이 현저히 부당하게 된 경우에는 그 내용의 적절한 변경을 요구할 수 있다는 원칙이다. 민법이 제628조에서 "임대물에 대한 공과부담의 증감 기타 경제사정의 변동으로 인하여 약정한 차임이 상당하지 아니하게 된 때에는 당사자는 장래에 대한 차임의 증감을 청구할 수 있다"라고 규정하고 있는 것은 이러한 원칙을 반영한 것으로 보인다. 그러나 이러한 사정변경의 원칙은 시장경제의 붕괴와 같은 급격한 인플레이션 상황을 제외하고는 법적 안정성에 심각한 위협이 될 수 있으므로 제한적으로 인정해야 할 것이다. 판례도 동일한 취지에서 사정변경의 원칙을 적용하는 데 있어서는 대체로 엄격한 태도를 취하고 있는 것으로 보인다.[10)]

---

10) 예를 들어 대법원은 일명 키코(KIKO) 관련 부당이득반환 등의 소송에서 "사정변경을 이유로 한 계약 해제는 계약 성립 당시 당사자가 예견할 수 없었던 현저한 사정의 변경이 발생하였고 그러한 사정의 변경이 해제권을 취득하는 당사자에게 책임 없는 사유로 생긴 것으로서, 계약내용대로의 구속력을 인정한다면 신의칙에 현저히 반하는 결과가 생기는 경우에 계약준수 원칙의 예외로서 인정된다. 그리고 여기서 말하는 사정이라 함은 계약의 기초가 되었던 객관적인 사정으로서, 일방 당사자의 주관적 또는 개인적인 사정을 의미하는 것은 아니다. 따라서 계약의 성립에 기초가 되지 아니한 사정이 그 후 변경되어 일방 당사자가 계약 당시 의도한 계약목적을 달성할 수 없게 됨으로써 손해를 입게 되었다 하더라도 특별한 사정이 없는 한 그 계약내용의 효력을 그대로 유지하는 것이 신의칙에 반한다고 볼 수 없다"라고 하면서, 사정변경을 매우 엄격하게 해석하는 태도를 보이고 있다(대판 전원합의체 2013. 9. 26. 2013다26746).

[3] 권리남용금지의 원칙

권리남용금지의 원칙이란 권리가 남용되어 행사된 경우에는 위법한 것으로서 그 권리의 행사로 인한 효과가 인정되지 않는 것을 말한다. 이 경우 만일 남용된 권리가 친권과 같이 의무적인 측면이 있는 권리라면 단순히 효과가 발생하지 않을 뿐만 아니라, 친권의 상실이나 일시정지와 같이 그 권리 자체가 박탈되거나 제한될 수도 있다(민법 제924조~제925조).[11] 민법 또한 제2조에서 "권리는 남용하지 못한다"라고 하여 이를 명문으로 규정하고 있다. 이러한 권리남용금지의 원칙은 겉으로는 권리의 행사처럼 보이지만 실제로는 공공복리에 반하여 권리의 정당한 행사라고 보기 어려운 경우에 그 효과를 부인하는 것으로서 권리의 공공성과 사회성을 반영한 것으로 이해된다.

권리남용금지의 원칙이 적용되려면 우선 권리가 존재하고 그 권리가 권리자에 의하여 행사되었어야 한다. 권리의 행사에는 적극적인 행사만이 아니라 소극적인 행사도 포함된다. 이와 관련하여 권리를 행사하지 않는 것도 권리남용에 포함되는지에 대해서는 논쟁이 있는데, 친권(민법 제913조~제923조)과 같이 의무적인 내용이 포함된 권리가 아니라면 '권리의 불행사'는 권리남용에 포함되지 않는다고 보아야 할 것이다.[12]

권리남용이 인정되기 위해서는 객관적 요건으로서 권리행사자의 이익과 그로 인해 침해되는 상대방의 이익 사이에 현저한 불균형이 있어야 한다. 이 경우 어느 정도가 현저한 불균형에 해당되는지의 여부는 구체적인 경우에 따라 판단해야 할 것이다. 한편 권리남용이 인정되기 위해서는 권리자의 가해의사와 같은 주관적 요건도 필요한지에 대하여는 의문이 있으나, 대법원은 권리남용이 인정되려면 객관적 요건과 주관적 요건이 모두 필요하다고 하여 주관적 요건의 필요성을 인정하고 있다.[13]

---

11) 예를 들어 민법 제924조 제1항은 친권의 남용을 방지하기 위하여 "가정법원은 부 또는 모가 친권을 남용하여 자녀의 복리를 현저히 해치거나 해칠 우려가 있는 경우에는 자녀, 자녀의 친족, 검사 또는 지방자치단체의 장의 청구에 의하여 그 친권의 상실 또는 일시 정지를 선고할 수 있다"라고 규정하고 있다.

12) 김준호(2019)의 앞의 책, 48면.

13) 이에 따르면 대법원은 "권리행사가 권리의 남용에 해당한다고 할 수 있으려면, 주관적으로 그 권리행사의 목적이 오직 상대방에게 고통을 주고 손해를 입히려는 데 있을 뿐 행사하는 사람에게 아무런 이익이 없는 경우이어야 하고, 객관적으로는 그 권리행사가 사회질서에 위반된다고 볼 수 있어야 하는 것이며, 이와 같은 경우에 해당하지 않는 한 비록 그 권리의 행사에 의하여 권리행사자가 얻는 이익보다 상대방이 잃을 손해가 현저히 크다 하여도 그러한 사정만으로는 이를 권리남용이라 할 수 없고, 다만 이러한 주관적 요건은 권리자의 정당한 이익을 결여한 권

Ⅱ. 법 인

[1] 법률상 권리의 주체

1. 자연인과 법인

민법은 권리의 주체로서 (1) 사람인 자연인과 (2) 법인만을 인정하고 그 이외에는 권리의 주체가 될 수 없도록 하고 있다(민법 제3조 및 제34조). 그러므로 민법상 권리의 주체가 될 수 있는 권리능력은 자연인과 법인만이 가진다. 따라서 가족처럼 여기는 반려동물[14]이라고 하더라도 「동물보호법」의 보호대상이 되는 것과는 별도로 동물 자체가 위자료 청구권의 주체는 될 수 없다.[15] 그러나 설립 중인 법인을 포함하여 '권리능력 없는 법인'의 경우에는 현재 법인은 아니지만 설립 중이거나 법인으로서의 실체를 어느 정도 갖춘 것이므로 설립 자체를 위한 비용과 같이 일정한 범위 내에서는 제한된 권리능력이 인정된다.

2. 인(人)과 사람

권리의 주체로서 자연인과 법인이 인정된다면, 이를 포괄하여 함께 표현하고자 하는 경우에는 어떻게 해야 할까? 이에 대하여 우리 법률은 본인, 보증인, 타인 및 임대인 등과 같이 '인(人)'을 사용하거나 주채무자와 같이 '자(者)'를 활용함으로써 이러한 문제를 해결하고 있다. 예를 들어 민법 제114조 제1항은 "대리인이 그 권한내에서 본인을 위한 것임을 표시한 의사표시는 직접 본인에게 대하여 효력이 생긴다"라고 규정하고 있는데, 여기에서 본인이나 대리인은 자연인과 법인 모두를 포함하는 것으로 이해하여야 한다. 또한 「산림복지 진흥에 관한 법률」 제21조 제1

리행사로 보여지는 객관적인 사정에 의하여 추인할 수 있다"라고 판결하였다(대판 1998. 6. 26. 97다42823). 그러나 학설은 이러한 대법원의 입장과는 달리 객관적 요건의 충족여부에 따라 권리남용의 여부를 판단하면 충분하고 주관적 요소는 필요하지 않다고 주장한다(김형배 등의 앞의 책, 49면).

14) 「동물보호법」에 따르면 "반려동물"이란 반려(伴侶) 목적으로 기르는 개, 고양이 등 농림축산식품부령으로 정하는 동물(같은 법 제2조 제1의3호)을 말하는데. 2020년 2월 11일 개정을 통하여 「동물보호법」에 이러한 반려동물의 정의가 포함되었다.

15) 동물의 생명보호, 안전보장 및 복지증진을 꾀하고 동물의 생명존중 등 국민의 정서를 함양하는 데에 이바지함을 목적으로 한 「동물보호법」의 입법 취지나 그 규정 내용 등을 고려하더라도, 민법이나 그 밖의 법률에 동물에 대하여 권리능력을 인정하는 규정이 없고 이를 인정하는 관습법도 존재하지 아니하므로, 동물 자체가 위자료 청구권의 귀속주체가 된다고 할 수 없다. 그리고 이는 그 동물이 애완견 등 이른바 반려동물이라고 하더라도 달리 볼 수 없다(대판 2013. 4. 25. 2012다118594).

항은 "산림복지전문업을 하려는 자는 산림청장에게 등록하여야 한다. 이 경우 산림청장은 산림복지전문업을 등록한 자에게 등록증을 발급하여야 한다"라고 함으로써 자연인과 법인을 포괄하는 의미로서 인(人) 대신 자(者)라는 표현을 사용하고 있다.

이와는 달리 법인을 제외한 자연인만을 법률에서 나타내고자 하는 경우에는 '사람'이라는 표현을 사용하는데, 「산림문화·휴양에 관한 법률」 제11조의2 제1항이 "산림청장은 산림치유를 활성화하기 위하여 대통령령으로 정하는 자격기준을 갖춘 사람에게 산림치유를 지도하는 사람…의 자격을 부여하고 이를 육성할 수 있다"라고 규정하고 있는 것은 그 좋은 예이다. 따라서 이 규정에 따르면 산림치유를 지도하는 사람인 산림치유지도사는 당연히 사람만이 될 수 있으며 법인은 그 주체가 될 수 없다.

[2] 법인의 종류

1. 공법인과 사법인

법인은 그 근거법률에 따라 공법인과 사법인으로 나누어진다. 공법인이란 국가 및 공공단체와 같이 공법에 근거하여 설립된 법인으로서 공법의 규율을 받는 법인을 말하며, 사법인이란 민법과 상법에 따라 설립된 법인으로서 사법의 규율을 받는 법인을 말한다. 그러므로 만일 법률관계에 분쟁이 발생하게 되면 공법인은 일반적으로 행정소송과 세법상의 강제징수절차 등을 따르게 되나, 사법인의 경우에는 「민사소송법」에 따른 민사소송과 「민사집행법」상의 강제집행 절차 등을 따르게 된다.

산림법상 대표적인 공법인에는 공공단체 중 공공조합에 속하는 산림조합과 영조물법인에 속하는 것으로서 「임업 및 산촌 진흥촉진에 관한 법률」 제29조의2에 따른 한국임업진흥원, 「수목원·정원의 조성 및 진흥에 관한 법률」 제18조의14에 따른 한국수목원정원관리원, 「산림복지 진흥에 관한 법률」 제49조에 따른 한국산림복지진흥원 및 「산림문화·휴양에 관한 법률」 제27조의2에 따라 설립된 한국등산·트레킹지원센터 등이 있다.

2. 영리법인과 비영리법인

사법인은 영리를 목적으로 하는지에 따라 영리법인과 비영리법인으로 구분한다.

여기에서 '영리'란 구성원의 이익을 도모하는 것을 의미하므로 공공목적을 갖는 공법인과 구성원이 없는 재단법인은 성질상 영리법인이 될 수 없다. 사법인 중에서 상법상의 법인은 영리법인이고 민법상의 법인은 비영리법인에 속하는데, 영리법인은 설립등기만으로 성립하지만 비영리법인은 주무관청의 허가를 얻어 설립등기를 함으로써 성립한다(민법 제32조~제33조).

3. 사단법인과 재단법인

사단법인과 재단법인은 모두 민법상 비영리법인으로서 현행 민법에 따르면 사단법인이나 재단법인 이외 다른 형태의 법인은 인정되지 않는다(민법 제31조~제97조). 이는 민법이 다른 종류의 법인에 대하여는 규정하고 있지 않기 때문이다.

사단법인은 일정한 목적을 위하여 결합한 사람의 단체인 사단을 실체로 하는 법인으로서 사단 구성원의 단체의사에 따라 자율적으로 활동한다. 이에 비하여 재단법인은 일정한 목적에 바쳐진 재산인 재단을 실체로 하는 법인이므로 설립자의 의사에 의하여 타율적으로 운영되는 특성을 가진다. 사단법인과 재단법인의 차이는 다음과 같다.

- 법인을 설립하려면 사단법인은 2인 이상의 설립자[16]가 필요하나, 재단법인의 경우에는 반드시 재산의 출연이 있어야 한다.
- 사단법인에서는 사원자격의 득실에 관한 규정과 법인의 존립시기나 해산사유가 정관의 필요적 기재사항에 속하나, 재단법인에서는 필요적 기재사항이 아니다.
- 사단법인은 총사원 3분의 2 이상의 결의로 정관을 변경할 수 있으나, 재단법인의 경우에는 변경방법을 정관에 정한 경우 등에 한하여 변경할 수 있다.
- 법인의 의사결정기관으로서 사단법인에는 사원총회가 있으나, 재단법인은 그렇지 않다.
- 사단법인은 사원이 없거나 총회의 결의가 있으면 임의로 해산할 수 있으나, 재단법인은 임의로 해산을 할 수 없으며 존립기간 만료 등의 사유로만 해산할 수 있다.

4. 일반법인과 특수법인

민법과 상법에 의하여 설립되는 법인을 일반법인이라고 하고, 그 이외의 법률에 의하여 설립되는 법인을 특수법인이라고 한다. 이러한 특수법인에는 「사립학교법」에 따라 설립되는 학교법인, 「사회복지사업법」에 따른 사회복지법인 및 「농업

16) 민법상 사단법인과는 달리 상법에 의한 주식회사의 경우에는 1인이어도 가능하다. 이는 상법 제288조가 "주식회사를 설립함에는 발기인이 정관을 작성하여야 한다"라고 하면서 발기인의 수에 대하여는 별도로 정하지 않고 있기 때문이다(이상수 · 정태덕, 「상법 기본강의」, 피앤씨미디어, 2015, 318면).

협동조합법」에 규정된 조합과 농업협동조합중앙회 등이 있으며, 「산림조합법」에 따라 설립되는 조합과 산림조합중앙회도 이에 속한다.[17] 특수법인에 대하여는 설립근거인 특별법이 민법에 우선하여 적용된다.

[3] 법인의 설립

1. 법정주의 원칙

민법은 제31조에서 "법인은 법률의 규정에 의함이 아니면 성립하지 못한다"라고 하여 법인성립에 있어서의 법정주의 원칙을 분명히 하고 있다. 이에 따르면 법인은 설립의 근거가 되는 법률이 없으면 성립할 수 없는데, 이는 법인이 자연인과 함께 권리능력을 가진 주체라는 점에서 당연하다고 할 것이다.

민법은 비영리법인을 설립하려면 일정한 조직을 갖추고 주무관청의 허가를 받도록 하는 '허가주의'를 취하고 있다. 이는 비영리법인의 난립이나 법인의 부당한 행위를 방지하려는 의도가 있는 것으로 보인다. 그러나 「변호사법」 제79조에 따른 대한변호사회의 경우와 같이 민법이 아닌 개별 법률에 따라 법인을 설립하는 경우에는 주무관청의 심사는 받아야 하지만 법률이 정한 요건을 갖춘 경우에는 반드시 인가를 해주도록 하는 '인가주의'를 따르기도 한다.

2. 법인설립 절차

가. 사단법인

비영리 사단법인을 설립하려는 자는 우선 정관을 작성하여 기명날인하여야 한다(민법 제40조). 이를 통상 설립행위라고 하는데, 정관에 설립자의 기명날인이 없는 경우에는 무효인 행위가 된다. 정관에 기재할 사항은 목적·명칭 및 사무소의 소재지, 자산에 관한 규정, 이사의 임면에 관한 규정, 사원자격의 득실에 관한 규정 및 존립시기나 해산사유를 정하는 때에는 그 시기 또는 사유 등이다. 이 경우 존립시기나 해산사유를 따로 정하지 않을 때에는 이를 기재하지 않아도 된다.

작성된 정관이 제출되면 주무관청은 법인의 설립에 대하여 허가 여부를 결정하

---

17) 특수법인의 설립과 관련된 근거법률의 입법형식은 대개 비슷하다. 예를 들어 「사립학교법」은 "학교법인이란 사립학교만을 설치·경영할 목적으로 이 법에 따라 설립되는 법인을 말한다(같은 법 제2조 제1호)"라고 규정하고 있는데, 이는 사회복지법인(「사회복지사업법」 제2조 제3호)이나 농업협동조합 및 농업협동조합중앙회(「농업협동조합법」 제4조 제1항)의 설립근거가 되는 조항의 경우에도 유사하다.

게 된다. 이에 대하여 민법 제32조는 “학술, 종교, 자선, 기예, 사교 기타 영리 아닌 사업을 목적으로 하는 사단…은 주무관청의 허가를 얻어 이를 법인으로 할 수 있다”라고 하여 비영리 법인의 설립에 대한 허가주의 입장을 분명히 하고 있다. 이 경우 그 허가 여부는 주무관청의 재량에 속하는 것이지만 최근에는 허가기준 등을 엄격하게 운영하지는 않는 경향을 보이고 있다. 주무관청의 허가를 얻은 경우 법인은 주된 사무소의 소재지에서 설립등기를 함으로써 성립한다(민법 제33조). 이 경우 설립등기는 법인의 법인격을 취득하기 위한 성립요건에 해당한다.

나. 재단법인

비영리 재단법인을 설립하려는 자는 일정한 재산을 출연하고 정관을 작성하여 기명날인하여야 한다(민법 제43조). 재단법인의 설립자는 사단법인과는 달리 1인이어도 무방하다. 재단법인을 설립하려면 반드시 재산을 출연하여야 하는데, 이러한 재산의 출연이야말로 사단법인의 설립과는 다른 점이다. 여기에서 출연이란 기부와 같이 재산을 무상으로 내는 것으로서 그 대상인 재산의 종류에는 제한이 없다. 재산의 출연과 관련하여 생전처분으로 재단법인을 설립하는 때에는 증여에 관한 규정을 준용하고, 유언으로 설립하는 경우에는 유증에 관한 규정을 준용한다(민법 제47조).

재단법인의 경우에도 정관은 작성하나, 사단법인과는 달리 사원자격의 득실에 관한 규정과 존립시기나 해산사유는 기재하지 않아도 된다. 만일 재단법인의 설립자가 명칭이나 사무소 소재지 또는 이사의 임면방법을 정하지 않고 사망한 경우에는 누락된 정관의 내용을 보충하여야 하는데, 이 경우 민법은 제44조에서 이해관계인이나 검사의 청구에 의하여 법원이 이를 정하도록 하고 있다. 이는 재단법인의 중요한 사항인 목적과 자산이 정해진 경우에는 비교적 경미한 사항인 명칭이나 사무소 소재지 또는 이사의 임면방법에 비록 흠결이 있더라도 법원이 이를 보충하도록 하여 재단법인의 설립을 가능하게 하고자 한 것이다. 정관을 제출한 이후 주무관청에 의한 재단법인 설립의 허가와 설립등기의 절차는 사단법인을 설립하는 경우와 같다.

[4] 법인의 능력

1. 권리능력

법인은 법률의 규정에 좇아 정관으로 정한 목적의 범위 내에서 권리와 의무의 주체가 된다(민법 제34조). 여기에서 권리와 의무의 주체가 된다는 것은 법인에게 권리능력을 부여한다는 의미이다. 이러한 법인의 권리능력은 정관에서 정한 목적의 범위 내에서만 인정된다. 따라서 만일 법인이 목적을 넘는 법률행위를 한 경우 그 행위는 절대적으로 무효가 된다.

법인의 권리능력은 법인의 본질에 의해서도 제한을 받게 된다. 자연인이 아닌 법인이 본질상 자연인만이 가질 수 있는 권리의 주체가 될 수 없는 것은 당연하기 때문이다. 따라서 법인은 생명권, 상속권 및 친권 등을 가질 수 없으며 법인의 이사가 될 수도 없다. 그러나 자연인만이 가질 수 있는 권리에 속하지 않는 재산권 및 명예권 등은 법인도 가질 수 있으며 성년후견인이 될 수도 있다(민법 제930조 제3항).

법인의 권리능력은 법률에 의하여 인정된 것이므로 법률로 그 범위를 제한할 수 있는 것은 당연하다. 현재 법률상 법인의 권리능력을 일반적으로 제한하는 법률은 없지만, 특별법에 따라 설립된 법인의 경우에는 해당 법률에서 정하는 내용에 따라 그 권리능력이 제한되는 경우도 있다. 그러나 이 경우에도 법률이 아닌 명령으로는 그 권리능력을 제한하지 못한다.

2. 행위능력 및 불법행위능력

법인은 권리능력의 범위 내에서 행위능력을 가진다. 여기에서 행위능력이란 단독으로 유효한 법률행위를 할 수 있는 지위나 자격을 의미한다. 따라서 법인의 대표이사가 법인이 아니라 자기 자신이나 제3자의 이익을 위하여 대표행위를 하였더라도 그것이 법인의 권리능력 범위 내에 속한다면, 대표권의 남용이 아닌 한 그 행위는 법인의 행위가 된다.

법인이 불법행위를 한 경우에 이를 어떻게 볼 것인가는 법인의 본질과 관련된 문제[18]로서 여전히 논쟁의 대상이긴 하지만, 이와는 별도로 민법은 일정한 요건 아래에서 법인에게 엄격한 불법행위책임을 묻도록 함으로써 상대방을 보호하는 입장을 취하고 있다. 이에 따르면 법인의 이사와 기타 대표자가 직무에 관하여 타인에게 손해를 끼친 경우에는 법인이 그 손해를 배상하도록 하고, 이사와 기타 대표

---

18) 법인의 본질을 이해하는 입장에는 ① 법인의제설과 ② 법인실재설이 있다. 법인의제설은 자연인만이 권리의 주체가 될 수 있음을 전제로 법인은 법률이 자연인으로 의제한 것에 불과한 것이라고 하면서 이러한 법인에게는 불법행위능력이 인정되지 않으며, 다만 상대방을 보호하기 위하여 법인의 불법행위책임을 인정한 것뿐이라고 주장한다. 이에 비하여 법인실재설은 법인이 사회적 가치를 가진 실재로서 자연인과 마찬가지로 권리능력을 갖기에 적합하다고 주장하면서 법인의 불법행위능력에 대해서도 당연히 인정한다. 그러나 현대사회에서 법인이 갖는 사회적인 의미와 가치를 고려하는 경우 법인의제설로는 한계가 있으므로 통설과 같이 법인실재설을 따르는 것이 타당해 보인다.

자의 경우에도 자기의 손해배상책임을 면하지 못하도록 하고 있다(민법 제35조 제1항). 민법은 또한 법인이 목적범위 외의 행위로 인하여 타인에게 손해를 가한 경우에도 그 책임을 지도록 하고 있는데, 이에 따르면 법인의 목적범위 외의 행위에 관한 사항의 의결에 찬성하거나 그 의결을 집행한 사원, 이사 및 기타 대표자는 연대하여 배상하여야 한다(민법 제35조 제2항).

[5] 법인의 해산

1. 일반적 해산사유

법인의 해산이란 법인이 활동을 정지하고 청산절차에 들어가는 것으로서 해산 이후에 잔무를 처리하고 재산을 정리하는 청산과는 다른 것이다. 법인은 청산이 종료된 때에 소멸한다. 민법이 정하는 법인의 해산사유는 다음과 같으며, 이러한 해산사유는 사단법인과 재단법인에 공통으로 적용된다(민법 제77조 제1항).

- 존립기간의 만료
- 법인의 목적 달성이나 달성의 불능 기타 정관에 정한 해산사유의 발생
- 파산
- 설립허가의 취소

2. 사단법인에 특유한 해산사유

사단법인은 인적 결합인 사단을 실체로 하는 법인이므로 재단법인과는 다른 특유한 사유로 인하여 해산할 수 있다. 사단법인에게만 있는 이러한 해산사유에는 사원이 없게 된 때와 총회의 해산결의가 있다. 여기에서 '사원이 없게 된 때'란 사원이 1인도 없는 경우를 말하므로 1인이라도 있는 경우에는 해산사유에 해당하지 않는다.

통상적으로 총회의 해산결의에 의한 해산을 임의해산이라고 하는데, 이러한 임의해산은 사원총회의 전권사항으로서 정관에 의해서도 다르게 정할 수는 없다고 보는 것이 일반적이다. 사원총회에 의한 해산결정이 철회될 수 있는지에 대해서는 논쟁의 여지가 있으나, 법인의 해산결정이 임의적인 것이었으므로 다시 사원총회의 결의를 받으면 가능하다고 보아야 할 것이다.

Ⅲ. 부동산과 동산

[1] 물　　건

1. 물건의 개념

민법에 따르면 물건이란 "유체물 및 전기 기타 관리할 수 있는 자연력"(민법 제98조)을 말한다. 여기에서 유체물이란 형체가 있는 물질인 고체, 액체 및 기체와 같은 것으로서 전기, 열 및 에너지 등과 같은 무체물이 아닌 것을 말한다.

유체물은 일반적으로 물건에 해당하지만 무체물인 경우에는 관리할 수 있는 자연력에 한하여 물건으로 인정한다. 이와 같이 물건은 관리할 수 있어야 하므로 관리할 수 없는 해와 달, 공기 및 전파 등은 물건에 속하지 않는다. 그러나 바다와 같은 경우에는 일정한 구역을 정하면 배타적으로 지배하거나 관리할 수 있으므로 어업권(수산업법 제2조 제9호) 등의 권리가 성립할 수 있다.

물건은 배타적으로 지배할 수 있어야 하므로 독립성을 가져야 한다. 따라서 1개의 물건에는 원칙적으로 1개의 권리만이 인정되는데, 이를 '일물일권주의'라고 한다. 이러한 일물일권주의 원칙은 현행 민법상 물권적 법률관계의 기초가 된다. 물건에 대한 독립성의 유무는 물리적으로 결정되는 것이 아니라 사회통념에 따라 결정되는데, 이러한 관점에서 아파트와 같은 집합건물의 경우에는 각 세대가 하나의 물건으로서 「집합건물의 소유 및 관리에 관한 법률」에 따른 구분소유권(같은 법 제2조 제1호)의 대상으로 인정된다.

2. 물건의 분류

가. 주물과 종물

주물이란 소유자의 입장에서 주된 경제적 가치를 가진 물건이며, 종물이란 이러한 주물에 부속된 물건을 말한다. 민법은 제100조 제1항에서 "물건의 소유자가 그 물건의 상용에 공하기 위하여 자기소유인 다른 물건을 이에 부속하게 한 때에는 그 부속물은 종물이다"라고 규정하고 있다. 이에 따르면 종물은 주물의 상용에 이바지하는 것으로서 주물에 부속된 독립된 물건이어야 한다. 예를 들면 자물쇠와 열쇠의 경우 자물쇠는 주물이고 열쇠는 종물이 된다. 민법상 종물은 주물의 처분에 따르는데(민법 제100조 제2항), 이는 주물에 부속된 물건인 종물의 본질상 당연한 것이다. 그러나 당사자 간에 이와 다른 특약을 하는 것은 물론 가능하다.

나. 원물과 과실

물건으로부터 생기는 수익을 과실이라고 하고 과실을 생기게 하는 물건을 원물이라고 한다. 따라서 물건으로부터 생긴 것이 아니라 권리로부터 생긴 주식배당금이나 특허권 사용료 등은 과실이 아니다. 민법은 이러한 과실을 천연과실과 법정과실로 구분하고 있다. 이에 따르면 천연과실이란 "물건의 용법에 의하여 수취하는 산출물"(민법 제101조 제1항)로서 나무의 열매나 우유 등은 물론 석재, 토사 및 광물과 같이 경제적 차원에서 원물의 수익이라고 인정될 수 있는 것도 포함된다. 이러한 천연과실은 민법 제102조 제1항에 따라 그 원물로부터 분리하는 때에 이를 수취할 권리자에게 속한다.

법정과실은 "물건의 사용대가로 받는 금전 기타의 물건"(민법 제101조 제2항)으로서 이자나 사용료 등을 말한다. 이러한 법정과실은 민법 제102조 제2항이 정한 대로 수취할 권리의 존속기간 일수의 비율로 취득한다. 특히 법정과실과 관련해서는 너무 고율의 이자가 문제되는데, 「이자제한법」에서는 원활한 경제활동과 경제적 약자에 대한 보호를 조화시키기 위하여 금전대차에 관한 계약상의 최고이자율이 연 25%를 초과하지 못하는 범위 안에서 대통령령으로 정하도록 하고 있다(같은 법 제2조 제1항). 현재 이에 따른 최고이자율은 「이자제한법 제2조 제1항의 최고이자율에 관한 규정」(대통령령 제31593호)에 따라 연 20%로 정해져 있다.[19]

[2] 부 동 산

1. 토 지

부동산이란 "토지 및 그 정착물"(민법 제99조 제1항)을 말한다. 토지는 인위적으로 구획된 일정 범위의 지면으로서 이에 대한 소유권은 정당한 이익이 있는 범위 내에서 그 토지의 상하에 미친다(민법 제212조). 따라서 지표면상의 자연석, 온천수 및 지하에 있는 동굴 등은 모두 토지소유권의 범위에 속하는 것이다.[20] 이러한 관점에서 지하수의 경우

---

19) 정부는 2021년 4월 6일 「이자제한법 제2조 제1항의 최고이자율에 관한 규정」을 개정하여 최고이자율을 연 24%에서 연 20%로 조정하고, 이를 2021년 7월 7일부터 시행하였다. 이러한 최고이자율의 인하는 "고금리 채무로 인한 국민의 이자 부담을 완화"하기 위한 것이라는 정부의 설명에도 불구하고, 오히려 신용이 낮은 자들의 금융기관 활용을 제한하고 불법적인 금융거래를 유도할 수도 있어 보인다.

20) 지표면상의 자연석은 토지소유권의 범위에 속하나 이를 가공한 경우에는 다르게 판단하여야 하

에도 원칙적으로는 토지의 구성부분이지만, 민법은 지하수가 지하에서 서로 연계되어 있다는 점을 감안하여 공용수의 용수권 등에 관하여는 별도로 규정하고 있다(민법 제235조~제236조).

토지소유권의 범위와 관련하여 지하의 토사와 암석이 이에 속한다는 것에 대해서는 이견이 없으나, 「광업법」에 따른 광업권의 대상이 되는 광물은 논쟁의 여지가 있다. 이에 대하여는 광업권 허가를 근거로 광물을 국유에 속하는 독립된 부동산으로 보는 주장도 있으나, 광물은 기본적으로는 토지의 일부이지만 「광업법」이 적용되는 한도에서 그 행사가 제한된다는 주장이 보다 타당한 것으로 보인다.[21)]

2. 토지의 정착물

가. 개 념

부동산에 속하는 토지의 정착물은 토지에 고정적으로 부착되어 용이하게 이동할 수 없는 물건으로서 건물이나 수목 등을 말한다. 따라서 판잣집이나 가식재된 수목 및 토지에 고정되어 있지 않은 기계 등은 정착물에 속하지 않는다.

나. 토지의 정착물에 대한 검토

A. 건 물

토지의 정착물 가운데 건물은 토지와는 독립된 별개의 부동산으로 취급된다. 따라서 토지 위에 건물이 있더라도 토지와 건물은 따로 처분할 수 있으며, 그렇게 하지 않고 함께 처분하는 경우라도 건물이 토지의 처분에 따르는 것은 아니므로 각각 등기를 하여야 한다.

B. 「입목에 관한 법률」에 따른 입목

「입목에 관한 법률」에 따른 입목이란 "토지에 부착된 수목의 집단으로서 그 소유자가…소유권보존의 등기를 받은 것"(같은법 제2조 제1호)을 말한다. 이러한 입목은 같은 법

는데, 이에 대하여 대법원은 "임야에 있는 자연석을 조각하여 제작한 석불이라도 그 임야의 일부분을 구성하는 것이라고는 할 수 없고 임야와 독립된 소유권의 대상이 된다"라고 하였다(대판 1970. 9. 22. 70다1494). 이와 함께 대법원은 온천수에 대하여는 "온천에 관한 권리를 관습법상의 물권이라고 볼 수 없고 또한 온천수는 민법 제235조, 제236조 소정의 공용수 또는 생활상 필요한 용수에 해당하지 아니한다"라고 하면서 온천법의 적용을 받지 않는 한 온천수는 원칙적으로 토지의 구성부분으로서 토지소유권의 범위에 속하는 것이라고 하였다(대판 1970. 5. 26. 69다1239).

21) 김준호(2019)의 앞의 책, 172면. 이와 달리 광물을 토지의 일부분이 아니라 국유에 속하는 독립된 부동산으로 보는 입장에서는 '미채굴의 광물에 관하여 채굴허가권을 갖는다는 것은 그에 대한 소유권이 있음을 전제로 하는 것'이라고 주장한다(송덕수의 앞의 책, 657면).

제3조 제1항 및 제2항에 따른 부동산으로서 그 소유자는 토지와 분리하여 이를 양도하거나 저당권의 목적으로 할 수도 있다.

「입목에 관한 법률」에 따른 입목이 아닌 수목이나 수목의 집단으로서 명인방법을 갖춘 경우에는 토지로부터 독립하여 거래할 수 있다. 여기에서 '명인방법'이란 소유자가 누구인지를 제3자가 알 수 있도록 표지판이나 명찰 등을 부착하는 관습법상의 공시방법을 말한다.

C. 미분리의 과실 및 농작물

미분리의 과실이란 과일나무의 열매 등과 같이 수목의 일부이며 부동산으로 취급한다. 그러나 미분리의 과실이라도 명인방법을 갖춘 때에는 토지와 별개로 거래할 수 있다. 동일한 논리에서 토지에 재배하는 농작물도 당연히 토지의 일부로 취급된다. 그러나 정당한 권원에 의하여 타인의 토지에 경작한 농작물은 토지와는 별개의 독립된 부동산으로 본다(민법 제256조 단서).

이와 관련하여 정당한 권원이 없이 재배된 농작물을 어떻게 취급할 것인가 하는 문제가 있으나, 대법원은 일관하여 이러한 농작물을 토지와는 별개의 부동산으로 취급함으로써 경작자에게 소유권을 인정하고 있다.[22] 결국 농작물은 정당한 권원의 여부와 관련 없이 언제나 토지와는 별개의 독립된 부동산으로 취급되는 것이다.

[3] 동　　산

동산이란 "부동산 이외의 물건"(민법 제99조 제2항)으로서 전기 기타 관리할 수 있는 자연력은 물론 가식재된 수목과 같이 토지에 정착하지 않은 것도 포함한다. 특별법에 따라 등록이나 등기를 하는 자동차, 선박, 항공기 및 건설기계 등도 부동산에 준하여 특별히 공시할 뿐이지 동산임에는 이견이 없다.

---

22) 대법원에 따르면 토지에 대한 소유권이 없는 자가 권원 없이 경작한 입도(立稻)라 하더라도 성숙하였다면 그에 대한 소유권은 경작자에게 귀속된다(대판 1963. 2. 21. 62다913). 그러나 대법원의 이러한 입장은 농작물의 짧은 재배기간과 경제적으로 열악한 경작자를 보호하기 위한 취지 등을 감안하더라도 소유권에 대한 본질적인 제한으로서 결코 이해할 수 없는 것이다(곽윤직 · 김재형, 「민법총칙(민법강의 I)」, 박영사, 2013, 227면; 송덕수의 앞의 책, 662면). 한편 판례의 태도를 지지하는 입장에 대해서는 김준호(2019)의 앞의 책, 175~176면을 참고하라.

Ⅳ. 법률행위와 의사표시

[1] 법률행위

1. 개 념

법률행위란 권리의 변동을 가져오는 대표적인 법률요건으로서 의사표시를 요소로 하는 것이다. 여기에서 법률요건이란 일정한 법률효과를 발생시켜 법률관계의 변동을 가져오는 사실로서 법률행위, 준법률행위,[23] 불법행위 및 부당이득 등이 있다. 특히 이러한 법률요건을 이루는 개개의 사실을 법률사실이라고 하는데, 하나 이상의 법률사실이 모여 법률요건이 됨으로써 법률효과를 발생시키게 된다.

법률행위는 자신이 한 의사표시대로 법률효과가 발생하는 것을 본질로 한다. 그러므로 개인은 자기의 의사에 따라 스스로 법률관계를 형성할 수 있게 되고, 이를 통하여 사적자치를 이루게 된다. 결국 사적자치의 원칙과 법률행위 자유의 원칙은 앞에서 이미 살펴본 것처럼 서로 연결되어 있는 것이다.

2. 법률행위의 종류

법률행위는 행위의 성질에 따라 (1) 단독행위, (2) 계약, (3) 합동행위로 구분한다. 이에 따르면 단독행위란 하나의 의사표시만으로 성립하는 법률행위로서 해제, 해지 및 동의와 같이 상대방에 대한 통지가 필요한 상대방 있는 단독행위와 유언 및 재단법인의 설립과 같이 통지의 필요가 없는 상대방 없는 단독행위로 구분한다.

계약이란 서로 대립하는 2개의 의사표시가 합치되어 성립하는 법률행위를 말하며, 합동행위란 사단법인의 설립행위와 같이 공동목적을 이루기 위하여 복수의 의사표시로 성립하는 법률행위를 말한다. 계약은 가장 대표적인 법률행위로서 의사표시가 2개인 점에서는 단독행위와 다르고, 복수의 의사표시가 대립적이라는 점에서는 합동행위와도 구별된다. 계약에는 그 내용에 따라 물권계약, 채권계약 및 가족법상의 계약 등이 있다.

23) '준법률행위'란 법률행위 이외에 권리변동을 가져오는 법률요건을 말한다. 이러한 준법률행위에는 의사의 통지, 관념의 통지 및 감정의 통지와 같은 표현행위와 민법 제252조에 따른 선점이나 같은 법 제259조에 따른 가공과 같이 행위 그 자체에 일정한 효과를 인정하는 사실행위가 있다. 사실행위는 표현행위와 대비하여 비표현행위라고도 한다.

[2] 의사표시

1. 개 념

의사표시란 법률행위의 본질에 속하는 것으로서 표시된 의사를 의미한다. 따라서 의사표시는 의사와 표시가 그 요소를 이루며, 이들 간에 불일치가 있는 경우에는 흠이 있는 의사표시가 된다. 의사에 동기도 포함되는지에 대해서는 의문이 있으나, 동기는 의사와는 달리 주관적이고 표현되지 않는다는 점에서 의사표시의 요소에는 포함시키지 않는 것이 일반적이다.

의사표시는 의사와 표시행위로 이루어진다. 의사에는 어떤 행위를 한다는 행위의사와 일정한 법률효과의 발생을 원한다는 효과의사 및 의사를 표시하려는 표시의사가 있어야 한다. 따라서 최면 중의 행위와 같이 행위의사가 없는 경우 그 의사표시는 무효가 되며, 효과의사나 표시의사가 일치하지 않는 경우에는 의사와 표시의 불일치 문제가 발생하게 된다. 표시행위는 효과의사를 외부에 표명하는 행위로서 명시적으로나 묵시적으로 할 수 있다. 그러므로 고개를 끄덕이는 것뿐만 아니라 경우에 따라서는 침묵하는 것도 유효한 표시수단이 될 수 있다.

의사표시는 의사와 표시행위로 이루어지므로 의사와 표시가 일치되지 않는 경우에는 어느 것을 기준으로 해야 하는가라는 문제가 생기게 된다. 이 경우 '의사주의'는 의사에 중점을 두지만, '표시주의'는 표시행위에 중점을 두게 된다. 이러한 논쟁은 어느 입장을 취하는지에 따라 법률행위의 상대방이나 제3자를 보호하는 범위가 달라지므로 큰 의미를 가지는데, 우리 민법은 '절충주의'에 따라 의사주의와 표시주의를 절충한 태도를 취하고 있다는 것이 일반적인 의견이다.

2. 의사와 표시의 불일치

가. 진의 아닌 의사표시

진의 아닌 의사표시란 표의자가 진의가 아님을 알고 표시행위를 한 의사표시로서 '비진의표시'라고도 한다. 이는 표의자가 단독으로 진의가 아닌 의사표시를 한 것으로서 상대방과 통정하여 허위로 표시한 통정허위표시와는 다른 것이다.

진의 아닌 의사표시가 있는 때에는 상대방이 있는 의사표시이든 상대방이 없는 의사표시이든 불문하고 표시한 대로 그 효과가 발생한다(민법 제107조 제1항). 즉 민법은 진의가 아닌 의사표시의 경우에는 표의자를 보호할 필요가 없으므로 표시한 대로 효과가 발생하는 표시주의를 취하고 있는 것이다. 그러나 상대방이 있는 의사표시에서 그 상대방이 표의자의 진의 아님을 알았거나 알 수 있었을 경우 그 진의 아닌 의사표시는 무효가 된다(민법 제107조 제1항 단서). 상대방이 진의 아닌 것을 알았거나 알 수 있었을 경우까지 표시된 대로 효과를 인정할 필요는 없기 때문이다. 그러나 이 경우에도 이러한 사정을 알지 못하는, 즉 선의의 제3자는 보호할 필요가 있으므로 진의 아닌 의사표시의 무효는 선의의 제3자에게는 대항하지 못한다(민법 제107조 제2항).

나. 허위표시

허위표시란 상대방과 통정하여 하는 진의 아닌 의사표시를 말한다. 이러한 허위표시는 진의가 아닌 의사표시에 대하여 표의자와 상대방이 통정하였다는 점에서 진의 아닌 의사표시와 구별된다. 특히 허위표시에 의한 법률행위를 '가장행위'라고도 하는데, 세금을 적게 내기 위하여 매매계약서에 부동산 가액을 실제보다 적게 기재하여 매매하는 행위가 이에 해당한다. 상대방과 통정한 이러한 허위표시는 당연히 무효이나 이러한 무효를 가지고 선의의 제3자에게는 대항할 수 없다(민법 제108조 제1항·제2항). 따라서 허위표시는 당사자 간에는 무효이지만, 이를 알지 못한 선의의 제3자에 대한 관계에서는 유효한 것이 된다.

다. 착오에 의한 의사표시

착오에 의한 의사표시란 표의자가 알지 못한 상태에서 의사와 다른 표시행위를 한 것을 말한다. 이러한 착오에 의한 의사표시는 표의자가 착오의 사실을 알지 못했다는 점에서 보호할 필요가 있는 것이다. 착오에 의한 의사표시는 법률행위 내용의 중요부분에 관한 착오가 있는 경우에는 취소할 수 있으나, 그 의사표시의 취소는 선의의 제3자에게 대항하지 못한다(민법 제109조 제1항·제2항). 여기에서 법률행위 내용의 중요부분이 무엇인지에 대하여는 논란이 있으나, 일반적으로는 착오가 없었더라면 표의자가 그 의사표시를 하지 않았을 정도로 중요하고(주관적 기준), 일반인의 경우에도 표의자의 입장이라면 그러한 의사표시를 하지 않았을 정도로 중요한 것을 말한다(객관적 기준).

법률행위의 중요부분에 착오가 있더라도 그 착오가 표의자의 중대한 과실로 인한 때에는 취소하지 못한다(민법 제109조 제1항 후문). 이는 표의자에게 중대한 과실이 있는 경우까지 보호할 필요는 없기 때문이다. 여기에서 '중대한 과실'이란 표의자가 약간의 주의만 기울였더라면 알 수 있었음에도 현저하게 부주의하여 이를 알지 못한 것을 말한다.

3. 하자있는 의사표시

하자있는 의사표시란 사기·강박에 의한 의사표시를 말한다. 이러한 의사표시는 표의자의 자유로운 의사결정에 따른 것이 아니므로 사기나 강박에 의한 의사표시는 민법에 따라 취소할 수 있다(민법 제110조 제1항·제3항). 그러나 이 경우에도 그 취소를 가지고 선의의 제3자에게 대항하지는 못한다.

사기란 표의자에게 그릇된 관념을 가지게 하거나 그러한 관념을 강화·유지하게 하는 기망행위로서 반드시 적극적으로 허위의 사실을 날조하는 것만을 의미하지는 않는다. 따라서 신의성실의 원칙이나 거래관행상 고지의 의무가 있음에도 불구하고 이를 알리지 않는 것도 기망행위가 될 수 있다. 사기와 달리 강박이란 타인에게 공포심을 느끼게 하는 것으로서 그 수단에는 제한이 없다. 그러나 강박의 정도가 극심하여 표의자의 의사결정이 박탈될 정도에 이른 경우에는 취소가 아니라 무효가 된다.

표의자에 대한 사기나 강박이 상대방이 아니라 제3자에 의하여 이루어질 수도 있는데, 민법은 이에 대하여 상대방이 있는 의사표시에 관하여 제3자가 사기나 강박을 행한 경우에는 상대방이 그 사실을 알았거나 알 수 있었을 경우에 한하여 그 의사표시를 취소할 수 있도록 하고 있다(민법 제110조 제2항). 이는 사기·강박에 의하여 표의자의 의사결정의 자유가 침해되었다면 제3자와 상대방을 구별할 이유는 없으나, 제3자에 의하여 사기·강박이 이루어진 것을 표의자의 상대방이 알지 못했음에도 그 의사표시를 취소할 수 있다면 이는 상대방에게 너무 가혹한 것이므로 의사표시의 상대방이 그 사실을 알았거나 알 수 있었을 경우에만 취소할 수 있도록 한 것이다.

V. 대리제도

[1] 개 념

대리란 법률행위의 효과가 의사표시를 한 표의자에게 생기는 것이 아니라 다른 자에게 발생하도록 하는 제도를 말한다. 따라서 대리행위를 하는 경우에는 의사표시를 한 자와 법률효과를 받는 자가 분리되는 현상이 일어난다. 이러한 대리는 본인이 직접 법률행위를 할 수 없을 때에 제3자를 통하여 대신하게 하면서도 그 법률효과는 자신이 받는다는 점에서 사적자치의 영역을 확장할 수 있는 제도라고 할 수 있다. 대리와 유사한 것으로는 '사자'가 있는데, 사자란 본인의 의사표시를 단순히 전달하거나 결정된 의사를 그대로 표시하는 자로서 대리와는 다른 것이다.

[2] 대리의 종류

1. 임의대리와 법정대리

임의대리란 본인의 의사에 의하여 대리권이 수여되는 대리를 말하며, 법정대리란 본인의 의사와는 상관없이 법률의 규정에 의하여 일정한 자에게 대리권이 부여되는 경우를 말한다. 예를 들어 미성년자인 자의 부모는 친권자로서 민법에 따라 친권을 행사할 수 있는데, 이러한 친권을 행사하는 부 또는 모는 미성년자인 자의 법정대리인이 된다(민법 제909조 제1항 및 제910조 · 제911조).

2. 능동대리와 수동대리

능동대리란 대리인이 제3자에게 의사표시를 하는 경우의 대리행위를 말하며, 수동대리란 대리인으로서 제3자의 의사표시를 수령하는 것을 말한다. 일반적으로 대리인은 특별한 사정이 없는 경우 능동대리에 관련되는 수동대리는 당연히 할 수 있는 것으로 인정된다.

3. 유권대리와 무권대리

대리인이 대리권을 가지고 있는 것을 유권대리라고 하고, 그렇지 않은 경우를 무권대리라고 한다. 무권대리는 표현대리와 좁은 의미의 무권대리로 다시 구분된다. 이에 따르면 표현대리란 대리인에게 대리권이 있는 것으로 믿을 만한 외관이 있고, 본인이 그 외관형성에 일정한 원인을 준 경우로서 본인에게 그 무권대리 행위의 효과가 생기는 것을 말한다. 이러한 표현대리에는 본인이 대리권 수여의 표시를 한 경우, 대리인이 권한을 넘은 법률행위를 한 경우 및 대리권이 소멸되었으나 선의의 제3자가 알지 못한 경우 등이 있다(민법 제125조 · 제126조 및 제129조).

표현대리와 달리 좁은 의미의 무권대리란 대리권이 없이 행해진 행위로서 본인에게 책임을 물을 만한 외관이나 원인제공 등도 없는 경우를 말한다. 이러한 좁은 의미의 무권대리 행위가 있는 경우에는 본인이 아니라 무권대리 행위자가 상대방의 선택에 따라 계약을 이행할 책임이나 손해를 배상할 책임을 부담한다(민법 제135조 제1항). 그러나 이 경우에도 무권대리 행위자에게 대리권이 없다는 사실을 상대방이 알았거나 알 수 있었을 때에는 책임을 지지 않으며, 좁은 의미의 무권대리 행위를 본인이 추인하는 경우에는 무권대리 행위자가 아니라 본인에게 효력이 발생하게 된다(민법 제130조 및 제135조 제2항).

4. 복 대 리

복대리란 대리인이 자기가 가지고 있는 대리권의 범위 내에서 특정한 자를 선임하여 그에게 자기 권한 내의 행위를 하게 하는 것을 말한다. 이 경우 복대리인은 대리인이 자신의 권한으로 선임한 본인의 대리인으로서 대리인의 보조자나 대리인의 대리인은 아니다.

복대리인을 선임할 수 있는 권한은 임의대리와 법정대리의 경우에 차이가 있는데, 임의대리인은 본인의 승낙이 있거나 부득이한 사유가 있는 때가 아니면 원칙적으로 복대리인을 선임하지 못하지만, 법정대리인의 경우에는 자기의 책임으로 복대리인을 선임할 수 있다(민법 제120조 및 제122조).

[3] 대리의 내용

1. 대 리 권

대리권이란 대리인이 본인의 이름으로 의사표시를 하거나 제3자의 의사표시를 수령하여 그 효과를 직접 본인에게 귀속시킬 수 있는 법률상의 권한을 말한다. 대리권은 본인이 대리인에게 대리권을 수여하는 수권행위에 의하여 발생하는 임의대리권과 본인의 의사와는 관계없이 직접 법률의 규정에 의하여 발생하는 법정대리권으로 구분한다. 이러한 대리권의 범위는 법정대리와 임의대리에 있어 차이가 있는데, 법정대리의 경우에는 법률의 규정에 의하여 정해지나 임의대리의 경우에는 수권행위에 의하여 정해진다.

대리인은 본인의 허락이 없으면 본인을 위하여 자기와 법률행위를 하거나 동일한 법률행위에 관하여 당사자 쌍방을 대리하지 못한다(민법 제124조). 이를 일반적으로 '자기계약과 쌍방대리의 금지'라고 하는데, 민법은 이에 해당하는 경우에도 채무의 이행만은 할 수 있도록 허용하고 있다(민법 제124조 단서).

대리인이 본인의 이익을 위하여 대리행위를 하지 않고 대리인 자신이나 제3자의 이익을 위하여 대리행위를 한 경우 그 대리행위의 효력이 문제되는데, 이러한 대리권의 남용에 대하여 대법원은 "법정대리인인 친권자의 대리행위가 객관적으로 볼 때 미성년자 본인에게는 경제적인 손실만을 초래하는 반면, 친권자나 제3자에게는 경제적인 이익을 가져오는 행위이고 그 행위의 상대방이 이러한 사실을 알았거나 알 수 있었을 때에는 민법 제107조 제1항 단서의 규정을 유추적용하여 행위의 효과가 자에게는 미치지 않는다고 해석함이 타당하다"[24]라고 하여 대리권 남용행위의 상대방이 그 사실을 알았거나 알 수 있었을 경우에는 본인에게 효력이 없는 것으로 해석하고 있다.

2. 대리행위

대리행위란 대리인이 상대방에게 하는 법률행위를 말한다. 대리인의 이러한 대리행위가 직접 본인에게 효력이 생기려면 본인을 위한 것임을 표시하여야 한다(민법 제114조 제1항). 이를 '현명주의'라고 하는데, 민법이 이를 요구하는 것은 대리행위의 상대방을 보호하기 위한 것이다. 만일 대리인이 본인을 위한 것임을 표시하지 않은 때에는 그 의사표시는 대리인 자기를 위한 것으로 보며, 따라서 본인은 그 법률효과를 주장할 수 없다(민법 제115조).

대리행위에서 의사표시의 효력이 의사의 흠결, 사기, 강박 또는 어느 사정을 알았거나 과실로 알지 못한 것으로 인하여 영향을 받을 경우에 그 사실의 유무는 대리인을 표준하여 결정한다(민법 제116조 제1항). 대리인은 '사자'와는 달리 자기의 결정에 따라 의사표시를 하는 것이므로 그 의사표시에 흠결 등이 있는지가 문제가 되는 경우에는 대리인을 기준으로 하도록 한 것이다. 그러나 특정한 법률행위를 위임한 경우에 대리인이 본인의 지시에 좇아 그 행위를 한 때에는 본인은 자기가 안 사정이나 과실로 인하여 알지 못한 사정에 관하여 대리인이 알지 못했다고 주장하지 못한다(민법 제116조 제2항). 이는 악의인 본인까지 보호할 필요가 없기 때문이다.

3. 대리의 효과

대리행위의 효과는 직접 본인에게 생긴다(민법 제114조). 따라서 대리인은 대리행위로 인하여 상대방에게 권리를 취득하거나 의무를 부담하지 않는다. 그러나 대리인이 불법행위를 한 경우에는 본인에게 그 책임이 귀속되지 않는다. 불법행위는 대리행위가 아니기 때문이다.

---

24) 대판 2011. 12. 22. 2011다64669. 이와 동일한 취지의 판례에 대해서는 대판 1987. 7. 7. 86다카1004; 대판 1999. 3. 9. 97다7721 등을 참고하라.

Ⅵ. 무효와 취소

[1] 무　효

1. 개　념

법률행위의 무효란 법률행위가 성립한 때부터 당연히 법률상의 효력이 없는 것으로 확정되는 것을 말한다. 그러므로 법률상 무효인 경우에는 그 법률행위의 내용에 따른 법률효과가 전혀 생기지 않는다. 법률행위의 일부분이 무효인 때에는 그 전부를 무효로 한다(민법 제137조). 이는 법률행위를 하는 경우 당사자 입장에서는 법률행위 전체를 하나로 보는 것이 일반적이므로 일부분이 무효임에도 나머지 법률행위를 유효한 것으로 한다면 오히려 당사자의 의사에 반하는 것이라는 점을 고려한 것이다. 따라서 이러한 우려가 없는 경우, 즉 그 무효부분이 없더라도 당사자가 법률행위를 하였을 것이라고 인정되는 경우에는 나머지 부분은 무효가 되지 않는다(민법 제137조 후단). 대법원도 이러한 취지에서 "불하된 국유임야 중의 일부분이 처분할 수 없는 행정재산인 경우, 잔여재산을 처분하였을 것임이 규지되고 매수인도 잔여부분만이라도 매수할 의사가 있다면 그 부분에 대한 매매까지 무효로 볼 것은 아니다"[25]라고 하였다.

2. 전환 및 추인

가. 무효행위의 전환

무효행위의 전환이란 무효인 법률행위가 다른 법률행위의 요건을 갖추고 있고 당사자가 그 무효를 알았더라면 다른 법률행위를 하였을 것이라고 인정되는 경우 그 무효인 행위를 다른 법률행위로서 효력을 가지도록 인정하는 것을 말한다(민법 제138조). 이에 대해서는 무효행위의 전환이 질적 일부무효로서 일부무효의 일종에 속하는 것이라는 주장이 있다. 이는 무효인 법률행위가 '다른 법률행위로서 효력이 있다'라는 것은 무효인 법률행위가 유효한 것이 되는 것이 아니라 일부무효인 법률행위로서 원칙적으로는 무효인 법률행위가 당사자의 가정적인 의사에 따라 유효로 의제되는 것이라는 점에서 타당하다고 할 것이다.[26]

25) 대판 1967. 12. 26. 67다2405. 한편 판례에 사용된 용어 중 '규지(窺知)'란 살펴보아 안다는 의미이다.

26) 김준호(2019)의 앞의 책, 337면. 김형배 등도 이러한 취지에서 "무효행위의 전환은 법률행위가

나. 무효행위의 추인

일반적으로 무효인 법률행위는 민법 제103조에 따른 선량한 풍속 기타 사회질서에 위반한 사항을 내용으로 하는 반사회질서의 법률행위나 강행규정과 같이 법질서 전체 차원에서 그 효력을 인정하기 어려워 무효로 한 것이므로 개인이 후에 이를 인정하여 추인한다고 하더라도 유효한 것으로 할 수는 없는 것이다. 민법 또한 이러한 입장에서 "무효인 법률행위는 추인하여도 그 효력이 생기지 않는다"(민법 제139조)라고 명문으로 규정하고 있다.

그러나 무효인 법률행위가 법질서에 관련된 것이 아니라 의사표시에 흠이 있어 무효가 된 것이라면 당사자 입장에서는 이러한 민법의 태도가 아무래도 가혹한 것이 되기 쉽다. 게다가 당사자가 추인을 한 경우에도 이를 절대적으로 무효로 한다면, 이는 사적자치의 원칙에도 부합하는 것은 아니다. 따라서 민법은 무효인 법률행위라도 "당사자가 그 무효임을 알고 추인한 때에는 새로운 법률행위로 본다"(민법 제139조 후단)라고 하여 당사자의 추인을 조건으로 무효인 법률행위를 구제하고 있다. 여기에서 당사자가 추인한 경우에 '새로운 법률행위로 본다'라는 것은 무효인 법률행위가 있은 때로 소급해서 새로운 법률행위가 유효하게 된다는 것이 아니라 추인한 때로부터 새로운 법률행위를 한 것으로 본다는 의미이다. 무효인 법률행위는 소급할 수 없기 때문이다.

[2] 취　　소

1. 개　　념

취소란 일단 유효하게 성립한 법률행위의 효력을 행위시에 소급하여 무효로 하는 의사표시를 말한다. 민법에 따르면 취소된 법률행위는 처음부터 무효인 것으로 보며(민법 제141조), 따라서 취소할 수 있는 법률행위라도 취소하기 전까지는 유효한 것이 된다. 취소는 취소권자가 의사표시로 하면 되며, 재판상 행사와 같이 특별한 방식을 필요로 하지 않는다. 민법도 제142조에서 "취소할 수 있는 법률행위의 상대방이 확정한 경우에는 그 취소는 그 상대방에 대한 의사표시로 하여야 한다"라고 규정하여 이를 분명히 하고 있다.

민법상 법률행위를 취소할 수 있는 취소권자에는 (1) 제한능력자, (2) 착오나

무효임에도 불구하고 그것이 유효한 행위로 이전된다는 뜻이 아니고, 일부 유효인 법률행위가 다른 법률행위로 현실화한다는 뜻"이라고 주장한다(김형배 등의 앞의 책, 336~337면).

사기·강박에 의하여 의사표시를 한 자, (3) 제한능력자 또는 착오나 사기·강박에 의하여 의사표시를 한 자의 대리인이나 승계인 등이 있다(민법 제140조). 여기에서 제한능력자란 단독으로 유효한 법률행위를 할 수 있는 자격인 행위능력이 없거나 제한된 자로서 미성년자, 피성년후견인, 피한정후견인 및 피특정후견인을 말한다(민법 제5조·제9조·제12조 및 제14조의2).[27] 민법에 따른 이러한 취소권은 추인할 수 있는 날로부터 3년 이내 또는 법률행위를 한 날로부터 10년 이내에 행사하여야 하며(민법 제146조), 취소권의 포기·법정추인 및 취소권 행사기간의 경과 등으로 소멸한다.

2. 추　　인

가. 취소할 수 있는 법률행위의 추인

'취소할 수 있는 법률행위의 추인'이란 취소할 수 있는 법률행위를 취소하지 않겠다는 의사표시로서 취소권을 포기하는 것을 말한다. 추인을 하면 취소할 수 있는 법률행위는 더 이상 취소할 수 없는 것이 되어 유효한 것으로 확정되며, 따라서 추인 후에는 그 법률행위를 취소하지 못한다(민법 제143조 제1항).

법률행위를 추인할 수 있는 추인권자는 취소권자와 같다. 그러나 추인은 민법 제144조 제1항에 따라 취소의 원인이 소멸된 후에 하여야만 효력이 있으므로 제한능력자인 경우에는 능력자가 된 이후에만 추인을 할 수 있으며, 착오나 사기·강박에 의한 의사표시인 경우에는 그 상태를 벗어난 후에만 추인이 가능하다.

나. 법정추인

민법은 법률로 정한 일정한 경우에는 취소할 수 있는 법률행위를 추인한 것으로 의제하고 있다(민법 제145조). 이를 '법정추인'이라고 하는데, 이러한 법정추인은 다음과 같은 사유가 있고 취소권자가 이의를 보류하지 않은 경우에 인정된다.

- 채권에 대한 전부나 일부의 이행
- 채권에 대한 이행의 청구
- 경개[28]

---

27) 여기에서 ① 피성년후견인이란 질병, 장애, 노령, 그 밖의 사유로 인한 정신적 제약으로 '사무를 처리할 능력이 지속적으로 결여된 사람'을 말하며(민법 제9조 제1항), ② 피한정후견인이란 질병, 장애, 노령, 그 밖의 사유로 인한 정신적 제약으로 '사무를 처리할 능력이 부족한 사람'을 말한다(민법 제12조 제1항). 또한 ③ 피특정후견인이란 질병, 장애, 노령, 그 밖의 사유로 인한 정신적 제약으로 '일시적 후원 또는 특정한 사무에 관한 후원이 필요한 사람'을 말한다(민법 제14조의2 제1항).

28) 경개란 채무의 내용을 변경하여 기존 채무는 소멸시키고 새로운 채무를 성립시키는 계약으로서

- 담보의 제공
- 취소할 수 있는 행위로 취득한 권리의 전부나 일부의 양도
- 강제집행

[3] 무효와 취소의 차이

무효는 처음부터 당연히 효력이 발생하지 않으나, 취소는 취소권자가 취소를 한 때에만 소급하여 무효가 된다. 무효인 법률행위는 또한 시간이 경과하더라도 유효하게 되지 않으며 추인하여도 그 효력이 생기지 않는 것이 원칙이나, 취소의 경우에는 일정한 기간 내에 취소하지 않으면 유효한 것이 되고 추인하면 더 이상 취소할 수 없는 것으로 확정된다.

Ⅶ. 조건과 기한

[1] 개 념

조건이란 당사자가 법률행위를 하면서 그 효력의 발생이나 소멸을 장래의 불확실한 사실에 따르도록 하는 것이며, 기한이란 이를 장래의 확실한 사실에 따르도록 하는 것을 말한다. 이러한 조건과 기한은 법률행위의 성립에 관한 것이 아니라 효력에 관한 것으로서 장래의 일정한 사실에 따라 그 효력이 발생하거나 소멸하도록 하는 것이다.

조건과 기한은 법률행위를 하면서 그 일부로서 부가된 것이라는 의미로 부관이라고도 한다. 따라서 조건과 기한은 법률행위와 동시에 부가되어야 하며, 만일 후에 부가되는 경우에는 별개의 법률행위로 보아야 한다. 조건과 기한은 모두 장래의 사실에 관한 것이므로 이미 실현된 것이나 장래에도 전혀 실현될 가능성이 없는 것은 이에 해당하지 않는다.

[2] 조 건

1. 내 용

조건이란 법률행위의 효력을 장래의 불확실한 사실에 의존하는 것이므로 과거의 사실이나 장래에 반드시 이루어지는 것은 조건으로 하지 못한다. 이러한 조건

채무자변경이나 채권자변경으로 인한 경개 등이 있다(민법 제500조~제505조).

의 효력은 조건이 성취된 때부터 생기므로 소급하지 않는 것이 원칙이다. 그러나 조건도 법률행위의 일부이므로 당사자가 조건성취의 효력을 그 성취 전으로 소급하게 할 의사를 표시한 때에는 소급할 수 있다(민법 제147조 제3항).

2. 조건의 종류

가. 정지조건과 해제조건

정지조건이란 법률행위 효력의 발생을 조건에 의존하는 것이며, 해제조건이란 법률행위 효력의 소멸을 조건에 의존하는 것이다. 따라서 정지조건인 경우에는 조건이 성취되면 그 효력이 발생하나, 해제조건인 경우에는 조건이 성취되면 그 효력을 상실한다(민법 제147조 제1항·제2항). 예를 들어 시험에 합격하면 자동차를 증여하겠다는 것은 정지조건이며, 건축허가를 받지 못하면 토지매매계약을 해제하겠다는 것은 해제조건에 해당한다.

나. 불법조건

불법조건이란 조건의 내용이 선량한 풍속 기타 사회질서에 위반한 것을 말한다. 민법에 따르면 이러한 불법조건이 있는 경우에는 그 조건만이 아니라 법률행위 전부가 무효로 된다(민법 제151조 제1항).

다. 기성조건과 불능조건

기성조건이란 법률행위 당시에 이미 조건이 실현된 것을 말하는데, 이러한 기성조건이 정지조건이면 이미 성취된 것이므로 그 법률행위는 조건 없는 법률행위가 되고, 기성조건이 해제조건이면 달성할 수 없는 것이므로 무효가 된다(민법 제151조 제2항).

기성조건과 구별하여야 하는 것으로는 불능조건이 있다. 불능조건이란 조건이 법률행위 당시에 이미 성취할 수 없는 경우로서 이러한 불능조건이 해제조건이면 조건의 성취가 이미 불가능하므로 그 법률행위는 조건 없는 법률행위가 되고, 정지조건이면 그 법률행위는 달성할 수 없게 되어 무효가 된다(민법 제151조 제3항).

[3] 기 한

1. 내 용

기한이란 법률행위의 효력을 장래의 확실한 사실에 의존하게 하는 부관의 일종이다. 이러한 기한은 장래의 사실이라는 점에서는 조건과 같으나 그 사실의 발생이 확실하다는 점에서 조건과는 다른 것이다.

기한의 내용이 되는 사실이 실현되는 것을 기한의 도래라고 하며, 기한이 도래하지 않음으로써 당사자가 받는 이익을 '기한의 이익'이라고 한다. 예를 들어 당사자 사이에 무이자로 소비대차 계약을 맺고 1년 후에 갚기로 했다면, 채무자는 1년이 도달하기 전에는 이를 변제할 의무가 없으므로 일정한 이익을 얻게 되는데 이러한 이익을 기한의 이익이라고 한다. 민법은 일반적인 계약의 실정을 감안하여 기한의 이익을 채무자의 이익을 위한 것으로 추정하고 있다(민법 제153조 제1항). 이러한 기한의 이익을 가지는 자는 그 이익을 포기할 수 있으나, 이 경우라도 상대방의 이익은 해하지 못한다(민법 제153조 제2항).

2. 기한의 종류

가. 시기와 종기

시기란 법률행위 효력의 발생을 장래의 확실한 사실에 의존하는 것이며, 종기란 법률행위 효력의 소멸을 이러한 사실에 의존하는 것을 말한다. 그러므로 시기 있는 법률행위는 그 기한이 도래한 때로부터 효력이 생기나, 종기 있는 법률행위는 그 기한이 도래한 때로부터 효력을 잃는다(민법 제152조 제1항·제2항). 이러한 기한은 그 본질상 소급효가 없는데 이는 조건과는 달리 당사자 간의 특약으로도 인정할 수 없다.

나. 확정기한과 불확정기한

확정기한이란 발생하는 시기가 확정되어 있는 기한이며, 불확정기한이란 그 시기가 확정되어 있지 않은 기한을 말한다. 불확정기한은 조건과 비슷해 보이지만, 그 발생시기만 확정되어 있지 않을 뿐이지 발생할 것은 확실하다는 점에서 조건과는 다른 것이다.

Ⅷ. 기 간

[1] 개 념

기간이란 어느 시점에서 어느 시점까지의 계속된 시간을 말한다. 이러한 기간은 계속된 시간이라는 점에서 어느 특정의 시점을 가리키는 기일과는 다른 것이다. 민법은 기간의 계산에 대하여 법령, 재판상의 처분 또는 법률행위에 다른 정한 바가 없으면 민법의 규정을 따르도록 하고 있다(민법 제155조). 그러므로 산림법을 포함한 공법관계에서도 기간을 계산하는 경우에는 민법의 이러한 규정이 일반적으로 적용된다.

[2] 기간의 계산방법

1. 자연적 계산법과 역법적 계산법

자연적 계산법이란 시간의 흐름을 시·분·초 단위로 정확하게 계산하는 방법이며, 역법적 계산법이란 역[달력]에 따라 계산하는 방법이다. 우리 민법은 단기간에 대하여는 자연적 계산법을 따르고, 일·주·월·년을 단위로 하는 경우에는 역법적 계산법을 채택하고 있다.

2. 시·분·초의 계산

기간을 시·분·초로 정한 때에는 즉시로부터 기산한다(민법 제156조). 따라서 10시 현재부터 2시간이라면 12시가 된다. 이는 자연적 계산법에 따른 것이다.

3. 일·주·월·년의 계산

가. 기산점의 경우

기간을 일·주·월·년으로 정한 때에는 기간의 초일은 산입하지 않는다(민법 제157조). 예를 들어 1일인 오늘부터 3일이라면, 오늘은 빼고 계산하므로 4일이 된다. 이는 역법적 계산법에 따른 것이다. 그러나 이러한 계산법에는 다음과 같은 예외가 있다. (1) 기간이 오전 0시로부터 시작하는 때에는 초일을 산입한다. 이 경우에는 지나버린 시간이 없으므로 초일을 뺄 이유가 없기 때문이다. 따라서 1일 0시부터 3일이라면, 1일부터 계산하면 되므로 3일이 된다. (2) 연령계산에는 출생일을 산입한다(민법 제158조). 이는 출생일의 경우에는 이미 출생한 상태이므로 출생일까지 초일로 보아 빼고 계산하는 것이 더 부자연스럽기 때문이다.

나. 만료점의 경우

A. 기간을 일·주·월·년으로 정한 경우의 말일

기간을 일·주·월·년으로 정한 때에는 기간말일의 종료로 그 기간이 만료한다(민법 제159조). 예를 들어 1일 밤 9시인 오늘부터 3일간이라면, 1일을 빼고 계산하여 4일 밤 12시(자정)에 만료하는 것이 된다. 이 경우 일자와 시간이 모두 포함된 때에는 일자는 역법적 계산법에 따르고, 시간은 자연적 계산법에 따르면 된다. 즉 1일 밤

9시인 오늘부터 3일 후 5시간이라면, 1일을 빼고 계산한 4일 밤 12시(자정)에 다시 5시간을 더하여 5일 오전 5시가 그 만료점이 된다.

B. 기간을 주 · 월 · 년으로 정한 경우의 계산

기간을 주 · 월 · 년으로 정한 때에는 역에 의하여 계산한다(민법 제160조 제1항). 따라서 월의 일수가 30일이나 31일, 혹은 28일이라도 1달로만 계산하면 된다. 구체적인 계산방법은 다음과 같다. (1) 주 · 월 · 년의 처음으로부터, 즉 오전 0시부터 기산하는 경우에는 역법적 계산법에 따른다. 예를 들어 10월 1일 오전 0시부터 3개월 후의 말일은 12월 31일 밤 12시(자정)가 된다. (2) 주 · 월 · 년의 처음으로부터 기산하지 않는 경우에는 최후의 주 · 월 · 년에서 그 기산일에 해당한 날의 전일로 기간이 만료한다(민법 제160조 제2항). 예를 들어 3월 31일 오전 12시(정오)부터 1개월 후의 말일은 초일은 빼야하므로 4월 1일부터 기산하여 1개월 후인 5월 1일의 전일인 4월 30일 밤 12시(자정)가 된다. (3) 월 · 년으로 정한 경우에 최종의 월에 해당일이 없는 때에는 그 월의 말일로 기간이 만료한다(민법 제160조 제3항). 즉 말일이 2월인 경우에는 30일이나 31일이 없으므로 28일 또는 29일이 말일이 된다. (4) 기간의 말일이 토요일 또는 공휴일에 해당한 때에는 기간은 그 다음날로 만료한다(민법 제161조). 그러나 기간의 초일이 토요일 또는 공휴일이거나 기간의 중간에 토요일 또는 공휴일이 포함되어 있더라도 이는 말일이 아니므로 당연히 영향을 미치지 않는다.

4. 기간의 역산

기간의 계산에 대한 민법의 규정은 장래에 관한 것이나 기간을 거꾸로 계산하는 역산의 경우에도 준용된다는 것이 일반적인 해석이다. 예를 들어 「산림복지 진흥에 관한 법률」 제56조 제2항에 따르면 한국산림복지진흥원은 예산의 승인을 받으려면 예산안을 회계연도 개시 20일 전까지 산림청장에게 제출하도록 하고 있는데, 회계연도 개시일이 1월 1일이라고 가정하면 초일은 빼고 12월 31일부터 역산하여 20일이 되는 12일(오전 0시)에 기간이 만료된다. 따라서 한국산림복지진흥원에서는 늦어도 12월 11일 이전에는 예산안을 제출하여야 한다.

Ⅸ. 시 효

[1] 개 념

시효란 어떤 사실상태가 일정한 기간 동안 계속된 경우에 그 사실상태가 진실한 권리관계에 부합되는지의 여부와는 관계없이 법률상 일정한 효과를 부여하는 제도를 말한다. 이러한 시효제도의 본질에 대해서는 일정 기간 계속된 사실상태를 인정하여 사회질서의 안정을 도모하기 위한 것이라는 주장과 오랫동안 권리를 행사하지 않고 방치한 것에 대한 제재라고 보는 주장이 있으나, 어떤 상태가 오래 계속되면 진정한 권리관계를 입증하기가 곤란하므로 유지된 사실상태를 그대로 인정하는 것이라는 주장이 가장 타당한 것으로 보인다. 그러나 어떠한 입장을 취하더라도 권리자의 입장에서는 시효로 인하여 권리변동이 있게 되므로 판례는 이러한 사정을 감안하여 시효를 인정하는 데 있어 엄격한 태도를 보이고 있다.

시효에는 일정한 기간의 경과로 권리가 소멸하는 소멸시효와 반대로 일정한 기간을 경과하면 권리를 취득하는 취득시효가 있다. 일반적으로 시효는 다음과 같은 성질을 가지고 있는 것으로 이해된다.

- 시효는 법률의 규정에 의한 권리변동으로서 시효가 완성되면 법률상 당연히 권리를 잃거나 취득하게 되는 효과가 발생한다.
- 시효는 재산권에만 적용되며 가족관계에는 적용되지 않는다.
- 시효에 관한 규정은 강행규정에 속한다. 따라서 소멸시효는 법률행위에 의하여 배제, 연장 또는 가중할 수 없다(민법 제184조 제2항).

[2] 소멸시효

1. 개 념

소멸시효란 일정한 기간이 경과하면 권리가 소멸하는 것을 말한다. 민법은 이처럼 일정한 기간이 경과하면 권리가 소멸되는 것으로서 소멸시효와 함께 제척기간을 두고 있다. 소멸시효와 제척기간은 일정한 기간의 경과로써 권리가 소멸한다는 점에서는 같지만, 제척기간의 경우에는 그 권리의 행사가 법률로 정해진 것이라는 점에서 소멸시효와는 다르다. 소멸시효와 제척기간의 주요한 차이를 살펴보면 다음과 같다(민법 제167조 ~제182조).

- 소멸시효는 기산일에 소급하여 효력이 생기나 제척기간은 소급하지 않는다.
- 소멸시효에는 시효의 중단이나 정지제도가 있으나 제척기간에는 없다.
- 소멸시효는 일반적으로 '시효로 인하여 소멸한다'거나 '소멸시효가 완성한다'와 같이 표현되지만, 제척기간은 '행사(제기)하여야 한다'로 표현한다.[29)]

2. 소멸시효의 효과

일반적으로 채권의 소멸시효기간은 10년이며 상행위로 생긴 채권인 경우에는 5년이다(민법 제162조 제1항 및 상법 제64조). 민법은 이와 별도로 1년 또는 3년의 단기시효에 걸리는 채권[30)]에 대하여 상세히 규정하고 있는데, 특히 판결에 의하여 확정된 채권의 경우에는 단기의 소멸시효에 해당한 것이라도 소멸시효를 10년으로 규정하고 있다(민법 제165조 제1항).

소멸시효가 진행하는 도중에 권리자가 청구를 하는 것과 같이 소멸시효의 기초를 깨뜨리는 사정이 발생하면 소멸시효는 더 이상 진행되지 않게 되는데 이를 소멸시효의 중단이라고 한다. 시효가 중단되면 중단되기 전까지 진행된 기간을 산입하지 않으며, 중단사유가 종료한 때부터 새로 시효가 진행한다. 민법은 이러한 소멸시효의 중단사유로서 청구, 압류 또는 가압류·가처분 및 승인을 들고 있다(민법 제168조).

소멸시효의 중단과 유사한 것으로서 소멸시효의 정지가 있다. 이는 일정한 사유가 있는 경우 그 일정기간 동안에만 소멸시효의 진행을 일시적으로 멈추게 하는 것으로서 정지사유가 있기 전까지의 시효기간은 그대로 산입한다는 점에서 시효의 중단과는 다른 것이다. 민법이 정하고 있는 소멸시효의 정지 사유에는 (1) 소멸시

---

29) 소멸시효에 대하여 규정한 민법 제162조 제2항은 "채권은 10년간 행사하지 아니하면 소멸시효가 완성한다"라고 표현하고 있으나, 제척기간을 정한 민법 제146조는 "취소권은 추인할 수 있는 날로부터 3년 내에 법률행위를 한 날로부터 10년 내에 행사하여야 한다"라고 규정하고 있다. 이러한 차이는 소멸시효와 제척기간 사이에 법조문의 표현이 어떻게 다른지를 잘 보여주는 것이다.

30) 민법에 따라 3년의 소멸시효를 갖는 것에는 ① 이자·부양료·급료·사용료 기타 1년 이내의 기간으로 정한 금전 또는 물건의 지급을 목적으로 한 채권, ② 의사·조산사·간호사 및 약사의 치료·근로 및 조제에 관한 채권, ③ 도급받은 자, 기사 기타 공사의 설계 또는 감독에 종사하는 자의 공사에 관한 채권, ④ 변호사·변리사·공증인·공인회계사 및 법무사에 대한 직무상 보관한 서류의 반환을 청구하는 채권, ⑤ 변호사·변리사·공증인·공인회계사 및 법무사의 직무에 관한 채권, ⑥ 생산자 및 상인이 판매한 생산물 및 상품의 대가, ⑦ 수공업자 및 제조자의 업무에 관한 채권 등이 있다(민법 제163조). 또한 민법에 따르면 1년의 단기소멸시효에 걸리는 채권도 있는데, 이러한 채권에는 ① 여관, 음식점, 대석, 오락장의 숙박료, 음식료, 대석료, 입장료, 소비물의 대가 및 체당금의 채권, ② 의복, 침구, 장구 기타 동산의 사용료의 채권, ③ 노역인, 연예인의 임금 및 그에 공급한 물건의 대금채권, ④ 학생 및 수업자의 교육, 의식 및 유숙에 관한 교주, 숙주, 교사의 채권 등이 있다(민법 제164조).

효의 기간 만료 전 제한능력자에게 법정대리인이 없는 경우, (2) 재산관리자에 대한 제한능력자의 권리나 부부간의 권리로서 일정한 사유가 있는 경우, (3) 상속재산에 관한 권리로서 상속인의 확정·관리인의 선임 또는 파산선고가 있는 경우, (4) 천재 기타 사변의 경우 등이 있다(민법 제179조~제182조).

[3] 취득시효

취득시효란 일정한 기간이 경과하면 권리를 취득하는 제도이다. 민법은 이러한 취득시효에 관하여 부동산·동산 및 소유권과 소유권 이외의 재산권으로 구분하여 규정하고 있다. 부동산 및 동산의 소유권에 대한 취득시효의 효력은 점유를 개시한 때에 소급하며, 소멸시효의 중단에 관한 규정은 소유권 취득기간에 준용한다(민법 제247조).

부동산소유권의 취득시효는 점유취득시효와 등기부취득시효로 구분한다(민법 제245조 제1항·제2항). 이에 따르면 점유취득시효는 20년간 소유의 의사로 평온, 공연하게 부동산을 점유하고 등기함으로써 그 소유권을 취득하나, 등기부취득시효는 부동산의 소유자로 등기한 자가 10년간 소유의 의사로 평온, 공연하게 선의이며 과실 없이 그 부동산을 점유한 경우에 소유권을 취득한다.

동산을 10년간 소유의 의사로 평온, 공연하게 점유한 경우에는 동산소유권을 취득한다(민법 제246조 제1항·제2항). 그러나 동산을 평온, 공연하게 점유하는 데 있어 그 점유가 선의이며 과실 없이 개시된 경우에는 5년을 경과하면 소유권을 취득할 수 있다.

민법에 따른 취득시효의 대상은 소유권에 한정되지 않는다. 물론 일반적으로는 소유권이 그 대상이 되겠지만 민법은 소유권 이외의 재산권에 대해서도 취득시효를 인정하면서 그 요건과 효과 등은 부동산 및 동산의 취득시효에 관한 규정을 준용하도록 하고 있다(민법 제248조).

Ⅹ. 법률용어에 대한 이해

[1] 주의해야 할 법률용어

1. 준 용

준용이란 인용한 법률의 해당 규정에 필요한 변경을 가하여 적용하는 것을 말한다. 이것은 민법 제562조의 "증여자의 사망으로 인하여 효력이 생길 증여에는 유증에 관한 규정을 준용한다"라는 규정처럼 증여자의 사망으로 인한 사인증여에 대하여 사망을 원인으로 한다는 점에서 그 성격이 유사한 유증[31]에 관한 규정을 변경하여 적용하는 것과 같은 것이다.

이러한 준용은 해당하는 규정을 그대로 적용하는 것이 아니라 단어를 교체하는 등의 필요한 변경을 가하여 적용하는 것으로서 유사한 조문을 반복하지 않아도 되므로 법령의 조문을 간략하게 만드는 이점이 있다. 준용과 비슷한 용어로는 유추가 있는데, 유추란 어떤 사항을 직접 규정한 조문이 없는 경우에 그와 비슷한 사항을 규정한 조문을 적용하는 법해석의 한 방법(유추해석)으로서 입법기술상의 방법에 속하는 준용과는 다른 것이다.

2. 선의와 악의

선의란 어떤 사정을 알지 못하는 것이며, 악의란 이를 알고 있는 것을 말한다. 선의와 악의의 이러한 의미는 일반적으로 사용하는 의미와는 큰 차이가 있는 것이므로 특히 주의하여야 한다. 즉 선의는 착한 의도가 아니며, 마찬가지로 악의도 나쁜 의도를 뜻하는 것이 아니다. 예를 들어 "평온, 공연하게 동산을 양수한 자가 선의이며 과실 없이 그 동산을 점유한 경우에는 양도인이 정당한 소유자가 아닌 때에도 즉시 그 동산의 소유권을 취득한다"라는 민법 제249조의 선의취득에 관한 규정에서 선의란 양수한 동산이 양도인의 것이 아니라는 사정 등을 '알지 못했다'라는 의미이지 착한 의도로 그 동산을 점유하여야 한다는 뜻은 전혀 아닌 것이다. 이처럼 법률관계에서는 선의와 악의에 따라 그 법률효과가 달라지는 경우가 많으므로 조심하여야 한다.

3. 추정과 간주

추정과 간주는 모두 법률관계나 사실 등을 입증하는데 따른 곤란으로부터 당사자를 구제하기 위한 것으로서 추정의 경우에는 당사자가 그렇지 않다는 것을 입증하면 법률효과를 번복할 수 있지만, 간주는 그 법률효과를 바꿀 수 없다. 이는 간주의 경우에는 법에 규정된 대로 그 효과가 의제되기 때문이다.

추정은 법조문에 '~로 추정한다'라는 문구가 있으나 간주는 '~인 것으로 본다'

31) 유증이란 유언자가 유언을 통하여 자기 재산의 일부를 타인에게 무상으로 주는 행위를 말한다(민법 제1074~제1090조).

라고 표현한다. 예를 들면 추정의 경우에는 민법 제198조와 같이 "전후양시에 점유한 사실이 있는 때에는 그 점유는 계속한 것으로 추정한다"라고 규정하나, 간주의 경우에는 민법 제141조의 규정처럼 "취소된 법률행위는 처음부터 무효인 것으로 본다"라고 규정한다.

4. 하여야 한다와 할 수 있다

법에 '~하여야 한다'라고 표현된 조문은 반드시 하여야 하는 것으로서 강행규정에 속한다. 이러한 강행규정은 법률관계 당사자의 의사와는 관계없이 강제적으로 적용되는 규정으로서 이를 위반하는 경우에는 벌칙의 적용을 받을 수도 있다. 이와는 달리 '~할 수 있다'라는 규정은 할 수도 있고 하지 않을 수도 있는 것으로서 임의규정이라고 한다. 임의규정은 강행규정과는 달리 당사자의 의사에 따라 해당 규정의 적용을 배제할 수 있다.

5. 계약의 해제와 해지

계약의 해제와 해지는 유효하게 성립한 계약을 당사자 일방의 의사표시로 실효시키는 점에 있어서는 같지만, 해제의 경우에는 그 계약이 소급하여 실효되나 해지한 경우에는 그 계약이 장래에 대해서만 효력을 잃는다는 점에서 서로 구별된다. 따라서 계약을 해제한 경우에는 그 소급효에 따라 각 당사자는 이행하지 않은 채무는 이행할 필요가 없고 이미 이행한 것이 있으면 서로 원상회복을 하여야 하나, 해지의 경우에는 해지한 때로부터 그 계약의 효력이 없어지므로 해지 이전의 계약관계에는 영향을 미치지 않는다. 일반적으로 해제는 일시적 계약에서 인정되고, 해지는 임대차 및 고용계약 등과 같은 계속적 계약에서 인정된다.

6. 대항하지 못한다

'대항하지 못한다'라는 표현은 당사자 간에 발생한 법률관계를 다른 제3자에게 주장하지 못한다는 의미이다. 이것은 당사자 사이에서 이루어진 법률관계를 전혀 알지 못하는 선의의 제3자를 보호하기 위한 것으로서 당사자가 아니라 제3자가 효력을 주장하는 것은 그 취지에 어긋나는 것이 아니므로 가능하다는 것이 일반적인 입장이다.

[2] 용어의 정의에 대한 이해

일반적으로 법은 제1조 목적에 관한 규정 뒤에 제2조에서 정의라고 하여 해당 법에 사용된 용어의 뜻에 대하여 규정하고 있다. 이러한 용어의 정의에 관한 규정은 앞에서 이미 설명한 것과 같이 입법해석의 일종으로서 본질적으로는 입법행위에 속하는 것이다. 법에 사용된 용어의 정의에 관한 규정을 이처럼 법의 앞부분에 규정하는 것은 법을 해석하는 데 있어서 해당 법에 사용된 용어의 뜻을 정확하게 아는 것이 가장 기본적이면서도 중요한 일이기 때문이다. 사실 법을 커다란 숲이라고 가정할 때 법에 사용된 용어는 나무와 같은 것이다. 그러므로 마치 나무를 알지 못하면 숲을 제대로 알 수 없는 것처럼 법에 사용된 용어의 뜻을 정확하게 알지 못하면 법을 전혀 해석하지 못하거나 해석하더라도 잘못 해석할 가능성이 있게 된다. 결국 법을 해석한다는 것은 법조문에 사용된 용어의 뜻을 기초로 문장이나 자구를 해석하는 것이 기본이기 때문이다.

그런데 문제는 법에 사용된 용어의 뜻이 사회적으로 통용되는 단어의 개념과 반드시 일치하는 것은 아니라는 점이다. 심지어 어떤 경우에는 해당 법령에 사용하기 위하여 용어를 새로 만들기도 한다. 예를 들어 도로란 일반적으로는 사람이나 차가 다닐 수 있도록 만들어 놓은 길을 의미하지만, 「도로법」에서의 도로는 이와 다르게 "차도, 보도, 자전거도로, 측도, 터널, 교량, 육교 등 대통령령으로 정하는 시설로 구성된 것으로서 제10조에 열거된 것[32]을 말하며, 도로의 부속물을 포함한다"(같은법 제2조 제1호)라고 정의하고 있다. 이에 따르면 터널이나 교량과 같은 시설은 「도로법」상 도로에 포함되나 읍·면지역의 농업용 도로인 농도의 경우에는 실질적으로는 도로임에도 같은 법 제10조에 따른 도로에는 포함되지 않으며, 「농어촌도로정비법」에 따른 농어촌도로로서 해당 법의 적용을 받게 된다(농어촌도로정비법 제2조 제1항).[33]

---

32) 도로의 종류에는 ① 고속국도(고속국도의 지선 포함), ② 일반국도(일반국도의 지선 포함), ③ 특별시도·광역시도, ④ 지방도, ⑤ 시도, ⑥ 군도, ⑦ 구도가 있으며, 그 등급은 열거한 순서에 따른다(「도로법」 제10조).

33) 「도로법」에 따르면 우리가 일반적으로 고속도로라고 부르는 것이 고속국도로 규정되어 있음을 알 수 있다. 이는 법에 사용되는 용어와 사회적으로 통용되는 단어가 서로 다를 수 있음을 잘 보여주는 예이다. 한편 「도로법」이 제10조에서 도로의 종류를 고속국도부터 시·군·구도까지 구분한 것은 그 관리주체를 국가와 지방자치단체로 나누어 효율적으로 관리하기 위한 것으로서 하천을 국가하천과 지방하천으로 구분하여 국가하천의 경우에는 국토교통부장관(국가)이, 지방하천의 경우에는 시·도지사(광역지방자치단체)가 이를 지정·관리하도록 하고 있는 것과 유사한 것이다(「하천법」 제7조). 한편 현재 국토교통부장관이 맡고 있는 국가하천 관리업무는 2022년 1월 1일부터 물 관리에 대한 업무가 국토교통부로부터 환경부로 이관됨에 따라 환경부장관

용어의 중요성은 산림법의 해석에 있어서도 동일하다. 예를 들면 「산림보호법」에서는 산불을 "나무·풀·낙엽 등이 인위적으로나 자연적으로 발생한 불에 타는 것"(같은법 제2조 제7호)이라고 하면서 그 범위를 '산림이나 산림에 잇닿은 지역'으로 제한하여 정의하고 있는데, 이에 따르면 산림이나 산림에 잇닿은 지역이 아닌 곳에서 발생한 불은 산불이 아닌 것이므로 「산림보호법」의 적용대상에는 속하지 않게 된다. 그러나 산불과 같은 화재는 퍼져 나가는 성질, 즉 연소(延燒)하는 성질이 있으므로 「산림보호법」은 이를 감안하여 같은 법 벌칙에서 '산림인접지역'과 '인접한 산림'(같은법 제57조 제3항 제2호·제3호 및 제4항 제2호)이라는 개념을 사용하여 산림이나 산림에 잇닿은 지역이 아닌 지역에서도 불을 피우거나 불을 가지고 들어가는 행위 등을 제한하고 있다. 이는 「산림보호법」의 벌칙 규정이 같은 법 제34조에 따라 산불을 예방하기 위한 취지의 규정임을 고려하여 별도의 용어를 사용한 것으로서 법에서 사용하는 용어의 미묘한 차이를 잘 보여주는 것이라고 할 것이다. 이처럼 법에 사용된 용어 하나하나는 법해석에 있어서 매우 중요한 의미를 가진다. 따라서 용어의 정확한 의미를 이해하는 것이 바로 법해석의 시작점이 되어야 한다. 법이라는 숲은 용어와 같은 개념의 나무들로 이루어져 있기 때문이다.

제3절 행정법상의 기본개념

Ⅰ. 행정의 이해

[1] 행정의 의의

1. 행정의 개념에 대한 논쟁

행정이란 일반적으로 절대군주의 통치권 중에서 입법권과 사법권을 제외한 부분으로 이해되어 왔다. 따라서 행정이란 개념은 권력분립의 개념과는 분리할 수 없는 것이다. 이러한 관점에서 권력분립의 개념조차 없었던 조선시대에 지방행정관인 관찰사가 행정은 물론 사법기능까지 포괄하는 역할을 담당했었다는 것은 전혀 놀라운 일이 아니다.[34)]

이 대신 담당하게 될 예정으로 2020년 12월 31일 이미 「하천법」의 관련 규정이 개정되었다.

34) 변태섭·신형식 공저, 「한국사통론」, 삼영사, 2006, 408면. 이에 따르면 경국대전에 기록된 지

행정의 개념을 법적으로 이해하는 방법에는 우선 법률과 제도에 따라 형식적으로 입법·사법으로부터 행정을 구분하는 방법이 있다.[35] 이러한 입장에 따르면 행정이란 행정법상 행정부에 속하는 기관에 의하여 행해지는 국가작용을 말한다. 그러나 이와 같이 형식적으로 행정을 이해하는 경우에는 행정의 개념 속에 실제로는 입법과 사법작용에 속하는 내용까지 포함될 수 있다는 한계가 있다.

그러므로 행정이 무엇인지를 명확하게 이해하기 위해서는 행정의 실질적인 본질을 찾아내는 것이 중요하다. 이에 대해서는 주로 행정을 법집행작용으로 이해할 때 구체적으로 그 법집행작용이 무엇인가에 관한 논쟁을 통하여 다양한 주장들이 제기되어 왔는데, 그 대표적인 것으로는 다음과 같은 것들이 있다.

- 소극설(공제설): 행정이란 국가작용 중에서 국민의 권리와 의무에 관한 법규범을 정립하는 입법과 이러한 법규범을 적용·해석하는 사법을 제외한 것이라는 주장
- 적극설: 행정이란 국가가 법질서 아래에서 국가목적을 실현하기 위하여 행하는 사법 이외의 작용(목적실현설) 또는 법 아래서 법의 규율을 받으며 국가목적의 적극적인 실현을 위하여 행하여지는 전체로서 통일성을 가진 적극적·형성적 국가활동(양태설)이라는 주장
- 행정개념 부인설: 행정이란 실정법 질서에서의 단계적 구조와 그 작용을 담당하는 기관의 모습에 따른 차이일 뿐이라는 주장(기관양태설)[36]

행정의 본질에 대한 이러한 주장들은 행정에 대한 이해의 폭을 넓혀 주었다는 긍정적인 측면에도 불구하고 일정한 한계를 가지고 있는 것이 사실이다. 예를 들어 삼권분립을 전제로 한 소극설의 경우에는 삼권분립이 확립되어 있지 않은 국가에서는 행정을 어떻게 정의할 것인가라는 의문과 함께 행정의 전제개념에 해당하

방관의 임무에는 '수령 7사'라고 하여 농잠의 번성, 호구의 증가 및 균등한 부역 등 7가지의 주요 업무가 있었는데, 그중의 하나가 소송을 간편하게 하는 것이었다.

35) 행정을 어떻게 이해할 것인가는 학문적인 입장에 따라 다르다. 즉 행정법에서는 행정의 법적인 측면을 강조하여 행정의 개념을 정의하려고 하지만, 행정학에서는 이와 달리 행정 그 자체에 중점을 두어 사회과학적 방법론에 따라 개념을 정립하려고 한다. 행정에 대한 관방학적 관점에서부터 과학적 관리론, 인간관계론, 행정행태론, 발전행정론, 신공공관리론 및 뉴거버런스론에 이르는 다양한 주장들이 그것이다. 행정에 대한 이러한 주장들은 모두 국가와 사회, 인간의 본성·행태 및 조직에 대한 시각 등과 같은 개인적·시대적 가치관을 반영한 것이다. 이에 대하여는 정용덕 외 14인, 「현대국가의 행정학」, 법문사, 2014, 9~13면; 백승기, 「행정학원론」, 피앤씨미디어, 2019, 44~65면을 참조하라.

36) 이에 따르면 입법 및 사법과 본질적으로 구별되는 행정의 개념은 부인되며, 입법은 합의체 기관에 의하여 수행되는 국가작용이고, 사법은 직무상 상호 독립적인 기관에 의하여 행해지는 법집행작용이며, 행정은 상급기관의 감독을 받는 상하관계에 있는 기관에 의하여 행해지는 국가작용이라고 본다.

는 입법과 사법작용에 대한 정의는 과연 명확하게 내려질 수 있는 것인가와 같은 질문이 제기될 수 있을 뿐만 아니라,[37] 행정개념 부인설에 대해서도 국가작용을 담당하는 기관의 모습에 따라 입법 · 행정 및 사법작용이 구별되는 것이 아니라 오히려 담당하는 국가작용의 성질에 따라 기관의 차이를 규정한 것이 아닌가라는 반론이 제기될 수 있기 때문이다.

행정은 범위가 넓고 다양한 모습을 가지고 있으므로 그 본질을 간단하게 규정하는 것은 결코 쉬운 일이 아님이 분명하다. 게다가 행정의 실질적인 의미에 대한 이러한 고민은 통치행위를 어떻게 이해할 것인가 하는 문제와도 연계되어 있는 것으로 보인다.[38] 따라서 우선 통치행위에 대하여 살펴본 후에 실질적 의미의 행정에 대하여 정의하는 것이 보다 합리적일 것이다.

2. 통치행위

통치행위란 고도의 정치결단적 국정행위[39]로서 대통령의 외교행위나 중요정책을 국민투표에 부치는 행위 등을 말한다. 이러한 통치행위는 주로 사법적 심사의 대상이 되는지와 관련하여 논의되는데, 이에 대하여는 실질적 법치주의와 국민의 재판청구권을 보장하여야 한다는 입장에서 통치행위도 당연히 사법적 심사의 대상이 된다는 주장[40]도 있으나, 일반적으로는 사법적 심사의 대상으로는 부적절하다는 의견이 받아들여지고 있다.

통치행위를 긍정하는 주장에는 권력분립에 따른 사법부의 한계나 정치적 재량행위에서 그 이론적 근거를 찾는 입장도 있으나, 통치행위에 대한 적극적인 사법적 심사가 오히려 사법의 영역을 '정치의 장'으로 만들 위험이 있기 때문에 사법부가 스스로 심사를 자제하여야 한다는 사법적 자제의 관점에 그 근거를 두는 주장(사법적 자제설)이 가장 타당해 보인다.[41] 그러나 통치행위에 대하여 이러한 사법적

37) 김동희, 「행정법Ⅰ」, 박영사, 2018, 4면; 홍정선 「행정법원론(상)」, 박영사, 2019, 5면.
38) 이러한 입장은 입법 · 사법, 그리고 통치작용을 제외하고 남은 국가작용을 행정이라고 정의하는 최근의 일부 견해와도 유사한 것이다(김남진 · 김연태, 「행정법Ⅰ」, 법문사, 2018, 5면).
39) 허영의 앞의 책, 1084면.
40) 홍준형, 「행정법」, 법문사, 2011, 6면.
41) 이와 관련하여 헌법재판소는 이라크 파병과 관련된 결정에서 "이 사건 파견결정은 그 성격상 국방 및 외교에 관련된 고도의 정치적 결단을 요하는 문제로서, 헌법과 법률이 정한 절차를 지켜 이루어진 것임이 명백하므로, 대통령과 국회의 판단은 존중되어야 하고 헌법재판소가 사법적 기준만으로 이를 심판하는 것은 자제되어야 한다. 이에 대하여는 설혹 사법적 심사의 회피로 자의적 결정이 방치될 수도 있다는 우려가 있을 수 있으나 그러한 대통령과 국회의 판단은 궁극적으로는 선거를 통해 국민에 의한 평가와 심판을 받게 될 것이다"라고 하여 같은 입장을 취하고 있다(헌재 2004. 4. 29. 2003헌마814).

자제설의 입장을 따르더라도 통치행위가 국민의 기본권 침해와 직접 관련되는 경우에는 이를 인정할 수가 없다는 것은 분명하다. 통치행위조차 국민의 기본권을 실현하기 위한 헌법적 질서를 보장하기 위한 것이기 때문이다.

통치행위를 부정하는 입장에서 통치행위와 협의의 행정 사이에 본질적인 차이를 인정하지 않는 주장은 비록 논리적이기는 하지만, 현실적으로 고도의 정치적 결단이 따르는 국정행위의 실재를 부인하는 것은 쉽지가 않다. 따라서 좁은 의미의 행정과는 구별되는 통치행위의 개념은 인정하되, 통치행위가 국민의 기본권 침해와 직접 관련되는 경우에는 엄격하게 통제하여야 한다는 주장이 보다 바람직해 보인다. 헌법재판소도 이러한 입장에서 "대통령의 긴급재정 · 경제명령은 국가긴급권의 일종으로서 고도의 정치적 결단에 의해 발동되는 행위로 이른바 통치행위에 속한다고 할 수 있으나"라고 하여 이를 인정하면서도 "통치행위를 포함하여 모든 국가작용은 국민의 기본권적 가치를 실현하기 위한 수단이라는 한계를 반드시 지켜야 하는 것이고…그것이 국민의 기본권 침해와 직접 관련되는 경우에는 당연히 헌법재판소의 심판대상이 된다"[42]라고 분명히 선언하고 있다.

3. 실질적 의미의 행정

행정의 개념에 대한 지금까지의 논의를 종합해 보면, 행정이란 결국 법 아래에서 국가목적을 실현하기 위하여 행하는 전체로서 통일성을 가진 적극적 · 형성적 국가활동으로서 통치행위를 제외한 것을 말한다. 이러한 실질적 의미의 행정은 (1) 공익실현의 목적, (2) 적극적이고 형성적인 활동, (3) 구체적인 효과를 가져오는 활동, (4) 상하의 계층제에 의하여 행해지는 통일성을 가진 활동, (5) 다양한 행위형식에 의하여 행해지는 활동 등과 같은 특징을 가지고 있는 것으로 이해된다.[43]

[2] 행정의 분류

1. 주체에 의한 분류

행정은 행정주체에 따라 국가행정, 자치행정 및 위임행정으로 분류한다. 이에 따르면 국가행정이란 국가가 직접 그 기관을 통하여 행하는 행정으로서 가장 기본적인 형태의 행정을 말하며, 자치행정이란 지방자치단체, 공공조합 및 영조물법인 등과 같은 공공단체가 행정권의 주체로서 행하는 행정을 말한다. 또한 위임행정이

42) 헌재 1996. 2. 29. 93헌마186.
43) 박균성, 「행정법론(상)」, 박영사, 2018, 5면.

란 이러한 국가행정이나 자치행정과는 달리 국가나 공공단체가 자기의 사무를 다른 공공단체나 사인(私人)에게 위임하여 처리하게 하는 행정을 말한다. 행정법상 사인은 통상적으로 행정의 객체에 해당하나 이러한 예외적인 경우에는 공무수탁사인으로서 행정의 주체가 된다.

2. 대상에 의한 분류

행정은 행정대상에 따라 복지행정, 경찰행정 및 환경행정 등으로 분류할 수 있다. 산림법에 의하여 산림행정기관이 행하는 행정을 산림행정이라고 하는 것은 이러한 분류에 따른 것이다. 이처럼 행정을 행정대상에 따라 분류하는 것은 행정을 고유의 특성에 따라 파악할 수 있도록 함으로써 그 내용을 보다 체계적으로 이해하는 데 도움을 준다.

3. 목적에 의한 분류

행정은 목적에 따라 질서행정, 급부행정, 계획행정, 유도행정, 공과행정 및 조달행정 등으로 분류할 수 있다.[44] 이에 따르면 질서행정이란 경찰행정과 같이 공공의 안녕과 질서를 유지하기 위하여 국민의 자유나 재산을 제한하거나 규제하는 행정으로서 규제행정이라고도 한다. 산림규제와 같은 행정작용도 이러한 질서행정에 속하며, 실제로 산림법의 많은 부분은 산림에 대한 이러한 규제행정을 법제화한 것이다. 이러한 질서행정과는 달리 급부행정이란 국민의 복지를 적극적으로 증진하기 위하여 행하는 수익적 행정작용으로서 사회보장행정, 교통·통신시설 등의 배려행정, 생활개선 등을 그 목적으로 하는 조성행정을 말한다.

계획행정이란 행정목적의 실현을 위하여 행하는 계획적이고 형성적인 행정을 말하며, 유도행정이란 국민생활을 일정한 방향으로 이끌어 가기 위한 행정작용으로서 행정지도와 보조금 지원 등을 수단으로 하는 것을 말한다. 특히 계획행정은 현대복지국가에서 그 중요성이 점차 커지고 있는 행정분야로서 산림행정은 이러한 계획행정으로서의 특성을 강하게 보여주고 있는데, 이것은 국가 주도의 산림녹화 및 산림보호라는 오랜 행정전통에 따른 것으로 보인다.

공과행정과 조달행정은 전통적인 행정의 범주에 속하는 것으로서 공과행정이란

---

44) 김남진·김연태는 이를 질서행정, 급부행정, 유도행정, 공과행정, 조달행정 및 보장행정으로 구분하기도 한다(김남진·김연태의 앞의 책, 14~15면). 한편 이와는 달리 행정을 목표에 따라 질서행정과 급부행정으로 간략하게 구분하는 입장도 있다. 이에 대하여는 홍정선의 앞의 책, 22~23면을 참고하라.

국가나 지방자치단체 등이 그 소요재원을 마련하기 위하여 조세나 기타 공과금을 징수·관리하는 행정을 말하며, 조달행정이란 행정에 필요한 인적·물적 수단을 확보하고 관리하는 행정을 말한다.

4. 법적 효과에 의한 분류

행정은 상대방에 대한 법적 효과에 따라 수익행정, 침해행정 및 이중효과적 행정으로 분류할 수 있다. 이에 따르면 수익행정이란 국민에게 부과된 의무나 부담을 해제하거나 새로운 권리나 이익을 부여하는 행정을 말하며, 침해행정이란 국민에게 새로운 의무나 부담을 부과하거나 국민의 자유나 권리를 침해하거나 제한하는 행정을 말한다. 침해행정은 부담행정이나 침익행정이라고도 한다. 한편 하나의 행정행위로 인하여 상대방에게 수익과 부담이 동시에 발생하거나, 행정행위의 상대방에게는 수익을 주지만 다른 제3자에게는 부담을 주는 경우를 이중효과적 행정이라고 한다. 이러한 이중효과적 행정행위에서는 특히 제3자의 이익보호 문제가 중요하게 된다.

Ⅱ. 행정상 법률관계

[1] 개 념

행정상 법률관계란 행정주체인 국가 또는 공공단체와 그 상대방인 국민 사이의 법률관계로서 일반적인 법률관계의 개념을 행정법적 법률관계에 적용한 것이다. 행정상 법률관계는 행정주체와 국민간의 법적 관계이므로 행정기관 상호간의 관계나 내부관계는 이에 해당하지 않는다. 이러한 관계는 직무권한에 관한 것으로서 행정주체와 국민간의 권리·의무관계라고 할 수는 없기 때문이다. 그러나 국가와 지방자치단체와의 관계나 지방자치단체 상호간의 관계는 현재의 지방자치제도 아래에서는 순수한 행정상 법률관계로 보기는 어려우며 원칙적으로는 행정주체 상호간의 관계로 보는 것이 타당할 것이다.[45]

45) 김동희의 앞의 책, 77면; 김남진·김연태의 앞의 책, 87면.

[2] 행정상 법률관계의 종류

1. 행정법관계

행정법관계는 공법에 의하여 규율되는 공법관계로서 권력관계와 관리관계가 있다. 여기에서 권력관계란 행정주체가 공권력의 주체로서 우월적인 지위에서 국민에게 일방적으로 명령·강제하는 관계를 말한다. 이러한 권력관계에는 행정주체에게 공정력, 확정력 및 강제력 등과 같은 효력이 인정되며, 대등한 사인간의 법률관계를 규율하는 사법관계와는 본질상 다른 것이므로 원칙적으로 사법은 적용되지 않는다.

관리관계는 이러한 권력관계와는 달리 행정주체가 공기업이나 공물 등을 경영·관리하는 것과 같이 공권력의 주체로서가 아니라 사업의 관리주체라는 지위에서 국민과 맺는 법률관계를 말한다. 관리관계는 본질적으로 사법관계와 유사하므로 사법이 널리 적용되나, 다른 한편으로는 강한 공익성을 가지고 있으므로 공익목적을 달성하기 위하여 필요한 한도 내에서는 공법이 적용된다. 권력관계와 관리관계의 차이점은 다음과 같다.[46]

- 권력관계는 행정주체의 우월적인 힘을 기반으로 하는 것이므로 공정력, 확정력 및 강제력 등이 인정되지만, 관리관계는 비권력관계이므로 이러한 효력이 인정되지 않는다.
- 권력관계와 관리관계 모두 법률에 의한 행정의 원칙이 적용되지만 권력관계에는 보다 엄격하게 적용된다.
- 권력관계에 의한 행정행위를 다투는 소송은 항고소송이지만 관리관계에 관한 소송은 원칙적으로 공법상 당사자소송으로 제기하여야 한다.

2. 사법관계

사법관계란 행정주체가 사인과 같은 지위에서 국민과 맺는 법률관계로서 엄격한 의미의 사법관계인 국고관계와 사법관계이지만 일부 공법적 규율을 받는 행정사법관계가 있다. 이에 따르면 국고관계란 행정주체가 국고의 주체로서 행하는 법률관계로서 국가가 물품을 구입하거나 도로건설 계약을 체결하는 경우 등을 말한다. 특히 산림법의 경우에는 「국유림의 경영 및 관리에 관한 법률」 제27조에 따른 국유임산물의 매각과 같이 국고관계에 의한 경우가 많은데, 이것은 국유재산인 국유림의 관리와 경영을 원칙적으로 산림청이 담당하는 데 따른 것이다.

---

46) 박균성 앞의 책, 91면.

국고관계는 원칙적으로 사법에 의하여 규율된다는 것이 일반적이다. 이는 국고와 사법상의 재산권을 다르게 취급할 이유가 없기 때문이다. 따라서 공익적 관점에서 그 근거법률에 따라 일정한 제한과 규제가 가해지더라도 그것이 사법행위로서의 본질을 변질시키는 것은 아니므로 「국가를 당사자로 하는 계약에 관한 법률」이나 「국유재산법」 등의 국고관계에 관한 규정은 공법규정이 아니라 사법규정으로 보아야 할 것이다.[47]

행정사법관계란 행정주체가 사법에 따라 행정을 행하는 것으로서 전기·가스공급사업, 시영버스사업, 우편사업 및 쓰레기처리사업 등과 같은 급부행정과 보조금의 지원 및 융자업무와 같은 자금지원 행정 등을 말한다. 이러한 행정사법관계는 그 대상이 사법관계임을 전제로 한다는 점에서 공법관계를 전제로 하는 관리관계와는 다르나, 행정주체의 행위가 공공성을 가지고 있다는 점에서 일정한 공법원리가 적용되며 국민의 기본권을 보장해야 할 의무를 지게 된다.

[3] 행정법관계의 당사자

1. 행정주체와 상대방

행정법관계도 행정상 법률관계의 일종이므로 법률관계의 일반적인 구조에 따라 행위주체와 그 상대방이 있다. 행정법관계의 행위주체로는 행정을 담당하는 행정주체가 있으며, 국가·공공단체 및 공무수탁사인이 이에 속한다. 한편 행정의 대상이 되는 상대방으로는 공공단체와 사인이 있는데, 공공단체는 행정주체이기도 하면서 국가나 다른 공공단체와의 관계에서는 행정의 상대방이 되기도 한다. 통상적으로 행정의 대상이 되는 상대방을 행정객체라고도 한다.

2. 행정주체

가. 국 가

국가는 최고의 행정주체로서 대통령을 정점으로 하는 행정조직을 통하여 국가행정을 담당한다. 국가는 직접 행정권을 행사하기도 하지만, 지방자치단체 기타 공공기관에 단체위임을 하거나 그 기관에 기관위임을 하여 이를 행사하기도 한다.

---

47) 김동희의 앞의 책, 78면; 김남진·김연태의 앞의 책, 88~89면; 박균성의 앞의 책, 93면. 이에 대하여는 대법원도 동일한 취지에서 "국가 또는 행정권의 주체가 사인과 대등한 지위에서 하는 행위 예컨대 국유재산의 불하, 정부수요품의 매입, 공사청부계약 등은 재정법 또는 국유재산법에 그에 대한 여러 가지 제한규정은 있을지라도 그 본질은 사법상의 법률행위이고 행정행위의 관념에 속하지 않는 것"이라고 하고 있다(대판 1960. 1. 27. 4290행상139).

국가가 이처럼 단체위임이나 기관위임을 하는 경우에도 국가행정으로서의 실질은 그대로 유지되나, 그 법적효과는 위임의 형태에 따라 단체위임의 경우에는 지방자치단체에게, 기관위임의 경우에는 국가에게 발생하게 된다.

국가에 속하여 국가사무를 수행하는 행정기관을 국가행정기관이라고 하며, 이러한 국가행정기관은 그 관할에 따라 부·처·청과 같은 중앙행정기관과 국가지방행정기관으로 구분한다. 국가지방행정기관에는 지방산림청이나 지방경찰청 등과 같은 국가의 특별지방행정기관과 보통지방행정기관이 있는데, 특히 우리나라의 경우에는 국가의 보통지방행정기관은 별도로 설치하지 않고 「지방자치법」에 따라 지방자치단체의 장에게 기관위임하여 처리하도록 하고 있다(같은법 제115조).[48)]

나. 공공단체

A. 지방자치단체

지방자치단체는 일정한 지역을 기반으로 해당 지역의 주민에 대하여 포괄적인 행정권을 행사하는 행정주체이다. 지방자치단체는 주민의 복리에 관한 사무를 처리하고 재산을 관리하며, 법령의 범위 내에서 자치에 관한 규정을 제정할 수 있다(헌법 제117조 제1항).

지방자치단체는 (1) 특별시, 광역시, 특별자치시, 도 및 특별자치도와 (2) 시·군·구로 구분하며, 이외에 특정한 목적을 수행하기 위하여 필요하면 따로 특별지방자치단체를 설치할 수 있다(지방자치법 제2조 제1항·제3항). 현재 특별자치시는 세종에, 특별자치도는 제주에 설치되어 있다. 지방자치단체는 「지방자치법」 제3조 제1항에 따른 법인으로서 의결기관인 의회와 집행기관인 시·도지사 및 시장·군수·구청장 등을 둔다.

지방자치단체는 「지방자치법」 제13조에 따라 관할구역의 자치사무와 법령에 따라 지방자치단체에 속하는 고유사무를 처리하며, 국가사무는 원칙적으로 처리할 수 없다(지방자치법 제15조). 지방자치단체의 행정권에 속하지 않는 이러한 국가사무에는 (1) 외교·국방·사법 및 국세 등 국가의 존립에 필요한 사무, (2) 물가정책, 금융정책 및 수출입정책 등 전국적으로 통일적 처리를 할 필요가 있는 사무, (3) 농산물·임산물 등의 수급조절과 수출입 등 전국적 규모의 사무, (4) 국가종합경제개발계획, 국가하천, 국유림, 국토종합개발계획, 지정항만, 고속국도·일반국도, 국립공원 등 전국적 규모나 이와 비슷한 규모의 사무, (5) 근로기준, 측량단위 등 전국적으로 기준을 통일하고 조정해야 할 필요가 있는 사무, (6) 우편, 철도 등 전국적 규

48) 박균성, 「행정법론(하)」, 박영사, 2018, 16면.

모나 이와 비슷한 규모의 사무, (7) 고도의 기술이 필요한 검사·시험·연구, 항공관리, 기상행정, 원자력개발 등 지방자치단체의 기술과 재정능력으로 감당하기 어려운 사무 등이 있다. 이러한 국가사무를 지방자치단체에서 시행하는 경우에는 법령에 다른 규정이 없으면 앞에서 이미 살펴본 것과 같이 시·도지사와 시장·군수·구청장에게 위임하여 행한다.

B. 공공조합

공공조합이란 특정한 행정목적을 위하여 일정한 자격을 가진 인원의 결합에 공법상의 법인격을 부여한 것으로서 재개발조합, 재건축조합 및 농지개량조합 등이 있다. 「산림조합법」에 따른 조합과 산림조합중앙회도 이러한 공공조합에 해당한다. 공공조합은 영조물법인 및 공법상재단과 함께 좁은 의미의 공공단체라고도 하며, 특히 지역을 기반으로 하지 않는다는 점에서 지방자치단체와는 그 성격이 다른 것이다.

C. 영조물법인

영조물법인이란 일정한 행정목적을 달성하기 위하여 설립된 인적·물적 결합체에 공법상의 법인격을 부여한 것으로서 한국도로공사, 한국전력공사[49] 및 한국은행 등이 이에 속한다. 이러한 영조물법인은 국가에 속하는 경우에는 「공공기관의 운영에 관한 법률」이 일반적으로 적용되고, 지방자치단체에 속하는 경우에는 「지방공기업법」에 따르게 된다.

국가에 속하는 영조물법인은 「공공기관의 운영에 관한 법률」에 따라 공기업·준정부기관 및 기타 공공기관으로 구분한다(같은 법 제5조 제1항·제4항). 여기에서 공기업과 준정부기관이란 직원의 정원, 수입액 및 자산규모가 대통령령으로 정하는 기준에 해당하는 공공기관을 말하며, 기타 공공기관이란 이러한 공기업과 준정부기관에 해당하는 기관 이외의 기관을 말한다. 「공공기관의 운영에 관한 법률」에 따르면 공기업은 시장형공기업과 준시장형 공기업으로 구분하며, 준정부기관은 기금관리형 준정부기관과 위탁집행형 준정부기관으로 나누어진다.[50]

---

49) 한국전력공사의 법적 성격에 대해서는 한국전력공사가 「한국전력공사법」에 따라 설립된 공사로서 정부의 감독을 받는다는 점에서 공법인인 영조물법인으로 보는 주장과 주식회사의 형태를 취하고 있으므로 사법인으로 보는 주장이 있으나, 같은 법에 정부의 주주권 행사(제6조), 사장의 대표권 제한(제9조), 정부의 감독(18조)과 같은 규정이 있고, 법적 성격의 판단은 형태보다는 그 실질을 따르는 것이 타당하다는 점에서 다수의 의견과 같이 공법인인 영조물법인으로 보는 것이 옳을 것이다.

50) 「공공기관의 운영에 관한 법률」 제5조 제4항에 따르면 ① 시장형 공기업이란 자산규모와 총수

산림행정 분야에서는 「임업 및 산촌 진흥촉진에 관한 법률」 제29조의2에 따라 설립된 한국임업진흥원, 「수목원·정원의 조성 및 진흥에 관한 법률」 제18조의18에 따라 설립된 한국수목원정원관리원 및 「산림복지 진흥에 관한 법률」 제49조에 따라 설립된 한국산림복지진흥원이 위탁집행형 준정부기관에 속하며, 「산림문화·휴양에 관한 법률」 제27조의2에 따라 설립된 한국등산·트레킹지원센터는 기타 공공기관에 해당한다.

D. 공법상재단

공법상재단이란 국가나 지방자치단체가 공공목적을 위하여 출연한 재산을 관리하기 위하여 설립된 공법상의 재단법인을 말한다. 현재 법률에서 공법상재단의 예는 많지 않으나 「한국연구재단법」에 따른 한국연구재단과 「한국학중앙연구원 육성법」에 따른 지원대상인 한국학중앙연구원 등이 이에 해당한다.

공법상재단은 일정한 행정목적을 위하여 출연된 재산에 법인격이 부여된 것이므로 구성원이 없다는 점에서 공공조합과 구별된다. 이러한 공법상재단은 물적 재산이 그 중심으로서 인적·물적 결합체인 영조물법인과도 다른 것이므로 공법상재단의 경우에는 영조물법인과 같은 이용자 개념은 없으며 대신 수혜자라는 개념만이 존재한다.

다. 공무수탁사인

행정법관계에서 사인은 일반적으로 행정주체의 상대방인 행정객체가 되나, 예외적으로 특정한 행정작용의 수행을 위하여 사인에게 일정한 공권력을 부여하는 경우가 있다. 이처럼 법률에 따라 특정한 행정사무를 위임받아 자신의 이름으로 처리하는 권한을 가진 사인을 공무수탁사인이라고 한다. 예를 들어 「공익사업을 위한 토지 등의 취득 및 보상에 관한 법률」 제19조는 사업시행자가 공익사업의 수행을 위하여 토지 등을 수용하거나 사용할 수 있도록 하고 있는데, 이 경우 사기업이 사업시행자로 선정되어 토지 등을 수용하거나 사용한다면 해당 사기업은 공익사업을 수행하는 사인인 공무수탁사인이 되는 것이다. 이것은 과학기술정보통신부장관의 지정을 받아 자기의 부담으로 청사 등의 시설을 갖추고 국가로부터 위임받은 체신업무를 수행하는 별정우체국장의 경우에도 같다(별정우체국법 제3조·제4조).

입액 중 자체수입액이 대통령령으로 정하는 기준 이상인 공기업을 말하며, ② 준시장형 공기업이란 시장형 공기업이 아닌 공기업을 말한다. 또한 ③ 기금관리형 준정부기관이란 「국가재정법」에 따라 기금을 관리하거나 기금의 관리를 위탁받은 준정부기관을 의미하고, ④ 위탁집행형 준정부기관이란 기금관리형 준정부기관이 아닌 준정부기관을 말한다.

공무수탁사인의 행정작용은 특정한 행정사무를 위임받은 사인이 자기의 명의로 공법상의 권한을 행사하는 것이므로 그 범위 내에서는 행정주체로서의 지위를 갖는다고 보아야 한다. 따라서 공무수탁사인은 행정보조인이나 공무부담사인과는 다른 것이다.[51)]

[4] 행정법관계에서의 개인적 공권

1. 개　　념

공권이란 사법관계에서의 권리인 사권에 대응하여 행정법관계에서 인정되는 것으로서 공법관계에서의 권리를 말한다. 이러한 공권은 국가 등의 행정주체가 국민에게 가지는 국가적 공권과 국민이 국가에 대하여 가지는 개인적 공권으로 구분한다. 그러나 국가적 공권이란 실제로는 행정권력을 의미하는 것으로서 권리 측면으로 이해하는 것은 어색한 점이 있으므로 일반적으로 행정법관계에서의 공권이란 사인이 행정주체에게 가지는 개인적 공권만을 의미한다.

이러한 관점에서 볼 때 '개인적 공권'이란 개인이 자기의 이익을 위하여 국가 등에 대하여 일정한 행위를 요구할 수 있도록 공법상 개인에게 부여된 법적인 힘을 말한다. 여기에서 개인이 국가 등에게 요구할 수 있는 행위에는 작위행위만이 아니라 부작위 및 급부·수인행위가 포함된다. 개인적 공권이 성립하기 위해서는 일반적으로 다음과 같은 요건이 필요하다.

- ■ 행정법상 강행법규에 의하여 국가 등의 행정주체에게 일정한 작위나 부작위의 행위의무가 부과되어 있어야 한다.
- ■ 행정주체에게 일정한 법적 행위의무를 부과하는 강행법규의 목적이나 취지가 공익만이 아니라 개인의 이익도 보호하고자 하는 것이 인정되어야 한다.
- ■ 국가 등의 행정주체를 대상으로 법규에 의하여 인정되고 있는 이익을 소송에 의하여 관철할 수 있는 법적인 힘이 사인에게 부여되어 있어야 한다.

2. 개인적 공권과 반사적 이익

행정상 개인적 공권이 인정되기 위해서는 강행법규에 의하여 행정주체에게 의무가 부과되어 이익을 받는 경우라도 그 강행법규의 목적이나 취지가 공익만이 아

51) '행정보조인'이란 행정기관에 종속되어 행정작용을 하는 자로서 예를 들어 시간제로 우편업무를 수행하는 사인을 들 수 있으며, '공무부담사인'이란 원천징수의무자나 석유비축의무자 등과 같이 공적 임무의 실현을 위하여 일정한 의무를 부담하는 사인을 말한다.

니라 개인의 이익도 보호하고자 하는 것이어야 한다. 따라서 만일 해당 강행법규의 목적이나 취지가 전적으로 공익추구에만 있다면 개인이 받는 그러한 이익은 행정주체에게 부여된 법적 제한이나 의무에 따른 반사적 이익에 불과한 것이 될 것이다. 예를 들어 「의료법」 제15조에서 의사에게 환자를 진료할 의무를 부과함으로써 환자가 가지는 이익은 반사적 이익에 해당하는 것이다.

행정법상 개인적 공권과 반사적 이익을 구별해야 하는 것은 행정소송에 있어서의 원고적격 문제와 관련되어 있다. 이는 「행정소송법」이 제12조에서 "취소소송은 처분등의 취소를 구할 법률상 이익이 있는 자가 제기할 수 있다…"라고 하여 법률상 이익이 있는 경우, 즉 '법적으로 보호되는 이익'(법적 보호이익)이 있는 경우에만 취소소송을 제기할 수 있으므로 단순한 사실상의 이익이나 반사적 이익의 경우에는 그 대상이 되지 않기 때문이다. 따라서 위법한 행정처분에 대하여 취소소송을 제기하기 위해서는 우선 개인적 이익이 법적으로 보호되는 이익인지 아니면 반사적 이익에 불과한 것인지를 먼저 판단할 필요성이 있다.

이에 대하여는 일반적으로 법적으로 보호되는 이익이란 강행법규인 근거법의 취지가 개인의 이익도 보호하고자 하는 경우에 인정되는 관념으로 이해하는 것이 보통이다. 결국 이러한 관점에 따르는 경우 법적으로 보호되는 이익과 개인적 공권은 사실상 본질적인 차이가 없는 것으로 이해된다.[52] 대법원도 이러한 취지에서 근거가 되는 강행법규를 합리적으로 해석하려고 노력하면서[53] 당해 처분의 근거법규를 직접적인 근거가 되는 법령만이 아니라 다른 관련 법령도 포함하는 것으로 넓게 해석하는 등 개인적 공권과 법적 보호이익을 확대하려는 경향을 보이고 있다.

---

52) 김동희의 앞의 책, 91면. 이러한 입장에서 김동희는 "기본권 · 봉급청구권 등의 협의의 공권이나, 근거법이 적어도 개인의 이익도 보호하는 취지인 것으로 해석되는 경우에 있어서의 법적 보호이익은 양자가 모두 법에 의하여 보호되는 이익이라는 점에서는 본질적인 차이가 없다"라고 하면서, "공권과 법적 보호이익은 결국 표현상의 차이에 불과한 것이라고 할 것"이라고 주장한다(김동희의 같은 책 91면). 이러한 공권과 법적 보호이익에 대하여는 홍정선의 앞의 책, 154면도 참고하라.

53) 이와 관련하여 대법원은 위법한 연탄공장의 설치허가를 인근주민이 다툰 사건에서 "주거지역 내에서의 일정한 건축을 금지하고 또한 제한하고 있는 것은…공공복리의 증진을 도모하는데 그 목적이 있는 동시에 주거지역 내에 거주하는 사람의 주거의 안녕과 생활환경을 보호하고자 하는 데도 그 목적이 있다고 해석된다. 따라서 주거지역 내에 거주하는 사람이 받는 이익은 단순한 반사적 이익이나 사실상의 이익이 아니라, 법률에 의하여 보호되는 이익"이라고 판결함으로써 이러한 태도를 분명히 하고 있다(대판 1975. 5. 13. 73누96 · 97). 이와 유사한 판례로는 자동차 LPG 충전소 설치허가와 관련된 사례(대판 1983. 7. 12. 83누59)와 환경영향평가에 관한 자연공원법령 및 환경영향평가법령의 규정들에 대한 사례(대판 1998. 4. 24. 97누3286) 등이 있다.

[5] 행정법관계에 대한 사법규정의 적용

행정법관계는 공법인 행정법에 의하여 규율되는 법률관계로서 당연히 행정법이 먼저 적용되어야 한다. 그러나 만일 구체적인 경우에 적용할 행정법에 흠결이 있다면 행정법관계에 직접적으로 적용할 법규가 없게 되므로 이러한 경우에는 사법규정을 행정법관계에 적용하여 그 흠결을 보완할 수 있는지가 문제된다.

이에 대하여는 공법과 사법은 엄연히 다른 법체계이므로 사법규정을 적용할 수 없다는 주장도 있으나, 문제가 된 법률관계의 내용과 사법규정의 성질에 따라 사법규정을 제한적으로 행정법관계에 적용할 수 있다는 통설(제한적 적용설)의 주장이 좀 더 타당한 것으로 보인다. 판례도 이러한 통설과 동일한 태도를 취하고 있는 것으로 이해된다. 이러한 관점에서 민법 등에 규정되어 있더라도 법의 일반원리에 관한 것이나 법기술적인 내용으로서 다른 법분야에도 적용될 수 있는 규정, 예를 들어 신의성실의 원칙과 같은 사법적 법률관계의 기본원칙, 자연인과 법인, 물건 및 기간 등은 행정법관계에도 기본적으로 적용된다고 보아야 할 것이다.

사법규정의 적용은 행정법관계의 성질에 따라서도 달라지는데, 권력관계의 경우에는 공권력을 기반으로 하는 것이므로 사법규정이 원칙적으로 적용되지 않으나, 행정주체가 공권력의 주체로서가 아니라 사업의 관리주체라는 지위에서 행하는 관리관계에는 일반적으로 유추하여 적용된다고 할 것이다. 그러나 이러한 관리관계의 경우에도 공공성이나 공익성으로 인하여 특별한 공법적 규제가 필요한 경우에는 사법규정이 적용되지 않는다. 한편 행정주체가 사인과 같은 지위에서 행하는 사법관계인 국고관계와 행정사법관계에는 원칙상 사법이 적용되며, 국민의 기본권 보장과 같이 최소한의 공공성을 확보하기 위한 경우에만 예외적으로 공법원리가 적용된다.

Ⅲ. 행정행위

[1] 개 념

1. 행정행위에 대한 논쟁

행정행위란 학문상의 개념으로서 행정청이 일방적으로 국민의 권리・의무에 구체적인 변동을 가져오거나 이를 확정하는 권력적 작용을 말하며, 실정법이나 실무적으로는 처분이나 행정처분이라는 개념이 사용되고 있다. 행정행위의 개념에 대해서는 다음과 같은 다양한 주장들이 있다.

- 가장 넓은 의미에서의 행정행위: 행정청이 행하는 모든 행위가 행정행위라는 주장
- 넓은 의미에서의 행정행위: 행정청에 의한 공법행위가 행정행위라는 주장
- 좁은 의미에서의 행정행위: 행정청이 법 아래에서 구체적 사실에 관한 법집행으로서 행하는 공법행위가 행정행위라는 주장
- 가장 좁은 의미에서의 행정행위: 행정청이 법 아래에서 구체적 사실에 관한 법집행으로서 행하는 권력적 단독행위인 공법행위가 행정행위라는 주장

행정행위에 대한 이러한 논쟁은 행정법상 처분의 개념과 연계되어 진행되어 왔으며, 현재에는 가장 좁은 의미로 행정행위를 이해하는 것이 일반적이다. 그러므로 이에 따르면 행정행위란 행정청이 법 아래에서 구체적 사실에 관한 법집행으로서 행하는 권력적 단독행위인 공법행위로 이해된다.

행정행위를 이와 같이 정의할 때 행정청이 아닌 과장이나 계장과 같은 행정기관의 보조기관이 행한 행위는 행정행위에 해당하지 않으며, 행정부에 속하지 않는 입법부와 사법부의 행위도 행정행위에서 제외된다. 또한 구체적 사실에 대한 규율행위가 아닌 일반적인 행정입법이나 조례·규칙과 같은 것은 행정행위에 포함되지 않으며, 행정기관 내부의 행위나 행정기관 상호간의 보고 및 조사 등도 행정행위에 속하지 않는다. 이와 함께 국유재산의 대부와 같은 사법행위나 공법상 계약은 권력적 단독행위가 아니므로 행정행위에 해당하지 않는다.

2. 행정행위와 처분

행정행위를 가장 좁은 의미에서 이해할 때 이러한 행정행위의 개념과 처분의 개념이 동일한 것인지가 문제가 된다. 이것은 「행정소송법」상 소송의 대상과 관련된 문제로서 특히 취소소송의 경우에 그 대상을 '처분 등'이라고 규정하고 있으므로, 처분의 개념을 행정행위와 비교하여 분명하게 함으로써 소송대상을 명확하게 할 필요가 있기 때문이다(행정소송법 제19조).

이에 대하여 「행정소송법」은 처분 등을 "행정청이 행하는 구체적 사실에 관한 법집행으로서의 공권력의 행사 또는 그 거부와 그 밖에 이에 준하는 행정작용 및 행정심판에 대한 재결"(같은법 제2조 제1호)이라고 하여, 처분 등에서 '행정심판에 대한 재결'을 제외한 것을 처분으로 정의하고 있다. 그러므로 이에 따르면 처분이란 "행정청이 행하는 구체적 사실에 관한 법집행으로서의 공권력의 행사 또는 그 거부, 그 밖에

이에 준하는 행정작용"(행정심판법 제2조 제1호)을 말하는 것이다.

그러면 이러한 처분은 행정행위와 동일한 것인가? 이에 대하여는 취소소송은 행정행위의 공정력을 깨기 위한 것이므로 그 대상은 당연히 행정행위에 한정되어야 하고, 이런 점에서 행정행위와 처분은 같은 것이라는 주장(실체법상 개념설)과 행정작용이 다양해지고 있는 점과 행정소송에 의한 권익구제의 가능성을 넓게 인정할 필요성 등을 고려하여 처분의 개념을 행정행위보다 넓게 인정하는 것이 타당하다는 주장(쟁송법상 개념설)이 있다.

행정행위와 처분의 개념에 대한 이러한 논쟁은 결국 「행정소송법」상 소송대상의 범위에 대한 것이므로 그 범위는 국민의 입장에서 좀 더 권익을 보장받을 수 있도록 판단하는 것이 옳다고 여겨진다. 따라서 처분의 범위를 행정행위보다 넓게 해석하는 쟁송법상 개념설을 따라 처분의 범위를 정함으로써 행정행위뿐만 아니라 권력적 사실행위와 국민에게 사실상의 지배력을 미치는 행정작용도 처분의 개념 속에 포함하는 것이 타당할 것이다. 이러한 논쟁에 대하여 우리 대법원은 실체법상 개념설에 서면서도 동시에 쟁송법상 개념설에 따라 그 한계를 극복해 가면서 「행정소송법」에 의한 권리구제의 가능성을 확대하려는 태도를 취하고 있는 것으로 보인다.[54)]

[2] 특성 및 구분

1. 행정행위의 특성

행정행위는 행정청의 권력적 단독행위로서 공권력의 발동으로 행해지며, 따라서 사법적 법률관계와는 달리 법적합성, 공정성, 실효성, 확정성 및 구제수단의 특수성과 같은 특성을 가진다. 행정행위가 가지는 이러한 특성은 행정법관계의 특성과 유사한데, 이는 행정행위가 행정법관계에 속하는 것이므로 당연한 것이다.

2. 행정행위의 구분

가. 법률행위적 행정행위와 준법률행위적 행정행위

법률행위적 행정행위란 행정청의 의사표시 내용에 따라 법률효과가 발생하는

---

54) 김동희의 앞의 책, 762~763면. 또한 박균성도 「행정소송법」상의 처분은 행정행위라는 개념과 동일하지 않다고 하면서 「행정소송법」상의 처분개념은 소송법상 인정된 개념이고, 행정행위라는 개념은 실체법상의 개념이라고 설명하고 있다(박균성의 앞의 책, 296~298면). 이에 대하여는 김남진·김연태의 앞의 책, 201~203면도 참고하라.

행위를 말하며, 준법률행위적 행정행위란 확인행위·공증행위·통지행위 및 수리행위 등과 같이 의사표시가 아닌 정신작용에 의한 행정행위로서 법률 규정이 정하는 바에 따라 그 법률효과가 발생하는 행위를 말한다. 행정행위를 이처럼 법률행위적 행정행위와 준법률행위적 행정행위로 구분하는 실익은 행정청의 재량을 인정할 수 있는지와 행정행위에 부관을 붙일 수 있는지의 여부에 있다.

나. 재량행위와 기속행위

재량행위란 행정행위의 근거가 되는 법률이 행위의 요건이나 효과를 선택하는데 있어 행정청의 독자적인 판단을 허용하는 것을 말하며, 기속행위란 행정권 행사의 요건이나 효과가 법에 일의적으로 규정되어 있어 행정청은 이를 적용하기만 할 뿐 독자적으로 판단할 여지가 없는 것을 말한다.

다. 수익적 행위, 침해적 행위 및 이중효과적 행위

수익적 행정행위란 상대방에게 권리와 이익을 부여하는 행정행위를 말하며, 침해적 행정행위란 이러한 수익적 행정행위와는 달리 의무를 부과하거나 권리나 이익을 침해·제한하는 등의 불이익을 주는 행정행위를 말한다. 침해적 행정행위는 침익적 행정행위라고도 한다. 이중효과적 행정행위란 (1) 상대방에게는 이익을 주나 제3자에게는 불이익을 주는 경우 또는 이와 반대로 상대방에게는 불이익을 주나 제3자에게는 이익을 주는 행정행위와 (2) 상대방에게 이익과 불이익을 동시에 주는 행정행위로서 복효적 행정행위라고도 한다. 이중효과적 행정행위에서 특히 상대방에게 이익과 불이익을 동시에 주는 부담부 행정행위와 같은 경우에는 그것이 침해적인 한도 내에서 상대방은 취소소송 등으로 그 취소를 구할 수 있는 것으로 이해된다.

라. 쌍방적 행정행위와 단독적 행정행위

쌍방적 행정행위란 상대방의 협력이 성립요건인 행정행위를 말하며, 단독적 행정행위란 이러한 협력이 필요 없이 행정청이 직권으로 하는 행정행위를 말한다. 단독적 행정행위는 독립적 행정행위라고도 한다. 쌍방적 행정행위에는 허가·인가 및 특허 등과 같이 상대방의 신청을 필요로 하는 행정행위와 공무원의 임명 등과 같이 동의를 필요로 하는 행정행위가 있다. 쌍방적 행정행위에서 신청이나 동의가 없는 경우에는 그 행정행위는 무효가 된다. 그러나 쌍방적 행정행위의 경우에는 상대방의 신청이나 동의와 같은 의사가 필요하기는 하지만, 이러한 행위가 행정청의 의사와 합치되어 행정행위를 성립시키는 것은 아니라는 점에서 공법상 계약과는 구별하여야 한다.

마. 대인적 행정행위, 대물적 행정행위 및 혼합적 행정행위

대인적 행정행위란 학식·기술 및 경험 등과 같이 사람의 주관적인 사정에 착안하여 이루어지는 행정행위를 말하며, 대물적 행정행위란 물건의 객관적인 사정에 착안하여 이루어지는 행정행위를 말한다. 예를 들면 의사면허나 자동차운전면허는 대인적 행정행위에 해당하며, 건물 준공검사는 대물적 행정행위에 속한다. 이 경우 특히 대인적 행정행위는 그 효과가 일신전속적인 것이므로 제3자에게는 승계되지 않는다. 이러한 대인적 행정행위나 대물적 행정행위와는 달리 혼합적 행정행위는 인적·주관적 사정과 물적·객관적 사정을 모두 고려하여 이루어지는 행정행위로서 도시가스사업허가와 같은 것을 말한다.[55]

[3] 행정행위의 효력

1. 행정행위의 특별한 효력

행정행위는 적법하게 성립하면 그 내용에 따라 행정행위의 효과가 발생한다. 이 경우 행정행위는 일반 사법적인 법률관계와는 달리 공권력의 우월적인 지위에 기반하여 특별한 효력을 가지게 되는데, 이를 행정행위의 구속력, 공정력, 확정력

55) 행정행위는 이외에도 다음과 같이 나누어볼 수 있다. ① 일반처분: 일반처분이란 불특정 다수인을 상대방으로 하여 불특정 다수인에게 효과를 미치는 행정행위로서 행정청의 단독적·권력적인 행정행위를 말한다. 이러한 일반처분은 불특정 다수인을 대상으로 하지만 시간·공간 등이 특정되어 구체성을 가진다는 점에서 법규명령과는 다른 행정행위의 일종으로 보는 것이 일반적이다. 일반처분에는 시간과 장소를 특정한 통행금지와 같은 대인적 일반처분과 특정 도로의 속도제한 표지판이나 개별공시지가 결정과 같은 물적 행정행위로서의 일반처분이 있다. ② 요식행위와 불요식행위: 요식행위란 행정행위가 일정한 서식이나 서명·날인 등과 같이 일정한 형식에 따라 이루어져야 하는 행정행위를 말하며, 불요식 행정행위란 이에 해당하지 않는 행정행위를 말한다. 「행정절차법」은 제24조 제1항에서 "행정청이 처분을 할 때에는 다른 법령 등에 특별한 규정이 있는 경우를 제외하고는 문서로 하여야 하며…"라고 하여 문서주의(요식행위) 원칙을 분명히 하고 있다. ③ 적극적 행정행위와 소극적 행정행위: 적극적 행정행위란 허가·특허 등과 같이 현재의 법률상태의 변동을 가져오는 행정행위를 말하며, 소극적 행정행위란 현재의 법률상태를 변동시키지 않으려는 행정행위로서 거부처분과 같은 것을 말한다. 다만, 상대방의 신청 행위에 대하여 이를 방치하는 것은 부작위에 해당하는 것으로 거부처분과는 구별하여야 한다. ④ 자동화된 행정결정: 자동화된 행정결정이란 동일 동종의 행정작용이 자동화된 기계장치에 의하여 이루어지는 것으로서 자동계산 방식에 의한 주차요금 정산과 같은 것을 말한다. 이러한 자동화된 행정결정은 일반적으로 행정행위의 일종으로 인정받고 있으나, 빠르게 변화하는 자동화기술을 행정에서 어떻게 수용할 것인가에 대한 근본적인 질문을 우리에게 던지고 있는 것으로 보인다.

및 강제력이라고 한다.

2. 내 용

가. 구속력

구속력이란 행정행위가 그 내용에 따라 관계 행정청과 그 행정행위의 상대방 및 관계인을 구속하는 효력으로서 기속력이라고도 한다. 이러한 구속력은 유효한 행정행위의 내용상 구속력을 말하는 것으로서 행정행위에 구속력이 있다는 것은 그 행정행위가 법적으로 효력이 있다는 것을 의미한다.

나. 공정력

공정력이란 행정행위의 성립에 하자가 있는 경우에도 그 하자가 중대하고 명백하여 무효로 인정되는 경우를 제외하고는 권한 있는 기관에 의하여 취소되기까지는 유효한 것으로 보는 효력을 말한다. 이러한 공정력은 절차적이고 잠정적인 것으로서 행정행위의 내용이나 직접 법률의 규정에 따라 실체법적 효력이 발생하는 행정행위의 구속력과는 다른 것이다. 이와 관련하여 현행 법률상 행정행위의 공정력을 직접 인정하는 규정은 찾아볼 수 없으나, 행정행위의 직권취소나 행정쟁송제도는 이를 전제로 한 것으로 이해된다.[56)]

다. 확정력

확정력이란 불가쟁력과 불가변력을 포함하는 개념으로서 존속력이라고도 한다. 여기에서 불가쟁력이란 하자있는 행정행위라도 불복기간이 경과하거나 쟁송절차가 종료된 경우에는 더 이상 효력을 다툴 수 없게 되는 것을 말한다. 그러나 불가쟁력은 행정행위의 상대방이나 이해관계인이 행정행위의 효력을 더 이상 다투지 못한다는 효력이므로 불가쟁력이 발생한 경우라도 처분청은 이를 직권으로 취소할 수 있고, 상대방은 행정상 손해배상을 청구할 수도 있다. 불가쟁력은 형식적 확정력이라고도 한다.

불가변력이란 일정한 행정행위의 경우에는 행정청 자신도 그것을 임의로 취소하거나 철회할 수 없는 것을 말한다. 이러한 불가변력은 실질적 확정력이라고도 하며, 국가시험합격자의 결정, 발명특허의 확인, 행정심판의 재결 및 소청심사위원회의 결정 등과 같은 준사법적 행정행위의 경우가 이에 해당한다. 그러나 불가변력이 인정되는 이러한 행위라도 상대방이나 제3자가 행정쟁송절차에 따라 그 효력

56) 김동희의 앞의 책, 85면; 박균성의 앞의 책, 140면.

을 다툴 수 있는 것은 당연하다.

라. 강제력

강제력이란 자력집행력과 제재력을 포함하는 것으로서 자력구제가 금지되는 사법관계와 행정행위의 차이를 잘 보여주는 것이다. 여기에서 자력집행력이란 행정행위에 의하여 부과된 의무를 상대방이 이행하지 않는 경우에 행정청이 직접 실력을 행사하여 자력으로 그 의무의 이행을 강제하는 효력을 말하며, 제재력이란 행정행위에 대한 의무위반 행위에 대하여 행정벌(행정형벌 또는 행정질서벌)과 같은 법률상의 일정한 제재를 가하여 간접적으로 그 의무이행을 담보할 수 있는 효력을 말한다. 자력집행력을 행사하기 위해서는 법률에 그 근거가 있어야 하는데, 현재에는 「행정대집행법」이 행정의무의 이행확보에 관한 일반법으로서 기능하고 있다.

Ⅳ. 재량행위와 기속행위

[1] 개 념

재량행위란 법률이 행정행위에 대한 요건의 판단이나 행위의 결정에 있어 일정한 독자적인 판단여지를 행정청에 인정하고 있는 것을 말한다. 이에 따르면 행정청은 재량행위인 경우에는 그 행위를 할 것인지의 여부와 행위를 한다면 어떠한 행위를 할 것인지에 대하여 결정할 재량권을 가지게 된다. 이에 반하여 기속행위란 어떠한 요건에서 어떠한 행위를 할 것인가에 대하여 법률이 일의적으로 규정하고 있어서 행정청은 다만 해당 법률을 기계적으로 적용하는 데 그치는 경우를 말한다.

재량행위와 기속행위에 대하여는 전통적으로 재량행위를 기속재량행위와 자유재량행위로 구분하여 자유재량행위만을 엄격한 의미에서의 재량행위로 보는 입장을 취해오고 있다. 이러한 입장은 기속재량행위를 기속행위와 같은 성질의 것으로 취급하는 것으로 보이는데,[57] 이에 대하여 대법원은 원칙상 기속행위이지만, 예외적으로 중대한 공익을 이유로 인허가나 신고수리를 거부할 수 있는 행위로서 별도로 기속재량행위를 인정하는 태도를 보이고 있다.[58]

---

57) 김동희의 앞의 책, 265면.

58) 박균성의 앞의 책, 317면; 김남진 · 김연태의 앞의 책, 220면. 기속재량행위의 인정여부와 관련하여 대법원은 불법전용산림신고지의 산림형질변경허가처분 사안에서 "원심은 산림법(1994. 12. 22. 법률 제4816호로 개정된 것) 부칙 제9조 제1항, 제2항에 의한 형질변경허가 등 산림의 용도변경에 필요한 처분을 기속행위가 아닌 기속재량행위로 보았는바, 관계 규정을 종합하여

[2] 구별의 실익

기속행위와는 달리 재량행위의 경우에는 재량권의 한계 내에서 행정청이 판단을 잘못하더라도 위법의 문제는 생기지 않으며, 다만 부당의 문제만이 생길 뿐이다. 따라서 재량행위는 행정감독이나 행정심판의 대상은 되지만 위법한 것으로서 법원에 의한 재판통제의 대상이 되지는 않는다. 그러나 재량행위의 재량권도 일정한 법적 한계 내에서만 인정되는 것이므로 그 재량권을 일탈하거나 남용하는 경우에는 재판통제의 대상이 된다고 보아야 할 것이다. 이와 함께 행정청이 행정행위에 붙이는 부관은 기속행위에는 적용되지 않으며 재량행위의 경우에만 인정된다. 기속행위인 경우에는 해당 법률의 요건이 충족되면 그 행위를 해야 할 법적 기속을 받으므로 부관을 붙일 수 없기 때문이다.[59]

[3] 구별 기준

1. 법률규정이 명확한 경우

법률의 효과규정이 '~을 할 수 있다'라고 규정하고 있는 경우에는 행정청에 행위여부에 대한 판단권이 부여된 것으로 보아 원칙적으로 재량행위로 보아야 하지만, '~을 하여야 한다'라고 규정하고 있는 경우에는 기속행위로 보아야 한다.[60] 만

보면 이러한 원심 판단은 정당하고 거기에 기속재량행위에 대한 법령 해석의 잘못 등 법리오해의 위법이 있다고 할 수 없다"라고 하여 기속재량행위를 인정하였다(대판 1998. 9. 25. 97누19564).

59) 이러한 관점에서 재량행위와 기속행위를 구별하는 기준이 중요한데, 그 기준을 어떻게 설정한 것인가에 대해서는 요건재량설과 효과재량설에 따라 차이가 있다. 이에 따르면 우선 요건재량설이란 '행위요건의 규정방식'에 따라 재량행위와 기속행위를 구별하려는 것으로서 ① 행정행위에 관한 요건이 임의적이고 구체적으로 규정되어 있는 경우에는 그 행정행위를 기속행위로 보나, ② 법령의 규정이 처분요건을 규정하지 않고 처분권한만을 부여하고 있거나 ③ 처분요건을 규정하고 있더라도 일반적 공익개념으로 규정하는 경우 또는 ④ 처분요건이 한정적이기는 하지만 불확정개념으로 규정되어 있는 경우에는 행정청에게 선택이나 판단의 여지가 있는 것으로 보아 재량행위에 속한다고 본다. 반면에 효과재량설이란 '행정행위의 성질'에 따라 재량행위와 기속행위를 구별하려는 입장으로서 행정행위가 국민의 권리와 의무에 어떻게 작용하는가를 기준으로 삼는 것이다. 이에 따르면 ① 개인의 자유와 권리를 침해하거나 의무를 부과하는 경우에는 법령상 재량이 인정되는 것으로 보이더라도 기속행위이며, ② 법률이 개인에게 권리나 이익을 요구할 수 있는 법적 지위를 부여한 경우를 제외하고 개인에게 새로운 권리를 설정하거나 이익을 부여하는 경우에는 자유재량행위이며, ③ 직접 개인의 권리나 의무에 영향을 미치지 않는 행위는 법률에 특별한 규정이 있는 경우를 제외하고는 자유재량행위로 본다.

60) 그러나 법률이 '~을 할 수 있다'라고 규정하고 있는 경우에도 헌법상의 영업의 자유와 같이 기본권과 관련된 경우에는 해당 처분을 기속행위로 보아야 할 경우도 있다. 예를 들어 주점이나 숙박업 등에 대한 영업허가의 경우에는 법률이 요건을 구비한 신청에 대하여 '허가할 수 있다'

일 법률에서 '~한다'라고 규정하고 있는 경우에는 입법 취지, 입법 목적 및 행위의 성질 등을 종합적으로 고려하여 판단해야 할 것이다.

만일 법률이 명시적으로 행정청에게 복수의 행정행위 중에서 선택을 할 수 있도록 하고 있다면, 그 행위는 당연히 재량행위에 속하는 것으로 보아야 한다. 그러나 '~하고자 하는 자는 ~허가를 받아야 한다'와 같이 영업활동을 하기 전에 허가를 받아야 한다는 법률규정만이 있을 뿐 행정청의 허가에 대한 재량에 관하여 규정이 없는 경우에는 해석을 통하여 그 허가가 재량행위인지 기속행위인지의 여부를 판단해야 할 것이다.

2. 요건규정이 공백이거나 일반적 공익규정만을 규정하고 있는 경우

법률에서 행정행위의 요건을 전혀 규정하지 않고 처분권한만을 규정하고 있다면 그 행위는 재량행위라고 하여야 하며, 마찬가지로 일반적 공익규정만이 규정되어 있는 경우에도 재량행위로 보아야 한다. 법률의 요건에 중대한 사유, 공공의 안녕과 질서, 경관의 침해우려 및 신뢰성 등과 같은 불확정 개념이 사용된 경우에는 논란이 있음에도 불구하고 행정청에게 판단의 여지가 있으므로 실질적으로는 재량행위와 같은 것으로 보아야 한다. 그러나 이 경우에도 불확정 개념이 행정청에게 엄격한 의미에서의 재량권을 부여하고자 하는 것은 아니므로 그 판단 여지는 제한적이고 한정된 범위에서만 인정되어야 할 것이다. 불확정 개념이라도 그것은 법적 개념이기 때문이다.

3. 법률규정이 불명확한 경우

법률규정이 불명확한 경우에 불법행위에 대한 제재조치는 일반적으로 재량행위가 되기 쉽다. 그러나 이러한 경우에도 특별한 상황에서 입법자가 일정한 불법행위를 엄단하고자 하는 취지나 목적이 분명한 때에는 기속행위가 될 수도 있을 것이다. 새로 권리를 설정하여 주는 특허는 재량행위이기가 쉬우나 자연적 자유를 회복시키는 허가는 기속행위로 해석될 가능성이 크다. 그러나 이에 해당하는 허가라도 산림이나 환경보호 등과 같이 중대한 공익이 있는 경우에는 기속재량행위나 재량행위가 될 수도 있을 것이다. 이처럼 법률규정이 불명확하여 재량행위와 기속행위를 판단할 수 없는 경우에는 해당 법률규정의 표현만이 아니라 입법의 취지

라고 규정하고 있더라도, 요건이 구비되면 실질적으로는 허가를 하여야 하는 기속을 받는다고 해석하여야 한다. 이에 대하여는 김동희의 앞의 책, 273~274면을 참고하라.

및 목적, 해당 행위의 성질, 기본권과의 관련성 및 공익관련성을 종합적으로 고려하여 판단해야 할 것이다.

V. 법률행위적 행정행위와 준법률행위적 행정행위

[1] 구분의 실익

행정행위는 법률효과가 발생하는 원인에 따라 법률행위적 행정행위와 준법률행위적 행정행위로 구분된다. 행정행위를 이와 같이 구분하는 실익은 앞에서 이미 설명한 것과 같이 행정청의 재량을 인정할 수 있는지의 여부 및 행정행위에 부관을 붙일 수 있는지의 여부에 있다. 즉 법률행위적 행정행위에는 행정청의 재량이 인정되고 부관도 붙일 수 있으나, 준법률행위적 행정행위에는 이와 다르게 행정청의 재량이 개입될 여지가 없으며 따라서 부관도 붙일 수 없다. 이는 준법률행위적 행정행위의 경우에는 의사표시가 아니라 법률규정에 따라 효과가 발생하기 때문이다. 이러한 법률행위적 행정행위와 준법률행위적 행정행위를 상대방에 대한 법률효과의 내용에 따라 세분하면 다음과 같다.

- 법률행위적 행정행위: (1) 명령적 행정행위(하명, 허가, 면제), (2) 형성적 행정행위(특허, 인가, 공법상 대리)
- 준법률행위적 행정행위: 확인행위, 공증행위, 통지행위, 수리행위

[2] 법률행위적 행정행위

1. 명령적 행정행위

가. 개 념

명령적 행정행위란 인간이 가지는 자연적 자유를 규율하는 행위로서 상대방에 대하여 일정한 의무를 부과하거나 이미 부과된 의무를 해제하는 것을 내용으로 하는 행정행위를 말한다. 이런 점에서 명령적 행정행위는 국민에게 새로운 권리나 능력을 부여하는 형성적 행정행위와는 다른 것이다. 명령적 행정행위는 다시 하명, 허가 및 면제로 구분할 수 있다.

나. 하 명

하명이란 일정한 의무를 명하는 부담적 행정행위로서 원칙적으로는 기속행위에

해당한다. 하명은 그 성질에 따라 부작위의 의무를 부과하는 금지와 작위·급부 및 수인의 의무를 부과하는 명령으로 구분하며, 그 내용에 따라서는 다음과 같이 작위하명, 부작위하명, 급부하명 및 수인하명으로 구분한다.

- 위법건축물의 철거나 「소방기본법」 제24조에 따른 소방활동 종사명령과 같이 일정한 행위를 하도록 하는 것(작위하명)
- 특정한 도로에 대한 통행금지와 같은 부작위의 의무를 부과하는 것(부작위하명)
- 조세부과 처분과 같이 일정한 급부를 해야 할 의무가 생기는 것(급부하명)
- 「행정대집행법」에 따른 대집행의 수인과 같이 행정청에 의한 강제를 감수하고 이를 수인할 의무가 발생하는 것(수인하명)

하명은 일반적으로 법령에 따라 구체적인 행정행위의 형식으로 행하여지는 것이 보통이나, 「건축법」에 따른 일정한 건축의 금지와 같이 법령 자체에 의하여 직접 하명의 효과가 발생하는 법규하명의 경우도 있다. 이러한 법규하명은 처분성을 가지므로 명령의 형식을 취하는 경우에는 취소소송 등의 대상이 되고, 법률의 형식을 가지는 경우에는 헌법소원의 대상이 된다. 그러나 법규하명은 행정행위인 하명이 아니므로 엄밀한 의미에서는 하명이 아니다.

하명은 상대방에게 그 내용에 따른 공법상의 의무를 부과하는 효과가 발생한다. 따라서 작위하명의 경우에는 일정한 행위를 해야 할 의무를 가지며, 부작위하명인 경우에는 그 행위를 하지 않아야 할 의무를 진다. 또한 급부하명인 경우에는 금전이나 물품 등을 제공할 의무를 부담하며, 수인하명인 경우에는 행정권의 강제력을 감수하고 이에 저항하지 않을 의무를 가진다. 하명의 효과는 원칙적으로 그 하명을 받은 상대방에게만 발생하나 대물적 하명의 경우에는 그 물건의 승계인에게도 미치게 된다.

하명을 위반하는 경우에는 행정상 강제집행 절차에 따라 그 의무내용이 강제되며 행정벌과 같은 제재가 가해지게 된다. 그러나 하명에 대한 위반에 근거하여 일정한 법률행위를 한 경우라도 법률에 다른 규정이 없는 한 직접 그 법률효과까지 제한하거나 부인할 수 있는 것은 아니다. 하명에 대한 위반과 법률행위의 효과는 별개의 것이기 때문이다.

다. 허 가

허가란 법령에 의한 일반적인 상대적 금지를 일정한 요건을 갖춘 경우에 해제하여 적법하게 행위를 할 수 있도록 자연적 자유를 회복시켜 주는 행정행위를 말한다. 이러한 허가는 실정법에서는 허가라는 용어 이외에도 면허·인가·승인 및 특허 등과 같이 다양한 용어로 사용되고 있으므로 해당 법령을 해석하는 경우에는 사용된 용어에 얽매이지 말고 그 실질에 따라 구체적으로 판단하여야 한다.

허가의 법적 성질에 대하여 일부에서는 허가가 단순한 자연적 자유의 회복이 아니라 헌법상의 기본권을 적법하게 행사할 수 있는 법적 지위를 설정하는 것이므로 형성적 행정행위라고 주장하기도 하나,[61] 일반적으로는 자연적 자유의 회복으로 보아 명령적 행정행위로 구분하는 것이 보통이다.

허가의 요건이 충족되었을 경우에 그 허가여부가 행정청의 재량에 속하는 것인지의 여부에 대해서는 논란이 있으나, 관계법상의 허가요건이 충족되는 경우에는 행정청은 허가를 해야 할 기속을 받는다는 것이 일반적인 입장이다. 이는 인간의 자연적 자유를 회복시킬 요건이 충족되었음에도 정당한 사유 없이 허가를 거부하는 것은 헌법상의 일반적 자유권을 제한하는 것이라는 관점에서 타당한 것으로 생각된다. 그러나 예외적인 경우로서 명문의 규정이 없더라도 근거법령 및 관계법령에 비추어 중대한 공익에 대한 고려가 필요하여 이익형량이 요구되는 경우에는 그 허가행위를 재량행위라고 보아야 한다.[62] 대법원도 산림형질변경허가, 산림 내에서의 토사채취허가 및 입목의 벌채·굴취허가 등의 경우에 이러한 입장에 따라 해당 허가를 재량행위라고 판결하였다.[63]

허가는 그 대상에 따라 대인적 허가·대물적 허가 및 혼합적 허가로 구분할 수 있는데, 운전면허와 같은 대인적 허가는 다른 자에게 이전할 수 없으나, 「건축법」

---

61) 김동희 앞의 책, 289면; 박균성의 앞의 책, 346~347면. 이에 대하여 김남진·김연태는 "허가에 의해 사인이 새로운 법적 지위를 향유하여 새로운 법률관계가 창설되는 점에서 허가는 형성적 행위의 일면을 가지고 있다"라고 하고 있다(김남진·김연태의 앞의 책, 246면).

62) 박균성의 앞의 책, 347면.

63) 이와 관련하여 대법원은 "산림형질변경허가는 법령상의 금지 또는 제한지역에 해당하지 않더라도 신청대상 토지의 현상과 위치 및 주위의 상황 등을 고려하여 국토 및 자연의 유지와 상수원 수질과 같은 환경의 보전 등을 위한 중대한 공익상의 필요가 있을 경우 그 허가를 거부할 수 있으며, 이는 산림형질변경 허가기간을 연장하는 경우에도 마찬가지라고 할 것이다"라고 하였으며(대판 2000. 7. 7. 99두66), 산림 내에서의 토사채취허가와 관련해서도 "산림 내에서의 토사채취는 국토 및 자연의 유지와 환경의 보전에 직접적으로 영향을 미치는 행위이므로 법령이 규정하는 토사채취의 제한지역에 해당하는 경우는 물론이거니와 그러한 제한지역에 해당하지 않더라도 허가관청은 토사채취허가신청 대상토지의 형상과 위치 및 그 주위의 상황 등을 고려하여 국토 및 자연의 유지와 환경보전 등 중대한 공익상 필요가 있다고 인정될 때에는 그 허가를 거부할 수 있다"라고 하여 이를 거듭 확인하였다(대판 2007. 6. 15. 2005두9736). 이처럼 산림형질변경허가와 토사채취허가의 경우 중대한 공익상의 필요가 인정될 때에는 허가를 거부할 수 있다는 것은 대법원의 일관된 입장이다(대판 1994. 8. 12. 94누5489; 대판 1993. 5. 27. 93누4854; 대판 1997. 9. 12. 97누1228; 대판 1997. 8. 29. 96누15213). 한편 입목의 벌채·굴취허가와 관련해서는 대판 2001. 11. 30. 2001두5866을 참고하라.

제11조에 따른 건축허가와 같은 대물적 허가는 다른 자에게 이전할 수 있다. 혼합적 허가란 「총포·도검·화약류 등의 안전관리에 관한 법률」에 따른 총포·화약류의 제조업 허가와 같이 사람과 물건 모두를 대상으로 하는 것으로서 일정한 경우에는 그 지위를 승계할 수 있도록 허용하고 있다(같은 법 제4조 및 제4조의2).

허가는 예외적인 경우를 제외하고는 보통 상대방의 신청에 따라 행해지는 것으로서 일반적인 금지를 해제하여 자연적 자유를 회복시켜 주는 것일 뿐 새로운 권리를 설정하는 것은 아니라는 것이 일반적인 입장이다. 이에 따르면 허가로 인하여 이익을 받더라도 이는 개인적 공권에 속하지 않으며 반사적 이익에 불과한 것이 된다. 그러나 허가로 인한 이익이 '법적으로 보호되는 이익'인지의 여부는 허가에 대한 일반론적 입장에서가 아니라, 그 이익의 근거가 되는 법률의 목적 및 취지 등에 따라 결정하면 될 것이므로 이는 결국 개인적 공권과 반사적 이익에 대한 문제라고 보는 것이 타당할 것이다.

허가를 받지 않고 허가가 필요한 행위를 한 경우 관계 법령에 따라 행정상 강제집행이나 처벌을 받을 수 있음은 당연하다. 그러나 이 경우에도 해당 법령에서 별도로 규정하고 있지 않는 한 그 행위 자체의 법률적 효력에는 영향을 미치지 않는 것이 원칙이다.

라. 면 제

면제란 법령에 의하여 일반적으로 부과되어 있는 작위의무·급부의무 및 수인의무를 특정한 경우에 해제하는 행정행위로서 예방접종의 면제와 같은 것을 말한다. 이러한 면제는 작위의무·급부의무 및 수인의무에 대한 해제로서 부작위의무에 대한 해제인 허가와 구별되나 그 법적 성질은 허가와 유사한 것이다.

2. 형성적 행정행위

가. 개 념

형성적 행정행위란 상대방에게 새로운 권리나 능력, 법적 지위 및 포괄적 법률관계 등을 발생·변경시키거나 소멸시키는 행정행위를 말한다. 이러한 형성적 행정행위에는 특허, 인가 및 공법상 대리가 있다.

나. 특 허

특허란 상대방에게 직접 새로운 권리나 능력을 설정하거나 법적 지위를 부여하는 행정행위를 말한다. 예를 들면 버스운송사업면허와 같은 특허나 광업허가와 같은 것은 새로운 권리를 설정하는 특허이고, 재건축정비조합설립인가와 같은 공법인의 설립행위는 새로운 능력을 설정하는 특허이다. 이와 함께 「국적법」 제4조에 의한 귀화허가나 공무원 임명 등의 경우에는 허가나 임명이라는 용어를 사용하고 있으나, 그 성질상 새로운 법적 지위를 설정하는 행정행위이므로 특허에 해당한다. 이러한 특허는 특정인만을 대상으로 하는 재량적 행정행위로서 불특정다수인에게는 해당되지 않는다. 특허를 하려면 상대방의 신청이 있어야 하며 신청내용을 수정하여 특허하는 수정특허는 인정되지 않는다.

다. 인 가

인가란 타인의 법률행위를 보충하여 그 법률적 효력을 완성시켜 주는 행정행위를 말한다. 예를 들면 공공조합의 설립인가나 사업자단체의 설립인가 등이 이에 해당한다. 이러한 인가는 법률적 효력을 완성시키는 행정행위이므로 그 대상은 법률행위에 한정되며, 행정청은 상대방의 신청이 있는 경우에만 인가를 할 수 있다. 따라서 신청내용을 수정하여 인가하는 수정인가는 법률의 명시적 근거가 없는 한 원칙적으로 인정되지 않는다.

인가는 법률행위의 효력요건이므로 무인가행위는 원칙적으로 무효가 된다. 그러나 무인가행위는 무효일 뿐으로 법률에 근거규정이 없는 한 상대방에 대하여 행정강제나 행정제재를 부과할 수는 없다. 이런 점에서 인가는 허가와 구별된다고 할 수 있다.

라. 공법상 대리

공법상 대리란 제3자가 해야 할 행위를 행정주체가 대신하여 행하고, 그 행위의 효과는 제3자가 스스로 행한 것과 같은 법적 효과를 발생시키는 행정행위를 말한다. 이러한 공법상 대리는 원래 본인이 해야 할 행위를 행정청이 대신하는 것이므로 민법 제114조와 같이 본인의 의사에 의한 대리행위가 아니라 법률의 규정에 의한 법정대리에 해당한다. 이러한 공법상 대리의 예로는 감독청이 공법인의 임원을 임명하는 경우와 같은 감독상의 대리행위, 「공익사업을 위한 토지 등의 취득 및 보상에 관한 법률」 제34조에 따른 토지수용재결과 같이 당사자 사이에 협의가 이루어지지 않은 경우의 조정행위 및 「국세징수법」 제66조에 따른 조세체납처분으로서의 공매행위와 같은 사무관리 행위 등이 있다.

[3] 준법률행위적 행정행위

1. 확인행위

확인행위란 특정한 사실 또는 법률관계에 관하여 의문이 있거나 다툼이 있는 경우에 공권적으로 그 존부나 정부를 판단하거나 선언하는 행위를 말한다. 이 경우 확인행위에 따른 구체적인 효력은 각개의 근거법률이 정하는 바에 따른다. 이러한 확인행위의 예로는 국회의원 선거의 당선인 결정, 국가시험합격자의 결정, 도로구역의 결정 및 행정심판재결 등이 있다.

확인행위는 기존의 사실이나 법률관계를 유권적으로 확정하는 법선언적 행위로서 새로운 법률관계를 설정하는 특허와는 다른 행정행위이다. 확인행위는 또한 단순한 판단작용으로서 일정한 사실이나 법률관계의 존부 또는 정당성이 확정되는 경우에는 행정청이 이를 확인하여야 하는 것이므로 재량권이 없는 기속행위에 해당하며, 확인하는 행정청의 판단에 법률상 일정한 법적 효과가 결부되는 것이므로 부관은 붙일 수 없다.

확인행위에 불가변력이 발생하는지에 대해서는 이의신청의 재결이나 행정심판의 재결과 같이 준사법적 행위에만 불가변력이 발생하는 것으로 보는 의견도 있으나,[64] 유권적으로 확정한 것을 임의로 변경할 수는 없다는 측면에서 일반적으로는 확인행위 전부에 대하여 불가변력을 인정하는 것이 보통이다.

2. 공증행위

공증행위란 특정한 사실이나 법률관계의 존재를 공적으로 증명하는 행위로서 사실 또는 법률관계의 존재에 대하여 공적 증거력을 발생시키며, 따라서 반증에 의하지 않고는 번복될 수 없는 행정행위를 말한다. 이러한 공증행위에는 부동산등기부와 같은 등기부에의 등기, 토지대장과 같은 대장이나 장부에의 등재 및 선거인명부에의 등록 등이 있다. 공증행위는 성질상 요식행위이며, 또한 단순한 인식작용으로서 특정한 사실이나 법률관계가 객관적으로 존재하는 한 공증행위를 하여야 하는 것이므로 기속행위에 속한다.

---

64) 박균성의 앞의 책, 367면. 확인행위에 일반적으로 불가변력을 인정하는 입장에 대해서는 김동희의 앞의 책, 300면; 김남진·김연태의 앞의 책, 264면을 참고하라.

3. 통지행위

통지행위란 특정인이나 불특정다수인에게 특정사실을 알리는 행정행위이다. 이러한 통지행위는 그 자체가 독립된 행정행위이므로 이미 성립한 법령이나 행정행위의 효력발생요건으로서 그 내용을 알리는 법령의 공포, 납세고지서의 교부 및 송달 등과는 다른 것이다. 통지행위에는 특허출원 공고와 같은 어떤 사실에 대한 관념의 통지와 납세독촉과 같은 의사의 통지가 있으며, 그 법적 효과는 어느 경우이든 행위자의 의사가 아니라 법률에서 정한 바에 따라 발생한다.

4. 수리행위

수리행위란 법률상 행정청에게 수리의무가 있는 경우에 신고나 신청 등과 같은 상대방의 행위를 행정청이 적법한 행위로서 받아들이는 행정행위를 말한다. 이러한 수리행위는 단순한 사실인 도달이나 내부적 사실행위인 단순한 접수행위와는 다른 것으로서 행정청이 타인의 행위를 유효한 것으로 판단하여 수령하는 수동적 행정행위이다. 수리행위에는 혼인신고서의 수리 및 이의신청서의 수리 등과 같이 각종 신청서나 신고서의 수리행위가 있다.

수리행위를 하는 경우 신청서의 형식적 요건이 맞지 않으면 행정청은 이를 고쳐서 다시 제출하도록 보정명령을 내릴 수 있으며, 만일 보정되지 않으면 수리를 거부할 수 있다. 수리행위를 거부하는 행위는 불수리의 의사표시로서 소극적 행정행위에 해당하므로 취소소송 등의 대상이 된다. 수리행위의 법적 효과는 각개의 근거법률이 정하는 바에 따른다.

Ⅵ. 행정행위의 부관

[1] 부관의 의의

1. 개　　념

행정행위의 부관이란 행정행위의 효과를 제한하거나 부가적 의무를 부과하기 위하여 행정행위의 주된 내용에 부가하는 종된 의사표시를 말한다. 이러한 부관은 민법의 조건이나 기한과 유사한 것이며, 따라서 법령에서 직접 행정행위의 효과를 제한하거나 의무를 부과하는 법정부관[65]은 이러한 부관에 해당하지 않는다.

---

65) 이러한 '법정부관'의 입법례로는 등록신청을 광업허가의 효력발생 조건으로 하는 것이나(｢광업

부관은 행정청이 행정행위를 할 때 무조건적으로 행하기에는 곤란한 사정이 있는 경우 이를 거부하기 보다는 일정한 조건을 부가하여 그 행정행위를 할 수 있도록 해주는 역할을 한다. 이는 예를 들어 채석허가를 신청한 경우에 이를 허가할 수 없는 사정이 있다면, 무조건적으로 그 허가를 거부하는 것보다는 일정한 조건을 붙여 허가하는 것이 신청인과 행정청 모두에게 유리하기 때문이다.

2. 종 류

가. 조 건

조건이란 행정행위의 발생이나 소멸을 장래의 불확실한 사실에 따르도록 하는 것으로서 정지조건과 해제조건이 있다. 그러나 실정법에서 조건으로 표현한 경우에도 그 내용은 부담에 해당하는 경우가 많으므로 법령을 해석할 때에는 그 실질적인 의미를 잘 파악하도록 주의하여야 한다.

나. 기 한

기한이란 행정행위의 효력을 장래의 확실한 사실에 따르도록 하는 것이다. 이러한 기한에는 확정기한과 불확정기한이 있다. 기한의 경우에는 오랫동안 계속될 것으로 예상되는 행정행위에 부당하게 단기의 기한을 붙인 경우가 문제가 된다. 예를 들면 댐건설을 위한 하천점용 허가기간을 3년으로 한 경우가 이러한 경우에 해당하는데, 이에 대하여 대법원은 그 기한은 행정행위 효력의 존속기간이 아니라 점용료 등을 포함하는 허가조건의 존속기간으로 보아야 한다고 하였다.[66]

다. 부 담

부담이란 행정행위의 주된 내용에 덧붙여 그 상대방에게 작위·부작위·급부 및 수인의무를 부가하는 행정청의 의사표시이다. 부담은 특허 및 허가 등과 같이 상대방에게 권리나 이익을 주는 수익적 행정행위에 부가되며 가장 일반적인 형태의 부관에 해당한다.

행정청이 부관으로서 부담을 붙이는 경우에는 특히 부담을 유보하는 '부담권유

법」 제28조 제2항), 어업면허에 법정기한을 정하는 것(「수산업법」 제14조 제1항) 등이 있다.

66) 행정행위인 허가 또는 특허에 붙인 조항으로서 종료의 기한을 정한 경우 종기인 기한에 관하여는 일률적으로 기한이 왔다고 하여 당연히 그 행정행위의 효력이 상실된다고 할 것이 아니고 그 기한이 그 허가 또는 특허된 사업의 성질상 부당하게 짧은 기한을 정한 경우에 있어서는 그 기한은 그 허가 또는 특허의 조건의 존속기간을 정한 것이며 그 기한이 도래함으로써 그 조건의 개정을 고려한다는 뜻으로 해석해야 할 것이다(대판 1995. 11. 10. 94누11866).

보'[67]가 문제가 된다. 여기에서 부담권유보란 행정청이 행정행위를 하면서 사후에 부담을 부가하거나 이미 부과된 부관의 내용을 변경 · 보충할 수 있는 권한을 유보하는 의사표시를 말한다. 이러한 부담권유보의 성질에 대해서는 부담권유보 자체를 또 다른 행정행위로 보는 입장과 원래의 행정행위를 일부 철회하는 철회권 유보의 일종으로 보는 견해가 있다.

라. 철회권의 유보

철회권의 유보란 행정행위의 주된 내용에 부가하여 일정한 경우에 그 행위를 철회할 수 있는 권한을 유보하는 행정청의 의사표시이다. 이는 행정행위를 할 때 그 행위를 거부하거나 조건 및 기한과 같은 다른 부관을 붙이는 것이 적당하지 않은 경우에 해당 행정행위는 하더라도 상대방에게 철회될 수도 있다는 것을 미리 알려줌으로써 공익의 침해를 미연에 방지하고 장래의 상황변화에도 대비하려는 것이다. 이러한 철회권의 유보는 원상복구명령과 함께 하는 경우가 많다.

마. 법률효과의 일부배제

법률효과의 일부배제란 주된 내용에 부가하여 발생하는 법적 효과의 일부를 배제하는 행정청의 의사표시이다.[68] 예를 들면 격일제 운행을 조건으로 하는 개인택시운송사업면허나 영업구역을 설정한 영업허가 등이 이에 해당한다. 이러한 법률효과의 일부배제는 법령상의 효과를 배제하는 것이므로 법령에 명시적인 근거가 있는 경우에만 허용된다.

[2] 부관의 한계

1. 부관을 붙일 수 있는 행정행위

부관은 주된 행정행위의 내용을 제한하기 위한 것이므로 법률행위적 행정행위에만 붙일 수 있으며, 준법률행위적 행정행위에는 붙일 수 없다는 것이 일반적인 의견이다. 이에 대하여는 일부 의견을 달리하는 주장[69]도 있으나 준법률행위적 행

---

67) 이러한 부담권유보를 사후부담의 유보와 부담의 사후변경의 유보로 나누어 설명하는 경우도 있으나 그 내용에 있어서는 큰 차이가 없다고 할 것이다. 박균성의 앞의 책, 376면.

68) 법률효과의 일부배제를 이와 같이 부관의 일종으로 보는 판례와 다수의 의견(김동희의 앞의 책, 308면)에도 불구하고, 일부의 경우에는 법률효과의 일부배제가 행정행위의 효과를 제한하는 점에서는 부관과 같으나 그와 동시에 행정행위 자체의 일부분을 이루는 것이므로 부관과는 서로 구별하여야 한다는 주장도 있다(박균성의 앞의 책, 370면).

69) 홍정선의 앞의 책, 490면; 김남진 · 김연태의 앞의 책, 275~276면.

정행위는 행정청의 의사표시가 아니라 법률규정이 정하는 바에 따라 그 법률효과가 발생하는 것이므로 수긍하기가 어렵다고 보아야 할 것이다.

법률행위적 행정행위에만 부관을 붙일 수 있다는 입장에서도 행정행위가 기속행위인 경우에 부관을 붙일 수 있는지가 문제가 되나, 이에 대하여는 법률행위적 행정행위 중에서도 재량행위에만 부관을 붙일 수 있다는 의견이 일반적이다. 이것은 기속행위의 경우에는 행정청이 법령에 엄격히 기속되므로 부관을 붙여 그 효과를 제한할 수는 없기 때문이다.

2. 사후부관

행정행위를 하고 난 후에 다시 부관을 붙일 수 있는가에 대해서는 부관은 종된 의사표시로서 독자성을 인정하기가 어려우므로 부정하는 주장과 원칙적으로는 인정되지 않지만 법령에 근거가 있거나 상대방이 동의하는 경우 또는 부담이 유보되어 있는 경우에는 제한적으로 가능하다는 주장이 있다. 이에 대하여는 사후에 부관을 붙이는 것은 당해 행위를 철회하고 부관이 있는 새로운 행정행위를 하는 것과 같다는 입장에서 제한적으로 긍정하는 주장이 타당하다고 볼 것이다. 판례와 다수의 의견도 이러한 입장을 따르고 있다.

3. 일반적인 한계

부관은 본질상 법률에서 정한 한계를 넘을 수 없으며, 해당 법률의 목적과 무관한 다른 목적을 위하여 붙일 수도 없다. 예를 들어 사업자에게 주택사업계획을 승인하면서 그 주택사업과는 아무런 관련이 없는 다른 토지를 기부채납하도록 하는 것은 부관의 한계를 넘은 것으로서 위법한 것이 된다.[70] 이를 부관의 '부당결부금지원칙'이라고 한다. 부관은 또한 법률관계의 일반원칙에 따라야 하는 것이 당연하므로 비례의 원칙이나 평등의 원칙 등에 위반하는 부관을 붙일 수 없음은 물론이다.

---

70) 이와 관련하여 대법원은 "소외 인천시장은 원고에게 주택사업계획승인을 하게 됨을 기화로 그 주택사업과는 아무런 관련이 없는 토지인 2,791m²를 기부채납하도록 하는 부관을 위 주택사업계획승인에 붙인 사실이 인정되므로, 위 부관은 부당결부금지의 원칙에 위반되어 위법하다고 할 것이다"라고 판결하였다(대판 1997. 3. 11. 96다49650). 여기에서 부당결부금지의 원칙이란 행정주체가 행정행위를 함에 있어서 그 상대방에게 행정행위와는 실질적인 관련이 없는 의무를 부과하거나 이행을 강제해서는 안 된다는 원칙을 말한다.

[3] 부관의 무효와 행정행위의 효력

부관이 무효인 경우에 그 행정행위의 효력에 대해서는 다음과 같은 주장들이 있다.

- 부관의 무효는 본체인 행정행위에 영향이 없으며, 따라서 그 행정행위는 부관이 없는 단순행정행위가 된다는 주장
- 부관이 무효이므로 행정행위 자체가 무효라는 주장
- 원칙적으로는 부관이 없는 단순행정행위가 되나 그 부관이 행정행위의 본질적인 요소인 경우에는 행정행위 자체도 무효가 된다는 주장

이에 대하여는 부관이 주된 행정행위의 본질적 부분인지의 여부에 따라 그 효력을 다르게 취급하는 것이 타당한 것으로 보인다. 따라서 부관이 행정행위와 분리할 수 있는 것이라면 부관만 무효로 하되, 부관이 없었으면 행정청이 그 행정행위를 하지 않았을 것이라고 판단되면 행정행위 자체도 무효로 보아야 할 것이다. 이 경우 부관의 중요성에 대한 판단은 행정청의 의사만이 아니라 관계법령의 취지 및 행정행위의 성격과 내용 등을 종합적으로 고려해야 할 것이다.

Ⅶ. 행정행위의 무효와 취소

[1] 행정행위의 하자

행정행위의 하자[흠]란 행정행위가 적법·타당하고 유효하게 성립하기 위한 요건을 갖추지 못한 것을 말한다. 이러한 행정행위의 하자에는 무효인 행정행위와 취소할 수 있는 행정행위가 있다. 이와 관련하여 행정행위의 부존재를 행정행위의 하자의 일종으로 보아야 하는지에 대해서는 논란이 있다. 여기에서 '행정행위의 부존재'란 행정청이 아닌 사인의 행위나 해제조건이 성취된 행정행위와 같이 행정행위의 성립요건 중 중요한 요소가 완전히 결여됨으로써 행정행위로서의 외형조차 갖추지 못한 경우를 말하는데, 이러한 행정행위의 부존재에 대해서는 일반적인 입장과 같이 행정행위의 하자의 일종으로 보되 행정행위가 무효일 경우보다 위법성의 정도가 더 중대한 것으로 보아야 할 것이다.[71]

---

71) 김동희의 앞의 책, 340면; 박균성의 앞의 책, 409~411면; 홍정선의 앞의 책, 437면. 이에 대하여 김남진·김연태는 "행정행위가 존재하지 않는다면 행정행위의 하자 내지 위법을 논할 여지

[2] 무효인 행정행위와 취소할 수 있는 행정행위

1. 개 념

무효인 행정행위란 외관상으로는 행정행위로서 존재하나 그 하자가 중대하여 처음부터 아무런 법률상의 효력이 발생하지 않는 행위로서 다른 행정청이나 법원은 물론이고 사인도 그 무효임을 단정할 수 있는 것을 말한다. 이와는 달리 취소할 수 있는 행정행위란 성립에 흠이 있음에도 불구하고 일단 유효한 행위로서 다른 행정청이나 상대방을 기속하지만, 행정쟁송이나 직권으로 취소됨으로써 비로소 그 효력을 상실하는 것을 말한다.

2. 무효와 취소의 구별기준

행정행위에 하자가 있는 경우에 그 하자가 무효인지 또는 취소할 수 있는 것인지를 구별하는 기준에 대해서는 다음과 같은 주장들이 있다.

- 중대설: 행정행위에 중대한 하자만 있으면 무효가 되고 명백성은 요건이 아니라는 주장
- 명백성 보충요건설: 흠의 중대성은 항상 무효의 요건이 되지만 명백성은 항상 요구되는 것이 아니고 행정의 법적 안정성 등의 요청이 있는 때에만 가중적으로 요구된다는 주장
- 구체적 가치형량설: 행정행위의 무효와 취소사유를 일반적 기준으로 정립하지 말고 구체적인 경우에 따라 개별적으로 이익형량하여 무효와 취소를 구분하자는 주장
- 중대명백설: 행정행위의 하자의 내용이 중대하고 그 하자가 외관상 명백한 경우에는 무효이고, 이러한 정도에 미치지 않는 경우에는 취소할 수 있다는 주장

이에 대하여는 규정의 성질만을 기준으로 무효와 취소를 구분하는 것으로는 부족하고 그 위반의 정도도 고려해야 한다는 점에서 일반적으로는 중대명백설을 따르는 것이 보통이다. 판례도 "하자있는 행정처분이 당연무효로 되려면 그 하자가 법규의 중요한 부분을 위반한 중대한 것이어야 할 뿐만 아니라 객관적으로 명백한 것이어야 하고…"라고 함으로써 같은 입장을 보이고 있다.[72)]

도 없다"라고 하면서 행정행위의 부존재를 행정행위 하자의 한 유형으로 보는 견해에 의문을 표시하고 있다(김남진 · 김연태의 앞의 책, 309면).

72) 대판 2007. 6. 14. 2004두619. 대법원은 이외에도 많은 판결에서 일관되게 동일한 태도를 보여주고 있다(대판 전원합의체 1995. 7. 11. 94누4615; 대판 1997. 5. 28. 95다15735; 대판 2007. 6. 14. 2004두619; 대판 2010. 2. 25. 2009두102 등을 참고하라).

3. 무효와 취소를 구별하는 실익

가. 행정행위의 효력

무효인 행정행위는 애초부터 효력이 발생하지 않으므로 공정력이나 불가쟁력이 인정되지 않으나, 취소할 수 있는 행정행위에는 공정력이 인정되므로 권한 있는 기관에 의하여 취소되기 전까지는 유효하다. 한편 취소할 수 있는 행정행위에 대하여 일정한 불복기간 내에 행정심판이나 행정소송을 제기하지 않으면 취소할 수 있는 그 행정행위에는 불가쟁력이 발생한다.

나. 하자의 치유와 전환

하자의 치유는 취소할 수 있는 행정행위에만 인정되며, 하자있는 행정행위의 전환은 무효인 행정행위에만 인정된다. 그러나 이에 대하여는 취소할 수 있는 행정행위에도 하자의 전환을 인정하여야 한다는 일부의 의견도 있다.

다. 하자의 승계

법률관계의 조속한 확정과 안정을 위하여 선행행위의 하자는 후행행위에 승계되지 않는 것이 원칙이나, 선행행위가 무효인 행정행위인 경우에는 그 하자가 후행행위에 승계된다고 보는 것이 일반적이다.

라. 절차법적 측면

무효인 행정행위에 대해서는 무효등 확인소송을 제기할 수 있으며, 따라서 취소소송과는 달리 행정심판전치주의가 적용되지 않고 소제기의 기간에 따른 제한도 받지 않는다(행정소송법 제38조 제1항). 또한 취소할 수 있는 행정행위는 당사자소송이나 민사소송에서 선결문제로서 그 효력을 부인할 수 없지만, 무효인 행정행위는 민사소송에서 선결문제로서 해당법원이 스스로 그 무효를 판단할 수 있다. 이것은 형사사건의 경우에도 동일하다.

Ⅷ. 행정계획

[1] 개 념

행정계획은 행정주체가 일정한 기간 내에 도달하고자 하는 목표를 설정하고, 그것을 위하여 필요한 수단들을 선정하여 조정·통합하는 활동이나 그 결과를 말한다. 이러한 행정계획의 핵심적인 개념은 목표의 설정과 수단의 조정·통합이라고 할 수 있다.

행정계획은 복지국가를 지향하는 현대행정에서 더욱 강조되고 있는데, 특히 적극행정이 필요하고 선호되는 행정분야일수록 점차 확대되는 경향을 보이고 있다. 사실 행정계획은 산림행정에서는 매우 익숙한 것인데, 산림행정 역사상 가장 놀라운 성과를 보인 것으로 평가받는 「제1차 국토녹화 10개년 계획」은 이러한 행정계획의 대표적인 사례라고 할 수 있을 것이다.

[2] 행정계획의 내용

1. 종 류

가. 종합계획과 부문별 계획

행정계획은 계획대상에 따라 종합적이고 전반적인 사업을 대상으로 하는 종합계획과 특정사업이나 지역을 대상으로 하는 부문별 계획으로 구분할 수 있다. 종합계획은 국토종합계획이나 산림기본계획과 같이 포괄적이고 전략적인 내용을 담고 있으나, 부문별 계획은 이를 바탕으로 특정 분야에 대하여 구체적으로 수립하는 것이 일반적이다.

나. 장기계획과 중기계획

행정계획은 계획기간에 따라 장기계획과 중기계획으로 구분한다. 중기계획은 통상적으로 5년 이하의 계획기간을 가지며, 장기계획은 중기계획 이상의 기간을 그 계획기간으로 한다. 행정계획은 빠르게 변화하는 행정수요에 대응하기 위하여 5년마다 수립하는 것이 보통이나 장기적인 관점이 필요한 경우에는 10년이나 그 이상을 계획기간으로 설정하기도 한다. 예를 들면 「산림문화·휴양에 관한 법률」에 따른 산림문화·휴양기본계획은 5년을 계획기간으로 하나, 「도시공원 및 녹지 등에 관한 법률」에 따른 공원녹지기본계획은 10년, 「국토기본법」에 따른 국토종합계획은 20년을 그 계획기간으로 한다. 산림기본계획의 경우에도 「산림기본법」에 따라 20년마다 수립한다.

다. 지역계획과 비지역 계획

지역계획은 국토종합계획과 같이 공간적인 의미를 가지는 계획을 말하나, 비지역 계획은 경제·사회계획 등과 같이 지역을 특정하지 않은 계획을 말한다.

라. 상위계획과 하위계획

다른 계획의 기준이 되는 계획을 상위계획이라고 하고, 이러한 상위계획에 따라 수립된 계획을 하위계획이라고 한다. 상위계획과 하위계획의 구분은 상대적인 개념이다. 예를 들어 산림기본계획은 「산림복지 진흥에 관한 법률」에 따른 산림복지진흥계획에 대해서는 상위계획이나, 국토에 관한 계획을 정하는 경우에는 「국토기본법」에 따른 국토종합계획보다 하위계획이기 때문이다(같은 법 제8조).[73]

마. 구속적 계획과 비구속적 계획

구속적 계획은 법적으로 구속력이 있는 계획으로서 행정기관을 구속하는 계획과 행정기관뿐만 아니라 국민에게도 구속력을 갖는 계획으로 구분된다. 행정기관을 구속하는 계획으로는 국토종합계획과 예산운용계획 등이 있으며, 국민에게 구속력이 있는 계획에는 도시관리계획이나 수도권정비계획 등이 있다. 이러한 구속적 계획과는 달리 비구속적 계획은 교육진흥계획이나 체육진흥계획과 같이 법적으로 구속력이 없는 계획으로서 단순하게 장래의 변화 등에 대한 정보를 제공하거나 목표달성을 유도하는 계획을 말한다.

2. 법적 성질

행정계획의 법적 성질에 대한 논의는 구속적 계획을 그 대상으로 하며 행정기관이나 국민을 구속하지 않아 항고소송의 대상이 되지 않는 비구속적 계획은 논의의 실익이 적으므로 제외한다. 구속적 계획의 법적 성질에 대하여는 다음과 같은 주장들이 있다.

- 입법행위설: 행정계획은 특정 개인에게 어떤 구체적인 권리침해를 가져오는 것이 아니므로 처분이 아니며 일반・추상적인 입법행위의 성질을 가진다는 주장
- 행정행위설: 행정계획은 특정 개인의 권리 내지 법률상의 이익에 대하여 구체적인 변동을 가져오는 행정행위의 일종이라는 주장
- 복수성질설: 행정계획은 입법행위적인 것과 행정행위적인 것을 함께 가지고 있다는 주장
- 독자성설: 행정계획은 법규도 아니고 행정행위도 아닌 특수한 성질의 것이라는 주장

---

73) 「국토기본법」은 제8조에서 "이 법에 따른 국토종합계획은 다른 법령에 따라 수립되는 국토에 관한 계획에 우선하며 그 기본이 된다. 다만, 군사에 관한 계획에 대하여는 그러하지 아니하다"라고 하여 다른 법령에 따른 계획과의 관계에서 국토종합계획의 상위계획성을 분명히 하고 있다. 이에 대하여는 「산림기본법」에 대한 설명 중 산림기본계획과 다른 법률에 의한 계획과의 관계에 대한 내용을 참고하라.

행정계획의 법적 성질은 이와 같은 다양한 주장들에도 불구하고 총론적인 차원에서 보다는 계획의 근거가 되는 법률을 가지고 개별적으로 판단하는 것이 바람직해 보인다. 그러나 이러한 입장을 취하더라도 구속적 계획의 경우에는 일반적으로 법규명령이나 행정행위의 성질을 가지고 있다고 보아야 할 것이다.[74] 이와 관련하여 대법원은 "구 도시계획법 제12조 소정의 도시계획결정이 고시되면 도시구역 안의 토지나 건물소유자의 토지형질변경, 건축물의 신축 · 개축 또는 증축 등 권리행사가 제한을 받게 되는 바…고시된 도시계획결정은 특정 개인의 권리 내지 법률상의 이익을 개별적 · 구체적으로 규제하는 효과를 가져오게 하는 행정청의 처분이라 할 것이고, 이는 행정소송의 대상이 된다"[75]라고 하여 도시계획결정의 처분성을 인정하고 있다.

3. 계획의 절차

행정계획은 본질상 장래의 행정활동을 위한 기준을 설정하는 것이므로 장기간에 걸쳐 광범위한 사항에 영향을 미치는 것이 보통이다. 따라서 행정계획을 수립할 때에는 다양한 이해관계의 조정과 통합, 계획 간의 통일성 확보, 이해관계인 및 전문가의 의견수렴 등을 위한 절차를 거치는 것이 반드시 필요하다.

행정계획에 대한 절차는 계획의 근거가 되는 각개의 개별법에 따르는 것이 원칙이나 일반적으로는 다음과 같은 절차가 적용된다.

- 심의회 또는 위원회의 심의
- 관계행정기관 간의 협의 및 조정
- 국민이나 주민의 의견수렴 및 이해관계인의 참여
- 지방자치단체의 참여
- 행정계획의 공고 · 고시 및 공람

[3] 산림행정과 행정계획

1. 산림행정의 특성

산림행정은 계획행정이라고 불릴 정도로 다양한 계획을 수립하여 시행하고 있

---

74) 김동희의 앞의 책, 192면.

75) 대판 1982. 3. 9. 80누105. 그러나 대법원의 이러한 판례가 해당 도시계획을 행정행위로 본 것이 아니라 단지 처분성 여부만을 판단하였을 뿐이라고 하면서 우리 대법원은 해당 도시계획이 입법행위라든가 행정행위라고 판단한 바가 없다는 주장도 있다. 이에 대하여는 박균성의 앞의 책, 273면을 참고하라.

는데, 이러한 계획은 산림행정의 전 분야에 걸쳐 있을 뿐만 아니라 관계행정기관 및 지방자치단체 등과도 연계할 수 있도록 촘촘하게 수립되어 있다. 산림행정이 이와 같이 계획제도를 적극 수용한 데에는 행정초기부터 이어져 온 국가주도의 행정행태와 함께 장기간이 소요되는 임업의 특성이 반영된 것으로 보인다. 이는 조림을 하려면 종자채취부터 양묘까지 오랜 준비기간이 필요할 뿐만 아니라 조림한 이후에도 벌채까지는 정기적으로 숲가꾸기를 실시하고 한 세대 이상을 관리하여야 하는데, 이를 차질 없이 실행하기 위해서는 장기간의 계획이 반드시 필요하기 때문이다. 이러한 관점에서 볼 때 임업분야에서 오래전부터 산림경영계획이 발전해 온 것은 우연이 아닌 것이다. 특히 최근에는 산림복지로 대표되는 국민의 새로운 산림행정 수요가 급증하면서 이에 대응하기 위한 계획의 필요성도 커지고 있는데, 그 결과 산림행정에 있어 계획의 중요성은 더욱 강조되고 있다고 할 것이다.

2. 산림법과 산림행정계획

산림법에 규정되어 있는 행정계획은 산림행정의 최상위 종합계획인 산림기본계획을 토대로 하여 각개의 개별법에 그 근거를 두고 있다. 이러한 산림행정계획의 구체적인 내용에 대하여는 해당 법률에서 설명하기로 하고, 우선 산림법에 규정된 주요 계획을 산림행정 분야별로 근거법률에 따라 정리하면 다음과 같다.

- 산지관리: 산지관리기본계획, 민북지역산지관리계획, 백두대간기본계획
- 산림자원: 산림과학기술기본계획, 무궁화진흥계획, 산림복원기본계획, 수목 등의 보전 · 관리계획, 국유림종합계획, 국유림확대계획, 도시숲 등 기본계획
- 산림산업: 임업기계화계획, 임업진흥계획, 산촌진흥기본계획, 목재의 지속가능한 이용에 관한 종합계획, 석재산업 진흥에 관한 종합계획, 산림기술진흥계획
- 산림보호: 산림유전자원보호구역 관리기본계획, 산림병해충예찰 · 방제 장기계획, 사방사업기본계획, 수목원 · 정원진흥기본계획
- 산림복지: 산림복지진흥계획, 산림문화 · 휴양기본계획, 숲길의 조성 · 관리기본계획, 산림교육종합계획
- 기후변화 · 산림자원개발: 탄소흡수원증진종합계획, 해외산림자원 개발에 관한 종합계획

3. 산림행정계획에 대한 시사점

산림행정계획을 분야별로 정리한 이러한 내용은 산림법상 산림행정계획이 얼마나 다양하고 광범위하게 활용되고 있는지를 잘 보여준다. 그러나 사실 이러한 내용조차 산림법에 규정되어 있는 계획을 모두 나열한 것은 아니다. 실제로는 행정

계획의 성격을 가지고 있음에도 장기대책이라는 용어를 사용하고 있는 산불방지장기대책(산림보호법 제28조)이나 산사태예방장기대책(산림보호법 제45조의2)은 제외하였으며, 시행계획의 성격을 가진 국유림경영계획(국유림의 경영 및 관리에 관한 법률 제8조)이나 산촌진흥특화사업계획(임업 및 산촌 진흥촉진에 관한 법률 제25조) 등은 생략하였기 때문이다.

이와 같이 복잡 다양한 산림행정계획에 대해서는 산림행정의 특성과 다양한 산림행정 수요를 반영하기 위한 것으로서 불가피하다고 볼 수도 있으나, 이를 충분히 감안하더라도 (1) 계획 간의 중복은 어떻게 피할 것인지, (2) 계획의 통일성은 어떻게 유지할 것인지, (3) 계획 간의 우선순위는 어떻게 정할 것인지, (4) 실제로 계획에 따라 인적 · 물적 자원 등의 배분이 이루어지고 있는지에 대한 의문이 드는 것은 사실이다. 이러한 관점에서 현재의 산림행정계획이 분야별 산림정책 목표를 반영하여 적절하게 수립 · 집행되고 있는지에 대한 평가는 반드시 필요할 것이다. 이것은 행정계획을 수립하는 데 과도한 행정력을 낭비하는 것보다는 계획의 실효성을 우선적으로 고려하는 것이 합리적인 행정행태라고 믿기 때문이다.

Ⅸ. 청문제도

[1] 개　　념

청문이란 "행정청이 어떠한 처분을 하기 전에 당사자 등의 의견을 직접 듣고 증거를 조사하는 절차"(행정절차법 제2조 제5호)를 말한다. 이러한 청문은 "행정처분의 사유에 대하여 당사자에게 변명과 유리한 자료를 제출할 기회를 부여함으로써 위법사유의 시정 가능성을 고려하고 처분의 신중과 적정을 기하려는데"[76] 그 취지가 있는 것으로서 공청회 및 의견제출과 함께 「행정절차법」이 정하고 있는 의견청취 절차의 하나이다(같은 법 제22조 제1항~제3항). 행정청이 처분을 할 때 청문을 하여야 하는 경우는 다음과 같다(행정절차법 제22조 제1항).

- 다른 법령 등에서 청문을 하도록 규정하고 있는 경우
- 행정청이 필요하다고 인정하는 경우
- 인허가 등의 취소, 신분 · 자격의 박탈 또는 법인이나 조합 등의 설립허가의 취소처분 시 「행정절차법」에 따른 의견제출기한 내에 당사자 등의 신청이 있는 경우

처분의 근거가 된 법령이 처분을 하는 경우 청문을 실시하도록 규정하고 있지

76) 대판 2004. 7. 8. 2002두8350.

않은 이상 청문을 실시하지 않고 한 처분은 위법하지 않다. 그러나 행정청이 법령에서 정한 청문절차를 전혀 거치지 않거나 거쳤다고 하더라도 그 절차적 요건을 제대로 준수하지 않은 경우에는 그 처분은 위법하여 취소를 면할 수 없다.[77)]

「행정절차법」에 따르면 같은 법 제21조 제4항 각 호의 어느 하나에 해당하는 경우[78)]와 당사자가 의견진술의 기회를 포기한다는 뜻을 명백히 표시한 경우에는 청문을 포함하여 의견청취를 하지 않을 수 있다(같은 법 제22조 제4항). 여기에서 특히 「행정절차법」 제21조 제4항 제3호에서 규정하고 있는 '의견청취가 현저히 곤란하거나 명백히 불필요하다고 인정될 만한 상당한 이유'가 있는지의 여부에 대하여 대법원은 "당해 행정처분의 성질에 비추어 판단하여야 하는 것이지, 청문통지서의 반송 여부, 청문통지의 방법 등에 의하여 판단할 것은 아니며, 또한 행정처분의 상대방이 통지된 청문일시에 불출석하였다는 이유만으로 행정청이 관계 법령상 그 실시가 요구되는 청문을 실시하지 아니한 채 침해적 행정처분을 할 수는 없을 것"이라고 하면서, "행정처분의 상대방에 대한 청문통지서가 반송되었다거나, 행정처분의 상대방이 청문일시에 불출석하였다는 이유로 청문을 실시하지 아니하고 한 침해적 행정처분은 위법하다"[79)]라고 판결하였다.

[2] 청문절차

1. 통　지

행정청은 청문을 하려면 청문이 시작되는 날부터 10일 전까지 사전통지의 내용을 당사자 등에게 통지하여야 한다(행정절차법 제21조 제2항). 여기에서 사전통지의 내용이란 처분의 제목, 당사자의 성명 또는 명칭과 주소, 처분하려는 원인이 되는 사실과 처분의 내용 및 법적 근거, 청문 주재자의 소속·직위 및 성명, 청문의 일시 및 장소, 청문에 응하지 않는 경우의 처리방법 등 청문에 필요한 사항을 말한다.

행정청이 청문을 하는 경우 이와 같이 당사자에게 미리 통지하도록 한 것은 행정처분의 당사자 등에게 의견진술과 유리한 자료를 준비할 충분한 시간과 기회를 주

---

77) 김철용 편, 「행정절차와 행정소송」, 피앤씨미디어, 2017, 204~205면.

78) 「행정절차법」 '제21조 제4항 각 호의 어느 하나에 해당하는 경우'란 ① 공공의 안전 또는 복리를 위하여 긴급히 처분을 할 필요가 있는 경우, ② 법령 등에서 요구된 자격이 없거나 없어지게 되면 반드시 일정한 처분을 하여야 하는 경우에 그 자격이 없거나 없어지게 된 사실이 법원의 재판 등에 의하여 객관적으로 증명된 경우, ③ 해당 처분의 성질상 의견청취가 현저히 곤란하거나 명백히 불필요하다고 인정될 만한 상당한 이유가 있는 경우를 말한다.

79) 대판 2001. 4. 13. 2000두3337.

기 위한 것이다. 그러므로 10일의 기간을 확보하지 못한 채 이루어진 통지에 따라 청문이 실시된 후 내려진 행정처분은 특별한 사정이 없는 한 위법하다 할 것이다.

2. 청문의 실시

가. 청문 주재자

청문은 행정청이 소속 직원 또는 대통령령으로 정하는 자격을 가진 사람 중에서 공정하게 선정하는 사람이 주재하여야 한다(행정절차법 제28조 제1항 및 시행령 제15조 제1항). 여기에서 '대통령령으로 정하는 자격을 가진 사람'이란 교수·변호사·공인회계사 등 관련 분야의 전문직 종사자, 청문사안과 관련되는 분야에 근무한 경험이 있는 전직 공무원 및 그 밖의 업무경험을 통하여 청문사안과 관련되는 분야에 전문지식이 있는 자를 말한다.

행정청은 청문 주재자가 청문을 준비할 수 있도록 청문이 시작되는 날부터 7일 전까지 청문과 관련한 필요한 자료를 청문 주재자에게 미리 통지하여야 한다(행정절차법 제28조 제2항~제4항). 청문 주재자는 독립하여 공정하게 직무를 수행하며, 그 직무 수행을 이유로 본인의 의사에 반하여 신분상 어떠한 불이익도 받지 않는다. 만일 공무원이 아닌 자가 청문 주재자로 선정된 경우 그 청문 주재자는 형법이나 그 밖의 다른 법률에 따른 벌칙을 적용할 때에는 공무원으로 본다.

청문 주재자에게는 제척에 관한 규정이 적용된다(행정절차법 제29조 제1항~제3항). 따라서 청문 주재자가 일정한 사유에 해당하는 경우에는 청문을 주재할 수 없다. 이와 함께 청문의 당사자 등은 청문 주재자에게 공정한 청문 진행을 할 수 없는 사정이 있는 경우 행정청에 기피신청을 할 수 있으며, 청문 주재자는 제척 및 기피 사유에 해당하는 경우에는 행정청의 승인을 받아 스스로 청문의 주재를 회피할 수 있다.

나. 청문의 진행

청문 주재자가 청문을 시작할 때에는 먼저 예정된 처분의 내용, 그 원인이 되는 사실 및 법적 근거 등을 설명하여야 한다(행정절차법 제31조 제1항~제3항). 청문 중 당사자 등은 의견을 진술하고 증거를 제출할 수 있으며, 참고인이나 감정인 등에게 질문할 수 있다. 만일 당사자 등이 의견서를 제출한 경우에는 그 내용을 출석하여 진술한 것으로 본다.

행정청은 직권으로 또는 당사자의 신청에 따라 여러 개의 사안을 병합하거나 분리하여 청문을 할 수 있으며, 당사자가 공개를 신청하거나 청문 주재자가 필요하다고 인정하는 경우에는 이를 공개할 수 있다(행정절차법 제30조 및 제32조). 그러나 청문을 공개하는 경우에 공익 또는 제3자의 정당한 이익을 현저히 해칠 우려가 있는 경우에는 공개해서는 안 된다.

청문 주재자는 직권으로 또는 당사자의 신청에 따라 필요한 조사를 할 수 있으며, 당사자등이 주장하지 않은 사실에 대해서도 조사할 수 있다(행정절차법 제33조 제1항~제3항). 이 경우 증거조사는 문서·장부 및 물건 등 증거자료의 수집, 참고인·감정인 등에 대한 질문, 검증 또는 감정·평가, 그 밖에 필요한 조사 등의 방법으로 한다. 청문 주재자는 증거조사를 위하여 필요하다고 인정할 때에는 관계 행정청에 필요한 문서의 제출 또는 의견의 진술을 요구할 수 있다. 이 경우 청문 주재자로부터 문서의 제출이나 의견의 진술을 요구받은 관계 행정청은 직무 수행에 특별한 지장이 없으면 그 요구에 따라야 한다.

당사자 등은 청문의 통지가 있는 날부터 청문이 끝날 때까지 행정청에 해당 사안의 조사결과에 관한 문서와 그 밖에 해당 처분과 관련되는 문서의 열람 또는 복사를 요청할 수 있다(행정절차법 제37조 제1항·제6항). 이 경우 행정청은 다른 법령에 따라 공개가 제한되는 경우를 제외하고는 그 요청을 거부할 수 없다. 청문 주재자는 청문의 신속한 진행과 질서유지를 위하여 필요한 조치를 할 수 있으며, 청문을 계속할 경우에는 행정청은 당사자 등에게 다음 청문의 일시 및 장소를 서면으로 통지하여야 한다(행정절차법 제31조 제4항·제5항). 그러나 당사자 등이 동의하는 경우에는 전자문서로 통지할 수 있으며, 특히 청문에 출석한 당사자 등에게는 그 청문일에 청문 주재자가 말로 통지할 수 있다.

다. 청문조서 및 의견서

청문 주재자는 청문을 실시한 후에는 청문조서를 작성하여야 한다(행정절차법 제34조 제1항·제2항). 이러한 청문조서에는 제목, 청문 주재자의 소속·성명 등 인적사항, 당사자 등의 주소·성명 또는 명칭 및 출석 여부, 청문의 일시 및 장소, 당사자 등의 진술의 요지 및 제출된 증거, 청문의 공개 여부 및 공개하거나 공개하지 않은 이유, 증거조사를 한 경우에는 그 요지 및 첨부된 증거, 그 밖에 필요한 사항이 포함되어 작성되어야 한다. 당사자 등은 청문조서의 내용을 열람·확인할 수 있으며, 이의가 있을 때에는 그 정정을 요구할 수 있다. 또한 청문 주재자는 이와 같은 청문조서와 함께 청문의 제목, 처분의 내용, 주요 사실 또는 증거 및 종합의견 등을 적은 청문 주재자의 의견서를 작성하여야 한다(행정절차법 제34조의2).

3. 청문의 종결

청문 주재자는 해당 사안에 대하여 당사자 등의 의견진술 및 증거조사가 충분히 이루어졌다고 인정하는 경우에는 청문을 마칠 수 있다(행정절차법 제35조 제1항~제4항). 만일 당사자 등의 전부 또는 일부가 정당한 사유 없이 청문기일에 출석하지 않거나 의견서를 제출하지 않은 경우 청문 주재자는 이들에게 다시 의견진술 및 증거제출의 기회를 주지 않고 청문을 마칠 수 있다. 그러나 당사자 등의 전부 또는 일부가 정당한 사유로 청문기일에 출석하지 못하거나 의견서를 제출하지 못한 경우에는 10일 이상의 기간을 정하여 이들에게 의견진술 및 증거제출을 요구하여야 하며, 해당 기간이 지났을 때에 청문을 마칠 수 있다. 청문 주재자는 청문을 마쳤을 때에는 청문조서, 청문 주재자의 의견서 및 그 밖의 관계 서류 등을 행정청에 지체 없이 제출하여야 한다.

[3] 청문결과의 반영

행정청은 처분을 할 때에 「행정절차법」 제35조 제4항에 따라 받은 청문조서, 청문 주재자의 의견서 및 그 밖의 관계 서류 등을 충분히 검토하고 상당한 이유가 있다고 인정하는 경우에는 청문결과를 반영하여야 한다(같은법 제35조의2). 만일 행정청이 청문을 마친 후 처분을 할 때까지 새로운 사정이 발견되어 청문을 재개할 필요가 있다고 인정할 때에는 「행정절차법」에 따라 받은 청문조서 등을 되돌려 보내고 청문의 재개를 명할 수 있다(같은법 제36조).

X. 벌 칙

[1] 행 정 벌

행정벌이란 행정상의 의무위반에 대하여 부과되는 벌칙인 행정형벌과 행정상의 질서유지를 위하여 행정청이 부과하는 행정질서벌인 과태료로 구분한다. 행정형벌은 형법에 따른 형벌을 과하는 것으로서 형법상의 죄형법정주의 원칙에 따르고, 형사소송법의 절차에 의하는 것이 원칙이다. 이러한 행정형벌의 종류에는 사형, 징역, 금고, 자격상실, 자격정지, 벌금, 구류, 과료, 몰수 등이 있다(형법 제41조). 여기에서 징역이나 금고는 무기 또는 유기로 하고 유기는 1개월 이상 30년 이하로 하며, 유기

징역 또는 유기금고의 판결을 받은 자는 그 형의 집행이 종료하거나 면제될 때까지 공무원이 되는 자격, 공법상의 선거권과 피선거권, 법률로 요건을 정한 공법상의 업무에 관한 자격이 정지된다(형법 제42조 및 제43조 제2항). 그러나 이 경우에도 다른 법률에 특별한 규정이 있는 경우에는 그 법률에 따른다.

형법에 따르면 일정한 경우에는 형의 선고나 집행을 유예하는데, 이를 각각 형의 선고유예와 형의 집행유예라고 한다. 이에 따르면 형의 선고유예는 1년 이하의 징역이나 금고·자격정지 또는 벌금의 형을 선고할 경우에 형법 제51조의 사항을 고려하여 뉘우치는 정상이 뚜렷할 때 일정한 기간 형의 선고를 유예하고 그 유예기간을 경과하면 형의 선고 자체를 면하게 하는 제도(형법 제59조 제1항)를 말하며, 형의 집행유예란 3년 이하의 징역이나 금고 또는 500만원 이하의 벌금의 형을 선고할 경우에 형법 제51조의 사항을 참작하여 그 정상에 참작할 만한 사유가 있는 때에는 1년 이상 5년 이하의 기간 형의 집행을 유예하고 그 유예기간이 경과한 때에는 형의 선고가 그 효력을 잃게 되는 제도를 말한다(형법 제62조 제1항). 여기에서 '형법 제51조의 사항'이란 형을 정함에 있어서 참작하여야 하는 사항으로서 범인의 연령·성행 및 지능과 환경, 피해자에 대한 관계, 범행의 동기·수단 및 결과, 범행 후의 정황을 말한다.

[2] 벌칙적용 시 공무원의 의제

법률의 규정에 따라 벌칙을 적용하는 경우에 있어 일정한 경우에는 공무원이 아니더라도 공무원으로 보아 처벌할 수 있도록 하는 경우가 있다. 예를 들어 「산림복지 진흥에 관한 법률」 제62조에 따르면 산림복지심의위원회의 위원 중 공무원이 아닌 위원이나 한국산림복지진흥원의 임원 및 직원에 해당하는 사람은 형법 제127조 및 제129조부터 제132조까지의 규정에 따른 벌칙을 적용할 때에는 공무원으로 보는 것과 같다.

이는 형법 제127조 공무상 비밀누설죄 및 형법 제129조부터 제132조까지의 규정에 따른 수뢰죄 등이 범죄의 구성요건 상 '공무원 또는 공무원이었던 자' 또는 '공무원 또는 중재인'만이 처벌을 받게 되어 있으므로[80] 공무원이 아닌 사람을 처

80) 예를 들면 형법상 공무상 비밀의 누설죄(형법 제127조)는 공무원 또는 공무원이었던 자가 법령에 의한 직무상 비밀을 누설한 때에 적용되며, 수뢰죄(형법 제129조 제1항)는 공무원 또는 중재인이 그 직무에 관하여 뇌물을 수수, 요구 또는 약속한 때에 적용된다. 형법은 또한 일정한 경우에는 공무원 또는 중재인이었던 자의 수뢰행위도 사후수뢰죄(제131조 제3항)로 처벌하는

벌하기 위해서는 각 개별법에서 공무원으로 의제하는 규정이 필요하기 때문이다.

[3] 양벌규정

양벌규정이란 법인 또는 개인의 대리인, 사용인 및 그 밖의 종업원이 형벌에 해당하는 위반행위를 한 경우에는 그 행위자뿐만 아니라 법인 또는 개인에게도 형을 부과하는 것을 말한다. 이는 대리권이나 고용계약 등에 따라 행위의 효과가 행위자에게 보다는 실질적으로 법인 또는 개인에게 발생하는 경우에는 행위자만이 아니라 해당 법인이나 개인에게도 형을 부과하는 것이 필요하기 때문이다. 그러나 이처럼 양벌규정을 적용하는 경우에도 법인에게는 사형, 징역 및 금고 등 신체형은 부과할 수 없으므로 해당 조문의 벌금형을 부과하는 것이 일반적이다.

양벌제도는 위법행위를 한 행위자만이 아니라 그를 사용하는 업무의 주체인 법인 또는 개인에게 실질적인 책임을 물음으로써 형벌 규정의 실효성을 확보하고자 하는 것이다. 주의할 점은 이러한 양벌제도가 법인 등에게 과도한 무과실책임을 지우려는 취지는 아니라는 사실이다. 따라서 법인이나 개인이 위반행위를 방지하기 위하여 해당 업무에 관하여 상당한 주의와 감독을 게을리하지 않은 경우에는 양벌규정이 적용되지 않는다.

데, 이는 공무원 또는 중재인이었던 자가 그 재직 중에 청탁을 받고 직무상 부정한 행위를 한 후 뇌물을 수수, 요구 또는 약속한 때에 적용된다. 이와 관련하여 산림법 체계 내에서 공무원으로 의제되는 형법상의 죄를 정리하면 다음과 같다. ① 공무상 비밀의 누설죄: 공무원 또는 공무원이었던 자가 법령에 의한 직무상 비밀을 누설한 때(제127조), ② 수뢰죄: 공무원 또는 중재인이 그 직무에 관하여 뇌물을 수수, 요구 또는 약속한 때(제129조 제1항), ③ 사전수뢰죄: 공무원 또는 중재인이 될 자가 그 담당할 직무에 관하여 청탁을 받고 뇌물을 수수, 요구 또는 약속한 후 공무원 또는 중재인이 된 때(제129조 제2항), ④ 제삼자뇌물제공죄: 공무원 또는 중재인이 그 직무에 관하여 부정한 청탁을 받고 제3자에게 뇌물을 공여하게 하거나 공여를 요구 또는 약속한 때(제130조), ⑤ 수뢰후부정처사죄: 공무원 또는 중재인이 제129조 및 제130조의 죄를 범하여 부정한 행위를 한 때(제131조 제1항), ⑥ 사후수뢰죄: 공무원 또는 중재인이 그 직무상 부정한 행위를 한 후 뇌물을 수수, 요구 또는 약속하거나 제삼자에게 이를 공여하게 하거나 공여를 요구 또는 약속한 때(제131조 제2항), 또는 공무원이나 중재인이었던 자가 그 재직 중에 청탁을 받고 직무상 부정한 행위를 한 후 뇌물을 수수, 요구 또는 약속한 때(제131조 제3항), ⑦ 알선수뢰죄: 공무원이 그 지위를 이용하여 다른 공무원의 직무에 속한 사항의 알선에 관하여 뇌물을 수수, 요구 또는 약속한 때(제132조).

XI. 주의해야 할 기본용어

[1] 특별권력관계

특별권력관계란 국민과 국가 간의 일반권력관계와는 달리 특별한 법률원인에 의하여 성립되어 일정한 행정목적에 필요한 범위 내에서 포괄적으로 지배와 복종 관계가 형성된 관계로서 특별신분관계라고도 한다. 이러한 특별권력관계의 예로는 국가와 공무원의 관계, 국공립병원과 이에 입원한 감염병환자의 관계, 교도소와 수형자의 관계 등을 들 수 있다.

특별권력관계에 대하여 이전에는 법치주의가 적용되지 않는다고 하였으나, 현재에는 특별권력관계도 법으로부터 자유로울 수는 없다는 입장에서 원칙적으로 법치주의의 적용을 인정하는 것이 일반적이다. 특정한 목적이나 기능이 있는 경우에 특별권력관계가 성립되는 것은 부인할 수 없지만 그것이 곧 법치주의와 헌법상의 기본권을 부정하는 근거가 될 수는 없기 때문이다. 이러한 관점에서 특별권력관계에서의 행위도 사법심사의 대상이 될 수 있으며, 다만 포괄적인 재량권이 인정되는 범위 내에서 사법심사가 제한될 뿐이라고 이해해야 할 것이다.

[2] 행 정 청

행정청이란 일반적으로 국가 또는 공공단체의 기관으로서 직접 대외적으로 구속력이 있는 의사를 결정 · 표시할 수 있는 권한을 가진 기관을 말하며, 내부기관은 이에 포함되지 않는다. 이러한 행정청에는 독임제 행정청으로서 장관 · 처장 및 청장 등과 지방자치단체의 장 및 권한의 위임을 받은 행정기관이 있으며, 합의제 행정청으로서는 행정심판위원회, 토지수용위원회 및 소청심사위원회 등이 있다.

이러한 일반적인 개념과는 달리 「행정절차법」 제2조 제1호에서는 행정청을 '행정에 관한 의사를 결정하여 표시하는 국가 또는 지방자치단체의 기관이나 그 밖에 법령 또는 자치법규에 따라 행정권한을 가지고 있거나 위임 또는 위탁받은 공공단체 또는 그 기관이나 사인'이라고 규정하여 본래의 행정청인 국가 또는 지방자치단체의 기관은 물론 일정한 공공단체나 그 기관 및 사인도 포함하고 있는데, 이는 행정청의 범위를 넓게 규정하여 국민의 행정참여를 확대함으로써 행정의 공정성과 투명성 및 신뢰성을 확보하고 국민의 권익을 보호하기 위한 것으로 보인다. 행정청에 대한 「행정절차법」의 이러한 태도는 「행정소송법」을 적용하는 경우 그 행정청의 범위에 '법령에 의하여 행정권한의 위임 또는 위탁을 받은 행정기관, 공공단체 및 그 기관 또는 사인'을 포함하고 있는 것과 유사한 취지로 이해된다(행정소송법 제2조 제2항).

[3] 권한의 위임 및 위탁

권한의 위임이란 넓은 의미에서 볼 때 행정청이 그 권한의 일부를 다른 행정기관에 이전하여 수임기관의 권한으로 행사하게 하는 것을 말한다. 이러한 넓은 의미에서의 권한의 위임은 다시 지휘 · 감독 아래에 있는 행정기관에 대한 좁은 의미에서의 권한의 위임과 지휘 · 감독 아래에 있지 않은 행정기관이나 단체에 대한 위임을 의미하는 권한의 위탁으로 구분한다. 특히 권한의 위탁 중에서 민간에 위탁하는 것을 민간위탁이라고 하고, 등기 및 소송에 관한 사무를 위탁하는 것을 촉탁이라고 한다.

권한의 위임은 권한의 이양과는 전혀 다른 것이므로 주의하여야 한다. 권한의 위임이나 이양은 모두 대외적으로 권한의 이전이 있다는 점에서는 동일하나, 권한의 위임은 그 권한의 근거가 되는 법령은 그대로 두고 별도로 위임규정에 따라 권한을 이전하는 것이지만, 권한의 이양이란 권한의 근거가 되는 법령 자체를 개정하여 그 권한을 다른 행정기관의 고유권한으로 이관시키는 것이기 때문이다.

권한의 위탁과 권한의 대행도 서로 구별하여야 한다. 이는 권한을 대행하는 경우에는 권한의 위탁과는 달리 대행자에게 행정권 행사를 사실상 독립적으로 행하는 권한이 주어지기는 하지만 위탁기관의 권한이 법적으로는 이전되지 않기 때문이다. 특히 민간위탁에서의 대행은 그 행위의 효과가 위탁기관이 속한 행정주체에게 귀속된다는 점에서는 법적으로 대리와 유사한 측면이 있으나, 통상적으로 대행자가 자신의 이름으로 권한을 행사한다는 점에서는 대리와도 다르므로 주의하여야 한다.

[4] 행정지도

행정지도란 "행정기관이 그 소관사무의 범위에서 일정한 행정목적을 실현하기 위하여 특정인에게 일정한 행위를 하거나 하지 아니하도록 지도, 권고, 조언 등을 하는 행정작용"(행정절차법 제2조 제3호)을 말한다. 행정기관은 조직법상 주어진 권한의 범위 내에서만 행정지도를 할 수 있으며, 이러한 행정지도를 하는 경우에도 다음의 원칙과 방법에 따라야 한다(행정절차법 제48조·제49조).

- 행정지도는 목적 달성에 필요한 최소한도에 그쳐야 하며 상대방의 의사에 반하여 부당하게 강요해서는 안 된다.
- 행정기관은 행정지도의 상대방이 행정지도에 따르지 않았다는 것을 이유로 불이익한 조치를 해서는 안 된다.
- 행정지도를 하는 자는 상대방에게 그 행정지도의 취지와 내용 및 신분을 밝혀야 한다.
- 행정지도가 말로 이루어지는 경우에 상대방이 행정지도의 취지와 내용 등을 적은 서면의 교부를 요구하면 직무 수행에 특별한 지장이 없는 한 이를 교부하여야 한다.

[5] 행정쟁송

행정쟁송이란 행정상의 법률관계에 관한 분쟁이나 의문이 있는 경우에 이해관계자의 쟁송에 따라 일정한 재결기관이 그 분쟁이나 의문을 재결하는 절차를 말하며, 특히 일반법원이 아닌 행정조직 내의 특별기관이 재결하는 것을 좁은 의미의 행정쟁송이라고 한다.

행정쟁송은 심판기관의 성격에 따라 행정심판과 행정소송으로 구분되는데, 행정기관에 의하여 심리·판결되는 것을 행정심판이라고 하고 법원에 의하여 심리·판결되는 것을 행정소송이라고 한다. 행정소송에는 (1) 항고소송, (2) 당사자소송, (3) 민중소송, (4) 기관소송이 있으며, 특히 이러한 행정소송 중 항고소송은 취소소송, 무효등 확인소송, 부작위위법확인소송으로 나누어진다(행정소송법 제3조·제4조).[81]

[6] 행정상 강제집행과 행정상 즉시강제

행정상 강제집행이란 행정법상의 의무에 대한 불이행이 있는 경우에 행정주체가 의무자의 신체나 재산에 실력을 행사하여 그 의무를 이행시키거나 이행이 있었던 것과 같은 상태를 실현하는 행정작용을 말한다. 이러한 행정상 강제집행에는

81) 항고소송이란 행정청의 처분 등이나 부작위에 대하여 제기하는 소송을 말하며, 당사자소송이란 행정청의 처분 등을 원인으로 하는 법률관계에 관한 소송 그 밖에 공법상의 법률관계에 관한 소송으로서 그 법률관계의 한쪽 당사자를 피고로 하는 소송을 말한다. 민중소송은 이러한 항고소송 및 당사자소송과는 달리 국가 또는 공공단체의 기관이 법률에 위반되는 행위를 한 때에 직접 자기의 법률상 이익과 관계없이 그 시정을 구하기 위하여 제기하는 소송을 말한다. 또한 기관소송이란 국가 또는 공공단체의 기관 상호간에 있어서의 권한의 존부 또는 그 행사에 관한 다툼이 있을 때에 이에 대하여 제기하는 소송을 말한다. 이러한 행정소송 중 항고소송은 다시 행정청의 위법한 처분 등을 취소하거나 변경하는 취소소송, 행정청의 처분 등의 효력 유무 또는 존재여부를 확인하는 무효등 확인소송 및 행정청의 부작위가 위법하다는 것을 확인하는 부작위위법확인소송으로 구분된다.

대집행과 행정상의 강제징수 등이 있다. 여기에서 '대집행'이란 타인이 대신하여 행할 수 있는 행위를 의무자가 이행하지 않는 경우에 다른 수단으로써 그 이행을 확보하기가 곤란하고 또한 그 불이행을 방치함이 심히 공익을 해할 것으로 인정될 때, 당해 행정청이 스스로 의무자가 해야 할 행위를 하거나 제3자로 하여금 이를 하게 하여 그 비용을 의무자로부터 징수하는 것을 말한다(행정대집행법 제2조). 한편 '행정상의 강제징수'란 행정법상의 금전급부의무를 이행하지 않는 경우에 「국세징수법」 등에 따라 재산을 압류하거나 이를 매각하는 것을 말한다.

행정상 즉시강제란 목전의 급박한 위험이나 장해를 제거할 필요가 있는 경우에 미리 의무를 명할 시간적 여유가 없거나 그 성질상 의무를 명하는 것으로는 목적을 달성할 수 없을 때에 직접 개인의 신체나 재산에 실력을 가하여 행정상 필요한 상태를 실현하는 행정작용을 말한다. 이러한 행정상 즉시강제는 예외적인 경우에 적용되는데, 예를 들면 「경찰관직무집행법」에 따른 흉기의 조사 및 범죄의 예방과 제지 등이 이에 해당한다(같은 법 제3조 제3항 및 제6조).

제3장 산림법 개관

제1절 산림과 산림정책

Ⅰ. 산림에 대한 이해

[1] 산림과 지속가능한 발전

1. 지속가능한 발전

일부의 의도적인 부정이나 과소평가에도 불구하고,[1] 환경에 대한 인류의 영향은 점점 더 광범위한 변화를 가져오고 있는 것이 사실인 것 같다. 다음의 그림이 보여주듯이 벌채면적과 육상척추동물의 다양성, 그리고 이산화탄소의 방출량과 같은 몇 가지의 지표변화가 너무나도 분명하기 때문이다.[2]

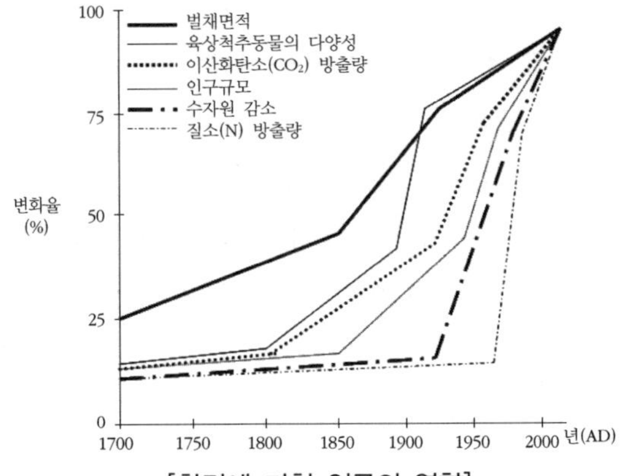

[환경에 미친 인류의 영향]

---

1) Michael E. Mann · Tom Toles(정태영 옮김), 「누가 왜 기후변화를 부정하는가」, 미래인, 2017, 87면.

2) 이규태, 「지속가능한 발전을 위한 녹색전략」, 도서출판 심지, 2006, 3면. 이규태의 앞의 책에서 인용한 그래프는 B.L. Turner et al., 「The Earth as transformed by Human Action, Cambridge: Cambridge University Press, 1990, 1~17면에 실려 있는 케이츠(Kates) 등의 공동연구인 'The Great Transformation'에서 재인용한 것이다. 이와 함께 인류가 자연환경에 미친 영향에 대해서는 Andrew S. Goudie, 「Human Impact on the Natural Environment: Past, Present and Future」, Oxford: Blackwell Publishers Ltd., 2018을 참고하라.

이러한 환경의 변화가 우리의 삶에 어떠한 영향을 미칠지에 대하여는 역사 속으로 사라져버린 고대 문명이 겪은 운명을 되짚어보는 것으로 충분할 것이다. 번성하던 메소포타미아, 인더스, 마야 및 이스터 섬(Easter Island)의 문명이 결국 흔적만이 남는 비극으로 끝난 것은 과도한 벌채와 농경에 따른 환경의 파괴로 인한 것임을 역사가 시사해 주고 있기 때문이다.[3] 그렇다면 이제 우리에게 필요한 것은 우리의 삶의 방식에서 환경에 대한 고려를 필수적인 조건으로 인정하고 받아들이는 태도일 것이다. 이것은 그동안 익숙하던 삶의 방식을 보다 친환경적인 것으로 전환하는 것을 필요로 한다. 수탈적이고 과도한 생산과 소비 대신 생태계와 환경을 고려한 '지속가능성'을 우리 삶의 중심에 두어야 한다. 즉 지속가능한 발전이 우리의 대안이 되어야 하는 것이다.

지속가능한 발전(sustainable development)이란 "지속가능성에 기초하여 경제의 성장, 사회의 안정과 통합 및 환경의 보전이 균형을 이루는 발전"(지속가능발전법 제2조 제2호)을 말한다. 여기에서 지속가능성이란 「지속가능발전법」 제2조 제1호에 따르면 "현재 세대의 필요를 충족시키기 위하여 미래세대가 사용할 경제 · 사회 · 환경 등의 자원을 낭비하거나 여건을 저하시키지 아니하고 서로 조화와 균형을 이루는 것"을 의미하는 것이다. 이러한 지속가능한 발전은 미래세대의 필요를 충족시킬 수 있는 능력을 손상시키지 않고 현세대의 필요를 충족시키는 발전으로서 형평성(equity)과 공동이익을 그 핵심내용으로 한다. 형평성이란 세대 내에서만이 아니라 현세대와 미래세대 간의 형평까지 포괄하는 개념이며, 공동이익은 특정한 계층이나 어느 한 국가의 이익이 아니라 전 지구적 차원에서의 이익을 의미한다. 결국 지속가능한 발전은 각 세대의 필요를 위하여 생태계와 환경이 가진 능력을 지구적 차원에서 공평하게 사용할 것을 요구하는 것이다. 이러한 지속가능한 발전의 주요 목표는 다음과 같다.[4]

- 성장을 회복하고 성장의 질을 변화시키는 것
- 직업, 식량, 에너지, 물 및 공중위생에 대한 기본욕구를 충족시키는 것
- 지속가능한 인구수준을 유지하는 것
- 자원기반을 보존하고 증진하는 것
- 기술의 방향을 전환하고 위험관리를 강화하는 것
- 의사결정 과정에서 환경과 경제를 종합적으로 고려하는 것

---

3) Clive Ponting, 「A Green History of the World」, London: Penguin Books, 1991, pp.1~7.
4) 세계환경발전위원회(조형준 · 홍성태 옮김), 「우리 공동의 미래」, 새물결, 2005, 96~118면.

2. 산림, 지속가능한 발전의 토대

지속가능한 발전을 위한 산림의 역할에 대하여는 고민할 부분이 여전히 많이 남아있으나 최소한 열대우림을 포함한 핵심지역 산림의 보전과 재생가능한(renewable) 수준에서의 현명한 이용에 대해서는 충분한 공감대가 형성된 것으로 보인다. 사실 산림과 지속가능한 발전의 관계는 일반의 인식보다도 훨씬 필수적이고 본질적인 것이다. 이것은 지속가능성이라는 용어가 나무를 벌채한 경우에는 그것을 대체할 수 있을 정도는 조림을 해야 한다는 보속생산이라는 임업적 개념으로부터 비롯되었다는 주장[5]은 별개로 하더라도, 코스탄자의 연구결과가 보여주듯이 산림이 가진 다양한 가치와 편익을 고려할 때 너무나도 분명한 것이다.[6]

이와는 달리 부정적인 측면이기는 하지만 기후변화[7]와 산림의 관계는 이를 더욱 극적으로 보여주고 있다. 일반적으로 기후변화의 원인으로 지목되는 온실가스[8]에는 이산화탄소(CO_2), 메탄(CH_4) 및 아산화질소(N_2O) 등이 있는데, 그중에서도 가장 문제가 되는 것은 이산화탄소[9]로 알려져 있다. 이산화탄소는 주로 산업활동을

---

5) Antonia Layard et al., 「Planning for a Sustainable Future」, London: Spon Press, 2001, p.7.

6) 로버트 코스탄자 등의 연구에 따르면 산림생태계가 제공하는 효용가치는 연간 약 4조7000억 달러로서 매년 지구생태계 전체가 제공하는 총가치인 33조 달러의 약 14%이며, 특히 해양생태계를 제외한 육상생태계의 총가치인 12조 달러를 기준으로 하는 경우에는 그 비율이 약 39%에 이르는 것으로 추정되었다. 이러한 코스탄자 등의 연구결과는 방법론상의 기본적인 한계에도 불구하고 산림이 제공하는 편익의 중요성을 잘 보여주는 것이다. 이에 대하여는 Robert Costanza et al., 「The Value of the World's Ecosystem Services and Natural Capital」, Nature, 15 May 1997, pp.253~259; Lester R. Brown, 「Eco-Economy: Building an Economy for the Earth」, Earthscan Publications Ltd., 2001, pp.172~173을 참고하라.

7) 기후변화란 "사람의 활동으로 인하여 온실가스의 농도가 변함으로써 상당 기간 관찰되어 온 자연적인 기후변동에 추가적으로 일어나는 기후체계의 변화"를 말한다(「저탄소 녹색성장 기본법」 제2조 제12호).

8) 기후변화협약 제3차 당사국총회에서 채택된 「기후변화에 관한 국제연합 기본협약에 관한 교토의정서」(Kyoto protocol, 1997. 12.)에 따르면 주요 온실가스로서 이산화탄소(CO_2), 메탄(CH_4), 아산화질소(N_2O), 수소불화탄소(HFCs), 과불화탄소(PFCs), 육불화황(SF_6)과 같은 6종이 지정되었다. 한편 「저탄소 녹색성장 기본법」 제2조 제10호에 따르면 온실가스란 "이산화탄소(CO_2), 메탄(CH_4), 아산화질소(N_2O), 수소불화탄소(HFCs), 과불화탄소(PFCs), 육불화황(SF_6), 그 밖에 대통령령으로 정하는 것으로 적외선 복사열을 흡수하거나 재방출하여 온실효과를 유발하는 대기 중의 가스 상태의 물질"을 말한다.

9) 세계기상기구(WMO)의 자료에 따르면 2018년 기준으로 이산화탄소의 연평균 농도는 407.8±0.1ppm으로서 산업혁명 이전보다 47%가 증가하였고, 복사강제력도 1990년 이후 43%나 증가한 것으로 드러났는데, 온실가스 중 이산화탄소는 무려 80%를 차지하고 있다(WMO, 「Greenhouse Gas Bulletin」, NO. 15. https://library.wmo.int/doc_num.php?explnum_id=10100. pdf.). 한편 이러한 세계기상기구의 자료 가운데 복사강제력과 온실가스 중 이산화탄소의 비율은 같은 보고서에서 미국해양대기청(NOAA)의 자료를 인용한 것이다. 여기에서 복사강제력(radiative forcing)이란 빛의 복사에 의하여 발생하는 영향으로서 태양의 흑점활동, 화산활동 및 이산화탄소의 증

위한 화석연료의 사용, 자동차나 비행기와 같은 교통 및 수송수단의 이용, 열대우림과 같은 산림의 파괴나 산지의 전용 등으로부터 발생한다. 2017년 기준으로 이산화탄소의 국가별 배출순위는 전세계 배출량의 4분의 1을 넘게 배출하는 중국을 선두로 미국, 인도, 러시아 및 일본 등이며, 우리나라는 약 6억5000만톤(tCO_2-eq)의 이산화탄소를 배출하여 세계에서 8번째로 많은 이산화탄소를 배출하는 국가에 해당한다.[10)]

산림은 벌채나 토지이용의 전환과 같은 활동을 통하여 이산화탄소를 배출하기도 하지만 이산화탄소를 흡수하고 저장하는 기능을 하기도 한다. 산림은 가장 대표적인 이산화탄소 흡수원의 하나이며, 실제로 우리나라의 산림은 1ha마다 소나무는 9.7톤, 상수리나무는 16.5톤, 대나무는 33.5톤의 이산화탄소를 흡수하는 것으로 평가받고 있다.[11)] 2018년 기준으로 우리나라 산림의 이러한 온실가스 흡수·저장 기능은 경제적으로 평가하면 약 75조6000억원으로서 산림의 총 공익적 가치평가액인 221조원의 약 34.2%에 해당한다.[12)] 이러한 관점에서 볼 때 이산화탄소를 흡수·저장하는 기능을 산림이 최대한 효율적으로 발휘할 수 있도록 지속가능한 산림경영을 확립하는 것은 가장 효과적인 기후변화 대응방안 중의 하나인 것이다.

지속가능한 산림경영이란 "산림의 생태적 건전성과 산림자원의 장기적인 유지·증진을 통하여 현재 세대뿐만 아니라 미래세대의 사회적·경제적·생태적·문화적 및 정신적으로 다양한 산림수요를 충족하게 할 수 있도록 산림을 보호하고 경영하는 것"(산림기본법 제3조 제1호)을 말한다. 「산림기본법」에 따른 이러한 지속가능한 산림경영의 개념은 「산림원칙성명」[13)]이 "산림은 현세대와 미래세대의 사회·경제·생태·문화 및 정신적 필요를 충족시킬 수 있도록 지속가능하게 경영하여야 한다"라고 선언한 것을 재확인한 것이다. 결국 지속가능한 산림경영이란 넓게 이해하면 지속

가 등이 지표면의 온도에 주는 영향력을 이해하는 지표이며, 기후강제력(climate forcing)으로도 불린다.

10) 환경부 온실가스종합정보센터, 「2019년 국가 온실가스 인벤토리(1990~2017) 보고서(NIR)」, 2020, 47면.

11) "대나무 이산화탄소 흡수능력, 소나무의 3배 넘어", 연합뉴스, 2020. 4. 29; "대나무 탄소저감효과 뛰어나", 한국일보 2020. 4. 29. 한편 산림청에 따르면 우리나라 산림은 온실가스 배출량의 6.4%인 4,570만톤의 이산화탄소를 흡수하고 있는 것으로 평가받고 있다(서울경제신문, 2020. 7. 24, 19면).

12) "산림의 공익가치 221조원…국민 1인당 연 428만원 혜택", 국민일보, 2020. 4. 2.

13) 1992년 6월 유엔환경개발회의(리우회의)에서 채택된 성명으로서 비록 법적인 구속력은 없으나 산림에 관하여 세계 최초로 합의된 성명이다. 이러한 「산림원칙성명」은 산림분야가 지속가능한 발전에 관련된 모든 분야와 불가분의 관계가 있다는 것을 전제로 산림의 보전·관리와 지속가능한 개발을 선언하고 있다는 점에서 큰 의의가 있다.

가능한 발전을 산림분야에서 달성하기 위한 방안인 것이다. 이러한 관점에서 지속가능한 산림경영과 지속가능한 발전은 서로 분리할 수 없는 불가분의 관계에 있다고 할 수 있다. 산림이야말로 모든 생명체를 유지하는 담보이며 지속가능한 발전의 토대이기 때문이다.[14)]

[2] 우리나라 산림의 현황

1. 우리 산림의 과거

19세기 조선시대나 대한제국 시기의 산림상태를 정확하게 알 수 있는 자료는 현재 많이 남아있지 않으나, 그나마 남아있던 우리의 산림이 일본제국주의의 강압적인 식민통치[15)]와 한국전쟁을 겪으면서 급속도로 황폐되었던 것은 부정할 수 없을 것 같다. 이것은 1934년 ha당 13.85m^3이던 산림축적이 1943년에는 13.15m^3로 낮아지더니, 한국전쟁이 끝난 1953년에는 5.66m^3에 불과했던 것을 역사적 사실로 확인할 수 있기 때문이다. 그리고 이렇게 파괴된 산림은 전후의 복구노력에도 불구하고 1967년까지는 큰 진전을 보이지 못하였다.[16)] 우리 산림은 민족이 겪은 고난과 비극을 그대로 투영한 채 생채기가 난 모습으로 반세기 이상을 견뎌왔던 것이다.

1967년이 우리나라 산림의 역사에서 일종의 대전환기였음은 분명해 보인다. 1967년 이후 비로소 우리 산림의 총량이 추세적으로 상승하기 시작했기 때문이다. 이것은 1967년에 산림행정을 전담하는 중앙행정기관으로서 산림청이 신설되고, 지방에도 산림전담조직인 산림국 · 산림과가 설치되는 등 행정조직의 정비에 힘입은 것으로 생각된다.

---

14) 이규태의 앞의 책, 22~23면.

15) 이 시기에는 특히 상대적으로 우량한 산림이 남아 있던 한반도 북부지역의 산림자원이 급감하였는데, 이는 1927년~1943년 동안 한반도 남부지역의 임목축적은 정체된 반면 북부지역의 임목축적은 1927년에 비하여 32%나 감소한 사실로 알 수 있다(국립산림과학원, 「2020 산림 · 임업 전망」, 2020, 66~67면).

16) 산림청, 「2020 임업통계연보(제50호)」, 2020, 40면. 실제로 산림청의 통계에 따르면 한국전쟁 이후의 ha당 산림축적은 1954년에는 8.17m^3이었고 10년 후인 1963년에는 12.14m^3이었으나 1967년에는 다시 감소한 9.60m^3로서 큰 변화가 없었다. 한편 공식통계가 시작된 1934년 이전의 산림면적은 1901년 일본정부에서 파견된 일본인 전문가가 추산한 바에 따르면 약 1,500만 정보였으나, 1910년 한일강제병합 이후 일본정부가 실시한 대략의 임적조사결과에서는 15,849,619 정보로 조사되었다. 우리나라의 산림면적이 보다 정확하게 조사된 것은 전국을 대상으로 실시한 임야조사사업(1917~1924)의 결과였는데, 이에 따르면 우리나라의 전체 산림면적은 약 1,630만 정보였다(산림청, 「조선임업사(상)」, 2001, 20면).

이렇게 시작된 변화는 1973년 정부의 「제1·2차 국토(치산)녹화 계획(1973~1987)」을 계기로 산림행정에 전 국민의 참여를 이끌어 내면서 획기적인 성공을 거두기 시작하였다. 이 기간 중 조림분야에서의 성공은 가장 괄목하였는데, 1973년부터 1982년까지 10년 동안만 보더라도 약 174만ha의 산지에 약 40억그루 이상을 조림하는 성과를 내었다. 특히 가장 대규모로 조림이 이루어진 1977년과 1978년 2년 동안에는 45만5000ha에 11억그루 이상을 조림하기도 하였다. 이것은 매년 거의 서울시와 제주도를 합친 면적만큼을 조림한 것이었다.[17)]

유례가 없는 대규모의 조림을 시작으로 지난 반세기 동안 우리 숲에서는 이전에는 경험해보지 못했던 성과들이 쏟아져 나왔다. 심은 나무를 가꾸기 시작했으며, 나무들이 숲을 이루자 그 숲을 터전으로 삼는 생명들을 지키기 위한 노력들이 더해졌다. 경관은 몰라볼 정도로 변화됐으며, 그 숲에서 쉬고 즐기는 국민들이 늘어났다. 온 국민이 함께 심은 나무가 우리 국토의 모습과 우리의 삶을 바꿔놓았던 것이다.

2. 산림 현황

가. 산림면적과 축적

우리나라의 총 산림면적은 636만ha로서 전체 국토면적의 63.5%에 해당한다.[18)19)] 이러한 산림면적은 산지가 다른 용도로 전용됨에 따라 지속적으로 감소하고 있는 추세인데, 실제로 1967년에는 전체 국토면적의 67.4%인 670만ha가 산림이었다.

ha당 산림축적은 국유림 163m^3, 사유림 138m^3 및 공유림 156m^3로서 전체 평균은 146m^3에 이른다. 이러한 ha당 산림축적은 1967년의 경우에는 국유림 25m^3, 사유림 5m^3 및 공유림 9m^3로서 전체 평균산림축적이 10m^3에 불과하였던 것과 비교하면 매우 놀라운 것이다. 이러한 성과는 「제3차 산지자원화 계획(1988~1997)」이 끝난 1997년 당시의 ha당 산림축적인 53m^3과 비교하더라도 우리 숲이 얼마나

17) 산림청, 「임업통계요람(제10호)」, 1979, 234~235면; 「임업통계요람(제13호)」, 1983, 224~225면.

18) 여기에서 사용한 산림면적은 국토교통부의 지적통계인 「공간정보의 구축 및 관리 등에 관한 법률」에 따라 지목이 임야(636만ha)인 것으로서 「산림자원의 조성 및 관리에 관한 법률」에 따른 산림면적(634만ha)과는 다소 차이가 있다.

19) 산림현황과 관련된 자료는 산림청에서 발행한 통계자료인 「임업통계요람(제1호)」, 1968; 「임업통계연보(제28호)」, 1998; 「2020 임업통계연보(제50호)」, 2020 등을 활용한 것이다. 다만, 이러한 산림통계와 관련하여 산림청에서는 2010년 이후 산림축적을 포함한 산림의 나이구조, 수종별 구분 및 산림의 소유구조 등은 매 5년마다 공식적으로 공표하고, 그 외의 기간 중에는 잠정치로 표시하여 공개하고 있음에 주의하여야 한다. 이에 따르면 우리 산림의 ha당 산림축적은 2015년 기준으로 146m^3이나 2019년의 경우에는 약161.4m^3(잠정치)로 추정된다.

빠르게 성장하였는지를 잘 보여주고 있는 것이다.

죽림과 무입목지를 제외한 우리 산림의 나이구조는 어린 나무인 Ⅰ~Ⅲ영급(10년~30년생)이 28%이고 장년기에 속하는 Ⅳ~Ⅵ영급(40~60년생) 나무가 72%를 차지하고 있다. Ⅳ영급 이상의 나무가 대부분인 이러한 영급구조는 우리 산림이 점차 노령화되어가고 있다는 신호로 받아들여야 할 것이다.

나. 수종별 구성

우리나라의 전체 산림을 수종별로 구분하면 침엽수가 37%, 활엽수가 32%, 혼효림[혼합림]이 27%, 그 밖에 죽림 등이 4%를 차지한다. 이러한 수종별 분포는 1967년에는 침엽수가 48%, 활엽수가 19%, 혼합림이 19%, 기타 무입목지 등이 14%를 차지하던 것과 비교할 때 확연하게 차이가 나는 것이다. 불과 50년 만에 침엽수의 비율은 무려 11%나 감소한 반면 활엽수는 13%, 혼합림은 8%나 증가하였기 때문이다. 이러한 변화는 불과 20여년 전인 1997년과 비교해서도 충격적일 정도인데, 1997년에는 침엽수가 43%, 활엽수가 26%, 혼합림이 28%, 기타 3%였다. 이러한 수종별 분포의 변화는 마치 우리나라의 산림이 기후변화의 직접 영향권 아래에 있음을 실감할 수 있게 경고하는 것처럼 보인다.[20]

다. 산림의 소유구조

우리나라의 산림은 사유림이 전체 산림의 67.1%를 차지하고 있으며, 국유림과 공유림이 각각 25.5%와 7.4%에 이른다. 이러한 산림의 소유구조는 1967년 당시에는 사유림이 전체 산림의 72.8%이고 국유림이 19.7%, 공유림이 7.5%이었던 것과 비교할 때 사유림은 약 63만ha가 감소하고 국유림은 약 30만ha가 증가한 것이다.

사유림의 총 산림소유자는 개인산주 약 200만명을 포함하여 약 217만명이며, 이 가운데 같은 시·도 및 시·군·구에 거주하는 개인산주는 44%, 다른 지역에 거주하는 개인산주는 56%이다.[21] 1997년의 경우에는 사유림의 총 산림소유자가 약 210만명이었는데, 그 가운데 산림과 같은 지역에 거주하는 산림소유자는 57%, 그렇지 않은 산림소유자는 43%이었다. 이러한 통계는 1997년과 비교하여 산림소

---

20) 이와 관련하여 언론에서는 기상청이 환경부와 공동으로 발간한 「한국 기후변화 평가보고서 2020」을 인용하면서 2080년대에는 우리의 소나무 숲이 현재보다 15%가 줄어들 것으로 예측된다고 보도하기도 하였다(국민일보, “지구온난화 한국 직격탄…2100년 대구 면적이 사라진다”, 2020. 7. 29.). 실제로 산림청의 자료에서도 2050년에는 침엽수림이 29.2%, 활엽수림이 43.9%, 혼합림이 26.9%를 각각 차지할 것으로 전망하고 있다(산림청, 「제6차 산림기본계획(2018년~2037년)」, 2018, 28면).

21) 산림청(2020)의 「2020 임업통계연보(제50호)」, 258면과 268면을 참고하라.

재지와 다른 지역에 거주하는 산림소유자가 크게 늘어나고 있는 것을 잘 보여주고 있다.

산림소유자의 소유면적은 5ha 미만을 소유한 산림소유자가 92%이며, 특히 그 가운데서 0.5ha 미만을 소유한 산림소유자도 55%에 이르고 있다. 이것은 1997년의 경우에는 5ha 미만을 소유한 산림소유자가 91%, 0.5ha 미만을 소유한 산림소유자가 51%이었던 것과 비교하면 그 소유규모의 영세성이 오히려 악화되고 있음을 나타내 주고 있다.

3. 산림의 가치

가. 임산물 총생산액

2019년 기준으로 산림에서 생산된 임산물의 총생산액은 약 6조5,667억원에 이른다. 이 가운데 순임목생산액은 1조5,686억원이고, 용재생산액은 4,424억원이며, 조경재생산액은 4,138억원이다. 비목재임산물로는 토석생산액이 1조6,549억원이며, 수실류 · 버섯류 · 산나물 등의 생산액은 2조1,118억원을 차지하고 있다.[22] 임산물 총생산액 가운데 토석 및 수실류 등과 같은 비목재임산물의 생산액이 차지하는 비율은 약 57%에 이르나, 이에 비하여 용재(timber)의 생산액은 약 7%에 불과하다. 이러한 임산물 총생산액은 한국은행에서 공표하는 임업총생산과는 서로 다른 것이므로 혼동하지 말아야 한다. 임업총생산은 「한국표준산업분류」[23]에 따른 것으로서 「산림자원의 조성 및 관리에 관한 법률」 제2조 제7호에서 정의하는 임산물과는 차이가 있기 때문이다. 실제로 2019년을 기준으로 할 때 임업총생산은 약 2조 3500억원으로 임산물의 총생산액과는 큰 차이를 보이고 있다.

나. 산림의 공익적 가치

환경은 비록 시장가치를 산정할 수는 없지만 경제적 가치를 가진다. 이것은 비

---

22) 산림청(2020)의 「2020 임업통계연보(제50호)」, 280면. 여기에서 순임목생산액이란 산에 서있는 나무가 1년 동안 자란 재적(량)을 화폐로 환산한 가치로서 산림의 임목축적 생장량을 기준으로 산출한다. 한편 임산물 총생산액의 기준이 되는 임산물이란 「산림자원의 조성 및 관리에 관한 법률」에 따른 것으로서 목재, 수목, 낙엽, 토석 등 산림에서 생산되는 산물, 그 밖의 조경수, 분재수 등 대통령령으로 정하는 것을 말한다(같은 법 제2조 제7호). 이에 따르면 토석은 임산물에 속하는 것으로서 산림청은 2012년부터 매년 토석생산액을 임산물 총생산액에 포함하여 공표하고 있다.

23) 「한국표준산업분류」(KSIC)는 산업활동을 유사성에 따라 체계적으로 유형화한 것으로서 1963년에 제정되었으며 「통계법」 제22조에 따른 것이다. 이에 따르면 영림업, 벌목업, 임산물채취업 및 임업관련 서비스업 등은 임업으로 분류되나, 그 밖에 구입한 목재를 이용한 목탄(숯) 등의 제조, 수목원 · 식물원 등의 서비스, 자연휴양림의 관리 · 운영 등은 임업의 범주에서 제외된다.

록 가격으로 환산할 수는 없다고 하더라도 적어도 어떤 사람이 경관이나 깨끗한 공기 또는 야생생물과 같은 환경재로부터 효용을 느낀다면, 이러한 환경재는 분명히 경제적 가치를 가지는 것이기 때문이다. 이런 점에서 경제적 가치와 시장가격이 동의어가 아님은 분명하다.[24] 이는 환경재의 하나인 산림의 경우에도 마찬가지이다.

산림의 가치를 객관적으로 평가하기 위하여 시장에 반영되지 않은 산림의 경제적 가치를 다양한 방법[25]으로 측정하는 것은 의미있는 일이다. 많은 제약이 있음에도 불구하고 이렇게 평가된 산림의 가치를 공익적 가치라고 하는데, 이러한 산림의 공익적 가치는 시장가격에 반영되지 않고 산림이 제공하는 경제적 효용을 말한다. 즉 산림의 공익적 가치란 산림이 시장이 아닌 외부효과를 통하여 제공하는 편익으로서 긍정적인 외부효과를 늘리거나 부정적인 외부효과를 줄이는 가치를 모두 포함하는 것이다.

2018년 기준으로 우리 산림의 공익적 가치는 약 221조원으로 평가된다.[26] 이러한 평가액은 당시 국내총생산액(GDP)의 11.7%에 이르는 것으로서 임업총생산과 비교하면 무려 92.6배에 달한다. 특히 산림의 공익적 가치 평가액 중 온실가스흡수・저장기능은 75조6,000억원으로서 총 평가액의 34.2%를 차지하고 있으며, 산림경관제공기능과 토사유출방지기능도 각각 28조4,000억원(12.8%)과 23조5,000억원(10.6%)을 차지하고 있다. 이러한 산림의 공익적 가치는 2018년 당시 우리나라 국민 1인당 연간 428만원의 편익을 제공하는 것과 같은 것이다.

---

24) Nick Hanley, Jason F. Shogren and Ben White, 「Introduction to Environmental Economics」, Oxford University Press, 2001, p.42.

25) 환경재의 가치를 평가하고 환경정책의 편익을 분석하는 기법들은 매우 빠른 속도로 발전하고 있는데, 이러한 가치평가방법 중 대표적인 것에는 특성가격모형(HPM), 회피행위모형(ABM), 가상가치평가법(CVM), 가상순위결정법(CRM), 실험경매법 등이 있다(권오상, 「환경경제학」, 박영사, 2013, 454~459면).

26) 이를 구체적으로 살펴보면 ① 온실가스흡수・저장기능 75조6,000억원(34.2%), ② 산림경관제공기능 28조4,000억원(12.8%), ③ 토사유출방지기능 23조5,000억원(10.6%), ④ 산림휴양기능 18조4,000억원(8.3%), ⑤ 수원함양기능 18조3,000억원(8.3%), ⑥ 산림정수기능 13조6,000억원(6.1%), ⑦ 산소생산기능 13조1,000억원(5.9%), ⑧ 생물다양성보전기능 10조2,000억원(4.6%), ⑨ 그 밖에 토사붕괴방지기능, 대기질개선기능, 산림치유기능 및 열섬완화기능 등 19조9,000억원(9.2%)으로 구분할 수 있다. 이에 대하여는 "아낌없이 주는 숲 산림 공익가치 221조원…국민 1인당 428만원", 연합뉴스(2020. 4. 1.) 등을 참고하라. 한편 산림의 공익적 가치에 대한 직전의 평가는 2014년을 기준으로 한 것이었는데, 2016년 3월 30일에 발표된 공익가치 평가액은 126조원이었다("산림 공익가치 126조원…국민 1인당 연 249만원", 연합뉴스, 2016. 3. 30).

[3] 산림의 특성

1. 재생가능자원으로서의 산림

산림은 수산자원과 함께 대표적인 재생가능자원(renewable resources)에 속한다. 재생가능자원이란 일정한 재생수준을 유지하는 경우에는 고갈되지 않고 이용할 수 있는 자원으로서 석유나 석탄 등과 같이 재생이 거의 불가능하거나 매우 느린 재생불가능자원과는 본질적으로 다른 것이다. 산림이 재생가능한 자원이라는 것은 다음과 같은 점을 시사하는 것으로서 우리에게 산림자원의 합리적인 보전 및 이용에 대한 중요성을 잘 알려준다.

- 산림의 생장량 이내에서는 벌채하여 이용하는 것이 가능하다.
- 산림을 벌채한 경우에는 그 벌채량을 대체할 수 있을 정도는 조림을 하여야 한다.
- 벌채량이 재생가능한 수준을 넘는 경우에는 산림이 황폐되기 시작한다.
- 한번 황폐된 산림은 회복에 오랜 기간이 걸리거나 때로는 불가능해지기도 한다.

2. 투자의 장기성과 낮은 수익성

산림은 조림에서부터 벌채에 이르기까지 오랜 기간이 요구되는 특성을 가진다. 산림이 가진 이러한 투자의 장기성은 통상의 투자기간을 넘는 것으로서 때로는 한 세대 이상이 소요되기도 한다. 산림투자의 장기성은 산림산업이 낮은 수익성을 보이는 근본원인이며, 대부분의 투자자들이 지속가능한 산림경영보다는 '약탈적 임업'에 관심을 기울이는 주된 요인이기도 하다.[27] 산림투자의 장기성은 또한 필연적으로 투자의 불확실성을 증대시키는데, 이는 결국 산림산업에 대한 투자를 외면하거나 축소시킬 가능성을 높게 만든다. 우리나라는 산림투자의 이러한 한계를 극복하기 위한 대안의 하나로서 해외산림자원투자를 활성화하고 있다.

3. 공익적 가치와 시장실패

산림은 시장의 가격기능이 제대로 작동하지 않는 시장실패(market failure)의 전형적인 분야이다.[28] 따라서 산림은 그 공익적 가치가 시장가격에 제대로 반영되지

---

27) 산림청의 조사에 따르면 산림투자의 낮은 수익성은 목재생산과 비목재임산물의 생산이 결합된 경우에도 예상보다 크게 개선되지 않는 것으로 나타났는데, 예를 들면 잣나무재배업 임가의 경우 잣 판매금액 등을 포함한 임업총수입이 가구총수입의 29.9%에 불과한 것으로 조사되었다(산림청, 「2018 임업경영실태조사」, 2019, 19면 및 41면).

28) Nick Hanley 등은 이러한 시장실패에 대하여 외부효과(externality), 공공재(public goods), 공

않음으로써 실제로 필요한 것보다 산림이 적게 생산되거나 과잉으로 소비되는 결과를 초래할 우려가 있다.

다음의 그림은 시장이 실패하는 경우에 환경이 어떻게 남용되는지를 잘 보여주고 있는데, 이것은 산림의 경우에도 적용할 수 있을 것으로 보인다. 아래 그림에서 만일 환경에 시장이 존재한다면, 가격은 균형가격인 P*점에서 결정될 것이며, 이때 사용되는 환경의 총량은 Q*가 될 것이다. 그러나 실제로 환경에 있어서는 시장이 존재하지 않으므로 가격은 0이 되고, 그 결과 이때 소비되는 양은 Q°가 된다. 즉, Q°－Q*만큼 환경이 남용되는 것이다.[29)]

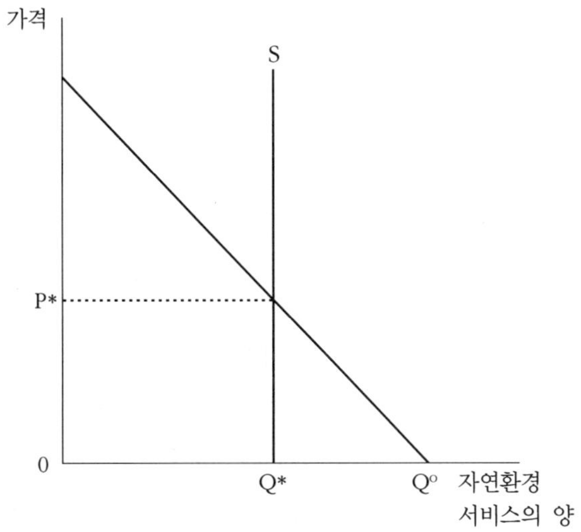

[시장실패와 환경문제]

4. 복합적 성질을 가진 자산

산림은 복합적 성질을 가진 자산이다. 산림은 환경재로서의 가치뿐만 아니라 산림산업을 위한 원료인 산업재로서의 가치를 동시에 가지고 있기 때문이다. 환경재로서의 산림은 국토 그 자체로서 큰 공익적 가치를 가진 공공재이나 산업재로서의 산림은 개인에게 속하는 재산권의 대상일 뿐이다. 또한 산림은 국토의 일부로서 삶의 터전이면서 핵심적인 경관요소이기도 하지만 산업활동의 기반이 되는 토

유재산(common property), 숨겨진 정보(hidden information) 등을 들어 설명하고 있다(Nick Hanley, Jason F. Shogren and Ben White의 앞의 책, pp.16~25).

29) 이규태의 앞의 책, 13면. 이규태의 앞의 책에 실린 그림은 David Pearce et al., *Blueprint for a Green Economy*, London: Earthscan Publications Ltd., 1996, p.6에서 재인용한 것이다.

지의 공급처이며 토석과 같은 자원의 공급원이기도 하다.

산림의 이러한 복합적 성질은 산림이 본질적으로 가지고 있는 다양한 가치에서 비롯된 것이다. 따라서 이를 억지로 분리하거나 의도적으로 어느 한쪽만을 강조하는 것은 현명한 태도가 아닐 것이다. 산림이 복합적 성질을 가지고 있다면, 그 특성대로 이를 인정하는 것이 바람직하기 때문이다. 이런 점에서 산림은 어느 한쪽의 특성에 치우쳐 정의될 것이 아니라 복합적인 성질을 가진 '그 자체'로서 인정하여야 한다. 사실 지금까지 산림정책이 보여준 정책적 한계는 산림의 이러한 복합적 성질을 억지로 구분하는 데서 생긴 것일지도 모른다. 그러므로 이제는 산림을 복합적 성질을 가진 자산으로 인정하는 것에서부터 산림정책의 특성과 고유성을 세워나가야 할 것이다.[30]

Ⅱ. 산림정책

[1] 개념 및 변화과정

1. 개 념

정책이란 일반적으로 바람직한 사회 상태를 이루려는 정책목표와 이를 달성하기 위하여 필요한 정책수단에 대하여 권위 있는 정부기관이 공식적으로 결정할 기본방침을 말한다. 그러나 이러한 정책의 개념은 정책을 문제해결을 위한 수단으로만 인식하는 한계가 있으므로 이를 벗어나 보다 적극적으로 정책을 규정하는 것이 필요하다. 이러한 관점에서 앞에서 이미 살펴본 것과 같이 기존의 정책목표 개념에 '사회적 시스템 · 구조 · 문화 · 가치 · 규범 · 행태 및 물리적 환경' 등을 포함하는 것이 필요하며, 이를 어떠한 방법으로 바꿀 것인가 하는 것을 정책의 핵심으로 이해하는 것이 바람직해 보인다.

정책을 이와 같이 이해한다면 산림정책은 단순히 산림을 대상으로 하는 산림정책이나 치산치수 정책 또는 산림자원의 유지증진을 위한 정책과 같이 좁은 의미의 임업정책[31]을 의미하는 것으로만 볼 것은 아니다. 오히려 산림정책은 그 대상을

30) 산림행정조직의 문제도 이러한 시각에서 바라보아야 할 것이다. 이러한 관점에서는 산림청이나 지방의 산림행정조직의 소속 문제를 검토하기 위하여 산림을 환경적 측면과 산업적 측면으로 나누고, 이 중에서 어느 성격이 더 강한 것인지 또는 중요한지와 같은 질문을 하는 것은 의미가 없기 때문이다. 산림은 '그 자체'로서 실재하고 의미를 가지는 것이며, 따라서 굳이 이상적인 조직형태를 정한다면 산림의 이러한 복합적 성질과 독자성이 인정될 수 있도록 정부 안에서 그 위치를 설정하는 것이 가장 바람직할 것이다.

산림만이 아니라 산림과 관련된 토지와 산업 및 활동, 북한을 포함한 국제적 협력과제는 물론 산림에 대한 국민의 인식과 행태까지도 포괄하는 것으로 넓게 이해해야 할 것이다. 이는 산림정책의 대상을 이와 같이 넓게 이해하는 경우에만 산림에 대한 포괄적이고 적극적인 산림정책을 수립·집행하는 것이 가능할 것이기 때문이다. 그러므로 이러한 확장된 관점에 따라 산림정책을 다시 정의하면, '산림정책'이란 산림과 산지·산촌, 산림관련 산업과 활동, 북한 및 국제적 산림협력과제, 그리고 산림에 대한 국민의 인식과 행태를 대상으로 하여 국민의 삶의 질을 향상시키고 국민경제의 건전한 발전에 기여하도록 하는 정책을 말한다. 그러므로 산림정책은 좁은 의미의 임업정책이 아니라 오히려 임업정책을 포함하는 확장된 개념인 것이다.

2. 산림정책의 변화과정

정책이 시대와 환경에 따라 변화하는 것은 자연스러운 일이다. 정책의 목표나 수단은 정책이 결정되고 수립·집행되는 시기와 여건을 반영하기 때문이다. 산림정책도 이러한 변화에 있어 예외는 아니다. 산림정책의 변화를 이해하는 것은 현재의 산림정책을 효과적으로 집행하는 데 필요할 뿐만 아니라 보다 바람직한 미래의 산림정책을 수립하기 위해서도 매우 중요한 일이다. 이와 관련하여 그동안에는 산림정책의 변화와 산림행정의 변화가 혼용되어 사용된 것으로 보이는데, 이것은 실제로 산림행정의 변화를 설명하면서 산림정책에 대한 내용이 대부분이었다는 사실로 충분히 알 수 있다.

그동안 산림정책의 변화에 대해서는 여러 기준에 따라 다양한 주장들이 있어왔다. 이러한 주장들은 산림정책을 (1) 보속수확기, (2) 다목적경영기, (3) 지속가능한 산림경영기로 구분하고, 이에 따라 산림정책의 목적과 원칙, 정책목표 및 제약조건을 구체적으로 다루기도 하였으며,[32] 산림행정의 패러다임을 주체, 관점, 법과 제도 및 주요 정책이라는 4개 기준에 따라 (1) 목(木) 패러다임(1990년 이전), (2) 휴(休) 패러다임(1990년대 이후), (3) 선(仙) 패러다임(2000년대 이후)으로 구분한 후

31) 산림청 홈페이지(www.forest.go.kr)에서 행정정보-산림용어사전(산림임업용어사전)을 참고하라. 산림청의 같은 자료에 따르면 '임업정책'이란 국가나 지방공공단체가 국민이나 주민복지 우선이라는 입장에서 산림의 취급 방법 및 임업의 방향에 대하여 정책을 입안하고 실시하는 것으로서 국토보전에 수반되는 치산치수사업에 관한 정책, 임산물생산과 그 반출에 수반되는 조림사업에 관한 정책, 국민보건휴양에 이바지하는 산림조성 등을 주요 내용으로 하며 그와 관련된 보조시책을 포함하는 것이라고 정의하고 있다.

32) 서승진, 「지속가능한 산림경영을 위한 기준 및 지표의 개발」, 농학박사학위논문, 서울대학교(2000).

이에 따라 산림정책을 설명하기도 하였다.[33]

산림청은 이러한 주장과는 달리 산림정책의 변화를 산림청의 개청 전후와 산림정책에 대한 장기기본계획을 기준으로 자체적으로 구분하고 있는데, 이에 따르면 (1) 산림청 개청 이전 시기(1967년 이전), (2) 산림청 개청과 전환기(1967~1972), (3) 치산녹화 시기(1973~1987), (4) 산지자원화기(1988~1997), (5) 지속가능한 산림경영 시기(1998~2007), (6) 녹색복지국가 구현 시기(2008~2017)와 같이 구분된다.[34] 산림청의 이러한 구분은 산림정책의 변화와 주요 내용을 종합하여 수립하는 것이 장기기본계획이라는 점에서 상당한 설득력이 있어 보인다.

실제로 정책의 변화는 명확하게 구분되기도 하지만 그렇지 않은 경우도 많은 것이 사실이다. 특히 장기간에 걸친 정책에서 그 변화의 전환점을 제대로 찾아낸다는 것은 그렇게 쉬운 일은 아니다. 그러나 정책을 정책목표와 이를 달성하기 위한 수단으로 이해하고 이에 집중해서 정책내용을 살펴본다면, 그 변화의 단서를 찾아낼 가능성은 훨씬 높아질 것이다.

이런 점에서 산림정책의 경우에는 정책목표와 수단의 변화를 담은 장기기본계획이 있으므로 이를 바탕으로 산림정책의 변화를 구분하는 방법이 가장 합리적인 것으로 생각된다. 그러나 이러한 기준만을 적용하는 경우에는 산림정책의 변화와 매 10년 주기의 장기기본계획이 동일하게 되는 결과가 되므로 지나치게 기계적인 구분이 아닌가하는 아쉬움이 남게 된다. 따라서 이를 피하기 위해서는 장기기본계획을 기본으로 하면서도 정책기간 중의 성과와 평가를 그 기준에 추가하는 것이 필요하다고 생각한다. 이러한 관점에 따라 산림정책의 변화를 시기별로 구분하면 다음과 같다.

- 치산녹화 이전 시기(1948~1966)
- 치산녹화 시기(1967~1987)
- 지속가능한 산림경영 기반구축 시기(1988~2007)
- 녹색복지국가 구현 시기(2008년 이후)

---

33) 박광국 · 이종열 · 이종원 외 14인, 「산림행정 이해와 관리」, 조명문화사, 2017, 7~39면.

34) 산림청(2017)이 개청 50년을 맞아 편찬한 「산림청 50년사」의 시기별 정책사(41~209면)를 참고하라(산림청, 「산림청 50년사」, 2017). 한편 산림정책의 전개과정을 ① 일제강점기, ② 광복 이후 전환기(1945~1972), ③ 치산녹화 계획기간(1973~1987), ④ 산지자원화 계획기간(1988~1997), ⑤ 제4차 산림기본계획기간(1998~2007), ⑤ 제5차 산림기본계획기간(2008~2017)으로 구분하는 입장도 기본적으로는 이러한 관점에 따른 것으로 보인다. 이에 대하여는 김남균, 「산림정책학」, 메이킹북스, 2020, 275면 이하를 참고하라.

[2] 시기별 산림정책

1. 치산녹화 이전 시기(1948~1966)

1948년 대한민국 정부 수립부터 산림청이 신설되기 전인 1966년까지의 시기로서 해방 후의 사회적 혼란기와 한국전쟁을 거친 어려운 시기였다. 대한민국 정부가 수립된 직후부터 정부는 조림과 사방사업을 주요 정책목표로 설정하고, 이를 위하여 농림부 산림국을 중심으로 민유림 조림사업과 사방사업을 위한 계획을 수립하였다. 그러나 당초의 계획은 3년에 걸친 한국전쟁으로 인하여 계획 자체가 무산되거나 목표달성에 턱없이 미달하는 부진을 보이고 말았다. 실제로 한국전쟁이 산림에 미친 영향은 막대하였는데, 해방 후에 그나마 남아있던 산림이 회복이 불가능할 정도로 파괴된 결과 산림황폐지가 1945년 18만ha에서 1956년에는 약 69만ha로 증가할 정도였다.

한국전쟁 이후에는 조림과 사방사업, 임산연료 감축사업 및 연료림 조성사업을 종합적으로 추진하였다. 특히 이 시기에 정부는 산림황폐지의 복구를 위한 사방사업에 정책수단을 집중하였는데, 1963년에는 당해 연도 산림예산의 80%를 사방사업에 투입하기도 하였다.[35] 그러나 산림복구를 위한 당시 정부의 이러한 정책적 의지에도 불구하고 그 성과는 미미한 수준에 그치고 말았는데, 이는 주로 행정력의 미비와 예산의 부족, 그리고 산림복구에 대한 낮은 국민의식 등으로 인한 것이었다.

이 시기에 제정되어 시행된 주요 산림법으로는 「산림보호 임시조치법」(1951), 「임산물 단속에 관한 법률」(1961), 「산림법」(1961), 「사방사업법」(1962), 「국토녹화 촉진을 위한 임시조치법」(1963), 「청원산림보호직원 배치에 관한 법률」(1962), 「화전정리에 관한 법률」(1966) 등이 있다. 이 가운데 특히 구 「산림법」은 1961년 제정된 이후 2005년 8월 4일 폐지될 때까지 우리나라 산림정책의 핵심을 담은 대표적인 법률로서의 역할을 수행하였다.

2. 치산녹화 시기(1967~1987)

가. 개 요

1967년부터 1987년까지의 기간으로서 산림정책의 목표를 치산녹화에 두고 대

---

35) 산림청(2017)의 「산림청 50년사」, 47~51면.

대적인 조림과 사방사업 및 화전정리사업 등을 추진했던 시기이다. 이와 관련하여 산림청은 앞에서 살펴본 것처럼 치산녹화 시기를 산림청이 개청한 1967년이 아니라 「제1차 국토녹화 10개년 계획」이 추진된 1973년을 기준으로 하고 있으나 (1) 1967년 산림청이 신설되면서 치산녹화를 위한 조직 및 법령 등이 본격적으로 정비되었다는 점, (2) 1967년 이후 대대적인 조림사업이 지속적으로 실시되었다는 점, (3) 1967년부터 우리 산림의 총량이 추세적으로 상승하기 시작하였다는 사실 등을 감안할 때 치산녹화 시기는 1967년부터 시작하는 것으로 산정하는 것이 바람직하다고 생각된다. 그러나 치산녹화 시기를 이와 같이 구분하더라도 1967년 산림청의 신설과 1973년 산림청의 내무부로의 이관이라는 중요한 정책여건의 변화를 고려할 때 이 시기는 다시 전반기와 후반기로 나누어 살펴보는 것이 합리적인 것으로 보인다.

나. 추진경과

A. 전반기(1967~1972)

1967년 산림행정 전담조직으로서 산림청이 신설되었으며 이와 함께 치산녹화를 위한 '위대한 여정'도 비로소 시작되었다. 당초 산림행정은 농림부 산림국이 담당하고 있었으나, 전국을 대상으로 산림녹화와 보호업무를 효율적이고 전문적으로 추진하기에는 어려움이 많았으므로 정부에서는 산림청을 신설하여 이를 보완하고자 한 것이었다.

중앙행정조직으로서 산림청이 신설된 것은 산림정책적 측면에서 획기적인 전환을 가져왔는데, 이는 이제 산림청이 전국을 대상으로 산림정책의 목표를 수립하고 정책의 우선순위를 조정하며, 예산이나 법률과 같은 정책수단을 체계적으로 운용할 수 있게 되었기 때문이다. 산림청의 신설로 산림정책은 비로소 독자적인 정책목표를 가지고 필요한 수단을 선택하거나 결정할 수 있게 된 것이다.

산림청은 개청과 함께 종래의 산림보호 위주의 산림정책 방향을 전환하여 임업활동을 지원하고 치산녹화 사업을 적극적으로 추진하기 시작하였으며,[36] 이를 위하여 산림의 조성·보호 및 관리를 위한 행정조직은 물론 임업시험장과 임목육종연구소를 포함하는 종합적인 체계를 갖추었다. 그 결과 보다 전문적이고 체계적으로 산림정책이 추진되기 시작하여 기록상으로는 1967년부터 1972년까지 1백만ha에 30억그루 이상을 조림하는 성과를 보이기도 하였다. 이러한 성과 중에서 특히

36) 산림청(2017)의 「산림청 50년사」, 71~72면.

1967년의 기록은 경이로운데 그해에만 연료림 조성을 위주로 45만ha에 16억그루 이상을 조림한 것으로 보고되었다.[37]

그러나 실질적인 성과 측면에서 볼 때 1967년부터 1972년까지의 산림정책은 기대에는 미치지 못하는 것이었다. 물론 조림 및 사방사업에 대한 국민적 관심의 제고, 속성수 조림과 산지이용구분조사를 바탕으로 한 대단지 조림, 영림계획 제도의 채택과 같은 일부 성과도 있었던 것은 사실이나 산림청의 역량을 기울인 치산녹화와 연료림 조성의 성과는 실망스러운 것이었다. 믿을 수 없을 정도로 짧은 기간 내에 최대 규모의 연료림을 조성하였지만, 1972년의 실태조사 결과에 따르면 생육부진과 다른 용도로의 전환 등으로 인하여 겨우 절반 정도에 불과한 나무만이 살아남았기 때문이다.[38]

B. 후반기(1973~1987)

하고 싶은 일은 많았으나 아직은 성과가 부족했던 산림청의 정책역량에 획기적인 전환이 이루어진 것은 내부로부터의 혁신이 아니라 외부로부터 온 변화였다. 1973년 산림청이 당시 농림부에서 내무부로 이관되었기 때문이다. 조직상의 이러한 변혁은 중앙행정기관으로 신설되었지만 5~6년이 지나도 가시적인 성과를 보여주지 못하고 있던 산림청으로서는 커다란 전기를 마련하게 된 것이었다. 물론 이러한 결정은 당시 대통령의 결단에 따른 것이었겠지만,[39] 신설조직인 산림청이 가진 집행역량과 지방조직에 대한 영향력의 한계를 정확하게 파악한 것으로서 당시 정부의 산림정책에 대한 전문성과 놀라운 통찰력을 잘 보여준 것이었다.

산림청의 내무부 이관과 함께 시행된 「제1차 국토녹화 10개년 계획(1973~1978)」은 산림정책사에 있어서 일대 전환점이 되었다.[40] 산림청은 이제 지방행정을 총괄하는 내무부 소속으로서 전국의 지방행정조직과 함께 산림정책을 집행하게 되었으며, 당시의 범국민적인 '새마을 운동'과 연계함으로써 국민의 참여를 확보하게 되

37) 산림청, 「임업통계요람(제6호)」, 1973, 192~193면.

38) 산림청(2017)의 「산림청 50년사」, 74면. 이에 따르면 1959년~1967년까지 조성한 연료림은 총 78만 4,239ha이었으나, 1972년에는 겨우 43만5,555ha만이 남아 있었다.

39) 이에 대해서는 당시 일을 비공식적으로 기록한 "고건의 공인 50년(38) 치산녹화③", 중앙일보, 2013. 5. 13, 종합 31면을 참고하라. 다만, 이 자료는 당시 본인이 겪은 일을 회고하는 형식의 기록으로서 비공식적인 자료임에 유의해야 할 것이다.

40) 「제1차 국토녹화 10개년 계획(1973~1982)」의 추진방침은 ① 국민조림의 생활화, ② 계획조림의 확행, ③ 산지경제권의 조성, ④ 책임지도체제의 정립이었는데, 특히 책임지도체제의 정립은 지방행정기관의 관리책임을 주축으로 산림기술 계통의 기술책임, 경찰의 보호책임을 3위 1체화하는 것을 내용으로 하는 것이었다(산림청, 「제1차~제3차 산림기본계획(1973~1997)」, 2013, 15~22면).

었다. 그 결과 산림청은 치산녹화라는 정책목표에 역량을 집중할 수 있었으며, 결국 계획기간 동안 전국을 대상으로 화전정리사업을 완료하고 당초 계획하였던 조림목표 100만ha를 초과하여 달성하는 성과를 거두었다.[41] 믿기 힘든 일이지만 이러한 성과는 당초의 계획기간을 무려 4년이나 앞당기며 이루어 낸 것이었다.

「제1차 국토녹화 10개년 계획」의 성공체험은 국민과 산림행정조직에 스스로의 역량에 대한 자신감을 가져다주었으며, 이는 정치·사회적 격변에도 불구하고 「제2차 치산녹화 10개년 계획(1979~1987)」을 완수하는 밑거름이 되었다.[42] 산림청은 결국 15년에 걸친 「제1·2차 국토(치산)녹화 계획」을 통하여 '대한민국의 완전녹화'라는 불가능해 보였던 꿈을 이루어 내었던 것이다.

다. 주요 성과

이 시기의 산림정책이 보여준 성과는 경이로운 것이었다.[43] 「제1·2차 국토(치산)녹화 10개년 계획」을 성공적으로 수립·집행하여 국토의 완전녹화를 달성하였으며, 화전정리사업과 연료림 조성사업을 성공적으로 완료하였다. 또한 녹화된 산림을 관리하기 위하여 '육림의 날'을 제정하고 대규모 경제림단지의 조성도 추진하였으며, 산림자원조사체계를 확립하고 전국의 산지를 대상으로 산지이용계획을 수립하였다. 이와 함께 산림소유자에 대한 임업경영을 지원하고 합판산업을 육성하였으며, 우리나라 최초로 인도네시아에서 해외산림자원개발도 시작하였다. 한편 이 시기에는 치산녹화와 산림보호를 위하여 산림법이 엄정하게 집행되었으며, 「조수보호 및 수렵에 관한 법률」(1967)과 「산림개발법」(1972)이 제정되어 시행되었다.

---

41) 「제1차 국토녹화 10개년 계획」의 성공에는 효율적인 행정력, 정치지도자의 리더십, 연탄사용과 같은 산업화에 따른 사회·경제적 변화, 국민의 적극적인 참여 및 명확한 정책목표 등과 같은 다양한 요인들이 작용한 것으로 보인다. 특히 산림법의 엄격한 집행으로 대표되는 이 시기의 강한 행정력은 '국가 주도의 산림복구'라는 평가에 어울리는 것이었다. 산림청(2017)은 「산림청 50년사」에서 산림녹화사업의 성공으로부터 얻은 교훈으로 ① 최고 통치권자의 지속적인 관심과 산림녹화를 최우선 국정과제로 다루는 주류화의 중요성, ② 정부 스스로 산림 황폐화의 원인을 진단하고 이를 해결하기 위한 종합적인 국가산림녹화계획 수립의 중요성, ③ 명확한 정책목표를 바탕으로 국민적 역량을 이끌어내는 지속적인 홍보의 필요성을 들고 있다(같은 책, 233~234면).

42) 이와 관련하여 이규태는 산림청의 내부자료에서 이러한 성공체험이 산림청의 발전에 장애가 되지 않도록 산림청이 과거의 성공에 머무르지 말고 산림행정의 여건변화를 보다 혁신적으로 수용하여야 한다고 주장하였다(산림청, 「정책담당자가 본 산림행정의 문제점과 개선방안(Ⅰ)」, 2001, 19~35면.

43) 이러한 성과는 유엔식량농업기구(FAO)와 유엔환경계획(UNEP)의 공동보고서인 「세계의 산림현황 2020」에서도 중국. 코스타리카, 베트남과 함께 정부가 주도한 산림정책의 대표적인 성공사례로서 인용되고 있다(FAO and UNEP, 「The State of the World's Forests 2020: forests, biodiversity and people」, Rome, 2020, p.102(http://www.fao.org/3/ca8642en/ca8642en. pdf).

3. 지속가능한 산림경영 기반구축 시기(1988~2007)

가. 개 요

치산녹화를 완료한 이후인 1988년부터 2007년까지의 기간으로서 산림정책의 목표를 지속가능한 산림경영의 기반을 구축하는 데 두고 산림의 자원화, 임업의 육성 및 산림환경과 같은 다양한 산림의 기능을 제고하기 위한 정책을 종합적으로 추진하였다. 이 시기는 「제3차 산지자원화 계획(1988~1997)」과 「제4차 산림기본계획(1998~2007)」이 수립·집행된 기간으로 산림청에서는 앞에서 이미 살펴본 것처럼 이를 나누어 그 시기를 구분하고 있으나, (1) 육림정책이나 숲가꾸기와 같이 이전 시기에 조성된 산림을 육성하고 자원화하려는 노력이 일관되게 추진되었다는 점, (2) 특히 후반기인 1998년 이후에는 숲가꾸기사업을 핵심정책으로 삼아 정책적 역량을 집중하였다는 점, (3) 지속가능한 산림경영을 위한 산림의 다양한 기능을 인식하고 이에 대한 국민적 공감대를 형성하기 위하여 노력하였음에도 여전히 산림을 주로 경제적 관점에서 인식하는 정책적 태도를 유지하였다는 사실 등을 고려하면, 두 시기는 기본적으로 유사한 정책목표를 유지하고 있었던 것으로 보이므로 넓은 의미에서는 동일한 시기로 구분하는 것이 타당하다고 생각된다. 한편 이 시기가 시작되기 직전인 1987년 1월 산림청은 당시 농림수산부로 다시 소속이 바뀌었는데, 이것은 조림 이후의 산림을 바라보는 당시의 시각을 반영한 것이기는 하였으나 산림의 다양한 기능을 충분히 고려하지 못했다는 관점에서는 아쉬움이 남는 결정이었다.[44]

나. 추진경과

A. 전반기(1988~1997)

「제3차 산지자원화 계획」은 녹화된 산림을 경영한다는 기본인식 아래 '산지자원화'를 핵심적인 정책목표로 삼고 국민 수요에 부응하는 산지의 합리적 이용, 우

---

44) 1987년 산림청이 당시 농림수산부로 복귀한 것은 여러 측면에서 매우 안타까운 결정이었는데, 이로써 결국 산림청은 오랫동안 농업과 농촌에 갇혀 버리게 되었기 때문이다. 그 결과 농림수산부 소속의 산림청과 전국의 산림행정조직은 1992년 리우회의에서 채택된 「산림원칙성명」을 통하여 지속가능한 산림경영의 중요성을 충분히 인식하면서도 실제로는 '내가 심은' 산림의 경제적 기능에만 주로 관심을 집중하면서 산림이 가진 국토·환경·복지 및 미래에 대한 기능과 가치는 오히려 산림의 부수적인 것으로서 인식하는 정책적 한계를 보여주었다. 마치 정부 전체에 부처는 내무부와 농림수산부만 있는 것처럼 스스로 사고를 제한하여 산림청과 산림의 운명을 결정했던 1987년 정부의 이러한 의사결정은 1973년 당시의 정부가 보여준 산림과 산림행정에 대한 전문성 및 통찰력과 비교되어 더욱 안타까운 것이 사실이다.

량 목재자원의 조성과 경영기반의 확충, 임산물의 안정 공급과 유통체계 정비, 다양한 산촌소득원의 개발조장, 쾌적한 생활환경 조성과 산림문화 창달을 5대 기본목표로 설정하였다.[45] 이러한 산지자원화 정책은 산림청이 내무부에서 다시 농림수산부 소속으로 바뀌면서 산림정책도 "임업소득의 증대와 산림의 다양한 이용을 중시하는 쪽으로 변화했고, 산림의 기능 역시 경제재 쪽에 비중을 두는 쪽으로 전환된 것"[46]을 반영한 것이었다.

그러나 산림을 주로 경제적인 관점에서 바라보는 이러한 정책은 조림을 시작한 지 아직 30년도 되지 않아 어린 나무가 대부분을 차지하고 있던 정책적 여건을 반영하지 않은 것이었으며, 더군다나 본격적으로 추진되기 시작한 산업화가 농업 및 임업과 농산촌지역에 미칠 분명한 영향을 간과한 무모한 것으로서 평가받아 마땅한 것이었다. 따라서 이 시기의 산림정책은 법과 제도적 차원에서의 일정한 성과에도 불구하고 "구호가 앞선 계획"[47]이라는 평가를 받기도 했으며, 그나마 산림의 경제적 측면과 관련된 목표 이외에 산촌소득원의 개발이나 산림의 환경적 기능의 증진, 산림문화의 창달과 같은 목표는 겨우 기반을 마련하는 정도에 머무르는 성과를 보이고 말았다.

B. 후반기(1998~2007)

「제4차 산림기본계획」과 겹쳐지는 이 시기는 1992년 리우회의에서 채택된 「산림원칙성명」을 산림정책에 구체적으로 반영하기 위하여 정책역량을 집중한 시기이다. 「제4차 산림기본계획」은 그 정책목표로서 「산림원칙성명」이 선언한 '지속가능한 산림경영'을 위한 기반 구축을 핵심으로 하여 보다 가치 있는 산림자원 조성, 경쟁력 있는 산림산업 육성, 건강하고 쾌적한 산림환경 증진과 같은 목표를 수립하였다.[48] 그러나 이러한 계획은 1997년 외환위기를 겪으면서 이를 수정 · 변경해야 할 상황에 처하게 되었으며, 이에 따라 산림청은 결국 2003년 「제4차 산림기본계획 변경계획(2003~2007)」을 작성하였다. 이것은 정책여건의 변화를 이유로 산림청이 장기기본계획을 수정 · 변경한 첫 사례였다.

'사람과 숲이 어우러진 풍요로운 녹색국가 구현'을 핵심목표로 선정한 변경계획은 생태적으로 건강하고 지속적으로 이용가능한 산림자원 관리, 임업인에게 희망

---

45) 산림청, 「제3차 산지자원화계획(1988~1997)」, 1987, 9면.
46) 산림청(2017)의 「산림청 50년사」, 116면.
47) 산림청(2017)의 「산림청 50년사」, 117면.
48) 산림청, 「제4차 산림기본계획(1998~2007)」, 1997, 35면.

을 주고 국가경제에 기여하는 산림산업 육성, 산림재해 및 산지훼손 방지로 국민 생활 안정 및 산림환경 보전, 국민에게 쾌적한 생활환경을 제공하는 녹색공간 확충을 구체적인 정책목표로 설정하였다. 이러한 정책목표는 변경계획이 형식상으로는 변경계획이었음에도 당초의 기본계획과는 여러 면에서 다른 차별화된 성격의 계획이었음을 잘 보여주는 것이다.[49]

다. 주요 성과

임업진흥촉진지역의 지정, 산지이용체계의 개편 및 산촌종합개발사업과 같은 전반기의 성과에도 불구하고 역시 이 시기의 산림정책에 있어 가장 두드러진 성과는 숲가꾸기사업이었다. 숲가꾸기사업은 1997년 외환위기 이후 일자리 창출을 위한 공공근로사업으로 시작되었으나, 사업의 성과를 인정받아 2003년 정책사업으로 전환된 이후 '숲가꾸기 5개년 계획'(2004~2008)에 따라 본격적으로 추진되었다.

이 시기에 시행된 숲가꾸기사업의 성과는 대단한 것이었는데, 1998년부터 2003년까지의 사업실적 약 169만ha을 포함하여 1998년부터 2007년까지 총 301만ha의 산림에 숲가꾸기사업을 실시하는 성과를 거두었다. 그 결과 숲가꾸기사업은 이 기간 동안의 대표적인 산림정책 사업이 되었으며, 1988년 이후 가장 핵심적인 정책목표였던 '심는 정책에서 가꾸는 정책으로' 산림정책을 전환하는 성과를 이끌어 내었다. 숲가꾸기사업으로 인하여 국토의 모습은 다시 변화하기 시작하였는데, 실제로 이러한 성과는 치산녹화 이후 산림청이 산에서 거둔 가장 큰 성과 중의 하나가 되었다.

다른 한편으로 이 시기는 지속가능한 산림경영의 원칙 아래 산림복지라는 새로운 산림정책으로의 대전환을 준비하는 시기이기도 하였다. 「지속가능한 산림자원 관리지침」이 제정되고 국제산림인증제도에 따라 인증을 받은 산림이 늘어났으며, 자연휴양림이 최초로 개장되었다. 산림의 가치에 대한 국민적 공감대를 형성하기 위하여 '산의 날'이 제정되고 「산림헌장」이 공포되었으며, 산림복지정책의 기반이

49) 산림청, 「제4차 산림기본계획 변경(2003~2007)」, 2003, 29면. 「제4차 산림기본계획 변경계획」의 정책목표를 살펴보면 산림정책은 지금까지의 경제적 관점에서 벗어나 균형적인 관점을 유지하여야 하고, 도시지역의 산림이나 산림휴양과 같은 국민의 새로운 수요를 반영하여야 하며, 산림정책이 숲에 머무르는 것이 아니라 사회로 나와 국민생활의 안정과 환경까지를 고려하는 것으로 확대되어야 한다는 점을 분명히 선언한 것으로 보인다. 이러한 관점은 여전히 경제적인 관점에 머물러 있던 당초의 계획과는 달리 지속가능한 산림경영의 기반 구축을 위한 정책목표 내에서 녹색복지국가를 구현하겠다는 정책적 의지를 표현한 것으로서 「제4차 산림기본계획 변경계획」이 가지는 이중적인 성격을 잘 드러내고 있는 것이다.

될 숲해설가 · 산림치유 및 수목장제도 등이 도입되었고 국립수목원이 신설되었다.

산림을 보다 다양한 관점에서 이해하려는 이러한 정책적 태도는 기존의 전통적인 임업적 산림경영을 유지하려는 입장과 대립하면서 일부 갈등관계를 형성하기도 하였으나, 「21세기 산림비전」의 수립과 「제4차 산림기본계획 변경계획」의 추진 등과 같은 과정을 거치면서 관점의 차이를 넘어 오히려 융합함으로써 정책적으로는 더욱 단단해지게 되었다. 이것은 이 시기의 산림공무원과 임업인 및 국민 모두에게 "20세기 녹화임정 시대를 마감하고 21세기 새로운 임정"[50]을 추진하여야 한다는 데 대한 공감대가 형성되어 있었기 때문으로 보인다.

이 시기는 산림법의 분법화가 완성된 역사적인 시기이다. 구 「산림법」은 1997년 「임업진흥촉진법」[51]의 제정을 시작으로 2001년에는 「수목원 조성 및 진흥에 관한 법률」과 「산림기본법」, 2002년에는 「산지관리법」, 2005년에는 「산림자원의 조성 및 관리에 관한 법률」, 「국유림의 경영 및 관리에 관한 법률」, 「산림문화 · 휴양에 관한 법률」로 나누어졌으며, 그 결과 1961년 제정된 구 「산림법」은 역사 속으로 사라지고 「산림기본법」을 기반으로 하는 현재와 같은 산림법 체계가 완성되었다. 「산림기본법」이 중심이 된 이러한 분법화는 더욱 효율적이고 전문화된 기능별 산림정책을 가능하게 함으로써 산림정책을 한 단계 더 발전시키는 든든한 토대가 된 것으로 평가된다.

4. 녹색복지국가 구현 시기(2008년 이후)

가. 개 요

「제5차 산림기본계획(2008~2017)」 기간을 거쳐 현재에까지 이르는 기간으로서 산림정책의 목표를 녹색복지국가를 구현하는 데 두고 산림복지의 확충, 기후변화 대응 및 국제협력의 강화와 같은 정책을 역동적으로 추진하고 있다. 이 시기의 정책목표는 녹색복지국가를 구현한다는 점에서 이전의 산림정책과는 분명하게 구별되는 특징을 보이고 있는데, 이는 산림이 중심이 아니라 국가와 사회, 그리고 사

---

50) 산림청, 「세계 일류의 산림복지국가를 향한 21세기 산림비전」, 2000, 1면. 일반적으로 「21세기 산림비전」으로 약칭되는 이 보고서는 새로운 밀레니엄을 맞아 21세기 산림정책의 청사진을 담은 것으로서 당시로서는 파격적인 '산림복지국가'라는 개념을 처음으로 사용하였다. 이러한 산림복지국가의 개념이 「제5차 산림기본계획」에 반영된 '녹색복지국가'의 토대가 되었음은 물론이다.

51) 「임업진흥촉진법」은 2002년에 「임업 및 산촌 진흥촉진에 관한 법률」로 개정되었다. 또한 이 시기에는 「백두대간보호에 관한 법률」(2003)과 「소나무재선충병 방제특별법」(2005)도 제정되었는데, 이 법률들은 각각 백두대간의 보호와 소나무재선충병 방제에 획기적인 전환점이 되었다.

람에 더 많은 관심을 두기 시작한 것으로서 「제4차 산림기본계획 변경계획」과도 다른 것이다. 이러한 관점에서 이 시기의 산림정책이 기후변화와 저개발국에 대한 산림분야 지원에 특별한 관심을 보이고 있는 것은 어쩌면 자연스러운 일이다. 산림만이 아니라 그 속에서 살아가고 있는 사람들이 산림정책의 직접적인 대상이 되었기 때문이다.[52]

산림계획제도와 관련하여 2017년에 「산림기본법」이 개정되면서 그동안에는 매 10년마다 수립하던 산림기본계획을 20년마다 수립하는 것으로 변경하였다. 이것은 산림정책의 변화에 대하여 앞으로는 산림기본계획에 의존하기보다는 각 정책분야별로 그 변화를 더욱 세밀하게 살펴야 하는 새로운 과제가 부여된 것으로서 그만큼 산림정책 연구의 중요성이 커지게 되었음을 의미하는 것이기도 하다.

나. 추진경과

A. 전반기(2008~2012)

전반기의 산림정책은 '지속가능한 녹색복지국가 실현'을 정책목표로 설정하고 숲가꾸기사업과 목재산업과 같은 분야에도 정책역량을 균형 있게 배분하면서 산림휴양·숲해설 및 산림치유와 같은 녹색서비스의 확대, 기후변화 관련 산림탄소흡수원의 확충 및 일자리 확대 등에 주력하였다. 이 시기의 산림정책은 정부의 녹색성장정책을 산림분야에 반영한 것으로서 특히 국제협력 분야에서 상당한 성과를 거둔 것으로 평가되었다.

B. 후반기(2013년 이후)

「제5차 산림기본계획」을 변경하여 수립한 「제5차 산림기본계획 후반기 변경계획」[53]은 '온 국민이 숲에서 행복을 누리는 녹색복지국가'를 비전으로 숲을 활력 있는 일터·쉼터·삶터로 재창조하겠다는 정책목표를 제시하고, 이를 달성하기 위한 세부과제를 설정하여 추진하였다. 특히 이 시기의 산림정책은 산림일자리의 창출,

---

52) 산림청, 「제5차 산림기본계획(2008~2017)」, 2007. 물론 산림정책은 산림만을 대상으로 한 적은 없으며, 늘 지역과 사람을 고려하여 수립하고 집행되어 온 것이 사실이다. 1970년대 화전정리사업을 할 때 강제이수 정책만이 아니라 학교와 주거시설을 화전민에게 지원했던 것이나, 1997년 외환위기 당시 실업자를 대상으로 숲가꾸기 공공근로사업을 대대적으로 시행한 것 등은 그 좋은 사례이다. 다만, 여기에서는 그 동안의 산림정책과 비교할 때 녹색복지국가를 구현하려는 이 시기의 산림정책이 보다 직접적으로 사회와 사람을 대상으로 하기 시작했다는 점을 강조하려는 것이다. 이것은 마치 산림청이 특정 업무를 담당하는 청단위 중앙행정기관의 한계를 넘어 부와 처단위의 기관과 같은 특징을 보이기 시작한 것으로서 매우 의미있는 변화라고 생각된다.

53) 산림청, 「제5차 산림기본계획 변경(2013~2017)」, 2012.

산림복지의 확대 및 산림재해방지에 중점을 두었는데 이것은 당시 정부의 핵심과제인 일자리, 복지 및 안전을 산림정책에 반영한 것이었다.

후반기의 이러한 산림정책은 녹색복지국가를 구현한다는 점에서는 유사하지만 산림복지정책이 특별히 강조되는 경향을 보인다는 점에서 전반기와는 분명히 다른 차이를 보여주고 있는데, 이러한 산림정책의 큰 틀은 2017년 이후에도 여전히 유지되고 있는 것으로 보인다.[54)]

다. 주요 성과

전반기의 주요 성과는 주로 국제협력 분야에서 나왔는데, 이것은 정부의 녹색성장정책을 산림분야에 잘 적용한 결과였다. 특히 「사막화방지를 위한 국제연합협약」(UNCCD) 제10차 당사국 총회[55)] 개최와 '아시아산림협력기구'(AFoCO)의 설립을 위한 아세안과의 협력과정은 우리나라의 산림분야에서의 국제리더십을 한층 높이는 계기가 되었다.

후반기에는 산림복지에 산림정책 역량이 집중되었다. 그 결과 산림복지의 개념이 정립되고 생애주기별로 산림복지를 누릴 수 있는 다양한 정책수단들이 마련되었으며, 유아와 아동을 위한 숲유치원을 제도화하고 청소년을 위한 산림교육을 활성화하는 기반이 마련되었다.

이 시기에 제정된 법률에는 「산림교육의 활성화에 관한 법률」(2011), 「목재의 지속가능한 이용에 관한 법률」(2012), 「탄소흡수원 유지 및 증진에 관한 법률」(2012), 「산림복지 진흥에 관한 법률」(2015)이 있다. 이러한 법률 중에서 특히 「산

---

54) 산림청에서는 현재 「제6차 산림기본계획(2018~2037)」을 수립하여 추진하고 있다. 이에 따르면 「제6차 산림기본계획」은 ① 일자리가 나오는 경제산림, ② 모두가 누리는 복지산림, ③ 사람과 자연의 생태산림을 비전으로 제시하면서 산림자원 및 산지 관리체계의 고도화, 산림산업 육성 및 일자리 창출, 임업인 소득 안정 및 산촌 활성화, 일상속 산림복지체계 정착, 산림생태계 건강성 유지·증진, 산림재해 예방과 대응으로 국민안전 실현, 국제산림협력 주도 및 한반도 산림녹화 완성 등을 7대 전략과제로 선정하였다[산림청(2018)의 「제6차 산림기본계획(2018년~2037년)」, 38면]. 이러한 「제6차 산림기본계획」의 전략과제별 주요 내용은 산림정책적 측면에서만이 아니라 산림법의 입법방향 등을 검토하는 데 있어서도 중요한 자료이므로 산림법을 보다 폭넓게 이해하기 위해서는 그 내용을 신중하게 살펴보아야 할 것이다.

55) 「사막화 방지를 위한 국제연합협약」(UNCCD)은 지구적 차원에서 사막화를 방지하기 위한 국제적 협력을 강화하고 사막화와 토지 황폐화 현상을 겪고 있는 개발도상국을 재정적·기술적으로 지원하는 것을 목표로 하는 국제협약으로서 「기후변화에 관한 국제연합 기본협약」(UNFCCC), 「생물다양성에 관한 국제협약」(UNCBD)과 함께 국제연합(UN)의 3대 환경협약에 속한다. 「사막화 방지를 위한 국제연합협약」(UNCCD) 제10차 당사국 총회는 2011년 창원에서 개최되었으며, 총회 결과 '창원 이니셔티브'를 채택하는 성과를 내었다. 이에 대하여 보다 자세한 내용은 산림청, 「유엔사막화방지협약 제10차 당사국 총회 참가 결과보고서」, 2011, 252~274면을 참고하라.

림복지 진흥에 관한 법률」은 산림복지를 위한 기본법적 성격을 가진 법률로서 큰 의미를 가진 것이다.

제2절 산림법의 이해

Ⅰ. 산림법의 범위

[1] 산림법의 정의

산림법은 산림을 대상으로 하는 법이다. 이는 환경법이 환경을 규율하는 법인 것과 같다. 산림법에 대한 이러한 이해는 일반적인 시각을 반영한 것으로서 물론 잘못된 것은 아니지만, 이처럼 산림법을 '산림에 대한 법'이나 '산림을 규율하는 법'으로만 이해하는 것은 산림법을 지나치게 좁은 의미로 해석하는 것으로서 아무래도 산림법의 정의로는 부족해 보이는 것이 사실이다.

산림법을 좁은 의미로만 이해하는 경우 산림법은 산림의 보호육성과 산림자원의 증진을 기본목적으로 하는 법으로서 제한적으로만 보게 된다. 1961년 제정된 구 「산림법」[56]이 이와 같은 입장을 충실히 따르고 있었는데, 이에 따라 법의 내용도 조림·양묘 및 벌채, 보안림·채종림, 산림보호, 국유림의 관리·경영 등과 같이 산림에 초점이 맞추어져 있었다. 물론 구 「산림법」도 이후 개정을 통하여 그 목적에 경제적 자원증식과 공익적 기능의 증진까지를 포함하는 등 점차 법의 적용범위를 확대하였던 것은 사실이나,[57] 기본적으로 이러한 입장에서 벗어나지는 못했던 것으로 보인다.

그러나 산림법을 이처럼 좁은 의미로만 이해하는 관점은 지속가능한 산림경영

56) 형식적 의미에서의 구 「산림법」으로서 1961년 12월 27일 법률 제881호로 제정되었으며, 이후 40여회가 넘는 개정을 거쳐 2005년 8월 4일 「산림자원의 조성 및 관리에 관한 법률」 부칙 제2조에 따라 폐지(2006년 8월 5일 시행)되었다. 이러한 구 「산림법」은 이 책에서 산림관계법률을 통칭하는 의미로 사용하는 산림법과는 다른 것이다.

57) 구 「산림법」은 1961년 제정 당시에는 법의 목적을 산림의 보호육성과 산림자원의 증진(1961. 12. 27.)으로 하였으나, 이후 개정을 통하여 ① 산림의 보호육성과 경제적 자원증식 및 공익적 기능의 증진(1980. 1. 4), ② 산림의 보호·육성, 임업생산력의 향상 및 산림의 공익기능의 증진(1990. 1. 13)과 같이 변경하였다. 구 「산림법」은 이러한 개정을 통하여 산림의 이용구분제도, 독림가 및 임업후계자제도, 임업촉진진흥지역 및 자연휴양림제도 등을 도입하였으며, 그 결과 일정한 정책적 성과를 거두기도 하였다.

에 대한 요청과 산림의 다양한 기능에 대한 수요가 증가하면서 더 이상은 유지할 수가 없게 되었다. 산림정책의 대상이 산림으로부터 산림과 산지·산촌, 산림관련 산업과 활동, 북한 및 국제적 산림협력과제, 그리고 산림에 대한 국민의 인식과 행태까지도 포괄하는 것으로 확장되었기 때문이다. 특히 「산림기본법」은 제1조에서 '산림정책의 기본이 되는 사항'이라는 개념을 사용하여 산림과 임업뿐만이 아니라 산지·산촌, 도시지역의 산림·녹지 및 산림복지, 기후변화, 국제협력 및 통일문제 등을 「산림기본법」의 대상으로 규정하고 있는데, 이는 확장된 산림정책을 법제화한 것으로 이해해야 할 것이다.

산림정책의 개념이 바뀌었다면 산림법의 개념과 범위도 그에 따라 바뀌어야 하는 것은 당연한 일이다. 따라서 산림법은 이제 산림을 대상으로 하는 법이 아니라 산림과 임업은 물론 산지·산촌, 도시지역의 산림·녹지 및 산림복지, 기후변화, 국제협력 및 통일문제까지 포함하는 확장된 산림정책을 대상으로 하는 법이어야 한다. 산림법을 이렇게 넓은 의미로 이해할 때에만 산림정책과 산림법의 해석, 그리고 이를 연결하는 입법정책이 체계적인 통일성을 유지할 수 있기 때문이다. 이러한 관점에서 다른 부처의 소관 법률이라고 하더라도 실질적으로 산림과 관련된 법률인 경우에는 이러한 법률들도 산림법에 포함하는 것이 타당할 것이다. 결국 산림법이란 넓은 의미에서 보면, (1) 「산림기본법」에 포괄적으로 규정된 확장된 산림정책을 대상으로 하는 법률과 (2) 다른 부처의 소관 법률 중 실질적으로는 산림정책과 관련된 사항을 규정한 법률을 포함하는 광범위한 법체계인 것이다.

[2] 산림법의 법원

1. 헌　　법

헌법은 국가의 기본질서에 관한 최상위 규범으로서 산림법에 우선한다. 이러한 헌법은 국토, 자원, 환경 및 경제활동에 관한 기본사항과 행정조직 및 작용 등에 관한 일반사항을 규율하고 있으므로 산림법의 중요한 법원이 된다.

2. 법　　률

가. 산림법

A. 산림청 소관 법률

산림법의 가장 핵심적인 법원이 되는 산림청 소관 법률에는 (1) 「산림기본법」

을 중심으로, (2) 산지관리 분야에는 「산지관리법」, 「민간인 통제선 이북지역의 산지관리에 관한 특별법」이 있고, (3) 산림자원 분야에는 「산림자원의 조성 및 관리에 관한 법률」, 「국유림의 경영 및 관리에 관한 법률」, 「도시숲 등의 조성 및 관리에 관한 법률」이 있으며, (4) 산림산업 분야에는 「임업 및 산촌 진흥촉진에 관한 법률」, 「목재의 지속가능한 이용에 관한 법률」, 「석재산업 진흥에 관한 법률」, 「산림기술 진흥 및 관리에 관한 법률」, 「산림조합법」, 「산림조합의 구조개선에 관한 법률」이 있다. 또한 (5) 산림보호 분야에는 「산림보호법」, 「사방사업법」, 「소나무재선충병 방제특별법」, 「청원산림보호직원 배치에 관한 법률」, 「수목원·정원의 조성 및 진흥에 관한 법률」이 있고, (6) 산림복지 분야에는 「산림복지 진흥에 관한 법률」, 「산림문화·휴양에 관한 법률」, 「산림교육의 활성화에 관한 법률」이 있으며, (7) 기후변화 및 해외산림자원개발협력 분야에는 「탄소흡수원 유지 및 증진에 관한 법률」이 있다.

B. 다른 부처에 속하거나 공동소관인 법률

산림법에 속하는 법률로서 다른 부처의 소관 법률로는 「해외농업·산림자원 개발협력법」(농림축산식품부)이 있으며, 다른 부처와의 공동법률로는 환경부와 함께 담당하는 법률로서 「백두대간 보호에 관한 법률」이 있다.

나. 산림법 이외 법률

산림법의 법원이 되는 산림법 이외의 주요 법률로는 「정부조직법」, 「행정절차법」, 「행정대집행법」, 「행정소송법」, 「공공기관의 정보공개에 관한 법률」 등과 같은 행정법이 있으며, 민법을 포함한 사법의 경우에도 일정한 범위에서는 이에 해당한다. 이와 함께 (1) 국토교통부 소관 법률로는 「국토기본법」, 「국토의 계획 및 이용에 관한 법률」, 「조경진흥법」 등이 있고, (2) 농림축산식품부 소관 법률로는 「농업·농촌 및 식품산업 기본법」, 「농수산물 유통 및 가격안정에 관한 법률」, 「농어업경영체 육성 및 지원에 관한 법률」, 「종자산업법」 등이 있으며, (3) 산업통상자원부 소관 법률로는 「광업법」 등이 있다. 또한 (4) 교육부 소관 법률로는 「유아교육법」, 「초·중등교육법」, 「평생교육법」 등이 있고, (5) 보건복지부 소관 법률로는 「사회서비스 이용 및 이용권 관리에 관한 법률」, 「장사 등에 관한 법률」 등이 있으며, (6) 환경부 소관 법률로는 「자연환경보전법」, 「자연공원법」, 「지속가능발전법」, 「저탄소 녹색성장 기본법」, 「야생생물 보호 및 관리에 관한 법률」 등이 있다. 이와 함께 (7) 법무부 소관 법률로는 「입목에 관한 법률」 등이 일정한 범위 내에서 산림법의 법원이 된다.

다. 산림법의 설명범위

이 책에서는 이러한 산림법의 법원 중에서 효과적인 설명을 위하여 산림청 소관 법률과 함께 다른 부처에 속하거나 함께 담당하는 공동법률 중 「백두대간 보호에 관한 법률」과 「해외농업 · 산림자원 개발협력법」을 중심으로 살펴보기로 한다.

3. 명령 및 자치법규

산림법의 위임명령 및 집행명령은 법률에서 위임한 사항이나 법률을 집행하기 위한 법규명령이므로 그 범위 내에서 산림법의 중요한 법원이 된다. 지방자치단체의 자치법규도 산림법과 관련된 사항을 규정하는 범위에서는 산림법의 법원이 되는데, 특히 지방자치단체가 법령의 범위 안에서 지방의회의 의결을 거쳐 제정하는 조례의 경우에는 해당 지방자치단체 내에서 강한 법원성을 가지게 된다. 이러한 조례에는 예를 들어 「서울특별시 도시녹화 등에 관한 조례」, 「경기도 도시림 등 조성 및 관리 조례」, 「강원도 유아 숲 교육 활성화에 관한 조례」, 「충주시 가로수 및 도시림 조성 · 관리 조례」 등이 있다.

4. 조약 및 국제법규

헌법에 의하여 체결 · 공포된 조약과 일반적으로 승인된 국제법규는 국내법과 같은 효력을 가지므로(헌법 제6조), 이에 해당하는 국제규범도 당연히 산림법의 법원이 된다. 따라서 「아시아산림협력기구 설립에 관한 협정」은 물론 「기후변화에 관한 국제연합 기본협약」(UNFCCC), 「생물다양성에 관한 국제협약」(UNCBD), 「사막화방지를 위한 국제연합협약」(UNCCD), 「멸종위기에 처한 야생동식물종의 국제거래에 관한 협약」(CITES) 등과 같은 국제환경협약도 넓은 의미에서는 산림법의 법원에 속하는 것이다. 「탄소흡수원 유지 및 증진에 관한 법률」 제3조 제2항이 "산림청장은 산림의 탄소흡수원 기능을 유지하거나 증진시키기 위하여 「기후변화에 관한 국제연합 기본협약」 및 관련 국제규범에 따른 원칙을 고려하여야 한다"라고 명문으로 규정한 것은 이를 확인한 것이다.

[3] 헌법과 산림

1. 헌법개정과 산림

헌법이 산림법의 법원이라는 점에 대하여는 이미 설명하였지만, 이와는 별도로 산림관련 기관·단체 등에서는 헌법에 산림에 관한 규정이 없으므로 산림의 가치가 충분히 인정받지 못한다고 주장하면서, 이러한 문제를 해결하기 위해서는 헌법을 개정해서라도 산림정책에 대한 헌법적 근거를 명문화하는 것이 반드시 필요하다고 주장한다.[58] 이들 산림관련 기관·단체들은 2018년 정부에서 헌법개정안을 마련하고자 하는 것을 계기로 헌법개정안에 산림의 가치를 명문화하는 것을 목표로 실제로 국민운동을 전개하면서 정부의 헌법개정과정에 적극적으로 참여하기도 하였다.[59] 그 결과 2018년 3월 26일 공고한 '대한민국헌법 개정안'에 '산림자원'이라는 용어가 실제로 포함되는 결과를 얻기도 하였다.[60]

헌법개정을 통하여 산림가치를 헌법에 명문으로 규정하여야 한다는 이러한 주장은 현행 헌법에 '산림'이라는 단어가 담겨있지 않으므로, 헌법이 산림의 가치에 대하여 중립적이거나 무관심하다는 인식에 기초하고 있는 것으로 여겨진다. 그러나 이러한 관점은 환경·국토 및 농업에 포함되어 표현된 산림에 대한 헌법적 가치를 지나치게 형식적으로 이해한 결과로 보인다. 왜냐하면 헌법은 산림에 대하여 결코 중립적이거나 무관심하지 않기 때문이다. 실제로 산림과 관련되어 해석할 수 있는 헌법의 규정을 열거하면 다음과 같다.

---

58) 이들은 "캐나다·스위스·독일 등 주요 국가 46개국 중 20개 국가에서 산림 관련 규정을 헌법에 담고 있다"라고 하면서, "우리도 이처럼 우리 삶의 기본조건인 산림의 공익적 가치를 헌법에 담아 그 기능이 후세에도 지속해서 유지·관리될 수 있도록 해야 하고, 이러한 주요한 기능을 제공하는 산림소유자, 산촌주민 등에게 국가의 지원이 이루어질 수 있도록 해야 한다"라고 주장하였다("산림의 가치와 헌법 반영의 필요성", 산림조합 산림지, 2018. 4월호).

59) 이러한 국민운동은 주로 산림관련 기관·단체를 통하여 이루어졌는데, 주로 언론에 그 필요성을 홍보하거나 헌법개정안 수립을 위한 홈페이지에 댓글로 참여하는 방법으로 이루어졌으며, 농업협동조합의 '농업가치 헌법 반영 국민공감운동'과도 연계하여 전개되었다("농협 농업가치 헌법반영 자문위 출범", 농민신문, 2017. 11. 27).

60) '대한민국헌법개정안'은 관보 제19221호(그2)에 대통령공고 제278호로 게재되었는데, 산림은 "광물을 비롯한 중요한 지하자원, 해양수산자원, 산림자원, 수력과 풍력 등 경제상 이용할 수 있는 자연력은 법률로 정하는 바에 따라 국가가 일정 기간 채취·개발 또는 이용을 특허할 수 있다"라는 내용으로 헌법개정안 제126조 제2항에 포함되었다. 그러나 이 헌법개정안은 2018년 5월 24일 국회의 표결에 부쳤으나 야당의 전면 불참으로 의결정족수에 미달하여 자동으로 폐기되었다.

■ 모든 국민은 건강하고 쾌적한 환경에서 생활할 권리를 가지며, 국가와 국민은 환경보전을 위하여 노력하여야 한다. 환경권의 내용과 행사에 관하여는 법률로 정한다(제35조 제1항·제2항).

■ 국토와 자원은 국가의 보호를 받으며, 국가는 그 균형 있는 개발과 이용을 위하여 필요한 계획을 수립한다(제120조 제2항).

■ 국가는 국민 모두의 생산 및 생활의 기반이 되는 국토의 효율적이고 균형 있는 이용·개발과 보전을 위하여 법률이 정하는 바에 의하여 그에 관한 필요한 제한과 의무를 과할 수 있다(제122조).

■ 국가는 농업 및 어업을 보호·육성하기 위하여 농·어촌종합개발과 그 지원 등 필요한 계획을 수립·시행하여야 한다(제123조 제1항).

■ 국가는 농수산물의 수급균형과 유통구조의 개선에 노력하여 가격안정을 도모함으로써 농·어민의 이익을 보호한다(제123조 제4항).

■ 국가는 농·어민과 중소기업의 자조조직을 육성하여야 하며, 그 자율적 활동과 발전을 보장한다(제123조 제5항).

여기에서 헌법이 사용하고 있는 '환경·환경보전 및 환경권, 국토, 자원, 농업, 농수산물, 농·어민의 자조조직'과 같은 용어들은 모두 넓은 의미의 산림을 포함하고 있는 표현이며, 따라서 헌법은 이미 산림을 그 특성과 가치에 따라 헌법적 질서 속에 포함하고 있는 것으로 보아야 한다. 이는 환경권의 내용인 자연환경[61]에는 공익적 가치를 담고 있는 산림이 포함되어 있으며, 국토와 자원 속에는 문리해석상으로도 산지와 산림자원이 당연히 포함되어 있고, 또한 농업과 농수산물 및 농·어민의 자조조직에는 산림의 산업적 가치인 임업·임산물 및 임업인의 자조조직이 함께 표현되어 있는 것으로 해석하는 것이 합리적이기 때문이다.[62]

이러한 관점에서 볼 때 헌법개정안에 산림자원으로 표현하여 지하자원 등과 함께 규정하였던 것은 매우 어색해 보인다. 헌법의 해당 규정은 "광물 기타 중요한 지하자원·수산자원·수력과 경제상 이용할 수 있는 자연력은 법률이 정하는 바에 의하여 일정한 기간 그 채취·개발 또는 이용을 특허할 수 있다"(제120조 제1항)는 내용으로서 광물 기타 중요한 지하자원·수산자원·수력 등에 대한 특허의 근거규정

61) 「환경정책기본법」에 따르면 환경과 자연환경 및 생활환경이란 다음을 말한다. ① 환경이란 자연환경과 생활환경을 말한다. ② 자연환경이란 지하·지표(해양을 포함한다) 및 지상의 모든 생물과 이들을 둘러싸고 있는 비생물적인 것을 포함한 자연의 상태(생태계 및 자연경관을 포함한다)를 말한다. ③ 생활환경이란 대기, 물, 토양, 폐기물, 소음·진동, 악취, 일조, 인공조명, 화학물질 등 사람의 일상생활과 관계되는 환경을 말한다(같은 법 제3조 제1호~제3호).

62) 예를 들어 「농업·농촌 및 식품산업 기본법」에 따르면 농업이란 "농작물재배업, 축산업, 임업 및 이들과 관련된 산업으로서 대통령령으로 정하는 것"(같은 법 제3조 제1호)을 말하고, 농산물이란 임업을 포함한 이러한 농업활동으로 생산되는 산물(시행령 제5조 제1항)을 의미한다.

일 뿐으로 산림의 가치를 명문화하겠다는 당초의 취지와는 무관한 규정이기 때문이다.

이러한 논의를 종합해 볼 때 우리 헌법은 산림의 가치에 대하여 결코 중립적이거나 무관심한 태도를 취하고 있는 것은 아닌 것으로 보인다. 물론 표현상으로는 산림이라는 용어를 명문화하고 있지는 않지만, 헌법은 그 취지나 내용에서 산림에 대하여 충분히 고려하고 있는 것으로 해석되기 때문이다. 따라서 산림이라는 용어를 보다 직접적으로 표현하는 방안은 향후 헌법 조문의 체계 및 국민적인 인식의 변화 등을 충분히 검토하여 신중하게 추진하는 것이 바람직할 것이다.

2. 환경권과 산림

환경권이란 '건강하고 쾌적한 환경에서 생활할 권리'를 말한다. 헌법은 제35조 제1항에서 "모든 국민은 건강하고 쾌적한 환경에서 생활할 권리를 가지며, 국가와 국민은 환경보전을 위하여 노력하여야 한다"라고 하여 이러한 환경권을 헌법상의 기본권으로 인정하고 있다.

기본권으로서의 환경권의 성격에 대해서는 사회적 기본권이나 생존권적 기본권으로 보는 입장도 있으나,[63] 일정한 경우에는 건강하고 쾌적한 환경에서 생활할 자유를 침해당하지 않을 자유권적 기본권으로서의 성격도 가지고 있다고 보는 것이 타당하다. 헌법재판소도 이러한 취지에 따라 환경권은 종합적 기본권의 성격을 가지고 있다고 확인하였다.[64]

환경권을 종합적 기본권으로 보는 경우에도 이러한 환경권에 사법상의 구체적인 권리까지 인정할 수 있는지에 대해서는 논쟁이 있다. 이러한 논쟁의 핵심은 결국 환경권을 근거로 사인 간에 손해배상이나 침해배제청구권 또는 침해예방청구권을 행사할 수 있는가에 관한 것이다. 이에 대하여는 이미 헌법이 환경권을 기본권

63) 김철수의 앞의 책, 1066면.

64) 이에 따르면 헌법재판소는 "환경권은 건강하고 쾌적한 생활을 유지하는 조건으로서 양호한 환경을 향유할 권리이고, 생명·신체의 자유를 보호하는 토대를 이루며, 궁극적으로 삶의 질 확보를 목표로 하는 권리이다"라고 하면서 "환경권을 행사함에 있어 국민은 국가로부터 건강하고 쾌적한 환경을 향유할 수 있는 자유를 침해당하지 않을 권리를 행사할 수 있고, 일정한 경우 국가에 대하여 건강하고 쾌적한 환경에서 생활할 수 있도록 요구할 수 있는 권리가 인정되기도 하는바, 환경권은 그 자체 종합적 기본권으로서의 성격을 지닌다"라고 하였다(헌재 2008. 7. 31. 2006헌마711). 한편 허영은 이러한 입장에서 환경권을 "기본권의 전제조건을 보장하는 기본권으로서의 성질과 기본권의 헌법적 한계로서의 성질을 함께 가지고 있는 종합적인 기본권"이라고 하고 있으며(허영의 앞의 책, 489면), 성낙인의 경우에도 환경권을 종합적 기본권으로 설명하고 있다(성낙인의 앞의 책, 1392면). 그 밖에 환경권의 법적 성격에 대해서는 김홍균, 「환경법」, 홍문사, 2019, 26~27면; 박균성·함태성, 「환경법」, 박영사, 2017, 40면을 참조하라.

의 하나로서 인정하고 있는 취지에서 볼 때 건강하고 쾌적한 환경에서의 생활은 법으로 보호해 주어야 하는 중대한 이익이므로 이러한 이익이 침해되었거나 침해될 우려가 있을 경우에는 당연히 그 배제를 청구할 수 있어야 한다는 주장[65]도 있으나, 대법원은 "환경권에 관한 헌법 제35조의 규정이 개개의 국민에게 직접으로 구체적인 사법상의 권리를 부여한 것이라고 보기는 어렵고, 사법상의 권리로서의 환경권이 인정되려면 그에 관한 명문의 법률규정이 있거나 관계법령의 규정취지 및 조리에 비추어 권리의 주체, 대상, 내용, 행사방법 등이 구체적으로 정립될 수 있어야 한다"[66]라고 하면서 환경권의 구체적인 권리성을 인정하지 않고 있다.

환경권과 관련하여 헌법상의 기본권인 환경권에 건강하고 쾌적한 산림에서 생활할 권리도 포함되는지의 여부가 문제가 된다. 이것은 환경권과 산림의 관계에 대한 것으로서 결국 환경의 범위에 관한 문제라고 할 것이다. 이에 대하여는 비록 일부의 판례에서 산림과 자연환경이라는 용어를 구별[67]하여 사용한 경우도 있으나, 일반적으로는 (1) 「환경정책기본법」 제3조 제1호 및 제2호에 따르면 환경이란 "자연환경과 생활환경"을 말하고, 여기에서 자연환경이란 "지하·지표(해양을 포함한다) 및 지상의 모든 생물과 이들을 둘러싸고 있는 비생물적인 것을 포함한 자연의 상태(생태계 및 자연경관을 포함한다)"를 의미한다는 점과 (2) 환경권의 보호대상에 대하여 헌법재판소가 "건강하고 쾌적한 환경에서 생활할 권리를 보장하는 환경권의 보호대상이 되는 환경에는 자연환경뿐만 아니라 인공적 환경과 같은 생활환

65) 김홍균의 앞의 책, 27면.

66) 대판 1995. 9. 15. 95다23378. 대법원은 또한 골프연습장 설치와 관련한 사안에서도 "헌법 제35조 제1항은 환경권을 기본권의 하나로 승인하고 있으므로, 사법의 해석과 적용에 있어서도 이러한 기본권이 충분히 보장되도록 배려하여야 하나, 헌법상의 기본권으로서의 환경권에 관한 위 규정만으로서는 그 보호대상인 환경의 내용과 범위, 권리의 주체가 되는 권리자의 범위 등이 명확하지 못하여 이 규정이 개개의 국민에게 직접으로 구체적인 사법상의 권리를 부여한 것이라고 보기는 어렵고, 사법적 권리인 환경권을 인정하면 그 상대방의 활동의 자유와 권리를 불가피하게 제약할 수밖에 없으므로, 사법상의 권리로서의 환경권이 인정되려면 그에 관한 명문의 법률규정이 있거나 관계 법령의 규정취지나 조리에 비추어 권리의 주체, 대상, 내용, 행사방법 등이 구체적으로 정립될 수 있어야 한다"라고 하면서 동일한 입장을 거듭 확인하고 있다(대판 1995. 5. 23. 94마2218).

67) 이러한 판결로는 서울고등법원이 "이 사건 토지 위에 아파트가 건립되는 경우에는 자연녹지공원인 위 '안산'의 산림과 자연환경이 훼손되고…이는 결국 '안산' 전체의 자연생태계의 파괴로 이어져 주민 전체의 삶의 질이 현저히 악화될 염려가 있다고 하지 않을 수 없다"라고 한 것을 예로 들 수 있다(서울고등법원 1998. 9. 24. 97구12015). 그러나 대법원은 서울고등법원의 이러한 입장과는 달리 "당해 임야는 주변의 임야와 더불어 주거지역으로 이용되는 인근의 광활한 간척지에 산림이라는 천혜의 자연환경을 제공하여 주는 중요한 역할을 하고 있을 뿐 아니라"라고 하여 산림을 자연환경에 포함하는 것으로 명확하게 판결하고 있다(대판 1997. 9. 12. 97누1228).

경도 포함된다"[68]라고 결정한 점을 고려하면, 자연환경에는 당연히 산림이 포함된다고 보아야 할 것이다. 그러므로 자연환경의 범주에 포함되는 산림의 범위 내에서는 건강하고 쾌적한 산림에서 생활할 권리도 환경권에 따라 동일하게 보장된다고 해석해야 할 것이다.

Ⅱ. 산림법의 특성과 원칙

[1] 산림법의 특성

1. 공 법 성

산림행정은 질서행정과 급부행정을 주요 내용으로 하는 행정분야로서 강한 계획행정적 성격을 가지고 있다. 이러한 산림행정을 규율하는 산림법은 행정법으로서 공법성을 그 특성으로 하며, 따라서 산림법에 따른 행정청의 행위는 일반적으로 행정행위에 해당하는 행위로서 공법의 적용을 받게 된다. 특히 산림법 중 「산지관리법」, 「산림자원의 조성 및 관리에 관한 법률」, 「백두대간의 보호에 관한 법률」, 「산림보호법」, 「소나무재선충병 방제특별법」 등은 대표적인 규제행정 법률에 속한다.

그러나 이러한 일반적인 산림법관계인 공법과는 달리 「국유림의 경영 및 관리에 관한 법률」에 따른 국유임산물의 매각과 같은 국고관계에는 사법적 법률관계가 적용되며, 국립자연휴양림의 운영과 같은 관리관계의 경우에도 공익목적을 달성하기 위하여 필요한 범위 이외에는 원칙적으로 사법이 적용된다.

2. 전 문 성

산림을 조성하고 경영·관리하는 것은 과학적·기술적인 전문성을 필요로 하는 일이다. 산림은 심고 가꾸는데 오랜 기간이 필요하고, 산불·병해충과 같은 재해에 취약할 뿐만 아니라 한번 훼손되는 경우에는 회복이 불가능할 수도 있기 때문이다. 산림정책은 이러한 문제를 해결하는 데 있어 과학과 기술에 의존하면서 그 성과를 산림법에 제도화하고 있는데, 예를 들어 「소나무재선충병 방제특별법」 제11조의 방제방법이나 제12조의 발생지역 주변 산림관리와 같은 규정은 매우 기술

68) 헌재 2014. 6. 26. 2011헌마150. 이와 함께 동일한 취지에 대해서는 헌재 2008. 7. 31. 2006헌마711도 참고하라.

적인 것으로서 소나무재선충에 대한 최신의 발생·생태학적 연구결과를 반영하고 있는 것이다.

최근에는 빈발하는 산림재해 및 기후변화 등과 같은 새로운 도전에 직면하여 과학기술에 대한 중요성과 의존성이 점차 커지고 있으며, 이에 따라 산림법도 더욱 전문성을 필요로 하는 법률로 변화하고 있는 것이 사실이다. 산림법의 이러한 전문성은 국제적인 과제를 다루는 분야에서 더욱 두드러지는데, 특히 「탄소흡수원 유지 및 증진에 관한 법률」과 같은 경우에는 기후변화에 대한 일반적인 이해수준을 넘는 전문성이 요구되기도 한다.

3. 국 제 성

산림은 지역적으로 분포하지만 산림에 대한 정책적 과제는 전 지구적인 것이다. 열대우림을 비롯한 산림의 파괴와 이로 인한 산림생태계의 위기, 기후변화로 인한 산림식생의 변화, 사막화의 확대 및 산불과 같은 산림재해의 빈발 등은 한 국가의 문제가 아니라 인류가 직면하고 있는 문제이기 때문이다. 이러한 관점에서 산림에 대한 문제가 국제적인 차원에서 핵심과제 중의 하나로 논의되고 있는 것은 매우 자연스러운 일이다.

산림의 파괴와 같은 부정적인 측면만이 아니라 산림에 기반을 두고 살아가고 있는 저개발국의 지역민들에 대한 발전과 지원전략 등도 국제적인 관심사 중의 하나이다. 이들이 겪고 있는 낮은 소득과 열악한 위생·환경상태는 결국 산림의 파괴와 산지의 전용으로 이어질 우려가 높기 때문이다. 따라서 지역 중심의 지속가능한 산림경영을 통하여 삶의 질을 높일 수 있는 산림정책적 고민과 대안의 마련이 국제적 차원에서도 시급한 것이 사실이다. '아시아산림협력기구'(AFoCO)의 운영에 참여하고 있는 아시아지역 국가들의 절대적인 지지는 산림분야의 실효적인 국제기구에 대한 이러한 기대를 잘 보여주는 것이다.

산림법은 산림에 대한 국제적인 논의와 대안을 주로 법의 이념에 담아내고 있는데, 특히 「산림원칙성명」에서 채택된 지속가능한 산림경영은 산림법의 기본원칙 중의 하나이기도 하다. 다음과 같은 규정들은 산림법의 이러한 국제성을 잘 드러내는 것들이다.

- 산림은 국토환경을 보전하고 임산물을 생산하는 기반으로서 국가발전과 생명체의 생존을 위하여 없어서는 안 될 중요한 자산이므로 산림의 보전과 이용을 조화롭게 함으로써 지속가능한 산림경영이 이루어지도록 함을 이 법의 기본이념으로 한다(산림기본법 제2조).

■ 국가는 국제산림협력을 촉진하고 국제사회에 기여하기 위하여 국제기구 또는 관련 기관·단체 등에 그 설립·운영 및 사업 추진에 필요한 지원을 할 수 있다(산림기본법 제32조 제1항).

■ 산림청장은 대통령령으로 정하는 탄소 관련 국제기구 및 관련 기구와 지속적인 협력관계를 유지하고 관련 정책교류 및 연구 등을 수행하여야 한다(탄소흡수원의 유지 및 증진에 관한 법률 제34조 제2항).

4. 다 양 성

산림은 다양한 생물종이 어울려 살아가는 생태계로서 다양성을 그 본질로 한다. 이러한 산림은 우리 삶의 터전으로서 환경과 경제는 물론 역사와 문화를 담고 있으며 종교까지 포함하고 있다. 산림은 학문적으로도 임학을 기본으로 조경학 등과 같은 자연과학뿐만 아니라 법학·경제학·행정학 및 사회복지학 등과 같은 사회과학 분야와도 밀접하게 관련되어 있다.

산림법은 산림의 이러한 다양성을 법조문 안에 포괄하고 있으며, 많은 경우에 국제법적인 내용까지 담고 있다. 산림법은 마치 많은 나무들로 이루어진 숲처럼 다양한 내용을 포괄하고 있는 것이다. 따라서 산림법을 올바르게 해석하기 위해서는 이러한 다양성을 어떻게 조화시킬 것인가 하는 점이 중요한 과제가 된다. 이에 대해서는 학제적 연구방법을 충실히 따르는 것이 그 해결방안의 하나가 될 수 있음을 앞에서 이미 강조한 바 있다.

[2] 산림법의 원칙

1. 지속가능성의 원칙

산림법은 지속가능성(sustainability)을 원칙으로 한다. 지속가능성이란 "현재 세대의 필요를 충족시키기 위하여 미래세대가 사용할 경제·사회·환경 등의 자원을 낭비하거나 여건을 저하시키지 아니하고 서로 조화와 균형을 이루는 것"으로서(지속가능발전법 제2조 제1호) 지속가능한 발전의 핵심개념을 이룬다. 이러한 지속가능성은 경제성장과 환경보전 사이에는 신중한 균형이 필요하다는 시각을 반영하는 것이다.[69]

산림법의 경우 이러한 지속가능성은 산림자원이 재생가능한(renewable) 자원이라는 인식에 기반하고 있으며, 지속가능한 산림경영으로 구체화되어 있다. 산림법에 표현된 지속가능성의 원칙을 예시적으로 살펴보면 다음과 같다.

---

69) Michael P. Todaro · Stephen C. Smith, 「Economic Development」, Pearson Education Limited., 2015, p.492.

- 국가 및 지방자치단체는 산림시책과 이에 관련된 사업을 추진함에 있어서 지속가능한 산림경영을 위하여 산림의 보전과 이용이 조화를 이루도록 노력하여야 한다(산림기본법 제5조 제1항).
- 산림소유자는 「산림기본법」 제13조에 따른 지속가능한 산림경영의 평가기준 및 평가지표에 맞게 산림을 관리하도록 노력하여야 한다(산림자원의 조성 및 관리에 관한 법률 제6조).
- 목재이용을 통한 쾌적한 생활환경의 조성 및 탄소저장의 확대는 국민 건강의 증진과 문화적 생활의 향유 및 기후변화에 대응하기 위한 필수적 요소임을 인식하여, 목재문화의 진흥과 목재교육의 활성화를 통하여 목재의 지속가능한 이용이 이루어지도록 하고 동시에 미래세대에게 목재이용이 계승될 수 있도록 함을 이 법의 기본이념으로 한다(목재의 지속가능한 이용에 관한 법률 제3조).

2. 통합성의 원칙

산림법은 마치 숲이 하나의 생태계로서 수많은 동·식물을 품고 있는 것처럼 다양한 법적 관계를 하나로 묶어내는 통합성(integrity)을 원칙으로 한다. 산림법의 원칙인 이러한 통합성은 모순이나 갈등이 없는 소극적인 통합이 아니라 대립할 수도 있는 것들을 조화롭게 서로 연결하는 적극적인 통합을 의미하는 것으로서 '다양성과 조화의 원칙'이라고도 할 수 있다.

산림법이 통합성의 원칙을 견지하는 이유는 산림이 가진 다양성 때문이다. 산림은 산업활동의 자원이면서 공익적 가치가 큰 국민자산이며, 개발과 이용의 대상이면서 보전해야 할 미래자산이기도 하다. 또한 산림은 소유주체에 따라서도 바라보는 시각이 다르며, 개인과 개인은 물론 개인과 지역주민 간에도 그 이해관계가 다르다.

산림법은 이러한 다양한 이해관계를 조정·통합한 산림정책을 반영한 것으로서 다양성과 조화를 특히 강조하고 있다. 다음은 통합성의 원칙에 따른 규정을 예로 든 것이다.

- 이 법은 산지를 합리적으로 보전하고 이용하여 임업의 발전과 산림의 다양한 공익기능의 증진을 도모함으로써 국민경제의 건전한 발전과 국토환경의 보전에 이바지함을 목적으로 한다(산지관리법 제1조).
- 산림은 국토의 많은 부분을 이루는 귀중한 자산이므로 국민의 행복한 삶을 위하여 사회·경제·문화 등 다양한 분야에서 그 기능이 가장 조화롭고 알맞게 발휘될 수 있도록 경영·관리되어야 한다(산림자원의 조성 및 관리에 관한 법률 제1조의2).

3. 형평성의 원칙

산림법은 형평성(equity)[70]을 원칙으로 한다. 형평성은 개인 간의 형평만이 아니라 지역 간의 형평 및 공익과 사익 간의 형평을 포함하며, 더 나아가 세대 내에서뿐만 아니라 현세대와 미래세대 간의 형평까지 고려하는 것이다. 이러한 형평성의 원칙은 포용성을 기반으로 하는 것으로서 세대 간의 형평을 고려한다는 측면에서 보면 지속가능성의 원칙과도 연계되어 있다.

산림법이 이러한 형평성의 원칙을 강조하는 것은 산림이 커다란 공익적 가치를 가진 우리 모두의 삶의 터전[71]이기 때문이다. 형평성의 원칙은 특히 경제적으로나 사회적으로 열악한 사람이나 지역을 그 대상으로 하는데, 경제적으로 뒤떨어진 산촌지역을 진흥시켜 지역주민의 삶의 질을 높이기 위한 「임업 및 산촌 진흥촉진에 관한 법률」이나 산림복지소외자를 대상으로 한 산림복지서비스이용권제도를 규정하고 있는 「산림복지 진흥에 관한 법률」은 이러한 형평성의 원칙이 적용되고 있는 대표적인 산림법이라고 할 것이다. 「산림복지 진흥에 관한 법률」에서 형평성의 원칙이 적용된 주요 규정을 살펴보면 다음과 같다.

- 산림복지서비스제공자가 산림복지시설을 조성·운영하고자 할 때에는 「교통약자의 이동편의 증진법」 제2조 제2호에 따른 교통수단의 제공 등 교통약자를 위한 배려를 하여야 한다(같은 법 제16조 제1항).
- 산림복지시설을 조성·운영하는 자는 해당 시설이 있는 읍·면에 소재한 「산림기본법」 제3조 제2호에 따른 산촌의 주민 생활환경 개선 및 복리 증진 등을 위하여 산촌주민지원사업을 시행할 수 있다(같은 법 제17조 제1항).
- 산림복지시설을 조성·운영하는 자는 사업시행에 따른 이주자와 해당 시설이 있는 시·군·구 지역 주민을 우선하여 고용할 수 있다(같은 법 제19조 제1항).

4. 협동성의 원칙

산림법은 협동성(cooperativity)을 원칙으로 한다. 협동성의 원칙에서는 어느 일방이 아니라 모두가 함께 하는 것이 가장 중요하다. 산림법이 이러한 협동성의 원

---

70) 형평성이란 정의나 공평성을 담고 있는 개념으로서 아리스토텔레스의 정의론과도 연결되어 있다. 이러한 형평성은 '동등한 자를 동등하게, 동등하지 않은 자를 동등하지 않게 취급하는 것'으로서 특히 정치적·경제적으로 소외된 자들에 대한 정책적 관심의 필요성을 강조한다.

71) 2002년 4월 5일 산림청이 공포한 「산림헌장」은 산림의 이러한 가치를 함축적으로 잘 나타내고 있다. "숲은 생명이 숨 쉬는 삶의 터전이다. 맑은 공기와 깨끗한 물과 기름진 흙은 숲에서 얻어지고, 온 생명의 활력도 건강하고 다양하고 아름다운 숲에서 비롯된다. 꿈과 미래가 있는 민족만이 숲을 지키고 가꾼다. 이에 우리는 풍요로운 삶과 자랑스러운 문화를 길이 이어가고자 다음과 같이 다짐한다. 숲을 아끼고 사랑하는 일에 다 같이 참여한다. 숲의 다양한 가치를 높이도록 더욱 노력한다. 숲을 울창하게 보전하고 지속가능하게 관리한다." 이러한 「산림헌장」의 제정·공포과정에 대하여는 산림청, 「2002 세계 산의 해 결과보고서」, 2003, 79~90면을 참고하라.

칙을 채택하고 있는 것은 강한 지역성을 가지지만, 때로는 지역을 넘어 국가 전체에 영향을 미칠 뿐만 아니라 국제적인 관심의 대상이 되기도 하는 산림의 특성에 따른 것이다. 예를 들어 기후변화와 관련하여 아마존지역 열대우림의 파괴가 국제적인 관심사로 주의를 끌고 있는 것은 산림에 있어서 협동성의 원칙이 얼마나 중요한 것인지를 잘 보여주는 것이다.

이것은 국내에서도 마찬가지이다. 산림을 보호하고 관리하는 문제는 어느 한 개인이나 지방자치단체만의 문제일 수가 없다. 대형산불이나 소나무재선충병과 같은 산림재해는 그 좋은 사례이다. 따라서 산림법은 산림에 대한 이러한 문제에 국가와 지방자치단체, 그리고 산림소유주와 지역주민 등이 협동하여 함께 대처하도록 하고 있다. 협동성의 원칙을 보여주는 산림법의 규정들은 다음과 같다.

- 산림소유자는 소유하고 있는 산림을 제1조의2에 따른 기본이념을 존중하여 경영·관리하고, 국가와 지방자치단체가 시행하는 산림의 경영·관리에 관한 시책에 협력하여야 한다(산림자원의 조성 및 관리에 관한 법률 제2조의2 제2항).
- 산림소유자 등은 제4조의 규정에 의하여 국가 및 지방자치단체가 재선충병 방제를 위해 필요한 조치를 할 경우 협조하여야 한다(소나무재선충병 방제 특별법 제3조 제4항).
- 국가와 지방자치단체는 산림을 다음 각 호의 기본원칙에 따라 보호하여야 한다…국가와 지방자치단체 간에 유기적인 산림보호 협조체계를 만들어서 산림피해에 신속히 대응하게 할 것(산림보호법 제3조 제4호).

Ⅲ. 산림법의 체계

[1] 산림법의 분법화

1. 개 념

법률의 분법화란 내용이 방대하고 복잡한 하나의 법률을 제·개정이나 폐지의 방법으로 기본법이나 기본조항이 중심이 된 복수의 법률로 나누는 것을 말한다. 이러한 분법화는 일반적으로 복잡한 법전의 내용을 복수의 법률에 나누어 규정함으로써 법체계를 단순화하고 법조문의 수를 줄이는 효과가 있다.

최근에는 이처럼 기본법을 중심으로 법률을 분법화하는 것이 일반적인 경향에 속한다. 예를 들면 환경부의 경우에는 「환경정책기본법」을 중심으로 하여 자연환경, 생활환경, 폐기물 및 유해물질 등과 같이 정책대상이나 오염분야별로 개별법을 두고 있으며, 소방청의 경우에도 「소방기본법」을 중심으로 「화재예방, 소방시설 설치 · 유지 및 안전관리에 관한 법률」, 「소방시설공사업법」 및 「119구조 · 구급에 관한 법률」 등을 두고 있다. 특히 방대한 법률을 관장하는 국토교통부와 같은 경우에는 국토나 건축 등과 같은 정책분야별로 「국토기본법」, 「건축기본법」과 같은 기본법과 각 개별법을 두는 복수의 기본법체계를 갖추고 있기도 하다.

이러한 분법화는 각 개별법의 제 · 개정이 용이하므로 급변하는 행정여건의 변화에 신속하고 능동적으로 대응할 수 있다는 장점이 있는 반면 혹시라도 법체계상 일관성을 유지하지 못하는 경우에는 법률이 중복되거나 심지어는 서로 배치되는 경우도 발생할 수 있다는 문제를 가지고 있기도 하다.

2. 추진과정

산림법의 분법화는 1996년 「임업정책기본법 및 개별법 제정계획」을 수립하면서 시작되었다. 3월에 수립된 당초 계획에서는 '임업정책기본법'을 제정하고 각 분야별로 개별법을 마련한 후에 이를 완료하면 구 「산림법」을 폐지하는 것으로 하였으나, 이후 6월에는 '산림정책기본법', '임업진흥촉진법', '국유림경영관리법'을 우선 제정하는 것으로 하고 기타 개별법은 연차적으로 제정 추진하는 것으로 수정되었다. 당시 산림청은 이러한 분법화의 필요성에 대하여 구 「산림법」은 산림황폐기인 1961년에 제정된 황폐지 복구와 조기녹화를 위한 보호 · 규제 위주의 법으로서 그동안 유사법의 통합 · 분리와 17회에 걸친 부분개정으로 법체계가 복잡하며, 특히 사회적 여건변화와 산림정책의 전환으로 인한 산지의 자원화, 임업의 산업화, 산림의 공익화를 추진함에 있어 구 「산림법」의 개정만으로는 한계가 있었다고 밝히고 있다.72)

산림법의 분법화 계획은 '산림정책기본법'의 제정이 당초 계획보다 지지부진하기는 하였으나, 1997년 4월 「임업진흥촉진법」이 제정되면서 첫 열매를 거두는 성과를 보였으며, 이후 잠시 주춤하다가 「제4차 산림기본계획」과 「21세기 산림비전」에 분법화를 위한 법령정비계획이 반영됨에 따라 2000년 이후 본격적으로 추진되기 시작하였다. 다시 시작된 산림법의 분법화는 이전보다 훨씬 강한 추진력을 보였으며, 그 결과 2001년 5월 제정된 「산림기본법」을 중심으로 분야별 개별법이 차례로 제정되었다. 즉 2001년 3월 「수목원 조성 및 진흥에 관한 법률」을 시작으

---

72) 산림청, 「산림기본법 제정 자료 모음집」, 2002, 29~50면. 이에 따르면 당시 산림청에서는 분법화라는 용어 대신에 산림관계법 정비라고 하였으며, 이를 차질 없이 추진하기 위하여 별도로 법령정비위원회를 구성하기도 하였다.

로 2002년에는 「산지관리법」이 제정되었으며, 특히 2005년에는 「산림자원의 조성 및 관리에 관한 법률」, 「국유림의 경영 및 관리에 관한 법률」, 「산림문화·휴양에 관한 법률」이 한꺼번에 제정되는 성과를 이루었다. 한편 구 「산림법」은 이러한 개별법의 제정에 따라 2005년 8월 4일 「산림자원의 조성 및 관리에 관한 법률」로 대체되면서 폐지되는 운명을 맞이하였는데, 이로써 마침내 「산림기본법」을 중심으로 하는 산림법 체계가 확립되었다.

[2] 산림법의 체계

산림법의 체계를 세우는 방법에는 그 기준에 따라 여러 가지가 있을 수 있다. 가장 일반적인 기준은 법률의 목적이나 대상·내용 등을 종합적으로 고려하여 개별법을 체계화하는 방법이겠지만, 이외에도 일반법과 특별법을 나누어 그 특성에 따라 구분하거나 산림법을 담당하는 행정조직에 따라 구분하는 방안도 있기 때문이다.

그러나 이 책에서는 이러한 기준들에 따르기보다는 「산림기본법」을 중심으로 산림정책의 대상에 따라 산림법을 체계화하였다. 이 방법이야말로 개별법을 구분하는 기준이 명확하고, 각 법률이 가진 특성을 가장 잘 드러낼 수 있다고 믿기 때문이다.[73] 물론 이러한 기준에 의문이 아주 없는 것은 아니다. 특히 해외농업과는 분명히 다른 특성을 가진 해외산림자원의 개발을 함께 묶은 후에 이를 「산림기본법」을 중심으로 하여 체계화하는 것은 어색해 보이기도 한다. 그러나 법률의 소관부처를 떠나 「산림기본법」의 범위 내에서 설명이 가능하고 산림법을 일원적으로 이해하기 위한 것이라면, 이러한 시도도 충분히 의미가 있는 일이라고 생각한다. 이러한 관점에서 산림법을 산림정책별로 구분하여 정리하면 다음의 [산림법 체계도]와 같다.

---

73) 환경법의 경우에도 김홍균은 「환경정책기본법」을 중심으로 하여 오염매체별로 환경법을 체계화하고 있으며(김홍균의 앞의 책, 17~18면), 박균성·함태성도 「환경정책기본법」을 중심으로 하여 자연환경, 생활환경, 기타로 환경법체계를 구분하고 있다(박균성·함태성의 앞의 책, 34~36면).

헌법	산림기본법	산지관리	• 산지관리법 • 민간인 통제선 이북지역의 산지관리에 관한 특별법 • 백두대간 보호에 관한 법률(환경부 공동)
		산림자원	• 산림자원의 조성 및 관리에 관한 법률 • 국유림의 경영 및 관리에 관한 법률 • 도시숲 등의 조성 및 관리에 관한 법률
		산림산업	• 임업 및 산촌 진흥촉진에 관한 법률 • 목재의 지속가능한 이용에 관한 법률 • 석재산업 진흥에 관한 법률 • 산림기술 진흥 및 관리에 관한 법률 • 산림조합법 • 산림조합의 구조개선에 관한 법률
		산림보호	• 산림보호법 • 사방사업법 • 소나무재선충병 방제특별법 • 청원산림보호직원 배치에 관한 법률 • 수목원 · 정원의 조성 및 진흥에 관한 법률
		산림복지	• 산림복지 진흥에 관한 법률 • 산림문화 · 휴양에 관한 법률 • 산림교육의 활성화에 관한 법률
		기후변화 및 해외산림자원 개발협력	• 탄소흡수원 유지 및 증진에 관한 법률 • 해외농업 · 산림자원 개발협력법(농림축산식품부 소관)

[산림법 체계도]

※ 2021년 6월까지 공포된 법률 기준

제 4 장 산림기본법

Ⅰ. 총 론

[1] 개 요

「산림기본법」의 역사는 1961년 제정된 구 「산림법」의 분법화 과정과 함께 한다. 1996년 3월 산림청은 보호·규제 위주인 구 「산림법」의 한계를 인식하고, 이를 기본법과 개별법으로 분법화하기 위하여 「임업정책기본법 및 개별법 제정계획」을 수립한 후 같은 해 6월 '산림정책기본법'으로 이름을 바꾸어[1] 법률안을 마련하였다. 이렇게 마련된 '산림정책기본법(안)'은 이후 법률안 의견조회와 공청회 및 농림부 법령정비협의회의 심의 등을 거쳤으나, 1998년 보다 충분한 검토가 필요하다는 당시 농림부장관의 의견에 따라 1999년 한국농촌경제연구원에 법제정 연구를 의뢰하게 되었다.

산림청이 '산림정책기본법'의 제정을 다시 본격적으로 추진하기 시작한 것은 한국농촌경제연구원의 검토를 마친 후 2000년 5월 「산림정책기본법 제정 추진계획」을 수립한 이후인데, 산림청은 마치 그동안 입법이 지연된 시간을 보충이라도 하듯 관계부처 협의와 입법예고 등 관련 절차를 신속히 추진하여 2000년 11월에는 정부입법으로 법안을 국회에 제출하기에 이르렀다. 국회에서의 법률안 심의 또한 차질 없이 진행되었으며, 그 결과 「산림기본법」은 국회 법제사법위원회의 심사를 거쳐 본회의에서 의결됨으로써 마침내 2001년 5월 24일 법률 제6477호로 공포되어 2002년 1월 1일부터 시행되었다.[2]

「산림기본법」의 제정은 그동안의 산림정책과 산림법 체계의 대전환을 위한 서

---

1) '임업정책기본법'을 '산림정책기본법'으로 바꾼 이유에 대해서는 분명하게 알려진 것이 없으나, 임업정책보다는 산림정책이 더 넓은 개념이라는 관점에서 전체 산림분야의 정책과 법률을 총괄하는 기본법으로서는 '산림정책기본법'이 보다 바람직하다고 판단하였던 것으로 추정된다.

2) 「산림기본법」의 법률명과 관련하여 2000년 8월 입법예고안에서는 '산림정책기본법'이라는 법률명을 사용하였으나, 2000년 9월 국무조정실에 규제신설·강화여부를 검토받기 위하여 법안을 제출하면서는 「산림기본법」으로 변경하였다. 그러나 '산림정책기본법'을 「산림기본법」으로 변경한 구체적인 이유에 대하여는 잘 알려지지 않고 있다. 이러한 「산림기본법」의 제정과정에 대하여 보다 자세한 내용은 산림청(2002)의 「산림기본법 제정 자료 모음집」을 참고하라.

곡이었다. 「산림기본법」의 이러한 제정 의의는 2000년 11월 20일 국회에 제출한 정부의 법률안 제안이유서에 잘 드러나 있는데, 이에 따르면 정부는 "산림에 대한 다양한 국민적 수요에 부응하기 위하여 산림의 보전과 이용이 조화를 이루도록 산림을 경영하고 임업의 발전을 도모함에 필요한 산림정책의 기본적인 방향을 설정함으로써 산림관련 모든 법제와 정책의 기본이 되도록 하려는 것"이라고 그 제안이유를 설명하고 있다. 이는 결국 「산림기본법」에 앞으로 정부가 추진할 산림정책의 방향과 분법화에 대한 비전이 담겨 있음을 강조한 것으로서 정부의 이러한 취지는 법률제정 이후 산림청이 제공한 다음과 같은 보도자료에도 잘 나타나 있다.[3)]

■ 산촌진흥, 도시지역의 산림관리, 해외조림 등과 같은 시책사업을 체계적으로 추진할 수 있는 법적 기반을 조성하였다.
■ 「산림기본법」을 주축으로 국민편의에 맞게 분야별로 쉽고 전문화된 개별법을 정비할 수 있는 계기가 되었다.
■ 「21세기 산림비전」에서 제시한 장기 정책방향에 관한 실천력이 확보되었다. 즉 생태적으로 건강하고 지속적으로 이용되는 산림자원조성, 경쟁력 있는 산림산업육성 및 국민들에게 쾌적한 녹색생활공간조성 등의 과제를 수행할 수 있게 된 것이다.
■ 선진국에서는 이미 제도화된 지속가능한 산림경영의 국내 이행을 위한 법적 기반이 마련됨으로써 산림관리체계의 선진화를 앞당기는 계기를 마련하게 되었다.

「산림기본법」은 제정 이후 수차례에 걸쳐 개정되었는데, 특히 2019년에는 외국정부 및 국제기구 등과의 국제협력을 촉진하는 방안과 남북 간에 산림보전·이용을 위한 상호교류 및 협력을 증진하는 것과 같은 통일대비 정책에 관한 내용 등이 신설되었다.

[2] 법적 지위 및 성격

1. 법적 지위

「산림기본법」은 산림법 체계의 중심에 있는 법률로서 개별 산림법을 총괄하는 기본법으로서의 지위를 갖는다. 따라서 각 개별법은 기본법의 이념, 기본방향 및 내용을 충실히 따라야 한다. 이것은 비록 개별법이 기본법보다 먼저 제정되었다고 하더라도 마찬가지이며, 만일 규정 간에 충돌이 있는 경우에는 개별법이 기본법에

3) 「산림기본법」안에 대한 정부(산림청)의 제안이유와 2001년 5월 「산림기본법」 제정에 따른 당시의 보도자료에 대해서는 산림청(2002)의 「산림기본법 제정 자료 모음집」, 269면과 648면을 각각 참고하라.

따라 개정되어야 할 것이다.

산림법 체계 내에서 「산림기본법」이 가지는 이러한 법적 지위는 각 개별법을 총괄하고 조정·통합하는 기본법의 본질에서 나오는 것으로서 개별법의 존중에 기초하는 것이다. 따라서 개별법의 소관부서에서는 「산림기본법」의 취지와 내용을 수긍하고, 기본법의 조정과 통합기능을 인정해야 할 것이다. 산림정책을 효율적으로 수립·집행하기 위해서는 산림정책별로 운용되는 각 개별법이 「산림기본법」을 중심으로 통일된 체계를 가지는 것이 중요하기 때문이다.

이러한 관점에서 「환경정책기본법」이 제6조의2에서 "환경정책에 관한 다른 법령 등을 제정하거나 개정하는 경우에는 이 법의 목적과 기본이념에 부합하도록 하여야 한다"라고 규정하고 있는 것은 「환경정책기본법」의 기본법적 지위를 분명히 선언한 것이라는 점에서 큰 의미가 있다고 생각된다. 따라서 「산림기본법」의 경우에도 향후 개정시에는 이와 유사한 규정을 신설함으로써 「산림기본법」의 총괄 및 조정·통합 기능을 명문으로 규정하는 것이 필요할 것으로 보인다.

2. 법적 성격

「산림기본법」은 산림정책을 총괄하는 기본법으로서 구체적인 사항을 규정하기보다는 추상적인 내용으로 이루어진 선언적 성격의 법률에 속한다. 예를 들어 「산림기본법」 제5조부터 제9조에서 규정하고 있는 시책의 기본방향은 대표적인 선언적 규정으로서 법 제2조의 기본이념을 주요 정책대상에 적용한 것이다. 이러한 규정들은 조문에서 '노력하여야 한다'라고 표현하고 있는데, 이는 해당 조문들이 가지는 선언적 성격을 잘 드러내는 것이다.

「산림기본법」이 가지는 이러한 선언적 성격은 각 개별법이 분야별 산림정책의 집행을 위하여 기준이나 요건 및 절차 등과 같은 구체적인 내용을 규정하고 있는 것과는 다른 것이다. 사실 「산림기본법」의 이러한 선언적 규정들은 기본법의 성격에서 나오는 자연스러운 것이므로 실제로 산림정책을 규제하고 집행하기 위한 개별법의 규정과 차이가 있는 것은 당연한 일이다. 따라서 「산림기본법」의 일부 규정들이 선언적인 규정으로서 구체적인 효력을 가지지 못하므로 입법의 가치가 없다거나 법 자체가 실효성이 없다는 주장은 기본법에 대한 이해 부족에서 비롯된 오해일 뿐이다.

Ⅱ. 총 칙

[1] 법의 목적

「산림기본법」은 제1조에서 "이 법은 산림정책의 기본이 되는 사항을 정하여 산림의 다양한 기능을 증진하고 임업의 발전을 도모함으로써 국민의 삶의 질 향상과 국민경제의 건전한 발전에 이바지함을 목적으로 한다"라고 하여 법의 목적이 '국민의 삶의 질 향상과 국민경제의 건전한 발전에 이바지'하는 것임을 밝히고 있다.

일반적으로 어느 법이나 제1조의 목적에는 그 법률의 제정이유나 취지가 규정되어 있으므로 법해석이 곤란하거나 내용이 불명확한 경우에는 그 목적에 따라 합목적적으로 해석하여야 한다. 이것은 현행법을 해석하는 데 있어서도 적용하여야 하는 원칙이다. 다만, 이러한 원칙에 따르더라도 법률의 제정취지와 목적은 서로 다르므로 구별하여야 하는데, 예를 들어 제1조에서 '산림의 다양한 기능을 증진하고 임업의 발전을 도모함으로써'라는 표현은 법제정의 취지에 해당하는 것으로서 법의 목적은 아니라는 점에 주의하여야 한다.

제1조에서 규정하고 있는 '산림정책의 기본이 되는 사항'이란 앞에서 이미 살펴본 것과 같이 확장된 산림정책의 개념을 명문화한 것으로서 산림과 임업은 물론 산지와 산촌, 도시지역의 산림·녹지 및 산림복지, 기후변화, 국제협력 및 통일문제 등을 포괄하는 것을 의미한다고 할 것이다. 따라서 산림정책의 기본이 되는 사항으로서 현행법에 명시되어 있는 사항들은 예시적인 것으로 보아야 하며, 앞으로 산림정책이 확장됨에 따라 그 범위는 더욱 확대되어 갈 것으로 보인다.

[2] 기본이념

「산림기본법」은 산림이 "국토환경을 보전하고 임산물을 생산하는 기반으로서 국가발전과 생명체의 생존을 위하여 없어서는 안 될 중요한 자산이므로 산림의 보전과 이용을 조화롭게 함으로써 지속가능한 산림경영이 이루어지도록 함"(제2조)을 기본이념으로 한다. 여기에서 '산림의 보전과 이용이 조화'를 이룬다는 것은 산림이 가지고 있는 보전가치와 이용가치 가운데 어느 한쪽으로 치우치지 않고 양쪽의 편익을 현명하게 비교하여 그 보전과 이용의 여부를 합리적으로 결정한다는 의미로 이해된다. 이것은 산림이 가지고 있는 결코 포기할 수 없는 다양한 가치를 인정하면서도 우리의 삶을 위한 경제활동 등을 위해서는 산림을 이용할 수밖에는 없다는 현실적 인식을 기반으로 한 것이다. 따라서 산림을 절대적으로 보전하여야 한다거나 또는 산림을 제한 없이 이용할 수 있다는 주장은 비현실적인 것으로서 받아들이지 않는다.

지속가능한 산림경영이란 "산림의 생태적 건전성과 산림자원의 장기적인 유지·증진을 통하여 현재 세대뿐만 아니라 미래세대의 사회적·경제적·생태적·문화적 및 정신적으로 다양한 산림수요를 충족하게 할 수 있도록 산림을 보호하고 경영하는 것"(제3조 제1호)을 말한다. 이러한 지속가능한 산림경영은 「지속가능발전법」 제2조 제2호에 따른 지속가능발전의 개념을 산림에 적용한 것으로서 1992년 유엔환경개발회의에서 채택한 「산림원칙성명」을 법적으로 재확인한 것이다. 지속가능한 산림경영에 있어서 특별히 유의해야 할 개념은 다음과 같다.

- 산림의 생태적 건전성과 산림자원의 장기적인 유지·증진이 전제가 되어야 한다.
- 현재 세대와 미래세대 간의 형평성이 고려되어야 한다.
- 사회적·경제적 수요만이 아니라 생태적·문화적·정신적 수요까지 충족시킬 수 있어야 한다.
- 산림은 보전과 관리를 넘어 적극적으로 보호하고 경영하여야 한다.

현행법의 이러한 기본이념은 산림법의 원칙인 지속가능성의 원칙과 통합성의 원칙을 재확인하고 있는 것으로서 법조문의 형식으로만 보면 산림의 보전과 이용의 조화가 지속가능한 산림경영의 수단으로 규정되어 있음을 알 수 있다. 따라서 제2조에 따를 경우 산림의 보전과 이용의 조화라는 통합성의 원칙은 지속가능성의 원칙보다 하위의 개념으로 이해할 수 있으며, 이런 점에서 「산림기본법」의 최고가치는 지속가능한 산림경영이라고 할 수 있을 것이다.

[3] 국가 및 지방자치단체 등의 책무

1. 국가 및 지방자치단체

국가 및 지방자치단체는 산림의 보전, 산림의 공익기능 증진, 임업의 발전 및 산촌의 진흥 등 산림의 보전 및 이용에 관한 종합적인 시책을 수립하고 이를 시행할 책무를 진다(제4조 제1항).[4] 여기에서 '산림의 보전 및 이용에 관한 종합적인 시책'이란

4) 시책이란 정책이나 그 정책의 시행을 의미한다. 그러나 보다 정확하게 말하면 시책은 정책의 하위개념으로 보는 것이 옳은 것 같다. 이에 대하여 정정길 등은 "시책, 대책, 사업 등은 정책

제2조 기본이념과의 관련성을 고려하면 지속가능한 산림경영을 달성할 수 있는 종합적인 정책을 의미하는 것으로 보아야 하며, 이러한 관점에서 산림의 보전, 산림의 공익기능 증진, 임업의 발전 및 산촌의 진흥 등은 이의 예시로서 이해해야 할 것이다.

국가 및 지방자치단체는 이처럼 산림의 보전 및 이용에 관한 종합적인 시책을 수립·시행할 책무를 부담할 뿐만 아니라 그 시책을 추진함에 있어서 필요한 법제 및 재정에 관한 조치를 하여야 한다(제4조 제2항). 이것은 국가 및 지방자치단체에게 책무의 구체적인 내용으로서 산림의 보전 및 이용에 관한 종합시책의 추진에 필요한 법적·재정적 조치를 해야 할 의무를 부여한 것으로서 선언적인 규정인 제4조 제1항과는 달리 법적 의무를 부과한 것으로 해석해야 할 것이다. 따라서 이러한 조치를 취하지 않은 경우에는 이 규정에 근거하여 기관이나 개인에게 감사에 따른 불이익처분 등을 할 수 있을 것이다.

제4조에 따른 책무와 조치의무의 주체는 국가 및 지방자치단체이다. 국가에는 좁은 의미의 정부인 행정부만이 아니라 입법부·사법부 등을 포함한 국가기관 전체가 포함되므로 모두가 이 규정의 적용을 받는다고 보아야 한다. 따라서 국회의 경우에도 산림의 보전 및 이용에 관한 종합적인 시책에 관련된 입법 등에 대해서는 비록 선언적인 차원에서라도 일정한 책무를 진다고 할 것이다. 다만, 현행법상 책무와 조치의무의 또 다른 주체로는 지방자치단체만이 규정되어 있으므로 행정법상 공공단체 중에서 지방자치단체 이외 공공조합, 영조물법인 및 공법상재단의 경우에는 이 규정이 직접 적용되지는 않는다.

2. 국민과 산림소유자 등의 협력의무

국가 및 지방자치단체가 부담하는 책무와는 별도로 국민은 산림이 합리적으로 보전·이용될 수 있도록 국가 및 지방자치단체의 산림시책에 적극 협력하여야 한다(제4조 제3항). 국민이 국가 및 지방자치단체의 산림시책에 협력할 이러한 의무는 산림법상의 협동성의 원칙을 구체적으로 표현한 것으로서 법적 의무라고 하기보다는 선

과 거의 같은 뜻으로 쓰이는 상식적인 용어이다. 그러나 이들은 정책 중에서 하위정책을 의미할 때가 많다. 정책구조에서 보았을 때 상위목표의 구체화는 하위목표로 나타나게 되는데, 이것은 상위정책의 집행과정에서 발생하는 현상이다. 이때 상위정책의 집행을 위한 하위정책은 흔히 시책이라고 불린다"라고 정확하게 설명하고 있다(정정길 외 4인의 앞의 책, 36면). 한편 책무란 직무에 따른 책임이나 임무를 말하는데, 예를 들면 헌법은 제66조 제2항에서 "대통령은 국가의 독립·영토의 보전·국가의 계속성과 헌법을 수호할 책무를 진다"라고 하여 대통령의 직무에서 행할 책임과 임무로서 이 같은 책무라는 용어를 사용하고 있다.

언적인 것으로 이해해야 할 것이다.

국민의 이러한 일반적인 협력의무와는 달리 산림의 소유자나 산림을 이용하여 수익을 얻으려는 자는 지속가능한 산림경영을 위하여 노력할 의무를 부담한다(제4조 제4항). 산림의 소유자나 산림을 이용하여 수익을 얻으려는 자가 부담하는 이러한 의무는 일반 국민의 협력의무와 같이 협동성의 원칙을 기반으로 하는 것이지만, 단순한 선언적인 규정이라고 볼 수만은 없다고 해야 할 것이다. 이는 일반 국민의 협력의무가 포괄적인 규정이라면, 산림의 소유자나 산림을 이용하여 수익을 얻으려는 자의 의무는 그보다 구체성을 가진 것으로서 둘 사이에는 차이가 있음을 인정할 수밖에 없기 때문이다. 이와 관련하여 「산림자원의 조성 및 관리에 관한 법률」 제6조에서는 산림소유자의 이러한 의무를 더욱 구체화하여 산림소유자에게 "지속가능한 산림경영의 평가기준 및 평가지표에 맞게 산림을 관리하도록 노력"할 의무를 지우고 있는데, 대법원은 이 규정을 단순한 선언적인 규정이 아니라 산림소유자에게 일반적인 의무를 부여하는 규정으로 인정[5]함으로써 일반 국민의 협력의무와 산림소유자의 의무를 구별하는 입장을 취하고 있는 것으로 보인다.

현행법상 산림소유자 이외 산림을 이용하여 수익을 얻으려는 자의 범위에 대해서는 구체적으로 규정된 것은 없으나 산림에 대한 사용·수익권을 가진 자는 물론 사실상 산림을 이용하여 수익을 얻으려는 자까지 포함하는 것으로 넓게 해석해야 할 것이다.

Ⅲ. 산림기본계획 및 연차보고

[1] 산림기본계획

1. 계획의 성격

현행법에 따라 수립·시행하는 산림기본계획은 산림행정에 있어서 행정계획의 최상위에 있는 계획에 해당한다. 이러한 산림기본계획은 전반적인 산림정책을 대상으로 하는 종합계획으로서 20년마다 수립하는 장기계획이며, 법적으로도 구속력

5) 이에 따르면 대법원은 "「산림자원의 조성 및 관리에 관한 법률」 제6조가 산림소유자에게 지속가능한 산림경영의 평가기준 및 평가지표에 맞게 산림을 관리하도록 노력할 일반적인 의무를 부여하고 있는 점 등에 비추어 보면, 이 사건 조례규정 등이 산림자원법의 목적 및 효과를 저해한다고 볼 수 없으므로 산림자원법에 위반되지 아니한다"라고 판결하였다(대판 2014. 2. 27. 2012두15005).

을 가지는 구속적 계획에 속하는 것이다.

산림기본계획은 산림법 체계상 최상위의 계획으로서 제11조 제2항에 따른 지역산림계획뿐만 아니라 각 개별법에 따른 다양한 산림행정계획의 기본이 된다. 여기에서 '기본이 된다'라는 의미는 각 개별계획의 정책방향 및 주요내용 등이 산림기본계획에서 벗어나지 않아야 한다는 소극적인 차원만이 아니라 보다 적극적으로 산림기본계획의 구체적인 실현에 기여하여야 한다는 것을 의미하는 것이다.

2. 계획의 체계

가. 산림법에 따른 다른 계획과의 관계

산림기본계획을 중심으로 하는 산림행정계획의 체계에 대하여 「산림기본법」이 시행되기 이전에는 산림기본계획－지역산림계획－산림경영계획으로 이어지는 하향식 체계를 중심으로 설명하는 것이 일반적이었다.[6] 이것은 「산림기본법」이 시행된 2002년 1월 1일 이전에는 구 「산림법」이 산림계획에 대하여 규정하고 있었는데,[7] 이에 따르면 산림기본계획－지역산림계획－영림계획이 일관되게 규정되어 있었을 뿐만 아니라 지역산림계획은 산림기본계획에 따라 작성하고, 영림계획은 지역산림계획과 대상 산림의 현황에 부합되게 작성하도록 명문화되어 있었기 때문으로 이해된다.[8]

그러나 「산림기본법」이 시행되면서 현재에는 산림기본계획과 지역산림계획 및 산림경영계획[9]은 그 근거법률이 달라졌을 뿐만 아니라 산림경영계획의 경우에도 지방자치단체의 장 외의 공유림 소유자 또는 사유림 소유자가 이를 작성하는 경우에는 산림기본계획 및 지역산림계획을 따르도록 하는 규정이 없음을 고려하면

---

6) 박태식 외 13인, 「산림정책학」, 향문사, 1997, 154~155면.

7) 구 「산림법」(법률 제6446호, 2001. 9. 29.)의 관련 규정은 다음과 같다. ① 산림청장은 산림자원의 조성을 도모하며, 산림시업의 합리화를 기하기 위하여 대통령령이 정하는 바에 따라 전국의 산림을 대상으로 산림기본계획을 작성하여야 한다(제6조 제1항). ② 시・도지사 또는 지방산림관리청장은 제6조의 규정에 의한 산림기본계획에 따라 지역산림계획을 작성하여야 한다(제7조 제1항). ③ 시장・군수는 산림의 보호・육성을 위하여 필요하다고 인정하는 경우에는 농림부령이 정하는 바에 따라 공유림 또는 사유림의 산림소유자…의 신청을 받아 공유림 또는 사유림의 영림계획을 인가하고, 필요한 경영지도 등을 할 수 있다(제8조 제1항).

8) 구 「산림법」 시행령(대통령령 제17377호, 2001. 9. 29.)은 영림계획의 작성기준에 대하여 "법 제8조의 규정에 의한 영림계획은 지역산림계획과 대상산림의 현황에 부합되도록 영림계획구별로 10년을 단위로 하여 연차별로 구분하여 작성하되, 그 내용에는 다음 각호의 사항이 포함되도록 하여야 한다"라고 규정하고 있었다(시행령 제8조 제1항).

9) 구 「산림법」이 폐지되고 「산림자원의 조성 및 관리에 관한 법률」이 제정되면서 영림계획은 산림경영계획으로 변경되었다.

(산림자원의 조성 및 관리에 관한 법률 시행규칙 제7조),[10] 산림기본계획－지역산림계획－산림경영계획으로 산림계획의 체계를 설명하는 것은 부족해 보이는 것이 사실이다.

이를 반영하여 어떤 입장에서는 국유림과 사유림을 구분한 후에 국유림은 산림기본계획－지역산림계획－국유림종합계획－국유림경영계획으로, 사유림은 산림기본계획－지역산림계획－산림경영계획으로 체계화하여 ‘우리나라의 산림경영계획은 단계별 하향식 체계로 이루어져 있다’라고 설명하기도 한다.[11] 그러나 이러한 설명은 충분한 의미가 있음에도 불구하고 (1) 지방자치단체의 장 외의 공유림 소유자나 사유림 소유자가 산림경영계획을 작성하는 경우에는 부합하지 않으며, (2) 확장된 산림정책 개념이 아니라 전통적인 산림경영의 틀 안에서만 산림계획제도를 설명하는 한계를 가지고 있는 것으로 보인다.

사실 산림계획제도에 있어 보다 중요한 것은 이처럼 산림경영계획을 중심으로 계획제도를 이해하는 것이 아니라 「산림기본법」을 중심으로 각 개별법이 규정하고 있는 다양한 계획제도를 체계화하는 것이라고 생각한다. 앞에서 이미 살펴본 것처럼 산림법 체계 내에서 각 개별법들은 확장된 산림정책 분야별로 방대한 행정계획을 수립·집행하도록 규정하고 있는데, 이러한 개별 행정계획들이 산림기본계획을 중심으로 서로 잘 짜인 그물처럼 연계되어 작동하도록 하는 것이야말로 산림계획제도의 핵심적인 과제이기 때문이다. 이러한 관점에서 우선 산림계획평가체계에 관한 내용을 「산림기본법」에 신설함으로써 개별법에 의한 행정계획을 산림기본계획에 따라 평가하고 체계화하는 틀을 만드는 방안에 대하여 신중히 검토할 필요가 있어 보인다.

나. 다른 법률에 의한 계획과의 관계

산림기본계획은 산림법 체계 내에서는 다른 계획에 우선하는 최상위의 계획이지만, 산림법 이외 다른 법률에 의한 계획과의 관계에 있어서는 그 법률이 정하는 바에 따르게 된다. 그러나 특별한 규정이 없는 경우에는 산림법과 다른 법률 간의 우선순위에 차이를 인정할 수 없으므로, 각각의 법률에 근거한 계획 간에도 별도의 규정이 없는 경우에는 우선순위의 차이를 인정할 수 없다고 보아야 할 것이다.

그러나 예외적으로 다른 법률에서 계획 간의 우선순위에 대하여 규정을 두고

---

10) 다만, 현재에도 시·도지사 또는 시장·군수·구청장이 산림경영계획을 수립하는 때에는 「산림기본법」 제11조에 따른 산림기본계획 및 지역산림계획 등에 부합하게 수립하도록 규정하고 있다(「산림자원의 조성 및 관리에 관한 법률 시행령」 제7조).

11) 우종춘 외 12인, 「신고 산림경영학」, 향문사, 2017, 170면.

있는 경우에는 해당 법률의 관련 규정에 따라야 하는 것은 당연하다. 예를 들면 「국토기본법」은 국토 전역을 대상으로 하여 국토의 장기적인 발전방향을 제시하는 종합계획인 국토종합계획에 대하여 규정하면서(같은 법 제6조 제2항 제1호), 같은 법 제8조에서 "이 법에 따른 국토종합계획은 다른 법령에 따라 수립되는 국토에 관한 계획에 우선하며 그 기본이 된다. 다만, 군사에 관한 계획에 대하여는 그러하지 아니하다"라고 하여 국토종합계획이 국토에 관한 한 다른 계획에 우선함을 분명히 하고 있다. 그러므로 이러한 범위에서 국토종합계획은 산림기본계획에 우선하며,[12] 따라서 산림기본계획을 수립하는 경우 국토에 관한 계획을 정하는 때에는 해당 법률에서 정한 대로 국토종합계획의 기본방향 및 내용 등을 기본으로 수립해야 할 것이다.

3. 계획의 수립

가. 계획 수립의 기초

산림기본계획은 전국의 산림을 대상으로 지속가능한 산림경영이 이루어지도록 수립·시행하여야 하는 것이므로 산림자원 및 임산물의 수급에 관한 장기전망을 기초로 하여야 한다(제11조 제1항). 그러나 이러한 장기전망은 사실 산림기본계획의 수립을 위한 것만은 아니며, 일반적인 산림정책을 위해서도 반드시 필요한 것이므로 「산림기본법」은 제10조 제1항에서 "산림청장은 산림자원 및 임산물의 수요와 공급에 관한 장기전망을 공표하여야 한다"라고 하여 이를 포괄적으로 규정하고 있다.

나. 수립권자 및 수립기간

산림기본계획은 산림청장이, 지역산림계획은 특별시장·광역시장·특별자치시장·도지사·특별자치도지사[시·도지사][13] 및 지방산림청장이 수립·시행한다(제11조 제1항·제2항). 산림기본계획과 지역산림계획은 20년마다 수립하나 산림의 상황이나 경제사정의

12) 이러한 문제를 해결하기 위하여 「환경정책기본법」은 제4조 제3항에서 "국가…는 지속가능한 국토환경 유지를 위하여 제1항에 따른 환경계획…을 수립할 때에는 「국토기본법」에 따른 국토계획과의 연계방안 등을 강구하여야 한다"라고 하면서, 같은 조 제4항에서 "환경부장관은 제3항에 따른 환경계획과 국토계획의 연계를 위하여 필요한 경우에는 적용범위, 연계방법 및 절차 등을 국토교통부장관과 공동으로 정할 수 있다"라고 하여 환경계획과 국토계획 간의 관계에 대하여 입법적으로 정리하고 있다.

13) 통상적으로 법령에서 시·도는 특별시·광역시·특별자치시·도·특별자치도를 말하며, 시·도지사는 특별시장·광역시장·특별자치시장·도지사·특별자치도지사를 말한다. 또한 시·군은 시·군·자치구를, 시장·군수는 시장·군수·구청장(자치구의 구청장)을 의미한다. 「산림기본법」에서도 이러한 통상의 예에 따라 관련 규정을 두고 있는데(제11조 제2항, 시행령 제5조 제1항·제2항 및 제6조 제1항), 각 개별법에서 시·도(시·군) 등이 사용된 경우에는 직접 해당 법령에서 그 정확한 의미를 확인해야 할 것이다.

현저한 변경 등의 사유가 있는 경우에는 이를 변경할 수 있다(제11조 제3항). 여기에서 지역산림계획의 경우 산림기본계획에 따라 관할구역에 소재한 산림의 특수성을 고려하여 수립하는 것이므로 그 계획기간과 산림기본계획의 수립기간이 같은 것은 당연하다.

다. 산림계획구

산림기본계획은 전국의 산림을 대상으로 하되, 일정한 지역을 단위로 하여 수립한다. 산림기본계획을 수립하는 이러한 단위를 산림기본계획구라고 하는데, 현재에는 특별시 · 광역시 · 특별자치시 · 도 · 특별자치도[시 · 도]와 지방산림청을 그 기본계획구로 하고 있다. 이에 따르면 시 · 도의 산림기본계획구는 시 · 도의 행정구역에서 산림청 소관 국유림이 소재한 구역을 제외한 구역을 말하며, 지방산림청의 산림기본계획구는 지방산림청의 관할구역 중 산림청 소관 국유림이 소재한 구역을 말한다(시행령 제5조 제1항).

지역산림계획의 경우에는 지역산림계획구를 단위로 하여 수립하는데, 이러한 지역산림계획구는 시 · 군 · 자치구[시 · 군]의 지역산림계획구와 지방산림청 국유림관리소의 지역산림계획구로 구분한다(시행령 제5조 제2항). 이에 따르면 시 · 군의 지역산림계획구는 시 · 군의 행정구역에서 산림청 소관 국유림이 소재한 구역을 제외한 구역을 말하며, 지방산림청 국유림관리소의 지역산림계획구는 지방산림청 국유림관리소 관할구역 중 산림청 소관 국유림이 소재한 구역을 말한다.

산림청장은 산림기본계획구나 지역산림계획구와 같이 지방자치단체의 행정구역이나 산림행정기관의 관할구역이 아니라 산림의 특성을 감안하여 산림계획구를 설정할 수도 있다. 이것은 산림이 지역적으로 단절되어 있는 것이 아니라 일정한 권역에 따라 그 생태적 · 경제적 특성이 유사하다는 점에 착안한 것이다. 이에 따르면 산림청장은 산림의 생태적 · 경제적 특성 등을 감안하여 일정한 지역을 하나의 권역으로 설정하여 산림의 다양한 기능을 통합하여 관리하는 것이 필요하다고 인정하는 경우에는 그 일정한 지역을 산림통합관리권역으로 하고 이를 단위로 산림기본계획구나 지역산림계획구를 정할 수 있도록 하고 있다(시행령 제5조 제3항). 그러나 이러한 산림계획구는 기존의 지방자치단체의 행정구역이나 산림행정기관의 관할구역을 뛰어넘는 것으로서 계획의 수립이나 집행을 계획구역 내에 있는 다수의 지방자치단체나 산림행정기관의 순수한 협조에 의존한다는 점에서 지나치게 이상적인 계획방식이라고 할 수 있을 것이다. 실제로 지금까지 이러한 산림통합관리권역을 단위로 하는 산림기본계획이나 지역산림계획이 활성화되지 않았다는 점은 이러한 사실을 반증하는 것으로 보인다.

4. 계획의 내용

산림기본계획의 내용은 전국의 산림을 지속가능하게 경영하기 위한 사항을 포함하는 것으로서 포괄적이며 종합적이다. 현행법에 따라 산림기본계획에 포함될 이러한 내용에는 산림시책의 기본목표 및 추진방향, 산림자원의 조성 및 육성에 관한 사항, 산림의 보전 및 보호에 관한 사항, 산림의 공익기능 증진에 관한 사항, 산사태 · 산불 · 산림병해충 등 산림재해의 대응 및 복구 등에 관한 사항, 임산물의 생산 · 가공 · 유통 및 수출 등에 관한 사항, 산림의 이용구분 및 이용계획에 관한 사항, 산림복지의 증진에 관한 사항, 탄소흡수원의 유지 · 증진에 관한 사항, 국제산림협력에 관한 사항, 그 밖에 산림 및 임업에 관하여 대통령령으로 정하는 사항 등이 있다(제11조 제1항). 여기에서 '산림 및 임업에 관하여 대통령령으로 정하는 사항'이란 임도 등 산림경영기반의 조성에 관한 사항과 산림통합관리권역의 설정 및 관리에 관한 사항을 말한다(시행령 제4조). 산림기본계획의 내용을 이처럼 법률의 규정에 의한 사항과 대통령령에 의한 사항으로 구분한 것은 입법상의 편의를 위한 것으로서 그 내용들 사이에 중요성이나 효력의 차이가 있는 것은 아니다.

지역산림계획은 산림기본계획에 따라 수립되는 것이므로 원칙적으로 계획에 포함되는 사항에는 차이가 없다고 보아야 한다. 그러나 지역산림계획은 본질상 지역의 산림을 대상으로 하는 것으로서 관할구역에 소재한 산림의 특수성을 고려하여야 하므로 산림기본계획의 내용과 일부 차이가 발생할 수도 있다(제11조 제2항). 그러나 이 경우에도 그 내용은 산림기본계획에 따라야 한다는 원칙에서 자유로울 수 없다는 것은 당연하다고 할 것이다.

5. 수립절차

가. 산림기본계획

A. 계획수립 전 단계

산림청장은 산림기본계획을 수립하기 전에 필요한 경우에는 관계 중앙행정기관의 장[14] 또는 시 · 도지사에게 관련 자료의 제출을 요청할 수 있다(제11조 제8항). 이 경우

---

14) 중앙행정기관의 장이란 「정부조직법」 제2조 제2항에 따른 중앙행정기관인 부 · 처 · 청 및 위원회의 장으로서 통상적으로 장관 · 처장 등을 말하며 산림청장도 이에 해당한다. 따라서 '관계

산림청장으로부터 자료의 제출을 요청받은 관계 기관의 장은 정당한 사유가 없으면 이에 따라야 한다.

B. 계획의 수립단계

산림청장은 관계 중앙행정기관의 장과 협의하여 산림기본계획을 수립·시행하여야 한다(제11조 제1항). 이것은 산림기본계획이 산림에 관한 사항을 정하는 행정계획이지만 국토·환경 및 농업은 물론 안전·복지 등과도 밀접하게 연관되어 있기 때문이다. 특히 산림기본계획은 장기계획으로서 정부의 중장기 재정계획과 밀접한 관련이 있으므로 기획재정부와의 협의는 매우 중요한 문제가 된다.[15)]

관계 중앙행정기관의 장과의 협의는 미리하여야 한다. 이러한 협의는 산림청장이 내부적으로 산림기본계획안을 수립한 후에 이를 관계 중앙행정기관의 장에게 보내는 방식으로 추진되며, 만일 관계 중앙행정기관의 장이 협의안에 대하여 의견을 제시하면 산림청장은 이를 검토하여 산림기본계획에 반영하거나 불수용하는 절차로 진행하게 된다.

이와 관련하여 산림기본계획을 변경하는 경우에도 관계 중앙행정기관의 장과 협의하여야 하는지에 대해서는 검토가 필요한 것으로 보인다. 이는 「산림기본법」이 산림기본계획을 변경하는 경우에는 그 수립과는 달리 관계 중앙행정기관의 장과 협의하는 규정을 별도로 두고 있지 않기 때문이다. 그러나 (1) 통상적으로 계획을 수립하는 절차는 해당 계획을 변경하는 경우에도 그대로 적용하는 것이 원칙이라는 점과 (2) 특별히 산림기본계획을 변경하는 경우에만 이러한 원칙에 예외를 둘 이유가 없다는 점에서 이는 입법의 흠결로 보는 것이 타당해 보인다. 따라서 추후 개정시에는 산림기본계획을 수립하는 경우만이 아니라 변경하는 경우에도 관계 중앙행정기관의 장과 협의하도록 명문으로 규정하는 방안을 검토해야 할 것이다.

산림청장은 산림기본계획을 수립하거나 변경하려는 경우에는 관계 중앙행정기관의 장과의 이러한 협의와는 별도로 관계 행정기관의 장 및 시·도지사의 의견을

중앙행정기관의 장'이란 예를 들어 국토교통부장관이나 환경부장관과 같이 산림기본계획의 수립과 관계된 중앙행정기관의 장을 의미한다. 한편 '관계 행정기관의 장'이란 중앙행정기관이 아닌 행정기관의 장으로서 예를 들어 지방국토관리청장이나 지방환경관서의 장 또는 시장·군수·구청장 등과 같이 산림기본계획의 수립과 관계된 행정기관의 장을 말한다(시행령 제6조 제2항).

15) 사실 정부 내의 재정을 책임지는 기획재정부와의 협의는 결코 쉽지 않은 일인데, 그 결과 기획재정부와의 이러한 협의에 부담을 느끼는 일부의 중앙행정기관에서는 이를 회피하기 위하여 장기계획을 수립하더라도 재정의 투·융자계획은 그 계획내용에서 제외하기도 한다.

들어야 한다(시행령 제6조 제1항). 여기에서 '의견을 들어야 한다'라는 것은 통상적인 의미에서 의견을 제시하고 이를 듣는다는 것이며, 따라서 서로 협력하여 의견을 나누고 그 의견이 일치되어야 하는 협의와는 다른 것이다. 이러한 의견수렴의 절차는 계획을 수립하기 전에 미리하여야 하며, 이는 비록 명문상 규정이 없더라도 그 취지상 당연하다고 할 것이다.

C. 계획수립 이후 단계

산림청장은 산림기본계획을 수립하거나 변경한 때에는 관계 중앙행정기관의 장 및 시·도지사에게 이를 통보하고 국회 소관상임위원회에 제출하여야 한다(제11조 제6항). 이와 관련하여 특히 현행법에 따라 수립 또는 변경된 산림기본계획을 국회 소관상임위원회에 제출하도록 하는 것은 행정부에 대한 국회의 통제기능을 제고하기 위한 것으로서 「산지관리법」에 따른 산지관리기본계획(같은 법 제3조 의2 제5항)이나 「산림자원의 조성 및 관리에 관한 법률」에 따른 산림복원 기본계획(같은 법 제42조 의3 제6항) 등의 경우에도 유사한 내용으로 규정되어 있다.

산림청장은 산림기본계획을 수립하거나 변경하였을 때에는 지체 없이 그 개요를 고시하고, 대통령령으로 정하는 바에 따라 산림기본계획을 공표하여야 한다(제11조 제7조 및 시행령 제6조 제1항·제4항). 이에 따르면 현재 산림기본계획의 공표는 수립 또는 변경된 산림기본계획의 내용을 산림청의 인터넷 홈페이지에 게재하는 방법에 따르도록 하고 있다.

나. 지역산림계획

시·도지사 또는 지방산림청장은 산림청장으로부터 산림기본계획의 수립이나 변경에 관한 통지를 받은 날부터 1년 이내에 지역산림계획을 수립 또는 변경하여야 한다(제11조 제2항 및 시행령 제6조 제2항·제3항). 이 경우 시·도지사 또는 지방산림청장은 지방환경관서의 장의 의견을 들어야 하며, 현행법에 따라 지역산림계획을 수립 또는 변경한 때에는 지체 없이 시장·군수·자치구의 구청장 또는 지방산림청 국유림관리소장에게 통지하고 그 개요를 고시하여야 한다. 이는 지역산림계획이 지역 내의 환경정책과 시·군 및 국유림관리소의 산림행정에 미치는 영향을 감안한 것으로 이해된다.

6. 집행 및 평가

산림청장은 지방자치단체에 대하여 산림기본계획 및 지역산림계획의 추진실적 등을 평가하고 그 결과에 따라 예산을 차등지원할 수 있다(제11조 제5항). 행정계획의 본질은 일정한 기간 내에 도달하고자 하는 목표를 설정하고, 이에 필요한 수단들을 조정 · 통합하여 그 목표를 달성하는 것에 있다. 따라서 목표의 설정과 그 목표의 달성도는 행정계획의 핵심개념에 속하는 것으로서 행정계획을 정책적 비전이나 구호와 구별해 주는 기준이 되기도 한다.

산림기본계획이나 지역산림계획의 경우에도 계획의 성과를 달성하는 일은 매우 중요하다. 그러나 장기간에 걸쳐 전국을 대상으로 실행하는 종합계획에서 일정한 성과를 내는 것은 결코 쉬운 일이 아니다.[16] 사실 산림기본계획이나 지역산림계획을 포함한 산림정책의 성패는 결국 우리나라 산림의 대부분을 차지하는 공 · 사유림을 현장에서 경영 · 관리하는 지방자치단체의 손에 달려 있다고 할 수 있다. 그러나 이러한 사실을 알고 있다고 하더라도 지방자치단체의 협조와 참여를 이끌어내는 일은 훨씬 어려운 일이다. 지방자치단체 내에서 산림정책이 차지하는 정책적 우선순위와 재정적 지원을 포함한 인적 · 물적 자원의 배분정도, 지방자치단체의 장의 관심도 등이 산림행정에게 결코 유리한 것만은 아니기 때문이다.

이러한 관점에서 지방자치단체에 대하여 산림기본계획 및 지역산림계획의 추진실적 등을 평가하고 그 결과를 예산지원과 연계하는 것은 매우 바람직한 것으로 생각된다. 성과에 대한 평가에 따라 지방자치단체에 대한 국고지원 예산을 차등지원한다면, 지방자치단체의 협조와 참여를 이끌어내는 데 있어 분명히 효과적일 것이기 때문이다. 다만, 문제는 평가의 공정성과 엄정한 실행력의 확보 및 차등지원하는 예산의 규모 등에 있어 보인다. 예를 들어 차등지원하는 예산의 규모가 너무 작아서 지방자치단체가 인센티브로 느끼지 못한다면, 이러한 평가제도는 아무런 효과도 없을 것이기 때문이다. 따라서 기존의 평가제도와는 달리 산림기본계획이나 지역산림계획에 대한 이러한 평가를 보다 구체적으로 제도화하는 방안을 법체계 내에 명문화하는 것도 신중하게 검토할 필요가 있을 것이다.

[2] 연차보고

정부는 매년 산림과 임업의 동향 및 시책 등에 관한 보고서를 작성하여 국회에 제출하고, 대통령령으로 정하는 바에 따라 이를 공표하여야 한다(제12조 및 시행령 제7조). 여기에서 '대통령령으로 정하는 바'란 산림청의 인터넷 홈페이지에 게재하는 것을 의미한다.

정부가 이와 같이 매년 국회에 주요 행정분야의 현황과 정책동향에 대하여 보

---

16) 이런 점에서 「제1 · 2차 국토(치산)녹화 10개년계획」의 성취가 오히려 예외적인 것으로 여겨지기도 한다. 당시에 보여주었던 정부 전체의 강력한 의지와 행정력의 결집, 그리고 무엇보다도 범국민적인 참여와 지지는 결코 일반적인 것은 아니기 때문이다.

고서를 제출하는 것은 국민의 대의기관으로서 입법권과 행정부에 대한 통제권을 가진 국회에게 정부정책에 대한 이해를 구하고 협조를 얻어내기 위한 것이다. 이것은 정부가 적극적으로 정부정책의 현황과 정책동향을 국회에 제공한다는 측면에서 국회가 일반 국정에 대한 통제권의 일종으로 가지는 국무총리・국무위원 또는 정부위원 등에 대한 출석요구 및 질문권(헌법 제62조 제1항・제2항)에 정부가 소극적으로 따르는 것과는 의미가 다른 것이다.

국회에 대한 정부의 이러한 연차보고서 제출 및 공표에 관한 내용은 주요 정부정책별로 이루어지는데, 대개는 각 주요 정책의 기본법에 그 근거를 두고 있다. 예를 들면 「농업・농촌 및 식품산업 기본법」은 제17조에서 "정부는 매년 농업・농촌 및 식품산업의 현황과 정책동향 등에 관한 보고서를 작성하여 국회에 제출하여야 한다"라고 규정하고 있으며,[17] 「환경정책기본법」의 경우에도 제11조에서 "정부는 매년 주요 환경보전시책의 추진상황에 관한 보고서를 국회에 제출하여야 한다"라고 하면서 보고서에 포함될 사항을 구체적으로 규정하고 있다.

법률에 산림과 임업의 동향 및 시책 등에 관한 보고서를 국회에 독자적으로 제출할 수 있도록 규정하고 있는 것은 산림과 임업의 독자성과 중요성을 명문으로 선언하고자 하는 산림・임업계의 의도도 담겨 있는 것으로 생각되는데,[18] 이것은 1996년 6월 12일 당시 정책담당자의 의지가 담겨 작성된 '산림정책기본법(안)'에 연차보고[19]의 내용이 규정된 이래 현재까지 이에 대한 이의가 없이 관련 규정이 일관되게 유지되어 오고 있는 사실로 추론할 수 있다.[20]

---

17) 이와 관련하여 「농업・농촌 및 식품산업 기본법」은 "시・도지사와 시장・군수・자치구의 구청장은 매년 그 지역의 농업・농촌 및 식품산업의 현황과 정책동향 등에 관한 보고서를 작성하여 해당 지방의회에 제출하여야 한다"(같은 법 제17조 제2항)라고 규정하고 있는데, 이는 지방자치단체에서 지방의회가 가지는 지위와 기능을 적극적으로 고려한 것으로서 산림정책에 있어서도 참고할 필요가 있는 것으로 생각된다.

18) 실제로 2002년 「산림기본법」이 시행되기 이전에는 산림과 임업의 동향 및 시책 등에 관한 보고는 농림부의 「농정에 관한 연차보고서」에 임업부문으로 포함하여 함께 보고되었다(농림부, 「2000년도 농정에 관한 연차보고서」, 2000, 405면 이하).

19) 산림청(2002)의 「산림기본법 제정 자료 모음집」 47면.

20) 산림과 임업 동향에 관한 연차보고서는 크게 산림 및 임업의 동향과 주요 정책으로 구분하여 작성한다. 예를 들어 「2019년도 산림과 임업 동향에 관한 연차보고서」의 경우에는 ① 산림 및 임업의 동향에 대하여 산림자원, 산림생태 및 산림재해, 산림경영, 산림산업 등에 관한 국내의 동향과 국제동향, 국제협약 및 국제기구에 대한 동향으로 나누어 구성하고, ② 산림 및 임업에 관한 주요 정책에 대해서는 산림정책 방향과 재정투자, 산림자원 순환경제 구축, 산림 일자리 창출, 산림복지서비스 증진 및 사람중심의 녹색공간 조성, 산림생태계보전 및 산림재해 대응 강화, 국제협력 및 신기후체제 대응, 산림분야 R&D 강화, 개방과 소통의 산림행정 구현 등으로 구분하여 작성되어 있다. 이러한 내용은 산림과 임업의 동향 및 주요 정책을 망라하고 있는 것으로서 국회에 대한 연차보고의 취지를 잘 반영하여 구성하고 있는 것으로 평가된다(산림청,

Ⅳ. 시책의 기본방향 및 주요 내용

[1] 산림의 보전 및 이용

1. 시책의 기본방향

국가 및 지방자치단체는 산림시책과 이에 관련된 사업을 추진함에 있어서 지속가능한 산림경영을 위하여 산림의 보전과 이용이 조화를 이루도록 노력하여야 한다(제5조 제1항). 현행법에 따른 시책의 이러한 기본방향[21]은 국가 및 지방자치단체가 그 책무로서 산림의 보전 및 이용에 관한 종합적인 시책을 수립·시행하고, 이에 필요한 법제 및 재정에 관한 조치를 하는 경우(제4조 제1항·제2항)에는 산림의 보전과 이용이 조화를 이루도록 노력하여야 한다는 원칙을 선언한 것으로 이해된다.

산림의 보전과 이용에 관한 이러한 규정은 현행법 제2조의 기본이념을 구체화한 것으로서 산림법의 지속가능성의 원칙과 통합성의 원칙을 재확인하고 있을 뿐만 아니라, 이를 산림시책만이 아니라 그 시책에 관련된 사업을 추진하는 경우에도 적용하도록 함으로써 현행법의 기본이념과 산림법의 원칙을 현장에도 확산시키려는 정책적 의도를 분명히 하고 있는 것으로 보인다.

특히 현행법은 제5조 제2항에서 "국가 및 지방자치단체는 지속가능한 산림경영과 종합적·효율적인 산림관리를 위하여 산림을 이용목적에 따라 구분·관리하여야 한다"라고 함으로써 이용목적에 따라 산림을 구분·관리하는 방안을 산림의 합리적 보전 및 이용을 위한 시책의 기본방향으로 규정하고 있는데,[22] 산림청장은 이를 위하여 「산림자원의 조성 및 관리에 관한 법률」에 따라 전국의 산림을 6대

「2019년도 산림과 임업 동향에 관한 연차보고서」, 2020).

21) 「산림기본법」 제5조~제9조에서 규정하고 있는 '시책의 기본방향'은 산림의 보전 및 이용에 관한 종합적인 시책(제4조 제1항)을 구체화한 것으로서 산림정책 분야별로 수립되는 개별 시책의 기본방향을 의미하는 것으로 이해된다. 따라서 이를 분야별 산림정책 방향으로 이해하여도 큰 무리는 없을 것이다. 다만, 이와 관련하여 법률에서 규정하고 있는 시책의 대상이 확장된 산림정책의 범위를 모두 포함하고 있는 것으로 보기는 어려우므로 그 내용은 예시적인 것으로 보아야 하나, 현행법이 시책의 기본방향에서 정한 대상에 따라 제13조 이하에서 그 세부적인 내용을 규정하는 형식으로 구성되어 있는 점을 고려하면, 이를 단순히 예시적인 것으로 보는 것도 무리가 있다고 여겨진다. 따라서 현행법에 규정된 시책의 대상은 통상적인 의미에서의 예시가 아니라 법제정 당시의 핵심정책을 명문으로 규정한 것으로 이해하는 것이 보다 합리적일 것이다.

22) 「산림기본법」은 이와 같이 산림을 이용목적에 따라 구분·관리하도록 하는 내용을 시책의 기본방향에서 규정하고 있으나, 이러한 법체계와는 별도로 실제 그 내용은 산림의 합리적인 보전과 이용을 구체화하기 위한 규정으로 이해하는 것이 바람직해 보인다.

기능[23]별로 구분한 기능구분도를 작성하여 경영·관리하고 있으며(같은법 제8조), 국유림의 경우에는 「국유림의 경영 및 관리에 관한 법률」에 따라 보전국유림과 준보전국유림으로 구분하여 관리하고 있다(같은법 제16조). 또한 산지의 경우에도 「산지관리법」에 따라 보전산지와 준보전산지로 구분한 후에 그에 따라 허용되는 행위와 제한되는 행위를 엄격히 구별하는 구체적인 규정을 두고 있다(같은법4조및 제9조~제18조).

현행법은 이러한 기본방향에 따라 산림을 합리적으로 보전·이용할 수 있도록 지속가능한 산림경영의 평가기준 및 지표의 설정·운영, 자연친화적인 산림이용, 산림재해에 관한 시책의 수립·시행 등에 관한 규정을 두고 있으며(제13조~15조), 이를 구체적으로 실행하기 위하여 「산지관리법」, 「백두대간 보호에 관한 법률」, 「산림자원의 조성 및 관리에 관한 법률」, 「산림보호법」 등을 두고 있다.

2. 주요 내용

가. 지속가능한 산림경영의 평가기준 및 지표

현행법은 지속가능한 산림경영을 기본이념으로 하고 있으며, 이를 위하여 국가와 지방자치단체에게 산림시책 및 이에 관련된 사업을 추진함에 있어서 산림의 보전과 이용이 조화를 이루도록 노력할 의무를 부여하고 있다(제2조및 제5조 제1항). 이러한 지속가능성의 원칙은 산림법의 핵심가치 중의 하나로서 산림법 전반에 반영되어 있는 원칙이다. 그러나 이를 산림정책에 구체화하고 실제 현장에서 이행하기 위해서는 산림의 지속가능성에 대한 기준과 지표를 먼저 마련하고, 이러한 기준과 지표에 따라 정책과 사업의 성과를 측정·평가하여 그 결과를 환류하는 체계를 마련하는 것이 중요하다. 이것은 국가 차원에서 지속가능한 발전의 달성을 목적으로 하는 「지속가능발전법」이 "국가는 지속가능발전지표를 작성하여 보급하여야 한다"라고 하면서 지속가능발전위원회가 이러한 지속가능발전지표에 따라 2년마다 국가의 지속가능성을 평가하도록 하고 있는 것에서 잘 알 수 있다(같은법 제13조 제1항·제2항).

이러한 취지에서 현행법 제13조 제1항이 "국가 및 지방자치단체는 지속가능한 산림경영을 위하여 산림의 지속가능성을 측정·평가하기 위한 기준 및 지표를 설정·운영하여야 한다"라고 규정하고 있는 것은 지속가능한 산림경영을 위하여 큰 의미가 있다고 할 것이다. 더군다나 현행법은 이에 그치지 않고 같은 법 제13조

---

23) 산림의 6대 기능이란 ① 수원의 함양, ② 산림재해방지, ③ 자연환경 보전, ④ 목재생산, ⑤ 산림휴양, ⑥ 생활환경 보전을 말한다(「산림자원의 조성 및 관리에 관한 법률」 제8조 제1항).

제2항에서 기준과 지표에 따라 산림자원 및 그 구성요소의 변화를 측정·평가하고 그 결과를 산림시책에 반영하도록 노력해야 할 의무까지 규정하고 있는데, 이것은 지속가능발전지표에 따라 2년마다 국가의 지속가능성을 단지 평가하도록 규정한「지속가능발전법」제13조 제2항의 규정보다 오히려 강화된 내용으로서 지속가능한 산림경영에 대한 정책적 의지를 분명히 드러내기에 충분한 규정으로 이해된다.[24]

현행법의 이러한 내용은「산림자원의 조성 및 관리에 관한 법률」에 구체적으로 반영되어 있으며, 특히 다음과 같은 규정들은 이를 이행하기 위한 대표적인 법적 조치로 이해된다.

- 산림소유자는「산림기본법」제13조에 따른 지속가능한 산림경영의 평가기준 및 평가지표에 맞게 산림을 관리하도록 노력하여야 한다(같은법 제6조).
- 국가는 산림의 생태적·물리적·사회적·경제적 요소 등을 고려하여 대통령령으로 정하는 바에 따라 산림의 지속가능한 정도를 나타내는 산림지속성지수를 개발하고 공표할 수 있다(같은법 제7조 제1항).
- 국가와 지방자치단체는 산림의 종류와 특성에 따라 산림지속성지수를 유지하고 증진하기 위한 계획을 수립·시행하여야 하며, 산림지속성지수가 현저히 떨어지거나 떨어질 우려가 있다고 인정되면 산림의 지속성 회복을 위한 대책을 강구하여야 한다(같은법 제7조 제2항).
- 산림청장은 지속가능한 산림경영을 촉진하고 지속가능하게 경영된 산림으로부터 생산된 임산물 및 그 가공품의 사용을 확대하기 위하여 산림경영 및 임산물의 생산·유통에 관한 인증제도 관련 시책을 수립하고 시행하여야 한다(같은법 제7조의2).

나. 자연친화적인 산림 이용

국가 및 지방자치단체는 산림의 자연친화적인 이용을 위하여 산지의 전용기준 마련 등 필요한 시책을 수립·시행하여야 한다(제14조). 여기에서 '자연친화적인 이용'이 무엇인지에 대하여는 논란의 여지가 있으나,「임업 및 산촌 진흥촉진에 관한 법률」에 따른 임업경영의 기본원칙 중 "산림은 자연생태계의 자정능력, 생물다양성, 야생 동·식물의 서식조건 및 자연경관의 특성이 유지될 수 있도록 조성·관

24) 그러나 역시 문제는 법률의 이행력일 것이다. 그러므로 현행법에 따른 기준 및 지표에 따라 측정·평가한 결과가 실제로 산림시책에 어떻게 반영되고 있는지를 모니터링하는 체계를 구축하는 것은 매우 중요한 과제라고 생각한다. 이와 관련하여 지속가능한 산림경영의 성과가 국가지속가능발전목표(K-SDGs)와 어떻게 연계되고 반영되어 있는지에 대해서도 산림정책적 측면에서 깊이 검토하는 것이 필요하다고 생각한다. 현재 국가지속가능발전목표(K-SDGs)는 122개의 세부목표와 214개의 지표로 구성되어 있는데, 이에 대하여는 지속가능발전포털(http://ncsd.go.kr)의 관련내용을 참고하라.

리하여야 한다"라는 내용과 같은 법에 따른 산촌진흥의 기본원칙 중 "산림생태계 및 동·식물 보존 등 환경에 미치는 영향을 고려하여 산촌을 자연친화적으로 개발하여야 한다"라는 규정을 고려할 때(같은법 제3조 제1항 제2호 및 제2항 제2호), 지속가능한 산림경영의 원칙에 따라 산림생태계 및 경관 등 산림에 미치는 영향을 최소화하는 이용이라고 정의할 수 있을 것이다.[25]

산림의 이러한 자연친화적인 이용의 원칙은 산지의 경우에도 적용되고 있는데, 「산지관리법」은 이러한 취지에 따라 "…산지전용은 자연친화적인 방법으로 하여야 한다"라고 규정함으로써 자연친화적인 산지전용을 산지관리의 기본원칙으로 선언하고 있다(같은법 제3조). 이러한 관점에서 특히 현행법이 산림의 자연친화적인 이용을 위하여 산지의 전용기준 마련을 명시한 것은 자연친화적으로 산림을 이용하는 데 있어 산지전용이 그만큼 중요하기 때문인 것으로 이해된다. 여기에서 '산지전용'이란 「산지관리법」에 따르면 산지를 조림·숲가꾸기 및 입목의 벌채·굴취, 토석 등 임산물의 채취, 대통령령으로 정하는 임산물의 재배,[26] 산지일시사용 등의 용도 외로 사용하거나 이를 위하여 산지의 형질을 변경하는 것을 말한다(같은법 제2조 제2호). 이러한 산지전용은 산림의 형질에 심각한 변경을 가하는 것으로서 산림의 자연친화적인 이용에 큰 위협이 되는 것이므로 구체적인 경우에 산지전용을 허용할 것인지 아니면 불허할 것인지에 대한 기준을 마련하는 것은 산지정책의 핵심에 속하는 일이라고 할 것이다.

산림을 자연친화적으로 이용하기 위해서는 이와 같이 산지전용의 기준을 마련하는 것과 함께 산지의 구분 및 이에 따른 행위의 제한, 산지전용의 허가·신고제도 등은 물론 산지전용에는 해당하지 않으나 산림의 형질에 큰 영향을 미치는 토석의 채취 등을 포함한 종합적인 산지정책이 요구된다. 이러한 내용은 「산지관리법」에 구체적으로 규정되어 있으며, 이런 점에서 「산지관리법」은 산림의 자연친화적인 이용을 위한 산지정책을 구체화하고 있는 기본적인 법률이라고 할 수 있을

25) 이와 관련하여 「환경정책기본법」은 제37조 제1항에서 "국가 및 지방자치단체는 교통부문의 환경오염 또는 환경훼손을 최소화하기 위하여 환경친화적인 교통체계 구축에 필요한 시책을 마련하여야 한다"라고 하면서, 제3항에서는 "국가 및 지방자치단체는 농림어업부문의 환경오염 또는 환경훼손을 최소화하기 위하여 환경친화적인 농림어업의 진흥에 필요한 시책을 마련하여야 한다"라고 함으로써 환경오염 또는 환경훼손을 최소화하는 것을 환경친화적인 개념으로 사용하고 있다.

26) 그러나 이 경우에도 성토(흙쌓기) 또는 절토(땅깎기) 등을 통하여 지표면으로부터 높이 또는 깊이 50cm 이상 형질변경을 수반하는 경우와 시설물의 설치를 수반하는 경우는 제외한다(「산지관리법」 제2조 제2호 다목).

것이다.

다. 산림재해에 관한 시책

산림보전을 위하여 가장 우선해야 할 과제 중의 하나는 산림을 재해로부터 안전하게 보호하는 것이다. 최근에는 이상기후 현상이 자주 발생하면서 이러한 산림재해에 대한 우려가 더욱 커지고 있는데, 특히 빈발하는 대규모의 산림재해[27]는 산림에 회복할 수 없는 큰 피해를 줄 뿐만 아니라 막대한 인명피해와 물적 손실을 동반한다는 점에서 산림정책적 한계를 넘어 커다란 사회적 문제가 되기도 한다.

이에 따라 현행법은 제15조에서 "국가 및 지방자치단체는 산림자원의 보호 및 안정적인 임업경영을 도모하기 위하여 산사태 · 산불 · 산림병해충 등 산림재해의 예방 · 복구와 산림재해로 인한 피해를 합리적으로 보전하는데 필요한 시책을 수립 · 시행하여야 한다"라고 하면서 산사태 · 산불 및 산림병해충을 대표적인 산림재해로 예시하고, 이를 예방 · 복구하고 그 피해를 보전하기 위한 국가 및 지방자치단체의 의무를 명문으로 규정하고 있다.

산림재해에 대응하기 위한 구체적인 정책에 대해서는 주로 「산림보호법」에서 산림병해충의 예찰 · 방제, 산불의 방지 및 복구, 산사태의 예방 · 대응 및 복구 등과 같이 산림재해별로 구분하여 규정하고 있으며, 이와 함께 「사방사업법」, 「청원산림보호직원의 배치에 관한 법률」, 「소나무재선충병 방제특별법」을 두어 「산림보호법」을 보완하도록 하고 있다.

[2] 산림의 공익기능 증진 등

1. 시책의 기본방향

일반적으로 산림의 기능은 임산물을 생산 · 공급하는 것과 같은 직접적인 경제편익을 제공하는 기능과 시장을 거치지 않는 경제적 편익, 즉 공익적 가치를 제공하는 기능으로 구분할 수 있는데, 산림의 이러한 기능이 지속적으로 유지되면서 충분히 발휘될 수 있도록 하는 것은 지속가능한 산림경영을 위한 산림정책의 최우선 과제이기도 하다. 이러한 관점에서 현행법 제6조가 "국가 및 지방자치단체는

---

27) 우리나라의 일부 사례를 예로 들더라도 2000년 4월 7일~15일에 강원 고성 · 삼척 · 강릉, 경상북도 울진 등의 지역에서 발생한 동해안 대형산불로 인하여 2명이 사망하고 15명이 부상을 입는 인명피해와 함께 23,794ha의 산림이 소실되는 피해를 입었으며, 2011년 7월 27일에는 서울 도심의 우면산에서 발생한 산사태로 인하여 16명이 숨지고 51명이 부상당하는 대형 인명피해가 발생하기도 하였다.

산림이 지니고 있는 국토환경의 보전, 임산물의 공급, 산림복지의 증진 및 탄소흡수원의 유지 · 증진 등 다양한 기능들이 충분하게 발휘될 수 있도록 장기적인 목표와 방향을 설정하여 산림을 조성 · 보호하고 관리하여야 한다"(제6조)라고 규정한 것은 산림의 다양한 기능이 가지는 가치를 재확인하고 그 중요성을 강조하기 위한 것으로 보인다. 여기에서 '국토환경의 보전'이란 산림의 공익적 가치를 포괄적으로 나타낸 것이며, '임산물의 공급'이란 직접적인 경제편익을 제공하는 산림의 기능을 함축적으로 표현한 것으로 생각된다.

현행법 제6조에 명시된 산림의 기능 중 '산림복지의 증진 및 탄소흡수원의 유지 · 증진'이라는 표현은 2015년 1월 개정에 따라 신설된 내용으로서 국토환경의 보전과 함께 공익적 가치를 제공하는 기능에 속하는 것으로 이해해야 할 것이다. 다만, 이에 대하여는 법 제6조의 본문에 이를 규정하기보다는 시책의 기본방향에서 별도의 조문으로 규정하였으면 하는 아쉬움이 남는다.[28]

현행법은 이러한 시책의 기본방향에 따라 제16조부터 제20조의2까지 이를 구체적으로 이행하기 위한 방안을 규정하고 있으며, 또한 이를 보다 체계적으로 수립하고 집행할 수 있도록 「산림자원의 조성 및 관리에 관한 법률」, 「도시숲 등의 조성 및 관리에 관한 법률」, 「수목원 · 정원의 조성 및 진흥에 관한 법률」, 「국유림의 경영 및 관리에 관한 법률」, 「산림복지 진흥에 관한 법률」, 「탄소흡수원 유지 및 증진에 관한 법률」 등을 두고 있다.

2. 주요 내용

가. 조문의 체계

현행법은 제16조부터 제20조의2까지 산림자원의 조성, 산림의 공익기능 증진, 도시지역 산림의 조성 · 관리, 수목원의 보호 및 육성, 산림복지의 증진 및 산림문화의 창달, 기후변화 대응을 위한 산림자원의 활용에 대하여 규정하고 있는데, 이러한 규정들은 모두 산림의 다양한 기능과 관련된 것으로서 법체계상으로는 산림

28) 이러한 관점에서 지난 2015년 1월 20일 개정시에 산림복지의 증진 및 산림문화의 창달(제20조), 기후변화 대응을 위한 산림자원의 활용(제20조의2)에 관한 시책의 근거규정을 신설하면서 '산림복지의 증진, 탄소흡수원의 유지 · 증진'을 현행법 제6조 산림기능의 증진에 포함하여 개정한 것은 안타까운 일이다. 만일 산림복지의 증진, 탄소흡수원의 유지 · 증진에 관한 내용을 시책의 기본방향 내에 별도의 조문으로 신설하였다면, 현재의 법체계를 유지하면서 관련 시책의 법적 근거를 한층 확고히 하는 기회가 될 수도 있었기 때문이다. 이에 대해서는 확장된 산림정책적 관점에서도 마찬가지인데, 추후 개정시에는 산림복지와 산림의 기후변화 대응이라는 확장된 산림정책이 그 정책적 의의에 걸맞은 법적 형식을 갖출 수 있기를 기대한다.

기능의 증진에 관한 제6조의 내용을 구체화하는 것임이 분명하다.

그러나 현행법은 (1) 제16조부터 제20조의2를 별도의 장으로 구분하며 제6조에서 조문제목으로 사용한 산림기능의 증진이라는 표현 대신 '산림의 공익기능 증진 등'이라고 하면서, (2) 이에 덧붙여 산림의 공익기능에 관한 포괄적인 내용을 규정한 제17조 제1항을 제16조 산림자원의 조성에 관한 규정보다 뒤에 위치시킴으로써 조문체계와 해석에 혼란을 주고 있는데,[29] 이것은 제17조가 그 조문의 제목을 '산림의 공익기능 증진'이라고 함으로써 더욱 가중되고 있는 것이 사실이다. 이러한 혼란은 제6조에 따른 임산물의 공급을 위한 시책을 제21조부터 제26조까지 규정된 임업의 육성에 포함시키면서 산림의 다른 기능을 묶어 '산림의 공익기능 증진 등'으로 함으로써 제6조와 그 시책의 내용이 일치하지 않으면서 생긴 것이다. 따라서 이러한 혼란을 피하기 위해서는 현행법 제16조부터 제20조의2의 규정들을 그 시책의 내용에 따라 다음과 같이 다시 체계화하는 것이 필요해 보인다.

- 산림의 공익기능 증진에 관한 포괄적인 규정(제17조)
- 산림의 공익기능 증진을 위한 구체적인 규정: (1) 산림자원의 조성, 도시지역 산림의 조성·관리, 수목원의 보호 및 육성과 같은 산림자원 분야에 관한 내용(제16조 및 제18조·제19조), (2) 산림복지의 증진 및 산림문화의 창달에 관한 내용(제20조), (3) 기후변화 대응을 위한 산림자원의 활용에 관한 내용(제20조의2)

나. 산림의 공익기능 증진

국가 및 지방자치단체는 수원함양, 대기정화, 재해방지, 휴양·치유, 산림생물다양성 보전, 산림경관 보전 및 탄소흡수 등 산림의 공익기능을 증진하기 위하여 필요한 시책을 수립·시행하여야 한다(제17조 제1항). 산림의 공익기능을 증진하기 위한 국

---

29) 이러한 혼란을 초래한 원인은 법제정 당시의 자료를 통하여 확인할 수 있는데, 당초의 "제21조(산림의 녹색댐 기능 및 탄소흡수 기능 등의 증진) ① 국가 및 지방자치단체는 산림의 수자원함양 및 수질정화기능, 탄소흡수 및 산소공급 기능을 높이기 위하여 산림의 조성·관리를 강화하는 시책을 강구하여야 한다"라는 내용이 법제처의 검토를 거치면서 "제17조(산림의 공익기능 증진) ① 국가 및 지방자치단체는 수원함양·대기정화 등 산림의 공익기능을 증진하기 위하여 필요한 시책을 수립·시행하여야 한다"로 바뀌었기 때문이다. 법제처에서 이와 같이 법안을 수정한 이유에 대해서는 알려진 바가 없으나, '산림의 수자원 함양기능'을 강조하려던 의도와 '… 산림조성·관리를 강화하는 시책을 강구하여야 한다'라는 내용이 다른 조문과 중복내지 유사하다는 이유였을 것으로 추정된다. 아무튼 법제처의 이러한 검토로 인하여 「산림기본법」 제17조(산림의 공익기능 증진) 제1항은 포괄적인 규정이 되어 버렸으며, 그 결과 현재와 같이 조문내용이나 체계상에서 혼란을 일으키는 원인을 제공한 것으로 보인다. 따라서 추후 개정시에는 제17조의 내용과 조문의 위치에 대하여 신중하게 재검토해야 할 것으로 보인다. 이에 대하여는 산림청(2002)의 「산림기본법 제정 자료 모음집」, 208면 또는 232면을 참고하라.

가 및 지방자치단체의 이러한 의무는 매우 포괄적인 것으로서 산림정책 전반에 반영되어야 할 것이지만, 특히 「산림자원의 조성 및 관리에 관한 법률」에서는 이를 구체적으로 실천하기 위하여 산림청장에게 '산림생물다양성 기본계획'을 수립·시행하게 하고, 지구온난화 등 기후변화가 산림에 미치는 영향과 그에 따른 산림의 취약성을 5년마다 조사·평가하여[30] 그 결과를 공표하고 정책수립의 기초자료로 활용하도록 하고 있다(같은 법 제42조 제1항 및 제51조의5 제1항).

국가 및 지방자치단체는 산림의 공익기능에 대한 평가를 실시하고 이를 시책에 반영하도록 노력하여야 한다(제17조 제2항). 이에 따라 산림청 국립산림과학원에서는 산림의 공익적 가치 평가액을 주기적으로 발표하고 있으며, 「산지관리법」은 산지전용이나 산지일시사용의 경우에 부과되는 대체산림자원조성비를 산정하는 때에 이러한 산림의 공익적 가치 평가액을 고려하여 그 단위면적당 금액을 정하도록 함으로써 이를 산지정책에 구체적으로 적용하고 있다(같은 법 제19조 제8항·제12항 및 시행령 제24조 제4항).

다. 산림자원 분야에서의 공익기능 증진

A. 산림자원의 조성

국가 및 지방자치단체는 지속가능한 산림경영을 위하여 지역적 특성을 고려한 조림·육림 등의 산림자원 조성시책과 우량한 종자 및 묘목의 공급 등 산림자원의 질을 높이기 위하여 필요한 시책을 수립·시행하여야 한다(제16조 제1항·제2항). 여기에서 '산림자원'이란 「산림자원의 조성 및 관리에 관한 법률」에 따르면 산림에 있거나 산림에서 서식하고 있는 수목·초본류·이끼류·버섯류 및 곤충류 등의 생물자원과 산림에 있는 토석·물 등의 무생물자원 및 산림휴양·경관자원 등으로서 국가경제와 국민경제에 유용한 것을 말한다(같은 법 제2조 제2호). 따라서 산림법상 산림자원이란 통상적으로 생각하는 것처럼 산림 내의 유용한 수목이나 초본류 및 버섯류 등의 범위를 훨씬 넘는 넓은 개념으로 이해하여야 한다.[31]

현행법이 지역적 특성을 고려하여 조림·육림 등의 산림자원 조성시책을 수

---

30) 이에 따라 조사·평가할 내용에는 ① 산림지역의 이상 기상 발생에 관한 사항, ② 산림자원 및 산림생태계 변화에 관한 사항, ③ 임산물 생산성 변화에 관한 사항, ④ 산불, 산사태 및 산림병해충 발생에 관한 사항, ⑤ 산림생태계의 생물다양성, 침입종 및 기후변화 취약종에 관한 사항, ⑥ 그 밖에 조사·평가를 위하여 필요한 사항에 관한 것이 있다(「산림자원의 조성 및 관리에 관한 법률 시행규칙」 제61조의2 제1항).

31) 이러한 관점에서 볼 때 현행법 제16조는 지나치게 산림 내의 수목에 중점을 두고 있는 것처럼 보인다. 지속가능한 산림경영이 균형잡힌 산림생태계를 유지·관리하는 것이라면 산림자원을 바라보는 시각도 수목 중심에서 벗어나 보다 균형적으로 변화될 필요가 있을 것이다.

립 · 시행하도록 규정하고 있는 것은 기후, 토양 및 생태환경 등을 고려하여 자연 친화적인 방법으로 산림자원을 조성하려는 정책적 의지를 강조하기 위한 것으로 보인다(산림자원의 조성 및 관리에 관한 법률 제10조 제1항 및 시행규칙 제6조 제3항). 이는 벌채를 하거나 조림지를 훼손한 자는 벌채지나 훼손지에 조림을 하여야 하지만, 자연적으로 산림이 조성되는 경우에는 예외를 두도록 하고 있는 「산림자원의 조성 및 관리에 관한 법률」 제10조 제1항 단서와 동일한 취지로 이해된다.

현행법이 우량한 종자와 묘목의 공급 등을 강조하여 규정하고 있는 것은 수목의 경우에는 우량종자와 묘목이 조림의 성패를 좌우할 정도로 중요하다는 사실을 반영한 것으로서 특히 「산림자원의 조성 및 관리에 관한 법률」은 제16조부터 제19조에 걸쳐 이에 대하여 구체적으로 규정하고 있다.

B. 도시지역 산림의 조성 · 관리

국가 및 지방자치단체는 도시지역의 산림 및 녹지를 체계적으로 관리하기 위하여 필요한 시책을 수립 · 시행하여야 한다(제18조). 여기에서 '도시지역의 산림 및 녹지'란 「도시숲 등의 조성 및 관리에 관한 법률」에 따른 도시숲으로 이해되는데, 이에 따르면 '도시숲'이란 도시에서 국민의 보건 · 휴양 증진 및 정서함양과 체험활동 등을 위하여 조성 · 관리하는 산림 및 수목으로서 「자연공원법」 제2조에 따른 공원구역은 제외한 것을 말한다(같은 법 제2조 제1호).

이러한 도시숲은 국민의 보건 · 휴양 및 정서에 미치는 영향은 물론 미세먼지 저감과 폭염 완화 등을 통하여 생활환경을 개선하는 데 크게 기여하는 산림으로서 당초에는 「산림자원의 조성 및 관리에 관한 법률」에서 도시림[32]으로 규정하고 있었으나, 그 중요성이 크게 증가함에 따라 「도시숲 등의 조성 및 관리에 관한 법률」을 제정하면서 도시숲으로 용어를 바꾸어 2021년 6월 10일부터 시행하고 있다.

C. 수목원의 보호 및 육성

국가 및 지방자치단체는 수목유전자원의 보존 및 이용을 촉진하기 위하여 수목원의 보호 및 육성에 필요한 시책을 수립 · 시행하여야 한다(제19조). 여기에서 '수목원'이란 「수목원 · 정원의 조성 및 진흥에 관한 법률」에 따르면 수목을 중심으로 수

---

32) 당시의 「산림자원의 조성 및 관리에 관한 법률」 제2조 제4호에 따르면 도시림이란 "도시에서 국민 보건 휴양 · 정서함양 및 체험활동 등을 위하여 조성 · 관리하는 산림 및 수목을 말하며, 면 지역과 「자연공원법」 제2조에 따른 공원구역을 제외한다"라고 하여, 「도시숲 등의 조성 및 관리에 관한 법률」에 따른 현재의 도시숲과는 달리 「자연공원법」 제2조에 따른 공원구역만이 아니라 면 지역의 산림도 도시림에서 제외하고 있었다.

목유전자원을 수집·증식·보존·관리 및 전시하고 그 자원화를 위한 학술적·산업적 연구 등을 하는 시설로서 농림축산식품부령으로 정하는 기준에 따라 수목유전자원의 증식 및 재배시설, 수목유전자원의 관리시설, 화목원·자생식물원 등 농림축산식품부령으로 정하는 수목유전자원 전시시설, 그 밖에 수목원의 관리·운영에 필요한 시설을 갖춘 것을 말한다(같은법 제2조 제1호).

수목원은 유용한 수목유전자원을 보전하고 자원화를 촉진하는 핵심시설이라는 점에서 국가적으로도 중요한 의의를 가지고 있으며, 이에 따라 「수목원·정원의 조성 및 진흥에 관한 법률」은 수목원의 등록제도 및 운영지원 등에 관한 내용을 구체적으로 규정하여 이를 보호·육성하고 있다.

라. 산림복지의 증진 및 산림문화의 창달

국가 및 지방자치단체는 다양한 산림휴양·산림치유·산림교육 시설을 조성하여 국민에게 쾌적한 산림복지 공간을 제공하는 등 산림복지를 증진하고 건전한 산림문화를 진흥하게 하기 위하여 필요한 시책을 수립·시행하여야 한다(제20조). 이러한 규정은 당초에는 산림휴양공간에 중점을 두어 규정하였던 것이나,[33] 산림복지의 개념이 일반화되면서 2015년 1월 15일 현재와 같이 개정된 것이다.

산림복지란 "국민에게 산림을 기반으로 산림문화·휴양, 산림교육 및 치유 등의 서비스를 창출·제공함으로써 국민의 복리 증진에 기여하기 위한 경제적·사회적·정서적 지원"(제3조 제3호)을 말한다.[34] 최근 이러한 산림복지에 대한 수요는 크게 증가하고 있으며, 이에 따라 「산림복지 진흥에 관한 법률」을 중심으로 「산림문화·휴양에 관한 법률」 및 「산림교육의 활성화에 관한 법률」이 서로 긴밀히 연계하면서 이러한 정책수요에 대응하는 법적 체계를 갖추고 있다.

산림문화란 「산림문화·휴양에 관한 법률」에 따르면 산림과 인간의 상호작용으로 형성되는 총체적 생활양식을 말한다(같은법 제2조 제1호). 이러한 산림문화에 대해서는 특히

---

33) 2001년 제정 당시의 「산림기본법」 제20조(산림휴양공간 조성 및 산림문화의 창달)는 "국가 및 지방자치단체는 다양한 산림휴양시설을 조성하여 국민에게 쾌적한 휴식공간을 제공하고 산림에 대한 올바른 이해와 실천을 위한 산림교육과 건전한 산림문화를 진흥하게 하기 위하여 필요한 시책을 수립·시행하여야 한다"라고 규정하고 있었다.

34) 이와 관련하여 「산림복지 진흥에 관한 법률」에서는 산림복지를 "국민에게 산림을 기반으로 하는 산림복지서비스를 제공함으로써 국민의 복리 증진에 기여하기 위한 경제적·사회적·정서적 지원을 말한다"(같은 법 제2조 제1호)라고 규정하고 있는데, 여기에서 산림복지서비스란 "산림문화·휴양, 산림교육 및 치유 등 산림을 기반으로 하여 제공하는 서비스"(같은 법 제2조 제1호)를 말하는 것이므로 결국 현행법과 「산림복지 진흥에 관한 법률」에 의한 산림복지의 개념은 동일하다고 할 것이다.

「산림문화 · 휴양에 관한 법률」에서 이를 진흥시키기 위하여 산림휴양과 연계한 기본계획의 수립, 정보망의 구축, 산림문화자산의 지정 및 관리에 관하여 구체적으로 규정하고 있다.

마. 기후변화 대응을 위한 산림자원의 활용

산림의 공익기능을 증진하는 데 있어 기후변화에 효과적으로 대응하는 것은 매우 중요한 일이다. 특히 최근에는 이러한 기후변화의 영향으로 침엽수림이 감소하는 등 산림의 식생구조에도 변화가 나타나고 있는 현실임을 감안한다면, 이에 소극적으로 대처하기보다는 적극적으로 대응하기 위한 노력이 더욱 요청되는 시기라고 할 것이다. 이를 위하여 현행법은 제20조의2에서 "국가 및 지방자치단체는 기후변화가 산림과 임업에 미치는 영향을 고려하여 기후변화에 대응하기 위한…시책을 수립 · 시행하여야 한다"라고 하면서, 그 구체적인 내용으로 (1) 국내외 탄소흡수원의 지속적인 유지 · 증진을 위하여 산림자원을 활용하는 시책, (2) 신 · 재생에너지의 개발 · 생산 · 이용 및 보급이 촉진 · 확대될 수 있도록 산림자원을 활용하는 시책, (3) 그 밖에 기후변화에 대응하기 위하여 필요한 산림자원의 활용 시책 등을 제시하고 있다.

기후변화에 대응하기 위하여 산림자원을 활용하는 이러한 시책은 「저탄소 녹색성장 기본법」 제55조 제1항 "정부는…나무제품의 생산 · 유통 및 소비를 확산하여야 한다"라는 규정 및 같은 법 제55조 제3항 "정부는 산림의 보전 및 조성을 통하여 탄소흡수원을 대폭 확충하고, 산림바이오매스 활용을 촉진하여야 한다"라는 규정과 그 취지를 같이 하는 것이다. 기후변화에 대응하기 위한 이러한 규정들은 「탄소흡수원 유지 및 증진에 관한 법률」에 구체화되어 있는데, 이에 따르면 산림의 탄소흡수 기능을 유지하고 증진시키기 위한 정책으로서 신규조림 등을 통한 탄소흡수원 확충, 탄소저장 목제품 및 산림바이오매스에너지의 이용증진, 산지전용 억제 및 산림황폐화 방지, 산림탄소상쇄제도 등에 대하여 구체적으로 규정하고 있다.

[3] 임업의 육성

1. 시책의 기본방향

국가 및 지방자치단체는 임업의 균형적인 성장 및 임업인의 건전한 육성을 위하여 임업의 경쟁력을 높이고 임업인의 소득이 향상될 수 있도록 노력하여야 한다(제7조). 이는 임업의 성장과 임업인의 육성이야말로 지속가능한 산림경영의 실질적인 기반이기 때문이다.

그러나 이러한 중요성에도 불구하고 임업과 임업인이 산림정책에서 차지하는 비중은 점차 감소하고 있는 것이 아닌가 하는 우려가 있는 것이 사실이다. 일부에서는 산림의 공익적 기능[35]을 강조하는 것이 마치 임업과 임업인의 역할을 축소하여 평가하는 것처럼 오해하기도 하지만 이는 전혀 사실이 아니다. 확장된 산림정책의 입장에서도 임업과 임업인은 여전히 지속가능한 산림경영을 위한 가장 든든한 토대이며, 산림훼손 등과 같은 산림정책상의 문제를 해결하는 열쇠라는 점은 변함이 없다. 이것은 결국 경제용어로 환경을 이해하는 것이 녹색문제를 해결하는 유용한 방법이라면,[36] 산림문제를 해결하는 것도 역시 경제이기 때문이다.

「산림기본법」은 이러한 시책의 기본방향에 따라 임업의 성장과 임업인의 육성을 위하여 임업경영기반의 조성, 임업분야 일자리 등의 창출, 임산물의 수급 및 가격안정, 임산물의 품질관리 및 유통구조개선, 임업기술의 진흥, 산림정보화 촉진, 임업관련 단체의 육성 등에 관한 내용을 명문으로 규정하고 있으며(제21조~제26조), 개별법으로서 「임업 및 산촌 진흥촉진에 관한 법률」, 「산림기술 진흥 및 관리에 관한 법률」, 「산림조합법」 등을 두고 있다.

2. 주요 내용

가. 조문의 체계

현행법은 제7조에서 임업시책의 기본방향으로 임업의 경쟁력 제고와 임업인의 소득향상을 제시하면서 제21조부터 제26조까지 이를 구체화하는 다음과 같은 규정을 두고 있다.

- 임업의 경쟁력 제고: 임업경영기반의 조성(제21조제1항~제3항), 목재의 안정적인 공급기반 확보 및 국내 목재산업의 육성(제22조 제2항·제3항), 임업기술의 진흥(제24조), 산림정보화 촉진(제25조제1항·제2항), 임업관련 단체의 육성(제26조)
- 임업인의 소득향상: 임업분야의 일자리 창출(제21조의2), 임산물의 수급 및 가격안정(제22조제1항), 임산물의 품질관리 및 유통구조개선(제23조)

35) 이와 관련하여 산림의 공익적 기능이라는 표현은 임산물을 생산·공급하는 기능은 마치 비공익적 기능인 것처럼 오해하게 만들 뿐만 아니라 실제로도 산림의 공익적 가치와 혼동하게 할 우려가 있으므로 보다 정확하고 명확한 용어의 사용을 위하여 이를 '사회적 기능'으로 바꾸어 사용하는 방안도 검토할 필요가 있어 보인다.

36) Frances Cairncross, 「Costing the Earth」, London: Business Books Ltd., 1991, p.17.

여기에서 임산물의 수급 및 가격안정, 임산물의 품질관리 및 유통구조의 개선에 관한 내용을 임업인의 소득향상으로 구분한 것은 이러한 내용들이 임업의 경쟁력을 높이는 측면이 있는 것은 분명하나, 일반적으로 수급·유통·가격 및 품질 등은 임업인의 소득에 직접 영향을 미치는 요소라는 점을 고려한 것이다. 특히 임업의 육성을 위한 이러한 규정들은 현행법의 다른 정책분야와 비교할 때 매우 구체적으로 나열되어 있는데, 이는 임업의 열악한 상황을 타개하고자 하는 강한 정책의지가 담겨 있기 때문으로 이해된다.

나. 임업의 경쟁력 제고

임업의 성장을 위해서는 임업의 경쟁력을 높이는 것이 무엇보다 시급한 일이다. 사실 산업으로서의 임업은 2·3차 산업은 물론 같은 1차 산업에 속하는 농업이 직면한 일반적인 제약여건보다 더욱 열악한 현실에 처해 있는 것이 사실이다. 이것은 임업이 주로 장기적인 투자가 필요함에도 수익성은 낮을 뿐만 아니라 일종의 3D업종[37]에 속하는 산업적 특성을 가지고 있기 때문이다.

현행법은 임업이 당면하고 있는 이러한 현실을 타개하기 위하여 국가 및 지방자치단체의 적극적인 정책적 노력을 요구하면서 세부적인 정책과제에 대해서까지 구체적으로 규정하는 입법적 태도를 보여주고 있다. 이를 정책별로 구분하여 살펴보면, 우선 국가 및 지방자치단체는 임업경영기반의 조성을 위하여 (1) 임도 확충, 임업기계화 촉진 및 임업경영의 적정규모화 유도 등과 같은 임업의 생산성 향상을 위한 시책, (2) 독림가·임업후계자 및 산림조합 등 임업경영주체의 경영능력 향상을 위한 경영기술의 개발, 경영정보의 제공 및 자금지원 등과 같은 시책, (3) 임업경영에 필요한 임업기술인력의 육성과 확보를 위한 교육훈련, 기술개발·보급 및 현장 활용 등에 필요한 시책을 수립·시행하여야 한다고 규정하고 있다(제21조 제1항~제3항). 이와 함께 국가 및 지방자치단체는 임업의 경쟁력을 높이고 임산물의 부가가치를 높일 수 있도록 임업기술의 연구·개발 및 보급 등에 관한 시책과 과학적·효율적인 산림관리 및 임업경영을 위한 산림정보화의 촉진에 필요한 시책을 수립·시행하여야 한다(제21조 및 제25조 제1항).

현행법은 임업에 대한 이러한 일반규정과는 별도로 목재의 안정적인 공급과 국내 목재산업의 육성에 대하여 특별히 규정하고 있는데,[38] 이에 따르면 국가 및 지

37) 3D업종이란 힘들고(Difficult), 더럽고(Dirty), 위험한(Dangerous)을 의미하는 단어의 머리글자를 따서 만든 용어로서 주로 제조업·광업 및 건축업 등을 말한다.

방자치단체는 목재의 안정적인 공급기반을 확보하기 위하여 국내외 조림의 지원 등 산림자원의 개발에 필요한 시책과 함께 목재제품의 사용을 활성화하는 것이 기후변화 대응에 중요한 수단임을 고려하여 국내 목재산업을 육성하기 위한 시책을 수립·시행하여야 한다(제22조 제2항·제3항).

임업의 경쟁력을 확보하기 위해서는 국민의 이해 및 관심과 함께 임업관련 단체의 육성도 필요하다. 이를 위하여 현행법은 국가 및 지방자치단체에게 산림·임업 등에 관한 시책과 관련된 정보제공 등을 통하여 산림과 임업에 대한 국민의 이해와 관심을 높이도록 노력할 의무를 부여하고(제25조 제2항), 이와 함께 임업인의 권익보호와 경제적·사회적 지위 향상을 위하여 산림조합, 산림조합중앙회 및 「임업 및 산촌 진흥촉진에 관한 법률」에 따른 한국임업진흥원[39] 등 임업관련 단체의 설립과 운영을 지원할 수 있도록 하고 있다(제26조).

다. 임업인의 소득향상

임업인의 소득수준을 객관화할 수 있는 방법 중의 하나는 임가의 소득수준을 도시근로자 및 농가·어가의 소득수준과 비교하는 것인데, 이에 대한 자료들에 따르면 임가의 소득은 도시근로자는 물론 농가 및 어가와 비교하더라도 여전히 낮은 수준에 머물러 있는 것이 현실이다.[40]

임업인의 소득향상을 위해서는 우선 일자리를 창출하는 것이 가장 중요하다. 이에 따라 현행법은 제21조의2에서 "국가 및 지방자치단체는 임업분야에서 일자리를 창출하고 임업종사자의 복지를 향상시키기 위하여 취업과 창업의 촉진, 고용의

---

38) 이와 관련하여 현행법은 제22조 제2항~제3항에서 목재의 안정적인 공급기반의 확보와 목재산업의 육성에 대하여 규정함으로써 법 제22조 제1항의 임산물의 수급 및 가격안정과 조문체계상 서로 연관되어 있는 것처럼 규정하고 있으나, 그 실질적인 내용은 국내외 조림의 지원 등 산림자원의 개발과 국내 목재산업의 육성에 관한 것이므로 임업인의 소득향상보다는 임업의 경쟁력 제고 측면에서 함께 다루는 것이 타당해 보이므로 여기에서 설명하기로 한다.

39) 여기에서 「임업 및 산촌 진흥촉진에 관한 법률」 제29조의2에 따른 한국임업진흥원이 임업관련 단체의 육성을 위한 법적 근거를 제공하려는 현행 규정의 취지에 맞는 것인지에 대해서는 의문이 있다. 한국임업진흥원의 설립 목적과 업무 등이 임업 및 임업인의 지원을 위한 것이라는 사실은 인정하더라도, 한국임업진흥원이 앞에서 이미 설명한 것과 같이 「국가재정법」에 따른 위탁집행형 준정부기관으로서 그 법적 성격이 행정법상 영조물법인에 속하는 것이므로 이를 임업관련 단체로 보는 것은 법해석상 무리가 있기 때문이다.

40) 2016년을 기준으로 임가의 소득은 도시근로자의 57.3%에 불과하며, 농가 및 어가와 비교하더라도 각각 90.2%와 71.3%에 그치고 있다[산림청(2018)의 「제6차 산림기본계획(2018년~2037년)」, 74면]. 한편 2018년을 기준으로 한 정부보고서에 의하면 임가소득은 도시근로자 가구 평균소득 대비 56.2%로 오히려 악화되고 있음을 보여주고 있다(대한민국정부, 「제5차 국토종합계획(2020~2040)」, 2020, 39면).

안정, 근로여건의 개선 및 작업안전의 강화 등 필요한 시책을 수립・시행하여야 한다"라고 하면서 그 중요성을 강조하고, 이를 법적으로도 확인하고 있다. 현행법은 또한 일자리의 창출만이 아니라 임업종사자의 복지향상에 대해서도 함께 규정하고 있는데, 이는 단기일자리가 많고 작업 중 위험에 노출될 가능성이 높은 임업의 특성을 반영한 것으로서 매우 적절한 입법적 조치인 것으로 보인다.

임업인의 소득에 영향을 미치는 또 다른 중요한 요소는 임산물의 가격과 품질이다. 특히 비목재임산물의 경우에는 농산물과 비교해서도 생산량이 많지 않고 유통구조가 복잡하며, 출하조절도 어려운 특성을 가지고 있다. 임산물은 또한 밤・표고 등과 같은 일부의 품목을 제외하고는 생산・유통정보가 제한되어 있으며, 그 가격도 시기와 장소에 따라 큰 차이를 보이는 것이 현실이다. 따라서 임산물의 수급과 가격의 안정을 도모하고 품질관리 및 유통구조를 개선하는 것은 임업인의 소득을 향상시키기 위한 핵심적인 정책과제라고 할 것이다.

이를 위하여 현행법은 "국가 및 지방자치단체는 임산물의 수급 및 가격 안정을 위하여 임산물의 생산기반 조성, 가공・유통기반 확충, 출하조절, 수출촉진 및 이용증진 등 필요한 시책을 수립・시행하여야 한다"(제22조 제1항)라고 하면서, 품질인증 및 규격고시 등의 시책과 함께 임산물의 유통시설 현대화와 유통정보화 촉진 등에 필요한 시책을 수립・시행하도록 규정하고 있다(제23조 제1항・제2항). 특히 이러한 시책 중에서 품질인증 및 규격고시 등은 임업인의 소득향상만을 위해서가 아니라 임산물의 안전성 확보, 품질개선 및 소비자의 합리적인 선택에도 기여하기 위한 것이다.

[4] 국유림 관리

1. 시책의 기본방향

국유림에 대해서는 현행법이 시책의 기본방향을 정한 제5조부터 제9조에서 명문으로 규정하고 있지는 않다. 그러나 이것이 국유림에 관한 시책의 기본방향에 대하여 현행법이 침묵하고 있다는 의미는 결코 아니다. 왜냐하면 (1) 현행법 제5조의 산림의 합리적 보전 및 이용에 관한 규정에 사용된 산림에서 국유림을 배제할 이유가 없고, (2) 특히 현행법 제27조 국유림의 관리에 관한 규정이 '임산물의 안정적인 공급과 산림의 공익기능 증진을 위하여'라는 표현을 사용함으로써 현행법 제6조의 산림기능의 증진에 관한 내용을 간접적으로 인용하고 있기 때문이다. 그러므로 국유림은 비록 현행법상 명문으로는 표현되어 있지 않으나, 산림의 합리적 보전·이용과 산림기능의 증진에 관한 제5조 및 제6조의 규정에 따라 그 시책의 기본방향이 제시되어 있는 것으로 보아야 할 것이다.

이러한 관점에서 국가 및 지방자치단체는 산림시책 및 이에 관련된 사업을 추진함에 있어서 국유림의 지속가능한 산림경영을 위하여 보전과 이용이 조화를 이루도록 노력하여야 하고 지속가능한 산림경영과 종합적·효율적인 국유림 관리를 위하여 그 이용목적에 따라 국유림을 구분·관리하여야 하며, 국유림의 다양한 기능들이 충분하게 발휘될 수 있도록 장기적인 목표와 방향을 설정하여 국유림을 조성·보호하고 관리해야 할 것이다(제5조 제1항·제2항 및 6조).

2. 주요 내용

국가 소유의 산림인 국유림은 약 161만ha로서 우리나라 전체 산림의 25.5%를 차지하고 있으며,[41] 산림자원과 이산화탄소흡수의 비축기지인 동시에 산림생태계의 보전과 산림재해방지 및 산림복지서비스의 제공을 위한 국가의 핵심적인 기반으로서의 역할을 수행하고 있다. 이러한 국유림은 이에 기반하여 살아가는 사람들만이 아니라 도시민을 포함한 전 국민의 공유재산이면서 현세대와 다가올 세대의 산림에 대한 필요를 조화시키는 모두의 미래자산이기도 하다.

이러한 관점에서 현행법은 제27조에서 "국가는 임산물의 안정적인 공급과 산림의 공익기능 증진을 위하여 국유림이 합리적으로 관리될 수 있도록 필요한 시책을 수립·시행하여야 한다"라고 하여 국가에게 국유림을 합리적으로 보전·이용할 뿐만 아니라 국유림이 가지는 다양한 가치와 기능이 충분하게 발휘되도록 관리할 의무를 부여하고 있다. 현행법에 따른 국유림의 합리적인 관리를 위한 이러한 시책은 「국유림의 경영 및 관리에 관한 법률」에서 구체적으로 규정하고 있다.

현행법상 국유림을 합리적으로 관리하는 것과 관련하여 그 관리의 범위에 국유림을 경영하는 것도 포함되는지의 여부는 논의가 필요하다. 이것은 현행법과는 달리 「국유림의 경영 및 관리에 관한 법률」에서는 국유림의 경영을 "국유림 안에서 조림·육림·임목생산·산림관리기반시설설치·산림유전자원보호 등의 산림사업을 통해 목재 등 임산물을 생산하고 산림의 경제·사회·문화·환경 등 다양한 기능을 유지·증진하는 활동"(같은법 제2조 제1호)이라고 하면서, 국유림의 관리는 "국유림의 보전,

---

41) 2015년 기준으로 전체 국유림 중 산림청 소관 국유림은 약 147만ha(91%)이며, 다른 중앙행정기관에 속하는 국유림은 약 14만ha(9%)이다. 이에 대하여는 산림청(2020)의 「2020 임업통계연보(제50호)」, 42~43면을 참고하라.

대부 · 사용허가 · 교환 · 매수 · 매각 등의 재산관리행위"(같은법 제2조 제2호)를 말하는 것으로 정의하여 경영과 관리의 개념을 엄격하게 구분하여 규정하고 있기 때문이다.

그러나 「국유림의 경영 및 관리에 관한 법률」에서 국유림의 경영과 관리를 구분한 것은 (1) 국유림에 대한 2가지의 관점, 즉 경영할 산림으로 보는 시각과 관리할 국유재산으로 보는 시각을 동일한 법률에서 함께 규정하기 위한 것일 뿐이며, (2) 현행법이 임산물의 안정적인 공급과 산림의 공익기능 증진을 인정하면서 이와 관련하여 '국유림의 합리적인 관리'라는 표현을 사용하고 있는 것으로 보아 여기에서의 관리를 국유재산의 관리라는 개념으로만 사용할 이유는 없다고 보는 것이 합리적이고, (3) 무엇보다도 국유림에 대해서는 시책의 기본방향을 정한 현행법 제5조 산림의 합리적 보전 및 이용과 제6조 산림기능의 증진에 관한 규정이 모두 적용된다는 점에서 현행법 제27조에서 사용된 관리는 경영을 포함한 넓은 의미의 개념으로 해석해야 할 것이다.

[5] 산촌진흥

1. 시책의 기본방향

국가 및 지방자치단체는 국토의 균형 있는 발전과 산림자원의 효율적인 관리를 위하여 산촌의 소득증진 및 산촌주민의 복지증진을 위하여 노력하여야 한다(제8조). 산촌이란 "산림면적의 비율이 현저히 높고 인구밀도가 낮은 지역으로서 대통령령으로 정하는 지역"(제3조 제2호 및 시행령 제2조)을 말한다. 여기에서 '대통령령으로 정하는 지역'이란 다음과 같은 요건에 해당하는 읍 · 면을 말한다.

- 행정구역면적에 대한 산림면적의 비율이 70% 이상일 것
- 인구밀도가 전국 읍 · 면의 평균 이하일 것
- 행정구역면적에 대한 경지면적의 비율이 전국 읍 · 면의 평균 이하일 것

이에 따르면 산촌을 규정짓는 기준은 산림면적의 비율 · 인구밀도 및 행정구역면적에 대한 경지면적의 비율이며, 이러한 산촌에 대한 정의는 「임업 및 산촌 진흥촉진에 관한 법률」의 대상이 되는 산촌에도 당연히 적용된다(같은법 제2조 제6호).

현행법이 이와 같이 산촌에 대하여 특별한 규정을 두고 있는 것은 산림을 기반으로 하지만 다른 지역에 비하여 낙후되어 있는 지역을 특별한 산림정책의 대상으로 하여 국토의 균형 있는 발전을 도모하고, 이를 통하여 산림자원의 효율적인 관

리기반을 확립하려는 것으로 이해된다. 산촌의 소득증진과 산촌주민의 복지증진을 통하여 산촌을 산림관리의 거점으로 삼으려는 이러한 정책적 시도는 산림법의 형평성의 원칙을 충실하게 따른 것으로서 지속가능한 산림경영을 위한 핵심적인 정책과제 중의 하나라고 할 것이다. 그러나 산촌이 농촌이나 어촌과 실질적으로 구분되어 있지 않은 우리나라의 현실을 감안할 때 이들 농·어촌과 차별화되는 산촌 진흥 시책을 수립하고, 이를 효율적으로 집행하여 성과를 냄으로써 이러한 정책목적을 어느 정도나 달성할 수 있는지에 대해서는 의문이 있는 것이 사실이다.[42]

이러한 산촌의 진흥을 위하여 현행법은 산촌진흥지역의 지정, 산촌진흥시책의 수립 및 도시와 산촌의 교류 확대에 관한 내용을 규정하고 있으며(제28조~제30조), 이를 보다 구체적으로 실행하기 위하여 「임업 및 산촌 진흥촉진에 관한 법률」을 두고 있다.

2. 주요 내용

산림면적의 비율이 현저히 높고 인구밀도가 낮은 지역인 산촌은 다른 지역에 비하여 생활 및 경제·문화적 여건이 상대적으로 불리한 지역으로서 장기적으로도 그 인구는 지속적으로 감소할 것으로 전망[43]되고 있다. 따라서 산촌을 진흥시키는 것은 산촌주민만을 위해서가 아니라 국토의 균형발전과 산림자원의 효율적인 관리를 위해서도 매우 중요한 정책과제라고 할 것이다. 이에 따라 현행법은 우선 "국가 및 지방자치단체는 산촌주민의 소득원개발·주거환경개선 등을 위하여 종합적인 산촌진흥시책을 수립·시행하여야 한다"라고 하면서, 국가 및 지방자치단체에게 산촌의 진흥 등에 필요한 지원을 할 수 있도록 규정하고 있다(제29조 제1항·제2항). 또한 현행법은 이러한 산촌진흥시책을 구체화하는 방안으로서 도시와 산촌의 교류확대 등을 별도로 규정하고 있는데, 이에 따르면 국가 및 지방자치단체는 도시와 산촌의 상호보완적인 발전을 위하여 상호간의 교류 확대 등에 관한 시책을 수립·시행하여야 한다(제30조).

시·도지사는 산촌진흥을 효과적으로 추진하기 위하여 필요한 지역을 산촌진흥

42) 이러한 우려는 산촌에 대한 정책적 차별성을 확보하지 않는 경우에는 농촌 및 어촌에 대한 정책을 담당하는 정부부처와 정책적 중복문제를 겪지 않을 수가 없을 것이고, 이는 결국 산촌에 대한 산림정책의 독자성을 부인당하는 결과를 초래할 우려가 있기 때문이다.

43) 산림청에 따르면 2005년~2010년의 5세 구간별 인구 코호트(cohort: 같은 해에 출생한 집단) 변화율을 적용할 때 산촌의 인구는 2020년 132만명에서 2050년에는 56만명으로 감소할 것으로 전망된다. 다만, 2010년~2015년의 5세 구간별 인구 코호트 변화율을 적용하는 경우에는 이러한 감소폭이 다소 완화되어 2020년 140만명에서 2050년에는 82만명이 될 것으로 전망되었다 [산림청(2018)의 「제6차 산림기본계획(2018년~2037년)」, 30면].

지역으로 지정할 수 있는데(제28조 및 시행령 제12조 제1항), 이에 따르면 산촌진흥지역으로 지정할 수 있는 산촌이란 (1) 산림자원의 다목적 이용과 임산물 생산기반의 조성 등 임업경영 여건이 양호한 산촌, (2) 산림자원의 이용·관리를 위하여 임업기능인력의 육성 등 지원이 필요한 산촌, (3) 도로 및 상·하수도 등 생활환경정비 수준이 전국 읍·면지역 평균 이하이고, 지역주민 1인당 소득수준이 전국 읍·면지역 평균 이하인 산촌 중에서 어느 하나에 해당하는 산촌을 말한다.

현행법에 따라 시·도지사가 산촌진흥지역을 지정하려는 경우에는 미리 관계 중앙행정기관의 장과 협의하여야 하며, 이러한 절차에 따라 산촌진흥지역을 지정하였을 경우 시·도지사는 산림청장과 해당 시장·군수에게 이를 통지하고, 그 위치와 면적 등을 고시하여야 한다(시행령 제12조 제2항·제3항). 한편 시장·군수는 산촌진흥지역의 지정요건에 해당하는 산촌에 대해서는 시·도지사에게 그 지정을 신청할 수 있으며(시행령 제12조 제4항), 이러한 산촌진흥지역에서의 산촌진흥특화사업 등에 대해서는 「임업 및 산촌 진흥촉진에 관한 법률」에 따른다(같은 법 제25조~제27조의2 및 제28조·제29조 등).

[6] 국제협력 및 통일대비

1. 시책의 기본방향

산림의 국제성은 산림법의 특성 중의 하나로서 지구적 차원의 산림문제에 대한 공동 대응과 저개발국에 대한 산림정책적 지원 및 해외산림자원개발 등을 그 주요 내용으로 하고 있다. 현행법은 산림의 이러한 국제성을 제고하기 위하여 제9조 제1항에서 "국가 및 지방자치단체는 지구의 산림보전을 위한 국제협력을 강화하고…"라고 하여 이를 원칙적으로 재확인하면서, 국제적 현안인 기후변화와 해외의 산림자원개발협력에 구체적으로 대응하고 그 활동을 지원하기 위한 개별법으로 「탄소흡수원 유지 및 증진에 관한 법률」과 「해외농업·산림자원 개발협력법」을 두고 있다.

현행법은 또한 이러한 국제협력에 관한 내용과 함께 남북 간의 산림협력에 대한 사항을 규정하고 있는데, 이에 대해서는 북한과의 특수한 관계[44]를 고려하여

---

44) 현재 남북 간의 상호 교류와 협력은 「남북교류협력에 관한 법률」에 따라 이루어지고 있다. 헌법재판소는 이 법률에 대하여 "기본적으로 북한을 평화적 통일을 위한 대화와 협력의 동반자로 인정하면서 남북대결을 지양하고, 자유왕래를 위한 문호개방의 단계로 나아가기 위하여 종전에 원칙적으로 금지되었던 대북한 접촉을 허용하며, 이를 법률적으로 지원하기 위하여 제정된 것으로서 그 입법목적은 평화적 통일을 지향하는 헌법의 제반규정에 부합하는 것"이라고 결정한

별도의 규정을 두는 태도를 취하고 있다. 이에 따르면 현행법은 제9조 제1항에서 "국가 및 지방자치단체는…통일에 대비하기 위하여 필요한 산림에 관한 시책을 수립하고 시행하기 위하여 노력하여야 한다"라고 선언하면서, 특히 남북 간의 산림협력에 관하여 다음과 같이 규정하고 있다(제9조 제2항~제4항).

- 국가는 남북 간 산림보전 및 이용의 상호교류와 협력을 증진할 수 있도록 노력하여야 한다.
- 국가는 남북 간 산림보전 및 이용의 상호교류와 협력을 증진하기 위하여 북한의 산림에 관한 정책·제도 및 현황 등에 관하여 조사·연구하여야 한다.
- 국가는 남북 간 산림보전 및 이용의 상호교류와 협력을 증진하기 위하여 외국정부, 국제기구 또는 관련 기관·단체 등과의 국제협력을 촉진하는 방안을 마련할 수 있다.

남북 간의 산림협력에 대한 이러한 규정은 북한지역의 산림황폐가 심각하다는 사실을 인식하면서 남북 간의 교류와 협력을 산림분야에서 확대하고자 하는 정부의 의지를 담고 있는 내용으로 모두 2019년 12월에 개정된 것이다.

2. 주요 내용

현행법상 산림분야에 있어서의 국제협력은 국제산림협력과 관련된 시책의 수립과 국제기구 등에 대한 지원으로 구분할 수 있다. 이에 따르면 우선 국제산림협력과 관련하여 국가는 국제적 환경문제의 해결과 지속가능한 산림관리를 위하여 외국정부, 국제기구 또는 관련 기관·단체 등과의 국제산림협력을 촉진하는 시책을 수립·시행하여야 하며, 이를 추진하기 위하여 국제사회의 산림관련 정책·제도 및 현황을 조사·연구하여야 하고, 이에 필요한 경우에는 관련 기관·단체 등에 협력을 요청하며 지원을 할 수 있도록 하였다(제31조 제1항~제3항).

국가는 국제산림협력을 촉진하고 국제사회에 기여하기 위하여 국제기구 또는 관련 기관·단체 등에 그 설립·운영 및 사업추진에 필요한 지원을 할 수 있는데, 그 지원의 범위와 지원 등에 필요한 사항은 대통령령으로 정하도록 하고 있다(제32조 제1항·제2항). 이에 따르면 국가가 지원할 수 있는 국제기구 또는 관련 기관·단체에는 「아시아산림협력기구 설립에 관한 협정」에 따라 설립된 '아시아산림협력기구'(AFoCO)와 그 밖에 법령 및 조약·협정 등에 따라 설립된 국제산림협력과 관련한 국제기구, 기관 및 단체가 있으며, 그 지원범위에는 국제기구 사무조직의 설립 및 운영, 국

바 있다(헌재 2000. 7. 20. 98헌바63). 이러한 「남북교류협력에 관한 법률」에 따르면 남한과 북한 간의 거래는 국가 간의 거래가 아닌 민족내부의 거래로 본다(같은 법 제12조).

제산림협력을 위한 조사 · 연구, 산림관련 기술인력의 양성 · 활용, 국내외 산림관리 기술의 활용 또는 도입 촉진과 정보의 교류, 그 밖에 산림청장이 국제산림협력을 위하여 필요하다고 인정하는 사항 등이 포함된다(시행령 제13조 제1항 · 제2항).

북한과의 교류와 협력에 관한 문제는 이러한 국제협력과는 또 다른 문제이다. 이것은 북한과의 관계가 민족적 차원에서의 당위성을 넘어 한반도 산림생태계의 유지와 보전이라는 현안 문제로서의 시급성도 함께 가지고 있기 때문이다. 실제로 북한지역의 산림면적은 유엔식량농업기구(FAO)에 따르면 1990년 691만ha에서 2010년에는 624만ha로 줄어든 이후, 계속 감소되어 2020년에는 603만ha로 추정될 정도로 급속도로 줄어들고 있는데,[45] 이러한 상황은 북한의 산림에 관한 조사 · 연구의 필요성과 외국정부 및 국제기구 등과의 협력이 시급함을 잘 보여주고 있는 것이다.

남북 간의 산림협력에 관한 현행법 제9조 제2항부터 제4항의 규정은 남북 간의 상호교류와 협력에 대한 기본사항을 규정하고 있는 「남북교류협력에 관한 법률」의 기본 취지를 존중하면서 남북 간의 산림부문에서의 상호교류와 협력을 특별히 확인하고 있는 것으로 이해된다. 따라서 남북 간의 산림협력에 관한 사항에도 기본적으로는 「남북교류협력에 관한 법률」이 적용된다. 다만, 이와 관련하여 현행법은 「남북교류협력에 관한 법률」이 지방자치단체의 남북교류 · 협력에 대한 지원을 명문화(같은법 제24조의2)하고 있는 것과는 달리 남북 간의 산림협력에 있어서는 지방자치단체를 그 시행주체로 명시하지는 않고 있는데, 이는 남북 간의 산림보전 및 이용의 상호교류와 협력에 관한 사항은 특별히 국가적 차원에서 추진해야 할 사항임을 고려한 것으로 보인다.

---

45) 유엔식량농업기구(FAO)의 이러한 추정은 불과 10년(2010년~2020년) 만에 거의 전체 평양면적(26만ha)에 해당하는 정도인 21만ha의 산림면적이 감소한 것을 의미하는 것으로서 북한지역의 산림문제가 매우 심각함을 잘 보여주는 것이다(FAO, 「Global Forest Resources Assessment 2020: Desk Study, Democratic People's Republic of Korea」, Rome, 2020, p.9(http://www.fao.org/3/ca9858en/ca9858en.pdf).

제 5 장 산지관리

제 1 절 산지관리법

Ⅰ. 총 론

[1] 개 요

「산지관리법」은 산지의 보전과 이용에 관한 사항을 규정하고 있는 법률이다. 산지는 국토의 대부분을 차지하는 지역으로서 지목을 기준으로 하는 경우 그 면적은 636만ha로서 전체 국토면적(1,003만ha)의 63.5%에 해당한다.[1] 이러한 산지면적은 산림청의 전망에 따르면 2026년까지는 계속하여 감소하다가 이후에는 인구감소 등의 영향으로 2050년의 경우에는 647만ha까지 증가할 것으로 예측되고 있다.[2] 그러나 산지면적 전체에 대한 이러한 예상과는 별도로 도시 및 산업지역 주변에 대한 산지의 수요는 지속적으로 증가할 것으로 전망된다.

산지는 우리 모두의 삶의 터전이며 국토의 얼굴이다. 또한 산지는 경제활동을 위한 자원의 보고이면서 환경의 핵심자산으로서 미래를 위한 공간이기도 하다. 이러한 산지는 지속가능한 발전의 토대로서 보전과 이용의 조화가 핵심적인 가치가 되어야 하며, 따라서 산지는 산림의 공익기능을 높이는 방향으로 관리되어야 하고, 산지에 대한 전용은 자연친화적인 방법으로 이루어져야 한다(제3조). 「산지관리법」이 정하고 있는 산지전용에 있어서의 이러한 원칙은 「산림기본법」 제14조에 따른 자연친화적인 이용과 같은 취지로서 산림행정기관만이 아니라, '개발과 보전이 조화되는 지속가능한 국토발전'[3]을 도모하려는 정부 전체의 정책적 의지가 반영된 것

1) 국토의 이용실태를 지목과 용도지역별로 구분하여 살펴보면 ① 지목별로는 임야 63.5%, 농지 19.4%, 공장용지 및 공공용지 등 도시적 용지 11.0%, 기타 6.1%이며, ② 용도지역별로는 농림지역 46.5%, 관리지역 25.6%, 도시지역 16.6%, 자연환경보전지역 11.3%로 구분한다. 이에 대하여는 대한민국정부(2020)의 「제5차 국토종합계획(2020~2040)」, 12면을 참고하라.

2) 산림청(2018)의 「제6차 산림기본계획(2018년~2037년)」, 28면.

3) 정부는 이러한 취지에서 국토계획과 환경계획의 통합관리를 추진할 계획으로 ① 지속가능한 발전이라는 공동의 목표를 달성하기 위하여 계획의 수립절차 및 내용에 대하여 상호협력을 강화

이기도 하다.

산지의 보전과 이용의 조화를 원칙으로 하는 이러한 「산지관리법」의 제정은 특히 1990년부터 2000년 사이에 산지의 난개발이 사회문제가 되자 이에 대응하기 위하여 산림법의 분법화계획에 산지관리를 위한 개별법의 필요성이 반영되면서 본격적으로 추진되기 시작하였다. 이러한 제정 절차는 특히 2002년 4월 5일 '제57회 식목일 및 세계 산의 해 기념식'에서 당시 대통령이 그 필요성을 직접 강조[4]하면서 급속히 진행되어, 마침내 2002년 12월 30일 「산지관리법」(법률 제6841호)이 제정되었으며 이후 하위법령의 정비를 마친 뒤에 2003년 10월 1일부터 시행되었다. 당시 정부에서 밝힌 「산지관리법」의 제정이유는 "산지의 종합적이고 체계적인 관리를 통하여 산지의 난개발을 방지하고 친환경적인 산지이용체계를 구축하기 위하여 산지의 관리제도를 개선·보완하는 한편, 현재 산림법에서 복잡하게 규정하고 있는 산지의 관리제도를 국민들이 알기 쉽게 정비하기 위하여 이를 산림법에서 분리하려는 것"[5]이었다.

「산지관리법」은 크게 구분하면 (1) 산지의 구분 및 산지전용, (2) 토석채취, (3) 재해방지 및 복구 등과 같은 3부분으로 구성되어 있다. 첫째, 산지의 구분 및 산지전용은 전국의 산지를 보전산지와 준보전산지로 구분한 후에 보전산지에서의 행위제한에 대하여 규정하는 한편, 이러한 산지를 전용하여 이용하려는 경우에 적용할 허가 및 신고 등의 기준과 절차를 규정하고 있는 부분으로서 「산지관리법」의 핵심적인 내용에 속하는 것이다(제4조~제21조의3). 둘째, 토석채취는 임산물인 토석을 채취하는 절차와 방법에 대하여 규정하고 있는 부분으로서 국유림과 국유림 이외 산림을 구분하여, 국유림에서의 석재 및 토사는 매각이나 무상양여의 방법에 의하여 채취하도록 하면서 국유림 이외 산림에서는 토석채취허가 및 신고의 절차를 따르도록 규정하고 있다(제25조~제36조). 셋째, 재해방지 및 복구는 산지전용이나 토석채취를 하거나 이를 종료한 후에 복구를 하는 방법 및 절차 등에 관하여 규정하고 있는 부분으로

하고, ② 국토－환경 통합관리를 위하여 국토－환경 모니터링 정보를 공유하는 상호보완적 모니터링 체계를 구축할 계획이다. 이에 대하여는 대한민국정부(2020)의 「제5차 국토종합계획(2020~2040)」, 113면을 참고하라.

4) 당시 대통령은 기념사에서 "…지켜야 할 산은 철저히 지키겠습니다. 개발이 필요한 경우에도 이를 최소화하고 자연환경을 훼손치 않도록 노력하겠습니다. 「산지관리법」을 조속히 제정하여 무분별한 산림의 훼손을 막아 나가야 하겠습니다"라고 하여 「산지관리법」을 직접 거명하면서 그 필요성을 강조하였다(2002년 4월 5일, 제57회 식목일 및 세계 산의 해 대통령 기념사 중에서).

5) 이에 대하여는 법제처의 국가법령정보센터(www.law.go.kr) 중 「산지관리법」(법률 제6841호, 2002. 12. 30.)의 제정이유를 참고하라.

서 특히 재해방지조치와 복구비의 예치 등에 대하여 구체적으로 규정하고 있다(제37조~제45조).

[2] 목적 및 기본원칙

「산지관리법」은 제1조에서 "이 법은 산지를 합리적으로 보전하고 이용하여 임업의 발전과 산림의 다양한 공익기능의 증진을 도모함으로써 국민경제의 건전한 발전과 국토환경의 보전에 이바지함을 목적으로 한다"라고 규정하여 '국민경제의 건전한 발전과 국토환경의 보전'이 현행법의 목적임을 분명히 하고 있다. 따라서 산지를 합리적으로 보전하고 이용하는 것은 법의 목적이 아니라 수단이나 방법에 해당하는 것이다. 법의 목적에 관한 이러한 규정은 해당 법률의 제정이유나 취지를 명시적으로 표현하고 있는 것이므로 법해석이 곤란하거나 법률의 내용이 불명확한 경우에는 이에 따라 합목적적으로 해석하여야 한다는 것은 앞에서 이미 설명한 것과 같다.

현행법은 산지관리의 기본원칙으로서 "산지는 임업의 생산성을 높이고 재해 방지, 수원보호, 자연생태계 보전, 산지경관 보전, 국민보건휴양 증진 등 산림의 공익기능을 높이는 방향으로 관리되어야 하며 산지전용은 자연친화적인 방법으로 하여야 한다"(제3조)라고 선언하고 있다. 산지관리에 관한 이러한 기본원칙은 산지를 임업의 생산성과 산림의 공익기능을 조화롭게 높이는 방향으로 관리하는 것과 산지전용[6]을 하는 경우에도 이를 자연친화적인 방법에 따르도록 하는 것이다. 이에 따르면 산지관리의 기본원칙이란 '보전할 곳은 확실히 보전하되, 이용이 불가피한 곳은 자연친화적으로 이용하는 것'이라고 말할 수 있다. 이러한 산지관리의 기본원칙은 산지가 자연환경의 보전을 위한 핵심지역인 동시에 주거 및 산업용의 토지나 석재자원 등을 공급하는 이중적 역할을 담당하는 특성을 반영한 것으로 보인다.

---

6) 다만, 이와 관련하여 현행 규정이 '산지전용'의 경우만을 명시하여 자연친화적인 방법으로 하여야 한다고 규정한 것은 토석채취나 복구 등의 경우에는 이러한 자연친화적인 방법이 마치 기본원칙이 아닌 것처럼 오해를 불러일으킬 수도 있으므로 산지전용이라는 표현 대신에 '산지의 이용 및 복구'라는 보다 넓은 표현을 사용하는 것이 타당할 것으로 생각된다. 이는 「산림기본법」이 "산림의 자연친화적인 이용을 위하여 산지의 전용기준 마련 등 필요한 시책을 수립·시행하여야 한다"(같은 법 제14조)라고 규정하고 있는 것으로 보더라도 분명하다.

[3] 산지에 대한 이해

1. 개 념

「산지관리법」은 산지를 대상으로 하는 법률이며, 따라서 산지의 정확한 개념을 아는 것은 법의 적용범위를 확정한다는 차원에서 매우 기본적이면서도 중요한 일에 속한다. 이것은 만일 어떠한 토지가 산지에 속하는 것이 아니라면 처음부터 현행법이 적용될 수 없기 때문이다. 따라서 산지의 개념을 구체적으로 살펴보는 것은 현행법의 해석을 위한 출발점인 동시에 산지와 관련된 법률관계에 있어 중요한 쟁점이 되는 사항을 이해하기 위한 것이므로 충분한 실익이 있는 일이라고 할 수 있다.

현행법은 제2조 제1호에서 이러한 산지의 개념에 대하여 구체적으로 정의를 하고 있는데, 이에 따르면 산지란 (1) 「공간정보의 구축 및 관리 등에 관한 법률」 제67조 제1항에 따른 지목이 임야인 토지, (2) 입목·대나무가 집단적으로 생육하고 있는 토지, (3) 집단적으로 생육한 입목·대나무가 일시 상실된 토지, (4) 입목·대나무의 집단적 생육에 사용하게 된 토지, (5) 임도, 작업로 등 산길, (6) (2)~(4)까지의 토지에 있는 암석지 및 소택지[7]의 어느 하나에 해당하는 토지로서 주택지 및 대통령령으로 정하는 농지, 초지, 도로, 그 밖의 토지는 제외한 것을 말한다.

2. 산지에 해당하는 토지

산지에 해당하는 토지로서 가장 기본이 되는 것은 지목이 임야인 토지(제2조 제1호 가목)이다. 여기에서 지목이란 「공간정보의 구축 및 관리 등에 관한 법률」 제67조 제1항[8]에 의하여 "토지의 주된 용도에 따라 토지의 종류를 구분하여 지적공부에 등록한 것"을 말하며, 해당 지목이 임야란 같은 법 시행령에 따라 "산림 및 원야를 이루고 있는 수림지·죽림지·암석지·자갈땅·모래땅·습지·황무지 등의 토지"를

7) 여기에서 암석지란 토심이 얕은 토양과 암반노출지가 대부분인 토지를 말하며, 소택지란 늪과 연못으로 둘러싸인 습한 땅(「산림자원의 조성 및 관리에 관한 법률」 제2조 제1호 마목)을 말한다.

8) 「공간정보의 구축 및 관리 등에 관한 법률」 제67조 제1항은 "지목은 전·답·과수원·목장용지·임야·광천지·염전·대·공장용지·학교용지·주차장·주유소용지·창고용지·도로·철도용지·제방·하천·구거·유지·양어장·수도용지·공원·체육용지·유원지·종교용지·사적지·묘지·잡종지로 구분하여 정한다"라고 하면서 지목의 구분 및 설정방법 등은 같은 법 시행령 제58조에서 규정하도록 하고 있다.

말한다(같은 법 제2조 제24호 및 시행령 제58조 제5호).

산지에 해당하는 또 다른 토지에는 (1) 입목·대나무가 집단적으로 생육하고 있는 토지, (2) 집단적으로 생육한 입목·대나무가 일시 상실된 토지, (3) 입목·대나무의 집단적 생육에 사용하게 된 토지, (4) 임도, 작업로 등 산길, (5) (1)~(3)까지의 토지에 있는 암석지 및 소택지에 해당하는 토지가 있다(제2조 제1호 나~바목). 지목이 임야인 토지 이외의 산지에 대한 이러한 개념은 매우 복잡해 보이지만 사실은 「산림자원의 조성 및 관리에 관한 법률」 제2조 제1호에 따른 산림의 정의와 거의 동일한 것으로 이해된다. 양쪽 규정의 차이점이라고는 「산림자원의 조성 및 관리에 관한 법률」 제2조 제1호 가목의 집단적으로 자라고 있는 입목·대나무는 토지가 아니라 산림 그 자체를 의미하므로 산지에서 제외하였다는 점과 같은 법 제2조 제1호 라목에 따라 산림에 해당하는 임도만이 아니라 작업로 등 산길도 산지에 해당하는 것으로 규정하고 있는 정도이다.

3. 산지에서 제외되는 토지

현행법상 주택지 및 대통령령으로 정하는 농지, 초지, 도로, 그 밖의 토지는 산지에 해당하지 않는다(제2조 제1호 단서 및 시행령 제2조). 여기에서 주택지란 "주택지조성사업이 완료되어 지목이 대로 변경된 토지"를 말하며, '대통령령으로 정하는 농지, 초지, 도로, 그 밖의 토지'란 (1) 지목이 다음에 해당하는 것과 (2) 「하천법」에 따른 하천[9]에 해당하는 것을 말한다.

- 지목이 전, 답, 과수원 또는 목장용지(축산업 및 낙농업을 하기 위하여 초지를 조성한 토지에 한정한다)인 토지[10]

---

9) 하천이란 지표면에 내린 빗물 등이 모여 흐르는 물길로서 공공의 이해와 밀접한 관계가 있어 하천법 제7조 제2항 및 제3항에 따라 국가하천 또는 지방하천으로 지정된 것을 말하며, 하천구역과 하천시설을 포함한다(「하천법」 제2조 제1호).

10) 「공간정보의 구축 및 관리 등에 관한 법률」 시행령 제58조 제1호~제4호에 따른 지목의 구분기준에 따르면 전, 답, 과수원 또는 목장용지는 다음과 같다. ① 전: 물을 상시적으로 이용하지 않고 곡물·원예작물(과수류는 제외한다)·약초·뽕나무·닥나무·묘목·관상수 등의 식물을 주로 재배하는 토지와 식용으로 죽순을 재배하는 토지, ② 답: 물을 상시적으로 직접 이용하여 벼·연·미나리·왕골 등의 식물을 주로 재배하는 토지, ③ 과수원: 사과·배·밤·호두·귤나무 등 과수류를 집단적으로 재배하는 토지와 이에 접속된 저장고 등 부속시설물의 부지(다만, 주거용 건축물의 부지는 대로 한다), ④ 목장용지: 축산업 및 낙농업을 하기 위하여 초지를 조성한 토지나 「축산법」 제2조 제1호에 따른 가축을 사육하는 축사 등의 부지 및 이러한 토지와 접속된 부속시설물의 부지(다만, 주거용 건축물의 부지는 대로 한다). 여기에서 지목이 '대'인 토지란 같은 법 시행령 제58조 제8호에 따르면 영구적 건축물 중 주거·사무실·점포와 박물관·극장·미술관 등 문화시설과 이에 접속된 정원 및 부속시설물의 부지와 「국토의 계획

■ 지목이 도로인 토지. 다만, 입목·대나무가 집단적으로 생육하고 있는 토지로서 도로로서의 기능이 상실된 토지는 제외한다.
■ 지목이 제방·구거 또는 유지(웅덩이)인 토지
■ 지목이 임야가 아닌 토지로서 차밭·꺾꽂이순 또는 접순의 채취원, 건물담장 안의 토지, 논두렁 또는 밭두렁에 해당하는 토지
■ 지목이 임야인 토지 중 현행법에 따른 산지전용허가를 받거나 산지전용신고를 한 후(다른 법률에 따라 산지전용허가 또는 산지전용신고가 의제되는 행정처분을 받은 경우를 포함한다) 복구의무를 면제받거나 복구준공검사를 받아 산지 외의 용지로 사용되고 있는 토지

4. 산지의 개념에 대한 판례의 입장

대법원은 지금까지 산지의 개념에 대하여 "공부상 지목 여하에 불구하고 당해 토지의 사실상의 현상에 따라 가려져야 할 것이고, 토지대장상 지목이 임야로 되어 있다고 하여도 산지로서의 현상을 상실하고 그 상실한 상태가 일시적이라고 볼 수 없으며 인근 주변의 현상에 비추어 산지 안에 있는 암석지 등이라고 인정할 수도 없다면, 그 토지는 '산지관리법' 등에서 말하는 산지 등에 해당하지 않는다 할 것이므로"[11]라고 하여 산지에 해당하는지의 여부는 공부상의 지목 여하에 불구하고 당해 토지의 사실상의 현상에 따라 가려져야 할 것이라는 입장을 취하고 있다. 토지이용의 현상을 중요시하는 판례의 이러한 입장은 산림에 대해서도 동일하게 적용하고 있는 태도이다.[12]

그러나 산지의 개념에 대한 지금까지의 이러한 판례가 앞으로도 계속 유지될지

및 이용에 관한 법률」 등 관계 법령에 따른 택지조성공사가 준공된 토지를 말한다.

11) 대판 2009. 6. 11. 2009다11556. 그러나 대법원의 이러한 입장이 불법적으로 산지가 전용된 경우에도 단지 현상만을 기준으로 그 법률관계를 파악하려는 것은 결코 아님이 분명하다. 이것은 판례가 "산지전용허가·신고 등의 절차를 거치지 않은 채 불법으로 개간된 산지는, 비록 그것이 개간 후 농지로 이용되고 있다고 하더라도, 특별한 사정이 없는 한 산지관리법 제44조 제1항에 따른 산지복구명령의 대상이 되는 '산지'에 해당할 뿐, 농지법상 '농지'에는 해당하지 않는다고 봄이 원칙"이라고 분명히 선언하고 있기 때문이다(대판 2020. 2. 6. 2019두43474). 또한 대법원은 같은 판례에서 "지목이 '임야'인 토지를 농지법상 '농지'에 해당한다고 판단하려면 그 토지가 '1961. 6. 27. 이후에 산지전용허가·신고 등의 절차를 거쳐 적법하게 개간된 농지'라거나, 또는 '1961. 6. 27. 전에 관련 법령에 저촉됨이 없이 농지로 개간된 토지'라는 점을 인정할 수 있어야 한다"라고 판결하였다. 이와 유사한 취지의 판례로는 대판 2002. 7. 26. 2001두7985; 대판 2018. 6. 28. 2015두55769 등을 참고하라.

12) 판례에 따르면 "산림법 제2조 제1항 소정의 산림인지 여부는 공부상 지목여하에 불구하고 당해 토지의 사실상의 현상에 따라 가려져야 할 것이므로 토지대장상 지목이 임야로 되어 있다고 하여도 산림으로서의 현상을 상실하고 그 상실한 상태가 일시적이라고 볼 수 없으며 인근주변의 현상에 비추어 산림 안에 있는 암석지라고 인정할 수도 없다면 그 토지는 산림법에서 말하는 산에 해당하지 않는다"라고 하고 있다(대판 1988. 12. 13. 88도668).

는 의문이다. 이는 산지의 개념을 규정한 현행법 제2조 제1호가 2016년 12월 2일 개정되어 "「공간정보의 구축 및 관리 등에 관한 법률」 제67조 제1항에 따른 지목이 임야"인 토지가 산지에 추가되었기 때문이다. 현행법이 산지의 정의를 이와 같이 개정한 것은 "지금까지 산지는 입목·죽이 집단적으로 생육하고 있는 토지 등으로서 농지, 초지, 주택지 등의 토지는 제외하도록 하고 있었으나, 산지를 적법한 절차를 거치지 아니하고 농지로 사용하고 있는 경우 이를 산지로 보아야 하는지 여부에 대하여 논란이 있고, 「농지법」에 따른 농지보전부담금과 이 법에 따른 대체산림자원조성비를 이중으로 부과하는 경우가 발생하여 투자활성화를 저해"하였음을 감안하여, "산지를 지목이 임야인 토지와 입목·죽 등이 집단적으로 생육하고 있는 토지 등으로 정의"하여 산지의 범위를 명확하게 하기 위한 것이었다.[13] 산지의 정의에 대한 이러한 변화가 대법원의 해석에 어떻게 반영될 것인가는 매우 흥미로운 주제로서 앞으로 지켜볼 과제이다.

Ⅱ. 산지관리계획제도

[1] 계획의 체계

산지를 합리적으로 보전하고 이용하기 위하여 수립하는 산지관리기본계획은 「산림기본법」 제11조에 따른 산림기본계획에 따라 수립한다(제3조의2 제1항). 이것은 산지관리기본계획이 산림기본계획의 내용 중 산림의 보전 및 보호에 관한 사항이나 산림의 이용구분 및 이용계획에 관한 사항(산림기본법 제11조 제1항 제3호·제7호) 등과 직접적으로 연계되는 것으로서 산림계획 체계상 산림기본계획이 최상위 계획임을 현행법이 스스로 확인해주고 있는 것이다. 이러한 관점에서 국토에 관한 계획에 있어서는 산림기본계획에 우선하는 국토종합계획(국토기본법 제8조)이 현행법에 따른 산지관리기본계획에 우선하는 것은 당연하다고 할 것이다. "국토기본법에 따른 국토종합계획의 수정…또는 그 밖에 필요하다고 인정하는 경우"에 산림청장이 기본계획을 변경할 수 있다는 규정(제3조의2 제2항)은 이러한 계획 사이의 우선순위를 명확히 선언하고 있는 것이다.

산지관리에 대한 계획은 전국의 산지에 대한 산지관리기본계획[기본계획]과 일정한 지역의 산지에 대한 산지관리지역계획[지역계획]으로 구분할 수 있는데, 이

13) 이에 대하여는 법제처의 국가법령정보센터(www.law.go.kr) 중 「산지관리법」(법률 제14361호, 2016. 12. 2.)의 개정이유를 참고하라.

경우 지역계획은 기본계획의 내용을 반영하여 수립하여야 한다(제3조의2 제8항). 따라서 기본계획은 지역계획의 상위계획으로서의 지위를 가지며, 전체 산지관리계획은 기본계획－지역계획의 체계를 이루게 된다. 다만, 기본계획을 시행하기 위한 연도별 시행계획(제3조의2 제4항)은 연도별로 수립하는 것이므로 지역별로 수립하는 지역계획과는 다른 것이다.

[2] 계획의 수립 및 내용

기본계획은 산림청장이 수립하며, 지역계획은 특별시장・광역시장・특별자치시장・도지사 또는 특별자치도지사[시・도지사] 또는 지방산림청장이 수립한다(제3조의2 제1항・제8항). 제3조의2 제4항에 따른 연도별 시행계획은 기본계획에 따른 것이므로 산림청장이 수립하여 시행하며, 이 경우 산림청장은 그 시행계획에 필요한 재원을 확보하기 위하여 노력하여야 한다. 현행법이 산림청장에게 이러한 재원의 확보의무까지 부여한 것은 기본계획의 이행력을 제고하기 위한 것으로 이해된다.

산림청장은 기본계획을 10년마다 수립하여야 한다. 그러나 「국토기본법」에 따른 국토종합계획의 수정, 산지 현황의 현저한 변경 또는 그 밖에 필요하다고 인정하는 경우에는 이미 수립된 기본계획을 변경할 수 있다(제3조의2 제2항). 한편 시・도지사 또는 지방산림청장이 수립하는 지역계획은 기본계획의 내용을 반영하여 수립하는 것이므로 당연히 기본계획과 같이 10년마다 수립한다.

기본계획은 산지를 합리적으로 보전하고 이용하기 위한 것이므로 그 내용에는 산지관리의 목표와 기본방향을 포함하여 산지의 보전・이용에 관한 사항, 산지경관 관리에 관한 사항, 산지구분의 타당성에 대한 조사에 관한 사항, 환경보전 및 국토개발 등에 관한 다른 법률에 따른 산지이용계획에 관한 사항, 산지관리정보체계의 구축・운영에 관한 사항, 그 밖에 합리적인 산지의 보전 및 이용을 위하여 대통령령으로 정하는 사항[14]이 포함되어야 한다(제3조의3). 그러나 이 경우에도 지역계획은 시・도지사 또는 지방산림청장이 작성하는 것이므로 산림청장의 권한에 속하는 산지구분의 타당성에 대한 조사에 관한 사항과 산지관리정보체계의 구축・운영에

---

14) 이에 따라 '대통령령으로 정하는 사항'이란 ① 산지전용・일시사용제한지역에 관한 사항, ② 토석채취제한지역에 관한 사항, ③ 채석단지의 지정에 관한 사항, ④ 석재의 안정적 수급에 관한 사항, ⑤ 산지의 복구・복원에 관한 사항, ⑥ 다른 법률에 따른 산림관련 행정계획과의 연계에 관한 사항, ⑦ 산지의 보전・이용에 관련되는 사업의 추진 및 그 재원에 관한 사항을 말한다(시행령 제3조의3).

관한 사항은 그 내용에서 제외하고 작성하여야 한다.

[3] 수립절차

1. 기본계획

가. 산지기본조사의 실시

산림청장은 기본계획을 수립하거나 변경하려는 경우에는 전국 산지의 현황 및 이용실태, 전국 산지경관의 특성 현황, 산지구분의 타당성, 그 밖에 농림축산식품부령으로 정하는 사항 등에 대한 산지기본조사를 실시하고, 이를 기본계획에 반영하여야 한다(제3조의4 제1항). 그러나 산림청장은 다른 법률에 따른 산림관련 행정계획의 변경에 따라 산림청장이 기본계획을 변경하게 되는 경우나 현행법 제3조의4 제2항 본문에 따른 산지지역조사의 결과를 활용하여 기본계획을 변경할 수 있는 경우에는 이러한 산지기본조사를 실시하지 않을 수 있다(시행령 제3조의4 제1항).

산림청장은 산지기본조사를 위하여 소속 공무원으로 하여금 필요한 경우에는 타인의 토지에 출입하게 하거나 그 토지를 일시 사용하게 할 수 있으며, 부득이한 경우에는 입목·대나무 또는 그 밖의 장애물을 제거하거나 변경하게 할 수 있다(제47조 제1항~제4항). 이 경우 타인의 토지에 출입하려는 사람과 타인의 토지를 일시 사용하거나 장애물을 제거하거나 변경하려는 사람은 그 출입·사용 또는 제거하거나 변경하려는 날의 3일 전까지 그 토지의 소유자·점유자 또는 관리인에게 그 일시와 장소를 알려야 한다. 그러나 현행법에 따라 타인의 토지에 출입하는 경우라도 일출 전이나 일몰 후에는 해당 토지 점유자의 승낙 없이는 택지나 담 또는 울타리로 둘러싸인 타인의 토지에 출입할 수 없으며, 그 조사를 하는 사람은 권한을 표시하는 증표를 지니고 이를 관계인에게 보여주어야 한다.

만일 산지기본조사를 위한 소속 공무원의 이러한 행위로 인하여 손실을 입은 자가 있으면 산림청장은 그 손실을 보상하여야 한다(제48조 제1항~제3항). 이 경우 그 손실보상에 관해서는 산림청장과 손실을 입은 자가 협의하여야 하며, 양측의 의견이 달라 그 협의가 성립되지 않거나 협의를 할 수 없을 때에는 「공익사업을 위한 토지 등의 취득 및 보상에 관한 법률」 제49조에 따른 관할 토지수용위원회에 재결을 신청할 수 있다.

산림청장은 산지기본조사를 효율적으로 실시하기 위하여 필요하면 한국산지보전협회와 그 밖에 대통령령으로 정하는 기관에 이를 위탁할 수 있다(제3조의4 제3항).[15] 이 경우 산지기본조사를 위탁받아 현행법 제4조 제1항에 따른 산지구분의 타당성에 관한 조사를 수행하는 한국산지보전협회 등 기관의 임직원은 형법 제129조부터 제132조까지의 규정에 따른 벌칙을 적용할 때에는 공무원으로 본다(제52조의2 제1항 제1호).

나. 사전협의 · 의견수렴 및 심의

산림청장은 기본계획을 수립하거나 변경할 때에는 미리 관계 중앙행정기관의 장과 협의하고 시 · 도지사의 의견을 들어야 하며, 이를 거친 후에는 중앙산지관리위원회의 심의를 거쳐야 한다(제3조의2 제3항). 산림청장의 이러한 협의와 의견수렴은 미리하여야 하는 것이므로, 이를 미리하지 않은 경우에 그 협의나 의견수렴은 적법한 절차를 거쳤다고 할 수 없다. 또한 기본계획에 대한 중앙산지관리위원회의 심의는 강행규정이므로 산림청장은 기본계획을 수립 또는 변경하는 경우에는 반드시 그 심의를 거쳐야만 한다.

산림청장은 관계 중앙행정기관의 장과 지방자치단체의 장에게 기본계획의 수립 및 시행에 필요한 자료의 제출이나 협조를 요청할 수 있다(제3조의2 제6항). 이 경우 산림청장으로부터 자료의 제출이나 협조를 요청받은 관계 중앙행정기관의 장과 지방자치단체의 장은 특별한 사유가 없으면 그 요청을 따라야 한다.

다. 수립 이후의 절차

산림청장은 기본계획 및 연도별 시행계획을 수립하거나 변경한 때에는 지체 없이 이를 국회 소관상임위원회에 제출하여야 한다(제3조의2 제5항). 이는 행정부에 대한 국회의 통제기능을 실질적으로 보장하기 위한 것으로서 산림기본계획(산림기본법 제11조 제6항) 등에도 유사한 내용으로 규정되어 있다. 그러나 산지관리계획의 경우에는 다른 계획과는 달리 기본계획은 물론 연도별 시행계획을 수립하거나 변경한 때에도 이를 제출하여야 한다는 점에 주의해야 할 것이다.

산림청장은 기본계획을 수립하거나 변경하였을 때에는 대통령령으로 정하는 바

15) 여기에서 '대통령령으로 정하는 기관'이란 「사방사업법」에 따른 사방협회를 말한다(시행령 제3조의4 제3항). 다만, 사방협회는 2021년 4월 13일 「사방사업법」의 개정을 통하여 한국치산기술협회로 변경되었으며, 종전의 규정에 따른 사방협회는 같은 법 부칙 제2조에 따라 한국치산기술협회로 의제되었다. 한편 이러한 산지기본조사와 관련하여 현행법 제3조의4 제4항은 산지기본조사 및 산지지역조사의 방법, 기준 및 절차 등에 관한 사항을 농림축산식품부령으로 정하도록 하고 있으나(시행규칙 제1조의2 제2항~제6항), 산지조사가 산지관리계획 수립의 기초가 된다는 점과 그 결과를 제4조 제1항에 따른 산지의 구분에 반영하여야 한다는 점을 고려하면, 이를 시행규칙에 위임하여 규정하는 것이 타당한지에 대해서는 보다 신중한 검토가 필요할 것으로 보인다.

에 따라 고시하고 관계 중앙행정기관의 장, 시·도지사 및 지방산림청장에게 통보하여야 하며, 시장·군수·구청장[16] 또는 지방산림청 국유림관리소장으로 하여금 일반에게 공람하게 하여야 한다(제3조의2 제7항).

2. 지역계획

시·도지사 또는 지방산림청장은 지역계획을 수립하거나 변경하려는 경우에는 관할 지역 산지의 현황과 이용실태 등에 대한 조사[산지지역조사]를 하고 이를 지역계획에 반영하여야 한다(제3조의4 제2항). 그러나 이 경우에도 다른 법률에 따른 산림관련 행정계획의 변경에 따라 지역계획을 변경하게 되는 경우, 현행법에 따른 산지기본조사의 결과를 활용하여 지역계획을 수립·변경할 수 있는 경우 또는 다른 법령에 따른 토지이용과 관련된 행정계획의 변경에 따라 지역계획을 변경하게 되는 경우 등과 같이 대통령령으로 정하는 경우에는 산지지역조사를 하지 않을 수 있다(시행령 제3조의4 제2항).

시·도지사 또는 지방산림청장은 이러한 산지지역조사를 위하여 소속 공무원으로 하여금 필요한 경우에는 타인의 토지에 출입하게 하거나 그 토지를 일시 사용하게 할 수 있으며, 부득이한 경우에는 입목·대나무 또는 그 밖의 장애물을 제거하거나 변경하게 할 수 있다(제47조 제1항 ~제3항). 이 경우 산지지역조사를 위한 출입 등의 절차·방법 및 그로 인한 손실보상 등에 대해서는 기본계획의 수립에서 이미 설명한 것과 같다. 한편 시·도지사 또는 지방산림청장은 효율적인 조사를 위하여 필요하면 산지기본조사의 경우와 같이 한국산지보전협회와 대통령령으로 정하는 기관에 산지지역조사를 위탁할 수 있다(제3조의4 제3항 및 시행령 제3조의4 제3항).

시·도지사 또는 지방산림청장은 산림청장으로부터 기본계획의 수립 또는 변경에 관한 통보를 받으면 기본계획의 내용을 반영하여 1년 이내에 관할지역의 산지에 대한 지역계획을 수립하거나 변경하여야 하며, 만일 시·도지사 또는 시장·군수·구청장이 다른 법률에 따른 환경·도시계획 등을 수립하려는 경우에는 이러한 지역계획과 부합하도록 하여야 한다(제3조의2 제8항·제9항). 이는 동일한 지방자치단체 내에서 지역계획과 환경·도시계획 등의 연계성을 확보함으로써 해당 계획의 실효성을 높이기 위한 것으로 이해된다.

---

16) 현행법 제3조의2 제7항에 따르면 여기에서의 시장은 특별자치도 또는 특별자치시의 경우에는 특별자치도지사 또는 특별자치시장을 말하며, 구청장은 자치구의 구청장을 말한다. 따라서 특별자치도지사 또는 특별자치시장을 포함한 시장·군수·구청장은 산림청장으로부터 기본계획을 통보받으면 이를 일반에게 직접 공람하게 하여야 한다. 그러나 이와는 달리 특별시장·광역시장·도지사의 경우에는 기본계획을 통보받을 뿐 공람조치를 할 의무는 없다.

이러한 지역계획의 수립이나 변경에는 기본계획에 관한 절차가 광범위하게 준용된다(제3조의2 제10항). 그러나 기본계획에만 적용되는 연도별 시행계획의 수립 의무와 산림청장이 중앙행정기관의 장으로서 국회에 대하여 부담하는 소관상임위원회에 대한 기본계획 및 시행계획의 제출 의무는 지역계획에는 당연히 준용되지 않는다.

Ⅲ. 산지의 구분

[1] 보전산지와 준보전산지

1. 산지의 구분

현행법에 따르면 전국의 산지는 보전산지와 준보전산지로 구분하며, 보전산지는 다시 임업용산지와 공익용산지로 구분한다(제4조제1항 제1호·제2호). 준보전산지란 보전산지 외의 산지를 말한다.[17] 현행법에 따른 이러한 산지구분은 전국 산지의 현황 및 이용실태 등에 대한 산지기본조사의 결과를 반영한 것으로서 「산림기본법」에 따른 산림의 합리적인 보전·이용 및 자연친화적인 이용이라는 기본방향을 구체화하기 위한 것이라고 할 수 있다(같은법제5조 제2항및제14조).

2. 보전산지

가. 임업용산지

보전산지 중 임업용산지란 "산림자원의 조성과 임업경영기반의 구축 등 임업생산 기능의 증진을 위하여 필요한 산지로서 산림청장이 지정하는 산지"(제4조제1항 제1호가목)를 말한다. 이러한 임업용산지의 지정대상이 되는 산지는 다음과 같다.

- 「산림자원의 조성 및 관리에 관한 법률」에 따른 채종림 및 시험림의 산지
- 「국유림의 경영 및 관리에 관한 법률」에 따른 보전국유림의 산지
- 「임업 및 산촌 진흥촉진에 관한 법률」에 따른 임업진흥권역의 산지
- 그 밖에 임업생산 기능의 증진을 위하여 필요한 산지로서 대통령령으로 정하는 산지

여기에서 '대통령령으로 정하는 산지'란 다른 법률에 따라 특정 목적으로 보전 또는 이용하기 위한 지역·지구 및 구역 등으로 지정 또는 결정되지 않은 산지

---

17) 2019년을 기준으로 이러한 산지의 구분내역을 살펴보면, 보전산지는 500만ha로서 전체 산지(636만ha)의 약 78.6%에 해당하며, 보전산지 이외의 준보전산지는 136만ha로서 전체 산지의 약 21.4%를 차지하고 있다. 보전산지 중 임업용산지는 332만ha로서 전체 보전산지의 약 66.4%에 해당한다[산림청(2020)의 「2020 임업통계연보(제50호)」, 176면].

중 형질이 우량한 천연림 또는 인공조림지로서 집단화되어 있는 산지, 토양이 비옥하여 입목의 생육에 적합한 산지, 「국유림의 경영 및 관리에 관한 법률」에 의한 보전국유림외의 국유림으로서 산림이 집단화되어 있는 산지, 지방자치단체의 장이 산림경영 목적으로 사용하고자 하는 산지, 그 밖에 임업의 생산기반조성 및 임산물의 효율적 생산을 위한 산지 등을 말한다(시행령 제4조 제1항). 이러한 관점에서 볼 때, 보전산지 중 임업용산지의 지정기준이란 결국 그 대상인 산지가 임업의 본질적 기능에 속하는 임업생산을 증진하기 위한 산지에 해당하는지의 여부라고 할 것이다.

나. 공익용산지

보전산지 중 공익용산지란 "임업생산과 함께 재해방지, 수원보호, 자연생태계 보전, 산지경관 보전, 국민보건휴양 증진 등의 공익기능을 위하여 필요한 산지로서 산림청장이 지정하는 산지"(제4조 제1항 제1호 나목)를 말한다. 이러한 공익용산지는 임업용산지에 대비되는 것으로서 임업생산을 고려하되 공익기능의 증진을 주로 그 지정기준으로 하는 것이다.

이러한 공익용산지의 지정대상인 산지에는 「산림문화·휴양에 관한 법률」에 따른 자연휴양림의 산지, 사찰림의 산지, 현행법에 따른 산지전용·일시사용제한지역, 「야생생물 보호 및 관리에 관한 법률」에 따른 야생생물특별보호구역 및 야생생물보호구역의 산지, 「자연공원법」에 따른 공원구역의 산지, 「문화재보호법」에 따른 문화재보호구역의 산지, 「수도법」에 따른 상수원보호구역의 산지, 「개발제한구역의 지정 및 관리에 관한 특별조치법」에 따른 개발제한구역의 산지, 「국토의 계획 및 이용에 관한 법률」에 따른 녹지지역 중 대통령령으로 정하는 녹지지역[18]의 산지, 「자연환경보전법」에 따른 생태·경관보전지역의 산지, 「습지보전법」에 따른 습지보호지역의 산지, 「독도 등 도서지역의 생태계보전에 관한 특별법」에 따른 특정도서의 산지, 「백두대간 보호에 관한 법률」에 따른 백두대간보호지역의 산지, 「산림보호법」에 따른 산림보호구역의 산지, 그 밖에 공익 기능을 증진하기 위하여 필요한 산지로서 대통령령으로 정하는 산지[19] 등이 있다.

---

18) 여기에서 '대통령령으로 정하는 녹지지역'이란 「국토의 계획 및 이용에 관한 법률 시행령」 제30조 제1항 제4호 가목에 따른 보전녹지지역을 말한다(시행령 제4조 제2항). 한편 같은 법 시행령에 따르면 이러한 녹지지역에는 ① 도시의 자연환경·경관·산림 및 녹지공간을 보전할 필요가 있는 지역인 보전녹지지역, ② 주로 농업적 생산을 위하여 개발을 유보할 필요가 있는 지역인 생산녹지지역, ③ 도시의 녹지공간의 확보, 도시확산의 방지, 장래 도시용지의 공급 등을 위하여 보전할 필요가 있는 지역으로서 불가피한 경우에 한하여 제한적인 개발이 허용되는 지역인 자연녹지지역이 있다(같은 법 시행령 제30조 제1항 제4호).

3. 준보전산지

준보전산지는 보전산지 외의 산지를 말한다(제4조 제1항 제2호). 이러한 준보전산지는 산지를 다른 용도로 사용할 목적으로 구분한 것이므로 현행법상 별도로 행위제한에 관한 규정은 적용되지 않는다. 그러나 준보전산지가 다른 법률에 따라 지역·지구 및 구역 등으로 지정된 경우에는 해당 법률에서 정하는 행위제한 규정이 적용됨은 물론이다.[20]

[2] 보전산지의 지정 및 변경·해제

1. 지정권자 및 지정절차

산림청장은 보전산지를 지정하려면 그 산지가 표시된 산지구분도를 작성하여 농림축산식품부령으로 정하는 바에 따라 산지소유자의 의견을 들어야 한다(제5조 제1항). 이 경우 산림청장은 보전산지의 지정에 관한 사항을 조사하게 하기 위하여 소속 공무원으로 하여금 필요한 경우에는 타인의 토지에 출입하게 하거나 그 토지를 일시 사용하게 할 수 있으며, 부득이한 경우에는 입목·대나무 또는 그 밖의 장애물을 제거하거나 변경하게 할 수 있다(제47조 제1항~제3항). 이에 따른 절차·방법 및 그로 인한 손실보상 등은 기본계획의 수립과 관련하여 앞에서 이미 설명한 것과 같다.

현행법이 보전산지를 지정하려는 경우에 산지소유자의 의견을 듣도록 법률로서 정하고 있는 것은 보전산지로 지정되면 현행법 제12조에 따라 포괄적인 행위제한을 받게 됨으로써 산지소유자의 재산권에 커다란 영향을 미칠 수 있기 때문이다. 다만, 이와 관련하여 현행법은 산지소유자의 의견을 듣는 절차 등을 농림축산식품부령(시행규칙 제2조 제3항~제5항)으로 정하도록 규정하고 있으나 보전산지로 지정되는 경우 개인의 재산권 행사에 제약을 받을 수도 있음을 고려하여 그 절차 등은 법률에서 직접 규정하는 것이 타당해 보인다.

보전산지를 지정하기 위하여 산지소유자의 의견을 들은 산림청장은 그 지정여

---

19) 이에 따르면 '대통령령으로 정하는 산지'란 ① 「국토의 계획 및 이용에 관한 법률」에 따른 자연환경보전지역·방재지구·도시자연공원구역·수산자원보호구역의 산지와 같은 법에 따른 자연경관지구, 역사문화환경보호지구 및 생태계보호지구의 산지, ② 산림생태계·산지경관·해안경관·해안사구(해안모래언덕) 또는 생활환경의 보호를 위하여 필요한 산지, ③ 중앙행정기관의 장 또는 지방자치단체의 장이 공익용산지의 용도로 사용하려는 산지를 말한다(시행령 제4조 제3항).

20) 허경태, 「산지 인·허가 해설」, 박영사, 2020, 82면.

부에 대하여 관계 행정기관의 장과 협의한 후에 중앙산지관리위원회의 심의를 거쳐야 한다(제5조 제1항). 그러나 다른 법률에 따라 관계 행정기관의 장 사이에 협의를 거쳐 산지가 보전산지의 지정대상으로 된 경우에는 중앙산지관리위원회의 심의를 거치지 않는다. 이 경우에는 이미 관계 행정기관의 장 사이에 협의를 마쳤으므로 다시 중앙산지관리위원회의 심의를 거칠 필요가 없기 때문이다.

산림청장은 보전산지를 지정한 경우에는 대통령령으로 정하는 바에 따라 그 지정사실을 고시하고 관계 행정기관의 장에게 통보하여야 하며, 그 지정에 관한 관계 서류를 일반에게 공람하여야 한다(제5조 제2항·제3항). 이 경우 산림청장은 시장·군수·구청장으로 하여금 보전산지의 지정에 관한 관계 서류를 일반에게 공람하게 할 수 있다(제5조 제3항). 이것은 비록 보전산지의 지정권자는 아니지만 보전산지가 소재하는 지방자치단체의 장에게 그 지정에 관한 관계 서류를 일반에게 공람하도록 함으로써 공람의 편의를 제공하려는 것으로 이해된다.

2. 보전산지의 변경·해제

가. 변경 및 해제사유

A. 변경의 경우

현행법은 산림청장에게 일정한 경우에는 보전산지 중 임업용산지와 공익용산지를 서로 변경하여 지정할 수 있도록 허용하고 있다(제6조 제1항·제2항). 이에 따르면 산림청장은 지정된 보전산지 중 임업용산지가 공익용산지의 지정대상 산지에 해당하게 되는 경우에는 그 산지를 공익용산지로 변경·지정할 수 있으며, 그 반대의 경우로서 공익용산지가 공익용산지의 지정대상 산지에 해당되지 않고 임업용산지의 지정대상 산지에 해당되는 경우에는 그 산지를 임업용산지로 변경·지정할 수 있다. 이는 동일한 보전산지 내에서 일정한 요건에 따라 공익용산지와 임업용산지의 변경을 허용함으로써 그 지정의 효과를 높이기 위한 것으로 이해된다.

B. 해제의 경우

산림청장은 보전산지로 지정된 산지가 일정한 해제사유에 해당하는 경우에는 그 지정을 해제할 수 있다(제6조 제3항). 이러한 보전산지의 지정해제 사유에는 (1) 보전산지가 임업용산지 또는 공익용산지의 지정요건에 해당하지 않게 되는 경우, (2) 현행법 제8조에 따른 협의를 한 경우로서 보전산지의 지정을 해제할 필요가 있는 경우, (3) 산지전용허가나 산지전용신고에 의하여 산지를 다른 용지로 변경하려는 경우로서 해당 산지전용의 목적사업을 완료한 후 현행법에 따라 복구의무를 면제받거나 복구준공검사를 받은 경우, (4) 그 밖에 보전산지의 지정이 적합하지 않다고 인정되는 경우 등이 있다. 여기에서 산지전용허가나 산지전용신고에는 다른 법률에 따라 산지전용허가 또는 산지전용신고가 의제되거나 배제되는 행정처분을 포함한다.

산림청장은 보전산지의 지정해제 사유에 해당하는지의 여부를 판단하기 위하여 필요하면 해당 산지의 입지여건, 산지경관 및 산림생태계 등 산지의 특성에 관한 평가[산지특성평가]를 실시할 수 있다(제6조 제3항 후단). 다만, 이 경우에도 그 해제사유가 산지전용허가나 산지전용신고를 하여 그 목적사업을 완료한 후에 현행법에 따라 복구의무를 면제받거나 복구준공검사를 받은 경우(제6조 제3항 제3호)에는 산지특성평가를 실시하지 않는다. 이 경우에는 이미 복구의무를 면제받거나 복구준공검사를 받았으므로 산지특성평가를 실시할 필요가 없기 때문이다.

나. 변경 및 해제절차

산림청장은 현행법에 따라 보전산지를 변경하거나 지정해제하려는 경우에는 보전산지의 지정과 유사한 절차를 거쳐야 한다. 그러나 현행법에 따라 보전산지를 변경하여 지정하는 경우에는 기존에 지정된 보전산지 내에서 변경이 이루어지는 것이므로 보전산지를 새로 지정하는 것처럼 산지소유자의 의견을 듣는 절차는 필요하지 않다. 만일 보전산지를 변경하거나 지정해제하기 위하여 산지의 보전·이용 등에 관한 조사가 필요한 경우에는 산림청장은 앞에서 이미 설명한 것과 같이 소속 공무원으로 하여금 타인의 토지에의 출입, 토지의 일시사용 및 입목 등의 장애물 제거 등을 하게 할 수 있으며, 그로 인한 손실을 보상할 수 있다(제47조 및 제48조).

산림청장은 보전산지를 변경 또는 지정해제하려는 경우에는 변경하려는 산지가 표시된 산지구분도를 작성하여 관계 행정기관의 장과 협의한 후 중앙산지관리위원회의 심의를 거쳐 대통령령으로 정하는 바에 따라 이를 고시하여야 한다(제6조 제4항). 그러나 이에 해당하는 보전산지가 (1) 현행법이나 다른 법률에 따라 관계 행정기관의 장과 협의를 거쳐 보전산지의 변경대상이 되어 변경하는 경우 또는 지정해제의 대상이 되어 지정을 해제하는 경우, (2) 해당 보전산지가 산지전용허가나 산지전용신고를 하여 그 목적사업을 완료한 후에 현행법에 따라 복구의무를 면제받거나 복구준공검사를 받은 경우, (3) 보전산지의 지정이 적합하지 않다고 인정되는 경우에는 관계 중앙행정기관의 장과의 협의 및 중앙산지관리위원회의 심의를 거치지 않고 변경하거나 지정을 해제할 수 있다(제6조 제4항 단서). 이러한 경우는 (1)의 경우와 같이 이미 관계 행정기관의 장과 협의를 거쳤거나, (2) 또는 (3)과 같이 이미 복구의무를 면제받거나 복구준공검사를 받은 경우로서 다시 협의를 하거나 심의를 거칠 필요가 없기 때문이다.

[3] 산지의 구분과 정보체계

1. 산지구분도

산림청장은 현행법에 따른 구분에 따라 전국의 산지에 대하여 산지구분도를 작성하여야 한다(제4조 제2항·제3항). 여기에서 '산지구분도'란 지형도면에 보전산지나 준보전산지와 같은 산지의 구분을 명시한 도면을 말한다. 산림청장은 산지구분도를 작성하려는 때에는 현행법에 따른 산지별로 산지의 지형, 산지경관, 산림생태계 등에 대한 조사를 실시하여야 하며, 이에 따라 조사를 하는 경우 (1) 산림청 소관 외의 국유림 및 공유림·사유림은 시장·군수·구청장에게, (2) 산림청 소관 국유림은 국유림관리소장·국립수목원장·국립산림품종관리센터장·국립산림과학원장 또는 국립자연휴양림관리소장에게 현지조사를 요청하고 그 결과를 반영하여 산지구분도안을 작성하게 할 수 있다(시행규칙 제2조 제1항·제2항). 이 경우 산림청장은 현지조사에 소요되는 경비의 전부 또는 일부를 예산의 범위에서 지원할 수 있다.

현행법에 따라 산지구분도안을 작성한 경우 이를 작성한 자[21]는 해당 지역을 주된 보급지역으로 하는 일간신문과 작성 기관의 인터넷 홈페이지 등에 이를 공고하고 일반이 열람할 수 있도록 하여야 하며, 만일 공고한 내용에 대하여 제출된 의견이 있는 경우 타당성 여부를 검토하여 그 결과를 반영한 경우에는 반영된 내용을, 반영하지 않은 경우에는 그 사유를 의견 제출자에게 서면으로 통보하여야 한다(시행규칙 제2조 제3항·제5항). 그러나 이 경우에도 현행법 제6조 제1항부터 제3항까지의 규정에 따라 보전산지를 변경하거나 그 지정을 해제하기 위하여 산지구분도안을 작성한 경우에는 공고나 열람을 하지 않을 수 있다.

현행법에 따른 이러한 절차를 거쳐 작성된 산지구분도안은 시·도지사 또는 지방산림청장을 거쳐 산림청장에게 제출[22]하여야 하며, 이를 제출받은 산림청장은

---

21) 시장·군수·구청장 및 국유림관리소장·국립수목원장·국립산림품종관리센터장·국립산림과학원장 또는 국립자연휴양림관리소장을 말한다.

22) 그러나 이 경우에도 국립수목원장, 국립산림품종관리센터장, 국립산림과학원장 또는 국립자연휴양림관리소장은 산림청장에게 이를 직접 제출할 수 있다(시행규칙 제2조 제6항).

그 산지구분도안에 대하여 관계 행정기관의 장과 협의한 후 현행법에 따른 중앙산지관리위원회의 심의를 거쳐 확정·고시하여야 한다(시행규칙 제2조 제6항~제8항). 이 경우 현행법에 따라 산지구분도가 확정·고시된 때에는 산지구분도안을 작성한 자는 그 확정·고시된 내용을 현행법에 따른 산지관리정보체계와 「토지이용규제 기본법」 제12조에 따른 국토이용정보체계에 올려야 한다. 현행법이 산지구분도안의 작성과 확정 등에 이와 같이 엄격한 절차를 적용하고 있는 것은 산지의 구분이 산지소유자 등 이해관계인에게 미치는 영향이 그만큼 크기 때문이다.

2. 산지관리정보체계 및 산지전용통합정보시스템

산림청장은 산지의 합리적인 보전과 이용에 관한 정보를 체계적으로 관리하기 위하여 대통령령으로 정하는 바에 따라 산지관리정보체계를 구축·운영하여야 한다(제3조의5 제1항). 이러한 산지관리정보체계에는 산지기본조사 및 산지지역조사에 관한 사항, 산지의 구분에 관한 사항, 산지전용·일시사용제한지역 및 토석채취제한지역에 관한 사항, 산지전용·산지일시사용·토석채취 및 산지복구 등에 관련된 행정처분에 관한 사항, 그 밖에 산지의 보전 및 이용에 관련된 정보로서 산림청장이 정하는 사항 등이 포함되어야 한다(시행령 제3조의5 제1항).

산림청장은 이러한 산지관리정보체계와 함께 산지전용·산지일시사용·토석채취 및 산지복구 등의 산지관리 업무를 효율적으로 처리하기 위하여 대통령령으로 정하는 바에 따라 전자정보처리시스템[산지전용통합정보시스템]을 구축·운영할 수 있다(제3조의5 제2항·제3항). 이 경우 산림청장, 시·도지사 또는 시장·군수·구청장[산림청장 등]은 산지전용통합정보시스템을 이용하여 농림축산식품부령으로 정하는 바에 따라 현행법에 따른 업무의 신청·신고 등을 하게 하거나, 신청이나 신고 등의 승인·허가·수리 등에 대한 교부 및 통지 등의 업무를 처리할 수 있다. 산지전용 등에 관한 정보처리를 전담하게 될 이러한 산지전용통합정보시스템의 구축·운영 및 활용에 관한 규정은 2021년 6월 15일 법률개정으로 신설된 것이다.

산림청장은 산지관리정보체계 및 산지전용통합정보시스템의 효율적인 관리를 위하여 필요하다고 인정하는 경우에는 대통령령으로 정하는 산지전문기관에 그 구축과 운영을 위탁할 수 있다. 여기에서 '대통령령으로 정하는 산지전문기관'이란 한국산지보전협회를 말한다(제3조의5 제4항 및 시행령 제3조의5 제4항). 이 경우 산지관리정보체계의 구축·운영을 위탁받은 산지전문기관의 임직원은 형법 제129조부터 제132조까지의 규정에 따른 벌칙을 적용할 때에는 공무원으로 본다(제52조의2 제1항 제2호).

[4] 「국토의 계획 및 이용에 관한 법률」과의 관계

「국토의 계획 및 이용에 관한 법률」은 토지의 이용실태 및 특성, 장래의 토지 이용 방향, 지역 간 균형발전 등을 고려하여 국토를 다음과 같이 도시지역, 관리지역, 농림지역 및 자연환경보전지역으로 구분하고(같은 법 제6조), 이를 기반으로 하여 용도지역, 용도지구 및 용도구역 등을 지정하여 관리하도록 하고 있다.[23]

- 도시지역: 인구와 산업이 밀집되어 있거나 밀집이 예상되어 그 지역에 대하여 체계적인 개발·정비·관리·보전 등이 필요한 지역
- 관리지역: 도시지역의 인구와 산업을 수용하기 위하여 도시지역에 준하여 체계적으로 관리하거나 농림업의 진흥, 자연환경 또는 산림의 보전을 위하여 농림지역 또는 자연환경보전지역에 준하여 관리할 필요가 있는 지역
- 농림지역: 도시지역에 속하지 않는 「농지법」에 따른 농업진흥지역 또는 「산지관리법」에 따른 보전산지 등으로서 농림업을 진흥시키고 산림을 보전하기 위하여 필요한 지역
- 자연환경보전지역: 자연환경·수자원·해안·생태계·상수원 및 문화재의 보전과 수산자원의 보호·육성 등을 위하여 필요한 지역

국토에 대한 이러한 용도구분과 이에 대한 국가계획, 광역도시계획 및 도시·군계획 등은 국토의 이용·개발 및 보전을 위한 가장 기본적인 계획제도로서 「산지관리법」에 따른 산지관리제도도 이에 부합되고 조화롭게 운영되는 것이 필요하다. 이에 따라 「국토의 계획 및 이용에 관한 법률」은 국가나 지방자치단체에게 용도지역에 관한 개발·정비 및 보전에 필요한 조치를 마련해야 할 의무를 부여하고

---

23) 「국토의 계획 및 이용에 관한 법률」에 따르면 용도지역, 용도지구 및 용도구역이란 다음의 것을 말한다. ① 용도지역이란 토지의 이용 및 건축물의 용도·건폐율·용적률·높이 등을 제한함으로써 토지를 경제적·효율적으로 이용하고 공공복리의 증진을 도모하기 위하여 서로 중복되지 않게 도시·군관리계획으로 결정하는 지역으로서 도시지역(주거지역, 상업지역, 공업지역, 녹지지역), 관리지역(보전관리지역, 생산관리지역, 계획관리지역), 농림지역, 자연환경보전지역으로 구분한다(같은 법 제2조 제15호 및 제36조). ② 용도지구란 토지의 이용 및 건축물의 용도·건폐율·용적률·높이 등에 대한 용도지역의 제한을 강화하거나 완화하여 적용함으로써 용도지역의 기능을 증진시키고 경관·안전 등을 도모하기 위하여 도시·군관리계획으로 결정하는 지역으로서 경관지구, 고도지구, 방화지구, 방재지구, 보호지구, 취락지구, 개발진흥지구, 특정용도제한지구, 복합용도지구, 그 밖에 대통령령으로 정하는 지구로 구분한다(같은 법 제2조 제16호 및 제37조). ③ 용도구역이란 토지의 이용 및 건축물의 용도·건폐율·용적률·높이 등에 대한 용도지역 및 용도지구의 제한을 강화하거나 완화하여 따로 정함으로써 시가지의 무질서한 확산방지, 계획적이고 단계적인 토지이용의 도모, 토지이용의 종합적 조정·관리 등을 위하여 도시·군관리계획으로 결정하는 지역으로서 개발제한구역, 도시자연공원구역, 시가화조정구역, 수산자원보호구역, 입지규제최소구역 등이 있다(같은 법 제2조 제17호 및 제38조~제40조의2).

있는데, 특히 농림지역의 경우에는 국가나 지방자치단체에게 "이 법 또는 관계 법률에서 정하는 바에 따라 농림업의 진흥과 산림의 보전·육성에 필요한 조사와 대책을 마련"(제7조 제3호)할 의무를 부과하고 있다.

「국토의 계획 및 이용에 관한 법률」은 다른 법률에 따른 토지이용에 관한 지역·지구·구역 또는 구획 등의 지정에 관해서도 규정하고 있는데, 이에 따르면 (1) 중앙행정기관의 장이나 지방자치단체의 장은 다른 법률에 따라 토지 이용에 관한 지역·지구·구역 또는 구획 등을 지정하려면 그 지정목적이 「국토의 계획 및 이용에 관한 법률」에 따른 용도지역·용도지구 및 용도구역의 지정목적에 부합되도록 하여야 하고, (2) 다른 법률에 따라 지정되는 지역·지구·구역 또는 구획 중에서 대통령령으로 정하는 면적 이상을 지정하거나 변경하려면 중앙행정기관의 장은 국토교통부장관과 협의하고, 지방자치단체의 장은 국토교통부장관의 승인을 받도록 규정하고 있다(제8조 제1항·제2항).

이와 관련하여 일반적으로는 국토교통부장관 또는 시·도지사가 협의나 승인을 하려면 중앙도시계획위원회나 시·도도시계획위원회의 심의를 거치도록 하고 있으나, 산지의 경우에는 관리지역 중 보전관리지역이나 생산관리지역에서 보전산지를 지정하는 경우 또는 농림지역이나 자연환경보전지역에서 보전산지를 지정하는 경우에는(제8조 제5항 제1호 가목 및 제2호 가목) 그 심의를 거치지 않아도 되도록 예외를 허용하고 있다. 「국토의 계획 및 이용에 관한 법률」의 이러한 규정들은 모두 현행법과의 관계에서 국토와 산지의 합리적인 이용과 보전의 조화를 도모하기 위한 것으로 이해해야 할 것이다.

Ⅳ. 산지의 이용 및 제한

[1] 개 요

1. 규정의 체계

산지를 합리적으로 보전하고 이용하기 위한 방안으로는 (1) 일정한 지역을 정해 놓고 해당 지역 안에서의 이용행위는 철저하게 제한하는 방법, (2) 모든 지역에서 이용행위를 제한하되, 일정한 기준을 정해놓고 그 기준에 따라 이용행위를 허가하여 허용하는 방법, (3) 이용행위 유형에는 제한을 두지 않는 대신 그 이용방법만을 자연친화적인 방법으로 이루어지도록 제한하는 방법, (4) 시장과 연계되는 배출권거래제도와 같은 일종의 '산지이용권제도'를 설정한 뒤에 이를 거래가 가능한(tradable) 것으로 하여 산지이용의 총량을 국가나 지역별로 규제하는 방법, (5) (1)~(4)의 방법을 상호보완적으로 활용하는 방법 등과 같이 다양한 방안들이 있을 수 있다.

이와 같은 여러 대안들 중에서 어느 것을 선택할 것인가는 결국 산지정책의 결정에 속하는 문제이며, 따라서 그 결정은 정책적 여건과 비용, 기대효과 및 정책에 대한 국민적 공감대 등을 종합적으로 고려하여 판단할 일이다. 이러한 관점에서 현행법이 규정하고 있는 산지의 이용과 제한에 대한 기본 틀을 살펴보면 다음과 같다.

- 전국의 산지를 대상으로 그 현황 및 이용실태 등에 관한 산지기본조사를 실시하고 이를 토대로 산지를 보전산지(임업용산지 · 공익용산지)와 준보전산지로 구분한다.
- 산지구분에 따라 보전산지에서의 이용행위는 엄격히 제한하고, 특히 보전이 필요한 산지는 산지전용 · 일시사용제한지역으로 지정하여 이용행위를 원칙적으로 제한한다.
- 산지를 이용하는 행위를 산지전용, 산지일시사용 및 이에 해당하지 않는 행위로 구분하여 산지전용과 산지일시사용의 경우에는 각각 허가 · 신고의 절차를 따르도록 하고, 이에 해당하지 않는 행위인 경우에는 현행법이 아니라 개별 법률에 따르도록 한다.
- 행정기관의 장이 다른 법률에 따라 산지에서의 지역 · 지구 및 구역 등을 지정하거나, 산지전용허가 · 산지일시사용허가 또는 산지전용신고 · 산지일시사용신고가 의제되는 행정처분을 하기 위하여 산림청장 등과의 협의를 요청하는 경우에는 별개의 규정을 두어 이에 따르도록 한다.

2. 산지전용과 산지일시사용의 개념

산지전용이란 산지를 법률에서 정하는 용도인 (1) 조림 · 숲가꾸기 및 입목의 벌채 · 굴취, (2) 토석 등 임산물의 채취, (3) 대통령령으로 정하는 임산물[24]의 재배, (4) 산지일시사용과 같은 용도 '이외'로 사용하거나 이를 위하여 산지의 형질을 변경하는 것을 말한다(제2조 제2호). 여기에서 임산물의 재배행위에는 성토(흙쌓기)나 절토(땅깎기) 등을 통하여 지표면으로부터 높이 또는 깊이가 50cm 이상 형질변경을 수반하는 경우와 시설물의 설치를 수반하는 경우는 제외한다. 따라서 성토나 절토 등을 통하여 지표면으로부터 높이 또는 깊이가 50cm 이상 형질변경을 수반하거나 시설물의 설치를 수반하는 방법으로 임산물을 재배하는 경우에는 산지전용에 해당

---

24) 여기에서 '대통령령으로 정하는 임산물'이란 「임업 및 산촌 진흥촉진에 관한 법률 시행령」 제8조 제1항에 따른 임산물소득원의 지원대상 품목으로서 같은 법 시행규칙 제7조 제1항 별표2로 정하는 수실류, 버섯류, 산나물류, 약초류, 약용류, 수목부산물류 및 관상산림식물류와 그 밖의 임산물을 말한다(시행령 제3조).

하게 된다.

결국 산지전용이란 산지의 형질에 심각한 변경을 가하는 것으로서 "절토, 성토, 정지 등으로 산지의 형상을 변경함으로써 산지의 형질을 외형적으로 사실상 변경시키고 또 그 변경으로 말미암아 원상회복이 어려운 상태로 만드는 것"[25]을 말한다. 특히 이러한 산지전용의 개념과 관련하여 대법원은 산지인 임도라도 "임도의 목적을 넘어 일반인의 교통을 위하여 제공되는 도로로 사용하는 것은 산지전용에 해당하므로 허가가 요구된다"[26]라고 하고 있다.

산지전용과 엄격하게 구별하여야 하는 개념으로서 산지일시사용이 있다. 산지일시사용이란 (1) 산지로 복구할 것을 조건으로 산지를 현행법 제2조 제2호 가목부터 다목까지에 해당하는 용도(조림·숲가꾸기 및 입목의 벌채·굴취, 토석 등 임산물의 채취, 임산물의 재배)가 아닌 용도로 일정기간 동안 사용하거나 이를 위하여 산지의 형질을 변경하는 것, (2) 또는 산지를 임도, 작업로, 임산물 운반로, 등산로·탐방로 등 숲길, 그 밖에 이와 유사한 산길로 사용하기 위하여 산지의 형질을 변경하는 것을 말한다(제2조 제3호). 이러한 산지일시사용은 그 개념 속에 산지로 복구한다는 조건, 일정기간이라는 한시성 및 임도 등과 같은 산길로 사용한다는 목적성을 각각 포함하고 있는 것으로 이해된다.

산지전용과 산지일시사용을 구별하는 이러한 개념에 따를 때, 현행법이 정하는 산지이용 방법에는 산지전용허가·신고, 산지일시사용허가 및 산지일시사용신고가 있으며 그 요건 및 절차는 각각의 규정에서 구체적으로 정하는 것을 따르도록 하고 있다. 그러므로 산지에서 산지전용이나 산지일시사용에 해당하는 행위를 하고자 하는 경우에는 이러한 구분에 따라 관련 절차를 따르면 된다. 이것은 산지전용·일시사용제한지역이나 보전산지에서 예외적으로 허용되는 행위를 하기 위하여 산지전용이나 산지일시사용을 하는 경우에도 마찬가지이다.

산지전용과 산지일시사용의 개념을 이와 같이 이해한다면, 산지를 「산지관리법」에서 정하는 용도인 조림, 숲가꾸기, 입목의 벌채·굴취 및 일정한 조건 아래에서의 임산물의 재배로 이용하는 것은 물론 어느 정도의 형질변경이 불가피한 토석 등과 같은 임산물의 채취로 이용하는 것도 산지전용이나 산지일시사용에 해당하지 않는다. 이러한 행위는 기본적으로 산지의 본질적인 이용행위인 임업행위에 속하는 것이며, 따라서 산지전용과 산지일시사용에 관한 규정 대신에 각 행위를 정하는 별개의 법률과 규정에 따르면 된다. 예를 들어 산지에서 조림이나 숲가꾸

25) 대판 2012. 5. 24. 2010도2008.
26) 대판 2014. 5. 16. 2013두27487.

기를 하는 경우에는 현행법에 따른 산지전용이나 산지일시사용에 관한 규정은 적용되지 않으므로 이에 관한 개별법인 「산림자원의 조성 및 관리에 관한 법률」에서 정하는 절차와 방법만을 따르면 되는 것이다.

[2] 산지전용 · 일시사용제한지역

1. 지 정

가. 지정대상

산림청장은 공공의 이익증진을 위하여 산지의 보전이 특히 필요하다고 인정되는 산지를 산지전용 또는 산지일시사용이 제한되는 지역[산지전용 · 일시사용제한지역]으로 지정할 수 있다(제9조 제1항). 이러한 산지전용 · 일시사용제한지역이란 원칙적으로 산지전용이나 산지일시사용을 제한하되, 법령으로 정하는 예외적인 경우에만 이를 허용하는 지역으로서 보전산지와 비교해서도 더욱 엄격하게 보전할 필요가 있는 산지를 대상으로 하는 것이다. 현행법에 따라 산지전용 · 일시사용제한지역으로 지정할 수 있는 산지는 다음과 같다(제9조 제1항 제1호~제3호).

- 대통령령으로 정하는 주요 산줄기[27]의 능선부로서 산지경관 및 산림생태계의 보전을 위하여 필요하다고 인정되는 산지
- 명승지, 유적지, 그 밖에 역사적 · 문화적으로 보전할 가치가 있다고 인정되는 산지로서 대통령령으로 정하는 산지[28]
- 산사태 등 재해발생이 특히 우려되는 산지로서 대통령령으로 정하는 산지[29]

특히 여기에서 '대통령령으로 정하는 주요 산줄기의 능선부로서 산지경관 및

27) 여기에서 '대통령령으로 정하는 주요 산줄기'란 ① 강원도 고성군 · 양양군 · 인제군 소재의 향로봉부터 지리산으로 이어지는 태백산맥과 소백산맥에 속하는 산줄기, ② 강원도 태백시 소재의 삼수령부터 부산광역시 사하구 소재의 몰운대로 이어지는 태백산맥(①에 해당하는 태백산맥을 제외한다)에 속하는 산줄기, ③ 강원도 강릉시 · 평창군 · 홍천군 소재의 오대산부터 충청남도 보령시 · 청양군 · 홍성군 소재의 오서산으로 이어지는 차령산맥에 속하는 산줄기를 말한다(시행령 제8조 제1항).

28) 이에 해당하는 산지란 ① 학술적 · 예술적 가치 및 산지경관으로서의 가치가 높은 산지, ② 역사적 사실 또는 역사상의 인물과 관계된 산지, ③ 전통사찰 · 기념비 등 문화재의 보호를 위하여 필요한 산지, ④ 국민보건향상 및 휴양 · 치유를 위하여 보전이 필요한 산지를 말한다(시행령 제8조 제3항).

29) 이에 따라 '대통령령으로 정하는 산지'란 산지의 경사도, 모암, 산림상태 등 농림축산식품부령으로 정하는 산사태위험지판정기준표상의 위험요인에 따라 산사태가 발생할 가능성이 높은 것으로 판정된 산지와 집중강우 등으로 인하여 토사유출의 우려가 높은 산지를 말한다(시행령 제8조 제4항).

산림생태계의 보전을 위하여 필요하다고 인정되는 산지'란 대통령령으로 정하는 당해 산줄기의 능선 중심선으로부터 좌우 수평거리 1km 안에 위치하는 산지 중에서 지형 또는 인근의 토지이용 상태 등을 고려하면 산지전용 · 일시사용제한지역으로 지정하는 것이 부적합하다고 인정되는 산지나 다른 법령의 규정에 따라 인가 · 허가 · 승인 등을 얻어 다른 용도로 개발 중이거나 개발계획이 확정된 산지 또는 「백두대간보호에 관한 법률」에 의한 백두대간보호지역의 산지는 제외한 것을 말한다(시행령 제8조 제2항).

나. 지정 절차

산지전용 · 일시사용제한지역의 지정절차는 보전산지를 지정하는 절차와 유사하다. 따라서 산림청장은 산지전용 · 일시사용제한지역을 지정하기 위하여 필요한 경우에는 소속 공무원으로 하여금 타인의 토지에의 출입 등을 하게 할 수 있으며(제47조 제1항 ~제5항), 대통령령으로 정하는 바에 따라 해당 산지소유자 · 지역주민 및 지방자치단체의 장의 의견을 듣고 관계 행정기관의 장과 협의한 후 중앙산지관리위원회의 심의를 거쳐야 한다(제9조 제2항). 또한 산림청장은 산지전용 · 일시사용제한지역을 지정한 경우에는 대통령령으로 정하는 바에 따라 그 지정사실을 고시하고 관계 행정기관의 장에게 통보하여야 하며, 그 지정에 관한 관계 서류를 일반에게 공람하여야 한다. 이 경우 산림청장은 현행법의 규정에도 불구하고 시장 · 군수 · 구청장으로 하여금 산지전용 · 일시사용제한지역의 지정에 관한 관계 서류를 일반에게 공람하게 할 수 있다(제9조 제3항 · 제4항).

국가나 지방자치단체는 산지전용 · 일시사용제한지역의 지정목적을 달성하기 위하여 필요하면 현행법에 따라 산지소유자와 협의하여 산지전용 · 일시사용제한지역의 산지를 매수할 수 있다(제13조 제1항 ~제3항). 이 경우 산지의 매수가격은 「부동산 가격공시에 관한 법률」에 따른 공시지가를 기준으로 결정하되, 해당 토지의 공시지가가 없는 경우에는 같은 법 제8조에 따라 산정한 개별토지가격을 공시지가로 본다. 그러나 만일 인근지역의 실제 거래가격이 공시지가보다 낮을 때에는 실제 거래가격을 기준으로 매수할 수 있다. 현행법에 따른 산지매수의 절차와 그 밖에 필요한 사항은 「국유재산법」 제9조 또는 「공유재산 및 물품 관리법」 제10조를 준용한다.

산지전용 · 일시사용제한지역의 지정 · 고시가 있는 경우에 그 지역의 산지소유자 중 산지전용 · 일시사용제한지역 지정 전부터 해당 토지를 계속 소유한 자 또는 그로부터 해당 산지를 상속받아 계속 소유한 자는 산림청장에게 그 산지의 매수를 청구할 수 있다(제13조의2 제1항~제3항). 이 경우 산지소유자로부터 산지의 매수청구를 받은 산림청장은 예산의 범위에서 이를 매수하여야 하며, 산지의 매수가격 및 절차 등 그 밖에 필요한 사항은 현행법 제13조 제2항 및 제3항을 준용한다.

2. 행위제한

가. 원 칙

산지전용·일시사용제한지역에서는 원칙적으로 산지를 이용할 수 없다(제10조). 여기에서 제한되는 행위에는 산지전용뿐만이 아니라 산지일시사용까지 포함된다. 이는 공공의 이익증진을 위하여 보전이 특히 필요하다고 인정하여 지정된 산지전용·일시사용제한지역에서는 산지전용이나 산지일시사용과 같은 이용행위보다는 산지의 보전에 중점을 두는 것이 합목적적이기 때문이다. 그러나 산지전용·일시사용제한지역의 경우에도 보전가치를 넘는 공익성이 큰 행위이거나 산지의 형질변경이 심각하지 않은 행위인 경우에는 이를 제한적으로 허용하더라도 그것이 반드시 제도의 취지에 어긋난다고 볼 수는 없을 것이다. 따라서 현행법은 이러한 경우에는 그 이용에 필요한 최소한의 범위에서 예외적으로 일정한 행위를 허용하고 있다. 그러나 이 경우에도 산지전용 또는 산지일시사용을 위한 절차에 따라야 하는 것은 물론이다.

현행법은 산지전용·일시사용제한지역에서 허용되는 행위와 관련해서는 제한행위를 열거하는 방식이 아니라 허용행위를 열거하는 방식을 채택함으로써 산지의 이용행위를 엄격히 금지하는 태도를 보이고 있다. 이러한 허용행위 열거방식은 규제되는 행위를 광범위하게 규정할 수 있다는 점에서는 이점이 있으나, 규제행위의 명확성과 법률관계 당사자의 예견가능성을 해친다는 측면에서는 바람직하지 않은 규제방식으로 보인다.[30]

나. 예외적으로 허용되는 행위

산지전용·일시사용제한지역에서 예외적으로 허용되는 행위에는 (1) 국방·군사시설의 설치, (2) 사방시설, 하천, 제방, 저수지, 그 밖에 이에 준하는 국토보전시설의 설치, (3) 도로, 철도, 석유 및 가스의 공급시설, 그 밖에 대통령령으로 정하는 공용·공공용 시설의 설치,[31] (4) 산림보호, 산림자원의 보전 및 증식을 위한

30) 김홍균의 앞의 책, 210면. 이러한 허용행위 열거방식은 보전산지 중 임업용산지와 공익용산지에서의 행위규제에도 적용되고 있는 규제방식이다. 따라서 허용행위 열거방식의 장·단점에 대한 설명은 보전산지에서의 행위규제에도 그대로 적용된다.

시설로서 대통령령으로 정하는 시설의 설치, (5) 임업시험연구를 위한 시설로서 대통령령으로 정하는 시설의 설치, (6) 매장문화재의 발굴, 문화재와 전통사찰의 복원·보수·이전 및 그 보존관리를 위한 시설의 설치, 문화재·전통사찰과 관련된 비석, 기념탑, 그 밖에 이와 유사한 시설의 설치, (7) 발전·송전시설 등 전력시설이나 「신에너지 및 재생에너지 개발·이용·보급 촉진법」에 따른 신·재생에너지 설비에 해당하는 시설 중 대통령령으로 정하는 시설의 설치, (8) 「광업법」에 따른 광물의 탐사·시추시설의 설치 및 대통령령으로 정하는 갱내채굴,[32] (9) 「광산피해의 방지 및 복구에 관한 법률」에 따른 광해방지시설의 설치, (10) 공공의 안전을 방해하는 위험시설이나 물건의 제거, (11) 「6·25 전사자유해의 발굴 등에 관한 법률」에 따른 전사자의 유해 등 대통령령으로 정하는 유해의 조사·발굴 등이 있다(제10조 제1호~제9호 및 제9호의2·제9호의3). 여기에서 매장문화재의 발굴에는 지표조사를 포함하나, 「신에너지 및 재생에너지 개발·이용·보급 촉진법」에 따른 신·재생에너지 설비에서 태양에너지의 설비는 제외한다.

현행법이 산지전용·일시사용제한지역에서 이러한 행위를 허용한 것은 그 허용되는 행위가 국방·군사시설, 국토보전시설, 공용·공공용시설, 산림보호·이용 및 임업시험연구시설, 문화재 및 중요산업시설의 설치 등에 관련된 것으로서 공익성과 함께 국가·사회적인 차원에서의 불가피성 및 산지의 형질변경 정도 등을 종합적으로 고려한 것으로 보인다.

산지전용·일시사용제한지역에서 예외적으로 허용되는 시설의 설치행위 등을 위해서는 임시부대시설 및 진입로가 필요한데, 이에 해당하는 것으로는 현행법에 따라 허용되는 행위를 하기 위하여 대통령령으로 정하는 기간[33] 동안 임시로 설치하는 진입로, 현장사무소, 지질·토양의 조사·탐사시설, 그 밖에 주차장 등 농림축산식품부령으로 정하는 부대시설과 현행법에 따라 설치되는 (1)~(11)의 시설 중 「건축법」에 따른 건축물과 도로를 연결하기 위한 대통령령으로 정하는 규모 이하의 진입로가 있다(제10조 제10호·제11호). 다만, 여기에서 건축물과 연결하는 도로란 「건축법」

---

31) 다만, 이에 따른 공용·공공용 시설 중 기상관련 시설의 경우 이전에는 기상관측시설만 허용되었으나, 2020년 11월 24일 개정을 통하여 그 허용시설이 「기상법」에 따른 기상시설 및 「지진·지진해일·화산의 관측 및 경보에 관한 법률」에 따른 관측소로 확대되었다.

32) 여기에서 '대통령령으로 정하는 갱내채굴'이란 산지의 일시사용면적이 갱구 및 광물의 선별·가공시설을 포함하여 2만m^2 미만인 굴진채굴을 말한다(시행령 제10조 제5항).

33) 이 경우 '대통령령으로 정하는 기간'이란 1년 이내의 기간을 말한다. 그러나 목적사업의 수행을 위한 산지전용기간 또는 산지일시사용기간이 1년을 초과하는 경우에는 그 산지전용기간 또는 산지일시사용기간을 말한다(시행령 제10조 제7항).

제2조 제1항 제11호의 도로로서 보행과 자동차 통행이 가능한 너비 4m 이상의 도로를 말한다.

현행법이 이처럼 산지전용·일시사용제한지역에서 임시부대시설 및 진입로의 설치를 허용하는 것은 그것이 부수적인 시설의 설치행위로서 단기간 동안에 임시로 허용되는 것이며, 특히 진입로의 경우에는 산지전용·일시사용제한지역에서 설치되는 건축물을 도로와 연결함으로써 그 사용가치를 보장하기 위한 필수시설에 해당하는 것이기 때문이다. 그러나 현행법은 이 경우에도 진입로로 인한 산지의 형질변경을 최소화하기 위하여 진입로의 규모를 대통령령으로 정하는 규모 이하로 정하고 있는데, 이에 따르면 진입로의 규모는 절토·성토한 비탈면을 제외한 유효너비가 4m 이하이고, 그 길이가 50m 이하로 제한된다(시행령 제10조 제8항).

3. 지정해제

산림청장은 산지전용·일시사용제한지역의 지정목적이 상실되었거나 산지전용·일시사용제한지역으로 계속 둘 필요가 없다고 인정되는 경우로서 (1) 현행법 제10조에 따라 산지전용·일시사용제한지역에서 허용되는 행위를 하기 위하여 산지전용허가를 받아 산지를 전용한 경우, (2) 천재지변 등으로 인하여 산지전용·일시사용제한지역으로서의 가치를 상실한 경우, (3) 재해방지시설을 설치하여 산사태 발생 위험이 없어지는 등 산지전용·일시사용제한지역의 지정목적이 상실된 경우, (4) 그 밖에 자연적·사회적·경제적·지역적 여건변화나 지역발전을 위한 사유 등 대통령령으로 정하는 경우[34]에는 그 지정을 해제할 수 있다(제11조 제1항). 이 경우 산림청장은 산지전용·일시사용제한지역을 지정해제하기 위하여 산지의 보전·이용 등에 관한 조사가 필요한 경우에는 앞에서 이미 설명한 것과 같이 소속 공무원

---

34) 여기에서 '대통령령으로 정하는 경우'란 ① 현행법 제12조에 따라 보전산지에서 허용되는 시설을 지역여건 및 산지 특성상 불가피하게 산지전용·일시사용제한지역에 설치할 필요가 있다고 인정하여 해당 지방자치단체의 장이 그 지정의 해제를 요청하는 경우, ② 「농어촌정비법」에 따른 생활환경정비사업 또는 「임업 및 산촌 진흥촉진에 관한 법률」에 따른 산촌개발사업을 위하여 필요한 경우로서 사업계획부지에 편입되는 면적이 100분의 30 미만인 경우, ③ 지역 발전을 위한 기반시설(교통시설·물류시설 및 정보통신시설만 해당한다)의 설치 등 토지이용의 합리화를 위하여 필요한 경우, ④ 도로·철도 등 공공시설의 설치로 인하여 산지전용·일시사용제한지역이 3천m^2 미만으로 단절되는 경우, ⑤ 「국립묘지의 설치 및 운영에 관한 법률」에 따른 국립묘지를 설치하는 경우, ⑥ 산지전용·일시사용제한지역이 「국토의 계획 및 이용에 관한 법률」에 따른 도시지역으로 편입되는 경우, ⑦ 산지전용·일시사용제한지역 인근에 주택 등의 건축물이 설치되는 등 토지이용 상태의 변화로 산지전용·일시사용제한지역으로 유지하는 것이 부적합하다고 인정되어 지방자치단체의 장이 그 지정의 해제를 요청하는 경우 등을 말한다(시행령 제11조 제1항).

으로 하여금 타인의 토지에의 출입, 토지의 일시사용 및 입목 등의 장애물 제거 등을 하게 할 수 있으며, 그로 인한 손실을 보상할 수 있다(제47조 및 제48조).

산지전용 · 일시사용제한지역의 해제절차에 대해서는 산지전용 · 일시사용제한지역의 지정에 관한 현행법의 절차를 준용한다(제11조 제2항). 그러나 이 경우에도 지정해제 사유 중에서 (1)과 (2)에 해당하는 경우나 (3)과 (4)에 해당하는 경우로서 1만m^2 미만을 해제하는 경우에는 준용하는 절차 중에서 중앙산지관리위원회의 심의를 거치지 않을 수 있다.

[3] 보전산지

1. 원 칙

보전산지에서는 원칙적으로 산지전용 또는 산지일시사용을 할 수 없다(제12조). 그러나 보전산지의 경우에도 일정한 행위는 예외적으로 허용되는데, 이러한 허용행위의 범위는 산지전용 · 일시사용제한지역의 경우보다는 넓은 범위에서 인정된다.

보전산지에서는 허용된 행위를 하는 경우에만 예외적으로 산지전용이나 산지일시사용이 허용된다. 그러나 이 경우에도 현행법이 정하는 산지전용 또는 산지일시사용을 위한 절차에 따라야 하는 것은 물론이다. 보전산지에서 허용되는 행위의 종류와 범위는 임업용산지와 공익용산지에 따라 다르며, 각각 그 지정취지에 맞게 제한적으로 허용된다. 특히 공익용산지로서 산지전용 · 일시사용제한지역에 속하는 경우에는 산지전용 · 일시사용제한지역에 관한 규정만이 적용되므로 공익용산지의 행위제한에 관한 규정은 적용되지 않음에 주의하여야 한다(제12조 제2항).

2. 예외적으로 허용되는 행위

가. 임업용산지에서 허용되는 행위

임업용산지에서 예외적으로 허용되는 행위에는 (1) 산지전용 · 일시사용제한지역에서 허용되는 시설의 설치 등(제10조 제1호~제9호 및 제9호의2 · 제9호의3), (2) 임도 · 산림경영관리사 등 산림경영과 관련된 시설 및 산촌산업개발시설 등 산촌개발사업과 관련된 시설로서 대통령령으로 정하는 시설의 설치, (3) 수목원, 산림생태원, 자연휴양림, 수목장림, 국가정원, 지방정원, 그 밖에 대통령령으로 정하는 산림공익시설의 설치, (4) 농림어업인의 주택 및 그 부대시설로서 대통령령으로 정하는 주택 및 시설[35]의 설치,

35) 이 경우 '대통령령으로 정하는 주택 및 시설'이라 함은 농림축산식품부령으로 정하는 농림어업

(5) 농림어업용 생산·이용·가공시설 및 농어촌휴양시설로서 대통령령으로 정하는 시설의 설치, (6) 광물, 지하수, 그 밖에 대통령령으로 정하는 지하자원 또는 석재의 탐사·시추 및 개발과 이를 위한 시설의 설치, (7) 산사태 예방을 위한 지질·토양의 조사와 이에 따른 시설의 설치, (8) 석유비축 및 저장시설·방송통신설비, 그 밖에 대통령령으로 정하는 공용·공공용시설의 설치, (9) 「국립묘지의 설치 및 운영에 관한 법률」에 따른 국립묘지시설 및 「장사 등에 관한 법률」에 따라 허가를 받거나 신고를 한 묘지·화장시설·봉안시설[36] 및 자연장지시설의 설치, (10) 대통령령으로 정하는 종교시설[37]의 설치, (11) 병원, 사회복지시설, 청소년수련시설, 근로자복지시설 및 공공직업훈련시설 등 공익시설로서 대통령령으로 정하는 시설의 설치, (12) 교육·연구 및 기술개발과 관련된 시설로서 대통령령으로 정하는 시설의 설치, (13) (1)~(12) 이외의 시설로서 대통령령으로 정하는 지역사회개발 및 산업발전에 필요한 시설의 설치 등이 있다(제12조 제1항 제1호~제13호).[38]

이러한 행위 중 산지전용·일시사용제한지역에서 허용되는 행위를 임업용산지에서도 그대로 허용하는 것은 공공의 이익증진을 위하여 보전의 필요성이 더 큰 산지전용·일시사용제한지역에서 허용되는 행위라면 임업용산지에서도 이를 허용하는 것은 당연하기 때문이다. 또한 현행법이 산림경영 및 산촌개발사업과 관련된 시설, 수목원 등 일정한 산림공익시설, 농림어업인의 주택 및 부대시설, 농림어업

인이 자기소유의 산지에서 직접 농림어업을 경영하면서 실제로 거주하기 위하여 부지면적 660m² 미만으로 건축하는 주택 및 그 부대시설을 말한다. 여기에서 농림어업인 주택 및 그 부대시설의 부지면적이란 전용하고자 하는 면적에 당해 농림어업인이 당해 시·군·구에서 그 전용허가신청일 이전 5년간 농림어업인 주택 및 그 부대시설의 설치를 위하여 전용한 임업용산지의 면적을 합산한 면적(공공사업으로 인하여 철거된 농림어업인 주택 및 그 부대시설의 설치를 위하여 전용하였거나 전용하고자 하는 산지면적을 제외한다)을 말한다(시행령 제12조 제3항 및 제4항).

36) 현행 규정의 봉안시설이 일반의 사용에 제공되는 봉안시설만을 의미하는 것인지에 대하여는 논란의 여지가 있다. 그러나 법규정은 명확하여야 한다는 일반원칙에 비추어 볼 때, '일반의 사용에 제공되는' 이라는 표현이 사용되지 않은 점으로 보아 현행 규정의 봉안시설은 반드시 일반의 사용에 제공되는 것일 필요는 없는 것으로 보인다. 또한 동일한 취지에서 봉안시설의 주체는 불문하므로 그것이 사설인지 공설인지의 여부에 상관없이 현행 규정이 적용되어야 할 것이다. 한편 '일반의 사용에 제공되는 사설봉안시설'의 개념에 대해서는 대판 2010. 7. 22. 2010두5745를 참고하라.

37) 여기에서 '대통령령으로 정하는 종교시설'이란 문화체육관광부장관이 민법 제32조의 규정에 따라 종교법인으로 허가한 종교단체 또는 그 소속 단체에서 설치하는 부지면적 1만5천m² 미만의 사찰·교회·성당 등 종교의식에 직접적으로 사용되는 시설과 농림축산식품부령으로 정하는 부대시설을 말한다(시행령 제12조 제7항).

38) 현행법상의 이러한 행위 중 (3)에서 국가정원 및 지방정원, (9)에서 「국립묘지의 설치 및 운영에 관한 법률」에 따른 국립묘지시설은 2021년 6월 15일 법률개정을 통하여 신설된 내용이다.

용 생산·이용·가공시설 및 농어촌휴양시설, 산사태 예방을 위한 조사와 이에 따른 시설의 설치 등을 허용하고 있는 것은 산림자원의 조성과 임업경영기반의 구축 등 임업생산 기능의 증진을 위하여 필요한 산지를 임업용산지로 지정한다는 제도적 취지와 함께 산림재해의 방지를 고려한 것으로 보인다.

현행법에 따라 허용되는 시설을 설치하기 위하여 대통령령으로 정하는 기간 동안 임시로 설치하는 진입로, 현장사무소, 지질·토양의 조사·탐사시설, 그 밖에 주차장 등과 같은 부대시설과 현행법에 따라 허용되는 (1)~(13)의 시설 중 「건축법」에 따른 건축물과 도로를 연결하기 위한 대통령령으로 정하는 규모 이하의 진입로를 설치하는 행위는 허용된다(제12조 제1항 제14호~제15호).[39] 여기에서 건축물과 연결하는 도로란 「건축법」 제2조 제1항 제11호의 도로로서 보행과 자동차 통행이 가능한 너비 4m 이상의 도로를 말한다.

임업용산지에서는 이러한 행위 이외에도 그 지정목적의 달성에 지장을 주지 않는 범위 내에서 예외적으로 일정한 행위가 허용되는데, 이러한 행위에는 가축의 방목, 산나물·야생화·관상수의 재배, 물건의 적치 및 농도의 설치 등 대통령령으로 정하는 행위가 있다(제12조 제1항 제16호). 여기에서 산나물·야생화·관상수의 재배란 성토나 절토 등을 통하여 지표면으로부터 높이 또는 깊이 50cm 이상 형질변경을 수반하는 경우에 한정한다.

나. 공익용산지에서 허용되는 행위

공익용산지에서 예외적으로 허용되는 행위에는 (1) 산지전용·일시사용제한지역에서 허용되는 시설의 설치 등(제10조 제1호~제9호 및 제9호의2·제9호의3), (2) 임업용산지에서 허용되는 행위 중 현행법 제12조 제1항 제2호·제3호·제6호 및 제7호에 따른 산림경영 및 산촌개발사업 관련 시설, 수목원 등과 같은 일정한 산림공익시설, 광물 등의 지하자원이나 석재의 탐사·시추 등의 시설, 산사태 예방을 위한 조사 및 시설 등의 설치, (3) 임업용산지에서 허용되는 행위인 현행법 제12조 제1항 제12호에 따른 교육·연구 및 기술개발과 관련된 시설 중 대통령령으로 정하는 시설의 설치, (4) 농림어업인 주택의 신축·증축 또는 개축, 종교시설의 증축·개축, 현행법 제4조 제1

39) 이 경우 '대통령령으로 정하는 기간'이란 1년 이내의 기간을 말하나, 목적사업의 수행을 위한 산지전용기간·산지일시사용기간이 1년을 초과하는 경우에는 그 산지전용기간·산지일시사용기간을 말한다. 또한 여기에서 '대통령령으로 정하는 규모 이하의 진입로'란 절토·성토한 비탈면을 제외한 유효너비가 4m 이하이고, 그 길이가 50m 이하인 진입로를 말한다(시행령 제12조 제11항 및 제12항).

항에 따라 공익용 산지로 지정된 사찰림의 산지에서의 사찰 신축, 임업용산지에서 허용되는 행위인 현행법 제12조 제1항 제9호의 시설 중 봉안시설의 설치 또는 같은 조 제1항 제11호에 따른 시설 중 병원・사회복지시설 및 청소년수련시설의 설치, (5) (1)~(4) 이외의 시설로서 대통령령으로 정하는 공용・공공용 사업을 위하여 필요한 시설의 설치 등이 있다(제12조 제2항 제1호~제5호). 그러나 이 경우에도 (4)에 해당하여 허용되는 경우 그 설치규모는 대통령령으로 정하는 규모 미만이어야 하며, 특히 농림어업인 주택을 신축하는 경우에는 농림어업인이 자기 소유의 산지에서 직접 농림어업을 경영하면서 실제로 거주하기 위하여 신축하는 주택 및 그 부대시설로서 부지면적이 660m^2 미만이어야 한다(시행령 제13조 제2항 제3호 가목).

이러한 행위 중에서 산지전용・일시사용제한지역에서 허용되는 행위와 임업용산지에서 허용되는 행위 가운데 일정한 행위를 공익용산지에서도 허용하고 있는 것은 산지를 보전할 필요성이 공익용산지보다 더 크다고 인정되는 산지전용・일시사용제한지역에서도 허용되는 행위라면 공익용산지에서도 이를 허용하는 것이 합리적이라는 점과 현행법이 정한 일정한 행위의 경우에는 임업용산지에서만이 아니라 공익용산지에서도 이를 허용해야 할 필요성이 크다고 인정되기 때문이다.[40] 그러나 이러한 관점에 따르더라도 임업용산지에서 허용되는 행위는 공익용산지에서 허용하더라도 이를 제한적으로만 허용한 것으로 이해해야 할 것이므로 해당 규정은 넓게 해석하기보다는 엄격하는 해석하는 것이 필요할 것으로 보인다.

공익용산지에서 임시부대시설 및 진입로를 설치하는 행위는 임업용산지의 경우와 같이 허용되며, 그 밖에 공익용산지의 목적 달성에 지장을 주지 않는 행위로서 산나물・야생화・관상수의 재배, 농도의 설치 등 대통령령으로 정하는 행위 등도 허용된다(제12조 제2항 제6호~제8호). 다만, 이와 관련하여 임업용산지의 경우에는 가축의 방목과 물건의 적치도 허용되는 행위로서 규정하고 있으나, 공익용산지의 경우에는 허용행위에서 이를 제외하고 있다는 점을 주의해야 할 것이다.

3. 공익용산지에서의 특례

산지전용・일시사용제한지역을 제외한 공익용산지 중에서 현행법 제4조 제1항 제1호 나목 4)부터 14)까지의 산지[41]에 해당하는 것 또는 「국토의 계획 및 이용에

---

40) 이러한 관점에서 볼 때 산지의 이용행위가 제한되는 정도는 산지전용・일시사용제한지역이 가장 강하고, 보전산지 중 공익용산지가 그 다음이며 임업용산지의 경우에는 가장 약하다고 할 수 있을 것이다.

41) 이에 해당하는 산지에는 「야생생물 보호 및 관리에 관한 법률」에 따른 야생생물 특별보호구역

관한 법률」에 따라 지역·지구 및 구역 등으로 지정된 산지로서 대통령령으로 정하는 산지[42]인 경우에는 그 행위제한에 관하여 현행법을 적용하는 대신 해당 법률을 적용한다(제12조 제3항 제1호·제2호). 따라서 이에 해당하는 산지에서는 공익용산지에서의 행위제한에 관한 제12조 제2항의 규정이 배제되어 적용되지 않는다.

일정한 산지에 대하여 현행법이 이러한 특례 규정을 두고 있는 것은 이러한 산지의 경우에는 공익용산지보다 그 보전의 필요성이 특히 큰 산지이거나 특별한 목적에 따른 산지로서 개별법에 따라 그 특성을 고려할 필요가 있으며, 또한 이미 지역·지구 및 구역 등으로 지정된 산지로서 그 지정 취지에 따라 해당 법률을 적용하는 것이 합리적이기 때문이다.

Ⅴ. 산지전용 및 산지일사용

[1] 산지전용허가

1. 허가신청

가. 신청방법

산지전용을 하려는 자는 그 용도를 정하여 대통령령으로 정하는 산지의 종류 및 면적 등의 구분에 따라 산림청장 등에게 신청하여 허가를 받아야 한다(제14조 제1항). 여기에서 '산지전용의 용도'란 허가신청시에 신청인이 제출하는 사업계획서에 포함되는 것으로서 산림청장 등이 산지전용허가 여부를 결정하기 위하여 사업계획의 적정 여부를 판단하는 기준이 되는 것을 말한다. 따라서 신청인이 용도를 허위로 기재하여 신청한 후에 산지전용허가를 받아 산지전용을 한 경우에는 벌칙 제53조 제1호에서 규정하는 거짓이나 그 밖의 부정한 방법으로 산지전용허가를 받는 행위에

및 야생생물 보호구역의 산지, 「자연공원법」에 따른 공원구역의 산지, 「문화재보호법」에 따른 문화재보호구역의 산지, 「수도법」에 따른 상수원보호구역의 산지, 「개발제한구역의 지정 및 관리에 관한 특별조치법」에 따른 개발제한구역의 산지, 「국토의 계획 및 이용에 관한 법률」에 따른 녹지지역 중 대통령령으로 정하는 녹지지역의 산지, 「자연환경보전법」에 따른 생태·경관보전지역의 산지, 「습지보전법」에 따른 습지보호지역의 산지, 「독도 등 도서지역의 생태계보전에 관한 특별법」에 따른 특정도서의 산지, 「백두대간 보호에 관한 법률」에 따른 백두대간보호지역의 산지, 「산림보호법」에 따른 산림보호구역의 산지 등이 있다(제12조 제3항 제1호).

42) 여기에서 '대통령령으로 정하는 산지'란 ① 「국토의 계획 및 이용에 관한 법률」에 따라 자연환경보전지역, 방재지구, 도시자연공원구역, 수산자원보호구역으로 지정된 산지, ② 「국토의 계획 및 이용에 관한 법률 시행령」에 따라 자연경관지구, 역사문화환경보호지구 및 생태계보호지구로 지정된 산지를 말한다(시행령 제13조 제7항).

해당하게 된다. 이에 대하여는 대법원도 "산지전용허가를 신청함에 있어 그 허가 여부를 판단하는 기준이 되는 목적사업이나 그 사업의 계획 등의 자료를 허위로 제출하여 산지전용허가를 받는 행위는 산지관리법 제53조 제1호에서 규정하는 '거짓 그 밖의 부정한 방법으로 산지전용허가를 받는 행위'에 해당한다고 판단하였는바…산지관리법의 해석에 관한 법리오해 등의 위법이 없다"라고 판결함으로써 동일한 입장임을 분명히 하고 있다.[43]

산지전용허가는 허가를 받으려고 신청하는 산지의 종류 및 면적 등의 구분에 따라 다음과 같이 신청하여야 한다(시행령 제15조 제1항).

- 산지면적이 200만m^2 이상(보전산지의 경우에는 100만m^2 이상): 산림청장
- 산지면적이 50만m^2~200만m^2 미만(보전산지의 경우에는 3만m^2~100만m^2 미만): (1) 산림청장 소관인 국유림의 산지인 경우에는 산림청장, (2) 산림청장 소관이 아닌 국유림, 공유림 또는 사유림의 산지인 경우에는 시·도지사
- 산지면적이 50만m^2 미만(보전산지의 경우에는 3만m^2 미만): (1) 산림청장 소관인 국유림의 산지인 경우에는 산림청장, (2) 산림청장 소관이 아닌 국유림, 공유림 또는 사유림의 산지인 경우에는 시장·군수·구청장

산지전용허가와 관련하여 신청하는 산지전용허가 및 변경허가의 면적이 대통령령이 정하는 규모[44] 이상인 경우에는 그 신청인은 미리 대통령령으로 정하는 산지전문기관[45]으로부터 산지전용의 필요성·적합성·환경성 등을 종합적으로 고려한 타당성에 관한 조사[산지전용타당성조사]를 받아야 한다(제18조의2 제1항). 그러나 산지전용을 하려는 용도가 농림어업용인 경우 등 대통령령으로 정하는 경우에는 이를 받지 않아도 된다. 이러한 산지전용타당성조사의 결과 및 검토의견은 「공공기관의 정보공개에 관한 법률」에 따른 정보공개의 대상이 된다(제18조의3 제1항).

나. 변경허가의 신청

산지전용허가를 받은 후에 허가받은 사항을 변경하려는 경우에는 산지전용허가

---

43) 대판 2010. 6. 10. 2010도3232.

44) 여기에서 '대통령령이 정하는 규모'란 ① 제8조 제1항에 따른 협의·변경협의의 경우에는 50만m^2, ② 산지전용허가·변경허가 또는 산지일시사용허가·변경허가의 경우(다른 법률에 따라 산지전용허가·변경허가 또는 산지일시사용허가·변경허가가 의제되는 경우를 포함한다) 풍력발전시설이나 궤도시설을 설치하려는 경우에는 660m^2, 그 밖의 경우에는 30만m^2를 말한다. 이 경우 변경협의를 신청하거나 변경허가를 받으려는 경우에는 변경하려는 산지의 면적만을 기준으로 한다(시행령 제20조의2 제1항).

45) 여기에서 '대통령령으로 정하는 산지전문기관'이란 산지보전협회와 한국치산기술협회를 말한다(시행령 제20조의2 제2항).

의 절차를 따라야 한다(제14조 제1항). 이 경우 그 변경허가의 신청은 산지의 종류 및 면적 등의 구분에 따라 당초에 해당 산지전용허가를 한 산림청장 등에게 하여야 한다. 그러나 변경허가를 신청하려는 사항이 농림축산식품부령으로 정하는 경미한 사항에 해당하는 경우에는 산림청장 등에게 신고로 갈음할 수 있다. 이 경우에도 그 신고는 당초에 해당 산지전용허가를 한 산림청장 등에게 하여야 하는 것은 물론이다.

산림청장 등은 변경신고를 받은 날부터 25일 이내에 신고수리 여부를 신고인에게 통지하여야 하며, 만일 산림청장 등이 그 정한 기간 내에 신고수리 여부 또는 민원처리 관련 법령에 따른 처리기간의 연장을 신고인에게 통지하지 않으면 그 기간이 끝난 날의 다음 날에 신고를 수리한 것으로 본다(제14조 제2항·제3항). 이 경우 처리기간이 민원처리 관련 법령에 따라 연장 또는 재연장된 경우에는 해당 처리기간을 기준으로 한다. 이처럼 일정한 기간 내에 신고수리 여부나 처리기간 연장을 통지하지 않은 경우에 해당 신고를 수리한 것으로 간주하는 규정은 민원의 투명하고 신속한 처리와 행정기관의 적극행정을 유도하기 위한 제도로서 바람직한 것으로 보인다.

2. 허가절차

가. 허가기준

산지전용허가의 신청을 받은 산림청장 등은 그 신청내용이 현행법에 따른 허가기준에 맞는 경우에만 산지전용허가를 하여야 한다(제18조 제1항). 따라서 산림청장 등은 신청내용이 허가기준에 맞지 않는 경우에는 그 산지전용을 허가해서는 안 된다. 다만, 이와 관련하여 '중대한 공익상의 필요'가 인정되는 경우에 산림청장 등이 그 허가를 거부할 수 있는지에 대하여는 논란의 여지가 있다. 그러나 산지전용에 대한 허가행위의 경우에는 중대한 공익에 대한 고려와 이익형량이 필요한 것으로 보아야 하며, 따라서 그 허가행위는 재량행위로서 산림청장 등은 그 허가를 거부할 수 있다고 보는 것이 타당하다. 판례도 이러한 입장에 따라 산림형질변경허가, 산림 내에서의 토사채취허가 및 입목의 벌채·굴취허가 등을 재량행위라고 판결하였음은 앞에서 이미 설명한 것과 같다. 이러한 관점에서 현행법 제18조 제1항이 산지전용허가 신청을 받은 경우에 '그 신청내용이 허가기준에 맞는 경우에만 산지전용허가를 하여야 한다'라고 표현하고 있는 것은 산지전용허가의 이러한 재량행위적 성질을 강조하여 표현한 것으로 이해해야 할 것이다.

산림청장 등은 산지전용허가의 신청이 있는 경우에는 그 내용이 다음과 같은

허가기준에 맞는 경우에만 허가하여야 한다(제18조 제1항 제1호~제8호).[46)]

- 제10조 산지전용 · 일시사용제한지역에서의 행위제한과 제12조 보전산지에서의 행위제한에 해당하지 않을 것
- 인근 산림의 경영 · 관리에 큰 지장을 주지 않을 것
- 집단적인 조림성공지 등 우량한 산림이 많이 포함되지 않을 것
- 희귀 야생 동 · 식물의 보전 등 산림의 자연생태적 기능유지에 현저한 장애가 발생하지 않을 것
- 토사의 유출 · 붕괴 등 재해가 발생할 우려가 없을 것
- 산림의 수원함양 및 수질보전 기능을 크게 해치지 않을 것
- 산지의 형태 및 임목의 구성 등의 특성으로 인하여 보호할 가치가 있는 산림에 해당되지 않을 것
- 사업계획 및 산지전용면적이 적정하고 산지전용방법이 산지경관 및 산림훼손을 최소화하며 산지전용 후의 복구에 지장을 줄 우려가 없을 것

그러나 이러한 경우에도 산지전용허가를 신청한 지역이 (1) 준보전산지인 경우이거나 (2) 전용하려는 산지 중 임업용산지의 비율이 100분의 20 미만으로서 대통령령으로 정하는 비율 이내이고, 전용하려는 산지에 대통령령으로 정하는 집단화된 임업용산지가 포함되지 않으며, 전용하려는 산지 중 임업용산지를 제외한 나머지가 준보전산지일 것이라는 요건을 모두 충족하는 등 보전 필요성이 낮은 산지인 경우에는 이러한 허가기준 중에서 제1호부터 제4호에 해당하는 기준은 적용하지 않는다(제18조 제2항).[47)] 여기에서 '대통령령으로 정하는 비율'이란 100분의 10을 말하며, '대통령령으로 정하는 집단화된 임업용산지'란 1개의 필지 또는 2개 이상의 연접한 필지의 면적이 3만m^2 이상인 임업용산지를 말한다(시행령 제20조 제1항 · 제2항).

산지전용허가와 관련하여 그 허가기준의 적용 범위와 산지의 면적에 관한 허가기준 및 그 밖의 사업별 · 규모별 세부기준 등에 관한 사항은 대통령령으로 따로

---

46) 이러한 산지전용허가기준의 법규성과 관련하여 대법원은 "산림청장이 정한 산지전용허가기준의 세부검토기준에 관한 규정(2003. 11. 20. 산림청고시 제2003-71호) 제2조 [별표3] (바)목 가의 규정은 법령의 내용이 될 사항을 구체적으로 정한 것으로서 당해 법령의 위임 한계를 벗어나지 않으므로, 그와 결합하여 대외적으로 구속력이 있는 법규명령으로서 효력을 가진다"라고 판결하였다(대판 2008. 4. 10. 2007두4841).

47) 따라서 이 경우에는 현행법 제18조 제1항의 허가기준 중 제1호~제4호를 제외한 허가기준인 ① 토사의 유출 · 붕괴 등 재해가 발생할 우려가 없을 것, ② 산림의 수원함양 및 수질보전 기능을 크게 해치지 않을 것, ③ 산지의 형태 및 임목의 구성 등의 특성으로 인하여 보호할 가치가 있는 산림에 해당되지 않을 것, ④ 사업계획 및 산지전용면적이 적정하고 산지전용방법이 산지경관 및 산림훼손을 최소화하며 산지전용 후의 복구에 지장을 줄 우려가 없을 것과 같은 기준만을 적용하여야 한다.

정한다(제18조 제5항). 그러나 이 경우에도 지역여건상 산지의 이용 및 보전을 위하여 필요하다고 인정되면 대통령령으로 정하는 범위에서 산지의 면적에 관한 허가기준이나 그 밖의 사업별·규모별 세부기준을 해당 지방자치단체의 조례로 정할 수 있다.

나. 현지조사 및 허가기준에의 적합여부 심사 등

산림청장 등은 산지전용허가 또는 변경허가의 신청을 받거나 변경신고가 있는 때에는 그 대상이 되는 산지에 대하여 경계표시 확인 등 현지조사를 실시하고, 그 신청내용이 허가기준에 적합한지의 여부를 심사하여야 한다(시행령 제15조 제2항). 그러나 현행법 제18조의2에 따라 미리 산지전용타당성조사를 받은 경우에는 이러한 현지조사를 실시하지 않고 심사할 수 있다.

산림청장 등은 대통령령으로 정하는 면적 이상의 산지[48]에 대하여 산지전용허가기준의 충족여부를 확인할 필요가 있다고 인정하거나 이해관계인 등의 이의신청이 있을 때에는 관계 전문기관을 지정하거나 관계 전문가 등으로 구성된 조사협의체를 구성하여 이를 조사·검토하게 하고 그 결과를 반영하여야 한다(제18조의4 제1항). 그러나 이 경우에도 현행법에 따른 산지전용타당성조사를 이미 거친 경우에는 그렇지 않다.

산지전용허가기준의 충족여부를 확인하는 이러한 규정에서 '이해관계인 등'이란 산지전용허가의 대상인 사업구역의 경계로부터 반지름 500m 안에 소재하는 가옥의 소유자, 주민, 공장의 소유자·대표자 또는 종교시설의 대표자를 말하는 것으로서 여기에서 주민이란 실제로 거주하고 있는 주민등록법에 따른 세대주를 말한다(제18조의5 제2항). 이러한 이해관계인 등의 범위와 관련해서는 그 범위가 지나치게 넓은 측면도 있으나, 산지전용허가가 공익에 미치는 영향을 감안할 때 그 범위를 가옥의 소유자와 주민에 한정하지 않은 것은 바람직한 것으로 보인다. 이러한 이해관계인 등이 현행법에 따라 이의신청을 하려면 산지전용허가 사실이 공고된 날부터 30일 이내에 농림축산식품부령으로 정하는 이의신청서에 이해관계인 등에 해당하는 전체 인원의 과반수의 연대서명을 받은 연대서명부를 붙여 산림청장 등에게 제출하는 방법으로 하여야 한다(제18조의5 제3항).

---

48) 여기에서 '대통령령으로 정하는 면적 이상의 산지'란 산지전용허가의 대상이 되는 산지의 면적이 3만m^2 이상인 산지를 말한다(시행령 제20조의6).

다. 중앙산지관리위원회 또는 지방산지관리위원회의 심의

산림청장 등은 산지전용허가 중 대통령령으로 정하는 면적 이상의 산지에 대한 산지전용허가를 할 때에는 미리 그 산지전용타당성에 대하여 중앙산지관리위원회나 지방산지관리위원회의 심의를 거쳐야 한다(제18조 제4항). 여기에서 '대통령령으로 정하는 면적 이상의 산지'란 50만m^2 이상의 산지로서 보전산지가 대통령령으로 정하는 면적[49] 이상으로 포함되는 경우로 한정한다. 그러나 이 경우에도 해당 산지에 대하여 현행법 제8조 제2항에 따라 산지에서 지역 · 지구 및 구역 등을 지정하기 위하여 중앙산지관리위원회나 지방산지관리위원회의 심의를 거친 경우에는 그렇지 않다.

3. 산지전용의 허가

가. 허가증의 발급

산림청장 등은 허가기준에 적합한지를 심사한 결과 산지전용허가 또는 변경허가를 하거나 변경신고를 수리하는 것이 타당하다고 인정되는 경우에는 산지전용허가증을 신청인에게 발급하거나 신고를 수리하여야 한다(시행령 제15조 제3항).

나. 대체산림자원조성비의 납부

A. 개념 및 산정기준

대체산림자원조성비란 "산지전용과 산지일사용에 따른 대체산림자원 조성에 드는 비용"으로서 산림청장 등이 부과한다(제19조 제1항 · 제3항 및 제8항). 이러한 대체산림자원조성비는 산지전용의 경우 전용되는 산지의 면적에 부과시점의 단위면적당 금액을 곱한 금액으로 하되, 단위면적당 금액은 산림청장이 결정 · 고시한다.[50] 이 경우 산림청장은 제4조 산지의 구분에 따라 구분된 산지별이나 지역별로 단위면적당 금액을 달리할 수 있다.

현행법에 따른 대체산림자원조성비의 징수금액은 「농어촌구조개선 특별회계법」에 따른 임업진흥사업계정의 세입으로 한다. 그러나 이 경우에도 시 · 도지사 또는 시장 · 군수 · 구청장이 부과 · 징수하는 때에는 그 징수금액의 10%를 해당 지방자

49) 현행법상 '보전산지가 대통령령으로 정하는 면적 이상으로 포함되는 경우'란 보전산지가 50만m^2 이상 포함되는 경우를 말한다(시행령 제20조 제4항~제5항).

50) 대체산림자원조성비의 단위면적당 금액은 해당 연도의 잣나무 조림비와 식재 후 10년까지의 숲가꾸기 비용을 합한 금액과 산림이 가지는 수원함양 · 대기정화 · 토사유출방지 · 온실가스흡수 등의 공익적 가치평가액 및 「부동산 가격공시에 관한 법률」에 따른 해당 산지의 개별공시지가를 고려하여 산림청장이 매년 결정하여 고시한다(시행령 제24조 제4항).

치단체의 수입으로 한다.

B. 납부방법

산지전용허가를 받으려는 자는 대체산림자원조성비를 미리 내야 한다(제19조 제1항 및 시행령 제15조 제3항 단서). 따라서 산림청장 등은 대체산림자원조성비의 납부사실을 확인한 후에 산지전용허가증을 발급하여야 한다. 그러나 대체산림자원조성비를 내야 하는 자가 (1) 대통령령으로 정하는 납부금액[51]의 구분에 따라 일정한 기한까지 대체산림자원조성비를 낼 것을 조건으로 하는 경우나 (2) 국가나 지방자치단체가 산지전용허가 등을 받는 경우, 대체산림자원조성비 총 납부금액이 일정금액 이상인 경우 등 대통령령으로 정하는 경우에 해당하여 일정한 기한까지 대체산림자원조성비를 분할하여 납부할 것을 조건으로 이행보증금을 예치하는 경우에 해당하는 때에는 산지전용허가를 받은 후에 대체산림자원조성비를 낼 수 있다(제19조 제2항).

이 경우 (1)에 해당하는 때에는 대체산림자원조성비를 내지 않으면 산지전용을 할 수 없으며, (2)의 경우에는 산지전용허가를 받은 후 그 목적사업을 시작하기 전에 대체산림자원조성비의 100분의 50의 범위에서 농림축산식품부령으로 정하는 금액을 미리 내야 한다(제19조 제2항 단서 및 같은 항 제1호 후문). 만일 현행법에 따라 대체산림자원조성비를 내야 하는 자가 납부기한까지 내지 않으면 국세 체납처분의 예 또는 「지방행정제재 · 부과금의 징수 등에 관한 법률」에 따라 징수할 수 있다(제19조 제9항).

C. 감면하는 경우

산림청장 등은 일정한 경우에는 감면기간을 정하여 대체산림자원조성비를 감면할 수 있다(제19조 제5항 · 제6항). 이 경우 산림청장 등은 현행법에 따라 대체산림자원조성비를 감면하거나 감면기간을 연장하려는 경우에는 감면의 타당성 등에 대하여 중앙산지관리위원회의 심의를 거쳐야 한다.

현행법에 따라 대체산림자원조성비를 감면할 수 있는 사유에는 국가나 지방자치단체가 공용 또는 공공용의 목적으로 산지전용을 하는 경우, 대통령령으로 정하는 중요 산업시설을 설치하기 위하여 산지전용을 하는 경우 또는 광물의 채굴이나 그 밖에 대통령령으로 정하는 시설을 설치하거나 대통령령으로 정하는 용도로 사용하기 위하여 산지전용을 하는 경우 등이 있다(제19조 제5항 제1호~제3호).[52]

---

51) ① 납부할 금액이 1천만원 미만일 때에는 20일 이상 30일 이내, ② 납부할 금액이 1천만원 이상 5천만원 미만일 때에는 30일 이상 60일 이내, ③ 납부할 금액이 5천만원 이상일 때에는 60일 이상 90일 이내로 한다(시행령 제21조 제1항).

52) 여기에서 '대통령령으로 정하는 중요 산업시설'이란 별표5 제2호에 해당하는 시설을 말하며,

현행법상 감면기간이란 대체산림자원조성비의 감면대상 및 감면비율의 타당성을 검토하는 기간을 말하며, 그 기간은 5년으로 한다(시행령 제23조 제1항~제3항). 현행법에 따른 이러한 감면대상 및 감면비율은 시행령 제23조 제1항 별표5와 같으며, 산림청장은 5년마다 그 감면대상 및 감면비율의 타당성을 검토하기 위하여 현행법에 따른 중앙산지관리위원회의 심의를 거쳐 대체산림자원조성비 감면대상 및 감면비율 조정계획을 수립하여야 한다.

D. 환급하는 경우

산림청장 등은 산지전용을 위하여 대체산림자원조성비를 낸 자가 다음과 같은 사유에 해당하는 경우에는 대통령령으로 정하는 바에 따라 대체산림자원조성비의 전부 또는 일부를 되돌려주어야 한다(제19조의2 제1항).

- 산지전용허가를 받지 못한 경우
- 현행법 제16조 제2항에 따라 산지전용허가가 취소된 것으로 보게 되는 경우
- 산지전용허가가 취소된 경우
- 다른 법률에 따라 산지전용허가를 받지 않은 것으로 보게 되는 경우
- 사업계획의 변경이나 그 밖에 대통령령으로 정하는 사유[53]로 대체산림자원조성비의 부과대상 산지의 면적이 감소된 경우
- 대체산림자원조성비를 낸 후 그 부과의 정정 등 대통령령으로 정하는 사유가 발생한 경우

산림청장 등은 이러한 사유로 대체산림자원조성비를 환급하는 경우에도 형질이 변경된 면적의 비율에 따라 대체산림자원조성비를 차감하여 되돌려줄 수 있으며, 현행법 제38조 제1항에 따른 복구비를 예치하지 않은 자의 경우에는 대통령령으로 정하는 바에 따라 산지복구에 필요한 비용을 미리 상계[54]한 후 되돌려줄 수 있

'대통령령으로 정하는 시설을 설치하거나 대통령령으로 정하는 용도로 사용'이란 별표5 제3호(자목은 제외한다)에 해당하는 시설의 설치 또는 용도로의 사용을 말한다(시행령 제23조 제6항 및 제7항).

53) 여기에서 '대통령령으로 정하는 사유로 대체산림자원조성비의 부과 대상 산지의 면적이 감소된 경우'란 측량의 오차로 인하여 대체산림자원조성비 부과대상 산지의 면적이 감소된 경우를 말하며, 대체산림자원조성비의 또 다른 환급사유인 '대체산림자원조성비를 낸 후 그 부과의 정정 등 대통령령으로 정하는 사유가 발생한 경우'란 현행법 제42조에 따라 복구준공검사를 하기 전에 현행법이나 다른 법률에 따라 대체산림자원조성비가 감면되는 용도로의 사용이 확정된 경우(산지전용허가 또는 산지일시사용허가 기간 중에 해당 용도로의 사용이 확정되는 경우로 한정한다)를 말한다(시행령 제25조의2 제5항 및 제6항).

54) 상계(相計)란 채권자와 채무자가 서로 동종의 채권·채무를 가지는 경우에 채무자의 일방적 의사표시에 의하여 그 채권·채무를 대등액에서 소멸시키는 것을 말한다. 우리 민법은 "쌍방이 서로 같은 종류를 목적으로 한 채무를 부담한 경우에 그 쌍방의 채무의 이행기가 도래한 때에

다(제19조의2 제1항 단서).

산림청장 등은 현행법에 따른 이러한 환급사유에도 불구하고 현행법 제42조에 따라 복구준공검사를 받은 경우에는 대체산림자원조성비를 되돌려주지 않는다(제19조의2 제2항). 그러나 이 경우에도 대체산림자원조성비를 잘못 산정하였거나 그 부과금액이 잘못 기재된 경우 또는 대체산림자원조성비의 부과대상이 아닌 것에 대하여 부과된 경우에는 그렇지 않다.

다. 복구비의 예치

산지전용허가를 받으려는 자는 대체산림자원조성비와 함께 산지전용허가에 따른 복구비를 산림청장 등에게 미리 예치하여야 한다(제38조 제1항 및 시행령 제15조 제3항 단서). 따라서 산림청장 등은 복구비의 예치사실을 확인한 후에 산지전용허가증을 발급하여야 한다. 여기에서 '복구비'란 산지전용 등에 따른 토사유출의 방지조치, 산사태 또는 인근 지역의 피해 등 재해의 방지나 산지경관 유지에 필요한 조치나 복구에 필요한 비용을 말한다. 이에 대하여는 복구에 대한 부분에서 함께 설명하기로 한다.

라. 허가조건

산림청장 등은 산지전용허가를 할 때 산림기능의 유지, 재해방지 및 산지경관 보전 등을 위하여 필요할 때에는 재해방지시설의 설치 등 필요한 조건을 붙일 수 있다(제18조 제3항). 산림청장 등이 붙일 수 있는 이러한 조건으로는 10만m^2 이상의 산지를 전용하는 경우에는 산지의 형질변경을 단계별로 실시하거나 형질변경이 완료된 부분을 중간복구할 것, 산지경관 유지를 위한 차폐림을 조성할 것, 사업시행 중 발생한 토사는 당해 사업시행지역 밖으로 반출할 것, 산림으로 존치되는 지역은 조림·숲가꾸기 등 산림자원의 조성을 위한 사업을 실시할 것, 토사유출방지시설·낙석방지시설·옹벽·사방댐·침사지 및 배수시설 등 재해방지시설을 설치할 것, 그 밖에 산림기능의 유지, 산지경관 보전 등을 위하여 산림청장 등이 정하여 고시하는 조건 등이 있다(시행령 제20조 제3항).

마. 산지전용기간

산지전용허가를 받은 경우에 그 허가에 따른 산지전용기간은 산지전용면적 및

는 각 채무자는 대등액에 관하여 상계할 수 있다"라고 하면서, 이러한 상계의 의사표시가 있는 경우에는 "각 채무가 상계할 수 있는 때에 대등액에 관하여 소멸한 것으로 본다"라고 규정하고 있다(민법 제492조 제1항 및 제493조 제2항).

전용을 하려는 목적사업을 고려하여 10년의 범위에서 농림축산식품부령으로 정하는 기준에 따라 산림청장 등이 허가하는 기간으로 한다(제17조 제1항 및 시행규칙 제16조 별표2). 이에 따르면 산지전용기간은 그 산지전용면적에 따라 (1) 1만m^2 미만은 3년 이내, (2) 1만m^2~2만m^2 미만은 4년 이내, (3) 2만m^2~3만m^2 미만은 5년 이내, (4) 3만m^2 이상은 10년 이내로 한다. 그러나 이 경우에도 다른 법령에서 목적사업의 시행에 필요한 기간을 정한 경우에는 그 기간을 허가기간으로 할 수 있으며, 산지전용허가를 받으려는 자가 산지소유자가 아닌 경우의 산지전용기간은 그 산지를 사용·수익할 수 있는 기간을 초과할 수 없다.

산지전용허가를 받은 자가 산지전용기간 이내에 전용하려는 목적사업을 완료하지 못하여 그 기간을 연장할 필요가 있으면, 대통령령으로 정하는 바에 따라 산림청장 등으로부터 산지전용기간의 연장허가를 받아야 한다(제17조 제2항).[55] 이 경우 산림청장 등은 산지전용기간을 연장하는 것이 타당하다고 인정되는 경우에는 기존의 산지전용연장기간과 연장받으려는 기간을 모두 합산하여 최초의 산지전용기간을 초과하지 않는 범위에서 산지전용기간의 연장허가를 하여야 한다(시행령 제19조 제2항). 그러나 다른 법률에 따라 산지전용허가가 의제되는 행정처분의 경우로서 해당 법률에서 행정처분 기간의 연장을 달리 정한 경우 또는 천재지변이나 일시적 경영악화·자금부족 등과 같은 부득이한 사유가 있다고 산림청장 등이 인정하는 경우로서 연장기간에 사업을 완료할 수 없는 경우에는 최초의 산지전용기간을 초과하여 산지전용기간을 연장할 수 있다.

4. 허가의 효력

가. 효력발생시기

산지전용허가를 받은 자는 허가를 받은 해당 산지를 전용하는 행위를 할 수 있다. 산지전용허가의 이러한 효력은 산지전용기간 동안 유지된다. 그러나 현행법에 따른 산지전용허가의 효력은 해당 산지전용의 목적사업을 시행하기 위하여 다른 법률에 따라 필요한 인가·허가·승인 등의 행정처분을 받고, 대체산림자원조성비

55) 이러한 산지전용기간 연장허가의 취지에 대하여 대법원은 "산지전용기간 연장허가에 관하여 별도의 규정을 둔 것은 산지전용허가의 기간만을 연장하고자 하는 경우 일반적인 산지전용허가의 변경허가보다 간소한 절차에 의하도록 하기 위한 것일 뿐"이라고 하면서 "산지전용기간 연장허가는…산지전용허가의 변경허가에 포함된다고 봄이 타당하다"라고 판결하였다(대판 2015. 10. 29. 2013다218248). 여기에서 '일반적인 산지전용허가의 변경허가보다 간소한 절차'란 산지전용허가 또는 그 변경허가 시 요구되는 현지조사나 산지전용타당성조사 등을 거치지 않는다는 의미로 이해된다.

의 납부 및 복구비의 예치 등과 같은 요건을 모두 충족할 때까지 발생하지 않는다(제16조 제1항). 즉 산지전용허가의 효력은 산지전용허가증의 발급과 함께 동시에 발생하지 않으며, 따라서 산지전용 목적사업의 시행에 필요한 행정처분에 대한 거부처분이나 그 행정처분의 취소처분이 확정된 경우에는 산지전용허가는 취소된 것으로 본다(제16조 제2항).

이와 관련하여 목적사업의 시행에 필요한 행정처분을 받은 사람이 스스로 그 행정처분을 취소한 경우에도 산지전용허가가 취소된 것으로 보아야 하는지에 대하여 대법원은 "구 산지관리법(2012. 2. 22. 법률 제11352호로 개정되기 전의 것) 제16조 제2항은 예컨대 건축허가의 취소처분이 확정되면 건축은 불가능해지게 되어 건축을 전제로 한 산지전용허가도 아무런 의미가 없게 되므로 이러한 경우에 산지전용허가 취소를 기다리지 않고 산지전용허가가 당연히 취소되는 것으로 의제하여 산지전용허가의 효력을 소멸시키려는 데에 취지가 있다"라고 하면서, "이러한 규정은 목적사업의 시행에 필요한 행정처분을 받은 사람이 스스로 취소한 경우에도 그 취지에 비추어 마찬가지로 유추적용된다"[56]라고 하였다.

나. 용도변경

산지전용허가를 받은 자가 (1) 산지전용의 목적사업에 사용되고 있거나 사용된 토지를 대통령령으로 정하는 기간 이내에 다른 목적으로 사용하려는 경우[57]나 (2) 농림어업용 주택 또는 그 부대시설을 설치하기 위한 용도로 전용한 후 대통령령으로 정하는 기간 이내[58]에 농림어업인이 아닌 자에게 명의를 변경하려는 경우에는 농림축산식품부령으로 정하는 바에 따라 산림청장 등에게 용도변경의 승인을 받아야 한다(제21조 제1항). 그러나 준보전산지에 대한 산지전용허가를 받은 자가 대체산림자원조성비를 감면받지 않고 이를 모두 납부한 경우에는 그렇지 않으며, 이러한 용도

56) 대판 2014. 9. 4. 2014두267. 여기에서 '구 산지관리법(2012. 2. 22. 법률 제11352호로 개정되기 전의 것) 제16조 제2항'이란 현행법 제16조 제2항과 동일한 내용을 규정하고 있는 조항이다.

57) 현행법에 따르면 이러한 경우에는 대체산림자원조성비가 감면되는 용도에서 감면되지 않는 용도 또는 감면비율이 낮은 용도로 변경하려는 경우를 포함한다.

58) 여기에서 '대통령령으로 정하는 기간 이내'란 「건축법」 제22조에 따른 사용승인을 받은 날부터 5년 이내를 말한다(시행령 제26조 제2항). 한편 이러한 용도변경에 관한 규정은 당초 구 「산림법」(법률 제4816호)에서는 보전임지에서 3년 이내에 용도를 변경하는 경우에만 용도변경 승인을 받도록 하고 준보전임지인 경우에는 아무런 제한을 두지 않았으나, 현행법을 제정하면서 산지의 난개발을 방지하기 위하여 준보전산지의 경우에도 용도변경의 승인을 받도록 하고 그 기간도 이처럼 5년 이내로 확대한 것이다. 이에 대하여는 허경태, 「산지관리법 해설」, 법문사, 2012, 432면을 참고하라.

변경의 승인을 받으려는 자 중에서 대체산림자원조성비가 감면되는 시설의 부지로 산지전용을 한 토지를 대체산림자원조성비가 감면되지 않거나 감면비율이 보다 낮은 시설의 부지로 사용하려는 자는 그에 상당하는 대체산림자원조성비를 내야 한다(제21조 제1항 단서 및 제2항).

산림청장 등은 산지전용허가에 따른 용도변경의 신청이 있는 경우 현행법상의 산지전용허가기준에 적합한 경우에만 용도변경의 승인을 하여야 한다(제21조 제3항 및 시행령 제26조 제5항).[59] 한편 현행법은 이러한 용도변경과 관련하여 「국토의 계획 및 이용에 관한 법률」의 특례를 규정하고 있는데, 이에 따르면 「국토의 계획 및 이용에 관한 법률」 제76조에도 불구하고 대통령령으로 정하는 기간 동안 현행법에 따른 산지전용허가를 하고 산지전용의 목적사업에 사용되고 있거나 사용된 토지에서의 건축물이나 그 밖의 시설의 용도·종류 및 규모 등의 제한에 대해서는 대통령령으로 그 기준을 달리 정할 수 있다(제21조 의2). 그러므로 「국토의 계획 및 이용에 관한 법률」 제76조 제5항 제3호에 따른 보전산지가 산지전용허가에 따라 임야 외의 지목으로 변경된 경우로서 일정한 기간 동안 해당 산지전용의 목적사업에 사용되고 있는 등의 사정이 있는 경우에는 건축물 등 시설의 용도·종류 및 규모 등의 제한에 대해서는 일반규정인 「국토의 계획 및 이용에 관한 법률」 제76조를 적용하지 않고 보다 완화된 기준인 현행법에 따른 용도변경의 승인기준을 준용한다(시행령 제26조 의2 제2항). 그러나 이 경우에도 「국토의 계획 및 이용에 관한 법률」 제76조에 따른 제한이 현행법에 따른 용도변경 기준보다 완화하여 정하여진 경우에는 그렇지 않다.

다. 산지의 지목변경

산지전용허가를 받은 경우에도 해당 산지의 지목변경은 제한된다(제21조 의3). 따라서 산지전용허가를 받았다고 하여 당연히 산지의 지목이 변경되는 것은 아니며, (1) 산지전용허가의 목적사업을 완료한 후 현행법에 따라 복구의무를 면제받거나 복구준공검사를 받은 경우, (2) 「공간정보의 구축 및 관리 등에 관한 법률」 제86조에 따른 도시개발사업 등의 원활한 추진을 위하여 사업시행자가 토지의 합병을 신청

59) 산림청장 등은 용도변경 신청이 있는 경우 현행법에 따른 용도변경 승인기준에 적합한 때에만 이를 승인하여야 한다. 현행법에 따르면 이러한 용도변경 승인의 기준은 산지이용 형태별로 다음과 같다(시행령 제26조 제5항). ① 산지전용허가에 따른 용도변경의 경우: 현행법 제18조에 따른 산지전용허가기준에 적합할 것, ② 산지전용신고에 따른 용도변경의 경우: 현행법 제15조 제2항에 따른 산지전용신고의 대상시설·행위의 범위, 설치지역 및 설치조건에 적합할 것, ③ 산지일시사용허가 및 산지일시사용신고에 따른 용도변경의 경우: 현행법 제15조의2 제5항에 따른 산지일시사용허가·신고의 대상시설·행위의 범위, 설치지역 및 설치조건·기준에 적합할 것.

하는 경우 등 대통령령으로 정하는 경우[60]로서 산지전용허가나 다른 법률에 따라 산지전용허가가 의제되는 행정처분을 받은 경우에만 산지의 지목을 변경할 수 있을 뿐이다.

여기에서 지목변경이란 「공간정보의 구축 및 관리 등에 관한 법률」에 따르면 “지적공부에 등록된 지목을 다른 지목으로 바꾸어 등록하는 것”(같은법 제2조 제33호)으로서 토지소유자는 「국토의 계획 및 이용에 관한 법률」 등 관계 법령에 따른 토지의 형질변경 등의 공사가 준공된 경우, 토지나 건축물의 용도가 변경된 경우, 같은 법 제86조에 따른 도시개발사업 등의 원활한 추진을 위하여 사업시행자가 공사 준공 전에 토지의 합병을 신청하는 경우에 이러한 지목변경을 신청할 수 있다(같은법 시행령 제67조 제1항). 이 경우 지목을 변경하고자 하는 토지소유자는 지목변경의 사유가 발생한 날부터 60일 이내에 지적소관청에 이를 신청하여야 한다(같은법 제81조).

5. 산지전용허가의 취소

산림청장 등은 산지전용허가를 받은 자가 일정한 사유에 해당하는 경우에는 농림축산식품부령으로 정하는 바에 따라 그 허가를 취소하거나 목적사업의 중지, 시설물의 철거, 산지로의 복구, 그 밖에 필요한 조치를 명할 수 있다(제20조 제1항). 산림청장 등이 현행법에 따라 산지전용허가의 취소처분 등은 할 수 있는 이러한 사유에는 (1) 거짓이나 그 밖의 부정한 방법으로 허가를 받은 경우, (2) 허가의 목적 또는 조건을 위반하거나 허가 없이 사업계획이나 사업규모를 변경하는 경우, (3) 대체산림자원조성비를 내지 않았거나 복구비를 예치하지 않은 경우, (4) 현행법 제37조 제7항에 따른 재해방지 또는 복구를 위한 명령을 이행하지 않은 경우, (5) 허가를 받은 자가 목적사업의 중지 등과 같은 조치명령을 위반한 경우, (6) 허가를 받은 자가 허가취소를 요청하는 경우 등이 있다. 여기에서 복구비를 예치하지 않은 경우에는 현행법 제37조 제9항에 따른 줄어든 복구비 예치금을 다시 예치하지 않은 경우를 포함한다. 산림청장 등은 이러한 허가취소 사유가 있더라도 그 허가를 강행적으로 취소할 필요는 없으나, 그 취소사유가 ‘거짓이나 그 밖의 부정한 방법으로 허가를 받은 경우’에 해당하는 때에는 반드시 그 허가를 취소하거나 목적사업의 중지 등을 명하여야 한다(제20조 제1항 단서). 산림청장 등은 현행법에 따라 산지전용허

60) 이러한 경우로서 ‘대통령령으로 정하는 경우’란 「공간정보의 구축 및 관리 등에 관한 법률」 제86조에 따른 도시개발사업 등의 원활한 추진을 위하여 사업시행자가 토지의 합병을 신청하는 경우를 말한다.

가의 취소처분 등을 하려면 청문을 하여야 한다(제49조 제1호).

[2] 산지전용신고

1. 신고대상 및 절차

산지전용신고는 산지를 전용하는 용도에 따라 산지전용허가와 구별된다. 산지전용허가 대신 신고로 갈음하여 산지를 이용할 수 있는 이러한 산지전용신고의 대상은 다음과 같다(제15조 제1항).

- 산림경영 · 산촌개발 · 임업시험연구를 위한 시설 및 수목원 · 산림생태원 · 자연휴양림 · 국가정원 · 지방정원 등 대통령령으로 정하는 산림공익시설과 그 부대시설의 설치[61)]
- 농림어업인의 주택시설과 그 부대시설의 설치
- 「건축법」에 따른 건축허가 또는 건축신고 대상이 되는 농림수산물의 창고 · 집하장 · 가공시설 등 대통령령으로 정하는 시설[62)]의 설치

현행법이 이처럼 산림경영이나 산림공익시설 및 농림어업인의 주택시설 등을 설치하는 경우 산지전용신고만으로 가능하도록 한 것은 산지전용을 위한 절차를 간소화하여 산림경영이나 산림공익시설의 설치를 지원하고 특히 농림어업인의 편의를 도모하려는 취지로 이해된다.

산지전용신고는 산림청장이 경영하고 관리하는 국유림의 산지에 대하여는 산림청장에게, 국유림이 아닌 산림의 산지에 대하여는 시장 · 군수 · 구청장에게 신고하여야 한다(제15조 제1항). 신고한 사항 중에서 농림축산식품부령으로 정하는 사항을 변경하려는 경우에도 동일하다. 현행법에 따라 산지전용신고 또는 변경신고를 받은 산림청장 또는 시장 · 군수 · 구청장은 그 신고내용이 신고대상 시설 및 행위의 범위, 설치지역, 설치조건 등을 충족하는 경우에는 그 신고를 받은 날부터 10일 이내에 수리하여야 하며, 만일 산림청장 또는 시장 · 군수 · 구청장이 그 정한 기간 내에

---

61) 여기에서 '대통령령으로 정하는 산림공익시설과 그 부대시설'이란 ① 산림경영 · 산촌개발 · 임업시험연구를 위한 시설과 그 부대시설, ② 수목원 · 산림생태원 · 자연휴양림과 그 부대시설, ③ 「산림문화 · 휴양에 관한 법률」에 따른 산림복상 · 치유의 숲 · 숲속야영장 · 산림레포츠시설 및 그 부대시설, ④ 「산림교육의 활성화에 관한 법률」에 따른 유아숲체험원 · 산림교육센터와 그 부대시설, ⑤ 「산림복지 진흥에 관한 법률」에 따라 실시계획의 승인을 받아 조성하는 산림복지단지 내 산림복지시설과 그 부대시설을 말한다(시행령 제17조 제2항). 한편 현행법에 따른 산지전용신고의 대상 중 국가정원 및 지방정원은 2021년 6월 15일 법률개정으로 신설된 것이다.

62) '농림수산물의 창고 · 집하장 · 가공시설 등 대통령령으로 정하는 시설'이란 농축수산물의 창고 · 집하장 · 가공시설, 농기계수리시설 및 농기계 창고, 누에 등 곤충사육시설 및 관리시설을 말한다(시행령 제17조 제3항).

신고수리 여부 또는 민원처리 관련 법령에 따른 처리기간의 연장을 신고인에게 통지하지 않으면 그 기간이 끝난 날의 다음 날에 신고를 수리한 것으로 본다(제15조 제3항·제4항). 이 경우 처리기간이 민원처리 관련 법령에 따라 연장 또는 재연장된 경우에는 해당 처리기간을 기준으로 한다.

2. 산지전용기간

산지전용신고에 의한 산지전용기간은 산지전용면적 및 전용을 하려는 목적사업을 고려하여 10년의 범위에서 농림축산식품부령으로 정하는 기준에 따라 신고하는 기간으로 하되, 다른 법령에서 목적사업의 시행에 필요한 기간을 정한 경우에는 그 기간을 산지전용기간으로 신고할 수 있다(제17조 제1항 제2호). 그러나 이 경우에도 산지전용신고를 하려는 자가 산지소유자가 아닌 경우의 산지전용기간은 그 산지를 사용·수익할 수 있는 기간을 초과할 수 없다.

산지전용신고를 한 자가 산지전용기간 이내에 전용하려는 목적사업을 완료하지 못하여 그 기간을 연장할 필요가 있으면 대통령령으로 정하는 바에 따라 산림청장 또는 시장·군수·구청장에게 산지전용기간의 변경신고를 하여야 한다(제17조 제2항 ~제4항). 이 경우 산림청장 또는 시장·군수·구청장은 변경신고를 받은 날부터 5일 이내에 신고수리 여부를 신고인에게 통지하여야 하며, 만일 산림청장 또는 시장·군수·구청장이 그 기간 내에 신고수리 여부 또는 민원처리 관련 법령에 따른 처리기간의 연장을 신고인에게 통지하지 않으면 그 기간이 끝난 날의 다음 날에 신고를 수리한 것으로 본다. 이 때 처리기간이 민원처리 관련 법령에 따라 연장 또는 재연장된 경우에는 해당 처리기간을 기준으로 한다.

3. 산지전용신고의 효력

산지전용신고 수리의 효력은 해당 산지전용의 목적사업을 시행하기 위하여 다른 법률에 따라 필요한 인가·허가·승인 등의 행정처분을 받고 복구비를 예치하는 등의 요건을 모두 충족할 때까지 발생하지 않는다(제16조 제1항). 산지전용신고의 이러한 효력은 산지전용허가의 경우와 같다. 다만, 산지전용신고의 경우에는 대체산림자원 조성비를 납부하지 않으므로 이에 대한 규정은 적용되지 않는다. 따라서 산지전용신고의 효력은 그 신고의 수리와 동시에 발생하지 않으며, 그 결과 산지전용 목적사업의 시행에 필요한 행정처분에 대한 거부처분이나 그 행정처분의 취소처분이 확정된 경우에는 산지전용신고는 수리되지 않은 것으로 본다(제16조 제2항).

산지전용신고의 경우에도 산지전용허가에 고유한 부분을 제외하고는 그 취소에 관한 규정이 적용되므로 산림청장 등은 산지전용신고를 한 자가 일정한 사유에 해당하는 경우에는 목적사업의 중지, 시설물의 철거, 산지로의 복구, 그 밖에 필요한 조치를 명할 수 있다(제20조 제1항). 산림청장 등이 이러한 처분을 할 수 있는 사유에는 거짓이나 그 밖의 부정한 방법으로 신고를 한 경우, 신고 없이 사업계획이나 사업규모를 변경하는 경우, 복구비를 예치하지 않은 경우, 현행법 제37조 제7항에 따른 재해방지 또는 복구를 위한 명령을 이행하지 않은 경우, 신고를 한 자가 신고를 철회하는 경우 등이 있다. 여기에서 복구비를 예치하지 않은 경우에는 현행법 제37조 제9항에 따른 줄어든 복구비 예치금을 다시 예치하지 않은 경우를 포함한다. 산림청장 등은 산지전용신고를 한 자에게 현행법에 따른 이러한 사유가 있더라도 그에 따른 조치를 반드시 할 필요는 없으나, 그 취소사유가 '거짓이나 그 밖의 부정한 방법으로 신고를 한 경우'에 해당하는 경우에는 강행적으로 그 목적사업의 중지 등을 명하여야 한다(제20조 제1항 단서).

산지전용신고에는 용도변경의 승인(제21조), 「국토의 계획 및 이용에 관한 법률」 제76조의 특례(제21조의2) 및 산지의 지목변경 제한(제21조의3)에 관한 규정 등이 적용된다. 따라서 산지전용신고의 경우에도 일정한 경우에 용도를 변경하려는 때에는 산림청장 등의 승인을 받아야 하며, 산지전용신고나 다른 법률에 따라 산지전용신고가 의제되는 행정처분을 받아 목적사업을 완료한 후 복구의무를 면제받거나 복구준공검사를 받은 경우 등이 아니면 산지를 임야 외의 지목으로 변경할 수 없다.

산지전용신고는 기본적으로 산지전용의 목적에 따른 차이를 인정하여 절차를 간소화하는 데 그 제도적 의의가 있으므로 산지전용허가와 관련된 내용 중 산지전용타당성조사(제18조의2 및 제18조의3), 산지전용허가기준 등의 충족여부 확인(제18조의4), 이해관계인 등의 범위(제18조의5) 및 대체산림자원조성비(제19조 및 제19조의2)에 관한 규정은 적용하지 않는다. 그러나 산지전용신고의 경우에도 재해방지 및 복구의 필요성은 인정되므로 현행법 제38조 제1항의 복구비 예치에 관한 규정은 동일하게 적용된다는 점에 주의해야 할 것이다.

[3] 산지일시사용허가

1. 산지일시사용허가의 대상

현행법에 따라 다음과 같은 용도로 산지일시사용을 하려는 자는 대통령령으로 정하는 산지의 종류 및 면적 등의 구분에 따라 산림청장 등의 허가를 받아야 한다

(제15조의2 제1항). 이는 그 허가받은 사항을 변경하려는 경우에도 같다.

- 「광업법」에 따른 광물의 채굴
- 「광산피해의 방지 및 복구에 관한 법률」에 따른 광해방지사업
- 「신에너지 및 재생에너지 개발·이용·보급 촉진법」에 따른 태양에너지발전설비[산지태양광발전설비]의 설치
- 그 밖에 대통령령으로 정하는 용도로 산지일시사용을 하려는 경우[63]

현행법에 따른 이러한 산지일시사용허가의 대상 중 '산지태양광발전설비의 설치'는 2021년 6월 15일 법률개정에 따라 신설된 내용으로서 "보다 안전한 산지태양광발전설비의 구축·운영에 대한 사회적 요구가 증대됨에 따라 산지태양광발전설비의 설치를 위하여 산지일시사용을 하려는 경우 산림청장 등의 허가를 받도록 법률에 명확히 규정"[64]하려는 입법적 조치로 이해된다. 한편 개정된 이러한 내용에 따라 산지태양광발전설비를 설치하기 위하여 산지일시사용허가를 받으려는 자는 산림청장 등에게 사면에 대한 안정성 검토 결과를 포함한 재해위험성 검토의견서를 제출하여야 한다(제15조의2 제9항).

현행법에 따라 산지일시사용허가를 받은 후 농림축산식품부령으로 정하는 경미한 사항을 변경하려는 경우에는 산림청장 등에게 신고로 갈음할 수 있다. 이 경우 산림청장 등은 변경신고를 받은 날부터 25일 이내에 신고수리 여부를 신고인에게 통지하여야 하며, 만일 산림청장 등이 그 정한 기간 내에 신고수리 여부 또는 민원처리 관련 법령에 따른 처리기간의 연장을 신고인에게 통지하지 않으면, 그 기간이 끝난 날의 다음 날에 신고를 수리한 것으로 본다(제15조의2 제2항·제3항). 이 때 처리기간이 민원처리 관련 법령에 따라 연장 또는 재연장된 경우에는 해당 처리기간을 기준으로 한다.

2. 산지일시사용허가의 효력

산지일시사용허가는 산지를 특정한 용도로 일시사용하려는 경우에 해당하는 것으로서 산지전용에 속하는 행위가 아니라는 점에서 산지전용허가나 산지전용신고

---

63) 이에 따라 '대통령령으로 정하는 용도로 산지일시사용을 하려는 경우'란 ① 배전시설·전기통신송신시설·풍력발전시설 및 풍황계측시설의 설치, ② 「궤도운송법」에 따른 궤도시설의 설치, ③ 「매장문화재 보호 및 조사에 관한 법률」에 따른 문화재의 발굴, ④ 그 밖에 ①~③까지의 용도와 유사한 용도로서 산림청장이 정하여 고시하는 용도를 말한다(시행령 제18조의2 제2항).

64) 이에 대하여는 법제처의 국가법령정보센터(www.law.go.kr) 중 「산지관리법」(법률 제18263호, 2021. 6. 15.)의 개정이유를 참고하라.

와 구별되며, 산지일시사용의 용도가 다르다는 점에서 산지일시사용신고와도 구별된다. 이러한 산지일시사용허가는 허가라는 행정행위를 공통으로 한다는 점에서 산지전용허가와 유사한 법적 구조를 가진다. 따라서 산지일시사용허가 또는 변경허가의 경우 산지의 종류 및 면적 등의 구분에 따른 허가신청대상자 및 현지조사 등과 같은 절차 및 심사에 관하여는 산지전용허가에 관한 규정을 준용한다(제15조의2 제5항 및 시행령 제18조의2 제1항).

산지일시사용허가의 효력은 해당 산지전용의 목적사업을 시행하기 위하여 다른 법률에 따라 필요한 인가·허가·승인 등의 행정처분을 받고 대체산림자원조성비의 납부 및 복구비의 예치 등과 같은 요건을 모두 충족할 때까지 발생하지 않는다(제16조 제1항). 산지일시사용허가의 이러한 효력은 산지전용허가의 경우와 같다. 따라서 산지일시사용허가의 효력은 허가증의 발급과 함께 동시에 발생하지 않으며, 그 결과 산지전용 목적사업의 시행에 필요한 행정처분에 대한 거부처분이나 그 행정처분의 취소처분이 확정된 경우에는 산지일시사용허가는 취소된 것으로 본다(제16조 제2항).

산지일시사용허가의 경우에도 산지전용허가의 취소 등에 관한 규정이 적용되므로 이에 해당하는 사유가 있는 경우 산림청장 등은 그 허가를 취소하거나 목적사업의 중지, 시설물의 철거, 산지로의 복구, 그 밖에 필요한 조치를 명할 수 있다(제20조 제1항). 이 경우 산림청장 등은 산지일시사용허가를 취소하거나 목적사업의 중지를 명하는 처분을 하려면 현행법에 따라 청문을 하여야 한다(제49조 제1호).

산지일시사용허가의 경우에는 산지전용허가와 같이 산지전용타당성조사(제18조의2 및 제18조의3), 이해관계인의 범위(제18조의5), 대체산림자원조성비의 납부·감면 및 환급(제19조 및 19조의2),[65] 용도변경의 승인(제21조), 「국토의 계획 및 이용에 관한 법률」 제76조의 특례(제21조의2) 및 복구비의 예치(제38조 제1항)에 관한 규정이 적용된다. 다만, 이 경우에도 「광산피해의 방지 및 복구에 관한 법률」에 따른 광해방지사업을 하려는 자가 산지일시사용허가를 받으려는 경우에는 대체산림자원조성비를 납부하지 않아도 된다(제19조 제1항 제2호). 이는 광해방지사업의 공공성과 조림을 수반하는 사업의 특성을 반영한 것으로 보인다. 그러나 산

---

65) 산지일시사용허가의 경우 대체산림자원조성비를 환급받을 수 있는 사유에는 ① 산지일시사용허가를 받지 못한 경우, ② 현행법 제16조 제2항에 따라 산지일시사용허가가 취소된 것으로 보게 되는 경우, ③ 현행법 제15조의2 제5항에 따른 산지일시사용기간 이내에 목적사업을 완료하지 못하고 그 기간이 만료된 경우, ④ 산지일시사용허가가 취소된 경우, ⑤ 다른 법률에 따라 제15조의2 제1항에 따른 산지일시사용허가를 받지 않은 것으로 보게 되는 경우, ⑥ 사업계획의 변경이나 그 밖에 대통령령으로 정하는 사유로 대체산림자원조성비의 부과대상 산지의 면적이 감소된 경우, ⑦ 대체산림자원조성비를 낸 후 그 부과의 정정 등 대통령령으로 정하는 사유가 발생한 경우 등이 있다.

지일시사용허가에는 산지전용기간(제17조), 산지전용허가기준(제18조) 및 산지의 지목변경 제한(제21조의3)에 관한 규정은 적용되지 않는다. 이는 산지일시사용허가의 경우에는 산지를 일시사용하는 것에 그치기 때문이다.

[4] 산지일시사용신고

1. 신고대상 및 절차

산지일시사용신고는 산지를 일시사용하는 점에서는 산지일시사용허가와 같으나 그 일시사용의 용도가 다르다는 점에서 산지일시사용허가와 구별된다. 이러한 산지일시사용신고의 대상은 매우 광범위한데, 이는 산지의 일시사용허가에 따른 절차를 간소화함으로써 산지이용에 대한 규제를 완화하려는 정책적 의도와 함께 산지일시사용은 산지전용과는 달리 산지로 복구한다는 조건과 일정기간이라는 한시성 등을 가지고 있으므로 산지에 미치는 영향이 산지전용보다는 크지 않다는 점도 감안한 것으로 보인다. 현행법에 따르면 이러한 산지일시사용신고의 대상은 다음과 같다(제15조의2 제4항).

- 「건축법」에 따른 건축허가나 건축신고 대상이 아닌 간이 농림어업용 시설과 농림수산물 간이처리시설의 설치
- 석재·지하자원의 탐사시설 또는 시추시설의 설치
- 현행법 제10조 제10호, 제12조 제1항 제14호 및 제12조 제2항 제6호에 따른 것으로서 산지전용·일시사용제한지역 및 임업용산지와 공익용산지에서의 허용행위를 위한 부대시설의 설치 및 물건의 적치
- 산나물, 약초, 약용수종, 조경수·야생화 등 관상산림식물의 재배
- 가축의 방목 및 해당 방목지에서 가축의 방목을 위하여 필요한 목초종자의 파종
- 「매장문화재 보호 및 조사에 관한 법률」에 따른 매장문화재 지표조사
- 임도, 작업로, 임산물 운반로, 등산로·탐방로 등 숲길 및 이와 유사한 산길의 조성
- 「장사 등에 관한 법률」에 따른 수목장림의 설치
- 「사방사업법」에 따른 사방시설의 설치
- 산불의 예방 및 진화 등 대통령령으로 정하는 재해응급대책과 관련된 시설[66]의 설치
- 「전기통신사업법」에 따른 전기통신사업자가 설치하는 대통령령으로 정하는 규모 이하

66) 여기에서 '대통령령으로 정하는 재해응급대책과 관련된 시설'이란 ① 산불감시탑·방화선·간이무선통신시설·간이저수조 및 간이헬기장 등 산불의 예방 및 진화와 관련된 시설, ② 「산림보호법」에 따른 방제에 필요한 시설, ③ 「가축전염병예방법」에 따른 가축의 살처분과 가축 사체의 소각 및 매몰에 필요한 시설, ④ 「재난 및 안전관리 기본법」 제37조 제1항에 따른 응급조치에 필요한 시설 등을 말한다(시행령 제18조의3 제2항).

의 무선전기통신 송수신시설
■ 그 밖에 농림축산식품부령으로 정하는 경미한 시설의 설치

여기에서 석재·지하자원의 탐사시설 또는 시추시설의 설치에는 지질조사를 위한 시설의 설치를 포함하며, 산나물·약초·약용수종 및 조경수·야생화 등 관상산림식물의 재배에서 재배란 성토 또는 절토 등을 통하여 지표면으로부터 높이 또는 깊이 50cm 이상 형질변경을 수반하는 경우에 한정한다.

산지일시사용신고는 산림청장이 경영하고 관리하는 국유림의 산지에 대하여는 산림청장에게, 국유림이 아닌 산림의 산지에 대하여는 시장·군수·구청장에게 신고하여야 한다(제15조의2 제4항). 이는 신고한 사항 중에서 농림축산식품부령으로 정하는 사항을 변경하려는 경우에도 같다. 산지일시사용신고 또는 변경신고를 받은 산림청장 또는 시장·군수·구청장은 그 신고내용이 산지일시사용신고의 기준·조건 및 대상시설, 행위의 범위, 설치지역 등을 충족하는 경우에는 그 산지일시사용신고 또는 변경신고를 받은 날부터 10일 이내에 신고를 수리하여야 한다(제15조의2 제6항·제7항). 만일 산림청장 또는 시장·군수·구청장이 그 정한 기간 내에 신고수리 여부 또는 민원처리 관련 법령에 따른 처리기간의 연장을 신고인에게 통지하지 않으면, 그 기간이 끝난 날의 다음 날에 신고를 수리한 것으로 본다. 이 경우 처리기간이 민원처리 관련 법령에 따라 연장 또는 재연장된 경우에는 해당 처리기간을 기준으로 한다.

2. 산지일시사용신고의 효력

산지일시사용신고 수리의 효력은 해당 산지전용의 목적사업을 시행하기 위하여 다른 법률에 따라 필요한 인가·허가·승인 등의 행정처분을 받고 복구비를 예치하는 등의 요건을 모두 충족할 때까지 발생하지 않는다(제16조 제1항). 산지일시사용신고의 이러한 효력은 산지일시사용허가의 경우와 같다. 다만, 산지일시사용신고의 경우에는 대체산림자원조성비를 납부하지 않으므로 이에 대한 규정은 적용되지 않는다. 따라서 산지일시사용신고의 효력은 그 신고의 수리와 동시에 발생하지 않으며, 그 결과 산지전용 목적사업이 시행에 필요한 행정처분에 대한 거부처분이나 그 행정처분의 취소처분이 확정된 경우에는 산지일시사용신고는 수리되지 않은 것으로 본다(제16조 제2항).

산지일시사용신고의 경우에는 산지전용허가의 취소 등에 관한 제20조의 규정이 적용되므로 이에 해당하는 사유가 있는 경우 산림청장 등은 목적사업의 중지, 시

설물의 철거, 산지로의 복구, 그 밖에 필요한 조치를 명할 수 있다. 또한 산지일시사용신고에는 용도변경의 승인(제21조) 및 「국토의 계획 및 이용에 관한 법률」 제76조의 특례(제21조의2)에 관한 규정이 적용되므로 산지일시사용신고를 한 경우에도 일정한 경우에 용도를 변경하려는 때에는 산림청장 등의 승인을 받아야 한다. 그러나 산지일시사용신고에는 산지전용기간(제17조), 산지전용허가기준(제18조), 산지전용타당성조사(제18조의2 및 제18조의3), 대체산림자원조성비(제19조 및 제19조의2) 및 산지의 지목변경 제한(제21조의3)에 관한 규정은 적용되지 않는다. 이는 산지일시사용신고는 허가가 아닌 신고에 의한 행위로서 산지를 일시사용하는 것에 그치기 때문이다.

[5] 산지이용을 위한 협의

1. 산지에서의 지역·지구 및 구역 등의 지정협의

가. 협의할 범위 및 대상자

산지를 보전산지와 준보전산지로 구분하는 것은 산지의 현황 및 이용실태 등을 반영한 것으로서 장래의 산지이용에 대한 일종의 계획과 같은 성질을 갖고 있는 것이다. 그러나 산지에 대한 이러한 구분은 산림법 체계에 따른 산지의 합리적인 이용과 보전의 측면을 주로 고려한 것으로서 다른 법률에 의한 산지이용 및 보전의 수요까지 충분히 고려하고 있는 것은 아니다. 물론 현행법에 따르면 보전산지를 지정하는 경우에는 관계 행정기관의 장과 협의하고 중앙산지관리위원회의 심의를 거치도록 하고 있으나, 이 단계에서 산지이용 및 보전에 대한 수요를 모두 검토할 수는 없을 뿐만 아니라 산지구분이 완료된 이후에 발생한 사정 등도 있을 수 있기 때문이다.

이에 따라 현행법은 관계 행정기관의 장이 다른 법률에 따라 산지를 특정 용도로 이용하기 위하여 지역·지구 및 구역 등으로 지정하거나 결정하는 경우, 예를 들어 「택지개발촉진법」에 따라 시·도지사가 택지개발지구를 지정하는 것과 같은 경우에는 대통령령으로 정하는 산지의 종류 및 면적 등의 구분에 따라 산림청장 등과 미리 협의하도록 함으로써 이러한 문제를 해결하고 있다(제8조 제1항). 관계 행정기관의 장이 산림청장 등과 협의하여야 하는 '지역·지구 및 구역 등의 범위'는 대통령령이 정하는 바에 따르는데, 이러한 지역·지구 및 구역 등에는 「국토의 계획 및 이용에 관한 법률」에 따른 용도지역·용도지구 및 용도구역, 「수도법」에 따른 상수원보호구역 등이 있다(제8조 제3항 및 시행령 제7조 제1항 별표1).[67]

현행법에 따르면 산지의 종류 및 면적 등의 구분에 따라 관계 행정기관의 장이 협의할 대상자는 다음과 같다(시행령 제6조 제1항). 그러나 이 경우 신청하는 산지면적이 대통령령으로 정하는 규모[68] 이상인 경우에는 미리 산지전문기관으로부터 산지전용타당성조사를 받아야 한다(제18조의2 제1항).

- 산지면적[69]이 200만m^2 이상(보전산지는 100만m^2 이상): 산림청장
- 산지면적이 50만m^2~200만m^2 미만(보전산지는 3만m^2~100만m^2 미만): (1) 산림청장 소관인 국유림의 산지인 경우에는 산림청장, (2) 산림청장 소관이 아닌 국유림, 공유림 또는 사유림의 산지인 경우에는 시・도지사
- 산지면적이 50만m^2 미만(보전산지는 3만m^2 미만): (1) 산림청장 소관인 국유림의 산지인 경우에는 산림청장, (2) 산림청장 소관이 아닌 국유림, 공유림 또는 사유림의 산지인 경우에는 시장・군수・구청장

---

67) 이에 따라 산림청장 등과 협의하여야 하는 지역・지구 및 구역 등의 범위는 다음과 같다. ① 보전목적 및 개발목적으로 이용하기 위한 지역・지구 및 구역 등의 지정 또는 결정: 「국토의 계획 및 이용에 관한 법률」 에 따른 용도지역, 용도지구 및 용도구역, 「연안관리법」에 따른 연안육역, 그 밖에 다른 법률에 따라 보전목적 및 개발목적으로 이용하기 위하여 지정 또는 결정되는 지역 등, ② 보전목적으로 이용하기 위한 지역・지구 및 구역 등의 지정 또는 결정: 「고도 보존 및 육성에 관한 특별법」에 따른 역사문화환경 보존육성지구 및 역사문화환경 특별보존지구, 「문화재보호법」에 따른 보호구역, 「소하천정비법」에 따른 소하천구역 및 소하천 예정지, 「수도법」에 따른 상수원보호구역, 「습지보전법」에 따른 습지보호지역, 습지주변관리지역 및 습지개선지역, 「전통사찰의 보존 및 지원에 관한 법률」에 따른 전통사찰보존구역, 「지하수법」에 따른 지하수보전구역, 「토양환경보전법」에 따른 토양보전대책지역, 「환경정책기본법」에 따른 환경보전을 위한 특별대책지역, 그 밖에 다른 법률에 따라 보전목적으로 이용하기 위하여 지정 또는 결정되는 지역 등, ③ 개발목적으로 이용하기 위한 지역・지구 및 구역 등의 지정 또는 결정: 「경제자유구역의 지정 및 운영에 관한 특별법」에 따른 경제자유구역, 「공항시설법」에 따른 공항・비행장개발예정지역, 「관광진흥법」에 따른 관광지, 관광단지 및 관광특구, 「농어촌정비법」에 따른 한계농지등 정비지구, 「댐건설 및 주변지역지원 등에 관한 법률」에 따른 댐건설 기본계획에 포함된 사업시행지, 「도시 및 주거환경정비법」에 따른 정비구역, 「도시개발법」에 따른 도시개발구역, 「문화산업진흥 기본법」에 따른 문화산업단지, 「물류시설의 개발 및 운영에 관한 법률」에 따른 물류단지, 「산업입지 및 개발에 관한 법률」에 따른 산업단지, 「산업집적활성화 및 공장설립에 관한 법률」에 따른 지식기반산업집적지구, 「석탄산업법」에 따른 탄광지역 진흥사업 추진대상지역, 「신항만건설 촉진법」에 따른 신항만건설 예정지역, 「유통산업발전법」에 따른 공동집배송센터, 「자유무역지역의 지정 및 운영에 관한 법률」에 따른 자유무역지역, 「전원개발촉진법」에 따른 전원개발사업 예정구역, 「지역 개발 및 지원에 관한 법률」에 따른 지역개발사업구역, 「청소년활동 진흥법」에 따른 청소년수련지구, 「택지개발촉진법」에 따른 택지개발지구, 「폐광지역 개발 지원에 관한 특별법」에 따른 폐광지역진흥지구, 「항만법」에 따른 항만개발사업을 시행하는 지역 및 항만배후단지, 그 밖에 다른 법률에 따라 개발목적으로 이용하기 위하여 지정 또는 결정되는 지역 등을 말한다.

68) 여기에서 '대통령령으로 정하는 규모'란 30만m^{2}를 말한다. 이 경우 변경협의를 신청하는 경우에는 변경하려는 산지의 면적만을 기준으로 한다(시행령 제20조의2 제1항).

69) 현행법에 따라 변경협의를 하려는 경우에는 이미 협의한 산지면적을 제외한 변경하려는 산지의 면적을 말한다(시행령 제6조 제1항).

나. 협의 절차

산림청장 등은 관계 행정기관의 장으로부터 산지에서의 지역·지구 및 구역 등의 지정 또는 결정에 관한 협의를 요청받았을 때에는 해당 산지에 대하여 현지조사를 실시한 후 협의기준에 따라 협의요청 사항을 검토하고 의견을 통보하여야 한다(시행령 제7조 제2항·제3항). 이 경우 산림청장 등은 필요하면 협의요청 사항과 관련된 시·도지사, 지방산림청장, 시장·군수·구청장 또는 지방산림청 국유림관리소장의 의견을 들을 수 있다. 그러나 관계 행정기관의 장이 산지전용타당성조사를 받은 경우에는 산림청장 등은 현지조사를 실시하지 않고 검토할 수 있다.

산림청장 등은 관계 행정기관의 장과 이러한 협의를 하는 경우에는 미리 대통령령으로 정하는 바에 따라 중앙산지관리위원회 또는 지방산지관리위원회의 심의를 거쳐야 한다(제8조 제2항). 관계 행정기관의 장의 이러한 협의절차는 협의한 사항을 변경하려는 경우에도 동일하게 적용된다. 산림청장은 현행법에 따라 관계 행정기관의 장과 협의를 한 경우로서 보전산지의 지정을 해제할 필요가 있는 경우에는 해당 보전산지를 해제할 수 있으며(제6조 제3항 후단 및 제2호), 이 경우 그 해제여부를 판단하기 위하여 필요하면 해당 산지에 대한 산지특성평가를 실시할 수 있다. 한편 현행법이 정하는 이러한 절차에 따르면 관계 행정기관의 장이 산지를 보전과 관련되는 용도로 중복하여 지정할 수도 있으므로 현행법은 제8조 제4항에서 "국가나 지방자치단체는 불가피한 사유가 있는 경우가 아니면 산지를 산지의 보전과 관련되는 지역·지구·구역 등으로 중복하여 지정하거나 행위를 제한하여서는 아니된다"라고 명시하여 산지의 보전과 이용이 조화를 이루도록 하고 있다.

산림청장 등은 대통령령으로 정하는 면적 이상의 산지에 대하여 현행법 제8조에 따른 산지에서의 지역·지구 및 구역 등의 지정을 협의하는 경우에 그 협의의 범위, 기준 및 절차 등과 같은 협의기준의 충족 여부에 대하여 확인할 필요가 있다고 인정하거나 이해관계인 등의 이의신청이 있을 때에는 관계 전문기관을 지정하거나 관계 전문가 등으로 구성된 조사협의체를 구성하여 이를 조사·검토하게 하고 그 결과를 협의에 반영하여야 한다(제18조의4 제1항). 그러나 이에 해당하는 경우라도 산지전용타당성조사를 거친 경우에는 그렇지 않다. 여기에서 '대통령령으로 정하는 면적'이란 지역·지구 및 구역 등의 지정협의 대상이 되는 산지의 면적이 3만m^2 이상인 산지를 말하며(시행령 제20조의6), 그 밖에 이해관계인 등의 범위 및 이의신청의 요건·절차 등은 산지전용허가를 하는 경우와 같이 현행법 제18조의5에 따른다.

2. 산지전용 및 산지일시사용이 의제되는 행정처분을 위한 협의

가. 의의 및 필요성

산지의 이용에 관한 협의는 관계 행정기관의 장이 다른 법률에 따라 산지를 이용하기 위한 허가 · 신고가 의제되는 행정처분을 하기 위하여 산림청장 등에게 요청하는 것을 말한다. 이러한 협의는 다른 법률에 산지전용이나 산지일시사용을 위한 인 · 허가 등의 처분이 의제되는 규정이 있는 경우에 해당 법률에 따라 관계 행정기관의 장이 산림청장 등에게 하게 되며, 그 협의를 마치는 경우에는 다른 법률에서 규정한 대로 산지전용이나 산지일시사용을 위한 허가를 받거나 신고가 수리된 것으로 보게 된다. 즉 협의가 있게 되면 그 신청한 내용에 따라 산지전용이나 산지일시사용에 관한 허가 또는 신고가 의제되는 것이다.

예를 들어 「도로법」은 제29조 제1항에서 "도로관리청이 제25조에 따라 도로구역을 결정하거나 변경하면 다음 각 호의 인 · 허가 등에 관하여 제2항에 따라 관계 행정기관의 장과 협의한 사항은 해당 인 · 허가 등을 받은 것으로 보며"라고 하면서, 같은 항 제12호에 "「산지관리법」…제14조 · 제15조에 따른 산지전용허가 및 산지전용신고, 같은 법 제15조의2에 따른 산지일시사용허가 · 신고…"를 명시하고 있는데, 도로관리청이 이에 따라 산지가 포함된 도로구역에 대한 협의를 요청하고 산림청장 등이 이를 수용하는 경우에는 협의를 요청한 산지에 대한 산지전용허가 · 신고 또는 산지일시사용허가 · 신고를 받은 것으로 보게 되는 것이다.

관계 행정기관 사이의 이러한 협의는 여러 법률에 규정되어 있는 인 · 허가 등을 협의절차를 통하여 일괄하여 받은 것으로 의제함으로써 인 · 허가 등에 따른 행정절차를 줄이기 위한 것이다. 산지의 이용을 위한 이러한 협의에는 (1) 산지전용허가가 의제되는 행정처분을 하기 위한 협의(제14조 제4항), (2) 산지전용신고가 의제되는 행정처분을 하기 위한 협의(제15조 제5항), (3) 산지일시사용허가 · 신고가 의제되는 행정처분을 하기 위한 협의(제15조의2 제8항)가 있다.

나. 산지전용허가가 의제되는 행정처분의 협의

협의제도는 관련되는 인 · 허가 등의 절차를 일괄하여 처리하기 위한 것이므로 협의를 요청한 사항에 대한 검토는 일반적인 허가 · 신고의 기준에 따라 이루어지게 된다. 따라서 관계 행정기관의 장이 다른 법률에 따라 산지전용허가가 의제되는 행정처분을 하기 위하여 산림청장 등에게 협의를 요청하는 경우에는 대통령령으로 정하는 바에 따라 산지전용허가기준에 맞는지를 검토하는 데에 필요한 서류를 산림청장 등에게 제출하여야 한다(제14조 제4항). 이는 산지전용 협의를 요청하는 경우에는 그에 필요한 서류를 제출하도록 명시함으로써 산림청장 등의 실질적인 협의를 보장하기 위한 것이다.

산림청장 등은 대통령령으로 정하는 면적 이상의 산지에 대하여 현행법 제14조에 따라 산지전용허가가 의제되는 행정처분을 하기 위한 협의를 하는 경우 산지전용허가기준의 충족 여부에 대하여 확인할 필요가 있다고 인정하거나 이해관계인 등의 이의신청이 있을 때에는 관계 전문기관을 지정하거나 관계 전문가 등으로 구성된 조사협의체를 구성하여 이를 조사·검토하게 하고 그 결과를 협의에 반영하여야 한다(제18조의4 제1항). 다만, 산지전용타당성조사를 거친 경우에는 그렇지 않다. 여기에서 '대통령령으로 정하는 면적'이란 산지전용허가가 의제되는 행정처분을 하기 위한 협의의 대상이 되는 산지의 면적이 3만m^2 이상인 산지를 말하며(시행령 제20조의6), 그 밖에 이해관계인 등의 범위 및 이의신청의 요건·절차 등은 산지전용허가의 경우와 같이 현행법 제18조의5에 따른다.

산지전용허가를 신청한 산지에 대한 현지조사 및 허가기준에의 적합여부 심사에 관한 규정은 산지전용협의요청에 대한 심사를 하는 경우에도 준용한다(시행령 제16조 제2항). 따라서 산림청장 등은 그 대상산지에 대하여 경계표시 확인 등 현지조사를 실시하고, 그 요청내용이 허가기준에 적합한지의 여부를 심사하여야 한다. 그러나 이 경우에도 산지전용타당성조사를 받은 경우에는 현지조사를 하지 않고 심사할 수 있다.

관계 행정기관의 장은 산림청장 등과 이러한 협의를 마친 후에 산지전용허가가 의제되는 행정처분을 하였을 때에는 지체 없이 이를 산림청장 등에게 통보하여야 한다(제14조 제5항). 이는 산림청장 등이 요청한 협의사항을 수용하면서 조건 등을 붙인 경우에 그 조건의 이행여부를 확인하는 등 협의사항에 대한 사후관리를 위한 것이다.

다. 산지전용신고 및 산지일시사용허가·신고가 의제되는 행정처분의 협의

산지전용허가가 의제되는 행정처분을 하기 위한 협의에 적용되는 현행법 제14조 제4항 및 제5항의 규정은 (1) 관계 행정기관의 장이 다른 법률에 따라 산지전용신고가 의제되는 행정처분을 하기 위한 산림청장 또는 시장·군수·구청장과의 협의 및 그 처분의 통보와 (2) 관계 행정기관의 장이 다른 법률에 따라 산지일시사용허가·신고가 의제되는 행정처분을 하기 위한 산림청장 등과의 협의 및 그 처분의 통보에도 준용된다(제15조 제5항 및 제15조의2 제8항).

라. 산지전용 및 산지일시사용 관련 규정에의 적용

산지전용 또는 산지일시사용에 대한 협의제도가 산지의 이용에 따른 법적 절차 및 의무 등에 관한 규정을 배제하기 위한 것이 아님은 분명하다. 따라서 산림청장 등은 다른 법률에 따라 산지전용허가·산지일시사용허가 또는 산지전용신고·산지일시사용신고가 의제되는 행정처분을 받은 자가 현행법 제20조에 따른 산지전용허가의 취소 등의 사유에 해당하는 경우에는 산지전용이나 산지일시사용의 중지를 명할 수 있으며, 특히 대체산림자원조성비를 내지 않았거나 복구비를 예치하지 않은 경우에는 관계 행정기관의 장에게 그 목적사업에 관련된 승인·허가 등의 취소를 요청할 수 있다(제20조 제2항·제3항). 이는 다른 법률에 따라 산지전용허가가 의제되는 행정처분을 받은 경우에도 대체산림자원조성비의 납부와 복구비의 예치를 미루거나 회피하지 못하도록 강제하기 위한 것이다.

현행법에 따른 산지전용타당성조사에 관한 규정은 다른 법률에 따라 산지전용허가나 변경허가 또는 산지일시사용허가·변경허가가 의제되는 행정처분을 받은 경우에도 적용되며, 현행법 제19조의 대체산림자원조성비에 관한 규정도 산지전용허가 또는 산지일시사용허가가 의제되는 행정처분을 받은 경우에도 적용된다(제18조의2 제1항 및 제19조 제1항 제3호). 특히 대체산림자원조성비의 경우에는 다른 법률에 따라 산지전용허가 또는 산지일시사용허가가 의제되는 행정처분을 받으려는 자뿐만 아니라 배제되는 행정처분을 받으려는 자도 포함하여 모두 납부하여야 한다(제19조 제1항 제3호).

현행법에 따른 용도변경의 승인, 「국토의 계획 및 이용에 관한 법률」의 특례, 복구비의 예치에 관한 규정은 산지전용허가·산지일시사용허가 또는 산지전용신고·산지일시사용신고가 의제되는 행정처분을 받은 경우에도 적용된다(제21조 제1항·제21조의2 제38조 제1항). 그러나 현행법 제21조의3에 따른 산지의 지목변경 제한에 관한 규정은 산지전용허가나 산지전용신고가 의제되는 행정처분을 받은 경우에만 적용된다. 이는 산지의 지목변경에 관한 사항은 산지전용에만 해당하는 것으로서 산지일시사용과는 관련이 없는 것이므로 당연한 것이다.

Ⅵ. 토석채취

[1] 개 요

토석은 석재와 토사를 함께 이르는 말이다. 여기에서 석재란 “산지의 토석 중 건축용, 공예용, 조경용, 쇄골재용 및 토목용으로 사용하기 위한 암석”을 말하며, 토사란 “산지의 토석 중 석재를 제외한 것”을 말한다(제2조 제4호·제5호). 석재와 토사의 이러한 구분은 법적인 개념이며, 따라서 석재는 단순한 암석이 아니라 일정한 용도로 사용하기 위한 것이라고 이해하여야 한다. 현행법은 이러한 석재 및 토사와 함께 자연석이라는 용어도 사용하고 있는데, 이는 “산지에 있는 인공적으로 절개되거나 파쇄되지 않은 원형 상태의 암석 중 대통령령으로 정하는 규모 이상의 암석”(제28조 제3항 및 시행령 제38조)을 말한다. 여기에서 ‘대통령령으로 정하는 규모 이상의 암석’이란 시행령 제32조의2 제1호에 따른 것으로서 원형 상태의 암석의 가장 긴 직선길이가 18cm 이상인 암석을 말한다.

현행법상 토석은 산지의 토석에만 적용된다. 따라서 산지 외의 토석에는 현행법이 적용되지 않으며, 산지에 있는 토석이라면 「골재채취법」에 따른 골재에 해당하는 경우라도 현행법의 토석채취에 관한 규정이 적용된다. 이는 「골재채취법」이 골재에 대하여 “하천, 산림, 공유수면이나 그 밖의 지상·지하 등 자연상태에 부존하는 암석(쇄석용에 한정한다), 모래 또는 자갈로서 콘크리트 및 아스팔트콘크리트의 재료 또는 그 밖에 건설공사의 기초재료로 쓰이는 것”(제2조 제1호)이라고 정의하여 산림골재도 「골재채취법」상의 골재의 개념에는 포함시키면서도, 같은 법 제3조에서는 “「산지관리법」에 따른 산지에 대하여는 제4장을 적용하지 아니한다. 다만…는 제외한다”라고 하여 산지에서의 골재채취 등에 관하여는 「골재채취법」의 적용을 원칙적으로 배제하고 있는 것으로 분명하다.

산림에 있는 토석은 「산림자원의 조성 및 관리에 관한 법률」에서 정하는 산림자원으로서 임산물에 속한다(같은 법 제2조 제2호 및 제7호). 따라서 토석의 생산량과 생산액은 매년 발표되는 임업통계연보의 임산물 부분에 포함되어 공표되고 있다.[70] 그러나 산림에 있는 이러한 토석에 대해서는 「산림자원의 조성 및 관리에 관한 법률」에서 규정하기보다는 그 채취의 방법과 절차 등은 현행법에서 정하고, 그 밖에 석재산업의 발전

70) 산림청(2020)의 「2020 임업통계연보(제50호)」, 309면.

과 경쟁력을 강화하는 방안에 대하여는 「석재산업 진흥에 관한 법률」에서 따로 정하는 체계를 갖추고 있다. 그러므로 산지의 토석채취에 대하여는 기본적으로 현행법에 따라야 한다. 한편 산지의 토석은 그 채취과정에서 불가피하게 산지의 형질변경을 가져옴에도 불구하고 임산물에 속하는 것이므로 그 채취에는 현행법에 의한 산지전용이나 산지일시사용에 관한 규정이 적용되지 않음은 앞에서 이미 설명한 것과 같다.

토석은 국가경제와 국민생활에 유용한 산림자원으로서 건축·토목 등의 기간산업을 위한 기초재료로 사용될 뿐만 아니라 공예·조경용 등으로도 사용되는 필수자원이다. 특히 석재는 인류의 역사와 함께 해온 자원으로서, 건축·토목 및 공예 등의 분야에서 초기문명부터 현대에 이르는 장엄하고 경이로운 문화적 성취의 기반이 되기도 하였다. 그러나 이러한 토석의 채취는 필연적으로 환경과 경관 등의 문제를 야기하게 되며, 그 결과 채석을 둘러싼 환경적 문제는 보전과 이용 측면에서 오랫동안 중요한 쟁점 중의 하나로 인식되어져 왔다.[71] 따라서 현행법의 토석채취에 관한 규정들을 해석할 때에는 산지전용·산지일시사용의 경우와 같이 보전과 이용의 조화라는 통합성의 원칙과 자연친화적인 이용이라는 균형잡힌 시각을 유지하는 것이 중요하다고 할 것이다. 이러한 관점에서 현행법이 규정하고 있는 토석에 대한 기본 틀을 살펴보면 다음과 같다.

- 국유림이 아닌 산림의 산지에서의 토석채취는 허가·신고 등의 절차에 따르고, 국유림의 산지에 있는 토석의 채취는 매각이나 무상양여에 의한다.
- 석재와 토사의 구분에 따라 채취방법과 절차를 따로 정한다.
- 토석채취제한지역과 채석단지 등을 통하여 규제와 이용의 조화를 도모한다.
- 토석채취에 따른 재해방지 및 복구를 산지의 이용행위로 인한 경우와 함께 규정함으로써 산지의 재해방지와 복구에 관한 통일적인 체계를 구축한다.

[2] 토석채취제한지역

1. 지정대상 및 절차

공공의 이익증진을 위하여 보전이 특히 필요하다고 인정되는 산지는 토석채취제한지역으로 한다(제25조의3 제1항). 현행법에 따르면 이러한 토석채취제한지역에는 (1) 「정부조직법」에 따른 중앙행정기관 및 특별지방행정기관과 「도로법」에 따른 도로 등

71) 채석으로 인한 환경적 문제와 그 환경비용의 산정에 대한 영국의 사례에 대하여는 Nick Hanley, Jason F. Shogren and Ben White의 앞의 책, 48면을 참고하라.

대통령령으로 정하는 공공시설을 보호하기 위하여 그 행정기관 및 공공시설의 경계로부터 대통령령으로 정하는 거리 이내의 산지,[72] (2) 「철도산업발전 기본법」에 따른 철도 등 대통령령으로 정하는 시설의 연변가시지역을 보호하기 위하여 그 시설의 경계로부터 대통령령으로 정하는 거리 이내의 산지,[73] (3) 「국유림의 경영 및 관리에 관한 법률」에 따른 보전국유림의 산지, (4) 현행법에 따른 산지전용·일시사용제한지역, 그 밖에 대통령령으로 정하는 지역의 산지,[74] (5) 산림생태계의 보호, 산지경관의 보전 및 역사적·문화적 가치가 있어 보호할 필요가 있는 산지로서 산림청장이 지정하여 고시한 지역의 산지 등이 있다. 여기에서 '연변가시지역'이란 일정한 시설로부터 보이는 주변지역으로서 해당 시설의 주변경관을 보호하기 위한 것이며, 「국유림의 경영 및 관리에 관한 법률」에 따른 보전국유림에는 준보전국유림 중 보전국유림으로 보는 경우를 포함한다.

토석채취제한지역의 지정절차는 산지전용·일시사용제한지역의 지정에 관한 제9조 제2항 및 제3항을 준용한다(제25조의3 제2항). 따라서 산림청장은 토석채취제한지역을 지

72) 이에 따른 토석채취제한지역으로는 ① 「산림자원의 조성 및 관리에 관한 법률」에 따라 지정된 수형목(우량나무) 및 「산림보호법」에 따라 지정된 보호수의 수간하단부로부터 30m 이내의 산지, ② 「철도의 건설 및 철도시설 유지관리에 관한 법률」에 따른 철도 및 고속철도, 「궤도운송법」에 따른 궤도, 「도로법」 제39조에 따라 구간의 전부 또는 일부의 사용을 개시한 도로, 「전원개발촉진법」에 따른 전원설비, 「하천법」에 따른 하천, 「물환경보전법」에 따른 호소, 「농어촌정비법」에 따른 저수지, 제각, 「산림문화·휴양에 관한 법률」에 따른 자연휴양림·산림욕장 및 치유의 숲 등에 해당하는 시설의 경계로부터 100미터 이내의 산지, ③ 「군사기지 및 군사시설 보호법」에 따른 군사시설, 「정부조직법」에 따른 중앙행정기관 및 특별지방행정기관, 「법원조직법」에 따른 법원 및 등기소와 각 해당 기관의 소속 기관의 시설, 「지방자치법」에 따른 지방자치단체 및 특별법에 따라 설립된 공법인과 각 해당 기관의 소속 기관의 시설, 「유아교육법」과 「초·중등교육법」 및 「고등교육법」에 따른 학교, 「의료법」에 따른 의료기관, 「문화재보호법」에 따른 보호구역(보호구역이 지정되지 않은 문화재의 경우에는 그 문화재) 등에 해당하는 시설 또는 구역의 경계로부터 500미터 이내의 산지 등이 있다(시행령 제32조의3 제1항).

73) 현행법에 따른 연변가시지역으로서 토석의 굴취·채취가 제한되는 이러한 산지에는 ① 고속국도 및 철도 연변가시지역의 경우에는 2천m 이내의 산지, ② 일반국도 연변가시지역의 경우에는 1천m 이내의 산지, ③ 지방도 연변가시지역의 경우에는 5백m 이내의 산지(다만, 2000년 5월 16일 이전에 지방도 연변가시지역 5백m 이내의 산지에서 채석허가를 받은 자가 해당 허가지역에 연접하여 계속 채석을 하거나 토사채취를 하려는 경우는 제외한다), ④ 「항만법」에 따른 항만구역 연변가시지역의 산지와 만조 시 해안선으로부터 500m 이내의 산지 등이 있다(시행령 제32조의3 제2항).

74) 여기에서 '대통령령으로 정하는 지역의 산지'란 ① 「수목원·정원의 조성 및 진흥에 관한 법률」에 따른 수목원 및 정원 안의 산지, ② 「사방사업법」에 따른 사방지 안의 산지, ③ 「야생생물 보호 및 관리에 관한 법률」에 따른 야생생물 특별보호구역 안의 산지, ④ 「문화재보호법」에 따른 보호구역(보호구역이 지정되지 않은 문화재의 경우에는 그 문화재)의 산지, ⑤ 「산림자원의 조성 및 관리에 관한 법률」에 따른 채종림과 시험림 및 「산림보호법」에 따른 산림보호구역, ⑥ 「산림문화·휴양에 관한 법률」에 따른 자연휴양림·산림욕장 및 치유의 숲의 산지 등을 말한다(시행령 제32조의3 제3항)

정하려면 해당 산지소유자, 지역주민 및 지방자치단체의 장의 의견을 듣고 관계 행정기관의 장과 협의한 후 중앙산지관리위원회의 심의를 거쳐야 하며, 이를 지정한 경우에는 그 지정사실을 고시하고 관계 행정기관의 장에게 통보하는 한편 그 지정에 관한 관계 서류를 일반에게 공람하여야 한다.

2. 행위제한

토석채취제한지역에서는 토석채취를 할 수 없으며, 예외적으로 법률에서 정하는 일정한 사유에 해당하는 경우에만 토석채취를 할 수 있다(제25조의4). 토석채취제한지역임에도 불구하고 현행법에 따라 토석채취가 허용되는 이러한 행위에는 천재지변이나 그 밖에 이에 준하는 재해를 복구하기 위하여 토석채취가 필요한 경우, 도로의 설치 등 대통령령으로 정하는 사업[75]을 위하여 터널이나 갱도를 파 들어가는 과정에서 부수적으로 토석을 채취하여 그 사업에 사용하는 경우, 공용·공공용 사업을 위하여 필요한 경우 등 대통령령으로 정하는 경우,[76] 공공시설 등의 관리자

75) 여기에서 '대통령령으로 정하는 사업'이란 도로·철도·궤도·운하 또는 수로를 설치하기 위한 사업을 말한다(시행령 제32조의4 제1항).

76) 이에 따른 '공용·공공용 사업을 위하여 필요한 경우 등 대통령령으로 정하는 경우'란 ①「공익사업을 위한 토지 등의 취득 및 보상에 관한 법률」 제4조 각 호의 어느 하나에 해당하는 사업에 사용하기 위하여 관계 중앙행정기관의 장(「정부조직법」 제3조에 따른 특별지방행정기관의 장을 포함하며, 국가지원지방도의 건설사업의 경우에는 해당 지방자치단체의 장을 말한다)이 토석채취자, 토석채취구역의 위치·면적, 토석의 종류, 토석채취수량 및 토석채취기간을 명시하여 요청한 것으로서 그 요청이 타당하다고 인정되는 경우, ② 산지전용·산지일시사용하는 과정에서 부수적으로 생산되는 토석을 굴취·채취하기 위하여 토석채취허가를 받으려는 경우, ③ 토석채취에 필요한 부대시설(진입로 또는 관리사무소에 한정한다)을 설치하려는 경우(시행령 제32조의3 제1항 제2호 및 제2항 제1호부터 제3호까지의 산지만 해당한다), ④ 토석채취허가를 받아 토석의 굴취·채취가 진행 중에 있는 허가지역에 연접하여 새로이 토석을 굴취·채취하려는 경우로서 지방도가 일반국도 또는 고속국도로 변경된 경우, 일반국도가 고속국도로 변경된 경우, 고속국도·철도·일반국도 또는 지방도가 신설된 경우, 시도 및 군도가 지방도로 변경된 경우에 해당하는 경우(시행령 제32조의3 제2항 제1호부터 제3호까지의 산지만 해당한다), ⑤ 토석채취허가를 받은 지역(허가기간이 만료되어 복구하고 있거나 복구가 완료된 지역을 포함한다)에 연접하여 토석을 굴취·채취하려는 경우로서 5만m^2 미만의 잔여 산지를 계속 채취함으로써 비탈면 없이 평탄지로 될 수 있는 경우(시행령 제32조의3 제2항 제1호부터 제3호까지의 산지만 해당한다), ⑥ 토석채취허가(석재에 한정한다)를 받은 지역(허가기간이 만료되어 복구하고 있거나 복구가 완료된 지역을 포함한다) 지하의 석재를 굴취·채취하려는 경우나 토석채취허가(석재에 한정한다) 기간이 만료된 후 그 기간이 만료되기 전에 이미 굴취·채취한 석재를 반출하려는 경우 또는 토석채취지역의 비탈면(토석채취제한지역과 연접한 비탈면에 한정한다)을 복구하기 위하여 불가피하게 토석을 추가로 굴취·채취하려는 경우(다만, 국가 또는 지방자치단체 외의 자가 토석을 굴취·채취하는 경우에는 추가로 굴취·채취한 토석을 토석채취지역의 비탈면 복구대상지 외의 지역으로 반출하지 않는 경우로 한정한다)에 해당하는 경우, ⑦ 채석단지로 지정된 구역에서 토석을 굴취·채취하는 경우 등을 말한다(시행령 제32조의4 제2항).

또는 소유자의 동의를 받은 경우 등 대통령령으로 정하는 경우,[77] 현행법 제25조 제2항에 따라 국유림이 아닌 산림의 산지에서 객토용 등으로 사용하기 위하여 시장·군수·구청장에게 토사채취신고를 하고 일정한 규모의 토사를 채취하는 경우 등이 있다.

이와 관련하여 어떠한 행위가 토석채취제한지역에서 예외적으로 허용되는 행위에 해당되는지는 법령에서 정한 구체적인 내용에 따라 종합적으로 검토해야 할 것이다. 대법원도 이러한 입장에서 "토석채취제한지역이라 하더라도…'「공익사업을 위한 토지 등의 취득 및 보상에 관한 법률」 제4조 각 호의 어느 하나에 해당하는 사업에 사용하기 위하여 관계 중앙행정기관의 장…이 토석채취자, 토석채취구역의 위치·면적, 토석의 종류, 토석채취수량 및 토석채취기간을 명시하여 요청한 것으로서 그 요청이 타당하다고 인정되는 경우'에는 토석채취가 제한되지 않는데"라고 하면서, "그 요청 내용이 타당한지 여부의 판단은 이 사건 사업계획에 나타난 사업의 필요성·내용·규모·방법과 환경에 미치는 영향 등 제반 사정을 종합하여 이루어져야 하는 것"[78]이라고 하였다.

3. 지정해제

산림청장은 산림생태계의 보호, 산지경관의 보전 및 역사적·문화적 가치가 있어 보호할 필요가 있는 산지에 해당하여 현행법 제25조의3 제1항 제5호에 따라 토석채취제한지역으로 지정하여 고시한 지역으로서 그 지정사유가 소멸된 경우 또는 현행법 제8조 제1항에 따라 지역·지구 및 구역 등이 지정된 경우로서 해당 목적사업수행을 위하여 불가피한 경우에는 그 토석채취제한지역의 지정을 해제할 수 있다(제25조의5 제1항). 이러한 경우에는 해당 지역을 더 이상 토석채취제한지역으로 유지할 필요가 없기 때문이다.

토석채취제한지역의 지정해제 절차에 관하여는 산지전용·일시사용제한지역의 지정에 관한 제9조 제2항 및 제3항을 준용한다(제25조의5 제2항). 따라서 토석채취제한지역을

77) 여기에서 '공공시설 등의 관리자 또는 소유자의 동의를 받은 경우 등 대통령령으로 정하는 경우'란 ① 시행령 제32조의3 제1항 제4호 및 제3항 제4호에 해당하는 지역 또는 시설의 경우로서 지역 또는 시설의 관리청 또는 관리자(문화재보호구역의 경우에는 문화재청장, 군사시설인 경우에는 국방부장관 또는 관할부대장)의 동의를 받은 경우, ② 여객수송을 목적으로 하지 않는 전용철도로부터 100m 밖에 있는 연변가시지역의 경우(시행령 제32조의3 제2항 제1호의 산지만 해당한다), ③ 제각의 경계로부터 100m 이내의 산지로서 제각의 관리자 또는 소유자의 동의를 받은 경우 등을 말한다(시행령 제32조의4 제3항).

78) 대판 2014. 9. 26. 2011두18687.

지정해제하는 경우에도 그 지정과 같은 절차를 따라야 한다.

[3] 토석채취

1. 허가에 의한 토석채취

가. 허가신청

국유림이 아닌 산림의 산지에서 토석을 채취하려는 자는 토석채취 면적에 따라 그 신청면적이 (1) 10만m^2 이상인 경우에는 시・도지사에게, (2) 10만m^2 미만인 경우에는 시장・군수・구청장에게 신청하여 허가를 받아야 한다(제25조 제1항). 여기에서 토석의 채취에는 토석을 가공하거나 산지 이외로 반출하는 경우를 포함한다.

석재에 대하여 토석채취허가를 받으려는 자는 대통령령으로 정하는 전문조사기관[79]으로부터 채석경제성에 관한 평가를 받아 그 결과를 허가권자인 시・도지사 또는 시장・군수・구청장에게 제출하여야 한다(제26조 제1항). 이는 석재를 채취하는 경우에 미리 그 경제성을 평가받도록 함으로써 무분별한 채석을 방지하고자 하는 것이다. 따라서 토목용 석재를 채취하려는 경우 등 대통령령으로 정하는 다음과 같은 경우에는 채석경제성에 관한 평가를 받을 필요가 없다(제26조 제1항 및 시행령 제34조 제2항). 이러한 경우에는 굳이 경제성에 대한 고려가 필요하지 않거나 이미 경제성에 대한 평가가 드러난 경우에 해당하기 때문이다.

- 토목용・조경용 석재를 굴취・채취하고자 하는 경우
- 석재에 관한 토석채취허가를 받아 굴취・채취하였던 허가구역의 지하로 석재를 굴취・채취하고자 하는 경우
- 산지전용・산지일시사용을 하는 과정에서 부수적으로 채취한 석재 또는 현행법 제28조 제3항 후단에 해당하는 자연석을 굴취・채취하려는 경우
- 토석채취허가기간이 만료된 후 그 기간이 만료되기 전에 이미 굴취・채취한 석재를 반출하고자 하는 경우
- 석재를 굴취・채취한 지역의 비탈면 복구를 위하여 불가피하게 석재를 굴취・채취하

79) 여기에서 '대통령령으로 정하는 전문조사기관'이란 ① 국립산림과학원, ②「한국광물자원공사법」에 따른 한국광물자원공사, ③ 광업부문 또는 건설부문(토질・지질 전문분야에 한정한다)의 엔지니어링활동을 하기 위하여「엔지니어링산업 진흥법」에 따라 산업통상자원부장관에게 신고한 엔지니어링사업자, ④「과학기술분야 정부출연연구기관 등의 설립・운영 및 육성에 관한 법률」 별표 각 호의 연구기관 중 지질조사와 광물자원연구사업을 수행하는 법인, ⑤ 기술사가「기술사법」 제6조의 규정에 따라 개설・등록을 한 광업부문 또는 건설부문(토질・지질 전문분야에 한정한다)의 기술사사무소, ⑥ 산지보전협회, ⑦ 그 밖에 채석경제성 평가를 수행할 수 있는 역량을 갖추었다고 산림청장이 인정하는 기관 또는 단체를 말한다(시행령 제34조 제1항).

여야 하는 경우
- 토석채취허가를 받은 토석채취 면적을 100분의 20 범위에서 확대하려는 경우[80]

토석채취허가를 받은 후에 허가받은 사항을 변경하려는 경우에는 토석채취허가의 절차를 따라야 한다(제25조 제1항 단서). 이 경우 그 변경허가의 신청은 변경된 면적에 따라 해당하는 허가권자에게 하여야 한다. 그러나 변경허가를 신청하려는 사항이 농림축산식품부령으로 정하는 경미한 사항에 해당하는 경우에는 시·도지사 또는 시장·군수·구청장에게 신고하는 것으로 갈음할 수 있다. 이 경우에도 그 신고는 당초의 허가권자에게 하여야 하는 것은 물론이다.

시·도지사 또는 시장·군수·구청장은 현행법에 따라 변경신고를 받은 경우에는 그 신고를 받은 날부터 15일 이내에 신고수리 여부를 신고인에게 통지하여야 하며, 만일 시·도지사 또는 시장·군수·구청장이 그 정한 기간 내에 신고수리 여부 또는 민원처리 관련 법령에 따른 처리기간의 연장을 신고인에게 통지하지 않으면 그 기간이 끝난 날의 다음 날에 신고를 수리한 것으로 본다(제25조 제5항·제6항). 이 경우 처리기간이 민원처리 관련 법령에 따라 연장 또는 재연장된 경우에는 해당 처리기간을 기준으로 한다.

나. 허가절차

A. 허가기준

토석채취허가의 신청을 받은 시·도지사 또는 시장·군수·구청장은 그 신청내용이 허가기준에 맞는 경우에만 토석채취허가를 하여야 한다(제28조 제1항). 따라서 허가권자인 시·도지사 또는 시장·군수·구청장은 신청내용이 허가기준에 맞지 않는 경우에는 토석채취허가를 해서는 안 된다.

이와 관련하여 시·도지사 또는 시장·군수·구청장의 이러한 허가행위가 재량행위에 속하는 것인지에 대해서는 논란의 여지가 있으나, 대법원은 이에 대하여 "산림 내에서의 토석채취허가는 산지관리법 소정의 토석채취제한지역에 속하는 경우에 허용되지 아니함은 물론이나 그에 해당하는 지역이 아니라 하여 반드시 허가하여야 하는 것으로 해석할 수는 없고 허가권자는 신청지 내의 임황과 지황 등의 사항 등에 비추어 국토 및 자연의 보전 등의 중대한 공익상 필요가 있을 때에는 재량으로 그 허가를 거부할 수 있는 것이다"[81]라고 하면서 토석채취 허가행위가

80) 그러나 이 경우에도 암반이 노출되어 암석의 종류 및 석질 등이 최초 토석채취허가를 받은 산지와 동일하다고 인정되는 경우에만 해당한다.

재량행위에 속하는 것임을 분명히 하고 있다.

이와 함께 대법원은 산림 내의 토석채취허가신청에 대하여 그 허가를 거부할 수 있는 '중대한 공익상의 필요'가 있는지의 여부에 대해서는 "토석채취로 예상되는 산림과 자연경관의 훼손 정도, 주변의 문화재나 관광자원을 보호할 필요성, 토석채취 후 쉽사리 원상복구가 가능한지의 여부, 토석채취로 인하여 농업용수·식수로 사용되는 하천 등이 오염될 가능성이 있는지의 여부, 토석채취 과정에서 발생하는 비석, 분진, 소음, 진동 등으로 인근주민들이 겪을 생활상의 고통의 정도 및 이를 예방하기 위한 구체적인 조치의 내용 등을 종합하여 판단하여야 한다"[82] 라고 그 구체적인 판단기준을 제시하고 있다. 이러한 관점에서 현행법 제28조 제1항이 토석채취허가를 할 때에는 그 허가의 신청내용이 허가기준에 맞는 경우에만 '허가하여야 한다'라고 표현한 것은 토석채취허가가 가지는 이러한 재량행위적 성질을 명시적으로 표현한 것으로 보아야 할 것이다.

현행법에 따르면 시·도지사 또는 시장·군수·구청장은 토석채취허가의 신청이 있는 경우 (1) 현행법에 따른 토석채취제한지역에서의 행위제한 사항에 적합할 것, (2) 산지의 형태, 임목의 구성, 토석채취면적 및 토석채취방법 등이 대통령령으로 정하는 기준에 맞을 것, (3) 현행법이 정하는 전문조사기관의 평가결과 채석의 경제성이 인정될 것, (4) 토석채취로 인하여 생활환경 등에 영향을 받을 수 있는 지역으로서 대통령령으로 정하는 지역의 경우에는 재해를 방지하기 위한 시설의 설치 등 대통령령으로 정하는 기준을 충족할 것, (5) 토석채취에 필요한 장비 등을 대통령령으로 정하는 기준에 맞게 갖출 것, (6) 토석채취허가를 받으려는 구역 외의 토석을 반입하지 않을 것과 같은 허가기준에 따라 그 허가여부를 결정하여야 한다(제28조 제1항 제1호~제6호). 그러나 이러한 허가기준을 적용하는 경우에도 현행법 제28조 제3항 제1호 또는 제2호에 따라 국가나 지방자치단체가 공용·공공용 사업을 하기 위하여 필요한 경우 또는 현행법에 따라 산지전용이나 산지일시사용을 하는 과정에서 부수적으로 나온 자연석을 채취하려는 자의 경우에는 (5)에 해당하는 허가기준을 적용하지 않으며, 토석채취완료지 복구를 위한 토석이나 현행법 제25조의2 제1호에 해당하는 부수적으로 나온 토석을 대통령령으로 정하는 거리 이내에서 대통령령으로 정하는 규모[83] 이하로 반입하려는 경우에는 (6)에 해당하는 허가기준

81) 대판 2009. 6. 23. 2009두2672. 이와 동일한 취지에 대하여는 대판 1994. 8. 12. 94누5489; 대판 1992. 4. 10. 91누7767 등을 참고하라.

82) 대판 2009. 6. 11. 2009두4487.

을 적용하지 않는다.

여기에서 특히 (4)의 '생활환경 등에 영향을 받을 수 있는 지역으로서 대통령령으로 정하는 지역'이란 토석의 굴취·채취로 인하여 생활환경 등에 직접적 또는 간접적 영향을 받는 산지로서 가옥·축산시설·공장 또는 종교시설로부터 300m 이내의 산지이거나 분묘중심점으로부터 30m 이내의 산지를 말하며, '재해를 방지하기 위한 시설의 설치 등 대통령령으로 정하는 기준'이란 다음과 같은 기준을 말한다(시행령 제36조 제2항·제3항).

- 산지의 경사도, 모암 및 산림상태 등 농림축산식품부령으로 정하는 산사태위험지판정기준표상의 위험요인에 따라 산사태가 발생할 가능성이 높은 것으로 판정된 지역이나 산사태가 발생한 지역이 아닐 것[84]
- 절토·성토한 면의 토사유출 및 사면붕괴 방지를 위한 배수시설 등의 설치, 낙석방지시설의 설치, 비탈면 안정을 위한 보호공법의 채택, 방진망 설치 등 비사방지시설의 설치, 저소음·진동 발파공법의 채택, 표토와 폐석의 처리대책 등과 같은 보호조치가 사업계획에 반영될 것
- 가옥·축산시설·공장 또는 종교시설로부터 300m 이내의 산지인 경우에는 가옥·축산시설의 소유자, 주민,[85] 공장의 소유자 및 대표자, 종교시설의 대표자 전원의 동의를 얻고, 분묘중심점으로부터 30m 이내의 산지인 경우에는 「장사 등에 관한 법률」에 따른 분묘 연고자의 동의를 얻을 것

그러나 이 경우에도 이미 토석채취허가를 받아 토석을 굴취·채취하고 있는 산

---

83) 여기에서 '대통령령으로 정하는 거리'란 토석채취완료지 복구를 위한 토석의 경우에는 거리의 제한이 없으나 현행법 제25조의2 제1호에 해당하는 토석의 경우에는 토석채취허가를 받으려는 구역의 경계로부터 직선거리로 60km 이내를 말한다. 또한 '대통령령으로 정하는 규모'란 토석채취완료지 복구를 위한 토석의 경우에는 현행법 제40조 제1항에 따라 승인받은 산지복구설계서에 기재된 토석량을 말하며, 현행법 제25조의2 제1호에 해당하는 토석의 경우에는 제25조 제1항에 따라 토석채취허가를 받으려는 토석채취량의 100분의 50을 말한다(시행령 제36조 제5항 및 제6항).

84) 다만, 이에 해당하는 경우라도 재해방지시설의 설치를 조건으로 허가하는 경우에는 이를 적용하지 않는다.

85) 여기에서의 주민이란 실제로 거주하고 있는 「주민등록법」에 따른 세대주를 말한다. 이와 관련하여 토사채취 허가지의 인근 주민들에게 토사채취허가의 취소를 구할 법률상 이익이 있는지의 여부에 대하여 대법원은 "행정처분의 직접 상대방이 아닌 제3자라도 당해 행정처분의 취소를 구할 법률상의 이익이 있는 경우에는 원고적격이 인정되는데, 여기서 말하는 법률상의 이익은 당해 처분의 근거 법률에 의하여 보호되는 직접적이고 구체적인 이익이 있는 경우를 말하고, 다만 공익보호의 결과로 국민 일반이 공통적으로 가지는 추상적, 평균적, 일반적인 이익과 같이 간접적이나 사실적, 경제적, 이해관계를 가지는 데 불과한 경우는 여기에 포함되지 않는다"라고 하면서도 "인근 주민들이 토사채취허가와 관련하여 가지게 되는 이익은 위와 같은 추상적, 평균적, 일반적인 이익에 그치는 것이 아니라 처분의 근거법규 등에 의하여 보호되는 직접적·구체적인 법률상 이익이라고 할 것이다"라고 판결하였다(대판 2007. 6. 15. 2005두9736).

지에 연접하여 토석채취허가를 받으려는 경우에는 가옥 · 축산시설의 소유자 및 주민 등의 전원이 아니라 3분의 2 이상의 동의만을 얻으면 되며, 특히 「환경영향평가법」에 따른 환경영향평가나 소규모 환경영향평가를 거친 경우에는 가옥 · 축산시설의 소유자, 주민 및 분묘 연고자 등의 동의를 받아야 하는 기준은 적용하지 않는다.

시 · 도지사 또는 시장 · 군수 · 구청장은 일정한 경우에는 이러한 토석채취허가기준의 전부 또는 일부를 적용하지 않을 수 있다. 이에 따르면 허가신청 내용이 토사채취인 경우에는 현행법에 따른 허가기준 중에서 (1)과 (2)에 해당하는 기준인 '토석채취제한지역에서의 행위제한 사항에 적합한지의 여부'와 '산지의 형태, 임목의 구성, 토석채취면적 및 토석채취방법 등이 대통령령으로 정하는 기준에 맞는지의 여부'만을 적용하여 그 허가여부를 판단하여야 하며(제28조 제1항 본문), 만일 신청된 토석채취허가가 천재지변이나 그 밖에 이에 준하는 재해를 복구하기 위하여 토석채취가 필요한 경우이거나 도로 등 대통령령으로 정하는 사업을 위하여 터널이나 갱도를 파 들어가는 과정에서 부수적으로 토석을 채취하여 그 사업에 사용하는 경우 또는 공용 · 공공용 사업을 위하여 필요한 경우 등 대통령령으로 정하는 경우에는 토석채취허가기준의 전부 또는 일부를 적용하지 않을 수 있다(제28조 제2항).

B. 현지조사 및 허가기준에의 적합여부 검토

시 · 도지사 또는 시장 · 군수 · 구청장은 토석채취허가 또는 변경허가의 신청을 받거나 변경신고가 있는 때에는 그 대상 산지에 대하여 현지조사를 실시하고, 그 신청내용이 토석채취허가기준에 적합한지 여부를 검토하여야 한다(시행령 제32조 제2항).

C. 지방산지관리위원회의 심의

시 · 도지사 또는 시장 · 군수 · 구청장은 허가신청에 따른 현지조사와 허가기준에의 적합 여부를 검토한 후 토석채취의 타당성에 관하여 지방산지관리위원회의 심의를 거쳐야 한다(시행령 제32조 제2항).[86] 그러나 신청한 내용이 변경신고인 경우이거나 5만m^2

86) 이와 관련하여 대법원은 시장 · 군수 · 구청장이 지방산지관리위원회의 심의를 거쳐야 함에도 이를 거치지 않고 처분을 한 경우에 해당 처분이 위법한지의 여부에 대하여 "토석채취허가기준 중에는 신청인이 제출한 자료나 현지조사 결과에 따라 기계적 · 획일적인 판단이 가능한 기준이 있어 토석채취 허가신청 등이 그러한 기준도 충족하지 못한 경우까지 지방산지관리위원회 심의를 거치도록 하는 것은 비효율적이므로…허가권자인 시장 등이 지방산지관리위원회 심의 전에 허가기준 적합 여부를 먼저 심사하여 지방산지관리위원회 심의를 거치지 않아도 되는 경우를 선별함으로써 토석채취허가 업무를 보다 효율적으로 운영하도록 한 것이다"라고 하면서, "그렇다면…토석채취 허가권자인 시장 등이 현지조사를 거쳐 신청인이 제출한 자료를 심사하여 신청

미만으로 토사를 굴취·채취하는 경우 또는 산지전용·산지일시사용하는 과정에서 부수적으로 생산되는 10만m^3 미만의 토석을 굴취·채취하기 위하여 토석채취허가를 받으려는 경우[87] 등에 해당하는 때에는 지방산지관리위원회의 심의를 거치지 않는다.

다. 토석채취의 허가

A. 허가증의 발급 및 허가조건

시·도지사 또는 시장·군수·구청장은 허가기준에 적합한지 여부를 심사한 결과 토석채취허가 또는 변경허가를 하거나 변경신고를 수리하는 것이 타당하다고 인정되는 경우에는 해당 구역 및 완충구역의 경계를 표시하게 하고, 현행법 제38조 제1항에 따른 복구비를 미리 예치하게 한 후 토석채취허가증을 신청인에게 발급하거나 변경신고를 수리하여야 한다(시행령 제32조 제3항).

시·도지사 또는 시장·군수·구청장은 토석채취허가를 하는 경우 재해방지, 산지경관보전 등을 위하여 재해방지시설의 설치 등 필요한 조건을 붙일 수 있다(제28조 제4항). 시·도지사 또는 시장·군수·구청장이 붙일 수 있는 이러한 조건으로는 토석채취지에 대한 녹화피복 등 토사유출 방지조치, 시설물 설치·조림·사방 등 재해의 방지에 필요한 조치, 그 밖에 산지경관 유지에 필요한 조치 등이 있다. 만일 토석채취허가를 받은 자가 이러한 허가조건을 위반한 경우에는 시·도지사 또는 시장·군수·구청장은 해당 허가를 취소하거나 토석채취의 중지, 그 밖에 필요한 조치를 명할 수 있다(제31조 제1항 제8호).

이 산지관리법 제28조에 따른 토석채취허가기준에 적합한지를 1차적으로 검토한 결과 허가기준에 적합하지 아니함이 객관적으로 명백한 경우에는 지방산지관리위원회 심의를 거치지 않은 채 불허가할 수 있으나, 그렇지 않은 경우에는 지방산지관리위원회의 심의를 거쳐야 한다고 해석하는 것이 타당하며, (따라서) 심의를 거치지 아니하고 처분을 한 때에는 법령에 규정된 절차의 흠결로 처분은 위법하다"라고 판결하였다(대판 2015. 11. 26. 2013두765).

87) 이러한 사항 이외에도 ① 토석채취허가(석재에 한정한다) 기간이 만료된 후 그 기간이 만료되기 전에 이미 굴취·채취한 석재를 반출하기 위하여 토석채취허가를 받으려는 경우, ② 토석채취지역의 비탈면을 복구하기 위하여 불가피하게 토석을 추가로 굴취·채취하기 위하여 토석채취허가를 받으려는 경우(다만, 국가 또는 지방자치단체 외의 자가 토석을 굴취·채취하는 경우에는 추가로 굴취·채취한 토석을 토석채취지역의 비탈면 복구대상지 외의 지역으로 반출하지 않는 경우로 한정한다), ③ 토석채취 면적의 변경 없이 토석채취량의 증가를 위하여 변경하려는 경우, ④ 토석채취량의 변경 없이 산물처리장, 진입로 및 그 밖에 농림축산식품부령으로 정하는 부대시설을 설치하거나 변경하려는 경우에 해당하는 때에는 지방산지관리위원회의 심의를 거치지 않는다(시행령 제32조 제2항).

B. 허가기간

토석채취허가증을 발급받으면 허가구역 내에서 토석을 채취할 수 있다. 토석채취허가에 따른 채취기간은 토석채취량 및 토석채취면적 등을 고려하여 10년의 범위에서 토석의 용도 및 채취량을 고려하여 농림축산식품부령으로 정하는 기준에 따라 시·도지사 또는 시장·군수·구청장이 허가하는 기간으로 한다(제25조 제3항 및 시행규칙 제25조 별표4). 그러나 이 경우에도 토석채취허가를 받으려는 자가 해당 산지의 소유자가 아닌 경우의 채취기간은 그 산지를 사용·수익할 수 있는 기간을 초과할 수 없다.

만일 토석채취허가를 받은 자가 채취기간 이내에 허가받은 토석을 모두 채취하지 못하여 그 기간연장이 필요한 경우에는 농림축산식품부령으로 정하는 바에 따라 시·도지사 또는 시장·군수·구청장으로부터 토석채취기간의 연장허가를 받아야 한다(제25조 제4항). 이는 다른 법률에 따라 토석채취허가가 의제되는 행정처분을 받은 자의 경우에도 동일하다.

C. 현장관리업무담당자의 지정 및 교육

토석채취허가를 받은 자는 토석채취사업장의 안전확보 및 산림피해방지 등의 업무를 담당하는 현장관리업무담당자를 지정하고 산림청장 등에게 신고하여야 한다(제46조의3 제1항). 이는 현장관리업무담당자를 변경하는 경우에도 같다.

현장관리업무담당자는 2이상의 토석채취사업장의 업무를 겸할 수 없다(제46조의3 제2항·제3항). 그러나 동일한 사업자가 연접하여 토석채취허가를 받은 경우에는 그렇지 않다. 현행법에 따라 지정된 현장관리업무담당자는 대통령령으로 정하는 기관에서 토석채취사업장의 안전확보 및 산림피해방지 등의 업무수행에 필요한 교육을 받아야 한다. 다만, 산림청장은 「광업법」에 따른 채굴계획의 인가를 받은 자가 현행법 제27조 제2항에 따라 매매계약을 체결하거나 토석채취허가를 받은 경우로서 「광산안전법」 제7조에 따라 교육을 이수한 경우에는 그 교육의 전부 또는 일부를 면제할 수 있다.

라. 허가의 취소

시·도지사 또는 시장·군수·구청장[88]은 토석채취허가를 받은 자가 일정한 사

88) 현행법은 제31조에서 '산림청장 등은'으로 규정하고 있으나, 이는 토석채취허가, 토사채취신고 및 채석단지에서 채석신고를 하는 경우를 함께 표현한 것일 뿐이다. 따라서 그 처분권자는 각각 제25조 제1항에 따른 토석채취허가(시·도지사 또는 시장·군수·구청장), 제25조 제2항에 따른 토사채취신고(시장·군수·구청장) 및 제30조 제1항에 따른 채석단지에서의 채석신고(산

유에 해당하는 경우에는 그 허가를 취소하거나 토석채취의 중지, 그 밖에 필요한 조치를 명할 수 있다(제31조 제1항). 현행법에 따른 이러한 허가취소 사유에는 거짓이나 그 밖의 부정한 방법으로 허가를 받은 경우, 정당한 사유 없이 허가를 받은 날부터 6개월 이내에 토석채취를 시작하지 않거나 1년 이상 중단한 경우, 현행법에 따른 장비 등의 기준을 충족하지 못하게 된 경우, 허가를 받은 자가 허가를 받은 토석 외의 토석을 채취하거나 반입한 경우, 현행법 제37조 제7항에 해당하는 재해방지 또는 복구에 필요한 조치명령을 이행하지 않은 경우, 복구비를 예치하지 않은 경우, 허가를 받은 자가 허가취소를 요청하는 경우, 그 밖의 허가조건을 위반한 경우 등이 있다.[89] 시·도지사 또는 시장·군수·구청장은 이러한 허가취소 사유가 있더라도 그 허가를 강행적으로 취소할 필요는 없으나, 그 취소사유가 '거짓이나 그 밖의 부정한 방법으로 허가를 받은 경우'에 해당하는 경우에는 반드시 그 허가를 취소하거나 토석채취의 중지를 명하여야 한다(제31조 제1항 단서). 시·도지사 또는 시장·군수·구청장은 현행법에 따라 토석채취허가를 취소하거나 토석채취의 중지를 명하는 처분을 하려면 청문을 하여야 한다(제49조 제3호).

2. 신고에 의한 토석채취

가. 토사채취신고

국유림이 아닌 산림의 산지에서 객토용[90]이나 그 밖에 대통령령으로 정하는 용도로 사용하기 위하여 대통령령으로 정하는 규모의 토사를 채취하려는 자는 시장·군수·구청장에게 토사채취신고를 하여야 한다(제25조 제2항). 신고한 사항 중 농림축산식품부령으로 정하는 사항을 변경하려는 경우에도 같다. 여기에서 '그 밖에 대통령령으로 정하는 용도'란 산지를 사용·수익할 권한이 있는 자 또는 산지의 소유자가 자가소비용으로 토사를 굴취·채취하는 것을 말하며, '대통령령으로 정하는 규모'란 $30m^3$ 이상 1천m^3 이하의 규모를 말한다(시행령 제32조 제4항·제5항). 현행법이 이처럼 특정한 용

림청장 또는 시장·군수·구청장)의 경우로 구분하여 이해해야 할 것이다.

89) 여기에서 '허가를 받은 자가 허가를 받은 토석 외의 토석을 채취한 경우'에는 그 허가를 받은 자에 사용인과 고용인이 포함되며, 또한 '복구비를 예치하지 않은 경우'에는 현행법 제37조 제9항에 따른 줄어든 복구비 예치금을 다시 예치하지 않은 경우를 포함한다. 한편 이러한 토석채취허가의 취소사유와 관련하여 이전에는 허가를 받은 자가 허가를 받은 토석 외의 토석을 채취한 경우에만 허가취소 사유에 해당하였으나, 2021년 6월 15일 법률개정에 따라 허가를 받은 토석 외의 토석을 채취한 경우뿐만 아니라 '반입한 경우'에도 현행법에 따른 허가취소 사유에 해당하게 되었으므로 주의하여야 한다.

90) 객토용 토사란 토질을 개량하기 위하여 다른 곳에서 흙을 파다가 논밭에 옮기는 객토에 사용하기 위한 토사를 말한다.

도에 사용하기 위하여 비교적 소규모의 토사를 채취하는 경우에 토석채취허가와는 달리 신고에 의하도록 하고 있는 것은 토사채취에 따른 절차를 간소화하여 국민의 편의를 도모하려는 취지로 이해된다.

시장 · 군수 · 구청장은 토사채취신고 및 변경신고를 받은 날부터 15일 이내에 그 신고수리 여부[91]를 신고인에게 통지하여야 하며, 만일 시장 · 군수 · 구청장이 그 정한 기간 내에 신고수리 여부 또는 민원처리 관련 법령에 따른 처리기간의 연장을 신고인에게 통지하지 않으면, 그 기간이 끝난 날의 다음 날에 신고를 수리한 것으로 본다(제25조 제5항·제6항). 이 경우 처리기간이 민원처리 관련 법령에 따라 연장 또는 재연장된 경우에는 해당 처리기간을 기준으로 한다.

토사채취신고를 마친 경우에는 신고내용에 따라 토사를 채취할 수 있으며, 이 경우 그 채취기간은 토사채취량 및 토사채취면적 등을 고려하여 10년의 범위에서 농림축산식품부령으로 정하는 기준에 따라 시장 · 군수 · 구청장에게 신고하는 기간으로 한다(제25조 제3항 및 시행규칙 제25조 별표4). 그러나 이 경우에도 객토용 토사의 경우에는 그 채취기간을 1년 이내로 하며, 토사채취신고를 하려는 자가 해당 산지의 소유자가 아닌 경우의 채취기간은 그 산지를 사용 · 수익할 수 있는 기간을 초과할 수 없다.

만일 토사채취신고를 한 자가 채취기간 이내에 신고한 토사를 모두 채취하지 못하여 그 기간연장이 필요한 경우에는 농림축산식품부령으로 정하는 바에 따라 시장 · 군수 · 구청장에게 토사채취기간의 변경신고를 하여야 한다(제25조 제4항). 이는 다른 법률에 따라 토사채취신고가 의제되는 행정처분을 받은 자의 경우에도 같다. 이 경우 토사채취기간의 변경신고에 대한 처리기간 등은 현행법에 따른 토사채취신고 및 변경신고의 처리절차와 동일하다.

나. 채석단지에서의 채석신고

A. 채석단지의 지정취지 및 절차

토석의 채취는 필연적으로 산지의 형질변경과 경관훼손 등의 문제를 야기하게 된다. 그러나 국민경제를 위하여 토석의 채취가 불가피하다면 이를 규제하기 보다는 오히려 경제성이 높은 지역에서 집단적으로 토석을 채취하도록 하는 것이 보다

91) 시장 · 군수 · 구청장은 토사채취신고 및 변경신고에 따른 신고서를 제출받은 때에는 신고를 수리하여야 한다. 그러나 ① 신고서의 기재사항에 흠이 있는 경우, ② 신고에 필요한 첨부서류를 제출하지 않은 경우, ③ 첨부서류에 흠이 있거나 거짓 또는 그 밖의 부정한 방법으로 신고한 사실이 발견된 경우, ④ 현행법 제38조 제1항에 따라 복구비를 예치하여야 하는 자가 그 복구비를 예치하지 않은 경우, ⑤ 최근 1년 내에 동일지역에서 토사를 굴취 · 채취한 경우에는 그렇지 않다(시행규칙 제24조의2 제4항).

효율적인 방법의 하나가 될 수도 있을 것이다. 이것은 집단화된 단지에 토석채취를 집중한다면 넓은 지역에서의 산발적인 토석채취가 줄어들 것이며, 또한 낮은 경제성으로 인한 토석채취의 중단이 최소화됨으로써 산지의 보전 및 인근 주민의 피해방지에도 기여할 것이기 때문이다.

이를 위하여 현행법은 산림청장이나 시·도지사가 일정한 지역에 양질의 석재가 상당량 매장되어 있어 이를 집단적으로 채취하는 것이 국토와 자연환경의 보존을 위하여 유익하다고 인정하는 경우에는 대통령령으로 정하는 바에 따라 채석단지를 지정할 수 있도록 하고 있다(제29조 제1항·제2항 및 제5항). 이러한 채석단지는 석재만을 대상으로 하는데, 이는 석재를 제외한 토사는 굳이 경제성을 평가하여 집단화할 필요가 없으며, 또한 토사의 경우에는 이미 일정한 요건으로 신고에 의한 채취를 허용하고 있기 때문이다.

채석단지는 면적에 따라 그 면적[92]이 30만m^2 이상인 경우에는 산림청장이, 20만m^2~30만m^2 미만인 경우에는 시·도지사가 직권이나 신청에 의하여 지정하거나 변경지정한다(제29조 제2항 및 시행령 제39조 제1항). 이 경우 채석단지의 지정이나 대통령령으로 정하는 면적 이상에 대한 변경지정을 신청하려는 자는 현행법 제26조에 따라 채석경제성에 관한 평가를 받아 그 결과를 산림청장 또는 시·도지사에게 제출하여야 한다.

산림청장 또는 시·도지사는 채석단지를 지정하거나 변경지정하려는 경우에는 채석단지의 세부지정기준[93]에 적합한지 여부와 현행법에 따른 채석경제성에 관한 평가결과를 검토하여 미리 관계 행정기관의 장과 협의하고, 중앙산지관리위원회 또는 지방산지관리위원회의 심의를 거쳐야 한다(제29조 제1항 및 시행령 제39조 제3항). 산림청장 또는 시·도지사는 이러한 절차를 거쳐 채석단지를 지정한 때에는 현행법에 따라 이를 고시하여야 한다.

---

92) 이러한 면적에는 굴취·채취가 완료된 면적과 산물처리장 등 부대시설 면적은 포함되지 않는다(시행령 제39조 제1항).

93) 현행법 제29조 제3항에 따르면 채석단지의 세부지정기준은 대통령령으로 정하도록 하고 있는데, 이에 따르면 그 세부지정기준이란 ① 1개 단지의 면적이 20만m^2 이상으로서 석재가 집단적으로 분포할 것(이 경우 이미 토석채취허가를 받아 석재를 굴취·채취하고 있는 지역 또는 지정된 채석단지를 포함하여 새로운 채석단지를 지정하려는 경우에는 해당 토석채취허가면적 또는 채석단지면적을 포함하여 단지의 면적을 계산하되, 굴취·채취가 완료된 면적과 산물처리장 등 부대시설 면적은 제외한다), ② 경제적으로 석재를 집단적으로 채취할 가치가 높고, 도로 등 기반시설의 조성에 장애가 없을 것, ③ 수질·먼지·진동·소음 등에 의하여 지역주민의 생활환경을 크게 해치지 않을 것, ④ 다른 법령에 의한 개발계획이 수립되어 있거나 제한사항이 없을 것, ⑤ 신청된 지역에 관계 법령에 따라 설정된 권리가 없을 것(다만, 권리를 설정한 자의 동의를 받은 경우에는 그렇지 않다) 등을 말한다(시행령 제39조 제6항).

B. 채석신고

채석단지에서 석재를 채취하려는 자는 현행법에 따라 토석채취허가를 받는 대신 국유림의 산지에 대하여는 산림청장에게, 국유림이 아닌 산림의 산지에 대하여는 시장 · 군수 · 구청장에게 채석신고를 하고 이를 채취할 수 있다(제30조 제1항 · 제5항). 신고한 사항 중 농림축산식품부령으로 정하는 사항을 변경하려는 경우에도 같다. 이 경우 채석신고를 하려는 자는 현행법 제28조 제3항 제4호에 따라 부수적으로 자연석을 채취하는 경우를 제외하고는 대통령령으로 정하는 기준에 맞게 석재의 채취에 필요한 장비 등을 갖추어야 한다. 현행법이 이처럼 채석단지에서 석재를 채취하는 경우에 신고에 의하도록 하고 있는 것은 그 채취절차를 간소화함으로써 채석단지를 활성화하기 위한 것으로 이해된다.

산림청장 또는 시장 · 군수 · 구청장은 채석신고 및 변경신고를 받은 때에는 그 받은 날부터 15일 이내에 신고수리 여부를 신고인에게 통지하여야 한다(제30조 제6항 · 제7항). 만일 산림청장 또는 시장 · 군수 · 구청장이 그 정한 기간 내에 신고수리 여부 또는 민원처리 관련 법령에 따른 처리기간의 연장을 신고인에게 통지하지 않으면, 그 기간이 끝난 날의 다음 날에 신고를 수리한 것으로 본다. 이 경우 처리기간이 민원처리 관련 법령에 따라 연장 또는 재연장된 경우에는 해당 처리기간을 기준으로 한다.

채석단지에서의 채석기간은 10년의 범위에서 채석신고를 하려는 자가 신고한 기간으로 한다(제30조 제2항 · 제3항 및 제6항). 그러나 채석신고를 하려는 자가 그 산지의 소유자가 아닌 경우의 채석기간은 그 산지를 사용 · 수익할 수 있는 기간을 초과할 수 없다. 만일 채석신고를 한 자가 채석기간 이내에 신고한 석재의 수량을 모두 채취하지 못하여 채석기간의 연장이 필요할 때에는 농림축산식품부령으로 정하는 바에 따라 산림청장 또는 시장 · 군수 · 구청장에게 채석기간의 연장신고를 하여야 한다. 이 경우 연장신고를 받은 산림청장 또는 시장 · 군수 · 구청장은 그 신고를 받은 날부터 10일 이내에 그 신고수리 여부를 신고인에게 통지하여야 한다.[94] 한편 채석단지가 현행법 제29조 제4항 제1호 및 제3호와 같은 상행석인 시성해세 사유에 해낭하여 신부 또는 일부지역이 지정해제된 경우 그 지역에서의 채석기간은 그 지정해제 처분

94) 만일 산림청장 또는 시장 · 군수 · 구청장이 그 정한 기간 내에 신고수리 여부 또는 민원처리 관련 법령에 따른 처리기간의 연장을 신고인에게 통지하지 않으면, 그 기간이 끝난 날의 다음 날에 신고를 수리한 것으로 본다. 이 경우 처리기간이 민원처리 관련 법령에 따라 연장 또는 재연장된 경우에는 해당 처리기간을 기준으로 한다(현행법 제30조 제7항).

이 있는 날까지로 한다(제30조 제4항).

채석단지에서 채석신고를 한 자는 채석단지사업장의 안전확보 및 산림피해 방지 등을 위하여 현장관리업무담당자를 지정하고 산림청장 등에게 신고하여야 한다(제46조의3 제1항~제3항). 이 경우 현장관리업무담당자의 업무배치 및 교육 등에 관해서는 앞에서 이미 설명한 것과 같다.

C. 채석단지의 지정해제

산림청장 또는 시·도지사는 일정한 사유가 있는 경우에는 지정한 채석단지의 전부 또는 일부에 대하여 그 지정을 해제할 수 있으며, 만일 그 지정을 해제하는 경우에는 이를 고시하여야 한다(제29조 제4항·제5항). 현행법에 따르면 이러한 해제사유에는 거짓이나 그 밖의 부정한 방법으로 지정을 받은 경우, 채석이 완료되었거나 석재의 품질·매장량으로 보아 채석단지로 계속 둘 필요가 없다고 인정되는 경우 또는 주변 산림과 주민생활을 보호하기 위하여 해제가 불가피하다고 인정되는 경우 등이 있다. 산림청장 또는 시·도지사는 현행법에 따른 이러한 지정해제 사유 중 '거짓이나 그 밖의 부정한 방법으로 지정을 받은 경우' 또는 '주변산림과 주민생활을 보호하기 위하여 해제가 불가피하다고 인정되는 경우'에 해당하는 사유가 있는 때에는 반드시 그 채석단지를 해제하여야 한다(제29조 제4항 단서). 이 경우 산림청장 또는 시·도지사는 채석단지의 지정을 해제하는 처분을 하려는 때에는 현행법에 따라 청문을 하여야 한다(제49조 제2호).

다. 토사채취 또는 채석의 중지 등의 조치

신고에 의하여 토사채취를 하거나 채석단지에서 채석을 하는 경우에도 토석채취허가를 취소하는 것과 같이 산림청장 등은 일정한 사유가 있는 경우에는 토사채취나 채석의 중지, 그 밖에 필요한 조치를 명할 수 있다(제31조 제1항). 이 경우 토사채취에 대해서는 시장·군수·구청장이 토사채취의 중지 등에 관한 처분을 하고, 채석단지에서의 채석에 대해서는 산림청장 또는 시장·군수·구청장이 채석의 중지 등 필요한 조치를 하게 된다.

산림청장 또는 시장·군수·구청장이 현행법에 따라 토사채취나 채석의 중지 등과 같은 조치를 명할 수 있는 이러한 사유에는 거짓이나 그 밖의 부정한 방법으로 신고를 한 경우, 정당한 사유 없이 신고를 한 날부터 6개월 이내에 토사채취 또는 석재채취를 시작하지 않거나 1년 이상 중단한 경우, 채석단지에서 채석을 하는 경우로서 현행법에 따른 장비 등의 기준을 충족하지 못하게 된 경우, 신고를 한 자가 신고를 한 토사나 석재 외의 토석을 채취한 경우, 현행법 제37조 제7항에 해당하는 재해방지 또는 복구에 필요한 조치명령을 이행하지 않은 경우, 복구비를 예치하지 않은 경우, 신고를 한 자가 신고를 철회하는 경우 등이 있다(제31조 제1항 제1호~제7호).[95] 산림청장 또는 시장·군수·구청장은 이러한 사유가 있더라도 그에 해당되는 조치를 반드시 할 필요는 없으나, 그 사유가 '거짓이나 그 밖의 부정한 방법으로 신고를 한 경우'에 해당하는 경우에는 강행적으로 토사채취 또는 채석의 중지를 명하여야 한다(제31조 제1항 단서). 산림청장 또는 시장·군수·구청장은 현행법에 따라 토사채취나 채석의 중지를 명하는 처분을 하려면 청문을 하여야 한다(제49조 제3호).

3. 허가·신고 없이 할 수 있는 토석채취

현행법에 따르면 다음에 해당하는 토석은 토석채취허가를 받지 않거나 토사채취신고를 하지 않고 채취할 수 있다(제25조 의2).

- 현행법에 따라 산지전용허가·산지일시사용허가를 받거나 산지전용신고·산지일시사용신고를 한 자가 산지전용 또는 산지일시사용을 하는 과정에서 부수적으로 나온 토석[96] 또는 도로·철도·궤도·운하나 수로를 설치하기 위하여 터널 또는 갱도를 파 들어가는 과정에서 부수적으로 나온 토석
- 토석채취허가를 받거나 경미한 사항에 대하여 변경신고를 한 자, 토사채취신고를 한 자 또는 채석단지에서 채석신고를 한 자가 허가를 받거나 신고한 토석을 채취하는 과정에서 부수적으로 나온 토석
- 현행법에 따라 객토용이나 그 밖에 일정한 용도로 사용하기 위하여 같은 항에 따른 규모 미만으로 채취한 토사

현행법이 이러한 경우에 토석채취허가를 받지 않거나 토사채취신고를 하지 않고 채취할 수 있도록 하고 있는 것은 이에 해당하는 토석이 주로 다른 행위를 하는 과정에서 '부수적으로' 나온 토석이거나 '채취규모가 너무 적은' 토사로서 이러한 경우에까지 토석채취에 따른 허가나 신고절차를 엄격히 적용할 필요는 없기 때문이다. 그러므로 다른 행위를 하는 과정에서 부수적으로 나온 것이라고 보기 어렵거나 채취가 제한되는 가연서 등을 실질적으로 굴취·채취하는 경우 또는 광물

95) 여기에서 '신고를 한 자가 신고를 한 토사나 석재 외의 토석을 채취한 경우'에는 그 신고를 한 자에 사용인과 고용인이 포함되며, 또한 '복구비를 예치하지 않은 경우'에는 현행법 제37조 제9항에 따른 줄어든 복구비 예치금을 다시 예치하지 않은 경우를 포함한다.

96) 그러나 이 경우에도 부수적으로 채취한 토석이 석재인 경우에는 그 석재를 토목용으로 사용 또는 판매하거나 해당 산지전용지역 또는 산지일시사용지역 외의 지역에서 쇄골재용으로 가공하려는 경우로 한정한다(제25조의2 제1호 단서).

이 함유되어 있는 토석을 광업 외의 용도로 사용 또는 판매하기 위하여 굴취·채취하려는 경우 등과 같이 당초의 제도적 취지에서 벗어나거나 현행법상의 토석채취제도를 실질적으로 일탈하는 행위에 해당하는 경우에는 대통령령에 따라 허가를 받거나 신고를 하도록 규정하고 있다(제25조의2 단서).

현행법에 따르면 이러한 행위에 속하는 것으로는 (1) 현행법에 따라 산지전용허가·산지일시사용허가를 받거나 산지전용신고·산지일시사용신고를 한 자가 산지전용이나 산지일시사용을 하는 과정에서 부수적으로 자연석을 굴취·채취하여 해당 산지전용지역 또는 산지일시사용지역 밖으로 반출하는 경우, (2) 산지전용 또는 산지일시사용하는 과정에서 부수적으로 굴취·채취하여 해당 산지전용지역이나 산지일시사용지역 밖으로 반출하는 토석의 수량이 5만m^3 이상인 경우,[97] (3) 현행법에 따라 토석채취허가를 받거나 변경신고를 한 자 또는 토사채취신고를 한 자가 토석을 채취하는 과정에서 부수적으로 자연석 또는 지하암반의 석재를 굴취·채취하는 경우, (4) 광물이 함유되어 있는 토석을 건축용·공예용·조경용·쇄골재용·토목용 등 광업 외의 용도로 사용 또는 판매하기 위하여 굴취·채취하려는 경우 등이 있다(시행령 제32조의2). 여기에서 '지하암반'이란 토사채취를 하기로 설계된 지하부분 중 토사가 없는 암맥상태의 순수암석층으로 노출되는 것을 말하며, '광물이 함유되어 있는 토석'에는 광물을 채취하는 과정에서 부수적으로 채취한 토석이 포함된다.

4. 자연석의 채취

산지에 있는 자연석의 채취는 엄격하게 제한되며, 따라서 다음과 같은 경우에 해당하지 않으면 원칙적으로 이를 채취할 수 없다(제28조 제3항).

- 국가나 지방자치단체가 공용·공공용 사업을 하기 위하여 필요한 경우

97) 다만, 이 경우에도 ① 국가·지방자치단체 및 「부동산 거래신고 등에 관한 법률 시행령」 제11조 제1항에 따른 기관 또는 단체가 공용·공공용 시설을 설치하기 위하여 산지전용·산지일시사용하는 경우, ② 「사회기반시설에 대한 민간투자법」에 따른 사업시행자가 「도로법」에 따른 도로 및 도로의 부속물, 「철도사업법」에 따른 철도, 「도시철도법」에 따른 도시철도, 「항만법」에 따른 항만시설, 「공항시설법」에 따른 공항시설, 「댐건설 및 주변지역지원 등에 관한 법률」에 따른 다목적댐, 「국방·군사시설 사업에 관한 법률」에 따른 교육·훈련, 병영생활에 필요한 시설 및 같은 호 사목에 따른 군부대에 부속된 시설로서 군인의 주거·복지·체육을 위하여 필요한 시설, 「공공보건의료에 관한 법률」에 따른 공공보건의료기관, 「국토의 계획 및 이용에 관한 법률」에 따른 공공청사 중 중앙행정기관의 소속기관 청사와 같은 사회기반시설을 설치하기 위하여 산지전용이나 산지일시사용을 하는 경우는 제외한다(시행령 제32조의2 제2호 단서). 따라서 이 경우에는 현행법에 따른 허가를 받거나 신고를 하지 않아도 된다.

- 산지전용허가 · 산지일시사용허가를 받거나 산지전용신고 · 산지일시사용신고를 한 자 또는 다른 법률에 따라 해당 허가 또는 신고가 의제되는 행정처분을 받은 자가 산지전용 또는 산지일시사용을 하는 과정에서 부수적으로 나온 자연석을 채취하는 경우
- 토석채취허가를 받은 자가 그 채석과정에서 부수적으로 나온 자연석을 채취하는 경우
- 채석단지에서 채석신고를 한 자가 그 채석과정에서 부수적으로 나온 자연석을 채취하는 경우

현행법에 따라 자연석의 채취가 허용되는 이러한 경우는 국가나 지방자치단체가 공용 · 공공용 사업을 하기 위하여 필요한 경우 또는 다른 행위를 하는 과정에서 부수적으로 나온 자연석을 채취하는 경우로서 자연석을 사용하는 것이 불가피하거나 부수적인 경우임을 감안한 것으로 이해된다.

자연석의 채취를 예외적으로 허용하더라도 이에 따른 절차를 따라야 하는 것은 당연하다. 따라서 현행법은 국가나 지방자치단체가 공용 · 공공용 사업을 하기 위하여 필요한 경우나 현행법에 따라 산지전용 또는 산지일시사용을 하는 과정에서 부수적으로 나온 자연석을 채취하는 경우에도 현행법에 따른 토석채취허가를 받아 채취하도록 하고 있다(제28조 제1항 제5호 단서 및 제3항 단서). 그러나 이 경우에도 공용 · 공공용 사업을 하기 위하여 필요한 경우나 부수적으로 나온 자연석을 채취하는 것이므로 허가기준 중 토석채취에 필요한 장비 등에 관한 기준은 적용되지 않는다. 현행법이 특히 이러한 경우에만 토석채취허가를 받도록 한 것은 이미 토석채취허가를 받은 자가 그 채석과정에서 부수적으로 나온 자연석을 채취하는 경우에는 별도의 허가가 필요하지 않으며, 또한 채석단지에서는 신고에 의하여 채석이 이루어지므로 부수적으로 나온 자연석을 채취하는 경우에도 별도의 허가를 받을 필요는 없기 때문이다.

[4] 토석채취가 의제되는 행정처분의 협의

1. 의의 및 필요성

토석채취가 의제되는 행정처분에 대한 협의는 관계 행정기관의 장이 다른 법률에 따라 토석채취의 허가 또는 신고가 의제되는 행정처분을 하기 위하여 산림청장 등에게 요청하는 것을 말한다. 이러한 협의는 산지의 이용에 관한 협의에서 이미 설명한 것과 같이 다른 법률에 토석채취를 위한 인 · 허가 등의 처분이 의제되는 규정이 있는 경우에 해당 법률에 따라 관계 행정기관의 장이 토석채취의 허가를 하거나 신고를 받는 시 · 도지사 또는 시장 · 군수 · 구청장에게 하게 되며, 그 협의를 마치는 경우에는 다른 법률에서 규정한 대로 토석채취의 허가를 받거나 신고가

수리된 것으로 보게 된다. 예를 들어 국토교통부장관이 「혁신도시 조성 및 발전에 관한 특별법」에 따라 혁신도시개발사업에 관한 실시계획을 승인하거나 변경승인할 때에는 그 실시계획에 대한 인·허가 등을 받은 것으로 보게 되는데, 이에 따라 그 실시계획에 대한 「산지관리법」상의 토석채취허가에 관하여 관계 행정기관의 장과 협의한 경우에는 해당 토석채취허가를 받은 것으로 보게 된다(같은법 제14조 제1항 제21호).

2. 협의 절차

토석채취가 의제되는 행정처분에 대한 이러한 협의제도는 관련되는 인·허가 등의 절차를 일괄하여 처리하기 위한 것이지 협의를 요청한 사항에 대하여 형식적으로 검토하고자 하는 것은 아니므로 협의사항에 대한 검토는 일반적인 허가·신고의 기준에 따라 이루어지는 것이 원칙이다. 따라서 관계 행정기관의 장이 해당 법률에 따라 토석채취허가 또는 토사채취신고가 의제되는 행정처분을 하기 위하여 시·도지사 또는 시장·군수·구청장에게 협의를 요청하는 경우에는 일정한 절차에 따라 그 허가 또는 신고의 검토에 필요한 서류를 제출하여야 한다(제25조 제7항). 이는 토석채취가 의제되는 행정처분을 위하여 토석채취협의를 요청하는 때에는 그에 필요한 서류를 제출하도록 명시함으로써 시·도지사 또는 시장·군수·구청장의 실질적인 협의를 보장하기 위한 것이다.

토석채취에 관한 이러한 협의요청이 있는 경우 이에 대한 심사에 관하여는 토석채취허가에 관한 규정을 준용한다(시행령 제32조 제6항). 따라서 시·도지사 또는 시장·군수·구청장은 협의대상 산지에 대하여 현지조사를 실시하고, 그 요청내용이 토석채취허가기준에 적합한지의 여부를 검토한 후 토석채취의 타당성에 관하여 지방산지관리위원회의 심의를 거쳐야 한다. 그러나 일정한 경우에는 토석채취허가의 경우와 같이 지방산지관리위원회의 심의를 거치지 않을 수 있다.

관계 행정기관의 장은 토석채취에 관한 이러한 협의를 한 후 토석채취허가 또는 토사채취신고가 의제되는 행정처분을 한 경우에는 지체 없이 시·도지사 또는 시장·군수·구청장에게 통보하여야 한다(제25조 제8항). 이는 시·도지사 또는 시장·군수·구청장이 요청한 협의사항을 수용하면서 조건 등을 붙인 경우에 그 조건의 이행여부 등을 확인하기 위한 것이다.

3. 토석채취 관련 규정의 적용

토석채취허가 또는 토사채취신고가 의제되는 행정처분을 받은 경우에 그 토석채취기간은 토석채취허가 또는 토사채취신고에 관한 규정을 적용하며, 따라서 그 기간의 연장허가를 받거나 변경신고를 하는 경우에도 토석채취허가 또는 토사채취신고의 관련 규정에 따른다(제25조 제3항·제4항). 이와 함께 토석채취허가 또는 토사채취신고가 의제되는 행정처분을 받은 경우에는 그 채석과정에서 부수적으로 나온 자연석은 예외적으로 채취할 수 있으며, 복구비의 예치에 관한 규정 또한 당연히 적용된다(제28조 제3항 제3호 및 제38조 제1항).

[5] 광구에서의 토석채취

1. 광물과 토석

광물은 자연적으로 생성된 규칙적인 결정을 가진 물질로서 암석을 구성하는 기본입자를 말한다. 이러한 광물은 법적으로 「광업법」에서 그 종류에 따라 금광, 은광, 석유 및 석탄 등과 같이 열거되어 규정되어 있는데(같은 법 제3조 제1호), 이와 같이 「광업법」에 규정되어 그 적용을 받는 광물을 법정광물이라고 한다. 이러한 법정광물은 광업권과 조광권의 대상이 된다.[98)]

사실 「광업법」의 적용대상인 법정광물은 현행법에 따른 토석과는 그 형질이나 용도가 전혀 다른 것이므로 법률상 서로 혼동될 여지가 거의 없는 것이 일반적이다. 그러나 일부의 법정광물 중에는 기준품위가 낮은 경우 토석과 혼동될 우려가 있는 광물도 포함되어 있는데, 예를 들어 장석과 같은 광물의 경우에는 품위가 낮으면 화강암으로 취급될 수 있으며, 고령토는 가장 흔한 점토광물이지만 도자기의 원료로서 토사(흙)로 볼 수도 있기 때문이다. 이는 석영에 가까운 모래나 암석으로 이루어진 규사·규석의 경우에도 동일하다. 일부의 광물과 토석 사이의 이러한 유사성은 "규사와 모래가 외관상 유사하다고 하더라도 규소를 90% 이상 함유한 규사는 광업법상의 광물이고 그렇지 않은 일반 모래는 골재채취법상의 골재"[99)]라는 판례에서 보듯이 법적으로 분쟁의 여지가 상존하는 부분이기도 하다.

이와 관련하여 특히 논란이 되는 것은 광업권자가 광물이 함유된 암석을 건축

98) '광업권'이란 광구에서 등록을 한 광물과 이와 같은 광상에 묻혀 있는 다른 광물을 탐사하는 권리인 탐사권과 이를 채굴하고 취득하는 권리인 채굴권을 말하며, '조광권'이란 설정행위에 의하여 타인의 광구에서 채굴권의 목적이 되어 있는 광물을 채굴하고 취득하는 권리를 말한다(광업법 제3조 제3호~제4호). 이러한 광업권과 조광권은 물권으로서 「광업법」에서 따로 정한 경우 외에는 부동산에 관하여 민법과 그 밖의 법령에서 정하는 사항을 준용한다(같은 법 제10조 및 제47조).

99) 대판 1998. 12. 23. 98도588.

용·석공예 또는 토목용으로 사용하기 위하여 채굴하는 경우에 채석허가를 받아야 하는지의 여부에 관한 것이다. 이에 대하여 대법원은 "광업권자가 광물이 함유되어 있는 암석을 건축용·석공예 또는 토목용으로 사용하기 위하여 채굴하는 경우에는 채석허가를 별도로 받아야 하는 것"[100]이라고 하여 광물이 함유된 암석을 석재용도로 사용하는 경우에는 「광업법」과는 별도로 현행법에 따라 채석허가를 받도록 하였다. 광물이 함유된 암석에 대한 판례의 이러한 태도는 유사한 다른 사례에서 보듯이 매우 확고한 것인데, 이는 비록 「광업법」이 광업권자가 채굴한 광물의 처분에 관하여 아무런 제한규정을 두고 있지 않더라도 이것이 광물의 채굴을 빙자하여 허가 없이 토석을 채취하여 판매하는 것을 허용한다는 뜻은 아니며, 만일 이를 허용하는 경우에는 「광업법」과 현행법 사이의 혼란을 피할 수 없다는 점에서 판례의 이러한 태도는 매우 타당하다고 할 것이다.

2. 광구에서의 토석채취 등

현행법은 광물과 토석에 대한 대법원의 입장을 입법적으로 확고히 하면서 「광업법」에 따른 광물의 채굴과 현행법에 따른 토석채취의 관계를 보다 분명하게 하기 위하여 광구에서의 토석채취에 관한 규정 등을 별도로 두고 있다. 이에 따르면 첫째, 「광업법」에 의한 광구에서 토석채취허가를 받거나 채석단지에서 채석신고를 하려는 자는 광업권자나 조광권자의 동의를 받아야 한다(제27조 제1항). 여기에서 광구란 "등록을 한 일정한 토지의 구역"(광업법 제3조 제3호의2)으로서 광업권을 이루는 탐사권·채굴권의 광구는 물론 조광권이 설정된 광구도 포함하는 것이다. 따라서 광구에서의 토석채취에 관한 동의는 광업권이 설정된 경우에는 광업권자에게 받고, 조광권이 설정된 경우에는 조광권자에게 받아야 한다. 광업권자나 조광권자의 이러한 동의는 광구에서의 채석에 따른 광물과 토석의 혼합을 방지하기 위한 것이므로 대통령령으로 정하는 전문조사기관의 조사결과 토석을 채취하려는 구역의 광물이 광물로서의 품위기준을 충족하지 못하는 경우 또는 채굴작업과 토석채취 작업이 작업상 서로 지장이 없다고 인정되는 경우에는 동의를 필요로 하지 않는다. 이러한 경우에는 광업권자나 조광권자의 동의를 받을 필요가 없기 때문이다.

---

100) 대판 1999. 7. 23. 99도1981. 대법원은 또한 동일한 취지에서 "광업권자가 채광계획의 인가를 받았다고 하더라도 당해 광물이 함유된 암석을 쇄골재용으로 채취하는 경우에는…채석허가를 별도로 받아야" 한다고 하면서 "석회석 채광계획의 인가를 받았음을 이용하여 석회석의 채굴과 무관하게 노천채굴 방식으로 암석을 캐내어 쇄골재로 가공·판매한 행위는 구 산림법 제90조의2 제1항…에 위반된다"라고 하였다(대판 2001. 11. 13. 2001도3716).

둘째, 「광업법」에 따른 광물을 채굴하기 위하여 채굴계획의 인가를 받은 채굴권자나 조광권자가 그 인가를 받은 광구에서 그 광물이 포함되어 있는 토석을 광업 외의 용도로 사용하거나 판매하기 위하여 채취하려는 경우에는 매매계약을 체결하거나 토석채취허가를 받아야 한다(제27조 제2항). 이에 따르면 국유림의 산지인 경우에는 현행법 제35조 제1항에 따라 산림청장과 토석 매매계약을 체결하여야 하며, 국유림의 산지가 아닌 산지인 경우에는 현행법 제25조 제1항에 따른 토석채취허가에 의하게 된다. 이 경우 산림청장은 현행법에 따른 매매계약을 체결할 때 그 토석에 포함된 광물에 해당하는 부분은 농림축산식품부령으로 정하는 바에 따라 매매대금에서 공제하여야 하는데(제27조 제3항), 이는 일부라도 토석에 포함된 광물에는 「광업법」이 적용되기 때문이다. 그러나 이러한 규정에도 불구하고 광물 중 대리석용 석회석을 건축용 또는 공예용으로 채취하는 경우에는 현행 규정이 적용되지 않는다. 현행법의 이러한 규정은 그동안 오랫동안 논란이 되어온 광물의 채굴과 토석채취의 관계를 판례의 입장에 따라 명문으로 규정한 것으로서 큰 의미를 가지는 것이라고 할 수 있다.

셋째, 「광업법」에 따른 채굴계획의 인가를 받은 자가 국유림의 산지에서 채굴한 광물의 분쇄·제련과정에서 부수적으로 발생한 토석을 사용하거나 판매하려는 경우에는 산림청장으로부터 토석을 매입하거나 무상양여를 받지 않고 그 토석을 사용하거나 판매할 수 있다(제35조 제4항). 이는 채굴한 광물의 정상적인 분쇄 및 제련과정에서 부수적으로 발생한 토석의 경우에는 주물인 광물에 속하는 것으로 보는 것이 타당하기 때문이다.

Ⅶ. 국유림의 산지에서의 토석채취

[1] 토석의 매각·무상양여

1. 토석의 매각

산림청장은 국유림의 산지에 있는 토석을 직권으로 또는 신청을 받아 매각할 수 있다(제35조 제1항~제4항). 국유림의 산지에 있는 토석은 국유임산물의 일종이기 때문이다. 국유림의 산지에 있는 토석의 매입을 신청하려는 자는 채석경제성에 관한 평가를 받아 그 결과를 산림청장에게 제출하여야 하며, 이와 같은 신청을 받아 토석을 매각하는 경우 산림청장은 「국가를 당사자로 하는 계약에 관한 법률」에 따른 수의계약에 의하여 매각할 수 있다. 그러나 예외적으로 「광업법」에 따른 채굴계획의 인가를 받은 자가 국유림의 산지에서 채굴한 광물의 분쇄 · 제련과정에서 부수적으로 발생한 토석을 사용하거나 판매하려는 경우에는 산림청장으로부터 토석을 매입하거나 무상양여를 받지 않고 그 토석을 사용하거나 판매할 수 있다.

국유림의 산지에 있는 토석의 매각기준에 관하여는 토석채취허가기준을 준용하며, 자연석의 채취에 관하여는 국유림이 아닌 산림의 산지에서의 자연석 채취에 관한 규정을 준용한다(제35조 제5항). 국유림의 산지에 있는 토석을 매입한 자는 사업장의 안전확보 및 산림피해방지 등을 위하여 현장관리업무담당자를 지정하고, 이를 산림청장에게 신고하여야 한다(제46조의3 제1항~제3항). 이 경우 현장관리업무담당자의 업무배치 및 교육 등에 관해서는 앞에서 이미 설명한 것과 같다.

2. 토석의 무상양여

산림청장은 일정한 경우에 국유림의 산지에 있는 토석을 무상양여할 수 있다(제35조 제1항). 여기에서 '토석의 무상양여'란 아무런 대가나 보상 없이 국가 소유의 토석을 무상으로 주는 행위이므로 이를 위해서는 그 필요성과 시급성 등이 엄격하게 인정되어야 할 것이다. 이에 따라 현행법은 토석을 무상양여할 수 있는 경우를 명문으로 규정하고 있는데, 이러한 사유에는 (1) 천재지변이나 그 밖의 재해가 있는 경우에 그 재해를 복구하기 위하여 필요한 경우나 (2) 「도로법」, 「철도의 건설 및 철도시설 유지관리에 관한 법률」 또는 「전원개발촉진법」에 따른 도로 또는 철도를 설치 · 개량하거나 전원개발사업을 하는 과정에서 부수적으로 채취한 토석을 그 공사용으로 사용하려는 경우, 광산개발에 따른 광해[광산피해]를 예방하거나 복구하기 위하여 광물의 생산과정에서 채취한 토석을 직접 사용하려는 경우 또는 국가 · 지방자치단체나 정부투자기관 등이 공용 · 공공용 사업을 시행하는 과정에서 채취한 토석을 그 사업용으로 사용하려는 경우로서 관계 행정기관의 장의 요청이 있고 그 요청이 타당하다고 산림청장이 인정하는 경우 등이 있다.

현행법에 규정된 이러한 경우 이외 다른 사유로 무상양여를 받으려는 자는 토석의 매입을 신청하는 경우와 같이 채석경제성에 관한 평가를 받아 그 결과를 산림청장에게 제출하여야 한다(제35조 제3항). 이는 법률로 규정한 사유에 해당하지 않음에도 무분별하게 무상양여를 요청하는 것을 방지하기 위한 것으로 보인다.

국유림의 산지에 있는 토석을 무상양여 받은 자는 토석채취사업장의 안전확보 및 산림피해방지 등을 위하여 현장관리업무담당자를 지정하고, 이를 산림청장에게 신고하여야 한다(제46조의3 제1항~제3항). 이 경우 현장관리업무담당자의 업무배치 및 교육 등에 관해서는 앞에서 이미 설명한 것과 같다.

[2] 계약해제 및 무상양여취소 등의 조치

산림청장은 일정한 사유가 있는 경우에는 토석의 매각계약을 해제하거나 무상양여를 취소할 수 있으며, 이와 함께 토석채취의 중지, 시설물의 철거, 산지로의 복구, 그 밖에 필요한 조치를 명할 수 있다(제36조 제1항). 산림청장이 현행법에 따라 계약해제와 무상양여취소 등의 조치를 할 수 있는 이러한 사유에는 토석을 매입한 자가 갖춘 장비 등이 현행법에 따른 기준을 충족하지 못하게 된 경우, 토석을 매입하거나 무상양여를 받은 자가 그 토석 외의 토석을 채취한 경우, 토석을 매입한 자가 지정된 기간 이내에 그 대금을 내지 않은 경우, 현행법 제37조 제7항에 해당하는 재해방지 또는 복구에 필요한 조치명령을 이행하지 않은 경우, 복구비를 예치하지 않은 경우, 거짓이나 그 밖의 부정한 방법으로 토석을 매입하거나 무상양여를 받은 경우, 정당한 사유 없이 토석을 매입하거나 무상양여를 받은 날부터 6개월 이내에 토석채취를 시작하지 않거나 1년 이상 중단한 경우, 그 밖에 매각조건 또는 무상양여조건을 위반한 경우 등이 있다.[101]

산림청장은 이러한 사유가 있더라도 토석의 매각계약 해제나 무상양여의 취소 등과 같은 조치를 반드시 명할 필요는 없으나, 그 취소사유가 '거짓이나 그 밖의 부정한 방법으로 토석을 매입하거나 무상양여를 받은 경우'에 해당하는 때에는 반드시 그 매각계약을 해제하거나 무상양여를 취소하여야 한다(제36조 제1항 단서). 현행법에 따라 토석의 매각계약이 해제되었을 때에는 계약보증금과 이미 납입한 대금 및 해당 산지의 매각된 토석은 국가에 귀속한다. 그러나 이 경우에도 국가는 토석을 매입한 자가 토석채취를 하지 않은 상태에서 그 매각계약을 해제하였을 때에는 이미 납입한 대금의 전부 또는 일부를 반환하여야 한다(제36조 제2항).

101) 여기에서 '토석을 매입하거나 무상양여를 받은 자가 그 토석 외의 토석을 채취한 경우'에는 사용인과 고용인을 포함하며, 또한 '복구비를 예치하지 않은 경우'에는 현행법 제37조 제9항에 따른 줄어든 복구비 예치금을 다시 예치하지 않은 경우를 포함한다.

Ⅷ. 재해방지 및 복구

[1] 재해방지

1. 재해예방조치

가. 일반예방조치

산림청장 등은 현행법에 의한 허가 등에 따라 산지전용, 산지일시사용, 토석채취 또는 복구를 하고 있는 산지에 대하여 대통령령으로 정하는 바에 따라 토사유출, 산사태 또는 인근지역의 피해 등 재해방지나 산지경관 유지 등에 필요한 조사·점검·검사 등을 할 수 있다(제37조 제1항·제6항). 이 경우 산림청장 등은 현행법에 따른 이러한 조사·점검·검사 등에 관한 업무의 일부를 대통령령으로 정하는 산지전문기관에 위탁할 수 있다.[102] 여기에서 '현행법에 의한 허가 등'이란 (1) 산지전용허가, (2) 산지전용신고, (3) 산지일시사용허가 및 산지일시사용신고, (4) 토석채취허가 또는 토사채취신고, (5) 채석단지에서의 채석신고, (6) 토석의 매각계약 또는 무상양여처분, (7) 산지복구 명령, (8) 다른 법률에 따라 (1)~(5)까지의 허가 또는 신고가 의제되거나 배제되는 행정처분을 받은 경우 등을 말한다. 재해예방조치의 대상이 되는 이러한 허가 등은 사실상 현행법상의 산지이용행위 전부를 망라한 것으로서 산지이용에 따른 재해방지의 중요성을 잘 보여주고 있는 것이다.

현행법에 따른 산림청장 등의 이러한 조사·점검 및 검사 등은 산지의 재해방지 등을 위한 선행조치의 성격을 가지는 것이므로 그 실효성을 보장하기 위해서는 현장에서 이를 실질적으로 수행할 수 있도록 그 권한을 보장해 주는 것이 중요하다고 생각한다. 따라서 현행법에 따른 이러한 조사·점검 및 검사 등이 실효성 있게 실시되도록 우선 시행령 제45조 제1항에서 규정하고 있는 조사·점검 및 검사 등을 위한 보고 및 자료제출 요구, 산지에의 출입 등에 대한 내용을 법률에서 직접 규정하도록 개정하면서, 이와 함께 관계 행정기관의 장에게 허가 등에 관련된 자료의 제출 등을 요청할 수 있는 근거를 신설하는 방안을 적극 검토할 필요가 있어 보인다.

현행법은 산림청장 등의 이러한 일반적인 조사·점검 및 검사 등과는 별개로

102) 현행법에 따른 조사·점검·검사 등에 관한 업무의 일부를 대통령령으로 정하는 산지전문기관에 위탁할 수 있도록 한 이러한 규정은 2021년 6월 15일 법률개정에 따라 신설된 내용이다.

「신에너지 및 재생에너지 개발·이용·보급 촉진법」에 따른 신·재생에너지 설비의 설치에 대해서는 따로 규정을 두고 있다(제37조 제2항). 이에 따르면 신·재생에너지 설비를 설치하기 위하여 산지전용허가 및 산지일시사용허가에 해당하는 허가를 받은 자는 대통령령으로 정하는 조사절차 및 방법에 따라 대통령령으로 정하는 점검기관[103]에 의뢰하여 조사·점검 및 검사 등을 정기적으로 실시한 후 그 결과를 산림청장 등에게 제출하여야 한다. 이 경우 신·재생에너지 설비를 설치하기 위한 산지전용허가 및 산지일시사용허가에는 다른 법률에 따라 산지전용허가 또는 산지일시사용허가가 의제되거나 배제되는 행정처분을 포함한다. 현행법에 따른 이러한 조사·점검 및 검사 등을 위하여 산림청장은 관계 행정기관의 장에게 필요한 자료의 제출이나 협조를 요청할 수 있으며, 산림청장으로부터 이러한 요청을 받은 관계 행정기관의 장은 특별한 사유가 없으면 그 요청에 따라야 한다.

산림청장 등은 현행법에 따라 제출된 이러한 결과를 활용하여 산지태양광발전설비에 대한 현황, 산림훼손 실태, 재해방지 조치 및 산지복구 대책을 내용으로 하는 산지태양광발전설비 관리계획을 매년 1월말까지 수립·시행하고, 특히 산림청장은 이러한 관리계획의 내용 및 시행결과를 취합하여 매년 국회 소관상임위원회에 보고하여야 한다(제37조 제3항·제5항). 산지태양광발전설비에 대한 현행법의 이러한 규정은 산지태양광발전설비가 산지에 미치는 부정적인 영향에 대한 최근의 우려를 입법적으로 적극 수용한 것으로서 매우 바람직한 규정이라고 할 것이다. 다만, 촘촘하게 짜인 현행법의 이러한 규정들이 실질적으로 어떠한 변화를 이끌어 낼 수 있는지는 결국 산림행정의 역량에 달린 문제일 것이다.

나. 복구비의 예치

A. 개념 및 산정기준

복구비란 "토사유출의 방지조치, 산사태 또는 인근 지역의 피해 등 재해의 방지나 산지경관 유지에 필요한 조치 또는 복구에 필요한 비용"(제38조 제1항)으로서 산림청장 등에게 미리 예치하여야 한다. 그러나 산림청장 등은 이러한 규정에도 불구하고 현행법 제37조 제1항 제8호에 따른 행정처분을 받으려는 자로 하여금 농림축산식품부령으로 정하는 바에 따라 그 처분을 받고 실제로 산지전용, 산지일시사용 또는 토석채취를 하려는 경우에 산림청장 등에게 복구비를 예치하게 할 수 있다

103) 여기에서 '대통령령으로 정하는 점검기관'이란 산지보전협회와 한국치산기술협회를 말한다(시행령 제45조 제2항).

(제38조 제2항 및 시행규칙 제37조 제2항). 이 경우 산림청장 등은 이러한 내용을 행정처분의 조건으로 할 수 있으며, 해당 처분을 받은 자는 복구비를 예치하지 않고는 산지전용 등을 할 수 없다.

복구비는 산지전용 등을 하려는 산지의 면적에 단위면적당 복구비산정기준에 의한 금액을 곱한 금액으로 하며, 이 경우 단위면적당 복구비산정기준은 옹벽·골막이 및 사방댐 등과 같은 토사유출방지시설의 설치비용, 차폐림이나 수목 또는 덩굴류 등을 식재하여 녹화하기 위한 비용, 산지전용 등을 위하여 설치한 시설물의 철거비용, 되메우기용 토석의 운반 및 성토비용 등을 고려하여 결정한다(시행규칙 제37조 제1항 및 제39조).

B. 복구비의 예치

현행법에 따라 제37조 제1항에 해당하는 허가 등의 처분을 받거나 신고 등을 하려는 자는 산림청장 등에게 미리 복구비를 예치하여야 한다(제38조 제1항 및 시행령 제46조 제1항). 그러나 이에 해당하는 경우라도 다음과 같이 산지전용 면적이 작거나 공용·공공용 시설을 설치하는 경우 등과 같은 경우에는 복구비를 예치하지 않아도 된다.

- 산지전용·산지일시사용을 하려는 면적이 660m^2 미만인 경우
- 국가, 지방자치단체, 공기업·준정부기관 및 지방공사 또는 지방공단이 시행하는 시설이나 산업단지 설치사업[104]인 경우
- 임도, 작업로, 임산물 운반로, 산책로·탐방로·등산로 등 숲길, 방화선이나 산림보호시설을 설치하기 위하여 산지일시사용신고를 하는 경우
- 산지의 형질변경, 입목의 벌채 또는 굴취를 수반하지 않는 가축의 방목, 「매장문화재 보호 및 조사에 관한 법률」에 따른 매장문화재의 지표조사, 「임업 및 산촌 진흥촉진에 관한 법률 시행령」에 따른 임산물소득원 지원대상 품목의 재배 및 물건의 적치 등을 위한 용도로 산지를 일시사용하려는 경우
- 입목의 벌채를 수반하는 경우로서 「임업 및 산촌 진흥촉진에 관한 법률 시행령」에 따른 임산물소득원의 지원대상 품목 중 수실류 또는 약용류의 재배[105]
- 산지전용·산지일시사용하는 과정에서 부수적으로 생산되는 토석을 굴취·채취하기 위하여 토석채취허가를 받으려는 경우

---

104) 현행법에 따른 이러한 시설 또는 산업단지(「체육시설의 설치·이용에 관한 법률」에 따른 골프장은 제외한다)에는 ① 현행법 제10조 제2호 또는 제3호에 따른 사방시설, 하천, 제방, 저수지 및 그 밖에 이에 준하는 국토보전시설과 도로, 철도, 석유 및 가스의 공급시설 및 그 밖에 대통령령으로 정하는 공용·공공용 시설, ② 현행법 제12조 제1항 제8호와 제2항 제5호에 따른 석유비축 및 저장시설·방송통신설비와 그 밖에 대통령령으로 정하는 공용·공공용 시설, ③ 「국토의 계획 및 이용에 관한 법률」에 따른 공공시설, ④ 현행법 시행령 제10조 제4항 제3호에 따른 송전시설(진입로를 포함한다), ⑤ 현행법 시행령 별표5 제1호 가목부터 하목까지의 규정에 따른 시설(①~③에 해당하는 시설은 제외한다) 등이 있다(시행령 제46조 제1항 제2호).

105) 그러나 이 경우에도 밤·감·잣 등 교목류(큰키나무류)의 재배에 한정한다.

그러나 이 경우에도 '복구비 예치의무를 면제받을 목적으로 해당 산지를 분필하여 그 면적이 660m² 미만으로 된 경우'에는 면제의 대상에서 제외되며, '국가, 지방자치단체, 공기업·준정부기관 및 지방공사 또는 지방공단이 시행하는 시설이나 산업단지 설치사업'에는 민간사업자가 시행하여 국가 또는 지방자치단체에 기부채납 또는 무상귀속하게 되는 경우를 포함한다.

복구비는 「정부보관금 취급규칙」 제4조에 따라 현금으로 예치하거나 일정한 지급보증서 등으로 예치하여야 한다(시행규칙 제40조 제3항). 이 경우 산림청장 등은 산지전용, 산지일시사용 또는 토석채취의 기간 및 면적 등을 고려하여 대통령령으로 정하는 바에 따라 복구비를 분할하여 예치하게 할 수 있으며, 복구비를 예치하여야 하는 자의 산지전용, 산지일시사용 또는 토석채취의 기간이 1년 이상인 경우에는 그 복구비를 재산정하여 이미 예치한 복구비가 재산정한 복구비보다 적은 경우에는 그 차액을 추가로 예치하게 하여야 한다(제38조 제3항·제4항).

2. 재해방지 조치명령

산림청장 등은 현행법에 의한 허가 등에 따라 산지전용, 산지일시사용, 토석채취 또는 복구를 하고 있는 산지에 대하여 조사·점검 및 검사 등을 마친 후 그 결과에 따라 필요하다고 인정하면 대통령령으로 정하는 바에 따라 재해방지를 위하여 필요한 조치를 하도록 명령할 수 있다(제37조 제7항). 산림청장 등이 현행법에 따라 명령할 수 있는 이러한 재해방지 조치에는 (1) 산지전용, 산지일시사용, 토석채취 또는 복구의 일시중단, (2) 산지전용지, 산지일시사용지, 토석채취지 및 복구지에 대한 녹화피복[106] 등 토사유출 방지조치, (3) 시설물 설치, 조림 및 사방 등 재해의 방지에 필요한 조치, (4) 그 밖에 산지경관 유지에 필요한 조치 등이 있다.

산림청장 등은 재해방지를 위한 이러한 조치를 그 필요에 따라 명령할 수 있으므로 재해방지에 가장 효과적인 방법에 따라 단계적으로나 일괄하여 조치하도록 명령할 수 있다. 그러나 일반적으로는 재해가 우려되는 산지전용 등을 우선 일시중단하도록 한 후에 필요한 후속조치를 하게 된다. 산림청장 등은 이러한 재해방지 조치명령을 그 대상이 된 허가 등의 처분을 받거나 신고 등을 한 자에게 하며, 이러한 조치명령을 받은 자는 그에 따라 해당 조치명령을 이행하여야 한다. 만일 산림청장 등의 이러한 조치명령을 받고도 이에 위반하는 경우 보전산지에서는 2년

---

106) 녹화피복이란 형질변경된 산지의 침식을 억제하고 경관을 개선하기 위하여 비탈면 등을 중심으로 식물로 덮는 것을 말한다.

이하의 징역이나 2천만원 이하의 벌금에 처해질 수 있으며, 보전산지 외의 산지에서는 1년 이하의 징역이나 1천만원 이하의 벌금에 처해질 수 있다(제55조 제7호).

「광업법」에 따른 광물의 채굴을 위하여 허가를 받은 경우 등과 같이 산지의 재해방지를 위하여 필요한 조치명령을 이행할 자가 다른 법률에 따른 주된 행위자인 경우에는 그 주된 행위를 규정하고 있는 법률에서 정한 대로 재해방지를 위한 조치명령을 하도록 하는 것이 보다 효과적일 것이다. 이에 따라 현행법에서는 제37조 제1항 제1호 또는 제8호에 따라 산지이용을 위한 허가 또는 처분을 받은 자가 「광업법」에 따라 광물의 채굴을 하는 자인 경우에는 「광산안전법」에 따르도록 하고, 「국토의 계획 및 이용에 관한 법률」에 따라 도시지역 및 계획관리지역에서의 인가·허가 및 승인 등의 행정처분을 받은 자는 「국토의 계획 및 이용에 관한 법률」에 따르도록 하고 있다(제37조 제7항 단서). 이는 특히 광업분야의 경우에는 과거 여러 차례에 걸쳐 대규모의 인명 및 재산피해를 낸 안전사고 경험을 겪은 후 광산근로자에 대한 위해와 광해를 방지하기 위하여 「광산안전법」을 별도로 두고, 이에 기반한 매우 강화된 안전관리체계를 마련하고 있음을 고려한 것으로서 바람직한 입법 태도로 이해된다.

3. 조치명령의 강제이행

산림청장 등은 현행법에 따라 토사유출의 방지, 산사태 또는 인근 지역의 피해 등 재해의 방지나 산지경관 유지 또는 복구에 필요한 조치를 하도록 명령을 받은 자가 이를 이행하지 않으면 대행자를 지정하여 복구를 대행하게 하고 그 비용을 예치된 복구비로 충당하도록 조치할 수 있다(제37조 제8항·제9항). 복구비는 이러한 경우에 사용하기 위하여 미리 예치하도록 한 것이기 때문이다. 이 경우 재해방지를 위한 조치나 복구비용을 예치된 복구비로 충당한 경우에는 그 비용충당으로 줄어든 복구비 예치금을 대통령령으로 정하는 바에 따라 의무자가 다시 예치하게 하여야 한다.

만일 이러한 조치명령을 받은 자가 현행법 제38조 제1항 단서에 해당하여 복구비의 예치의무를 부담하지 않는 경우에는 재해방지조치를 대행할 비용이 없으므로 「행정대집행법」에 따라 대집행을 하게 된다. 이 경우 「행정대집행법」에 따르면 행정청은 상당한 이행기한을 정하여 그 기한까지 이행되지 않을 때에는 대집행을 한다는 뜻을 미리 문서로써 계고하여야 하며, 만일 의무자가 그 계고를 받고도 지정기한까지 그 의무를 이행하지 않는 경우에는 대집행영장으로써 대집행의 시기, 대집행책임자의 성명과 대집행 비용을 의무자에게 통지하여야 한다(같은 법 제3조 제1항·제2항). 「행정대집행법」에 따르면 이러한 대집행 비용은 「국세징수법」의 예에 의하여 징수할 수 있다(같은 법 제6조 제1항).

[2] 산지전용지 등의 복구

1. 복구대상 및 방법

가. 복구대상

현행법 제37조 제1항에 해당하는 허가 등의 처분을 받거나 신고 등을 한 경우로서 (1) 산지전용허가를 받았거나 산지전용신고를 한 자가 산지의 형질을 변경한 경우, (2) 토석채취허가를 받았거나 채석단지에서의 채석신고를 한 자가 토석을 채취한 경우, (3) 산지일시사용허가를 받았거나 산지일시사용신고를 한 자가 산지의 형질을 변경한 경우, (4) 그 밖의 사유로 산지의 복구가 필요한 경우에는 해당 산지를 복구하여야 한다(제39조 제1항). 이 경우 채석단지에서의 채석신고에는 토석매각의 경우를 포함하며, '그 밖의 사유로 산지의 복구가 필요한 경우'란 산림청장 등으로부터 제37조 제1항 제7호에 따라 산지복구명령을 받은 경우 등을 의미한다고 보아야 할 것이다.

여기에서 복구(rehabilitation)란 "원래 상태로 되돌리기 어려운 경우 원래 상태와 유사한 것까지를 목적으로 하는 것으로서 교란된 토지를 유용하게 하는 것"[107]을 말한다. 이러한 복구는 건강한 상태라는 개념은 포함하고 있지 않으며, 훼손되기 이전의 상태와 가급적 가깝게 접근하는 것을 의미할 뿐이다. 따라서 복구는 이전의 상태로 되돌리거나 원래의 건강하고 완전한 상태로 되돌리는 것을 의미하는 복원(restoration)과는 다른 것이다.[108] 한편 현행법이 제39조 제1항에서 산지전용허가 등의 경우에는 '산지의 형질을 변경한 경우'라는 표현을 사용하면서도 토석채취의 경우에는 이러한 표현을 사용하지 않은 것은 토석채취의 경우에는 당연히 산지의 형질변경을 수반한다는 점을 고려한 것으로 보인다.

나. 중간복구

산림청장 등은 산지전용, 산지일시사용 또는 토석채취가 오랜 기간 동안 이루

---

107) 김경훈 · 성현찬 · 최재용 · 허영진, 「훼손지 생태복원: 생태복원 실행을 위한 국제표준」, 기문당, 2018, 5면.

108) 이러한 관점에서 볼 때 '산림복원'이란 자연적 · 인위적으로 훼손된 산림의 생태계 및 생물다양성이 원래의 상태에 가깝게 유지 · 증진될 수 있도록 그 구조와 기능을 회복시키는 것을 말한다(「산림자원의 조성 및 관리에 관한 법률」 제2조 제10호).

어지거나 산지경관 또는 산림재해의 복구 등이 필요한 경우에는 대통령령으로 정하는 바에 따라 중간복구를 명할 수 있다(제39조 제2항). 이는 장기간에 걸쳐 산지의 형질이 변경된 채로 있어 훼손된 경관이 계속 노출되고 산사태 등과 같은 산림재해가 우려되는 경우에는 산지전용 등의 행위를 계속하면서 일부라도 복구하는 것이 필요하기 때문이다.

중간복구는 현행법에 따른 복구의무를 미리 이행한다는 측면이 있는 것이므로 산림청장 등은 다음에 해당하는 자가 신청하는 경우에는 산지전용 또는 토석채취를 완료한 부분에 대하여 중간복구를 하게 할 수 있다(제39조 제2항 제1호~제4호).

- 대통령령으로 정하는 면적[109] 이상의 산지전용허가를 받은 자로서 「관광진흥법」에 따른 관광지 등 조성사업의 준공검사, 「혁신도시 조성 및 발전에 관한 특별법」에 따른 혁신도시개발사업의 준공검사, 「산업입지 및 개발에 관한 법률」에 따른 산업단지개발사업의 준공인가를 신청한 자
- 토석채취허가를 받은 자
- 채석단지에서의 채석신고를 한 자
- 국유림의 산지에 있는 토석의 매각계약을 체결하거나 무상양여를 받은 자

중간복구와 관련하여 특히 「신에너지 및 재생에너지 개발 · 이용 · 보급 촉진법」에 따른 재생에너지 중 태양에너지 및 풍력설비를 산지에 설치하여 「전기사업법」 제31조에 따른 전력거래를 하려는 발전사업자는 복구준공검사를 포함한 중간복구명령이 있는 경우에는 전력거래 전에 이를 완료하여야 한다(제41조의2 제1항·제2항). 이 경우 산림청장 등은 만일 발전사업자가 이를 완료하지 않고 전력거래를 하는 경우에는 산업통상자원부장관에게 「전기사업법」에 따른 사업정지를 명하도록 요청할 수 있다.

다. 복구의무의 면제

산림청장 등은 복구하여야 하는 산지[복구대상산지]가 복구준공검사 전에 그 산지를 대상으로 한 새로운 허가 등의 처분이나 신고 등에 따라 복구비가 예치된 경우 또는 복구할 토지가 없는 경우 등 대통령령으로 정하는 경우[110]로서 복구대상

---

109) 여기에서 '대통령령으로 정하는 면적'이란 30만m^2를 말한다(시행령 제46조의2 제2항).

110) 이러한 경우로서 '복구할 토지가 없는 경우 등 대통령령으로 정하는 경우'에는 ① 현행법 제39조 제1항에 따라 복구하여야 하는 지역으로서 산림경영 또는 산림공익과 관련되는 임도, 작업로, 산책로 · 등산로 · 탐방로 등 숲길로 활용할 수 있는 산지인 경우(다만, 절토 · 성토한 면에 해당하는 산지를 제외한다), ② 지목변경을 목적으로 산지전용한 지역으로서 절토 · 성토 비탈면 등 복구할 대상지가 없는 경우, ③ 산지의 형질변경(입목의 벌채 또는 굴취 · 채취를 포함한다)을 수반하지 않는 경우로서 가축의 방목, 「매장문화재 보호 및 조사에 관한 법률」에 따른

산지에 대하여 새로 허가 등의 처분을 받거나 신고 등을 한 자가 있는 경우에는 종전에 허가 등의 처분을 받거나 신고 등을 한 자에 대하여 복구의무의 전부 또는 일부를 면제할 수 있다(제39조 제3항). 이 경우 산림청장 등은 현행법에 따라 복구의무의 면제가 확정된 면적에 대하여는 복구비를 반환하여야 한다(시행규칙 제41조 제4항).

라. 복구의 범위 및 방법

복구의무자가 복구할 산지의 범위는 산지의 이용행태에 따라 다르다. 따라서 산지전용허가를 받았거나 산지전용신고를 한 자가 산지의 형질을 변경한 경우 산지전용의 목적사업을 완료하는 경우에는 절토·성토 비탈면을 복구하고 산지전용의 목적사업을 완료하지 않는 경우에는 허가 또는 신고 대상산지 전체에 대하여 복구하여야 하며, 이러한 경우 이외에는 허가 또는 신고 대상산지 전체에 대하여 복구하여야 한다(시행규칙 제40조의3).

복구의무자는 복구를 할 때에는 토석으로 성토한 후 표면을 수목의 생육에 적합하도록 흙으로 덮어야 한다(제39조 제4항). 따라서 수목의 생육에 부적합할 정도로 얇게 복토하는 경우에는 적절한 복구라고 할 수 없을 것이다. 동일한 관점에서 산지를 복구할 때 사용하는 토석은 수목의 생육에 적합한 것이어야 하며, 따라서 「폐기물관리법」에 따른 폐기물이 포함되지 않은 토석이어야 한다. 그러나 이 경우에도 「폐기물관리법」에서 정하는 유해성기준과 「토양환경보전법」에서 정하는 임야지역 오염기준에 적합하고, 「폐기물관리법」에 따른 재활용 용도 및 방법에 따라 채석지역 내 하부복구지 또는 저지대 등의 채움재로 재활용이 가능한 경우에는 같은 법에 따라 재활용할 수 있다.

매장문화재 지표조사, 「임업 및 산촌 진흥촉진에 관한 법률 시행령」에 따른 임산물소득원의 지원대상 품목의 재배, 물건의 적치와 같은 용도로 산지를 일시사용한 경우, ④ 입목의 벌채를 수반하는 경우로서 「임업 및 산촌 진흥촉진에 관한 법률 시행령」에 따른 임산물소득원의 지원대상 품목 중 수실류 또는 약용류의 재배(밤·감·잣 등 교목류의 재배에 한정한다), ⑤ 산지전용허가·산지일시사용허가를 받거나 산지전용신고·산지일시사용신고를 한 자가 현행법 제41조에 따른 조치 전에 다시 산지전용허가·산지일시사용허가를 받거나 산지전용신고·산지일시사용신고를 하여 수리된 경우로서 목적사업을 위하여 형질을 변경한 산지를 복구하는 것이 불합리하다고 인정되는 경우(이 경우 복구의무의 면제는 한 차례만 인정된다), ⑥ 토석채취허가를 받아 토석을 굴취·채취한 지역과 연접한 지역에 토석채취허가를 받은 경우로서 이미 조성한 사업부지 등을 계속 사업부지로 사용하여 복구하는 것이 불합리하다고 인정되는 경우, ⑦ 산지전용·일시사용하는 과정에서 부수적으로 생산되는 토석을 채취하기 위하여 토석채취허가를 받아 토석채취가 먼저 종료된 경우로서 산지전용·일시사용이 종료되기 전에 복구하는 것이 불합리하다고 인정되는 경우(이 경우 면제되는 복구의무는 현행법 제39조 제1항 제2호에 따른 토석채취허가에 대한 복구의무로 한정한다) 등이 있다(시행령 제47조).

2. 복구의 실행

가. 복구설계서의 제출 및 승인

현행법에 따라 산지를 복구하여야 하는 자[복구의무자]는 대통령령으로 정하는 기간 이내에 산림청장 등에게 산지복구기간 등이 포함된 산지복구설계서를 제출하여 승인을 받아야 한다(제40조 제1항 및 시행령 제48조). 이는 승인받은 복구설계서를 변경하려는 경우에도 같다. 여기에서 '대통령령이 정하는 기간'이란 (1) 산지전용 등의 기간이 만료되기 전에 복구공사를 하기 위하여 복구설계서의 승인을 받으려는 경우에는 복구공사에 착수하기 전의 기간, (2) 산지전용 등의 기간이 만료된 이후 복구공사를 하기 위하여 복구설계서의 승인을 받으려는 경우에는 산지전용 등의 기간이 만료되기 전의 기간, (3) 현행법 제37조 제7항에 따른 조치명령이나 현행법 제39조 제2항에 따른 중간복구명령을 받은 경우에는 그 조치명령 등을 받은 날부터 30일 이내의 기간을 말한다. 그러나 이에 해당하는 경우라도 산림청장 등은 복구의무자가 이러한 기간 이내에 복구설계서를 제출할 수 없는 불가피한 사유가 있다고 인정하면 농림축산식품부령으로 정하는 절차에 따라 그 기간을 연장할 수 있다(제40조 제3항).

복구설계서의 제출기간에 관한 이러한 규정에도 불구하고 현행법에 따라 산지전용허가·산지일시사용허가를 받으려는 자 또는 산지전용신고·산지일시사용신고를 하려는 자는 해당 허가를 신청하거나 신고를 할 때에 복구설계서를 산림청장 등에게 제출할 수 있다(제40조 제2항). 이는 허가 등을 신청하는 경우에 복구설계서를 포함하여 제출하도록 함으로써 신청인 등에게 편의를 제공하고자 하는 것이다. 따라서 이와 같이 허가를 신청하거나 신고를 할 때에 복구설계서를 제출한 경우에는 산림청장 등이 해당 허가를 하거나 수리하면 그 복구설계서는 산림청장 등의 승인을 받은 것으로 본다.

산림청장 등은 복구설계서를 제출받았을 때에는 해당 복구설계서가 승인기준에 적합한 경우에 한하여 이를 승인하여야 한다(제40조 제4항 및 시행규칙 제42조 제3항 별표6). 그러나 산지의 지형여건 또는 사업의 성격상 복구설계서 승인기준을 완화하여 적용할 합리적인 사유가 있다고 판단되어 중앙산지관리위원회 또는 지방산지관리위원회의 심의를 거친 경우에는 이를 완화하여 적용할 수 있다.

나. 복구의 실행

산림청장 등으로부터 복구설계서의 승인을 얻은 자는 그 복구설계서에 따라 복구공사를 시행하면 된다. 이 경우 복구공사를 시행하는 중에 설계변경이 필요한 경우에는 산림청장 등에게 변경설계서를 첨부하여 변경승인을 받아야 한다(제40조 제4항 및 시행규칙 제42조 제6항). 만일 복구의무자가 정해진 기간까지 복구설계서를 산림청장 등에게 제출하지 않거나 승인받은 복구설계서의 복구기간 이내에 복구를 완료하지 않으면, 산림청장 등은 (1) 복구비를 예치한 자인 경우에는 대행자를 지정하여 복구를 대행하게 하고 그 비용을 예치된 복구비로 충당할 수 있으며, (2) 복구의무자가 현행법 제38조 제1항 단서에 해당하여 복구비의 예치의무를 부담하지 않는 자인 경우에는 「행정대집행법」에 따라 대집행을 할 수 있다(제41조). 이 경우 「행정대집행법」에 따른 대집행의 이행절차 등에 대해서는 앞에서 이미 설명한 것과 같다.

다. 복구공사의 감리

복구의무자는 대통령령으로 정하는 면적[111] 이상의 산지를 복구하는 공사인 경우에는 「기술사법」에 따른 산림분야의 기술사사무소, 「엔지니어링산업 진흥법」에 따른 산림전문분야 엔지니어링사업자, 「산림조합법」 또는 「건설기술 진흥법」에 따라 산지복구공사의 감리를 할 수 있는 자의 감리를 받아야 한다(제40조의2 제1항). 그러나 다른 법률에 따라 산지복구공사의 감리를 하는 경우에는 그렇지 않다. 여기에서 '복구의무자'에는 현행법 제41조에 따른 대행자 또는 대집행을 하는 자를 포함한다.

감리란 발주자의 권한을 대행하여 복구공사가 관계 법령과 복구설계서에 따라 적법하게 시공되고 있는지를 확인하고, 그 복구공사의 품질 및 시공관리에 대하여 기술지도를 하는 것을 말한다. 따라서 산지복구공사 감리자는 법령에 위반된 사항을 발견하거나 승인된 복구설계서대로 공사가 되지 않으면, 지체 없이 복구의무자에게 시정할 것을 통지하고 7일 이내에 산림청장 등에게 그 내용을 보고하여야 한다(제40조의2 제2항~제4항). 복구의무자는 이러한 시정통지를 받으면 즉시 위반사항을 시정한 후 감리자의 확인을 받아야 하며, 만일 감리자의 시정통지에 이의가 있는 경우에는 공사를 중지하고 산림청장 등에게 이의신청을 할 수 있다.

111) 여기에서 '대통령령으로 정하는 면적'이란 현행법에 따른 행위유형에 따라 다른데, ① 산지전용·산지일시사용 허가를 받은 경우에는 1만m^2, ② 산지전용·산지일시사용 신고를 한 경우로서 현행법 제15조 제1항 제3호 또는 제15조의2 제4항 제3호에 해당하는 경우에는 1만m^2, ③ 석재에 대한 토석채취허가를 받은 경우에는 5만m^2, ④ 토사에 대한 토석채취허가를 받은 경우에는 1만m^2, ⑤ 채석단지 지정을 받은 경우에는 20만m^2를 말한다(시행령 제48조의2).

3. 복구준공검사 및 복구비의 반환

가. 복구준공검사

산림청장 등은 복구의무자가 복구를 완료하거나 현행법 제41조에 따른 대행·대집행으로 복구가 완료되면 복구준공검사를 하여야 한다(제42조 제1항·제4항 및 시행규칙 제43조 제2항). 이에 따라 복구준공검사를 받으려는 자는 산림청장 등에게 복구준공검사신청을 하여야 하며, 신청인으로부터 이러한 복구준공검사신청을 받은 경우 산림청장은 복구가 이미 승인한 복구설계서에 따라 적합하게 복구되었는지의 여부를 검사하고, 그 결과를 신청인에게 서면으로 알려야 한다.

산림청장 등은 현행법에 따라 복구준공검사를 받으려는 자로 하여금 농림축산식품부령으로 정하는 바에 따라 그 복구준공검사의 완료일전까지 하자보수보증금을 미리 예치하게 하여야 한다(제42조 제2항 및 시행규칙 제44조 제2항). 여기에서 '하자보수보증금'이란 복구준공검사 후에 발생하는 하자를 보수하도록 하기 위하여 예치하는 금액을 말한다. 그러나 이 경우에도 현행법 제38조 제1항 단서에 해당하여 복구비의 예치의무를 부담하지 않는 경우와 그 밖에 대통령령으로 정하는 경우에는 하자보수보증금의 예치를 면제할 수 있다(제42조 제2항 단서 및 시행령 제49조). 여기에서 '대통령령으로 정하는 경우'란 국가, 지방자치단체, 공기업·준정부기관 및 지방공사 또는 지방공단이 복구준공검사를 받으려는 경우 또는 하자보수보증의 금액이 1백만원 미만인 경우를 말한다.

나. 복구비의 반환

산림청장 등은 재해방지를 위한 조치가 필요하지 않거나 복구를 완료한 경우와 같이 일정한 사유가 있는 경우에는 복구면적을 기준으로 예치된 복구비의 전부 또는 일부를 그 예치자에게 반환하여야 한다(제43조 제1항). 복구비는 재해방지를 위한 조치와 복구에 소요되는 비용을 미리 예치한 것이므로 더 이상 복구비를 예치할 필요가 없는 경우에는 이를 반환하는 것이 당연하기 때문이다. 현행법에 따르면 복구비를 반환해야 할 경우는 다음과 같다.

- 복구의무면제가 확정되었을 때
- 복구준공검사가 완료되었을 때
- 불법산지전용지에 해당하여 현행법에 따른 시설물 철거명령이나 산지복구의 명령을 이행하거나 또는 대집행이 완료되었을 때
- 산지전용허가 등의 처분을 받은 자가 목적사업을 시작하지 않은 채 산지전용허가 등의 효력이 소멸되었을 때

이와 관련하여 현행법은 불법산지전용지에 해당하여 시설물 철거명령이나 산지복구의 명령을 하더라도 현행법 제44조 제1항 제3호부터 제5호까지에 해당하는 경우에는 복구비를 반환하도록 하고 있는데, 이는 그 대상지가 비록 불법산지전용지이기는 하나 당초 유효한 허가나 매각계약 등이 취소되거나 해제되어 불법산지전용지가 된 것으로서 다른 경우와는 달리 당초에 예치한 복구비가 있기 때문이다.

산림청장 등은 예치된 복구비를 반환하는 경우 현행법에 따라 대행자를 지정하여 복구를 대행하게 하거나 불법산지전용지로서 산지복구명령 등의 이행을 위하여 「행정대집행법」에 따라 대집행을 한 경우로서 그 대행비용이나 대집행 비용을 예치된 복구비에서 충당한 경우에는 그 충당한 비용을 공제한 후에 반환하여야 한다(제43조 제2항). 이러한 경우에는 복구비를 예치한 자에게 대행비용이나 대집행 비용의 지출에 대한 책임이 있기 때문이다.

산림청장 등은 복구비를 그 예치자에게 반환하는 경우에 현금으로 예치된 때에는 「정부보관금 취급규칙」 제4조에 따라 금융기관에 예치하여 발생한 이자와 예치금을 반환하고, 보증보험증권 · 증권 · 정기예금증서 또는 지급보증서 등으로 예치된 때에는 그 보증보험증권 · 증권 · 정기예금증서 또는 지급보증서 등을 반환한다(제43조 제3항 및 시행규칙 제45조 제1항). 그러나 이 경우에도 기온이 나무심기에 적합하지 않은 경우 등과 같이 복구가 일부 완료되지 않은 경우에는 그 복구를 완료할 때까지 해당 복구에 필요한 복구비를 반환하지 않을 수 있다.

4. 복구전문기관의 지정 · 육성

산림청장은 산지의 효율적인 복구를 위하여 산지복구에 관한 업무를 수행하는 자를 산지복구전문기관이나 단체[복구전문기관]로 지정하여 육성할 수 있다(제45조 제1항 · 제2항). 이러한 복구전문기관은 「산림조합법」에 따른 산림조합중앙회와 그 밖에 대통령령으로 정하는 요건 및 절차에 따라 지정된 법인으로 한다. 그러나 상법에 따른 법인은 복구전문기관에서 제외한다. 현행법이 이처럼 상법에 따른 법인을 복구전문기관의 지정대상에서 제외한 것은 상법에 따른 법인의 경우 통상 영리를 목적으로 하는 회사법인임을 감안하여 공공성이 강한 산지복구업무에서는 제외한 것으로 보이나, 이러한 입법적 태도가 반드시 적절한 것인지에 대해서는 의문이 있다.

복구전문기관은 형질변경된 산지의 복구설계 및 감리, 형질변경된 산지의 자연생태계 복원 및 자연친화적인 복구방법의 조사 · 연구 및 개발, 형질변경된 산지의 복구, 그 밖에 형질변경된 산지의 복구에 관하여 산림청장이 정하는 업무를 수행한다. 현행법에 따르면 산림청장은 복구전문기관의 이러한 업무수행을 위하여 필요한 자금의 전부 또는 일부를 지원할 수 있다(제45조 제3항).

[3] 불법전용산지

1. 불법전용산지 등에 대한 조사 및 조치

산림청장 등은 불법전용산지 등을 조사하기 위하여 산지전용허가 · 산지일시사용허가를 받았거나 산지전용신고 · 산지일시사용신고를 한 자, 토석채취허가를 받았거나 토석채취신고 또는 채석신고를 한 자에게 업무에 관한 사항을 보고하게 하거나 관련 자료의 제출 및 현지조사를 요구할 수 있으며, 관계 공무원에게 그 허가를 받았거나 신고를 한 자의 사업장, 해당 산지 및 그 밖의 필요한 장소에 출입하여 장부 · 서류나 그 밖의 물건을 검사하게 하거나 관계인에게 질문하게 할 수 있다(제44조의2 제1항 · 제4항). 이 경우 불법전용산지 등을 조사하기 위하여 출입 · 점검 및 조사를 하는 관계 공무원 등은 그 권한을 표시하는 증표를 지니고 이를 관계인에게 내보여야 한다. 여기에서 '그 권한을 표시하는 증표'란 불법전용산지 등에 대한 조사의 권한을 가진 공무원임을 나타내는 것으로서 일반적으로는 공무원증을 의미한다.

현행법에 따라 산림청장 등이 조사할 수 있는 사항에는 산지가 불법으로 전용되었는지의 여부, 현행법에 따른 산지전용허가 또는 토석채취허가의 취소 등의 사유에 해당하는지의 여부 등이 있다(제44조의2 제1항 제1호 ~제3호 및 제2항 · 제3항). 이 경우 산림청장 등은 전국적인 일제조사가 필요하다고 인정하는 때에는 기간을 정하여 대통령령으로 정하는 산지전문기관에게 이를 대행하게 하거나 위탁할 수 있다. 산림청장 등은 불법전용산지 등에 대한 이러한 조사 결과에 따라 산지가 불법으로 전용되었거나 또는 산지전용이나 토석채취허가의 취소 등의 사유가 있는 것으로 판단되는 경우에는 산지전용허가 및 토석채취허가의 취소, 불법산지전용지의 복구명령 등과 같은 필요한 조치를 할 수 있다.

2. 불법산지전용지의 복구

산림청장 등은 산지의 이용이나 토석채취 등이 현행법에 따르지 않은 불법적인 것이거나 또는 처음에는 유효하였으나 그 허가 또는 계약 등이 취소 · 해제되어 이용행위의 근거가 없게 된 때 등 다음과 같은 경우에는 그 행위를 한 자에게 시설물을 철거하거나 형질변경한 산지를 복구하도록 명령할 수 있다(제44조 제1항).

■ 현행법에 따라 산지전용 또는 산지일시사용에 관한 용도변경의 승인을 받지 않고 용도변경한 경우
■ 현행법 제37조 제1항에 따른 허가 등의 처분을 받지 않거나 신고 등을 하지 않고 산지전용 또는 산지일시사용을 하거나 토석을 채취한 경우
■ 현행법 제37조 제1항에 따른 허가나 매각계약 등이 취소되거나 해제된 경우
■ 현행법 제37조 제1항에 따른 신고를 한 자가 신고에 따르는 조치명령을 위반한 경우
■ 현행법 제37조 제1항 제8호에 규정된 대로 다른 법률에 따라 산지의 이용이나 채석에 관한 허가·신고가 의제되거나 배제되는 행정처분을 받았으나 그 행정처분이 취소된 경우

산림청장 등은 현행법에 따른 불법산지전용지로서 시설물의 철거나 산지복구명령을 받은 자가 이를 이행하지 않으면 「행정대집행법」에 따라 대집행할 수 있다(제44조 제2항). 이 경우 현행법 제37조 제1항에 따른 허가나 매각계약 등이 취소되거나 해제된 경우와 같이 예치된 복구비가 있는 경우에는 그 복구비를 대집행 비용으로 충당할 수 있다.

현행법에 따라 불법산지전용지를 복구하는 경우 복구비의 예치, 복구의무의 면제 및 면제신청, 복구 방식, 복구설계서의 승인 및 복구공사의 감리, 복구공사의 준공검사와 하자보수보증금의 예치 및 면제 등에 관해서는 산지전용지 등의 복구에 관한 규정을 각각 준용한다(제44조 제3항).

[4] 권리·의무의 승계

산지의 소유자가 현행법 제37조 제1항에 해당하는 처분을 받거나 신고 등을 한 후 매매·양도 및 경매 등으로 그 소유권이 변경된 경우에는 그 산지의 매수인·양수인 등 변경된 산지소유자가 현행법에 따른 변경신고 등을 통하여 당초의 처분을 받거나 신고 등을 한 자의 권리·의무를 승계[112]하며, 만일 산지의 소유자 이외의 자가 현행법 제37조 제1항에 해당하는 처분을 받거나 신고 등을 한 후 사망하거나 그 권리·의무를 양도한 경우에는 그 상속인 또는 양수인이 현행법에 따라 변경신고 등을 통하여 그 권리·의무를 승계한다(제51조 제1항·제2항). 이 경우 변경된 산지소

112) 일반적으로 법률상 승계란 일정한 경우에 어떤 권리나 의무를 이어받는 것을 말하며, 이러한 승계 중에서 특히 법적 지위를 이어받는 것을 지위승계라고 한다. 어떤 사람이 사망한 경우 상속인이 그 사망한 자의 권리와 의무를 이어받는 것은 이러한 지위승계의 대표적인 사례에 해당한다. 승계는 모든 권리와 의무를 전체로서 일괄적으로 이전받는 '포괄승계'와 각 권리와 의무를 개별적으로 이어받는 '특정승계'로 나누어지는데, 포괄승계는 대표적으로 상속이나 회사합병을 통하여 이루어지나 특정승계는 통상적으로 매매·증여 등 개별계약을 통하여 이루어진다.

유자 · 상속인 및 양수인 등이 그 사유가 발생한 날부터 60일 이내에 변경신고 등을 하지 않은 경우에는 해당 허가 등이 취소 또는 철회된 것으로 본다.

그러나 현행법에 따른 이러한 권리 · 의무의 승계가 없거나 변경된 산지소유자 · 상속인 및 양수인 등이 사유발생일부터 60일 이내에 변경신고 등을 하지 않아 허가 등이 취소 또는 철회된 것으로 보는 경우에는 현행법에 따른 재해방지 조치의무, 복구의무, 복구설계서의 제출의무, 복구공사의 감리 선임 및 불법전용산지에 대한 복구의무는 산지의 소유자, 정당한 권원에 의하여 산지를 사용 · 수익할 수 있는 자 및 산지의 소유자 · 점유자의 승계인에 대하여도 그 효력이 있다(제51조 제3항).

Ⅸ. 산지관리 관련 조직

[1] 산지관리위원회

1. 구성 및 운영

산지관리위원회는 산지의 보전 및 이용에 관한 사항을 심의하기 위한 조직으로서 산림청에는 중앙산지관리위원회를 두고, 시 · 도에는 지방산지관리위원회를 둔다(제22조 제1항 · 제2항). 일반적으로 위원회 제도는 결정의 신중성과 공정성을 확보할 수 있고, 이해관계가 다른 다양한 사람들이 참여함으로써 조정과 통합에 유리하다는 장점이 있으므로 현행법에 따른 산지관리위원회는 산지의 보전 및 이용에 관한 사항을 심의하기에는 적합한 것으로 보인다.[113]

산지관리위원회의 위원은 중앙산지관리위원회의 경우에는 산지의 보전 및 이용과 관련된 중앙행정기관의 공무원 및 전문가 등으로 구성한다(시행령 제28조 제1항~제5항). 다만, 위원 중에는 「비영리민간단체 지원법」에 따른 비영리민간단체인 시민단체가 추천하는 위원과 여성위원이 각각 1인 이상 포함되도록 하여야 한다. 산지관리위원회의 이러한 위원 중 공무원이 아닌 위원은 형법이나 그 밖의 법률에 따른 벌칙을 적용할 때에는 공무원으로 본다(제52조의2 제2항).

중앙산지관리위원회 또는 지방산지관리위원회는 그 심의사항을 효율적으로 처리하기 위하여 대통령령으로 정하는 바에 따라 분과위원회를 둘 수 있다(제22조 제3항). 이

---

113) 위원회 제도는 이러한 장점에도 불구하고 또 다른 한편으로는 결정의 신속성을 기대하기 어렵고, 비효율적이며, 타협적 결정이 내려질 가능성이 있다는 단점이 있는 것이 사실이다. 이와 함께 위원회 제도의 경우에는 심의한 사항에 대한 책임의 전가현상이 야기되기 쉽다는 점도 커다란 단점 중의 하나로서 지적된다.

경우 분과위원회에서 심의하는 사항 중 중앙산지관리위원회 또는 지방산지관리위원회가 지정하는 사항은 분과위원회의 심의를 해당 산지관리위원회의 심의로 본다. 이는 국회의 경우에도 전체 국회의원이 참여하는 본회의가 있으나 대부분의 안건 처리는 각 소관상임위원회를 중심으로 운영하며, 특히 주요 안건인 경우에는 효율적인 심의를 위하여 법률검토소위원회와 같이 소위원회를 구성하여 운영하는 것과 같다.

2. 심의사항

중앙산지관리위원회는 (1) 현행법이나 다른 법률의 규정에 따라 중앙산지관리위원회의 심의대상에 해당하는 사항, (2) 산림청장의 권한에 속하는 사항 중 그 소속 기관의 장에게 위임된 사항이 중앙산지관리위원회의 심의대상에 해당하는 사항, (3) 그 밖에 산지의 보전 및 이용에 관한 사항 중 대통령령으로 정하는 사항[114]을 심의한다(제22조 제1항). 이 중에서 현행법에 따른 주요 심의사항은 다음과 같다.

- 산지관리기본계획의 수립
- 보전산지의 지정 및 변경 · 해제
- 다른 법률에 따른 지역 · 지구 및 구역 등의 지정협의
- 산지전용 · 일시사용제한지역의 지정
- 대통령령으로 정하는 면적 이상의 산지전용허가

지방산지관리위원회는 중앙산지관리위원회와는 달리 현행법이나 다른 법률의 규정에 따라 지방산지관리위원회의 심의대상에 해당하는 사항, 그 밖에 산지의 보전 및 이용과 관련된 사항 중 대통령령으로 정하는 사항[115]을 심의한다. 현행법에

---

114) 중앙산지관리위원회의 심의대상에 속하는 것으로서 '대통령령으로 정하는 사항'이란 ① 현행법 제8조에 따라 산림청장에게 협의 요청된 사항으로서 시행령 제7조 제5항에 따라 중앙산지관리위원회에 부의된 사항, ② 산지일시사용허가 중 50만m^2 이상의 보전산지가 포함되는 허가에 관한 사항, ③ 대체산림자원조성비의 감면대상 및 감면비율의 타당성 등에 관한 사항, ④ 채석단지의 지정에 관한 사항(산림청장이 지정하는 경우만 해당한다), ⑤ 현행법에 따른 복구설계서 승인기준 완화에 관한 사항, ⑥ 시행령에 규정된 사항으로서 제12조 제14항에 따른 임업용산지에서의 부지면적제한 완화에 관한 사항, 별표3의2 비고 제4호에 따른 허가기준 완화에 관한 사항, 별표4 비고 제5호에 따른 허가기준 완화에 관한 사항 및 별표4의2 비고 제1호에 따른 허가기준 완화에 관한 사항, ⑦ 공익용산지 또는 그 인근의 산지를 개발목적으로 이용하기 위하여 지역 등을 지정하려는 경우로서 산림생태계 및 산지경관의 보전을 위하여 필요하다고 인정되는 사항 등 산림청장이 필요하다고 인정하는 사항 등을 말한다(시행령 제27조).

115) 지방산지관리위원회의 심의사항에 속하는 것으로서 '대통령령으로 정하는 사항'이란 ① 산지관리지역계획의 수립 · 변경, ② 현행법 제8조에 따라 시 · 도지사에게 협의 요청된 사항으로서 시행령 제7조 제5항에 따라 지방산지관리위원회에 부의된 사항, ③ 토석채취허가, ④ 채석단지의

따르면 (1) 산지관리지역계획의 수립, (2) 다른 법률에 따른 구역 등의 지정협의, (3) 대통령령으로 정하는 면적 이상의 산지전용허가 등은 지방산지관리위원회의 심의를 거쳐야 한다(제3조의2 제10항·제8조 제2항 및 제18조 제4항).

[2] 한국산림토석협회

토석자원의 이용 및 개발과 관리를 위하여 한국산림토석협회를 둔다(제36조의2 제1항~제6항). 한국산림토석협회는 법인으로 하며, 이에 관하여 현행법에 규정되지 않은 사항은 민법 중 사단법인에 관한 규정을 준용한다. 한국산림토석협회는 토석채취·복구에 관한 정책·제도·법령 및 기술 등의 조사·연구, 교육·홍보 및 국제협력, 토석채취지·복구지에 대한 평가 및 사후관리 지원, 회원의 이익을 위하여 실시하는 토석구매 및 판매 등 공동사업과 경영지도, 산림청장 또는 지방자치단체의 장이 위탁한 사업, 그 밖에 협회의 설립목적을 달성하기 위하여 정관으로 정하는 사업 등을 한다. 이러한 사업에 소요되는 경비는 출자금 및 사업수입금 등으로 충당하며, 국가 또는 지방자치단체는 소요경비의 일부를 예산의 범위에서 지원할 수 있다.

[3] 한국산지보전협회

산지의 보전 및 산림자원 육성을 위한 정책 등의 조사·연구 및 교육·홍보 등의 사업을 하기 위하여 한국산지보전협회를 둔다(제46조 제1항·제2항 및 제6항). 한국산지보전협회는 법인으로 하며, 이에 관하여 현행법에 규정되지 않은 사항은 민법 중 사단법인에 관한 규정을 준용한다. 현행법에 따른 이러한 한국산지보전협회는 주로 산지의 보전 및 산림자원 육성을 위한 정책 등의 조사 및 연구 등을 담당한다는 점에서 형질변경된 산지의 복구사업 등을 실행하는 복구전문기관과는 다른 것이다.

한국산지보전협회는 산지의 보전 및 산림자원육성을 위한 정책·제도의 조사·연구, 불법산지전용지에 대한 조사 및 산지전용·토석채취 허가를 받거나 신고한 산지에 대한 사후관리 지원, 산지의 보전 및 산림자원육성에 관한 교육·홍보, 산지의 개발·복구 등에 관한 자문, 산지의 훼손에 대한 감시활동, 국내외 산지보전 관련 단체와의 교류 및 협력, 산림청장 또는 지방자치단체의 장이 위탁하는 사업,

---

지정에 관한 사항(산림청장이 지정하는 경우는 제외한다), ⑤ 현행법에 따른 복구설계서의 승인기준 완화에 관한 사항, ⑥ 시행령에 규정된 것으로서 별표3의2 비고 제4호에 따른 허가기준 완화에 관한 사항, 별표4 비고 제4호에 따른 허가기준 완화에 관한 사항 및 별표4의2 비고 제1호에 따른 허가기준 완화에 관한 사항 등을 말한다(시행령 제30조의2).

그 밖에 협회의 설립목적을 달성하기 위하여 정관으로 정하는 사업 등을 수행한다(제46조 제3항·제4항). 한국산지보전협회가 수행하는 이러한 사업에 드는 경비는 회비나 사업수입금 등으로 충당하며, 국가나 지방자치단체는 경비의 일부를 예산의 범위에서 지원할 수 있다.

제2절 민간인 통제선 이북지역의 산지관리에 관한 특별법

Ⅰ. 총 론

[1] 개 요

민간인 통제선 이북지역[민북지역]이란 "「군사기지 및 군사시설 보호법」 제5조 제2항에 따라 지정된 민간인 통제선으로부터 남방한계선까지의 지역"(제2조 제1호)을 말한다. 여기에서 '민간인 통제선'이란 고도의 군사활동 보장이 요구되는 군사분계선의 인접지역에서 군사작전상 민간인의 출입을 통제하기 위하여 국방부장관이 군사분계선의 이남 10km 범위 이내에서 지정하는 선을 말한다(군사기지 및 군사시설보호법 제2조 제7호 및 제5조 제2항).

이러한 민북지역은 한반도를 동서로 가로지르는 군사분계선을 기준으로 남북으로 각각 2km씩 사이를 둔 남방한계선과 북방한계선 사이의 비무장지대(Demilitarized Zone: DMZ)와는 다른 것으로서, 「접경지역 지원 특별법」에 따라 비무장지대나 해상의 북방한계선과 잇닿아 있는 시·군과 민간인 통제선 이남의 지역 중 민간인 통제선과의 거리 및 지리적 여건 등을 기준으로 하여 대통령령으로 정하는 시·군을 말하는 접경지역과도 구별되는 것이다(같은 법 제2조 제1호). 이를 이해하기 쉽게 군사분계선으로부터 순차적으로 나열하면 (1) 비무장지대(2km), (2) 민북지역(10km 이내), (3) 접경지역(약 25km)으로 구분할 수 있는데, 일부에서는 이를 모두 포괄하는 개념으로서 '비무장지대 일원'이라는 표현을 사용하기도 한다.

이러한 민북지역은 민족분단의 역사적 아픔을 상징하는 지역이기도 하지만, 오랜 기간 동안 일반인의 출입이 통제됨으로써 환경생태계가 비교적 잘 보전되어 있거나 복원된 지역이기도 하다. 실제로 정부의 조사결과에 따르면, 이러한 민북지역을 포함한 비무장지대 일원에는 약 6,237종의 야생생물이 서식하고 있으며 특히 그중에는 멸종위기야생생물 102종이 포함되어 있는 것으로 확인되기도 하였다.[116)]

그러나 최근에는 남북관계의 진전에 대한 기대와 수도권의 확장 등으로 민북지역에 대한 개발수요가 지속적으로 증가함에 따라 개발과 보전의 조화를 위한 특별한 관심과 노력이 필요해지게 되었으며, 특히 '한반도의 중심 생태축'인 비무장지대와 민북지역의 환경생태계를 유지하기 위해서는 이 지역의 대부분을 차지하는 산림을 더욱 엄격하게 관리하여야 한다는 요구가 증가하게 되었다.

이에 따라 정부는 민간인 통제선 이북지역의 산지관리체계를 확립하기 위하여 2011년 4월 4일 「민간인 통제선 이북지역의 산지관리에 관한 특별법」(법률 제10535호)을 제정하고, 이후 하위법령 등을 마련하여 2012년 4월 5일부터 이를 시행하였다. 당시 정부는 「민간인 통제선 이북지역의 산지관리에 관한 특별법」의 제정이유를 "민북지역의 산지에는 민간인의 접근이 금지되거나 제한되어 이 지역 고유의 독특한 산지생태계가 조성되는 등 보전가치가 매우 큰 특수지역임에도 생태적 가치에 대한 고려 없이 산지전용이 이루어지고, 무단 형질변경으로 산지생태의 훼손 등 난개발이 우려"[117]되고 있다고 하면서 민북지역의 특성을 강조하였는데, 이러한 관점은 지금까지 민북지역에 대한 산림정책적 관심의 기반이 되어오고 있다. 이와 관련하여 특히 현재의 산림기본계획은 민북지역의 산지보전·이용대책, 훼손산지의 복원·복구, 남북교류협력 및 지역발전사업 등을 포함하는 전반적인 산지관리종합계획[118]을 수립하는 목표를 제시하고 있는데, 이는 보전과 이용의 조화에 기초한 민북지역 산지관리체계를 구축하는 것이 장기적인 관점에서도 주요 산림전략 중의 하나라는 사실을 잘 보여주는 것이다.

「민간인 통제선 이북지역의 산지관리에 관한 특별법」은 민북지역의 산지를 보다 계획적이고 생태적으로 관리하기 위하여 해당 산지를 이용하는 경우에 그 이용면적 및 행태에 따라 적용되는 절차와 방법을 구분하고 있는데, 이러한 방식에 따른 현행법의 기본 틀을 정리하면 다음과 같다.

- 민북지역의 산지를 일정한 면적(3만m^2 이상) 이상으로 전용하려는 경우에는 생태적 산지전용지구를 지정하여 별도의 생태적인 기준과 절차에 따라 전용한다.
- 생태적 산지전용지구 이외에서는 「산지관리법」에 따르나 넓은 특례를 둔다.
- 민북지역의 산지에 대한 규제위주의 엄격한 산지관리를 보완할 수 있도록 주민이나 산지소유자에 대한 지원사업을 병행한다.

---

116) 환경부, 「2020 환경백서」, 2020, 55면.
117) 법제처의 국가법령정보센터(www.law.go.kr) 중 「민간인 통제선 이북지역의 산지관리에 관한 특별법」(법률 제10535호, 2011. 4. 4.)의 제정이유를 참고하라.
118) 산림청(2018)의 「제6차 산림기본계획(2018년~2037년)」, 51면.

[2] 목적 및 국가 등의 책무

1. 목 적

「민간인 통제선 이북지역의 산지관리에 관한 특별법」은 민간인 통제선 이북지역의 산지관리에 필요한 사항을 정하여 산지를 계획적이고 생태적으로 보전·이용함으로써 산지의 공익 기능을 증진하고 국토환경의 보전에 이바지하는 것을 목적으로 한다(제1조). 이에 따르면 현행법의 목적은 '산지의 공익기능을 증진하고 국토환경의 보전에 이바지'하는 것이며, 따라서 산지를 계획적이고 생태적으로 보전·이용하는 것은 이러한 목적을 달성하기 위한 수단에 해당하는 것이지 법의 목적은 아니라는 점에 주의하여야 한다.

2. 국가 등의 책무

국가 및 지방자치단체는 민북지역의 산지를 계획적이고 생태적으로 보전·이용하기 위한 종합적인 시책을 수립하고 시행하여야 한다(제4조 제1항). 민북지역의 산지에 대한 국가 및 지방자치단체의 이러한 책무는 산림의 합리적 보전 및 이용이라는 「산림기본법」상의 일반원칙을 민북지역의 산지관리에 충실히 반영한 것으로서 특히 현행법에 따르면 국가 및 지방자치단체는 이와 같은 책무를 이행하기 위하여 다음과 같은 기본원칙에 따라 민북지역의 산지를 관리하여야 한다(제5조).

- 산지생태가 보전될 수 있도록 지속가능하게 관리할 것
- 산지전용은 산지생태를 유지할 수 있는 방법으로 할 것
- 산지가 계획적이고 생태적으로 보전·이용될 수 있도록 국가와 지방자치단체 간에 유기적인 협조체계를 유지할 것

국가 및 지방자치단체의 이러한 책무에 대응하여 민북지역의 산지소유자는 산지의 공익기능이 증진될 수 있도록 국가 및 지방자치단체의 시책에 적극 협력하여야 한다(제4조 제2항). 민북지역의 산지소유자에게 국가 및 지방자치단체의 시책에 협력할 의무를 부여하는 이러한 규정은 민북지역의 산지를 계획적이고 생태적으로 보전·이용하기 위해서는 산지소유자의 적극적인 협력이 매우 중요한 것임을 명시적으로 선언한 것으로서 산림법에 있어서의 협동성의 원칙을 잘 드러낸 것이라고 할 것이다. 이와 관련하여 현행법은 제27조에서 "산림청장 또는 관계 지방자치단체의 장은 이 법의 목적을 달성하기 위하여 필요하다고 인정하면 관계 행정기관의 장, 지

방자치단체의 장 또는 관할 부대의 장에게 필요한 시책을 마련하거나 조치를 할 것을 요청할 수 있다. 이 경우 관계 행정기관의 장, 지방자치단체의 장 또는 관할 부대의 장은 특별한 사유가 없으면 이에 따라야 한다"라고 하면서, 이러한 협동성의 원칙에 따른 관계 기관의 협조에 관해서도 특별히 규정하고 있다.

[3] 법적 특성

현행법은 민북지역의 산지에만 적용하는 특별법이다(제3조). 따라서 현행법은 「국방·군사시설 사업에 관한 법률」에 따라 시행하는 사업의 예외를 제외하고는 민북지역의 산지관리에 관하여 다른 법률보다 우선하여 적용하며, 산지구분 및 산지이용 등에 있어서도 일반법인 「산지관리법」의 특례를 광범위하게 인정하고 있다(제6조 제1항~제3항 및 제19조~제23조). 그러나 이 경우에도 민북지역의 산지관리에 관하여 현행법이 별도로 정하지 않는 사항에 대해서는 「산지관리법」에 따라야 하는 것은 물론이다(제6조 제2항). 이는 현행법에서의 산지 또한 "「산지관리법」 제2조 제1호의 토지"(제2조 제2호)를 말하는 것이므로, 결국 현행법과 「산지관리법」은 그 지역적인 적용범위에만 차이가 있을 뿐 동일한 대상에 적용되는 것이기 때문이다.

Ⅱ. 민북지역 산지관리계획

[1] 계획의 수립

민북지역 산지관리계획은 민북지역의 산지를 계획적이고 생태적으로 보전·이용하기 위한 계획으로서 산지관리에 관한 종합계획[산지관리종합계획]과 산지관리에 관한 연차계획[산지관리연차계획]으로 구분한다(제7조 제1항·제2항). 현행법에 따르면 산지관리종합계획은 산지가 속한 관계 광역시장·도지사[시·도지사] 또는 지방산림청장이 수립·시행하고, 산지관리연차계획은 시장·군수 또는 국유림관리소장이 수립·시행한다. 이 경우 시·도지사 또는 지방산림청장은 산지관리종합계획을 수립하기 전에 대상 산지의 현황과 보전·이용의 실태 및 산지생태에 대하여 미리 전반적인 조사를 실시하여야 하며, 시장·군수 또는 국유림관리소장의 경우에도 대상 산지에 대하여 미리 그 현황과 보전·이용의 실태 및 산지생태에 대하여 세부적인 연차 조사를 실시한 후에 이를 산지관리연차계획의 수립에 반영하여야 한다(제8조 제1항·제2항).

민북지역 산지관리종합계획은 10년마다 수립하며, 산지관리연차계획은 이러한 산지관리종합계획에 따라 매년 수립한다. 시·도지사 또는 지방산림청장이나 시장·군수 또는 국유림관리소장은 「국토기본법」에 따른 국토종합계획이 수정되거나 산지의 현황에 현저한 변경이 있는 등 농림축산식품부령으로 정하는 경우에는 산지관리종합계획 또는 산지관리연차계획을 변경할 수 있다(제7조 제3항).

시·도지사 또는 지방산림청장이나 시장·군수 또는 국유림관리소장이 산지관리종합계획 또는 산지관리연차계획을 수립하거나 변경하려면 대통령령으로 정하는 경미한 사항을 변경하는 경우를 제외하고는 관계 행정기관의 장 및 관할 부대장과 미리 협의하여야 한다(제7조 제4항). 이 경우 협의 요청을 받은 행정기관의 장 및 관할 부대장은 특별한 사유가 없으면 요청을 받은 날부터 30일 이내에 의견을 제시하여야 한다. 현행법이 이처럼 민북지역 산지관리계획의 경우에 다른 계획과는 달리 관계 행정기관의 장뿐만 아니라 관할 부대장과도 미리 협의하도록 한 것은 계획의 대상지역인 민북지역의 산지가 군사작전상 중요지역임을 감안한 것으로 보인다.

시·도지사 또는 지방산림청장은 산지관리종합계획을 수립·변경한 때에는 산림청장의 승인을 받아야 한다(제7조제5항·제6항 및 제7항). 그러나 이 경우에도 대통령령으로 정하는 경미한 사항을 변경하는 경우에는 그렇지 않으며, 산지관리연차계획은 산지관리종합계획에 따르는 것이므로 산림청장의 승인을 받을 필요가 없다. 산림청장은 산지관리종합계획을 승인이나 변경승인하려면 「산지관리법」에 따른 중앙산지관리위원회의 심의를 거쳐야 하며, 이를 승인·변경승인한 때에는 그 승인 내용을 시·도지사 또는 지방산림청장에게 통보하여야 한다. 그러나 이 경우에도 산림청장이 산지전용허가 등에 따른 산지 현황의 변경 등 대통령령으로 정하는 경미한 사항을 변경하는 경우에는 중앙산지관리위원회의 심의를 거치지 않을 수 있다.

[2] 계획의 내용

민북지역 산지관리종합계획은 민북지역의 산지를 계획적이고 생태적으로 보전·이용하기 위한 계획이므로 이를 달성하기 위하여 필요한 사항을 그 내용으로 하여 수립한다(제7조 제1항). 현행법에 따른 이러한 산지관리종합계획에는 민북지역 산지관리의 목표와 기본방향에 관한 사항, 민북지역 산지의 보전 및 이용에 관한 사항, 환경보전·국토개발 등에 관한 다른 법률에 따른 산지이용계획에 관한 사항, 훼손된 산지의 복구 및 복원에 관한 사항, 그 밖에 산지를 계획적이고 생태적으로 보전 · 이용하기 위하여 대통령령으로 정하는 사항 등이 포함되어야 한다.

현행법은 '대통령령으로 정하는 사항'에서도 중요한 내용을 규정하고 있는데, 이에 따라 정하는 사항에는 산지구분의 특례에 관한 사항, 산지전용 · 일시사용제한지역 지정의 특례에 관한 사항, 「남북교류협력에 관한 법률」에 따라 민북지역에 실시하는 남북교류 및 협력에 관한 사항, 산지관리종합계획의 운영 결과에 대한 분석 및 평가에 관한 사항, 민북지역의 지역여건 변화와 전망에 관한 사항 등이 있다(시행령 제2조 제1항).

Ⅲ. 생태적 산지전용지구에서의 산지전용

[1] 생태적 산지전용지구의 지정

1. 지정대상 및 절차

가. 생태적 산지전용지구

생태적 산지전용이란 "산지의 지형 · 토양 · 식생과 경관의 다양성 및 온전성[산지생태]에 미치는 영향을 최소화하는 방법으로 산지를 전용하는 것"(제2조 제3호)으로서 생태적 산지전용지구란 현행법 제9조 제1항에 따르면 이러한 "생태적 방법으로 산지를 전용하는 지구"를 말한다(제2조 제3호 및 제9조 제1항). 현행법에 따른 이러한 생태적 산지전용지구는 민북지역의 산지를 전용하려는 때에 사업구역 중 산지면적이 3만m^2 이상인 경우를 대상으로 한다(제10조 제1항). 그러나 이 경우에도 철도 · 도로 등 대통령령으로 정하는 사업[119]의 경우에는 생태적 산지전용지구로 지정하지 않고 산지를 전용할 수 있다.

119) 여기에서 '철도 · 도로 등 대통령령으로 정하는 사업'이란 ① 「국방 · 군사시설 사업에 관한 법률」에 따른 국방 · 군사시설의 설치, ② 국가 또는 지방자치단체의 청사와 그 부대시설 및 기상관측시설의 설치, ③ 「철도의 건설 및 철도시설 유지관리에 관한 법률」에 따른 철도, 「도로법」에 따른 도로, 「농어촌도로 정비법」에 따른 농어촌도로 및 「사도법」에 따른 사도 등의 설치, ④ 「사방사업법」에 따른 사방시설, 「하천법」에 따른 하천 · 제방, 「농어촌정비법」에 따른 저수지, 방풍시설 및 방화시설과 그 밖에 이에 준하는 국토보전시설의 설치, ⑤ 「산림문화 · 휴양에 관한 법률」에 따른 자연휴양림 · 산림욕장 및 숲길과 「산림보호법」에 따른 생태숲 · 산림생태원의 설치, ⑥ 「수목원 · 정원의 조성 및 진흥에 관한 법률」에 따른 국립수목원 · 공립수목원 및 국가정원 · 지방정원의 조성, ⑦ 국가통신시설 또는 「전기통신기본법」에 따른 전기통신설비의 설치, 「자연환경보전법」에 따른 생태통로 · 조수의 보호 및 번식을 위한 시설 · 생태탐방로 · 탐방안내시설 및 생태관찰전망대의 설치, 그 밖에 공용 · 공공용 및 공익용 목적의 시설로서 산림청장이 필요하다고 인정하여 고시하는 시설의 설치 등을 말한다(시행령 제6조).

나. 지정절차

A. 시장 · 군수 또는 국유림관리소장의 경우

생태적 산지전용지구는 시장 · 군수 또는 국유림관리소장이 생태적 산지전용지구의 지정기준에 적합하도록 사업계획을 수립하고, 시 · 도지사 또는 지방산림청장의 검토를 거쳐 산림청장에게 그 지정을 신청하여야 한다(제10조 제1항·제2항). 지정한 내용을 변경하려는 경우에도 같다. 이 경우 만일 그 지정하려는 산지가 2개 이상의 시 · 군 또는 국유림관리소의 관할구역에 걸쳐 있거나 국유림 · 공유림 또는 사유림이 함께 포함되어 있는 경우에는 신청하려는 시장 · 군수 또는 국유림관리소장은 미리 그 관할 시장 · 군수 또는 국유림관리소장과 협의하여 공동으로 신청하거나 대표자를 선정하여 신청할 수 있다.

시장 · 군수 또는 국유림관리소장은 생태적 산지전용지구의 지정을 신청하려는 경우에는 전용하려는 산지가 지정기준에 적합하고 그 지구 지정이 타당한지에 관한 조사[타당성조사]를 미리 거쳐야 한다(제9조 제1항 및 제10조 제1항). 이러한 타당성조사는 대통령령으로 정하는 산지관리전문기관[120]에 신청하여야 하며, 현행법에 따라 그 신청을 받은 타당성조사기관은 해당되는 산지가 다음과 같은 생태적 산지전용지구의 지정기준에 적합한지 여부를 조사하여야 한다(제9조 제5항 및 시행령 제4조).

- 산지관리종합계획 및 산지관리연차계획에 적합할 것
- 생태적 산지전용지구 지정의 제한지역이 아닐 것
- 생태적 산지전용기준에 적합할 것
- 산림경영을 위하여 장기간 투자된 산지이거나 임업 및 산촌의 진흥을 위하여 필요한 보전산지의 경우에는 그 목적에 필요한 최소한의 면적일 것
- 도로 등 기반시설의 설치를 수반하여야 하는 경우에는 기존의 기반시설과 연계가 가능할 것
- 목적사업의 성격, 산지의 이용계획, 주변경관 등을 고려할 때 생태적 산지전용지구의 지정규모가 적정할 것
- 경관 및 환경보전, 재해예방 등에 지장이 없을 것

현행법에 따라 타당성조사의 신청을 받은 산지관리전문기관은 타당성조사를 실시한 후 그 결과를 시장 · 군수 또는 국유림관리소장에게 알려주고, 타당성조사와 관련하여 작성한 서류 및 자료 등은 3년간 보관하여야 한다(제9조 제2항~제4항). 이 경우 타당성

120) 여기에서 '대통령령으로 정하는 산지관리전문기관'이란 「산지관리법」에 따른 한국산지보전협회를 말한다(시행령 제3조 제1항).

조사를 신청한 자는 조사에 필요한 수수료를 산지관리전문기관에 납부하여야 한다.

B. 시장 · 군수 또는 국유림관리소장이 아닌 자의 경우

시장 · 군수 또는 국유림관리소장이 아닌 자로서 생태적 산지전용지구의 지정대상이 되는 민북지역의 산지를 전용하려는 자는 현행법 제9조 제1항에 따라 미리 해당 산지에 대한 타당성조사를 받은 후 생태적 산지전용지구의 지정기준에 적합하도록 사업계획을 수립하여 시장 · 군수 또는 국유림관리소장에게 생태적 산지전용지구의 지정을 제안하여야 한다(제10조 제3항). 여기에서 시장 · 군수 또는 국유림관리소장이 아닌 자는 생태적 산지전용지구의 지정을 제안할 수 있을 뿐이며, 시장 · 군수 또는 국유림관리소장과 같이 직접 그 지정을 신청할 수 있는 것은 아니라는 점에 주의하여야 한다.

제안자로부터 생태적 산지전용지구의 지정을 제안받은 시장 · 군수 또는 국유림관리소장은 그 제안의 내용이 생태적 산지전용지구의 지정기준에 적합하다고 인정하면 제10조 제1항에 따라 시 · 도지사 또는 지방산림청장의 검토를 거쳐 산림청장에게 지정을 신청하고, 그 결과를 제안자에게 알려 주어야 한다(제10조 제4항). 시장 · 군수 또는 국유림관리소장이 아닌 자가 생태적 산지전용지구의 지정을 신청하는 이러한 절차는 그 지정한 내용을 변경하려는 경우에도 동일하게 적용한다.

2. 지정 · 지정변경 및 해제

가. 지정 및 지정변경

산림청장은 생태적 산지전용지구의 지정 또는 지정변경 신청을 받았을 때에는 그 신청내용이 지정기준에 적합한지에 대하여 검토하고 현지조사를 실시한다(제10조 제5항 및 시행령 제5조 제2항). 이 경우 그 신청지역이 「백두대간 보호에 관한 법률」에 따른 백두대간보호지역, 「산림보호법」에 따른 산림유전자원보호구역이나 생태숲, 「야생생물 보호 및 관리에 관한 법률」에 따른 야생생물 특별보호구역이나 야생생물 보호구역, 「문화재보호법」에 따른 지정문화재 및 그 보호구역, 「자연환경보전법」에 따른 생태 · 경관보전지역, 「습지보전법」에 따른 습지보호지역, 「자연공원법」에 따른 공원구역, 현행법 제20조 제1항에 따른 산지전용 · 일시사용제한지역, 그 밖에 산지의 공익적 기능을 증진하기 위하여 필요한 산지로서 대통령령으로 정하는 산지[121]에 해당하는

121) 이에 따라 '대통령령으로 정하는 산지'에는 ① 「산림문화 · 휴양에 관한 법률」에 따라 산림문화자산으로 지정된 산지, ② 산림생태계 · 자연경관 · 해안사구(해안모래언덕) 또는 생활환경의 보호를 위하여 필요한 산지, ③ 「산림자원의 조성 및 관리에 관한 법률」에 따라 채종림 및 시험

경우에는 생태적 산지전용지구를 지정할 수 없다(제12조).

산림청장은 이러한 검토 및 현지조사를 거쳐 그 신청내용이 생태적 산지전용지구의 지정기준에 적합하다고 인정되면, 관계 중앙행정기관의 장과 협의한 후 「산지관리법」에 따른 중앙산지관리위원회의 심의를 거쳐 생태적 산지전용지구로 지정 또는 지정변경할 수 있다(제11조 제1항). 그러나 이 경우에도 대통령령으로 정하는 경미한 사항을 변경하려는 경우에는 관계 중앙행정기관의 장과의 협의 및 중앙산지관리위원회의 심의를 거치지 않고 지정변경할 수 있다.

산림청장은 현행법에 따라 생태적 산지전용지구를 지정 또는 지정변경한 때에는 농림축산식품부령으로 정하는 바에 따라 그 내용을 고시하고, 구체적인 내역과 도면 사본을 관계 시·도지사 또는 지방산림청장에게 송부하여 시장·군수 또는 국유림관리소장으로 하여금 일반인이 이를 열람할 수 있도록 조치하게 하여야 한다(제11조 제3항).

나. 지정해제

산림청장은 지정된 생태적 산지전용지구가 일정한 사유에 해당하는 경우에는 그 지정을 해제할 수 있다(제11조 제2항). 산림청장이 현행법에 따라 생태적 산지전용지구의 지정을 해제할 수 있는 이러한 사유에는 거짓이나 그 밖의 부정한 방법으로 지정을 받은 경우, 생태적 산지전용지구로 지정된 날부터 3년 이내에 현행법 제13조에 따른 실시계획의 승인을 신청하지 않은 경우 또는 현행법 제17조에 따라 실시계획의 승인이 취소된 경우 등이 있다. 산림청장은 이러한 사유가 있더라도 생태적 산지전용지구의 지정을 반드시 해제할 필요는 없으나, 그 해제사유가 '거짓이나 그 밖의 부정한 방법으로 지정을 받은 경우'에 해당하는 경우에는 반드시 그 지정을 해제하여야 한다(제11조 제2항 단서).

산림청장은 현행법에 따라 생태적 산지전용지구의 지정을 해제하는 처분을 하려면 청문을 하여야 하며(제28조 제1호), 이러한 절차를 거쳐 생태적 산지전용지구의 지정을 해제한 경우에는 이를 지정 또는 지정변경한 때와 같이 현행법 제11조 제3항에 따라 그 내용을 고시하고, 구체적인 내역과 도면 사본을 관계 시·도지사 또는 지방산림청장에게 송부하여 시장·군수 또는 국유림관리소장으로 하여금 일반인이 이를 열람할 수 있도록 조치하게 하여야 한다.

림으로 지정된 산지, ④ 「산지관리법」 제4조 제1항 제1호 나목 7)부터 9)까지 및 12)에 따른 공익용 산지 등이 있다(시행령 제8조).

[2] 생태적 산지전용지구에서의 산지전용

1. 실시계획의 승인 신청

가. 시장·군수 또는 국유림관리소장의 경우

시장·군수 또는 국유림관리소장이 생태적 산지전용지구에서 산지를 전용하려면 생태적 산지전용기준에 적합하도록 산지전용에 관한 실시계획을 작성하여 시·도지사 또는 지방산림청장에게 승인을 신청하여야 한다(제13조 제1항). 이는 승인을 받은 실시계획의 내용을 변경하려는 경우에도 같다. 그러나 승인을 받은 실시계획 중 변경하려는 사항이 대통령령으로 정하는 경미한 사항인 경우에는 그렇지 않다.

시장·군수 또는 국유림관리소장은 현행법에 따라 실시계획의 승인 또는 변경승인을 받으려는 산지가 2개 이상의 시·군 또는 국유림관리소의 관할구역에 걸쳐 있거나 국유림·공유림 또는 사유림이 함께 포함되어 있는 경우에는 미리 관할 시장·군수 또는 국유림관리소장과 협의하여 공동으로 신청하거나 대표자를 선정하여 신청할 수 있다(제13조 제2항).

현행법에 따른 생태적 산지전용지구에서 생태적 방법으로 산지를 전용하는 기준인 생태적 산지전용기준은 다음과 같다(제14조).

- 산지의 지형이 유지되도록 절토량·성토량 및 형질변경 면적을 최소화할 것
- 산지의 토양이 보전되도록 오염방지 및 산사태·토사유출 등 재해방지 방안을 마련할 것
- 산지의 식생이 보호되도록 입목·초본류 등의 생태축을 확보할 것
- 산지의 경관이 유지되도록 시설의 높이·넓이 등 규모와 밀도·배치 및 디자인·색채를 적정하게 할 것
- 산지전용으로 인한 수질 및 수량의 변화를 최소화할 것
- 탄소배출과 에너지 사용을 최소화할 수 있도록 친환경 소재와 공법을 사용할 것

산지전용으로부터 산지생태에 대한 영향을 최소화하려는 이러한 생태적 산지전용기준은 「산지관리법」 제3조에 따른 자연친화적인 산지전용 방법을 구체화한 것으로서 생태적 산지전용지구에서 생태적 방법으로 산지를 전용하는 기준이므로, 일정한 산지가 생태적 산지전용지구의 지정에 적합한지를 판단하는 기준인 생태적 산지전용지구의 지정기준과는 다른 것이므로 주의하여야 한다.

나. 시장 · 군수 또는 국유림관리소장이 아닌 자의 경우

시장 · 군수 또는 국유림관리소장이 아닌 자로서 생태적 산지전용지구의 지정을 제안한 제안자가 해당 생태적 산지전용지구에서 산지를 전용하려면 생태적 산지전용기준에 적합하도록 실시계획을 작성하여 시장 · 군수 또는 국유림관리소장에게 제출하여야 한다(제13조 제3항 · 제4항). 이 경우 시장 · 군수 또는 국유림관리소장은 제출된 실시계획의 내용이 생태적 산지전용기준에 적합하다고 인정하면 현행법 제13조 제1항에 따라 시 · 도지사 또는 지방산림청장에게 실시계획의 승인 또는 변경승인을 신청하고, 그 결과를 실시계획을 제출한 자에게 알려 주어야 한다.

2. 실시계획의 승인 · 변경승인 및 취소

가. 승인 및 변경승인

시 · 도지사 또는 지방산림청장은 실시계획의 승인 또는 변경승인이 신청되면 현행법 제19조 제1항의 산지관리전문기관으로 하여금 그 내용을 조사하게 하고, 그 결과가 생태적 산지전용기준에 적합하다고 인정하면 관계 행정기관의 장 및 관할 부대장과 협의한 후 실시계획을 승인 또는 변경승인할 수 있다(제15조 제1항). 그러나 이 경우에도 실시계획 중에서 대통령령으로 정하는 경미한 사항을 변경하는 경우에는 산지관리전문기관의 조사와 관계 행정기관의 장 및 관할 부대장과의 협의를 거치지 않고 그 실시계획을 변경승인할 수 있다.

실시계획을 승인 또는 변경승인 받으려는 자는 재해방지나 산지복구 및 생태복원에 필요한 복구비 · 복원비를 미리 예치하고, 「산지관리법」에 따른 대체산림자원조성비를 납부하여야 한다(제15조 제2항). 시 · 도지사 또는 지방산림청장은 이러한 절차를 거쳐 실시계획을 승인 또는 변경승인한 때에는 그 내용을 고시하고, 관계 서류의 사본을 시장 · 군수 또는 국유림관리소장에게 송부하여야 하며, 시장 · 군수 또는 국유림관리소장으로 하여금 일반인이 그 구체적인 내역과 도면 사본을 열람할 수 있도록 조치하게 하여야 한다(제15조 제3항 · 제4항).

시 · 도지사 또는 지방산림청장으로부터 실시계획의 승인 또는 변경승인을 받은 경우에는 다른 법률에 따른 결정 · 인가 · 허가 · 협의 · 승인 · 처분 · 해제 · 변경 · 폐지 · 신고 또는 지정[인 · 허가 등]을 받은 것으로 보며, 현행법에 따라 실시계획의 승인 또는 변경승인을 고시한 때에는 관계 법률에 따른 인 · 허가 등의 고시나 공고가 있은 것으로 본다(제16조 제1항). 그러므로 생태적 산지전용지구에서 산지전용을 위한 실시계획이 승인되면, 예를 들어 「산지관리법」에 따른 산지전용허가, 산지전용신고 및 산지일시사용허가·신고, 「건축법」에 따른 건축허가·신고 등과 같이 현행법 제16조 제1항 제1호부터 제32호에 열거된 법률[122]의 관련 인·허가 등이 의제되며. 따라서 실시계획의 승인 또는 변경승인을 받은 자는 그에 따른 목적사업을 수행하기 위하여 별도로 인·허가 등을 받을 필요가 없다.

현행법에 따라 이러한 인·허가 등의 의제를 받으려는 자가 실시계획의 승인 또는 변경승인을 신청할 때에는 해당 법률에서 정하는 관련 서류를 함께 제출하여야 하며, 만일 시·도지사 또는 지방산림청장이 현행법에 따라 인·허가 등이 의제되는 사항이 포함되어 있는 실시계획을 승인하려면 해당 법률에서 정하는 관련 서류를 첨부하여 미리 관계 행정기관의 장 및 관할 부대장과 협의하여야 한다

122) 현행법에 따라 다른 법률에 의한 인·허가 등이 의제되는 이러한 사항에는 「건축법」에 따른 건축허가·건축신고 및 허가·신고 사항의 변경, 가설건축물의 허가·신고 및 건축협의, 「공유재산 및 물품 관리법」에 따른 행정재산의 용도폐지 및 사용·수익허가, 「광업법」에 따른 광업권설정의 불허가처분 및 광업권 취소처분 또는 광구 감소처분, 「국유재산법」에 따른 국유재산의 사용허가 및 행정재산의 용도폐지, 「국토의 계획 및 이용에 관한 법률」에 따른 도시·군관리계획의 결정, 지구단위계획의 결정, 개발행위의 허가, 도시·군계획시설사업의 시행자의 지정 및 실시계획의 작성·인가, 「낙농진흥법」에 따라 지정된 낙농지구의 해제, 「농어촌정비법」에 따른 농업기반시설의 사용허가, 「대기환경보전법」, 「물환경보전법」 및 「소음·진동관리법」에 따른 배출시설 설치의 허가 및 신고, 「대중교통의 육성 및 이용촉진에 관한 법률」에 따른 개발사업계획에의 대중교통시설에 관한 사항의 반영, 「도시개발법」에 따른 도시개발구역의 지정, 개발계획의 수립 및 변경, 사업시행자의 지정, 실시계획의 작성 및 인가, 조성토지 등의 공급계획 제출, 조성토지 등의 준공 전 사용의 허가 및 타인의 토지에의 출입허가, 「도로법」에 따른 도로관리청이 아닌 자에 대한 도로공사 시행의 허가, 도로의 점용허가 및 도로관리청과의 협의 또는 승인, 「사도법」에 따른 사도의 개설허가, 「사방사업법」에 따른 벌채 등의 허가 및 사방지 지정의 해제, 「산업입지 및 개발에 관한 법률」에 따른 산업단지사업시행자의 지정, 산업단지개발실시계획의 승인 및 도시첨단산업단지개발 실시계획의 승인, 「산업집적활성화 및 공장설립에 관한 법률」에 따른 공장설립 등의 승인, 「산림보호법」에 따른 산림보호구역에서 행위의 허가 및 산림보호구역의 지정해제, 「산림자원의 조성 및 관리에 관한 법률」에 따른 입목벌채 등의 허가·신고, 「산지관리법」에 따른 산지전용허가, 산지전용신고 및 산지일시사용허가·신고, 「소하천정비법」에 따른 소하천정비종합계획의 수립·승인 및 소하천정비시행계획의 수립, 소하천공사 시행의 허가 및 소하천 점용 등의 허가 또는 신고, 「수도법」에 따른 수도사업의 인가 및 전용상수도 또는 전용공업용수도의 설치인가, 「에너지이용 합리화법」에 따른 에너지사용계획의 협의, 「임업 및 산촌 진흥촉진에 관한 법률」에 따른 임업진흥권역의 지정변경 및 해제, 「자연재해대책법」에 따른 개발사업의 재해영향평가 등의 협의, 「장사 등에 관한 법률」에 따른 무연분묘의 개장허가, 「전기안전관리법」에 따른 자가용전기설비의 공사계획의 인가 또는 신고, 「주택법」에 따른 사업계획의 승인, 「공간정보의 구축 및 관리 등에 관한 법률」에 따른 사업의 시작·변경 또는 완료의 신고, 「집단에너지사업법」에 따른 집단에너지의 공급타당성에 관한 협의, 「체육시설의 설치·이용에 관한 법률」에 따른 사업계획의 승인, 「폐기물관리법」에 따른 폐기물처리시설의 설치 승인 또는 신고, 「하수도법」에 따른 공공하수도공사 시행의 허가 및 공공하수도의 점용허가, 「부동산 거래신고 등에 관한 법률」에 따른 토지거래계약에 관한 허가 등이 있다.

(제16조 제2항·제3항). 이 경우 협의요청을 받은 관계 행정기관의 장 및 관할 부대장은 그 협의요청을 받은 날부터 30일 이내에 의견을 제출하여야 하며, 같은 기간 이내에 의견을 제출하지 않은 경우에는 의견이 없는 것으로 본다. 다른 법률에 따라 의제되는 행정처분을 위한 이러한 협의의 의의 및 필요성 등에 대해서는 앞에서 산지전용 및 산지일시사용을 살펴볼 때 이미 설명한 것과 같다.

나. 승인 취소

시·도지사 또는 지방산림청장은 현행법에 따라 실시계획의 승인 또는 변경승인을 받은 자가 일정한 사유에 해당하는 경우에는 그 실시계획의 승인을 취소하거나 목적사업의 중지, 시설물의 철거, 그 밖에 필요한 조치를 명할 수 있다(제17조). 시·도지사 또는 지방산림청장이 현행법에 따라 실시계획의 승인을 취소하는 등 필요한 조치를 할 수 있는 이러한 사유에는 거짓이나 그 밖의 부정한 방법으로 실시계획의 승인 또는 변경승인을 받은 경우, 실시계획의 승인 또는 변경승인의 조건을 위반하였거나 승인 없이 사업계획이나 사업규모를 변경한 경우, 현행법 제23조 제1항에 따라 복구비·복원비를 예치하지 않은 경우, 「산지관리법」에 따른 대체산림자원조성비를 납부하지 않았거나 같은 법에 따른 재해방지 또는 복구를 위한 명령을 이행하지 않은 경우, 실시계획의 승인 또는 변경승인을 받은 자가 목적사업의 중지 등의 조치명령을 위반한 경우, 다른 법률에 따라 목적사업의 시행에 필요한 인가·허가 등의 신청이 거부되었거나 그 인가·허가 등의 취소 처분이 확정된 경우 등이 있다. 시·도지사 또는 지방산림청장은 이러한 사유가 있더라도 실시계획의 승인을 반드시 취소할 필요는 없으나, 그 사유가 '거짓이나 그 밖의 부정한 방법으로 실시계획의 승인 또는 변경승인을 받은 경우'에 해당하는 경우에는 반드시 그 실시계획의 승인을 취소하여야 한다(제17조 단서).

현행법이나 현행법에 따른 명령에 따라 산지의 소유자나 정당한 권원에 의하여 산지를 사용·수익할 수 있는 자에 대하여 한 처분은 그 승계인에 대하여도 효력이 있으며, 만일 시·도지사 또는 지방산림청장이 실시계획의 승인을 취소하는 처분을 하려는 경우에는 현행법에 따라 청문을 하여야 한다(제20조 및 제28조 제2호). 시·도지사 또는 지방산림청장은 이러한 절차를 거쳐 실시계획의 승인을 취소한 때에는 현행법에 따라 실시계획을 승인 또는 변경승인한 때와 같이 대통령령으로 정하는 바에 따라 그 내용을 고시하고, 시장·군수 또는 국유림관리소장으로 하여금 일반인이 그 구체적인 내역과 도면 사본을 열람할 수 있도록 조치하게 하여야 한다(제15조 제3항).

3. 준공검사

시・도지사 또는 지방산림청장으로부터 실시계획의 승인 또는 변경승인을 받은 자가 목적사업을 완료한 때에는 농림축산식품부령으로 정하는 산지복구 및 생태복원 기준에 따라 복구・복원을 완료한 후에 시・도지사 또는 지방산림청장으로부터 준공검사를 받아야 한다(제18조 제1항 및 시행규칙 제8조 별표).

현행법에 따라 준공검사를 받은 후에 생태적 산지전용지구에서 형질변경, 입목벌채, 시설의 높이・넓이 등 규모나 밀도・배치의 변경, 그 밖에 지형・토양・식생 또는 경관의 변화를 수반하는 행위를 하려면 「공간정보의 구축 및 관리 등에 관한 법률」에 따른 지목구분에도 불구하고 미리 시・도지사 또는 지방산림청장에게 승인을 신청하여야 한다(제18조 제2항). 이 경우 현행법이 지목구분을 따지지 않도록 한 것은 산지전용 이후 지목이 변경된 경우에도 변경 이전의 지목에 따르도록 함으로써 준공검사를 받고 지목을 변경한 후에 의도적으로 형질을 변경하는 등 생태적 산지전용지구의 제도적 취지를 일탈하려는 행위를 방지하기 위한 것으로 보인다. 그러므로 이러한 의도가 없이 그 신청내용이 생태적 산지전용기준에 적합하다고 인정되면 시・도지사 또는 지방산림청장은 관계 행정기관의 장 및 관할 부대장과 협의한 후 신청된 내용을 승인할 수 있다(제18조 제3항・제4항). 현행법에 따라 시・도지사 또는 지방산림청장으로부터 이러한 승인을 받은 때에는 현행법 제16조 제1항의 다른 법률에 따른 인・허가 등을 받은 것으로 본다.

Ⅳ. 민북지역의 산지관리에 관한 특례

[1] 산지구분에 관한 특례

「산지관리법」 제4조에도 불구하고 민북지역의 산지 중 「공간정보의 구축 및 관리 등에 관한 법률」에 따른 지적공부에 등록되지 않은 산지는 「산지관리법」에 따른 보전산지 중 공익용산지로 지정된 것으로 보며, 또한 민북지역의 산지 중 대통령령으로 정하는 규모 이상의 입목이 생육하고 있는 임야 외의 토지[123]는 보전산지 중 임업용산지로 지정된 것으로 본다(제19조 제1항・제2항).

123) 여기에서 '대통령령으로 정하는 규모 이상의 입목이 생육하고 있는 임야 외의 토지'란 연령이 10년 이상인 입목이 집단적으로 생육하고 있고, 지적공부상 지목이 임야인 토지와 연접한 토지로서 1천m^2 이상의 토지를 말한다(시행령 제12조).

이는 민북지역의 경우 비무장지대와 인접한 지역으로서 오랜 기간 동안 민간인의 접근이 금지되거나 제한되어 왔을 뿐만 아니라 행정력이 미치는 범위도 일부 제한되어 산지의 현상이나 지목이 현실을 제대로 반영하지 못하는 경우가 있을 수 있다는 점을 감안하여 「산지관리법」에 따른 산지구분의 기준에 특례를 인정하고자 하는 것으로서 민북지역의 산지를 공익용산지와 임업용산지로 적극적으로 편입하여 관리하려는 정책적 의지를 잘 보여주는 것이다.

[2] 산지전용 · 일시사용제한지역에 관한 특례

1. 산지전용 · 일시사용제한지역의 지정

산림청장은 「산지관리법」 제9조 제1항의 산지전용 · 일시사용제한지역에 관한 규정에도 불구하고 민북지역의 산지를 다음과 같이 산지특별보호지역과 산지특별관리지역으로 구분하여 산지전용 · 일시사용제한지역으로 지정할 수 있다(제20조 제1항).

- 산지특별보호지역: 자연적 · 인위적으로 훼손된 산지를 복원하여 보호할 가치가 있거나 산지를 형질변경하지 않고 원형 그대로 특별히 보호할 필요가 있는 산지
- 산지특별관리지역: 산지특별보호지역에는 해당하지 않지만 「산지관리법」에 따른 산지전용 · 일시사용제한지역의 지정요건에 해당하고 산지의 보호를 위하여 특별히 관리할 필요가 있는 산지

현행법의 이러한 규정은 「산지관리법」에서 정하고 있는 산지전용 · 일시사용제한지역과는 다른 요건으로 별도의 산지전용 · 일시사용제한지역을 지정하는 것으로서 매우 예외적이면서도 강력한 규제에 해당하는 것이나, 특별히 민북지역의 산지에 대한 관리를 강화하기 위한 것이라는 점을 감안하여 부득이한 것으로 보아야 할 것이다.

그러나 현행법의 이러한 입장에 동의하더라도 민북지역의 산지를 산지전용 · 일시사용제한지역으로 지정하는 경우에 해당 지역의 산지소유자에게 그 산지의 매수청구권이 인정되는지의 여부는 별개의 문제라고 할 것이다. 이는 「산지관리법」에 따른 산지전용 · 일시사용제한지역의 지정 · 고시가 있는 경우 같은 법 제13조의2에 따라 그 지역의 산지소유자에게 보장되는 매수청구권이 민북지역의 산지를 산지전용 · 일시사용제한지역으로 지정하는 경우에도 적용되는지에 관한 것이다. 이에 대하여는 (1) 현행법이 정하는 특례의 범위는 민북지역의 산지를 산지전용 · 일시사용제한지역으로 지정하는 것에 대한 법적 근거일 뿐 산지소유자의 매수청구권

에 대해서는 별도로 정하고 있지 않으므로 "민북지역의 산지관리에 관하여 이 법에서 정하지 아니하는 사항은 「산지관리법」에 따른다"라는 현행법 제6조 제2항에 따라 「산지관리법」을 적용하는 것이 타당하고, (2) 현행법이 민북지역의 산지를 산지특별보호지역과 산지특별관리지역으로 구분하면서도 이를 산지전용·일시사용제한지역으로 지정할 수 있도록 한 것은 특별히 규정된 사항을 제외하고는 「산지관리법」상의 산지전용·일시사용제한지역에 관한 내용을 적용하려는 취지로 보아야 하며, (3) 비무장지대와 인접한 지역으로서 많은 규제를 받아 오히려 산지소유자의 재산권을 보장할 필요가 큰 지역임에도 「산지관리법」에 따른 매수청구권을 특별히 민북지역의 산지에 적용하는 경우에만 제한할 이유는 없다는 점에서 이를 인정하는 것으로 해석해야 할 것이다.

2. 허용행위

민북지역의 산지전용·일시사용제한지역에서는 「산지관리법」 제10조에 따른 산지전용·일시사용제한지역에서의 행위제한에 관한 규정에도 불구하고 산지특별보호지역과 산지특별관리지역의 구분에 따라 허용되는 일정한 행위 이외에는 산지전용이나 산지일시사용을 할 수 없으며, 입목·죽의 벌채, 임산물의 굴취·채취 및 가축의 방목도 할 수 없다(제20조 제2항).

현행법에 따르면 산지특별보호지역에서 할 수 있는 행위에는 (1) 국방·군사시설의 설치 및 관리에 필요한 시설의 설치, (2) 지표조사를 포함한 매장문화재의 발굴 및 그 보존에 필요한 행위, 문화재와 전통사찰의 복원·보수·이전 및 그 보존관리를 위한 시설의 설치, 문화재 및 전통사찰과 관련된 비석·기념탑, 그 밖에 이와 유사한 시설의 설치, (3) 산림 병해충의 방제, 산불의 예방·진화, 산사태·토양유출 등 재해의 방지에 필요한 시설의 설치, 그 밖에 대통령령으로 정하는 산림보호시설의 설치, (4) 자연적 또는 인위적으로 훼손된 산지의 생태복원을 위한 경우로서 대통령령으로 정하는 시설 및 행위, (5) 임업연구를 위한 시설로서 대통령령으로 정하는 시설의 설치, (6) 수목원, 자연휴양림, 산림생태원 및 숲길, 그 밖에 대통령령으로 정하는 산림공익시설의 설치, (7) 「6·25 전사자유해의 발굴 등에 관한 법률」에 따른 전사자유해의 조사·발굴, (8) (1)~(7)에 해당하는 행위를 하기 위하여 대통령령으로 정하는 기간 동안 임시로 설치하는 진입로 및 현장사무소, 그 밖에 대통령령으로 정하는 부대시설의 설치 등이 있다(제20조 제2항 제1호).124)125)

산지특별보호지역에서 할 수 있는 이러한 행위는 「산지관리법」에 따른 산지전용・일시사용제한지역에서 허용되는 행위보다 좁은 것으로서 이러한 관점에서 보면 현행법에 따른 산지특별보호지역은 가장 강한 행위제한을 받는 산지에 해당한다고 할 수 있을 것이다. 한편 산지특별관리지역에서 허용되는 행위는 산지특별보호지역과는 달리 「산지관리법」 제10조에 따라 산지전용・일시사용제한지역에서 허용되는 행위의 범위와 같다(제20조 제2항 제2호).

[3] 보전산지에서의 행위제한에 관한 특례

1. 민북지역 산지 중 보전산지에서의 행위제한

민북지역의 산지 중 보전산지에서는 「산지관리법」 제12조에 따른 보전산지에서의 행위제한에 관한 규정에도 불구하고 현행법에서 정하는 일정한 행위를 하기 위하여 산지전용 또는 산지일시사용하는 경우를 제외하고는 산지전용 또는 산지일시사용을 할 수 없다(제21조 제1항). 그러므로 민북지역의 산지 중 보전산지에서의 행위에 대해서는 「산지관리법」이 적용되는 대신 현행법이 규정한 특례 규정만이 적용된다. 여기에서 민북지역의 산지 중 보전산지에는 산지전용・일시사용제한지역은 포함되지 않는다.

현행법의 이러한 특례 규정에도 불구하고 「자연공원법」에 따른 공원구역에서의 행위제한에는 「자연공원법」을 적용한다(제21조 제3항). 이는 자연공원이 국립공원・도립공원・군립공원 및 지질공원으로 구분되는 점을 감안하여 각 자연공원에서의 행위제한에 대해서는 공원별 특성을 반영하여 그 근거법률을 정하는 것이 합리적이라는

---

124) 산지특별보호지역에서 할 수 있는 행위 중 대통령령으로 정하는 사항을 살펴보면 다음과 같다(시행령 제13조 제1항~제4항). ① 대통령령으로 정하는 산림보호시설: 「산림보호법」에 따라 지정된 보호수 및 「야생생물 보호 및 관리에 관한 법률」에 따른 야생생물의 보전・관리를 위한 시설, ② 산지의 생태복원을 위한 경우로서 대통령령으로 정하는 시설 및 행위: 산림피해지 복구・복원을 위한 시설, 「사방사업법」에 따른 사방시설, 그 밖에 산림청장이 훼손된 산지의 생태복원을 위하여 필요하다고 인정하여 고시하는 시설, ③ 임업연구를 위한 시설로서 대통령령으로 정하는 시설: 국가 또는 지방자치단체 소속의 임업시험 연구기관 또는 「고등교육법」에 따른 학교로서 산림과 관련된 학과 또는 학부를 둔 학교가 임업연구를 목적으로 설치하는 시설, ④ 대통령령으로 정하는 산림공익시설: 국가 또는 지방자치단체가 설치하는 시설로서 「산림문화・휴양에 관한 법률」에 따라 조성하는 산림욕장 또는 치유의 숲, 산림박물관 및 산악박물관, 「산림보호법」에 따른 생태숲, 「자연환경보전법」에 따른 생태통로, 조수의 보호・번식을 위한 시설, 생태탐방로, 탐방안내시설, 생태관찰전망대.

125) 산지특별보호지역에서 허용되는 행위를 하기 위하여 설치하는 진입로, 현장사무소 및 부대시설의 설치행위와 관련하여 '대통령령으로 정하는 기간'이란 목적사업을 수행하기 위한 산지전용기간 또는 산지일시사용기간을 말하며, '대통령령으로 정하는 부대시설'이란 주차장, 화장실, 창고, 숙소, 식당, 정화시설, 재해방지시설 및 자재 적치・운반시설을 말한다(시행령 제13조 제5항 및 제6항).

점을 고려한 것으로 보인다(자연공원법 제2조 제1호). 이와 함께 현행법에 따른 생태적 산지전용지구에는 현행법 제21조 제1항에 따른 민북지역의 산지 중 보전산지에 관한 행위제한 및 「산지관리법」 제10조의 산지전용 · 일시사용제한지역과 제12조 제1항 및 제2항에 따른 임업용산지와 공익용산지에서의 행위제한에 관한 규정을 적용하지 않는다(제21조 제2항). 이는 생태적 산지전용지구란 생태적 방법으로 산지를 전용하는 지구로서 이미 산지전용을 예상하고 있는 지역이며, 특히 현행법에 따르면 그 지구지정부터 산지전용에 이르기까지 생태적 산지전용기준이 적용되므로 행위제한에 관한 규정을 별도로 적용할 필요가 없기 때문이다.

2. 허용행위

민북지역의 산지 중 보전산지에서 허용되는 행위는 현행법 제21조 제1항 제1호부터 제17호에서 규정하고 있는데, 이에 따르면 (1) 국방 · 군사시설의 설치나 국가 · 지방자치단체의 청사의 신축 · 증축 또는 개축, (2) 사방시설 · 하천 · 제방 및 저수지, 그 밖에 이에 준하는 국토보전시설의 설치, (3) 도로 · 철도 · 수도 · 전기통신 · 전력시설, 석유 · 가스의 비축 · 저장 · 공급시설, 방풍 · 방화 · 기상관측 시설의 설치, (4) 병원, 청소년수련시설, 사회복지시설 및 교육 · 연구시설로서 대통령령으로 정하는 시설의 설치, (5) 산림보호, 임업연구에 필요한 시설 및 산림자원의 보전 · 증식을 위한 시설로서 대통령령으로 정하는 시설의 설치, (6) 수목원, 자연휴양림, 산림생태원, 숲길, 자전거길, 수목장림, 그 밖에 산림휴양 · 산림치유에 필요한 시설로서 대통령령으로 정하는 시설의 설치, (7) 생태통로, 조수의 보호 · 번식을 위한 시설, 생태탐방로, 그 밖에 생태탐방 등에 필요한 시설로서 대통령령으로 정하는 시설의 설치, (8) 지표조사를 포함한 매장문화재의 발굴, 문화재 및 전통사찰의 복원 · 보수 · 이전 및 그 보존관리를 위한 시설의 설치, 문화재 및 전통사찰과 관련된 비석 · 기념탑, 그 밖에 이와 유사한 시설의 설치, (9) 임도, 산림경영관리사 등 산림경영과 관련된 시설, 산촌개발사업과 관련된 시설, 그 밖에 산림공익시설로서 대통령령으로 정하는 시설의 설치, (10) 농어업용 생산 · 이용 · 가공시설 및 농어촌휴양시설로서 대통령령으로 정하는 시설의 설치, (11) 민북지역에 거주하는 주민 또는 농림어업인이 해당 시 · 군의 민북지역에서 하는 행위로서 민북지역에 거주하는 주민이 생태적 산지전용기준에 따라 설치하거나 농림어업인이 실제로 거주하기 위하여 설치하는 주택 및 그 부대시설로서 대통령령으로 정하는 주택 및 그 부대시설의 설치[126] 또는 대통령령으로 정하는 규모 이하의 농지나 초지의 조성, 임산물의 재배 및 가축의 방목행위, (12) 대통령령으로 정하는 규모 이하의 종교시설의 설치, (13) 대통령령으로 정하는 공공·문화체육시설의 설치, (14) 「국토의 계획 및 이용에 관한 법률」에 따른 공간시설 중 공원·녹지시설의 설치, (15) 국가안보에 관한 체험을 위하여 국가 또는 지방자치단체가 설치하는 교육시설의 설치, (16) 「6·25 전사자유해의 발굴 등에 관한 법률」에 따른 전사자 유해의 조사·발굴, (17) (1)~(16)에 해당하는 행위를 하기 위하여 대통령령으로 정하는 기간 동안 임시로 설치하는 진입로 및 현장사무소, 그 밖에 대통령령으로 정하는 부대시설의 설치[127] 등이 있다.

민북지역의 산지 중 보전산지에서는 현행법에서 따라 허용되는 이러한 행위를 하는 경우에만 예외적으로 산지전용 또는 산지일시사용이 허용된다. 또한 현행법에 따른 허용행위는 임업용산지와 공익용산지의 구분이 없이 적용되는 것으로서 그 행위를 하려면 산지전용 또는 산지일시사용을 위한 절차에 따라야 하는 것은 물론이다.

현행법은 민북지역의 산지 중 보전산지에서 허용되는 행위와 관련하여 제한행위를 열거하는 방식이 아니라 허용행위를 열거하는 방식을 따르고 있는데, 이러한 방식은 규제되는 행위를 광범위하게 규정할 수 있다는 점에서는 이점이 있으나, 규제행위의 명확성과 법률관계 당사자의 예견가능성을 해친다는 점에서는 바람직하지 않은 측면이 있다는 것은 앞에서 이미 설명한 것과 같다.

[4] 산지전용허가기준에 관한 특례

민북지역의 산지를 전용하는 경우 생태적 산지전용지구에서는 생태적 산지전용기준을 적용하고, 그 이외의 지역인 경우에는 따로 대통령령으로 정하는 민북지역 산지전용허가기준을 적용한다(제22조 및 시행령 제15조 별표2). 따라서 민북지역의 산지전용에 대해서는 어

---

126) 여기에서 '대통령령으로 정하는 주택 및 그 부대시설'이란 ① 민북지역에 거주하는 주민이 생태적 산지전용기준에 따라 설치하는 경우에는 부지면적 330m² 이하의 주택과 그 부대시설을 말하고, ② 농림어업인이 실제로 거주하기 위하여 설치하는 경우에는 부지면적 660m² 이하의 주택과 그 부대시설을 말한다(시행령 제14조 제7항 및 제8항).

127) 이 경우 '대통령령으로 정하는 기간'이란 목적사업을 수행하기 위한 산지전용기간 또는 산지일시사용기간을 말하며, '대통령령으로 정하는 부대시설'이란 주차장, 화장실, 창고, 숙소, 식당, 정화시설, 재해방지시설 및 자재 적치·운반시설을 말한다(시행령 제14조 제13항 및 제14항). 이는 앞에서 이미 살펴본 것과 같이 현행법 제20조 제2항 제1호 아목에 따라 산지특별보호지역에서 허용되는 행위를 하기 위하여 설치하는 진입로, 현장사무소 및 부대시설의 설치행위와 동일한 것이다.

는 경우이든 「산지관리법」 제18조 제1항에 따른 산지전용허가기준은 적용하지 않는다.

[5] 산지복구에 관한 특례

현행법에 따르면 다음에 해당하는 자는 「산지관리법」 제38조 제1항 및 제2항의 규정에도 불구하고 농림축산식품부령으로 정하는 바에 따라 미리 시·도지사 또는 지방산림청장에게 재해방지 또는 산지복구 및 생태복원에 필요한 비용을 예치하여야 한다(제23조 제1항).

- 민북지역의 산지에서 「산지관리법」 제37조 제1항에 따른 인가·허가 등의 처분을 받거나 신고 등을 하려는 자
- 민북지역의 산지에서 「산지관리법」 제37조 제1항 제1호부터 제5호까지에 따른 허가 또는 신고가 의제되거나 배제되는 행정처분을 받으려는 자
- 생태적 산지전용지구에서 실시계획의 승인 또는 변경승인을 받으려는 자

이와 관련하여 현행법은 실시계획의 승인이나 승인취소에 관한 규정(제15조 제2항 및 제17조 제3호)에서 복구비와 복원비를 구별하여 사용하는 등 재해방지 또는 산지복구에 필요한 복구비와 생태복원에 필요한 복원비를 명확히 구분하고 있는데, 이는 복구비와 구별되는 복원비의 개념을 특별히 사용함으로써 민북지역 산지의 생태복원에 대한 정책적 의지를 보다 구체화하려는 것으로 이해된다.

현행법에 따라 복구비와 복원비를 예치한 자는 산지전용지 등의 복구에 관한 「산지관리법」 제39조에도 불구하고 그 사업이 만료된 때에 훼손된 산지를 복구하고 생태를 복원하여야 한다(제23조 제1항·제2항). 이 경우 특히 생태적 산지전용지구에서의 산지복구와 생태복원은 대통령령으로 정하는 산지관리전문기관이 하도록 하여야 한다. 이와 함께 민북지역의 산지복구에 대해서는 「산지관리법」 제40조에 따른 복구설계서의 승인 등에 관한 규정도 적용하지 않는데, 이는 현행법이 민북지역의 산지복구를 위한 복구·복원설계서의 작성기준, 승인신청의 절차 및 승인기준 등에 관하여 따로 정하고 있기 때문이다(제23조 제3항 및 시행규칙 제12조).

Ⅴ. 민북지역 산지의 관리 및 주민 지원

[1] 민북지역 산지의 관리

산림청장 및 지방자치단체의 장은 민북지역의 산지를 계획적이고 생태적으로 관리하기 위하여 산지보전 및 이용실태의 조사·점검, 불법산지전용 등 행위의 감시, 생태적 산지전용지구의 관리, 그 밖에 생태적 산지관리에 관하여 평가 및 교육·홍보를 하여야 하며, 민북지역 산지의 관리를 위하여 필요한 경우 현행법이 정하는 일정한 사업을 「산지관리법」에 따른 한국산지보전협회에 위탁할 수 있다(제24조 제1항·제2항).

현행법에 따라 산림청장 및 지방자치단체의 장이 위탁할 수 있는 이러한 사업에는 민북지역 산지생태에 관한 조사·점검·감시 및 평가, 민북지역 산지의 전용에 대한 조사 및 감시, 민북지역 산림자원 육성을 위한 정책·제도의 조사 및 연구, 민북지역 산지의 보전을 위한 교육 및 홍보, 민북지역 산지의 복구·복원 등에 관한 조사·연구 및 자문, 그 밖에 민북지역 산지의 보전·이용을 위하여 필요한 사항으로서 산림청장 또는 지방자치단체의 장이 정하여 위탁하는 사업 등이 있다. 이 경우 산림청장 또는 지방자치단체의 장으로부터 위탁받은 이러한 업무에 종사하는 사람은 형법 제129조부터 제132조까지의 규정에 따른 벌칙을 적용할 때에는 공무원으로 본다(제31조).

[2] 주민에 대한 지원

산림청장 및 지방자치단체의 장은 민북지역에 거주하는 주민 또는 민북지역에 산지를 소유하고 있는 자에 대하여 지원사업[주민지원사업]을 시행하여야 한다(제25조 제1항). 이러한 주민지원사업의 대상에는 민북지역에 거주하는 주민뿐만 아니라 민북지역에 산지를 소유하고 있는 자도 포함한다. 현행법이 민북지역의 산지에 대하여 강력한 규제를 시행하면서 민북지역에 거주하는 주민이나 산지소유자에 대한 주민지원사업을 이처럼 법률에 명시한 것은 매우 적절한 것으로 보인다. 규제로 인하여 제한을 받는 주민의 재산권을 보호하고 주민불편을 해소하는 등 해당 지역의 주민을 배려하는 정책은 형평성 차원에서 보더라도 당연히 필요할 뿐만 아니라[128] 일

128) 김홍균의 앞의 책, 254면.

방적인 규제 위주의 행정만으로는 민북지역의 산지를 계획적이고 생태적으로 관리하겠다는 정책목표를 달성할 수 없을 것이기 때문이다.

산림청장 및 지방자치단체의 장이 지원하는 주민지원사업에는 임산물의 생산·가공·유통 등 산림소득증대사업, 산림휴양·산림치유·산림교육 등 산림복지증진사업, 산지보전·이용 시설의 설치사업, 산지복구·복원 및 민북지역 산지의 보전을 위한 사업, 민북지역 산지생태의 보전을 위하여 입목벌채·형질변경을 하지 않는 자 등 대통령령으로 정하는 요건에 해당하는 자에 대한 소득감소분의 지원, 그 밖에 주민의 생활편익·소득증대 및 복지증진을 위하여 대통령령으로 정하는 지원사업 등이 있으며, 산림청장 및 지방자치단체의 장은 이러한 주민지원사업을 시행하는 경우 그에 소요되는 자금의 전부 또는 일부를 보조하거나 융자할 수 있다(제25조 제2항·제3항).

주민지원사업 중 민북지역 산지생태의 보전을 위하여 입목벌채·형질변경을 하지 않는 자 등 대통령령으로 정하는 요건에 해당하는 자에 대한 소득감소분의 지원사업이란 산림이 「산지관리법」에 따른 공익용산지(같은법 제4조 제1항 제1호 나목)나 「산림자원의 조성 및 관리에 관한 법률 시행령」에 따른 입목벌채 등의 제한지역(같은시행령 제41조)에 있지 않으면서, 그 입목의 평균수령이 「산림자원의 조성 및 관리에 관한 법률 시행령」 제9조 제3항에 따른 기준벌기령 이상인 산림을 소유하고 있는 자로서 입목벌채를 하지 않는 자에게는 입목벌채를 하지 않음으로써 감소하는 소득을 지원하는 제도를 말한다(시행령 제18조). 이는 「임업 및 산촌 진흥촉진에 관한 법률」에 따라 산림소유자와 일정한 기간 동안 입목벌채를 하지 않는 계약을 체결하고, 그 계약기간 동안 산림소유자에게 예상수익금액을 지원하는 산지목재비축계약제도(같은법 제13조)와 유사한 것으로서 토지를 소유하고 있는 자와 입목을 소유하고 있는 자가 다른 경우에는 입목소유자를 기준으로 한다.

제3절 백두대간 보호에 관한 법률

Ⅰ. 총 론

[1] 개 요

백두대간이란 “백두산에서 시작하여 금강산, 설악산, 태백산, 소백산을 거쳐 지리산으로 이어지는 큰 산줄기"(제2조 제1호)를 말한다. 이러한 백두대간은 국토를 남북으로 종단하는 '한반도의 등뼈'로서 민족의 역사를 지탱해 온 삶의 터전이며, 물과 산을 나누고 경관을 형성함으로써 국토의 모습을 이루어왔다. 백두대간은 또한 비무장지대, 도서·연안 등 해양 및 5대강을 잇는 국토생태축의 중심공간으로서 자연생태계의 보고이자 모두를 위한 생명의 땅이며, '품격 있고 환경친화적 공간 창출'[129] 이라는 정부의 국토전략 과제를 달성하기 위한 핵심지역이기도 하다.

그러나 백두대간은 이처럼 우리의 삶과 국토의 근본을 이루는 공간임에도 불구하고 그동안의 경제개발 과정에서 심각하게 훼손되고 단절되어 왔다.[130] 가장 미래세대를 위하여 사용해야 할 곳이 우리 세대를 위하여 가장 최우선적으로 이용되어 왔던 것이다. 더군다나 우리는 그 이용행위에 있어서도 지속가능성이나 자연친화적인 방법에 대한 고민조차 충분하게 보여주지 못했으며, 국토를 대간과 정간·정맥이라는 관점에 따라 하나로 연결된 체계로 보는 전통적인 지리적 관점조차 최소한 잊고 있었다.[131] 백두대간의 이러한 현실은 결국 산림·환경단체 및 시민들을 중심으로 백두대간 보호를 위한 운동을 전개하게 하였으며, 이는 결국 백두대간에 관한 범국민적인 관심을 불러일으키고 그 보호를 위한 공감대를 형성하는 계기를 만들어내게 되었다.

백두대간을 보호하여야 한다는 이러한 국민적 요구는 이를 법적으로 보장할 수 있는 새로운 법률의 제정을 요구하였으며, 그 결과 정부는 1999년부터 입법을 추진하여 관계부처 간의 협의 등을 거친 후 2003년 12월 31일 마침내 「백두대간 보호에 관한 법률」(법률 제7038호)을 공포하고, 2005년 1월 1일부터 이를 시행하도록 하였다. 그러나 「백두대간 보호에 관한 법률」의 시행은 순탄하지 않았는데, 이는 법률에 따라 2004년에 추진한 백두대간보호지역의 지정이 해당 지방자치단체와 지역주민들의 강력한 반대에 부딪혔기 때문이다. 「백두대간 보호에 관한 법률」에 반대하는 지방자치단체와 지역주민들은 백두대간보호지역의 지정으로 인하여 개발기회가 감소되고 사유재산권이 제한될 것이라고 주장하면서 이에 대한 대책을

129) 대한민국정부(2020)의 「제5차 국토종합계획(2020~2040)」, 110면.
130) 산림청에 따르면 이러한 백두대간의 주요 훼손요인으로는 도로 65개소, 터널 12개소, 채광지 14개소, 채석지 9개소, 댐 4개소, 고랭지 채소밭 120개소, 목장 10개소, 스키장 및 군사시설 등이 있다. 이에 대해서는 산림청(2018)의 「제6차 산림기본계획(2018년~2037년)」, 99면을 참고하라.
131) 조선시대로부터 이어져 온 이러한 전통적인 관점에서는 우리 국토를 1대간, 1정간, 13정맥으로 구분한다.

요구하였으며, 이에 따라 법률의 개정이 필요하다는 주장까지 제기되었다.[132)]

상황이 이에 이르자 국회는 별도로 법률개정을 추진하였으며, 치열한 협의 끝에 해당 지방자치단체 및 지역주민의 요구와 정부안을 반영한 통일된 법률개정안을 마련하여 2005년 5월 3일 마침내 이를 공포하고, 2005년 12월 1일부터 시행하였다. 2005년 12월 1일 시행된 「백두대간 보호에 관한 법률」(법률 제7548호)은 2005년 1월 1일부터 시행한 당초의 법률과는 달리 백두대간보호지역 안에서의 행위제한에 대한 예외사유를 확대하고, 주민지원사업 등을 새로 규정하는 등 지역주민들의 불편을 해소하고 백두대간의 보호와 사유재산권의 보장을 조화시키기 위한 내용을 포함한 것이었다. 「백두대간 보호에 관한 법률」의 이러한 입법과정은 국회라는 용광로 속에서 자연과 인간, 개발과 보전 사이의 간격을 조정·통합하는 정책과정이 얼마나 힘들고 중요한 것인지를 잘 보여주는 좋은 사례라고 할 것이다.

우여곡절을 겪고 제정된 이러한 「백두대간 보호에 관한 법률」이 백두대간의 보호에 있어 획기적인 전기가 된 것은 부인할 수 없는 사실이다. 「백두대간 보호에 관한 법률」을 통하여 각종 개발행위로부터 백두대간을 효율적으로 보호할 수 있는 체계가 비로소 마련되었으며, 백두대간이라는 끊이지 않고 이어지는 능선 또는 산줄기에 주목함으로써 전통적인 점 개념의 관리를 선 내지 면 개념의 관리방식으로 전환[133)]하는 기회를 제공하기도 했기 때문이다. 이런 점에서 「백두대간 보호에 관한 법률」이야말로 한반도 국토생태축의 연결성을 확보하려는 정책목표의 실효성을 담보하는 기반이라고 할 수 있을 것이다.[134)]

[2] 법적 특성

「백두대간 보호에 관한 법률」은 백두대간을 보호대상으로 하는 법률로서 특별법적 성격을 가진다. 이것은 현행법이 제3조에서 "이 법은 백두대간의 보호에 관하여 다른 법률에 우선하며 그 기본이 된다"라고 규정하고 있는 데서 알 수 있다. 따라서 「백두대간 보호에 관한 법률」은 백두대간에 관해서는 일반적인 산림보호지

---

132) 산림청, 「2006년도 산림과 임업 동향에 관한 연차보고서」, 2006, 508면. 당시의 상황에 대하여 산림청(2017)의 「산림청 50년사」는 "주민의 반발은 지방언론의 부정적 측면 보도와 더불어 급속히 확산됐다. 초기에는 산발적이었으나 지역별 반대투쟁위원회가 조직되고, 지방의회를 중심으로 단순히 보호지역 지정 반대가 아닌 법률 폐지를 주장하는 등 지속적인 연대투쟁에 이르렀다. 2004년 9월에는 강원도, 전라북도 등 특정지역을 중심으로 한 대규모 집회가 발생하면서 반발의 수위가 절정에 이르렀다"라고 기록하고 있다(같은 책, 159면).

133) 김홍균의 앞의 책, 250면.

134) 관계부처합동(환경부), 「제5차 국가환경종합계획(2020~2040)」, 2019, 55면.

역에 관하여 규정하고 있는 「산림보호법」이나 산지에 관한 기본내용을 정하고 있는 「산지관리법」에 우선하여 적용된다.

「백두대간 보호에 관한 법률」은 환경부와 산림청에 공동으로 속하는 법률이다. 이는 백두대간의 대부분인 약 93%가 산림으로서 산림청에 그 보호를 전담하게 할 수도 있으나, 백두대간의 보전·관리는 생물자원이나 수자원 및 하천생태계 등을 포함한 국토의 보전 및 이용과 긴밀한 관계가 있으므로 환경정책의 전반에 대한 이해를 토대로 정책을 수립하고 추진하는 것이 필요하다는 점을 감안하여 환경부와 산림청이 서로 협력하도록 한 것으로 이해된다. 따라서 「백두대간 보호에 관한 법률」은 환경부와 산림청의 권한과 책임 등이 협동성의 원칙에 따라 적절하게 나누어져 있는 구조를 가지고 있으며, 이러한 원칙을 환경부와 산림청뿐만이 아니라 관계 행정기관 및 지역주민 등과의 관계에도 확대하여 적용하고 있다. 특히 현행법 중 백두대간의 관리를 위한 정책협의체(제12조)를 구성·운영할 수 있도록 한 것이나, 환경부장관과 산림청장이 현행법의 목적을 달성하기 위하여 필요하다고 인정하면 관계 중앙행정기관의 장이나 지방자치단체의 장에게 필요한 시책이나 조치를 요청(제16조)할 수 있도록 한 것은 이러한 협동성의 원칙을 잘 나타내고 있는 규정이라고 할 것이다.

산림법을 산림정책분야에 따라 구분할 때 「백두대간 보호에 관한 법률」을 산지관리 분야에 속하는 것으로 할 것인지 아니면 산림보호 분야에 속하는 것으로 할 것인지에 대해서는 논란의 여지가 있다. 그러나 (1) 「백두대간 보호에 관한 법률」에 따른 백두대간보호지역은 산지를 보호하려는 것으로서 특별히 산림을 보호할 필요가 있어 지정하는 산림보호지역(산림보호법 제7조 제1항)과는 분명히 다르며, (2) 그 행위제한에 있어서도 건축이나 시설의 설치와 같은 개발행위를 제한하는 것으로서 입목·죽의 벌채나 또는 임산물의 굴취·채취 등을 제한하는 「산림보호법」과는 구별되고(같은법 제9조 제1항), (3) 광범위한 범위의 산지에 관한 규제이므로 「민간인 통제선 이북지역의 산지관리에 관한 특별법」과 같이 주민지원사업에 대하여 특별히 규정하고 있으며, (4) 비록 현재 백두대간에 관한 업무를 산림보호를 담당하는 조직에서 담당하고 있으나 이러한 행정조직을 기준으로 법률체계의 기준을 삼을 수는 없다는 점 등을 고려하면 「백두대간 보호에 관한 법률」은 산지관리 분야에 속하는 것으로 구분하는 것이 합리적으로 보인다.

[3] 총 칙

1. 목적 및 보호대상

「백두대간 보호에 관한 법률」은 백두대간의 보호에 필요한 사항을 규정하여 무분별한 개발행위로 인한 훼손을 방지함으로써 국토를 건전하게 보전하고 쾌적한 자연환경을 조성함을 목적으로 한다(제1조). 따라서 「백두대간 보호에 관한 법률」의 목적은 '국토를 건전하게 보전하고 쾌적한 자연환경을 조성'하는 것이며, 이를 위하여 무분별한 개발행위로부터 백두대간의 훼손을 방지하기 위한 것이다.

「백두대간 보호에 관한 법률」의 보호대상은 백두대간이다. 백두대간은 6개도, 32개 시·군에 걸쳐 있으며, 최근의 조사에 따르면 약 6,433종의 생물종이 분포하고 있는 지역으로서 한반도 내 야생동·식물의 중요한 서식처이자 보금자리이다.[135] 이와 관련하여 「백두대간 보호에 관한 법률」은 그동안 백두대간만을 규정하고 있었으나 2020년 5월 26일 법률개정을 통하여 백두대간과 연속된 산줄기인 '정맥'의 개념을 신설하였는데, 이에 따르면 정맥이란 "백두대간에서 분기하여 주요 하천의 분수계를 이루는 대통령령으로 정하는 산줄기"로서 한북정맥, 낙동정맥, 한남금북정맥, 한남정맥, 금북정맥, 금남호남정맥, 금남정맥, 호남정맥 및 낙남정맥을 말한다(제2조 제1호의2 및 시행령 제2조). 이는 우리 국토가 대간을 중심으로 정간·정맥을 통하여 서로 하나로 연결되어 있다는 전통적인 지리체계를 법적으로 명문화한 것으로서 대간과 정맥을 통합한 한반도 주요 산줄기를 보호하기 위한 체계의 기반을 마련하였다는 점에서 큰 의미를 가진 것으로 평가된다.

2. 기본원칙

국가와 지방자치단체는 다음의 기본원칙에 따라 백두대간을 보호·관리하여야 한다(제3조의2).

- 백두대간은 모든 국민의 자산으로 현재와 미래세대를 위하여 지속가능하게 보전·관리되어야 한다.
- 백두대간은 자연의 기능 및 생태계 순환이 유지·증진되고 인간의 이용으로 인한 영향과 자연재해가 최소화되도록 보전·관리되어야 한다.
- 불가피하게 백두대간을 이용하여 훼손이 발생한 경우에는 최대한 복구·복원되도록 노

---

135) 환경부(2020)의 「2020 환경백서」, 53면.

력하여야 한다.

- 백두대간은 정맥 등 다른 산줄기와의 연결성이 유지 · 증진될 수 있게 보전 · 관리되어야 한다.
- 백두대간의 지속가능성 유지를 위하여 지역주민과 지역공동체는 보호되어야 한다.

이러한 기본원칙은 산림법의 4대 원칙인 지속가능성의 원칙, 통합성의 원칙, 형평성의 원칙 및 협동성의 원칙을 잘 반영한 것으로서 2020년 5월 26일 법률개정으로 신설된 것이다. 한편 국가나 지방자치단체는 백두대간의 보호와 관련되는 학술조사 · 연구 및 기술개발을 포함하여 백두대간의 보호 및 감시활동, 산림생태계 복원활동, 그 밖에 백두대간 보호에 관한 활동에 대하여 필요한 재정지원을 할 수 있는데(제14조 제1항·제2항), 이는 현행법이 선언하고 있는 기본원칙을 재정측면에서 성실하게 이행하기 위한 분명한 법적 의지의 표현이라고 할 수 있을 것이다.

Ⅱ. 백두대간보호 기본계획

[1] 기본계획

1. 원칙과 기준의 수립

「백두대간 보호에 관한 법률」은 환경부와 산림청이 권한과 책임 등을 함께 가지는 협동성의 원칙에 따른 법률이다. 이러한 원칙은 백두대간보호 기본계획[기본계획]을 수립하는 경우에도 적용되고 있으며, 따라서 현행법에 따른 기본계획의 수립은 다른 법률에 의한 기본계획의 수립절차와는 다른 특성을 가지고 있다.

현행법에 따른 기본계획의 수립은 계획수립을 위한 원칙과 기준을 정하는 것과 기본계획을 수립하는 2단계로 진행된다. 이에 따르면 우선 환경부장관은 산림청장과 협의하여 기본계획의 수립에 관한 원칙과 기준을 정하는데(제4조 제1항), 현행법이 이처럼 환경부장관에게 기본계획의 수립을 위한 원칙과 기준을 정하도록 한 것은 국토전반에 대한 환경정책적 이해를 바탕으로 백두대간의 보호를 위한 기본계획을 수립하기 위한 것으로 이해된다. 환경부장관은 이러한 원칙과 기준이 사회적 · 경제적 · 지역적 여건의 변화로 인하여 변경하는 것이 불가피하다고 인정하는 경우에는 산림청장과 협의하여 이를 변경할 수 있는데, 이는 산림청장과의 협의를 거쳐 원칙과 기준을 정하였으므로 이를 변경하는 경우에도 산림청장과 협의를 하도록 한 것으로서 당연한 규정이라고 할 것이다.

2. 기본계획의 수립

기본계획의 수립에 관한 원칙과 기준이 정해지면 산림청장은 그 원칙과 기준에 따라 기본계획을 환경부장관과 협의하여 10년마다 수립하여야 하며, 이를 수립하거나 변경하였을 때에는 관계 중앙행정기관의 장 및 도지사에게 통보하여야 한다(제4조 제2항·제6항). 이와 관련하여 기본계획을 변경하는 경우에도 환경부장관과 협의하여야 하는지에 대하여는 비록 명문의 규정은 없으나 현행법의 취지 등을 감안할 때 당연히 협의하여야 한다고 해석하는 것이 타당할 것이다. 산림청장은 기본계획을 수립하거나 시행하기 위하여 관계 중앙행정기관의 장 또는 지방자치단체의 장에게 필요한 자료의 제출이나 협조를 요청할 수 있으며, 산림청장으로부터 이러한 자료의 제출이나 협조를 요청받은 관계 중앙행정기관의 장과 지방자치단체의 장은 특별한 사유가 없으면 그 요청에 따라야 한다(제4조 제5항).

산림청장은 기본계획을 수립하거나 변경할 때에는 미리 관계 중앙행정기관의 장 및 기본계획과 관련이 있는 도지사와 협의하여야 한다(제4조 제3항). 여기에서 산림청장이 중앙행정기관의 장 및 도지사와 하는 협의는 환경부장관과 하는 협의와는 다른 것으로 이해해야 할 것이다. 이는 환경부장관과의 협의는 기본계획의 전체에 대한 포괄적인 협의를 의미하는 것이지만, 중앙행정기관의 장 및 도지사와의 협의는 관계가 있는 범위 내에서의 협의만을 의미하는 것으로 보아야 하기 때문이다.

3. 기본계획의 내용

기본계획에는 백두대간을 효율적으로 보호하기 위한 내용이 포함되어야 한다(제4조 제4항). 현행법에 따르면 기본계획에 포함될 이러한 사항에는 백두대간의 현황 및 여건의 변화와 전망에 관한 사항, 백두대간의 보호에 관한 기본방향, 백두대간의 자연환경 및 산림자원 등의 조사와 보호를 위한 사업에 관한 사항, 백두대간보호지역의 지정·지정해제 또는 구역변경에 관한 사항, 백두대간의 생태계 및 훼손지 복원·복구에 관한 사항, 백두대간보호지역의 토지와 입목, 건축물 등 그 토지에 정착된 물건의 매수에 관한 사항, 백두대간보호지역에 거주하는 주민 또는 백두대간보호지역에 토지를 소유하고 있는 자에 대한 지원에 관한 사항, 백두대간의 보호와 관련된 남북협력에 관한 사항, 그 밖에 백두대간의 보호를 위하여 필요하다고 인정되는 사항 등이 있다. 현행법에 명시된 이러한 사항은 예시적인 것으로 보아야 하며, 따라서 규정된 사항 이외에도 백두대간의 보호를 위하여 필요한 사항은 기본계획의 내용에 포함할 수 있을 것이다.

[2] 백두대간보호 시행계획

산림청장은 환경부장관과 협의하여 기본계획에 따라 연도별 백두대간보호 시행계획[시행계획]을 수립하여야 한다(제5조 제1항 및 시행령 제5조). 이러한 시행계획은 기본계획을 시행하기 위한 것이므로 매년 수립하여야 한다. 시행계획을 수립할 때에는 기본계획에 따른 다음 연도의 추진계획과 사업시행 경비의 산정 및 재원조달에 관한 사항에 대하여 세부적으로 사업계획을 수립하고, 전년도의 사업실적에 대한 평가 및 그 결과 등을 반영하여야 한다.

시행계획을 수립할 때에는 기본계획의 수립에 관한 현행법 제4조 제3항 · 제5항 및 제6항을 준용한다(제5조 제2항). 따라서 산림청장은 시행계획을 수립하거나 변경할 때에는 미리 관계 중앙행정기관의 장 및 시행계획과 관련이 있는 도지사와 협의하여야 하며, 이를 수립하거나 변경하였을 때에는 관계 중앙행정기관의 장 및 도지사에게 통보하여야 한다. 또한 산림청장은 시행계획의 수립 및 시행과 관련하여 관계 중앙행정기관의 장 또는 지방자치단체의 장에게 필요한 자료의 제출이나 협조를 요청할 수 있으며, 산림청장으로부터 이러한 자료의 제출이나 협조를 요청받은 관계 중앙행정기관의 장과 지방자치단체의 장은 특별한 사유가 없으면 그 요청에 따라야 한다.

Ⅲ. 백두대간보호지역의 지정 및 행위제한

[1] 백두대간보호지역

1. 개 념

백두대간보호지역이란 "백두대간 중 특별히 보호할 필요가 있다고 인정되어 제6조에 따라 산림청장이 지정 · 고시하는 지역"(제2조 제2호)을 말한다. 이러한 백두대간보호지역은 핵심구역과 완충구역으로 구분하는데, 핵심구역은 백두대간의 능선을 중심으로 특별히 보호하려는 지역이며, 완충구역은 핵심구역과 맞닿은 지역으로서 핵심구역 보호를 위하여 필요한 지역을 말한다(제6조 제2항 제1호 · 제2호). 현행법이 이처럼 핵심구역과 완충구역을 구분하는 실익은 각각의 구역에 따라 제한되는 행위와 예외적으로 허용되는 행위의 범위가 다르기 때문이다.

2. 지정절차

가. 원칙과 기준의 수립

현행법에 적용되는 협동성의 원칙은 백두대간보호지역의 지정에도 적용된다. 백두대간보호지역의 지정은 기본계획의 수립과 유사하게 백두대간보호지역 지정에 관한 원칙과 기준을 정하는 것과 보호지역을 지정하는 2단계로 진행되는데, 이에 따르면 우선 환경부장관은 산림청장과 협의하여 백두대간보호지역의 지정에 관한 원칙과 기준을 정하여야 한다(제6조 제1항). 그러나 사회적 · 경제적 · 지역적 여건의 변화로 인하여 원칙과 기준의 변경이 불가피하다고 인정하는 경우에는 산림청장과 협의하여 이를 변경할 수 있다. 이 경우에도 기본계획의 수립에 관한 원칙과 기준에서 설명한 것과 같이 산림청장과의 협의를 거쳐 원칙과 기준을 정하였으므로 그 원칙과 기준을 변경하는 경우에도 산림청장과 협의를 하여야 하는 것은 당연하다.

나. 백두대간보호지역의 지정

산림청장은 백두대간 중 생태계, 자연경관 또는 산림 등에 대하여 특별한 보호가 필요하다고 인정하는 지역을 백두대간보호지역 지정에 관한 원칙과 기준에 따라 환경부장관과 협의하여 백두대간보호지역으로 지정할 수 있다(제6조 제2항). 이 경우 백두대간보호지역은 핵심구역과 완충구역으로 나누어 지정한다. 백두대간보호지역을 지정할 때에는 기본계획의 수립에 관한 현행법 제4조 제3항 · 제5항 및 제6항을 준용하되, 필요한 경우에는 해당 지역주민의 의견을 들을 수 있다(제6조 제3항). 따라서 산림청장은 백두대간보호지역을 지정할 때에는 미리 관계 중앙행정기관의 장 및 보호구역과 관련이 있는 도지사와 협의하여야 하며, 이를 지정하였을 때에는 관계 중앙행정기관의 장 및 도지사에게 통보하여야 한다. 또한 백두대간보호지역의 지정과 관련하여 산림청장은 관계 중앙행정기관의 장 또는 지방자치단체의 장에게 자료의 제출이나 협조를 요청할 수 있으며, 산림청장으로부터 이러한 자료의 제출이나 협조를 요청받은 관계 중앙행정기관의 장과 지방자치단체의 장은 특별한 사유가 없으면 그 요청에 따라야 한다.

산림청장은 백두대간보호지역의 지정과 관련하여 필요한 경우에는 해당 지역주민의 의견을 들을 수 있다. 현행법이 이와 같이 특별히 주민의 의견을 들을 수 있도록 명문으로 규정한 것은 백두대간보호지역의 지정이 해당 지역주민의 재산권 등에 미치는 영향을 감안하여 지정절차에 주민의 참여를 보장하기 위한 것으로서 큰 의미가 있다고 할 것이다. 그러나 이와 관련하여 현행법이 의견수렴을 의무화하지 않고 '필요한 경우'에만 의견을 수렴할 수 있도록 하면서 구체적인 절차조차 규정하고 있지 않은 것은 제도의 실질적인 운영을 위한 측면에서는 부족해 보이는 것이 사실이다.[136]

산림청장은 백두대간보호지역을 지정하였을 때에는 대통령령으로 정하는 바에 따라 이를 관보에 고시하고 관계 중앙행정기관의 장과 도지사에게 통보하여야 하며, 이를 통보받은 관계 도지사 또는 시장 · 군수는 백두대간보호지역의 지정과 관련되는 서류를 일반인이 열람할 수 있게 하여야 한다(제6조 제4항·제5항). 이는 백두대간보호지역을 지정한 경우에 해당 지역주민뿐만 아니라 일반인에게도 그 지정내용 및 관련 서류를 공개하도록 함으로써 투명하고 공정한 행정을 유도하는 한편 백두대간보호지역 지정에 대한 공감대를 넓히기 위한 것으로 이해된다.

3. 토지 등의 매수

가. 토지 등의 매수 · 교환

국가나 지방자치단체는 백두대간보호지역을 지정한 목적을 달성하기 위하여 필요하면 토지와 입목, 건축물 등 그 토지에 정착된 물건[토지 등]의 소유자와 협의하거나 그 소유자의 신청을 받아 백두대간보호지역의 토지 등을 매수하거나 국유림 또는 공유림과 교환할 수 있다(제10조 제1항). 그러나 이 경우에도 장차 백두대간보호지역으로 지정할 필요가 있거나 백두대간보호지역의 효율적인 보호 · 관리를 위하여 필요하다고 인정하면 대통령령으로 정하는 백두대간보호지역 밖의 토지 등이라도 매수 · 교환할 수 있다. 여기에서 '대통령령으로 정하는 백두대간보호지역 밖의 토지 등'이란 보호지역으로 둘러싸이거나 연접한 경우 또는 백두대간의 능선이 포함된 토지 등이나 백두대간보호지역이 포함되어 있는 읍 · 면 · 동에 위치하는 폐교재산을 말한다(시행령 제10조의2).

이와 관련하여 이전에는 국가나 지방자치단체가 백두대간보호지역의 토지 등에 대하여 소유자와 협의하여 그 토지 등을 매수할 수 있을 뿐이었으나, 2020년 5월 26일 개정을 통하여 소유자와 협의하여 매수하는 경우만이 아니라 '소유자의 신청을 받아 백두대간보호지역의 토지 등을 매수하거나 국유림 또는 공유림과 교환'할 수 있는 내용을 신설하였다. 이는 토지 등을 소유한 자의 신청에 따라 국가나 지

136) 김홍균의 앞의 책, 252면.

방자치단체가 토지 등을 매수하거나 국유림 또는 공유림과 교환할 수 있는 법적 근거를 신설한 것으로서 해당 지역에 토지 등을 가진 소유자의 재산권 보장에 한층 진일보한 입법적 조치라고 할 것이다. 이 경우 국가나 지방자치단체가 토지 등을 매수·교환하는 절차나 그 밖에 필요한 사항에 관하여는 「국유재산법」 또는 「공유재산 및 물품 관리법」을 준용하며, 그 매수·교환 가격은 「공익사업을 위한 토지 등의 취득 및 보상에 관한 법률」에 따라 산정된 가격으로 한다(제10조 제2항·제3항).

나. 토지 등의 매수청구

백두대간보호지역이 지정·고시되었을 때에는 같은 지역의 토지 등의 소유자로서 백두대간보호지역 지정 당시부터 해당 토지 등을 계속 소유한 자나 그로부터 해당 토지 등을 상속받아 계속 소유한 자인 경우에는 산림청장에게 해당 토지 등의 매수를 청구할 수 있다(제10조의2 제1항~제3항). 이 경우 산림청장은 현행법에 따른 토지 등의 매수청구를 받았을 때에는 예산의 범위에서 그 토지 등을 매수하여야 하며, 그 매수절차나 매수가격의 산정 등은 국가나 지방자치단체가 토지 등을 매수·교환하는 경우에 적용하는 현행법 제10조 제2항 및 제3항의 규정을 준용한다. 따라서 매수절차나 그 밖에 필요한 사항에 관하여는 「국유재산법」 또는 「공유재산 및 물품 관리법」을 준용하며, 그 매수가격은 「공익사업을 위한 토지 등의 취득 및 보상에 관한 법률」에 따라 산정된 가격으로 한다.

현행법에 따른 이러한 토지 등의 매수청구권은 백두대간보호지역으로 지정·고시된 지역의 토지 등의 소유자나 상속인에게 해당 토지 등의 매수를 산림청장에게 청구할 권리를 부여한 것으로서 현행법 제10조에 따라 국가나 지방자치단체가 토지 등의 소유자와 협의하거나 신청을 받아 백두대간보호지역의 토지 등을 매수하거나 국유림 또는 공유림과 교환하는 것과는 다른 것이므로 주의하여야 한다.

4. 지정해제 및 구역변경

산림청장은 백두대간보호지역을 지정한 목적이 상실되었거나 자연적·사회적·경제적 및 지역적 여건의 변화 등으로 백두대간보호지역으로 계속 지정·관리할 필요가 없는 경우 또는 핵심구역과 완충구역 간에 구역변경이 필요하다고 인정하는 경우에는 환경부장관과 협의하여 백두대간보호지역의 지정을 해제하거나 구역을 변경할 수 있다(제9조 제1항·제2항). 이러한 백두대간보호지역의 지정해제 또는 구역변경의 절차 등에 관하여는 백두대간보호지역의 지정절차에 관한 현행법 제6조를 준용한다.

이와 관련하여 백두대간보호지역의 지정을 해제하거나 구역을 변경하는 경우에 공익과 환경에 미치는 영향을 감안하여 환경영향평가를 거치도록 하자는 의견[137]에 대하여는 현행법에 규정된 지정해제 및 구역변경의 사유가 추상적이므로 구체적인 경우에 그 해제 및 구역변경 사유에 해당하는지를 판단하기 위해서는 이를 신중하게 평가할 필요가 있고, 특히 한번 그 지정이 해제되거나 구역을 변경하는 경우에는 이를 되돌리는 것이 현실적으로 어렵다는 점에서 충분한 의미가 있는 제안으로 보인다.

[2] 백두대간보호지역에서의 행위제한

1. 핵심구역

가. 허용행위

누구든지 백두대간보호지역 중 핵심구역에서는 현행법에 따라 허용되는 일정한 행위를 제외하고는 건축물의 건축, 인공구조물이나 그 밖의 시설물의 설치, 토지의 형질변경, 토석의 채취 또는 이와 유사한 행위를 해서는 안 된다(제7조 제1항). 이에 따르면 핵심구역에서 허용되는 행위에는 (1) 국방·군사시설의 설치, (2) 「6·25 전사자유해의 발굴 등에 관한 법률」에 따른 전사자유해의 조사·발굴, (3) 도로·철도·하천 등 반드시 필요한 공용·공공용 시설로서 대통령령으로 정하는 시설의 설치, (4) 생태통로, 자연환경 보전·이용시설, 생태복원시설 등 자연환경보전을 위한 시설의 설치, (5) 산림보호, 산림자원의 보전 및 증식, 임업시험연구를 위한 시설로서 대통령령으로 정하는 시설의 설치, (6) 등산로 또는 탐방로의 설치·정비, (7) 문화재 및 전통사찰의 복원·보수·이전 및 그 보존관리를 위한 시설과 문화재 및 전통사찰과 관련된 비석, 기념탑, 그 밖에 이와 유사한 시설의 설치, (8) 「신에너지 및 재생에너지 개발·이용·보급 촉진법」에 따른 신·재생에너지의 이용·보급을 위한 시설의 설치, (9) 광산의 시설기준, 개발면적의 제한, 훼손지의 복구 등 대통령령으로 정하는 일정 조건하에서의 광산 개발, (10) 농가주택, 농림축산시설 등 지역주민의 생활과 관계되는 시설로서 대통령령으로 정하는 시설의 설치, (11) 「전파법」에 따른 무선국 중 기지국의 설치, (12) (1)~(11)에 따른 시설 중 (2)에 따른 전사자유해의 조사·발굴을 제외한 시설을 유지·관리하는 데 필요한 전기시설, 상하수도시설 등 대통령령으로 정하는 부대시설의 설치, (13) (1)~(12)

137) 김홍균의 앞의 책, 253면.

에 따른 시설 중 (2)에 따른 전사자유해의 조사·발굴과 (11)의 기지국 시설을 유지·관리하는 데 필요한 부대시설을 제외한 시설을 설치하기 위한 진입로, 현장사무소 및 작업장 등 대통령령으로 정하는 임시시설의 설치 등이 있다.[138)139)] 여기에서 「6·25 전사자유해의 발굴 등에 관한 법률」에 따른 전사자유해의 조사·발굴은 2020년 5월 26일 법률개정으로 신설된 것이며, 「전파법」에 따른 무선국 중 기지국을 설치할 수 있는 경우란 산불이나 조난신고 등의 무선통신을 위하여 해당 지역에 부득이하게 기지국을 설치하는 경우로 한정한다.

만일 누구든지 이에 위반하여 핵심구역에서 허용되는 행위 이외의 행위를 하는 경우에는 7년 이하의 징역 또는 7천만원 이하의 벌금에 처해질 수 있으며, 법인의 대표자나 법인 또는 개인의 대리인, 사용인 및 그 밖의 종업원이 그 법인 또는 개인의 업무에 관하여 이러한 위반행위를 하는 경우에는 양벌규정을 적용하여 그 행위자를 벌하는 외에 그 법인 또는 개인에게도 해당 조문의 벌금형을 부과한다(第17조 第1항 및 第18조). 그러나 이 경우에도 법인 또는 개인이 그 위반행위를 방지하기 위하여 해당 업무에 관하여 상당한 주의와 감독을 게을리하지 않은 경우에는 그렇지 않다.

핵심구역에서 허용되는 행위와 관련하여 그 허용행위의 범위가 지나치게 넓고

138) 여기에서 대통령령으로 정하는 시설이란 다음에 따른다(시행령 제8조 제1항~제6항). ① (3)에서 정하는 대통령령으로 정하는 시설: 국가·지방자치단체 또는 납입자본금의 50% 이상을 정부가 출자한 기업체가 설치하는 시설로서 도로·철도·하천·궤도시설 또는 송전탑[다만, 송전탑의 경우에는 현행법에 따른 진입로, 현장사무소 등 임시시설(작업장은 제외한다)을 설치해서는 안 되며, 작업장은 송전탑의 설치에 필요한 최소기간 동안 최소면적으로 설치할 수 있다], 방풍시설·방화시설 또는 사방시설, 국가통신시설, 「기상법」에 따른 기상시설, 「지진·지진해일·화산의 관측 및 경보에 관한 법률」에 따른 관측소와 「광산피해의 방지 및 복구에 관한 법률」에 따른 광해방지시설, ② (5)에서 정하는 대통령령으로 정하는 시설: 병해충의 예방 및 구제를 위한 시설, 산불·산사태 등 산림재해의 예방·복구를 위한 시설, 산림보호와 산림자원의 보전 및 증식을 위한 임산물 운반로 및 작업로, 「산림자원의 조성 및 관리에 관한 법률」에 따라 지정된 시험림과 「산림보호법」에 따른 산림보호구역 및 보호수의 보전·관리 또는 시험연구를 위한 시설, ③ (9)에서 대통령령으로 정하는 일정 조건하에서의 광산개발: 「광업법」에 따른 광물의 탐사·시추시설의 설치, 개발면적이 갱구, 광물의 선별·가공시설 및 진입로를 포함하여 2만m^2 미만인 「광업법」에 따른 광물의 갱내채광과 2004년 12월 31일 이전에 관계 법령의 규정에 의한 인가·허가 등을 받은 석회석 노천채광, ④ (10)에서 대통령령으로 정하는 시설: 「산지관리법」에 따른 산지 외의 토지에 설치하는 시설로서 농업생산에 필요한 시설 중 「농지법 시행령」 제2조 제3항의 규정에 의한 시설, 「농업·농촌 및 식품산업 기본법 시행령」에 따른 농작물재배업·축산업 및 임업을 위한 시설, 「농어촌특별세법 시행령」에 의한 농가주택과 그 부대시설로서 부지면적의 합이 660m^2 미만인 시설.

139) 현행법상 '전기시설, 상하수도시설 등 대통령령으로 정하는 부대시설'이란 「전기사업법」에 따른 전기설비, 「전기통신기본법」에 따른 전기통신설비, 「수도법」에 따른 수도시설 및 「하수도법」에 따른 하수도를 말하며, '진입로, 현장사무소, 작업장 등 대통령령으로 정하는 임시시설'이란 진입로, 현장사무소, 작업장, 지질·토양의 조사·탐사 시설 및 주차장, 화장실, 창고, 숙소, 식당, 정화시설, 재해방지시설 및 자재 적치·운반시설 등을 말한다(시행령 제8조 제5항 및 제6항).

그 기준이 분명하지 않다는 비판은 충분히 경청할 필요가 있다고 여겨진다. 백두대간을 보호하기 위해서는 보호할 곳은 철저히 보호하고 그렇지 않은 곳에서만 예외적으로 행위제한을 완화하여야 함에도 불구하고 현행법은 허용행위에 대한 일정한 기준이나 핵심구역의 환경 및 경관 등에 미치는 영향에 대한 평가도 없이 개별적인 행위를 열거하는 방식으로 제한행위를 허용하고 있기 때문이다. 예를 들어 도로 · 철도 · 하천 등 반드시 필요한 공용 · 공공용 시설의 경우에는 '반드시'가 어떤 경우를 의미하는지 불명확할 뿐만 아니라, 신 · 재생에너지의 이용 · 보급을 위한 시설의 경우에도 별도로 시설을 구분하지 않고 이를 허용하고 있는 것은 이러한 문제점을 잘 드러내고 있는 것이다. 이러한 관점에서 정부가 핵심구역을 포함한 백두대간보호지역에서의 허용행위 기준을 구체화하고, 개발행위로 인한 산림생태계 및 재해영향에 대한 분석 등과 같은 관리방안을 마련하려는 정책목표를 제시하고 있는 것은 매우 타당한 것으로 여겨진다.[140]

나. 토지 등의 수용 · 사용

산림청장 또는 지방자치단체는 핵심구역에서의 허용행위 중 현행법 제7조 제1항 제3호에 따른 생태통로, 자연환경 보전 · 이용시설, 생태복원시설 등 자연환경 보전을 위한 시설의 설치와 같은 항 제4호의2에 따른 등산로 또는 탐방로의 설치 · 정비에 따른 시설을 설치하기 위하여 필요하다고 인정되는 때에는 필요한 토지 등을 수용 또는 사용할 수 있다(제13조 제1항 · 제2항 및 시행령 제14조). 이 경우 산림청장 또는 도지사 · 시장 · 군수가 해당 시설을 설치하고자 하는 때에는 대통령령으로 정하는 바에 따라 시설 설치계획을 수립하고 이를 고시하여야 하는데, 현행법에 따라 이러한 고시가 있는 경우에는 「공익사업을 위한 토지 등의 취득 및 보상에 관한 법률」에 따른 사업인정 및 사업인정의 고시가 있는 것으로 본다. 현행법에 따른 수용 또는 사용에 관하여는 현행법에 특별한 규정이 있는 경우를 제외하고는 「공익사업을 위한 토지 등의 취득 및 보상에 관한 법률」을 준용한다.

현행법의 이러한 규정은 백두대간보호지역 중 핵심구역에서 일정한 시설을 설치하는 경우에 필요한 토지 등을 수용 또는 사용할 수 있는 법적 근거를 마련하였다는 점에서 중요한 의의가 있다고 할 수 있다. 그러나 이러한 입법적 성과와는 별개로 이에 해당하는 사업을 실제로 어떻게 친환경적이면서도 효과적으로 추진할 수 있는지를 실증해 보이는 것은 또 다른 과제가 될 것이다.

140) 산림청(2018)의 「제6차 산림기본계획(2018년~2037년)」, 107면.

2. 완충구역에서의 허용행위

누구든지 백두대간보호지역 중 완충구역에서는 현행법에 따라 허용되는 일정한 행위를 제외하고는 건축물의 건축, 인공구조물이나 그 밖의 시설물의 설치, 토지의 형질변경, 토석의 채취 또는 이와 유사한 행위를 해서는 안 된다(제7조 제2항). 이에 따르면 완충구역에서 허용되는 행위에는 (1) 핵심구역에서 허용되는 (1)~(11)에 해당하는 시설의 설치, (2) 「수목원·정원의 조성 및 진흥에 관한 법률」에 따른 수목원, 「산림문화·휴양에 관한 법률」에 따른 자연휴양림과 치유의 숲, 그 밖에 대통령령으로 정하는 산림공익시설의 설치, (3) 임도, 산림경영관리사 등 산림경영과 관련된 시설로서 대통령령으로 정하는 시설의 설치, (4) 교육, 연구 및 기술개발과 관련된 시설 중 대통령령으로 정하는 시설의 설치, (5) 대통령령으로 정하는 규모 이하의 농림어업인의 주택 및 종교시설의 증축 또는 개축, (6) 전력·석유 또는 가스의 공급시설 등 대통령령으로 정하는 시설의 설치, (7) 관계 법령에 따른 인가·허가 등을 받은 도별 개발면적 안에서 대통령령으로 정하는 석회석의 노천채광, (8) 백두대간의 보호를 위하여 대통령령으로 정하는 홍보·교육 시설의 설치, (9) 「장사 등에 관한 법률」에 따른 신고를 한 개인묘지, 개인 또는 가족 봉안묘의 설치, (10) 2004년 12월 31일 이전에 「초지법」에 따른 초지조성허가를 받아 조성된 초지에서 대통령령으로 정하는 축산업 관련 체험시설을 위한 시설의 설치, (11) (1)~(10)에 따른 허용시설을 유지·관리하는 데 필요한 전기시설, 상하수도 시설 등 대통령령으로 정하는 부대시설의 설치, (12) (1)~(11)에 해당하는 시설 중 현행법 제7조 제1항 제1호의2 및 제8호의2에 따른 시설 및 이를 유지·관리하는 데 필요한 부대시설을 제외한 시설을 설치하기 위한 진입로, 현장사무소, 작업장 등 대통령령으로 정하는 임시시설의 설치 등이 있다.[141]

---

141) 여기에서 '대통령령으로 정하는 시설'이란 다음에 따른다(시행령 제9조 제2항~제9항). ① (2)에서 대통령령으로 정하는 산림공익시설: 산림욕장, 숲속수련장 및 생태숲 등을 위한 시설, ② (3)에서 대통령령으로 정하는 시설: 국가 또는 지방자치단체가 설치하는 임도, 「임업 및 산촌 진흥촉진에 관한 법률 시행령」에 따른 임업인이 설치하는 산림작업의 관리를 위한 주거용을 제외한 산림경영관리사 또는 임산물을 건조하거나 보관하기 위한 시설 또는 비료·농약 및 기계 등 임업용기자재를 보관하기 위한 시설로서 해당 시설의 부지면적이 3천m^2 미만인 시설, 「임업 및 산촌 진흥촉진에 관한 법률 시행령」에 따른 임산물소득원의 지원대상품목을 생산·가공하거나 유통하기 위한 시설로서 해당 시설의 부지면적이 3천m^2 미만인 시설, ③ (4)에서 대통령령으로 정하는 시설: 「국가과학기술자문회의법」에 따른 국가과학기술자문회의에서 심의한 연구개발사업 중 우주항공기술개발과 관련한 시설, ④ (5)에서 대통령령으로 정하는 규모 이하: 증축의 경우에는 종전 것을 포함하여 종전 규모(연면적을 기준으로 한다)의 100분의 130, 개축의 경우에는 종전 것을 포함하여 종전 규모(연면적을 기준으로 한다)의 100분의 100, ⑤ (6)에

여기에서 「장사 등에 관한 법률」에 따른 신고를 한 개인묘지, 개인 또는 가족 봉안묘를 설치하는 경우에는 「산지관리법」에 따른 산지 외의 토지로 한정하며, 부대시설이나 임시시설에 설치하는 시설의 범위는 핵심구역에서 허용되는 부대시설 및 임시시설에 설치하는 시설과 동일하다(시행령 제9조 제10항·제11항). 만일 누구든지 이에 위반하여 완충구역에서 허용되는 행위 이외의 행위를 하는 경우에는 5년 이하의 징역 또는 5천만원 이하의 벌금에 처해질 수 있으며, 법인의 대표자나 법인 또는 개인의 대리인, 사용인 및 그 밖의 종업원이 그 법인 또는 개인의 업무에 관하여 이러한 위반행위를 하는 경우에는 양벌규정을 적용한다(제17조 제2항 및 제18조).

3. 개발행위에 따른 사전협의

관계 행정기관의 장이나 지방자치단체의 장은 백두대간보호지역 중 핵심구역과 완충지역에서 각각 허용되는 행위를 하기 위하여 관계 법률에 따른 승인·인가·허가 등의 행정처분을 하려는 경우에는 산림청장과 미리 협의하여야 한다(제8조 제1항·제3항 및 시행령 제10조 제4항). 이 경우 산림청장은 그 협의과정에서 환경부장관의 의견을 들어야 하며, 전문적인 사항의 검토가 필요한 때에는 관계 전문기관 또는 전문가의 의견을 듣거나 이들에게 현지조사 등을 의뢰할 수 있다. 그러나 핵심구역과 완충지역에서 허용되는 행위로서 현행법에 따라 개발행위를 하는 경우에도 국방·군사시설 중 국방부장관이 군사상 고도의 기밀보호가 요구된다고 인정하거나 군사작전의 수행을 위하여 긴급을 요한다고 인정하여 산림청장과 미리 협의한 시설의 설치나 문화재 및 전통사찰의 복원·보수, 환경부장관이나 산림청장이 실행하는 환경보전사업 또는 산림사업의 경우에는 산림청장과 협의를 하지 않을 수 있다(시행령 제10조 제1항).

산림청장은 현행법에 따라 협의를 하는 경우 다음의 사항을 고려하여야 하며,

서 전력·석유 또는 가스의 공급시설 등 대통령령으로 정하는 시설: 전력·석유 또는 가스의 공급시설, 석유비축 및 저장시설 또는 상하수도시설, ⑥ (7)에서 대통령령으로 정하는 석회석의 노천채광: 2004년 12월 31일 이전에 관계 법령의 규정에 따른 인가·허가 등을 받은 도별 개발면적 내에서의 훼손된 지역을 복원 또는 복구한 면적으로 3만m^2 이상 30만m^2 미만인 석회석의 노천채광으로서 해당 개발행위를 완료하였을 때 훼손된 지역을 복원 또는 복구하는 것을 소건으로 하는 것, ⑦ (8)에서 대통령령으로 정하는 홍보·교육시설: 백두대간홍보관, 역사문화관 및 생태교육장 등의 시설로서 국가 또는 지방자치단체가 설치하는 시설, ⑧ (10)에서 대통령령으로 정하는 축산업 관련 체험시설을 위한 시설: 가축 먹이주기, 가축 젖 짜기, 우마차 타기 및 유제품·육류·알류 가공을 체험할 수 있는 시설, 농장 조망시설 및 눈·비 대피시설 또는 자동판매기, 화장실, 축산물 판매시설, 간이매점 및 지붕이 있거나 없는 의자(다만, 총면적은 1천m^2 이하로 한정하며, 이 중 자동판매기, 화장실, 축산물 판매시설, 간이매점 및 지붕이 있거나 없는 의자의 총면적은 330m^2 이하로 한정한다).

특히 백두대간의 보호를 위하여 필요하다고 인정하면 개발행위의 규모를 축소·조정하거나 위치를 변경할 것을 요구할 수 있다(제8조 제2항·제3항 및 시행령 제10조 제2항).

- 백두대간이 단절되지 않을 것
- 산림·경관 및 야생동·식물 등의 보호에 지장을 초래하지 않을 것
- 지형 및 식생분포 등의 특성으로 인하여 특별히 보호할 가치가 있다고 인정되는 지역에 해당하지 않을 것
- 다른 법률에 의하여 지정된 지역·지구 또는 구역에 포함되는 경우 그 법률에 의하여 제한되는 행위에 해당하지 않을 것

Ⅳ. 지역주민과 백두대간보호

[1] 주민지원사업

산림청장과 지방자치단체의 장은 백두대간보호지역에 거주하는 주민이나 해당 지역에 토지를 소유하고 있는 자에 대한 지원사업[주민지원사업]에 관한 계획을 수립·시행하여야 한다(제11조 제1항). 이러한 주민지원사업은 백두대간보호지역과 이에 전부가 포함되지는 않더라도 일부가 포함되는 읍·면·동의 행정구역을 대상으로 한다. 현행법이 이와 같이 주민지원사업을 제도화한 것은 백두대간보호지역의 지정으로 인하여 재산권의 제약을 받고 생활에 있어서도 불편을 감수하고 있는 지역주민을 배려하고자 하는 형평성의 차원뿐만 아니라 백두대간보호지역 지정의 목적을 달성하기 위해서는 규제와 경제적 지원의 적절한 균형이 필요하다는 정책적 관점도 고려한 것으로 보인다.

현행법상 산림청장과 지방자치단체의 장이 지원하는 주민지원사업에는 (1) 농림축산업 관련 시설의 설치 및 유기영농지원 등 소득증대사업, (2) 수도시설의 설치지원 등 복지증진사업, (3) 자연환경 보전·이용시설의 설치사업, (4) 백두대간의 복원·복구사업 또는 백두대간 보호를 위한 시설의 설치지원, (5) 백두대간의 생태계·자연경관의 보전 또는 산림의 보호·육성을 위하여 벌채를 하지 않는 자 등 대통령령으로 정하는 요건에 해당하는 자의 소득감소분 지원, (6) 그 밖에 주민생활편익, 소득증대 또는 복지증진을 위하여 대통령령으로 정하는 지원사업 등이 있다.

여기에서 '벌채를 하지 않는 자 등 대통령령으로 정하는 요건에 해당하는 자의 소득감소분 지원'이란 현행법에 따른 백두대간보호지역 지정 당시 「산지관리법」에

의한 공익용산지(같은법 제4조 제1항 제1호 나목)나 「산림자원의 조성 및 관리에 관한 법률 시행령」에 따른 입목벌채제한지역(같은 시행령 제41조) 안에 있지 않으면서 그 입목의 평균수령이 「산림자원의 조성 및 관리에 관한 법률 시행령」 제9조 제3항에 따른 기준벌기령 이상인 산림을 소유하고 있는 자로서 벌채를 하지 않는 자에게 입목을 벌채하여 판매할 경우에 얻을 수 있는 예상수익금의 이자상당액을 예산의 범위 안에서 매년 지급하는 것을 말한다(시행령 제11조의3 및 제11조의4 제1항). 이 경우 토지를 소유하고 있는 자와 입목을 소유하고 있는 자가 다른 경우에는 입목소유자를 대상으로 한다. 일정한 요건 아래에서 벌채를 하지 않는 자에게 소득감소분을 지원하는 이러한 제도는 산림소유자와 일정한 기간 동안 입목벌채를 하지 않는 계약을 체결하고 그 계약기간 동안 예상수익금을 지원하는 산지목재비축계약제도와 유사한 것으로서 산림보호와 산림소유자의 소득보전을 동시에 달성하기 위한 것이다(임업 및 산촌 진흥촉진에 관한 법률 제13조).

산림청장은 이러한 주민지원사업과 함께 백두대간보호지역에 거주하는 주민의 생활환경개선과 복리증진을 위하여 실태조사를 거쳐 관리계획을 수립하고, 이에 필요한 사업에 소요되는 예산을 다른 사업에 우선하여 지원하거나 관계 행정기관의 장에게 지원을 요청할 수 있다(제11조의2 제4항). 이는 백두대간보호지역에 거주하는 주민만을 대상으로 하는 것으로서 백두대간보호지역에 거주하는 주민뿐만 아니라 해당 지역에 토지를 소유하고 있는 자도 그 대상으로 하는 주민지원사업과는 구별되는 것이다.

[2] 주민참여 등을 통한 백두대간보호

1. 주민에 의한 보호 · 관리활동

산림청장은 백두대간을 효과적으로 보호 · 관리하기 위하여 필요한 경우 현행법 제11조의2에 따른 주민지원사업의 대상자 또는 지원혜택을 받은 자에게 백두대간 보호 · 관리활동에의 참여를 요청할 수 있으며, 그 보호 · 관리활동에 필요한 사항을 지원할 수 있다(제11조의2 제3항). 현행법에 따른 이러한 규정은 지역주민 등의 적극적인 참여와 지원에 기반한 백두대간보호체계를 마련하려는 것으로서 특히 산불이나 산림병해충과 같은 산림재해로부터 백두대간을 보호하는 데 있어 의미있는 제도적 장치가 될 것으로 보인다.

2. 정책협의체의 구성 및 운영

산림청장은 백두대간의 관리에 필요한 협력증진을 위하여 관계 행정기관, 지역주민 및 전문가 등이 참여하는 광역 또는 지역단위 정책협의체를 구성·운영할 수 있다(제12조 제1항). 이러한 정책협의체의 구성 및 운영에 관한 규정은 앞으로 본격적으로 운영된다면 현행법에 따른 주민에 의한 보호·관리활동과 함께 백두대간을 효율적으로 관리하기 위한 지역의 역량을 모으는 구심체로서의 역할을 담당하게 될 것으로 기대된다.

제 6 장 산림자원

제1절 산림자원의 조성 및 관리에 관한 법률

I. 총 론

[1] 개 요

「산림자원의 조성 및 관리에 관한 법률」은 산림법의 분법화를 상징하며, 그 역사를 담고 있는 법률이다. 이는 1996년 시작된 산림법의 분법화가 「산림기본법」을 거쳐 2005년 8월 4일 「산림자원의 조성 및 관리에 관한 법률」, 「국유림의 경영 및 관리에 관한 법률」, 「산림문화 · 휴양에 관한 법률」이 동시에 제정되면서 마침내 구「산림법」이 발전적으로 해체되고, 그 마지막까지 남은 원형이 「산림자원의 조성 및 관리에 관한 법률」로 이어졌기 때문이다. 특히 「산림자원의 조성 및 관리에 관한 법률」(법률 제7678호)이 1961년 제정된 이래 국토의 완전녹화를 이루어 내는 법적 기반이었던 구「산림법」을 대체하는 장면은 산림법 역사상 가장 인상적인 순간으로서 「산림기본법」을 중심으로 하는 산림법 체계가 비로소 확립되었음을 확증하는 상징적인 장면이었다.

「산림자원의 조성 및 관리에 관한 법률」이 구「산림법」을 대체한 법률이라는 이러한 의견에 대해서는 「산림자원의 조성 및 관리에 관한 법률」과 구「산림법」은 서로 다른 이념과 목적[1]을 가진 별개의 법률일 뿐이며, 구「산림법」의 내용 중 국유림과 자연휴양림에 관한 내용이 각각 「국유림의 경영 및 관리에 관한 법률」과 「산림문화 · 휴양에 관한 법률」에 나누어 신설되었으므로 「산림자원의 조성 및 관

1) 이것은 그 제정이유에서 드러나듯이 「산림자원의 조성 및 관리에 관한 법률」은 "산림자원의 지속가능한 보전 및 이용을 위하여 산림자원의 조성관리를 종합적이고 체계적으로 추진할 수 있는 기반을 마련하는…산림을 생태적으로 건전하고 보다 가치 있는 자원으로 육성"하기 위한 법률인 반면 구「산림법」은 산림의 보호 · 육성에 치중하였던 법률이라는 입장에 따른 것으로 이해된다. 이에 대하여 보다 자세한 내용은 법제처의 국가법령정보센터(www.law.go.kr) 중 「산림자원의 조성 및 관리에 관한 법률」(법률 제7678호, 2005. 8. 4.)의 제정이유를 참고하라.

리에 관한 법률」만이 구「산림법」을 대체하였다는 것은 정확한 표현이 아니라는 의문이 있을 수도 있으나, (1) 「산림자원의 조성 및 관리에 관한 법률」은 구「산림법」의 산림에 대한 정의, 산림의 구분, 산림사업의 시행, 산림자원의 조성 및 이용 등과 같은 산림에 관한 가장 기본적인 개념 및 내용을 이어받았으며, (2) 구「산림법」이 「산림자원의 조성 및 관리에 관한 법률」 제정 당시의 부칙 제2조에 따라 폐지되었고, (3) 특히 2009년 6월 「산림보호법」이 제정되기 전까지 산불·산림병해충 및 보안림 등과 같은 산림보호에 관한 전통적인 규정이 유지되고 있었음을 감안할 때 「산림자원의 조성 및 관리에 관한 법률」이 구「산림법」을 대체한 법률이라고 보는 시각은 합리적인 것으로 보인다.

그러나 「산림자원의 조성 및 관리에 관한 법률」을 이와 같이 이해하더라도 현재의 「산림자원의 조성 및 관리에 관한 법률」이 구「산림법」과는 전혀 다른 법적 체계 아래에 있다는 점은 잊어서는 안 될 것이다. 현재의 「산림자원의 조성 및 관리에 관한 법률」은 「산림기본법」 아래에서 그 이념과 기본방향에 따라 제정된 법률로 이제는 새로운 관점에서 그에 맞게 해석되고 적용되어야 하기 때문이다.

「산림자원의 조성 및 관리에 관한 법률」은 산림자원을 어떻게 조성하고 이용·관리할 것인가에 관한 가장 기본적인 사항을 정하고 있으며, 특히 지속가능한 산림경영과 산림의 공익기능 증진을 위한 구체적인 방안에 대하여 규정하고 있다. 이런 점에서 「산림자원의 조성 및 관리에 관한 법률」은 산림정책의 핵심인 산림 그 자체에 대한 가장 기본적인 내용을 다루고 있는 법률로서 "생태적인 숲 관리에 있어서 가장 밀접한 연관성을 가진 것이 '산림기본법'과 '산림자원의 조성 및 관리에 관한 법률'일 것"이라는 주장[2]이 전혀 어색하지 않은 법률임에 틀림이 없다. 이러한 「산림자원의 조성 및 관리에 관한 법률」이 산림법 체계 내에서 가지는 법적 의의는 비록 2020년 6월 9일 「도시숲 등의 조성 및 관리에 관한 법률」이 제정되면서 도시림 등에 관한 내용이 삭제되었음에도 불구하고 여전히 그 가치를 유지하고 있다고 할 것이다.

[2] 목적, 기본이념 및 책무

1. 목　　적

「산림자원의 조성 및 관리에 관한 법률」은 산림자원의 조성과 관리를 통하여

2) 대표저자 이돈구, 「숲의 생태적 관리」, 서울대학교출판문화원, 2012, 54면.

산림의 다양한 기능을 발휘하게 하고 산림의 지속가능한 보전과 이용을 도모함으로써 국토의 보전, 국가경제의 발전 및 국민의 삶의 질 향상에 이바지함을 목적으로 한다(제1조). 이에 따르면 현행법은 '국토의 보전, 국가경제의 발전 및 국민의 삶의 질 향상'을 목적으로 하며, 이를 위하여 산림자원을 조성하고 관리하는 방안을 그 내용으로 하는 것이다.

2. 기본이념 및 책무

산림경영 및 관리의 기본이념은 국토의 많은 부분을 이루는 귀중한 자산인 산림을 국민의 행복한 삶을 위하여 사회 · 경제 · 문화 등 다양한 분야에서 그 기능이 가장 조화롭고 알맞게 발휘될 수 있도록 경영 · 관리하는 것이다(제1조의2). 현행법이 이와 같이 산림경영 및 관리의 기본이념에 관한 규정을 두면서 '지속가능한 산림경영'을 본문 중에 명시하지 않은 것에는 의문이 있다. 물론 다른 규정들과 법해석을 통하여 살펴보면 지속가능한 산림경영이 현행법의 기본원칙임은 의심할 여지가 없는 것이지만, 아무래도 이를 명시적으로 선언하지 않은 점은 이해하기 쉽지 않은 일이다. 따라서 이러한 불필요한 오해를 불러오지 않기 위해서라도 이후에는 지속가능한 산림경영의 원칙을 산림경영 및 관리의 기본이념으로 명시하는 것이 바람직할 것이다.

국가와 지방자치단체는 이러한 기본이념이 구현되도록 산림의 경영 · 관리에 관한 시책을 수립 · 시행해야 할 책무를 진다(제2조의2 제1항). 이는 산림의 경영 및 관리에 대한 국가와 지방자치단체의 기본적인 책임과 의무를 선언한 것으로서 「산림기본법」이 제4조 제1항에서 "국가 및 지방자치단체는 산림의 보전, 산림의 공익기능 증진… 산림의 보전 및 이용에 관한 종합적인 시책을 수립하고 이를 시행할 책무를 진다"라고 규정한 내용과 동일한 취지로 이해된다.

국가 및 지방자치단체의 이러한 책무와는 별도로 산림소유자의 경우에도 소유하고 있는 산림을 현행법에 따른 기본이념을 존중하여 경영 · 관리하고, 국가와 지방자치단체가 시행하는 산림의 경영 · 관리에 관한 시책에 협력해야 할 의무를 가진다(제2조의2 제2항). 산림소유자가 부담하는 이러한 의무는 물론 선언적인 것이기는 하지만 협동성의 원칙에 따라 산림경영 및 관리의 기본이념을 구현하고자 하는 법적 의지가 표현된 것으로 이해해야 할 것이다.

[3] 법률의 적용범위

현행법은 산림을 전제로 하는 산림자원에 관한 법률이므로 산림에 대해서만 적용되는 것이 원칙이다. 그러나 현행법은 법률의 목적을 달성하기 위하여 산림이 아닌 토지에 대해서도 다음 규정의 전부 또는 일부를 적용한다(제3조 제1호~제3호).

- 채종림, 수형목 및 시험림에 관한 규정
- 임산물의 사용제한에 관한 규정
- 입목의 벌채 또는 굴취의 허가에 관한 규정

그러나 이 경우에도 입목의 벌채 또는 굴취의 허가에 관한 규정은 대통령령으로 정하는 토지 안의 입목으로서 국토의 보전과 입목의 보호를 위하여 특별자치시장·특별자치도지사·시장·군수·구청장이 필요하다고 인정하여 지정·고시하는 입목으로 한정한다. 여기에서 '대통령령으로 정하는 토지 안의 입목'이란 시행령 제3조에 해당하는 토지 내의 입목으로서 입목·대나무가 생육하고 있는 논두렁·밭두렁이나 하천·제방·도랑 또는 연못안의 입목을 말한다(시행령 제2조 제1항 제3호·제4호 및 제3조).

현행법에 따르면 채종림이나 수형목, 시험림은 산림 외의 토지에 있더라도 그 지정 및 관리에 관한 현행법 제19조와 제47조의 규정이 적용되는데, 이는 종자생산을 목적으로 지정된 채종림과 수형목(우량나무) 및 산림에 대한 시험·연구 등을 위하여 지정된 시험림의 경우 그 지정목적을 달성하기 위해서는 산림뿐만 아니라 산림 외의 토지를 활용하는 것이 필요하다는 점을 고려한 것으로 보인다(시행령 제2조 제1항 제3호·제4호 및 제3조). 또한 현행법이 특히 임산물의 사용제한에 관한 규정도 산림이 아닌 토지에 대하여 적용하도록 한 것은 현재 임산물의 사용제한 품목으로 유일하게 지정되어 있는 솔잎의 경우에는 산림병해충 방제지역에서 채취하여 식용하면 안전상 위험을 초래할 수 있으므로 방제지역에 있는 소나무라면 산림이나 산림이 아닌 지역을 구분하지 않고 솔잎채취를 제한하려는 것으로 이해된다(제40조 및 시행령 제47조).

Ⅱ. 산림자원 및 산림에 대한 이해

[1] 산림자원

1. 정 의

산림자원이란 산림에 있거나 산림에서 서식하고 있는 수목, 초본류, 이끼류, 버섯류 및 곤충류 등의 생물자원, 산림에 있는 토석·물 등의 무생물자원, 산림휴양 및 경관자원 등으로서 국가경제와 국민생활에 유용한 것을 말한다(제2조 제2호). 따라서 현행법에 따르면 산림자원은 산림 내의 생물·무생물은 물론 산림휴양 및 경관자원을 모두 포함하는 포괄적인 의미를 가진 것으로서 일부가 오해하듯이 결코 산림과 동의어가 아닌 것이다.

산림자원에 대한 현행법의 이러한 정의는 "산림자원이란 산림이 보유하고 있는 모든 자원을 총칭하는 의미를 가지고 있으며, 크게는 물질자원과 비물질자원의 두 가지로 구분이 된다. 물질자원은 산림의 주산물에 해당하는 목재자원을 비롯해서 산채나물, 버섯, 수액, 광물 등과 같은 부산물이 해당한다. 비물질자원은 소위 공익기능 혹은 환경기능에 해당하는 우리 눈에 보이지는 않지만 인간에게 유익함을 줄 수 있는 여러 가지를 포함한다. 수렵자원에 해당하는 야생동물도 산림자원의 영역에 포함될 수 있다"[3]라는 사전적 정의와 크게 다르지 않은 것이다.

2. 산림자원과 「산림자원의 조성 및 관리에 관한 법률」

현행법은 산림자원에 관한 법률이다. 이는 「산림자원의 조성 및 관리에 관한 법률」이라는 현행법의 법률명에 비추어 보아도 당연한 사실이다. 그러나 산림자원의 정의와 이에 대한 사전적 정의에 기반하여 현행법을 살펴보면 이러한 생각은 큰 혼란에 직면하게 된다. 왜냐하면 현행법은 산림자원과 산림이 마치 동일한 개념인 것처럼 오해하게 만들기에 충분할 정도로 산림자원이 아니라 주로 산림에 대해서만 규정하고 있기 때문이다. 이것은 특히 현행법이 제1조의2에서 그 기본이념을 산림자원이 아닌 '산림경영·관리'의 기본이념이라고 하고, 제6조부터 제35조의

---

3) 산림청 홈페이지(www.forest.go.kr) 중 행정정보-산림용어사전(산림임업용어사전)을 참고하라. 다만, 이와 관련하여 산림자원에 대한 이러한 사전적 정의 중에서 야생동물이나 광물이 「산림자원의 조성 및 관리에 관한 법률」에 따른 산림자원의 법적 개념에서 제외되는 것은 야생동물(환경부)과 광물(산업자원부)에 대한 부처의 업무범위를 고려할 때 당연한 것으로 이해해야 할 것이다.

6에 이르는 조문을 제2장 '산림자원의 조성과 육성'이라는 별도의 장으로 편성하면서도 그 대부분의 내용을 조림, 산림경영계획 및 산림용 종묘생산 등과 같이 산림을 중심으로 하여 규정하고 있는 것으로 잘 알 수 있다.

현행법의 이러한 태도는 제3장 산림자원의 이용이나 제4장 산림의 공익기능 증진에 관한 부분에서도 일부를 제외하고는 동일한데, 그 결과 현행법은 마치 「산림자원의 조성 및 관리에 관한 법률」이 아니라 '산림의 조성 및 관리에 관한 법률'처럼 보이는 것이 사실이다.[4] 사실 현행법이 보여주는 이러한 애매한 태도는 현행법이 구「산림법」을 대체한 법률이라는 점을 감안하면 전혀 이해하지 못할 것도 아니다. 그러나 이를 감안하더라도 현행법이 그 법률명대로 산림자원에 대한 정확한 이해를 담아 분명한 정책적 목표를 설정하지 못한다면, 차라리 현행법을 산림자원이 아니라 산림을 대상으로 하는 법률로 전부개정하는 것이 오히려 합리적인 것으로 보인다. 이 경우 산림자원에 관한 사항은 「산림기본법」에 관련 내용을 신설하는 것으로 충분할 것이기 때문이다.

[2] 산　　림

1. 산림에 속하는 입목·대나무와 토지

현행법은 실질적으로 산림을 대상으로 하는 법률이며, 따라서 산림의 정확한 개념을 이해하는 것은 현행법을 해석하는 데 있어 가장 기본이 되는 것이라고 할 수 있다. 현행법은 산림에 대하여 자세하게 정의하고 있는데, 이에 따르면 산림이란 (1) 집단적으로 자라고 있는 입목·대나무와 그 토지, (2) 집단적으로 자라고 있던 입목·대나무가 일시적으로 없어지게 된 토지, (3) 입목·대나무를 집단적으로 키우는 데에 사용하게 된 토지, (4) 산림의 경영 및 관리를 위하여 설치한 도로[임도], (5) (1)~(3)까지의 토지에 있는 암석지와 늪과 연못으로 둘러싸인 습한 땅인 소택지의 어느 하나에 해당하는 것을 말한다(제2조 제1호).

이러한 산림은 크게 구분하면 산림 그 자체와 산림인 토지로 나눌 수 있다. 우선 산림 그 자체는 '집단적으로 자라고 있는 입목·대나무'로서 일반적으로는 숲이

---

4) 「수산자원관리법」은 이를 위한 좋은 시사가 될 수 있을 것으로 보인다. 「수산자원관리법」은 수산자원을 "수중에 서식하는 수산동식물로서 국민경제 및 국민생활에 유용한 자원"으로 정의하면서, ① 수산자원관리는 수산자원의 보호·회복 및 조성 등의 행위를, ② 수산자원조성은 일정한 수역에 어초·해조장 등 수산생물의 번식에 유리한 시설을 설치하거나 수산종자를 풀어놓는 행위 등 인공적으로 수산자원을 풍부하게 만드는 행위를 말하는 것으로 명확하게 규정하고 있기 때문이다(같은 법 제2조 제1항 제1호·제2호 및 제4호).

라고 부를 수 있는 것을 말한다. 입목이란 토지에 부착된 수목의 집단을 말하는 것으로서 집단적이란 것이 어느 정도인지에 대한 명확한 기준은 없으나 통상적인 개념상 2그루 이상이 밀집되어 있는 것을 의미한다고 보아야 할 것이다. 이와 관련하여 대법원은 농경지로 개간한 토지에 일시 경작하지 않는 사이 6년생 소나무 몇 그루가 자생하게 된 경우 해당 토지가 산림으로 변환되었다고 볼 수 있는지의 여부에 대하여 "농경지로 개간된 토지나 원래의 농지가 일시 경작을 하지 않는 사이에 6년생 정도의 소나무 몇 그루가 자생하게 되었다는 정도의 사정만으로…이건 토지가 산림으로 변환되었다고 하기 어렵다"[5]라고 판결하였다.

산림인 토지를 어떻게 정의할 것인가는 오랜 논란의 대상이 되어왔다. 법률상 보호해야 할 산림의 범위와 연관되어 있는 이러한 논쟁에는 다음과 같은 주장들이 서로 얽혀있는 것으로 보인다.

- 임총설: 입목·대나무가 집단적으로 자라고 있는 토지라면 지목 여하에 불구하고 산림이라는 주장
- 지목설: 토지의 용도상 구분인 지목이 임야인 토지라면 산림이라는 주장
- 목적설: 입목·대나무를 집단적으로 키우는 데에 사용되는 토지라면 산림이라는 주장
- 현황설: 지목과는 관계없이 실제 토지이용의 상태에 따라 산림의 현황을 갖추고 있으면 산림이라는 주장

그러나 오랜 기간에 걸친 논쟁에도 불구하고 현행법이 취하고 있는 입장은 비교적 명확한 것으로 보인다. 이는 입목이나 대나무가 집단적으로 자라고 있는 토지나 입목·대나무를 집단적으로 키우는 데에 사용하게 된 토지를 원칙적으로 산림으로 하되, 그러한 입목이나 대나무가 일시적으로 없어지게 되더라도 그 토지는 산림에 해당한다는 것이 해석상 분명하기 때문이다.[6]

산림에 대한 이러한 해석은 판례의 태도와도 동일한 것으로 이해되는데, 대법원은 논란이 된 토지가 산림인지 여부의 판단기준에 대하여 "산림인지 여부는 공부상 지목여하에 불구하고 당해 토지의 사실상의 현상에 따라 가려져야 할 것이므로 토지대장상 지목이 임야로 되어 있다고 하여도 산림으로서의 현상을 상실하고 그 상실한 상태가 일시적이라고 볼 수 없으며 인근주변의 현상에 비추어 산림 안에 있는 암석지라고 인정할 수도 없다면 그 토지는 산림법에서 말하는 산림에 해

5) 대판 1983. 2. 8. 81도1170.
6) 이러한 관점에서 우리나라는 임총설, 목적설 및 현황설을 종합하여 산림을 정의하고 있는 것으로 보인다. 이에 대하여는 김남균(2020)의 앞의 책, 54~55면을 참고하라.

당하지 않는다"[7]라고 하면서, 지목이 아니라 토지의 사실상의 현상에 따라 산림인지의 여부를 판단하여야 한다고 확인해주고 있기 때문이다.

산림의 정의에 대한 현행법 제2조 제1호의 규정과 판례의 입장은 입목이나 대나무가 집단적으로 자라고 있는 현상을 갖추고 있는 경우에는 산림에 해당하는 것으로 넓게 해석함으로써 가능한 산림을 보호하려는 입장에 서 있는 것으로 보인다. 이는 지목의 여하를 불문하고 실질적으로 산림의 현상이 있는 경우에는 그것조차도 법적 보호대상으로 삼으려는 적극적 태도로서 산림의 조성과 보호를 위한 법률의 취지를 적극 수용한 결과로 이해된다. 산림을 폭넓게 보호하려는 현행법의 이러한 태도는 산림의 경영 및 관리를 위하여 설치한 도로인 임도와 산림에 있는 암석지 및 소택지를 산림에 포함하고 있는 것으로도 잘 알 수 있다.

2. 산림에서 제외되는 입목 · 대나무와 토지

현행법에 따르면 농지, 초지, 주택지, 도로, 그 밖의 대통령령으로 정하는 토지에 있는 입목 · 대나무와 그 토지는 산림에서 제외한다(제2조 제1호 단서 및 시행령 제2조 제1항). 여기에서 '대통령령으로 정하는 토지'란 (1) 과수원, 차밭, 꺾꽂이순 또는 접순의 채취원, (2) 입목 · 대나무가 생육하고 있는 건물 담장 안의 토지,[8] (3) 입목 · 대나무가 생육하고 있는 논두렁 · 밭두렁, (4) 입목 · 대나무가 생육하고 있는 하천 · 제방 · 도랑 또는 연못을 말한다. 따라서 "지목여하에 불구하고 사실상 경작에 제공"[9]되어 있는 농지는 산림에 해당하지 않으며, 이는 과일나무가 집단적으로 생육하고 있는 과수원

7) 대판 1988. 12. 13. 88도668. 이와 동일한 취지의 판례로서는 대판 1984. 7. 10. 84도1001; 대판 1986. 12. 23. 86도2299 등을 참조하라.

8) 여기에서 '건물 담장 안의 토지'란 건물과 담장으로 동시에 차단된 토지를 의미한다고 보아야 한다(헌재 2012. 3. 29. 2010헌마541). 이에 대하여는 이전의 규정이 '건물 · 담장 안의 토지'로 표현함으로써 '건물 또는 담장 안의 토지'로 해석될 여지가 있었으므로 이러한 오해의 소지를 없애기 위하여 2010년 7월 21일 시행령(대통령령 제22293호)을 현행처럼 개정한 것으로도 분명히 알 수 있다.

9) 이와 관련하여 대법원은 "산림에서 제외되는 농지는 그 지목여하에 불구하고 사실상 경작에 제공되어 있는지 여부에 따라 가려야 할 것"이라고 하면서, "…지목은 임야로 되어 있으나 공소외인이 20여년간 밭으로 경작하여 보리, 콩 등을 재배하였고 피고인도 위 토지를 매수한 후 계속하여 밭으로 경작하여 오다가 인삼을 경작하기 위해 삽과 괭이를 사용하여 토지를 일구었고… 산림에 해당한다고 할 수 없다"라고 하였다(대판 1984. 7. 10. 84도1001). 참고로 농지란 「농지법」에 따르면 ① 전 · 답, 과수원, 그 밖에 법적 지목을 불문하고 실제로 농작물 경작지 또는 대통령령으로 정하는 다년생식물 재배지로 이용되는 토지(다만, 「초지법」에 따라 조성된 초지 등 대통령령으로 정하는 토지는 제외한다), 또는 ② ①의 토지의 개량시설과 ①의 토지에 설치하는 농축산물 생산시설로서 대통령령으로 정하는 시설의 부지에 해당하는 토지를 말한다(같은 법 제2조 제1호).

의 경우에도 마찬가지이다.

그러나 산림이 아닌 토지라도 대통령령으로 정하는 토지로서 입목·대나무가 생육하고 있는 논두렁·밭두렁이나 하천·제방·도랑 또는 연못 안의 입목으로서 국토의 보전과 입목의 보호를 위하여 특별자치시장·특별자치도지사·시장·군수·구청장이 필요하다고 인정하여 지정·고시하는 입목의 경우에는 현행법에서 정하고 있는 입목의 벌채 또는 굴취의 허가에 관한 규정을 적용하도록 하고 있음은 앞에서 이미 설명한 것과 같다(제3조 제3호 및 시행령 제3조).

3. 산림의 구분 및 관할 행정청

산림은 그 소유자에 따라 국가가 소유하는 산림인 국유림, 지방자치단체나 그 밖의 공공단체가 소유하는 산림인 공유림 및 국유림과 공유림 외의 산림인 사유림으로 구분한다(제4조 제1호~제3호). 국유림의 대부분은 산림청이 소유하는 산림청 소관 국유림이지만 산림청 이외 국가기관도 일정한 면적의 국유림을 나누어 소유하고 있다.

산림은 산림별로 관할 행정청을 달리한다(제5조 제1호·제2호). 이에 따르면 산림청 소관 국유림은 산림청장 또는 그 소속 기관의 장이 관할 행정청이 되며, 산림청 소관 국유림 외의 국유림과 공유림 및 사유림은 산림 소재지의 특별시장·광역시장·특별자치시장·도지사·특별자치도지사[시·도지사] 또는 시장·군수·구청장이 관할 행정청이 된다.

Ⅲ. 지속가능한 산림경영

[1] 지속가능한 산림경영의 원칙

1. 지속가능한 산림경영과 산림소유자

지속가능한 산림경영이란 "산림의 생태적 건전성과 산림자원의 장기적인 유지·증진을 통하여 현재 세대뿐만 아니라 미래세대의 사회적·경제적·생태적·문화적 및 정신적으로 다양한 산림수요를 충족하게 할 수 있도록 산림을 보호하고 경영하는 것"(산림기본법 제3조 제1호)을 말한다. 이러한 지속가능한 산림경영은 「산림기본법」의 기본이념이며, 현행법을 포함한 산림법의 핵심체계를 이루는 원칙 중의 하나로서 산림법 전반에 반영되어 있는 원칙이기도 하다.

현행법에 따르면 산림소유자는 「산림기본법」 제13조에 따른 지속가능한 산림경영의 평가기준 및 평가지표에 맞게 산림을 관리하도록 노력하여야 한다(제6조). 이는 산림소유자에게 국가 및 지방자치단체가 설정·운영하는 지속가능한 산림경영의 기준과 지표에 따라 산림을 관리하도록 노력할 포괄적인 의무를 부여한 것으로서 선언적인 규정임에도 불구하고 지속가능한 산림경영의 원칙을 재확인하는 의미를 가지고 있다고 할 것이다. 지속가능한 산림경영을 위하여 노력할 이러한 의무는 산림소유자 모두에게 부여된 것이며, 따라서 산림소유자는 그 소유구분에 따라 국유림은 국가가, 공유림은 지방자치단체 또는 공공단체가, 그리고 사유림은 산림을 소유한 개인이 각각 이를 위하여 노력해야 할 것이다.

2. 산림지속성지수 및 산림인증

국가는 지속가능한 산림경영을 위하여 산림의 생태적·물리적·사회적·경제적 요소 등을 고려하여 대통령령으로 정하는 바에 따라 산림의 지속가능한 정도를 나타내는 산림지속성지수를 개발하고 공표할 수 있다(제7조 제1항 및 시행령 제4조 제1항·제2항). 산림청장은 이에 따라 산림경영의 여건과 「산림기본법」 제13조 제1항 및 같은 법 시행령 제11조에 따른 기준[10] 및 지표 등을 반영하여 산림지속성지수를 개발하여야 하며, 이를 지속적으로 보완하고 널리 활용하기 위하여 연구개발·모니터링·평가·환류 등 일련의 과정을 유지·관리하여야 한다. 이와 함께 국가와 지방자치단체는 산림의 종류와 특성에 따라 이러한 산림지속성지수를 유지하고 증진하기 위한 계획을 수립·시행하여야 하며, 산림지속성지수가 현저히 떨어지거나 떨어질 우려가 있다고 인정되면 산림의 지속성 회복을 위한 대책을 강구하여야 한다(제7조 제2항).

산림청장은 지속가능한 산림경영을 촉진하고 지속가능하게 경영된 산림으로부터 생산된 임산물 및 그 가공품의 사용을 확대하기 위하여 산림경영 및 임산물의 생산·유통에 관한 인증제도 관련 시책을 수립하고 시행하여야 한다(제7조의2). 일반적으로 인증이란 일정한 기준을 만족시키거나 정당한 절차를 거쳤음을 공식기관에서 증명하는 것으로서 현행법에 따른 산림인증제도에는 산림경영인증과 임산물 생산·유통인증이 있다. 이에 따르면 '산림경영인증'이란 산림을 환경·사회·경제적으로 지속가능하게 경영하였음을 평가하여 인증하는 것을 말하며, '임산물 생산·

10) 이에 따르면 「산림기본법」 제13조 제1항의 규정에 의한 지속가능성을 측정·평가하기 위한 기준에는 ① 산림생태계의 생물다양성의 보전, ② 산림생태계의 생산성의 유지, ③ 산림생태계의 건강성 및 활력도, ④ 산림생태계의 토양 및 수자원의 보전, ⑤ 산림생태계의 온실가스의 흡수 기여도, ⑥ 산림의 사회경제적 편익의 유지 및 강화, ⑦ 그 밖에 지속가능한 산림경영의 평가에 관하여 국제적으로 인정되는 기준 등이 포함되어야 한다(「산림기본법 시행령」 제11조).

유통인증'이란 목재나 비목재임산물이 지속가능한 산림경영의 원칙에 따라 경영된 산림에서 생산되어 유통되는 것임을 증명하는 것을 말한다. 현재 이러한 산림인증은 「임업 및 산촌 진흥촉진에 관한 법률」에 따라 설립된 한국임업진흥원이 수행하고 있다(제29조의3 및 시행령 제25조의3 제6호).

[2] 산림의 기능별 구분 및 관리

산림청장은 국가 전체적인 차원에서 산림자원의 효율적인 조성과 육성을 도모하기 위하여 산림의 위치, 입지조건, 이용방향 및 사회·경제적 여건 등을 고려하여 전국의 산림을 다음과 같이 6대 기능별로 구분하여야 한다(제8조 제1항·제4항 및 시행규칙 제3조 제1항).

- 수원함양림: 수자원 함양과 수질 정화를 위하여 필요한 산림
- 산지재해방지림: 산사태, 토사유출, 대형산불 및 산림병해충 등 각종 산림재해의 방지 및 임지의 보전에 필요한 산림
- 자연환경보전림: 생태·문화·역사·경관·학술적 가치의 보전에 필요한 산림
- 목재생산림: 생태적 안정을 기반으로 하여 국민경제 활동에 필요한 양질의 목재를 지속적·효율적으로 생산·공급할 수 있는 산림
- 산림휴양림: 산림휴양 및 휴식공간의 제공을 위하여 필요한 산림
- 생활환경보전림: 도시 또는 생활권 주변의 경관유지 및 쾌적한 생활환경의 유지를 위하여 필요한 산림

산림청장은 현행법에 따라 산림의 기능을 구분하는 경우에는 관계 중앙행정기관의 장과 협의하여 구분하고, 그에 따라 도면[기능구분도]을 작성하여야 한다(제8조 제1항·제2항 및 시행규칙 제3조의2). 이 경우 산림청장은 산림의 기능을 구분할 때에는 기능구분도 초안을 14일 이상 인터넷 홈페이지 등에 게시하여 지방자치단체의 장 및 산림소유자 등의 의견을 들어야 한다. 현행법에 따르면 이러한 기능구분도는 10년마다 축척 2만5천분의 1 이상의 지도로 작성하여야 한다.

산림을 이와 같이 기능별로 구분하여 경영·관리하는 것은 산림자원을 보다 효율적으로 조성하고 육성함으로써 결국에는 지속가능한 산림경영을 달성하기 위한 것이다. 따라서 국가, 지방자치단체 및 산림소유자는 소유하고 있는 산림을 이러한 기능구분에 맞게 경영·관리하도록 노력하여야 하며, 산림청장은 이를 위하여 산림의 기능별 관리지침[11]을 따로 정하여야 한다(제8조 제3항 및 시행규칙 제3조 제4항).

---

11) 이에 따라 산림청장은 현재 「지속가능한 산림자원 관리지침」(산림청훈령 제1454호, 2020. 6. 15.)을 제정하여 시행하고 있다.

이와 함께 산림청장은 산림의 효율적인 경영 · 관리에 활용하기 위하여 전국의 산림에 대하여 수목의 종류 · 지름 · 나이 등 산림의 현황을 종합적으로 표시한 도면[임상도]을 작성하여야 한다(제8조의2 제1항~제3항 및 시행규칙 제3조의3). 임상도는 항공사진, 위성영상 및 현지조사를 기초로 5년마다 축척 2만5천분의 1 이상의 지도로 작성하여야 하며, 이를 위하여 산림청장은 관계 중앙행정기관의 장 또는 지방자치단체의 장에게 그 작성에 필요한 자료의 제출을 요구할 수 있다. 이 경우 산림청장으로부터 자료의 제출을 요구받은 기관의 장은 정당한 사유가 없으면 이에 따라야 한다.

[3] 산림관리기반시설의 설치

산림청장, 시 · 도지사 또는 시장 · 군수 · 구청장은 산림의 생산기반 확립과 공익적 기능 증진을 위하여 필요하다고 인정하면 산림소유자의 동의를 받아 임도와 산불예방 · 진화시설 등 산림의 기능을 유지하고 보호하기 위한 시설[산림관리기반시설]을 설치할 수 있다(제9조 제1항). 산림의 지속가능한 경영을 위한 산림관리기반시설 중 가장 중요한 의미를 가지는 것은 임도인데, 이러한 임도는 "산림의 경영 및 관리를 위하여 설치한 도로"(제2조 제1호 라목)로서 산림경영을 위한 인력 및 자재의 수송이나 임산물 운반뿐만 아니라 산림복지서비스의 제공을 지원하는 역할을 수행하며, 특히 농산촌의 도로망과 연계하여 지역사회의 경제활동에도 기여하는 기반시설이다.

산림청장은 임도의 기능과 공공성을 감안하여 이를 효율적으로 설치 · 관리할 수 있도록 전국임도기본계획을 10년 단위로 수립하여야 하며, 시 · 도지사 또는 지방산림청장은 산림청장이 수립한 이러한 전국임도기본계획에 따라 임도설치계획을 5년 단위로 수립하여야 한다(제9조 제5항 및 시행규칙 제5조 제2항~4항). 임도는 간선임도 · 지선임도 및 작업임도로 구분하며, 그 구분에 따라 설계 및 시설기준을 달리한다.[12] 임도를 설치하기 위해서는 「산지관리법」 제15조의2 제4항에 따라 산지일시사용신고를 하고, 산림소유자의 동의를 받아야 한다.

임도는 산림경영 및 관리를 위한 필수적인 기반시설로서 강한 공공성을 가진 시설임은 분명하지만 이를 설치하기 위해서는 불가피하게 산림형질에 변경을 가할 수밖에 없으며, 넓은 면적의 산림 내에 시설되는 특성상 일반 도로보다 관리에 취

12) 간선임도란 산림의 경영관리와 보호에 있어 중추적인 역할을 하는 임도로서 도로와 도로를 연결하는 임도를 말하고, 지선임도란 일정구역의 산림경영 및 산림보호를 목적으로 간선임도 또는 도로에서 연결하여 설치하는 임도를 말하며, 작업임도란 일정구역의 산림사업 시행을 위하여 간선임도 · 지선임도 또는 도로에서 연결하여 설치하는 임도를 말한다(시행규칙 제5조 제2항).

약한 것이 사실이다. 임도의 이러한 특성은 임도를 산림훼손의 원인으로 지목하거나 때로는 산림을 파괴하는 불필요한 시설이라는 주장에 논리적 근거를 제공하기도 하였다. 이에 따라 현행법은 이를 해결하기 위하여 산림청장, 시·도지사 또는 시장·군수·구청장이 산림관리기반시설을 설치하는 경우에는 (1) 농림축산식품부령으로 정하는 바에 따라 해당 시설의 필요성, 적합성 및 환경성 등을 종합적으로 고려하여 설치의 타당성을 평가하도록 하고(제9조 제2항), (2) 농림축산식품부령으로 정하는 기준에 따라 설계를 한 후 이에 따라 설치하도록 하였다(제9조 제4항). 현재 이러한 타당성 평가의 대상으로는 간선임도·지선임도 및 작업임도만이 지정되어 있으며, 따라서 산림관리기반시설의 설치에 관한 타당성평가는 실질적으로는 '임도의 타당성평가 제도'라고 할 수 있다(시행규칙 제4조 제1항).

현행법은 이러한 타당성 평가와 관련하여 산림청장, 시·도지사 또는 시장·군수·구청장이 해당 타당성 평가를 효과적으로 실시하기 위하여 필요하면 농림축산식품부령으로 정하는 바에 따라 평가위원회를 구성하여 평가하게 할 수 있도록 규정하고 있다(제9조 제3항). 이는 타당성평가가 필요성·적합성 및 환경성 등을 종합적으로 고려하여야 하고, 임도의 경우에는 한번 설치하면 광범위한 지역의 산림에 영향을 미치며 복구가 쉽지 않은 점 등을 감안하여 필요하면 평가위원회를 구성하여 평가하려는 것으로서 매우 바람직한 규정으로 여겨진다. 그러나 이와 관련하여 '필요하면' 평가위원회를 구성할 수 있도록 하고 있는 것은 지나치게 소극적인 입법태도인 것으로 보인다. 임도설치의 중요성과 사회·환경적 관심을 반영하여 평가위원회를 구성하기로 하였으면, 이러한 구분 없이 일정한 규모 이상의 임도 전체에 대하여 평가위원회의 평가를 거치도록 하는 것이 타당성평가제도를 형식적인 절차에 그치지 않고 실질적으로 운영하는 방안일 것이기 때문이다.

[4] 산림자원조사 및 정보화

1. 산림자원조사

지속가능한 산림경영을 위해서는 신림에 대한 정보를 수집·관리하고, 이를 적극적으로 활용하는 것이 중요하다. 이에 따라 현행법은 산림청장에게 농림축산식품부령으로 정하는 바에 따라 산림자원을 정기적으로 조사하여 그 결과를 공표하도록 하고 있다(제32조 제1항·제2항). 현행법에 따른 이러한 산림자원조사는 임목자원, 초본 및 관목 등 산림식생, 고사목·산림피해목 및 그루터기, 토양 등 입지환경, 산림의 이용형태, 그 밖에 산림청장이 조사할 필요가 있다고 인정하는 사항에 대하여 매년 조사를 실시하고 그 결과를 5년마다 공표한다(시행규칙 제36조 제1항·제2항).

현행법에 따라 산림자원조사를 하는 자는 조사에 필요한 경우에는 타인의 산림이나 토지에 출입할 수 있으며, 산림청장은 이러한 산림자원조사의 정확도와 효율성을 높이기 위하여 산림의 소유자 또는 점유자의 동의를 받아 산림에 필요한 표지를 설치할 수 있다(제32조 제3항~제5항). 이 경우 타인의 산림이나 토지에 출입하려는 자는 출입할 날의 3일 전까지 그 뜻을 해당 산림이나 토지의 소유자 또는 점유자에게 통지하여야 하며, 그 권한을 표시하는 증표를 지니고 이를 해당 산림이나 토지의 소유자 또는 점유자에게 내보여야 한다. 여기에서 '그 권한을 표시하는 증표'란 산림자원조사의 권한을 가진 공무원임을 나타내는 것으로서 일반적으로는 공무원증을 의미한다.

2. 산림자원정보체계

산림청장은 산림자원의 조사자료와 그 밖의 산림관리에 필요한 자료를 효율적으로 활용하기 위하여 산림자원정보체계를 구축하여 운영할 수 있다(제33조 제1항). 여기에서 '산림자원정보체계'란 전국의 산림자원 관련 자료를 전산화한 것으로서 지속가능한 산림경영을 효과적으로 지원하는 정보화체계를 말한다. 현행법에 따르면 산림청장은 이를 구축하기 위하여 관계 중앙행정기관, 지방자치단체 및 「공공기관의 운영에 관한 법률」에 따른 공공기관이나 정부출연기관 등 관계 기관의 장에게 필요한 자료의 제출을 요청할 수 있다(제33조 제2항). 이 경우 산림청장으로부터 자료의 제출을 요청받은 관계 기관의 장은 특별한 사유가 없으면 그 요청에 따라야 한다.

현행법에 따른 이러한 산림자원정보체계는 산림지리 및 지황정보, 산림임황정보, 산림작업 및 경영정보, 입목벌채 등의 허가·신고정보, 산림이용정보, 산림입지 및 토양정보, 산림용 종자정보, 산림에서 서식하고 있는 수목·초본류·버섯류 및 곤충류정보, 국가산림자원조사 등 각종 산림통계정보, 임상도·산림입지토양도·기능구분도 등 산림자원정보를 이용한 수치정보 및 이를 기초로 만든 응용정보, 「임업 및 산촌 진흥촉진에 관한 법률 시행령」에 따른 임산물소득원의 지원대상 품목정보, 국유림·공유림 및 사유림의 통계조사를 위한 산주정보, 그 밖에 지속가능한 산림경영에 필요한 정보 등 방대한 자료를 대상으로 하며(시행규칙 제38조 제1항), 이런 점에서 산림자원정보체계를 지속가능한 산림경영을 위한 정책의 수립·집행을 지원하는 전략적 자산이라고 부르기도 한다.

[5] 산림과학기술의 육성

1. 산림과학기술 기본계획

환경적으로 건전한 기술의 확산은 지속가능한 발전을 실현하는 주요 수단 중의 하나이다.[13] 이것은 지속가능한 산림경영과 산림과학기술의 관계에서도 마찬가지이며, 따라서 지속가능한 산림경영을 이루기 위해서는 산림과학기술의 발전이 병행되어야 한다는 점은 부인할 수 없어 보인다. 그러나 산림과학기술의 발전은 연구인력이나 시설·예산만이 아니라 기초연구기반의 확립, 예산집행체계의 개선, 연구개발성과에 대한 공정한 관리·평가 및 연구윤리의 강화, 공공연구기관의 활성화, 산림관련 학교·산업계 및 공공연구기관 간의 정보교류와 공동연구의 활성화 등을 포괄하는 다양한 요인에 의존하는 것이 사실이다. 이러한 관점에서 산림과학기술의 발전을 위해서는 다양한 과제들을 종합적으로 다루고 조정·통합하는 기본계획이 반드시 필요하며, 특히 연구개발에 장기간이 소요되는 산림과학기술 분야의 경우에는 그 중요성이 더욱 크다고 할 수 있을 것이다.

현행법은 이를 위하여 "산림청장은 산림자원의 조성·육성, 산림자원의 이용, 산림자원의 공익기능 증진 등과 관련된 산림과학기술의 연구개발을 촉진하기 위하여 대통령령으로 정하는 바에 따라 산림과학기술 기본계획을 10년 단위로 수립·시행하여야 한다"라고 규정함으로써 산림과학기술의 발전을 위한 장기계획의 수립 및 시행에 대한 책임을 산림청장에게 부여하고 있다(제34조 제1항 및 시행령 제32조 제1항·제2항). 현행법에 따른 산림과학기술 기본계획은 산림청장이 「국가과학기술자문회의법」에 따른 국가과학기술자문회의의 심의를 거쳐 수립하는데, 이러한 산림과학기술 기본계획에는 산림과학기술의 현황과 장기전망, 산림과학기술개발의 목표와 이의 달성을 위한 대책, 산림과학기술의 경쟁력 강화 및 활용 증진방안, 산림과학기술정보의 수집·분류·가공 및 보급, 그 밖에 산림과학기술개발을 위하여 산림청장이 필요하다고 인정하는 사항 등이 포함되어야 한다.

산림청장은 현행법에 따른 이러한 산림과학기술 기본계획에 따라 산림과학기술 연구개발사업을 관리·평가하고 그 성과를 활용하여야 한다(제34조 제2항 및 제6항·제7항). 이를 위하여 산림청장은 필요하다고 인정하는 경우에는 현행법에 따른 관리·평가 및 성과활용에 관한 업무를 「임업 및 산촌 진흥촉진에 관한 법률」에 따른 한국임업진흥원으로

---

13) 세계환경발전위원회의 앞의 책, 148~150면.

하여금 대행하게 하고, 그 결과를 매년 농림축산식품부령으로 정하는 바에 따라 보고하게 할 수 있다. 이 경우 산림과학기술 연구개발사업에 대한 관리·평가 및 성과활용에 관한 업무를 대행하는 한국임업진흥원의 임직원은 형법 제129조부터 제132조까지의 규정에 따른 벌칙을 적용할 때에는 공무원으로 본다(제36조의2).

2. 공동연구 및 연구개발 성과의 이전

산림청장은 산림과학기술의 연구개발을 위하여 국공립 연구기관, 대학, 산업체, 지방자치단체 또는 정부출연연구기관 등으로 하여금 공동연구를 수행하게 할 수 있으며, 이에 필요한 자금을 출연하거나 보조할 수 있다(제34조 제3항·제4항). 이러한 공동연구는 특히 지속가능한 산림경영을 위한 연구개발의 성과를 공유하고 확산한다는 측면에서도 큰 의미를 가지는 것이므로 다른 산업분야와의 상호협력이나 연구성과의 실용화 등에 더욱 집중할 필요가 있을 것으로 보인다. 이러한 관점에서 산림청장은 공동연구를 활성화하기 위하여 공동연구에 참여한 소속 공무원에게 일정한 인센티브로서 징수한 기술사용료의 범위에서 대통령령으로 정하는 바에 따라 보상금을 지급할 수 있으며, 소속 공무원이 직무와 관련하여 연구개발한 기술을 특허나 실용신안으로 출원하는 경우 그 특허등록 전에 해당 기술을 미리 사용하거나 산업화하는 것이 공익증진에 이바지한다고 판단하면 특허청장과 협의하여 특허등록 전까지 그 기술을 사용하거나 산업화하려는 자에게 이를 사용하거나 산업화하게 할 수 있다(제35조 제2항·제3항).

산림청장은 소속 연구기관과 산업체가 공동연구를 수행하여 개발한 성과를 공동연구에 참여한 산업체가 사용하는 경우에는 대통령령으로 정하는 바에 따라 기술사용료를 징수하거나 이를 면제할 수 있다(제35조 제1항 및 시행령 제35조). 현행법에 따르면 산림청장이 기술사용료를 면제할 수 있는 이러한 사유로는 임업인의 소득증대를 위하여 전국적으로 신속한 보급이 필요한 경우, 수출진흥 또는 수입대체 등 국내 산업발전을 위하여 필요한 경우, 산림환경보전을 위하여 전국적으로 보급이 필요한 경우, 중소기업지원·육성 등 정부시책의 추진을 위하여 필요한 경우, 그 밖에 산림청장이 임업 및 관련 산업의 경쟁력 강화를 위하여 특히 필요하다고 인정하는 경우 등이 있다.

3. 시험림

산림청장 또는 시·도지사는 산림과학기술개발이나 시험·연구를 위한 용도로 활용하기에 적합한 산림을 시험림으로 지정할 수 있다(제47조 제1항~제3항).[14] 산림청장 또는 시·도지사는 시험림을 지정한 경우에는 그 지정목적대로 산림을 보호·관리하도록 노력하여야 하며, 이를 위하여 필요하다고 인정하면 관리인을 지정하여 관리하게 할 수 있다. 이 경우 산림청장 또는 시·도지사는 시험림의 소유자나 관리인에게 그 보호와 관리 등에 필요한 사항을 명할 수 있으며, 이에 필요한 비용을 대통령령으로 정하는 바에 따라 지원할 수 있다.

시험림은 산림이나 특정 수목의 생육상태와 식생·토양 등을 장기간에 걸쳐 관찰하는 등 포괄적인 용도로 사용되는 산림과학기술의 기반시설이므로 그 관리와 손실보상 등에 대해서는 현행법 제19조 제5항에 따른 채종림에 관한 규정과 「산림보호법」 제10조 제3항 및 제12조에 따른 산림보호구역에 관한 규정을 준용한다(제47조 제7항). 따라서 시험림에서는 (1) 채종림과 같이 숲가꾸기를 위한 벌채 및 임산물의 굴취·채취를 제외하고는 입목·대나무의 벌채, 임산물의 굴취·채취, 가축의 방목, 그 밖에 토지의 형질을 변경하는 행위가 원칙적으로 제한되며, (2) 「산림보호법」에 따른 산림보호구역의 경우와 같이 토지 및 입목·대나무의 소유자 또는 이를 사용·수익할 수 있는 권리를 가진 자에게 손실보상이 인정되고, 또한 시험림의 지정목적을 위하여 필요한 경우에는 토지소유자와 협의하거나 토지소유자의 신청을 받아 토지를 매수·교환할 수 있다.

산림청장 또는 시·도지사는 일정한 해제사유가 있는 경우에는 시험림의 전부나 일부에 대하여 그 지정을 해제할 수 있다(제47조 제4항). 산림청장 또는 시·도지사가 현행법에 따라 시험림을 해제할 수 있는 이러한 사유에는 지정목적을 달성하여 시험림으로 그대로 둘 필요성이 없다고 인정하는 경우, 천재지변 등으로 인한 피해 및 대통령령으로 정하는 사유로 지정목적이 상실되었다고 인정하는 경우, 군사시설이나 그 밖의 대통령령으로 정하는 공용·공공용 시설[15]의 용지로 사용하거나 공익을 위하여 지정해제가 불가피하다고 인정하는 경우 등이 있다.

---

14) 현행법은 시험림을 제47조에 두어 산림의 보전 등에 관한 내용과 함께 규정하고 있으나, 이 책에서는 이를 따르지 않고 산림과학기술의 육성에 관한 부분에서 함께 설명하였다. 이는 시험림에 대한 소극적인 보호·관리보다는 그 지정목적에 관심을 집중함으로써 시험림의 적극적인 역할을 이끌어낼 필요가 있다는 생각 때문이다.

15) 여기에서 '대통령령으로 정하는 공용·공공용 시설'이란 철도·기상관측·관개수로·고속국도·일반국도·항만 및 항공시설과 발전·통신 또는 방송시설 및 송·배전시설을 말한다(시행령 제52조 제2항). 한편 현행법에 따른 시험림의 지정해제 사유 중 '천재지변 등으로 인한 피해 및 대통령령으로 정하는 사유'에 대해서는 아직까지 위임된 사항을 규정한 하위법령이 제정되어 있지 않은 실정이다.

Ⅳ. 산림자원의 조성 및 육성

[1] 산림경영계획

1. 개념 및 내용

산림경영계획이란 조림, 숲가꾸기 및 벌채와 임도·작업로 등과 같은 산림경영에 필요한 사항에 관하여 일정한 경영계획구를 단위로 하여 작성한 것을 말한다. 현행법에 따르면 산림경영계획은 공유림과 사유림을 대상으로 하고 국유림은 그 작성대상에서 제외하는데(제13조 제1항·제2항), 이는 국유림의 경우에는 「국유림의 경영 및 관리에 관한 법률」 제8조에 따라 국유림경영계획을 별도로 작성하기 때문이다. 현행법에 따른 이러한 산림경영계획과 국유림경영계획 및 「산림기본법」에 따른 산림기본계획과의 관계에 대해서는 앞에서 이미 설명한 것과 같다. 현행법에 따르면 산림경영계획서에 포함해야 할 사항은 다음과 같다(시행령 제9조 제1항).

- 조림면적·수종별 조림수량 등에 관한 사항
- 어린나무가꾸기 및 솎아베기 등 숲가꾸기에 관한 사항
- 벌채·굴취방법, 벌채량 및 수종별 벌채시기 등에 관한 사항
- 임도·작업로·운재로 등 시설에 관한 사항
- 그 밖에 산림소득의 증대를 위한 사업 등 산림경영에 필요한 사항

여기에서 벌채·굴취방법, 벌채량 및 수종별 벌채시기 등에 관한 사항과 임도·작업로·운재로 등 시설에 관한 사항을 작성하는 경우 고려해야 하는 수종별 적정 벌채시기[기준벌기령], 벌채·굴취기준 및 임도 등의 시설기준은 농림축산식품부령[16]으로 정하며, 그 밖에 산림경영계획의 작성 및 운영에 관한 세부사항은 산림청장이 정하는 바에 따른다(시행령 제9조 제3항·제4항).[17]

---

16) 이에 대하여는 현행법 시행규칙 제7조 별표3을 참고하라.

17) 「공·사유림 경영계획 작성 및 운영 요령」(산림청예규 제664호, 2018. 8. 20.). 「공·사유림 경영계획 작성 및 운영 요령」에는 산림경영계획서의 기재요령이 ① 산림현황, ② 임황조사, ③ 경영계획 및 실행실적 등으로 구분하여 구체적으로 설명되어 있는데, 특히 산림현황에서는 산림소재지 및 지번 이외 임반과 소반을 기재하도록 하고 있다. 여기에서 임반이란 능선·하천 및 도로 등 자연경계나 도로 등 고정적 시설을 따라 확정된 100ha 내외의 면적을 말하고, 소반이란 지형지물 또는 유역경계를 달리하거나 시업에 있어 다르게 취급할 구역으로서 최소 1ha 이상으로 구획하나 현지 여건상 부득이한 경우에는 0.1ha 이상으로 기록하는 구역을 말한다(같은 요령, 별표 산림경영계획서 기재요령).

2. 수립절차

가. 지방자치단체의 장이 소유한 공유림의 경우

지방자치단체의 장은 대통령령으로 정하는 바에 따라 소유하고 있는 공유림별로 산림경영계획을 10년 단위로 수립하여야 한다(제13조 제1항 및 시행령 제7조). 지방자치단체의 장인 시·도지사 또는 시장·군수·구청장은 산림경영계획을 수립하는 경우에는 해당 산림경영계획이 「산림기본법」에 따른 산림기본계획 및 지역산림계획과 대상 산림의 현황 등에 부합하도록 수립하여야 하며, 특히 산림경영계획의 대상지에 자연공원법에 따른 공원구역이 포함된 경우에는 「자연공원법」에 따른 공원기본계획 및 공원계획에 부합되도록 산림경영계획을 수립하여야 한다.

시장·군수·구청장은 산림경영계획을 수립하는 경우에는 해당 산림경영계획에 대하여 관할 시·도지사의 승인을 얻어야 한다(시행령 제7조). 이는 산림경영계획이 「산림기본법」 제11조 제2항에 따른 지역산림계획에 부합되는지 등을 검토하기 위한 것으로서 공유림에 관한 장기계획의 일관성을 유지하기 위한 것으로 이해된다.

나. 지방자치단체의 장 외의 공유림 소유자나 사유림의 소유자인 경우

지방자치단체의 장 외의 공유림 소유자나 사유림의 소유자는 농림축산식품부령으로 정하는 바에 따라 경영계획구별로 향후 10년간의 경영계획이 포함된 산림경영계획서를 작성하여 특별자치시장·특별자치도지사·시장·군수·구청장에게 인가를 신청할 수 있다(제13조 제2항). 현행법에 따른 이러한 산림경영계획서는 해당 산림의 소유자에 따라 공유림경영계획구와 사유림경영계획구로 구분하여 작성하며, 특히 사유림경영계획구의 경우에는 일반경영계획구, 협업경영계획구 및 기업경영림계획구로 구분하여 작성하여야 한다(시행령 제8조).[18] 이 경우 사유림의 소유자에는 정당한 권원에 의하여 산림을 사용하거나 수익할 수 있는 자를 포함한다.

산림경영계획서는 산림소유자가 직접 작성하거나 「산림기술 진흥 및 관리에 관한 법률」에 따른 산림기술자 중 대통령령으로 정하는 기술자가 작성하여야 한다(제13조 제3항). 이 경우 산림기술자는 산림경영계획서를 작성하고 농림축산식품부령으로 정

---

18) 이에 따르면 일반경영계획구란 사유림의 소유자가 자기 소유의 산림을 단독으로 경영하기 위한 경영계획구를 말하고, 협업경영계획구란 서로 인접한 사유림을 2인 이상의 산림소유자가 협업으로 경영하기 위한 경영계획구를 말하며, 또한 기업경영림계획구란 「산림자원의 조성 및 관리에 관한 법률」 제38조에 따라 기업경영림을 소유한 자가 기업경영림을 경영하기 위한 경영계획구를 말한다.

하는 금액의 범위에서 그에 대한 대가를 받을 수 있다. 현행법상 지방자치단체의 장 외의 공유림 소유자나 사유림의 소유자는 산림경영계획서를 작성할 의무는 없으나,[19] 이를 작성하여 인가를 받은 경우에는 국가나 지방자치단체로부터 비용·경영지도 등의 지원과 세제·금리상의 우대조치를 받을 수 있다(제13조 제6항).

특별자치시장·특별자치도지사·시장·군수·구청장은 인가를 신청한 산림경영계획이 해당 산림의 효율적인 조성·관리에 적합하다고 인정되면 농림축산식품부령으로 정하는 바에 따라 이를 인가하여야 한다(제13조 제4항). 이 경우 현행법 제8조 제1항 제3호에 따라 자연환경보전 기능으로 구분된 산림[자연환경보전림]을 대상으로 하는 산림경영계획은 해당 산림의 지속가능한 보전에 적합한 내용이어야 한다. 한편 산림소유자는 현행법에 따라 인가받은 산림경영계획 중 농림축산식품부령으로 정하는 중요 사항을 변경하려면 변경인가를 받아야 하는데, 여기에서 '농림축산식품부령으로 정하는 중요 사항'이란 벌채의 연도·장소·양 및 방법, 굴취의 연도·장소 및 양, 임도시설의 설치연도 및 장소에 관한 사항 등을 말한다(제13조 제5항 및 시행규칙 제7조 제4항). 그러나 이 경우에도 기준벌기령을 적용하지 않는 벌채(시행규칙 별표3 제1호 비고 제1호)[20]인 경우에는 중요사항에서 제외하며, 따라서 변경인가를 받지 않아도 된다.

3. 산림경영계획의 실행

지방자치단체의 장은 자기가 소유하고 있는 공유림을 대상으로 산림경영계획을 수립한 경우에는 그 계획에 따라 산림을 경영하여야 하며, 지방자치단체의 장 외의 공유림 소유자나 사유림의 소유자로서 산림경영계획을 인가받은 산림소유자의 경우에는 인가받은 바에 따라 그 산림경영계획을 실행하여야 한다(제13조 제1항 및 제14조 제1항).

산림경영계획의 실행과 관련하여 특별자치시장·특별자치도지사·시장·군수·

---

19) 다만, 부동산 거래 등의 신고 및 허가에 관한 사항을 정하고 있는 「부동산 거래신고 등에 관한 법률」 제11조에 따라 허가구역에 있는 토지소유권 및 지상권을 이전·설정하는 토지거래계약을 체결하려는 당사자는 그 허가신청서에 계약내용과 그 토지의 이용계획, 취득자금 조달계획 등을 적어 시장·군수 또는 구청장에게 제출하여야 하는데, 이 경우 토지를 임업용으로 이용하고자 하는 경우에는 토지에 대한 2년 이상의 산림경영계획(반기별로 구체적인 작업일정을 포함하여야 한다)을 토지이용계획에 포함하여 제출하여야 한다(같은 법 시행규칙 제11조 제1항 제3호). 따라서 부동산 거래 등의 허가구역에 있는 산림인 경우에는 해당 토지를 임업용으로 이용하고자 하는 경우에 한하여 산림경영계획서의 작성이 의무라고 할 수 있을 것이다.

20) 기준벌기령을 적용하지 않는 경우로서 불량림의 수종갱신을 위한 벌채, 피해목·옻나무·약용류(「임업 및 산촌 진흥촉진에 관한 법률 시행규칙」 별표1에서 정한 약용류 중 약용을 목적으로 식재한 수목으로 한정한다) 또는 지장목의 벌채와 임지생산능력급수 Ⅰ급지부터 Ⅲ급지까지의 지역에서 리기다소나무를 벌채하는 경우를 말한다.

구청장은 산림경영계획을 인가받은 산림이 농림축산식품부령으로 정하는 규모 이하이거나 그 밖의 사유로 효율적인 경영이 필요하다고 인정되면 산림소유자에게 「산림조합법」에 따른 산림조합 등 산림전문단체가 대리하여 경영[대리경영]하도록 권장할 수 있으며, 이에 따라 대리경영을 하는 산림에는 그 사업비를 우선적으로 지원할 수 있다(제14조 제2항). 현행법에 따른 이러한 대리경영은 지방자치단체의 장 외의 공유림 소유자나 사유림의 소유자가 산림경영계획에 따라 직접 산림을 경영할 수 없는 경우에 산림조합과 같은 산림전문단체를 활용할 수 있도록 한 제도로서 특히 사유림의 경영을 활성화하기 위하여 도입된 것이다.

산림소유자나 대리경영을 하는 자는 산림경영계획을 실행하는 경우에 현행법 제36조에 따른 입목벌채 등의 행위가 수반되면 농림축산식품부령으로 정하는 바에 따라 미리 특별자치시장·특별자치도지사·시장·군수·구청장에게 신고하여야 한다(제14조 제3항 ~제5항). 이는 산림경영계획에 따라 입목벌채 등을 하는 경우에는 허가를 받는 대신에 신고만으로 가능하도록 절차를 단순화한 것으로서 현행법에 따라 신고를 마친 경우에는 입목벌채 등의 허가를 받거나 신고를 한 것으로 간주하게 된다. 현행법에 따라 이러한 신고를 받은 특별자치시장·특별자치도지사·시장·군수·구청장은 해당 신고를 받은 날부터 5일 이내에 그 신고수리 여부를 신고인에게 통지하여야 하며, 만일 특별자치시장·특별자치도지사·시장·군수·구청장이 그 정한 기간에 신고수리 여부 또는 민원처리 관련 법령에 따른 처리기간의 연장을 신고인에게 통지하지 않으면 그 기간이 끝난 날의 다음 날에 신고를 수리한 것으로 본다. 이 경우 처리기간이 민원처리 관련 법령에 따라 연장 또는 재연장된 경우에는 해당 처리기간을 기준으로 한다.

4. 산림경영계획 인가의 취소

특별자치시장·특별자치도지사·시장·군수·구청장은 현행법에 따라 산림경영계획을 인가받은 자가 일정한 사유에 해당하는 경우에는 그 산림경영계획의 인가를 취소하거나 그 산림경영계획에 따른 산림사업을 중지시킬 수 있다(제15조). 특별자치시장·특별자치도지사·시장·군수·구청장이 현행법에 따라 산림경영계획에 대한 인가취소 등의 처분을 할 수 있는 이러한 사유에는 거짓이나 그 밖의 부정한 방법으로 인가를 받은 경우, 산림소유자가 정당한 사유 없이 인가받은 산림경영계획의 내용대로 산림사업을 하지 않는 경우, 산림경영계획에 따른 산림사업실적이 대통령령으로 정하는 기준 이하인 경우 등이 있다.

그러나 산림소유자가 정당한 사유 없이 인가받은 산림경영계획의 내용대로 산림사업을 하지 않는 경우에도 현행법 제23조 제2항에 따라 산림사업을 대행시키는 경우에는 인가취소 등의 사유에 해당하지 않으며, 산림소유자가 산불 등 산림재해로 산림사업을 하지 못한 경우 등 대통령령으로 정하는 경우에는 산림경영계획에 따른 산림사업실적이 대통령령으로 정하는 기준 이하인 경우라도 인가취소 등의 사유를 적용하지 않는다.

특별자치시장 · 특별자치도지사 · 시장 · 군수 · 구청장은 산림경영계획을 인가받은 자에게 이러한 사유가 있더라도 그 산림경영계획의 인가를 반드시 취소할 필요는 없으나, 만일 그 사유가 '거짓이나 그 밖의 부정한 방법으로 인가를 받은 경우'에 해당하는 때에는 반드시 그 인가를 취소하여야 한다(제15조 단서). 특별자치시장 · 특별자치도지사 · 시장 · 군수 · 구청장은 현행법에 따라 산림경영계획의 인가를 취소하려는 경우에는 청문을 하여야 한다(제68조 제1호).

[2] 산림용 종묘생산

1. 산림용 종묘

가. 종묘생산업자의 등록 및 출하

산림청장이 정하여 고시하는 산림용 종자와 산림용 묘목을 판매할 목적으로 생산하려는 자는 대통령령으로 정하는 기준을 갖추어 특별자치시장 · 특별자치도지사 · 시장 · 군수 · 구청장에게 등록하여야 한다(제16조 제1항 및 시행령 제13조 제1항). 이는 등록한 사항 중에서 기술자격자의 종류나 수 또는 생산시설의 규모와 같이 대통령령이 정하는 중요사항을 변경하려는 경우에도 같다. 여기에서 산림용 종자란 "산림 또는 제2호 가목에 따른 산림자원으로부터 유래된 자원의 씨앗, 증식용 영양체, 종균, 포자 등"(제2조 제8호)을 말한다.[21]

산림청장이 정하여 고시하는 산림용 종자와 산림용 묘목을 판매할 목적으로 생산하기 위하여 현행법에 따라 등록한 자를 종묘생산업자라고 하는데, 이러한 종묘생산업자는 그 등록기준에 따라 산림용 종묘생산업자와 버섯종균생산업자로 구분

---

21) 한편 종자 등의 생산 · 보증 및 유통, 종자산업의 육성 및 지원 등에 관한 사항을 일반적으로 규정하고 있는 「종자산업법」에 따르면 종자란 "증식용 또는 재배용으로 쓰이는 씨앗, 버섯종균, 묘목, 포자 또는 영양체인 잎 · 줄기 · 뿌리 등"으로서 묘목을 포함하고 있으며, 이와 별도로 묘란 "재배용으로 쓰이는 씨앗을 뿌려 발아시킨 어린식물체와 그 어린식물체를 서로 접목시킨 어린식물체"를 말한다(같은 법 제2조 제1호 및 제1호의2).

한다(제16조 제2항 및 시행령 제12조 제1항). 현행법상 산림청장이 정하여 고시[22] 하는 산림용 종자・묘목에는 (1) 산림용 종자(접・삽수) 및 묘목과 (2) 버섯종균으로서 표고버섯종균・원목재배용 목이버섯종균 및 원목재배용 팽이버섯종균이 있다.

현행법에 따라 등록한 종묘생산업자는 산림용 종자나 산림용 묘목을 출하하려는 경우에는 농림축산식품부령으로 정하는 바에 따라 해당 종자나 묘목의 생산지 및 규격 등의 품질표시를 하여야 한다(제16조 제2항 및 시행규칙 제14조). 이는 종묘생산업자가 생산하여 출하하는 종묘의 품질을 높이고 신뢰성을 확보하기 위한 것으로서 그 품질표시는 일정한 서식에 따라 출하하는 종자의 용기 또는 묘목의 포장 외부에 표시하여야 한다.

특별자치시장・특별자치도지사・시장・군수・구청장은 산림자원의 조성과 관리를 위하여 필요한 경우 종묘생산업자에게 업무에 관하여 보고를 명하거나 관련 자료를 제출하게 할 수 있으며, 소속 공무원으로 하여금 사업장・사무소 등에 출입하여 장부・서류나 그 밖의 물건을 조사・검사하거나 관계인에게 질문하게 할 수 있다(제67조 제1항 ~제4항). 이 경우 특별자치시장・특별자치도지사・시장・군수・구청장은 현행법에 따라 종묘생산업자가 생산한 산림용 종자와 산림용 묘목을 조사・검사한 결과 그 품질이 불량하다고 인정하면 산림용 종자와 산림용 묘목의 출하를 금지하거나 소독・폐기 등 필요한 조치를 명할 수 있다. 현행법에 따라 조사하거나 검사 또는 질문을 하는 공무원은 그 신분을 표시하는 증표를 지니고 이를 관계인에게 내보여야 하며, 특별자치시장・특별자치도지사・시장・군수・구청장은 이러한 출입・조사・검사 또는 질문을 하려는 경우에는 출입・조사・검사 또는 질문을 하기 7일 전까지 그 일시・이유 및 내용 등을 포함한 계획을 조사대상자에게 통지하여야 한다. 그러나 이 경우에도 긴급하거나 사전에 통지하면 증거인멸 등으로 출입・조사・검사 또는 질문의 목적을 달성할 수 없다고 인정되는 경우에는 그렇지 않다.

나. 종묘생산업자의 등록취소 등

특별자치시장・특별자치도지사・시장・군수・구청장은 종묘생산업자가 일정한 사유에 해당하는 경우에는 그 등록을 취소하거나 2년 이내의 기간을 정하여 업무정지를 명할 수 있다(제16조 제3항・제4항). 특별자치시장・특별자치도지사・시장・군수・구청장이 현행법에 따라 종묘생산업자에 대하여 등록취소 등의 처분을 할 수 있는 이러한 사유에는 거짓이나 그 밖의 부정한 방법으로 등록한 경우, 업무정지명령을 받

22) 「산림용 종자・묘목 고시」(산림청고시 제2018-53호, 2018. 6. 19.)를 참고하라.

은 기간 중에 종묘생산업을 한 경우, 정당한 사유 없이 등록을 한 날부터 1년 이내에 사업을 시작하지 않거나 1년 이상 계속하여 휴업한 경우, 등록기준을 갖추지 못한 경우, 현행법에 따른 품질표시를 하지 않은 경우, 현행법 제67조 제3항에 따른 출하금지명령 또는 소독·폐기 등의 명령을 이행하지 않은 경우 등이 있다.

특별자치시장·특별자치도지사·시장·군수·구청장은 종묘생산업자에게 이러한 사유가 있더라도 그 등록을 반드시 취소할 필요는 없으나, 만일 그 사유가 '거짓이나 그 밖의 부정한 방법으로 등록한 경우' 또는 '업무정지명령을 받은 기간 중에 종묘생산업을 한 경우'에 해당하는 때에는 반드시 그 등록을 취소하여야 한다(제16조 제3항 단서). 특별자치시장·특별자치도지사·시장·군수·구청장은 현행법에 따라 종묘생산업자의 등록을 취소하거나 업무정지를 명하려면 청문을 하여야 하며(제68조 제2호), 이를 거쳐 등록이 취소된 후 3년이 지나지 않은 자는 다시 등록을 할 수 없다.

다. 묘목생산사업의 대행 등

국가나 지방자치단체는 종묘생산업자 중 대통령령으로 정하는 자격기준을 갖춘 자에게 묘목생산사업을 대행하게 할 수 있다(제17조 제1항 및 시행령 제14조 제1항). 여기에서 '대통령령으로 정하는 자격기준을 갖춘 자'란 현행법에 따른 종묘생산업 등록을 한 후 2년 이상을 경과하고 취급구분이 묘목인 자로서 5천m^2 이상의 포지를 보유한 자를 말하며, 만일 용기묘를 생산하는 경우에는 간이온실을 보유한 자를 말한다. 이 경우 묘목을 생산·관리하여 배출하는 포지는 임차포지를 포함한다. 그러나 국가나 지방자치단체는 묘목생산사업을 대행할 수 있는 이러한 자격을 갖춘 자라도 (1) 최근 3년 동안 계속하여 묘목생산 실적이 천재·지변 등 불가피한 사유 없이 생산지정량의 90%에 미달된 자, (2) 최근 5년 동안 묘목생산을 하도급이나 도급의 형태로 제3자에게 위탁한 사실이 있는 자, (3) 산림용 종묘생산과 관련한 행정처분 종료일부터 1년이 경과되지 않은 자에 해당하는 경우에는 그 자를 묘목생산사업 대행자에서 제외할 수 있다(시행령 제14조 제3항).

국가나 지방자치단체가 일정한 자격을 갖춘 자에게 이처럼 묘목생산사업을 대행하게 하는 것은 조림을 위한 묘목을 차질 없이 공급할 뿐만 아니라 국내의 묘목생산기반을 합리적으로 유지하기 위한 것이다. 따라서 국가나 지방자치단체는 묘목생산사업 대행자를 보호하기 위하여 가뭄해·수해 등 천재지변으로 피해를 입은 경우에는 대통령령으로 정하는 바에 따라 묘목생산사업을 대행하는 자에게 보상할 수 있다(제17조 제2항).

2. 산림용 종자의 개발 및 등록

산림용 종자를 개발한 자는 산림청장에게 품종보호를 출원하여, 산림청장의 품종심사를 거쳐 산림청장에게 품종보호권 설정등록[품종등록]을 하여야 한다(제18조 제1항·제2항). 그러나 이 경우에도 공무원이 직무상 개발한 품종인 경우에는 그 공무원이 소속한 기관의 장의 명의로 등록하여야 한다. 산림청장은 현행법에 따라 품종보호 출원을 받은 때에는 30일 이상 품종보호 출원을 공개하고, 품종등록을 한 때에는 품종등록을 공고하여야 한다.

산림용 종자에 대한 개발 및 등록과 관련하여 현행법은 2005년 8월 제정 당시부터 이에 대한 규정(당시 법률 제18조)을 둠으로써 20세기 후반 이후 국제식물신품종보호동맹(UPOV)[23]를 중심으로 하는 식물종자에 대한 권리보호 움직임에 대응하여 왔으나, 2012년 6월 1일 정부 전체 차원에서 「식물신품종 보호법」(법률 제11457호)을 제정함에 따라 산림용 종자의 경우에도 이를 적용해 오고 있다.[24] 그러나 현행 「식물신품종 보호법」은 산림용 종자의 특성을 감안하여 같은 법 제129조에서 산림용 묘목을 포함한 종자에 관한 대부분의 권한을 산림청장에게 위임하고 있으며, 이에 따라 현행법은 산림용 종자에 대한 품종보호 출원과 품종등록 절차, 그 밖에 필요한 사항에 대하여 농림축산식품부령으로 정하도록 하면서 실제로는 「식물신품종 보호법 시행규칙」의 관련 규정을 준용하도록 하고 있다(제18조 제6항 및 시행규칙 제20조). 따라서 산림용 종자에 대한 품종보호 출원과 품종등록 절차 등에 대하여는 결국 현행법 제18조에 규정된 내용을 제외하고 실질적으로는 「식물신품종 보호법」에 따르면 된다.

3. 우량종자의 채취

산림청장이나 시·도지사는 관할 국유림 또는 공유림 중에서 조림용 우량종자

---

23) 신기술에 대한 특허와 같이 종자도 지적재산권의 대상으로 보호하기 위하여 독일, 영국 및 덴마크 등이 중심이 되어 1968년 창설한 국제단체로서 새로운 종자에 대한 보호기간 설정 및 품종명칭에 대한 배타적인 권리보장 등을 주장하였다. 우리나라는 2002년도에 회원국이 되었으며, 이에 따라 2012년부터 모든 식물의 신품종에 대하여 보호의무를 이행하고 있다

24) 당초 정부는 국제식물신품종보호동맹(UPOV)을 중심으로 하는 국제적인 신품종 권리보호 움직임에 대응하여 「종자산업법」을 제정(법률 제5024호, 1995. 12. 6.)하였으며, 이에 따라 기존의 「주요농작물종자법」과 「종묘관리법」을 통합하여 종자관리체계를 일원화하고 국제무역기구지적재산권협정(WTO/TRIPs)의 이행과 관련된 식물신품종육성자의 권리를 보호하는 제도를 도입하였다. 그러나 이러한 「종자산업법」은 종자의 보증·유통관리 등에 관한 실체적 규정과 품종보호와 관련된 절차적 규정이 혼재되어 법률의 체계 및 내용이 복잡하고 이해하기 어려운 면이 있었으므로 정부에서는 「종자산업법」 중 식물신품종의 출원·심사 및 등록 등에 관한 절차적 규정을 분리하여 「식물신품종 보호법」을 제정하였던 것이다.

를 채취할 수 있는 산림이나 수목을 채종림이나 수형목[채종림 등]으로 지정하여 보호·관리할 수 있으며, 산림자원 조성에 필요한 종자를 공급하기 위하여 채종원이나 채수포를 조성할 수 있다(제19조 제1항·제2항 및 제4항).[25] 특히 시·도지사는 조림용 우량종자를 채취할 수 있는 사유림이나 사유의 수목에 대해서도 그 소유자가 신청을 하면 채종림 등으로 지정하여 보호·관리할 수 있다. 산림청장이나 시·도지사는 현행법에 따라 채종림 등을 지정한 때에는 이를 고시하고 산림소유자에게 알려야 한다.

현행법이 산림청장이나 시·도지사에게 이와 같이 채종림 등을 지정하여 보호·관리하거나 채종원 및 채수포를 조성할 수 있도록 한 것은 모두 우량종자를 확보하기 위한 것으로서 지속가능한 산림을 조성하는 데 있어 우량종자를 채취하고 보호하는 것이 얼마나 중요한 정책적 과제인지를 잘 보여주는 것이다. 실제로 현행법은 채종림과 수형목에 방화한 사람은 7년 이상 15년 이하의 징역에 처할 뿐만 아니라 그 미수범도 처벌함으로써 이를 역설적으로 강조하고 있는데(제71조 제1항·제2항), 시험림을 포함한 채종림과 수형목에 관한 이러한 벌칙은 현행법이 정한 벌칙 중에서 가장 무거운 것에 속하는 것이다.

채종림 등에서는 입목·대나무의 벌채, 임산물의 굴취·채취, 가축의 방목, 그 밖에 토지의 형질을 변경하는 행위를 하지 못한다(제19조 제5항). 이는 우량한 종자를 채취하기 위하여 지정한 채종림 등을 보호하기 위한 것이다. 따라서 산림을 육성하기 위한 숲가꾸기를 위한 벌채나 임산물의 굴취·채취는 채종림 등의 지정목적에 어긋나지 않는 범위에서 농림축산식품부령으로 정하는 바에 따라 산림청장이나 특별자치시장·특별자치도지사·시장·군수·구청장에게 신고하고 할 수 있다. 현행법에 따라 이러한 신고를 받은 산림청장 또는 특별자치시장·특별자치도지사·시장·군수·구청장은 해당 신고를 받은 날부터 7일 이내에 신고수리 여부를 신고인에게 통지하여야 하며, 만일 산림청장 또는 특별자치시장·특별자치도지사·시장·군수·구청장이 그 정한 기간에 신고수리 여부 또는 민원처리 관련 법령에 따른 처리기간의 연장을 신고인에게 통지하지 않으면 그 기간이 끝난 날의 다음 날에 신고를 수리한 것으로 본다(제19조 제6항·제7항). 이 경우 처리기간이 민원처리 관련 법령에 따라 연장 또는 재연장된 경우에는 해당 처리기간을 기준으로 한다.

---

25) 여기에 사용된 용어의 의미를 정리하면 다음과 같다. ① 채종림: 우량한 조림용 종자를 채취하기 위하여 지정한 산림, ② 수형목: 외형상 수형이나 형질이 우수한 나무로서 우량종자를 채취하기 위하여 지정된 수목, ③ 채종원: 종자채취를 목적으로 하는 수목원, ④ 채수포: 꺾꽂이·접목 등 영양번식을 위한 유전자의 채집을 목적으로 하는 수목원.

산림청장이나 시·도지사는 지정목적을 달성하여 채종림 등으로 그대로 둘 필요성이 없다고 인정하는 경우나 천재지변 등으로 인한 피해로 지정목적이 상실되었다고 인정하는 경우 또는 학교시설·산업시설 및 군사시설 등 대통령령으로 정하는 공용·공공용 시설의 용지로 사용하기 위하여 지정해제가 불가피하다고 인정하는 경우에는 채종림 등의 전부 또는 일부에 대하여 그 지정을 해제할 수 있다(제19조 제3항·제4항). 이 경우 산림청장이나 시·도지사는 채종림 등을 지정해제한 사실을 고시하고, 이를 산림소유자에게 알려야 한다.

[3] 산림의 조성 및 육성

1. 산림의 조성

가. 조림의 중요성

전 국민의 노력으로 이제 국토는 더 이상 황폐하지 않지만, 그럼에도 불구하고 산림정책에 있어서 나무를 심는 것은 여전히 핵심적인 정책과제임에는 틀림이 없다. 산림을 지속가능하게 유지하기 위해서는 적어도 벌채를 하거나 산불 등으로 훼손된 나무의 양만큼은 조림을 해야 하기 때문이다. 이러한 관점에서 나무를 벌채하더라도 그 산림의 생산력을 보속할 수 있는 정도의 산림은 유지하여야 한다는 '법정림 사상'은 지속가능한 산림경영을 위한 최소한의 요구인 것이다. 특히 최근에는 불법적인 벌채보다는 수종갱신 등을 위한 벌채와 산불이나 산림병해충 등과 같은 산림재해로 인한 산림훼손이 증가하고 있는 것이 현실이므로 조림의 중요성은 조금도 줄어들지 않고 있다고 할 수 있을 것이다.

조림의 중요성은 현행법에서도 많은 규정들을 통하여 표현되고 있는데, 특히 "벌채를 하거나 조림지를 훼손한 자는 벌채지나 훼손지에 조림을 하여야 한다"(제10조 제1항)라는 규정이나, "국가나 지방자치단체는 국민의 조림의욕을 북돋우기 위하여 필요하면 나무심기를 희망하는 자에게 묘목이나 비료 등을 지원할 수 있다"(제12조 제2항)라는 규정은 이를 잘 보여주는 것이다. 벌채를 한 경우에는 조림을 해야 한다는 원칙이나 나무심기를 희망하는 자는 그가 누구이든지 지원하겠다는 이러한 규정들은 절망적일 정도로 황폐했던 국토의 모습을 다시는 반복하지 않겠다는 강한 정책적 의지를 그대로 드러낸 것이기 때문이다.

나. 벌채지 등에서의 산림조성

벌채를 하거나 조림지를 훼손한 자는 벌채지나 훼손지에 조림을 하여야 한다(제10조 제1항). 그러나 자연적으로 산림이 조성되는 경우로서 대통령령으로 정하는 다음과 같은 경우에는 그렇지 않다(시행령 제5조 제1항).

- 벌채지 안에 어린나무가 1ha당 2만본 정도 자라고 있는 경우
- 벌채지 안에 상수리나무 · 굴참나무 · 갈참나무 등 참나무류의 어린나무가 1ha당 5천본 정도 자라고 있는 경우
- 상수리나무 · 굴참나무 · 갈참나무 등 참나무류의 벌채지로서 그 안에 움싹발생이 왕성한 참나무류 그루터기가 1ha당 900개 정도 균일하게 분포되어 있는 경우

현행법이 정하는 이러한 경우는 모두 벌채 후에 자연적으로 산림이 조성되는 경우로서 조림을 할 필요가 없기 때문이다. 그러나 이 경우에도 벌채자는 어린나무의 발생촉진 및 어린나무와 움싹의 보육작업 등 사후관리를 하여야 하는 것은 물론이다(시행령 제5조 제3항).

벌채를 하거나 조림지를 훼손한 자가 현행법에 따라 벌채지나 훼손지에 의무적으로 조림을 하여야 하는 기간은 조림을 위한 벌채허가를 받거나 신고를 하고 벌채를 한 경우에는 벌채를 한 날부터 3년 이내이며, 조림지를 훼손한 경우에는 훼손한 날부터 1년 이내이다(10조 제4항 및 시행규칙 제6조 제1항 · 제3항). 이 경우 벌채지나 훼손지에 조림을 하는 경우에는 벌채지의 기후, 토양 및 생태환경 등을 고려하여 자연친화적인 방법으로 하여야 한다.

다. 조림명령

특별자치시장 · 특별자치도지사 · 시장 · 군수 · 구청장은 (1) 벌채를 하거나 조림지를 훼손한 자로서 현행법 제10조 제1항에 따라 조림을 하지 않은 자, (2) 산불이나 산림병해충 등으로 입목이 말라죽은 산림의 소유자, (3) 산사태나 토사유출 등 산림재해가 발생하였거나 발생할 우려가 있는 산림의 소유자에게는 기간을 정하여 조림을 명할 수 있다(제10조 제2항 · 제3항). 이는 현행법에 따라 의무적으로 조림을 해야 할 자가 이를 이행하지 않거나 산림훼손으로 인하여 산림재해가 우려되는 경우 등에 하는 처분으로서 특별자치시장 · 특별자치도지사 · 시장 · 군수 · 구청장은 이러한 조림명령을 받은 자가 그 명령을 이행하지 않으면 산림소유자의 동의 없이 조림을 할 수 있다. 이 경우 그 조림비용은 조림명령을 받은 자가 부담하여야 한다.

라. 유휴토지의 산림으로의 전환

산림청장, 시·도지사 또는 시장·군수·구청장은 유휴토지를 산림으로 전환하려는 자에 대하여 그 토지의 용도와 지리적 여건 등을 고려하여 산림으로 전환하는 것이 타당하다고 판단되면 산림으로의 전환에 드는 비용의 전부 또는 일부를 지원할 수 있다(제12조 제1항). 이는 산림은 아니지만 본래의 용도로 사용되고 있지 않은 유휴토지에 나무를 심는 것으로서 토지의 낭비를 막고 산림을 확대한다는 측면에서 매우 의미있는 정책적 시도라고 할 수 있을 것이다. 여기에서 '유휴토지'란 「농어촌정비법」에 따른 한계농지, 2년 이상 해당 토지 본래의 용도에 사용하고 있지 않는 토지, 「공간정보의 구축 및 관리 등에 관한 법률」 제67조에 따른 지목이 전·답·과수원·목장용지 또는 잡종지로서 토지소유자가 산림으로 전환하려는 토지를 말한다(제12조 제3항 및 시행령 제6조 제1항). 현행법에 따르면 이러한 유휴토지를 산림으로 전환하는 자에 대하여는 일정한 비용을 보조 또는 융자지원 할 수 있는데, 이러한 비용에는 등기 또는 이에 관련된 수수료 등의 비용, 산림경영계획의 작성·변경에 소요되는 비용, 조림 및 숲가꾸기 비용, 그 밖에 산림의 경영 및 소득증대를 위하여 농림축산식품부령으로 정하는 비용 등이 있다(시행령 제6조 제2항).

2. 산림의 육성

국가와 지방자치단체는 산림소유자가 임목의 성장단계에 따라 적절한 시기에 소유 산림에 대하여 숲가꾸기를 하도록 그 비용을 지원할 수 있다(제11조). 숲가꾸기는 인공조림지 및 우량천연림의 건전한 생육을 도모하기 위하여 실시하는 작업으로서 나무의 성장단계에 따라 풀베기, 어린나무가꾸기, 솎아베기, 덩굴제거, 천연림보육, 천연림개량 및 산물수집 등으로 구분하여 실행한다. 이러한 숲가꾸기는 목재생산량을 19.1% 증가시키고 탄소흡수량 및 물 저장량은 각각 4.4%와 7.5%를 늘리며, 수목 아래의 하층식생도 2.6배나 더 발달시키는 것으로 알려져 있다.[26]

숲가꾸기는 1997년 외환위기 이후 일자리 창출을 위한 공공근로사업으로 시작하였으나 2003년 정책사업으로 전환되어 본격적으로 추진된 이래 우리 산림을 경제적으로 가치 있는 자원으로 육성하고 그 공익적 기능을 증진하는 데 크게 기여한 대표적인 산림정책이라고 할 수 있다. 이런 점에서 숲가꾸기는 산림정책을 '심는 정책에서 가꾸는 정책으로' 전환하면서 거둔 의미있는 성공사례로서 치산녹화

26) 산림청, 「녹색성장을 선도하는 산림강국 구현」, 2013, 20면.

정책 이후 산림청이 산에서 거둔 가장 큰 성과 중의 하나로 평가받고 있다는 것은 앞에서 이미 살펴본 것과 같다. 현재 숲가꾸기는 이러한 성과를 이어받아 지속가능한 산림경영의 원칙에 부응하면서 이를 더욱 내실있게 추진하기 위하여 「산림기술 진흥 및 관리에 관한 법률」 제15조 제3항에 따라 대통령령으로 정하는 규모 이상인 경우에는 설계와 감리에 의하여 사업을 실행하도록 하고 있다.[27]

[4] 특수산림사업지구

1. 지정기준 및 절차

장기간에 걸쳐 대규모로 산림을 조성하거나 육성하는 경우에는 일반적인 산림경영과 구별하여 이를 별도로 관리하는 것이 사업의 효율적인 추진을 위하여 필요하다. 이에 따라 현행법은 산림의 조성·육성사업을 장기간에 걸쳐 대규모로 하려는 산림소유자를 특수산림사업자로 구분하고, 이러한 특수산림사업자가 특수산림사업지구 경영계획서[특수산림사업계획서]를 작성하여 산림청장 또는 시·도지사에게 해당 지역을 특수산림사업지구로 지정하여 줄 것을 신청할 수 있도록 하고 있다(제28조 제1항).

현행법에 따라 특수산림사업자로부터 이러한 특수산림사업지구의 지정을 신청받은 산림청장 또는 시·도지사는 신청된 그 산림의 면적이 대통령령으로 정하는 규모 이상으로서 산림사업 대상면적과 산림경영이 가능한 지역이 대통령령으로 정하는 기준 이상이고, 특수산림사업계획서의 내용이 타당하다고 인정되면 환경부장관과의 협의를 거쳐 해당 지역을 특수산림사업지구로 지정할 수 있다(제28조 제2항 및 시행령 제27조 제1항·제2항). 여기에서 '대통령령으로 정하는 규모 및 기준'이란 특수산림사업지구의 면적이 300ha 이상인 산림으로서 조림·수종갱신·솎아베기 등 숲가꾸기를 포함한 자원조성의 대상이 되는 면적이 50% 이상이고 특수산림사업지구 내 산림경영가능지역이 70% 이상인 것을 말한다.

---

27) 이와 함께 산림청은 「숲가꾸기 설계·감리 및 사업시행지침」(산림청훈령 제1455호, 2020. 6. 15.)을 제정하여 기술적·생태적인 방식에 의한 숲가꾸기를 제도화하고 있다. 다만, 이와 관련하여 숲가꾸기에 대한 현재의 법적 체계가 적합한 것인지에 대하여는 의문이 있다. 대표적인 산림정책으로서 전국에 걸쳐 대규모의 예산을 사용하고 있는 숲가꾸기에 대한 법률적 근거가 현행법에 따른 일부 조항 이외 다른 산림법에 분산되어 있거나 하위법령 및 훈령에 규정되어 있기 때문이다. 따라서 앞으로는 숲가꾸기에 대한 개별법의 제정 등 보다 체계적인 법적 틀을 마련함으로써 집행 및 지원체계를 일관되게 구축하고, 이를 통하여 숲가꾸기를 더욱 확대하는 방안을 깊이 고민할 필요가 있는 것으로 생각된다.

산림청장 또는 시 · 도지사는 현행법에 따라 특수산림사업지구를 지정하려는 때에는 70년의 범위 안에서 그 지정기간을 정하여야 하며, 이는 그 지정을 연장하는 경우에도 같다(제28조 제3항 · 제9항 및 시행령 제27조 제3항). 산림청장 또는 시 · 도지사는 특수산림사업지구를 지정한 경우에는 해당 산림의 소재지와 산림소유자의 성명 등 농림축산식품부령으로 정하는 사항을 고시하고 이를 산림소유자에게 알려야 한다. 이 경우 산림이 특수산림사업지구로 지정되면 이전에 인가받은 산림경영계획이나 「국유림의 경영 및 관리에 관한 법률」에 따라 수립된 국유림경영계획은 그 지정된 날부터 효력을 상실한다(제28조 제5항).

2. 사업의 실행

특수산림사업자는 특수산림사업계획서에 따라 사업을 시행할 수 있다. 이 경우 산림청장 또는 시 · 도지사는 특수산림사업자가 특수산림사업계획서에 따라 산림사업을 시행하려는 경우에는 사업비의 전부 또는 일부를 융자하거나 보조할 수 있다(제28조 제6항 · 제8항). 만일 특수산림사업자가 그 특수산림사업계획서의 내용을 변경하려는 경우에는 지정권자인 산림청장이나 시 · 도지사의 승인을 받아야 한다.

특수산림사업자가 현행법에 따라 지정을 받은 특수산림사업지구에서 특수산림사업계획서에 따라 산림사업을 시행하는 경우에는 현행법 제36조에 따른 입목벌채 등의 허가를 받았거나 신고를 한 것으로 본다(제28조 제7항). 이는 특수산림사업지구에서 산림사업을 시행하는 경우 입목벌채 등에 관한 관련 절차를 간소화함으로써 특수산림사업계획서에 따른 산림의 조성 · 육성사업을 효율적으로 추진할 수 있도록 지원하기 위한 것이다.

특수산림사업자는 필요한 경우에는 특수산림사업지구에서 산림의 조성 · 육성사업 이외 자연휴양림이나 수목원 조성사업, 청소년수련사업, 임업기술의 시험 · 연구 및 개발 · 보급사업, 농촌 · 산촌 주민의 정주기반 또는 산림소득원 조성사업, 조경수 및 분재수 재배사업, 「장사 등에 관한 법률」에 따른 수목장림의 조성 · 관리사업 등과 같은 산림사업을 함께 시행할 수 있다(제28조 제4항). 현행법이 이처럼 특수산림사업자에게 산림의 조성 · 육성사업과 다른 산림사업을 병행할 수 있도록 한 것은 특수산림사업지구의 경영효율성을 증진함으로써 그 활성화를 유도하기 위한 것으로 보인다.

3. 지정해제

산림청장 또는 시·도지사는 일정한 사유가 있는 경우에는 해당 특수산림사업지구의 전부 또는 일부에 대하여 그 지정을 해제할 수 있다(제29조 제1항). 산림청장 또는 시·도지사가 현행법에 따라 특수산림사업지구의 지정을 해제할 수 있는 이러한 사유에는 특수산림사업자가 거짓이나 그 밖의 부정한 방법으로 특수산림사업지구의 지정을 받은 경우, 특수산림사업지구의 지정목적이 달성되었거나 천재지변 등으로 지정목적을 달성할 수 없게 된 경우, 산업시설이나 군사시설 등 대통령령으로 정하는 공용·공공용 시설[28]의 용지로 사용하기 위하여 지정해제가 불가피하다고 인정하는 경우, 특수산림사업자가 정당한 사유 없이 특수산림사업계획서의 내용대로 산림사업을 하지 않는 경우 등이 있다.

산림청장 또는 시·도지사는 특수산림사업자에게 이러한 사유가 있더라도 그 지정을 반드시 해제할 필요는 없으나, 만일 그 사유가 '거짓이나 그 밖의 부정한 방법으로 특수산림사업지구의 지정을 받은 경우'에 해당하는 때에는 반드시 그 지정을 해제하여야 한다(제29조 제1항 단서). 산림청장 또는 시·도지사는 현행법에 따라 특수산림사업지구의 지정을 해제하려면 청문을 하여야 하며, 이를 거친 후 지정을 해제한 때에는 그 사실을 고시하고, 이를 산림소유자에게 알려야 한다(제29조 제2항 및 제68조 제4호).

[5] 무궁화의 보급 및 관리

1. 나라꽃 무궁화

무궁화는 우리 민족의 역사와 함께 수없이 피고 진 특별한 의미를 가진 나무이며 꽃이다. 무궁화는 조선시대 말 개화기를 거치면서 '애국가'의 노랫말에 포함될 정도로 국민의 사랑을 받았으며, 특히 우리 민족이 일제강점기를 거쳐 광복을 이룬 후에는 자연스럽게 대한민국을 상징하는 국화(나라꽃)가 되었다. 이러한 국민 일반의 인식에 대하여 일부에서는 무궁화를 우리나라의 국화로 정한 명확한 법적 근거가 부족하다고 주장하면서 무궁화가 국화라는 사실에 의문을 제기하기도 하지만,[29] (1) 국가상징물에 무궁화를 관습적으로 사용해 오고 있으며, (2) 정부에서도

---

28) 여기에서 '대통령령으로 정하는 공용·공공용 시설'이란 방송·통신시설, 석유비축·저장시설, 「수도법」에 따른 수도, 「하수도법」에 따른 하수도, 「군사기지 및 군사시설 보호법」에 따른 군사시설 등을 말한다(시행령 제29조).

29) 이러한 관점에서 무궁화를 명확하게 국화로 지정하는 법률을 제정하려는 움직임이 국회를 중심

태극기 · 애국가와 함께 무궁화를 국가상징물의 하나로서 지속적으로 관리하고 있고, (3) 아직까지 무궁화가 국화라는 사실을 적극적으로 부인하는 다른 주장이 없는 점 등을 고려하면 무궁화가 대한민국의 국화임은 부인할 수 없다고 할 것이다.

2. 무궁화진흥계획

산림청장은 역사적 · 문화적 가치가 있는 무궁화를 체계적으로 보급 · 관리하기 위하여 무궁화진흥계획을 5년마다 수립 · 시행하여야 한다(제35조의2 제1항~제3항). 무궁화의 특별한 의미를 감안하여 수립하는 이러한 무궁화진흥계획에는 무궁화의 보급 · 관리에 관한 기본목표 및 추진방향, 무궁화의 보급 · 관리 현황 및 계획, 무궁화 품종의 보존 · 연구 및 개발, 무궁화 생산기반, 무궁화 관련 상품 및 콘텐츠의 개발 등 이용촉진, 그 밖에 무궁화의 보급 · 관리에 관하여 대통령령으로 정하는 사항[30] 등이 포함되어야 한다. 산림청장은 이러한 무궁화진흥계획을 수립하거나 변경하려는 경우에는 미리 관계 중앙행정기관의 장 및 시 · 도지사의 의견을 들어야 하며, 이를 수립하거나 변경한 경우에는 관계 중앙행정기관의 장 및 시 · 도지사에게 통보하여야 한다. 이 경우 산림청장으로부터 무궁화진흥계획을 통보받은 시 · 도지사는 이를 다시 시장 · 군수 · 구청장에게 통보하여야 한다.

산림청장은 무궁화진흥계획을 효율적으로 수립 · 시행하기 위하여 무궁화의 보급 및 관리현황 등에 대한 실태조사를 할 수 있으며, 이를 위하여 필요한 경우에는 관계 중앙행정기관의 장, 지방자치단체의 장, 공공기관의 장, 관계 기관 및 단체의 장 등에게 필요한 자료 또는 정보의 제공을 요구할 수 있다(제35조의4 제1항 · 제2항). 이 경우 산림청장으로부터 자료나 정보의 제공을 요구받은 관계 중앙행정기관의 장 등은 정당한 사유가 없으면 이에 협조하여야 한다.

산림청장은 무궁화진흥계획을 시행하기 위하여 매년 연차별 시행계획을 수립하여 시행하여야 한다(제35조의3 제1항~제3항). 시 · 도지사의 경우에도 무궁화진흥계획에 따라 그 관할 지역을 대상으로 무궁화의 보급 · 관리에 관한 연차별 시행계획을 수립하여 시행할 수 있다. 시 · 도지사에게는 연차별 시행계획을 수립하여 시행할 의무는 없으나, 시 · 도지사가 이를 수립 · 시행하는 경우 산림청장은 현행법에 따라 무궁화의

으로 여러 차례 있었으나 모두 입법에까지 이르지는 못하였다.

30) 무궁화진흥계획에 포함되는 사항으로서 '대통령령으로 정하는 사항'이란 ① 무궁화동산 · 거리 등의 조성 및 관리에 관한 사항, ② 무궁화 식재 · 관리기술의 개발 및 교육에 관한 사항, ③ 무궁화 선양 및 홍보에 관한 사항, ④ 연차별 추진사업 및 재원조달에 관한 사항, ⑤ 그 밖에 무궁화 진흥을 위하여 필요한 사항 등을 말한다(시행령 제39조의2).

보급·관리에 필요한 비용의 전부 또는 일부를 지원할 수 있다.

3. 무궁화의 보급 및 관리

국가 및 지방자치단체는 무궁화의 식재를 확대하기 위하여 노력하여야 한다. 이를 위하여 국가기관의 장, 지방자치단체의 장, 공공기관의 장 및 각급 학교의 장은 무궁화에 대한 애호정신과 국민적 자긍심을 높이기 위하여 그 소관에 속하는 토지에 무궁화를 확대 식재하고 이를 관리하도록 노력하여야 한다(제35조의5 제1항). 이 경우 국가 및 지방자치단체가 무궁화를 식재하는 때에는 농림축산식품부령으로 정하는 바에 따라 꽃 중심부에 붉은색 무늬가 있는 계통인 단심계(丹心系) 홑꽃 형태의 무궁화로서 우리나라에서 선발되었거나 육성된 품종을 우선적으로 식재하여야 한다(시행규칙 제43조 조의2 제1항).

국가 또는 지방자치단체는 무궁화의 보급·관리 및 연구·개발을 활성화하기 위하여 대통령령으로 정하는 법인 또는 단체에 대하여 그 운영에 필요한 경비를 지원할 수 있다(제35조의6 및 시행령 제39조의5). 여기에서 '대통령령으로 정하는 법인 또는 단체'란 무궁화의 보급·관리 및 연구·개발과 관련된 국공립 연구기관 및 「고등교육법」에 따른 대학·산업대학·전문대학 또는 기술대학과 무궁화의 보급·관리 및 연구·개발을 목적으로 설립된 비영리법인 또는 비영리단체 등을 말한다.

[6] 산림경영지도원

국가 전체 산림의 67% 이상을 차지하는 사유림의 경영을 활성화하고 다른 분야보다도 현저히 낮은 임업인의 소득을 높이는 일은 국가적 차원에서 지속가능한 산림경영을 이루는 데 있어 반드시 해결해야만 하는 핵심과제 중의 하나이다. 산림정책에 있어서 숙원과도 같은 이러한 과제를 해결하기 위해서는 장기적이고 종합적인 별도의 정책적 고민이 필요하겠지만, 어떠한 정책을 수립하고 시행하더라도 가장 기본이 되는 방안 중의 하나는 산림경영과 임업기술을 보급하고 지도하는 것이라는 데에는 의문의 여지가 없어 보인다.

현행법은 이를 위하여 산림경영지도원 제도를 도입하였는데, 이에 따르면 산림청장은 사유림의 경영 활성화와 산림·임산물 관련 기술의 지도·보급을 위하여 대통령령으로 정하는 바에 따라 산림조합중앙회장이 요청하면 산림조합이나 산림조합중앙회에 산림경영지도원을 배치할 수 있도록 하였다(제31조 제1항). 이는 정부가 산림소유자와 임업인의 자주적인 조직인 산림조합중앙회와 협력관계를 구축함으로써 산림경영과 임업기술을 보급하고 지도하는 체계를 마련하고자 하는 것으로서 농업 분야와는 달리 별도의 기술지도 전문조직이 없는 현실을 감안한 것으로 이해된다.

현행법에 따르면 이러한 산림경영지도원이 될 수 있는 자격은 (1) 「국가기술자격법」에 따른 임산가공산업기사 · 산림기능사 · 임업종묘기능사 · 목재가공기능사 · 펄프제지기능사 또는 조경기능사 이상의 자격을 가진 사람, (2) 「고등교육법」에 따른 학교의 임업 또는 조경분야 학과를 졸업한 사람 또는 법령에 따라 이와 같은 수준의 학력이 있다고 인정되는 사람, (3) 「초 · 중등교육법 시행령」에 따른 농업 분야의 특성화고등학교에서 임업분야 학과를 졸업한 사람, (4) 고등학교를 졸업한 사람 또는 이와 같은 수준 이상의 학력이 있다고 인정되는 사람으로서 산림조합 · 산림조합중앙회의 임업기술 분야에서 2년 이상 종사한 사람이나 산림청장이 지정하는 산림사업 관련 단체에서 2년 이상 실무에 종사한 사람, (5) 산림조합 · 산림조합중앙회의 임업기술 분야에서 3년 이상 종사한 사람 또는 산림청장이 지정하는 산림사업 관련 단체에서 3년 이상 실무에 종사한 사람으로 한다(제31조 제4항 및 시행령 제31조 제1항).

산림경영지도원은 산림조합이나 산림조합중앙회에 배치되어 사유림 소유자에 대한 산림경영지도 업무와 산림 · 임산물 관련 기술의 조사 · 연구 · 지도 및 보급 업무를 담당하며, 특히 산림경영지도원 중에서 전문지도원으로 선정되어 배치된 자는 임산물에 대한 전문적인 기술지도 및 보급업무를 수행한다(제31조 제2항 · 제3항 및 시행규칙 제35조의2). 이 경우 산림청장은 산림경영과 임업기술의 보급 및 지도업무를 활성화하기 위하여 산림경영지도원의 운영 및 업무수행에 필요한 경비의 전부 또는 일부를 보조할 수 있다.

V. 산림사업의 시행

[1] 산림사업의 개념

1. 산림사업의 범위

산림사업이란 "산림의 조성 · 육성 · 이용 · 재해예방 · 복구 · 복원 등 산림의 기능을 유지 · 발전 또는 회복시키기 위하여 산림에서 이루어지는 사업과 도시숲 · 생활숲 · 가로수 · 수목원의 조성 · 관리 등 산림의 조성 · 육성 또는 관리를 위하여 필요한 사업으로서 대통령령으로 정하는 사업"을 말한다(제2조 제3호 및 시행령 제2조 제2항). 여기에서 '대통령령으로 정하는 사업'이란 산림법 등에 따라 시행하는 다음과 같은 사업을 말한다.

- 임도사업, 산불예방·진화시설 등 산림관리기반시설의 설치를 위하여 시행하는 사업
- 조림, 숲가꾸기, 벌채 등 산림의 조성·육성 및 이용을 위하여 시행하는 사업
- 산림복원을 위하여 시행하는 사업
- 산불의 예방 및 진화를 위하여 시행하는 사업
- 「산지관리법」에 따른 산지의 보전·이용, 토석채취 및 재해방지·복구 등을 위하여 시행하는 사업
- 「백두대간보호에 관한 법률」에 따른 백두대간의 보호를 위하여 시행하는 사업
- 「산림보호법」에 따른 산림병해충의 예방 및 방제를 위하여 시행하는 사업
- 「국유림의 경영 및 관리에 관한 법률」에 따른 국유림의 경영 및 관리 등을 위하여 시행하는 사업
- 「산림문화·휴양에 관한 법률」에 따른 산림문화·휴양을 위한 시설 등과 「산림교육의 활성화에 관한 법률」에 따른 산림교육을 위한 시설의 조성 등을 위하여 시행하는 사업
- 「장사 등에 관한 법률」에 따른 수목장림의 조성·관리 등을 위하여 시행하는 사업
- 「임업 및 산촌 진흥촉진에 관한 법률」에 따른 임업의 구조개선, 임업진흥권역의 지정 및 산촌의 진흥 등을 위하여 시행하는 사업
- 「수목원·정원의 조성 및 진흥에 관한 법률」에 따른 수목원의 조성 및 수목원의 등록·운영 등을 위하여 시행하는 사업
- 「사방사업법」에 따른 사방사업
- 도시숲·생활숲·가로수[도시숲 등]의 조성·관리 등을 위하여 시행하는 사업[31]
- 그 밖에 산림자원의 조성·육성 및 관리 또는 산림의 공익기능 증진을 위하여 필요한 사업으로서 농림축산식품부령이 정하는 사업[32]

현행법에 따르면 이러한 산림사업이란 산림의 기능을 유지·발전 또는 회복시키기 위하여 산림에서 이루어지는 사업과 산림의 조성·육성 및 관리나 산림의 공익기능 증진을 위하여 필요한 사업을 포괄하는 것으로서 산림법에 따라 시행하는 사업의 거의 대부분을 포함할 정도로 매우 광범위한 개념이라고 할 수 있다. 이러한 산림사업의 범위와 관련하여 수목장림의 조성·관리 등의 사업을 산림사업에 포함하는 것으로 보는 것이 타당한지에 대하여는 논란의 여지가 있으나, 수목장림

---

31) 그러나 이 경우에도 「건설산업기본법 시행령」 별표1에 따른 건설업 중 '조경공사업'과 '조경식재공사업'으로 시행하는 사업은 제외한다. 한편 이와 관련하여 2020년 12월 29일 「건설산업기본법 시행령」 제7조(별표1)가 개정됨에 따라 현재의 조경식재공사업은 개정 규정이 시행되는 2022년 1월 1일부터는 '조경식재·시설물공사업'으로 변경됨에 주의하여야 한다.

32) 여기에서 '농림축산식품부령이 정하는 사업'이란 현행법의 시행령 제48조 제3항 제1호에 따른 생태숲의 조성사업과 같은 법 시행령 제48조 제3항 제2호에서 제5호까지의 사업으로서 산림생물의 조사 및 관리사업, 산림생물의 보호 및 증식사업, 산림생물의 연구 및 개발사업, 그 밖에 산림생물다양성의 보전·관리를 위하여 산림청장이 필요하다고 인정하는 사업 등을 말한다(시행규칙 제2조).

은 "「산림자원의 조성 및 관리에 관한 법률」 제2조 제1호에 따른 산림에 조성하는 자연장지"(장사 등에 관한 법률 제2조 제14호)로서 기본적으로 산림의 조성과 관리를 전제로 하는 것이며, 그 법적 근거가 되는 「장사 등에 관한 법률」 제13조 제3항을 보더라도 산림청장은 국유림 등 국유지에 수목장림을 조성·관리할 수 있고, 같은 법 제16조 제10항에 따르면 시장 등이 가족수목장림 또는 종중·문중수목장림 조성에 대하여 신고를 수리한 때에는 「산지관리법」 제15조의2에 따른 산지일시사용 신고와 현행법 제36조에 따른 입목벌채 등의 신고가 있는 것으로 간주하고 있는 사실을 볼 때, 「장사 등에 관한 법률」에 따른 수목장림의 조성·관리 등의 사업은 다른 장사시설의 설치 등과는 분명히 구분되는 것이므로 이를 산림사업에 포함하고 있는 현행법의 태도는 타당한 것으로 보인다.[33]

2. 산림사업과 임업 및 산림산업

산림사업은 산업의 한 분야이며 일종의 업에 속하는 임업과는 다른 개념이므로 서로 혼동하지 않도록 유의하여야 한다. 임업이란 「임업 및 산촌 진흥촉진에 관한 법률」에 따르면 "영림업(「산림문화·휴양에 관한 법률」과 「수목원·정원의 조성 및 진흥에 관한 법률」에 따른 자연휴양림, 수목원 및 정원의 조성 또는 관리·운영을 포함한다), 임산물생산업, 임산물유통·가공업, 야생조수사육업과 이에 딸린 업으로서 농림축산식품부령으로 정하는 업(같은 법 제2조 제1호)"을 말하는 것으로 산림사업보다 좁은 개념이기 때문이다. 그러므로 산림사업에 속하는 사업 중에서 많은 사업은 당연히 임업에는 포함되지 않는다.

동일한 관점에서 산림사업은 산림산업과도 분명히 구분하여야 한다. 산림산업이란 '목재생산뿐만 아니라 산림공간의 이용 등과 같이 산림자원을 종합적으로 활용하는 산업으로서 산림의 조성·보육 및 유지와 이를 경제적으로 이용하는 생산업을 포괄하는 것'[34]으로, 이에 따르면 산림산업은 임업이 확장된 개념으로서 산림

33) 사실 수목장림을 장사시설이 아니라 산림사업의 일종으로 보아야 한다는 이러한 시각은 수목장림의 도입 초기부터 뜨거운 논쟁의 대상이었다. 수목장림을 산림자원의 조성과 보전 측면에서 추진하여야 한다는 주장이나, 수목장 구역을 장사시설로 지정·협의하는 경우에는 산림이 아닌 지역으로 전용되므로 '묘지형 수목장'이 아닌 '산림형 수목장'으로 해야 한다는 주장은 모두 이러한 관점에 따른 것이었다. 이에 따라 당시 일부 지자체의 산림부서에서는 수목장림의 근거를 「장사 등에 관한 법률」이 아니라 별도의 산림 관련 법률에 규정하는 방안에 대하여 산림청에 검토를 요청하기도 하였다. 수목장림의 이러한 도입 과정에 대하여는 산림청, 「결사반대를 넘어 개원축하에 이르기까지 기록으로 보는 수목장」, 2010, 95면·104면 및 116면을 참고하라.

34) 산림청(2017)의 「산림청 50년사」, 237면.

사업과는 분명히 다른 것이기 때문이다.

[2] 산림사업의 시행

1. 산림소유자에 의한 시행

가. 산림소유자 시행의 원칙

산림사업은 산림소유자가 시행한다(제22조 제1항). 따라서 벌채 등과 같은 산림의 이용사업은 물론 산불예방 및 산림병해충 방제사업 등과 같은 산림재해 관련 사업 등도 산림소유자가 시행하는 것이 원칙이다. 여기에서 '산림소유자'란 국유림의 경우에는 국가를 말하며, 공유림의 경우에는 지방자치단체나 그 밖의 공공단체를 의미하고, 사유림인 경우에는 사인인 산림소유자를 말한다.

나. 국유림에서의 산림사업

A. 국유림영림단의 등록 및 사업

산림청장은 「국유림의 경영 및 관리에 관한 법률」에 따라 산림청 소관 국유림을 경영한다(같은법 제4조 제1항). 여기에서 국유림을 경영한다는 것은 「국유림의 경영 및 관리에 관한 법률」에 따르면 "국유림 안에서 조림·육림·임목생산·산림관리기반시설설치·산림유전자원보호 등의 산림사업을 통해 목재 등 임산물을 생산하고 산림의 경제·사회·문화·환경 등 다양한 기능을 유지·증진하는 활동"을 하는 것을 말한다(같은법 제2조 제1호). 산림청장이 산림청 소관 국유림에서 이러한 산림사업을 시행하는 것은 산림소유자의 지위에 따른 것으로서 현행법은 이를 효율적으로 추진하기 위하여 산림청장에게 국유림영림단을 조직하여 활용할 수 있도록 하고 있다.

현행법에 의하면 산림청장은 「임업 및 산촌 진흥촉진에 관한 법률」 제18조에 따른 임업기능인에게 국유림영림단을 조직하게 할 수 있는데, 이에 따라 국유림영림단을 조직하려는 사람이 인력요건 등 대통령령으로 정하는 등록요건을 갖추어 산림청장에게 신청하면 이러한 신청을 받은 산림청장은 그 신청한 자가 등록요건을 갖춘 경우 농림축산식품부령으로 정하는 바에 따라 국유림영림단으로 등록하고 등록증을 발급하도록 하고 있다(제23조의2 제1항 및 제3항·제4항). 이는 등록한 사항을 변경하려는 경우에도 같다.

국유림영림단의 등록과 관련하여 산림청장은 등록한 국유림영림단의 등록요건을 확인·조사하기 위하여 필요한 때에는 국유림영림단 구성인원의 국민건강보험,

국민연금, 고용보험 및 산업재해보상보험 등에 관한 가입자료의 제공을 관계 기관의 장에게 요청할 수 있다(제67조 제5항). 이 경우 산림청장으로부터 이러한 요청을 받은 관계 기관의 장은 정당한 사유가 없으면 그 요청에 따라야 한다.

산림청장은 국유림영림단에게 조림사업, 숲가꾸기사업, 산림병해충 방제사업, 산림용 종묘생산 등에 관한 사업 및 입목의 벌채·굴취 또는 이식사업을 하게 할 수 있으며, 이러한 사업 중 특히 조림사업, 숲가꾸기사업 및 입목의 벌채·굴취 또는 이식사업의 경우에는 국유림영림단에게 대행하게 하거나 위탁하여 시행할 수 있다(제23조의2 제1항·제2항). 현행법에 따라 국유림 현장에서 이러한 산림사업을 실제로 시행하는 국유림영림단은 국유림 경영에 있어 필수적인 기능인력이므로 이를 육성하는 것은 국유림의 현장 경영에 있어 매우 중요한 일이라고 할 수 있다. 그러므로 산림청장은 이를 위하여 필요한 시책을 수립·시행하여야 하며, 이와 함께 그 운영에 소요되는 경비의 일부를 예산의 범위에서 지원할 수 있다(제23조 의3).

B. 국유림영림단의 관리

산림청장은 산림자원의 조성과 관리를 위하여 필요한 경우 국유림영림단에게 업무에 관하여 보고를 명하거나 관련 자료를 제출하게 할 수 있으며, 소속 공무원으로 하여금 사업장·사무소 등에 출입하여 장부·서류나 그 밖의 물건을 조사·검사하거나 관계인에게 질문하게 할 수 있다(제67조 제1항). 이 경우 출입·조사·검사 또는 질문을 위한 절차 등에 관하여는 현행법 제67조 제2항 및 제4항에 따르며, 그 내용은 종묘생산업자에 대한 출입·조사·검사 또는 질문에서 이미 설명한 것과 같다.

산림청장은 국유림영림단이 일정한 사유에 해당하는 경우에는 6개월 이내의 기간을 정하여 영업정지를 명하거나 등록을 취소할 수 있다(제23조의2 제5항). 산림청장이 현행법에 따라 국유림영림단에게 영업정지명령이나 등록취소를 할 수 있는 이러한 사유에는 거짓이나 그 밖의 부정한 방법으로 등록 또는 변경등록을 한 경우, 영업정지기간에 산림사업을 하거나 3회 이상 영업정지명령을 받은 경우, 다른 자에게 등록증을 빌려준 경우, 국유림영림단을 해체한 경우 또는 현행법에 따른 등록요건을 갖추지 못한 경우 등이 있다.

산림청장은 국유림영림단에게 이러한 사유가 있더라도 그 등록을 반드시 취소할 필요는 없으나, 만일 그 사유가 '거짓이나 그 밖의 부정한 방법으로 등록 또는 변경등록을 한 경우'나 '영업정지기간에 산림사업을 하거나 3회 이상 영업정지명령을 받은 경우' 또는 '다른 자에게 등록증을 빌려준 경우'와 같이 강행적 등록취소

사유에 해당하는 때에는 반드시 그 등록을 취소하여야 한다(제23조의2 제5항 단서). 이 경우 산림청장은 국유림영림단이 이러한 강행적 등록취소 사유에 해당[35]하여 그 등록을 취소하려는 때에는 현행법에 따라 청문을 하여야 하며, 이를 거쳐 등록이 취소된 경우 그 등록이 취소된 후 3년이 지나지 않은 자는 다시 국유림영림단의 등록을 할 수 없다(제23조의2 제6항 및 제68조 제2의2).

현행법에 따라 산림청장으로부터 등록증을 발급받은 국유림영림단은 그 등록증을 다른 자에게 빌려주어서는 안 된다(제23조의2 제4항). 만일 국유림영림단이 이에 위반하는 경우에는 앞에서 이미 살펴본 강행적 등록취소 사유에 해당할 뿐만 아니라 현행법의 벌칙 규정에 따라 1천만원 이하의 벌금에 처해질 수 있다(제77조 제1항 제3호).

다. 산림사업의 대행 또는 위탁

국가 또는 지방자치단체가 산림소유자로서 스스로 산림사업을 시행할 수 있는 것은 물론이다. 산림청이 국유림영림단을 조직하여 산림청 소관 국유림에서 산림사업을 시행하는 것은 그 좋은 예이다. 그러나 산림재해 방지 및 복구사업 등과 같이 전문성과 신뢰성이 요구되는 산림사업의 경우에는 이를 직접 시행하기보다는 산림사업 전문조직에 대행하게 하거나 위탁하여 시행하는 것도 사업성과를 높이는 방안이 될 수 있을 것이다.

이러한 관점에서 현행법은 국가 또는 지방자치단체가 (1) 산림병해충·산사태·산불 등 재해의 예방·방제 및 복구사업, (2) 산림자원의 조성·육성 및 관리를 위하여 「산림기술 진흥 및 관리에 관한 법률」 제15조 제3항에 따른 설계·감리를 실시하여야 하는 사업, (3) 국가 또는 지방자치단체의 산림시책 수행을 위하여 필요한 사업으로서 대통령령으로 정하는 사업을 시행하는 경우에는 산림조합 또는 산림조합중앙회에 이를 대행하게 하거나 위탁하여 시행할 수 있도록 하고 있다(제23조 제1항 및 시행령 제21조). 여기에서 '대통령령으로 정하는 사업'이란 국가산림자원의 조사사업, 산림경영계획의 작성사업, 「산림문화·휴양에 관한 법률」에 따른 산림문화·휴양을 위한 시설의 조성사업, 도시숲 등의 조성사업, 「산림교육의 활성화에 관한 법률」에 따른 산림교육을 위한 시설의 조성사업 등을 말한다.

35) 현행법상 산림청장이 청문을 하여야 하는 경우는 국유림영림단에게 등록취소의 처분을 할 수 있는 일반적 사유가 있는 경우가 아니라 산림청장이 강행적으로 등록을 취소하여야 하는 사유가 있는 때에만 해당됨에 주의하여야 한다, 이는 현행법 제68조 제2호의2가 청문의 대상을 '제23조의2 제5항 각 호 외의 부분 단서에 따라 국유림영림단의 등록을 취소하려는 경우'로 명시하고 있기 때문이다.

이와 관련하여 산림청장, 시·도지사, 시장·군수·구청장 및 지방산림청장은 산림자원의 조성과 관리를 위하여 필요한 경우 산림조합 또는 산림조합중앙회에게 업무에 관하여 보고를 명하거나 관련 자료를 제출하게 할 수 있으며, 소속 공무원으로 하여금 사업장·사무소 등에 출입하여 장부·서류나 그 밖의 물건을 조사·검사하거나 관계인에게 질문하게 할 수 있다(제67조 제1항). 이 경우 출입·조사·검사 또는 질문을 위한 절차 등에 관하여는 현행법 제67조 제2항 및 제4항에 따르며, 그 내용은 종묘생산업자에 대한 출입·조사·검사 또는 질문에서 이미 설명한 것과 같다.

2. 산림소유자의 동의에 의한 산림사업

산림소유자는 자기의 필요에 의한 산림사업을 스스로 시행하는 것이 원칙이다. 그러나 예외적으로 국가나 지방자치단체가 산림경영을 위하여 필요하다고 인정하면 산림소유자의 동의를 받아 산림사업을 시행할 수 있다(제22조 제1항 후단). 이 경우 국가나 지방자치단체는 산림소유자의 동의를 받기 위하여 불가피한 때에는 과세 등의 목적을 위하여 수집·보유하고 있는 산림소유자의 개인정보를 이용할 수 있으며, 이를 요청받은 관계 행정기관의 장은 특별한 사정이 없으면 이에 따라야 한다(제22조 제2항·제3항). 그러나 이 경우에도 국가나 지방자치단체가 이용할 수 있는 산림소유자의 개인정보는 성명·주소 및 전화번호로 한정한다.

현행법은 제23조 제2항 및 제3항에서 지방자치단체가 산림소유자의 동의를 받아 산림사업을 시행할 수 있는 경우에 관하여 특별히 규정하고 있다. 이에 따르면 첫째, 특별자치시장·특별자치도지사·시장·군수·구청장은 현행법 제13조 제4항에 따라 산림경영계획을 인가받은 자가 정당한 사유 없이 인가받은 내용대로 산림사업을 하지 않으면 산림소유자의 동의를 받아 일정한 자에게 산림사업을 대행하도록 할 수 있다(제23조 제2항). 그러나 이 경우에도 특별히 풀베기·어린나무가꾸기 및 솎아베기 등과 같은 숲가꾸기 사업의 경우 주소불명이나 우편물 반송 등의 사유로 산림소유자의 동의를 받기 어려울 때에는 특별자치시·특별자치도·시·군·자치구의 게시판 및 인터넷 홈페이지에 30일 이상 대행 사유 및 대행자 등을 공고하는 것으로 산림소유자의 동의를 갈음할 수 있다. 이 경우 현행법에 따라 산림사업을 대행할 수 있는 자로는 (1) 산림조합 또는 산림조합중앙회, (2) 「임업 및 산촌 진흥촉진에 관한 법률」에 따른 임업후계자 또는 독림가(모범 임업경영인) 등 산림경영능력이 있다고 인정되는 자로서 대통령령으로 정하는 기준에 해당하는 자가 있다.

둘째, 특별자치시장·특별자치도지사·시장·군수·구청장은 현행법 제13조 제4항에 따른 산림경영계획을 인가받지 않았거나 산림소유자가 산림사업을 소홀히 하여 대기정화나 수원함양 등 공익적 기능이 현저히 떨어지는 산림으로서 지속가능한 산림보전 및 이용을 위하여 산림사업의 실행이 필요하다고 인정되는 산림에 대하여는 해당 산림소유자의 동의를 받아 산림사업을 직접 시행하거나 현행법 제23조 제2항에 따른 자에게 대행하게 할 수 있다(제23조 제3항). 그러나 이 경우에도 특별히 풀베기·어린나무가꾸기 및 솎아베기 등과 같은 숲가꾸기 사업의 경우 주소불명이나 우편물 반송 등의 사유로 산림소유자의 동의를 받기 어려울 때에는 특별자치시·특별자치도·시·군·자치구의 게시판 및 인터넷 홈페이지에 30일 이상 대행 사유 및 대행자 등을 공고하는 것으로 산림소유자의 동의를 갈음할 수 있다.

지방자치단체의 장이 일정한 경우에 산림소유자의 동의를 받아 산림사업을 시행할 수 있도록 하는 현행법의 이러한 규정은 지속가능한 산림경영을 통하여 산림의 공익적 가치를 유지·증진시키고자 하는 것으로서 적극적인 산림행정 의지를 법제화한 것으로 이해된다. 그러나 숲가꾸기사업의 경우 그 사업의 필요성 등을 감안하더라도 '특별자치시·특별자치도·시·군·자치구의 게시판 및 인터넷 홈페이지에 30일 이상 대행 사유 및 대행자 등을 공고'하는 것으로 산림소유자의 동의를 갈음하여 솎아베기 등을 할 수 있도록 한 것은 산림소유자의 재산권을 침해할 가능성이 있으므로 현행법을 따르는 경우에도 신중하게 적용해야 할 것으로 보인다. 또한 동일한 취지에서 현행법 제23조 제3항의 경우에는 산림소유자의 동의를 받는 요건으로 '소홀히 하여'나 '현저히 떨어지는'과 같은 주관적인 기준을 제시하고 있으나, 이는 산림소유자의 권리보호 측면에서 충분하다고 볼 수 없으므로 그 동의요건을 산림상태에 관한 객관적인 기준으로 개정하는 것이 타당할 것으로 생각된다. 산림소유자의 동의를 엄격하게 적용하려는 이러한 태도는 산림소유자의 동의를 받아 산림사업을 대행하는 경우에도 결국 그 산림사업의 비용은 산림소유자가 부담한다는 측면에서도 요구되는 것이다(제23조 제5항).

3. 산림소유자의 동의 없는 산림사업

특별자치시장·특별자치도지사·시장·군수·구청장은 병해충방제 등을 위하여 긴급히 산림사업을 하여야 하는 경우나 산사태·바람 및 비나 눈 등의 자연현상으로 인한 피해가 예상되어 피해발생을 예방하거나 피해가 발생하여 긴급히 복구하여야 하는 경우, 그 밖에 긴급히 산림보호를 해야 할 필요가 있어 대통령령으로 정하는 경우[36]로서 산림소유자의 동의를 받을 시간적 여유가 없는 경우에는 산림소유자의 동의 없이 산림사업을 할 수 있다(제23조 제4항). 이 경우 특별자치시장·특별자치도지사·시장·군수·구청장은 이러한 사실을 산림소유자에게 지체 없이 알려야 한다.

특별자치시장·특별자치도지사·시장·군수·구청장이 현행법에 따라 이처럼 산림소유자의 동의 없이 산림사업을 시행하기 위해서는 긴급하게 산림사업을 하여야 한다는 긴급성과 함께 산림소유자의 동의를 받을 시간적 여유가 없어야 한다. 따라서 긴급한 경우에 해당하더라도 산림소유자의 동의를 받을 시간적 여유가 있는 경우에는 이에 해당하지 않는다. 현행법에 따르면 이러한 요건에 해당하여 특별자치시장·특별자치도지사·시장·군수·구청장이 산림소유자의 동의 없이 산림사업을 시행하였을 경우 그 산림사업 비용은 국가나 지방자치단체가 부담한다(제23조 제5항).

[3] 산림사업법인에 의한 산림사업

1. 산림사업법인의 등록

산림사업을 시행하는 법인[산림사업법인]을 하려는 자는 (1) 민법에 따른 법인 또는 「협동조합 기본법」에 따른 협동조합 및 협동조합연합회에 해당하고, (2) 기술수준과 자본금 등의 요건[37]을 갖추어 대통령령으로 정하는 산림사업의 종류별로

---

36) 여기에서 긴급히 산림보호를 해야 할 필요가 있어 '대통령령으로 정하는 경우'란 산사태·지진 또는 해일이 발생하여 복구 등 응급조치가 필요한 경우 또는 산불의 예방 및 진화를 위하여 필요한 경우를 말한다(시행령 제23조).

37) 현행법에 따라 산림사업을 할 수 있는 법인의 등록기준은 다음과 같다(시행령 제25조 별표1). ① 산림경영계획 및 산림조사사업: 기술중급 이상인 산림경영기술자 1명 이상과 기술초급 이상인 산림경영기술자 2명 이상의 인력요건과 자본금 1억원 이상 및 사무실을 갖추고 있을 것, ② 숲가꾸기 및 병해충방제사업: 기술중급 이상인 산림경영기술자 1명 이상, 기술초급 이상인 산림경영기술자 2명 이상 및 기능2급 이상인 산림경영기술자 4명 이상의 인력요건과 자본금 1억원 이상 및 사무실을 갖추고 있을 것, ③ 산림토목사업: 기술중급 이상인 산림공학기술자 2명 이상과 기술초급 이상인 산림공학기술자 3명 이상의 인력요건과 자본금 3억원 이상 및 사무실을 갖추고 있을 것, ④ 자연휴양림 등 조성사업: 기술중급 이상인 산림공학기술자 1명 이상, 기술초급 이상인 산림공학기술자 또는 기술초급 이상인 녹지조경기술자 1명 이상, 목구조관리기술자 1명 이상 및 건축기사 1명 이상의 인력요건과 자본금 3억원 이상 및 사무실을 갖추고 있을 것, ⑤ 도시숲 등 조성사업: 기술중급 이상인 산림경영기술자 또는 기술중급 이상인 녹지조경기술자 1명 이상과 기술초급 이상인 산림경영기술자 또는 기술초급 이상인 녹지조경기술자 1명 이상의 인력요건과 자본금 1억원 이상 및 사무실을 갖추고 있을 것, ⑥ 숲길 조성·관리사업: 기술중급 이상인 산림공학기술자 또는 기술중급 이상인 녹지조경기술자 1명 이상과 기술초급 이상인 산림공학기술자 또는 기술초급 이상인 녹지조경기술자 2명 이상의 인력요건과 자본금 3억

시 · 도지사에게 등록을 신청하여야 한다(제24조 제1항~제3항). 이러한 신청을 받은 시 · 도지사는 그 신청한 자가 등록요건을 모두 갖추었으면 농림축산식품부령으로 정하는 바에 따라 산림사업법인으로 등록하여 등록증을 발급하고, 그 사실을 고시하여야 한다. 이 경우 만일 등록한 사항 중 대통령령으로 정하는 중요 사항[38]을 변경한 경우에는 농림축산식품부령으로 정하는 기간 안에 변경등록을 신청하여야 한다.

산림사업법인의 등록과 관련하여 시 · 도지사는 등록한 산림사업법인의 등록요건을 확인 · 조사하기 위하여 필요한 때에는 산림사업법인 기술자의 국민건강보험, 국민연금, 고용보험 및 산업재해보상보험 등에 관한 가입자료의 제공을 관계 기관의 장에게 요청할 수 있다(제67조 제5항). 이 경우 시 · 도지사로부터 이러한 요청을 받은 관계 기관의 장은 정당한 사유가 없으면 그 요청에 따라야 한다.

현행법이 이와 같이 일정한 요건을 갖추어 등록한 산림사업법인에게 특정한 산림사업을 할 수 있도록 제도화한 것은 그동안 주로 산림조합이나 산림조합중앙회 또는 국유림영림단에 의하여 시행되던 산림사업에 전문성을 갖춘 산림사업법인을 참여시킴으로써 산림사업의 품질을 향상시키고 경쟁력을 높이기 위한 것으로 이해된다. 따라서 산림청장은 현행법에 따라 등록한 산림사업법인의 건전한 육성을 위하여 필요한 시책을 수립 · 시행(제24조 제6항)하는 등 산림사업법인의 발전을 위하여 노력해야 할 것이다.

2. 산림사업의 시행

산림사업법인은 대통령령으로 정하는 산림사업의 종류별로 시 · 도지사에게 등록하여야 하며, 그 등록기준에 따른 사업의 범위 내에서 산림사업을 할 수 있다(제24조 제1항 및 시행령 제24조 제1항 · 제25조 별표1). 현행법에 따르면 이러한 산림사업의 종류 및 그 사업범위는 다음과 같다.

- 산림경영계획 및 산림조사사업: 산림경영계획의 수립, 임황 · 지황 등 산림현황 조사
- 숲가꾸기 및 병해충 방제사업: 조림, 숲가꾸기, 벌채 및 산림병해충 방제사업

원 이상 및 사무실을 갖추고 있을 것. 이 경우 이미 등록한 법인이 다른 종류의 산림사업 등록을 추가로 신청하는 경우에는 이미 등록한 산림사업 종류와 추가로 등록하려는 산림사업 종류에 같은 종류 및 등급의 기술자가 중복하여 요구되는 경우에는 해당 기술자를 이미 갖춘 것으로 보며, 자본금의 경우에도 각 산림사업의 종류(자본금 요구액이 가장 많은 산림사업의 종류는 제외한다)에 요구되는 최소 자본금의 2분의 1을 이미 갖춘 것으로 본다. 이는 산림사업을 하려는 법인이 2이상의 산림사업의 종류로 동시에 등록을 신청하는 경우에도 준용한다.

38) 여기에서 '대통령령으로 정하는 중요 사항'이란 법인의 명칭 및 대표자, 법인의 소재지(주소지), 기술자격자의 종류 또는 수를 말한다(시행령 제24조 제2항).

- 산림토목사업: 임도사업, 사방사업 및 「산지관리법」 제41조에 따른 산지의 복구
- 자연휴양림 등 조성사업: 자연휴양림 · 산림욕장 · 치유의 숲 조성, 산촌생태마을 조성, 숲속야영장 · 산림레포츠시설 조성, 유아숲체험원 · 산림교육센터 조성, 수목장림 조성
- 도시숲 등 조성사업: 도시숲에서 수목 등의 식재 및 편의시설의 설치, 생활숲 및 가로수 조성
- 숲길 조성 · 관리사업: 숲길 조성 · 관리

현행법상 일정한 자는 산림사업법인에 관한 이러한 규정에도 불구하고 산림사업법인으로 등록하지 않더라도 산림사업법인이 할 수 있는 산림사업을 할 수 있다(제24조 제7항). 현행법에 따르면 산림사업법인에 관한 규정이 적용되지 않는 이러한 자에는 (1) 국가 또는 지방자치단체, (2) 산림소유자, (3) 산림조합 또는 산림조합중앙회, (4) 국유림영림단, (5) 「목재의 지속가능한 이용에 관한 법률」에 따른 목재생산업자 중 대통령령으로 정하는 자로서 「목재의 지속가능한 이용에 관한 법률 시행령」 별표2 제1호에 따른 원목생산업을 등록한 자(시행령 제25조의2), (6) 「산림보호법」에 따라 나무병원의 등록을 한 자 등이 있다. 그러나 이에 해당하는 경우에도 '목재생산업자 중 대통령령으로 정하는 자'에 해당하는 원목생산업을 등록한 자인 경우에는 숲가꾸기 및 산림병해충 방제를 위한 입목의 벌채사업을 제외한 목재생산을 위한 입목의 벌채사업을 하는 경우에만 현행법을 적용하며, '나무병원의 등록을 한 자'의 경우에도 수목을 대상으로 하는 산림병해충 방제사업을 하는 경우에 한정하여 현행법을 적용한다. 따라서 목재생산업자 중 원목생산업을 등록한 자가 숲가꾸기 및 산림병해충 방제를 위한 입목의 벌채사업을 하는 경우나 나무병원의 등록을 한 자가 수목을 대상으로 하는 산림병해충 방제사업 이외의 사업을 하는 경우에는 현행법에 따라 산림사업법인으로 등록하지 않으면 해당 사업을 시행할 수 없다.

현행법에 따라 산림사업법인 등이 산림사업을 도급하여 시행하는 경우 해당 도급계약의 당사자는 각기 대등한 입장에서 합의에 따라 공정하게 계약을 체결하고, 신의에 따라 성실하게 계약을 이행하여야 한다(제24조의2 제1항 · 제2항). 산림사업 도급계약 당사자는 또한 그 계약을 체결할 때에는 도급금액, 사업기간, 그 밖에 대통령령으로 정하는 사항을 계약서에 명시하여야 하며, 서명 · 날인한 계약서를 서로 주고받아 보관하여야 한다. 이는 산림사업 도급계약의 공정성과 투명성 등을 높이기 위하여 2020년 5월 26일 법률개정으로 신설된 것이다.

3. 산림사업법인에 대한 관리

가. 영업정지 및 등록취소 등의 처분

시·도지사는 산림사업법인에게 일정한 사유가 있는 경우에는 현행법 제25조 제1항부터 제3항에 따라 시정명령, 영업정지명령 및 과징금 부과, 등록취소 등의 처분을 할 수 있다. 이에 따르면 첫째, 시·도지사는 산림사업법인이 정당한 사유 없이 사업공정예정표대로 발주받은 산림사업을 시작하지 않거나 발주기관이 확인한 결과 산림사업을 성실하게 하지 않아 부실시공의 우려가 있다고 인정한 경우, 산림사업법인의 중요 사항의 변경등록을 농림축산식품부령으로 정하는 기간 안에 신청하지 않은 경우 또는 현행법 제67조 제1항에 따른 보고나 자료제출을 이행하지 않거나 조사·검사를 거부한 경우에는 기간을 정하여 그 시정을 명할 수 있다(제25조 제1항).

둘째, 시·도지사는 산림사업법인이 등록요건을 갖추지 못한 경우나 현행법 제25조 제1항에 따른 시정명령을 받고도 이를 이행하지 않은 경우에는 6개월 이내의 기간을 정하여 영업정지를 명하거나 이에 갈음하여 5천만원 이하의 과징금을 부과할 수 있다(제25조 제2항·제5항). 이 경우 만일 과징금을 부과받은 자가 납부기한까지 과징금을 내지 않으면 시·도지사는 「지방행정제재·부과금의 징수 등에 관한 법률」에 따라 징수한다.

셋째, 시·도지사는 산림사업법인이 일정한 사유에 해당하는 경우에는 그 등록을 취소하고 이를 고시하여야 한다(제25조 제3항). 시·도지사가 현행법에 따라 산림사업법인의 등록을 취소할 수 있는 이러한 사유에는 거짓이나 그 밖의 부정한 방법으로 등록을 한 경우, 다른 자에게 등록증을 빌려준 경우, 영업정지기간에 산림사업을 하거나 3회 이상 영업정지명령을 받은 경우 또는 폐업한 경우 등이 있다. 그러나 이 경우에도 폐업으로 인한 사유 이외 다른 등록취소 사유에 따른 처분절차가 진행 중인 산림사업법인이 그 처분절차가 끝나기 전에 폐업을 하였을 때에는 그 처분절차가 끝날 때까지 그 폐업을 이유로 등록을 취소해서는 안 된다. 이는 폐업 이외의 사유로 등록이 취소된 경우에는 3년이 지나지 않으면 다시 등록을 할 수 없다는 현행법 제25조 제4항의 규정을 고의적으로 회피하기 위하여 미리 폐업하는 것을 방지하기 위한 것이다. 현행법에 따른 이러한 등록취소 처분은 시·도지사가 산림사업법인에게 할 수 있는 가장 중한 행정처분이며, 따라서 만일 시·도지사가 산림사업법인의 등록을 취소하려는 경우에는 현행법에 따라 청문을 하여야 한다(제68조 제3호).

나. 영업정지처분 등을 받은 후의 산림사업 시행

산림사업법인이 영업정지처분 등을 받은 경우 갑자기 산림사업이 중단되거나 종료되는 경우에는 산림사업의 발주자를 포함하여 선의의 피해자가 발생할 수도 있다. 그러므로 현행법은 산림사업법인이 영업정지처분 또는 등록취소처분을 받더라도 그 처분을 받기 전에 도급계약을 체결한 산림사업은 계속하여 시행할 수 있도록 하여 선의의 피해자를 보호하고 있다(제26조 제1항·제4항). 이 경우 등록이 취소된 산림사업법인이라도 산림사업을 계속하는 한 해당 산림사업을 완성할 때까지는 산림사업법인으로 본다.

시·도지사는 영업정지처분 또는 등록취소처분을 한 경우에는 그 처분의 내용을 인터넷 홈페이지 등에 게시하여야 하고, 이를 지체 없이 해당 산림사업의 발주자에게 알려야 한다(제26조 제2항). 이는 현행법 제26조 제3항에 따르면 산림사업의 발주자는 해당 산림사업법인으로부터 영업정지처분이나 등록취소처분을 받았다는 통지를 받거나 그 법인의 영업정지처분 또는 등록취소처분 사실을 안 날부터 30일 이내까지만 도급계약을 해지할 수 있으므로 혹시라도 산림사업의 발주자가 시·도지사의 처분사실을 알지 못하여 불이익을 받지 않도록 하려는 것으로 이해된다.

다. 보고·검사 등

시·도지사는 산림자원의 조성과 관리를 위하여 필요한 경우에는 산림사업법인에게 업무에 관하여 보고를 명하거나 관련 자료를 제출하게 할 수 있으며, 소속 공무원으로 하여금 사업장·사무소 등에 출입하여 장부·서류나 그 밖의 물건을 조사·검사하거나 관계인에게 질문하게 할 수 있다(제67조 제1항). 이 경우 출입·조사·검사 또는 질문을 위한 절차 등에 관하여는 현행법 제67조 제2항 및 제4항에 따르며, 그 내용은 앞에서 이미 설명한 것과 같다.

현행법에 따라 등록한 산림사업법인은 그 등록증을 다른 사람에게 빌려주어서는 안 된다(제11조 제4항). 만일 산림사업법인이 이에 위반하는 경우에는 앞에서 이미 살펴본 것처럼 등록취소의 사유에 해당할 뿐만 아니라 현행법의 벌칙 규정에 따라 1천만원 이하의 벌금에 처해질 수 있다(제77조 제1항 제4호).

[4] 산림사업에 대한 자금지원 및 반환

1. 자금지원

국가나 지방자치단체는 대통령령으로 정하는 바에 따라 산림사업에 대하여 그 사업비의 전부 또는 일부를 융자하거나 보조할 수 있다(제64조 제1항).[39] 이는 산림이 가지는 다양한 가치와 기능을 유지·발전 또는 회복시키기 위하여 시행하는 산림사업의 공익성을 감안하여 그에 소요되는 비용의 전부 또는 일부를 국가나 지방자치단체가 지원하도록 한 것으로서 산림의 경영 및 관리에 관한 국가와 지방자치단체의 책무(제2조의2 제1항)에 따른 것으로 이해된다.

사업비를 융자한다는 것은 "정부가 국민의 복지향상과 주요 산업지원을 위하여 자금을 빌려 주는 것"(공공자금관리기금법 제1조 제1호)이므로, 이러한 융자를 지원받은 자는 일정 기간이 지난 후에는 이를 상환하여야 한다. 따라서 국가나 지방자치단체는 산림사업을 위한 자금을 융자할 때에는 해당 임야와 입목을 담보로 할 수 있으며, 아직 수확기에 이르지 않은 입목의 경우에는 그 가격을 미리 평가하여 이를 담보로 할 수 있다(제64조 제2항). 이러한 융자와는 달리 보조란 국가 외의 자가 수행하는 사무 또는 사업에 대하여 국가가 이를 조성하거나 재정상의 원조를 하기 위하여 교부하는 보조금, 부담금, 그 밖에 상당한 반대급부를 받지 않고 교부하는 교부금으로서 대통령령으로 정하는 것을 말한다(보조금 관리에 관한 법률 제2조 제1호).[40] 이러한 보조는 일정한 교부조건에 따르기만 하면 보조금을 받은 이후에는 일정한 기간이 경과하더라도 이를 상환할 필요가 없다는 점에서 융자와는 구별되는 것이다.

---

39) 현행법에 따라 사업비의 전부 또는 일부를 융자하거나 보조할 수 있는 산림사업은 다음과 같다(시행령 제68조): ① 산림경영계획의 작성·변경, ② 산림사업의 실행, ③ 임업기술지도·의무조림을 포함한 조림 및 숲가꾸기의 장려, ④ 산림관리기반시설의 조성·관리, ⑤ 종묘·종균의 생산 및 개발, ⑥ 채종림, 산림유전자원보호림 및 시험림의 조성·관리 및 보호수의 관리, ⑦ 특수산림사업지구 사업, ⑧ 도시숲 및 가로수의 조성·관리, ⑨ 자연휴양림의 조성·관리 및 운영, ⑩ 산불예방시설 및 진화장비의 확보·유지 및 관리, ⑪ 산림병해충의 예방·제거, ⑫ 산림조합·산림조합중앙회의 운영과 사업의 추진, ⑬ 국가가 임업단체에 위탁하는 사업, ⑭ 해외산림개발조사 및 개발사업, ⑮ 황사·사막화방지 조림사업 및 관련 연구·조사사업, ⑯ 무궁화의 증식·보급·개발 및 이용촉진사업, ⑰ 그 밖에 산림의 경영·개발 및 산림소득증대를 위하여 산림청장이 필요하다고 인정하는 사업.

40) 여기에서 보조금을 교부하는 국가에는 「국가재정법」 별표2에 규정된 법률에 따라 설치된 기금을 관리·운용하는 자를 포함한다. 또한 좁은 의미의 보조금에는 지방자치단체에 교부하는 것과 그 밖에 법인·단체 또는 개인의 시설자금이나 운영자금으로 교부하는 것만 해당하며, 부담금의 경우에는 국제조약에 따른 부담금은 제외한 것을 말한다.

2. 산림사업보조금의 반환

산림사업에 필요한 사업비를 보조한다는 의미는 해당 사업의 필요성과 공익적 성격을 국가나 지방자치단체가 인정하였다는 것을 의미하는 것이다. 그러므로 보조금을 받아 산림사업을 시행하였음에도 원래의 산림사업 목적으로 이를 사용하지 않는다면 보조받거나 지원받은 금액[산림사업보조금]은 이를 반환하는 것이 타당할 것이다. 이에 따라 현행법은 제9조 제1항에 따라 산림관리기반시설을 설치한 산림이나 현행법 제13조 제6항, 제28조 제8항 또는 제64조 제1항에 따라 국가나 지방자치단체의 보조 또는 지원을 받아 조성한 산림을 보조사업의 원래 목적 외의 목적으로 사용하려는 자는 대통령령으로 정하는 바에 따라 산림사업보조금에 이자를 더한 금액을 산림청장, 시 · 도지사 또는 시장 · 군수 · 구청장에게 반환하도록 하고 있다(제65조 제1항).

그러나 현행법에 따라 산림사업보조금을 반환하여야 하는 경우에도 산림의 조성 또는 산림관리기반시설의 설치를 끝낸 때부터 대통령령으로 정하는 기간이 지난 경우에는 이를 반환하지 않으며(제65조 제1항 단서 및 시행령 제69조 제2항), 국가 또는 지방자치단체가 공용 또는 공공용 사업을 위하여 산림을 보조사업의 원래 목적 외의 목적으로 사용하려는 경우나 천재 · 지변 등과 같이 부득이한 사유로 인하여 조림 또는 숲가꾸기사업지나 임도로서 존치하는 것이 부적당하다고 인정되는 경우에는 산림사업보조금을 반환하지 않게 할 수 있다(시행령 제69조 제1항 단서). 이러한 경우는 이미 상당한 기간이 경과하였거나 산림사업보조금을 받은 자에게 일정한 책임을 물을 수 없기 때문이다.

만일 산림사업보조금을 받은 자가 그 반환명령을 듣고도 이를 이행하지 않는 경우에는 산림청장, 시 · 도지사 또는 시장 · 군수 · 구청장은 그 반환의무자에게 산림사업보조금에 이자를 더한 금액의 반환을 명하여야 한다(제65조 제2항 및 시행령 제69조 제3항). 이 경우 산림사업보조금을 반환하면서 이자를 더하도록 한 것은 사회의 통상적인 이익을 반환하도록 한 것으로서 산림보조금과 함께 반환하여야 하는 이자는 보조금 지급일부터 반환일까지의 기간을 계산하여 가산하여야 한다.

산림청장, 시 · 도지사 또는 시장 · 군수 · 구청장은 산림사업보조금의 반환명령을 받은 자 또는 「보조금 관리에 관한 법률」에 따라 산림사업보조금의 반환명령[41]

---

41) 「보조금 관리에 관한 법률」에 따르면 중앙관서의 장, 보조사업자 또는 간접보조사업자는 보조금수령자가 ① 거짓이나 그 밖의 부정한 방법으로 보조금 또는 간접보조금을 지급받은 경우, ② 보조금 또는 간접보조금의 지급 목적과 다른 용도에 사용한 경우, ③ 보조금 또는 간접보조

을 받은 자의 산림사업에 대해서는 현행법 제64조에 따른 자금지원의 대상에서 제외할 수 있다(제65조 의2). 이는 국가나 지방자치단체로부터 부적절한 방법으로 자금을 지원받거나 그 지원받은 자금을 지급목적 외의 목적으로 사용하는 등의 사유로 인하여 반환명령을 받은 자의 산림사업에 대하여 다시 자금을 지원하는 것은 산림사업 보조금 제도의 취지에서 벗어난 것이기 때문이다.

Ⅵ. 산림자원의 이용

[1] 입목과 임산물

1. 입목 및「입목에 관한 법률」

입목이란 토지에 생육하고 있는 수목이나 수목의 집단을 말하며, 통상 임목과 혼용하여 사용하기도 한다. 입목은 산림을 구성하는 토지의 정착물로서 일반적으로는 부동산 소유권에 속하는 것이다. 그러나 이러한 입목 중에서「입목에 관한 법률」이 적용되는 경우에는 일반적인 입목과는 다르게 취급되는데, 이에 따르면 입목이란 "토지에 부착된 수목의 집단으로서 그 소유자가 이 법에 따라 소유권보존의 등기를 받은 것"(같은 법 제2조 제1항 제1호)을 말한다.[42]

「입목에 관한 법률」에 따라 등록된 입목은 마치 건물과 같이 토지와는 별개의 부동산으로서 입목의 소유자는 토지와 분리하여 입목을 양도하거나 저당권의 목적으로 할 수 있으며, 토지소유자가 토지소유권이나 지상권을 처분하더라도 그 처분의 효력은 입목에는 미치지 않는다(같은 법 제3조 제1항~제3항).

입목을 목적으로 하는 저당권의 효력은 입목을 베어 낸 경우에 그 토지로부터 분리된 수목에도 미친다(같은 법 제4조 제1항). 이는 입목이 벌채된 경우 그 벌채된 수목에도 저당권의 효력을 인정함으로써 저당권자를 보호하기 위한 것이다. 여기에서 저당권(민법 제356조)이란 채권을 담보하기 위하여 채무자 또는 제3자가 제공한 물건으로부터 저

금을 지급받기 위한 요건을 갖추지 못한 경우에는 지급한 보조금 또는 간접보조금의 전부 또는 일부를 기한을 정하여 반환하도록 명하여야 한다(같은 법 제33조).

42) 입목의 경우에는「입목에 관한 법률」에 따른 이러한 입목이 아니더라도 일정한 명인방법을 갖춘 때에는 부동산과 별개로 취급하여 해당 수목이나 수목의 집단을 토지와 분리하여 거래할 수 있음은 앞에서 이미 설명한 것과 같다. 이러한 명인방법에 대하여 대법원은 "임야지반과 분리하여 입목을 매수하여 입목의 소유권 양도를 받은 사람이 임야에 수 개소에 '입산금지 소유자 아무'라는 푯말을 써서 붙였다면 입목소유권 취득의 명인방법으로 부족하다 할 수 없으며…" (대판 1967. 12. 18. 66다2382, 2383)라고 하여 그 방법을 폭넓게 인정하고 있다.

당권자가 우선변제를 받을 수 있는 담보물권으로서 저당권이 설정되면 이를 설정한 채무자 또는 제3자는 종전대로 목적물을 점유하고 저당권자는 우선변제를 담보할 수 있게 된다. 예를 들어 「입목에 관한 법률」에 따라 잣나무 입목에 대하여 저당권을 설정한다면, 저당권자는 해당 입목에서 우선변제를 받을 수 있는 권리를 갖는 대신에 저당권을 설정한 채무자 또는 제3자는 잣나무에서 잣을 수확하면서 자기의 채무에 대한 담보로 잣나무 입목을 제공할 수 있는 것이다. 일반적으로 이러한 저당권은 채무자 또는 제3자가 담보의 목적물을 계속 점유하여 사용·수익할 수 있다는 점에서 채권자에게 담보물건의 점유가 이전되는 질권보다 바람직한 담보물권제도로 평가된다.

「입목에 관한 법률」이 적용되는 입목은 토지와는 별개의 부동산이므로 토지소유권자라고 하더라도 해당 입목을 함부로 벌채할 수 없으며, 만일 입목에 저당권이 설정되었다면 그 저당권의 목적이 된 입목의 소유자는 당사자 간에 약정된 시업방법에 따라 그 입목을 조성하고 육림하여야 한다(같은 법 제5조 제1항·제2항). 이는 입목의 소유자가 저당권을 설정하였음을 기회로 입목에 대한 경영과 관리를 소홀히 함으로써 담보물권의 가치를 저하시키지 못하도록 하려는 것이다. 따라서 천재지변 등과 같은 불가항력으로 입목에 손실이 발생하였을 때에는 입목소유자는 당사자 간의 약정에 따른 책임을 지지 않는다.

2. 임 산 물

임산물이란 "목재, 수목, 낙엽, 토석 등 산림에서 생산되는 산물, 그 밖의 조경수, 분재수 등 대통령령으로 정하는 것"(제2조 제7호)으로서 가지·꽃·열매·생잎·장작·톱밥 및 나뭇조각 등 수목의 일부분, 대나무류·초본류·덩굴류·이끼류 및 산림버섯과 떼, 숯 및 수액, 합판·단판·섬유판·집성재·성형재·마루판 및 목재펠릿 등 「목재의 지속가능한 이용에 관한 법률」에 따른 목재제품 등을 포함한다(시행령 제2조 제5항). 여기에서 임산물에 속하는 숯에는 톱밥숯을 포함하며, 수액에는 수목 또는 대나무를 태워서 얻는 응축액을 포함한다. 그러나 임산물에 관한 이러한 정의에도 불구하고 현행법 제36조에 따라 임산물을 굴취·채취하는 경우 그 대상이 되는 임산물에는 「산지관리법」에 따른 석재 및 토사는 포함되지 않는다(제36조 제1항). 이는 석재 및 토사를 채취하는 경우에는 현행법이 아니라 「산지관리법」이 적용되기 때문이다.

[2] 입목벌채 및 임산물의 굴취 · 채취

1. 허가에 의한 벌채 및 굴취 · 채취

가. 개념 및 허가절차

산림 안에서 입목의 벌채, 임산물의 굴취 · 채취[입목벌채 등]를 하려는 자는 농림축산식품부령으로 정하는 바에 따라 특별자치시장 · 특별자치도지사 · 시장 · 군수 · 구청장이나 지방산림청장의 허가를 받아야 한다(제36조 제1항). 이는 현행법에 따라 허가받은 사항 중 대통령령으로 정하는 중요 사항을 변경하려는 경우에도 같다. 여기에서 입목의 벌채란 입목을 토지로부터 분리하여 베어내는 것을 말하고, 굴취란 살아 있는 나무를 다른 장소로 옮겨 심을 목적으로 캐어 내는 것[43]을 의미한다. 한편 채취란 통상적인 개념으로서 어떤 것을 찾아 베어내거나 캐어 취득하는 것을 말한다.

현행법에 따라 입목을 벌채하거나 임산물을 굴취 · 채취할 수 있는 산림에는 현행법 제19조에 따른 채종림 등과 「산림보호법」 제7조에 따른 산림보호구역은 해당되지 않는다(제36조 제1항). 이는 현행법에 따라 엄격하게 보호되는 채종림 등과 특별히 산림을 보호할 필요가 있어 「산림보호법」에 따라 지정된 산림보호구역에서는 입목의 벌채나 임산물의 굴취 · 채취가 엄격하게 금지되기 때문이다.

특별자치시장 · 특별자치도지사 · 시장 · 군수 · 구청장이나 지방산림청장은 입목벌채 등의 허가신청을 받은 경우 벌채목적과 벌채대상의 적정성 등 농림축산식품부령으로 정하는 사항을 고려하여 그 타당성이 인정되면 입목벌채 등을 허가하고 허가증을 발급하여야 한다(제36조 제3항 및 시행규칙 제44조 · 제45조). 이 경우 특별자치시장 · 특별자치도지사 · 시장 · 군수 · 구청장이나 지방산림청장은 벌채구역의 경계표시나 대상목 또는 잔존시킬 입목의 선정 · 표시가 적정한지 여부 및 시행규칙 별표3에 따른 '기준벌기령, 벌채 · 굴취기준 및 임도 등의 설치기준' 등에 그 신청내용이 적합한지 등을 조사 · 확인하여야 하며, 만일 임산물 운반로 및 작업로를 설치하는 경우에는 현행법에 따라 입목벌채 등에 관한 허가를 받은 경우에는 임산물 운반로 및 작업로 설치에 관하여 「산지관리법」 제15조의2에 따른 산지일시사용신고가 의제된다는 점을 감안하여(제36조 제8항), 「산지관리법」에 따른 산지일시사용신고 사항에 적합한지 여부 및 복구비의 예치 여부에 대해서도 조사 · 확인하여야 한다.

---

43) 「수목굴취 및 활용요령」(산림청예규 제667호, 2018. 9. 5.) 제2조 제1호를 참고하라.

특별자치시장·특별자치도지사·시장·군수·구청장이나 지방산림청장은 현행 법에 따라 입목벌채 등의 허가신청을 받은 경우 그 신청을 받은 날부터 7일 이내에 허가여부를 신청인에게 통지하여야 하며, 만일 특별자치시장·특별자치도지사·시장·군수·구청장이나 지방산림청장이 그 정한 기간에 허가여부나 민원처리 관련 법령에 따른 처리기간의 연장을 신청인에게 통지하지 않으면 그 기간이 끝난 날의 다음 날에 허가를 한 것으로 본다(제36조 제5항·제6항). 이 경우 처리기간이 민원처리 관련 법령에 따라 연장 또는 재연장된 경우에는 해당 처리기간을 기준으로 한다.

나. 허가가 제한되는 지역 및 중대한 공익상의 필요

특별자치시장·특별자치도지사·시장·군수·구청장이나 지방산림청장은 국토와 자연의 보전, 문화재와 국가 중요시설의 보호, 그 밖의 공익을 위하여 산림의 보호가 필요한 지역으로서 대통령령으로 정하는 지역에서는 입목벌채 등을 허가해서는 안 된다(제36조 제2항 및 시행령 제41조 제1항). 여기에서 '대통령령으로 정하는 지역'이란 명승지·유적지·휴양지 및 유원지 등 자연경관보존을 위하여 시장·군수·구청장 또는 지방산림청장이 고시한 지역 또는 「산지관리법 시행령」 제8조 제4항에 따른 산사태 위험지역을 말한다. 그러나 이에 해당하는 지역이라도 병해충의 예방·방제 등 대통령령으로 정하는 사유[44]로 입목벌채 등을 하려는 경우에는 이를 허가할 수 있다.

입목벌채 등의 허가와 관련하여 국토 및 자연의 유지와 환경의 보전 등 중대한 공익상의 필요가 있는 경우에 허가권자가 그 허가를 거부할 수 있는지에 대하여는 논란의 여지가 있으나, 대법원은 "국토의 보전과 국민경제의 건전한 발전에 기여하고자 하는…입법목적, 시장·군수가 입목의 벌채나 굴채[취]허가신청을 받은 때에는 벌채 대상목이나 잔존시킬 입목 선정의 적정 여부 등을 조사하거나 굴취 또는 채취 대상의 적정 여부를 조사·확인하여 허가함이 타당하다고 인정될 때에는 허가증을 교부하여야 한다고 규정하고 있는…각 규정 내용, 산림 내에서의 입목벌채는 국토 및 자연의 유지와 환경의 보전에 직접적으로 영향을 미치는 행위가 된다는 점 등을 종합하여 보면, 허가관청은 입목굴채[취] 허가신청 대상 토지의 현상과 위치 및 주위의 상황 등을 고려하여 국토 및 자연의 유지와 환경의 보전 등 중대한 공익상 필요가 있다고 인정될 때에는 허가를 거부할 수 있다고 할 것이다"라

---

44) 여기에서 '대통령령으로 정하는 사유'란 병충해의 예방·제거를 위한 벌채, 산불·산사태 등 각종 재해 피해임지의 벌채, 어린나무가꾸기·솎아베기 등 숲가꾸기를 위한 벌채를 말한다(시행령 제42조 제1항).

고 하여 입목벌채나 임산물의 굴취·채취에 대한 허가가 허가권자의 재량행위에 속하는 것임을 분명히 하고 있다.[45)]

2. 신고에 의한 벌채 및 굴취·채취

산림 안에서 입목벌채 등을 하기 위해서는 허가를 받아야 하나 병해충·산불 등 자연재해를 입은 임목의 제거 등 대통령령으로 정하는 사유로 입목벌채 등을 하려는 자는 농림축산식품부령으로 정하는 바에 따라 특별자치시장·특별자치도지사·시장·군수·구청장이나 지방산림청장에게 신고를 하고 벌채나 굴취·채취를 할 수 있다(제36조 제4항·제8항). 이 경우 입목벌채 등에 관하여 신고를 한 경우에는 이에 필요한 임산물 운반로 및 작업로 설치에 관하여 「산지관리법」에 따른 산지일시사용신고를 한 것으로 본다.

현행법에 따라 대통령령으로 정하는 사유에 해당하여 신고만으로 입목벌채 등을 할 수 있는 경우는 다음과 같다(시행령 제42조 제2항).

- 「산지관리법」에 따른 산지전용허가·산지전용신고·산지일시사용허가 또는 산지일시사용신고에 따른 형질변경 계획면적 외의 면적에 대하여 목적사업 수행 등을 위하여 형질변경 기간 내에 불가피하게 추가로 입목을 벌채하는 경우[46)]
- 입목벌채로 토사유출·산사태 등의 재해발생이 우려되지 않는 지역에서 병해충·산불피해·풍설해 또는 자연적인 재해로 인하여 넘어지거나 줄기가 부러진 입목을 벌채하는 경우
- 불량치수림의 수종갱신을 위하여 벌채를 하는 경우
- 그 밖에 농림축산식품부령으로 정하는 경미한 벌채 또는 굴취를 하는 경우[47)48)]

---

45) 대판 2001. 11. 30. 2001두5866.

46) 이 경우에는 다른 법령에 따라 허가 또는 신고가 의제되거나 배제되는 행정처분을 받아 산지전용·산지일시사용하는 경우를 포함한다.

47) 이에 해당하는 것으로서 경미한 벌채는 다음과 같다(시행규칙 제46조 제1항 제1호): ① 오동나무·현사시·이태리포플러·양버들·옻나무·황칠나무 및 미루나무를 벌채하는 경우, ② 솎아베기 대상 임지로서 평균 가슴높이의 지름이 20cm 이하인 입목을 솎아내기 위하여 벌채하는 경우, ③ 표고재배용으로 이용하기 위하여 연간 $50m^3$ 이내의 입목을 벌채하는 경우, ④ 입목·죽이 자라고 있고 지적공부상 지목이 전·답 또는 과수원으로 되어 있는 일단의 면적이 5천m^2 이상인 토지 위의 입목을 벌채하는 경우.

48) 이에 해당하는 것으로서 경미한 굴취는 다음과 같다(시행규칙 제46조 제1항 제2호): ① 대나무를 굴취하는 경우(1천m^2 이내의 규모로 한정한다), ② 임도 또는 방화선의 설치를 위하여 지장목을 굴취하는 경우, ③ 농경지, 주택 또는 건축물에 연접되어 있어 해가림이나 그 밖의 피해 우려가 있는 입목을 굴취하는 경우(농경지, 주택 또는 건축물의 외곽 경계선으로부터 그 입목까지의 거리가 나무높이에 해당하는 거리 이내인 경우로 한정한다), ④ 철도선로로부터 10m 이내에 있는 입목을 굴취하는 경우, ⑤ 입목·죽이 자라고 있고 지적공부상 지목이 전·답 또는 과수원으로 되어 있는 일단의 면적이 5천m^2~1만m^2 미만인 토지 위의 입목을 굴취하는 경

입목벌채 등에 관한 신고를 받은 특별자치시장·특별자치도지사·시장·군수·구청장이나 지방산림청장은 그 신고를 받은 날부터 5일 이내에 신고수리 여부를 신청인에게 통지하여야 하며, 만일 특별자치시장·특별자치도지사·시장·군수·구청장이나 지방산림청장이 그 정한 기간에 신고수리 여부나 민원처리 관련 법령에 따른 처리기간의 연장을 신청인에게 통지하지 않으면 그 기간이 끝난 날의 다음 날에 신고수리를 한 것으로 본다(제36조 제5항·제6항). 이 경우 처리기간이 민원처리 관련 법령에 따라 연장 또는 재연장된 경우에는 해당 처리기간을 기준으로 한다.

3. 허가나 신고 없이 하는 벌채 및 굴취·채취

입목벌채 등에 관한 이러한 허가 또는 신고절차에도 불구하고 풀베기, 가지치기 또는 어린나무가꾸기를 위한 벌채 등 대통령령으로 정하는 입목벌채 등은 허가나 신고 없이 할 수 있다(제36조 제7항).[49] 이에 따라 허가나 신고 없이 임의로 벌채나 굴취·채취를 할 수 있는 경우로서 대통령령으로 정하는 사유에는 (1) 풀베기·가지치기 또는 어린나무가꾸기를 위한 벌채를 하는 경우, (2) 지목이 임야가 아닌 토지에 목재펠릿, 목재칩 등 산림바이오매스에너지를 생산하기 위하여 새로 조림을 하고 5년 이내의 기간마다 수시로 벌채를 하는 경우, (3) 「국유림의 경영 및 관리에 관한 법률」에 따른 국유림경영계획의 승인을 받은 경우, (4) 「산림문화·휴양에 관한 법률」에 따른 자연휴양림조성계획의 승인이나 「수목원·정원의 조성 및 진흥에 관한 법률」에 따른 수목원조성계획의 승인을 얻은 산림의 경우, (5) 산림청장 소속의 시험연구기관이 소관 국유림에서 시험·연구에 필요한 사업을 하는 경우, (6) 문화재청장이 소관 국유림에서 문화재보호를 위한 사업을 하는 경우, (7) 「산지관리법」에 따른 산지전용허가·산지일시사용허가를 받거나 산지전용신

우, ⑥ 솎아베기 대상 임지에서 평균 가슴높이의 지름이 20cm 이하인 입목을 솎아내기 위하여 굴취하는 경우.

49) 헌법재판소는 입목벌채의 허가 및 신고대상에 관한 세부적인 내용을 하위법령에 위임한 것이 포괄위임입법금지원칙과 죄형법정주의의 명확성 원칙에 위배되는지에 대하여 "어떠한 입목벌채 등에 대하여 허가 또는 신고 없이 할 수 있도록 허용할 것인지는 입목벌채 등이 행해지는 상황에 따라 달리 규정되어야 할 것인데, 법률에서는 임의벌채의 전체적인 기준을 정한 뒤 구체적이고 세부적인 규율은 전문적·기술적 능력을 갖춘 행정부에서 산림에 관한 상황에 따라 임의벌채를 허용할 수 있도록 하위 법령에 위임할 필요성이 인정"된다고 하면서, "…하위법령에 위임되는 구체적인 내용은 입목벌채 등의 행위태양이 일상적인 행위에 불과하거나 그 행위의 목적이 산림의 보호에 있어 입목벌채 등의 결과 산림이 훼손되지 않는 경우가 규정될 것임을 예상할 수 있다. 그러므로 이 사건 법률조항에서 대통령령에 위임하고 있는 임의벌채의 대상에 관하여 그 대강을 예상할 수 있으므로 포괄위임입법금지원칙이나 죄형법정주의의 명확성원칙에 위배된다고 볼 수 없다"라고 하였다(헌재 2012. 12. 27. 2010헌바489).

고·산지일시사용신고를 한 자가 산지전용에 수반되는 입목벌채 등을 하려는 경우,[50] (8) 「산지관리법」에 따라 토석채취허가를 받거나 채석신고·토사채취신고를 한 자 및 국유림의 산지에서의 매각 또는 무상양여를 받은 자가 토석의 굴취·채취에 수반되는 입목벌채나 임산물의 굴취·채취를 하려는 경우, (9) 그 밖에 국민생활의 편의를 위한 행위로서 농림축산식품부령이 정하는 경우 등이 있다(시행령 제43조).[51][52]

4. 확인·점검 및 허가의 취소

가. 확인·점검의 대상 및 방법

특별자치시장·특별자치도지사·시장·군수·구청장이나 지방산림청장은 현행

---

50) 이 경우에는 다른 법령에 따라 허가 또는 신고가 의제되거나 배제되는 행정처분을 받은 자를 포함한다.

51) 국민생활의 편의를 위한 행위로서 임의로 입목을 벌채할 수 있는 행위는 다음과 같다(시행규칙 제47조 제1항). ① 임지 안의 단목상태로 자연히 죽은 나무의 제거를 위하여 벌채를 하는 경우, ② 대나무를 벌채하는 경우, ③ 산림소유자가 재해의 예방·복구, 농가건축 및 수리, 농업·임업·축산업·수산업용으로 이용하기 위하여 연간 $10m^3$ 이내의 입목을 벌채(「국토의 계획 및 이용에 관한 법률」 제6조 제1호에 따른 도시지역은 골라베기 벌채를 하는 경우로 한정)하는 경우(다만, 독림가 또는 임업후계자의 경우에는 $80m^3$ 이내로 한다), ④ 임도 또는 방화선의 설치를 위하여 지장목을 벌채하는 경우, ⑤ 농경지 또는 주택에 연접되어 있어 해가림이나 그 밖의 피해우려가 있는 입목을 산림소유자의 동의를 얻어 벌채하는 경우(농경지 또는 주택의 외곽경계선으로부터 그 입목까지의 거리가 나무높이에 해당하는 거리 이내인 경우에 한정한다), ⑥ 철도차량의 안전운행을 위하여 철도선로로부터 10미터 이내에 있는 지장목과 철도전선로 또는 전화·전기송배전선로의 유지관리를 위하여 해당 지장목을 산림소유자의 동의를 얻어 벌채하는 경우, ⑦ 입목·죽이 자라고 있고 지적공부상 지목이 전·답 또는 과수원으로 되어 있는 일단의 면적이 5천m^2 미만인 토지 위의 입목을 벌채하는 경우, ⑧ 농업인 등 또는 농림수산물의 생산자단체가 축산폐수정화용·유기질비료생산용 톱밥이나 환경농업용 숯·목초액·섬유판을 생산하기 위하여 가슴높이의 지름이 20cm 이하인 숲가꾸기 대상목 및 불량목을 벌채하는 경우, ⑨ 「방송법」에 따른 방송법인의 송·중계소 등 방송시설의 설치를 위하여 벌채를 하는 경우, ⑩ 「측량·수로조사 및 지적에 관한 법률」에 따른 측량의 실시를 위하여 산림소유자의 동의를 얻어 벌채를 하는 경우, ⑪ 분묘에 해가림이나 그 밖의 피해우려가 있는 입목으로서 분묘중심점으로부터 10m 이내에 있는 입목을 산림소유자의 동의를 얻어 벌채하는 경우. 다만, 여기에서 「측량·수로조사 및 지적에 관한 법률」은 2014년 6월 3일 개정된 「공간정보의 구축 및 관리 등에 관한 법률」(법률 제12738호, 2014. 6. 3.) 부칙 제3조에 따라 「공간정보의 구축 및 관리 등에 관한 법률」을 말한다.

52) 국민생활의 편의를 위한 행위로서 임의로 임산물을 굴취·채취할 수 있는 행위는 다음과 같다(시행규칙 제47조 제2항). ① 관상수 재배를 목적으로 산림경영계획의 인가를 받아 식재한 관상수를 굴취하는 경우, ② 숲가꾸기작업 중 발생된 임산물에서 가지·잎 등을 채취하는 경우, ③ 어린나무가꾸기 대상임지에서 입목을 솎아내어 옮겨 심는 경우, ④ 산림관련 연구기관 또는 훈련기관에서 하는 시험·연구 또는 교육훈련을 위하여 굴취 또는 채취하는 경우, ⑤ 현행법 제40조 제1항에 따라 생산이 제한된 임산물을 그 고시내용에 따라 굴취 또는 채취하는 경우, ⑥ 산림소유자의 동의를 얻어 산채·약초·풋거름·나무열매(산림용 종자는 제외한다)·버섯·낙엽 또는 덩굴류를 굴취·채취하는 경우, ⑦ 입목·죽이 자라고 있고 지적공부상 지목이 전·답 또는 과수원으로 되어 있는 일단의 면적이 5천m^2 미만인 토지 위의 입목을 굴취·채취하는 경우.

법에 따른 입목벌채 등이 허가를 받거나 신고를 한 내용대로 적정하게 실시되고 있는지와 임산물 운반로 및 작업로가 적정하게 복구되었는지에 관하여 확인·점검을 하여야 한다(제36조제9항·제10항). 특별자치시장·특별자치도지사·시장·군수·구청장이나 지방산림청장은 이러한 확인·점검을 하는 경우 이를 효율적으로 추진하기 위하여 현행법에 따른 확인·점검의 업무를 산림조합 또는 산림조합중앙회, 「기술사법」에 따른 산림분야 기술사사무소, 「엔지니어링산업 진흥법」에 따른 산림전문분야 엔지니어링사업자, 한국임업진흥원, 민법에 따른 산림자원 조성·육성 관련 비영리법인 등에 대행하게 할 수 있다. 이 경우 입목벌채 허가 등에 관한 확인·점검 업무를 대행하는 기관·단체의 임직원은 형법 제129조부터 제132조까지의 규정에 따른 벌칙을 적용할 때에는 공무원으로 본다(제36조의2).

나. 입목벌채 및 임산물 굴취·채취허가의 취소

특별자치시장·특별자치도지사·시장·군수·구청장이나 지방산림청장은 입목벌채 등의 허가를 받거나 신고를 한 자에게 일정한 사유가 있는 경우에는 농림축산식품부령으로 정하는 바에 따라 입목벌채 등의 허가를 취소하거나 입목벌채 등의 중지 또는 그 밖에 필요한 조치를 명할 수 있다(제36조의3). 특별자치시장·특별자치도지사·시장·군수·구청장이나 지방산림청장이 현행법에 따라 입목벌채 등의 허가취소 처분 등을 할 수 있는 이러한 사유에는 거짓이나 그 밖의 부정한 방법으로 허가를 받거나 신고를 한 경우, 정당한 사유 없이 허가를 받거나 신고를 한 내용대로 입목벌채 등을 하지 않은 경우 또는 허가를 받거나 신고를 한 입목벌채 등이 산림재해 등으로 불가능하게 된 경우 등이 있다. 특별자치시장·특별자치도지사·시장·군수·구청장이나 지방산림청장은 입목벌채 등의 허가를 받거나 신고를 한 자에게 이러한 사유가 있더라도 반드시 그 입목벌채 등의 허가취소 처분 등을 하여야 하는 것은 아니나, 만일 그 사유가 '거짓이나 그 밖의 부정한 방법으로 허가를 받거나 신고를 한 경우'에 해당하는 때에는 반드시 그 입목벌채 등의 허가를 취소하거나 입목벌채 등의 중지 또는 그 밖에 필요한 조치를 명하여야 한다(제36조의3 단서). 이 경우 시·도지사는 현행법에 따라 입목벌채 등의 허가를 취소하려면 청문을 하여야 한다(제68조 제5호의2).

[3] 목재의 이용증진

산림청장은 임산물의 이용증진과 목재산업의 발전을 위한 시책을 수립하여 추진할 수 있다(제37조 제1항). 산림청장이 수립하는 이러한 시책에는 임산물의 이용증진과 목재산업의 발전에 직접 관련된 사항만이 아니라 넓은 의미에서 이와 연관되는 임산물의 생산기반 조성, 가공·유통기반 확충, 출하조절·수출촉진 및 목재의 안정적인 공급기반 확보를 위한 내용도 포함된다고 보아야 할 것이다. 산림청장은 국가의 산림정책을 총괄하는 중앙행정기관의 장으로서 임업의 경쟁력을 높이고 임업인의 소득이 향상될 수 있도록 노력해야 할 포괄적인 의무가 있기 때문이다(산림기본법 제7조).

산림청장은 목재의 안정적인 수요·공급과 우량한 목재의 증식을 위하여 지속적인 관리가 필요하다고 인정되는 산림을 경제림육성단지로 지정하여 관리할 수 있으며, 산림경영을 선도하기 위하여 필요한 경우에는 이러한 경제림육성단지 중 경영여건이 우수한 단지를 선도 산림경영단지로 선정하여 육성할 수 있다(제37조 제2항·제3항). 현행법이 이처럼 경제림육성단지와 선도 산림경영단지를 제도화한 것은 산림경영을 위한 집단화된 단지를 지정하여 집약적으로 투자함으로써 소유규모의 영세성과 임업의 장기성 등과 같은 산림정책적 한계를 극복하려는 것으로서 의미있는 정책적 시도라고 할 수 있다. 그러나 이러한 의도에도 불구하고 (1) 경제림에 대한 모호한 개념, (2) 「임업 및 산촌 진흥촉진에 관한 법률」에 따른 임업진흥권역과의 차별성, (3) 집약적인 투자를 위한 단지지정 및 관리의 어려움, (4) 투자집중을 실행할 수 있는 행정역량의 문제 등과 같이 해결해야 할 중요한 정책적 과제가 여전히 남아 있는 것으로 보인다.

산림청장은 산림바이오매스에너지의 이용·보급을 촉진하기 위하여 필요하다고 인정하는 경우에는 농림축산식품부령으로 정하는 바에 따라 산림바이오매스에너지 생산시설의 설치, 연소기의 보급 및 관련 기술의 개발 등과 같은 보급사업을 할 수 있다(제37조 제4항).[53] 여기에서 산림바이오매스에너지란 "임산물 또는 임산물이 혼합된 원료를 사용하여 생산된 에너지"(제2조 제9호)로서 목재펠릿·목재칩 및 목재브리켓은 물론

53) 현행법에 따라 산림청장이 산림바이오매스에너지의 이용·보급을 촉진하기 위하여 필요하다고 인정하는 경우에 할 수 있는 사업에는 ① 임산물 또는 임산물이 혼합된 원료를 사용하여 목재펠릿·목재칩·목재브리켓·장작·성형탄·숯 등 산림바이오매스에너지를 생산하는 시설(다만, 「폐기물관리법」 제2조 제1호에 따른 폐기물을 재활용하는 시설은 제외한다)의 설치사업, ② 산림바이오매스에너지를 이용하는 보일러·열풍기·난로 등 연소기의 보급사업, ③ ①과 ②의 사업관련 기술을 개발하는 사업 등이 있다(시행규칙 제48조의2 제1항).

장작·성형탄 및 숯 등을 포함하는 것이다.[54] 생물자원을 변환시켜 이용하는 바이오에너지의 일종인 이러한 산림바이오매스에너지는 「신에너지 및 재생에너지 개발·이용·보급 촉진법」에 따른 재생에너지에 속하는 것으로서 석유·석탄과 같은 화석연료 중심의 에너지원을 다양화함으로써 에너지 구조를 환경친화적으로 전환하고 온실가스 배출을 감소시키는데 기여할 것으로 기대된다.

목재의 이용증진에 관한 현행법의 규정과 관련하여 현행법과 「목재의 지속가능한 이용에 관한 법률」과의 관계가 불분명하다는 의문도 있을 수 있으나, 현행법은 임산물의 이용증진과 목재산업의 발전을 위한 시책의 수립·추진에 대하여 일반적으로 규정하면서 특히 경제림육성단지와 선도 산림경영단지 및 산림바이오매스에너지 등에 대한 법적 근거를 제공하고 있는 반면 「목재의 지속가능한 이용에 관한 법률」은 목재문화 및 목재교육, 목재·목재제품의 수입통관 및 품질관리, 목재의 유통·이용 등과 같이 주로 목재의 지속가능한 이용에 관한 내용에 대하여 별도로 정하고 있는 것으로 이해하면 될 것이다.

[4] 기업경영림

1. 지정목적 및 절차

임산물을 이용하거나 가공하는 자로서 대통령령으로 정하는 사업을 하는 자는 기업경영림을 경영할 수 있다(제38조 제1항 및 시행령 제45조). 여기에서 '대통령령으로 정하는 사업'이란 펄프업, 탄광업, 연간 3천m^3 이상의 국내산 원목을 원자재로 이용 또는 가공하는 사업, 파티클보드·목재칩·목재펠릿 제조업 또는 「목재의 지속가능한 이용에 관한 법률」 제18조 제1항에 따라 목재제품 신기술을 적용하는 제조업을 말한다. 현행법이 이러한 기업경영림을 제도화하고 있는 것은 목재를 대규모로 이용·가공하거나 신기술을 적용하는 기업이 원활하게 원자재를 수급할 수 있도록 지원하기 위한 것으로 이해된다.

기업경영림을 경영하려는 자는 기업경영림 경영계획서를 작성하여 해당 산림이 소재한 지역에 대하여 농림축산식품부령으로 정하는 바에 따라 시·도지사에게 신

54) 목재펠릿은 톱밥이나 파쇄한 나무를 고온·고압으로 압축하여 일정한 크기(직경 6~8mm, 길이 20mm 정도)로 성형한 것을 말하며, 목재브리켓은 유해물질에 의하여 오염되지 않은 목재를 다양한 모양으로 압축·성형한 것으로서 목재펠릿과 같이 일정한 규격이 정해져 있지 않은 것을 말한다. 이러한 목재펠릿이나 목재브리켓은 부피가 크고 열량이 낮은 칩이나 장작의 단점을 개선한 것으로서 새로운 목질계 고체바이오에너지로서의 가치를 가지고 있는 것으로 평가된다.

청하여 기업경영림 경영계획구의 지정을 받아야 한다(제38조 제2항). 이 경우 기업경영림 경영계획서의 작성에 관하여는 산림경영계획서의 작성에 관한 현행법 제13조 제3항을 준용하며, 만일 기업경영림을 경영하는 자로서 기업경영림 경영계획서를 변경하려는 경우에는 시·도지사의 승인을 받아야 한다(제38조 제10조·제11항).

기업경영림 경영계획구의 지정신청이 있는 경우 시·도지사는 (1) 신청된 지역의 산림면적이 3만m^2 미만인 경우, (2) 해당 산림에 대하여 소유권이나 산림경영계획기간 이상의 사용권·수익권을 확보하지 못한 경우 또는 국유림의 경우에는 대부·사용허가를 받지 못한 경우, (3) 기업경영림 경영계획서의 내용이 해당 산림의 효율적인 조성·관리에 부적합하다고 인정되는 경우, (4) 그 밖에 현행법이나 다른 법령의 제한에 위반되는 경우 등을 제외하고는 해당 지역을 기업경영림 경영계획구로 지정하여야 한다(제38조 제3항·제4항). 이 경우 시·도지사는 기업경영림 경영계획구에 국유림이 포함된 경우에는 당연히 해당 지방산림청장과 협의하여야 하며, 현행법에 따라 기업경영림 경영계획구를 지정한 경우에는 산림소재지와 기업경영림 소유자의 성명 등 농림축산식품부령으로 정하는 사항을 고시하고 산림소유자에게 이를 알려야 한다.

2. 지정의 효과

기업경영림 경영계획구로 지정된 지역의 산림에서의 나무 종류별 적정 벌채시기 및 벌채·굴취 기준은 농림축산식품부령으로 정한다(제38조 제5항 및 시행규칙 제48조의5 별표3). 이에 따르면 기업경영림 경영계획구에는 일반 산림과는 다른 벌채기준이 적용되는데, 예를 들어 일반 사유림의 경우 소나무의 기준벌기령은 40년이나 기업경영림 경영계획구의 경우에는 30년으로 하며, 낙엽송의 경우에도 일반 사유림과 같이 30년이 아니라 20년을 기준으로 벌채할 수 있다.

기업경영림 경영계획구로 지정된 지역의 산림은 현행법에 따른 산림경영계획의 인가나 「국유림의 경영 및 관리에 관한 법률」에 따른 국유림경영계획의 승인을 받은 것으로 보며, 해당 지역의 산림에서 입목벌채 등이 수반되는 사업을 하는 경우에도 특별자치시장·특별자치도지사·시장·군수·구청장 또는 지방산림청장에게 신고를 하는 경우에는 해당 허가를 받거나 신고를 한 것으로 의제된다(제38조 제6항·제7항). 현행법에 따라 기업경영림 경영계획구에서 입목벌채 등이 수반되는 사업의 신고를 받은 특별자치시장·특별자치도지사·시장·군수·구청장이나 지방산림청장은 그 신고를 받은 날부터 7일 이내에 신고수리 여부를 신고인에게 통지하여야 하며, 만일 특별자치시장·특별자치도지사·시장·군수·구청장이나 지방산림청장이 그 정한 기간에 신고수리 여부나 민원처리 관련 법령에 따른 처리기간의 연장을 신고인에게 통지하지 않으면 그 기간이 끝난 날의 다음 날에 신고를 수리한 것으로 본다(제38조 제8항·제9항). 이 경우 처리기간이 민원처리 관련 법령에 따라 연장 또는 재연장된 경우에는 해당 처리기간을 기준으로 한다.

3. 지정해제

시·도지사는 일정한 사유가 있는 경우에는 해당 기업경영림 경영계획구의 전부 또는 일부에 대하여 그 지정을 해제할 수 있다(제38조의2 제1항). 시·도지사가 현행법에 따라 기업경영림 경영계획구의 지정을 해제할 수 있는 이러한 사유에는 기업경영림 소유자가 거짓이나 그 밖의 부정한 방법으로 기업경영림 경영계획구의 지정을 받은 경우, 기업경영림 경영계획구의 지정목적이 달성되었거나 천재지변 등으로 지정목적을 달성할 수 없게 된 경우, 산업시설이나 군사시설 등 대통령령으로 정하는 공용·공공용 시설의 용지로 사용하기 위하여 지정해제가 필요하다고 인정되는 경우, 기업경영림 소유자가 정당한 사유 없이 기업경영림 경영계획서의 내용대로 산림사업을 하지 않은 경우 등이 있다.

시·도지사는 기업경영림 소유자에게 이러한 사유가 있더라도 기업경영림 경영계획구의 전부 또는 일부에 대하여 반드시 그 지정을 해제하여야 하는 것은 아니나, 만일 그 사유가 '거짓이나 그 밖의 부정한 방법으로 기업경영림 경영계획구의 지정을 받은 경우'에 해당하는 때에는 반드시 그 지정을 전부 해제하여야 한다(제38조의2 제1항 단서). 시·도지사는 현행법에 따라 기업경영림 경영계획구의 지정을 해제하려면 청문을 하여야 하며, 이를 거쳐 그 지정을 해제한 경우에는 산림소재지와 기업경영림 소유자의 성명 등 농림축산식품부령으로 정하는 사항을 고시하고, 산림소유자에게 이를 알려야 한다(제38조의2 제2항 및 제68조 제6호).

[5] 임산물의 유통제한 및 수입추천

1. 임산물의 유통제한

산림청장은 임산물의 수급조절, 유통질서 확립 및 안전성 확보를 위하여 필요하다고 인정하는 경우에는 대통령령으로 정하는 임산물의 유통이나 생산 또는 사용을 제한할 수 있다(제40조 제1항). 이 경우 산림청장은 미리 그 제한사유와 내용을 고시하여야 한다.

이와 관련하여 이전에는 현행법에 근거하여 송이버섯을 산림조합의 공판을 통해서만 유통할 수 있도록 제한하였으나 2007년 이를 폐지하고, 2017년 12월 12일에는 관련 규정도 삭제하면서 현재에는 솔잎만이 대통령령으로 정해진 임산물로 규정되어 있다(시행령 제47조). 현행법이 이처럼 솔잎을 사용제한 품목으로 규정한 것은 솔잎혹파리와 같은 산림병해충방제지역에서 이를 채취하여 식용하는 경우에는 안전상 위해의 우려가 있기 때문이라는 것은 앞에서 이미 설명한 것과 같다.

2. 임산물의 수입추천

「세계무역기구 설립을 위한 마라케쉬협정」에 따른 대한민국 양허표상의 시장접근물량에 적용되는 양허세율로 임산물을 수입하려는 자는 농림축산식품부령으로 정하는 바에 따라 수입할 품목에 대하여 산림청장의 추천을 받아야 한다(제41조 제1항). 이 경우 산림청장은 품목별 추천물량, 추천기준과 그 밖의 추천에 관하여 필요한 사항은 따로 정하여 고시[55]한다. 임산물에 대한 이러한 수입추천제도는 통상적으로 '시장접근물량에 적용되는 양허세율'의 경우에는 일반 수입관세보다 대단히 낮으므로 해당 임산물의 유통질서를 유지하기 위하여 그 수입을 산림청장의 추천에 의하도록 한 것이다. 이러한 수입추천제도는 농축산물의 경우에도 유사하게 운영되고 있다.[56]

산림청장은 현행법에 따른 이러한 추천업무를 산림조합중앙회 등 산림관련 전문단체나 유통관련 단체로 하여금 대행하게 할 수 있으며, 현행법에 따른 수입추천 품목 중 특별히 농림축산식품부령으로 정하는 임산물을 수입하는 자에 대하여는 국내 판매가격과 수입가격과의 차액의 범위에서 수입이익금을 부과 · 징수할 수 있다(제41조 제2항 · 제3항 및 시행규칙 제49조 제2항). 여기에서 '농림축산식품부령으로 정하는 임산물'이란 밤 · 잣 · 대추를 말한다. 이 경우 수입이익금을 납부하여야 하는 자는 해당 수입이익금을 농림축산식품부령으로 정하는 바에 따라 「농어촌구조개선 특별회계법」에 따른 농어촌구조개선특별회계에 납입하여야 하며, 만일 그 수입이익금을 납부기한까지 내지 않으면 국세 체납처분의 예에 따라 징수할 수 있다(제41조 제4항 · 제5항 및 시행규칙 제49조 제5항).

55) 이에 대하여는 「(산림청) 농축산물 시장접근물량 양허관세 추천 및 수입관리 요령」(산림청고시 제2019-96호, 2019. 12. 31.)을 참고하라.

56) 농축산물에 대하여는 「(농림축산식품부) 농축산물 시장접근물량 양허관세 추천 및 수입관리 요령」(농림축산식품부고시 제2019-92호, 2019. 12. 31.)을 참고하라.

산림청장은 산림자원의 조성과 관리를 위하여 필요한 경우에는 산림청장의 추천을 받아 임산물을 수입하는 자에게 업무에 관하여 보고를 명하거나 관련 자료를 제출하게 할 수 있으며, 소속 공무원으로 하여금 사업장·사무소 등에 출입하여 장부·서류나 그 밖의 물건을 조사·검사하거나 관계인에게 질문하게 할 수 있다(제67조 제1항). 이 경우 출입·조사·검사 또는 질문을 위한 절차 등에 관하여는 현행법 제67조 제2항 및 제4항에 따른다.

Ⅶ. 산림의 공익기능 증진

[1] 산림의 보전

1. 산림생물다양성 및 수목·산림의 보전

가. 산림생물다양성의 보전

산림청장은 산림생물다양성의 보전 및 지속가능한 이용 등을 위하여 산림생물다양성 기본계획을 수립·시행하여야 한다(제42조 제1항). 산림청장이 현행법에 따라 5년마다 수립하는 이러한 산림생물다양성 기본계획에는 산림생물의 다양성 보전을 위한 정책의 목표와 기본방향 및 그 추진에 관한 사항, 산림생물의 조사·보호·증식 및 연구·개발, 그 밖에 산림생물다양성의 보전·관리를 위하여 필요한 사항 등이 포함되어야 한다(시행령 제48조 제1항·제2항). 산림청장은 현행법에 따라 산림생물다양성 기본계획을 수립하는 때에는 환경부장관과 미리 협의하여야 하며, 이를 수립한 때에는 시·도지사 또는 지방산림청장에게 통보하여야 한다.

산림생물다양성 기본계획의 대상이 되는 산림생물이란 현행법 "제2조 제2호에 따른 산림자원 중 생물자원"(시행령 제48조 제1항 제1호)을 말하며, 따라서 구체적으로는 "산림에 있거나 산림에서 서식하고 있는 수목, 초본류, 이끼류, 버섯류 및 곤충류 등"을 의미한다. 이러한 산림생물의 다양성과 지속가능한 이용의 개념에 대해서는 「생물다양성 보전 및 이용에 관한 법률」에서 그 개념을 유추해볼 수 있는데, 이에 따르면 생물다양성이란 "육상생태계 및 수생생태계와 이들의 복합생태계를 포함하는 모든 원천에서 발생한 생물체의 다양성"(같은 법 제2조 제1호)을 말하며 종내·종간 및 생태계의 다양성을 포함한다. 또한 이러한 생물자원[57]의 지속가능한 이용이란 "현재 세대와 미래

57) 한편 「생물다양성 보전 및 이용에 관한 법률」에 따르면 생물자원이란 "사람을 위하여 가치가 있거나 실제적 또는 잠재적 용도가 있는 유전자원, 생물체, 생물체의 부분, 개체군 또는 생물의

세대가 동등한 기회를 가지고 생물자원을 이용하여 그 혜택을 누릴 수 있도록 생물다양성의 감소를 유발하지 아니하는 방식과 속도로 생물다양성의 구성요소를 이용하는 것"(같은 법 제2조 제5호)을 말한다.

산림생물을 포함하여 국가적 차원에서 생물다양성을 보전하고 생물자원을 지속가능하게 이용하기 위해서는 특히 산·하천·호소·연안·해양으로 이어지는 생태계의 연계성과 균형을 체계적으로 보전하는 것이 중요하다(생물다양성 보전 및 이용에 관한 법률 제3조 제4호). 그러므로 산림청장은 현행법에 따라 산림생물다양성 기본계획을 마련하는 경우에는 특히 「생물다양성 보전 및 이용에 관한 법률」 제7조에 따른 국가생물다양성전략과의 연계를 강화할 수 있도록 수립하여야 할 것이다.

산림청장과 지방자치단체의 장은 관할 지역 산림의 산림생물다양성의 보전·관리를 위하여 생태숲과 수목원 조성 등 대통령령으로 정하는 사업을 하도록 노력하여야 한다(제42조 제2항 및 시행령 제48조 제3항). 여기에서 '대통령령으로 정하는 사업'이란 생태숲과 수목원의 조성 사업, 산림생물의 조사 및 관리사업, 산림생물의 보호 및 증식사업, 산림생물의 연구 및 개발사업, 그 밖에 산림생물다양성의 보전·관리를 위하여 산림청장이 필요하다고 인정하는 사업 등을 말한다. 이에 따르면 현행법은 생태숲과 수목원을 산림생물다양성의 보전·관리를 위한 주요 이행수단으로 삼아 이를 조성하는 사업 등을 적극적으로 추진하려는 것으로 생각된다. 그러나 생태숲과 수목원 등을 조성하는 것만으로 산림생물다양성의 보전·관리라는 정책목표를 달성하기는 쉽지 않아 보인다. 이런 점에서 산림생물다양성에 대한 조사·보호 및 연구 등을 확대할 수 있도록 수목원의 역량을 강화하면서 다른 중앙행정기관과의 공동연구 및 조사 등을 확대하는 방안도 적극 추진하여야 할 것이다.

나. 수목·산림의 보전·관리계획

산림청장 또는 시·도지사는 기후, 대기오염, 산성비 또는 병해충 등에 의한 피해로부터 생태와 경관 등을 보호하기 위하여 특별히 보호할 필요가 있다고 인정하는 수목이나 산림에 대하여는 농림축산식품부령으로 정하는 바에 따라 보전·관리계획을 수립하여 시행할 수 있다(제51조). 이 경우 산림청장 또는 시·도지사는 미리 관계 행정기관의 장과 협의하여야 한다. 이와 관련하여 특히 최근에는 기후변화

구성요소"를 말하며, 여기에서 유전자원이란 "유전의 기능적 단위를 포함하는 식물·동물·미생물 또는 그 밖에 유전적 기원이 되는 유전물질 중 실질적 또는 잠재적 가치를 지닌 물질"을 말한다(같은 법 제2조 제3호 및 제4호).

등에 따라 고산지대의 수목이나 침엽수림의 피해가 우려되는 상황이므로 이에 대한 종합적인 입법 및 제도적 고민이 필요할 것으로 보인다.[58)]

다. 기후변화에 따른 산림영향 및 취약성 조사

산림청장은 산림의 지속가능한 보전과 이용을 위하여 지구온난화 등 기후변화가 산림에 미치는 영향과 그에 따른 산림의 취약성을 5년마다 조사·평가[기후영향조사·평가]하여 그 결과를 공표하고 정책수립의 기초자료로 활용하여야 한다(제51조의5 제1항). 현행법이 이처럼 기후변화에 따른 산림영향과 취약성을 주기적으로 조사·평가하여 공표하도록 명문으로 규정한 것은 기후변화의 추세와 영향을 모니터링하고 이를 평가하는 것이야말로 광범위한 기후변화에 대응하는 가장 기본적이면서도 중요한 수단이라는 인식에 기반한 것으로 이해된다.

산림청장이 실시하는 이러한 기후영향조사·평가는 산림지역의 이상기상 발생에 관한 사항, 산림자원 및 산림생태계의 변화에 관한 사항, 임산물의 생산성 변화에 관한 사항, 산불·산사태 및 산림병해충의 발생에 관한 사항, 산림생태계의 생물다양성·침입종 및 기후변화 취약종에 관한 사항, 그 밖에 기후변화가 산림에 미치는 영향과 그에 따른 산림의 취약성에 대한 조사·평가를 위하여 필요한 사항 등을 내용으로 한다(제51조5 제4항 및 시행규칙 제61조의2 제1항).

산림청장은 기후영향조사·평가에 필요한 기초자료 확보 및 통계의 작성을 위하여 실태조사를 실시할 수 있으며, 이를 위하여 관계 중앙행정기관의 장, 지방자치단체의 장 및 산림관련 기관이나 단체의 장에게 기후영향조사·평가에 필요한 자료의 제공이나 현행법에 따른 실태조사의 협조를 요청할 수 있다(제51조의5 제2항~제3항). 이 경우 산림청장으로부터 요청을 받은 관계 중앙행정기관의 장 등은 특별한 사유가 없으면 이에 따라야 한다.

2. 특별수종육성권역

산림청장은 역사적·문화적·자원적 가치가 있는 금강소나무림 등 집중적인 보호·육성이 필요한 수종에 대하여 특별수종육성권역을 지정·관리할 수 있다(제51조의2 제1항·제2항). 이 경우 산림청장은 관할 시·도지사 및 산림 전문가의 의견을 들은 후 지정하여야 한다. 현행법에 따르면 특별수종육성권역은 단일 수종이 특정지역에 집단적으로 분포하고 있으며, 해당 수종이 역사적·문화적·자원적 가치가 있어

58) "360도로 본 충격장면, 한라산 크리스마스 나무의 죽음[VR 영상]", 중앙일보, 2020. 9. 22.

집중적으로 보호·육성할 필요가 있는 경우에 지정할 수 있는데(시행령 제52조의2 제1항), 현행법은 이러한 지정요건에 맞는 대상으로서 금강소나무림을 명문으로 규정하고 있다. 여기에서 '금강소나무림'이란 울진·영양 및 봉화지역에 군락을 이룬 금강소나무의 집단자생지를 의미하는 것으로 보인다. 일반적으로 금강소나무는 강원·경북지역에 자생하는 소나무의 한 품종으로서 일반 소나무에 비하여 줄기가 굽지 않고 붉으며 곧게 자라는 특징이 있는 것으로 알려져 있다. 그러나 금강소나무의 이러한 특징을 일반 소나무와 다른 유전적 차이에 기인하는 것으로 보아 이를 독립된 분류군으로 인식할 것인지에 대해서는 대체로 부정적인 시각이 우세한 것으로 보인다.

현행법이 금강소나무림을 예시하고 있는 것에서도 알 수 있듯이 특별수종육성권역을 제도화한 당초의 취지는 "우리 고유의 향토수종이고 목재가치도 우수한 소나무·참나무를 우리나라 대표 수종으로 집중 육성"[59]하려는 것이었으므로 현행법상의 특별수종육성권역이란 실제로는 소나무와 참나무를 집중적으로 육성하기 위한 권역의 개념으로 이해된다. 그러나 입법 당시의 이러한 의도에 집착하지 않는다면, 소나무·참나무 이외 역사적·문화적·자원적 가치가 있어 집중적으로 보호·육성할 필요가 있는 다양한 수종을 대상으로 특별수종육성권역을 확대하여 지정할 필요가 있는 것으로 생각된다. 이는 특별수종육성권역으로 지정하면 산림청장, 시·도지사 또는 시장·군수·구청장은 산림사업의 자금을 지원할 때 특별수종육성권역의 산림사업에 대하여는 우선적으로 지원할 수 있으며, 특히 산림청장은 특별수종육성권역의 수종을 지속적으로 보전·육성하기 위하여 필요한 전문 연구인력 등을 배치하여 운영할 수 있기 때문이다(제51조의4 제1항·제2항).

산림청장은 현행법에 따라 지정된 특별수종육성권역에 일정한 사유가 있는 경우에는 그 지정을 변경하거나 해제할 수 있다(제51조의3). 산림청장이 현행법에 따라 특별수종육성권역의 지정을 변경하거나 해제할 수 있는 이러한 사유에는 지정목적이 달성되었거나 천재지변 등 부득이한 사유로 지정목적을 달성할 수 없다고 인정되는 경우, 산업시설이나 군사시설 등 대통령령으로 정하는 공용·공공용 시설의 용지로 사용하기 위하여 불가피한 경우 또는 지역사회개발 및 산업발전을 위하여 시·도지사의 요청에 따라 해제할 필요가 있는 경우 등이 있다.

---

59) 산림청(2000)의 「21세기 산림비전」, 13면.

3. 산림복원

가. 개념 및 기본원칙

산림복원이란 “자연적 · 인위적으로 훼손된 산림의 생태계 및 생물다양성이 원래의 상태에 가깝게 유지 · 증진될 수 있도록 그 구조와 기능을 회복시키는 것”을 말한다(제2조 제10호). 여기에서 복원이란 이전의 상태로 되돌리거나 원래의 건강하고 완전한 상태로 회복시키는 것을 의미하므로 원래 상태로 되돌리기 어려운 경우에 이와 유사한 상태로 만드는 복구와는 구별하여야 한다. 현행 산림법상으로도 복원과 복구는 구별하여 사용되고 있는데, 「산지관리법」에서는 복원 대신에 복구라는 용어를 사용하고 있으나(같은법 제37조등), 「민간인 통제선 이북지역의 산지관리에 관한 특별법」에서는 동일 조문에서 복구 · 복원과 복구비 · 복원비를 엄격히 구별하여 사용함으로써 두 개념이 법률상으로도 서로 다른 것임을 분명히 하고 있다(같은법 제7조 제4호 · 제15조 제2항 등).

현행법에 따르면 산림복원은 자연적으로나 인위적으로 훼손된 산림을 원래의 건강하고 완전한 상태로 회복시키기 위하여 다음의 기본원칙에 따라야 한다(제42조의2).

- 산림생태계가 모든 국민의 자산으로서 공익에 적합하게 보전 · 관리되고 지속가능한 이용이 이루어지도록 한다.
- 산림내 생물이 생태적으로 보호되고 산림생물다양성이 유지 · 증진될 수 있도록 한다.
- 산림내 서식공간 및 기능이 확보되도록 지형 · 입지에 적합한 자생식물 · 자연재료를 사용하여 식생을 복원한다.
- 산림내 생태계 균형이 파괴되거나 그 가치가 낮아지지 않도록 한다.
- 산림복원시 계획 · 모니터링 및 평가의 유기적 연계를 강화한다.

나. 산림복원 기본계획

산림청장은 산림복원을 효율적으로 추진하기 위하여 산림복원 기본계획[기본계획]을 10년마다 수립 · 시행하여야 한다(제42조의3 제1항~제3항). 현행법에 따른 이러한 기본계획에는 산림복원의 기본목표 및 추진방향, 산림복원의 촉진을 위한 시책, 산림복원 대상지 · 산림복원사업 및 사후관리에 관한 사항, 산림복원에 관한 정보관리에 관한 사항, 산림복원 기술인력의 육성에 관한 사항, 산림복원 기술의 국제교류에 관한 사항, 그 밖에 산림복원의 증진에 관한 사항 등이 포함되어야 한다. 여기에서 ‘산림복원 대상지’란 현행법 제4조에 따른 산림으로서 국유림 · 공유림은 물론 사유림을 포함한다. 산림청장은 현행법에 따라 기본계획을 수립한 이후 산림복원의 여건 및 경제사정 등의 현저한 변경이 있는 경우에는 그 기본계획을 변경할 수 있다.

산림청장은 기본계획을 수립하거나 변경하려면 미리 관계 중앙행정기관의 장과 지방자치단체의 장의 의견을 들어야 하며, 기본계획의 수립과 관련하여 중요한 사항은 「산지관리법」에 따른 중앙산지관리위원회의 심의를 받아야 한다(제42조의3 제4항 및 제42조의4). 이에 따르면 산림복원에 관한 사항으로서 중앙산지관리위원회의 심의를 받아야 하는 것으로는 (1) 산림복원 기본계획이나 변경계획의 수립에 관한 사항, (2) 연도별 시행계획의 수립에 관한 사항, (3) 대규모 훼손지 및 대형산불피해지 복원계획에 관한 사항, (4) 그 밖에 산림복원과 관련하여 산림청장이 필요하다고 인정하여 중앙산지관리위원회의 심의에 부치는 사항 등이 있다.

산림청장은 기본계획을 수립한 경우에는 이에 따라 연도별 시행계획을 수립·시행하고 이에 필요한 재원을 확보하기 위하여 노력하여야 하며, 현행법에 따른 연도별 시행계획이 수립된 경우 지방자치단체의 장과 지방산림청장은 그 연도별 시행계획에 따라 관할 지역을 대상으로 산림복원에 관한 연도별 지역계획[지역계획]을 수립·시행하여야 한다(제42조의3 제5항·제9항). 산림복원 기본계획 및 연도별 시행계획의 수립과 관련하여 산림청장은 필요한 경우에는 관계 중앙행정기관의 장 또는 지방자치단체의 장에게 관련 자료의 제출을 요청할 수 있다(제42조의3 제8항). 이 경우 산림청장으로부터 자료의 제출을 요구받은 관계 기관의 장은 정당한 사유가 없으면 이에 따라야 한다.

산림청장은 현행법에 따라 산림복원 기본계획 및 연도별 시행계획을 수립하거나 변경한 때에는 관계 중앙행정기관의 장 및 지방자치단체의 장에게 이를 통보하고 국회 소관상임위원회에 제출하여야 하며, 대통령령으로 정하는 바에 따라 이를 공표하여야 한다(제42조의3 제6항·제7항).

다. 산림복원사업의 시행

A. 훼손산림의 실태조사 및 타당성 평가

지방자치단체의 장 및 지방산림청장은 훼손된 산림을 복원하기 위하여 매년 훼손된 산림의 실태를 조사하여 그 결과를 산림청장에게 보고하여야 한다(제42조의5 제1항·제2항). 이 경우 지방자치단체의 장 및 지방산림청장은 훼손된 산림의 위치·면적 및 지형 등의 현황, 훼손된 산림 인근의 주택·농경지 및 공장의 현황 등 주변 여건, 산림의 훼손원인·유형 및 정도, 산림복원의 필요성 여부 등에 대하여 조사하여야 한다(시행령 제48조의4 제1항). 현행법에 따른 이러한 조사는 산림복원사업을 위한 첫 단계이므로 지방자치단체의 장과 지방산림청장은 훼손된 산림이 누락되거나 과소평가되지 않도록 철저히 조사하여야 하며, 만일 산림청장으로부터 훼손된 산림의 실태에 관한 자료의 제출을 요청받은 경우에는 특별한 사유가 없으면 이에 적극적으로 협조하여야 한다. 이러한 관점에서 현행법에 따라 지방자치단체의 장 및 지방산림청장이 제출하여야 하는 자료에는 이미 조사하여 제출한 자료의 보완자료만이 아니라 관할 지역 내의 산림복원과 관련된 자료가 포괄적으로 포함되는 것으로 보아야 할 것이다.

지방자치단체의 장 및 지방산림청장은 산림복원사업을 시행하기 전에 산림복원의 필요성·적합성·환경성 등과 같은 타당성을 종합적으로 평가하여야 한다(제42조의6 제1항). 이러한 타당성 평가는 훼손된 산림의 실태조사 결과를 반영하여 작성한 대상지 목록의 우선순위에 따라 실시하여야 하며, 이를 평가할 때에는 자료분석과 현장조사를 병행하면서 산림복원사업의 시급성 및 효과성, 산림복원 기본계획과의 연계성, 산림복원 대상지의 훼손원인 및 정도, 산림생태계 현황 등을 종합적으로 평가하여야 한다(42조의6 제2항 및 시행령 제48조의5 제1항~제3항).

B. 산림복원사업의 시행

산림복원사업은 국가 또는 지방자치단체의 사업으로 한다(제42조의7 제1항). 따라서 산림의 소유자가 국가 또는 지방자치단체가 아닌 산림으로서 공공단체 소유의 산림이나 사유림인 경우에도 산림복원사업은 국가 또는 지방자치단체의 사업으로 시행한다. 이는 현행법 제22조 제1항에 따라 산림소유자가 산림사업을 시행한다는 원칙에서 벗어난 것으로 산림복원사업의 강한 공익성을 반영한 것이다.

산림복원사업을 하려는 자는 대통령령으로 정하는 바에 따라 산림복원사업의 시행에 관한 계획서[산림복원사업계획서]를 작성하여야 한다(제42조의7 제2항·제3항). 이 경우 산림복원사업계획서에는 사업의 필요성과 목표, 사업대상지역의 위치·현황·사업기간 및 총사업비, 주요 사용공법 및 전문가 활용계획, 사후 모니터링 및 평가계획, 그 밖에 사업시행에 필요하다고 인정되는 사항 등이 포함되어야 한다.

산림복원사업의 시공은 현행법에 따라 등록한 산림사업법인 중 산림토목 분야의 산림사업법인(시행령 제25조 별표1 제4호)과 「산림기술 진흥 및 관리에 관한 법률」 제2조 제7호에 따른 산림조합 또는 산림조합중앙회가 할 수 있다(제42조의7 제4항·제5항). 산림복원사업의 비용은 국유림은 국가가 부담하되, 공·사유림은 국가가 그 비용의 전부 또는 일부를 지원할 수 있다. 그러나 이 경우에도 원인자가 있는 경우에는 원인자가 그 비용을 부담한다. 이는 일반적인 '원인자부담의 원칙'에 따른 것으로서 원인자의 행위는 반드시 불법적일 필요는 없으며, 누가 원인자인지에 대해서는 구체적인 사안별로 사실관계에 기초하여 판단해야 할 것이다.

산림청장 및 지방자치단체의 장은 산림복원사업을 시행하는 경우 자생식물과 흙·돌·나무 등 자연재료를 사용하여야 한다(제42조의9 제1항·제3항). 여기에서 '자생식물'이란 산림복원 대상지 주변지역 또는 산림복원 대상지와 고도·기후대가 유사한 지역에서 채집한 종자를 사용하여 산림복원 대상지 주변지역의 「수목원·정원의 조성 및 진흥에 관한 법률」에 따른 수목원이나 현행법에 따른 종묘생산업자가 생산한 식물을 말하며, '자연재료'란 산림복원 대상지 주변 지역 또는 산림복원 대상지와 고도·기후대가 유사한 지역에서 채취한 흙·돌 및 나무 등의 재료를 말한다(시행령 제48조의8 제1항). 이러한 자생식물과 자연재료로 산림을 복원하는 것은 "산림내 서식공간 및 기능이 확보되도록 지형·입지에 적합한 자생식물·자연재료를 사용하여 식생을 복원한다"라는 현행법 제42조의2 제3호의 기본원칙에 따른 것으로서 산림복원사업으로는 타당한 시행방식으로 인정된다. 그러나 자생식물을 이용하는 방법은 장점이 많은 반면에 종자나 묘목의 확보가 어렵고 외래종에 비하여 가격이 고가인 문제가 있는 것이 사실이다.[60] 이에 따라 현행법은 산림청장에게 산림복원 관련 자생식물과 자연재료의 원활한 수급을 위하여 노력하고, 관련 산업을 육성하기 위한 지원시책을 수립·추진하도록 함으로써 이러한 문제에 대응하도록 하고 있다(제42조의9 제2항).

C. 산림복원지의 사후 모니터링

산림청장 및 지방자치단체의 장은 산림복원사업을 종료한 후에는 복원목표의 달성도, 식생회복력 등에 대하여 10년 이상 모니터링을 실시하여야 한다(제42조의8 제1항 및 시행령 제48조의7 제1항). 그러나 대통령령으로 정하는 규모인 660m² 이하의 산림복원지는 제외한다. 사후 모니터링은 산림복원지 및 주변지역의 기상·지형 등 기반환경, 생물다양성의 증진·감소 여부, 토양·계류 등 현장여건의 변화, 산림복원사업에 사용된 재료 및 산림복원사업 관련 시설물 등의 상태를 모니터링하며, 1단계 모니터링과 2단계 모니터링[61]으로 구분하여 실시하여야 한다(시행령 제48조의7 제3항·제5항).

---

60) 김경훈·성현찬·최재용·허영진의 앞의 책, 37면. 이와 관련하여 김경훈 등은 이 책에서 자생식물을 이용한 생태적인 복원을 '생태복원 녹화'로 정의하면서 이를 위한 녹화계획 및 방법론 등을 설명하고 있다.

61) 이 경우 단계별 모니터링은 다음과 같이 실시한다. ① 1단계 모니터링: 산림복원사업이 종료된 후 첫 번째 되는 해와 두 번째 되는 해, ② 2단계 모니터링: 산림복원사업이 종료된 후 다섯 번째 되는 해와 열 번째 되는 해. 그러나 산림복원사업의 보완 및 수정사항이 발생한 경우, 산림생태계에 교란이 발생한 경우, 복원하려는 생물종이 「산림보호법」 제18조의2 제1항에 따른 특별산림보호대상종인 경우, 그 밖에 산림청장 또는 지방자치단체의 장이 산림복원지의 관리를 위하여 사후 모니터링이 추가로 필요하다고 인정하는 경우에는 산림복원사업이 종료된 후 세

산림청장은 산림복원지에 대한 사후 모니터링을 위하여 「수목원·정원의 조성 및 진흥에 관한 법률」에 따른 한국수목원정원관리원이나 「산지관리법」에 따른 한국산지보전협회를 모니터링 기관으로 지정할 수 있다(제42조의8 제2항). 이러한 모니터링은 산림복원사업의 복원효과를 평가하고 사후 관리방안을 마련하기 위한 중요한 과정이므로 생물종의 활동 및 출현시기 등을 고려하여 주기적으로 엄격하게 이루어져야 할 것이다.

라. 전문인력의 양성 및 산림복원지원센터

산림청장은 산림복원 관련 전문인력을 양성하기 위한 시책을 수립·추진할 수 있다(제42조의10 제1항). 이를 위하여 산림청장은 전문인력의 양성을 위하여 「산림기술 진흥 및 관리에 관한 법률」 제7조 제4항에 따라 지정된 기관이나 단체를 교육기관으로 지정할 수 있으며, 이를 지정한 경우에는 전문인력 양성에 필요한 비용의 전부 또는 일부를 지원할 수 있다. 한편 현행법에 따라 산림복원사업을 시공하려는 자는 업무수행에 필요한 소양과 지식을 습득하기 위하여 「산림기술 진흥 및 관리에 관한 법률」 제7조 제2항에 따른 교육 및 훈련을 받아야 한다.

산림청장은 산림복원 정책의 개발 및 지원 등을 위하여 「수목원·정원의 조성 및 진흥에 관한 법률」에 따른 한국수목원정원관리원이나 「산지관리법」에 따른 한국산지보전협회 및 「공공기관의 운영에 관한 법률」에 따른 공공기관으로서 산림청장이 필요하다고 인정하여 대통령령으로 정하는 기관[62]을 산림복원지원센터로 지정할 수 있다(제42조의11 제1항). 이러한 산림복원지원센터는 산림복원 정책의 개발·지원, 훼손지의 조사·분석·관리 및 정보구축·운영, 산림복원 관련 기술의 표준화·매뉴얼 개발 등 연구개발 및 지원, 산림복원사업의 현장 컨설팅 및 모니터링, 산림복원 관련 교류협력 및 해외시장 진출에 관한 사항, 그 밖에 산림복원사업 지원을 위해서 산림청장이 필요하다고 인정하는 사항 등의 업무를 수행한다(제42조의11 제2항·제5항). 이 경우 산림청장은 산림복원지원센터에 대하여 업무수행에 필요한 비용을 지원할 수 있다.

번째 되는 해 또는 네 번째 되는 해에 추가로 사후 모니터링을 실시할 수 있다(시행령 제48조의7 제3항 및 제4항).

62) 여기에서 '대통령령으로 정하는 기관'이란 산림복원 관련 분야 석사학위 이상 소지자 또는 「국가기술자격법」에 따른 산림기사 이상 자격 소지자 3명 이상을 보유하고, 현행법 제32조 제1항에 따른 산림자원의 조사를 위한 장비 등 산림청장이 정하여 고시하는 산림복원장비를 갖추고 있으며, 이와 함께 산림복원 관련 전담부서가 있는 공공기관을 말한다(시행령 제48조의9 제1항).

산림청장은 산림복원지원센터가 일정한 사유에 해당하는 경우에는 그 지정을 취소하여야 한다(제42조의11 제3항). 산림청장이 현행법에 따라 산림복원지원센터의 지정을 취소하여야 하는 이러한 사유에는 거짓이나 그 밖의 부정한 방법으로 지정받거나 운영한 경우, 지정목적을 달성하기 어렵거나 운영실적을 평가한 결과 산림복원지원센터를 계속 유지하는 것이 부적절하다고 인정되는 경우, 그 밖에 지원센터를 계속 유지할 필요가 없다고 산림청장이 인정하는 경우 등이 있다. 주의해야 할 것은 이러한 지정취소 사유는 모두 강행규정에 해당하므로 산림청장은 산림복원지원센터가 이에 해당하는 경우에는 청문을 거쳐 반드시 그 지정을 취소해야만 한다(제42조의11 제4항).

[2] 산림환경기능증진자금

1. 녹색자금의 설치 및 사업

산림청장은 산림환경을 보호하고 산림의 기능을 증진하며 해외산림자원을 조성하는 데에 드는 경비 및 사업비를 지원하기 위하여 산림환경기능증진자금[녹색자금]을 설치한다(제58조 제1항·제3항). 이러한 녹색자금은 「복권 및 복권기금법」 제23조 제1항에 따라 배분된 복권수익금과 정부 외의 자의 출연금, 녹색자금의 운용으로 생기는 수익금, 그 밖에 대통령령으로 정하는 수익금 등으로 조성한다. 현행법에 따른 녹색자금은 당초 산림의 환경기능을 제고하기 위하여 1999년 2월 5일 구「산림법」을 개정(같은 법 제104조~제108조)하여 도입하였으며, 이후 산림조합중앙회에서 녹색복권을 발행하여 그 수익금으로 이를 운영하였으나, 2004년 4월 1일 「복권 및 복권기금법」이 시행됨에 따라 현재와 같은 체계를 갖추게 되었다.

녹색자금은 산림의 환경기능증진 및 해외산림자원의 조성에 관한 사업에 사용할 수 있다(제58조 제4항). 현행법에 따르면 녹색자금을 사용할 수 있는 이러한 사업으로는 맑은 물 공급을 위한 산림환경 개선사업. 공해방지와 경관보전을 위한 산림 및 도시숲 조성사업, 청소년 등을 위한 산림체험활동시설의 설치·운영 및 교육·홍보사업, 수목원·휴양림 및 수목장림의 조성·운영사업, 산림환경기능증진과 관련한 임업인의 교육 및 복지증진사업, 해외산림 환경기능증진사업, 해외에서 산림자원을 확보하기 위한 사업, 산림복지 진흥을 위한 사업, 그 밖에 산림의 환경기능증진을 위하여 대통령령으로 정하는 사업 등이 있다.

이와 함께 현행법은 녹색자금을 직접 사업에 사용하는 경우뿐만 아니라 대통령령령으로 정하는 기관이나 단체가 녹색자금사업을 수행하는 경우에도 그에 필요한 경비를 녹색자금에서 우선하여 지원할 수 있도록 하고 있는데(제58조 제5항), 이는 환경기능 증진 및 해외산림자원의 조성 등에 전문성을 가진 기관이나 단체가 녹색자금사업에 참여하는 것을 지원함으로써 녹색자금사업을 활성화하고 그 성과를 높이기 위한 것으로 이해된다. 여기에서 '대통령령으로 정하는 기관이나 단체'란 「산지관리법」에 따라 설립된 한국산지보전협회, 「임업 및 산촌 진흥촉진에 관한 법률」에 따라 설립된 한국임업진흥원, 「목재의 지속가능한 이용에 관한 법률」에 따라 설립된 목재문화진흥회, 「수목원 · 정원의 조성 및 진흥에 관한 법률」에 따라 설립된 한국수목원정원관리원 및 「공익법인의 설립 · 운영에 관한 법률」에 따라 산림청장이 설립을 허가한 비영리법인 등을 말한다(시행령 제61조).

2. 녹색자금의 운용

가. 운용계획 및 결산보고

산림청장은 회계연도마다 녹색자금의 수입과 지출에 관한 사항, 녹색자금의 사용계획에 관한 사항, 그 밖에 산림청장이 녹색자금의 운용을 위하여 필요하다고 인정하는 사항 등을 포함한 녹색자금운용계획을 수립하여야 한다(제59조 제1항·제2항). 이 경우 산림청장은 다른 예산과의 중복성 및 공익성 등을 고려하여 녹색자금운용계획을 세워야 하며, 특히 투명하고 효율적으로 녹색자금을 관리하여야 한다.

산림청장은 매 회계연도마다 녹색자금의 결산서를 작성하여 해당 회계연도 종료 후 2개월 이내에 녹색자금결산의 개황과 분석에 관한 서류, 녹색자금 결산명세서, 전년도 녹색자금사업의 추진현황 및 실적에 관한 사항, 그 밖에 녹색자금결산의 내용을 명확히 하는 데 필요한 서류 등을 첨부하여 국회 소관상임위원회에 보고하여야 한다(제59조의2).

나. 녹색자금운용심의회

산림청장은 녹색자금을 운용 · 관리하며 이에 관한 사항을 심의하기 위하여 산림청에 녹색자금운용심의회를 둔다(제58조 제2항 및 제61조 제1항·제2항). 녹색자금운용심의회는 녹색자금운용계획의 수립 및 결산보고서의 작성에 관한 사항, 녹색자금운용계획의 변경에 관한 사항, 현행법 제58조 제4항에 따른 녹색자금의 사용에 관한 사항, 그 밖에 산림청장이 녹색자금의 운용 · 관리에 관하여 중요하다고 인정하여 회의에 부치는 사항 등을 심의한다. 현행법에 따른 녹색자금운용심의회는 산림청차장을 위원장으로 하며, 위원장 1명을 포함하여 10명 이내의 위원으로 구성한다.

다. 녹색자금 운용·관리의 위탁 및 보고·검사 등

산림청장은 녹색자금의 운용·관리에 관한 업무의 전부 또는 일부를 대통령령으로 정하는 바에 따라 「산림복지 진흥에 관한 법률」에 따른 한국산림복지진흥원에 위탁할 수 있다(제60조 제1항~제3항).[63] 이 경우 산림청장은 위탁받은 법인의 임직원 중에서 그 사무를 수행할 회계관계직원을 임명할 수 있으며, 산림청장이 정하는 바에 따라 취급수수료나 그 밖의 필요한 경비를 지급할 수 있다.

국가나 지방자치단체는 녹색자금조성의 지원 또는 녹색자금사업의 원활한 추진을 위하여 한국산림복지진흥원 또는 현행법 제58조 제5항에 따른 기관이나 단체에 국유 또는 공유의 시설, 물품, 그 밖의 재산을 그 용도나 목적에 지장을 주지 않는 범위에서 무상으로 사용·수익하게 하거나 대부할 수 있다(제63조). 현행법이 한국산림복지진흥원 등에게 이와 같은 특별한 지원을 하는 것은 녹색자금조성 및 녹색자금사업의 강한 공공성을 인정하면서 사업의 원활한 추진을 지원하기 위한 것이다.

산림청장은 산림자원의 조성과 관리를 위하여 필요한 경우에는 한국산림복지진흥원에게 업무에 관하여 보고를 명하거나 관련 자료를 제출하게 할 수 있으며, 소속 공무원으로 하여금 사업장·사무소 등에 출입하여 장부·서류나 그 밖의 물건을 조사·검사하거나 관계인에게 질문하게 할 수 있다(제67조 제1항). 이 경우 출입·조사·검사 또는 질문을 위한 절차 등에 관하여는 현행법 제67조 제2항 및 제4항에 따르며, 그 내용은 종묘생산업자에 대한 출입·조사·검사 또는 질문에서 이미 설명한 것과 같다.

---

63) 녹색자금은 당초 산림조합중앙회에서 운용·관리하였으나 녹색자금사업의 주체와 이를 운용·관리하는 주체를 달리할 필요가 있다는 국회 및 감사원의 지적을 받아들여 2006년 9월 '녹색자금관리단'을 별도로 설립하여 운용·관리하여 왔다. 그러나 녹색자금사업과 산림복지를 연계할 필요성이 강조됨에 따라 2016년 4월 한국산림복지진흥원을 설립하여 산림의 공익·환경기능 제고를 위한 사업을 수행하도록 하고, 다만 녹색자금사업 중 해외에서 산림자원을 확보하기 위한 사업은 「임업 및 산촌 진흥촉진에 관한 법률」에 따른 한국임업진흥원으로 이관하여 이를 수행하도록 하고 있다. 이러한 한국산림복지진흥원의 설립 과정에 대하여는 한국산림복지진흥원(2017)이 발행한 「한국산림복지진흥원 설립백서」를 참고하라.

제2절 국유림의 경영 및 관리에 관한 법률

Ⅰ. 총 론

[1] 개 요

국유림은 국가 소유의 산림으로서 우리나라 전체 산림의 약 25.5%인 161만ha를 차지하고 있다.[64] 국유림의 ha당 산림축적은 163m^{3}로서 공유림의 156m^3 및 사유림의 138m^{3}와 비교하여 월등한 수준을 나타낸다. 이러한 국유림의 대부분은 산림청 소관이며, 산림청 이외 다른 중앙행정기관에 속하는 것은 약 14만ha로서 9%에 불과하다.

국유림은 국가의 '녹색전략'을 담보하는 핵심자원으로서 산림자원과 이산화탄소 흡수의 비축기지이며, 산림생태계를 보전하고 산림복지서비스를 제공하는 역할을 수행한다. 특히 대부분의 국유림은 한강 · 낙동강 등의 발원지역에 분포하고 있어 수원함양 측면에서도 중요한 의미를 가진다. 국유림은 또한 지속가능한 산림경영을 국가 차원에서 이행함으로써 사유림의 경영을 선도할 뿐만 아니라 국유림 주변의 지역사회와 협력하는 모습도 보여주어야 할 사회적 책임을 가진 산림이기도 있다. 이런 점에서 국유림은 우리 모두의 공유재산이며 다가올 세대를 위한 미래자산이라고 할 수 있다.

「국유림의 경영 및 관리에 관한 법률」은 국유림의 이러한 가치와 중요성을 깊이 인식하면서 국유림을 합리적으로 경영 · 관리하기 위하여 2005년 8월 4일 제정(법률 제7677호)되었다. 이는 「산림기본법」 제27조에 따른 "국가는 임산물의 안정적인 공급과 산림의 공익기능 증진을 위하여 국유림이 합리적으로 관리될 수 있도록 필요한 시책을 수립 · 시행하여야 한다"라는 내용을 구체적으로 이행하려는 정책적 노력의 결실이었다. 이러한 「국유림의 경영 및 관리에 관한 법률」은 같은 해에 제정된 「산림자원의 조성 및 관리에 관한 법률」 및 「산림문화 · 휴양에 관한 법률」과 함께 「산림기본법」시대를 개막한 상징과도 같은 법률로서 산림법의 분법화가 이룬 커다란 성과 중의 하나였다.

「국유림의 경영 및 관리에 관한 법률」이 가지는 또 다른 큰 의의는 이를 통하

64) 산림청(2020)의 「2020 임업통계연보(제50호)」, 42면.

여 비로소 국유림의 기능과 역할에 충실한 국유림 경영·관리체제가 법제화되었다는 점이다. 이는 "국유림이 지니고 있는 다양한 기능을 발휘하고 그 효율적인 경영 및 관리를 위하여 국유림의 경영관리에 관한 기본원칙을 정하고, 10년마다 국유림종합계획을 수립하여 국유림을 체계적으로 경영·관리하도록 하는 한편, 시범림을 조성하여 선도적인 산림사업을 추진하고, 공동산림사업 및 국민참여의 숲 제도를 도입하여 국민들이 국유림의 조성 및 보호사업에 직접 참여할 수 있게 함으로써 국유림의 효율적인 보존 및 활용을 도모하는 등 현행 국유림의 경영 및 관리에 관한 체제를 전면적으로 개선·보완하려는 것"이라는 당시의 제정이유[65]에 잘 드러나 있다. 이러한 「국유림의 경영 및 관리에 관한 법률」은 다음과 같이 국유림을 산림으로 경영하는 것과 재산으로 관리하는 것으로 크게 구분할 수 있다.

- 국유림의 경영: 국유림 안에서 조림·육림·임목생산·산림관리기반시설설치·산림유전자원보호 등의 산림사업을 통하여 목재 등 임산물을 생산하고 산림의 경제·사회·문화·환경 등 다양한 기능을 유지·증진하는 활동(제2조 제1호).
- 국유림의 관리: 국유림의 보전, 대부·사용허가·교환·매수·매각 등의 재산관리행위(제2조 제2호).

「국유림의 경영 및 관리에 관한 법률」의 체계와 관련하여 현재와 같이 「산림자원의 조성 및 관리에 관한 법률」에서 국유림영림단의 운영 및 지원·육성(같은 법 제23조의2·제23조의3)에 관한 내용을 규정하는 것이 적합한지에 대해서는 의문이 있다. 이에 대하여는 산림사업을 시행하는 측면에서 본다면 국유림영림단을 「산림자원의 조성 및 관리에 관한 법률」에서 정하는 것이 바람직하다는 의견이 있을 수도 있으나, (1) 국유림영림단은 기본적으로 국유림에 대한 산림사업을 효율적으로 추진하기 위한 것이라는 점과 (2) 「국유림의 경영 및 관리에 관한 법률」에 함께 규정하는 경우 국유림경영계획 및 시범림 등과 같은 제도와 체계화하여 이를 보다 효율적으로 운영할 수 있다는 점 등을 감안한다면 국유림영림단에 관한 규정은 「국유림의 경영 및 관리에 관한 법률」에 옮겨 규정하는 것이 보다 타당한 것으로 보인다.

65) 법제처의 국가법령정보센터(www.law.go.kr) 중 「국유림의 경영 및 관리에 관한 법률」(법률 제7677호, 2005. 8. 4.)의 제정이유를 참고하라.

[2] 목적 · 기본원칙 및 적용범위

1. 목적과 기본원칙

「국유림의 경영 및 관리에 관한 법률」은 국유림의 경영 및 관리에 관한 사항을 정하여 국유림의 기능을 증진하고 국유림을 효율적으로 관리함으로써 국가의 경제발전과 국민의 복지증진에 이바지함을 목적으로 한다(제1조). 따라서 현행법은 국가의 경제발전과 국민의 복지증진을 목적으로 하며, 이를 위하여 국유림의 기능을 증진하고 효율적으로 관리하는 방안에 대하여 구체적으로 규정하고 있다.

국가는 국유림경영관리의 기본원칙에 따라 국유림을 경영 · 관리하여야 한다(제3조). 국유림의 경영관리를 위한 원칙으로서 현행법이 정하고 있는 기본원칙은 앞에서 이미 설명한 산림법의 4원칙을 충실하게 반영하고 있는 것으로서 현행법의 해석을 위한 기본원칙이라고도 할 수 있으므로 구체적인 규정을 해석하는데 있어서도 이를 적용해야 할 것이다. 현행법에 따르면 이러한 국유림경영관리의 기본원칙은 다음과 같다.

- 지역사회의 발전을 고려한 국가 전체의 이익 도모
- 지속가능한 산림경영을 통한 임산물의 안정적 공급
- 자연친화적 국유림 육성을 통한 산림의 공익기능 증진
- 국유림의 국민이용 증진을 통한 국민의 삶의 질 향상
- 공 · 사유림 경영의 선도적 역할 수행

2. 적용범위

현행법은 「산림자원의 조성 및 관리에 관한 법률」 제4조에 따른 구분 중 국가가 소유하는 산림인 국유림으로서 산림청 소관 국유림의 경우에만 적용하는 것이 원칙이다(제4조 제1항). 그러나 산림이 아닌 산림청 소관의 토지를 매각 · 교환하거나 대부 · 사용허가하는 경우에도 그 법률행위의 유사성으로 인하여 현행법에 따른 국유림의 관련 규정을 준용해야 할 경우도 있을 수 있다. 이에 따라 현행법은 국유림의 매각 · 교환이나 대부 · 사용허가에 관한 제20조부터 제26조까지의 규정은 지목이 임야가 아닌 산림청 소관의 토지에 대해서도 준용할 수 있도록 규정하고 있다(제30조).

[3] 국유림의 경영 · 관리기관

국유림은 산림청장이 경영하고 관리한다(제4조 제1항). 여기에서 국유림이란 산림청 소관 국유림을 말한다. 「국유재산법」에 따른 행정재산(같은법 제6조 제2항)에 해당하는 국유림으로서 산림청장 외의 다른 중앙관서의 장[중앙관서장] 소관의 국유림은 해당 중앙관서장이 경영하고 관리하기 때문이다. 현행법상 '산림청장 외의 다른 중앙관서의 장'이란 「국가재정법」 제6조에 따른 중앙관서의 장으로서 헌법 또는 「정부조직법」 및 그 밖의 법률에 따라 설치된 중앙행정기관의 장을 말한다(같은법 제6조 제2항 · 제3항). 이 경우 국회의 사무총장, 법원행정처장, 헌법재판소의 사무처장 및 중앙선거관리위원회의 사무총장은 중앙관서장으로 본다.

중앙관서장이 자기 소관에 해당하는 국유림의 용도를 폐지한 때에는 지체 없이 산림청장에게 인계하여야 한다(제4조 제2항). 그러나 관리전환 · 교환 또는 양여의 목적으로 그 용도를 폐지한 때에는 그렇지 않다. 여기에서 '관리전환'이란 「국유재산법」에 따르면 일반회계와 특별회계 · 기금 간 또는 서로 다른 특별회계 · 기금 간에 국유재산의 관리권을 넘기는 것을 말하며, '교환'이란 당사자 쌍방이 토지 · 건물 및 그 밖의 토지의 정착물과 동산을 상호이전하는 것을 말한다(같은법 제2조 제5호 및 제54조). 한편 '양여'란 자기 소유의 재산이나 물건을 상대방에게 넘겨주는 것을 말한다(국유재산법 제55조). 현행법이 이처럼 관리전환 · 교환 또는 양여의 목적으로 그 용도를 폐지한 경우 그 국유림을 산림청장에게 인계하지 않도록 한 것은 이러한 경우에는 단지 국유림의 소관이 바뀐 것일 뿐 해당 국유림은 여전히 중앙관서장의 소관에 속하는 것이기 때문이다.

Ⅱ. 국유림의 조사 및 국유림종합계획 등

[1] 국유림의 조사

산림청장은 국유림에 대하여 정기적으로 산림의 토양 · 식생 및 임목의 생장량 등 산림실태에 대한 조사를 실시하여야 한다(제5조 제1항 · 제2항 및 시행규칙 제2조 제1항). 이는 산림청장이 국유림의 경영 및 관리를 위한 기초자료로 활용하기 위한 것으로서 제주특별자치도지사 또는 지방산림청장이 직접 실시하거나 「산림기술 진흥 및 관리에 관한 법률 시행령」 별표3에 따른 산림경영기술자에게 위탁하여 현장조사 및 자료조사 등의 방법으로 실시하여야 한다. 이 경우 제주특별자치도의 국유림에 대한 조사를 제주특별자치도지사가 실시하는 것은 제주도의 국유림에 조사는 현행법 제32조에 따라 제주특별자치도지사에게 위임되어 있기 때문이다(시행령 제28조 제1항 제2호).

이와 관련하여 제주특별자치도의 국유림에 대해서는 주의 깊게 살펴볼 필요가 있다. 제주특별자치도의 경우에는 「제주특별자치도 설치 및 국제자유도시 조성을 위한 특별법」에 따라 예외적인 법적 지위를 부여받고 있기 때문이다. 이에 따르면 제주특별자치도는 자치경찰을 포함하여 포괄적인 자치권한을 부여받고, 국토관리 · 중소기업 · 해양수산 · 보훈 · 환경 및 노동 등에 관해서는 특별지방행정기관의 사무를 이양받았으며, 특히 새로운 특별지방행정기관도 설치할 수 없도록 원칙적으로 금지하고 있다(같은 법 제23조 ~제27조). 또한 「제주특별자치도 설치 및 국제자유도시 조성을 위한 특별법」은 제주특별자치도에 적용되는 법률에도 광범위한 특례규정을 두고 있는데, 산림분야의 경우에는 산림문화 · 휴양에 관한 특례와 산림자원의 조성 및 관리에 관한 특례 등이 규정되어 있다(같은 법 제282조 · 제283조). 이와 같이 제주특별자치도는 매우 특별한 법적 지위에 있으며, 따라서 현행법도 이를 고려하여 국유림의 경영 및 관리와 관련하여 많은 업무를 제주특별자치도지사에게 위임하여 처리하도록 하고 있다(제32조 및 시행령 제28조 제1항).

[2] 국유림종합계획

1. 수립기간 및 내용

산림청장은 국유림을 종합적이고 효율적으로 경영하고 관리하기 위하여 「산림기본법」에 따른 산림기본계획 및 지역산림계획에 따라 국유림종합계획을 관계 중앙행정기관의 장과 협의하여 10년마다 수립 · 시행하여야 한다(제6조 제1항 및 시행규칙 제3조 제2항). 이러한 국유림종합계획은 지방산림청 국유림관리소를 단위로 수립하여야 하며, 이를 위하여 필요한 경우에는 지역주민의 의견을 수렴할 수 있다. 그러나 현행법에 따라 국유림종합계획의 수립 · 시행 · 분석 및 평가가 제주특별자치도지사에게 위임된 제주특별자치도의 경우에는 「제주특별자치도 설치 및 국제자유도시 조성을 위한 특별법」에 따른 행정시를 단위로 수립한다(제32조 및 시행령 제28조 제1항 제3호).

국유림종합계획에는 국유림의 경영 및 관리에 관한 목표와 추진방향, 국유림의 경영 및 관리현황, 국유림의 경영 및 관리에 관한 주요사업과 추진방법, 사업시행에 소요되는 경비의 산정 및 조달에 관한 사항, 그 밖에 국유림의 경영 및 관리에 관하여 농림축산식품부령으로 정하는 사항 등이 포함되어야 한다(제6조 제2항 및 시행규칙 제3조 제1항). 여기에서 '농림축산식품부령으로 정하는 사항'이란 국유림종합계획 운영결과에 대한 분석 · 평가에 관한 사항, 지역여건 및 그 변화에 대한 전망 등을 말한다.

산림청장은 국유림종합계획을 수립한 경우에는 이에 따른 연도별 시행계획을 수립 · 시행하고, 이에 필요한 재원을 확보하기 위하여 노력하여야 한다(제6조 제5항). 산림청장은 현행법에 따른 이러한 국유림종합계획 및 연도별 시행계획을 수립하기 위하여 필요한 경우에는 관계 중앙행정기관의 장 또는 특별시장 · 광역시장 · 특별자치시장 · 도지사 · 특별자치도지사[시 · 도지사]에게 관련 자료의 제출을 요청할 수 있다(제6조 제8항). 이 경우 산림청장으로부터 자료의 제출을 요구받은 관계 기관의 장은 정당한 사유가 없으면 이에 따라야 한다.

2. 국유림종합계획의 변경 및 공표

국유림종합계획은 「산림기본법」에 따른 산림기본계획 및 지역산림계획의 변경이 있는 경우, 현행법에 따른 국유림종합계획의 분석 · 평가결과 변경할 사항이 발생한 경우, 태풍 · 홍수 · 산불 등 재해가 발생하여 변경이 필요한 경우, 그 밖에 조직개편 등의 사유로 계획변경이 필요한 경우에는 이를 변경할 수 있다(제6조 제4항 및 시행규칙 제3조 제3항). 여기에서 현행법이 조직개편을 그 변경사유로 명시한 것은 국유림종합계획이 지방산림청 국유림관리소 단위로 수립되므로 그 관할구역에 따라 국유림의 경영 · 관리가 큰 영향을 받는다는 점을 감안한 것으로 보인다.

현행법은 특히 국유림종합계획의 변경사유로 '국유림종합계획의 분석 · 평가결과 변경할 사항이 발생한 경우'를 규정하고 있는데, 이에 따르면 산림청장은 국유림종합계획의 시행성과를 분석 · 평가하고, 그 분석 · 평가결과 필요하다고 인정하는 경우에는 국유림종합계획을 변경하거나 다음 국유림종합계획의 수립 시에 반영하도록 하여야 한다(제6조 제3항). 이는 산림법상의 다른 행정계획과 비교하면 매우 예외적인 것으로 국유림종합계획의 평가 및 환류에 관하여 명시적으로 규정하고 있다는 점에서 큰 의미가 있다고 할 것이다.

산림청장은 국유림종합계획 및 시행계획을 수립하거나 변경한 때에는 관계 중앙행정기관의 장 및 시 · 도지사에게 통보하고 국회 소관상임위원회에 제출하여야 하며, 농림축산식품부령으로 정하는 바에 따라 이를 공표하여야 한다(제6조 제6항 · 제7항).

[3] 국유림경영관리자문위원회

지방산림청은 현행법에서 정하는 일정한 사항에 관한 자문에 응하기 위하여 지방산림청별로 국유림경영관리자문위원회를 둘 수 있다(제7조 제1항·제2항). 이에 따라 국유림경영관리자문위원회의 자문을 받을 수 있는 사항으로는 (1) 국유림종합계획의 수립 및 시행성과의 분석·평가에 관한 사항, (2) 국유림의 처분 또는 대부 등에 관한 사항으로서 농림축산식품부령으로 정하는 사항, (3) 시범림의 조성·운영에 관한 사항, (4) 국유림에 대한 「산림보호법」에 따른 산림보호구역의 지정 및 지정해제에 관한 사항, (5) 그 밖에 국유림의 경영관리를 위하여 필요한 사항 등이 있다. 이 경우 현행법 제32조에 따라 산림청장으로부터 이러한 권한을 위임받은 산림청 소속 기관의 장 및 제주특별자치도지사의 경우에는 그 위임업무에 대한 자문을 위하여 국유림경영관리자문위원회를 둘 수 있다.

국유림경영관리자문위원회는 위원장과 부위원장 각 1명을 포함한 10명 이내의 위원으로 구성하며, 그 위원은 산림의 경영관리분야에 학식과 경험이 풍부한 자와 관계 공무원, 관련 기관·단체의 임직원 및 지역주민 중에서 위촉 또는 임명한다(제7조 제3항 및 시행령 제3조·제5조). 이 경우 위촉된 위원의 임기는 2년으로 하며, 연임할 수 있다. 현행법에 따라 국유림경영관리자문위원회에 참석한 위원에 대하여는 예산의 범위 안에서 수당과 여비를 지급할 수 있다. 그러나 공무원인 위원이 그의 소관업무와 직접적으로 관련되어 참석하는 경우에는 그렇지 않다.

Ⅲ. 국유림의 경영 및 지역주민과의 협력

[1] 국유림의 경영

1. 국유림경영계획

가. 산림청 소관 국유림

산림청장은 국유림종합계획에 따라 국유림의 분포상황과 경영의 효율성 등을 고려하여 대통령령으로 정하는 경영계획구 단위로 구분하여 국유림경영계획을 10년마다 수립·시행하여야 한다(제8조 제1항·제2항 및 시행규칙 제5조 제1항). 국유림경영계획은 산림청장이 관리하고 있는 국유림을 대상으로 수립한다. 그러나 대부 또는 사용허가[대부 등]된 국유림이나 군사상의 목적 또는 시험연구의 목적으로 사용하는 국유림, 민간인 통제선 북방지역의 국유림, 그 밖에 산림경영상 부적당하다고 인정되거나 특수목적에 필요한 국유림 등은 국유림경영계획을 수립하지 않을 수 있다. 현행법에 따른 이러한 국유림경영계획은 국유림종합계획에 따라 수립하여야 하며, 따라서 국유림의 경영은 산림기본계획–지역산림계획–국유림종합계획–국유림경영계획의 일관된 체계에 따라 이루어져야 한다.

현행법상 '대통령령으로 정하는 경영계획구'란 국유림이 위치한 행정구역 및 사업시행의 효율성 등을 고려하여 설정한 구역을 말한다(시행령 제6조 및 시행규칙 제5조 제3항). 이와 관련하여 산림청장이 국유림경영계획의 작성 및 운영에 필요한 세부사항을 정한 내용[66]에 따르면, 지방산림청장은 산림청소관 국유림에 대하여 국유림관리소별로 경영계획구를 구분하고 명칭은 국유림관리소명 다음에 지역명을 붙여 사용하며, 산림청소관 국유림을 관리하는 제주특별자치도지사는 도 또는 시·군 관할구역 단위로 경영계획구를 구분하고 명칭은 경영계획구 앞에 도 또는 시·군명을 붙여 사용한다. 그러나 산림청 소관 국유림이라도 선도 산림경영단지인 경우에는 지방산림청장이 아니라 국유림관리소장이 경영계획구를 구분하여 작성한다.

국유림경영계획은 경영계획구에 대한 종합적인 경영계획이 되도록 수립하여야 한다. 이를 위하여 지방산림청장은 현행법 제5조에 따라 실시한 국유림의 조사자료를 기초로 하여 국유림경영계획의 시작 전년도말까지 국유림경영계획을 담은 경영계획서를 작성하여야 한다(시행규칙 제5조 제2항). 이러한 경영계획서에는 경영목표, 경영계획구의 산림현황, 조림·숲가꾸기·임목생산 및 임도시설 등 산림사업에 대한 사업량·사업비 및 노동력 수급계획 등에 대한 계획, 그 밖에 산림구획 등 국유림의 효율적 경영을 위하여 필요한 사항 등이 포함되어야 한다.

나. 산림청 소관이 아니거나 대부 등이 된 국유림

산림청 소관 국유림에 속하지 않거나 산림청 소관 국유림이더라도 대부 등을 받은 경우에는 산림청장이 직접 국유림경영계획을 수립하는 것은 어려운 것이 현실이다. 따라서 현행법은 중앙관서장의 소관에 속하는 국유림의 경우에는 그 중앙관서장이 농림축산식품부령으로 정하는 바에 따라 소관 국유림에 대한 국유림경영계획을 작성하여 산림청장의 동의를 받을 수 있도록 하고, 산림경영을 목적으로

---

66) 「국유림경영계획 작성 및 운영요령」(산림청예규 제689호, 2021. 4. 15.) 제5조 제1항 및 제2항. 한편 산림청소관 국유림을 대학학술림으로 사용하고 있는 경우나 조림대부림 등의 경영계획구 명칭에 대하여는 같은 조 제3항~제5항을 참고하라.

국유림의 대부 등을 받은 자는 농림축산식품부령으로 정하는 바에 따라 대부 등을 받은 국유림에 대한 국유림경영계획을 작성하여 산림청장의 승인을 받도록 하였다(제9조 제1항·제2항 및 6항). 이 경우 현행법에 따라 산림청장의 동의를 받거나 승인을 받은 국유림경영계획을 변경하거나 폐지하려는 때에는 산림청장의 동의 또는 승인을 받아야 한다.

중앙관서장이나 산림경영을 목적으로 국유림의 대부 등을 받은 자가 작성하는 국유림경영계획에는 경영목표 및 추진방향, 경영계획구의 산림현황, 주요 산림사업 및 추진방법, 경영계획기간, 그 밖에 산림구획 등 국유림의 효율적 경영을 위하여 필요한 사항 등이 포함되어야 한다(시행규칙 제6조 제1항·제2항). 이 경우 중앙관서장은 10년 단위로 이를 작성하여야 하며, 산림경영을 목적으로 대부 등을 받은 자는 신규로 이를 받거나 그 대부 등의 기간을 갱신할 때 작성하여야 한다.

중앙관서장 또는 대부 등을 받은 자가 현행법에 따라 동의 또는 승인을 받은 국유림경영계획에 따라 산림사업을 시행할 때 조림·벌채 등 대통령령으로 정하는 행위가 수반되는 경우에는 농림축산식품부령으로 정하는 바에 따라 산림청장에게 신고하여야 하며, 이러한 신고를 한 경우에는 「산림자원의 조성 및 관리에 관한 법률」 제36조에 따른 허가를 받거나 신고를 한 것으로 본다(제9조 제3항~제5항). 현행법에 따라 이러한 신고를 받은 산림청장은 그 신고를 받은 날부터 7일 이내에 신고수리 여부를 신고인에게 통지하여야 하며, 만일 그 정한 기간에 산림청장이 신고수리 여부 또는 민원처리 관련 법령에 따른 처리기간의 연장을 신고인에게 통지하지 않으면 그 기간이 끝난 날의 다음 날에 신고를 수리한 것으로 본다. 이 경우 처리기간이 민원처리 관련 법령에 따라 연장 또는 재연장된 경우에는 해당 처리기간을 기준으로 한다.

2. 국유림의 목재생산

국유림이 가지는 다양한 기능과 역할에 대하여는 앞에서 이미 설명하였지만, 이러한 국유림의 기능 중 간과하기 쉬운 기능이 바로 국유림의 목재비축기능이다. 여기에서 '국유림의 목재비축기능'이란 국유림 내의 입목을 보호함으로써 특정 용도의 목재나 장기적인 수급전망에 따른 일정량의 목재를 안정적으로 비축하였다가 공급하는 기능을 말한다. 현재에는 국유림의 이러한 목재비축기능이 문화재의 보수·복원을 위한 대경재를 공급하는 것에 한정되어 있으나, 예를 들어 원목가격이 예상하지 못할 정도로 급격하게 상승하는 등 목재수급상의 비상사태가 발행할 경우에는 국가적으로 대단히 중요한 의미를 가지게 될 것이다. 실제로 영국은 제1차 세계대전 중 독일의 '무제한 잠수함작전'에 의하여 그동안 영국의 목재비축기지로 간주되었던 캐나다로부터 더 이상 목재를 들여올 수 없게 되자 큰 곤경에 빠졌는데,[67] 이러한 역사적 사실은 국토 내에 장기적인 관점에서 목재를 안정적으로 공급할 수 있는 기반을 유지하는 것이 얼마나 중요한 것인지를 잘 보여주는 것이라고 할 수 있다.

현행법은 이러한 관점에서 국유림에서의 목재생산에 대하여 특별한 규정을 두고 있다. 이에 따르면 산림청장은 국유림의 입목이 1년간에 생장한 연간입목생장량을 초과하지 않는 범위 안에서 산림자원 및 임산물의 수급에 관한 장기전망을 고려하여 목재를 생산하여야 한다(제10조 제1항). 그러나 이 경우에도 산불이나 천재지변 또는 병해충 방제 등과 같은 비상상황이 발생한 경우에는 예외적으로 연간입목생장량을 초과하여 벌채할 수 있다. 현행법의 이러한 규정은 연간입목생장량과 산림자원 및 임산물의 수급에 관한 장기전망을 국유림에서의 목재생산량 결정기준으로 제시한 것으로서 현행법 제3조 제2호에 따른 '지속가능한 산림경영을 통한 임산물의 안정적 공급'이라는 국유림경영관리의 기본원칙을 목재생산에 적용한 것으로 이해된다.

3. 시범림의 조성 및 운영

산림청장은 산림기술 등을 개발·보급하여 공·사유림의 효율적인 경영을 촉진하기 위하여 국유림 중 조림성공지 및 경제림육성단지 등을 시범림으로 조성하여 운영할 수 있다(제12조 제1항·제2항). 이는 국유림의 경영이 공·사유림 경영의 선도적인 역할을 수행하여야 한다는 현행법 제3조 제5호의 기본원칙에 따른 것이다. 산림청장은 이러한 시범림을 조성·운영하는 경우 시범림과 근접되어 있는 공유림 또는 사유림을 함께 관리하는 것이 효율적인 것으로 판단되는 때에는 공유림 또는 사유림의 소유자와 협의하여 해당 공유림 또는 사유림을 시범림에 포함할 수 있다.

시범림은 단지화하는 것을 원칙으로 하여 교육장소로 활용할 수 있도록 접근성이 용이한 곳에 조성하여야 한다(제12조 제3항 및 시행규칙 제10조). 현행법에 따르면 이러한 시범림을 조성하는 기준과 종류는 다음과 같다.

- 조림성공시범림: 용기묘, 파종조림, 수하식재, 혼식조림 및 움싹갱신 등 모범적으로 조

67) 이규태의 앞의 책, 184~201면. 한편 국유림에서의 문화재 보수·복원용 대경재의 공급에 관해서는 "문화재 보수용 '금강송', 문화재청과 산림청이 가꾼다", 대한민국 정책브리핑, 2017. 11. 23; "산림청-문화재청, 국산목재공급 협약", 연합뉴스, 2005. 7. 13. 등을 참고하라.

림사업이 수행된 산림
- 경제림육성시범림: 임산물의 지속가능한 생산을 주목적으로 조성되어 경제림 육성에 모범이 되는 산림
- 숲가꾸기시범림: 산림의 생태환경적인 건전성을 유지하면서 산림의 기능이 최적으로 발휘될 수 있도록 모범적으로 가꾸어진 산림
- 임업기계화시범림: 생산장비, 운반장비, 집재장비 및 파쇄장비 등 각종 장비를 시스템화 하여 모범적으로 관리되는 산림
- 복합경영시범림: 목재생산과 병행하여 단기소득임산물의 생산에 모범이 되는 산림
- 산림인증시범림: 지속가능한 산림경영에 관한 산림인증표준에 따라 인증된 산림

[2] 국유림의 경영대행

산림청장은 다른 중앙관서장 소관 국유림, 공유림 또는 사유림에 대하여 그 소유자 또는 관리자가 해당 산림의 경영을 대행하여 줄 것을 요청하는 경우에는 이를 대행할 수 있다(제13조 제1항 및 시행령 제9조 제1항~제3항). 이 경우 산림경영의 대행을 요청하는 사유에는 제한이 없으며, 이를 희망하는 자가 신청서를 제출하면 산림청장은 현지를 확인하고 경영대행 여부를 신청인에게 알려주면 된다. 현행법에 따라 산림청장이 대행할 수 있는 이러한 사업에는 산림조사 및 경영계획 수립, 조림예정지 정리·조림 및 숲가꾸기사업, 임목생산사업, 사방사업, 임도의 신설·보수 및 구조개량사업, 산림병해충 방제사업, 산불의 예방·진화 및 복구를 위하여 필요한 사업, 그 밖에 산림경영에 필요한 사업으로서 산림청장이 정하는 사업 등이 있다.

산림청장은 산림경영을 대행하는 경우에는 이를 요청한 자로부터 경영대행수수료와 산림사업비를 받을 수 있다(제13조 제3항 및 시행령 제9조 제4항). 그러나 산림청장은 다른 중앙관서장의 소관에 속하는 국유림의 경영을 대행하는 경우에는 그 경영대행 비용의 전부 또는 일부를 부담할 수 있으며, 이 경우 해당 국유림의 경영대행 기간 중 발생하는 임산물의 처분권은 산림청장이 갖는다(제13조 제1항 후단 및 제2항). 여기에서 임산물의 처분권에 해당 국유림에서 임목을 생산하여 이를 처분하는 것이 포함되는지에 대하여는 의문이 있으나, 다른 중앙관서장의 소관에 속하는 국유림의 경영을 대행한 비용에 충당하려는 규정의 취지를 감안하여 별도의 약정이 없는 한 그 비용한도 내에서는 이를 처분할 수 있다고 보아야 할 것이다.

[3] 지역주민과의 협력

1. 국유림과 지역주민

국유림은 국가 소유의 산림으로서 다양한 기능과 역할을 수행할 수 있도록 엄격하게 관리되어 왔다. 국유림에 대한 국가의 이러한 엄정한 관리는 주로 강력한 규제에 기반한 것으로서 지역에 따라서는 국유림에 기반하여 삶을 이어가는 지역주민과의 갈등을 초래하기도 하였으며, 특히 국유림의 비율이 높은 지방자치단체에서는 지역개발과 주민의 산림복지에 활용할 수 있도록 국유림의 이용에 대한 규제를 완화해 달라는 요구를 지속적으로 제기하기도 하였다.

이에 따라 현행법은 지역사회 및 주민과 함께 국유림을 이용하고 보호함으로써 이를 보다 효율적으로 경영·관리하기 위하여 국유림의 보호협약제도, 국민의 숲, 공동산림사업제도 및 대부·사용허가와 같은 다양한 협력제도를 마련하고 있다. 이러한 제도들은 모두 국유림을 '지역사회의 발전을 고려한 국가 전체의 이익 도모'와 '국민이용 증진을 통한 국민의 삶의 질 향상'이라는 기본원칙(제3조 제1호·제4호)에 따라 충실하게 경영관리하고자 하는 것으로서 매우 바람직한 정책방향인 것으로 보인다. 여기에서는 이 중에서 국유림의 보호협약제도, 국민의 숲 및 공동산림사업제도에 대하여 설명하기로 하고, 나머지 대부·사용허가에 대하여는 국유림의 관리에 관한 부분에서 살펴보기로 한다.

2. 국유림의 보호협약

산림청장은 국유림의 보호를 위하여 필요한 때에는 농림축산식품부령으로 정하는 바에 따라 현지에 소재한 「산림조합법」에 따른 산림조합, 해당 지역주민들, 학교, 현지에 소재한 「임업 및 산촌 진흥촉진에 관한 법률」에 따른 임업인으로 구성된 단체 또는 같은 법 제18조 제1항에 따른 임업기능인으로 구성된 단체로서 대통령령으로 정하는 단체와 국유림을 보호하기 위한 협약[보호협약]을 체결하고, 이들에게 일정한 구역을 정하여 산불방지·도벌방지 등 농림축산식품부령으로 정하는 보호활동을 하게 할 수 있다(제11조 제1항). 이 경우 산림청장은 해당 국유림에서 생산되는 임산물의 전부 또는 일부를 무상으로 양여할 수 있다.

여기에서 임업기능인으로 구성된 단체로서 '대통령령으로 정하는 단체'란 「임업 및 산촌 진흥촉진에 관한 법률 시행령」 제16조 제3항에 따른 영림단을 말하며, '산불방지·도벌방지 등 농림축산식품부령으로 정하는 보호활동'이란 산불의 예방 및 진화활동, 도벌 및 불법산지전용의 감시 등 예방활동, 산림병해충의 예찰·구제 등 방제활동, 경계표주 등의 표지와 임도·사방시설의 보호 및 관리활동, 그 밖에 자생식물·희귀식물 및 특산식물의 보호 등 산림보호활동 등을 말한다(시행령 제8조 및 시행규칙 제9조 제2항).

현행법에 따른 이러한 보호협약제도는 국유림을 보호하기 위하여 구「산림법」(법률 제881호) 제정 당시부터 도입된 것으로서 당초에는 "현지 주민으로 하여금 일정한 구역을 정하여 국유림을 연대보호하게 하고 그에 대한 보수로서 그 산물의 일부를 양여할 수 있는" 현지 주민의 연대보호제도(구산림법 제36조)였으나, 1970년 1월 1일 개정(법률 제2197호)을 통하여 연대보호의 주체를 현지 주민에서 산림계[68]로 전환한 이후 학교를 포함하여 운영하여 오다가 현행법을 제정하면서 현재와 같은 보호협약으로 제도화된 것이다.

현행법에 따른 보호협약 기간은 5년 이내로 하되, 필요한 경우에는 그 기간을 5년의 범위 안에서 연장할 수 있다(제11조 제2항·제3항). 그러나 산림청장은 보호협약을 체결한 자가 보호협약사항을 위반하거나 보호활동을 게을리하였을 때에는 보호협약을 해지할 수 있으며, 이를 해지한 경우에는 그 사실을 보호협약의 당사자에게 통지하여야 한다.

3. 국민의 숲

산림청장은 국민들이 숲가꾸기 등 국유림의 보호·육성사업에 참여하고 산림교육 및 산림문화·휴양의 공간으로 이용할 수 있도록 하기 위하여 소관 국유림 중에서 국민의 숲을 지정하여 운영할 수 있다(제14조 제1항). 이 경우 산림청장은 국민의 숲을 지정하고자 할 때에는 이를 고시하여야 한다.

국민의 숲은 국민이 쉽게 이용할 수 있는 지역에 위치한 산림으로서 일단의 면적이 5천m^2 이상인 국유림을 대상으로 하여 다음과 같이 구분하여 지정한다(제14조 제2항 및 시행규칙 제12조 제1항·제2항).

68) 산림계는 산림소유자와 현지주민이 동·리를 구역으로 하여 조직한 것으로서 조림사업에 있어서의 성과를 목적으로 하였으며 구「산림법」 제정 당시에 도입되었다(같은 법 제57조 이하). 이러한 산림계는 산림조합과 함께 산림녹화의 주역으로서 마을 주변의 산림을 보호하고 조림하는데 크게 기여한 것으로 평가받았으나[산림청(2017)의 「산림청 50년사」, 65면], 1980년 1월 4일 「산림조합법」(법률 제3231호)이 제정되면서 옮겨 규정되었다가, 구「산림법」에서는 1994년 12월 22일 법률개정(법률 제4816호)으로 폐지되었으며, 「산림조합법」에서는 2000년 1월 21일 전부개정(법률 제6187호) 시에 폐지되었다.

- 체험의 숲: 개인 · 가족이 지정된 국유림에서 나무 · 초본류를 심고 가꾸며 산림문화 등 숲의 혜택을 누릴 수 있는 숲
- 단체의 숲: 단체가 지정된 국유림에서 나무 · 초본류를 심고 가꾸며 산림문화 등 숲의 혜택을 누릴 수 있는 숲
- 산림레포츠의 숲: 산림레포츠 동호인들이 지정된 국유림에서 산림레포츠를 누릴 수 있는 숲
- 사회환원의 숲: 제15조에 따른 공동산림사업으로 「산림문화 · 휴양에 관한 법률」에 따른 자연휴양림 · 산림욕장, 「수목원 · 정원의 조성 및 진흥에 관한 법률」에 따른 수목원 · 정원 등을 조성하여 국민에게 개방하는 숲

산림청장은 일정한 사유가 있는 경우에는 국민의 숲 이용을 기간을 정하여 제한하거나 국민의 숲 지정을 폐지할 수 있다(제14조 제3항). 산림청장이 현행법에 따라 국민의 숲 이용을 제한하거나 그 지정을 폐지할 수 있는 이러한 사유로는 해당 국유림의 보호와 산림생태계의 보전을 위하여 필요한 경우, 국민의 숲 인근 지역주민의 이익을 현저히 저해하거나 불편을 초래하는 경우, 그 밖에 국유림의 경영 및 관리를 위하여 필요한 경우로서 농림축산식품부령으로 정하는 경우[69] 등이 있다. 이 경우 산림청장은 현행법에 따라 국민의 숲 이용을 제한하거나 폐지하고자 할 때에는 이를 고시하여야 한다(제14조 제4항).

4. 공동산림사업

산림청장은 산림사업의 효율적인 추진과 지역사회의 발전 또는 지역주민의 소득증대 등을 위하여 필요한 경우에는 관계 중앙행정기관의 장 · 지방자치단체의 장 또는 대통령령으로 정하는 단체의 장[공동사업수행자]과 공동으로 산림사업을 할 수 있다(제15조 제1항). 여기에서 '대통령령으로 정하는 단체'란 「산림조합법」에 따른 산림조합 또는 산림조합중앙회, 산림청장의 설립허가를 받은 법인, 「고등교육법」에 따른 대학, 국가 또는 지방자치단체가 자본금이나 기본재산의 4분의 1 이상을 출자하거나 출연한 법인 및 이에 따른 법인이 자본금이나 기본재산의 3분의 1 이상을 재출자 또는 재출연한 법인, 「외국인투자촉진법」에 따른 외국인투자기업, 산림 관련 국제기구, 「탄소흡수원 유지 및 증진에 관한 법률」에 따른 산림탄소상쇄를 위한

69) 여기에서 '농림축산식품부령이 정하는 경우'란 국유림경영계획 및 산림시책에 따른 사업을 실행하려는 경우, 관리전환 및 교환 등 국유재산 관리상 필요한 경우, 국민의 숲 이용실적이 저조하여 지방산림청장 및 국립자연휴양림관리소장이 필요하다고 인정하는 경우 등을 말한다(시행규칙 제13조).

사업을 할 계획과 그 적절성이 인정되는 단체, 「기후변화에 관한 국제연합 기본협약에 대한 교토의정서」 제12조에 따른 청정개발체제의 사업 중 신규조림 또는 재조림 사업을 할 계획과 그 적절성이 인정되는 단체, 「공공기관의 운영에 관한 법률」에 따른 공공기관, 「사회적기업 육성법」에 따른 사회적기업, 「도시재생 활성화 및 지원에 관한 특별법」에 따른 마을기업, 「협동조합 기본법」에 따른 사회적협동조합 등을 말한다(시행령 제10조 제1항).

산림청장이 현행법에 따라 공동사업수행자와 함께 할 수 있는 공동산림사업에는 (1) 농·산촌 지역의 산림소득개발사업, (2) 수목원·자연휴양림·산림욕장, 치유의 숲, 그 밖에 대통령령으로 정하는 산림공익시설의 설치·운영, (3) 산림을 기반으로 하는 연구사업, (4) 그 밖에 국유림의 효율적인 경영 및 관리를 위하여 필요한 사업으로서 농림축산식품부령으로 정하는 사업 등이 있다.[70] 산림청장은 이러한 공동산림사업을 하고자 하는 경우에는 해당 공동사업수행자와 협약을 체결하여야 하며, 만일 공동산림사업에 필요한 경우에는 토지소유자의 동의를 얻어 사업대상 국유림 주변의 공·사유림 또는 그 밖의 토지를 포함하여 사업을 수행할 수 있다(제15조 제2항·제3항). 이 경우 공동사업수행자와 협의를 거쳐야 하는 것은 물론이다. 이러한 공동산림사업제도는 농·산촌 지역의 산림소득개발사업을 위하여 국유림을 적극적으로 활용할 수 있는 기회를 제공할 뿐만 아니라 공동사업수행자가 수목원이나 자연휴양림과 같은 산림공익시설을 설치할 수 있는 자본이 있는 경우 국유림을 활용할 수 있도록 하는 등 산림사업에 대한 참여와 투자의 기회를 확대하는 제도적 기반을 마련하였다는 점에서 큰 의의가 있다고 할 것이다.

---

70) 여기에서 '대통령령으로 정하는 산림공익시설'이란 산책로·탐방로 및 등산로 등 숲길, 숲속야영장 및 산림레포츠시설 등 산림휴양·문화시설, 유아숲체험원 및 산림교육센터 등 산림교육시설을 말하며(시행령 제10조 제1항), '농림축산식품부령으로 정하는 사업'이란 ① 생태숲(산림생태원을 포함한다) 등 산림생태계 보전 및 복원사업, ② 수목장림 조성 및 운영사업, ③ 도시림 조성 및 관리사업, ④ 「탄소흡수원 유지 및 증진에 관한 법률」에 따른 산림탄소상쇄를 위하여 적절성이 인정되는 사업, ⑤ 「기후변화에 관한 국제연합 기본협약에 대한 교토의정서」 제12조에 따른 청정개발체제의 사업으로 적절성이 인정되는 신규조림·재조림사업, ⑥ 「수목원·정원의 조성 및 진흥에 관한 법률」에 따른 정원의 조성 및 관리사업, ⑦ 임목의 생육에 지장이 없는 범위에서 「임업 및 산촌 진흥촉진에 관한 법률」에 따른 임산물소득원의 지원대상 품목 중 버섯류·산나물류·약초류 및 약용류를 재배하거나 수목부산물류를 활용하는 사업, ⑧ ①~⑦까지의 사업 외에 산림을 기반으로 하는 관광, 레저사업으로서 산림청장이 정하는 사업 등을 말한다(시행규칙 제14조).

Ⅳ. 국유림의 관리

[1] 국유림의 확대 및 매수

1. 국유림확대계획

국유림이 가지는 다양한 기능과 역할을 수행하기 위해서는 국유림을 국토면적의 비율에 맞게 확대하여 유지·관리하는 것이 필요하다. 이는 미래세대를 위하여 일정 면적의 토지를 유보지로 남겨둔다는 의미와 함께 국유림경영관리의 효율성을 제고한다는 측면에서도 중요한 의미를 가지는 것이다. 이에 따라 정부에서는 1996년부터 국유림의 집단화 및 확대정책을 추진하여 왔으며, 그 결과 1967년 19.7%였던 국유림의 비율을 2015년 기준으로 25.5%로 확대하는 성과를 이루어 내었다.[71)]

현행법은 이러한 정책을 지속적으로 추진하기 위하여 국유림의 확대계획에 관한 내용을 두고 있는데, 이에 따르면 산림청장은 산림의 공익기능 확보와 국유림 경영관리의 효율성을 증대하기 위하여 국유림의 확대목표와 기본방향, 국유림 확대의 범위 및 추진방법, 그 밖에 국유림 확대 및 관리에 필요한 사항 등이 포함된 국유림확대계획을 10년마다 수립·시행하되, 산림의 상황 또는 경제사정의 현저한 변경 등이 있는 경우에는 이를 변경할 수 있도록 하였다(제18조 제1항).[72)]

2. 공유림 등의 매수

가. 매수대상 및 제외 사유

산림청장은 국유림의 경영관리에 필요하다고 인정하면 대통령령으로 정하는 바에 따라 공유림 또는 사유림 그 밖의 토지[공유림 등]를 매수할 수 있다(제18조 제2항 및 시행령 제12조 제1항). 여기에서 산림청장이 '국유림의 경영관리에 필요하다고 인정하는 경우'란 다음과 같다.

- 「산림자원의 조성 및 관리에 관한 법률」에 따른 채종림·시험림·도시숲 및 생활숲으로 필요한 경우

---

71) 산림청, 「임업통계요람(제1호)」, 1968, 41면; 「임업통계연보(제49호)」, 2019, 42면.

72) 산림청에서는 장기적으로 산림의 국유림비율을 32%까지 확대할 계획이다. 이는 2016년 기준으로 주요국의 국유림 비율이 미국 33.3%, 영국 35.8% 및 일본 30.6%로서 우리나라의 국유림 비율이 여전히 낮은 수준임을 감안한 것이다. 이를 포함하여 산림청의 국유림 경영 및 관리에 관한 장기계획에 대하여는 산림청(2018)의 「제6차 산림기본계획(2018년~2037년)」, 52~53면을 참고하라.

- 「산지관리법」에 따른 산지전용·일시사용제한지역으로 지정되었거나 지정하기 위하여 필요한 경우
- 「백두대간 보호에 관한 법률」에 따른 백두대간의 보호를 위하여 필요한 경우
- 기념조림지 또는 시범림으로 필요한 경우
- 「수목원·정원의 조성 및 진흥에 관한 법률」에 따른 수목원·정원, 「산림문화·휴양에 관한 법률」에 따른 자연휴양림·산림욕장 및 치유의 숲, 「산림교육의 활성화에 관한 법률」에 따른 유아숲체험원 및 산림교육센터, 「산림보호법」에 따른 산림보호구역 및 생태숲·산림생태원 또는 「사방사업법」에 따른 사방지로 필요한 경우
- 다른 법률에 따라 구역·지역 등으로 지정된 산림으로서 국가가 보존할 필요가 있다고 인정되는 경우
- 그 밖에 국유림의 확대 및 임도부지 확보 등 국유림의 경영관리 또는 국가시책상 특히 필요하다고 인정되는 경우

그러나 이 경우에도 그 대상인 공유림 등이 (1) 저당권 및 지상권 등 사권이 설정되어 있는 경우, (2) 「입목에 관한 법률」에 따른 입목등록 또는 입목등기가 되어 있는 경우, (3) 지적공부와 토지등기부의 면적이 다르거나 지적공부에 표시된 위치와 실제 위치가 서로 다른 경우, (4) 공유의 토지 또는 산림으로서 공유자 모두의 매도승낙이 없는 경우, (5) 소유권 및 저당권 등을 대상으로 소송 절차가 진행 중인 경우, (6) 다른 법률에 따라 개발 절차가 진행 중이거나 진행될 것으로 예상되는 경우에는 산림청장이 국유림의 효율적 경영·관리를 위하여 그 매수가 불가피하다고 인정하는 경우 이외에는 이를 매수할 수 없다(시행령 제12조 제2항).

나. 매수가격의 산정 및 매수업무의 위탁

산림청장이 공유림 등을 매수하는 경우 그 매수가격의 결정방법은 대통령령으로 정한다(제18조 제3항 및 시행령 제13조 제1항). 이에 따르면 매수가격은 「감정평가 및 감정평가사에 관한 법률」에 따른 감정평가법인 등 2인의 감정평가액을 산술평균한 금액으로 하되, 만일 그 매수하는 공유림 등이 「부동산 거래신고 등에 관한 법률」에 따른 토지거래계약에 관한 허가구역의 경우에는 감정평가법인 등 3인의 감정평가액을 산술평균한 금액으로 한다. 이 경우 국가의 보조를 받아 산림사업을 실행한 공유림 등의 매수가격은 해당 산림사업 준공일부터 5년 이내에 매수하는 때에 한정하여 농림축산식품부령으로 정하는 바에 따라 그 보조금의 전부 또는 일부에 상당하는 금액을 공제한 금액으로 결정하여야 한다(제18조 제3항 후단). 이는 국가로부터 보조를 받은 산림사업의 가액을 일정한 기준에 따라 공제함으로써 매수가격을 공정하게 산정하기 위한 것으로서 여기에서 '매수하는 때'란 매수계약을 체결한 날을 말한다.

산림청장은 현행법에 따른 이러한 매수업무를 특별법에 의하여 설립된 법인으로서 대통령령으로 정하는 자에게 위탁할 수 있다(제18조 제5항·시행령 제13조의2). 여기에서 '대통령령으로 정하는 자'란 「산림조합법」에 따른 산림조합중앙회, 「한국토지주택공사법」에 따른 한국토지주택공사, 「금융회사부실자산 등의 효율적 처리 및 한국자산관리공사의 설립에 관한 법률」에 따른 한국자산관리공사, 그 밖에 특별법에 따라 설립된 법인으로서 공유림 등의 매수업무를 할 수 있도록 해당 법률 또는 정관에서 정하고 있는 법인 등을 말한다. 이 경우 현행법에 따라 위탁받은 매수업무를 수행하는 이러한 법인의 임원 및 직원은 형법 제127조 및 제129조부터 제132조까지의 규정을 적용할 때에는 공무원으로 본다(제32조의2).

[2] 국유림의 구분

1. 보전국유림과 준보전국유림

산림청장은 소관 국유림을 보전국유림과 준보전국유림으로 구분하고 이를 관리하여야 한다(제16조 제1항). 현행법에 따르면 '보전국유림'이란 (1) 산림경영임지의 확보, 임업기술개발 및 학술연구를 위하여 보존할 필요가 있는 국유림, (2) 사적·성지·기념물·유형문화재 보호, 생태계보전 및 상수원보호 등 공익상 보존할 필요가 있는 국유림, (3) 그 밖에 국유림으로 보존할 필요가 있는 것으로서 대통령령으로 정하는 국유림을 말한다. 여기에서 '대통령령으로 정하는 국유림'이란 일단의 면적이 농림축산식품부령으로 정하는 기준[73]에 해당되는 국유림이거나 도서지역에 있는 국유림을 말한다(시행령 제11조 제1항). 그러나 도서지역에 있는 국유림이라도 읍·면 소재지가 있는 도서지역 내의 국유림으로서 보존할 가치가 없다고 인정되는 10만m^2 미만의 국유림을 제외한다.

현행법상 '준보전국유림'이란 보전국유림 외의 국유림을 말한다. 그러나 준보전국유림이 「산림자원의 조성 및 관리에 관한 법률」에 따른 채종림 및 시험림, 「산림보호법」에 따른 산림보호구역, 「산림문화·휴양에 관한 법률」에 의한 자연휴양림 및 「사방사업법」에 의한 사방지로 지정되는 경우에는 이를 보전국유림으로 본

73) 여기에서 '농림축산식품부령으로 정하는 기준'이란 ① 특별시·광역시(군 지역은 제외한다)는 2만m^2 이상, ② 제주특별자치도(동 지역만 해당한다)와 시(도농복합형태 시의 읍·면 지역은 제외한다)는 5만m^2 이상, ③ 그 밖의 지역은 10만m^2 이상을 말한다. 또한 ④ 대부되지 않은 준보전국유림으로서 대부된 국유림과 서로 연접한 경우에는 대부[종전의 「산림법」에 따라 대부된 조림용 대부지 또는 수익분배림(분수림) 설정지를 포함한다]된 국유림과의 합산면적이 ①~③까지의 기준에 해당하는 경우를 말한다(시행규칙 제17조).

다(제16조 제2항). 따라서 예를 들어 준보전국유림이라도 산림청장이 해당 국유림을 「산림문화·휴양에 관한 법률」 제13조에 따라 자연휴양림으로 지정하는 경우에는 그때부터 해당 국유림은 보전국유림으로 의제되어 그에 따른 효과가 적용된다.

2. 구분에 따른 효과

보전국유림은 「국유재산법」에 따른 행정재산으로 보고, 준보전국유림은 일반재산으로 본다(제16조 제3항). 이 경우 현행법 제16조 제2항에 따라 보전국유림으로 보는 준보전국유림은 보전국유림으로 의제된 것이므로 행정재산이 된다. 「국유재산법」에 따르면 행정재산은 (1) 국가가 직접 사무용·사업용 또는 공무원의 주거용 등으로 사용하거나 대통령령으로 정하는 기한까지 사용하기로 결정한 재산인 공용재산, (2) 국가가 직접 공공용 등으로 사용하거나 대통령령으로 정하는 기한까지 사용하기로 결정한 재산인 공공용재산, (3) 정부기업이 직접 사무용·사업용 또는 그 기업에 종사하는 직원의 주거용 등으로 사용하거나 대통령령으로 정하는 기한까지 사용하기로 결정한 재산인 기업용재산, (4) 법령이나 그 밖의 필요에 따라 국가가 보존하는 재산인 보존용재산으로 구분하며, 일반재산은 이러한 행정재산 외의 모든 국유재산을 말한다(같은 법 제6조 제2항·제3항).

행정재산은 「국유재산법」에 따라 매우 엄격하게 관리되며, 따라서 「국유재산법」상 행정재산으로 보는 보전국유림의 경우에도 대부·매각·교환 또는 양여하거나 사권을 설정하는 것과 같은 처분이 원칙적으로 금지된다(제17조). 「국유재산법」에 따르면 행정재산에는 일반적으로 다음과 같은 효력이 있다.

- 행정재산은 민법 제245조에도 불구하고 시효취득의 대상이 되지 않는다(같은 법 제7조 제2항).
- 중앙관서의 장은 일정한 국유재산을 행정재산으로 사용하려는 경우에는 대통령령으로 정하는 바에 따라 총괄청인 기획재정부장관의 승인을 받아야 하며, 그 사용승인이 철회된 경우에는 지체 없이 이를 총괄청에 인계하여야 한다(같은 법 제8조 제4항 및 제8조의2 제3항).
- 행정재산은 처분하지 못하며, 다만 일정한 경우에만 교환하거나 양여할 수 있다. 그러나 일반재산은 대부하거나 처분할 수 있다(같은 법 제27조 제1항 및 제41조 제1항).
- 중앙관서의 장은 공용·공공용·기업용재산의 경우에는 그 용도나 목적에 장애가 되지 않는 범위에서 사용허가를 할 수 있으나, 보존용재산은 보존목적의 수행에 필요한 범위에서만 사용허가를 할 수 있다(같은 법 제30조 제1항).

3. 국유림의 재구분

가. 보전국유림을 준보전국유림으로의 재구분하는 경우

산림청장은 소관 국유림 중 보전국유림에 일정한 사유가 있는 경우에는 농림축산식품부령으로 정하는 재구분 기준에 따라 해당 국유림을 준보전국유림으로 재구분할 수 있다(제16조 제4항). 여기에서 해당 국유림을 준보전국유림으로 재구분한다는 것은 「국유재산법」상 행정재산이 일반재산으로 된다는 것을 의미하는 것이다.

현행법에 따르면 보전국유림을 준보전국유림으로 재구분할 수 있는 사유에는 (1) 「국유재산법」 제8조 제4항에 따라 다른 중앙관서의 장이 사용승인하기로 협의된 경우와 같은 법 제8조의2 제1항에 따라 보전국유림으로의 사용승인이 철회된 경우, (2) 「국유재산법」 제16조에 따라 관리전환하기로 협의된 경우, (3) 「공익사업을 위한 토지 등의 취득 및 보상에 관한 법률」에 의한 공익사업에 필요한 경우로서 대통령령으로 정하는 사업에 해당하는 경우, (4) 「지역 개발 및 지원에 관한 법률」 제23조에 따른 실시계획의 승인을 얻은 경우, (5) 국가가 시행하는 산림사업에 필요한 공유림 또는 사유림과 교환하기 위한 경우로서 대통령령으로 정하는 경우, (6) 현행법 제16조 제2항에 따라 보전국유림으로 의제된 준보전국유림으로서 그 지정이 해제된 경우, (7) 국유림의 경영관리상 보전국유림으로 보존할 필요가 없거나 다른 법률의 규정에 의한 목적사업 수행상 보전국유림이 그 사업부지의 일부로 편입이 불가피한 경우로서 대통령령으로 정하는 경우, (8) 「규제자유특구 및 지역특화발전특구에 관한 규제특례법」에 따른 특화사업을 위하여 필요한 경우, (9) 지방자치단체가 산림사업을 위하여 필요한 국유림을 계속하여 보전국유림에 준하여 관리 및 보전할 것을 조건으로 해당 지방자치단체 소유 공유림과 교환하려는 경우, (10) 현행법 제21조 제1항에 따라 2만m^2 이내의 면적으로 사용허가를 받은 자가 사용허가를 받은 날부터 해당 보전국유림을 10년 이상 사용하고 있는 경우[74] 등이 있다(제16조 제4항 제1호~제11호).[75]

---

74) 그러나 이 경우에도 ① 현행법 제16조 제2항에 해당하는 경우로서 채종림·시험림, 산림보호구역, 자연휴양림 및 사방지로 지정된 경우, ② 현행법 제26조 제1항에 따른 대부 등의 취소사유에 해당하는 경우, ③ 그 밖에 다른 법률에서 종류재구분 등을 금지하거나 제한하는 등 국유림의 효율적인 경영 및 관리에 지장이 있다고 인정되는 경우로서 농림축산식품부령으로 정하는 경우에는 재구분의 대상이 되지 않는다(제16조 제4항 제11호 단서).

75) 여기에서 '대통령령으로 정하는 경우'란 다음과 같다(시행령 제11조 제2항~제5항). ① 공익사업에 필요한 경우로서 대통령령으로 정하는 사업에 해당하는 경우: 「국방·군사시설 사업에 관한 법률」에 따른 국방·군사시설사업, 관계 법률에 의하여 허가·인가·승인·지정 등을 받아

현행법에 따라 보전국유림을 준보전국유림으로 재구분하기 위한 '농림축산식품부령으로 정하는 재구분 기준'이란 백두대간보호지역·산림보호구역 등 산림관계 법령 및 다른 법률에 따라 처분이 제한된 산림이 아니거나 도서지역의 국유림에 해당되지 않는 것을 말한다(시행규칙 제18조 제1항). 이는 이러한 기준에 해당하는 경우라면 보전국유림을 준보전국유림으로 재구분하더라도 그 처분이 제한되는 등 재구분의 실익이 없기 때문이다. 그러므로 준보전국유림으로 재구분하는 보전국유림이 「공익사업을 위한 토지 등의 취득 및 보상에 관한 법률」에 따른 손실보상의 대상이거나 도서지역이라도 읍·면 소재지가 있는 지역으로서 보존할 가치가 없는 국유림인 경우에는 준보전국유림으로 재구분할 수 있다.

나. 준보전국유림을 보전국유림으로 재구분하는 경우

산림청장은 소관 국유림 중 준보전국유림이 현행법 제16조 제1항 제1호에 따른 보전국유림의 요건에 해당하는 경우에는 해당 국유림을 보전국유림으로 재구분할 수 있다(제16조 제5항). 이 경우 현행법에 따라 준보전국유림에서 보전국유림으로 재구분된

공익을 목적으로 시행되는 철도·도로·공항·항만·공영주차장·공영차고지·화물터미널·궤도·하천·제방·댐·운하·수도·하수도·하수종말처리·폐수처리·사방·방풍·방화·방조·방수·저수지·용배수로·석유비축 및 송유·폐기물처리·전기·전기통신·방송·가스 및 기상관측에 관한 사업, 국가 또는 지방자치단체가 직접 공용 또는 공공용으로 설치하는 청사·연구소·시험소·보건 또는 문화시설·공원·수목원·운동장·화장시설·봉안당·자연장지 시설에 관한 사업, 관계 법률에 의하여 국가 또는 지방자치단체가 설립하는 학교·도서관·박물관 및 미술관의 건립에 관한 사업, ② 국가가 시행하는 산림사업에 필요한 경우로서 다음에 해당하지 않는 경우: 「산림자원의 조성 및 관리에 관한 법률」에 따른 채종림·시험림, 「수목원·정원의 조성 및 진흥에 관한 법률」에 따른 수목원·정원, 「산림문화·휴양에 관한 법률」에 따른 자연휴양림·산림욕장·치유의 숲, 「산림교육의 활성화에 관한 법률」에 따른 유아숲체험원, 「산림보호법」에 따른 산림유전자원보호구역·생태숲(산림생태원을 포함한다) 또는 「백두대간 보호에 관한 법률」에 따른 백두대간보호지역에 해당하는 경우, 공용·공공용 시설로 활용하기 위하여 국유림으로 보존·관리할 필요가 있는 경우, 국유림의 위치·기능 및 효용 등에 비추어 국유림으로 보존·관리하는 것이 필요하다고 산림청장이 인정하는 경우, ③ 국유림의 경영관리상 보전국유림으로 보존할 필요가 없는 경우: 「공익사업을 위한 토지 등의 취득 및 보상에 관한 법률」 등 다른 법률에 따라 공공용지 등에 편입 후 남은 1만m^2 미만의 토지로서 경영 및 관리가 어려운 경우, 각종 개발사업, 신도시 건설 등으로 국유림이 분할되거나 단절되어 보전국유림으로 보존할 필요가 없게 된 경우, 자연재해로 산림복구가 어렵고 복구에 소요되는 비용이 복구로 기대되는 편익에 미치지 못하여 보전국유림으로 보존할 필요가 없는 경우, 건물의 부지 등 산림 외의 용도로 10년 이상 장기간 사용되고 있어 산림으로의 경영 및 관리가 어려운 경우, ④ 다른 법률의 규정에 의한 목적사업 수행상 보전국유림이 그 사업부지의 일부로 편입이 불가피한 경우: 보전국유림의 위치가 다른 사업부지의 안에 있거나 다른 사업부지에 끼어 있거나 연접하고 있으면서 편입되는 보전국유림의 면적이 특별시·광역시(군지역을 제외한다)는 8만m^2 미만, 제주특별자치도(읍·면지역은 제외한다)와 시(도농복합형태 시의 읍·면지역은 제외한다)는 10만m^2 미만, 그 밖의 지역은 20만m^2 미만으로 해당 사업부지 전체에서 보전국유림이 차지하는 비율이 40% 미만일 것.

국유림은 「국유재산법」상 일반재산에서 행정재산으로 전환된다.

[3] 준보전국유림의 매각 및 교환

1. 매각 및 교환의 사유 · 요건 등

가. 매각 및 교환의 사유

산림청장은 준보전국유림이 (1) 「공익사업을 위한 토지 등의 취득 및 보상에 관한 법률」에 의한 공익사업, 그 밖에 다른 법률의 규정에 의한 사업에 사용하게 되어 매각 또는 교환이 필요한 경우, (2) 지방자치단체가 공용 또는 공공용사업에 사용하기 위하여 매각 또는 교환을 요청한 경우, (3) 보전국유림이 현행법 제16조 제4항 제10호 또는 제11호에 해당하여 준보전국유림으로 재구분된 경우,[76] (4) 현행법 제21조 제1항에 따라 5만m^2 이내의 면적으로 대부를 받은 자가 5년 이상 사용하고 있는 국유림을 공유림 등과 교환하려는 경우,[77] (5) 그 밖에 국유림의 확대 및 집단화 등 국유림의 효율적 경영관리를 위하여 매각 또는 교환이 필요하다고 인정되는 경우에는 이를 매각하거나 교환할 수 있다(제20조 제1항). 그러나 이 경우에도 준보전국유림이 (3)과 (4)의 사유에 해당하는 때에는 매각은 할 수 없으며 교환만 할 수 있다.

나. 교환대상 공유림 등의 요건 및 교환조건

현행법에 따라 준보전국유림과 교환하기 위해서는 공유림 등이 현행법에 따라 매수할 수 있는 요건(시행령 제12조 제1항)에 해당할 것, 「산림보호법」 또는 「산림문화 · 휴양에 관한 법률」 등 다른 법률의 규정에 따라 산림청장이 매수할 필요가 있을 것, 희귀식물 등 산림생태 보전을 위하여 필요할 것, 집단화된 국유림과 연접할 것, 그 밖에 국유림의 확대 및 경영 · 관리에 필요하다고 산림청장이 인정하는 경우일 것 등과 같은 요건 중 어느 하나의 요건을 갖추어야 한다(제20조 제1항 및 시행령 제15조의2).

산림청장은 국유림을 교환하려면 부득이한 경우를 제외하고는 다음의 기준에 따

76) 이에 대하여는 보전국유림을 준보전국유림으로 재구분하는 사유 중 (9)와 (10)의 내용을 참고하라.

77) 그러나 이 경우에도 현행법 제26조 제1항에 따른 대부 등의 취소사유에 해당하는 경우, 그 밖에 다른 법률에서 매각 등을 금지하거나 제한하는 등 국유림의 효율적인 경영 및 관리에 지장이 있다고 인정되는 경우로서 농림축산식품부령으로 정하는 경우에는 공유림 등과 교환할 수 없다(제20조 제1항 제2호의3 단서). 한편 여기에서 '농림축산식품부령으로 정하는 경우'란 시행규칙 제18조 제5항에 따른 사유로서 보전국유림을 준보전국유림으로 재구분하는 사유와 동일하다(시행규칙 제22조 제4항).

라 교환하여야 하며, 만일 차액이 있는 경우에는 금전으로 대납하여야 한다(제20조 제1항 및 시행령 제16조).

- 준보전국유림의 매각 및 교환사유 중 (1)에 해당하는 경우(제20조 제1항 제1호): 서로 유사한 재산으로서 교환하는 재산 한 쪽의 가격이 다른 쪽 가격의 4분의 3 이상일 것
- 준보전국유림의 매각 및 교환사유 중 (2)~(5)에 해당하는 경우(제20조 제1항 제2호·제2호의2·제2호의3 및 제3호): 서로 유사한 재산으로서 교환하는 재산 한 쪽의 가격이 다른 쪽 가격의 2분의 1 이상일 것[78]
- 교환대상재산이 현행법에 따른 시행령 제12조 제2항의 매수제한 사유에 해당되지 않을 것[79]

2. 매각 또는 교환가격의 결정 및 납부방법

준보전국유림을 매각 또는 교환하려는 경우에는 시가를 참작하여 예정가격을 결정하여야 한다(제20조 제2항 및 시행령 제14조 제1항). 이 경우 그 예정가격은 토지와 입목·죽의 가격을 합산한 금액으로 한다. 그러나 준보전국유림을 국가의 보조를 받아 산림사업을 실행한 공유림 등과 교환하는 경우 그 교환가격은 매수가격의 결정에 관한 현행법 제18조 제3항 후단을 준용하여, 해당 산림사업 준공일부터 5년 이내에 교환하는 때에 한정하여 그 보조금의 전부 또는 일부에 상당하는 금액을 공제한 금액으로 결정하여야 한다(제20조 제2항 후단).

국유림을 매수한 자는 계약체결일부터 60일 이내에 매각대금의 전액을 일시에 납부하여야 한다(제20조 제2항·제3항 및 시행령 제15조 제1항·제2항). 이 경우 현행법에 따른 국유림의 매각대금은 국유림 확대의 필요성 등을 고려하여 국유림의 확대를 위한 재원으로 사용할 수 있다. 만일 국유림을 매수한 자가 매각대금 전액을 일시에 납부하는 것이 곤란하다고 인정되는 경우로서 지방자치단체가 직접 공용 또는 공공용으로 사용할 국유림을 해당 지방자치단체에 매각하는 경우, 「국유재산법 시행령」 제33조에 따른 공공단체가 직접 비영리공익사업용으로 사용할 국유림을 해당 공공단체에 매각하는 경우, 1989년 1월 24일 이전부터 사유건물의 부지로 점유·사용되고 있는 토지를 해당 점유·사용자에게 매각하는 경우에는 이자를 붙여 5년 이내의 기간에 걸쳐 분할 납부하게 할 수 있다.

78) 이 경우 준보전국유림의 매각 및 교환사유 중 (5)에 해당하는 사유(제20조 제1항 제3호)로 교환하려는 때에는 교환하여 새로 국유림에 포함되는 재산의 면적이 국유림에서 제외되는 재산의 면적보다 커야 한다.

79) 그러나 이에 해당하는 경우에도 국유림의 효율적인 경영·관리를 위하여 그 교환이 불가피하다고 산림청장이 인정하는 경우에는 교환할 수 있다.

[4] 국유림의 대부 또는 사용허가

1. 개념 및 기준

「국유재산법」에 따르면 대부란 일반재산을 국가 외의 자가 일정 기간 유상이나 무상으로 사용·수익할 수 있도록 하는 것을 말하며, 사용허가란 행정재산을 국가 외의 자가 일정 기간 유상이나 무상으로 사용·수익할 수 있도록 허용하는 것을 말한다(같은 법 제2조 제7호·제8호). 「국유재산법」이 이처럼 대부와 사용허가를 엄격하게 구분하고 있는 것은 앞에서 이미 살펴본 것처럼 「국유재산법」상 일반재산의 경우에는 대부나 처분을 할 수 있으나, 행정재산의 경우에는 대부나 처분은 할 수 없는 대신 일정한 경우에 한정하여 사용허가만을 할 수 있도록 규정하고 있기 때문이다(국유재산법 제41조 제1항 및 제30조 제1항). 그러므로 이에 따르면 현행법 제16조 제3항에 따라 일반재산으로 보는 준보전국유림은 대부를 할 수 있으나, 행정재산으로 보는 보전국유림의 경우에는 사용허가만을 할 수 있을 뿐이다.

산림청장은 보전국유림의 사용을 허가하거나 준보전국유림을 대부하는 경우에는 대통령령으로 정하는 다음의 기준에 따라야 한다(제21조 제1항 및 시행령 제17조 제1항).

- 현행법이나 다른 법령에 따라 사용이 금지 또는 제한되었거나 사용계획이 확정된 국유림이 아닐 것
- 대부 등의 용도가 「산지관리법」 제10조 및 제12조에 따라 산지전용·산지일시사용이 가능한 용도에 해당하고, 같은 법 제15조, 제15조의2 또는 제18조에 따른 산지전용·일시사용기준에 적합한 국유림일 것
- 그 밖에 다른 법령에 따라 허가·인가·승인·지정·등록·신고 또는 협의 등의 처분이 필요한 경우에는 그 처분이 있을 것

2. 보전국유림에 사용허가를 할 수 있는 경우

산림청장은 준보전국유림은 대부할 수 있으나 보전국유림에 대하여는 대부를 할 수 없으며 현행법에 따라 일정한 경우에만 사용허가를 할 수 있다. 현행법이 이처럼 보전국유림에 대하여 대부를 할 수 없도록 하면서 사용허가에 대해서도 매우 제한적으로 인정하고 있는 것은 행정재산인 보전국유림을 엄격하게 보호하고 관리하기 위한 것으로 이해된다.

현행법에 따르면 보전국유림에 사용허가를 할 수 있는 이러한 사유로는 (1) 국가 또는 지방자치단체가 공용 또는 공공용으로 사용하고자 하는 경우, (2) 전기·

통신·방송·가스·수도 그 밖에 대통령령으로 정하는 기반시설용으로 사용하고자 하는 경우, (3) 수목원, 자연휴양림, 산림욕장, 치유의 숲, 그 밖에 대통령령으로 정하는 산림공익시설로 사용하고자 하는 경우, (4) 「산림조합법」에 의한 산림조합 또는 산림조합중앙회, 「임업 및 산촌 진흥촉진에 관한 법률」에 따른 한국임업진흥원 및 「산림복지 진흥에 관한 법률」에 따른 한국산림복지진흥원이 설립목적의 달성에 필요하여 산림청장의 승인을 얻은 사업에 사용하고자 하는 경우, (5) 국유림에서 생산되는 임산물[국유임산물]의 매수자가 그 국유임산물을 채취·가공 또는 운반하는 시설용으로 사용하고자 하는 경우, (6) 「광업법」에 따른 광업권자 및 조광권자가 광물의 채취용으로 사용하고자 하는 경우, (7) 임목의 생육에 지장이 없는 범위에서 「임업 및 산촌 진흥촉진에 관한 법률」 제8조에 따른 임산물소득원의 지원대상품목 중 버섯류·산나물류·약초류 또는 약용수종류의 재배용으로 사용하려는 경우, (8) 국유림 안에 위치한 공·사유림에서 생산되는 목재의 반출 등 임산물의 운반을 위하여 필요한 경우, (9) 임목의 생육에 지장이 없는 범위에서 「농업·농촌 및 식품산업 기본법」에 따른 농업인과 「수산업·어촌 발전 기본법」에 따른 어업인이 가축 조사료용 초본식물을 재배하기 위하여 사용하려는 경우, (10) 「장사 등에 관한 법률」 제16조 제6항 제2호에 따른 공공법인이 수목장림을 조성 및 운영하기 위하여 사용하려는 경우, (11) 「광산피해의 방지 및 복구에 관한 법률」에 따른 광해방지사업의 시행을 위하여 사용하려는 경우 등이 있다(제21조 제1항 제1호~제12호).

3. 대부 등의 효과

가. 대부 등의 기간

국유림의 대부 등의 기간은 5년 이내로 하며 갱신할 수 있다(제21조 제3항 및 시행령 제19조 제1항·제2항). 그러나 그 갱신기간은 갱신할 때마다 5년의 기간을 초과할 수 없다.

나. 대부료 및 사용료

A. 대부료 등의 산정

현행법에 따른 대부료 또는 사용료[대부료 등]은 대부 등을 받은 국유림의 가격에 대통령령에서 정한 요율을 곱한 금액으로 하며, 매년 대부료 등을 결정하는 때에는 「부동산 가격공시에 관한 법률」에 따라 최근에 공시한 해당 토지에 대한 개별공시지가를 기준으로 산정한 토지가격을 적용하여 산출한다(제23조 제1항 및 시행령 제21조 제1항·제2항). 만일 해당토지의 개별공시지가가 없거나 대부료 등의 부과 당시의 이용 상태로 평가되지 않은 경우에는 감정평가법인 등에게 감정평가를 의뢰하여 산정한 토지가격이나 인근에 있는 이용가치가 유사한 토지의 개별공시지가를 기준으로 하여 산정한 토지가격을 적용하여 산출한다.[80)]

B. 대부료 등의 조정 및 면제

산림청장은 동일인이 동일한 국유림을 1년 이상 계속 사용하는 경우로서 대통령령으로 정하는 경우에는 대부료 등을 조정할 수 있으며, 현행법상 일정한 사유에 해당하는 경우에는 농림축산식품부령으로 정하는 바에 따라 대부료 등의 전부 또는 일부를 징수하지 않을 수 있다(제23조 제3항~제5항). 이 경우 상속인이나 그 밖의 포괄승계인은 동일인으로 보며, 조정되는 해당 연도 대부료 등의 산출 방법은 대통령령으로 정한다.[81)] 현행법에 따라 산림청장이 대부료 등의 전부 또는 일부를 징수하지 않을 수 있는 사유로는 (1) 현행법 제21조 제1항 제1호·제4호 및 제5호에 해당하는 경우로서 국가 또는 지방자치단체가 공용 또는 공공용으로 사용하고자 하는

80) 이와 관련하여 헌법재판소는 대부료를 최근에 공시한 당해 토지에 대한 개별공시지가를 적용하여 산출하도록 규정하고 있는 「국유림의 경영 및 관리에 관한 법률 시행령」 제21조 제2항 후단이 대부료 납부의무자인 스키장업체의 기본권을 침해할 가능성이 있는지에 대하여 "대부계약은 국가(행정기관)가 공권력의 주체로서 처분행위를 하는 행정처분이 아니라 사경제적 주체로서 사적 자치와 계약 자유의 원리에 따라 행하는 사법상의 법률행위로서 청구인 회사들은 그들의 자유로운 의사결정에 따라 이를 체결하거나 그 계약기간을 갱신하고, 이 사건 시행령조항은 대부계약에 있어 한쪽 당사자인 국가의 계약내용(대부료) 결정의 재량을 제한하는 것일 뿐이지, 상대방인 청구인 회사들의 계약체결이나 그 내용결정의 자유를 제한하는 것은 아니므로, 이 사건 시행령조항으로 인하여 청구인 회사들의 헌법상 기본권이 침해될 가능성은 없다"라고 하였으며, 한편 사용료의 경우에도 최근에 공시한 당해 토지에 대한 개별공시지가를 적용하여 산출하도록 규정하고 있는 것에 대하여 "사용허가는 행정처분으로 이 사건 시행령조항은 사용료 부과라는 공권적 처분을 함에 있어서 그 사용료의 기준을 정하고 있는 것이므로, 청구인 회사들의 기본권을 침해할 가능성이 전혀 없다고 단정하기는 어려울 것이나…청구인 회사들이 납부하여야 할 사용료는 이 사건 시행령조항뿐만 아니라 사용허가기간의 갱신 여부, 당해 국유림의 개별공시지가의 등락, 개정된 사용료 산정요율의 저감 정도, 그 밖에 감면규정의 적용 등에 따른 구체적인 산정과정과 사용료의 부과처분이 있어야만 비로소 구체적으로 확정된다 할 것이고, 이러한 사용료의 산정과정과 부과처분이 있기 전에는 이 사건 시행령조항은…사용료를 구체적으로 산정하는데 필요한 여러 가지 요소 중 하나에 불과할 뿐이어서 그 자체만으로는 과연 청구인 회사들의 재산권 등 헌법상 기본권에 어떠한 영향을 미치는지 전혀 알 수 없다 할 것이므로, 이 사건 시행령조항 자체에 의하여 직접적으로 청구인 회사들의 기본권이 침해되었다고 보기는 어렵다"라고 하였다(헌재 2008. 11. 27. 2006헌마1244).

81) 여기에서 대부료 등을 조정할 수 있는 '대통령령으로 정하는 경우'란 대부 등의 기간 동안 해당 연도의 대부료 등이 전년도보다 9% 이상 증가한 경우를 말한다. 그러나 농림어업소득사업이나 주거용의 대부료 등은 5% 이상 증가한 경우를 말한다. 한편 이에 해당하여 대부료 등을 조정하는 경우 조정되는 해당 연도의 대부료 등은 전년도보다 9%(농림어업소득사업이나 주거용의 대부료 등은 5%) 증가된 금액으로 한다(시행령 제24조 제1항 및 제2항). 이는 동일인이 동일한 국유림을 계속 사용하는 경우 대부료 등이 급격하게 인상되지 않도록 조정하려는 취지로서 특히 농림어업인의 소득안정과 국민의 주거안정을 고려한 것으로 이해된다.

경우나 산림조합·산림조합중앙회, 한국임업진흥원 및 한국산림복지진흥원이 설립 목적의 달성에 필요하여 산림청장의 승인을 얻은 사업에 사용하고자 하는 경우 또는 국유임산물의 매수자가 그 국유임산물을 채취·가공 또는 운반하는 시설용으로 사용하고자 하는 경우나 (2) 천재지변 등으로 인하여 대부 등을 받은 목적사업의 소득이 없다고 인정되는 경우 등 대통령령으로 정하는 경우 등이 있다. 여기에서 '대통령령으로 정하는 경우'란 「재난 및 안전관리 기본법」 제3조 제1호에 따른 재난으로 목적사업의 소득이 없거나 평년작의 50%에 미치지 못하는 경우를 말한다.

C. 대부료 등의 납부

산림청장은 현행법에 따라 대부 등을 하는 때에는 매년 대부료 등을 징수하여야 한다(제23조 제1항·제6항). 그러나 연간 대부료 등이 대통령령으로 정하는 금액 이하[82]인 경우에는 대부 등의 기간 동안의 대부료 등을 일시에 통합 징수할 수 있으며, 이 경우에는 대부 등의 기간 중에 대부료 등이 증가 또는 감소되더라도 그 차액을 추가 징수하거나 반환하지 않는다(제23조 제6항). 현행법에 따라 대부료 등을 징수하는 때에는 현금 또는 대통령령으로 정하는 납부대행기관을 통하여 신용카드·직불카드 등으로 납부하게 할 수 있다. 이 경우 신용카드·직불카드 등으로 대부료 등을 납부하는 경우에는 대부료 등 납부대행기관의 승인일을 납부일로 본다(제23조 제8항). 대부료 등을 신용카드·직불카드 등으로 납부할 수 있도록 한 이러한 규정은 그동안 카드납부의 근거 규정이 없어 카드사용이 일상화된 현실임에도 현금으로만 납부하던 불편을 해소하기 위하여 2021년 6월 15일 법률개정을 통하여 신설된 것이다.

대부료 등의 납부기한은 그 납부를 고지한 날부터 60일 이내로 한다(제23조 제1항 및 시행령 제21조 제5항). 그러나 신규로 대부 등을 받아 처음 납부하는 대부료 등은 해당 국유림의 사용을 시작하기 전에 납부하여야 한다. 산림청장은 대통령령으로 정하는 바에 따라 대부료 등을 분할 납부하게 할 수 있다(제23조 제2항). 이 경우 연간 대부료 등이 대통령령으로 정하는 금액 이상인 경우에는 대부 등을 받는 자로 하여금 대통령령으로 정하는 금액의 범위에서 보증금을 예치하게 하거나 이행보증조치를 하도록 하여야 한다.[83]

산림청장은 현행법에 따라 대부 등을 받은 자가 대부료 등을 체납하는 때에는

82) 대부료 등이 20만원 이하인 경우를 말한다(시행령 제21조 제4항).

83) 여기에서 현행법에 따라 보증금을 예치하게 하거나 이행보증조치를 해야 할 '대통령령으로 정하는 금액 이상인 경우'란 연간 대부료 등이 1천만원 이상인 경우를 말하며, '대통령령으로 정하는 금액의 범위'란 연간 대부료 등의 100분의 50에 해당하는 금액을 말한다(시행령 제22조 제2항).

「국세기본법」 제47조의4 또는 「국세징수법」 제10조 및 「국세징수법」 제3장의 체납처분에 관한 규정을 준용하여 이를 징수할 수 있다(제23조 제7항).

다. 산지이용 및 입목벌채 허가 등의 의제

현행법에 따라 대부 등을 받은 자가 대부계약서나 허가조건에 명시된 바에 따라 입목의 벌채 또는 임산물의 굴취·채취 등을 하는 경우에는 「산지관리법」에 따른 산지전용허가·산지일시사용허가 또는 산지전용신고·산지일시사용신고 및 「산림자원의 조성 및 관리에 관한 법률」 제36조에 따른 허가를 받거나 신고를 한 것으로 본다(제21조 제2항). 이는 산림청장과 대부계약을 체결한 경우에는 이러한 행위에 대한 산림청장의 허가가 있거나 신고를 받은 것으로 볼 수 있기 때문이다.

라. 영구시설물의 설치금지

국유림에 대하여 대부 등을 받은 자는 해당 국유림에 건물 그 밖에 영구시설물을 설치하지 못한다(제22조 제1항 및 시행령 제20조 제1항). 그러나 기부·철거 또는 원상회복을 조건으로 설치하는 경우로서 대부 목적사업의 수행을 위하여 설치하는 경우 등과 같이 대통령령으로 정하는 경우에는 그렇지 않다.

산림청장은 현행법 제22조 제1항 단서에 따라 국유림에 건물 그 밖에 영구시설물의 설치를 허용하는 경우에는 해당 국유림의 대부 등을 받은 자에게 그 영구시설물의 철거 등 원상회복에 필요한 비용의 상당액에 대하여 이행보증조치를 하도록 하여야 한다(제22조 제2항). 그러나 이 경우에도 대통령령으로 정하는 경우로서 국가 또는 지방자치단체가 공용 또는 공공용으로 사용하는 경우나 전기·통신·방송·가스·수도 그 밖에 대통령령으로 정하는 기반시설용으로 사용하고자 하는 경우 또는 시설물의 기부를 전제로 시설하는 경우에는 이행보증조치를 하지 않을 수 있다(시행령 제20조 제2항).

마. 임산물의 취득제한

국유림의 대부 등을 받은 자는 대부계약서나 허가조건에 명시된 산물 외에는 취득하지 못한다(제24조 제1항·제2항). 이는 대부 등은 대부계약서나 허가조건 내의 범위에서 효력을 가지는 것이므로 이에 명시된 산물 이외의 것을 취득하는 것은 그 대부 등의 범위에 속하지 않기 때문이다. 따라서 대부 등을 받은 자가 대부 등의 목적사업 수행을 위하여 대부계약서 또는 허가조건에 명시된 산물 외의 지장목을 제거하고자 하는 경우에는 「산림자원의 조성 및 관리에 관한 법률」에 따라 입목·죽의 벌채허가를 받거나 산림청장과 국유임산물매각계약을 체결하여야 한다.

바. 권리양도 및 명의변경의 제한

국유림의 대부 등을 받은 자가 그 권리를 양도하거나 명의를 변경하고자 하는 때에는 산림청장의 허가를 받아야 한다(제25조 제1항). 대부 등에 관한 권리양도나 명의변경은 대부계약이나 사용허가조건의 중요한 내용에 속하는 것이기 때문이다.

산림청장은 그 권리양도나 명의변경의 사유가 대부 등을 받은 국유림의 일부에 대한 권리만을 양도 또는 명의변경을 하려는 경우나 대부계약서 또는 사용허가서에 정한 사항을 위반하여 권리를 양도하거나 명의를 변경하려는 경우에는 그 권리양도나 명의변경을 허가할 수 없다(제25조 제2항 및 시행령 제25조 제1항). 이러한 경우는 대부 등의 내용을 중대하게 변경하거나 위반한 경우에 해당하기 때문이다. 따라서 대부 등을 받은 국유림의 일부에 대한 권리만을 양도 또는 명의변경을 하려는 경우라도 현행법이나 다른 법령에 따른 사업수행을 위하여 불가피한 경우에는 이를 허가할 수 있다.

4. 대부 또는 사용허가의 취소

가. 취소사유

산림청장은 일정한 사유가 있는 경우에는 대부 등을 취소하고 대부 등을 받은 국유림의 전부 또는 일부를 반환하게 할 수 있다(제26조 제1항). 산림청장이 현행법에 따라 대부 등의 취소처분을 할 수 있는 이러한 사유에는 (1) 거짓이나 부정한 방법으로 대부 등을 받은 때, (2) 납부기한 내에 대부료 등을 납부하지 않거나 현행법에 따른 보증금 예치 또는 이행보증조치를 하지 않은 때, (3) 대통령령으로 정하는 바에 따라 대부 등의 목적사업이 진척되지 않거나 사업목적의 달성이 불가능하다고 인정되는 때, (4) 현행법 제22조 제1항, 제24조 제1항 및 제25조 제1항에 따른 영구시설물의 설치금지, 임산물의 취득제한 및 권리양도·명의변경의 제한에 관한 규정을 위반한 때, (5) 대부계약서상의 의무 또는 사용허가조건을 위반한 때, (6) 착오로 인하여 대부 등을 한 때, (7) 국가 또는 지방자치단체의 사업이나 「공익사업을 위한 토지 등의 취득 및 보상에 관한 법률」에 의한 공익사업을 위하여 필요하다고 인정되는 때 등이 있다. 산림청장은 현행법에 따른 이러한 사유가 있더라도 반드시 그 대부 등을 취소하여야 하는 것은 아니나, 만일 그 사유가 '거짓이나 부정한 방법으로 대부 등을 받은 때'에 해당하는 경우에는 반드시 그 대부 등을 취소하여야 한다(제26조 제1항 단서). 산림청장은 현행법에 따라 대부 등에 대한 취소처분을 하려면 미리 청문을 하여야 한다(제31조 제1호).

나. 대부 등의 취소처분에 따른 조치

A. 대부 등을 받은 자에게 책임이 있는 경우

산림청장은 (1)~(5)에 해당하는 사유로 대부 등을 취소한 때에는 대부 등을 받은 자에 대하여 일정기간을 정하여 그 대부 등을 받은 산림으로부터 얻은 부당이득의 반환 또는 건물·시설물의 제거, 그 밖에 원상회복을 위하여 필요한 조치를 명할 수 있다(제26조 제2항). 이 경우 산림청장은 현행법에 따라 부당이득의 반환 또는 건물·시설물의 제거 및 그 밖에 원상회복을 위하여 필요한 조치명령을 하려면 미리 청문을 하여야 한다(제31조 제2호).

현행법의 이러한 규정은 대부 등을 받은 자에게 그 취소에 대한 책임이 있는 경우에는 국유림은 물론 부당이득을 반환하거나 건물·시설물의 제거 등 원상회복의 책임을 묻기 위한 것이다. 그러나 이 경우에도 제거대상인 건물 또는 시설물의 제거명령을 받은 자가 그 건물 또는 시설물의 기부를 조건으로 제거의무 면제의 신청을 한 경우로서 국가가 활용하는 것이 타당하다고 인정되거나 건물 또는 시설물의 제거가 현실적으로 불가능하다고 인정되는 경우 또는 해당 건물이나 시설물의 제거에 많은 비용이 수반되어 사회적 손실이 발생할 우려가 있다고 인정되는 경우에는 그 제거의무를 면제할 수 있다(제26조 제2항 단서).

산림청장은 대부 등을 받은 자가 현행법에 따른 이러한 조치명령 등에 따르지 않는 경우로서 부당이득을 반환하지 않는 때에는 「국세기본법」 제47조의4 또는 「국세징수법」 제10조 및 「국세징수법」 제3장의 체납처분에 관한 규정을 준용하여 징수하고, 건물·시설물의 제거 그 밖에 원상회복 명령을 이행하지 않는 때에는 「행정대집행법」에 의한 대집행을 할 수 있다(제26조 제3항).

B. 대부 등을 받은 자에게 책임이 없는 경우

산림청장은 (6) 또는 (7)에 해당하는 사유로 대부 등을 취소한 때에는 대통령령으로 정하는 바에 따라 대부료 등의 전부 또는 일부를 반환할 수 있다(제26조 제4항·제5항). 이 경우 특히 (7)에 해당하는 경우로서 국가 또는 지방자치단체의 사업이나 「공익사업을 위한 토지 등의 취득 및 보상에 관한 법률」에 의한 공익사업을 위하여 필요하다고 인정하여 대부 등을 취소한 경우에 대부 등을 받은 자에게 손실이 발생한 때에는 그 국유림을 사용할 국가·지방자치단체 또는 사업시행자는 이를 보상하여야 한다. 이는 귀책사유가 없음에도 대부 등이 취소된 경우 그 대부 등을 받은 자를 보호하고 그로 인한 손실을 보상하기 위한 것이다.

[5] 국유임산물의 매각 또는 무상양여

1. 국유임산물의 매각

가. 경쟁입찰의 원칙과 수의계약

산림청장은 국유임산물을 매각하는 경우에는 현행법으로 정하는 일정한 경우를 제외하고는 경쟁입찰에 의하여야 한다(제27조 제1항). 산림청장이 국유임산물을 매각하는 이러한 행위는 국고관계에 의한 것으로서 본질상 사법적 법률행위라는 점에 대하여는 앞에서 이미 설명한 것과 같다.[84] 여기에서 '경쟁입찰'이란 다수의 입찰자를 참여시켜 공개적인 경쟁에 의하여 계약을 성립시키는 방식으로서 입찰자에 제한이 없는 일반경쟁입찰과 입찰자의 자격 등에 제한을 두는 제한경쟁입찰이 있다.

계약의 방식과 관련하여 「국가를 당사자로 하는 계약에 관한 법률」은 제7조 제1항에서 "각 중앙관서의 장 또는 계약담당공무원은 계약을 체결하려면 일반경쟁에 부쳐야 한다"라고 하여 일반경쟁입찰을 원칙으로 하고 있는데, 이러한 원칙은 「국유재산법」에 따라 일반재산을 처분하는 계약에도 적용되고 있다(같은 법 제43조 제1항). 이러한 경쟁입찰 방식과는 달리 수의계약은 임의로 적당한 상대자를 선정하여 체결하는 계약으로서 계약의 목적·성질 및 규모 등을 고려하여 경쟁입찰에 부치기 곤란하다고 인정되는 경우에 적용되는 계약방식이다. 그러나 수의계약에 의하는 경우에는 통상적으로 특혜에 대한 우려가 제기될 수 있으므로 「국가를 당사자로 하는 계약에 관한 법률」에서는 이를 제한적으로 허용하고 있다(같은 법 제7조 제1항 단서).

나. 수의계약에 의한 국유임산물의 매각

산림청장은 현행법에서 정하는 다음과 같은 사유에 해당하는 경우에는 국유임산물을 수의계약의 방법으로 매각할 수 있다(제27조 제1항 단서).

- 공용·공공용 또는 「공익사업을 위한 토지 등의 취득 및 보상에 관한 법률」에 따른 공익사업을 위하여 필요한 경우

84) 이에 대하여는 대법원도 "국가를 당사자로 하는 계약에 관한 법률에 따라 국가가 당사자가 되는 이른바 공공계약은 사경제 주체로서 상대방과 대등한 위치에서 체결하는 사법상 계약으로서 본질적인 내용은 사인 간의 계약과 다를 바가 없으므로"라고 하면서, "그에 관한 법령에 특별한 정함이 있는 경우를 제외하고는 사적 자치와 계약자유의 원칙 등 사법의 원리가 그대로 적용된다"라고 하였다(대판 2020. 5. 14. 2018다298409).

- 대통령령으로 정하는 바에 따라 특별한 연고가 있는 국유임산물을 그 연고자에게 매각하는 경우
- 국내 목재산업의 육성을 위하여 산림청장이 목재의 용도 및 매수인의 자격을 지정하여 매각하는 경우
- 경쟁입찰에 의할 경우 국유림의 효율적인 경영을 현저히 저해할 우려가 있다고 인정되어 산림청장이 정하는 자격을 가진 자에게 매각하는 경우
- 국유임산물의 매수인에게 그 임산물의 반출 등을 위하여 필요한 임산물을 매각하는 경우
- 수출산업을 위한 원자재로 사용하고자 주무관청의 추천을 받은 자에게 매각하는 경우
- 산림조합 및 산림조합중앙회에 매각하는 경우
- 그 밖에 목재의 원활한 수급을 위하여 매각이 불가피한 경우로서 대통령령으로 정하는 경우[85)]

여기에서 현행법에 따라 특별한 연고가 있는 국유임산물을 그 연고자에게 매각하는 경우에 그 국유임산물을 매각할 수 있는 연고자란 (1) 공동산림사업을 한 국유림에서 생산되는 임산물의 경우에는 그 협약을 체결한 공동사업수행자, (2) 대부 등을 받은 국유림에서 생산되는 임산물에 있어서는 그 국유림의 대부 등을 받은 자, (3) 민간인 통제선 북방지역의 국유림에서 작전상 벌채한 임산물에 있어서는 그 벌채를 대행한 자, (4) 국유림에 연접된 토지 또는 건물 및 시설물 등의 피해방지를 위하여 벌채한 임산물에 있어서는 그 벌채를 요청한 자를 말한다(시행령 제27조 제1항).

다. 계약의 해제

산림청장은 국유임산물을 매수한 자가 기간 내에 매각대금을 납부하지 않거나 산림청장과 체결한 계약서상의 의무를 위반한 경우에는 매각계약을 해제할 수 있다(제28조 제1항 및 제2항 제2호). 이 경우 국유임산물의 매수인이 국유임산물을 굴취·채취 또는 반출하지 않은 상태에서 그 임산물의 매각계약을 해제한 때에는 농림축산식품부령으로 정하는 바에 따라 이미 납부한 매각대금의 전부 또는 일부를 반환할 수 있다.

이와 관련하여 현행법은 국유임산물에 대한 매각계약의 해제에 대하여 규정하면서 국유림에 대해서도 함께 규정하고 있는데, 이에 따르면 산림청장은 국유림을 매수한 자가 기간 내에 매각대금을 납부하지 않거나 산림청장과 체결한 계약서상의 의무를 위반한 경우에는 그 매각계약을 해제하고, 이미 납부한 매각대금의 전부 또는 일부를 반환할 수 있다(제28조 제1항 및 제2항 제1호). 이는 산림청장이 국유림을 매각한 경우에

---

85) 이에 따라 '대통령령으로 정하는 경우'란 문화재 보수·복원용으로 필요한 경우 또는 임산물 소재지 주민의 공동사업이나 연료용으로 이용하는 경우를 말한다(시행령 제27조 제5항).

적용되는 것으로서 산림청장이 국유림을 확대하기 위하여 현행법 제18조 제2항에 따라 공유림 등을 매수하는 경우와는 구별하여야 한다.

2. 국유임산물의 무상양여

산림청장은 재해예방 및 복구 등을 위한 자재를 공급하거나 재해를 입은 자에게 재해복구에 필요한 건축자재나 임산연료를 공급하는 경우 또는 용재가치가 없는 숲가꾸기 산물을 「농업 · 농촌 및 식품산업 기본법」에 따른 농업인 등과 「수산업 · 어촌 발전 기본법」에 따른 어업인 등 농림축산식품부령으로 정하는 자에게 연료용 등 자가소비용으로 공급하려는 경우에는 국유임산물을 무상으로 양여할 수 있다(제29조 제1항).

이는 재해발생 등으로 인한 긴급한 경우나 농림어업인 등의 생활안정을 위하여 국유임산물을 무상으로 주는 것으로서, 특히 현행법에 따르면 용재가치가 없는 숲가꾸기 산물의 무상양여 대상자에는 농림어업인뿐만 아니라 「국민기초생활보장법」에 따른 급여수급자, 「산림자원의 조성 및 관리에 관한 법률」 제11조에 따른 숲가꾸기 지역(동 · 리)의 주민, 그 밖에 관계기관장이 생활수준, 연령 및 직종 등을 고려하여 무상양여가 필요하다고 인정하는 사람 등이 포함된다(제29조 제2항 및 시행규칙 제31조 제2항).

제3절 도시숲 등의 조성 및 관리에 관한 법률

Ⅰ. 총 론

[1] 개 요

도시숲은 도시환경의 보전과 개선을 위한 중요한 요소이며, 도시의 쾌적성을 유지하고 시민들에게 휴양과 여가공간을 제공하는 도시기반시설이다.[86)] 이러한 도시숲은 도시의 생태계를 보전하고 미기후를 조절하며, 환경오염을 낮출 뿐만 아니라 도시의 경관을 결정하고, 도시민의 보건휴양 및 복지수준에 영향을 미친다. 특히 우리나라와 같이 인구의 90% 이상이 도시지역에 거주하고 있는 경우에는 이러한 도시숲의 가치와 중요성은 더욱 크다고 할 수 있을 것이다. 우리나라의 생활권 도

86) 변우혁 · 김기원, 「도시숲 이론과 실제」, 도서출판 이채, 2010, 43면.

시숲 면적은 세계보건기구(WHO)의 권고기준(9m²/인)을 상회하기는 하나,[87] 세계의 주요 도시인 런던이나 뉴욕 등과 비교하면 아직도 부족한 수준인 것은 부인할 수 없는 사실이다. 따라서 그동안 거두어 온 일정한 성과에도 불구하고 증가하는 도시민의 녹색수요를 충족시키고, 늘 건설 중인 우리의 회색도시를 '숲 속의 도시'로 바꾸는 일은 여전히 산림정책의 주요 대상이 되어야 하며, 결코 소홀히 다루어져서는 안 될 것이다.

이러한 관점에서 「산림자원의 조성 및 관리에 관한 법률」에서 규정하고 있던 도시림 등의 내용을 삭제하고, 2020년 6월 9일 도시숲으로 용어를 바꾸면서 이에 관하여 별도로 「도시숲 등의 조성 및 관리에 관한 법률」(법률 제17420호)을 제정한 것은 큰 의미가 있어 보인다. 이는 「도시숲 등의 조성 및 관리에 관한 법률」이 그 제정이유[88]에서 스스로 밝히고 있듯이 "국민들에게 쾌적한 생활환경과 휴양·휴식 공간을 제공하고, 건강증진 및 정서함양 등에 활용할 수 있도록 도시숲의 조성·관리와 관련된 단편적인 현행 법률체계를 보완하여 국가와 지방자치단체의 책무를 강화하고 국민의 참여를 확대하는 등 도시숲의 체계적 조성과 생태적 관리에 관한 사항을 종합적으로 규정하는 법률"로서 도시지역 산림의 조성·관리(산림기본법 제18조)에 대한 새로운 변화를 이끌어내는 역할을 할 것으로 기대되기 때문이다.

「도시숲 등의 조성 및 관리에 관한 법률」은 다음과 같은 점에서 이전에 「산림자원의 조성 및 관리에 관한 법률」에 규정되었던 도시림 등에 관한 내용과는 구별된다.

■ 도시림을 도시숲으로 용어를 바꾸면서 그 개념을 다시 규정하였다.
■ 국가 또는 지방자치단체에게 도시숲·생활숲·가로수[도시숲 등][89] 등의 조성을 위한 토지·공간의 확보와 기반조성 및 도시숲 등의 조성·관리 활성화에 필요한 시책을 수립·시행할 책무를 부여하였다.
■ 도시숲 등의 총량제 개념에 따라 도시숲 등의 실태조사, 관리지표의 설정·운영, 도시숲 등의 유지·증가에 노력할 의무, 통계관리 및 정보체계의 구축·운영 등에 관한 내용을 명문화하였다.

87) 산림청(2018)의 「제6차 산림기본계획(2018년~2037년)」, 16면. 이와 함께 유럽과 아시아 주요 도시의 도시숲에 대하여는 변우혁 외 13인, 「세계의 도시숲을 걷는다」, 도서출판 이채, 2009를 참고하라.

88) 법제처의 국가법령정보센터(www.law.go.kr) 중 「도시숲 등의 조성 및 관리에 관한 법률」(법률 제17420호, 2020. 6. 9.)의 제정이유를 참고하라.

89) 현행법은 제3조에서 도시숲과 생활숲 및 가로수를 총칭하여 '도시숲등'으로 표현하고 있으나, 이 책에서는 일반적인 표기법에 따라 '도시숲 등'으로 하였다. 그러나 생활숲과 가로수를 도시숲에서 떼어 따로 강조할 필요가 있는 부분에서는 이를 각각 나열하여 설명하였다.

■ 도시숲지원센터의 지정·운영 근거를 마련하고, 도시숲 등의 조성·관리를 위한 민관 협의체를 구성할 수 있도록 하는 등 민간참여의 활성화를 위한 방안을 제도화하였다.

[2] 목적 및 국가 등의 책무

1. 목　　적

「도시숲 등의 조성 및 관리에 관한 법률」은 도시숲 등의 조성·관리에 관한 사항을 정하여 국민의 보건·휴양 증진 및 정서함양에 기여하고, 미세먼지 저감 및 폭염완화 등으로 생활환경을 개선하는 등 국민의 삶의 질 향상에 이바지함을 목적으로 한다(제1조). 이에 따르면 현행법은 도시숲 등의 기능 중 국민의 보건·휴양 증진과 정서함양 및 생활환경 개선에 중점을 두어 규정하면서, 특히 미세먼지 저감과 폭염완화를 예시하여 나열하고 있다.

현행법의 이러한 표현은 법률에 대한 국민적 공감대를 얻기 위한 노력으로 보이나, 한편으로는 도시숲 등의 다양한 기능과 가치를 지나치게 제한적으로 열거함으로써 현행법의 범위와 내용을 스스로 축소시키는 것은 아닌지 하는 우려가 있는 것도 사실이다. 따라서 현행법을 해석할 때에는 이러한 우려를 불식시키기 위해서라도 도시숲의 다양한 기능이 법해석을 통하여 보완될 수 있도록 노력할 필요가 있을 것이다.

2. 국가 등의 책무

국가 또는 지방자치단체는 도시숲 등의 조성을 위한 토지·공간의 확보와 기반조성을 위하여 노력하여야 하며, 도시숲 등의 조성·관리 활성화에 필요한 시책을 수립·시행하여야 한다(제3조). 도시숲 등의 조성 및 관리를 위한 국가 또는 지방자치단체의 이러한 책무는 현행법을 제정하면서 신설한 것이다.

국가 또는 지방자치단체의 책무에 관한 이러한 규정은 통상의 유사한 입법례와 같이 포괄적인 내용을 규정한 선언적인 것에 불과한 것으로 볼 수도 있으나, (1) 본문 중에서 도시숲 등의 조성을 위한 토지·공간의 확보 및 기반조성을 구체적으로 명시하면서, 이러한 책무에 따라 현행법 제8조에서 지방자치단체의 장에게 도시숲 등의 전체 면적이 유지·증가될 수 있도록 노력할 의무를 부여하고, (2) 이와 함께 현행법 제9조 제1항에서는 국가 또는 지방자치단체에게 도시숲 등의 조성·관리에 필요한 기술개발·연구 및 정보화에 관한 시책을 수립·시행할 수 있도록 하는 한편 (3) 현행법 제20조에서는 지방자치단체에 대한 국가의 행정적·재정적 지원의 근거와 도시숲 등의 사업을 수행하는 관계 기관이나 단체 등에 대한 국가 또는 지방자치단체의 비용보조의 근거를 신설하고 있는 점 등을 볼 때 이는 단순히 선언적인 규정이 아니라 도시숲 등에 대한 국가 또는 지방자치단체의 강한 정책적 의지를 분명하게 드러낸 것으로 보는 것이 타당할 것이다. 한편 국가 또는 지방자치단체는 이러한 책무를 이행하기 위하여 도시숲 등과 관련된 국제협력을 강화할 수 있으며, 이와 관련된 기술·정보 및 인력의 교류, 홍보 및 조사 등에 대한 시책도 수립·시행할 수 있다(제10조).

[3] 도시숲 등에 대한 이해

1. 도 시 숲

가. 개 념

도시숲이란 도시에서 국민의 보건·휴양 증진 및 정서함양과 체험활동 등을 위하여 조성·관리하는 산림 및 수목으로서 「자연공원법」 제2조에 따른 공원구역은 제외한 것을 말한다(제2조 제1호). 이러한 도시숲의 개념은 현행법이 제정되기 전 「산림자원의 조성 및 관리에 관한 법률」에 따른 도시림의 정의와는 다른 것인데, 이전에는 도시림을 도시지역의 산림 및 수목 중에서 '면 지역과 「자연공원법」 제2조에 따른 공원구역을 제외'(같은법 제2조 제4호)한 것이었으나, 이 중에서 '면 지역'을 도시림의 제외지역에서 삭제하고, 그 용어도 도시숲으로 바꾼 것이다. 따라서 이제는 도시지역 내의 면 지역도 도시숲에 해당하므로 당연히 현행법이 적용된다.

도시숲의 범위에서 공원구역을 제외한 것은 자연공원의 제도적 취지 등을 감안할 때 자연스러운 것으로 보인다. 국립공원·도립공원·군립공원 및 지질공원을 포괄하는 자연공원(자연공원법 제2조 제1호)은 자연생태계와 자연 및 문화경관 등을 보전하기 위한 것으로서 도시숲과는 그 기능이 다를 뿐만 아니라 이미 「자연공원법」에 따라 해당 공간에 대한 보전 및 관리행위가 제도적으로 이루어지고 있기 때문이다.

현행법에 따른 이러한 도시숲 등에 관하여는 「도시숲 등의 조성 및 관리에 관한 법률」이 일반법으로서의 역할을 담당하므로 도시숲 등의 조성·관리에 관하여 다른 법률에 특별한 규정이 있는 경우를 제외하고는 현행법에서 정하는 바에 따라야 한다(제4조).

나. 도시숲과 녹지

사실 도시숲의 개념에서 보다 신중한 검토가 필요한 부분은 공원구역과의 관계가 아니라 「도시공원 및 녹지 등에 관한 법률」에 따른 녹지와의 관계인 것으로 보인다. 「도시공원 및 녹지 등에 관한 법률」에 따르면 녹지란 "「국토의 계획 및 이용에 관한 법률」 제2조 제6호 나목에 따른 녹지로서 도시지역에서 자연환경을 보전하거나 개선하고, 공해나 재해를 방지함으로써 도시경관의 향상을 도모하기 위하여 같은 법 제30조에 따른 도시·군관리계획으로 결정된 것"(같은법 제2조 제5호)을 말한다. 녹지에 대한 이러한 정의에 따르면 녹지는 「국토의 계획 및 이용에 관한 법률」상 기반시설 중 광장이나 공원과 같은 공간시설에 속하는 것으로서 도시·군관리계획의 '기반시설의 설치·정비 또는 개량에 관한 계획'에 따라 결정된 공간인 것이다.[90)]

「도시공원 및 녹지 등에 관한 법률」에서는 이러한 녹지와 관련하여 공원녹지기본계획·도시녹화계획 및 도시자연공원구역 등에 관한 내용을 두고 있을 뿐만 아니라 '녹지의 설치 및 관리'에 관한 규정을 별도의 장으로 두어 녹지를 완충녹지·경관녹지 및 연결녹지로 세분하면서 이의 관리주체와 점용허가제도 등을 자세히 규정하고 있다(같은법 제5조·제11조 및 제26조~제38조). 이러한 사실을 볼 때 2개의 서로 다른 법률에 의한 도시숲과 녹지는 공간적으로나 제도적으로 중복가능성이 높은 것이 현실이다.

도시지역에서 녹지와 도시숲의 이러한 중복은 우선 도시숲의 법적 개념이 지나치게 광범위하다는 점에 기인하는 것으로 여겨진다. 현재의 「도시숲 등의 조성 및 관리에 관한 법률」에 따르면 도시숲이란 「국토의 계획 및 이용에 관한 법률」의 기반시설 중 광장·공원·녹지 등 공간시설에 대한 고려 없이 일부의 공원구역을 제외한 전체 도시지역의 산림과 수목을 의미하는 것이기 때문이다. 이러한 도시숲의 개념은 심지어 집단적으로 자라는 것이 아닌 수목까지 그 개념에 포함함으로써 법률상으로는 「산림자원의 조성 및 관리에 관한 법률」에 따른 산림의 정의보다 광

---

90) 도시·군관리계획은 특별시·광역시·특별자치시·특별자치도·시 또는 군의 개발·정비 및 보전을 위하여 수립하는 토지이용, 교통, 환경, 경관, 안전, 산업, 정보통신, 보건, 복지, 안보 및 문화 등에 관한 계획으로서 도시자연공원구역 등의 지정 또는 변경에 관한 계획이나 기반시설의 설치·정비 또는 개량에 관한 계획 등을 포함하는 것이다(「국토의 계획 및 이용에 관한 법률」 제2조 제4호 나목 및 다목). 여기에서 '도시자연공원구역'이란 도시의 자연환경 및 경관을 보호하고 도시민에게 건전한 여가·휴식공간을 제공하기 위하여 도시지역 안에서 식생이 양호한 산지의 개발을 제한할 필요가 있다고 인정하여 도시·군관리계획으로 결정한 구역을 말하며(같은 법 제38조의2 제1항), '기반시설'이란 광장·공원·녹지 등 공간시설과 교통시설, 유통·공급시설, 공공·문화체육시설, 방재시설, 보건위생시설 및 환경기초시설 등으로서 대통령령으로 정하는 시설을 말한다(같은 법 제2조 제6호).

범위한 것처럼 보이기까지 한다. 한편 「국토의 계획 및 이용에 관한 법률」은 도시·군계획(도시·군기본계획 및 도시·군관리계획)은 특별시·광역시·특별자치시·특별자치도·시 또는 군의 관할구역에서 수립되는 다른 법률에 따른 토지의 이용·개발 및 보전에 관한 계획의 기본이 되고, 특별시장·광역시장·특별자치시장·특별자치도지사·시장 또는 군수가 관할구역에 대하여 다른 법률에 따른 환경·교통 등에 관한 부문별 계획을 수립할 때에는 도시·군기본계획의 내용에 부합되게 하여야 하므로(같은법 제4조 제1항·제4항), 결국 「도시공원 및 녹지 등에 관한 법률」에 따른 녹지에 대하여 도시숲이 법적 우위를 가지고 있다는 주장은 할 수 없는 것이 사실이다.

이러한 쟁점에 대하여 지금까지는 (1) 「산림자원의 조성 및 관리에 관한 법률」의 경우에는 "제1항에 따른 도시림등 조성·관리계획은 「도시공원 및 녹지 등에 관한 법률」 제11조에 따른 도시녹화계획과 상충되지 아니하도록 하여야 한다"라고 규정하고(같은법 시행령 제19조 제3항), (2) 「도시공원 및 녹지 등에 관한 법률」 제2조 제2호에서는 도시녹화의 개념을 식생·물 및 토양 등 자연친화적인 환경이 부족한 도시지역의 공간에 식생을 조성하는 것으로 정의하면서도 「산림자원의 조성 및 관리에 관한 법률」 제2조 제1호에 따른 산림은 대상인 공간에서 제외하였으며, (3) 또한 같은 법 제11조 제2항에서는 "도시녹화계획에는 「산림기본법」 제18조에 따라 도시지역의 녹지를 체계적으로 관리하기 위하여 수립된 시책이 반영되어야 한다"라고 규정함으로써 서로 상충되는 것처럼 보이는 2개의 법률이 서로를 배려하는 태도를 보임으로써 일부 해결해 오고 있었다.[91]

사실 도시숲과 녹지의 이러한 중복가능성에 대한 문제는 「도시숲 등의 조성 및 관리에 관한 법률」을 제정할 때 입법적 조치를 통하여 해결하였다면 가장 바람직했을 것으로 보인다. 도시숲의 개념을 제한적이더라도 보다 정확하게 정의하고, 도시숲을 그 다양한 기능에 맞도록 특화시키는 사업으로 녹지의 조성·관리사업과 차별성을 갖도록 내용을 구성할 수도 있었기 때문이다. 정부 내부의 이견을 통합하고 관련 이익단체들 간의 이해관계를 조정하는 입법역량에 아쉬움이 남는 대목이다.

2. 생활숲 및 가로수

생활숲이란 마을숲 등 생활권 및 학교와 그 주변지역에서 국민들에게 쾌적한 생활환경과 아름다운 경관의 제공 및 자연학습교육 등을 위하여 조성·관리하는

91) 변우혁·김기원의 앞의 책, 302면.

산림 및 수목으로서 다음과 같은 마을숲, 경관숲 및 학교숲을 포함하는 것이다(제2조 제2호 가목~다목).

■ 마을숲: 산림문화의 보전과 지역주민의 생활환경 개선 등을 위하여 마을 주변에 조성·관리하는 산림 및 수목
■ 경관숲: 우수한 산림의 경관자원 보존과 자연학습교육 등을 위하여 조성·관리하는 산림 및 수목
■ 학교숲: 「초·중등교육법」 제2조에 따른 학교와 그 주변지역에서 학습환경 개선과 자연학습교육 등을 위하여 조성·관리하는 산림 및 수목

마을숲, 경관숲 및 학교숲을 포함한 이러한 생활숲의 개념은 「산림자원의 조성 및 관리에 관한 법률」 및 같은 법 시행령에서 생활림에 관하여 정의하였던 내용(같은 법 제2조 제5호·시행령 제2조 제3항)을 생활숲으로 바꾸어 옮기면서 학교숲을 신설하여 따로 규정한 것이다.

3. 가 로 수

가로수란 고속국도를 제외한 「도로법」 제10조에 따른 도로 등 대통령령으로 정하는 도로의 도로구역 안이나 그 주변지역에 조성·관리하는 수목(제2조 제3호)으로서 「도로법」상으로는 도로와 그 효용을 함께 발휘하는 둑·호안·철도 또는 궤도용의 교량 및 횡단도로 등과 같은 타공작물(같은 법 제2조 제9호)에 속하는 것을 말한다. 여기에서 '대통령령으로 정하는 도로'란 (1) 고속국도를 제외한 「도로법」 제10조에 따른 도로, (2) 「국토의 계획 및 이용에 관한 법률 시행령」의 규정에 따른 보행자전용도로, 보행자우선도로 및 자전거전용도로, (3) 「농어촌도로 정비법」에 따른 면도 및 이도를 말한다(시행령 제2조). 이와 관련하여 현행법이 가로수를 조성·관리하는 도로의 범위에서 특히 고속국도를 제외한 것은 고속으로 운행하는 고속국도의 특성상 교통안전에 대한 위험과 관리의 어려움 등을 감안한 것으로 이해된다.

현행법상 가로수가 위치하는 '도로구역'이란 도로를 구성하는 일단의 토지로서 「도로법」 제25조에 따른 도로노선의 지정·변경이나 폐지 등에 따라 결정된 구역을 의미하며, 만일 도로관리청이 도로가 있는 지역의 토지를 적절하고 합리적으로 이용하기 위하여 필요하다고 인정하는 경우에는 지상이나 지하공간 등 도로의 상하의 범위를 정하여 입체적 도로구역으로 지정되기도 한다(같은 법 제2조 제6호 및 제28조 제1항).

Ⅱ. 계획제도 및 도시숲 등의 총량제

[1] 계획제도

1. 실태조사

산림청장이나 지방자치단체의 장은 도시숲 등 기본계획 또는 도시숲 등 조성·관리계획을 수립하거나 변경하려는 경우에는 도시숲 등의 현황에 대한 조사를 실시할 수 있다(제7조 제1항·제2항). 이는 정확한 실태조사를 기초로 하여 보다 현실성 있는 계획을 수립하기 위한 것으로서 산림청장은 이를 위하여 필요한 경우에는 지방자치단체의 장 또는 관계 행정기관의 장에게 관련 자료의 제출을 요구할 수 있다. 이 경우 자료의 제출을 요구받은 관계 기관의 장은 정당한 사유가 없으면 이에 따라야 한다.

2. 도시숲 등 기본계획

산림청장은 도시숲 등을 체계적으로 조성·관리하기 위하여 도시숲 등 기본계획[기본계획]을 관계 중앙행정기관의 장과 협의하여 10년마다 수립·시행하여야 한다(제5조 제1항·제2항). 현행법에 따른 이러한 기본계획에는 도시숲 등의 조성·관리에 관한 기본목표와 추진방향, 도시숲 등의 현황 및 전망에 관한 사항, 도시숲 등 관리지표의 설정 및 운영에 관한 사항, 도시숲 등의 기술개발·연구에 관한 사항, 도시숲 등의 종합정보망 구축 및 운영에 관한 사항, 국민참여의 활성화에 관한 사항, 그 밖에 도시숲 등의 조성·관리에 관하여 대통령령으로 정하는 사항[92] 등이 포함되어야 한다. 그러나 산림청장은 현행법에 따라 기본계획을 수립한 경우에도 그 시행성과 및 사회적·경제적·지역적 여건변화 등을 고려하여 필요한 경우에는 이미 수립한 기본계획을 변경할 수 있다(제5조 제3항).

산림청장은 현행법에 따라 기본계획을 수립하거나 변경하려는 경우에는 미리 지방자치단체의 장의 의견을 들어야 하며, 이를 위하여 필요한 경우 관계 중앙행정기관의 장 또는 지방자치단체의 장에게 관련 자료의 제출을 요구할 수 있다(제5조 제4항·제7항 및 시행령 제3조 제2항). 이 경우 산림청장으로부터 자료의 제출을 요구받은 관계 중앙행정기

92) 여기에서 '대통령령으로 정하는 사항'이란 ① 도시숲 등 관련 정책의 추진체계 및 법제도의 구축·정비에 관한 사항, ② 도시숲 등의 확충과 질적 향상에 관한 사항을 말한다(시행령 제3조 제1항).

관의 장 또는 지방자치단체의 장은 정당한 사유가 없으면 이에 따라야 한다. 산림청장은 현행법에 따라 기본계획을 수립하거나 변경한 때에는 관계 중앙행정기관의 장 및 지방자치단체의 장에게 통보하고 국회 소관상임위원회에 제출하여야 하며, 농림축산식품부령으로 정하는 바에 따라 이를 공표하여야 한다(제5조 제5항·제6항).

3. 도시숲 등 조성·관리계획

가. 내용 및 수립절차

지방자치단체의 장은 기본계획에 따라 10년마다 관할 지역에 대한 도시숲 등 조성·관리계획[조성·관리계획]을 수립·시행하여야 한다(제6조 제1항). 그러나 지방자치단체의 장 중 도지사 및 구청장의 경우에는 이를 수립·시행하지 않을 수 있다. 현행법에 따른 이러한 조성·관리계획에는 기본목표 및 추진방향, 도시숲 등의 기능 구분, 도시숲 등의 조성 및 육성, 도시숲 등의 보전·보호 및 관리, 도시숲 등의 재해예방 및 복구, 도시숲 등 관리지표의 측정·평가 및 활용, 도시숲 등의 정보망 구축 및 운영, 도시숲 등의 조성·관리에 대한 지역주민 참여의 활성화 및 협력, 도시숲 등의 조성·관리에 소요되는 수목 등의 수급 및 재원조달, 그 밖에 지방자치단체의 장이 도시숲 등의 조성·관리에 필요하다고 인정하는 내용 등이 포함되어야 한다(시행령 제4조 제1항).

현행법에 따르면 조성·관리계획은 기본계획에 따라 수립하는 하위계획으로서 시행계획의 성격을 가진다. 따라서 지방자치단체의 장은 조성·관리계획을 수립하는 경우 기본계획에 따라 이를 수립하여야 하며, 기본계획이 변경되거나 또는 사회적·경제적·지역적 여건변화 등을 고려하여 필요한 경우에는 이러한 조성·관리계획을 변경할 수 있다(제6조 제1항·제4항). 이 경우 특히 조성·관리계획을 수립하거나 기본계획의 변경에 따라 조성·관리계획을 변경하려는 경우에는 현행법에 따라 기본계획의 수립 또는 변경에 관한 통보를 받은 날부터 1년 이내에 하여야 한다(시행령 제4조 제2항). 지방자치단체의 장은 현행법에 따라 조성·관리계획을 수립하거나 변경하려는 경우에는 도시숲 등의 조성·관리심의위원회의 심의를 거쳐야 하며, 이를 수립하거나 변경한 경우에는 그 내용을 해당 지방자치단체의 인터넷 홈페이지에 게시하는 방법으로 공표하여야 한다(제6조 제2항 및 시행령 제4조 제3항).

나. 공원녹지기본계획과의 관계

현행법에 따른 조성·관리계획은 「도시공원 및 녹지 등에 관한 법률」 제5조에 따른 공원녹지기본계획에 부합되도록 하여야 한다(제6조 제3항). 이는 이전 도시림 등 조성·관리계획의 경우에는 「산림자원의 조성 및 관리에 관한 법률 시행령」 제19조 제3항에 따라 "「도시공원 및 녹지 등에 관한 법률」 제11조에 따른 도시녹화계획과 상충되지 아니하도록 하여야 한다"라고 규정하고 있었던 것을 현행법을 제정하면서 조성·관리계획은 도시녹화계획이 아니라 그 상위계획인 공원녹지기본계획에 부합하도록 새로 규정한 것이다. 이러한 규정은 조성·관리계획을 「도시공원 및 녹지 등에 관한 법률」상 최상위 계획인 공원녹지기본계획에 부합되도록 함으로써 지방자치단체 차원에서 도시숲과 녹지의 조성·관리에 있어 우려되는 중복가능성을 줄이고자 한 것으로 큰 의미를 가진다고 할 것이다.

다. 도시숲 등의 기능구분

현행법에 따라 지방자치단체의 장이 수립하는 조성·관리계획 중 도시숲 등의 기능구분은 다음에 따른다(시행령 제4조 제4항 및 시행규칙 제3조).

- 기후보호형: 폭염·도시열섬 등 기후여건을 개선하고 깨끗한 공기를 순환·유도하는 기능을 가진 도시숲 등
- 경관보호형: 심리적 안정감과 시각적인 풍요로움을 주는 등 자연경관의 감상·보호 기능을 가진 도시숲 등
- 재해방지형: 홍수·산사태 등 자연재해를 방지하거나 소음·매연 등 공해를 완화하여 국민의 안전을 지키는 기능을 가진 도시숲 등
- 역사·문화형: 문화재 또는 사찰·사당 등 종교적 장소와 전통마을 주변에 조성·관리하여 역사를 보존하고 문화를 진흥하는 기능을 가진 도시숲 등
- 휴양·복지형: 체험·놀이·학습을 통한 교육과 산림욕·산림치유 등 휴양·치유 등의 기능을 가진 도시숲 등
- 미세먼지 저감형: 미세먼지 발생원으로부터 생활권으로 유입되는 미세먼지 등 오염물질을 차단하거나 흡수·침강 등의 방법으로 저감하는 기능을 가진 도시숲 등
- 생태계 보전형: 생태계를 보전·복원하고 생태계가 서로 연결되도록 하는 등 생태계와 조화를 이루는 기능을 가진 도시숲 등

[2] 도시숲 등의 총량제

1. 개 념

도시숲 등의 총량제는 도시숲 등의 면적과 품질을 일정 수준으로 유지하도록 의무를 부여하는 제도로서 녹지의 면적뿐만 아니라 녹지의 질과 기능을 포함한 녹지자원의 총체적 관리를 의미하는 녹지총량제와 유사한 개념이다.[93] 현행법은 비

록 표현상으로는 도시숲 등의 총량제라는 용어를 직접적으로 사용하고 있지는 않으나, 여러 조항에서 이러한 개념에 기반한 내용을 규정하고 있는 것으로 보인다. 일반적으로 도시숲 등의 총량제는 실태조사, 관리지표의 설정 및 운영, 정보체계의 구축 등과 같은 내용으로 이루어진다.

2. 실태조사

산림청장 또는 지방자치단체의 장은 기본계획 또는 조성·관리계획을 수립하거나 변경하려는 경우에는 도시숲 등의 현황에 대한 조사[실태조사]를 실시할 수 있다(제7조 제1항·제3항). 이에 대하여는 현행법 제7조 제1항이 기본계획이나 조성·관리계획을 수립 또는 변경하려는 경우에 도시숲 등의 현황에 대한 실태조사를 실시할 수 있도록 하고 있으므로 이를 도시숲 등의 총량제를 위한 실태조사의 근거로 삼기에는 부족하다는 의문도 있을 수 있으나, 현행법상 산림청장이나 지방자치단체의 장이 이러한 기본계획이나 조성·관리계획의 내용에 도시숲 등의 총량제를 포함한 후 이에 기반하여 실태조사를 실시한다면 이를 제한할 이유가 없으므로 현행 규정으로도 도시숲 등의 총량제를 위한 기초자료를 충분히 확보할 수 있을 것으로 해석하는 것이 타당할 것이다.

산림청장 또는 지방자치단체의 장은 현행법에 따라 실태조사를 하려는 경우에는 조사의 목적·내용·방법 및 조사기간 등을 포함한 조사계획을 수립하고 이를 조사대상자에게 미리 알려야 하며, 그 조사는 (1) 도시숲 등의 기능구분 및 조성·관리 현황, (2) 도시숲 등의 기술개발·연구 현황, (3) 도시숲 등의 정보망 구축·운영 현황, (4) 도시숲 등의 조성·관리에 대한 국민참여 현황, (5) 그 밖에 산림청장 또는 지방자치단체의 장이 도시숲 등의 조성·관리에 필요하다고 인정하는 사항을 대상으로 다음의 구분에 따라 실시한다(시행령 제5조 제1항~제3항).

- 정기조사: 10년마다 실시하되, 도시숲 등 기본계획 또는 도시숲 등 조성·관리계획을 수립하기 직전 연도에 실시
- 수시조사: 산림청장 또는 지방자치단체의 장이 도시숲 등 기본계획 또는 도시숲 등 조성·관리계획을 시행하거나 변경하기 위하여 필요하다고 인정하는 경우에 수시로 실시

3. 관리지표의 설정·운영

산림청장은 도시숲 등을 지속가능하게 관리하기 위하여 도시숲 등의 생태적 건

93) 변우혁·김기원의 앞의 책, 287면.

강 · 활력도, 생물다양성, 사회 · 경제적 편익 등을 측정할 수 있는 도시숲 등 관리 지표를 설정 · 운영할 수 있다(제11조 제1항 · 제4항). 그러나 이 경우에도 가로수는 관리지표의 대상에서 제외하며, 「산림보호법」 제19조에 따른 산림의 건강 · 활력도에 대한 조사 · 평가를 실시한 경우에는 그 결과를 관리지표로 활용할 수 있다. 현행법에 따른 이러한 관리지표는 도시숲 등의 평가에 직접 활용하기 위한 것이므로 지방자치단체의 장은 그 관리지표에 따라 관할 도시숲 등을 측정 · 평가하고, 그 결과를 조성 · 관리계획에 반영하여야 한다(제11조 제5항).

4. 도시숲 등의 유지 · 증가

지방자치단체의 장은 관할구역 내에 도시숲 등의 전체 면적이 유지 · 증가될 수 있도록 노력하여야 하며, 이를 위하여 필요한 계획을 수립 · 시행할 수 있다(제8조 제1항). 이는 지방자치단체 차원에서 도시숲 등의 총량제를 도입하고, 이에 따라 도시숲 등을 조성 · 관리할 수 있는 직접적인 근거를 신설한 것으로서 큰 의미를 가지는 규정이라고 할 수 있다. 이와 관련하여 현행법은 지방자치단체의 장이 도시숲 등의 전체 면적을 유지 · 증가시키기 위한 계획을 수립하는 경우에는 현행법에 따른 조성 · 관리계획이나 「산림기본법」에 따른 지역산림계획에 이를 포함하여 수립 · 시행할 수 있도록 함으로써 그 실효성을 확보할 수 있도록 하고 있다(제8조 제2항).

5. 통계관리 및 정보체계의 구축 · 운영

가. 통계관리 및 정보의 공개

산림청장은 도시숲 등의 효율적인 조성 및 관리를 위하여 관련 자료를 수집 · 분석하고 통계를 관리하여야 한다(제7조 제3항 및 시행령 제6조 제1항 · 제2항). 이에 따르면 산림청장은 (1) 지역별 도시숲 등의 면적 및 1인당 도시숲 면적 현황, (2) 도시숲 등의 기능구분 및 조성 · 관리 현황, (3) 도시숲 등의 조성 · 관리에 대한 국민참여 현황, (4) 그 밖에 산림청장이 도시숲 등의 효율적인 조성 및 관리에 필요하다고 인정하는 사항을 대상으로 2년마다 통계를 작성 · 관리하여야 한다.

산림청장은 현행법에 따라 실시한 실태조사 등에 따른 지역별 도시숲 등에 관한 현황을 공개할 수 있다(제8조 제3항). 이 경우 그 공개의 범위는 도시숲 등의 면적 현황, 1인당 도시숲 면적 현황, 도시숲 등의 기능구분 현황, 도시숲 등의 조성 · 관리에 대한 국민참여 현황으로 하며, 이를 공개하는 경우에는 산림청의 인터넷 홈페이지에 게시하거나 간행물을 발간하는 등의 방법으로 하여야 한다(시행규칙 제4조 제1항 · 제2항). 지역별 도시숲 등에 관한 기본 현황을 공개하는 이러한 정책적 시도는 해당 지역주민과 지방자치단체의 도시숲 등에 대한 정책적 관심을 제고하는데 기여할 것으로 기대된다.

나. 정보체계의 구축 · 운영

국가 또는 지방자치단체는 도시숲 등의 조성 · 관리를 위한 정보화에 관한 시책을 수립 · 시행할 수 있으며, 도시숲 등에 관한 정보를 효율적으로 관리하고 국민에게 정보서비스를 제공하기 위하여 도시숲 등의 위치 등이 포함된 정보체계를 구축하여 운영하여야 한다(제9조 제1항~제3항). 이 경우 국가 또는 지방자치단체는 도시숲 등의 현황에 대한 실태조사 및 통계관리에 대한 정보를 데이터베이스 등을 이용하여 체계적으로 보관 · 관리하여야 한다.

Ⅲ. 도시숲 등의 조성 및 관리

[1] 원칙과 방법

1. 도시숲 및 생활숲

산림청장 또는 지방자치단체의 장은 도시숲과 생활숲의 생태적 · 경관적 · 경제적인 기능 등이 효율적으로 발휘될 수 있도록 도시숲과 생활숲을 조성 · 관리하여야 한다(제9조 제1항 및 제11조 제1항). 여기에서 도시숲과 생활숲의 생태적 · 경관적 · 경제적 기능 등이 효율적으로 발휘될 수 있어야 한다는 것은 도시숲과 생활숲을 지속가능하게 조성 · 관리하여야 한다는 것으로서 「산림자원의 조성 및 관리에 관한 법률」에 따른 지속가능한 산림경영의 평가기준 및 지표와 기능구분에 맞게 도시숲과 생활숲을 조성 · 관리하는 것을 의미한다(같은 법 제6조 · 제8조).

산림청장 또는 지방자치단체의 장은 도시숲과 생활숲의 조성을 위하여 필요한 경우에는 소유자와 협의하여 토지 및 그 토지의 정착물[토지 등]을 매수하거나 임차할 수 있다(제11조 제2항 · 제3항). 이 경우 그 매수가격 또는 임차료의 산정 등에 관하여는 「공익사업을 위한 토지 등의 취득 및 보상에 관한 법률」을 준용하며, 산림청장 또는 지방자치단체의 장은 소유자와의 협의를 위하여 매수 · 임차요청서에 토지 등의 매수금액 등 지급의 시기 · 방법 · 절차 및 지급금액 등을 적어 토지 등의 소유자에게 통지하여야 한다(시행규칙 제5조 제1항). 그러나 토지 등의 소유자를 알 수 없거나 그 주소 · 거소 또는 그 밖에 통지할 장소를 알 수 없는 경우에는 현행법에 따른 공고로 이를 대신할 수 있다.

소유자와의 협의에 의한 토지 등의 매수는 「도시공원 및 녹지 등에 관한 법률」 제32조에서도 인정되는 것으로서 도시숲과 생활숲의 원활한 조성을 위해서는 매우 효과적인 제도로 인정된다. 다만, 이와 관련하여 현행법은 도시숲과 생활숲을 조성하는 경우에만 토지 등을 매수하거나 임차할 수 있도록 규정하고 있으나, 숲이 도시나 마을·학교보다 먼저 존재하는 경우에 이를 관리하기 위한 것도 도시숲 등의 기능을 발휘하는데 중요하다고 할 수 있으므로 도시숲과 생활숲을 조성하는 것만이 아니라 관리하기 위한 경우에도 소유자와 협의하여 토지 등을 매수하거나 임차할 수 있도록 그 범위를 확대하는 방안을 검토할 필요가 있을 것이다.

산림청장은 도시숲 등을 지속가능하게 관리하기 위하여 도시숲 등의 생태적 건강·활력도, 생물다양성, 사회·경제적 편익 등을 측정할 수 있는 도시숲 등 관리지표를 설정·운영할 수 있다(제11조 제4항·제5항). 도시숲 등에 관한 이러한 관리지표가 도시숲 등의 총량제를 위한 기반임은 앞에서 이미 설명한 것과 같다. 특히 현행법에 따르면 지방자치단체의 장은 산림청장이 설정·운영하는 도시숲 등 관리지표에 따라 관할 도시숲 등을 측정·평가하고 이를 현행법에 따른 조성·관리계획에 반영하여야 하는데, 이는 지방자치단체의 장에게 도시숲 등의 전체 면적이 유지·증가될 수 있도록 노력하고 이에 필요한 계획을 수립·시행하도록 한 현행법 제8조 제1항과 함께 지방자치단체 차원에서 도시숲 등의 총량제를 시행하는데 크게 기여할 것으로 기대된다.

2. 가 로 수

가. 조성·관리의 기본방향

지방자치단체의 장은 아름다운 경관의 조성 및 생활·교통환경의 개선 등을 위하여 가로수를 다른 도시숲 등과 연계되도록 조성·관리하여야 한다(제12조 제1항). 따라서 지방자치단체의 장은 가로수와 도시숲·생활숲이 공간적으로나 시각적으로 서로 조화되도록 조성·관리하여야 하며, 이러한 원칙을 수종선정과 관리방식 등에 있어서도 엄격하게 적용하여야 한다. 특히 생활숲과 연계되는 가로수의 경우에는 마을과 학교 등의 경관에도 중요한 영향을 미치게 되므로 심는 지역과 수종선정 등에 신중을 기해야 할 것이다. 현행법의 이러한 규정을 포함한 가로수 조성·관리의 기본방향을 정리하면 다음과 같다(제12조 제4항 및 시행규칙 제7조 제5항 별표1).

- 국민의 생활환경 개선을 위하여 녹지공간을 확대한다.
- 보행자와 운전자에게 쾌적하고 안전한 이동공간을 제공한다.
- 도시숲 및 생활숲과 연계되어 생활환경을 보전하는 산림으로서 그 기능이 충분히 발휘되도록 하여야 한다.
- 가로수의 피해를 진단·처방하고 그 피해를 예방하거나 치료하기 위한 진료에 관한 사항은 「산림보호법」에 따른다.

나. 조성·관리주체

가로수의 조성·관리주체는 지방자치단체의 장이 된다. 따라서 지방자치단체의 장 외의 자가 가로수의 조성·관리와 관련하여 심고 가꾸기, 옮겨심기, 제거 및 가지치기, 그 밖에 가로수의 조성·관리를 위하여 농림축산식품부령으로 정하는 행위 등을 하려는 경우에는 지방자치단체의 장의 승인을 받아야 한다(제12조 제2항 및 시행규칙 제7조 제4항). 여기에서 '농림축산식품부령으로 정하는 행위'란 가로수의 바꿔심기와 가로수의 메워심기를 말하며, 그 밖에 현행법에 따른 승인절차, 승인기간 및 비용부담 등에 관하여는 해당 지방자치단체의 조례로 정한다.

「도로법」 제2조 제5호에 따른 도로관리청 등 대통령령으로 정하는 자가 도로공사 또는 정비를 하려는 경우에는 그 도로에 가로수를 조성·유지하여야 하며, 도로의 계획 또는 설계 단계에서부터 가로수를 조성할 공간을 확보하여야 한다(제12조 제3항 및 시행령 제7조). 여기에서 '대통령령으로 정하는 자'란 (1) 「도로법」 제2조 제5호에 따른 도로관리청,[94] (2) 「도로법」 제31조 제2항, 제32조, 제33조, 제35조 또는 제37조에 따라 도로공사를 시행하거나 도로의 유지·관리를 하는 자를 말한다. 따라서 일반적인 도로관리청 이외에도 예를 들어 「도로법」에 따라 일반국도의 일부 구간에 대하여 도로공사와 도로의 유지·관리에 관한 업무를 수행하는 도지사 또는 특별자치도지사(도로법 제31조 제2항)의 경우에도 현행법에 따라 해당 도로에 가로수를 조성·유지하고, 도로의 계획 또는 설계 단계에서부터 가로수를 조성할 공간을 확보할 책임을 진다.

---

94) 여기에서 '「도로법」 제2조 제5호에 따른 도로관리청'이란 도로에 관한 계획, 건설, 관리의 주체가 되는 기관으로서 도로의 구분에 따라 제23조에서 규정하는 기관으로서 국토교통부장관과 행정청(특별시장, 광역시장, 특별자치시장, 도지사, 특별자치도지사, 시장·군수 또는 자치구의 구청장)을 말한다. 이에 따르면 일반적으로 ① 고속국도와 일반국도는 국토교통부장관, ② 국가지원지방도는 도지사·특별자치도지사(특별시, 광역시 또는 특별자치시 관할구역에 있는 구간은 해당 특별시장, 광역시장 또는 특별자치시장), ③ 그 밖의 도로는 해당 도로노선을 지정한 행정청이 도로관리청이 된다(「도로법」 제23조 제1항).

다. 수종선정 및 심는 지역 기준 등

가로수의 조성·관리에 따른 수종선정 기준 및 심는 지역 기준과 그 밖에 필요한 사항은 농림축산식품부령으로 정한다(제12조 제4항 및 시행규칙 제7조 제5항 별표1). 이에 따르면 가로수는 식재지역의 기후와 토양에 적합한 수종, 식재 지역의 역사와 문화에 적합하고 향토성을 지닌 수종, 식재 지역의 주변 경관과 어울리는 수종, 국민의 보건에 나쁜 영향을 끼치지 않는 수종, 환경오염저감 및 기후조절 등의 용도에 적합한 수종, 생태계 보전·복원 등의 용도에 적합한 수종을 선정하여야 한다.

가로수는 도시 주변지역의 산림 또는 하천으로부터 도시구역의 녹지 또는 하천까지 연결하여 조성할 수 있는 지역, 도시구역 안의 단절된 녹지 또는 하천을 서로 연결하여 조성할 수 있는 지역 및 보행이동 인구와 차량의 교통량이 많고 녹지가 부족한 시가지 지역에 식재할 수 있다(시행규칙 제7조 제5항 별표1). 그러나 이 경우에도 (1) 도로의 갓길, (2) 수려한 자연경관을 차단하는 구간, (3) 도로표지가 가려지는 지역, (4) 신호등 등 도로안전시설의 시계를 차단하는 지역, (5) 교차로의 교통섬 내부, (6) 농작물피해 우려 지역, (7) 교목성(큰키나무류)인 가로수를 심는 경우 해당 지역의 상층에 전기·통신시설이 있어 가로수의 정상적인 생육에 지장이 발생할 우려가 있는 지역에는 식재해서는 안 된다.[95)]

[2] 도시숲 등의 시범사업

산림청장 또는 지방자치단체의 장은 도시숲 등의 확충 및 질적 향상을 위하여 필요한 경우에는 도시숲 등을 조성·관리하는 시범사업을 할 수 있다(제14조 제1항·제2항). 이 경우 산림청장은 관계 중앙행정기관의 장 또는 지방자치단체의 장에게 시범사업에 필요한 자료의 제출을 요청할 수 있다.

현행법이 이처럼 시범사업을 추진하여 도시숲 등을 조성·관리하는 모범을 보이려는 것은 매우 의미있는 것이 분명하다. 그러나 현행법에 따르면 산림청장이나 지방자치단체의 장은 필요한 경우에 임의적으로 시범사업을 할 수 있을 뿐이며, 이와 관련된 내용도 산림청장이 관계 중앙행정기관의 장 또는 지방자치단체의 장에게 시범사업에 필요한 자료의 제출을 요청할 수 있는 것에 제한되어 있으므로

---

95) 그러나 '교차로의 교통섬 내부'라도 운전자의 시계를 확보할 수 있도록 수관폭·수고·지하고를 유지할 경우에는 가로수를 식재할 수 있으며, '교목성인 가로수를 심는 지역의 상층에 전기·통신시설이 있는 경우'라도 해당 시설물을 지하에 매설 또는 이설하거나 그 밖의 보완적인 조치를 하여 가로수의 정상적인 생육을 가능하게 한 경우에는 이를 식재할 수 있다.

이러한 규정만으로 당초에 의도한 정책적 효과를 거둘 수 있을지는 우려되는 것이 사실이다.

이는 현행법에 따른 시범사업의 내용과 도시공원·녹지 및 도시녹화사업의 시범사업에 대한 관련 규정을 비교하면 더욱 분명한데, 「도시공원 및 녹지 등에 관한 법률」에 따르면 국토교통부장관은 공원녹지를 확충하고 그 수준을 높이기 위하여 필요한 경우에는 직권이나 관계 중앙행정기관의 장, 특별시장·광역시장·특별자치시장·도지사·특별자치도지사[시·도지사] 및 대도시 시장[96]의 요청에 의하여 도시공원 또는 녹지의 조성사업 및 도시녹화사업을 시범사업으로 지정하고, 이에 필요한 지원을 할 수 있기 때문이다(같은법 제3조 제1항). 동일한 도시지역에서의 시범사업에 대한 이러한 규정상의 차이는 도시숲 등과 도시공원·녹지 및 도시녹화사업 간의 제도적 차이를 감안하더라도 수긍하기에 어려운 것이므로 이후에는 「도시공원 및 녹지 등에 관한 법률」과 형평성을 맞출 수 있도록 현행법을 보완해 나가는 적극적인 노력이 필요할 것으로 보인다.

[3] 도시숲 등의 조성·관리사업

1. 도시숲 등의 조성·관리사업을 할 수 있는 자

도시숲 등의 조성·관리를 위한 사업은 다음에 해당하는 자가 할 수 있다(제15조).

- 「건설산업기본법」에 따른 건설업 중 조경공사업, 조경식재공사업[97] 및 조경시설물설치공사업에 등록한 자
- 「산림자원의 조성 및 관리에 관한 법률」에 따른 산림사업법인
- 「산림조합법」에 따른 산림조합 또는 산림조합중앙회

현행법의 이러한 규정은 도시숲 등의 조성·관리를 위한 사업의 전문성을 인정하여 일정한 요건을 갖춘 자만이 이에 참여할 수 있도록 그 자격을 제한한 것으로 이해된다. 이와 관련하여 현행법 제15조는 '도시숲 등의 조성·관리를 위한 사업'을 할 수 있는 자를 본문 중에서 규정하면서, 조문의 제목은 '도시숲 등의 조성·관리사업의 시공'이라고 하여, 제15조가 도시숲 등의 조성·관리를 위한 사업의

96) 여기에서 대도시 시장이란 「지방자치법」 제198조에 따른 서울특별시·광역시 및 특별자치시를 제외한 인구 50만 이상의 대도시의 시장을 말한다.

97) 다만, 이와 관련하여 2020년 12월 29일 「건설산업기본법 시행령」 제7조(별표1)가 개정됨에 따라 현재의 조경식재공사업은 개정 규정이 시행되는 2022년 1월 1일부터는 '조경식재·시설물공사업'으로 변경됨에 주의하여야 한다.

시공만이 아니라 '설계와 감리'에도 적용되는지의 여부에 대하여 해석상의 혼란을 초래하고 있다.

이러한 문제는 결국 조의 제목이 법적인 효력을 갖는지에 대한 논쟁으로서 이에 대하여는 조의 제목을 변경하려면 결국 법률의 개정절차를 거쳐야 하므로 입법자의 의사를 존중한다는 의미에서 법적 구속력을 인정하는 입장과 조의 제목은 해당 조문의 내용파악과 이해에 도움을 줄 뿐이지 조문의 내용을 이루는 것은 아니므로 그 법적 효력을 부인하는 입장이 있으나,[98] 헌법재판소는 「변호사법」 제34조 제3항 등 위헌소원에서 "'조의 제목'은 해당 조문의 규정 내용을 간결하게 요약하고 법령내용을 편리하게 찾기 위한 목적에서 이해의 편의를 위해 부기한 것에 불과할 뿐 그 자체로 법률요건이나 법률효과를 규정하지 않으므로, 그로 인하여 해당 법률조항의 의미내용이 불명확해진다고 볼 수 없다"라고 결정하여 조의 제목이 법적인 효력이 없음을 분명하게 하였다.[99] 따라서 현행법 제15조의 경우에도 그 법적 효력은 도시숲 등의 조성·관리를 위한 사업을 할 수 있는 자를 정한 것이지, 조의 제목과 같이 그 시공만을 위한 요건을 정한 것은 아니라고 해석하는 것이 타당할 것이다.

2. 보고 및 검사

산림청장 또는 지방자치단체의 장은 도시숲 등의 조성·관리를 위하여 필요한 경우에는 현행법 제11조 및 제12조에 따른 도시숲 등 및 가로수의 조성·관리사업을 실시하는 사업자에게 업무에 관하여 보고를 하게 하거나 관련 자료를 제출하게 할 수 있으며, 소속 공무원으로 하여금 관련 사업에 관하여 검사하게 할 수 있다(제24조 제1항 제1호 및 제2항). 이 경우 현행법에 따라 검사를 하는 공무원은 그 권한을 표시하는 증표를 지니고 이를 관계인에게 보여 주어야 한다.

[4] 국가 등의 지원 및 원상회복명령

1. 보조금의 지원과 반환

국가는 지방자치단체에 대하여 현행법에 따른 도시숲 등의 조성·관리에 관한 행정적·재정적 지원을 할 수 있으며, 국가 또는 지방자치단체는 도시숲 등에 관

98) 이홍민·명순구, "민법상 조문제목의 법적 효력: 민법 제정과정상의 문제점을 중심으로", 「법조」, 제61권 제10호, 2012, 102면 이하.
99) 헌재 2018. 5. 31. 2017헌바204·421(병합).

한 사업을 수행하는 관계 기관이나 단체 등에 대하여 예산의 범위에서 필요한 비용의 전부 또는 일부를 보조할 수 있다(제20조 제1항·제2항). 현행법상의 이러한 규정은 도시숲 등의 조성 및 관리를 활성화해야 할 국가 또는 지방자치단체의 책무(제3조)에 따른 것으로서 "산림청장 또는 지방자치단체의 장은 국가 또는 지방자치단체의 장 이외의 자가 도시숲 등을 조성·관리할 경우 필요한 지원을 할 수 있다"(제17조 제2항)라는 규정을 보다 구체화한 것으로 볼 수 있다. 이러한 관점에서 현행법에 따라 국가 또는 지방자치단체로부터 비용보조를 받을 수 있는 관계 기관이나 단체 등의 범위는 가능한 넓게 해석하는 것이 타당할 것이다.

법률로 정하는 일정한 사업에 사업비를 보조하거나 이를 지원하는 것은 해당 사업의 필요성과 공익적 성격을 국가나 지방자치단체가 인정하였기 때문이며, 따라서 만일 보조나 지원을 받아 해당 사업을 시행하였음에도 원래의 목적대로 이를 사용하지 않는다면 보조받거나 지원받은 금액[보조금]은 이를 반환하는 것이 타당하다는 점에 대하여는 앞에서 이미 설명한 것과 같다. 현행법 또한 동일한 취지에서 도시숲 등의 조성 및 관리사업의 경우에도 보조금의 반환에 대하여 규정하고 있는데, 이에 따르면 국가나 지방자치단체의 보조 또는 지원을 받아 조성한 도시숲 등을 보조사업의 원래 목적 외의 목적으로 사용하려는 자는 보조금에 이자를 더한 금액을 산림청장, 시·도지사 또는 시장·군수·구청장에게 반환하여야 한다(제21조 제1항). 그러나 이 경우에도 도시숲 등의 조성이 끝난 때부터 대통령령으로 정하는 기간이 지난 경우에는 보조금을 반환하지 않아도 되며, 만일 현행법에 따라 보조금을 반환해야 할 자가 그 반환의무를 이행하지 않는 경우에는 산림청장, 시·도지사 또는 시장·군수·구청장은 그 반환의무를 이행하지 않는 자에게 대통령령으로 정하는 바에 따라 보조금에 이자를 더한 금액의 반환을 명하여야 한다(제21조 제2항). 여기에서 '대통령령으로 정하는 기간'이란 5년을 말하며, 현행법에 따른 '반환명령의 대상 금액'은 지원받은 보조금에 보조금 지급일부터 반환일까지 농림축산식품부령으로 정하는 이자를 더한 금액으로 한다(시행령 제9조 제1항·제2항). 이 경우 이자는 일수에 비례하여 계산한다.

2. 원상회복명령

산림청장 또는 지방자치단체의 장은 다음과 같은 행위를 한 자에 대하여는 현행법에 따라 일정한 기간을 정하여 원상회복하거나 제거하도록 명할 수 있다(제22조 제1항).

- 도시숲 등과 그 부대시설을 훼손하거나 기능을 저해하는 행위
- 도시숲 등에 무단으로 장애물 또는 공작물을 설치·방치하거나 점유하는 행위
- 도시숲 등 조성·관리 공사 이외의 사업 또는 행위로 인하여 도시숲 등의 조성·관리가 필요한 행위

산림청장 또는 지방자치단체의 장은 이러한 행위로 인하여 원상회복 등의 명령을 받은 자가 그 명령을 이행하지 않을 때에는 「행정대집행법」에 따라 대집행을 할 수 있으며, 만일 현행법에 따른 원상회복명령에 의한 원상회복이 불가능하거나 부적합할 경우에는 해당 행위자에게 원상회복에 소요되는 비용을 징수할 수 있다(제22조 제1항 후단 및 제2항~제6항). 이 경우 산림청장 또는 지방자치단체의 장은 원상회복 비용을 납부하여야 하는 자가 지정된 기간에 이를 납부하지 않는 때에는 납부기간을 정하여 독촉하여야 하며, 그 비용의 납부가 연체되는 경우에는 가산금을 징수할 수 있다. 현행법에 따라 산림청장 또는 지방자치단체의 장이 가산금을 징수하는 경우에는 「국세기본법」을 준용하며, 그 밖에 원상회복비용의 징수기준 및 환급에 필요한 사항은 농림축산식품부령 또는 지방자치단체의 조례로 정한다.

[5] 도시숲 등의 조성·관리 심의위원회

도시숲 등의 조성·관리 등에 관한 사항을 심의하기 위하여 지방자치단체에 도시숲 등의 조성·관리심의위원회를 둔다(제13조 제1항·제4항). 그러나 이 경우에도 도와 자치구는 이를 두지 않을 수 있으며, 만일 지방자치단체에 그 기능을 담당하기에 적합한 다른 위원회가 있고 그 위원회의 위원이 도시숲 등의 조성·관리심의위원회의 위원자격을 갖춘 경우에는 해당 지방자치단체의 조례에 따라 위원회의 기능을 통합하여 운영할 수 있다. 이는 지방자치단체별로 각 지방자치단체가 시행하는 도시숲 등에 관한 업무범위 및 효율성 등을 감안하여 현행법에 따른 도시숲 등의 조성·관리심의위원회의 설치여부 및 통합운영 등을 자율적으로 결정할 수 있도록 한 것이다.

도시숲 등의 조성·관리심의위원회는 도시숲 등 조성·관리계획의 수립 및 변경에 관한 사항, 현행법 제12조 제2항 제1호부터 제4호까지의 규정에 따른 가로수의 심고 가꾸기·옮겨심기·제거 및 가지치기의 승인에 관한 사항 중 조례로 정하는 사항, 그 밖에 도시숲 등의 조성·관리에 관하여 필요하다고 인정하여 조례로 정하는 사항을 심의한다(제13조 제1항). 도시숲 등의 조성·관리심의위원회는 위원장 1명

을 포함하여 6명 이상 15명 이하의 위원으로 구성한다(제13조 제2항·제3항 및 제5항). 현행법에 따르면 위원장과 위원은 지방자치단체의 장이 위촉 또는 임명하되, 도시숲 등의 조성·관리와 관련하여 학식과 경험이 풍부한 전문가, 관할 지역의 주민대표 및 시민단체에서 추천하는 사람이 각각 2명 이상 포함되도록 구성하여야 한다. 도시숲 등의 조성·관리심의위원회의 구성과 운영 등에 관하여 현행법에서 정한 사항 이외 필요한 사항은 지방자치단체의 조례로 정한다.

Ⅳ. 민간참여 활성화

[1] 도시숲 등과 민간참여

도시숲 등은 도시·마을 및 학교 등에 조성·관리되는 숲으로서 지역주민과 밀접한 공간적 연대를 가지고 있으며, 그 역할에 있어서도 도시환경의 보전, 보건휴양·경관 및 여가공간의 제공, 자연학습교육의 장으로서 시민·주민 및 학생들과 깊은 정서적 공감대를 나누는 숲이다. 따라서 도시숲 등의 조성 및 관리는 사업적 측면에서 기능적으로만 접근할 것은 아니며, 주민과 학생 등의 입장에서 정서적·문화적으로 공감하며 추진되어야 할 것이다.

도시숲 등의 조성·관리에 민간의 참여를 활성화한다는 것은 그 자체적으로도 효율적인 것으로 보인다. 예를 들어 학교의 선생님들과 학생들이 함께 학교숲을 조성하고 관리한다면 그 학교숲은 선생님들과 학생들의 숲이 되고, 따라서 선생님들과 학생들은 그 학교숲을 마치 자신들의 나무와 숲처럼 관리할 것이기 때문이다. 이것은 시민들이 함께 심고 가꾸는 도시숲이나 마을주민이 관리하는 마을숲의 경우에도 마찬가지일 것이다. 이런 점에서 도시숲 등을 조성하고 관리하는 것은 통상의 사업과는 다른 일종의 '공동체 운동'의 성격도 가진 것으로 이해할 필요가 있어 보인다. 따라서 현행법이 도시숲 등의 이러한 특성을 반영하여 민간참여를 활성화할 수 있는 법적 근거를 마련한 것은 매우 바람직한 입법적 태도라고 할 것이다.

[2] 도시숲지원센터의 지정·운영

1. 지정 및 사업

산림청장 또는 지방자치단체의 장은 도시숲 등의 효율적 관리를 위하여 농림축산식품부령으로 정하는 기준 및 절차 등에 따라 적절한 시설과 인력을 갖춘 기관 또는 단체를 도시숲지원센터로 지정할 수 있다(제16조 제1항). 그러나 이 경우에도 지방자치단체의 장은 필요한 때에는 현행법에 따라 도시숲지원센터로 지정하는 대신 이를 별도로 설치하여 운영할 수 있다.

산림청장 또는 지방자치단체의 장은 현행법에 따라 도시숲지원센터를 지정하려는 경우에는 지정신청 기간 및 절차 등의 내용이 포함된 도시숲지원센터 지정계획을 수립하여 산림청 또는 해당 지방자치단체의 인터넷 홈페이지에 14일 이상 공고하여야 하며, 이러한 계획에 따라 도시숲지원센터로 지정받으려는 자는 그 지정신청 기간에 신청서를 작성하여 산림청장 또는 해당 지방자치단체의 장에게 제출하여야 한다(시행규칙 제8조 제2항~제5항). 신청인으로부터 도시숲지원센터의 지정신청을 받은 산림청장 또는 지방자치단체의 장은 전문가 등으로 심사단을 구성하여 지정기준을 갖추었는지 여부를 심사할 수 있으며, 이러한 심사를 거쳐 도시숲지원센터를 지정한 경우에는 도시숲지원센터 지정서를 신청인에게 발급하고 그 사실을 산림청 또는 해당 지방자치단체의 인터넷 홈페이지에 게시하여야 한다.

도시숲지원센터는 현행법에 따른 도시숲 등 관리지표의 운영, 도시숲 등의 관리 및 이용프로그램의 개발·보급, 도시숲 등의 관리 및 이용활성화 관련 모니터링, 모범 도시숲 등의 인증에 관한 사항, 도시녹화운동의 추진 및 도시숲 등의 조성·관리 관련 민간협력, 도시숲 등의 기부채납에 관한 사업, 그 밖에 도시숲 등의 효율적인 조성·관리를 위하여 필요한 사업 등을 수행한다(제16조 제2항). 그러나 이러한 사업 중에서 모범 도시숲 등의 인증에 관한 사항은 산림청장이 지정하는 도시숲지원센터만이 수행할 수 있다.

산림청장 또는 지방자치단체의 장은 도시숲 등의 조성·관리를 위하여 필요한 경우에는 도시숲지원센터의 장에게 업무에 관하여 보고를 하게 하거나 관련 자료를 제출하게 할 수 있으며, 소속 공무원으로 하여금 관련 사업에 관하여 검사하게 할 수 있다(제24조 제1항 제2호 및 제2항). 이 경우 검사를 하는 공무원은 그 권한을 표시하는 증표를 지니고 이를 관계인에게 보여 주어야 한다.

2. 지정취소 등

산림청장 또는 지방자치단체의 장은 현행법에 따라 지정된 도시숲지원센터에게 일정한 사유가 있는 경우에는 농림축산식품부령으로 정하는 바에 따라 시정을 명하거나 지정을 취소할 수 있다(제16조 제3항). 산림청장 또는 지방자치단체의 장이 현행법에 따라 도시숲지원센터에게 시정명령이나 지정취소를 할 수 있는 이러한 사유에는 거짓이나 그 밖의 부정한 방법으로 지정을 받은 경우, 현행법에 따른 지정요건에 적합하지 않게 된 경우, 정당한 사유 없이 지정받은 날부터 1년 이내에 현행법에 따른 사업을 시작하지 않거나 1년 이상 운영하지 않는 경우 등이 있다. 산림청장 또는 지방자치단체의 장은 도시숲지원센터에게 현행법에 따른 이러한 사유가 있더라도 반드시 그 지정을 취소하여야 하는 것은 아니나, 만일 그 사유가 '거짓이나 그 밖의 부정한 방법으로 지정을 받은 경우'에 해당하는 때에는 반드시 그 지정을 취소하여야 한다(제16조 제3항 단서).

산림청장 또는 지방자치단체의 장은 현행법에 따라 도시숲지원센터의 지정을 취소하는 처분을 하려면 청문을 실시하여야 하며, 이러한 절차를 거쳐 현행법에 따라 도시숲지원센터의 지정이 취소된 자에 대하여는 그 지정이 취소된 날부터 1년 이내에 도시숲지원센터로 지정해서는 안 된다(제16조 제4항 및 제23조 제1호). 이 경우 특히 '거짓이나 그 밖의 부정한 방법으로 지정을 받은 경우'에 해당하여 지정이 취소된 경우에는 그 지정이 취소된 날부터 3년 이내에 도시숲지원센터로 지정해서는 안 된다(제16조 제4항). 지정취소로 인한 이러한 재지정 제한사유를 적용하는 경우 지정이 취소된 자가 법인인 경우에는 그 대표자를 포함하여 재지정 제한기한을 적용한다.

[3] 국민참여의 활성화

산림청장 또는 지방자치단체의 장은 도시숲 등의 조성·관리에 국민의 참여를 활성화하기 위하여 민관협의체를 구성하여 운영하거나 관련 단체의 설립·운영을 장려할 수 있으며, 국가 또는 지방자치단체의 장 이외의 자가 도시숲 등을 조성·관리할 경우에는 이에 필요한 지원을 할 수 있다(제17조 제1항·제2항). 산림청장 또는 지방자치단체의 장이 지원하는 이러한 지원에는 보조지원이 포함되는데, 이는 국가 또는 지방자치단체의 경우에는 현행법 제20조 제2항에 따라 도시숲 등에 관한 사업을 수행하는 관계 기관이나 단체 등에 대하여 예산의 범위에서 필요한 비용의 전부 또는 일부를 보조할 수 있기 때문이다.

산림청장 또는 지방자치단체의 장은 도시숲 등의 조성·관리를 위하여 필요한 경우에는 현행법 제17조 제1항에 따른 도시숲 등 관련 단체의 장에게 업무에 관하여 보고를 하게 하거나 관련 자료를 제출하게 할 수 있으며, 소속 공무원으로 하여금 관련 사업에 관하여 검사하게 할 수 있다(제24조 제1항 제3호 및 제2항). 이 경우 현행법에 따라 검사를 하는 공무원은 그 권한을 표시하는 증표를 지니고 이를 관계인에게 보여 주어야 한다.

[4] 모범 도시숲 등의 인증

1. 인증기관의 지정 및 인증의 신청

산림청장은 도시숲 등의 조성·관리를 촉진하고 질적 향상을 위하여 모범적으로 조성·관리되고 있는 도시숲 등에 대하여 인증기관을 지정하여 모범 도시숲 등으로 인증할 수 있다(제18조 제1항). 이 경우 현행법에 따른 인증기관으로 지정을 받으려는 자는 (1) 현행법에 따라 도시숲지원센터로 지정받았을 것, (2) 모범 도시숲 등 인증업무를 전담하는 전문인력을 1명 이상 확보할 것, (3) 모범 도시숲 등 인증업무에 관한 규정을 제정·관리할 것 등과 같은 요건을 모두 갖추어 농림축산식품부령으로 정하는 바에 따라 산림청장에게 신청하여야 한다(제18조 제2항 및 시행규칙 제10조 제1항).

현행법에 따른 모범 도시숲 등의 인증은 위치·규모, 적합성 및 안전성, 유지·관리, 조성·관리에 대한 참여 및 만족도, 홍보, 운영·관리 등의 항목에 대하여 도시숲·생활숲과 가로수를 구분하여 각 항목별로 세부기준을 적용한다(제18조 제4항 및 시행규칙 제11조 제1항 별표5). 일반적으로 이러한 인증제도란 일정한 기준을 만족시키거나 정당한 절차를 거쳤음을 공식기관에서 증명하는 것을 말하는데, 이를 도시숲 등의 조성·관리에 적용하여 인증기관을 지정하고 모범 도시숲 등으로 인증한다면 그 조성을 확대하고 질적 수준을 높이는 데 크게 기여할 것으로 기대된다.

산림청장은 도시숲 등의 조성·관리를 위하여 필요한 경우에는 도시숲 등에 대한 인증기관의 장에게 업무에 관하여 보고를 하게 하거나 관련 자료를 제출하게 할 수 있으며, 소속 공무원으로 하여금 관련 사업에 관하여 검사하게 할 수 있다(제24조 제1항 제4호 및 제2항). 이 경우 검사를 하는 공무원은 그 권한을 표시하는 증표를 지니고 이를 관계인에게 보여 주어야 함은 물론이다.

2. 지정취소 등

산림청장은 모범 도시숲 등을 인증하기 위하여 지정된 인증기관에게 일정한 사유가 있는 경우에는 농림축산식품부령으로 정하는 바에 따라 시정을 명하거나 지정을 취소할 수 있다(제18조 제3항). 산림청장이 현행법에 따라 인증기관에게 시정명령을 하거나 지정취소를 할 수 있는 이러한 사유에는 거짓이나 그 밖의 부정한 방법으로 지정을 받은 경우, 지정요건에 적합하지 않게 된 경우 또는 정당한 사유 없이 지정받은 날부터 1년 이내에 도시숲 등의 인증업무를 시작하지 않거나 1년 이상 운영하지 않은 경우 등이 있다. 산림청장은 지정된 인증기관에게 현행법에 따른 이러한 사유가 있더라도 반드시 그 지정을 취소하여야 하는 것은 아니나, 만일 그 사유가 '거짓이나 그 밖의 부정한 방법으로 지정을 받은 경우'에 해당하는 때에는 반드시 그 지정을 취소하여야 한다(제18조 제3항 단서). 산림청장은 현행법에 따라 모범 도시숲 등 인증기관의 지정을 취소하는 처분을 하려면 청문을 실시하여야 한다(제23조 제2호).

[5] 도시숲 등의 기부채납

산림청장 또는 지방자치단체의 장은 도시숲 등의 조성·관리를 위하여 개인 또는 기업·단체 등이 나무와 토지 등을 기부하려는 경우에 이를 받을 수 있다(제19조 제1항 및 시행령 제8조 제1항·제5항). 이 경우 산림청장 또는 지방자치단체의 장은 토지 등과 나무를 기부하려는 자로부터 기부하려는 토지 등과 나무의 표시, 기부하려는 자의 성명·주소 또는 법인의 명칭이나 대표자의 성명과 주소, 기부의 목적, 기부하려는 토지 등과 나무의 가격이 기재된 기부서를 받아야 하며, 기부를 받은 토지 등과 나무가 도시숲 등의 조성·관리를 위한 목적에 적합하게 사용·관리될 수 있도록 기부재산 사용·관리계획을 수립하여야 한다. 그러나 산림청장 또는 지방자치단체의 장은 현행법에 따라 기부하려는 토지 등과 나무가 다음에 해당하는 경우에는 그 기부를 받지 않을 수 있다(시행령 제8조 제4항).

- 기부하려는 토지 등과 나무가 도시숲 등의 조성·관리 목적에 부합하지 않는 경우
- 기부하려는 토지 등과 나무로는 도시숲 등의 조성·관리가 곤란한 경우
- 기부하려는 토지 등과 나무에 대한 유지·관리 비용이 지나치게 많이 드는 경우
- 토지 등과 나무의 기부에 도시숲 등의 조성·관리에 적합하지 않은 조건이 붙은 경우
- 그 밖에 국가 또는 지방자치단체에 이익이 없는 것으로 인정되는 경우

산림청장은 「국유재산법」 제8조에도 불구하고 현행법에 따라 기부채납된 나무와 토지 등을 관리·처분할 수 있다(제19조 제1항·제2항). 여기에서 '기부채납'이란 국가 외의 자가 부동산 등의 재산에 관한 소유권을 무상으로 국가에 이전하여 국가가 이를 취득하는 것을 말한다(국유재산법 제2조 제2호). 일반적으로 이러한 기부채납에 대하여는 「국유재산법」 제13조에 따라야 하나, 현행법은 도시숲 등의 경우에는 이에 따르는 대신 별도로 나무와 토지 등에 대한 기부채납을 특별히 규정하면서 기부채납된 나무와 토

지 등을 산림청장이 관리 · 처분할 수 있도록 규정한 것이다. 이는 국유재산에 관해서는 총괄청인 기획재정부장관이 그 사무를 총괄하고 국유재산을 관리 · 처분한다는 「국유재산법」 제8조의 특례를 인정한 것으로서 도시숲 등의 조성 · 관리에 국민의 참여를 확대하고 이를 활성화하려는 정책적 의지가 반영된 것으로 보인다.

제 7 장 산림산업

제1절 임업 및 산촌 진흥촉진에 관한 법률

Ⅰ. 총 론

[1] 개 요

「임업 및 산촌 진흥촉진에 관한 법률」은 1997년 4월 10일 제정(법률 제5325호)된 구「임업진흥촉진법」에서 시작된다. 사실 구「임업진흥촉진법」은 산림법의 분법화 계획이 거둔 첫 열매였는데, 산림법의 분법화 대상이 된 많은 법률 중에서 구「임업진흥촉진법」이 이처럼 처음으로 제정되었던 것은 임업을 활성화하고 임업인의 소득을 증대하여야 한다는 공감대가 당시의 산림공무원과 임업인에게 있었기 때문이었다.

이러한 정책적 공감대는 특히 치산녹화를 완료한 이후 수립된 「제3차 산지자원화 계획(1988~1997)」이 녹화된 산림의 자원화를 위하여 우량 목재자원의 조성과 경영기반의 확충, 임산물의 안정 공급과 유통체계 정비, 다양한 산촌소득원의 개발 조장 등에 중점을 두면서 더욱 커졌으며, 그 결과 임업진흥과 임업인의 소득창출이라는 목표는 단순한 정책적 공감대를 넘어 산림분야에 종사하는 모두의 염원이 되었던 것으로 보인다. "1960년대 이후의 치산녹화를 중심으로 한 보호위주의 산림법으로는 임업을 육성하는데 한계가 있으므로, 따로 법률을 제정하여 임업의 구조개선, 임산물소득원의 개발 및 임산물유통 · 가공업의 지원을 위한 각종 시책을 추진함으로써 임업의 생산성을 향상시키고 임업인의 경영능력 및 권익을 증진시켜 임업을 경쟁력 있는 산업으로 육성하려는 것"[1]이라는 구「임업진흥촉진법」의 제정이유는 임업의 진흥을 위한 당시의 이러한 열망을 거의 그대로 옮겨 놓은 것이었다.

이러한 기대를 안고 제정되었던 구「임업진흥촉진법」은 2001년 12월 31일 「임

1) 법제처의 국가법령정보센터(www.law.go.kr) 중 구「임업진흥촉진법」(법률 제5325호, 1997. 4. 10.)의 제정이유를 참고하라.

업 및 산촌 진흥촉진에 관한 법률」로 개정(법률 제6573호)되면서 임업의 진흥만이 아니라 산촌까지를 그 적용대상으로 삼게 되었다. 구「임업진흥촉진법」이 이와 같이 산촌을 포함하는 「임업 및 산촌 진흥촉진에 관한 법률」로 개정된 것은 물론 낙후된 산촌을 진흥하기 위한 사업을 안정적으로 추진하고 그에 대한 지원을 강화하기 위한 것이었지만, 사실은 그뿐만이 아니라 산촌을 단순한 정주공간이 아닌 생산·정주 및 휴양이 함께하는 복합공간으로 인식하는 정책적 관점의 전환이 이루어졌기 때문이었다.[2] 「임업 및 산촌 진흥촉진에 관한 법률」은 산림법 체계 내의 법률 가운데 「산림기본법」에 직접 기반을 둔 대표적인 법률 중의 하나라고 할 수 있다. 이는 「산림기본법」에 따른 시책의 기본방향 중 '임업의 경쟁력을 높이고 임업인의 소득이 향상될 수 있도록 노력하여야 한다'라는 임업의 육성에 관한 규정과 '산촌의 소득증진 및 산촌주민의 복지증진을 위하여 노력하여야 한다'라는 산촌의 진흥에 관한 내용을 구체화한 것이 바로 「임업 및 산촌 진흥촉진에 관한 법률」이기 때문이다(같은법 제7조·제8조). 이러한 「임업 및 산촌 진흥촉진에 관한 법률」은 크게 임업과 산촌에 관한 부분으로 구분할 수 있는데, 그 주요 내용은 다음과 같다.

- 임업의 구조개선
- 특별관리임산물의 관리
- 임업기계장비의 품질인증
- 임업진흥권역의 지정
- 산촌의 진흥

[2] 목적 및 기본원칙

1. 목 적

「임업 및 산촌 진흥촉진에 관한 법률」은 임업의 구조를 개선하여 임업인의 권익을 증진하고 임업의 경쟁력을 강화하며, 뒤떨어진 산촌지역을 진흥시켜 그 지역주민의 삶의 질을 높이고, 나아가 국토의 균형적 발전과 국민경제의 건전한 발전에 이바지하는 것을 목적으로 한다(제1조). 이에 따르면 현행법은 임업인의 권익증진, 임업의 경쟁력 강화 및 산촌지역 주민의 삶의 질 제고를 통하여 '국토의 균형적 발전과 국민경제의 건전한 발전'에 이바지하는 것을 목적으로 하며, 이를 위한 주요 수단으로서 임업구조의 개선과 산촌지역의 진흥을 그 내용으로 하는 것이다.

---

2) 산림청(2017)의 「산림청 50년사」, 172면.

2. 기본원칙

가. 임업경영의 기본원칙

임업의 경영은 산림의 보전과 이용이 조화를 이룰 수 있도록 다음의 기본원칙에 따라 이루어져야 한다(제3조 제1항). 여기에서 산림의 보전과 이용이 조화를 이룬다는 것은 산림을 지속가능한 산림경영의 원칙에 따라 산림생태계와 경관 등에 미치는 영향을 최소화하도록 이용하는 것이라고 할 수 있다.

- 산림은 「산지관리법」에 따른 산지의 구분에 따라 계획적으로 관리하여야 한다.
- 산림은 자연생태계의 자정능력, 생물다양성, 야생 동 · 식물의 서식조건 및 자연경관의 특성이 유지될 수 있도록 조성 · 관리하여야 한다.
- 산림은 국민의 보건 · 휴양의 증진에 기여할 수 있도록 조성 · 관리하여야 한다.
- 산림은 임업의 생산성을 늘리고 그 부가가치를 높일 수 있도록 합리적으로 경영하여야 한다.

나. 산촌진흥의 기본원칙

산촌의 진흥은 다음과 같은 기본원칙에 따라 이루어져야 한다(제3조 제2항). 산촌진흥에 관한 현행법의 이러한 기본원칙은 산촌이 가지는 국토의 균형발전과 산림자원의 효율적인 관리 측면에서의 역할을 강조한 것으로 보인다.

- 산촌을 산림관리의 거점지역으로 육성하여 산림자원의 보전 · 증식을 적극 도모하여야 한다.
- 산림생태계 및 동 · 식물 보존 등 환경에 미치는 영향을 고려하여 산촌을 자연친화적으로 개발하여야 한다.
- 산촌의 고유한 문화와 전통을 계승 · 발전하도록 하여야 한다.

[3] 임업 및 산촌에 대한 이해

1. 임　　업

가. 임업의 개념

임업이란 영림업, 임산물생산업, 임산물유통 · 가공업, 야생조수사육업과 이에 딸린 업으로서 농림축산식품부령으로 정하는 업을 말한다(제2조 제1호 및 시행규칙 제2조). 여기에서 '농림축산식품부령으로 정하는 업'이란 분재생산업, 조경업 및 수목조사업 등 임업 관련 서비스업을 말한다. 현행법상 임업에 속하는 영림업이란 통상적으로 나무를 심고

가꾸는 등 산림의 기능을 유지 · 발전 또는 회복시키기 위한 것을 의미하는데, 현행법 제2조 제1호에 따르면 이러한 영림업에는 「산림문화 · 휴양에 관한 법률」과 「수목원 · 정원의 조성 및 진흥에 관한 법률」에 따른 자연휴양림, 수목원 및 정원의 조성 또는 관리 · 운영이 포함된다.[3)]

임업에 대한 이러한 정의는 현행법에 따른 재정지원과 구조개선 등을 위한 대상으로서의 임업을 정한 것이므로 「통계법」에 따라 산업활동을 그 유사성에 따라 유형화한 「한국표준산업분류」에 따른 임업의 개념과는 다른 것이다. 즉 「한국표준산업분류」에 의하면 임업이란 영림, 산림용 종자 · 묘목생산, 벌목활동, 야생임산물 채취 및 임업관련 서비스활동을 포함하는 것을 말하며, 따라서 산림 안에서 자기가 직접 채취한 재료로 숯굽기, 수액의 증류 및 농축활동을 수행하는 경우에는 영림활동으로 분류되지만, 구입한 재료로 수액을 증류 · 농축하거나 숯을 굽는 활동은 제조업으로 분류된다. 또한 동일한 관점에서 자연휴양림과 수목원의 관리 · 운영도 현행법상으로는 임업 중 영림업에 속하지만, 「한국표준산업분류」상으로는 임업의 대상에서 제외된다.

나. 임업과 임산업 및 산림산업

임업의 개념과 관련하여 임산업이라는 용어를 혼용하여 사용하기도 하는데, 이에 따르면 임산업이란 「한국표준산업분류」에 따른 협의의 임업에 합판 · 펄프 등의 제조업을 포함하는 개념으로 이해된다. 그러나 현행법 제2조 제3호에 따른 임산물의 범위에 합판 · 단판 · 섬유판 · 집성재 · 성형재 · 마루판 및 목재펠릿 등 「목재의 지속가능한 이용에 관한 법률」에 따른 목재제품이 포함되어 있을 뿐만 아니라 이를 가공하는 임산물가공업이 이미 임업에 포함되어 있음을 감안할 때 임산업이라는 용어를 특별히 구별하여 사용할 필요가 있는지는 의문이다.

임업의 개념과 관련하여 반드시 살펴보아야 하는 것이 산림산업이다. 산림산업

---

3) 대법원은 영림업과 관련하여 "산림피해지 복구공사, 계곡계류보전사업, 등산로 정비사업, 산사태 예방사업 등에 종사하였고 이러한 근로형태는 외형적으로 볼 때 일반 건설현장에서의 근로와 크게 다르지 않을 수 있으나, 원고들이 참여한 공사는 산림의 복구, 보전, 정비, 재해예방 등을 통하여 산림의 기능을 유지 · 발전 또는 회복시키기 위한 것으로서 그 실질적인 사업의 성격은 전체적으로 볼 때 '임업'의 하위분류인 '영림업' 또는 '영림 관련 서비스업'에 가깝고…" 라고 하여 '영림'의 개념을 산림의 기능을 유지 · 발전 또는 회복시키기 위한 것이라고 하였다 (대판 2020. 2. 6. 2018다241083). 한편 「한국표준산업분류」에서는 영림업을 산림용 수종 및 묘목의 생산, 조림 및 육림, 산림보호, 야생수액 및 야생임산물을 채취하는 산업활동으로 정의하고 있다. 이에 대하여는 통계청(http://kostat.go.kr/portal/korea/index.action)의 통계분류포털을 참고하라.

이란 목재생산뿐만 아니라 산림공간의 이용 등과 같이 산림자원을 종합적으로 활용하는 산업으로서 산림의 조성·보육 및 유지와 이를 경제적으로 이용하는 생산업을 포괄하는 것을 말한다. 일반적으로 이러한 산림산업은 목재 등 임산물의 지속적인 생산이라는 협의의 개념에 생산된 임산물을 여러 방면의 산업분야에 공급하여 유용한 역할을 하게 하는 개념이 더해져 일종의 산업개념으로 확산된 것으로서[4] 산림생명산업과 산림복지서비스업을 포함[5]하기도 한다. 그러나 산림산업은 「제6차 산림기본계획(2018~2037)」을 포함한 산림청의 장기계획 등에서 임업의 확장된 개념으로 반복하여 사용하고 있음에도 불구하고,[6] 여전히 그 명확한 개념에 대해서는 별도의 논의가 필요해 보이는 것이 사실이다. 한편 이러한 산림산업과 「산림자원의 조성 및 관리에 관한 법률」에 따른 산림사업이 전혀 다른 개념임은 앞에서 이미 설명한 것과 같다.

2. 임업인 및 임산물

가. 임업인

임업인이란 "임업에 종사하는 자로서 대통령령으로 정하는 자"(제2조 제2호 및 시행령 제2조)를 말한다. 여기에서 '대통령령으로 정하는 자'란 다음의 어느 하나에 해당하는 자를 말한다.

- 3ha 이상의 산림에서 임업을 경영하는 자
- 1년 중 90일 이상 임업에 종사하는 자
- 임업경영을 통한 임산물의 연간 판매액이 120만원 이상인 자
- 「산림조합법」 제18조에 따른 조합원으로서 임업을 경영하는 자

임업인에 대한 이러한 요건 중 연간 판매액은 「농업·농촌 및 식품산업 기본법」에 따른 농업인(같은 법 제3조 제2호 및 시행령 제3조 제1항) 및 「수산업·어촌 발전 기본법」에 따른 어업인

---

4) 산림청(2017)의 「산림청 50년사」, 237면. 한편 농촌진흥청(https://terms.naver.com/entry.nhn?docId=147387&cid=50331&categoryId=50331)의 농업용어사전에서는 산림산업을 목재생산뿐만 아니라 산림공간의 이용 등 산림자원을 종합적으로 활용하는 산업으로 정의하기도 한다.

5) 산림청, 「2019년도 산림과 임업 동향에 관한 연차보고서」, 2020, 47~63면 및 124~140면.

6) 산림청의 「제4차 산림기본계획」, 35면; 「제4차 산림기본계획(변경)」, 29면; 「21세기 산림비전」, 25~33면; 「제6차 산림기본계획」, 56면 이하. 특히 「21세기 산림비전」에서는 '경쟁력 있는 산림산업 육성'을 목표로 목재의 안정적 수급 확보, 목재가공산업 육성과 국산재이용촉진, 유통체계 구축 및 고소득 전략품목 발굴 등을 실천구상으로 들고 있으며, 「제6차 산림기본계획」에서는 '산림산업 육성 및 일자리 창출'을 위한 주요과제로서 목재산업 육성 및 경쟁력 강화, 국산목재 고부가가치화 및 소비확대, 지속가능한 목재생산체계 구축, 산림기반 융복합 신산업 육성, 산림생명자원 산업화 등을 들고 있다. 한편 이 책에서는 이러한 산림산업을 임업의 확장된 개념으로 사용하면서 산림법 체계상 임업관련 법률을 산림산업에 분류하여 설명하고자 한다.

(같은 법 제3조 제3호 및 시행령 제3조 제2항)의 요건과 동일하나, 연중 종사일수의 경우에는 임업인과 농업인은 90일 이상, 어업인은 60일 이상으로 서로 다르다.

나. 임산물

임산물이란 "「산림자원의 조성 및 관리에 관한 법률」 제2조 제7호에 따른 임산물"(제2조 제3호)로서 목재, 수목, 낙엽, 토석 등 산림에서 생산되는 산물과 그 밖의 조경수, 분재수 등 대통령령으로 정하는 것을 말한다. 여기에서 '대통령령으로 정하는 것'이란 가지・꽃・열매・생잎・장작・톱밥 및 나뭇조각 등 수목의 일부분, 대나무류・초본류・덩굴류 및 이끼류, 산림버섯・떼, 숯・톱밥숯, 수액 또는 수목・대나무를 태워서 얻는 응축액, 합판・단판・섬유판・집성재・성형재・마루판 및 목재펠릿 등 「목재의 지속가능한 이용에 관한 법률」 제2조 제2호에 따른 목재제품을 말한다(시행령 제2조 제5항).

현행법에 따른 이러한 임산물에 대하여는 주로 현행법과 「산림자원의 조성 및 관리에 관한 법률」이 적용되나 목재의 지속가능한 이용에 관해서는 다른 법률에서 따로 정하는 경우를 제외하고는 「목재의 지속가능한 이용에 관한 법률」이 적용되며(같은 법 제5조), 특히 토석 중 석재산업의 진흥에 관하여는 다른 법률에 우선하여 「석재산업 진흥에 관한 법률」이 적용된다(같은 법 제4조).

3. 산 촌

산촌이란 "「산림기본법」 제3조 제2호에 따른 지역"(제2조 제6호)을 말한다. 이에 따르면 산촌은 산림면적의 비율이 현저히 높고 인구밀도가 낮은 지역으로서 (1) 행정구역면적에 대한 산림면적의 비율이 70% 이상, (2) 인구밀도가 전국 읍・면의 평균 이하, (3) 행정구역면적에 대한 경지면적의 비율이 전국 읍・면의 평균 이하인 요건에 해당하는 읍・면을 말한다(산림기본법 시행령 제2조). 산촌에 대한 이러한 정의는 산림면적의 비율, 인구밀도 및 행정구역면적에 대한 경지면적의 비율을 요건으로 하는 것으로서 행정구역을 기본요건으로 하는 농촌 및 어촌의 개념과는 다른 것이다.[7]

---

7) 「농업・농촌 및 식품산업 기본법」에 따르면 농촌이란 읍・면의 지역 또는 읍・면 이외의 지역 중 그 지역의 농업, 농업관련 산업, 농업인구 및 생활여건 등을 고려하여 농림축산식품부장관이 고시하는 지역을 말하며(같은 법 제3조 제5호), 「수산업・어촌 발전 기본법」에 따르면 어촌이란 하천・호수 또는 바다에 인접하여 있거나 어항의 배후에 있는 지역 중 주로 수산업으로 생활하는 지역으로서 읍・면의 전 지역 또는 동의 지역 중 「국토의 계획 및 이용에 관한 법률」 제36조 제1항 제1호에 따라 지정된 상업지역 및 공업지역을 제외한 지역을 말한다(같은 법 제3조 제6호).

[4] 임업인의 날

임업·산촌의 소중함을 국민에게 알리고 임업인의 긍지와 자부심을 고취하기 위하여 매년 11월 1일을 임업인의 날로 정한다(제3조의2 제1항). '임업인의 날'에 관한 이러한 규정은 2020년 3월 24일 신설되었으며, 이에 따라 제1회 임업인의 날 행사가 2020년 11월 1일 거행되었다. 현행법이 이처럼 숲가꾸기 기간인 11월의 첫날을 임업인의 날로 정한 것은 1995년 시작된 숲가꾸기 기간을 기념하면서 우리의 숲을 가꾸어주는 임업인과 임업 및 산촌의 특별한 가치를 기억하자는 의미로 이해된다.

사실 임업인의 날은 「제1차 국토녹화 10개년 계획(1973~1978)」 기간 중의 육림의 날과 육림주간 및 1973년 시작되었던 산주대회 등에서 그 역사적 뿌리를 찾을 수 있는데,[8] 이전과는 달리 임업인의 날이 법률에 명시됨으로써 앞으로는 국가적 차원에서 숲가꾸기 분위기를 조성하고, 임업·산촌 및 임업인에 대한 국민의 인식을 높이는데 도움이 될 것으로 기대된다. 현행법은 이를 위하여 임업인의 날에는 국가와 지방자치단체가 이에 적합한 행사 등 사업을 실시하여 임업인의 날과 그 제정 취지를 널리 알리도록 하고 있다(제3조의2 제2항).

Ⅱ. 임업의 구조개선

[1] 임업의 구조개선

1. 구조개선의 의미

임업의 구조개선이란 임업인의 권익을 증진하고 임업의 경쟁력을 강화하기 위하여 산림의 소유구조와 임업경영 및 임산물의 유통구조를 개선하는 것을 말한다. 일반적으로 구조개선이란 특정한 산업 및 기업 등을 대상으로 부실한 운영을 개선하여 정상화할 수 있도록 인력·조직 및 예산 등을 감축하고 이에 필요한 자금 등을 지원하는 것을 의미하나, 현행법에 따른 구조개선이란 이러한 통상의 의미보다는 임업의 생산성과 효율성을 높임으로써 경쟁력을 높이려는 정책을 의미하는 것으로 이해된다.

현행법은 임업의 구조개선에 대하여 소유구조개선, 경영구조의 개선 및 임산물 유통구조의 개선을 구분하여 제5조부터 제7조까지 구체적으로 규정하고 있는데,

---

8) 당시 육림의 날은 매년 11월 첫번째 토요일이었으며, 육림주간은 매년 11월 1일~11월 7일이었다.

이는 「농업·농촌 및 식품산업 기본법」이 "국가와 지방자치단체는 농업종사인력, 농업경영, 농지의 소유 및 이용과 농산물의 유통 등을 포함한 농업구조를 개선하고…농업인의 소득이 안정적으로 증대될 수 있도록 노력하여야 한다"라고 규정하고 있는 것과 동일한 입법 취지로 이해된다(같은법 제8조 제1항).

2. 산림의 소유구조개선

산림청장 또는 지방자치단체의 장은 산림의 소유구조개선 등 임업의 생산성을 높이는 데에 필요한 시책을 수립하여 추진하여야 한다(제5조 제1항). 현행법이 임업의 구조개선에 대하여 규정하면서 이처럼 산림의 소유구조개선을 가장 먼저 들고 있는 것은 임업의 기반인 산림의 소유구조가 임업을 진흥하고 촉진하는 데 그만큼 심각한 제약요인이 되고 있음을 반증하는 것처럼 보인다. 실제로 현재 우리 산림의 소유구조는 앞에서 이미 설명한 것과 같이 전체 사유림 소유자의 56%가 해당 사유림이 소재하는 시·도 및 시·군·구가 아니라 다른 지역에 거주하고 있으며, 그 평균 소유규모도 5ha 미만이 92%일 뿐만 아니라 0.5ha 미만을 소유한 산림소유자도 무려 55%에 이를 정도로 열악하기 때문이다.

현행법은 영세한 소유규모 등을 포함한 이러한 문제에 대하여 "산림청장 또는 지방자치단체의 장은 사유림의 소유자가 산림의 소유규모를 늘리기 위하여 산림을 교환 또는 매입하려는 경우 필요한 지원을 할 수 있다"(제5조 제2항)고 함으로써 산림에 대한 규제보다는 시장질서에 기반한 지원정책을 채택하고 있는데, 이는 다소 점진적이기는 하지만 보다 근본적인 방식으로 산림의 소유구조개선에 대응하려는 태도로 이해된다. 물론 현행법에 따른 이러한 정책수단으로 당장 가시적인 효과를 거두는 것은 어려울 수도 있겠지만, 이것이 규제에 의한 방식보다 친시장적인 것은 분명해 보인다. 다만, 이와 관련하여 산림청장 또는 지방자치단체의 장이 산림을 교환·구입하는데 필요한 자금을 장기로 융자해 주는 것과 같은 일반적인 방법만이 아니라, 산림의 취득·경영 및 상속 등과 관련된 세제 등에 과감한 혜택을 주는 방안도 적극적으로 함께 추진한다면, 그 정책적 효과는 더욱 커질 것으로 생각된다.

3. 경영구조의 개선

가. 협업경영 및 대리경영

산림청장 또는 지방자치단체의 장은 사유림을 효율적으로 경영할 수 있도록 대통령령으로 정하는 바에 따라 임업의 협업경영 및 대리경영에 관한 시책을 수립하여 추진하여야 한다(제6조 제1항). 여기에서 '협업경영'이란 생산성을 높이고 경영비용을 줄이기 위하여 사유림의 소유자 상호간에 조림사업, 숲가꾸기사업, 임산물의 생산·판매·가공사업을 공동으로 실시하는 임업경영을 말한다(시행령 제5조 제1항·제3항 및 제4항). 이러한 협업경영은 공동체를 통한 협동을 전제로 하는 것으로서 산림청장 및 지방자치단체의 장은 협업경영을 하는 자에게 산림사업에 필요한 자금을 보조하는 등 다른 자보다 우선하여 지원할 수 있으며, 이를 활성화하기 위하여 필요한 경우 산림청장은 협업경영방법의 개발·보급 등이 포함된 협업경영종합계획을 수립하고, 지방자치단체의 장은 지역 여건에 맞는 협업경영계획을 수립하여 각각 산림조합중앙회에 알려야 한다.

대리경영이란 임업경영에 전문성을 가진 대리경영자가 자본이나 기술이 부족하여 스스로 임업을 경영하기 어려운 사유림 소유자와 체결한 계약에 따라 행하는 임업경영으로서, 특히 소규모 산림을 보유한 산림소유자를 지원하기 위한 것이다(시행령 제6조 제1항). 현행법에 따라 계약을 체결한 후 이러한 대리경영을 할 수 있는 대리경영자는 다음과 같다.

- 임업인
- 산림조합 및 산림조합중앙회
- 시장·군수 또는 구청장[9)]
- 지방산림청장 또는 지방산림청 국유림관리소장
- 전문대학을 포함하여 임업분야의 학과가 설치된 대학
- 「산림자원의 조성 및 관리에 관한 법률 시행령」 별표1 제1호, 제2호 및 제4호에 따른 산림사업을 모두 할 수 있는 법인으로 등록한 산림사업법인
- 그 밖에 산림경영을 주 업무로 하는 법인

대리경영은 전문성을 가진 대리경영자와의 계약을 통하여 임업경영을 맡긴다는 점에서 다른 산림소유자와 협동하여 임업을 경영하는 협업경영과는 완전히 다른 것으로서, 산림청장 및 지방자치단체의 장은 현행법에 따라 대리경영을 하는 자에게는 대리경영에 필요한 지원을 할 수 있다(시행령 제6조 제2항).

현행법이 임업의 경영구조개선에 대하여 규정하면서 사유림의 효율적인 경영에 대해서만 명시하고 있는 것은 사유림 경영의 중요성을 강조하고자 하는 것이지 임업의 다른 분야를 경영구조개선의 대상에서 제외하려는 의도는 아니라고 보아야

9) 다만, 여기에서 시장에는 「제주특별자치도 설치 및 국제자유도시 조성을 위한 특별법」에 따른 행정시의 시장을 포함한다.

할 것이다. 따라서 사유림 경영 이외 임산물생산업 및 임산물유통·가공업 등의 경우에도 경영의 규모화 및 비용절감 등을 통한 경영합리화를 추진할 수 있으며, 이에 대하여 국가 및 지방자치단체는 사업비의 전부 또는 일부를 융자하거나 보조할 수 있음은 물론이다(제4조).

나. 겸업임업·전업임업 및 기업임업

산림청장 또는 지방자치단체의 장은 규모 있게 임업을 경영하여 경쟁력을 높일 수 있도록 대통령령으로 정하는 바에 따라 겸업임업, 전업임업 및 기업임업에 관한 시책을 수립하여 추진하여야 한다(제6조 제2항 및 시행령 제7조 제1항). 여기에서 (1) 겸업임업이란 3ha 이상의 산림에서 임업을 경영하고 있거나 임산물을 주원료로 하는 생산활동을 1년 중 90일 이상 할 수 있는 임업을 말하며, (2) 전업임업이란 50ha 이상의 산림에서 임업을 경영하고 있거나 임산물을 주원료로 하는 생산활동을 1년 중 200일 이상 할 수 있는 임업을 말하고, (3) 기업임업이란 500ha 이상의 산림에서 임업을 경영하는 법인으로서 임산물을 주원료로 하는 생산활동을 1년 중 200일 이상 할 수 있는 임업을 말한다.

현행법에 따라 산림청장이나 지방자치단체의 장이 겸업임업, 전업임업 및 기업임업에 관한 시책을 수립할 때에는 대통령령으로 정하는 바에 따라 이를 활성화하기 위한 경영기술의 개발·보급에 관한 사항과 겸업임업인, 전업임업인 및 기업임업인의 양성과 지원에 관한 사항을 포함하여야 한다(시행령 제7조 제2항).

4. 임산물 유통구조의 개선

산림청장 또는 지방자치단체의 장은 임산물의 원활한 수급과 직거래의 활성화 및 가격안정을 위하여 필요하다고 인정하면 임산물 유통시설의 설치·운영 등 유통구조를 개선하기 위하여 필요한 조치를 할 수 있으며, 이를 위하여 필요하다고 인정하면 목재종합집하장 등 임산물 유통시설을 설치·운영하는 자에게 시설자금과 그 밖에 필요한 지원을 할 수 있다(제7조 제1항·제2항). 여기에서 '목재종합집하장'이란 목재를 수집·운반하여 가공 및 유통하는 시설로서 주요 목재산지에 설치·운영되는 목재유통기반시설을 말한다. 현행법이 이처럼 산림청장 또는 지방자치단체의 장에게 임산물 유통구조의 개선을 위한 조치와 임산물 유통시설의 설치·운영을 지원할 수 있도록 하는 것은 결국 임산물의 유통구조를 개선함으로써 임업의 경쟁력을 강화하고 임업인의 소득을 향상시키기 위한 것으로 이해된다.

일반적으로 임산물을 포함하여 농산물 및 수산물의 유통구조개선을 위해서는 생산조정 및 출하조절, 가격안정기금의 활용, 유통기구의 정비 및 정보화의 촉진 등이 주요 정책수단으로 활용된다. 그러나 현행법은 이러한 정책수단들 중에서 특히 유통시설의 설치·운영을 강조하고 있는데, 이는 임산물의 유통기반 확충과 출하조절, 품질인증 및 규격고시, 유통시설의 현대화와 유통정보화의 촉진 등에 대한 내용이 이미 「산림기본법」에 구체적으로 규정되어 있으므로(같은법 제22조·제23조), 현행법에서는 유통시설의 설치 및 운영에 대한 시설자금 등의 지원근거를 신설하면서 「산림기본법」의 규정과 서로 보완하도록 하는 데 중점을 두었기 때문으로 보인다.

임산물의 유통구조개선과 관련하여 임산물의 경우에도 「농수산물 유통 및 가격안정에 관한 법률」이 적용되므로 현행법에 이를 별도로 규정할 필요가 없다는 주장도 있을 수 있으나, 「농수산물 유통 및 가격안정에 관한 법률」이 적용되는 임산물은 밤·잣·대추·호두·은행 및 도토리와 같은 목과류와 표고·송이·목이 및 팽이와 같은 버섯류 및 한약재용 임산물로 제한되어 있으므로(같은법 제2조 제1호 및 시행령 제2조), 이에 해당하지 않는 임산물 및 목재 등의 유통구조개선을 위해서는 여전히 「산림기본법」과 현행법이 중요한 의의를 가진다고 보아야 할 것이다.

산림청장 또는 지방자치단체의 장은 현행법에 따라 목재종합집하장 등 임산물 유통시설의 설치·운영에 있어서 시설자금 등을 지원받은 자에게 농림축산식품부령으로 정하는 바에 따라 임산물유통정보를 제공하게 할 수 있다(제7조 제3항 및 시행규칙 제6조 제1항·제2항). 이에 따르면 임산물유통정보를 제공하는 자는 산림청장 또는 지방자치단체의 장에게 임산물의 품목별 유통물량과 가격 등을 서면이나 전산망으로 제공하여야 한다. 현행법이 이처럼 임산물 유통시설의 설치·운영에 있어서 시설자금 등을 지원받은 자에게 임산물유통정보를 제공하도록 한 것은 임산물 유통시설에 대한 지원과 유통정보체계의 구축을 동시에 달성하려는 것으로서 임산물의 유통정보를 담당하는 별도의 인력과 조직의 부족을 보완하기 위한 것으로 이해된다.

[2] 임업인의 소득향상

1. 임산물소득원의 개발 및 육성

산림청장 또는 특별시장·광역시장·도지사 또는 특별자치도지사·특별자치시장[시·도지사]는 산림소득을 늘리기 위하여 필요하다고 인정하면 품목과 구역을 지정하여 토석 외의 임산물소득원의 개발·육성을 위한 지원시책을 수립하여 추진할 수 있다(제8조 제1항). 여기에서 토석을 임산물소득원의 지원대상 품목에서 제외한 것은 비록 토석이 임산물에는 포함되더라도 임업인의 소득원으로서 지원대상으로 하기에는 적합하지 않으며, 특히 토석 중 석재의 경우에는 별도로 제정된 「석재산업 진흥에 관한 법률」이 우선 적용되기 때문이다(같은법 제4조).

임업인의 소득향상을 위한 이러한 규정은 「산림기본법」이 시책의 기본방향에서 정하고 있는 "국가 및 지방자치단체는 임업의 균형적인 성장 및 임업인의 건전한 육성을 위하여…임업인의 소득이 향상될 수 있도록 노력하여야 한다"(같은법 제7조)라는 내용을 구체화한 것으로서 그 지원대상 품목과 구역의 지정·지정변경 및 해제와 그 밖에 필요한 사항은 대통령령으로 정하고 있는데, 이에 따르면 임산물소득원의 지원대상 품목에는 수실류, 버섯류, 산나물류, 약초류, 약용류, 수목부산물류 및 관상산림식물류와 그 밖의 임산물 등이 있으며, 그 세부 품목은 농림축산식품부령으로 따로 정하고 있다(시행령 제8조 제1항 및 시행규칙 제7조 제1항 별표2).[10]

산림청장이나 시·도지사는 임업인의 소득향상을 위하여 현행법 제8조 제2항에 따른 임산물소득원의 개발을 위한 구역[주산단지]을 지정할 수 있다(시행령 제8조 제2항·제3항). 현행법이 정하는 임산물소득원 지원대상 품목의 주요 생산지를 의미하는 이러한 주산단지는 해당 지역의 시장·군수 또는 구청장의 신청을 받아 산림청장 또는 시·도지사가 지정하나, 임산물의 생산과 출하조절을 위하여 필요하다고 인정하는 경우에는 시장·군수 또는 구청장의 지정신청이 없더라도 산림청장이나 시·도지사는 직권으로 이를 지정할 수 있다.

2. 산림의 복합경영 지원

산림청장 또는 시·도지사는 임업인이 지속적이며 안정적으로 산림소득을 얻을 수 있도록 목재생산과 함께 단기소득사업을 복합적으로 경영하는 데에 필요한 지원을 할 수 있다(제9조 제1항). 여기에서 '목재생산과 함께 단기소득사업을 복합적으로 경영하는 것'을 복합경영이라고 하는데, 이러한 복합경영은 목재생산의 장기성을 단기소득사업으로 보완하기 위한 임업경영 방식으로서 숲 속에서 버섯류 및 약초·약

---

10) 이에 따라 임산물소득원의 지원대상 품목을 정하고 있는 시행규칙 제7조 제1항 별표2에서는 수실류, 버섯류, 산나물류, 약초류, 약용류, 수목부산물류 및 관상산림식물류별로 지정된 품목을 나열하면서 '그 밖의 임산물' 항목에 "위 품목 외에 「산림자원의 조성 및 관리에 관한 법률」 제2조 제7호에 따른 임산물로서 목재(목재제품을 포함한다)와 토석을 제외한 품목"을 지정하고 있는데, 이에 따르면 토석과 목재 및 목재제품은 임산물소득원의 지원대상 품목에서 제외되며, 그 결과 현행법상 임산물소득원의 지원대상 품목이란 결국 현행법에 따른 임산물 중에서 비목재임산물을 의미하는 것으로 보인다.

용류를 재배하거나 작은 가축을 놓아먹이는 것과 같은 다양한 유형들이 알려져 있다. 현행법은 이러한 복합경영을 활성화하고 원활하게 지원하기 위하여 산림청장 또는 시・도지사에게 유형별 경영모형, 적합한 산림작물 및 산지재배기술 등을 개발・보급하도록 하고 있다(제9조 제2항).

3. 임산물가공업의 지원

산림청장 또는 시・도지사는 임산물의 원활한 수급 및 가격안정을 위하여 임산물가공업자에게 가공시설자금을 지원하는 등 필요한 지원을 할 수 있다(제10조 제1항). 현행법에 따라 산림청장 또는 시・도지사가 하는 이러한 지원은 임산물의 생산・공급・수매 또는 비축에 필요한 자금, 임산물가공시설의 신설・증설 또는 현대화에 드는 자금, 임산물가공시설의 운영자금, 임산물의 이용증진을 위한 제품개발 및 기술보급, 임산물 유통・가격정보의 제공 등과 같은 포괄적인 내용을 그 범위로 한다(시행규칙 제9조 제1항・제2항).

현행법에 따른 이러한 임산물가공업의 지원대상에는 현행법 제2조 제3호에 따른 임산물이라면 목재뿐만 아니라 비목재임산물을 가공하는 것도 당연히 포함된다고 보아야 할 것이다. 이와 관련하여 임산물가공업에 석재를 가공하는 업체도 포함할 것인지에 대하여는 논란의 여지가 있으나, 토석의 경우에는 이를 임산물소득원의 지원대상 품목에서 제외한 것과 같은 이유로 임산물가공업의 지원대상에서도 제외하는 것이 타당할 것으로 보인다.

[3] 목재의 활용 및 비축

1. 지속가능한 산림경영 산물의 우선구매

산림청장 또는 시・도지사는 지속가능한 산림경영을 이행하기 위하여 국산재로 만든 제품의 판매촉진 등과 같은 필요한 시책을 강구하여야 한다(제11조 제1항). 이는 지속가능한 산림경영을 이행하기 위해서는 간벌재로 만든 초・중등학교용 책걸상이나 축산용 톱밥 등과 같이 국산재로 만든 제품의 사용을 촉진하는 것이 필요하나, 현실적으로는 국산재의 가격경쟁력이 낮아 이를 사용하여 만든 제품의 판매가 부진한 현실을 반영한 것으로 보인다.

산림청장 또는 시・도지사는 국산재로 만든 제품의 판매촉진을 위하여 공공기관에 국산재로 만든 제품의 우선구매 등과 같은 필요한 조치를 요구할 수 있다

(제11조 제2항·제3항). 이 경우 산림청장 또는 시·도지사로부터 우선구매 등의 요구를 받은 공공기관의 장은 특별한 사유가 없으면 그 요구에 따라야 한다. 국산재로 만든 제품에 대한 산림청장 또는 시·도지사의 이러한 우선구매 요구는 (1) 지역 간벌재 이용제품으로 인증을 받은 목재제품 등과 같은 일정한 요건을 요구하지 않을 뿐만 아니라, (2) 국가·지방자치단체 또는 공공기관의 장이 국제협정 등을 고려하여 대통령령으로 정하는 금액 미만의 목재 또는 목재제품에 관한 조달계약을 체결하려는 때에 한정하지 않는다는 점에서 「목재의 지속가능한 이용에 관한 법률」 제19조에 따른 우선구매에 관한 규정과는 구별되는 것이다.

2. 산지목재비축계약

가. 계약의 체결

시·도지사는 산림 안에 있는 입목을 보호·육성하여 목재자원을 증대하고 이를 바탕으로 목재를 장기적이고 안정적으로 공급하기 위하여 필요하면 산림소유자와 일정한 기간은 입목의 벌채를 할 수 없도록 하는 계약[산지목재비축계약]을 체결할 수 있다(제13조 제1항). 이러한 산지목재비축계약은 산림소유자가 벌채하여 충분히 이용할 수 있음에도 불구하고 목재자원을 증대시키기 위하여 계약으로 정한 일정한 기간 동안에는 입목을 산지에 그대로 두고 이를 벌채하여 이용할 수 없도록 하는 것이므로 산림소유자의 벌채가 법령으로 제한되거나 입목축적이 평균보다 낮은 산림에는 처음부터 적용되지 않는다. 이러한 관점에서 볼 때 현행법상 산지목재비축계약을 체결할 수 있는 산림은 다음과 같다(제13조 제2항 및 시행규칙 제16조).

- 「산지관리법」 제4조 제1항 제1호에 따른 채종림, 산림보호구역, 자연휴양림, 야생동·식물특별보호구역, 공원, 상수원보호구역, 문화재보호구역 및 생태·경관보전지역에 해당하지 않는 산림
- 「산림자원의 조성 및 관리에 관한 법률 시행령」 제41조에 따른 입목벌채제한지역에 해당하지 않는 산림
- 산지목재비축계약을 체결할 산림의 ha당 입목축적이 해당 시·군 또는 자치구의 평균 입목축적 이상인 산림으로서 입목의 평균수령이 「산림자원의 조성 및 관리에 관한 법률 시행규칙」에 따른 일반기준벌기령(같은 시행규칙 별표3 제1호 가목) 이상인 산림

산지목재비축계약은 시·도지사가 산림소유자와 체결한다. 여기에서 '산림소유자'란 입목을 사용·수익 및 처분할 수 있는 자이어야 하므로 저당권 등과 같이 입목에 관한 권리제한이 있는 산림의 소유자는 계약의 대상에서 제외한다. 이는

산지목재비축계약의 취지가 입목을 벌채하여 이용할 수 있음에도 불구하고 목재자원을 육성하기 위하여 일정한 기간 동안 이를 벌채하지 않는 것을 내용으로 하는 것이므로 해당 입목에 이미 저당권 등이 설정되어 있는 경우에는 당초부터 이를 벌채할 수 있는 권리가 없기 때문이다.

나. 계약의 내용 및 효과

시·도지사는 산지목재비축계약을 체결하면 계약을 체결한 산림소유자에게 계약이행에 필요한 자금의 전부 또는 일부를 지원할 수 있으며, 또한 농림축산식품부령으로 정하는 바에 따라 그 입목이 있는 산림인 목재비축림의 소유자·위치 및 면적 등을 고시하여야 한다(제13조 제4항·제5항 및 제14조). 이 경우 시·도지사는 계약이행에 필요한 자금을 지원하는 때에는 산림소유자에게 산지목재비축계약을 체결할 입목을 「입목에 관한 법률」에 따라 보험에 가입하게 하고 저당권을 설정하게 할 수 있다. 여기에서 시·도지사가 산림소유자에게 지원할 수 있는 자금이란 목재비축림의 입목을 벌채하여 판매할 경우에 산림소유자가 얻을 수 있는 예상수익금액으로서 벌채할 입목의 시장가격에서 벌채와 운반 등에 드는 비용을 뺀 금액을 말한다(시행규칙 제19조).

산지목재비축계약을 체결한 입목이 있는 목재비축림 안에서는 산림의 형질변경, 입목의 벌채 또는 임산물의 굴취·채취를 할 수 없다(제15조). 그러나 전쟁 그 밖에 이에 준하는 재난에 긴급하게 사용하기 위하여 시·도지사가 용도를 지정하여 입목을 벌채하는 경우, 농림축산식품부령으로 정하는 자의 동의를 받아 산사태·산불 등 재해예방 및 피해복구, 입목의 병해충 방제 등을 위하여 필요한 경우 또는 고사목의 제거, 가지·잎의 채취, 그 밖에 대통령령으로 정하는 경우[11]에는 그렇지 않으며, 따라서 이러한 경우에는 예외적으로 목재비축림 안에서도 산림의 형질변경, 입목의 벌채 또는 임산물의 굴취·채취가 허용된다.

다. 계약의 변경 및 해제

시·도지사는 산불·수해 및 병해충 피해 등으로 입목이 소실되는 등 대통령령으로 정하는 사유가 있으면 산지목재비축계약을 변경하거나 해제할 수 있다(제13조 제3항). 이 경우에도 시·도지사는 산지목재비축계약에 따른 입목이 있는 목재비축림의 소

---

11) 여기에서 '대통령령으로 정하는 경우'란 ① 입목생장에 지장이 없는 범위에서 수실류·잔디·꽃·이끼류·초본류·덩굴류 또는 버섯류 등을 굴취·채취하는 경우, ② 농림축산식품부령으로 정하는 자의 동의를 받아 입목의 형질향상과 성장촉진을 위하여 필요한 숲가꾸기 작업을 하는 경우를 말한다(시행령 제12조).

유자·위치 및 면적 등을 고시하여야 하는 것은 물론이다. 여기에서 시·도지사가 산지목재비축계약을 변경할 수 있는 '대통령령으로 정하는 사유'란 산림소유자가 시·도지사로부터 지원받은 자금의 일부를 미리 상환한 경우 또는 현행법 제15조 제1호 및 제2호에 따른 입목의 벌채나 그 밖의 사유로 입목의 축적이 산지목재비축계약 당시보다 감소된 경우를 말하며, 특히 다음과 같은 사유가 있는 경우에는 그 산지목재비축계약을 해제할 수 있다(시행령 제11조 제1항·제2항).

- 거짓이나 그 밖의 부정한 방법으로 산지목재비축계약을 체결한 경우
- 산림소유자가 산지목재비축계약 사항을 위반한 경우
- 산불피해 등으로 산지목재비축계약을 체결한 입목의 전부가 소실된 경우
- 산림소유자가 현행법에 따라 지원받은 자금의 전부를 미리 상환한 경우

[4] 산림의 이용 및 지원

산림청장 또는 시·도지사는 공유림이나 사유림의 소유자가 「산지관리법」 제4조에 따른 산지구분의 목적을 저해하지 않는 범위에서 해당 산림을 이용하여 산림욕장의 조성사업, 산림 안의 주차휴양단지의 조성사업, 목조주택전원단지의 조성사업, 그 밖에 임업진흥촉진을 위하여 필요하다고 대통령령으로 정하는 사업을 하는 경우에는 이를 지원할 수 있다(제16조 제1항 및 시행령 제13조). 여기에서 '대통령령으로 정하는 사업'이란 자연관찰원 조성사업과 분재생산사업을 말한다.

현행법이 이처럼 공유림 또는 사유림의 소유자가 특정한 사업을 하는 경우에 이를 지원할 수 있도록 한 것은 산림욕장의 조성사업과 같이 공익성이 크거나 목조주택전원단지 조성사업처럼 선도적·시범적 성격의 사업임에도 불구하고 재원 및 기술·정보 등이 부족하여 해당 사업을 적극적으로 추진하기에 어려움이 있는 경우에 산림청장 또는 시·도지사가 이를 지원함으로써 사업을 활성화하려는 것으로 이해된다. 이러한 관점에서 현행법은 산림청장 또는 시·도지사가 공유림 또는 사유림의 소유자에게 지원할 수 있는 범위를 포괄적으로 규정하고 있는데, 이에 따르면 사업시설 및 운영에 필요한 자금의 보조 및 융자, 사업시설의 조성 및 생산에 관련된 기술지원, 사업시설의 조성 및 생산에 필요한 정보제공 등이 그 지원내용에 포함된다(시행규칙 제20조의2 제1항).

[5] 임업관련 전문인력의 육성

1. 임업의 구조개선과 인력

임업구조를 개선하여 임업인의 권익을 증진하고 임업의 경쟁력을 강화하는 것은 산림의 소유구조나 경영·유통구조의 개선만으로 이루어질 수 있는 일은 아니다. 산림의 소유를 규모화하고 임산물의 유통시설을 확충한다고 하더라도 이러한 산림을 경영하고 유통시설을 운영하는 것은 결국 임업인의 몫이기 때문이다. 이러한 관점에서 볼 때 임업의 경쟁력은 임업관련 전문인력의 수와 질적 수준에 달려 있다는 주장은 결코 가볍게 들어서는 안 될 것이다.

사실 전문인력의 중요성은 임업만의 관심사는 아니며, 동일한 1차 산업에 속하는 농업 및 수산업에 있어서도 주요 정책과제에 속하는 문제이다. 이는 「농업·농촌 및 식품산업 기본법」이 "국가와 지방자치단체는 농업 종사자를 적정하게 확보하고 전문인력으로 육성하기 위하여 필요한 정책을 세우고 시행하여야 한다"라고 하면서(같은법 제24조 제2항), 가족농가의 경영안정과 농업종사자의 육성, 후계농업경영인의 육성, 전업농업인 및 여성농업인의 육성, 농업관련 조합법인 및 회사법인의 육성, 귀농업인의 육성 등에 관하여 구체적으로 규정하고 있는 것으로도 충분히 알 수 있다(같은법 제24조 ~제29조의2). 특히 전문인력의 육성과 관련하여 「농업·농촌 및 식품산업기본법」과 「수산업·어촌 발전 기본법」은 각각 벤처농업(같은법 제29조) 및 벤처수산업(같은법 제20조)에 대하여 명문으로 규정하면서 이를 지원·육성하는 정책을 수립하여 시행하도록 하고 있는데, 이는 전문인력을 기반으로 농업과 수산업을 고부가가치 산업으로 재편하고자 하는 정책의지를 잘 보여주는 규정이라고 할 수 있을 것이다.

현행법은 농업과 수산업분야의 이러한 정책기조에 맞추어 임업관련 전문인력을 육성하기 위한 다양한 규정들을 두고 있다. 현행법에 따르면 이러한 규정들은 임업인 등에 대한 교육·훈련과 이를 위한 전문교육기관의 지정부터 임업후계자·독림가제도 및 임업분야 교육의 지원과 임업기능인의 양성까지 매우 구체적인 내용을 담고 있는 것으로 보인다. 그러나 현행법상의 이러한 내용을 농업과 수산업분야의 관련 규정들과 비교해 볼 때 현행법이 산림과 임업분야의 전문인력 육성을 위하여 꼭 필요한 여성임업인, 벤처임업 및 귀산촌·귀임업인 등에 대하여 명문으로 규정하지 않고 있는 것은 매우 아쉬운 부분이다. 따라서 비록 「농업·농촌 및 식품산업 기본법」에 따른 농업에 임업의 일부가 포함되어 있다고 하더라도(같은법 제3조 제1호),

기업가적 정신을 가진 산림·임업관련 전문인력의 육성을 위해서는 현행법에 아직 규정되지 않은 이러한 정책들을 반드시 제도화하여 독자적으로 입법화하려는 노력이 필요할 것으로 보인다.

2. 임업인 등에 대한 교육·훈련

가. 산림경영 교육·훈련 등 지원

산림청장 또는 시·도지사는 임업소득증대 및 산림경영의 활성화를 위하여 임업인 또는 산림경영을 하려는 자를 대상으로 임업소득증대 및 산림경영에 관한 교육·훈련 및 상담·자문·지도[교육·훈련 등] 업무의 지원계획을 수립·시행하여야 한다(제9조의2 제1항). 이는 임업관련 전문인력을 육성하기 위해서는 우선 임업인 또는 산림경영을 하려는 자를 대상으로 교육·훈련 등을 실시하는 것이 무엇보다도 필요할 뿐만 아니라 이러한 교육·훈련 등이 결국에는 임업소득의 증대와 산림경영의 활성화에도 기여할 것으로 기대되기 때문이다.

나. 전문교육기관의 지정

산림청장은 교육·훈련 등을 효율적으로 실시하기 위하여 농림축산식품부령으로 정하는 기준 및 절차에 따라 교육·훈련 등을 전문적으로 실행하는 전문교육기관을 지정할 수 있다(제9조의2 제2항·제3항). 이 경우 산림청장은 임업인과 산림경영을 하려는 자에 대한 교육·훈련 등을 농림축산식품부령으로 정하는 바에 따라 지정된 전문교육기관에 위탁할 수 있으며, 이에 필요한 비용의 전부 또는 일부를 지원할 수 있다.

현행법에 따라 지정된 이러한 전문교육기관이 교육·훈련 등을 실시하려는 경우에는 농림축산식품부령으로 정하는 바에 따라 미리 산림청장에게 교육·훈련 등 프로그램을 신고하여야 한다(제9조의2 제4항). 전문교육기관으로부터 이러한 신고를 받은 산림청장은 그 신고를 받은 날부터 30일 이내에 신고수리 여부를 신고인에게 통지하여야 하며, 만일 산림청장이 그 정한 기간 내에 신고수리 여부 또는 민원처리 관련 법령에 따른 처리기간의 연장을 신고인에게 통지하지 않으면, 그 기간이 끝난 날의 다음 날에 신고를 수리한 것으로 본다(제9조의2 제5항·제6항). 이 경우 처리기간이 민원처리 관련 법령에 따라 연장 또는 재연장된 경우에는 해당 처리기간을 기준으로 한다.

다. 전문교육기관의 지정취소

산림청장은 현행법에 따라 전문교육기관으로 지정받은 자에게 일정한 사유가 있는 경우에는 농림축산식품부령으로 정하는 바에 따라 그 지정을 취소하거나 시정을 명할 수 있다(제9조의3 제1항). 산림청장이 현행법에 따라 지정취소 또는 시정명령을 할 수 있는 이러한 사유에는 거짓이나 그 밖의 부정한 방법으로 지정을 받은 경우, 현행법에 따른 전문교육기관의 지정기준에 적합하지 않게 된 경우, 전문교육기관으로 지정받은 날부터 2년 이내에 교육과정을 개설하지 않거나 2년 이상 전문교육기관을 운영하지 않는 경우, 현행법에 따라 산림청장에게 신고한 교육·훈련 등 프로그램과 다르게 운영한 경우 등이 있다. 산림청장은 지정된 전문교육기관에게 현행법에 따른 이러한 사유가 있더라도 반드시 그 지정을 취소하여야 하는 것은 아니나, 만일 그 사유가 '거짓이나 그 밖의 부정한 방법으로 지정을 받은 경우'에 해당하는 때에는 반드시 그 지정을 취소하여야 한다(제9조의3 제1항 단서).

산림청장은 현행법에 따라 전문교육기관의 지정을 취소하는 처분을 하려면 청문을 하여야 하며, 이러한 절차를 거쳐 전문교육기관의 지정을 취소한 경우 지정이 취소된 자에 대해서는 그 지정이 취소된 날부터 1년 이내에 전문교육기관으로 지정해서는 안 된다(제9조의3 제2항 및 제30조 제1호). 이 경우 특히 지정된 전문교육기관이 '거짓이나 그 밖의 부정한 방법으로 지정을 받은 경우'에 해당하여 지정이 취소된 경우에는 그 지정이 취소된 날부터 2년 이내에 전문교육기관으로 지정해서는 안 된다. 지정취소로 인한 이러한 재지정 제한사유를 적용하는 경우에는 지정이 취소된 자가 법인인 때에는 그 대표자를 포함하여 재지정 제한기한을 적용한다.

3. 임업후계자 및 독림가

가. 임업후계자의 선발 및 지원

산림청장 또는 시·도지사는 농림축산식품부령으로 정하는 바에 따라 임업후계자를 선발하고, 임업후계자가 지역사회의 임업을 선도할 수 있도록 필요한 지원을 하여야 한다(제17조 제1항). 현행법에 따르면 '임업후계자'란 임업의 계승·발전을 위하여 임업을 영위할 의사와 능력이 있는 사람으로서 (1) 55세 미만으로 「산림자원의 조성 및 관리에 관한 법률」 제13조에 따른 산림경영계획에 따라 임업을 경영하거나 경영하려는 사람 중 「임업 및 산촌 진흥촉진에 관한 법률 시행령」에 따른 개인독림가의 자녀 또는 3ha 이상의 산림을 소유하고 있는 사람이나 10ha 이상의 국유림 또는 공유림을 대부받거나 수익분배림(분수림)을 설정 받은 사람, (2) 산림청장이 정하여 고시하는 기준 이상의 산림용 종자, 산림용 묘목, 버섯, 분재, 야생화, 산채, 그 밖의 임산물을 생산하거나 생산하려는 사람을 말한다(제2조 제4호 및 시행규칙 제3조). 여기에서 '3ha 이상의 산림을 소유'한 경우란 세대를 같이 하는 직계 존·비속, 배우자 또는 형제자매의 명의로 소유하는 경우를 포함하며, 산림청장이 정하여 고시[12]하는 기준 이상의 산림용 묘목에는 조경수를 포함한다.

산림청장 또는 시・도지사는 현행법에 따른 이러한 요건을 갖추어 선발된 임업 후계자에게는 임업경영 사업에 필요한 자금의 보조 또는 융자 및 기자재를 다른 자보다 우선하여 지원할 수 있으며, 경영실적이 우수한 임업후계자의 경우에는 포상과 해외연수를 우선하여 실시할 수 있다(시행규칙 제21조 제4항).

나. 독림가의 선정 및 지원

산림청장 또는 시・도지사는 대통령령으로 정하는 바에 따라 독림가를 선정하고, 독림가의 육성에 필요한 지원을 하여야 한다(제17조 제2항). 현행법에 따르면 '독림가'란 산림을 모범적으로 경영하고 있는 자로서 대통령령으로 정하는 요건을 갖춘 자를 말한다(제2조 제5호 및 시행령 제3조). 이러한 독림가는 개인독림가와 법인독림가로 구분하며, 개인독림가는 다시 모범독림가・우수독림가 및 자영독림가로 나누어진다. 현행법에 따라 개인독림가로 선정되기 위한 요건은 다음과 같다.

- 모범독림가: 300ha 이상의 산림을 산림경영계획에 따라 모범적으로 경영하고 있는 사람 또는 조림실적이 100ha 이상이고 산림경영계획에 따라 산림을 모범적으로 경영하고 있는 사람
- 우수독림가: 100ha 이상의 산림을 산림경영계획에 따라 모범적으로 경영하고 있는 사람 또는 조림실적이 50ha 이상이고 산림경영계획에 따라 산림을 모범적으로 경영하고 있는 사람
- 자영독림가: 5ha 이상의 산림을 산림경영계획에 따라 모범적으로 경영하고 있는 사람 또는 유실수를 3ha 이상 조림하여 산림을 산림경영계획에 따라 모범적으로 경영하고 있는 사람

여기에서 독림가가 경영하는 산림이란 수익분배림(분수림) 및 조림의 목적으로 대부받은 국유림을 포함하며, 우수독림가의 경우 유실수를 조림한 때에는 그 조림 실적의 요건을 50ha 대신 20ha 이상으로 한다.

현행법에 따라 법인독림가로 선정되기 위해서는 (1) 300ha 이상의 산림을 산림경영계획에 따라 모범적으로 경영하고 있는 법인 또는 조림 실적이 100ha 이상이고 산림경영계획에 따라 산림을 모범적으로 경영하고 있는 법인이거나, (2) 「농어업경영체 육성 및 지원에 관한 법률」 제2조 제2호에 따른 농업법인 중 10ha 이상

12) 이에 대하여는 「임업후계자 요건의 기준」(산림청고시 제2021-6호, 2021. 1. 19.)을 참고하라.

의 산림을 산림경영계획에 따라 모범적으로 경영하고 있는 법인 또는 조림 실적이 5ha 이상이고 산림경영계획에 따라 산림을 모범적으로 경영하고 있는 법인에 해당하여야 한다. 여기에서 법인독림가가 경영하는 산림에는 개인독림가의 경우와 같이 수익분배림(분수림) 및 조림의 목적으로 대부받은 국유림이 포함된다.

산림청장 또는 시 · 도지사는 현행법에서 정한 이러한 요건에 따라 선정된 독림가에게는 임업경영에 필요한 자금의 보조 또는 융자, 기자재의 지원, 기술훈련 및 정보제공 등을 다른 자보다 우선하여 지원할 수 있으며, 경영실적이 우수한 독림가의 경우에는 포상과 해외연수를 우선하여 실시할 수 있다(시행령 제15조 제1항·제2항). 이 경우 특히 산림청장 또는 시 · 도지사는 독림가를 육성하기 위하여 필요하면 민법 제32조에 따라 설립된 법인으로서 독림가로 구성된 법인에게도 이러한 지원을 할 수 있다.

다. 임업후계자 및 독림가의 선발 · 선정 취소

산림청장 또는 시 · 도지사는 임업후계자로 선발된 자나 독림가로 선정된 자에게 일정한 사유가 있는 경우에는 그 선발이나 선정을 취소할 수 있다(제17조 제3항). 산림청장 또는 시 · 도지사가 현행법에 따라 임업후계자의 선발이나 독림가의 선정을 취소할 수 있는 이러한 사유에는 임업후계자 또는 독림가가 선발 · 선정 요건을 상실한 경우, 임업후계자 또는 독림가가 사망한 경우, 현행법이나 「산지관리법」, 「산림자원의 조성 및 관리에 관한 법률」, 「국유림의 경영 및 관리에 관한 법률」을 위반하여 금고 이상의 형을 선고받은 경우, 임업후계자 또는 독림가로 선발되거나 선정된 자가 그 취소를 원하는 경우, 거짓이나 그 밖의 부정한 방법으로 임업후계자 또는 독림가로 선발되거나 선정된 경우 등이 있다. 산림청장 또는 시 · 도지사는 임업후계자나 독림가에게 현행법에 따른 이러한 사유가 있더라도 반드시 그 선발 또는 선정을 취소하여야 하는 것은 아니나, 만일 그 사유가 (1) 임업후계자 또는 독림가가 사망한 경우, (2) 임업후계자 또는 독림가로 선발되거나 선정된 자가 그 취소를 원하는 경우, (3) 거짓이나 그 밖의 부정한 방법으로 임업후계자 또는 독림가로 선발되거나 선정된 경우에 해당하는 때에는 반드시 그 선발이나 선정을 취소하여야 한다(제17조 제3항 단서).

산림청장 또는 시 · 도지사는 임업후계자나 독림가가 특히 선발 · 선정 요건을 상실한 경우, 현행법이나 「산지관리법」, 「산림자원의 조성 및 관리에 관한 법률」, 「국유림의 경영 및 관리에 관한 법률」을 위반하여 금고 이상의 형을 선고받은 경우, 거짓이나 그 밖의 부정한 방법으로 임업후계자 또는 독림가로 선발되거나 선정된 경우에 해당하여 그 임업후계자 및 독림가의 선발이나 선정을 취소하는 처분을 하려면 현행법에 따라 청문을 실시하여야 한다(제30조 제2호).

4. 임업분야 교육의 지원

산림청장은 임업분야 수요에 맞는 인력을 양성하기 위하여 임업 및 산림분야 계열학교가 실시하는 임업실습교육, 임업창업교육 등 임업분야의 교육을 지원할 수 있다(제17조의2 제1항). 여기에서 '임업 및 산림분야 계열학교'란 명문상으로는 제한이 없으나, 입법의 취지 등을 감안할 때 산림분야 특성화고등학교를 의미하는 것으로 이해된다. 현행법에 따르면 이러한 산림분야 특성화고등학교란 임업 및 산림분야에서 필요로 하는 전문기능인력을 양성하기 위하여 산림청장이 선정한 고등학교로서 그 선정은 산림청장이 따로 정하여 고시[13]하는 절차와 방법에 따른다. 산림청장은 이러한 산림분야 특성화고등학교에 대하여 교육프로그램의 개발 및 실습기자재의 구입 등 필요한 경비를 예산의 범위에서 지원할 수 있다(시행령 제15조 의2 제2항).

산림청장은 임업분야의 고용창출 및 창업에 대한 활성화 사업을 할 수 있다(제17조의2 제2항). 현행법에 따르면 이를 위하여 산림청장이 할 수 있는 사업에는 임업분야의 고용 및 창업현황과 임업분야에 대한 인식 등에 관한 실태조사에 관한 사업, 임업분야의 고용정보망 구축 및 운영에 관한 사업, 임업분야에 대한 인식개선 및 홍보 등에 관한 사업, 임업분야의 창업자 발굴 및 육성·지원 등에 관한 사업, 임업분야의 고용창출 및 창업활성화를 위한 교육·훈련에 관한 사업, 그 밖에 임업분야 고용창출 및 창업활성화를 위하여 산림청장이 필요하다고 인정하는 사업 등이 있다(시행령 제15조의3).

5. 임업기능인의 양성

산림청장 및 시·도지사는 대통령령으로 정하는 바에 따라 임업분야의 기능인력을 안정적으로 확보하기 위하여 기능인을 양성하고, 취업알선·고용안정 및 근로조건개선 등 기능인의 지위를 높여줄 수 있는 시책을 수립하여 추진할 수 있다(제18조 제1항 및 시행령 제16조 제1항·제2항). 산림청장 및 시·도지사는 이를 위하여 임업분야 기능인의 직업훈련, 임업분야 기능인의 취업알선 및 고용안정, 영림단에 대한 임업기계장비의 지원, 작업장의 안전관리와 임업분야 기능인의 후생복지 등 근로조건의 개선사업 등을 실

13) 「산림분야 특성화고등학교 인력양성사업 운영지침」(산림청고시 제2017-95호, 2017. 10. 17.)을 참고하라.

시할 수 있다. 특히 산림청장 및 시·도지사는 임업분야 기능인의 취업알선 및 고용안정을 위하여 임업분야의 기능인으로 하여금 영림단을 조직하게 할 수 있으며, 이러한 영림단에게 조림사업, 숲가꾸기 사업, 산림병해충 방제사업, 양묘사업, 입목의 벌채·굴취 또는 이식사업, 그 밖에 산림청장이 임업분야 기능인의 취업알선과 고용안정에 필요하다고 인정하여 고시하는 사업을 도급사업으로 하게 할 수 있다.

현행법에 따른 영림단은 임업분야의 기능인 6명이상 30명 이하로 구성하며, 기능인영림단과 기계화영림단으로 구분한다(시행령 제16조 제3항). 이 중에서 기계화영림단은 기능인영림단의 요건을 갖춘 단체로서 농림축산식품부령으로 정하는 임업훈련기관에서 임업기계장비에 관한 기술교육을 이수한 자가 전체 구성원의 30% 이상이어야 한다.[14] 현행법에 따른 이러한 영림단은 「산림자원의 조성 및 관리에 관한 법률」 제23조의2에 따라 산림청장이 국유림에 대한 산림사업을 효율적으로 추진하기 위하여 현행법에 따른 임업기능인에게 조직하여 등록하도록 하는 국유림영림단과는 서로 다른 것이다. 산림청장 및 시·도지사는 영림단을 활성화하기 위하여 필요하면 임업기계장비를 지원할 수 있으며, 지방자치단체장이나 지방산림청 국유림관리소장은 산업재해 방지를 위한 안전장비 등을 지원하거나 무상으로 대여할 수 있다(시행령 제16조 제5항 및 시행규칙 제25조).

[6] 재정지원

국가 및 지방자치단체는 임업의 구조개선과 임업진흥을 위하여 일정한 사업을 하는 자에게 그 사업비의 전부 또는 일부를 융자하거나 보조할 수 있다(제4조 전단). 국가 및 지방자치단체가 현행법에 따라 사업비를 융자 또는 보조할 수 있는 이러한 사업에는 조림 또는 육림, 임업종묘의 생산, 임산물의 생산·유통·이용·가공 또는 보관, 임도의 조성·유지 또는 관리, 임업인의 산촌정착을 위한 시설 또는 장비의 지원, 임업기계장비의 개발·보급 및 교육, 임업경영규모를 늘리기 위한 산림의 취득, 그 밖에 임업생산 및 산림소득증대를 위하여 대통령령으로 정하는 사업[15]

---

14) 이와는 달리 기능인영림단은 임업기계장비에 관한 기술교육의 이수 여부와는 관계없이 그 필수인력으로서 「산림기술 진흥 및 관리에 관한 법률 시행령」 별표3에 따른 기능2급 이상의 산림경영기술자가 ① 기능인영림단의 구성원 수가 6명 이상 10명 이하인 경우에는 60% 이상, ② 기능인영림단의 구성원 수가 11명 이상 30명 이하인 경우에는 50% 이상이면 된다(시행령 제16조 제3항).

15) 여기에서 '대통령령으로 정하는 사업'이란 ① 현행법 제6조에 따른 협업경영·대리경영과 임업

등이 있다.

현행법이 이처럼 국가 및 지방자치단체로 하여금 사업비의 전부 또는 일부를 융자하거나 보조하도록 하는 것은 임업의 구조개선과 임업진흥을 위한 것이므로 국가 및 지방자치단체는 이를 지원하는 경우에도 그 융자 또는 보조사업의 대상·범위 및 지원조건 등을 정할 때에는 산림의 공익성, 투자기간의 장기성 및 저수익성 등과 같은 임업의 특성을 고려하여야 한다(제4조 후단). 따라서 국가 및 지방자치단체는 현행법에서 특별히 정하고 있는 사업의 경우에는 융자 또는 보조의 지원한도, 융자금에 대한 이자율 및 보조비율 등이 다른 분야에 비해 불리하게 결정되지 않도록 노력해야 할 것이다.

Ⅲ. 특별관리임산물

[1] 개 념

특별관리임산물이란 "소비자의 보호 및 품질향상을 위하여 특별한 관리가 필요한 임산물로서 산양삼과 그 밖에 대통령령으로 정하는 임산물"(제2조 제3호의2)을 말하며 건조된 것을 포함한다. 여기에서 '대통령령으로 정하는 임산물'에는 아직까지 따로 정해진 것이 없으며, 따라서 현재 특별관리임산물로는 산양삼만이 그 대상이 되고 있다.

산양삼이란 「산지관리법」 제2조 제1호의 산지에서 재배하고, 현행법 제18조의4에 따른 품질검사에 합격한 오갈피나무과 인삼속 식물을 말한다(제2조 제3의3). 이러한 산양삼과 「인삼산업법」 제2조 제1호에 따른 인삼은 같은 오갈피나무과 인삼속 식물에 속하는 것이지만, 산양삼은 「산지관리법」에 따른 산지에서 재배하고 품질검사에 합격한 것만을 말한다는 점에서 인삼과는 구별되는 것이다.[16] 현행법에 따르면 특

소득증대를 위한 경영구조 개선사업, ② 임산물유통시설의 현대화 등 임산물유통구조 개선사업, ③ 임산물의 생산·가공·유통 및 수출을 통한 소득증대사업과 임산물소득원의 연구·개발 및 육성사업, ④ 방부제 사용사업, ⑤ 산림용 종자(접순·꺾꽂이순 및 버섯종균을 포함한다), 산림용 묘목(조경수를 포함한다)의 연구·개발 및 생산사업, ⑥ 임업기능인의 양성과 임업기계장비의 개발·보급사업, ⑦ 산림조합 및 산림조합중앙회의 운영과 사업에 필요한 경비, ⑧ 자연휴양림·수목원·자연전시관 및 산림욕장의 조성사업, ⑨ 독림가와 임업후계자의 양성사업, ⑩ 조경수·분재 재배사업, ⑪ 야생조수사육사업, ⑫ 해외산림자원의 조사 및 개발사업, ⑬ 첨단임업기술 개발사업, ⑭ 난대림복원사업 등 임업의 진흥을 위하여 산림청장이 정하는 사업, ⑮ 산림바이오매스(산림에서 생산된 목질 임산물을 말한다)를 에너지로 활용하는 난방시설의 설치사업과 산림바이오매스를 수집·유통 및 가공하는 사업 등을 말한다(시행령 제4조).

별관리임산물에 속하는 이러한 산양삼은 소비자 보호 및 품질향상을 위하여 생산·유통 및 판매에 있어서 전문기관으로부터 특별한 관리를 받게 된다.

[2] 특별관리임산물의 생산

1. 생산의 신고

특별관리임산물을 생산하려는 자는 대통령령으로 정하는 임산물품질관리 업무를 전문적으로 수행하기 위하여 설립된 기관 또는 단체[전문기관]에서 조사한 생산적합성조사 결과를 첨부하여 산림청장에게 신고하여야 한다(제18조의2 제1항·제3항). 이는 현행법에 따라 신고한 자가 신고한 사항 중 농림축산식품부령으로 정하는 중요한 사항[17]을 변경하려는 경우에도 같다. 여기에서 특별관리임산물의 생산에는 종자 및 종묘의 생산을 포함하며, '대통령령으로 정하는 임산물품질관리 업무를 전문적으로 수행하기 위하여 설립된 기관 또는 단체'란 현행법에 따른 한국임업진흥원과 임산물품질관리 업무의 수행에 필요한 인력·장비 및 시설 등을 보유한 기관 및 단체 중에서 산림청장이 전문기관으로 지정·고시하는 기관 및 단체를 말한다(시행령 제17조의2 제1항). 그러나 이러한 규정에도 불구하고 현재에는 산림청장이 전문기관으로서 별도로 지정·고시한 기관 및 단체는 없으므로 현재에는 한국임업진흥원만이 전문기관으로서의 역할을 수행하고 있다.

현행법에 따른 '생산적합성조사 결과'란 특별관리임산물을 생산하려는 자가 토양·종자 또는 종묘가 특별관리임산물의 생산에 적합한지에 대하여 전문기관에 생산적합성조사를 신청하고, 이에 따라 신청을 받은 전문기관이 30일 이내에 생산적합성조사를 실시하여 알려준 결과를 말한다(시행규칙 제25조의2 제1항~제3항). 이 경우 특별관리임산물을 생산하려는 자가 생산적합성조사를 받으려는 때에는 그 신청서에 토지의 소유권 또는 사용권·수익권을 증명할 수 있는 서류[18]를 첨부하여 제출하여야 한다. 현행

---

16) 한편 「산양삼에 관한 품질관리요령」(산림청고시 제2020-21호, 2020. 4. 1.) 제2조 제1호에 따르면 산양삼이란 "「산지관리법」 제2조 제1호의 산지에서 차광막 등 인공시설을 설치하지 아니하고 생산되는 삼(건조된 것을 포함한다)"을 말한다.

17) 여기에서 '농림축산식품부령으로 정하는 중요한 사항'이란 특별관리임산물을 생산하는 생산자의 명의, 생산지의 주소·위치 및 면적, 파종 또는 식재연도를 말한다(시행규칙 제25조의4 제1항). 이것은 산양삼의 경우 생산지의 위치와 파종 또는 식재연도가 품질에 큰 영향을 미치는 중요한 사항이기 때문이다.

18) 이처럼 신청서에 토지의 소유권 또는 사용권·수익권을 증명할 수 있는 서류를 첨부하여 제출하는 것은 토지 등기사항증명서로 소유권 등을 확인할 수 없는 경우에만 해당한다(시행규칙 제25조의2 제1항).

법에 따라 이러한 생산적합성조사를 신청하는 자는 농림축산식품부령으로 정하는 바에 따라 수수료를 납부하여야 한다(제30조의2 제1호). 그러나 특별관리임산물을 생산하기 위하여 신고를 하는 경우에도 학술·연구용으로 생산하는 경우, 실험·교육용으로 생산하는 경우, 그 밖에 특별관리임산물의 생산용도·생산기간 및 생산수량 등을 고려하여 산림청장이 정하여 고시하는 경우에는 생산적합성조사 결과를 첨부하지 않고 신고할 수 있다(제18조의2 제1항 단서 및 시행령 제17조의3).

산림청장은 특별관리임산물을 생산하려는 자가 현행법에 따라 신고나 변경신고를 하기 위하여 실시하는 생산적합성조사에 소요되는 경비의 전부 또는 일부를 농림축산식품부령으로 정하는 바에 따라 생산자에게 지원할 수 있다(제18조의2 제6항 및 시행규칙 제25조의11). 이에 따르면 현재 산림청장은 신고 또는 변경신고가 수리된 생산자에 대하여 생산적합성조사에 소요된 경비의 전부 또는 일부를 지원할 수 있다.

2. 신고의 처리 및 지원

산림청장은 특별관리임산물을 생산하려는 자로부터 신고를 받은 경우에는 생산적합성조사 결과가 대통령령으로 정하는 기준에 적합한지를 검토하여 신고를 받은 날부터 10일 이내에 그 신고수리 여부를 신고인에게 통지하여야 하며, 변경신고를 받은 경우에는 받은 날부터 2일 이내에 그 신고수리 여부를 신고인에게 통지하여야 한다(제18조의2 제2항·제4항). 만일 산림청장이 생산 신고나 변경신고를 받은 날부터 그 정한 기간 내에 신고수리 여부 또는 민원처리 관련 법령에 따른 처리기간의 연장을 신고인에게 통지하지 않으면 그 기간이 끝난 날의 다음 날에 신고를 수리한 것으로 본다(제18조의2 제5항). 이 경우 처리기간이 민원처리 관련 법령에 따라 연장 또는 재연장된 경우에는 해당 처리기간을 기준으로 한다.

3. 생산과정의 확인

특별관리임산물을 생산하는 생산자는 생산과정의 확인을 위하여 다음과 같은 기준에 따라 특별관리임산물의 생산과정을 기록·관리하여야 한다(제18조의3 제1항 및 시행령 제17조의4 제1항).

- 작업일자별로 구분할 것
- 종묘 및 종자별로 구분할 것
- 세부적인 작업내용이 포함될 것
- 농약 또는 비료의 사용에 관한 사항이 포함될 것
- 그 밖에 생산과정의 특성, 면적 및 수량 등을 고려하여 산림청장이 필요하다고 인정하

는 방법에 따라 기록·관리할 것

특별관리임산물의 생산자는 생산과정에서 대통령령으로 정하는 농약 또는 비료를 사용해서는 안 된다(제18조의3 제2항 및 시행령 제17조의4 제3항). 여기에서 특별관리임산물의 생산자가 사용해서는 안 되는 '대통령령으로 정하는 농약 또는 비료'란 (1) 「농약관리법」 제2조 제1호에 따른 농약, (2) 「비료관리법」 제2조 제2호에 따른 보통비료, (3) 「비료관리법」 제2조 제3호에 따른 부산물비료를 말한다.[19] 그러나 보통비료 중 농림축산식품부령으로 정하는 유기질비료와 부산물비료 중 농림축산식품부령으로 정하는 미생물비료는 제외한다.

생산자는 대통령령으로 정하는 기간마다 현행법에 따라 기록한 생산과정의 정확성에 관하여 전문기관에서 확인을 받아야 한다(제18조의3 제3항 및 시행령 제17조의4 제4항). 여기에서 '대통령령으로 정하는 기간'이란 현행법에 따라 특별관리임산물의 생산신고를 한 날부터 3년이 되는 날의 전후 5개월 이내의 기간을 말한다.

[3] 품질관리

1. 품질검사

가. 품질검사의 절차 및 효과

생산자가 특별관리임산물을 유통·판매하고자 하거나 특별관리임산물을 수입한 수입자가 이를 통관하고자 하는 경우에는 전문기관에서 미리 품질검사를 받아야 한다(제18조의4 제1항). 이 경우 현행법에 따라 품질검사를 신청하는 자는 농림축산식품부령으로 정하는 바에 따라 수수료를 납부하여야 한다(제30조의2 제2호).

현행법에 따르면 특별관리임산물에 대하여 품질검사를 받으려는 생산자 또는 수입자는 검사를 받으려는 날의 10일 전까지 농림축산식품부령으로 정하는 바에 따라 전문기관에 품질검사를 신청하여야 하며, 생산자 또는 수입자로부터 이러한

19) 여기에서 ① 「농약관리법」 제2조 제1호에 따른 농약이란 농작물(수목, 농산물과 임산물을 포함한다)을 해치는 균, 곤충, 응애, 선충, 바이러스, 잡초, 그 밖에 농림축산식품부령으로 정하는 동식물을 방제하는 데에 사용하는 살균제·살충제·제초제나 농작물의 생리기능을 증진하거나 억제하는 데에 사용하는 약제 또는 그 밖에 농림축산식품부령으로 정하는 약제를 말하며, ② 「비료관리법」 제2조 제2호에 따른 보통비료란 부산물비료 외의 비료로서 「비료관리법」 제4조에 따른 공정규격이 정하여진 것을 말하고, ③ 「비료관리법」 제2조 제3호에 따른 부산물비료란 농업·임업·축산업·수산업·제조업 또는 판매업을 영위하는 과정에서 나온 부산물, 사람의 분뇨, 음식물류 폐기물, 토양미생물 제제(토양효소 제제를 포함한다), 토양활성제 등을 이용하여 제조한 비료로서 농림축산식품부장관이 지정하는 것을 말한다.

신청을 받은 전문기관은 그 신청을 받은 날부터 30일 이내에 「식품위생법」 제7조에 따라 식품의약품안전처장이 정하여 고시하는 농약의 잔류허용기준에 따라 품질검사를 하고 그 결과를 신청인에게 알려야 한다(제18조의4 제3항 및 시행령 제17조의5 제1항~제3항). 현행법에 따른 이러한 품질검사에 합격한 경우 해당 검사의 유효기간은 품질검사를 종료한 날부터 시작하여 생산자가 받은 품질검사는 2년, 수입자가 받은 품질검사는 1년으로 한다.

산림청장은 품질검사에 필요한 비용의 전부 또는 일부를 농림축산식품부령으로 정하는 바에 따라 생산자에게 지원할 수 있다(제18조의4 제1항 후단 및 시행규칙 제25조의12). 이에 따르면 산림청장은 현행법에 따른 품질검사에 합격한 경우 해당 생산자에게는 그 품질검사 비용의 전부 또는 일부를 지원할 수 있는데, 그 대상은 생산자로 제한되며 따라서 특별관리임산물의 수입자는 지원대상에서 제외된다. 현행법이 이처럼 특별관리임산물의 생산자에게만 품질검사 비용에 따른 부담을 덜어주려는 것은 생산자를 특별히 지원하기 위한 것만이 아니라 현행법에 따라 생산자가 능동적으로 품질검사를 받도록 유도하려는 정책적 의도도 있는 것으로 보인다.

나. 품질검사 결과에 이의가 있는 경우

전문기관으로부터 품질검사를 받은 자가 검사결과에 대하여 이의가 있을 때에는 대통령령으로 정하는 바에 따라 이의신청을 하고 다시 품질검사를 받을 수 있다(제18조의4 제2항). 이에 따르면 품질검사 결과에 이의신청을 하려는 경우에는 그 결과를 통보받은 날부터 30일 이내에 전문기관에 하여야 하며, 만일 전문기관이 이러한 이의신청을 수리한 경우 생산자는 이의신청을 수리한 날부터 1년 이내, 수입자는 이의신청을 수리한 날부터 30일 이내에서 생산자 또는 수입자가 품질검사를 받고자 하는 날에 품질검사를 할 수 있다(시행령 제17조의6 제1항·제3항). 이 경우 현행법에 따라 다시 품질검사를 신청하는 때에도 그 신청자는 농림축산식품부령으로 정하는 바에 따라 수수료를 납부하여야 한다(제30조의2 제2호).

2. 폐기 또는 반송명령

산림청장은 특별관리임산물에 대하여 품질검사를 한 결과 현행법 제18조의3 제2항을 위반하여 사용해서는 안 되는 농약이나 비료를 사용하였거나 또는 현행법 제18조의4 제3항에 따른 품질검사의 기준에 적합하지 않은 경우 (1) 생산자에게는 생산을 신고한 구역에서 재배하는 특별관리임산물의 전부 또는 일부 폐기를, (2) 수입자에게는 수입신고한 특별관리임산물의 전부나 일부 폐기 또는 반송을 명령하여야 한다(제18조의5 제1항).

현행법에 따라 폐기명령 또는 반송명령을 받은 생산자 또는 수입자는 명령받은 내용대로 특별관리임산물을 폐기 또는 반송하여야 하며, 산림청장은 만일 생산자 또는 수입자가 폐기 또는 반송의무를 이행하지 않는 경우에는 「행정대집행법」을 준용하여 특별관리임산물을 폐기할 수 있다(제18조의5 제2항·제4항). 현행법에 따른 특별관리임산물의 폐기는 관계 공무원이 입회한 자리에서 대통령령으로 정하는 방법인 소각, 파쇄, 그 밖에 특별관리임산물의 특성·수량 및 크기 등을 고려하여 산림청장이 정하여 고시하는 방법으로 하여야 한다(제18조의5 제3항 및 시행령 제17조의7).

3. 품질표시

생산자 또는 수입자가 품질검사의 기준에 적합한 특별관리임산물을 유통·판매 또는 통관하고자 하는 경우에는 대통령령으로 정하는 규격으로 포장하여야 한다(제18조의6 제1항). 이는 구입한 특별관리임산물을 다시 판매하는 판매자의 경우에도 같다. 여기에서 '대통령령으로 정하는 규격'이란 농림축산식품부령으로 정하는 품질검사합격증을 붙일 수 있는 크기의 상자 또는 용기에 포장하는 것을 말한다(시행령 제17조의8 제1항).

생산자·수입자 또는 판매자가 특별관리임산물을 유통·판매 또는 통관하고자 하는 때에는 현행법 제18조의4 제1항 및 제2항에 따른 품질검사의 결과를 소비자가 쉽게 알아볼 수 있는 위치에 표시하여야 한다(제18조의6 제2항·제3항). 현행법에 따르면 품질검사의 결과는 품질검사합격증을 붙이는 것으로써 표시할 수 있는데, 국내산과 수입산으로 구분된 이러한 품질검사합격증에는 생산자 또는 수입자의 성명이나 법인명, 생산지 또는 수입국, 품질검사기관·단체, 품질검사번호 및 일자, 품질검사의 유효기간 및 그 밖에 품질검사 결과와 관련하여 산림청장이 필요하다고 인정하여 고시하는 사항 등이 포함되어야 한다(시행령 제17조의8 제2항).

4. 정보의 공개

산림청장은 현행법에 따른 특별관리임산물 생산과정의 확인내역, 품질검사의 결과 및 폐기 또는 반송명령의 내용을 농림축산식품부령이 정하는 바에 따라 공개하거나 전문기관으로 하여금 공개하도록 하여야 한다(제18조의8 및 시행규칙 제25조의10 제1항). 이는 특별관리임산물의 소비자를 보호하고 품질을 향상시키기 위한 것으로서 현행법에 따른 생산과정의 확인내역 및 품질검사의 결과에 대해서는 전문기관의 인터넷 홈페이지에 공개하고, 폐기 또는 반송명령의 내용에 대해서는 시·도의 인터넷 홈페이지에 공개하는 방법으로 한다.

[4] 특별관리임산물의 유통관리

산림청장은 특별관리임산물의 품질관리를 위하여 필요하다고 인정되는 경우에는 전문기관, 특별자치시장·시장·군수·구청장으로 하여금 유통·판매되고 있는 제품을 수거하여 현행법에 따른 품질검사를 받았는지 여부, 품질검사의 기준에 적합한지 여부 및 규격·품질표시가 정확한지 여부 등에 대하여 조사·검사하게 하거나 관련 서류를 열람하게 할 수 있다(제18조의7 제1항·제2항). 이 경우 특별관리임산물의 소유자·점유자 또는 관리인은 현행법에 따른 특별자치시장·시장·군수·구청장의 이러한 수거·조사·검사 또는 열람을 정당한 사유 없이 거부·방해 또는 기피해서는 안 된다. 여기에서 시장에는 「제주특별자치도 설치 및 국제자유도시 조성을 위한 특별법」에 따른 행정시의 시장을 포함한다.

누구든지 현행법 제18조의4에 따른 품질검사를 받은 특별관리임산물 이외의 것을 특별관리임산물로 오인·혼동하게 할 우려가 있는 표시 또는 광고를 해서는 안 된다(제18조의7 제3항). 만일 누구라도 특별관리임산물의 유통질서를 확립하기 위한 이러한 규정을 어긴 경우에는 벌칙 규정에 따라 5년 이하의 징역 또는 5천만원 이하의 벌금에 처해질 수 있다(제32조 제2항). 특별관리임산물의 유통질서를 어지럽히는 표시 또는 광고에 대한 이러한 벌칙은 현행법이 정한 벌칙 중에서 가장 무거운 것에 속하는 것이다.

[5] 통계조사 및 수출지원

1. 통계조사

산림청장은 특별관리임산물의 품질관리 및 육성에 필요한 정책을 효율적으로 수립하기 위하여 특별관리임산물의 생산·유통 및 소비 등에 관하여 통계조사를 실시할 수 있다(제18조의9 제1항·제3항). 이 경우 통계의 작성에 관해서는 「통계법」의 관련 규정을 준용한다. 산림청장이 실시하는 이러한 통계조사에는 특별관리임산물의 재배 및 생산현황, 유통·판매 및 소비현황, 가격 및 수출입현황, 생산·검사 및 사후관리 현황, 국내외 특별관리임산물의 산업동향 및 전망에 관한 사항, 그 밖에 특별관리임산물의 품질관리 및 육성에 필요하다고 산림청장이 인정하는 사항 등이 포함되어야 한다(시행규칙 제25조의10 제2항).

산림청장은 특별관리임산물에 대한 통계조사에 필요하다고 인정하는 때에는 관계 중앙행정기관의 장, 지방자치단체의 장, 「공공기관의 운영에 관한 법률」에 따른 공공기관의 장 및 관련 산업의 사업자에게 필요한 자료 및 정보의 제공을 요청할 수 있다(제18조의9 제2항). 이 경우 산림청장으로부터 자료 및 정보의 제공을 요청받은 관계 중앙행정기관의 장 등은 특별한 사유가 없으면 이에 따라야 한다.

2. 수출지원

국가 또는 지방자치단체는 특별관리임산물의 국제화와 관련 제품의 수출촉진을 위하여 특별관리임산물유통센터를 설치하여 운영하려는 자에게 필요한 예산을 지원할 수 있다(제18조의10 제1항). 여기에서 '특별관리임산물유통센터'란 현행법 제7조에 따른 임산물 유통시설 중 주로 특별관리임산물을 수출할 목적으로 유통·판매 및 전시하는 시설로서 규정의 취지상 국외에 설치하는 경우에도 그 지원대상에 포함되는 것으로 보아야 할 것이다.

국가 또는 지방자치단체는 국제화와 수출촉진을 위하여 특별관리임산물과 관련된 정보·기술 및 인력의 교류, 국제학술대회 및 박람회의 개최, 해외수출을 위한 상담 등을 추진할 수 있다(제18조의10 제2항). 다만, 이와 관련하여 현행법은 국가 또는 지방자치단체가 이를 직접 추진하는 경우만을 규정하고 있으나, 특별관리임산물의 국제화와 수출촉진을 위해서는 민간부문의 역할 또한 중요하다는 관점에서 특별관리임산물의 생산·유통 및 수출 관련 사업자 등이 이러한 활동을 하는 경우에도 지원할 수 있도록 법적 근거를 신설하는 방안도 검토할 필요가 있어 보인다.

Ⅳ. 임업의 기계화

[1] 임업의 기계화

1. 입법의 필요성

현행법은 임업의 생산성을 높이기 위한 노력으로서 임업의 구조개선에 관한 내용을 규정하면서 임업의 기계화에 대하여는 이를 별도로 규정하고 있다. 이것은 임업의 낮은 생산성을 극복하는 대안으로서 임업을 기계화하는 것을 주요 정책수단으로 삼으려는 입법자의 의지가 반영된 것으로 보인다.

현행법은 임업의 기계화를 위하여 제18조의11부터 제18조의17까지 임업기계화계획의 수립·시행과 임업기계장비의 품질인증 등에 관한 규정을 두고 있다. 여기에서 임업기계장비란 "임업분야에 사용되는 기계, 장비 및 도구로서 농림축산식품부령으로 정하는 것"(제2조3의4 및 시행규칙 제2조의2 별표1)을 말하며 산림토목장비, 임목생산장비, 조림·숲가꾸기장비, 목재가공장비, 산림보호장비, 양묘장비, 산림작업복 등 부속장비 및 행정장비 등을 포함하는 것이다. 그러나 임업기계장비의 개념에 대한 이러한 정의에도 불구하고 '임업의 기계화'가 무엇을 의미하는지에 대해서는 현행법이 별도로 정의하고 있지는 않다. 다만, 현행법 제18조의11이 임업의 기계화라는 조문제목 아래 임업기계장비의 개발·보급·교육 및 이용 활성화 계획을 임업기계화계획으로 하고 있는 점으로 보아 임업의 기계화는 '임업기계장비의 개발·보급·교육 및 이용을 활성화하는 것'이라고 유추할 수 있을 뿐이다.

임업의 기계화에 대한 개념의 이러한 모호성은 '농업의 기계화'를 규정하고 있는 「농업기계화 촉진법」과 비교하면 더욱 분명하게 드러난다. 이는 「농업기계화 촉진법」에서는 농업기계화사업을 "농업기계의 연구, 조사, 개발, 생산, 보급, 이용, 기술훈련, 사후관리, 안전관리 등을 통하여 농업생산기술의 향상과 농업의 구조 및 경영개선을 도모하는 사업"(같은 법 제2조 제2호)으로 명확하게 정의하고 있기 때문이다. 물론 현행법이 임업의 기계화에 대하여 별도의 장을 두면서 이를 강조하고 있는 것은 분명히 의미있는 일이지만, 안타깝게도 모호한 개념을 기반으로 정책을 수립하고 법제화할 수는 없는 일이다. 이것은 농업기계화사업에 대한 명확한 개념을 기반으로 농업기계에 대한 수요조사부터 신기술농업기계의 보급, 농업기계의 임대·검정제도 및 안전관리에 이르기까지 일관된 법체계를 구축하고 있는 농업분야를 보면 잘 알 수 있는 일이다.

이러한 관점에서 임업의 기계화에 대한 명확한 개념을 바탕으로 정책을 재정립하면서 임업의 기계화에 대한 비전과 정책을 제도화한 별도의 법률을 제정하는 것이 필요해 보인다. 이것은 (1) 임업기계장비의 특성을 반영한 정책을 추진하기 위한 새로운 법적 근거가 필요하고, (2) 현행법과 「농업기계화 촉진법」[20]으로는 임

20) 「농업기계화촉진법」은 농업기계의 범위를 ① 농림축산물의 생산에 사용되는 기계·설비 및 그 부속기자재, ② 농림축산물과 그 부산물의 생산 후 처리작업에 사용되는 기계·설비 및 그 부속기자재, ③ 농림축산물 생산시설의 환경제어와 자동화에 사용되는 기계·설비 및 그 부속기자재에 속하는 것 중에서 농림축산식품부령으로 정하는 것으로 정의하고 있는데, 이에 따르면 규정상으로는 임업기계장비에도 「농업기계화촉진법」이 당연히 적용되는 것처럼 보이나, 실제로는 위임된 농림축산식품부령에 임업기계장비가 지정되어 있지 않으므로 고유한 임업기계장비는 농업기계에 포함되어 있지 않은 것이 현실이다(같은 법 제2조 제1호 및 시행규칙 제1조의2 별표1).

업의 기계화 정책을 추진하는데 한계가 있으며, (3) IT산업이나 로봇산업 등과 같은 신기술을 임업에 적용하는 통로가 필요하다는 측면 등을 감안한 것으로서 실제로 입법이 이루어진다면 임업이 가진 산업적 약점을 보완하고 임업생산성을 획기적으로 높이는 전환점이 될 것으로 기대된다.

2. 임업기계화계획

산림청장은 임업생산성을 높이기 위하여 임업기계장비의 개발·보급·교육 및 이용을 활성화하기 위한 계획[임업기계화계획]을 수립하여 시행하여야 하며, 시·도지사는 필요할 경우 지역적 특성에 맞는 임업기계화계획을 수립할 수 있다(제18조의11). 현행법에 따른 이러한 임업기계화계획에는 임업기계화 장기대책의 목표 및 추진방향, 임업기계장비의 확충에 관한 사항, 임업기계장비 관계법령의 정비 등 제도개선에 관한 사항, 임업기계장비 관련 인력양성 및 교육훈련에 관한 사항, 임업기계장비의 개발연구에 관한 사항, 임업기계장비의 이용활성화에 대한 사항, 임업기계장비의 품질인증에 관한 사항, 그 밖에 임업기계장비의 개발·보급·교육 및 이용의 활성화에 필요한 사항 등이 포함되어야 한다.

[2] 임업기계장비의 품질인증

1. 품질인증

가. 개념 및 신청절차

산림청장은 산림작업자의 안전관리 및 임업생산성 향상을 위하여 임업기계장비에 대한 품질인증을 할 수 있다(제18조의12 제1항 및 시행령 제17조의9). 이러한 인증제도는 앞에서 이미 설명한 것과 같이 특정한 대상이 일정한 기준을 만족시키거나 정당한 절차를 거쳤음을 공식기관에서 증명하는 것으로서 임업기계장비에 대한 품질인증이란 결국 해당되는 임업기계장비가 사용상 필요한 안전성을 확보하고 있으며 그 용도에 필요한 성능을 갖추고 있음을 산림청장이 증명하는 것을 말한다.

임업기계장비에 대한 품질인증을 받으려는 자는 대통령령으로 정하는 바에 따라 산림청장에게 품질인증을 신청하여야 한다(제18조의12 제2항 및 시행령 제17조의10 제1항). 이 경우 품질인증을 신청하려는 자는 품질인증 대상 임업기계장비를 신청서와 함께 산림청장에게 제출하여야 하며, 농림축산식품부령으로 정하는 바에 따라 수수료를 납부하여야 한다(제30조의2 제3호).

나. 품질인증의 효과

현행법에 따라 임업기계장비에 대하여 품질인증을 받은 경우 그 유효기간은 품질인증서를 발급한 날부터 3년으로 하며(제18조의12 제3항 및 시행령 제17조의11), 품질인증을 받은 임업기계장비의 표면 등에 농림축산식품부령으로 정하는 바에 따라 품질인증 표시를 할 수 있다(제18조의13 제1항·제2항). 그러나 현행법에 따라 품질인증을 받지 않은 자는 품질인증 표시 또는 이와 유사한 표시를 해서는 안 된다. 만일 이에 위반하여 품질인증의 표시 또는 이와 유사한 표시를 한 자에게는 현행법 제34조 제1항 제5호에 따라 1천만원 이하의 과태료를 부과할 수 있다.

이와 관련하여 현행법은 품질인증을 받은 자가 임의적으로 품질인증 표시를 '할 수 있다'라고 하고 있으나, 인증제도의 실효성을 확보하기 위해서는 품질인증을 받은 경우에는 이를 반드시 표시하도록 의무화하는 것이 타당할 것으로 보인다. 이는 품질인증을 받은 임업기계장비에 대하여 그 표시를 반드시 하도록 하는 것은 이를 받지 못한 임업기계장비와 차별화함으로써 오히려 품질인증을 받은 제품에 대한 신뢰성을 높일 뿐만 아니라 임업인 소비자를 보호하는 편익이 크므로 합리적인 규제라고 볼 수 있기 때문이다.

다. 품질인증의 취소

산림청장은 품질인증을 받은 자가 거짓이나 그 밖의 부정한 방법으로 품질인증을 받은 경우 또는 품질인증을 받은 임업기계장비가 현행법 제18조의12 제3항에 따른 기준에 적합하지 않게 된 경우에는 그 품질인증을 취소할 수 있다(제18조의14). 산림청장은 품질인증을 받은 자에게 이러한 사유가 있더라도 반드시 그 품질인증을 취소하여야 하는 것은 아니나, 만일 그 사유가 '거짓이나 그 밖의 부정한 방법으로 품질인증을 받은 경우'에 해당하는 때에는 반드시 그 품질인증을 취소하여야 한다. 산림청장은 현행법에 따라 품질인증을 취소하는 처분을 하려면 청문을 하여야 한다(제30조 제3호).

2. 품질인증기관의 지정 및 지정취소

가. 지 정

산림청장은 품질인증 업무를 효율적으로 수행하기 위하여 품질인증에 필요한 인력과 시설을 갖춘 자를 품질인증기관으로 지정할 수 있다(제18조의15 제1항·제2항). 현행법에 따라 이러한 품질인증기관으로 지정을 받으려는 자는 산림청장에게 신청하여야 하며,

품질인증기관으로 지정받은 후 농림축산식품부령으로 정하는 중요 사항이 변경되었을 때에는 변경신고를 하여야 한다. 이 경우 품질인증기관의 지정을 신청하는 자는 농림축산식품부령으로 정하는 바에 따라 수수료를 납부하여야 한다(제30조의2 제4호).

산림청장은 현행법에 따라 지정된 품질인증기관에 대하여는 예산의 범위에서 품질인증 업무를 수행하는 데 필요한 비용의 전부 또는 일부를 지원할 수 있으며, 특히 이러한 품질인증 업무에 종사하는 품질인증기관의 임직원은 형법 제129조부터 제132조까지의 규정에 따른 벌칙을 적용할 때에는 공무원으로 본다(제18조의15 제3항 및 제31조의2 제1호).

나. 지정취소

산림청장은 품질인증기관에 일정한 사유가 있는 경우에는 그 지정을 취소하거나 6개월 이내의 기간을 정하여 품질인증 업무의 전부 또는 일부의 정지를 명할 수 있다(제18조의16 제1항). 산림청장이 현행법에 따라 품질인증기관에 대하여 지정취소 등의 처분을 할 수 있는 이러한 사유에는 거짓이나 그 밖의 부정한 방법으로 품질인증기관으로 지정받은 경우, 업무정지 기간 중 품질인증 업무를 수행한 경우, 현행법에 따른 변경신고를 하지 않고 품질인증 업무를 계속한 경우, 품질인증기관의 지정기준에 적합하지 않게 된 경우, 품질인증 업무범위를 위반하여 품질인증 업무를 한 경우, 정당한 사유 없이 1년 이상 계속하여 품질인증 업무를 수행하지 않는 경우 등이 있다.

산림청장은 품질인증기관에게 현행법에 따른 이러한 사유가 있더라도 반드시 그 지정을 취소하여야 하는 것은 아니나, 만일 그 사유가 '거짓이나 그 밖의 부정한 방법으로 품질인증기관으로 지정받은 경우' 또는 '업무정지 기간 중 품질인증 업무를 수행한 경우'에 해당하는 때에는 반드시 그 품질인증기관의 지정을 취소하여야 한다(제18조의16 제1항 단서). 산림청장은 현행법에 따라 품질인증기관의 지정을 취소하거나 품질인증 업무의 정지에 해당하는 처분을 하려는 경우에는 청문을 하여야 하며, 이러한 절차를 거쳐 산림청장으로부터 현행법에 따라 품질인증기관의 지정이 취소된 후에는 2년이 지나지 않으면 다시 품질인증기관의 지정을 신청할 수 없다(제18조의15 제2항 단서 및 제30조 제4호).

3. 품질인증 관련 보고 및 조사

산림청장은 품질인증 관리를 위하여 필요한 경우에는 품질인증기관 또는 품질인증을 받은 자에 대하여 그 업무에 관한 사항을 보고하게 하거나 자료를 제출하게 할 수 있으며, 관계 공무원에게 사무소 등에 출입하여 시설 · 장비 등을 점검하고, 관련 장부나 서류를 조사하게 할 수 있다(제18조의17 제1항·제2항). 이 경우 품질인증기관 또는 품질인증을 받은 자는 정당한 사유 없이 보고 · 자료제출 · 점검 또는 조사를 거부 · 방해하거나 기피해서는 안 된다.

산림청장은 현행법에 따른 점검이나 조사를 할 때에는 미리 점검이나 조사의 일시 · 목적 및 대상 등을 점검 또는 조사대상자에게 알려야 한다(제18조의17 제3항·제4항). 그러나 긴급한 경우나 미리 알리면 그 목적을 달성할 수 없다고 인정되는 경우에는 알리지 않을 수 있다. 현행법에 따라 점검이나 조사를 하는 관계 공무원은 그 권한을 표시하는 증표를 지니고 이를 관계인에게 보여주어야 하며, 성명 · 출입시간 및 출입목적 등이 표시된 문서를 관계인에게 내보여야 한다.

V. 임업진흥권역 및 특수용도목재생산구역

[1] 임업진흥권역

1. 임업진흥권역의 지정

가. 제도의 취지

산림청장, 시 · 도지사 또는 시장 · 군수 · 구청장은 임업진흥을 촉진하기 위하여 조림 · 육림 및 임도시설 등 임업의 생산기반조성과 임산물의 유통 · 가공시설이 필요한 지역에 대하여 관계 행정기관의 장과 협의하여 권역별로 임업진흥권역을 지정한다(제19조 제1항). 이러한 임업진흥권역은 일정한 요건에 해당하는 지역을 선정하여 집중적으로 투자하고 지원함으로써 해당 지역 내에 임업경제권을 형성하고, 이를 통하여 지역개발을 이루겠다는 목적으로 도입된 임업진흥촉진지역에 그 뿌리를 두고 있는 것으로 보인다. 이는 1990년 1월 13일 법률개정을 통하여 구「산림법」(법률 제4206호)에 신설된 임업진흥촉진지역[21]이 구「임업진흥촉진법」(법률 제5325호)의 부칙[22]을 통하여 이어진 다음, 2001년 12월 31일 일부개정으로 현행법이 구

21) 당시의 구「산림법」에 따르면 임업진흥촉진지역은 "조림 · 육림 · 벌채 · 임도시설 · 산림보호 및 임산물 생산 등 산림의 집중개발이 필요하다고 인정할 때" 일정한 산림지역을 대상으로 산림청장이 지정할 수 있도록 하였으며, 그 일부에 대해서는 적정규모의 경영단위로 임업진흥단지를 설정하도록 하면서 이러한 임업진흥촉진지역의 산림경영에 대해서는 다른 산림사업에 우선하여 필요한 자금과 기술을 지원할 수 있도록 규정하고 있었다(같은 법 제25조 · 제26조 및 제28조).

22) 1997년 4월 10일 당시 구「임업진흥촉진법」은 부칙 제4조에 임업진흥촉진지역에 관한 경과조치를 두면서 "이 법 시행 전에 산림법 제25조의 규정에 의하여 임업진흥촉진지역으로 지정된 지

「임업진흥촉진법」을 대체하면서 현재와 같이 규정된 것으로 알 수 있다.

현행법에 따른 이러한 임업진흥권역은 집중적인 투자와 지원을 통하여 임업경영을 활성화하기 위한 것이므로 목재의 안정적인 수요·공급과 우량목재의 증식을 위하여 「산림자원의 조성 및 관리에 관한 법률」 제37조 제2항에 따라 지정·관리하는 경제림육성단지와는 다른 것이므로 서로 혼동하지 않도록 주의하여야 한다.

나. 지정요건 및 지정권자

임업진흥권역은 임산물소득원을 개발·육성하여 임업경영을 활성화할 수 있는 지역으로서 「산지관리법」에 따른 임업용산지에 한정하여 지정하되, 현행법이 정하는 다음의 기준에 맞는 지역이어야 한다(제19조 제2항 및 시행령 제18조 제1항).

- 시·군·구의 행정구역면적에 대한 산림면적의 비율이 70% 이상인 지역
- 시·군·구의 행정구역면적에 대한 산림면적의 비율이 70% 미만이더라도 일단의 산림이 집단적으로 분포하여 임업진흥권역 설정이 가능한 지역이나 현행법에 따라 협업경영을 실시하는 구역으로서 계속하여 집약적인 임업경영이 필요하다고 인정되는 지역 또는 연접된 시·군·구의 임업진흥권역과 연결되어 임업경영이 필요하다고 인정되는 지역 중 어느 하나에 해당하는 지역

현행법에 따른 임업진흥권역은 산림청장, 시·도지사 또는 시장·군수·구청장이 지정대상 면적에 따라 관계 행정기관의 장과 협의하여 권역별로 지정한다(제19조 제1항). 이에 따르면 그 지정대상 면적이 (1) 국유림 또는 100만m^2 이상의 공유림 및 사유림인 경우에는 산림청장이, (2) 3만m^2 이상 100만m^2 미만의 공유림 및 사유림인 경우에는 시·도지사가, (3) 3만m^2 미만의 공유림 및 사유림인 경우에는 시장·군수·구청장이 각각 지정한다.

2. 임업진흥계획

산림청장은 임업진흥권역에는 농림축산식품부령으로 정하는 바에 따라 관계 행정기관의 장과 협의하여 임업진흥계획을 수립한다(제21조 제1항 및 시행규칙 제28조). 산림청장이 수립하는 이러한 임업진흥계획에는 조림과 육림계획, 주벌 간벌계획, 임도시설 설치계획, 병해충 방제계획뿐만 아니라 현행법에 따른 경영·유통구조 개선계획과 임산물가공업 지원계획 등이 포함되어야 한다.

산림청장은 임업진흥계획을 수립한 경우에는 이를 시·도지사에게 알려야 하

역은 제15조의 규정에 의한 임업진흥권역으로 지정된 것으로 본다"라고 규정하였다.

며, 시·도지사는 이에 따라 지역별 진흥계획을 수립하고 시장·군수·구청장에게 이를 알려야 한다(제21조 제1항~제3항). 이 경우 임업진흥계획 또는 지역별 진흥계획에 포함될 사항이 「산림기본법」에 따른 산림기본계획 또는 지역산림계획에 포함되어 있는 경우 그 부분에 대하여는 임업진흥계획 또는 지역별 진흥계획이 각각 수립된 것으로 본다.

특별자치시장·시장·군수·구청장은 시·도지사가 수립한 지역별 진흥계획에 따라 임업진흥계획의 실행계획을 수립·시행한다(제21조 제4항). 이 경우 특별자치시장·시장·군수·구청장은 사유림 소유자의 의견을 들어야 하며, 현행법에 따라 수립된 그 실행계획은 「산림자원의 조성 및 관리에 관한 법률」에 따른 산림경영계획으로 본다.

3. 임업진흥권역의 변경 및 해제

산림청장, 시·도지사 또는 시장·군수·구청장은 현행법에 따라 지정된 임업진흥권역에 일정한 사유가 있는 경우에는 그 지정을 변경하거나 해제할 수 있다(제20조). 임업진흥권역의 지정권자가 그 지정을 변경하거나 해제할 수 있는 이러한 사유에는 지정목적을 달성한 때, 천재지변 등의 부득이한 사유로 지정목적을 달성할 수 없다고 인정되는 때, 임업진흥권역 내의 산지에 「산지관리법」 제12조 제1항 제1호부터 제13호까지의 시설을 설치할 필요가 있을 때, 지역사회개발 및 산업발전을 위하여 시·도지사 또는 시장·군수·구청장의 요청에 따라 임업진흥권역의 지정을 변경하거나 해제할 필요가 있을 때, 그 밖에 농림축산식품부령으로 정하는 사유[23]가 발생하였을 때 등이 있다. 그러나 현행법에 따라 임업진흥권역 내의 산지에 「산지관리법」 제12조 제1항 제1호부터 제13호까지의 시설을 설치하는 경우라도 그 시설을 「산지관리법」 제15조의2에 의한 산지일시사용허가·신고에 따라 설치하는 경우에는 임업진흥권역의 지정을 변경하거나 해제하지 않는다. 이 경우에는 임업용산지가 전용되는 것이 아니라 일시사용되는 것에 불과한 것이므로 임업진흥권역의 지정을 변경하거나 해제할 필요가 없기 때문이다.

---

23) 여기에서 '농림축산식품부령으로 정하는 사유'란 다른 법령에 따른 행위의 제한으로 임업진흥권역의 지정목적을 달성할 수 없다고 인정되는 때 또는 다른 법령에 따른 지역·지구 또는 구역 등으로 지정되어 임업진흥권역으로 유지·관리가 곤란한 때를 말한다(시행규칙 제27조 제1항).

[2] 특수용도목재생산구역

1. 지정기준 및 효과

산림청장은 임업의 활성화를 위하여 필요한 경우에는 대통령령으로 정하는 바에 따라 특수용도목재생산구역을 지정할 수 있다(제21조의2 제1항 및 시행령 제20조의2 제1항). 이 경우 산림청장은 특수용도목재생산구역을 지정하는 때에는 (1) 산림청 소관 국유림에 대하여 지정할 것, (2) 합판용·문화재복원용 및 표고자목용의 용도로 구분하여 지정할 것, (3) 수목의 분포 및 종류를 충분히 고려하여 지정할 것 등과 같은 지정기준에 따라야 한다.

산림청장은 현행법에 따른 이러한 특수용도목재생산구역에서는 농림축산식품부령으로 정하는 방법으로 벌채·조림 및 숲가꾸기를 실시하여 그 지정목적에 알맞게 관리하여야 하며, 특히 특수용도목재생산구역에서 생산된 목재는 사용자를 지정하거나 목재사용자에 대하여 사용계획서 및 사용결과서를 제출하도록 하는 등 농림축산식품부령으로 정하는 바에 따라 지정된 용도로 사용하도록 조치할 수 있다(제21조의2 제2항·제4항 및 시행규칙 제28조의4).

2. 지정변경 및 해제

산림청장은 특수용도목재생산구역에 일정한 사유가 있는 경우에는 그 지정을 변경하거나 해제할 수 있다(제21조의2 제3항). 산림청장이 현행법에 따라 지정을 변경하거나 해제할 수 있는 이러한 사유에는 지정목적을 달성하여 특수용도목재생산구역으로 둘 필요성이 없다고 인정하는 경우, 천재지변 등으로 인한 피해로 지정목적이 상실되었다고 인정하는 경우, 군사시설 등 대통령령으로 정하는 공용·공공용시설의 용지로 사용하거나 공익을 위하여 지정해제가 불가피하다고 인정하는 경우, 그 밖에 농림축산식품부령으로 정하는 사유가 발생한 경우 등이 있다. 여기에서 '농림축산식품부령으로 정하는 사유'란 병해충의 구제 및 예방을 위하여 필요한 경우, 「수목원·정원의 조성 및 진흥에 관한 법률」에 따른 수목원이나 정원의 조성을 위하여 필요한 경우, 「산림문화·휴양에 관한 법률」에 따른 자연휴양림, 산림욕장 및 치유의 숲 조성을 위하여 필요한 경우, 그 밖에 이와 유사한 사유로서 산림청장이 필요하다고 인정하는 경우 등을 말한다(시행규칙 제28조의3).

Ⅵ. 산촌의 진흥

[1] 기본방향

국가 및 지방자치단체는 산촌주민의 소득원을 개발하고 주거환경을 개선하는 등 산촌진흥을 위하여 노력하여야 한다(제22조). 이는 비록 산촌이 인구밀도가 낮고 다른 지역에 비하여 낙후되어 있지만 이를 방치하거나 포기하는 것이 아니라 진흥시키는 것이야말로 국가 및 지방자치단체의 산촌에 대한 기본방향임을 분명히 선언하고 있는 것으로서 큰 의미를 가지는 규정이라고 할 것이다.

산촌진흥을 위한 이러한 기본방향은 산림법의 형평성의 원칙을 충실하게 반영한 것으로서 "국가 및 지방자치단체는 국토의 균형 있는 발전과 산림자원의 효율적인 관리를 위하여 산촌의 소득증진 및 산촌주민의 복지증진을 위하여 노력하여야 한다"(산림기본법 제8조)라는 「산림기본법」상 시책의 기본방향과 동일한 취지로 이해된다. 특히 현행법은 이와 관련하여 산촌진흥을 위한 기본방향 안에 주민소득원의 개발과 주거환경의 개선과 같은 구체적인 방안을 함께 규정하고 있는데, 이는 산촌을 특별한 산림정책의 대상으로 하여 반드시 진흥시키겠다는 정책적 의지를 담고 있는 것으로 보인다.

[2] 산촌에 대한 조사 및 산촌진흥기본계획

1. 산촌에 대한 조사

산림청장은 산촌진흥기본계획[기본계획]을 수립하기 위하여 필요한 기초조사를 전국의 산촌에 대하여 10년에 한 번씩 실시하여야 하며, 시·도지사 또는 시장·군수·구청장은 특별시·광역시·도·특별자치도 산촌진흥계획[시·도계획]이나 시·군·구[24] 산촌진흥촉진계획[시·군·구계획]을 수립하려면 관할 지역의 산촌에 대하여 필요한 상세조사를 실시하여야 한다(제24조 제1항·제2항 및 제4항). 이 경우 산림청장, 시·도지사 또는 시장·군수·구청장은 효율적인 조사를 위하여 필요하면 현행법에 따른 기초조사나 상세조사를 대통령령으로 정하는 기관·단체에게 위탁할 수 있다.

산림청장, 시·도지사 또는 시장·군수·구청장이 실시하는 이러한 기초조사와

24) 여기에서 시·군·구 산촌진흥촉진계획을 수립하는 '시'에는 「제주특별자치도 설치 및 국제자유도시 조성을 위한 특별법」에 따른 행정시를 포함하며, '구'란 자치구를 말한다(제23조 제8항).

상세조사에는 산림자원의 분포와 이용, 산촌의 인구변동 추이, 산촌인력 및 산촌소득 등 산촌경제에 관한 사항뿐만 아니라 산촌의 문화·전통에 관한 사항과 산촌과 도시와의 교류, 녹색관광 및 생태관광[25] 자원에 관한 사항, 그 밖에 기본계획이나 시·도계획 또는 시·군·구계획의 수립에 필요한 사항 등이 포함되어야 한다(제24조 제3항 및 시행령 제22조 제1항).

2. 산촌진흥기본계획

산림청장은 관계 중앙행정기관의 장과 시·도지사의 의견을 들어 10년에 한 번씩 기본계획을 수립하여야 한다(제23조 제1항·제2항). 현행법에 따른 이러한 기본계획에는 산촌의 산림자원 조성 및 경영기반의 확충 등과 같은 산림의 종합정비에 관한 사항, 농림수산물의 생산·가공·판매 및 산림휴양자원을 활용한 산촌주민의 소득증대에 관한 사항, 산촌의 도로·주택 및 상하수도 등 주거환경의 조성·정비에 관한 사항, 산촌의 고유한 문화와 전통의 계승·발전에 관한 사항, 도시와의 교류촉진 및 도시민의 산촌정착 지원에 관한 사항, 산촌의 녹색관광 및 생태관광 육성에 관한 사항, 그 밖에 산촌진흥을 위하여 농림축산식품부령으로 정하는 사항 등이 포함되어야 한다.

산림청장은 현행법에 따라 기본계획을 수립한 경우에도 산촌의 사회적·경제적·지역적 여건변화 등을 고려하여 필요하다고 인정하는 경우에는 이를 변경할 수 있으며, 기본계획에 따른 연도별 시행계획을 수립·시행하고 이에 필요한 재원을 확보하기 위하여 노력하여야 한다(제23조 제3항·제4항). 산림청장은 현행법에 따른 기본계획 및 연도별 시행계획의 수립을 위하여 필요한 경우에는 관계 중앙행정기관의 장 또는 시·도지사에게 관련 자료의 제출을 요청할 수 있으며, 산림청장으로부터 이러한 자료의 제출을 요구받은 관계 중앙행정기관의 장[26] 등은 정당한 사유가 없으면

25) 생태관광이란 "생태계가 특히 우수하거나 자연경관이 수려한 지역에서 자연자산의 보전 및 현명한 이용을 통하여 환경의 중요성을 체험할 수 있는 자연친화적인 관광"(「자연환경보전법」 제2조 제18호) 또는 "생태적으로 건전하고 환경친화적인 관광"(「해양생태계의 보전 및 관리에 관한 법률」 제48조 제1항)을 의미한다. 특히 「저탄소 녹색성장 기본법」은 이러한 생태관광을 촉진하기 위하여 "정부는 동·식물의 서식지, 생태적으로 우수한 자연환경자산, 지역의 특색 있는 문화자산 등을 조화롭게 보존·복원 및 이용하여 이를 관광자원화하고 지역경제를 활성화함으로써 생태관광을 촉진하고, 국민 모두가 생태체험·교육의 장으로 활용할 수 있도록 하여야 한다"라고 규정하고 있다(같은 법 제56조).

26) 현행법에서는 이를 '관계 기관의 장'으로 표현하고 있으나 산림청장이 자료의 제출을 관계 중앙행정기관의 장 또는 시·도지사에게 요청할 수 있는 점을 감안할 때, 이는 '관계 중앙행정기관의 장 등은'으로 개정하는 것이 타당할 것으로 보인다.

이에 따라야 한다(제23조 제6항).

산림청장은 현행법에 따라 기본계획 및 연도별 시행계획을 수립하거나 변경한 때에는 대통령령으로 정하는 바에 따라 이를 공표하여야 하며, 관계 중앙행정기관의 장 및 시·도지사에게 통보하고 국회 소관상임위원회에 제출하여야 한다(제23조 제5항 및 시행령 제21조 제2항). 산림청장이 기본계획 및 연도별 시행계획을 공표하는 경우에는 그 개요를 관보에 고시하는 방법으로 하여야 한다.

시·도지사[27]는 기본계획에 따라 관할 지역의 특성을 고려하여 시·도계획을 수립하고, 시장·군수·구청장은 이러한 시·도계획에 따라 관할 지역의 특성을 고려하여 시·군·구계획을 수립하여야 한다(제23조 제7항~제9항 및 시행령 제21조 제3항~제6항). 이 경우 시·도계획은 기본계획을 통지받은 날부터 1년 이내에 수립하여야 하며, 시·군·구계획은 시·도계획을 통지받은 날부터 6개월 이내에 수립하여야 한다. 시·도지사와 시장·군수·구청장은 현행법에 따라 각각 시·도계획 및 시·군·구계획을 수립한 경우에는 지체 없이 그 개요를 고시하여야 한다.

[3] 산촌진흥지역

1. 산촌진흥지역의 지정

산촌진흥지역이란 "「산림기본법」 제28조 제1항에 따라 지정한 지역"(제2조 제7호)을 말한다. 이에 따르면 산촌진흥지역은 시·도지사가 산촌의 진흥을 위하여 필요한 지역을 지정한 것으로서 이러한 산촌진흥지역에서는 시장·군수·구청장이 현행법에 따라 산촌진흥특화사업계획을 수립하여 시·도지사의 승인을 얻은 후 산촌진흥특화사업을 추진할 수 있으며, 특히 산림청장, 시·도지사 및 시장·군수·구청장은 산촌진흥지역 안에 있는 산림을 관리하기 위하여 대통령령으로 정하는 바에 따라 그 산촌진흥지역 안의 국공유 임산물의 전부 또는 일부를 산촌진흥지역의 주민에게 무상으로 양여할 수 있다(제25조 제1항 및 제28조).

2. 산촌진흥특화사업

가. 산촌진흥특화사업계획의 수립

시장·군수·구청장은 관할지역 안의 산촌진흥지역에서 산촌진흥특화사업을 추

---

27) 다만, 여기에서 시·도지사에는 특별자치시장이 포함되지 않는다. 이는 제24조 산촌에 대한 조사, 제25조 산촌진흥특화계획의 수립 및 제28조 국공유 임산물의 활용에 관한 규정에서도 같다(제23조 제7항).

진하려는 경우에는 현행법에 따라 산촌진흥특화사업계획을 수립하여 시 · 도지사에게 승인을 요청하여야 한다(제25조 제1항 · 제2항). 이 경우 시장 · 군수 · 구청장은 산촌진흥특화사업계획을 수립할 때에는 주민 및 관계 전문가의 의견을 들어 그 의견을 반영하여야 한다.

현행법에 따르면 산촌진흥특화사업이란 "산촌지역에 특화된 산림과 산림자원을 활용하여 산촌을 자연친화적으로 개발함으로써 산촌에 거주하는 주민의 소득을 안정적으로 확보하고 삶의 질을 개선하기 위한 사업"(제2조 제8호)을 말한다. 이러한 산촌진흥특화사업은 이전의 산촌개발사업이 가졌던 한계를 극복하기 위하여 2019년 12월 3일 도입된 것이다. 사실 1995년 시작된 산촌개발사업은 자연친화적으로 산촌을 개발하여 주거환경을 개선하고 소득을 안정적으로 확보할 수 있는 마을로 조성하려는 당초의 취지에도 불구하고 시설 위주의 사업추진, 지역주민의 자발적인 참여부족, 부실한 사후관리 및 농촌개발사업과의 차별성 부족 등과 같은 문제를 안고 있었는데, 현행법은 산촌개발사업의 이러한 문제점을 개선하면서 보다 효과적으로 사업을 추진하기 위한 방안으로 산촌진흥특화사업을 제도화한 것이다.

현행법에 따라 시장 · 군수 · 구청장이 수립하는 이러한 산촌진흥특화사업계획에는 산촌진흥특화사업의 목적 · 추진방향 및 기대효과, 시행기간 및 시행지역 등 사업개요, 산촌진흥특화사업에 필요한 사업비의 조달계획 및 연차별 투자계획, 산촌진흥특화사업에 필요한 시설의 설치 · 관리 및 운영에 관한 사항, 자연환경 · 지역의 역사와 문화 및 인적자원 등 사업에 활용할 수 있는 기반에 관한 사항, 그 밖에 산촌진흥특화사업의 시행에 필요한 사항으로서 시 · 도의 조례로 정하는 사항 등이 포함되어야 한다(제25조 제1항).

시 · 도지사는 시장 · 군수 · 구청장으로부터 이러한 내용이 포함된 산촌진흥특화사업계획의 승인을 요청받은 경우에는 승인 전에 관계 행정기관의 장과 협의하여야 하며, 산촌진흥특화사업계획을 승인한 경우에는 시 · 도의 조례로 정하는 바에 따라 이를 고시하고 산림청장에게 통보하여야 한다(제25조 제3항 ~제5항).

나. 산촌진흥특화사업계획의 변경

시장 · 군수 · 구청장이 현행법에 따라 승인된 산촌진흥특화사업계획을 변경하려는 경우에는 산촌진흥특화사업계획의 수립에 관한 현행법 제25조 제1항부터 제3항까지의 규정을 준용하여야 한다. 따라서 시장 · 군수 · 구청장은 산촌진흥특화사업계획을 변경하는 경우 그 변경계획에 대하여 주민 및 관계 전문가의 의견을 들어 그 의견을 반영하고 이에 대한 승인을 시·도지사에게 요청하여야 하며, 이러한 요청을 받은 시·도지사는 승인 전에 관계 행정기관의 장과 협의하고 이를 승인한 경우에는 시·도의 조례로 정하는 바에 따라 고시하여야 한다. 그러나 이 경우에도 시·도의 조례로 정하는 경미한 사항인 경우에는 이러한 절차가 적용되지 않으며, 따라서 시장·군수·구청장은 시·도지사의 승인 없이 경미한 사항을 변경할 수 있다.

이와 관련하여 시·도지사가 산촌진흥특화사업계획의 변경을 승인한 경우 이를 산림청장에게 통보할 필요가 있는지에 대하여는 논쟁의 여지가 있어 보인다. 그러나 이에 대하여는 (1) 현행법이 산촌진흥특화사업계획의 변경절차에 관하여 현행법 제25조 제1항부터 제3항까지의 규정만을 준용하고 시·도지사가 산촌진흥특화사업계획을 승인한 경우 산림청장에게 통보하도록 규정한 같은 조 제4항의 규정은 명시적으로 준용하지 않고 있으며, (2) 현행법이 산촌진흥특화사업계획을 시장·군수·구청장이 수립하고 이를 시·도지사가 승인하도록 한 것은 지방자치단체가 주도적으로 산촌진흥특화사업을 추진하도록 하려는 취지임을 감안할 때 시·도지사는 산촌진흥특화사업계획의 변경을 승인한 경우에도 이를 산림청장에게 통보할 필요는 없다고 보아야 할 것이다.

다. 사업의 시행 및 지원

산촌진흥특화사업은 시장·군수·구청장이 직접 시행하거나 대통령령으로 정하는 자에게 사업의 전부 또는 일부를 위탁하여 시행할 수 있다(제26조 및 시행령 제23조). 여기에서 '대통령령으로 정하는 자'란 다음과 같다.

- 「산림조합법」에 따른 조합 또는 산림조합중앙회
- 「한국농어촌공사 및 농지관리기금법」에 따른 한국농어촌공사
- 「산림자원의 조성 및 관리에 관한 법률 시행령」 별표1 제5호에 따른 자연휴양림조성 및 산촌생태마을 조성사업을 할 수 있는 산림사업법인
- 그 밖에 산림청장이 산촌진흥특화사업을 시행하기에 적합하다고 인정하는 자

국가 또는 지방자치단체는 산촌진흥특화사업을 시행하는 경우 이에 필요한 사업비의 전부나 일부를 보조하거나 융자하여 줄 수 있으며, 산촌진흥특화사업을 위하여 필요한 경우에는 이와 관련된 사업의 예산을 우선적으로 배정할 수 있다(제27조 제1항·제2항). 이 경우 특히 시장·군수·구청장은 이러한 국가 또는 지방자치단체의 지원과 함께 산촌진흥특화사업 시행지역 안에 있는 산림을 관리하기 위하여 대통

령령으로 정하는 산림사업을 하는 자에게는 우선적으로 사업비의 전부나 일부를 지원할 수 있는데, 현행법에 따라 이러한 지원을 받을 수 있는 '대통령령으로 정하는 산림사업'에는 임산물소득원의 개발 · 육성사업, 산림의 복합경영사업, 임산물가공업, 현행법 제16조에 따른 산림의 이용사업, 임업기능인의 양성사업 및 임업의 기계화사업 등이 있다(제27조 제3항 및 시행령 제24조).

현행법에 따르면 산촌진흥특화사업의 시행자에게는 「국유림의 경영 및 관리에 관한 법률」의 일부 규정을 적용하는데 있어 특례가 인정된다. 이에 따르면 산림청장은 「국유림의 경영 및 관리에 관한 법률」 제20조 제1항에도 불구하고 산촌진흥특화사업 시행지역의 준보전국유림을 필요한 범위에서 산촌진흥특화사업의 시행자에게 매각 또는 교환할 수 있으며, 또한 같은 법 제21조 제1항에도 불구하고 대통령령으로 정하는 별도의 기준에 따라 산촌진흥특화사업 시행지역의 국유림을 필요한 범위에서 산촌진흥특화사업의 시행자에게 사용허가 또는 대부할 수 있다(제27조의2 제1항~제3항). 이 경우 국유림의 사용허가 또는 대부를 받은 산촌진흥특화사업의 시행자는 목적사업의 수행을 위하여 「국유림의 경영 및 관리에 관한 법률」 제22조 제1항에도 불구하고 시설물의 기부 · 철거 또는 원상회복을 조건으로 해당 국유림에 건물이나 그 밖의 영구시설물을 설치할 수 있다.

현행법이 이처럼 산촌진흥특화사업의 시행자에게 「국유림의 경영 및 관리에 관한 법률」의 일부 규정을 적용하는 데 있어 특례를 둔 것은 이전 산촌개발사업의 경우에는 없었던 것으로서 산촌진흥특화사업을 적극적으로 추진하고자 하는 강한 정책적 의지가 느껴지는 입법조치로 보인다. 산촌진흥특화사업에 국유림을 활용할 수 있도록 하는 이러한 제도적 변화는 산촌진흥을 위하여 그동안에 제기되었던 정책과제의 일부를 반영한 결과로서 긍정적으로 평가될 수 있을 것이다.[28)]

라. 사후관리

시장 · 군수 · 구청장은 산촌진흥특화사업의 시행으로 설치한 시설 · 장비 등을 효율적으로 관리하고 이용을 활성화하기 위하여 필요한 조치를 하여야 하며, 이와 관련하여 국가 또는 지방자치단체는 산촌진흥특화사업이 끝난 지역에 대하여 필요한 때에는 산촌진흥특화사업으로 설치한 시설 · 장비의 운영 · 관리 및 산촌지역 일자리의 유지 · 개선 등에 필요한 비용을 지원할 수 있다(제29조 제1항 · 제2항). 이는 산촌진흥

---

28) 산촌진흥을 위하여 국 · 공유림을 활용할 필요성에 대하여는 정호근 · 김수석 · 정은미 · 변승연, 「산촌의 경제 · 사회적 활성화를 위한 국 · 공유림 활용방안」, 한국농촌경제연구원(연구보고: R851), 2018, 86~88면을 참고하라.

특화사업이 종료된 이후 사업을 위하여 설치한 시설·장비가 운영되지 않거나 관리되지 못하는 사례를 방지함으로써 사업의 사후관리에 철저를 기하기 위한 것이다. 특히 현행법은 시설·장비의 운영 및 관리뿐만 아니라 산촌지역 일자리의 유지·개선에 관한 내용을 명문으로 규정하면서 이를 위하여 필요한 비용을 지원할 수 있도록 하고 있는데, 이러한 특별한 지원은 지역주민을 시설·장비의 사후관리에 활용할 수 있다는 측면에서 산촌진흥특화사업의 사후관리를 강화하는 데 큰 도움이 될 것으로 기대된다.

3. 국공유 임산물의 무상양여

산림청장, 시·도지사 및 시장·군수·구청장은 산촌진흥지역 안에 있는 산림을 관리하기 위하여 대통령령으로 정하는 바에 따라 그 산촌진흥지역 안의 국공유 임산물의 전부 또는 일부를 산촌진흥지역의 주민에게 무상으로 양여할 수 있다(제28조 및 시행령 제25조 제1항). 이 경우 산림청장, 시·도지사 및 시장·군수·구청장은 산촌진흥지역의 주민이 산불의 예방과 진화, 도벌·남벌이나 무허가 벌채 또는 산지형질변경의 예방, 산림병해충의 예방과 구제 및 산지정화 등에 협조하는 것을 무상양여의 조건으로 할 수 있다.

현행법에 따르면 산촌진흥지역의 주민이 국공유 임산물을 무상양여 받으려면 농림축산식품부령으로 정하는 신청서를 제출하여야 하며, 이러한 신청서를 받은 산림청장, 시·도지사 및 시장·군수·구청장이 산촌진흥지역의 주민에게 무상으로 양여할 수 있는 국공유 임산물에는 죽은 나무나 쓰러진 나무, 자투리 나무·가지, 조림예정지 정리와 숲가꾸기를 위하여 벌채한 산물, 산림의 형질변경 없이 채취할 수 있는 산림 부산물 등이 있다(시행령 제25조 제2항·제3항).

[4] 산촌활성화지원센터

1. 지정 및 운영

산림청장은 도시민의 산촌 정착 및 산촌 지역경제의 활성화를 지원하기 위하여 일정한 기관 또는 단체를 산촌활성화지원센터로 지정할 수 있다(제27조의3 제1항). 산림청장이 현행법에 따라 산촌활성화지원센터로 지정할 수 있는 이러한 기관이나 단체에는 현행법에 따른 한국임업진흥원, 「산림조합법」에 따른 조합 또는 중앙회, 그 밖에 전문인력과 조직 등 대통령령으로 정하는 요건을 갖춘 기관 또는 단체 등이 있다.

현행법에 따라 지정된 산촌활성화지원센터는 산촌에 정착하기를 희망하는 사람에 대한 상담·정보제공 및 교육·훈련, 지역의 산림자원을 활용한 창업 및 기술지원, 산촌지역을 기반으로 하는 사회적기업 등의 설립 지원, 그 밖에 산촌주민에 대한 지원 및 산촌 지역경제의 활성화를 위하여 대통령령으로 정하는 사업을 수행한다(제27조의3 제2항). 이와 관련하여 산림청장은 산촌활성화지원센터에 대하여 이러한 사업의 시행·관리에 필요한 비용의 전부 또는 일부를 지원할 수 있으며, 그 사업을 감독하기 위하여 산촌활성화지원센터로 하여금 사업 관련 보고 또는 자료제출을 하게 하거나 소속 공무원으로 하여금 지원센터의 사업 관련 업무를 검사하게 할 수 있다(제27조의3 제3항 및 제29조의5).

2. 지정 취소

산림청장은 현행법에 따라 지정된 산촌활성화지원센터에게 일정한 사유가 있는 경우에는 그 지정을 취소하거나 시정을 명할 수 있다(제27조의3 제4항). 산림청장이 산촌활성화지원센터에 대하여 지정취소 및 시정명령을 할 수 있는 이러한 사유에는 거짓이나 그 밖의 부정한 방법으로 지정을 받은 경우, 지정요건에 적합하지 않게 된 경우, 정당한 사유 없이 1년 이상 사업을 시작하지 않거나 중단한 경우, 현행법 제29조의5를 위반하여 산림청장에게 거짓으로 보고 또는 자료제출을 하거나 정당한 사유 없이 검사를 거부·방해 및 기피한 경우 등이 있다. 산림청장은 산촌활성화지원센터에게 현행법에 따른 이러한 사유가 있더라도 반드시 그 지정을 취소하여야 하는 것은 아니나, 만일 그 사유가 '거짓이나 그 밖의 부정한 방법으로 지정을 받은 경우'에 해당하는 때에는 반드시 그 지정을 취소하여야 한다(제27조의3 제4항 단서). 산림청장은 현행법에 따라 산촌활성화지원센터의 지정을 취소하는 처분을 하려면 청문을 하여야 한다(제30조 제5호).

Ⅶ. 한국임업진흥원

[1] 설립 및 사업

한국임업진흥원은 임업인의 산림경영정보와 임산물의 생산·유통정보 지원 등을 통한 산림소득의 증대 및 산업화의 촉진을 위하여 산림청장이 설립한 법인으로서 이에 관하여 현행법이 규정하지 않은 사항은 민법 중 재단법인에 관한 규정을 준용한다(제29조의2 및 제29조의4 제3항). 현행법에 따른 이러한 한국임업진흥원은 위탁집행형 준정부기관으로서 다음과 같은 사업을 수행한다(제29조의3 제1항).

- 임업인의 산림경영정보 및 임산물의 생산・유통정보에 관한 지원
- 현행법에 따른 특별관리임산물의 품질관리
- 품질인증
- 임업에 관한 시험・분석・조사・감정 및 기술지원
- 임업연구성과의 기술사업화 촉진 및 기술이전 지원
- 산림자원 및 입지조사의 설계・평가
- 해외산림자원개발 및 국제산림협력사업
- 「탄소흡수원 유지 및 증진에 관한 법률」에 따른 산림탄소상쇄제도의 운영・관리 및 산림분야 탄소배출권 확보사업
- 임업・산촌분야 고용창출 및 창업활성화를 위한 지원사업
- 그 밖에 임업 및 산촌의 진흥을 위하여 필요한 사업으로서 대통령령으로 정하는 사업

한국임업진흥원의 이러한 업무와 관련하여 임업에 관한 시험・분석・조사・감정 및 기술지원을 신청하거나 성적증명서의 발급 등을 의뢰하는 자는 농림축산식품부령으로 정하는 바에 따라 한국임업진흥원에 수수료를 납부하여야 하며, 특히 한국임업진흥원의 직원이 현행법에 따른 업무 중 특별관리임산물의 품질관리, 품질인증, 임업에 관한 시험・분석・조사・감정 및 기술지원에 관한 업무를 수행하는 경우에는 그 직원은 형법 제129조부터 제132조까지의 규정에 따른 벌칙을 적용할 때에는 공무원으로 본다(제29조의3 제5항 및 제31조의2 제2호).

[2] 운영 및 지도・감독

1. 운　　영

산림청장은 한국임업진흥원의 요청이 있는 경우에는 산림청 또는 그 소속 기관의 공무원 중 일부를 한국임업진흥원에 파견근무하게 할 수 있으며, 국가 또는 지방자치단체의 장은 현행법 제29조의3 제1항의 사업을 한국임업진흥원에 위탁하거나 대행하게 할 수 있다(제29조의3 제2항 및 제29조의4 제2항). 그러나 이러한 규정에도 불구하고 현행법에 따른 특별관리임산물의 품질관리에 관한 사업은 한국임업진흥원에 위탁한다.

국가 또는 지방자치단체는 한국임업진흥원의 설립 및 운영에 소요되는 경비의 일부를 예산의 범위에서 출연 또는 지원할 수 있으며, 그 설립 및 운영을 위하여

필요하다고 인정한 때에는 「국유재산법」, 「물품관리법」, 「공유재산 및 물품 관리법」에도 불구하고 국유 · 공유 재산 및 물품을 한국임업진흥원에 무상으로 양여 또는 대부하거나 사용 · 수익하게 할 수 있다(제29조의3 제3항). 한국임업진흥원에 대한 국가 또는 지방자치단체의 이러한 지원은 한국임업진흥원이 위탁집행형 준정부기관으로서 가지는 지위에 따른 것으로 이해된다.

2. 지도 · 감독

산림청장은 현행법 제29조의3 제1항과 관련된 업무에 관한 사항, 「공공기관의 운영에 관한 법률」 제50조에 따른 경영지침 이행에 관한 사항, 각 회계연도의 사업계획 수립 · 집행 및 예산편성과 결산, 그 밖에 대통령령으로 정하는 사항에 관하여 한국임업진흥원을 지도 · 감독하고 필요하다고 인정하는 때에는 그 업무 · 회계 및 재산에 관한 사항을 보고하게 하거나 소속 공무원으로 하여금 한국임업진흥원의 장부 · 서류 및 시설과 그 밖의 물건을 검사하게 할 수 있다(제29조의4 제1항). 여기에서 '「공공기관의 운영에 관한 법률」 제50조에 따른 경영지침'이란 공기업 · 준정부기관의 운영에 관한 일상적 사항과 관련하여 운영위원회의 심의 · 의결을 거쳐 기획재정부장관이 정한 것으로서 조직 운영과 정원 · 인사관리에 관한 사항, 예산과 자금운영에 관한 사항, 그 밖에 공기업 · 준정부기관의 재무건전성 확보를 위하여 기획재정부장관이 필요하다고 인정하는 사항에 관한 지침을 말한다.

제2절 목재의 지속가능한 이용에 관한 법률

Ⅰ. 총　　론

[1] 개　　요

목재는 재생가능한 산림에서 생산되는 자원으로서 기후변화의 원인으로 지목되는 이산화탄소를 저장하는 친환경자원이다. 주로 토목 · 펄프 · 건축 및 가구용 등으로 사용되는 이러한 목재는 단열 및 방음효과가 뛰어나고 수분조절 능력이 좋으며, 철재나 콘크리트 · 유리 등과 비교할 때 1차사용 후에 재활용할 수 있을 뿐만 아니라 가공하기가 쉬우므로 에너지가 적게 소모되는 효율적인 자원이기도 하다.[29] 그러나 목재가 가진 이러한 장점에도 불구하고 우리나라 국민의 1인당 목재 소비량은 2018년 기준으로 0.6m^3 정도로서 미국 및 캐나다와 비교할 때 현저히 적은 수준을 보이고 있는 것이 현실이다.[30]

우리나라 목재소비의 실상은 목재자급률에서도 잘 드러나는데, 산림청의 임산물 수급 장기전망에 따르면 2015년 기준으로 17.7%에 불과한 우리나라의 목재자급률은 2037년에 이르더라도 18.5% 수준에 머무를 것으로 전망되고 있다.[31] 사실 이러한 목재자급률은 2015년 기준으로 장년기에 속하는 Ⅳ~Ⅵ영급(40~60년생)의 나무가 72%를 차지하고 있으며, 특히 목재로 충분히 이용가능한 Ⅵ영급 이상의 산림도 2030년에는 32.9%에 이를 것으로 예상[32]되는 우리 산림의 모습을 감안할 때 지나치게 낮은 수준인 것은 분명해 보인다.

우리가 지속가능하게 이용할 수 있는 나무를 가지고 있음에도 불구하고 목재소비량이 현저히 낮은 수준에 머물러 있는 것은 목재생산을 지속가능한 이용의 차원에서 바라보는 인식이 여전히 부족하다는 것을 반증하는 것으로 보인다.[33] 그러나 목재를 얻기 위하여 산림을 무분별하게 벌채하는 것과 이를 지속가능하게 이용하는 것은 분명히 구별되어야 한다. 산림은 재생가능한 자원이기 때문이다. 이러한 관점에서 우리 산림에서 생산한 목재를 지속가능하게 이용하는 것은 산림환경의 보호와 병행할 수 있으며, 나무를 심는 것만큼 목재를 현명하게 이용하는 것도 중요하다는 사실에 국민과 공감하는 것은 장기적인 산림정책 차원에서도 중요한 과제인 것은 분명하다.

이에 따라 정부에서는 목재의 지속가능한 이용을 기본이념으로 하는 개별법의

---

29) 실제로 건조제재목을 생산하는 경우 탄소배출량은 철강의 53분의 1, 알루미늄의 200분의 1에 지나지 않는다(목재문화진흥회, 「목재교육개론」, 산림청, 2020, 61면). 목재가 가진 친환경적 특성 및 가치에 대하여 보다 자세한 내용은 같은 책 58~62면을 참고하라.

30) 미국의 1인당 목재소비량은 1.7m^3이며 캐나다는 5.6m^3에 이른다. 이에 대하여는 김기동 · 하시연, 「목공에 체험활동 목재재료의 유통실태 분석」, 국립산림과학원: NIFOS 산림정책이슈(제94호), 2017, 4면을 참고하라.

31) 목재자급률이란 우리나라 전체의 국산재공급량을 원목으로 환산한 총목재소비량으로 나눈 값의 백분율을 말한다. 이와 관련하여 우리나라의 총목재소비량 및 국산재공급량 등의 장기 전망에 대하여는 산림청(2018)의 「제6차 산림기본계획(2018년~2037년)」, 31면을 참고하라.

32) 목재문화진흥회의 앞의 책, 41면.

33) 우리나라의 경우 벌채(목재생산)를 바라보는 국민인식은 매우 부정적인데 산림청이 전문조사기관인 갤럽에 의뢰하여 일반국민 1,056명을 대상으로 조사한 바에 따르면, 응답자의 28.3%는 벌채에 대하여 부정적인 의견을 보였으며, 72.2%는 목재생산 관련 정책수립 시 '환경(파괴, 훼손 등의 방지)'을 가장 중요하게 고려해야 한다고 응답하여 대다수의 국민이 벌채에 의한 환경파괴를 우려하고 있는 것으로 조사되었다("벌채는 필요, 단 친환경 방식으로…산림청, 국민 인식 조사", 아시아경제 등, 2019. 12. 12.).

필요성을 인식하고 목재업계와 전문가 및 시민의 의견을 수렴하면서 「산림자원의 조성 및 관리에 관한 법률」과 「임업 및 산촌 진흥촉진에 관한 법률」에서 단편적으로 규정하고 있던 목재의 규격과 인증제도 등 기존의 목재 관련 규정을 체계화하여, 마침내 2012년 5월 23일 「목재의 지속가능한 이용에 관한 법률」(법률 제 11429호)을 제정하게 되었다. 이러한 「목재의 지속가능한 이용에 관한 법률」은 "기후변화 협약 이행을 위한 탄소저감 방안의 하나로 목재이용이 주목받고 있고, 국제적인 목재자원 보호정책에 대응하기 위하여 국산재의 지속적인 공급확대가 절실히 요구되고…최근에는 삶의 질 제고를 위한 친환경 소재로서 목재의 중요성이 더욱 부각되고 있으나, 목재이용에 대한 인식, 다음 세대를 위한 전통목재문화 계승·교육, 품질향상을 통한 산업경쟁력 강화 등 목재이용 전반에 관한 적극적 홍보 및 체계적인 지원 기반이 부족한 실정"을 반영한 법률로서, "정확한 목재이용 실태조사를 통하여 정보체계를 구축하고 품질관리를 통한 목재산업 발전, 기술개발 및 인증·인정제도 도입 등 목재문화 진흥 및 목재이용 활성화 사업을 체계적으로 지원"하기 위한 법률인 것이다.[34] 이러한 내용을 구체적으로 담고 있는 「목재의 지속가능한 이용에 관한 법률」은 크게 다음과 같은 부분으로 구성되어 있다.

- 목재의 지속가능한 이용을 위한 종합계획의 수립
- 목재문화의 진흥 및 목재교육의 활성화
- 목재·목재제품의 품질 및 유통관리
- 목재생산업 등의 건전한 육성을 통한 목재의 지속가능한 이용 촉진

[2] 목적 및 기본이념

1. 목　　적

「목재의 지속가능한 이용에 관한 법률」은 목재의 탄소저장 기능과 그 밖의 다양한 기능을 증진하고 목재를 지속가능하게 이용함으로써 기후변화에 대응하고 국민의 삶의 질 향상과 국민경제의 건전한 발전에 이바지하는 것을 목적으로 한다(제1조). 여기에서 목재의 탄소저장 기능 이외 '그 밖의 다양한 기능'이란 목재가 가지는 친환경적 기능과 건강증진 및 심미적 기능 등을 의미하는 것으로 이해된다. 이와 관련하여 현행법은 목재의 탄소저장 기능을 강조하면서 국민의 삶의 질 향상과

---

34) 이에 대하여는 법제처의 국가법령정보센터(www.law.go.kr) 중 「목재의 지속가능한 이용에 관한 법률」(법률 제11429호, 2012. 5. 23.)의 제정이유를 참고하라.

국민경제의 건전한 발전에 이바지하는 것뿐만 아니라 기후변화에 대응하는 것을 주요 목적으로 명시하고 있는데, 현행법의 이러한 태도는 목재의 지속가능한 이용이 기후변화에 대응하는 핵심수단임을 특별히 강조하기 위한 것으로 보인다.

2. 기본이념

현행법은 목재이용을 통한 쾌적한 생활환경의 조성 및 탄소저장의 확대는 국민건강의 증진과 문화적 생활의 향유 및 기후변화에 대응하기 위한 필수적 요소임을 인식하여, 목재문화의 진흥과 목재교육의 활성화를 통하여 목재의 지속가능한 이용이 이루어지도록 하고 동시에 미래세대에게 목재이용이 계승될 수 있도록 하는 것을 기본이념으로 한다(제3조). 이에 따르면 현행법의 기본이념은 '목재의 지속가능한 이용을 실현하고 이를 미래세대에게 계승하는 것'이라고 할 수 있으며, 이를 위하여 목재문화의 진흥과 목재교육의 활성화를 주요 정책수단으로 삼고 있음을 알 수 있다.

[3] 목재의 지속가능한 이용에 대한 이해

1. 적용범위

목재란 「산림자원의 조성 및 관리에 관한 법률」에 따른 입목・죽(대나무)을 벌채한 산물로서 원목 및 수입한 산물을 포함한다(제2조 제1호). 이에 따르면 목재에는 입목을 벌채한 산물만이 아니라 죽(대나무)을 벌채한 산물과 국외에서 수입한 산물도 포함되며, 따라서 현행법의 기본이념 및 이를 구체화하기 위한 규정들은 이러한 산물들에도 그대로 적용된다.

현행법에 따르면 원목과 목재제품은 서로 엄격히 구분된다. 원목이란 목재에 포함되는 개념으로서 '벌채 후 제재하지 않은 통나무'를 말하나, 목재제품이란 '목재 또는 목재와 다른 원료를 물리적・화학적으로 가공하여 생산된 제품으로서 대통령령으로 정하는 비율[35] 이상의 목재가 포함된 제품'이기 때문이다(제2조 제1호의2 및 제2호). 현행법에 따르면 이러한 목재제품의 개념에는 수입한 제품도 포함된다.

---

35) 여기에서 '대통령령으로 정하는 비율'이란 50%를 말한다(시행령 제2조 제1항).

2. 목재의 지속가능한 이용

가. 개 념

목재의 지속가능한 이용이란 "목재문화를 진흥하고 목재교육을 활성화하며, 목재제품을 체계적·안정적으로 공급함으로써 현재 세대뿐만 아니라 미래세대의 사회적·경제적·문화적 및 정신적으로 다양한 목재수요를 충족하게 할 수 있도록 목재를 지속적으로 이용하는 것"(제2조 제8호)을 말한다. 목재의 지속가능한 이용에 관한 이러한 정의는 산림법상의 지속가능성의 원칙을 목재의 이용에 적용한 것으로서 산림자원이 재생가능한 자원이라는 인식에 기반하여 목재의 공급과 이용에 있어서도 신중한 균형을 요구하고 있는 것이다.

특히 현행법은 목재의 지속가능한 이용은 현재 세대뿐만 아니라 미래세대의 수요까지 충족할 수 있어야 한다고 하면서 이러한 미래세대의 수요에는 사회적·경제적 수요만이 아니라 문화 및 정신적 수요까지도 고려하도록 하고 있는데, 이것은 목재가 사회적·경제적 자원만이 아니라 문화 및 정신적 측면에 있어서도 중요한 가치를 가지고 있음을 명문화한 것으로 큰 의미가 있다고 할 것이다. 현행법은 이러한 관점에서 목재의 지속가능한 이용을 기본이념으로 하면서 이에 관하여는 "다른 법률에서 따로 정하는 경우를 제외하고는 이 법에 따른다"(제4조)라고 하여, 현행법이 목재의 지속가능한 이용에 관한 기본 법률임을 분명히 하고 있다.

나. 목재의 지속가능한 이용과 책무

국가 및 지방자치단체는 목재문화의 진흥과 목재교육의 활성화 및 목재제품의 체계적·안정적 공급에 필요한 시책을 수립·시행하여 목재의 지속가능한 이용이 증진되도록 노력하여야 한다(제4조 제1항). 현행법이 이처럼 국가 및 지방자치단체에게 목재의 지속가능한 이용이 증진되도록 노력할 책무를 명시하면서 이를 위하여 목재문화의 진흥과 목재교육의 활성화 및 목재제품의 체계적·안정적 공급을 구체적으로 열거하고 있는 것은, 이러한 국가 및 지방자치단체의 책무가 단순한 선언적인 규정으로 그쳐서는 안 된다는 정책의지가 담겨 있는 것으로 이해된다.

현행법은 이와 함께 산림청장에게 국내 또는 원산국의 목재수확 관계 법령을 준수하여 생산[합법벌채]된 목재 또는 목재제품이 유통·이용될 수 있도록 필요한 시책을 수립·시행하도록 하면서 목재생산업자에게도 합법벌채되어 생산된 목재 또는 목재제품이 수입·유통 및 생산·판매되도록 노력할 의무를 부여하고 있다

(제4조 제2항·제3항). 현행법이 이와 같이 합법벌채로 생산된 목재 또는 목재제품의 유통 및 이용 등을 특별하게 규정하면서 이를 산림청장과 목재생산업자의 책무로까지 규정하고 있는 것은 산림파괴를 초래하는 불법벌채(illegal logging)[36]를 방지하려는 국제적인 노력에 동참하고, 이를 통하여 지구적인 차원에서도 지속가능한 목재이용을 증진하려는 정책의도를 담은 것으로써 매우 타당한 규정으로 보인다. 이러한 관점에서 현행법 제34조가 산림청장에게 합법벌채된 목재 또는 목재제품의 확인을 위하여 필요한 경우에는 수입신고서 등 관련 자료를 관계 행정기관의 장에게 요청할 수 있도록 하고, 특별한 사유가 없으면 관계 행정기관의 장으로 하여금 이에 따르도록 한 것은 이를 이행하는 효과적인 수단이 될 것으로 보인다.

다. 목재의 지속가능한 이용과 재정지원

산림청장 또는 지방자치단체의 장은 대통령령으로 정하는 바에 따라 목재의 지속가능한 이용 및 목재산업의 진흥을 위하여 현행법에서 정하는 일정한 사업을 하는 자에게 사업비의 전부 또는 일부를 융자하거나 보조할 수 있다(제38조). 이에 따라 산림청장 또는 지방자치단체의 장이 재정지원을 할 수 있는 사업은 다음과 같다.

- 목재 및 목재제품의 생산·판매·유통·이용·가공 또는 보관에 관한 사업
- 목재문화의 진흥 또는 목재교육의 활성화에 관한 사업
- 목재산업의 기반조성 및 기술혁신을 위한 연구·개발
- 그 밖에 목재이용의 증진을 위하여 대통령령으로 정하는 사업[37]

현행법이 이와 같이 목재산업을 포함하여 목재의 지속가능한 이용을 위한 사업을 포괄적으로 규정하면서 이에 대하여 재정적 지원을 할 수 있도록 명문으로 규정하고 있는 것은 목재의 지속가능한 이용이 가지는 공공적 가치를 확인하면서 이와 관련된 사업을 활성화하려는 정책의도를 구체적으로 표현한 것으로 생각된다.

---

36) 불법벌채의 문제에 대하여는 Luca Tacconi(ed), 「Illegal Logging: Law Enforcement, Livelihoods and the Timber Trade」, London: Earthscan Publications Ltd., 2008, 1~16면을 참고하라.

37) 여기에서 '대통령령으로 정하는 사업'이란 국산 목재제품의 우선구매에 관한 사업, 목조건축단지 조성 및 농가주택 목조화에 관한 사업, 원목생산의 기계화에 관한 사업, 그 밖에 목재이용의 증진을 위하여 산림청장이 필요하다고 인정하는 사업을 말한다(시행령 제30조 제3항).

Ⅱ. 목재의 지속가능한 이용에 관한 종합계획

[1] 통계 · 실태조사 및 정보체계의 구축 · 운영

산림청장은 매년 목재제품의 생산 · 유통 · 소비 등을 포함하여 목재의 지속가능한 이용에 관한 통계조사 및 실태조사[통계 · 실태조사]를 실시하고, 목재의 지속가능한 이용에 관한 정보와 자료 등을 국민에게 전달하는 한편 목재산업의 활성화에 필요한 정책을 효율적으로 수립 · 시행하기 위하여 목재의 지속가능한 이용에 관한 정보체계를 구축 · 운영하여야 한다(제8조 제1항·~제3항). 이를 위하여 필요한 경우 산림청장은 관계 중앙행정기관의 장, 지방자치단체의 장, 「공공기관의 운영에 관한 법률」에 따른 공공기관의 장, 관계 기관 및 단체의 장 등에게 필요한 자료 및 정보의 제공을 요구할 수 있으며, 산림청장으로부터 이러한 자료 및 정보의 제공을 요구받은 자는 정당한 사유가 없으면 이에 따라야 한다.

현행법에 따라 산림청장이 실시하는 통계 · 실태조사는 매년 정기적으로 실시하는 것을 원칙으로 하나, 산림청장은 목재시장의 급격한 변동 등으로 추가적인 조사가 필요할 때에는 수시로 실시할 수 있다(제8조 제1항 · 제5항 및 시행령 제4조 제2항). 이 경우 통계의 조사 · 작성에 관하여는 「통계법」의 관계 규정을 준용한다.[38)]

산림청장은 현행법에 따라 통계 · 실태조사를 실시한 경우에는 그 결과를 목재의 지속가능한 이용에 관한 종합계획 및 연차별 전국시행계획에 반영하고, 그 통계 · 실태조사의 내용과 현행법에 따라 구축된 정보체계의 정보 및 자료를 「공공기관의 정보공개에 관한 법률」에 따라 국민에게 제공하도록 노력하여야 한다(제8조 제1항· 제4항). 이는 통계 · 실태조사의 실효성을 확보하고 목재의 지속가능한 이용에 관한 공감대를 넓히기 위한 최소한의 조치이므로 산림청장은 현행법에 따라 적극적으로 통계 · 실태조사의 결과를 활용하고 관련 정보를 공개하여야 할 것이다.

---

38) 현행법에 따른 이러한 통계 · 실태조사는 목재제품의 생산 · 유통 · 소비 현황 및 가격동향, 목재제품명인의 인정 현황, 지역 간벌재 이용제품의 인증 현황, 탄소저장량의 표시 현황, 목재제품의 우선구매 현황, 목재생산업의 등록 현황, 목구조기술자 자격제도의 운영 현황, 그 밖에 산림청장이 필요하다고 인정하는 사항을 그 조사범위로 한다(시행령 제4조 제1항).

[2] 목재의 지속가능한 이용에 관한 종합계획

1. 종합계획

산림청장은 목재의 지속가능한 이용을 위하여 5년마다 목재의 지속가능한 이용에 관한 종합계획[종합계획]을 수립·시행하여야 한다(제6조 제1항·제2항). 현행법에 따르면 이러한 종합계획에는 목재의 공급·유통 현황과 전망, 목재문화의 진흥 및 목재교육 활성화계획, 목재 및 목재제품의 장단기 수급계획, 목재시장 및 목재산업의 육성을 위한 중장기 투자계획, 목재의 지속가능한 이용증진에 관한 계획, 목재산업의 경쟁력 제고를 위한 연구개발사업, 목재산업 관련 기술교육 및 전문인력의 육성방안, 국산목재의 공급·이용 활성화에 관한 계획, 그 밖에 목재의 지속가능한 이용을 위하여 필요한 사항 등이 포함되어야 한다.

산림청장은 종합계획을 수립하거나 변경할 때에는 관계 중앙행정기관의 장과 미리 협의하고, 특별시장·광역시장·특별자치시장·도지사 또는 특별자치도지사[시·도지사]의 의견을 들은 후 지속가능한 목재이용위원회의 심의를 거쳐야 한다(제6조 제3항). 그러나 이미 수립된 종합계획의 내용 중에서 대통령령으로 정하는 경미한 사항을 변경하는 경우에는 이러한 절차를 거치지 않아도 된다. 산림청장은 종합계획의 수립을 위하여 필요한 경우에는 관계 중앙행정기관의 장 및 시·도지사에게 자료의 제출을 요구할 수 있는데, 이 경우 산림청장으로부터 자료의 제출을 요구받은 관계 중앙행정기관의 장 및 시·도지사는 특별한 사정이 없으면 이에 따라야 한다(제6조 제4항).

산림청장은 종합계획을 수립한 경우에는 이에 따라 연차별 전국시행계획을 수립·시행하여야 하며, 현행법에 따라 종합계획을 확정하고 연차별 전국시행계획을 수립한 경우에는 이를 관계 중앙행정기관의 장 및 시·도지사에게 통보하여야 한다(제6조 제5항·제6항). 이 경우 산림청장이 수립하는 연차별 전국시행계획에는 매년 우리나라의 목재수요 및 공급에 관한 목재수급계획이 포함되어야 한다.

2. 지역종합계획

시·도지사는 산림청장으로부터 종합계획의 수립에 관한 통보를 받으면 그 종합계획의 내용과 해당 지역의 여건을 고려하여 5년마다 목재의 지속가능한 이용에 관한 지역종합계획[지역종합계획]을 수립하거나 변경하여야 한다(제7조 제1항). 이 경우 산림청장으로부터 종합계획의 변경에 관한 통보를 받으면, 시·도지사는 특별한 사유가 없으면 이를 지역종합계획에 반영하여야 한다.

시·도지사는 지역종합계획과 산림청장이 수립하여 통보한 연차별 전국시행계획에 따라 연차별 지역시행계획을 수립·시행하여야 하며, 농림축산식품부령으로 정하는 바에 따라 연차별 지역시행계획의 추진실적을 산림청장에게 제출하여야 한다(제7조 제2항·제3항). 시·도지사가 현행법에 따라 연차별 지역시행계획을 수립하는 경우에는 산림청장이 수립하는 연차별 전국시행계획에 목재수급계획이 포함되는 것과 같이 지역별 목재수급계획을 포함하여야 한다.

Ⅲ. 목재문화의 진흥

[1] 목재문화

목재문화란 "목재의 다양한 기능을 구현하는 목재제품을 선호하고 이용하는 사회구성원의 공통된 가치관·지식·규범과 생활양식"(제2조 제5호)을 말한다. 이러한 목재문화는 개인의 일상생활 속에서 목재와 목재제품이 하나의 삶의 양식으로 굳어져 자연스럽게 묻어나는 것을 의미한다. 이것은 마치 산림문화가 산림과 인간의 상호작용으로 형성되는 총체적 생활양식을 의미하는 것과 같다(산림문화·휴양에 관한 법률 제2조 제1호).

목재문화의 진흥은 일상에서 다양하게 목재와 목재제품을 체험하고 이해함으로써 친밀도를 높이고, 그 특성과 유용성에 대하여 아는 것에서부터 시작된다고 할 수 있다. 이를 위하여 현행법은 국가 및 지방자치단체의 장에게 국민생활에서 목재의 다양한 기능이 구현될 수 있도록 목재문화의 진흥에 노력해야 할 의무를 부여하면서(제10조 제1항), 목재문화체험장의 조성, 목재문화지수의 공표, 목재제품명인의 인정제도, 지역 간벌재 이용제품의 인증제도 및 목재제품에 대한 탄소저장량의 표시제도 등과 같은 다양한 정책수단들을 규정하고 있다. 현행법에 따른 이러한 제도들은 모두 목재문화의 건전한 진흥을 위한 것으로서 국민의 삶 속에 목재와 목재제품이 자연스럽게 스며들도록 하여 목재의 지속가능한 이용에도 크게 기여할 것으로 기대된다. 건전한 목재문화의 진흥이야말로 목재를 지속가능하게 이용하기 위한 가장 든든한 기반이기 때문이다.

[2] 목재문화의 진흥을 위한 제도

1. 목재문화체험장

국가 및 지방자치단체의 장은 국민생활에서 목재의 다양한 기능이 구현될 수 있도록 목재문화의 진흥에 노력하여야 하며, 이를 위하여 목재문화체험장을 조성할 수 있다(제10조 제1항·제3항). 여기에서 목재문화체험장이란 "목재문화체험과 목재교육을 위하여 조성된 시설과 공간"(제2조 제8호의2)을 말한다. 현행법에 따른 이러한 목재문화체험장은 다양한 목재와 목재제품을 보고 만지며 스스로 만들어볼 수 있는 직접체험의 기회를 제공할 뿐만 아니라 능동적인 목재교육의 기회도 제공한다는 점에서 단순한 목재나 목재제품의 전시장과는 다른 것이다. 이러한 점에서 현행법 제10조의5 제6항이 국가 또는 지방자치단체가 목재문화체험장 등 목재 교육·체험과 관련된 시설에서 교육을 실시하는 경우에는 대통령령으로 정하는 바에 따라 목재교육전문가를 의무적으로 배치하도록 한 것은 목재문화체험장의 체험교육 효과를 높일 수 있다는 측면에서 매우 바람직한 것으로 생각된다.

국가 및 지방자치단체의 장은 목재문화체험장의 효율적인 관리를 위하여 현행법에 따라 대통령령으로 정하는 전문성을 가진 법인·단체 등에게 목재문화체험장의 관리를 위탁할 수 있다(제10조 제4항 및 시행령 제10조의2 제1항). 여기에서 '대통령령으로 정하는 전문성을 가진 법인·단체'란 목재문화진흥회, 산림조합중앙회 또는 「산림조합법」에 따른 조합, 그 밖에 목재문화체험장의 효율적인 관리에 전문성을 갖고 있다고 산림청장 또는 해당 지방자치단체의 장이 인정하여 고시하는 기관을 말한다.

2. 목재문화지수

목재문화의 진흥을 위하여 산림청장은 특별시·광역시·특별자치시·도 또는 특별자치도[시·도]의 목재문화지수[39]를 매년 측정하여 공표하여야 하며, 또한 시·도지사는 관할 시·군·구의 목재문화지수를 매년 측정하여 공표하여야 한다(제11조 제1항·제2항). 여기에서 목재문화지수란 "목재문화의 정착 및 진흥에 관한 정도를 수치로 표시한 것"(제2조 제6호)으로서 목재이용의 기반구축 정도, 목재이용의 활성화 정도, 목재문화의 인지도, 그 밖에 산림청장이 필요하다고 인정하는 사항 등을 기준으로 측정한다(제11조 제4항 및 시행령 제11조 제1항).

---

39) 이에 따라 산림청이 2019년 전국 17개 시·도를 대상으로 측정한 목재문화지수는 평균 59.5점이었으며, 특히 경상북도와 인천광역시의 목재문화지수가 높게 측정되었다. 이에 대하여는 산림청(2020)의 「2019년도 산림과 임업 동향에 관한 연차보고서」, 212면을 참고하라.

산림청장이나 시·도지사는 시·도 및 시·군·구의 목재문화지수에 대한 측정을 현행법에 따른 목재문화진흥회에 위탁하여 실시할 수 있다(제11조 제3항 및 제44조 제1호). 이 경우 목재문화지수의 측정업무에 종사하는 법인 또는 단체의 임직원은 형법 제129조부터 제132조까지의 규정에 따른 벌칙을 적용할 때에는 공무원으로 본다.

3. 전통목재문화의 계승·발전

가. 목재제품명인의 인정제도

국가 및 지방자치단체는 전통목재문화를 계승·발전시키기 위하여 필요한 시책을 개발하고 그 정보를 제공하여야 한다(제12조 제1항). 이는 이미 우리의 생활양식이 된 전통문화 중 목재문화를 계승하고 이를 현대적으로 발전시키는 것이 목재문화를 진흥하는 가장 효과적인 방법 가운데 하나이기 때문이다. 그러나 이러한 측면에도 불구하고 문화재에 관한 사무는 「정부조직법」 제35조 제3항에 따라 문화재청의 고유 업무에 속하는 것이므로 문화재청과의 업무 중복을 피하면서 전통목재문화에 관한 시책을 개발하는 것은 현실적으로 대단히 높은 정책적 역량을 요구하는 것으로 보인다.

이러한 관점에서 현행법은 전통목재문화를 계승·발전시키기 위한 특별한 시책의 하나로서 목재제품명인의 인정제도를 두고 있는데, 이에 따르면 산림청장은 전통 목재가공기술을 활용한 다양한 목재제품 및 생산기술을 개발·보급하고 전통목재문화를 계승·발전시키기 위하여 목재제품명인의 인정제도를 운영할 수 있다(제12조 제2항). 여기에서 '목재제품명인'이란 현행법이 따로 정의하고 있지는 않으나 전통목재가공기술을 보유하고 있는 자로서 산림청장이 대통령으로 정하는 인정기준에 따라 인정한 사람을 말하는 것으로 이해된다. 이러한 목재제품명인의 인정제도는 식품의 제조·가공 및 조리 등의 분야에서 우리 식품의 계승·발전을 위하여 오랜 기간 종사해 온 사람으로서 「식품산업진흥법」에 따라 지정된 대한민국식품명인과 유사한 제도로 보인다(같은 법 제2조 제5호).

현행법에 따라 목재제품명인으로 인정을 받기 위해서는 신청인이 전통목재제품의 원형복원능력, 제작공정 및 제작기법의 전통성, 관련 경연대회에서의 입상경력, 보유하고 있는 목공예 기술을 전수받은 경위 등을 증명하여 산림청장에게 신청하여야 하며, 산림청장은 이러한 신청을 받은 경우 현행법에 따른 목재이용위원회의 심사를 거쳐 그 인정여부를 검토한 후 그 결과가 대통령령으로 정하는 인정기준에 적합하면 이를 인정하여야 한다(제14조 제1항·제2항 및 시행규칙 제4조 제3항).[40] 다만, 이와 관련하여 현재에는 목재제품명인의 인정을 위한 신청접수 및 검토가 현행법에 따른 목재문화진흥회에 위탁되어 있으므로(제43조 제3항 및 시행령 제32조 제4항), 목재제품명인의 인정을 받으려는 자는 목재문화진흥회의 장에게 신청하여야 한다. 현행법에 따르면 이러한 목재제품명인의 인정업무에 종사하는 법인 또는 단체의 임직원은 형법 제129조부터 제132조까지의 규정에 따른 벌칙을 적용할 때에는 공무원으로 본다(제44조 제1의2).

나. 목재제품명인에 대한 지원

국가・지방자치단체 또는 공공기관은 다른 법률의 규정에도 불구하고 목재제품명인의 인정을 받은 사람이 만든 목재제품은 우선하여 구매할 수 있다(제19조 제1항 제2호). 이러한 우선구매제도는 목재제품명인으로 인정받은 자를 지원하기 위한 것으로서 제도적 측면에서는 일정한 실익이 있다는 점에 논쟁의 여지가 없으나, 「식품산업진흥법」에 따른 대한민국식품명인에게는 일정한 자금을 지원할 수 있도록 명문으로 규정하고 있는 점을 감안할 때 아쉬움이 남는 것은 사실이다(같은 법 제14조 제5항). 따라서 앞으로는 목재제품명인으로 인정받은 경우에는 대한민국식품명인으로 지정된 경우나 목재제품인증을 받은 목재제품을 생산하는 자의 경우(제21조 제5항)와 같이 일정한 자금을 지원할 수 있는 근거를 신설하는 것이 필요할 것으로 보인다.

다. 목재제품명인 인정의 취소

산림청장은 현행법에 따라 인정받은 목재제품명인에게 일정한 사유가 있는 경우에는 그 인정을 취소할 수 있다(제14조 제4항). 산림청장이 현행법에 따른 목재제품명인의 인정을 취소할 수 있는 이러한 사유에는 거짓이나 그 밖의 부정한 방법으로 인정을 받은 경우, 다른 사람에게 자기의 상호나 명칭을 사용하도록 한 경우 또는 목재제품명인의 인정기준에 적합하지 않게 된 경우 등이 있다. 산림청장은 목재제품명인에게 현행법에 따른 이러한 사유가 있더라도 반드시 그 인정을 취소하여야 하는 것은 아니나, 만일 그 사유가 '거짓이나 그 밖의 부정한 방법으로 인정을 받은 경우'에 해당하는 때에는 반드시 그 인정을 취소하여야 한다(제14조 제4항 단서). 산림청장은 현행법에 따라 목재제품명인의 인정을 취소하는 처분을 하려는 경우에는 미리 청문을 하여야 하며, 이러한 절차를 거쳐 산림청장으로부터 인정이 취소된 자는 그 취소된 날부터 3년이 지나지 않으면 그 인정을 다시 신청할 수 없다(제14조 제5항 및 제39조 제4호).

40) 목재제품명인의 인정제도와 관련하여 현행법은 제14조에서 목재제품명인의 인정과 지역 간벌재 이용제품의 인증을 함께 규정하고 있으나, 두 제도는 취지 및 성격 등이 전혀 다른 것이므로 추후 개정시에는 이를 별도로 규정하는 것이 타당할 것으로 보인다.

4. 지역 목재문화의 진흥

가. 지역 목재문화 및 지역 간벌재

산림청장 또는 지방자치단체의 장은 지역의 목재문화를 진흥하고 탄소흡수원의 증진을 위하여 지역 간벌재의 이용을 촉진하는 시책을 추진할 수 있다(제13조 제1항). 여기에서 '탄소흡수원'이란 「탄소흡수원 유지 및 증진에 관한 법률」 제2조 제10호에 따른 탄소흡수원으로서 탄소를 흡수하고 저장하는 입목, 죽, 고사유기물, 토양, 목제품 및 산림바이오매스에너지를 말한다.

현행법은 지역의 목재문화를 진흥하고 탄소흡수원의 증진을 위한 정책수단으로서 특히 지역 간벌재의 이용을 강조하고 있는데, 이는 지역 간벌재의 이용을 통하여 지역 내의 목재생산과 조림・숲가꾸기사업 및 벌채 등이 자연스럽게 순환하는 목재자원 순환형 사회를 구축할 수 있을 것으로 기대하기 때문이다. 여기에서 '목재자원 순환형 사회'란 지역 내의 목재자원을 최대한 유용하게 활용하면서도 환경오염이나 폐기물의 배출을 최소화할 수 있는, 즉 목재의 지속가능한 이용이 정착된 사회라고 할 수 있을 것이다.

나. 지역 간벌재 이용제품의 인증제도

A. 인증절차 및 지원내용

산림청장은 지역 목재문화의 진흥과 탄소흡수원 증진을 위하여 지역 간벌재 이용제품을 인증할 수 있다(제13조 제2항). 여기에서 '지역 간벌재'란 해당 시・도지역이나 연접된 시・도지역 내에서 생산된 목재를 말하며, 또한 '지역 간벌재 이용제품'이란 목재제품에 사용된 목재의 양 중 해당 목재제품의 생산장이 소재하는 시・도지역이나 연접된 시・도지역 내에서 생산된 간벌재를 사용한 비율이 대통령령으로 정하는 비율[41] 이상인 목재제품을 말한다(제2조 제10호・제11호).

현행법에 따라 지역 간벌재 이용제품으로 인증을 받기 위해서는 신청인이 지역 간벌재 사용비율을 증명하는 서류 등을 첨부하여 산림청장에게 신청하여야 하며, 산림청장은 이러한 신청을 받은 경우 현행법에 따른 목재이용위원회의 심사를 거쳐 그 인증여부를 검토한 후 그 결과가 대통령령으로 정하는 인증기준[42]에 적합하

---

41) 현행법에 따라 '대통령령으로 정하는 비율'이란 60%를 말한다(시행령 제2조 제2항). 따라서 지역 간벌재 이용제품이 되려면 목재제품에 사용된 목재의 양 중 해당 목재제품의 생산장이 소재하는 시・도지역이나 연접된 시・도지역 내에서 생산된 간벌재를 사용한 비율이 60% 이상 포함되어야 한다.

면 이를 인증하여야 한다(제14조 제1항·제2항 및 시행규칙 제4조 제4항). 현재 이러한 지역 간벌재 이용제품에 대한 인증신청의 접수 및 검토는 현행법 제43조 제3항에 따라 한국임업진흥원에 위탁(시행령 제32조 제5항)되어 있으며, 따라서 지역 간벌재 이용제품에 대한 인증을 신청하려는 자는 한국임업진흥원장에게 신청하여야 한다. 현행법에 따르면 이러한 지역 간벌재 이용제품의 인증업무에 종사하는 법인 또는 단체의 임직원은 형법 제129조부터 제132조까지의 규정에 따른 벌칙을 적용할 때에는 공무원으로 본다(제44조 제1의2).

현행법에 따라 지역 간벌재 이용제품의 인증을 받은 경우에는 국가·지방자치단체 또는 공공기관은 다른 법률의 규정에도 불구하고 그 인증을 받은 목재제품을 우선하여 구매할 수 있다(제19조 제1항 제3호). 현행법의 이러한 우선구매제도는 목재제품명인의 인정을 받은 사람이 만든 목재제품의 경우에도 적용되는 것으로서 지역 간벌재 이용제품의 이용을 촉진하기 위한 것임은 물론이다.

B. 인증의 취소

산림청장은 인증받은 지역 간벌재 이용제품에 일정한 사유가 있는 경우에는 그 인증을 취소할 수 있다(제14조 제4항). 산림청장이 현행법에 따라 지역 간벌재 이용제품의 인증을 취소할 수 있는 이러한 사유에는 거짓이나 그 밖의 부정한 방법으로 인증을 받은 경우, 다른 사람에게 자기의 상호나 명칭을 사용하도록 한 경우 또는 지역 간벌재 이용제품의 인증기준에 적합하지 않게 된 경우 등이 있다. 산림청장은 인증받은 지역 간벌재 이용제품에 현행법에 따른 이러한 사유가 있더라도 반드시 그 인증을 취소하여야 하는 것은 아니나, 만일 그 사유가 '거짓이나 그 밖의 부정한 방법으로 인증을 받은 경우'에 해당하는 때에는 반드시 그 인증을 취소하여야 한다(제14조 제4항 단서). 산림청장은 현행법에 따라 지역 간벌재 이용제품의 인증을 취소하는 처분을 하려는 경우에는 미리 청문을 하여야 하며, 이러한 절차를 거쳐 산림청장으로부터 인증이 취소된 자는 그 취소된 날부터 3년이 지나지 않으면 그 인증을 다시 신청할 수 없다(제14조 제5항 및 제39조 제4호).

5. 탄소저장량의 표시

산림청장은 대통령령으로 정하는 목재제품에 대하여 탄소저장량을 표시하게 할 수 있다(제15조 제1항). 여기에서 탄소저장량이란 "목재제품에 저장된 탄소의 양"(제2조 제9호)을 말하

42) 현재 이에 따른 인증기준으로는 목재제품에 사용된 목재의 양 중 해당 목재제품의 생산장이 소재하는 시·도지역 또는 연접된 시·도지역 내에서 생산된 간벌재를 사용한 비율이 평가항목으로 활용되고 있다(시행령 제12조 별표1의2).

며, 그 표시는 해당 목재제품이나 그 제품의 포장·용기 및 홍보물 등에 탄소저장량을 인쇄하거나 스티커를 부착하는 등의 방법으로 한다(제15조 제3항 및 시행규칙 제9조). 현행법이 이처럼 일정한 목재제품에 대하여 탄소저장량을 표시할 수 있도록 하는 것은 목재에 대한 이해와 친밀도를 높임으로써 목재문화를 진흥하고 이산화탄소를 저장하는 친환경 자원인 목재의 지속가능한 이용을 촉진하기 위한 것이다.

현행법에 따라 산림청장이 탄소저장량을 표시하게 할 수 있는 목재제품에는 제재목, 방부목재, 난연목재, 목재 플라스틱 복합재, 집성재, 합판, 파티클보드, 섬유판, 배향성 스트랜드보드(Oriented Strand Board), 목질바닥재, 목재펠릿, 목재칩, 목재브리켓, 성형숯 및 숯 등이 있으며, 산림청장은 이러한 목재제품에 대한 탄소저장량의 측정을 대통령령으로 정하는 목재전문기관에 대행하게 할 수 있다(제15조 제2항 및 시행령 제14조 제1항·제2항). 여기에서 탄소저장량의 측정을 대행할 수 있는 '대통령령으로 정하는 목재전문기관'이란 목재문화진흥회, 산림조합중앙회 및 한국임업진흥원을 말한다.

Ⅳ. 목재교육의 활성화

[1] 목재교육

목재교육이란 "목재의 다양한 기능을 체계적으로 체험·학습함으로써 목재의 중요성을 이해하고 목재에 관한 지식을 습득하며 올바른 가치관을 가지게 하는 교육"(제2조 제7호)을 말한다. 이러한 목재교육은 「산림교육의 활성화에 관한 법률」에 따라 산림의 다양한 기능을 체계적으로 체험·탐방·학습함으로써 산림의 중요성을 이해하고 산림에 대한 지식을 습득하며 올바른 가치관을 가지도록 하는 산림교육(같은법 제2조 제1호)과 유사하나, 산림 전체를 대상으로 하는 것이 아니라 목재에 집중하여 교육한다는 점에서 산림교육과는 구별되는 것이다. 일반적으로 이러한 목재교육은 다음과 같은 점에서 다른 분야의 교육과는 구별되는 특성을 가진 것으로 이해된다.[43)]

- 교육의 주된 소재로 목재를 사용하는 교육이다.
- 교양교육으로서의 목재교육과 직업교육으로서의 목재교육을 포함하는 교육이다.
- 목재의 특성을 활용하여 유아부터 노년에 이르기까지 인간의 전 생애에 걸쳐 지역, 성별 및 개인 수준별로 다양성을 추구하는 교육이다.
- 목재의 지속가능한 이용에 대한 국가 수준의 공통된 가치관과 공감대 형성을 위한 교

43) 목재문화진흥회, 「목재교육방법론」, 산림청, 2020, 2~3면.

육수준을 질적으로 유지하기 위한 교육이다.

현행법은 이러한 목재교육을 위하여 국가 및 지방자치단체의 장에게 목재의 다양한 기능을 체험·학습하는 데 필요한 목재교육프로그램을 개발·보급하는 등 그 활성화에 노력해야 할 의무를 부여하면서(제10조 제2항), 목재교육전문가 양성기관의 지정, 목재교육프로그램의 개발·보급 및 인증, 목재교육전문가 자격제도 등을 규정하고 있다. 목재교육을 활성화하기 위한 이러한 제도들은 목재문화의 건전한 진흥과 긴밀하게 연관되어 있을 뿐만 아니라 목재의 지속가능한 이용을 위해서도 매우 중요한 역할을 할 것으로 기대된다.

[2] 목재교육의 활성화를 위한 제도

1. 목재교육전문가 양성기관

가. 지 정

산림청장은 목재교육을 효율적으로 실시하기 위하여 대통령령으로 정하는 요건을 갖춘 목재교육 관련 기관이나 시설 또는 단체를 목재교육전문가 양성기관으로 지정할 수 있다(제10조의2 제1항). 여기에서 '목재교육전문가'란 목재교육전문가 양성기관에서 목재교육 전문과정 등을 이수하여 자격요건을 갖춘 사람을 말하며, 또한 '목재교육전문가 양성기관'이란 이러한 목재교육전문가를 양성하기 위하여 현행법 제10조의2 제1항에 따라 지정된 기관이나 시설 또는 단체를 말한다(제2조 제7호의2· 제7호의3).

현행법에 따라 산림청장으로부터 목재교육전문가 양성기관으로 지정받기 위해서는 '대통령령으로 정하는 요건'을 갖추어야 하는데, 이에 따르면 (1) 「고등교육법」 제2조에 따른 학교, 민법에 따라 설립된 법인이나 상법에 따라 설립된 회사 또는 「비영리민간단체 지원법」에 따라 등록된 비영리민간단체, 국가 또는 지방자치단체가 운영하는 기관 중의 하나로서, (2) 현행법에 따른 시행령 별표1에 규정된 시설·인력을 갖추어야 하며, (3) 목재교육 전문과정[44]에 대한 체계적인 운영계획을 수립할 수 있어야 한다(시행령 제10조 의3 제1항).

---

44) 목재교육 전문과정은 목재교육개론, 목재교육실무 및 목재교육방법론 등의 과정으로 구성되며, 과정별 과목에 따라 이론교육과 실습교육을 병행하여 수업한다. 이러한 목재교육 전문과정을 포함하여 목재교육에 관한 보다 자세한 내용은 산림청장이 따로 정하여 고시한 「목재교육전문가 양성기관의 시설·인력 요건 및 목재교육 전문과정 운영 등에 관한 규정」(산림청고시 제2020-40호, 2020. 7. 2.)을 참고하라.

나. 지정취소

산림청장은 현행법에 따라 지정된 목재교육전문가 양성기관에게 일정한 사유가 있는 경우에는 그 지정을 취소하거나 시정명령을 할 수 있다(제10조의2 제2항). 산림청장이 현행법에 따라 목재교육전문가 양성기관의 지정을 취소하거나 시정명령을 할 수 있는 이러한 사유에는 거짓이나 그 밖의 부정한 방법으로 지정을 받은 경우, 목재교육전문가 양성기관의 지정요건에 적합하지 않게 된 경우, 그 밖에 대통령령으로 정하는 사항을 위반한 경우 등이 있다. 여기에서 '대통령령으로 정하는 사항을 위반한 경우'란 목재교육전문가 양성기관으로 지정을 받은 후 정당한 사유 없이 1년 이내에 목재교육 전문과정을 개설하지 않거나 1년 이상 목재교육전문가 양성기관을 운영하지 않는 경우를 말한다(시행령 제10조의3 제3항). 산림청장은 지정된 목재교육전문가 양성기관에 현행법에 따른 이러한 사유가 있더라도 반드시 그 지정을 취소하여야 하는 것은 아니나, 만일 그 사유가 '거짓이나 그 밖의 부정한 방법으로 지정을 받은 경우'에 해당하는 때에는 반드시 그 지정을 취소하여야 한다(제10조의2 제2항 단서).

산림청장은 현행법에 따라 목재교육전문가 양성기관의 지정을 취소하는 처분을 하려는 경우에는 미리 청문을 하여야 하며, 이러한 절차를 거쳐 목재교육전문가 양성기관의 지정이 취소된 자에 대해서는 그 지정이 취소된 날부터 1년 이내에 목재교육전문가 양성기관으로 지정해서는 안 된다(제10조의2 제3항 및 제39조 제1호). 이 경우 특히 그 지정 취소 사유가 '거짓이나 그 밖의 부정한 방법으로 지정을 받은 경우'에 해당하는 때에는 그 지정이 취소된 날부터 3년 이내에 목재교육전문가 양성기관으로 지정해서는 안 된다. 목재교육전문가 양성기관의 지정이 취소된 자에 대한 이러한 제한사유는 목재교육전문가 양성기관이 법인인 경우에는 그 대표자를 포함하여 적용한다. 따라서 법인인 목재교육전문가 양성기관의 지정이 취소된 경우 그 대표자가 속한 법인은 각각 1년 또는 3년 이내에 다시 목재교육전문가 양성기관으로 지정될 수 없다.

2. 목재교육프로그램

가. 인증의 신청 및 표시

산림청장 또는 지방자치단체의 장은 목재교육을 효과적으로 실시하기 위하여 목재교육프로그램을 개발·보급할 수 있으며, 이를 위하여 인증기준에 적합한 목재교육프로그램에 대하여는 인증을 할 수 있다(제10조의3 제1항·제3항). 현행법이 이와 같이 산림청장 또는 지방자치단체의 장에게 목재교육프로그램을 개발·보급하도록 하면서 인증제도를 도입한 것은 목재교육프로그램의 질적 수준을 확보하면서 해당 목재교육프로그램을 운영하거나 개발·보급하는 자에게는 인증에 따른 인센티브를 주기 위한 것으로 이해된다.

현행법에 따라 목재교육프로그램을 운영하거나 개발·보급하려는 자는 농림축산식품부령으로 정하는 바에 따라 산림청장에게 목재교육프로그램의 인증을 신청할 수 있으며, 이러한 신청을 받은 산림청장은 그 목재교육프로그램이 농림축산식품부령으로 정하는 인증기준[45]에 적합하면 목재이용위원회의 심사를 거쳐 이를 인증하여야 한다(제10조의3 제2항·제3항 및 제6항). 이 경우 인증의 유효기간은 인증을 받은 날부터 3년으로 한다.

산림청장으로부터 인증을 받은 후 목재교육프로그램의 내용을 변경하려는 자는 농림축산식품부령으로 정하는 바에 따라 산림청장에게 인증내용의 변경을 신청하여야 한다(제10조의4 제1항). 그러나 이 경우에도 대통령령으로 정하는 경미한 사항을 변경하는 경우에는 산림청장에게 통보하는 것으로 변경신청을 갈음할 수 있다.

산림청장으로부터 인증을 받은 자는 해당 목재교육프로그램에 대하여 농림축산식품부령으로 정하는 바에 따라 인증표시를 할 수 있다(제10조의3 제4항·제5항). 그러나 이와 같은 인증을 받지 않은 경우에는 목재교육프로그램에 인증표시를 하거나 이와 유사한 표시를 해서는 안 되며, 만일 이에 위반하는 경우에는 3년간 인증신청을 할 수 없다(제10조의3 제2항 단서).

나. 인증취소

산림청장은 인증을 받은 목재교육프로그램에 일정한 사유가 있는 경우에는 그 인증을 취소할 수 있다(제10조의4 제2항). 산림청장이 현행법에 따라 인증을 취소할 수 있는 이러한 사유에는 거짓이나 그 밖의 부정한 방법으로 인증을 받은 경우, 목재교육프로그램의 인증기준에 적합하지 않게 된 경우, 산림청장으로부터 받은 인증표시와 다르게 인증표시를 한 경우, 인증받은 내용의 변경신청 또는 변경통보 없이 목재교육프로그램의 내용을 변경한 경우 등이 있다.

산림청장은 인증을 받은 목재교육프로그램에 현행법에 따른 이러한 사유가 있

---

45) 현행법에 따르면 이러한 인증기준은 목재교육프로그램의 교육내용과 구성기준으로 구분하는데 교육프로그램의 경우에는 2시간 이상을 교육할 수 있도록 구성하여야 하며, 그 각각의 구성·운영 및 평가와 교육활동 환경 등은 항목별로 세부구성기준을 충족하여야 한다(시행규칙 제3조의3 제2항 별표1의2).

더라도 반드시 그 인증을 취소하여야 하는 것은 아니나, 만일 그 사유가 '거짓이나 그 밖의 부정한 방법으로 인증을 받은 경우'에 해당하는 때에는 반드시 그 인증을 취소하여야 한다(제10조의4 제2항 단서). 산림청장은 현행법에 따라 목재교육프로그램의 인증을 취소하는 처분을 하려는 경우에는 미리 청문을 하여야 하며, 이러한 절차를 거쳐 목재교육프로그램의 인증을 취소한 경우 이에 해당하는 자는 3년간 인증신청을 할 수 없다(제10조의3 제2항 단서 및 제39조 제2호).

3. 목재교육전문가 자격제도

가. 자격 및 결격사유

산림청장은 목재교육전문가 양성기관에서 목재교육 전문과정 등을 이수한 사람에게 대통령령으로 정하는 목재교육전문가 자격증을 교부하여야 한다(제10조의5 제1항·제5항). 이 경우 산림청장은 자격증을 교부받으려는 사람에게 농림축산식품부령으로 정하는 바에 따라 일정한 수수료를 납부하게 할 수 있다. 현행법에 따른 이러한 목재교육전문가 자격제도는 효율적이고 수준 높은 목재교육을 실시하기 위한 것이므로 국가 또는 지방자치단체는 목재문화체험장 등 목재교육·체험과 관련된 시설에서 교육을 실시하려면 대통령령으로 정하는 바에 따라 목재교육전문가를 반드시 배치하여야 한다(제10조의5 제6항).

목재교육전문가 양성기관에서 목재교육 전문과정 등을 이수한 사람이라도 다음과 같은 결격사유에 해당하는 사람은 목재교육전문가가 될 수 없다(제10조의6).

- 피성년후견인 또는 피한정후견인
- 현행법을 위반하여 금고 이상의 실형을 선고받고 그 집행이 종료되거나 집행이 면제된 날부터 2년이 지나지 않은 사람
- 현행법을 위반하여 금고 이상의 실형을 선고받고 그 집행유예의 기간이 종료되지 않은 사람
- 「아동복지법」 제71조 제1항의 죄, 「성폭력범죄의 처벌 등에 관한 특례법」 제2조의 성폭력범죄, 「아동·청소년의 성보호에 관한 법률」 제2조 제2호의 아동·청소년대상 성범죄의 어느 하나에 해당하는 죄를 저지른 사람으로서 형 또는 치료감호[46]를 선고받고 확정된 후 그 형 또는 치료감호의 전부 또는 일부의 집행이 끝나거나 집행이 유예·

---

46) 치료감호란 「치료감호 등에 관한 법률」에 따라 심신장애 상태, 마약류·알코올 등의 약물중독 상태, 정신성적 장애가 있는 상태 등에서 범죄행위를 한 자로서 재범의 위험성이 있고, 특수한 교육·개선 및 치료가 필요하다고 인정되는 자에 대하여 보호와 치료를 함께 받도록 하는 일종의 보안처분을 말한다. 이러한 치료감호는 일정한 치료감호시설에 수용된다는 점에서는 형벌과 유사하지만, 보호와 치료에 중점을 둔다는 점에서 형벌과는 다른 것이다.

면제된 날부터 10년이 지나지 않은 사람
- 법원의 판결 또는 법률에 따라 자격이 상실되거나 정지된 사람

여기에서 집행의 종료는 재판을 통하여 선고된 형의 기간을 다 채우고 석방되는 것을 의미하며, 집행의 면제는 복역 중에 사면 등을 이유로 더 이상 형의 집행을 하지 않는 경우를 말한다. 현행법상 집행의 종료에는 '집행이 종료되거나 끝난 것으로 보는 경우'를 포함하는데, 이는 형법상 가석방의 처분을 받은 후 그 처분이 실효되거나 취소되지 않고 가석방기간을 경과한 때를 의미한다(형법 제76조 제1항).

나. 자격제도의 관리 및 자격의 취소 등

목재교육전문가 자격제도는 목재교육의 수준을 높이고 이를 활성화하기 위한 것이므로 자격제도는 엄정하게 유지·관리되는 것이 필요하다. 따라서 산림청장으로부터 목재교육전문가 자격증을 교부받은 목재교육전문가는 다른 사람이 그 명의를 사용하게 하거나 다른 사람에게 그 자격증을 대여해서는 안 된다(제10조의5 제3항·제4항). 또한 누구라도 목재교육전문가의 자격을 취득하지 않고 그 명의를 사용하거나 자격증을 대여받아서는 안 되며, 명의의 사용이나 자격증의 대여를 알선해서도 안 된다. 만일 목재교육전문가 등이 현행법에 따른 이러한 내용을 위반하는 경우에는 벌칙 규정에 따라 1년 이하의 징역이나 1천만원 이하의 벌금에 처해질 수 있다(제45조 제2항 제4호·제5호).

산림청장은 목재교육전문가 자격증을 교부받은 사람에게 일정한 사유가 있는 경우에는 그 자격을 취소하거나 3년 이내의 범위에서 자격을 정지할 수 있다(제10조의5 제2항). 산림청장이 현행법에 따라 목재교육전문가 자격의 취소 등과 같은 처분을 할 수 있는 이러한 사유에는 거짓이나 그 밖의 부정한 방법으로 자격을 취득한 경우, 자격정지기간에 업무를 수행한 경우, 다른 사람에게 자격증의 명의를 사용하게 하거나 자격증의 대여금지를 위반한 경우 등이 있다. 산림청장은 목재교육전문가 자격증을 교부받은 사람에게 현행법에 따른 이러한 사유가 있더라도 반드시 그 자격을 취소하거나 정지하여야 하는 것은 아니나, 만일 그 사유가 '거짓이나 그 밖의 부정한 방법으로 자격을 취득한 경우'에 해당하는 때에는 반드시 그 자격을 취소하여야 한다(제10조의5 제2항단서). 산림청장은 현행법에 따라 목재교육전문가에 대하여 자격취소 또는 자격정지의 처분을 하려면 미리 청문을 하여야 한다(제39조 제3호).

V. 목재·목재제품의 품질 및 유통관리

[1] 품질관리

1. 원목의 규격 및 품질기준

산림청장은 국내에서 생산되는 원목의 공정한 거래를 위하여 원목의 치수, 품질 및 등급 등을 정하여 고시하여야 한다(제28조의2). 이에 따라 산림청장이 고시[47]한 규정에 따르면, 원목 지름의 치수는 mm를 원칙으로 하고 길이와 재적은 각각 m와 m^3를 단위로 하며, 원목의 품등은 특용재급, 1·2·3등급, 원주재급, 원료재급과 같이 6등급으로 구분한다(원목 규격고시 제5조~제7조 및 제12조). 현행법은 원목규격의 제정이유에 대하여 원목의 공정한 거래를 들고 있으나, 이러한 원목의 규격기준이 공정한 거래뿐만 아니라 등급에 따른 품질관리 측면에서도 중요한 기준이 되는 것은 물론이다.

원목의 규격에 관한 산림청장의 고시는 국내에서 생산된 원목으로서 건축 및 기타 일반용도로 사용되는 원목을 대상으로 하는 것으로서 (1) 별도로 규격이 제정된 목재, (2) 목재로서 이용가치가 극히 낮은 토막재, (3) 썩음 또는 기타 결점에 의하여 이용할 수 없는 부분이 그 재적의 100분의 50 이상을 차지하고 있는 통나무, (4) 재질 또는 형상이 극히 희소한 목재나 재질이 극히 뛰어나게 좋은 목재 또는 형상이 극히 희소하여 감상가치가 높은 목재 등에는 적용되지 않는다(원목규격고시 제1조).

2. 목재제품의 규격 및 품질기준

가. 규격·품질기준의 고시 및 검사

A. 규격·품질기준의 고시

산림청장은 목재제품의 품질향상, 소비자 보호 및 유통질서의 확립을 위하여 대통령령으로 정하는 목재제품에 대하여 그 규격과 품질기준을 고시[48]하여야 한다(제20조 제1항). 여기에서 '대통령령으로 정하는 목재제품'이란 시행령 제14조 제1항의 목재제품으로서 제재목, 방부목재, 난연목재, 목재 플라스틱 복합재, 집성재, 합판, 파티클보드, 섬유판, 배향성 스트랜드보드, 목질바닥재, 목재펠릿, 목재칩, 목재브리켓, 성형숯 및 숯 등을 말하는데(시행령 제19조의4 제1항), 이는 현행법 제15조 제1항에 따라 산림청장이 탄소저장량을 표시하게 할 수 있는 목재제품과 동일한 것이다.

---

47) 「원목 규격고시」(산림청고시 제2019-70호, 2019. 10. 21.)를 참고하라.

48) 「목재제품의 규격과 품질기준」(국립산림과학원고시 제2020-3호, 2020. 12. 30.)을 참고하라.

B. 규격 · 품질검사

규격과 품질 기준이 고시된 목재제품을 생산한 자나 수입한 자는 해당 목재제품을 판매 · 유통하려는 경우에는 현행법이 정하는 자에게 의뢰하여 미리 규격 · 품질검사를 실시함으로써 그 목재제품이 규격 · 품질기준에 적합한 것임을 스스로 확인하여야 한다(제20조 제2항). 그러나 이 경우에도 (1) 목재펠릿 등 대통령령으로 정하는 목재제품[49]을 수입한 자는 해당 목재제품을 판매 · 유통하려는 때가 아니라 이를 통관하려는 경우에 미리 규격 · 품질검사를 받아야 하며(제20조 제2항 단서), (2) 현행법에 따라 규격 · 품질검사를 받아야 하는 목재제품이 「산업표준화법」 제15조에 따라 인증을 받은 경우에는 이미 합리적인 산업표준을 따른 것으로 인증된 것이므로 농림축산식품부령으로 정하는 바에 따라 그 규격 · 품질검사의 전부 또는 일부를 면제할 수 있다(제20조 제3항).

현행법에 따르면 목재제품의 규격 · 품질검사를 실시할 수 있는 자는 다음과 같다(제20조 제2항).

- 한국임업진흥원
- 목재제품의 규격 · 품질검사에 필요한 목재제품 품질시험기 및 분석장비, 목재제품 품질검사실, 임산가공 관련 분야 석사학위 이상 학위소지자나 「국가기술자격법」에 따른 임산가공기사 이상 자격소지자로서 목재제품 품질시험기 및 분석장비를 운영할 수 있는 사람 1명 이상과 같은 요건을 모두 갖춘 대학 · 연구기관 또는 관련 협회 중에서 산림청장이 지정하여 고시하는 기관
- 수입하려는 목재제품의 수출국 정부가 공인한 검사기관 중에서 현행법 제20조 제2항 제1호 또는 제2호의 기관과 동등하거나 그 이상의 검사능력이 있다고 산림청장이 인정하여 고시하는 외국의 기관
- 목재제품을 생산한 자의 공장으로서 규격 · 품질검사를 자체적으로 할 수 있는 요건을 갖추어 산림청장의 지정을 받은 공장[자체검사공장]
- 목재등급평가사[50]

현행법에 따른 검사기관에서 규격 · 품질검사를 받았으나 그 결과에 대하여 이의가 있는 자는 대통령령으로 정하는 바에 따라 이의신청을 하고 다시 규격 · 품질

49) 여기에서 '목재펠릿 등 대통령령으로 정하는 목재제품'이란 시행령 제14조 제1항 제11호부터 제15호까지의 목재제품으로서 목재펠릿, 목재칩, 목재브리켓, 성형숯 및 숯을 말한다(시행령 제19조의4 제2항).

50) 다만, 이 경우에도 목재등급평가사가 검사할 수 있는 목재제품 및 검사항목 등은 대통령령으로 정하는데, 이에 따르면 목재등급평가사가 검사할 수 있는 목재제품이란 시행령 제14조 제1항 제1호의 '제재목'과 제5호의 '집성재'를 말한다(시행령 제20조의2 제1항).

검사를 받을 수 있으며, 현행법에 따라 한국임업진흥원에 규격 · 품질검사를 신청하는 경우에는 농림축산식품부령으로 정하는 바에 따라 수수료를 납부하여야 한다(제20조 제7항 및 제42조 제3호).

나. 규격 · 품질검사에 따른 조치

현행법에 따라 목재제품에 대한 규격 · 품질검사를 받아 목재제품이 규격 · 품질기준에 적합한 것으로 검사받은 경우에는 목재제품을 생산한 자 또는 수입한 자는 그 규격 · 품질검사의 결과에 관한 서류를 대통령령으로 정하는 기간 동안 보관하여야 하며, 규격 · 품질검사를 받은 해당 목재제품을 통관 · 판매 · 유통 및 보관하려는 자는 현행법에 따른 규격 · 품질검사의 결과를 소비자가 쉽게 알아 볼 수 있는 위치에 표시하여야 한다(제20조 제4항·제6항).

만일 현행법에 따른 검사결과 목재제품이 규격 · 품질기준에 적합하지 않은 때에는 산림청장은 해당 목재제품에 대하여 대통령령으로 정하는 바에 따라 판매정지 · 반송 또는 폐기명령을 내릴 수 있다(제20조 제5항 및 시행령 제21조). 이 경우 산림청장은 판매정지 · 반송 또는 폐기명령의 이행기간이 지나면 그 이행여부를 점검하여야 하며, 특히 현행법에 따라 산림청장으로부터 폐기명령을 받은 자는 「폐기물관리법」 제13조에 따른 처리기준 및 방법에 따라 해당 목재제품을 폐기하여야 한다.

다. 규격 · 품질 검사기관 등의 지정 · 인정 취소

산림청장은 한국임업진흥원과 목재등급평가사를 제외한 규격 · 품질 검사기관 및 자체검사공장이 일정한 사유에 해당하는 경우에는 그 지정 · 인정을 취소하거나 6개월 이내의 기간을 정하여 검사업무의 정지를 명할 수 있다(제20조 제8항). 산림청장이 현행법에 따라 규격 · 품질 검사기관 및 자체검사공장에게 지정 · 인정을 취소하는 등의 처분을 할 수 있는 이러한 사유에는 거짓이나 그 밖의 부정한 방법으로 산림청장으로부터 지정 · 인정을 받은 경우, 검사업무 정지기간에 검사업무를 수행한 경우, 규격 · 품질검사 결과통지서를 거짓으로 발급한 경우, 현행법 제20조 제9항에 따른 지정 · 인정 기준을 위반한 경우 등이 있다.

산림청장은 규격 · 품질 검사기관 및 자체검사공장이 현행법에 따른 이러한 사유에 해당하더라도 반드시 그 지정 · 인정을 취소하거나 검사업무의 정지를 명하여야 하는 것은 아니나, 만일 그 사유가 '제20조 제9항에 따른 지정 · 인정 기준을 위반한 경우' 이외의 사유에 해당하는 때에는 반드시 그 지정 · 인정을 취소하여야 한다(제20조 제8항 단서). 산림청장은 현행법에 따라 규격·품질 검사기관 및 자체검사공장의 지정·인정을 취소하는 처분을 하려면 미리 청문을 하여야 한다(제39조 제5호의3).

라. 규격·품질의 관리

A. 목재제품의 수거·조사 및 검사

산림청장은 규격·품질표시가 된 목재제품의 품질수준을 유지하거나 소비자를 보호하기 위하여 필요하다고 인정하면 관계 공무원 또는 한국임업진흥원의 직원으로 하여금 유통·판매되고 있는 목재제품을 수거하여 현행법에 따른 규격·품질검사를 받았는지 여부, 규격·품질표시가 정확한지 여부, 목재제품의 규격·품질이 규격·품질기준에 맞는지 여부, 그 밖에 규격·품질과 관련되는 사항 등에 대하여 조사·검사하게 하거나 관련 서류를 열람하게 할 수 있다(제22조 제1항). 이 경우 규격·품질검사 업무에 종사하는 한국임업진흥원의 임직원은 형법 제129조부터 제132조까지의 규정에 따른 벌칙을 적용할 때에는 공무원으로 본다(제44조 제4호).

산림청장은 현행법에 따라 목재제품을 수거하여 조사·검사하거나 관련 서류를 열람하려는 경우에는 조사·검사 또는 열람 7일 전까지 목적·일시 및 내용 등을 포함한 조사·검사 및 열람계획을 관계인에게 서면 또는 전자적 방식으로 통지하여야 한다(제22조 제2항). 그러나 이 경우에도 유통·판매되고 있는 목재제품을 숨기거나 관련 서류를 폐기할 우려가 있는 경우 등 미리 통지해서는 조사·검사 또는 열람의 목적을 달성할 수 없다고 판단되는 경우에는 조사·검사 또는 열람의 실시와 동시에 관계인에게 구두로 통지할 수 있다. 현행법에 따라 수거·조사·검사 또는 열람을 하는 경우 관계 공무원은 그 권한을 표시하는 증표를 지니고 이를 관계인에게 내보여야 하며, 이 경우 해당 관계인은 현행법에 따른 수거·조사·검사 또는 열람을 정당한 사유 없이 거부·방해하거나 기피해서는 안 된다(제22조 제1항 단서 및 제3항).

B. 규격·품질검사 판정의 취소

산림청장은 규격·품질검사를 받은 후 현행법 제20조 제6항에 따라 통관·판매·유통 및 보관하는 목재제품의 규격·품질표시에 일정한 사유가 있는 경우에는 규격·품질검사의 판정을 취소하거나 표시의 변경·사용정지 처분 또는 그 목재제품의 판매정지처분을 할 수 있다(제22조 제4항). 산림청장이 현행법에 따라 규격·품질검사의 판정을 취소하는 등의 처분을 할 수 있는 이러한 사유에는 거짓이나 그 밖의 부정한 방법으로 규격·품질검사를 받은 경우, 규격·품질표시를 변조하였거나 사실과 다르게 표시한 경우, 규격·품질검사를 받은 목재제품과 생산·판매되는 목재제품이 다른 경우, 규격·품질이 규격·품질기준에 맞지 않는 경우, 표시의 내용이 규격·품질표시의 기준에 위반되는 경우, 표시의 변경 또는 표시의 사용정지처분에 따르지 않는 경우 등이 있다.

산림청장은 현행법에 따라 규격·품질검사 판정의 취소처분을 하려면 미리 청문을 하여야 하며, 특히 현행법에 따른 규격·품질표시가 규격·품질검사의 판정을 취소하는 등의 사유에 해당하여 국민의 안전에 심각한 위해를 끼칠 우려가 있는 때에는 목재제품을 생산한 자 또는 수입한 자에게 회수를 명할 수 있다(제22조 제5항 및 제39조 제6호). 산림청장의 이러한 회수명령은 국민의 안전에 심각한 위해를 끼칠 우려가 있는 때에 하는 조치로서 규격·품질검사의 판정취소 처분 등과는 구별되는 것이므로 산림청장은 목재제품에 대한 회수명령과 규격·품질검사의 판정취소 처분 등을 동시에 할 수도 있다.

마. 목재제품의 정보공개

산림청장은 목재제품의 규격·품질에 대한 검사기관의 검사결과 및 현행법 제22조 제1항에 따라 실시한 목재제품에 대한 조사·검사의 결과를 농림축산식품부령으로 정하는 바에 따라 공개하여야 한다(제23조). 이 경우 산림청장은 그 공개를 한국임업진흥원에 위탁할 수 있다.

바. 목재등급평가사

목재등급평가사란 현행법에 따른 자격을 갖춘 사람으로서 현행법 제20조 제2항에 따른 목재제품의 규격·품질을 검사하거나 대통령령으로 정하는 바에 따라 목재제품을 평가하여 등급을 구분하는 사람을 말한다(제2조 제8호의3 및 제19조의4 제1항). 현행법에 따른 목재등급평가사가 되려는 사람은 대통령령으로 정하는 일정한 자격을 갖추고 농림축산식품부령으로 정하는 바에 따라 산림청장에게 등록하여야 한다.

목재등급평가사는 현행법 제20조 제2항에 따른 목재제품의 규격·품질의 검사업무, 목재제품의 평가 및 등급구분 업무, 그 밖에 목재제품의 품질향상과 소비자보호 및 유통질서 확립에 필요한 업무로서 대통령령으로 정하는 업무를 수행한다(제19조의5 및 시행령 제19조의3). 여기에서 '대통령령으로 정하는 업무'란 목재제품의 품질표시사항 준수에 관한 지도업무, 목재제품의 생산·품질관리에 관한 기술지도 업무, 목재제품의 선별·포장에 관한 기술지도 업무, 그 밖에 목재제품의 품질향상과 소비자보호 및 유통질서 확립에 필요한 업무로서 산림청장이 정하는 업무 등을 말한다.

산림청장은 목재등급평가사 자격을 취득한 사람에게 일정한 사유가 있는 경우에는 그 자격을 취소하거나 6개월의 범위에서 자격을 정지할 수 있다(제19조의4 제2항). 산림청장이 현행법에 따라 목재등급평가사의 자격을 취소하는 등의 처분을 할 수 있는 이러한 사유에는 거짓이나 그 밖의 부정한 방법으로 자격을 취득한 경우, 자격정지기간에 업무를 수행한 경우, 현행법에 따른 목재제품의 규격·품질검사 결과통지서를 거짓으로 발급한 경우, 그 밖에 대통령령으로 정하는 사항을 위반한 경우 등이 있다. 산림청장은 목재등급평가사 자격을 취득한 사람에게 이러한 사유가 있다고 하더라도 반드시 그 자격을 취소하거나 정지하여야 하는 것은 아니나, 만일 그 사유가 '그 밖에 대통령령으로 정하는 사항을 위반한 경우' 이외에 법률로 정한 사유에 해당하는 때에는 반드시 그 자격을 취소하여야 한다(제19조의4 제2항 단서). 산림청장은 현행법에 따라 목재등급평가사 자격을 취소하는 처분을 하려면 미리 청문을 하여야 한다(제39조 제5호의2).

3. 목재제품의 안전성평가

산림청장은 목재제품을 생산·판매 또는 이용할 때 사람과 환경에 물리적·화학적 피해가 발생하지 않도록 하기 위하여 목재제품의 안전성평가를 할 수 있다(제17조 제1항 및 시행령 제15조 제1항). 이 경우 안전성평가를 신청하는 자는 농림축산식품부령으로 정하는 바에 따라 수수료를 납부하여야 한다(제42조 제1호). 현행법에 따른 이러한 안전성평가는 시행령 제14조 제1항의 목재제품 중 산림청장이 목재제품의 생산·판매 또는 이용 시 사람과 환경에 물리적·화학적 피해가 발생할 우려가 있다고 인정하는 목재제품 또는 농림축산식품부령으로 정하는 바에 따른 안전성평가 신청이 있는 목재제품을 대상으로 한다.

목재제품의 안전성평가는 시료를 채취·분석한 후 (1) 목재제품의 규격·건조상태 및 강도 등의 적절성, (2) 목재제품의 목재부후균, 해충, 자외선, 수분 및 화재 등에 대한 저항력 정도, (3) 목재제품에서 방출되는 유해물질의 종류와 양 및 인체·환경에 대한 영향력 정도를 기준으로 평가한다(시행령 제15조 제2항·제16조 제1항). 만일 현행법에 따라 실시한 이러한 안전성평가 결과에 대하여 이의가 있는 자는 대통령령으로 정하는 바에 따라 이의신청을 하고 다시 안전성평가를 받을 수 있다(제17조 제5항). 산림청장은 목재제품의 안전성평가를 「임업 및 산촌 진흥촉진에 관한 법률」에 따른 한국임업진흥원에 위탁하여 실시할 수 있으며, 이 경우 현행법에 따른 안전성평가 업무에 종사하는 법인 또는 단체의 임직원은 형법 제129조부터 제132조까지의 규정에 따른 벌칙을 적용할 때에는 공무원으로 본다(제17조 제2항 및 제44조 제2호).

산림청장은 안전성평가 결과 그 안전성이 우수하다고 인정되는 목재제품의 경우에는 목재이용위원회의 심사를 거쳐 안전성 우수 목재제품으로 지정할 수 있으며, 이와 반대로 평가결과 위해요인이 있다고 인정되는 목재제품의 경우에는 목재이용위원회의 심사를 거쳐 안전성 위해 목재제품으로 지정하고 대통령령으로 정하는 바에 따라 해당 목재제품의 생산 및 판매제한 또는 폐기를 명령할 수 있다(제17조 제3항·제4항 및 시행령 제17조 제4항·제5항). 이 경우 산림청장은 생산 및 판매제한 또는 폐기명령의 이행기간이 지나면 그 이행여부를 점검하여야 하며, 특히 현행법에 따라 산림청장이 폐기명령을 한 경우 그 폐기명령을 받은 자는 「폐기물관리법」 제13조에 따른 처리기준 및 방법에 따라 해당 목재제품을 폐기하여야 한다.

4. 목재제품 신기술의 지정

산림청장은 목재제품 제조의 기술향상과 새로운 기술개발을 촉진하기 위하여 대통령령으로 정하는 기준에 적합한 기술을 목재제품 신기술로 지정할 수 있다(제18조 제1항 및 시행령 제18조 제1항). 여기에서 산림청장이 목재제품 신기술로 지정할 수 있는 '대통령령으로 정하는 기준에 적합한 기술'이란 (1) 국내에서 최초로 개발된 기술로서 신규성·진보성·친환경성 및 현장적용성이 있는 기술, (2) 외국에서 도입되어 개량된 기술로서 국내에서 신규성·진보성·친환경성 및 현장적용성이 있는 기술, (3) 「산업기술혁신 촉진법」 제15조의2 제1항에 따라 신기술 인증을 받은 기술 중 목재제품에 이용되는 기술을 말한다.

현행법에 따라 목재제품 신기술로 지정받으려는 자는 신기술에 관한 요약서 및 설명서 등을 첨부하여 산림청장에게 신청하여야 한다(제18조 제2항·제4항 및 시행규칙 제14조 제1항·제4항). 산림청장은 이러한 신청을 받은 경우에는 한국임업진흥원의 기술분석과 목재이용위원회의 심사를 거쳐 신기술 지정 여부를 결정하고, 이를 지정한 경우에는 신기술의 명칭 및 내용, 신기술 개발자·개량자의 성명 등을 산림청 인터넷 홈페이지에 게시하여야 한다.

현행법에 따라 목재제품 신기술에 대한 기술분석을 신청하는 자는 농림축산식품부령으로 정하는 바에 따라 수수료를 납부하여야 하며, 한국임업진흥원의 임직원이 목재제품 신기술에 대한 기술분석 업무에 종사하는 경우 그 임직원은 형법 제129조부터 제132조까지의 규정에 따른 벌칙을 적용할 때에는 공무원으로 본다(제42조 제1호 및 제44조 제3호).

산림청장이 신기술의 지정을 취소하는 경우에는 목재제품명인의 인정취소 또는 지역 간벌재 이용제품의 인증취소에 관한 제14조 제4항을 준용하며 현행법에 따라 미리 청문을 하여야 한다(제18조 제3항 및 제39조 제5호). 따라서 산림청장은 거짓이나 그 밖의 부정한 방법으로 지정을 받은 경우, 다른 사람에게 자기의 상호나 명칭을 사용하도록 한 경우 또는 현행법에 따른 지정기준에 적합하지 않게 된 경우에는 그 지정을 취소할 수 있다. 그러나 이 경우에도 산림청장은 신기술의 지정이 '거짓이나 그 밖의 부정한 방법으로 지정을 받은 경우'에 해당하는 때에는 반드시 그 지정을 취소하여야 한다.

5. 목재제품의 인증제도

산림청장은 목재제품의 품질향상 및 소비자 보호를 위하여 「산업표준화법」 제15조에 따른 제품의 인증[목재제품인증]을 할 수 있으며, 품질향상과 생산장려 등을 위하여 필요한 경우 현행법에 따라 목재제품인증을 받은 목재제품을 생산하는 자에게는 예산의 범위에서 자금을 지원할 수 있다(제21조 제1항·제5항).

「산업표준화법」은 산업표준화를 위한 기준인 산업표준에 관한 일반법으로서 이에 따르면 산업통상자원부장관이 필요하다고 인정하여 심의회의 심의를 거쳐 지정한 광공업품을 제조하는 자는 공장 또는 사업장마다 산업통상자원부령으로 정하는 바에 따라 인증기관으로부터 그 제품의 인증을 받을 수 있다(같은 법 제15조 제1항 및 시행규칙 제7조). 이 경우 제품의 인증은 인증대상 제품의 지정을 신청하려는 자가 신청서에 지정사유서를 첨부하여 소관 행정기관의 장에게 제출함으로써 이루어진다. 따라서 목재제품의 경우에도 인증에 관한 사항은 「산업표준화법」에 따른다.

「산업표준화법」에 따라 제품의 인증을 받은 자는 그 제품·포장·용기·납품서 또는 보증서에 해당 제품이 한국산업표준에 적합한 것임을 나타내는 제품인증표시를 하거나 이를 홍보할 수 있다(같은 법 제15조 제2항~제4항). 그러나 이러한 인증을 받은 자가 아니면 제품·포장·용기·납품서·보증서 또는 홍보물에 제품인증표시를 하거나 이와 유사한 표시를 해서는 안 되며, 이에 위반하여 제품인증표시를 하거나 이와 유사한 표시를 한 제품을 그 사실을 알고 판매·수입하거나 판매를 위하여 진열·보관 또는 운반해서도 안 된다.

6. 사법경찰권

목재제품의 품질관리 업무에 종사하는 4급부터 9급까지의 국가공무원 및 지방자치단체 소속 공무원은 관할 지역에서 발생하는 현행법에 규정된 범죄에 관하여는 「사법경찰관리의 직무를 수행할 자와 그 직무범위에 관한 법률」에서 정하는 바에 따라 사법경찰관리의 직무를 수행한다(제40조). 이에 따라 현행 「사법경찰관리의 직무를 수행할 자와 그 직무범위에 관한 법률」은 산림보호를 위한 단속사무를 전담할 자, 산림보호·경영 또는 국유림경영 사무에 종사하는 공무원과 함께 목재제품 규격·품질 단속사무에 종사하는 공무원에게도 사법경찰관리의 직무를 수행할 수 있도록 하고 있다(같은법 제4조 및 제5조 제5호~제7호).

[2] 유통관리

1. 목재 및 목재제품의 생산·판매·유통 및 사용제한

산림청장은 목재 및 목재제품의 수급조절, 유통질서 확립 및 안전성 확보를 위하여 필요하다고 인정하는 경우에는 대통령령으로 정하는 목재 및 목재제품의 생산·판매나 유통 또는 사용을 제한할 수 있으며, 이와는 별도로 목재 및 목재제품을 효율적이고 안전하게 사용하기 위한 지침을 정하여 그 지침에 따라 사용하도록 지도할 수 있다(제29조 제1항·제2항). 이 경우 산림청장이 목재 및 목재제품에 대하여 생산·판매나 유통 또는 사용을 제한하는 경우에는 미리 관계 중앙행정기관의 장과 협의한 후 그 제한 사유와 내용을 고시하여야 한다.

산림청장이 현행법에 따라 생산·판매나 유통 또는 사용을 제한할 수 있는 '대통령령으로 정하는 목재 및 목재제품'에는 원목 및 시행령 제14조 제1항의 목재제품으로서 제재목, 방부목재, 난연목재, 목재 플라스틱 복합재, 집성재, 합판, 파티클보드, 섬유판, 배향성 스트랜드보드, 목질바닥재, 목재펠릿, 목재칩, 목재브리켓, 성형숯 및 숯 등이 있는데, 원목을 제외한 이러한 목재제품은 현행법 제15조 제1항에 따라 산림청장이 탄소저장량을 표시하게 할 수 있는 목재제품과 동일한 것이다.

현행법에 따라 산림청장이 목재 및 목재제품에 대하여 이와 같은 제한을 하기 위해서는 수급조절, 유통질서 확립 및 안전성 확보의 필요가 있어야 한다. 따라서 산림청장은 단지 생산자를 보호하거나 임업의 진흥 등과 같은 사유로는 이를 제한할 수 없다고 보아야 할 것이다. 이는 현행 산림법 체계상 목재 및 목재제품은 자유로운 유통이 원칙으로서 이를 제한하는 사유는 엄격하게 해석하는 것이 타당하기 때문이다.

2. 우선구매

가. 특정 목재제품의 우선구매

국가 · 지방자치단체 또는 공공기관은 다른 법률의 규정에도 불구하고 다음에 해당하는 목재제품에 대하여는 우선하여 구매할 수 있다(제19조 제1항).

- 목재제품명인의 인정을 받은 사람이 만든 목재제품
- 지역 간벌재 이용제품으로 인증을 받은 목재제품
- 산림청장이 지정한 안전성 우수 목재제품
- 산림청장이 지정한 목재제품 신기술을 이용하여 제조한 목재제품

여기에서 다른 법률이란 주로 국가 · 지방자치단체 또는 공공기관에서 사용하는 물품 등의 계약에 관한 사항을 정하는 법률인 「국가를 당사자로 하는 계약에 관한 법률」 또는 「조달사업에 관한 법률」 등을 의미하는 것으로 보인다.

현행법 이외에도 국가 및 지방자치단체의 수요물자 등에 대한 우선구매를 규정하고 있는 법률로는 「중소기업제품 구매촉진 및 판로지원에 관한 법률」, 「여성기업지원에 관한 법률」, 「중증장애인생산품 우선구매 특별법」 및 「장애인고용촉진 및 직업재활법」 등이 있다. 이 가운데 특히 「중소기업제품 구매촉진 및 판로지원에 관한 법률」은 기술개발제품에 대한 우선구매제도를 구체적으로 규정하고 있는데, 이에 따르면 "정부는 중소기업자가 개발한 기술개발제품의 수요를 창출하기 위하여 이들 제품을 우선적으로 구매하는 등 필요한 지원시책을 마련하여야 한다"라고 하면서 우선구매 대상 기술개발제품의 지정, 기술개발제품에 대한 시범구매제도, 현장검증형 기술개발제품 구매지원, 기술개발제품 우선구매 지원센터의 설치 · 운영 및 전담기관의 지정 등과 같은 다양한 정책들을 제도화하고 있다(같은 법 제13조 ~제14조의5).

나. 국산목재 또는 국산목재제품의 우선구매

국가 · 지방자치단체 또는 공공기관의 장은 국제협정 등을 고려하여 대통령령으로 정하는 금액 미만의 목재 또는 목재제품에 관한 조달계약을 체결하려는 때에는 국산목재나 국산목재제품을 대통령령으로 정하는 일정비율 이상으로 우선구매하여야 한다(제19조 제2항). 여기에서 '대통령령으로 정하는 금액'이란 「국가를 당사자로 하는 계약에 관한 법률」 제4조 제1항에 따라 기획재정부장관이 정하여 고시하는 국제입찰에 따른 정부조달계약[51]의 금액 중 최저금액을 말하며, '대통령령으로 정하는 일정비율'이란 국산목재 및 국산목재제품의 연도별 우선구매 비율을 정하고 있는 시

행령 별표1의3에 따른 비율을 말한다(시행령 제18조의2 제1항·제2항). 이에 따르면 2022년 1월 1일~2023년 12월 31일 기간 중의 국산목재 또는 국산목재제품의 우선구매 비율은 45%이며, 2024년 1월 1일 이후에는 50%로 정해져 있다.

3. 목재이용명예감시원

산림청장은 현행법에 따른 규격 및 품질표시, 인증표시를 받은 목재제품의 공정한 유통질서를 확립하기 위하여 일정한 사람을 목재이용명예감시원으로 위촉하여 유통제품에 관한 지도·홍보·계몽 및 위반사항의 신고를 하게 할 수 있다(제36조 제1항·제2항). 현행법에 따르면 산림청장이 목재이용명예감시원으로 위촉할 수 있는 사람에는 「소비자기본법」에 따른 소비자단체나 사업자단체의 회원·직원, 민법 제32조에 따라 농림축산식품부장관 또는 그 소속 청장의 허가를 받아 설립한 비영리법인의 회원·직원, 자원봉사자 등이 있으며, 산림청장은 이러한 목재이용명예감시원에게는 예산의 범위에서 감시활동에 필요한 경비를 지급할 수 있다.

4. 포 상 금

산림청장은 목재제품의 품질 향상과 유통질서 확립을 위하여 목재제품의 규격·품질기준에 관한 현행법 제20조 제2항 및 제5항, 목재생산업의 등록·양도 및 합병과 관련된 현행법 제24조 제1항 및 제4항, 목재생산업자의 장부·서류비치 의무에 관한 현행법 제27조 제1항에 따른 의무를 위반한 자를 주무관청 또는 사법기관에 신고하거나 고발한 자 및 목재제품의 품질 향상과 유통질서 확립에 기여한 자에게는 대통령령으로 정하는 바에 따라 예산의 범위에서 포상금을 지급할 수 있다(제41조). 이 경우 동일한 위반행위에 대하여 여럿이 신고나 고발을 한 경우에는 최초로 신고하거나 고발한 자에게 포상금을 지급하나, 만일 신고나 고발이 동시에 이루어진 경우에는 각각의 신고자 또는 고발자에게 적절히 나누어 지급한다(시행령 제31조 제2항).

---

51) 「국가를 당사자로 하는 계약에 관한 법률」에 따르면 국제입찰에 따른 정부조달계약의 범위는 정부기관이 체결하는 물품·공사 및 용역의 계약으로서 정부조달협정과 이에 근거한 국제규범에 따라 기획재정부장관이 정하여 고시하는 금액 이상의 계약으로 한다(같은 법 제4조 제1항). 그러나 이에 해당하는 경우라도 ① 재판매나 판매를 위한 생산에 필요한 물품이나 용역을 조달하는 경우, ② 「중소기업제품 구매촉진 및 판로지원에 관한 법률」에 따라 중소기업제품을 제조·구매하는 경우, ③ 「양곡관리법」, 「농수산물 유통 및 가격안정에 관한 법률」 및 「축산법」에 따른 농·수·축산물을 구매하는 경우, ④ 그 밖에 정부조달협정에 규정된 내용으로서 대통령령으로 정한 경우에 해당하는 때에는 국제입찰에 따른 정부조달계약의 대상에서 제외한다.

[3] 수입관리

1. 수입신고

수입업자가 판매 또는 영업상 사용을 목적으로 대통령령으로 정하는 목재 또는 목재제품을 수입하는 경우에는 농림축산식품부령으로 정하는 바에 따라 산림청장에게 수입신고를 하여야 한다(제19조의2 제1항 및 시행령 제18조의3). 여기에서 수입신고의 대상이 되는 '대통령령으로 정하는 목재 또는 목재제품'이란 제재목, 방부목재, 난연목재, 집성재, 합판 및 목재펠릿을 말한다.

산림청장은 수입업자로부터 현행법에 따라 이러한 수입신고를 받은 경우에는 그 신고를 받은 날부터 3일 이내에 신고수리 여부를 신고인에게 통지하여야 하며, 만일 산림청장이 그 정한 기간 내에 신고수리 여부 또는 민원처리 관련 법령에 따른 처리기간의 연장을 신고인에게 통지하지 않으면 그 기간이 끝난 날의 다음 날에 신고를 수리한 것으로 본다(제19조의2 제2항·제3항). 이 경우 처리기간이 민원처리 관련 법령에 따라 연장 또는 재연장된 경우에는 해당 처리기간을 기준으로 한다.

2. 수입검사

산림청장은 수입업자가 현행법 제19조의2 제1항에 따라 수입신고한 목재 또는 목재제품에 대하여 통관절차 완료 전에 목재 또는 목재제품이 합법벌채되었음을 증명하는 서류의 검사업무에 필요한 인력과 조직 등 대통령령으로 정하는 기준을 갖춘 기관으로서 「공공기관의 운영에 관한 법률」에 따른 공공기관 또는 「정부출연연구기관 등의 설립·운영 및 육성에 관한 법률」에 따른 정부출연연구기관 중에서 산림청장이 지정하는 검사기관으로 하여금 관계 서류를 검사하도록 하여야 한다(제19조의3 제1항). 이 경우 산림청장은 현행법 제19조의3 제1항 후단의 규정에 따라 검사결과의 확인 전이나 위반사항에 대한 보완 전에 판매·유통을 금지하는 조건을 붙여 신고를 수리할 수 있다. 현행법에 따르면 이러한 수입검사 업무에 종사하는 법인 또는 단체의 임직원은 형법 제129조부터 제132조까지의 규정에 따른 벌칙을 적용할 때에는 공무원으로 본다(제44조 제3호의2).

산림청장이 지정한 검사기관은 서류검사를 하는 경우 해당 서류가 (1) 원산국의 법령에 따라 발급된 벌채허가서, (2) 합법벌채된 목재 또는 목재제품을 인증하기 위하여 국제적으로 통용되는 것으로서 산림청장이 정하여 고시하는 서류, (3)

우리나라와 원산국 양자협의에 따라 상호인정하는 것으로서 산림청장이 정하여 고시하는 서류, (4) 그 밖에 합법벌채되었음을 증명하는 것으로서 산림청장이 정하여 고시하는 서류에 해당하는지를 확인하여야 한다(제19조의3 제2항). 이와 관련하여 산림청장은 합법벌채된 목재 또는 목재제품의 확인을 위하여 필요한 경우에는 수입신고서 등 관련 자료를 관계 행정기관의 장에게 요청할 수 있으며, 산림청장으로부터 이러한 요청을 받은 관계 행정기관의 장은 특별한 사유가 없으면 이에 따라야 한다(제34조).

산림청장은 지정한 검사기관의 검사결과 합법벌채되었음이 증명되지 않은 목재 또는 목재제품에 대하여는 대통령령으로 정하는 바에 따라 판매정지·반송 또는 폐기명령을 내릴 수 있다(제19조의3 제3항 및 시행령 제18조의4 제3항). 이 경우 판매정지·반송 또는 폐기명령의 방법 및 절차 등에 관하여는 안전성 위해 목재제품에 관한 규정을 준용한다. 따라서 산림청장은 판매정지·반송 또는 폐기명령을 내린 때에는 이행기간이 지나면 그 이행여부를 점검하여야 하며, 특히 현행법에 따라 산림청장으로부터 폐기명령을 받은 자는 「폐기물관리법」 제13조에 따른 처리기준 및 방법에 따라 해당 목재제품을 폐기하여야 한다.

Ⅵ. 목재의 지속가능한 이용 촉진

[1] 목재생산업

1. 개념 및 등록

가. 목재생산업에 대한 이해

목재생산업이란 「산림자원의 조성 및 관리에 관한 법률」에 따른 입목·죽을 벌채·제재하거나 유통하는 사업으로서 원목 및 수입한 산물의 제재·유통을 포함한다(제2조 제3호). 따라서 목재생산업은 목재생산이라는 표현과는 달리 벌채·제재와 같은 생산뿐만 아니라 이러한 산물의 유통까지 포함하는 포괄적인 개념이다. 현행법에 따르면 이러한 목재생산업은 다음과 같이 구분한다(제24조 제1항 및 시행령 제24조 제1항 별표2).

- 원목생산업: 「산림자원의 조성 및 관리에 관한 법률」에 따른 입목·죽을 벌채하는 사업으로서 원목의 유통을 포함하는 사업
- 제재업: 목재를 제재[52]하는 사업
- 목재수입유통업: 목재 또는 목재제품을 수입하여 유통하는 사업

현행법에 따른 이러한 목재생산업은 그 사업범위에 따라 세분할 수 있는데, 이에 따르면 원목생산업은 제1종(벌채량의 제한이 없는 벌채)과 제2종(연간 벌채량 5천m^3 이하의 벌채)으로 구분하며, 제재업은 제1종(제재목 또는 단판 생산), 제2종(합판 등 목질 판상제품 생산), 제3종(열 또는 화학처리목재제품이나 집성한 목재제품의 생산), 제4종(목탄, 성형목탄, 목재펠릿, 임산펠릿, 목재칩, 톱밥, 나무가루의 생산)으로 구분한다. 그러나 목재수입유통업의 경우에는 목재제품의 수입·유통을 사업범위로 할 뿐 별도로 세분하지는 않는다.

나. 목재생산업의 등록

목재생산업을 경영하려는 자는 대통령령으로 정하는 기준[53]에 따라 주된 사무소의 소재지를 관할하는 특별자치시장·특별자치도지사 또는 시장·군수·구청장[시장·군수·구청장]에게 등록하여야 하며, 이 경우 시장·군수·구청장은 그 자에게 등록증을 발급하여야 한다(제24조 제1항). 그러나 목재생산업을 등록하려는 자가 파산선고를 받고 복권되지 않은 사람, 목재생산업의 등록이 취소된 날부터 2년이 지나지 않은 자, 현행법을 위반하여 징역형의 실형을 선고받고 그 집행이 끝나거나 면제된 날부터 2년이 지나지 않은 사람, 현행법을 위반하여 징역형의 집행유예를 선고받고 그 유예기간 중에 있는 사람과 같은 결격사유에 해당하는 경우에는 목재생산업의 등록을 할 수 없다(제25조).

현행법에 따른 이러한 결격사유 중 '목재생산업의 등록이 취소된 날부터 2년이 지나지 않은 자'의 경우 그 취소에는 파산선고를 받고 복권되지 않아 등록이 취소된 경우는 제외하며, '징역형의 실형을 선고받고 그 집행이 끝난 경우'에는 법률에 의하여 집행이 끝난 것으로 보는 경우를 포함한다. 만일 목재생산업을 등록하려는 자가 법인인 경우에는 그 임원 가운데 현행법에 따른 결격사유에 해당하는 사람이 있을 때에도 현행법이 적용되므로 그 법인은 등록을 할 수 없다.

2. 등록의 변경 및 양도·합병

목재생산업을 하기 위하여 등록한 목재생산업자는 그 상호·명칭 또는 사무소

---

52) 여기에서 제재란 제재목, 합판 등 목질판상제품, 열 또는 화학처리 목재제품, 목탄 등을 생산하는 것을 말하며, 그 제재한 산물의 유통을 포함한다.

53) 이에 따르면 목재생산업의 등록기준은 기술인력·자본금 및 사무실로 구분되며, 원목생산업(제1종·제2종)과 제재업(제1종·제2종·제3종 및 제4종)의 경우에는 그 사업범위에 따라 기준에 차이를 두고 있다. 그러나 목재수입유통업의 경우에는 별도의 기술인력 및 자본금 없이 사무실 및 보관시설만을 갖추면 된다(시행령 제24조 제1항 별표2).

의 소재지나 그 밖에 대통령령이 정하는 사항이 변경되었을 때 또는 이미 등록한 목재생산업을 양도하거나 합병하려는 경우에는 대통령령으로 정하는 바에 따라 시장·군수·구청장에게 신고하여야 한다(제24조 제2항·제4항). 시장·군수·구청장은 현행법에 따라 신고를 받은 경우 그 신고를 받은 날부터 15일 이내에 신고수리 여부를 신고인에게 통지하여야 하며, 만일 시장·군수·구청장이 그 정한 기간 내에 신고수리 여부 또는 민원처리 관련 법령에 따른 처리기간의 연장을 신고인에게 통지하지 않으면 그 기간이 끝난 날의 다음 날에 신고를 수리한 것으로 본다(제24조 제5항·제6항). 이 경우 처리기간이 민원처리 관련 법령에 따라 연장 또는 재연장된 경우에는 해당 처리기간을 기준으로 한다.

일반적으로 합병이란 2개 이상의 법인이 하나의 법인으로 합쳐지는 것으로서 이러한 합병이 있는 경우에는 권리와 의무의 포괄적인 승계가 이루어지게 된다. 합병은 방법에 따라 일반적으로 여러 개의 법인 중 어느 하나의 법인이 다른 법인을 흡수하여 합병하는 흡수합병과 여러 개의 법인이 새로운 법인을 설립하여 합병하는 신설합병이 있는데, 특히 흡수합병 후 다른 법인을 흡수하여 존속하는 법인을 '존속법인'이라고 하고, 신설합병에 의하여 설립되는 새로운 법인을 '신설법인'이라고 한다. 따라서 합병 후에는 그 합병의 방법에 따라 존속법인이나 신설법인이 그 지위를 승계하게 된다.

이와 관련하여 목재생산업자가 목재생산업을 양도하거나 합병하기 위하여 신고한 경우 언제부터 그 양도나 합병의 효력이 발생하는지에 대하여는 논란의 여지가 있으나, 현행법은 이에 대하여 목재생산업자가 목재생산업을 양도하거나 합병하기 위하여 현행법에 따라 신고한 것이 수리된 경우 또는 이러한 신고가 수리된 것으로 보는 경우에는 양수인 또는 합병으로 설립되거나 합병 후 존속하는 법인이 그 양도일 또는 합병일부터 종전의 목재생산업자의 지위를 승계하도록 하고 있다(제24조 제7항).

3. 목재생산업자에 대한 관리

가. 목재생산업자의 의무

목재생산업자는 목재의 체계적 유통을 위하여 농림축산식품부령으로 정하는 바에 따라 품질등급별로 선별하여 생산·판매하도록 노력하여야 한다(제28조 제3항 및 시행규칙 제25조). 여기에서 농림축산식품부령으로 정하는 것이란 현행법 제20조 제1항에 따라 고시한 목재제품의 규격·품질기준을 말한다. 따라서 목재생산업자는 현행법이 정한 목재제품의 규격·품질기준에 따라 품질등급별로 선별하여 생산·판매함으로써 유통질서를 확립하고 목재제품의 품질을 향상시키는데 기여해야 할 것이다.

시장·군수·구청장으로부터 등록증을 발급받은 목재생산업자는 다른 사람에게 자기의 상호 또는 명칭을 사용하여 목재생산업을 경영하게 하거나 그 등록증을 빌려 주어서는 안 된다(제24조 제3항). 만일 목재생산업자가 이에 위반하는 경우에는 1년 이하의 징역 또는 1천만원 이하의 벌금에 처해질 수 있다(제45조 제2항 제8호).

목재생산업자는 농림축산식품부령으로 정하는 바에 따라 목재의 종류·유통량 등을 명확하게 적은 장부와 합법벌채된 목재·목재제품임을 증명하는 서류를 갖추어 두어야 한다(제27조 제1항). 이 경우 합법벌채된 목재·목재제품임을 증명하는 서류는 5년간 보관하여야 한다. 목재생산업자의 이러한 의무에 대해서는 위반 시에 적용할 벌칙이 별도로 규정되어 있지 않으며, 다만 목재생산업 등록의 취소사유에만 해당할 뿐이다.

나. 목재생산업자에 대한 지도·감독

시장·군수·구청장은 목재생산업 등록기준의 충족 여부나 목재유통현황 등의 확인이 필요하다고 인정할 때에는 목재생산업자에 대하여 목재유통현황 등 그 업무에 관한 사항을 보고하게 하거나 소속 공무원으로 하여금 시설·장비 및 서류 등을 검사하게 할 수 있다(제27조 제2항·제3항). 시장·군수·구청장은 이러한 검사를 하는 경우에는 검사 7일 전까지 검사의 일시·이유 및 내용을 목재생산업자에게 알려야 한다. 그러나 사전에 통지할 경우 증거인멸 등으로 검사의 목적을 달성할 수 없다고 인정되는 경우에는 그렇지 않다.

현행법에 따라 목재생산업자의 시설·장비 및 서류 등을 검사하는 공무원은 그 권한을 표시하는 증표를 지니고 이를 관계인에게 보여주어야 하며, 이 경우 검사를 받는 목재생산업자는 정당한 사유 없이 현행법에 따른 이러한 검사를 거부·방해하거나 기피해서는 안 된다(제27조 제4항·제5항).

4. 등록취소 등

시장·군수·구청장은 목재생산업자에게 일정한 사유가 있는 경우에는 목재생산업의 등록을 취소하거나 6개월 이내의 기간을 정하여 영업의 정지를 명할 수 있다(제26조 제1항). 시장·군수·구청장이 현행법에 따라 목재생산업의 등록취소 처분 등을 할 수 있는 이러한 사유에는 거짓이나 그 밖의 부정한 방법으로 등록을 한 경우,

현행법 제25조에 따른 결격사유에 해당하게 된 경우, 목재생산업의 등록기준에 미치지 못하게 된 경우, 목재생산업자가 현행법 제24조 제3항을 위반하거나 현행법 제24조 제4항에 따른 신고를 하지 않은 경우, 현행법을 위반하여 장부나 합법벌채된 목재 · 목재제품임을 증명하는 서류를 갖추어 두지 않은 경우, 정당한 사유 없이 현행법에 따른 보고를 하지 않거나 검사를 거부 · 방해 또는 기피한 경우, 영업정지기간에 영업을 한 경우 등이 있다. 다만, 이러한 사유 가운데 법인인 목재생산업자의 임원 중 한 사람에게 등록결격사유가 있는 경우에는 법인이 그 사유가 발생한 날부터 3개월 이내에 그 사유를 없앤 경우에는 등록의 취소사유에 해당하지 않는다.

시장 · 군수 · 구청장은 목재생산업자에게 이러한 사유가 있다고 하더라도 반드시 그 등록을 취소하거나 영업정지를 명령하여야 하는 것은 아니나, 만일 그 사유가 '거짓이나 그 밖의 부정한 방법으로 등록을 한 경우' 및 '현행법 제25조에 따른 결격사유에 해당하게 된 경우'에 해당하는 때에는 반드시 그 목재생산업의 등록을 취소하여야 한다(제26조 제1항 단서). 시장 · 군수 · 구청장은 현행법에 따라 목재생산업 등록을 취소하는 처분을 하려면 미리 청문을 하여야 하며,[54] 이러한 절차를 거쳐 목재생산업자가 시장 · 군수 · 구청장으로부터 목재생산업의 등록취소 처분을 받은 경우에는 그 취소처분을 받은 날부터 목재생산업을 할 수 없다(제26조 제3항 및 제39조 제7호). 그러나 이 경우에도 목재생산업자가 등록취소처분을 받기 전에 유통하기로 계약한 목재의 경우에는 이에 한정하여 계속 유통할 수 있다. 이는 등록취소처분의 효과가 '그 취소처분을 받은 날부터' 발생하기 때문이다.

[2] 목재이용의 활성화

1. 산림바이오매스에너지 사용의 확대

산림청장은 기후변화에 대응하여 국가 · 지방자치단체 또는 공공기관이 청정한 산림바이오매스에너지의 사용을 확대하도록 권장할 수 있다(제28조 제1항). 여기에서 산림바이오매스에너지란 「탄소흡수원 유지 및 증진에 관한 법률」에 따른 산림바이오매스에너지로서 "「산림자원의 조성 및 관리에 관한 법률」 제2조 제7호에 따른 임산물

54) 이와 관련하여 현행법은 제39조에서 목재생산업의 등록취소 처분을 하는 경우 "산림청장은… 미리 청문을 하여야 한다"라고 규정하고 있으나, 목재생산업의 등록취소는 시장 · 군수 · 구청장의 권한에 속하는 것이므로 추후에는 그 청문권자도 산림청장이 아니라 시장 · 군수 · 구청장으로 개정해야 할 것이다.

과 임산물이 혼합된 원료(폐목재를 포함한다)를 사용하여 생산된 에너지"(같은법 제2조 제7호)를 말한다.

현행법에 따른 이러한 산림바이오매스에너지의 활용정책은 특히 숲가꾸기사업 등으로 발생되는 산물을 활용하여 에너지로 사용함으로써 산림사업을 활성화할 뿐만 아니라 산지에 남아있는 산림바이오매스로 인한 산불·수해 등의 2차 피해를 예방한다는 측면에서도 의미를 가지는 정책으로 보인다.

2. 목구조기술자 자격제도

가. 운영 및 관리

산림청장은 목재 구조물의 안전성을 도모하고 목구조 건축의 질적 수준을 향상시키는 등 목구조 기술의 발전을 촉진하기 위하여 목구조기술자 자격제도를 운영할 수 있으며, 이의 원활한 운영과 취업 및 창업지원을 위하여 목구조기술자의 자격 및 경력을 관리할 수 있다(제32조 제1항·제7항). 현행법이 이처럼 목구조기술자에 관한 자격제도를 운영하고 그 자격 및 경력을 관리하려는 것은 현행법에 따라 자격을 부여받은 목구조기술자를 통하여 목재를 이용한 구조물 및 건축이 활성화됨으로써 목재이용을 촉진하는 중요한 계기가 될 것으로 기대하기 때문이다.

목구조기술자는 목재 구조물의 설치 및 관리, 목조주택 및 목조건축물의 시공과 관리, 그 밖에 대통령령으로 정하는 사항에 관한 업무를 수행한다(제32조 제3항). 여기에서 '대통령령으로 정하는 사항'이란 목재 구조물, 목조주택 및 목조건축물의 자재관리에 관한 사항을 말한다. 현행법에 따르면 목구조기술자는 목구조시공기술자와 목구조관리기술자로 구분하는데, 목구조시공기술자는 목재 구조물의 설치와 목조주택 및 목조건축물의 시공을 담당하며, 목구조관리기술자는 목재 구조물의 설치·관리와 목조주택 및 목조건축물의 시공·관리를 담당한다(제32조 제2항 및 시행령 제28조 제1항 별표5).

목구조기술자는 동시에 2개 이상의 업체에 취업해서는 안 되며, 다른 사람이 그 명의를 사용하게 하거나 다른 사람에게 그 자격증을 빌려주어서는 안 된다(제32조 제4항·제9항). 이와 함께 현행법에 따라 발급받은 자격증을 빌리거나 빌리는 것을 알선하는 행위도 엄격하게 금지된다. 이는 목구조기술자 자격제도를 엄정하게 유지·관리하기 위한 것으로서 만일 이를 위반하는 경우에는 벌칙 규정에 따라 1년 이하의 징역이나 1천만원 이하의 벌금에 처해질 수 있다(제45조 제2항 제10호).

나. 자격취소 등

산림청장은 목구조기술자에게 일정한 사유가 있는 경우에는 그 자격을 취소하거나 3년 이내의 범위에서 자격정지를 명할 수 있다(제32조 제5항). 산림청장이 현행법에 따라 목구조기술자의 자격취소 등의 처분을 할 수 있는 이러한 사유에는 거짓이나 그 밖의 부정한 방법으로 목구조기술자 자격을 취득한 경우, 현행법에 따른 취업제한이나 명의사용 및 자격증의 대여금지를 위반한 경우, 자격정지기간에 업무를 수행한 경우, 거짓으로 서류를 작성하거나 고의로 그 업무를 사실과 다르게 수행한 경우, 서류작성을 포함하여 업무를 과실로 사실과 다르게 수행한 경우 등이 있다.

산림청장은 목구조기술자에게 이러한 사유가 있다고 하더라도 반드시 그 자격을 취소하거나 자격정지를 명령하여야 하는 것은 아니나, 만일 그 사유가 (1) 거짓이나 그 밖의 부정한 방법으로 목구조기술자 자격을 취득한 경우, (2) 자격정지기간에 업무를 수행한 경우, (3) 거짓으로 서류를 작성하거나 고의로 그 업무를 사실과 다르게 수행한 경우에 해당하는 때에는 반드시 그 자격을 취소하여야 한다(제32조 제5항 단서). 산림청장은 현행법에 따라 목구조기술자의 자격을 취소하는 처분을 하려면 미리 청문을 하여야 한다(제39조 제9호).

3. 전문인력의 양성

산림청장은 목재의 지속가능한 이용에 필요한 전문인력을 양성하기 위하여 필요하면 일정한 학교·기관 등을 전문인력 양성기관으로 지정하여 필요한 교육훈련을 실시하게 할 수 있다(제31조 제1항). 산림청장이 현행법에 따라 이러한 전문인력 양성기관으로 지정할 수 있는 학교 및 기관은 다음과 같다.

- 「고등교육법」 제2조 제1호부터 제6호까지에 따른 학교
- 「산림조합법」에 따른 산림조합중앙회 소속 교육훈련기관
- 「근로자직업능력 개발법」 제2조 제3호에 따른 직업능력개발훈련시설
- 목재에 관한 연구활동 등을 목적으로 설립된 연구소·기관 또는 단체

산림청장은 지정된 전문인력 양성기관에 대하여 예산의 범위에서 교육훈련에 필요한 비용의 전부 또는 일부를 지원할 수 있으며, 이러한 전문인력 양성기관에서의 교육훈련을 수료한 기술인력 및 「국가기술자격법」에 따른 관련 국가기술자격 취득자[기술인력 등]에 대하여 임업직 공무원의 채용 및 경력 산정 시에 가점을 부여하거나 산림사업법인의 등록기준에 이러한 기술인력 등을 채용하는 요건을 갖추

도록 할 수 있다(제31조 제2항·제3항).

산림청장은 지정된 전문인력 양성기관에게 일정한 사유가 있는 경우에는 그 지정을 취소하거나 시정을 명할 수 있다(제31조 제5항). 산림청장이 현행법에 따라 전문인력 양성기관의 지정취소 등을 할 수 있는 이러한 사유에는 거짓이나 그 밖의 부정한 방법으로 지정을 받은 경우, 지정기준에 적합하지 않게 된 경우, 전문인력 양성기관으로 지정받은 날부터 1년 이내에 양성과정을 개설하지 않거나 1년 이상 양성기관을 운영하지 않은 경우, 전문인력 양성기관으로 지정받은 기관이 지정받은 장소가 아닌 곳에서 양성과정을 운영하거나 지정 당시 제출한 양성과정과 다르게 운영하는 경우 등이 있다. 산림청장은 전문인력 양성기관에게 이러한 사유가 있다고 하더라도 반드시 그 지정을 취소하거나 시정을 명령하여야 하는 것은 아니나, 만일 그 사유가 '거짓이나 그 밖의 부정한 방법으로 지정을 받은 경우'에 해당하는 때에는 반드시 그 지정을 취소하여야 한다(제31조 제5항 단서). 산림청장은 현행법에 따라 전문인력 양성기관의 지정을 취소하는 처분을 하려면 미리 청문을 하여야 한다(제39조 제8호).

[3] 목재산업

1. 목재산업의 육성

국가 및 지방자치단체는 목재산업 관련 기술개발을 촉진하기 위하여 목재산업 관련 기술의 연구개발, 개발된 기술의 권리확보 및 실용화, 목재산업 관련 기술의 협력 및 정보교류, 그 밖에 목재산업 관련 기술의 연구개발에 필요한 사항 등을 추진할 수 있다(제30조 제1항). 여기에서 목재산업이란 "목재제품을 생산·판매하는 산업"(제2조 제4호)으로서 제재·합판·섬유판 및 파티클보드산업 등을 말한다. 이러한 목재산업 중 합판산업은 특히 1970년대에는 해외의 산림개발을 기반으로 국내에서 생산한 합판의 약 80%를 수출하는 등 당시 세계 합판시장의 약 20%를 점유하기도 하였다.[55] 그러나 현재 국내 목재산업은 2015년 기준 연간 약 42조원에 이르는 산업규모에도 불구하고, 국내 목재이용량의 대부분은 수입에 의존하면서도 국산목재는 보드용이나 펄프용과 같은 낮은 부가가치로 이용하고 있는 것이 현실이다.[56]

현행법은 이러한 문제를 해결하기 위해서는 무엇보다 기술개발이 중요함을 강조하면서 특히 개발된 기술의 권리확보 및 실용화에 중점을 두는 태도를 보이고

55) 산림청(2017)의 「산림청 50년사」, 79면.
56) 산림청(2018)의 「제6차 산림기본계획(2018년~2037년)」, 57면.

있다. 이는 목재산업의 육성을 위한 다른 규정에서도 확인할 수 있는데, 특히 산림청장에게는 목재산업 관련 기술을 개발하거나 이를 산업화하는 자에게 필요한 경비를 지원할 수 있게 하면서 산림청장이 지방자치단체의 장에게 목재산업에 필요한 기술보급을 위한 사업을 수행하게 한 경우에는 이를 효율적으로 수행할 수 있도록 예산의 범위에서 필요한 비용을 지원할 수 있게 하였다(제30조 제2항 및 제35조 제1항·제2항). 현행법에 따라 산림청장이 지방자치단체의 장에게 수행하게 할 수 있는 이러한 사업에는 목재산업 관련 기술의 보급에 필요한 정보수집, 목재와 관련된 교육·체험사업의 실시, 목재산업 관련 기술교육프로그램의 설치·운영, 그 밖에 산림청장이 필요하다고 인정하는 사업 등이 있다.

국가 및 지방자치단체는 목재산업 정책의 국제적인 동향 파악, 국제협력 촉진 등에 필요한 시책을 수립·시행할 수 있으며, 목재산업의 국제협력 및 대외시장의 진출을 촉진하기 위하여 목재산업 관련 기술과 인력의 국제교류 및 국제공동연구 등의 사업을 실시할 수 있다(제33조 제1항·제2항). 이는 목재의 해외의존도가 높은 우리나라의 현실을 감안하면, 목재산업의 육성을 위해서는 기술개발과 함께 국제적인 협력관계를 강화하는 것이 사실 선택의 여지가 없을 정도로 필수적인 과제이기 때문이다.

산림청장은 목재의 효율적 이용과 목재산업의 체계적 육성을 위하여 목재유통단지 또는 목재산업단지의 개발을 지원할 수 있다(제28조 제2항). 이러한 목재유통단지나 목재산업단지는 권역별로 조성되어 활성화될 경우 목재의 효율적 이용뿐만 아니라 목재산업의 혁신을 위한 거점의 역할도 담당하게 될 것으로 기대된다. 특히 목재산업단지의 경우에는 지역별 산업체를 중심으로 대학·연구소 및 행정기관이 네트워크를 구축하도록 조성하고, 이를 생산효율성·용도 및 수종 등의 특성에 따라 특화한다면 이러한 혁신을 선도하는 핵심기반시설이 될 것으로 보인다.[57]

2. 생산·수입 및 판매 등의 실적 보고

목재산업을 경영하는 자는 농림축산식품부령으로 정하는 바에 따라 목재의 지속가능한 이용에 필요한 사항을 지방자치단체의 장에게 제출하여야 한다(제37조 제1항). 현행법에 따라 이를 제출하여야 하는 목재산업은 시행령 제24조 제1항 별표2에 따른 원목생산업, 제재업 및 목재수입유통업으로 한다(제37조 제2항 및 시행령 제29조). 이는 목재생산업의 종류별 등록기준에서 정한 목재산업의 범위와 동일한 것이다.

57) 산림청(2018)의 「제6차 산림기본계획(2018년~2037년)」, 59면.

현행법에 따른 보고는 원목생산업, 제재업 및 목재수입유통업을 경영하는 자가 매 분기별 1일부터 말일까지의 생산·수입 및 판매 등의 실적을 적은 보고서를 매 분기 말일의 다음 달 10일까지 시장·군수·구청장에게 제출하는 방식으로 한다(시행규칙 제30조). 현행법에 따르면 이러한 보고서는 인터넷 홈페이지 등을 이용한 전자적 방식으로도 제출할 수 있다.

Ⅶ. 목재 관련 조직

[1] 지속가능한 목재이용위원회

목재이용을 지속적으로 활성화하기 위하여 산림청장 소속으로 지속가능한 목재이용위원회[목재이용위원회]를 둔다(제9조 제1항~제3항). 현행법에 따른 이러한 목재이용위원회는 위원장 1명을 포함하여 20명 이내의 위원으로 구성하며, 다음과 같은 업무를 수행한다.

- 종합계획의 심의
- 목재교육전문가 양성기관의 지정에 관한 심사
- 목재교육프로그램의 인증에 관한 심사
- 목재제품명인의 인정 및 지역 간벌재 이용제품의 인증에 관한 심사
- 안전성 우수 목재제품의 지정 및 안전성 위해 목재제품의 지정에 관한 심사
- 목재제품 신기술 지정에 관한 심사
- 현행법 제20조에 따른 목재제품의 규격·품질기준의 심사
- 그 밖에 목재의 지속가능한 이용에 관한 사항 중 농림축산식품부령으로 정하는 사항[58]

목재이용위원회에는 대통령령으로 정하는 바에 따라 분과위원회 및 전문위원을 둘 수 있다(제9소 제4항·제5항 및 시행령 제7조 제1항·제3항). 이에 따르면 분과위원회는 목재이용활성화 분과위원회, 목재산업경쟁력 분과위원회 및 목재교육 분과위원회로 구분하며, 각 분과위원회는 위원장 1명을 포함하여 10명 이내의 위원으로 성별을 고려하여 구성한다. 목재이

---

58) 여기에서 '농림축산식품부령으로 정하는 사항'이란 ① 목재제품명인의 인정 및 지역 간벌재 이용제품의 인증에 관한 심사를 위한 인증·인정기준, 목재제품의 안전성평가 기준 및 안전성 우수 목재제품 및 안전성 위해 목재제품의 지정기준, 목재제품 신기술의 지정기준, 자체검사공장의 지정기준, 전문인력 양성기관의 지정기준 등 기준에 관한 심사, ② 목재교육전문가 양성기관의 지정 취소 및 시정명령에 관한 심사, ③ 목재교육프로그램의 인증내용의 변경에 관한 심사, 현행법 제22조 제5항에 따른 회수명령에 관한 심사, 전문인력 양성기관의 지정에 관한 심사 등을 말한다(시행규칙 제3조).

용위원회의 위원 중 공무원이 아닌 위원은 형법 제129조부터 제132조까지의 규정에 따른 벌칙을 적용할 때에는 공무원으로 본다(제44조).

[2] 목재문화진흥회

목재문화의 진흥, 목재교육의 활성화 및 목재의 지속가능한 이용을 촉진하기 위하여 산림청장 소속으로 목재문화진흥회를 설립한다(제16조 제1항·제3항 및 제6항). 목재문화진흥회는 법인으로 하고, 그 주된 사무소의 소재지에 설립등기를 함으로써 성립한다. 현행법에 따른 이러한 목재문화진흥회에 관하여 현행법에서 규정한 것을 제외하고는 민법 중 사단법인에 관한 규정을 준용한다.

목재문화진흥회는 (1) 목재문화와 목재교육에 관한 정책·제도의 조사·연구 및 교육·홍보 등에 관한 사업, (2) 목재문화의 진흥 및 목재교육의 활성화에 관한 사업, (3) 목재문화지수의 향상에 관한 사업, (4) 탄소저장량의 측정에 관한 사업, (4) 그 밖에 목재의 지속가능한 이용을 위하여 필요한 사업으로서 농림축산식품부령으로 정하는 사업[59]을 한다(제16조 제2항·제4항). 목재문화진흥회가 수행하는 이러한 사업에 사용되는 경비는 회비·사업비 및 위탁수수료 등으로 충당하며, 국가 또는 지방자치단체는 현행법에 따라 그 소요경비의 일부를 예산의 범위에서 지원할 수 있다.

제 3 절 석재산업 진흥에 관한 법률

Ⅰ. 총 론

[1] 개 요

「석재산업 진흥에 관한 법률」에 따르면 석재란 "건축용, 공예용, 조경용, 쇄골재용 및 토목용으로 사용하기 위한 암석"(같은 법 제2조 제1호)으로서 채취 또는 가공된 것을 포함한다. 현행법에 따른 이러한 석재는 단순히 암석이 아니라 일정한 용도로 사용하기 위한 것으로서 「산지관리법」에 따른 토석 중에서 토사를 제외한 것이다(같은 법 제2조 제4호·제5호).

---

59) 여기에서 '농림축산식품부령으로 정하는 사업'이란 국내외 목재문화 관련 정보의 수집, 목재문화 정보화 사이트의 운영, 목재가공 관련 교육프로그램의 개발·보급, 목재제품명인 인정의 신청접수 및 검토 등을 말한다(시행규칙 제10조).

그러나 「석재산업 진흥에 관한 법률」에 따른 석재는 산지에 있는 석재에 한정하지 않는다는 점에서 「산지관리법」상의 석재가 '산지의' 토석 중 건축용, 공예용, 조경용, 쇄골재용 및 토목용으로 사용하기 위한 암석을 말하는 것과는 구별된다. 「산지관리법」에서는 또한 자연석이라는 용어도 사용하고 있는데, 이는 "산지에 있는 인공적으로 절개되거나 파쇄되지 않은 원형상태의 암석 중 대통령령으로 정하는 규모 이상의 암석"(제28조 제3항)으로서 석재의 개념과는 다른 것이다.

「석재산업 진흥에 관한 법률」에 따르면 이러한 석재의 채취 · 가공 · 유통 · 판매 · 수출입과 석재를 활용한 전시 · 체험 · 연구 · 관광, 그 밖에 석재와 관련된 재화나 용역을 제공하는 산업을 석재산업이라고 한다(제2조 제2호). 이러한 석재산업은 토목 및 건축 등에 있어서 필수불가결한 원자재인 석재를 공급하는 중요한 산업임에도 불구하고, 그동안에는 이와 관련하여 「산지관리법」에서 석재채취의 제한 등에 관해서만 규제하였을 뿐 석재산업을 체계적으로 보호 · 육성하기 위한 제도적 장치는 미비한 실정이었다.[60] 특히 2015년 한 · 중 자유무역협정(FTA)이 체결된 이후에는 중국산 석재의 수입이 증가하는 추세에 있어 국내의 석재산업 기반을 유지하고 경쟁력을 강화하는 것이 국가적으로도 중요한 과제로 대두되었는데, 실제로 2019년의 경우 우리나라의 총 석재수입량 중 약 85% 정도가 낮은 가격을 경쟁력으로 하는 중국으로부터 수입되는 등 석재의 특정국가에 대한 의존도는 매우 심각한 것이 현실이다.[61]

이에 따라 그동안 석재산업에 대한 법적 · 정책적 지원을 요청하는 관련 종사자들의 목소리가 끊임없이 제기되어 왔으며, 이를 위한 개별법의 제정요구도 지속적으로 제기되어 왔다. 정부에서도 석재산업 종사자 등의 이러한 요구를 반영하여 석재채취 및 가공업의 현황 및 실태 등에 대한 기초조사와 함께 법률제정에 대비한 하위법령의 제정방안을 연구하는 등 석재산업의 진흥을 위한 개별법의 제정을 준비하여 왔으며,[62] 그 결과 마침내 2020년 2월 18일 「석재산업 진흥에 관한 법률」(법률 제17018호)을 제정하게 되었다. 이러한 「석재산업 진흥에 관한 법률」은 석재산업의 발전기반을 조성하고 경쟁력을 강화하고자 하는 것으로서 석재산업의 진흥에 관하여는 다른 법률에 우선하여 적용하며(제4조), 다음과 같은 내용을 그 기본

60) 법제처의 국가법령정보센터(www.law.go.kr) 중 「석재산업 진흥에 관한 법률」(법률 제17018호, 2020. 2. 18.)의 제정이유를 참고하라.

61) 산림청(2020)의「2020 임업통계연보(제50호)」, 318면. 이에 따르면 2019년 우리나라의 총 석재 수입량은 3,069,094톤(M/T)이며, 이 중에서 2,603,240톤(M/T)이 중국으로부터 수입되었다.

62) 산림청, 「2018년도 산림과 임업 동향에 관한 연차보고서」, 2019, 179면.

틀로 하고 있다.

- 석재산업 진흥에 관한 종합계획의 수립
- 석재채취업 및 석재가공업의 등록제도
- 석재산업진흥지구의 지정 등 석재산업에 대한 지원
- 우수사업자 · 전통석재제품에 대한 인증 및 전통석재제품명인의 인정제도
- 석재에 대한 원산지 표시제도 및 지리적표시 등록제도

[2] 목적 및 책무

1. 목 적

「석재산업 진흥에 관한 법률」은 석재산업의 진흥에 필요한 사항을 정함으로써 석재산업 발전의 기반을 조성하고 석재산업의 경쟁력 강화를 도모하여 임업발전 및 국민경제의 건전한 발전에 이바지하는 것을 목적으로 한다(제1조). 따라서 「석재산업 진흥에 관한 법률」의 목적은 '임업발전 및 국민경제의 건전한 발전에 이바지하는 것'이며, 석재산업 발전의 기반을 조성하고 석재산업의 경쟁력을 강화하는 것은 그 주요 수단이 된다.

현행법이 이러한 법의 목적과 관련하여 특히 석재산업의 진흥이 임업발전에 이바지하기 위한 것임을 명문으로 규정한 것은 현행법상 석재산업의 대상인 석재에는 산지에서 채취하는 석재에 한정하지 않고 있으나, 「산림자원의 조성 및 관리에 관한 법률」에 따르면 산림에 있는 토석의 경우에는 산림자원과 임산물에 해당하는 것이므로(같은 법 제2조 제2호 및 제7호) 석재산업 발전의 기반을 조성하고 석재산업의 경쟁력을 강화하는 것이 국민경제뿐만 아니라 곧 임업발전에도 이바지하는 것임을 분명히 하기 위한 것으로 보인다.

2. 국가 및 지방자치단체의 책무

국가 및 지방자치단체는 석재산업의 진흥 및 지원에 필요한 시책을 수립 · 시행하여야 한다(제3조). 현행법은 국가 및 지방자치단체의 이러한 책무를 이행하기 위하여 산림청장에게 석재산업의 진흥에 관한 종합계획을 수립 · 시행하도록 하고, 석재채취업 · 석재가공업의 등록제도 및 석재산업진흥지구의 지정 등 석재산업에 대한 지원을 명시하면서 우수사업자 · 전통석재제품에 대한 인증과 전통석재제품명인의 인정제도 등을 규정하고 있다.

Ⅱ. 석재산업 진흥에 관한 종합계획

[1] 실태조사

산림청장은 석재산업 진흥에 관한 종합계획 및 시행계획과 그 밖에 석재산업의 진흥에 필요한 정책을 효율적으로 수립하기 위하여 석재산업과 관련한 실태조사를 실시할 수 있다(제6조 제1항·제2항). 이를 위하여 산림청장은 필요한 경우에는 관계 중앙행정기관의 장, 지방자치단체의 장, 「공공기관의 운영에 관한 법률」에 따른 공공기관의 장, 관련 연구기관 및 단체 또는 석재사업자에게 필요한 자료 및 정보의 제공이나 의견의 진술을 요청할 수 있다. 이 경우 산림청장으로부터 자료 및 정보의 제공이나 의견의 진술을 요청받은 자는 특별한 사유가 없으면 이에 협조하여야 한다.

현행법에 따라 산림청장이 실시하는 이러한 실태조사에는 석재산업의 업종별 현황, 석재의 분포현황·생산량 및 가격동향, 전통석재제품 등 석재를 주재료로 하여 제조·가공한 제품[석재제품]의 제조·가공 및 이용현황, 석재산업과 관련된 기술보급 및 연구·개발현황, 석재산업과 관련된 인력수요 및 고용동향, 국내외 석재산업의 동향 및 전망, 석재산업에 따른 환경피해와 복구현황 및 재해예방 실태, 그 밖에 산림청장이 석재산업의 진흥에 필요하다고 인정하는 사항 등이 포함되어야 한다(제6조 제3항 및 시행령 제4조 제1항·제2항). 산림청장은 이러한 실태조사를 하는 경우 현장조사, 문헌조사, 전화 또는 전자우편 등을 이용하는 방법으로 할 수 있다.

[2] 종합계획의 수립·시행

1. 종합계획

산림청장은 석재산업의 진흥을 위하여 5년마다 석재산업 진흥에 관한 종합계획[종합계획]을 수립하여야 한다(제5조 제1항·제2항). 이러한 종합계획에는 석재산업의 진흥에 관한 기본방향, 석재산업의 발전전략 및 기반조성, 석재산업의 지원·육성, 석재채취로 인한 산지훼손의 예방, 전통석재제품 등 석재 이용의 활성화 및 홍보, 석재가공 부산물·폐기물의 재활용 대책 및 연구개발, 그 밖에 석재산업 진흥을 위하여 필요한 사항 등이 포함되어야 한다.

산림청장은 현행법에 따라 종합계획을 수립하려는 경우에는 미리 관계 중앙행정기관의 장과 특별시장·광역시장·특별자치시장·도지사·특별자치도지사[시·

도지사]의 의견을 들어야 하며, 종합계획의 수립을 위하여 필요한 경우에는 관계 중앙행정기관의 장과 시·도지사에게 자료의 제출을 요청할 수 있다(제5조 제4항 및 시행령 제2조 제1항~제3항). 산림청장은 이러한 절차를 거쳐 종합계획을 수립하였을 때에는 지체 없이 관계 중앙행정기관의 장과 시·도지사에게 그 내용을 알리고, 농림축산식품부령으로 정하는 바에 따라 이를 공표하여야 한다.

2. 시행계획

산림청장은 종합계획의 추진을 위하여 관계 중앙행정기관의 장의 의견을 수렴하여 매년 시행계획을 수립·시행하여야 한다(제5조 제3항·제4항 및 시행령 제3조 제2항). 현행법에 따른 이러한 시행계획에는 전년도 시행계획의 추진실적 평가, 사업추진 방향 및 목표, 주요 사업내용 및 추진계획, 그 밖에 종합계획의 추진을 위하여 산림청장이 필요하다고 인정하는 사항 등이 포함되어야 한다. 산림청장은 시행계획의 수립을 위하여 필요한 경우에는 관계 중앙행정기관의 장과 시·도지사에게 자료의 제출을 요청할 수 있으며, 현행법이 정한 바에 따라 시행계획을 수립했을 때에는 지체 없이 관계 중앙행정기관의 장과 시·도지사에게 그 내용을 알려야 한다(시행령 제3조 제3항·제4항).

Ⅲ. 석재채취업 및 석재가공업의 등록

[1] 등 록

1. 등록요건

석재산업 중 석재의 채취 또는 가공을 업[석재채취업 등]으로 하려는 자는 현행법에 따라 등록을 하여야 한다(제9조 제1항·제2항). 이에 따르면 석재산업 중 석재의 채취를 업으로 하려는 자는 자본금, 인력 등 대통령령으로 정하는 요건을 갖추어 주된 사무소의 소재지를 관할하는 특별자치시장·특별자치도지사·시장·군수·구청장[시장 등]에게 '석재채취업'의 등록을 하여야 하며, 석재산업 중 석재의 가공을 업으로 하려는 자는 시설, 인력 등 대통령령으로 정하는 요건을 갖추어 주된 사무소의 소재지를 관할하는 시장 등에게 '석재가공업'의 등록을 할 수 있다.[63]

---

63) 예를 들어 석재채취업 중 건축용 석재를 채취하는 석재채취업의 경우 등록요건은 다음과 같다(시행령 제10조 제1항 별표1). ① 자본금: 법인 3억원 또는 개인 6억원, ② 시설 및 장비: 로더(버킷용량 0.7m^3 이상) 1대 이상, 굴착기(자체중량 28톤 이상) 1대 이상, 덤프트럭(적재용량 15톤 이상) 등 운반장비 1대 이상, 줄톱(절단용량이 분당 0.8m^3 이상) 1대 이상, ③ 인력: 장비별

현행법에 따르면 석재의 채취를 업으로 하려는 경우에는 의무적으로 석재채취업의 등록을 하여야 하나, 석재가공업의 경우에는 그 등록에 관한 규정이 임의규정에 해당하므로 반드시 등록을 하여야만 하는 것은 아니다. 이는 '보전과 이용의 조화'라는 원칙 아래 「산지관리법」을 통하여 엄격하게 규율하고 있는 석재의 채취에 대하여는 이를 업으로 하는 경우 등록을 강제함으로써 두 법률 사이의 법적 일관성을 유지하고자 하려는 것으로 보인다. 그러나 이 경우에도 「골재채취법」 제14조에 따라 골재채취업의 등록을 한 자는 현행법에 따라 석재채취업의 등록을 한 것으로 의제되므로 별도로 석재채취업의 등록을 다시 할 필요는 없다(제9조 제1항 단서). 이는 골재채취업의 등록을 한 경우에는 이미 석재채취업의 등록 요건에 해당하는 일정한 자본금, 시설·장비 및 기술인력을 보유하고 있다고 보아야 하는 것이 합리적이므로 이미 골재채취업의 등록을 하였음에도 석재의 채취를 위하여 다시 석재채취업의 등록을 하도록 하는 것은 골재채취업의 등록을 한 자에게 불필요한 부담을 지우는 것일 뿐만 아니라 유사한 행정행위를 반복하는 것이 되기 때문이다.

석재채취업 등을 등록하려는 자에게 일정한 결격사유가 있는 경우에는 석재채취업 등을 등록할 수 없다(제10조). 현행법에 따르면 이러한 결격사유에 해당하는 자에는 (1) 파산선고를 받고 복권되지 않은 사람, (2) 석재채취업 등의 등록이 취소된 날부터 2년이 지나지 않은 자, (3) 현행법을 위반하여 징역형의 실형을 선고받고 그 집행이 끝나거나 면제된 날부터 2년이 지나지 않은 사람, (4) 현행법을 위반하여 징역형의 집행유예를 선고받고 그 유예기간 중에 있는 사람 등이 있다. 여기에서 '징역형의 실형을 선고받고 그 집행이 끝난 경우'에는 징역형의 실형을 선고받고 법률에 의하여 그 집행이 끝난 것으로 보는 경우를 포함하며, 이러한 결격사유는 석재채취업 등을 등록하려는 자가 법인인 경우 그 임원 중 이에 해당하는 사람이 있을 때에도 동일하게 적용한다.

2. 등록증의 발급 및 관리·감독

시장 등은 석재채취업 등으로 등록한 석재채취업자 등에게 등록증을 발급하여야 한다(제9조 제3항). 이와 관련하여 산림청장은 현행법에 따른 석재채취업자 등의 등록사

로 운전 또는 조종에 관한 면허나 자격을 가진 기술인력이 1명 이상. 한편 석재가공업의 경우에는 석재채취업의 경우와 그 자격요건이 다른데, 예를 들어 건축용 석재를 가공하는 석재가공업의 경우에는 자본금의 요건 없이 「산업집적활성화 및 공장설립에 관한 법률」에 따라 석제품 제조업으로 등록한 공장으로서 절삭기가 1대 이상이고 상시근로자가 1명 이상인 요건만을 갖추면 된다.

항을 확인하거나 석재채취업자 등의 관리·감독을 위하여 필요한 경우에는 관계 행정기관의 장에게 필요한 자료를 요청할 수 있다. 이 경우 산림청장으로부터 자료의 요청을 받은 관계 기관의 장은 특별한 사유가 없으면 협조하여야 한다(제23조).

만일 석재채취업자 등이 대통령령으로 정하는 등록사항[64]을 변경하려는 경우 또는 사업을 양도하거나 합병하려는 경우에는 대통령령으로 정하는 바에 따라 시장 등에게 신고하여야 하며, 특히 현행법에 따라 등록을 한 석재채취업자 등은 다른 사람에게 자기의 상호 또는 명칭을 사용하여 석재채취업 등을 경영하게 하거나 그 등록증을 빌려 주어서는 안 된다(제9조 제4항·제5항).

[2] 등록취소 등

시장 등은 석재채취업자 등에게 일정한 사유가 있는 경우에는 석재채취업 등의 등록을 취소하거나 6개월 이내의 기간을 정하여 영업의 정지를 명할 수 있다(제11조 제1항). 시장 등이 현행법에 따라 석재채취업 등의 등록취소 또는 영업정지 처분 등을 할 수 있는 이러한 사유에는 거짓이나 그 밖의 부정한 방법으로 등록을 한 경우, 석재채취업 등을 등록하려는 자에게 결격사유가 있는 경우, 현행법에 따라 신고하지 않고 등록사항을 변경하거나 사업을 양도 또는 합병한 경우, 현행법에 위반하여 다른 사람에게 자기의 상호 또는 명칭을 사용하여 석재채취업 등을 경영하게 하거나 그 등록증을 빌려준 경우, 석재채취업 등의 등록요건에 미치지 못하게 된 경우, 정당한 사유 없이 현행법에 따른 보고를 하지 않거나 검사를 거부·방해 또는 기피한 경우, 영업정지기간에 영업을 한 경우 등이 있다.

시장 등은 석재채취업자 등에게 이러한 사유가 있다고 하더라도 반드시 그 석재채취업 등의 등록을 취소하여야 하는 것은 아니나, 만일 그 사유가 '거짓이나 그 밖의 부정한 방법으로 등록을 한 경우' 또는 '석재채취업 등을 등록하려는 자에게 결격사유가 있는 경우'에 해당하는 때에는 반드시 그 석재채취업 등의 등록을 취소하여야 한다(제11조 제1항 단서). 시장 등은 현행법에 따라 석재채취업 등의 등록을 취소하는 처분을 하려면 청문을 하여야 하며, 이러한 절차를 거쳐 석재채취업자가 시장 등

64) 여기에서 '대통령령으로 정하는 등록사항'이란 현행법에 따라 석재채취업 등을 등록한 석재채취업자 등의 상호 및 성명, 석재채취업자 등의 대표자(법인인 경우만 해당한다), 석재채취업자 등의 주된 사무소의 소재지, 석재채취업자 등의 시설·장비보유 현황, 기술인력 현황(석재채취업으로 등록한 자만 해당한다), 「산업집적활성화 및 공장설립에 관한 법률」 제16조 제1항에 따른 공장등록사항(석재가공업으로 등록한 자만 해당한다)을 말한다(시행령 제11조 제1항).

으로부터 석재채취업 등의 등록취소 처분을 받은 경우에는 그 처분을 받은 날부터 석재채취업을 할 수 없다(제11조 제3항·제4항). 그러나 이 경우에도 등록취소 처분을 받기 전에 유통하기로 계약한 석재의 경우에는 이에 한정하여 계속 유통할 수 있다. 이는 등록취소처분의 효과가 '그 취소처분을 받은 날부터' 발생하기 때문이다.

Ⅳ. 석재산업의 진흥

[1] 기반 조성

1. 전문인력의 양성

국가 또는 지방자치단체는 석재산업의 진흥을 위하여 전문인력을 양성할 수 있다(제7조 제1항·제2항). 전문인력의 양성은 석재산업의 진흥을 위한 가장 든든한 기반을 조성하는 일로서 산림청장은 이를 위하여 「고등교육법」 제2조에 따른 대학, 석재산업 진흥을 위한 조사·연구 등을 목적으로 설립된 연구소·기관 또는 단체를 전문인력 양성기관으로 지정하여 필요한 교육훈련을 실시하게 할 수 있다.

현행법에 따라 전문인력 양성기관으로 지정받으려는 자는 (1) 석재산업 전문인력의 양성에 필요한 교육과정과 교육내용에 관한 계획을 적절하게 수립할 것, (2) 전문 교수요원 및 전담 운영인력을 각각 1명 이상 확보할 것, (3) 농림축산식품부령으로 정하는 면적 이상의 교육시설 등 석재산업 전문인력의 양성에 필요한 교육시설 및 교육장비를 보유할 것, (4) 운영경비 조달계획이 타당할 것과 같은 지정요건을 모두 갖추어 신청서와 함께 산림청장에게 제출하여야 한다(제7조 제3항 및 시행령 제5조 제1항·제2항).

산림청장은 현행법에 따라 지정된 전문인력 양성기관에게 대통령령으로 정하는 바에 따라 교육훈련에 필요한 비용의 전부 또는 일부를 지원할 수 있다(제7조 제2항 후단·시행령 제8조). 이 경우 산림청장이 전문인력 양성기관에게 지원할 수 있는 비용에는 강사료와 수당, 교육자료 및 교육프로그램의 개발·보급에 필요한 비용, 현장실습 등 교육과정 운영비, 교육장비 및 교육시설의 구축·관리비용, 교육훈련에 필요한 조사·연구개발비용, 그 밖에 교육훈련에 필요하다고 인정되는 비용 등이 있다.

2. 기술개발

산림청장은 석재산업의 진흥을 위하여 관련 기술의 연구·개발 및 산업화를 추진할 수 있으며, 이를 활성화하고 원활하게 추진하기 위하여 관련 기술을 연구·

개발하거나 산업화하는 자에게는 대통령령으로 정하는 바에 따라 필요한 경비를 지원할 수 있다(제8조 제1항·제2항). 이 경우 산림청장은 현행법에 따라 경비를 지원하려는 때에는 석재산업 관련 기술을 연구·개발하거나 산업화하는 자를 대상으로 하는 공개모집으로 지원대상자를 선정하여야 한다(시행령 제9조 제2항).

산림청장이 현행법에 따라 경비를 지원할 수 있는 석재산업 관련 기술에는 석재의 채취 및 가공에 관한 기술, 석재제품의 품질 및 성능향상에 관한 기술, 석재산업으로 인한 환경피해 저감 및 복구에 관한 기술, 석재산업으로 인한 재해예방 및 안전강화에 관한 기술, 석재제품의 제조·가공 과정에서의 부산물·폐기물의 재활용에 관한 기술, 전통석재제품의 제조·가공에 관한 기술, 그 밖에 석재산업 진흥을 위하여 산림청장이 필요하다고 인정하는 기술 등이 있다(시행령 제9조 제1항).

[2] 석재산업의 진흥을 위한 제도

1. 전시 및 홍보지원

산림청장 또는 시·도지사는 석재산업의 활성화 및 홍보를 위하여 전통석재제품 등을 전시하는 시설을 설치·운영하는 자에 대하여 예산의 범위에서 필요한 경비의 전부 또는 일부를 지원할 수 있다(제12조 제1항). 여기에서 전통석재제품이란 "국산 석재를 주재료로 하여 전통적인 원리에 따라 제조·가공되어 우리 고유의 석재기술을 계승·발전하는 제품"(제2조 제4호)으로서 주재료를 국산 석재로 해야 할 뿐만 아니라 그 제조 및 가공방식 또한 전통적인 원리에 따라 제작된 것이어야 한다.

현행법에 따라 산림청장 또는 시·도지사가 경비를 지원할 수 있는 전통석재제품 등은 (1) 예술적·문화적·역사적 가치가 높을 것, (2) 품질이 우수하여 산업화 수요가 높을 것, (3) 고유한 특성을 가지고 있어 전시·홍보 효과가 높을 것 등과 같은 기준을 충족하여야 하며, 이를 전시하는 시설을 설치·운영하는 자에게 지원할 수 있는 경비에는 전시시설의 설치에 필요한 경비, 전통석재제품 등의 구입 또는 대여에 필요한 경비, 전통석재제품 등의 홍보 프로그램 개발·운영에 필요한 경비, 그 밖에 석재산업의 활성화 및 홍보를 위하여 필요하다고 인정되는 경비 등이 포함된다(제12조 제2항 및 시행령 제13조 제1항·제2항).

2. 석재사업자에 대한 지원

산림청장, 시·도지사 또는 시장·군수·구청장은 석재사업자에 대하여 우수한 석재의 확보, 시장개척 및 판로확대, 경영 컨설팅 등의 지원 시책을 추진할 수 있으며, 석재산업의 기반 조성을 위하여 일정한 사업을 하는 석재사업자에게 사업에 필요한 비용의 전부 또는 일부를 보조 또는 융자하거나 기술지원을 할 수 있다(제13조 제1항·제2항). 여기에서 석재사업자란 "석재산업을 영위하는 자"(제2조 제3호)를 말하며, 현행법에 따라 산림청장, 시·도지사 또는 시장·군수·구청장이 비용이나 기술을 지원할 수 있는 사업은 다음과 같다.

- 석재의 채취·가공·유통·판매·수출입에 필요한 시설 및 장비의 설치·보수·개조 또는 개량사업
- 석재산업에 따른 환경피해 및 재해예방과 복구에 필요한 시설 및 장비의 설치·보수·개조 또는 개량사업
- 그 밖에 석재산업의 기반 조성을 위하여 대통령령으로 정하는 사업으로서 석재사업에 필요한 사업장부지 취득, 석재제품의 제조·가공에 필요한 우수한 석재의 구입, 그 밖에 석재산업의 기반조성을 위하여 산림청장, 시·도지사 또는 시장·군수·구청장이 필요하다고 인정하는 사업(시행령 제14조 제2항)

현행법에 따른 이러한 재정적·기술적 지원은 사업에 직접 필요한 시설·장비뿐만 아니라 환경피해 및 재해예방과 복구에 필요한 시설·장비에 대한 지원까지 포함하는 포괄적인 것이며, 특히 석재사업에 필요한 사업장부지의 취득과 석재구입 자금을 그 지원대상에 포함한 것은 통상적인 재정지원의 범위를 넘는 것으로서 석재산업의 진흥을 위한 정부의 적극적인 정책의지가 그대로 표현된 것으로 보아야 할 것이다.

3. 우수사업자 인증제도

가. 우수사업자의 인증

산림청장은 석재의 채취·가공기술이 우수한 석재사업자를 우수사업자로 인증할 수 있다(제14조 제1항~제3항). 현행법에 따라 산림청장으로부터 우수사업자의 인증을 받으려는 석재사업자는 농림축산식품부령으로 정하는 바에 따라 산림청장에게 이를 신청하여야 하며, 이러한 신청을 받은 산림청장은 농림축산식품부령으로 정하는 인증기준[65]에 따라 평가한 후 우수사업자로 인증을 받은 석재사업자[인증사업자]에게는

65) 여기에서 '농림축산식품부령으로 정하는 우수사업자 인증기준'이란 ① 품질관리, ② 시설·장비의 현대화, ③ 기술의 연구·개발, ④ 기술의 특허 보유, ⑤ 전문인력의 확보, ⑥ 법령 준수 등의 기준을 말한다(시행규칙 제9조 제1항 별표2).

인증서를 발급할 수 있다. 이 경우 산림청장은 인증을 신청하는 석재사업자에게 농림축산식품부령으로 정하는 바에 따라 인증에 필요한 비용을 부담하게 할 수 있으며, 인증사업자가 인증기준을 적합하게 유지하는지를 조사·점검하고 필요한 경우에는 자료제출 요구 등을 할 수 있다(제14조 제5항·제6항).

현행법에 따라 우수사업자로 인증을 받은 인증사업자는 산림청장으로부터 현행법 제13조에 따른 재정적·기술적 지원을 우선적으로 받을 수 있으며, 인증사업자로서 인증표시를 할 수 있다(제14조 제3항·제7항). 현행법에 따른 인증사업자가 아닌 석재사업자는 인증표시나 이와 유사한 표시를 해서는 안 되며, 만일 어느 누구라도 이에 위반하여 인증표시 또는 이와 유사한 표시를 한 경우에는 현행법의 벌칙에 따라 1년 이하의 징역 또는 1천만원 이하의 벌금에 처해질 수 있다(제14조 제4항 및 제26조 제4호).

나. 우수사업자 인증의 취소

산림청장은 인증사업자에게 일정한 사유가 있는 경우에는 우수사업자 인증을 취소할 수 있다(제15조). 산림청장이 현행법에 따라 우수사업자의 인증을 취소할 수 있는 이러한 사유에는 인증사업자가 거짓이나 그 밖의 부정한 방법으로 인증을 받은 경우, 정당한 사유 없이 현행법 제14조 제6항에 따라 산림청장이 실시하는 인증기준의 유지 여부에 관한 조사·점검을 3회 이상 거부한 경우, 현행법이 정한 인증기준에 적합하지 않게 된 경우 등이 있다.

산림청장은 인증사업자에게 이러한 사유가 있다고 하더라도 반드시 그 우수사업자 인증을 취소하여야 하는 것은 아니나, 만일 그 사유가 '거짓이나 그 밖의 부정한 방법으로 인증을 받은 경우'에 해당하는 때에는 반드시 그 인증을 취소하여야 한다(제15조 단서). 이와 관련하여 현행법은 산림청장이 우수사업자의 인증을 취소하는 경우 청문을 거쳐야 하는지에 대하여는 별도로 규정하고 있지 않으나, "행정의 공정성·투명성 및 신뢰성을 확보하고 국민의 권익을 보호"(행정절차법 제1조)하기 위하여 청문을 넓게 인정하려는 「행정절차법」의 취지를 반영하여 추후에는 그 인증을 취소하는 경우 「목재의 지속가능한 이용에 관한 법률」 제39조 제4호의 예와 같이 반드시 청문을 거치도록 명문으로 규정하여야 할 것이다.

4. 전통석재제품의 인증 및 전통석재제품명인 인정제도

가. 인증·인정의 기준 및 신청

산림청장은 대통령령으로 정하는 기준에 따라 전통석재제품의 인증이나 전통석재제품명인의 인정[인증 · 인정]을 할 수 있다(제16조 제1항). 여기에서 '대통령령으로 정하는 기준'이란 (1) 전통석재제품을 인증하는 경우에는 전통성, 재료, 생산관리, 전통석재제품명인의 생산 참여 및 상품성 등을 기준으로 하며, (2) 전통석재제품명인을 인정하는 경우에는 「무형문화재 보전 및 진흥에 관한 법률」에 따라 석공예 분야의 국가무형문화재의 보유자로 인정을 받은 사람 등 전통석재제품명인의 인정기준에서 정하는 자격[66]을 갖춘 사람 중 전통성, 경력 및 활동사항, 계승 · 발전의 필요성과 보호가치, 산업성 및 윤리성 등을 기준으로 한다(시행령 제15조 제1항 · 제2항 및 별표3·4).

현행법에 따라 전통석재제품의 인증이나 전통석재제품명인의 인정을 신청하려는 자는 신청서에 인증 · 인정기준을 갖추었음을 증명하는 서류 등을 첨부하여 산림청장에게 신청하여야 한다(제16조 제7항 및 시행규칙 제10조 제1항 · 제2항). 다만, 현재에는 이러한 전통석재제품의 인증이나 전통석재제품명인의 인정에 대한 신청접수가 현행법 제24조 제2항에 따라 「임업 및 산촌 진흥촉진에 관한 법률」에 따른 한국임업진흥원에 위탁(시행령 제23조 제5호)되어 있으므로 현행법에 따른 인증 · 인정을 신청하려는 자는 실제로는 한국임업진흥원장에게 신청하여야 한다. 현행법에 따르면 이러한 인증 · 인정과 같이 위탁받은 업무에 종사하는 한국임업진흥원의 임직원은 형법 제129조부터 제132조까지의 규정을 적용할 때에는 공무원으로 본다(제25조).[67]

---

66) 여기에서 '전통석재제품명인의 인정기준에서 정하는 자격'이란 ① 「무형문화재 보전 및 진흥에 관한 법률」에 따라 석공예 분야의 국가무형문화재의 보유자로 인정을 받은 사람(명예보유자는 제외한다), ② 「숙련기술장려법」에 따라 석공예 직종의 대한민국명장으로 선정된 사람, ③ 「문화재수리 등에 관한 법률」에 따라 한식석공 중 가공석공 종류의 문화재수리기능자 자격증을 발급받은 사람, ④ 「숙련기술장려법」에 따른 전국기능경기대회 또는 국제기능올림픽대회에서 석공예 직종으로 입상한 사람, ⑤ 「국가기술자격법」에 따른 석공예기능사 자격증을 취득한 후 석공예 분야에서 10년 이상 실무에 종사한 사람, ⑥ 석공예 분야에 계속하여 20년 이상 종사한 사람에 해당하는 자격을 갖춘 사람으로서 전통 석공예 기법을 보전하고 이를 실현할 수 있는 사람이어야 한다(시행령 제15조 제2항 별표4, 1.가~바).

67) 현행법 제25조에 따르면 제24조 제2항에 따라 산림청장 등으로부터 위탁받은 업무에 종사하는 한국임업진흥원 및 석재사업자협회 등의 임직원은 형법 제129조부터 제132조까지의 규정을 적용할 때에는 공무원으로 의제하고 있다. 한편 현행법에 따라 현재 한국임업진흥원에 위탁되어 있는 업무에는 ① 현행법 제6조 제1항에 따른 실태조사, ② 현행법 제13조 제1항에 따른 석재사업자에 대한 지원 시책의 추진, ③ 현행법 제13조 제2항에 따른 석재사업자에 대한 비용 보조, 융자 또는 기술지원, ④ 현행법 제14조 제2항 및 제6항에 따른 우수사업자 인증신청 접수, 우수사업자의 인증기준 적합성에 대한 조사 · 점검과 자료제출 요구, ⑤ 현행법 제16조 제1항에 따른 인증 · 인정의 신청 및 제16조 제2항 · 제17조에 따른 인증 · 인정의 유효기간 연장신청의 접수, ⑥ 시행령 제9조 제2항에 따른 지원대상자 선정을 위한 공개모집, ⑦ 시행령 제19조 제1항에 따른 타당성 조사 등이 있다(시행령 제23조).

나. 인증 · 인정의 효과

산림청장으로부터 전통석재제품의 인증을 받은 경우 그 인증의 유효기간은 인증을 받은 날부터 3년으로 하며, 전통석재제품명인으로 인정을 받은 경우 그 유효기간은 인정을 받은 날부터 5년으로 한다(제16조 제4항). 다만, 이러한 인증 · 인정의 유효기간은 대통령령으로 정하는 바에 따라 연장할 수 있다.

현행법에 따른 이러한 인증 · 인정제도는 전통석재제품의 이용을 활성화하고 그 제조 · 가공방식을 후대에 승계하는 등 전통문화를 보존하기 위한 것으로 이해된다. 따라서 누구든지 전통석재제품의 인증이나 명인의 인정을 받지 않고 생산한 석재제품에 인증 · 인정 표시 또는 이와 유사한 표시를 해서는 안 되며, 이러한 인증 · 인정을 받은 자도 다른 사람에게 자기의 상호나 명칭을 사용하도록 해서는 안 된다(제16조 제2항 · 제3항). 만일 이에 위반하여 인증 · 인정을 받지 않고 생산한 석재제품에 인증 · 인정표시 또는 이와 유사한 표시를 하거나 다른 사람에게 자기의 상호 또는 명칭을 사용하도록 한 경우에는 현행법에 따라 1천만원 이하의 과태료에 처해질 수 있다(제28조 제1항 제3호 · 제4호).

현행법의 이러한 인증 · 인정제도 중 특히 전통석재제품명인의 인정제도는 「목재의 지속가능한 이용에 관한 법률」 제12조 및 제14조에 따른 목재제품명인의 인정제도와 유사한 것으로서 전통석재제품의 이용을 활성화하는 데 있어서는 의미가 있어 보이나, 목재제품명인의 인정을 받은 사람이 만든 목재제품에 대한 우선구매(같은 법 제19조 제1항 제2호)와 같은 정책적 배려를 위한 규정이 없다는 점에서는 다소 아쉬움이 있는 것이 사실이다.

다. 인증 · 인정의 취소

산림청장은 전통석재제품의 인증이나 전통석재제품명인의 인정을 받은 자가 일정한 사유에 해당하는 경우에는 그 인증 · 인정을 취소할 수 있다(제16조 제5항 · 제6항). 이 경우 현행법에 따라 산림청장으로부터 인증 · 인정이 취소된 자는 취소된 날부터 3년이 지나지 않으면 그 인증 · 인정을 다시 신청할 수 없다. 산림청장이 현행법에 따라 인증 · 인정을 취소할 수 있는 이러한 사유에는 거짓이나 그 밖의 부정한 방법으로 인증 · 인정을 받은 경우, 다른 사람에게 자기의 상호 또는 명칭을 사용하도록 한 경우, 인증 · 인정기준에 적합하지 않게 된 경우 등이 있다. 산림청장은 인증 · 인정을 받은 자에게 이러한 사유가 있다고 하더라도 반드시 그 인증 · 인정을 취소하여야 하는 것은 아니나, 만일 그 사유가 '거짓이나 그 밖의 부정한 방법으로 인증·인정을 받은 경우'에 해당하는 때에는 반드시 그 인증·인정을 취소하여야 한다(제16조 제5항 단서). 현행법에 따른 이러한 인증·인정의 취소와 관련하여 청문의 필요성에 대하여는 앞에서 이미 설명한 것과 같다.

5. 석재산업진흥지구

가. 지정요건

산림청장은 석재산업의 진흥을 위하여 필요한 경우 시·도지사나 시장·군수·구청장의 신청을 받아 석재산업진흥지구를 지정하고 자금 및 설비 등 필요한 지원을 할 수 있다(제17조 제1항 및 시행령 제18조). 이 경우 산림청장이 현행법에 따라 석재산업진흥지구로 지정하기 위해서는 다음과 같은 요건을 모두 갖추어야 한다.

- 지정대상지역 내에 석재채취업자 등의 수가 10개 이상인 경우 또는 「산지관리법」에 따라 석재의 채취허가를 받거나 채석단지로 지정된 지역의 총면적이 60만m^2 이상일 것
- 석재산업의 활성화에 필요한 기반시설을 갖추고 있거나 갖출 계획이 있을 것
- 지정대상지역 내에 전문인력양성기관 또는 석재산업 진흥을 위한 조사·연구 등을 수행하는 「고등교육법」 제2조에 따른 대학이나 연구기관이 있을 것

현행법에 따른 이러한 석재산업진흥지구는 석재채취업자 등이 밀집되어 있고 석재산업의 경쟁력을 확보할 수 있는 지역을 대상으로 시·도지사나 시장·군수·구청장의 신청을 받아 산림청장이 지정하는 것으로서 「산지관리법」에 따라 일정한 지역에 양질의 석재가 상당량 매장되어 있어 이를 집단적으로 채취하기 위하여 산림청장이나 시·도지사가 지정하는 채석단지와는 서로 다른 것이다(같은 법 제29조).

나. 지정절차

시·도지사나 시장·군수·구청장은 석재산업진흥지구의 지정을 신청하려는 경우에는 타당성조사를 실시하고, 석재산업진흥지구 육성계획[68]을 수립하여 산림청장에게 제출하여야 한다(제17조 제2항 및 시행령 제19조 제1항·제2항). 이 경우 석재산업진흥지구의 지정을 위한 타당성조사는 지정의 필요성, 지정대상지역의 적합성, 지정에 따른 경제적 효과 및

---

68) 이러한 석재산업진흥지구 육성계획에는 ① 지정대상지역의 위치 및 면적, ② 석재산업진흥지구 육성·관리의 기본방향, ③ 석재산업진흥지구의 특성 강화에 관한 사항, ④ 석재산업의 업종별 상호연계 강화에 관한 사항, ⑤ 석재산업 관련 시설·장비의 현대화와 환경피해저감 및 재해예방 등 석재산업 진흥을 위한 관리·지원에 관한 사항, ⑥ 석재산업 전문인력의 양성에 관한 사항, ⑦ 지역주민의 피해방지에 관한 사항, ⑧ 그 밖에 석재산업 육성을 위하여 시·도지사 또는 시장·군수·구청장이 필요하다고 인정하는 사항 등이 포함되어야 한다(시행령 제19조 제5항).

환경에 미치는 영향 등을 포함하여 조사하여야 한다.

산림청장이 현행법에 따라 석재산업진흥지구를 지정하려는 경우에는 관계 중앙행정기관의 장과 협의하여야 한다(제17조 제3항). 이는 지정된 석재산업진흥지구를 변경하려는 경우에도 같다. 산림청장은 만일 석재산업진흥지구를 지정하려는 경우 지정대상지역의 지역여건상 산지의 이용 및 보전에 관한 사항을 심의할 필요가 있을 때에는 「산지관리법」에 따른 중앙산지관리위원회의 심의를 거쳐 석재산업진흥지구의 지정 여부를 결정하여야 한다(시행령 제19조 제3항).

산림청장은 이러한 절차를 거쳐 석재산업진흥지구를 지정한 경우에는 석재산업진흥지구의 명칭 · 위치 및 지적도, 석재산업진흥지구 육성계획의 개요를 관보 또는 산림청의 인터넷 홈페이지 등에 공고하고, 관계 중앙행정기관의 장과 시 · 도지사 또는 시장 · 군수 · 구청장에게 그 지정사실을 알려야 한다(제17조 제4항 및 시행령 제19조 제4항).

다. 관리 방안

산림청장은 지정된 석재산업진흥지구를 대상으로 대통령령으로 정하는 바에 따라 석재산업진흥지구 육성계획의 집행상황 등을 점검할 수 있다(제18조 제1항 및 시행령 제20조 제1항 · 제2항). 이에 따르면 석재산업진흥지구의 지정을 받은 시 · 도지사 또는 시장 · 군수 · 구청장은 육성계획에 대한 집행실적을 매년 12월 31일까지 산림청장에게 제출하여야 하며, 그 집행실적을 제출받은 산림청장은 이를 제출받은 날부터 1개월 이내에 그 점검결과를 시 · 도지사 또는 시장 · 군수 · 구청장에게 알려야 한다.

산림청장은 현행법에 따라 석재산업진흥지구 육성계획에 대한 점검을 실시한 결과 해당 석재산업진흥지구가 지정요건에 맞지 않거나 집행실적이 미흡한 경우에는 대통령령으로 정하는 바에 따라 석재산업진흥지구의 지정취소 · 면적조정 및 개선권고 등의 필요한 조치를 할 수 있다(제18조 제2항 및 시행령 제20조 제3항). 이 경우 산림청장은 지정취소 · 면적조정 및 개선권고 등의 조치를 하기 위하여 필요한 경우에는 서면조사 또는 현장조사 등의 방법으로 조사할 수 있다.

6. 원산지 표시제도 및 지리적표시 등록제도

가. 원산지 표시제도

석재의 공정한 거래질서 확립과 소비자 보호 등을 위하여 건축용 · 공예용 · 조경용 석재를 채취하거나 그 석재를 가공 · 유통 및 판매하려는 자는 석재의 원산지를 표시하여야 한다(제19조 제1항). 이에 따르면 원산지 표시를 해야 하는 석재는 건축용 ·

공예용 및 조경용 석재이며, 따라서 쇄골재용 및 토목용으로 사용하는 석재에는 이러한 원산지 표시 의무규정이 적용되지 않는다. 이는 쇄골재용 및 토목용의 경우에는 그 부피 등을 감안할 때 국외에서 수입하는 것이 현실적으로 가능하지 않다는 점 등을 고려한 것으로 보인다.

현행법에 따른 석재 또는 석재제품의 원산지는 다음과 같은 방법으로 표시하여야 한다(제19조 제4항 및 시행규칙 제14조 제1항 별표7).

- 석재 또는 석재제품에 원산지를 직접 표시하는 방법
- 석재 또는 석재제품의 포장재에 원산지를 표시하는 방법
- 푯말, 안내표시판 및 상품에 붙이는 스티커 등을 이용하여 원산지를 표시하는 방법
- 석재 또는 석재제품을 판매할 때 견적서 및 제안서 등을 이용하여 표시하는 방법

그러나 현행법의 이러한 규정에도 불구하고 「대외무역법」 제33조에 따라 수출입 석재 및 수출입 석재 가공품의 원산지를 표시한 경우에는 현행법에 따른 원산지를 표시한 것으로 본다(제19조 제2항). 산업통상자원부장관이 원산지를 표시하여야 하는 대상으로 공고한 물품 등을 수출하거나 수입하려는 자가 「대외무역법」에 따라 그 물품 등에 대하여 원산지를 표시한 경우에는 이를 현행법에 따른 원산지 표시로 보지 않을 이유가 없기 때문이다.

현행법에 따르면 석재의 원산지 표시와 관련하여 누구든지 (1) 원산지 표시를 거짓으로 하거나 이를 혼동하게 할 우려가 있는 표시를 하는 행위, (2) 원산지 표시를 혼동하게 할 목적으로 그 표시를 손상·변경하는 행위, (3) 원산지를 위장하여 판매하거나, 원산지 표시를 한 석재를 원산지 표시를 하지 않은 석재와 혼합하여 판매하거나 판매할 목적으로 보관하는 행위, (4) 원산지를 위장하여 건설공사용으로 사용하거나, 원산지 표시를 한 석재를 원산지 표시를 하지 않은 석재와 혼합하여 건설공사용으로 사용하거나 사용할 목적으로 보관하는 행위 등을 해서는 안 된다(제20조). 이와 관련하여 산림청장은 원산지 표시의 적정성을 확인하기 위하여 필요한 경우에는 시료의 검사를 한국임업진흥원에 의뢰할 수 있으며(시행규칙 제14조 제2항), 만일 누구라도 현행법에 위반하여 원산지 표시를 하지 않거나 거짓 표시 등을 한 경우에는 현행법 제26조 제5호에 따라 1년 이하의 징역이나 1천만원 이하의 벌금에 처해질 수 있다.

나. 지리적표시 등록제도

산림청장은 지역적 특성을 가진 우수한 석재의 품질을 향상시키고, 이를 지역 특화산업으로 육성하기 위하여 석재가 특정 지역에서 생산된 것임을 표시하는 지리적표시 등록제도를 실시할 수 있다(제19조 제3항). 석재에 대한 이러한 지리적표시 등록제도는 농업분야의 농수산물 또는 농수산가공품의 지리적표시 등록제도와 유사한 것으로 생각되는데, 「농수산물 품질관리법」에 따르면 지리적표시란 "농수산물 또는… 농수산가공품의 명성·품질, 그 밖의 특징이 본질적으로 특정 지역의 지리적 특성에 기인하는 경우 해당 농수산물 또는 농수산가공품이 그 특정 지역에서 생산·제조 및 가공되었음을 나타내는 표시"(같은법 제2조 제8호)를 말한다.

현행법은 이러한 지리적표시 등록의 방법, 절차, 그 밖에 필요한 사항은 농림축산식품부령으로 정하도록 하고 있으나(제19조 제4항), 아직까지 이를 규정하는 구체적인 내용은 제정되어 있지 않은 실정이다. 반면에 「농수산물 품질관리법」은 농수산물 또는 농수산가공품의 지리적표시와 관련하여 등록절차·보호규정 및 지리적표시를 배타적으로 사용할 수 있는 지식재산권인 지리적표시권 등에 대하여 구체적으로 규정함으로써 그 제도적 의의를 충실히 살리고 있는 것으로 보인다(같은법 제32조 이하).

Ⅴ. 지도·감독 및 석재사업자협회

[1] 석재사업자에 대한 지도·감독

산림청장, 시·도지사 또는 시장·군수·구청장은 현행법의 시행에 필요한 경우 석재사업자에 대하여 필요한 보고를 하게 하거나 자료제출을 명할 수 있으며, 관계 공무원으로 하여금 사업장에 출입하여 관계 서류나 시설·장비 등을 검사하게 할 수 있다(제22조 제1항 ~제3항). 이러한 검사를 하는 공무원은 그 권한을 표시하는 증표를 지니고 이를 관계인에게 내보여야 하며, 출입하는 때에는 성명·출입시간 및 출입목적 등이 표시된 문서를 관계인에게 보여주어야 한다. 이 경우 석재사업자는 현행법에 따른 검사를 정당한 사유 없이 거부·방해하거나 기피해서는 안 된다.

[2] 석재사업자협회

석재사업자는 석재산업의 발전을 위하여 산림청장의 인가를 받아 석재사업자협회를 설립할 수 있다(제21조 제1항~제4항). 현행법에 따르면 석재사업자협회는 법인으로 하며, 이에 관하여 현행법에서 규정한 것 외에는 민법 중 사단법인에 관한 규정을 준용한다. 석재사업자협회 회원의 자격과 임원에 관한 사항 및 협회의 업무 등은 현행법에 따라 정관으로 정하며, 그 밖에 정관에 포함되어야 할 사항과 운영 및 감독 등에 필요한 사항은 대통령령으로 정한다. 현행법에 따른 이러한 석재사업자협회의 지도·감독을 위하여 필요한 경우 산림청장은 석재사업자협회에 자료의 제출을 요구할 수 있다(시행령 제21조 제2항).

제4절 산림기술 진흥 및 관리에 관한 법률

Ⅰ. 총 론

「산림기술 진흥 및 관리에 관한 법률」(법률 제15080호)은 "산림기술의 연구·개발을 촉진하고 산림기술자를 체계적으로 관리함으로써 산림기술 수준을 향상시키고 산림사업의 품질 및 안전을 확보하여 국민경제의 발전에 이바지"(제1조)하는 것을 목적으로 하는 법률로서 2017년 11월 28일 제정되어 1년의 준비기간을 거친 후 2018년 11월 29일부터 시행되었다.

이러한 「산림기술 진흥 및 관리에 관한 법률」은 산림기술 및 안전 측면에서 중요한 의의를 가지고 있는 것으로 평가되는데,[69] 그중 가장 큰 의미를 가지는 것은 산림기술용역업의 등록제도를 도입하였다는 사실이다. 이는 그동안에는 산림사업의 설계·감리와 시행이 해당 법률에 따라 (1) 설계·감리는 「기술사법」에 따른 기술사사무소와 「엔지니어링산업 진흥법」에 따른 엔지니어링사업자가 하고, (2) 시행은 「산림조합법」에 따른 산림조합과 「산림자원의 조성 및 관리에 관한 법률」에 따른 산림사업법인 등이 실행함으로써 설계·감리와 시행에 대한 관리가 각각 과학기술정통부(「기술사법」), 산업통상자원부(「엔지니어링산업 진흥법」) 및 산림청 등에 분산되어 있었던 것을 산림기술용역업으로 통합한 것으로 비로소 산림사업에 있어서 설계·감리와 시행을 하나로 관리할 수 있게 되었기 때문이다.[70]

69) "산림청, 산림사업·기술관리 강화 및 품질향상 나서", 서울경제신문, 2017. 12. 6.
70) 다만, 제정 당시의 이러한 내용은 2021년 6월 15일 법률개정에 따라 일부 수정되었는데, 이에 따르면 산림기술용역업을 등록할 수 있는 자가 ① 「기술사법」에 따른 산림분야 기술사사무소를

「산림기술 진흥 및 관리에 관한 법률」을 통하여 산림기술정보체계가 구축됨으로써 산림기술에 관한 자료와 정보를 공유하고, 산림기술자에 대한 경력개발을 체계적으로 지원할 수 있게 된 것도 매우 큰 의미가 있는 일이다. 사실 이전에는 산림기술자가 그 경력을 인정받기가 쉽지 않았는데, 현행법이 시행된 이후에는 산림기술정보체계를 통한 신고만으로 경력증명서를 발급받을 수 있을 뿐만 아니라 산림기술용역업자 및 산림사업시행업자의 경우에도 산림청장에게 신고함으로써 산림사업의 실적 등을 인정받을 수 있게 되었기 때문이다.

이와 함께 「산림기술 진흥 및 관리에 관한 법률」을 통하여 산림사업의 안전관리에 관한 다양한 제도가 도입됨으로써 안전관리에 있어 획기적인 전환의 계기를 마련한 것도 중요한 의의를 가진다. 특히 현행법이 산림기술용역업자 및 산림사업시행업자에 대한 벌점제도를 마련하고, 산림사업 현장에 산림기술자 등을 의무적으로 배치하도록 하면서 산림사업시행자에게는 안전관리계획을 수립하도록 한 것은 안전관리 측면만이 아니라 산림사업의 품질향상 측면에서도 큰 의미를 가진 것이다. 산림기술과 산림사업의 품질을 한 단계 도약시킨 것으로 평가받는 이러한 「산림기술 진흥 및 관리에 관한 법률」은 크게 다음과 같은 부분으로 구성되어 있다.

- 산림기술진흥계획의 수립 · 시행
- 산림기술자의 양성
- 산림기술용역
- 산림사업의 품질 및 안전관리

Ⅱ. 산림기술진흥계획 및 산림기술의 개발지원

[1] 산림기술진흥계획

산림청장은 산림기술의 연구 · 개발을 촉진하기 위하여 대통령령으로 정하는 바에 따라 산림기술진흥계획을 5년마다 수립 · 시행하여야 한다(제3조 제1항~제3항). 그러나 이 경우에도 산림청장은 산림기술 여건의 변화로 이미 수립한 산림기술진흥계획을 변경할 필요가 있는 경우에는 이를 변경할 수 있다. 현행법에 따르면 이러한 산림기술

등록한 기술사, ② 「엔지니어링산업 진흥법」에 따른 농림전문분야 엔지니어링사업자, ③ 「기술사법」에 따른 조경분야 기술사사무소를 등록한 기술사, ④ 「엔지니어링산업 진흥법」에 따른 조경전문분야 엔지니어링사업자, ⑤ 그 밖에 대통령령으로 정하는 자로 확대되었다. 이에 대하여는 산림용역업에 대한 설명을 참고하라.

진흥계획에는 산림기술 진흥의 기본목표 및 추진방향, 산림기술의 현황과 전망, 산림기술의 개발촉진 및 활용을 위한 시책, 산림기술에 관한 정보관리에 관한 사항, 산림기술인력의 수급·활용 및 기술능력의 향상에 관한 사항, 산림기술연구기관의 육성에 관한 사항, 그 밖에 산림기술의 진흥에 관한 사항 등이 포함되어야 한다.

산림청장은 산림기술진흥계획을 수립하거나 변경하려는 경우에는 미리 관계 중앙행정기관의 장 또는 특별시장·광역시장·특별자치시장·도지사·특별자치도지사[시·도지사]와 협의하여야 한다(시행령 제3조 제1항~제3항). 그러나 농림축산식품부령으로 정하는 경미한 사항을 변경하려는 경우에는 그렇지 않다. 산림청장은 현행법에 따른 산림기술진흥계획의 수립 및 시행과 관련하여 관계 중앙행정기관의 장 또는 시·도지사에게 필요한 자료의 제출 등에 관한 협조를 요청할 수 있으며, 현행법에 따라 산림기술진흥계획을 수립하거나 변경한 경우에는 그 내용을 관보에 고시하고 관계 중앙행정기관의 장과 시·도지사에게 통보하여야 한다.

[2] 산림기술 연구·개발 및 시범사업

1. 산림기술

산림청장은 산림기술의 향상을 위하여 산림기술의 발전에 필요한 산림기술 연구·개발사업을 실시할 수 있다(제4조 제1항). 여기에서 산림기술이란 (1) 산림사업에 관한 계획·조사·설계·시행 및 감리, (2) 산림사업의 안전점검 및 안전성 분석, (3) 대통령령으로 정하는 임업기계장비의 개발 및 운용, (4) 그 밖에 산림사업에 관한 기술로서 대통령령으로 정하는 사항을 말한다(제2조 제2호 및 시행령 제2조 제1항·제2항). 여기에서 '대통령령으로 정하는 임업기계장비'란 「임업 및 산촌 진흥촉진에 관한 법률」 제2조 제3호의4에 따른 임업기계장비[71]를 말하며, '산림사업에 관한 기술로서 대통령령으로 정하는 사항'이란 산림기술의 타당성 검토에 관한 사항, 정보통신시스템을 이용한 산림기술 정보처리에 관한 사항, 산림사업의 공정분석 및 사업시행에 소요되는 단위당 비용을 추정하는 품셈에 관한 사항을 말한다.

---

71) 다만, '대통령령으로 정하는 임업기계장비'와 관련하여 시행령 제2조 제1항은 「임업 및 산촌 진흥촉진에 관한 법률」 제2조 '제3호의3'을 인용하고 있으나, 이는 「임업 및 산촌 진흥촉진에 관한 법률」 제2조 '제3호의4'를 잘못 인용한 것이 명백하므로 여기에서는 인용조항을 바로잡아 서술하였다.

2. 산림기술개발전문기관 및 산림기술연구기관

가. 산림기술개발전문기관

산림청장은 산림기술 연구·개발사업을 직접 수행할 수도 있지만, 이를 보다 효율적으로 추진하기 위하여 필요한 경우에는 전문인력과 시설을 갖춘 기관 또는 단체를 산림기술의 개발을 위한 전문기관[산림기술개발전문기관]으로 지정하여 산림기술의 개발업무를 수행하게 할 수 있다(제4조 제2항·제4항). 이 경우 산림청장은 현행법에 따라 예산의 범위에서 필요한 경비를 지원할 수 있다.

산림청장은 산림기술개발전문기관이 현행법에 따른 지정기준을 갖추지 못하게 된 경우에는 6개월 이내의 기간을 정하여 시정을 명할 수 있으며, 산림기술개발전문기관이 거짓이나 그 밖의 부정한 방법으로 지정을 받은 경우 또는 현행법에 따른 시정명령에 따르지 않은 경우에는 그 지정을 취소할 수 있다(제4조 제5항·제6항). 그러나 이 경우에도 산림청장은 산림기술개발전문기관이 '거짓이나 그 밖의 부정한 방법으로 지정을 받은 경우'에 해당하는 경우에는 반드시 그 지정을 취소하여야 한다.

산림청장은 현행법에 따라 산림기술개발전문기관의 지정을 취소하는 처분을 하려는 경우에는 청문을 하여야 하며, 이러한 절차를 거쳐 지정이 취소된 자에 대해서는 그 지정이 취소된 날부터 1년 이내에 산림기술개발전문기관으로 지정해서는 안 된다(제4조 제7항 및 제29조 제1호). 이 경우 지정이 취소된 자가 법인인 경우에는 그 대표자를 포함한다.[72]

나. 산림기술연구기관

산림청장은 산림기술의 연구·개발과 관련된 공공기관·법인·단체·대학 및 부설연구소[산림기술연구기관]의 인력·자금·시험시설 및 기술정보를 활용하여 공동연구를 추진할 수 있다(제4조 제3항·제4항). 이 경우 산림청장은 현행법에 따라 예산의 범위에서 필요한 경비를 지원할 수 있다. 현행법에 따른 이러한 산림기술연구기관은 산림청장과 공동연구를 추진한다는 점에서 산림청장이 지정하여 산림기술 연구·개발사업을 수행하도록 하는 산림기술개발전문기관과는 다른 것이다.

---

72) 산림기술개발전문기관에 대한 이러한 규정 중 시정명령 및 지정취소의 근거와 지정을 취소하는 처분을 하려는 경우에 적용할 청문절차 및 재지정 제한규정 등은 2021년 6월 15일 법률개정에 따라 신설된 규정이다.

3. 시범사업

산림청장은 산림기술 연구·개발사업으로 개발된 산림기술의 이용 및 보급을 촉진하기 위하여 필요한 경우에는 산림기술 시범사업을 실시할 수 있다(제5조 제1항). 여기에서 '시범사업'이란 어떤 사업을 본격적으로 추진하기에 앞서 그 사업의 추진상의 문제점 및 효과 등을 미리 예측하기 위하여 시험적으로 실시하는 사업을 말한다. 현행법에 따르면 산림청장은 이러한 시범사업에 참여하는 산림기술연구기관에 대하여는 필요한 지원을 할 수 있다(제5조 제2항).

[3] 산림기술정보체계

산림청장은 산림기술 및 산림기술자에 관한 정보체계[산림기술정보체계]를 구축하여 운영하여야 한다(제6조 제1항·제2항). 이러한 산림기술정보체계에는 산림기술의 연구 및 개발현황, 산림기술자의 자격 등 관련 정보, 산림기술자의 경력 등 관련 정보, 산림기술용역업자의 등록현황, 산림기술용역 및 산림사업시행 실적 등 관련 정보, 산림사업시행업자의 관리에 필요한 사항, 그 밖에 산림기술 및 산림기술자에 관하여 대통령령으로 정하는 사항[73]이 포함되어야 한다. 현행법에 따른 이러한 산림기술정보체계가 산림기술에 관한 자료와 정보를 공유하고 산림기술자에 대한 경력개발을 체계적으로 지원하는 기반이라는 것은 앞에서 이미 설명한 것과 같다.

산림청장은 산림기술정보체계의 구축·운영을 위하여 관계 중앙행정기관, 지방자치단체, 「공공기관의 운영에 관한 법률」에 따른 공공기관 등 관계 기관의 장에게 산림기술정보체계의 구축·운영에 필요한 자료 또는 정보의 제공을 요청할 수 있다(제6조 제4항). 이 경우 산림청장으로부터 자료 또는 정보의 제공을 요청받은 관계 기관의 장은 특별한 사유가 없으면 이에 따라야 한다.

산림청장은 필요한 경우에는 산림기술정보체계에 포함된 정보를 산림기술자 등에게 제공할 수 있으며, 그 구축·운영 업무를 대통령령으로 정하는 법인·단체 또는 기관에 위탁할 수 있다(제6조 제3항·제5항 및 시행령 제6조). 여기에서 '대통령령으로 정하는 법인·단체

73) 여기에서 '대통령령으로 정하는 사항'이란 ① 산림기술자의 교육·훈련에 관한 정보, ② 산림사업 등의 부실 측정 및 벌점 부과에 관한 정보, ③ 산림기술자 및 「산림자원의 조성 및 관리에 관한 법률」 제24조 제1항 제2호에 따른 산림사업법인의 등록기준 중 기술수준 요건에 해당하는 자의 배치에 관한 정보, ④ 산림사업의 안전관리 및 안전교육에 관한 정보, ⑤ 그 밖에 산림기술 및 산림기술자를 관리하기 위하여 산림청장이 필요하다고 인정하는 사항 등을 말한다 (시행령 제5조).

또는 기관'이란 산림기술의 개발을 위한 전문기관, 현행법에 따라 산림청장의 지정을 받은 산림기술자 교육기관, 한국산림기술인회 등을 말한다. 이 경우 산림청장은 산림기술정보체계의 구축 및 운영업무를 위탁받은 해당 법인·단체 또는 기관에게는 그 위탁관리에 필요한 경비를 예산의 범위에서 지원할 수 있다.

Ⅲ. 산림기술자

[1] 산림기술자에 대한 이해

1. 개 념

산림기술자란 "제9조 제2항에 따라 산림기술자 자격증을 발급받은 자"(제2조 제3호)를 말한다. 현행법에 따르면 산림기술자 자격증을 발급받기 위해서는 우선 산림기술자의 자격을 갖추어야 하는데, 현행법은 이러한 산림기술자의 종류와 자격요건 등은 대통령령으로 정하도록 하고 있다(제8조 제2항). 이에 따라 시행령 제10조 제1항 별표3에서는 산림기술자를 산림경영기술자, 산림공학기술자 및 녹지조경기술자로 구분하면서 그 종류에 따른 자격요건 및 업무범위를 구체적으로 규정하고 있으며, 이러한 산림기술자의 자격요건과 관련된 경력인정의 세부기준에 대하여는 산림청장이 따로 정하여 고시[74]하도록 하고 있다(시행령 제10조 제2항).

2. 종류별 자격요건

가. 산림경영기술자

산림경영기술자의 기술등급은 기술특급, 기술고급, 기술중급 및 기술초급으로 구분하며 그 구체적인 자격요건은 다음과 같다(시행령 제10조 제1항 별표3).

- 기술특급: 「국가기술자격법」에 따른 산림기술사의 자격을 가진 사람
- 기술고급: 「국가기술자격법」에 따른 산림기사의 자격을 가진 사람으로서 해당 전문분야의 관련 업무를 6년 이상 수행한 사람 또는 같은 법에 따른 산림산업기사의 자격을 가진 사람으로서 해당 전문분야의 관련 업무를 9년 이상 수행한 사람
- 기술중급: 「국가기술자격법」에 따른 산림기사의 자격을 가진 사람으로서 해당 전문분야의 관련 업무를 3년 이상 수행한 사람 또는 같은 법에 따른 산림산업기사의 자격을 가진 사람으로서 해당 전문분야의 관련 업무를 6년 이상 수행한 사람

---

74) 이에 대하여는 「산림기술자 경력 인정 세부기준」(산림청고시 제2020-38호, 2020. 6. 26.)을 참고하라.

- 기술초급: 「국가기술자격법」에 따른 산림기사의 자격을 가진 사람 또는 산림산업기사의 자격을 가진 사람

이와 함께 산림경영기술자의 기능등급은 기능특급, 기능1급 및 기능2급으로 구분하여 (1) 기능특급은 「국가기술자격법」에 따른 산림기능장의 자격을 가진 사람으로 하고, (2) 기능1급은 「국가기술자격법」에 따른 산림기능사의 자격을 가진 사람으로 하며, (3) 기능2급은 산림기술자 교육훈련기관[75]에서 6주 이상의 산림경영기술자 기능등급 업무범위에 해당하는 교육과정을 이수한 사람으로 한다.

나. 산림공학기술자

산림공학기술자의 기술등급은 기술특급, 기술고급, 기술중급 및 기술초급으로 구분하며 그 구체적인 자격요건은 다음과 같다(시행령 제10조 제1항 별표3). 그러나 이에 해당하는 사람이라도 산림공학기술자의 자격을 얻기 위해서는 기술등급의 구분 없이 모두 산림기술자 교육훈련기관에서 2주 이상의 산림공학 교육과정[76]을 이수하여야 한다.

- 기술특급: 「국가기술자격법」에 따른 산림기술사의 자격을 가진 사람
- 기술고급: 「국가기술자격법」에 따른 산림기사의 자격을 가진 사람으로서 6년 이상, 산림산업기사의 자격을 가진 사람으로서 9년 이상 해당 전문분야의 관련 업무를 수행한 사람 또는 「국가기술자격법」에 따른 토목기사 이상의 자격을 가진 사람으로서 11년 이상, 토목산업기사의 자격을 가진 사람으로서 14년 이상 해당 전문분야의 관련 업무를 수행한 사람
- 기술중급: 「국가기술자격법」에 따른 산림기사의 자격을 가진 사람으로서 3년 이상, 산림산업기사의 자격을 가진 사람으로서 6년 이상 해당 전문분야의 관련 업무를 수행한 사람 또는 「국가기술자격법」에 따른 토목기사 이상의 자격을 가진 사람으로서 8년 이상, 토목산업기사의 자격을 가진 사람으로서 11년 이상 해당 전문분야의 관련 업무를 수행한 사람
- 기술초급: (1) 「국가기술자격법」에 따른 산림기사 또는 산림산업기사의 자격이나 자연생태복원기사 또는 자연생태복원산업기사의 자격을 가진 사람, (2) 「국가기술자격법」에 따른 토목기사 이상의 자격을 가진 사람으로서 5년 이상, 토목산업기사의 자격을 가진 사람으로서 7년 이상 해당 전문분야의 관련 업무를 수행한 사람

75) '산림기술자 교육훈련기관'이란 산림교육원과 현행법 제7조 제4항에 따라 지정받은 교육기관을 말한다(시행령 제10조 별표3의 비고 3).

76) '산림공학 교육과정'이란 산림공학기술자의 업무 범위와 관련되는 산림기술 교육과정을 말한다. 한편 산림공학기술자 자격을 취득하기 위하여 산림기술자 교육훈련기관에서 실시하는 산림공학 교육과정을 이수한 사람은 다른 산림공학기술자 기술등급의 자격 및 경력요건을 갖추면 추가로 산림공학 교육과정을 이수하지 않고 다른 기술등급의 산림공학기술자 자격을 가질 수 있다(시행령 제10조 별표3의 비고 4~5).

다. 녹지조경기술자

녹지조경기술자의 기술등급은 기술특급, 기술고급, 기술중급 및 기술초급으로 구분하며 그 구체적인 자격요건은 다음과 같다(시행령 제10조 제1항 별표3).

- 기술특급: 「국가기술자격법」에 따른 조경기술사의 자격을 가진 사람
- 기술고급: 「국가기술자격법」에 따른 조경기사의 자격을 가진 사람으로서 6년 이상 또는 조경산업기사의 자격을 가진 사람으로서 9년 이상 해당 전문분야의 관련 업무를 수행한 사람
- 기술중급: 「국가기술자격법」에 따른 조경기사의 자격을 가진 사람으로서 3년 이상 또는 조경산업기사의 자격을 가진 사람으로서 6년 이상 해당 전문분야의 관련 업무를 수행한 사람
- 기술초급: 「국가기술자격법」에 따른 조경기사의 자격 또는 조경산업기사의 자격을 가진 사람

3. 산림기술자의 업무

가. 업무범위

산림기술자는 산림경영계획서의 작성, 산림사업의 설계·시공 및 감리, 임도의 시공 및 관리, 목재구조물의 설치 및 관리, 「산지관리법」에 따른 산지전용 및 토석채취에 따른 복구사업, 「산림문화·휴양에 관한 법률」에 따른 자연휴양림 조성 및 관리, 「사방사업법」에 따른 사방사업 등의 업무를 수행한다(제8조 제1항). 여기에서 산림사업이란 "「산림자원의 조성 및 관리에 관한 법률」 제2조 제3호에 따른 사업"(제2조 제1호)을 말한다. 현행법이 규정하는 이러한 산림기술자의 업무범위 중에서 산림기술자의 종류에 따른 구체적인 업무범위는 대통령령으로 정하는 바에 따른다(제8조 제2항 및 시행령 제10조 제1항 별표3).

나. 종류별 업무범위

A. 산림경영기술자

산림경영기술자 중 기술특급·기술고급·기술중급 및 기술초급은 (1) 산림조사 및 산림경영계획서의 작성, (2) 조림·숲가꾸기·벌채 등과 같은 산림의 조성·육성 또는 이용을 위하여 시행하는 산림조성사업, 산림병해충 방제사업, 가로수 등 수목의 가지치기사업, 도시숲 등 조성·관리사업, 산림욕장의 조성사업과 같은 산림사업의 설계·시공 및 감리업무를 할 수 있다.

산림경영기술자 중 기능특급 및 기능1·2급은 산림조성사업, 산림병해충 방제사업, 가로수 등 수목의 가지치기사업, 도시숲 등 조성·관리사업, 산림욕장의 조

성사업과 같은 산림사업의 시공 및 관리업무를 할 수 있다.

B. 산림공학기술자

산림공학기술자는 기술등급의 구분 없이 (1) 산불의 예방 및 진화를 위한 사업, 임도사업, 사방사업, 산지의 보전·이용과 토석채취 및 재해방지·복구 등에 관한 사업, 자연휴양림 등 조성사업, 유아숲체험원 등 조성사업, 수목원 조성사업, 수목장림 조성사업 및 산림복원사업과 같은 산림사업의 설계·시공 및 감리업무와 (2) 산지전용·산지일시사용과 관련된 표고 및 평균경사도 조사와 재해위험성 검토업무를 할 수 있다. 이 경우 '산불의 예방 및 진화를 위한 사업'에는 산불예방·진화시설 등 산림관리기반시설의 설치를 포함한다.

C. 녹지조경기술자

녹지조경기술자는 기술등급의 구분 없이 현행법이 정하는 산림사업의 설계·시공 또는 감리업무를 할 수 있다. 녹지조경기술자가 수행할 수 있는 이러한 산림사업에는 (1) 수목원 조성사업의 설계·시공 및 감리, (2) 도시숲 등 조성·관리사업의 설계·시공 및 감리, (3) 자연휴양림 등 조성사업, 유아숲체험원 등 조성사업 및 수목장림 조성사업과 같은 산림사업 중 건당 공사비 규모가 10억원 이하인 사업의 시공 및 건당 공사비 규모가 2억원 이하인 사업의 설계, (4) 숲길 조성사업의 시공, 숲길 조성사업 중 건당 공사비 규모가 3억원 이하인 사업의 설계 및 건당 공사비 규모가 1억원 이하인 사업의 감리 등이 있다. 다만, 자연휴양림 등 조성사업에서 숲길은 제외한다.

[2] 자격증의 발급 및 명의대여 등의 금지

1. 자격증의 발급

현행법에 따라 산림기술자의 자격을 갖춘 자가 그 자격증을 발급받으려는 경우에는 농림축산식품부령으로 정하는 서류를 갖추어 산림청장에게 신청하여야 한다(제9조 제1항·제2항). 이 경우 신청을 받은 산림청장은 산림기술자가 자격을 갖춘 경우 산림기술자 자격증을 발급하고, 산림기술정보체계에 그 발급내용을 등재하여야 한다.

산림기술자는 산림기술자 자격증의 기재사항에 오류가 있거나 내용이 변경된 경우, 자격증이 헐어서 못 쓰게 된 경우 및 자격증을 잃어버린 경우에는 자격증의 재발급을 신청할 수 있다(제9조 제3항 및 시행규칙 제7조). 그러나 이 경우에도 자격증의 기재사항 중 주소에 관한 사항은 재발급 사유에 해당하지 않는다. 현행법에 따라 산림기술자 자격증의 발급이나 재발급을 신청하는 자는 농림축산식품부령으로 정하는 바에 따라 수수료를 내야 한다(제28조 제1호).

2. 명의대여 등의 금지

산림기술자는 자기의 성명을 사용하여 다른 사람에게 산림기술용역업 또는 산림사업시행업을 수행하게 하거나 산림기술자 자격증을 빌려주어서는 안 되며, 산림기술용역업 및 산림사업시행업 등 산림기술자 자격이 필요한 2개 이상의 업체에 중복하여 취업해서는 안 된다(제11조 제1항·제4항). 또한 누구든지 다른 사람의 명의를 사용하거나 다른 사람의 산림기술자 자격증을 빌려 산림기술용역업 또는 산림사업시행업을 수행해서는 안 되며, 현행법 제11조 제1항 또는 제2항에서 금지하고 있는 자격증 명의대여 등의 행위를 알선해서는 안 된다(제11조 제2항·제3항). 만일 자격증의 명의대여 등을 금지한 이러한 규정을 위반하는 경우에는 현행법이 정한 벌칙 규정에 따라 1년 이하의 징역 또는 1천만원 이하의 벌금에 처해질 수 있다(제31조 제1항 제1호).

산림청장은 산림기술자 자격증과 관련된 이러한 행위의 위반 여부에 대하여 조사가 필요한 경우에는 소속 직원으로 하여금 산림기술자를 고용하고 있거나 고용하였던 사용자의 사업장에 출입하여 관계인에게 질문하거나 장부 등 서류를 조사하게 할 수 있다(제11조 제5항). 이 경우 산림기술자격증의 대여 및 대여알선 조사에 관하여는 「국가기술자격법」에 따른 국가기술자격증의 대여 및 대여알선 조사에 관한 규정(같은법 제15조의3)을 준용하며, 현행법에 따라 조사를 실시하는 경우 그 소속 직원에는 산림기술자를 관리하는 업무를 산림청장으로부터 위임·위탁받은 기관의 직원을 포함한다.

[3] 산림기술자 등의 경력증명서 발급

산림기술자 또는 「산림자원의 조성 및 관리에 관한 법률」 제24조 제1항 제2호에 따른 산림사업법인의 등록기준 중 기술수준 요건(시행령 제25조 별표1)에 해당하는 자[산림기술자 등]가 산림기술용역업 또는 산림사업시행업에 종사한 경력 등을 인정받으려면 근무처·경력 및 자격 등[경력 등] 농림축산식품부령으로 정하는 사항을 산림청장에게 신고하여야 한다(제10조 제1항·제4항). 이는 신고사항이 변경된 경우에도 같으며, 산림기술자 등은 이와 같이 산림청장에게 신고 또는 변경신고를 하는 경우 그 경력 등을 거짓으로 신고해서는 안 된다.

산림청장은 현행법에 따라 산림기술자 등으로부터 신고를 받은 경우에는 경력 등에 관한 내용을 산림기술정보체계에 등재하여야 하며, 만일 산림기술자 등이 신청하는 경우에는 그 신청한 산림기술자 등의 경력 등에 관한 증명서[산림기술경력증명서]를 발급하여야 한다(제10조 제2항·제3항). 이 경우 산림청장은 산림기술자 등으로부터 신고 받은 내용을 확인하기 위하여 필요한 경우 관계 중앙행정기관, 지방자치단체, 발주청, 산림기술용역업자 및 산림사업시행업자에게 관련 자료의 제출을 요청할 수 있으며, 산림청장으로부터 이러한 요청을 받은 경우 그 기관의 장은 특별한 사유가 없으면 이에 따라야 한다. 현행법에 따라 산림기술경력증명서의 발급을 신청하는 자는 농림축산식품부령으로 정하는 바에 따라 수수료를 내야 한다(제28조 제2호).

[4] 산림기술자의 자격취소

산림청장은 산림기술자에게 일정한 사유가 있는 경우에는 그 자격을 취소하거나 3년 이내의 기간을 정하여 정지시킬 수 있다(제12조 제1항). 산림청장이 현행법에 따라 산림기술자의 자격취소 등의 처분을 할 수 있는 이러한 사유에는 거짓이나 그 밖의 부정한 방법으로 산림기술자 자격을 취득한 경우, 거짓으로 서류를 작성하거나 고의 또는 과실로 그 업무를 사실과 다르게 수행한 경우, 자격정지기간에 업무를 수행한 경우, 현행법에 따른 명의대여 금지에 위반하여 성명을 사용하게 하거나 자격증을 대여한 경우, 현행법에 위반하여 산림기술자 자격이 필요한 2개 이상의 업체에 중복하여 취업한 경우, 발주청의 정당한 시정명령에 따르지 않은 경우, 정당한 사유 없이 현행법 제7조 제2항에 따른 교육·훈련을 받지 않은 경우 등이 있다. 산림청장은 산림기술자에게 이러한 사유가 있다고 하더라도 반드시 그 자격을 취소하여야 하는 것은 아니나, 만일 그 사유가 (1) 거짓이나 그 밖의 부정한 방법으로 산림기술자 자격을 취득한 경우, (2) 자격정지기간에 업무를 수행한 경우, (3) 현행법에 따른 명의대여 금지에 위반하여 성명을 사용하게 하거나 자격증을 대여한 경우에 해당하는 때에는 반드시 그 자격을 취소하여야 한다(제12조 제1항 단서).

현행법에 따른 행정처분의 세부적인 기준은 위반행위의 종류와 그 위반정도 등을 고려하여 농림축산식품부령으로 정하나, 만일 산림청장이 산림기술자의 자격을 취소하는 처분을 하려는 경우에는 현행법에 따라 청문을 하여야 한다(제12조 제2항 및 제29조 제2호). 현행법에 따라 산림기술자 자격이 취소된 자는 취소된 날부터 3년 이내에 동일한 산림기술자 자격을 취득할 수 없으며, 산림청장으로부터 자격취소 등의 행정처분을 받은 산림기술자는 지체 없이 자격증을 산림청장에게 반납하여야 한다(제12조 제3항·제4항). 이 경우 산림청장은 이러한 행정처분을 받은 산림기술자의 경력 등에 관한 기록의 수정·말소 등 필요한 조치를 하고 산림기술정보체계에 등재하여야 한다.

[5] 산림기술자의 양성

1. 교육기관의 지정 및 지정취소

산림청장은 산림기술자의 효율적인 활용과 기술능력의 향상을 위하여 필요한 경우에는 산림기술자의 양성과 교육·훈련 등에 관한 시책을 수립·추진할 수 있으며, 특히 산림기술자를 양성하기 위하여 「공공기관의 운영에 관한 법률」에 따른 공공기관이나 대통령령으로 정하는 산림기술과 관련된 일정한 기관 또는 단체를 교육기관으로 지정할 수 있다(제7조 제1항·제4항 및 시행령 제8조 제1항). 여기에서 '대통령령으로 정하는 산림기술과 관련된 기관 또는 단체'란 한국산림기술인회, 「고등교육법」 제2조에 따른 학교 중 산림기술과 관련된 교육과정이 개설된 대학, 민법 또는 그 밖의 다른 법률에 따라 설립된 비영리법인 중 산림기술과 관련된 교육과정이 개설된 비영리법인, 산림기술과 관련된 연구·업무를 수행하는 학회, 기관 또는 단체를 말한다.

현행법에 따라 교육기관으로 지정받으려는 자는 산림청장에게 지정을 신청하여야 하며, 이러한 신청을 받은 경우 산림청장은 그 신청내용이 교육기관의 지정기준에 적합한 경우에는 이를 지정하고 그 내용을 산림청 인터넷 홈페이지에 공고하여야 한다(제7조 제6항 및 시행령 제8조 제2항~제4항). 이 경우 산림청장은 지정된 산림기술자 교육기관에 대하여 교육·훈련에 필요한 비용의 전부 또는 일부를 지원할 수 있다(제7조 제5항).

산림청장은 현행법에 따라 지정된 산림기술자 교육기관에게 일정한 사유가 있는 경우에는 그 지정을 취소할 수 있다(제7조 제4항). 산림청장이 현행법에 따라 산림기술자 교육기관의 지정을 취소할 수 있는 이러한 사유에는 거짓이나 그 밖의 부정한 방법으로 지정을 받은 경우, 현행법이 정한 지정기준에 적합하지 않게 된 경우, 그 밖에 산림기술자의 효율적인 양성을 위하여 대통령령으로 정하는 사항[77]을 위반한 경우 등이 있다. 산림청장은 산림기술자 교육기관에게 이러한 사유가 있다고 하더라도 반드시 그 지정을 취소하여야 하는 것은 아니나, 만일 그 사유가 '거짓이나

77) 여기에서 '대통령령으로 정하는 사항'이란 ① 교육기관으로 지정을 받은 후 정당한 사유 없이 1년 이내에 산림기술자 교육과정을 개설하지 않은 경우, ② 정당한 사유 없이 1년 이상 교육기관을 운영하지 않은 경우, ③ 교육기관으로 지정받은 강의실 또는 실습림이 아닌 곳에서 산림기술자 교육과정을 운영한 경우 등을 말한다(시행령 제9조 제1항).

그 밖의 부정한 방법으로 지정을 받은 경우'에 해당하는 때에는 반드시 그 교육기관의 지정을 취소하여야 한다. 산림청장은 현행법에 따라 산림기술자 교육기관의 지정을 취소하는 처분을 하려는 경우에는 청문을 하여야 한다(제29조 제1호).

2. 교육 · 훈련의 실시

현행법에 따라 대통령령으로 정하는 산림기술자는 업무수행에 필요한 소양과 지식을 습득하기 위하여 농림축산식품부령으로 정하는 바에 따라 산림청장이 실시하는 교육 · 훈련을 받아야 한다(제7조 제2항 및 시행령 제7조). 여기에서 '대통령령으로 정하는 산림기술자'란 다음에 해당하는 기관 · 단체 또는 사업자에게 소속되어 근무하는 산림기술자를 말한다.

- 산림기술용역업자
- 「산림자원의 조성 및 관리에 관한 법률」에 따라 등록한 국유림영림단 및 산림사업법인
- 「산림조합법」에 따른 산림조합 및 산림조합중앙회
- 「목재의 지속가능한 이용에 관한 법률 시행령」 제24조 제1항 및 별표2에 따른 목재생산업 중 원목생산업을 등록한 자

현행법에 따라 이러한 교육 · 훈련을 의무적으로 받아야 하는 대상자를 고용하고 있는 사용자는 산림기술자가 해당 교육 · 훈련을 받는 데에 필요한 경비를 부담하여야 하며, 산림기술자가 교육 · 훈련을 받을 때 이를 이유로 불리한 처우를 해서는 안 된다(제7조 제3항).

[6] 한국산림기술인회

산림기술자는 산림기술자의 복리증진과 산림기술 및 산림사업의 발전을 도모하기 위하여 산림청장의 인가를 받아 한국산림기술인회를 설립할 수 있다(제13조 제1항 · 제2항 및 제6항). 한국산림기술인회는 법인으로 하며, 이에 관하여 현행법에 규정되지 않은 사항은 민법 중 사단법인에 관한 규정을 준용한다. 현행법에 따른 이러한 한국산림기술인회가 산림기술정보체계 구축 · 운영 업무를 위탁받거나 산림청장이 산림기술자를 양성하기 위하여 지정하는 산림기술자 교육기관으로 지정될 수도 있음은 앞에서 이미 설명한 것과 같다(시행령 제6조 및 제8조 제1항).

한국산림기술인회의 업무에 드는 경비는 회비, 사업비 및 위탁수수료 등으로 충당하며, 산림청장은 현행법에 따라 그 소요경비의 일부를 예산의 범위에서 지원

할 수 있다(제13조 제3항·제4항). 한국산림기술인회 회원의 자격과 임원에 관한 사항 및 업무 등은 정관으로 정하며, 그 밖에 정관에 포함되어야 할 사항은 대통령령으로 정한다.

Ⅳ. 산림기술용역

[1] 산림기술용역업의 등록

1. 개 요

가. 등록의 근거

산림기술용역업을 하려는 자는 현행법이 정하는 요건을 갖추어 농림축산식품부령으로 정하는 바에 따라 산림청장에게 등록하여야 한다(제15조 제1항). 이 경우 산림기술용역업의 종류별 기술수준 및 자본금 등과 같은 등록요건은 시행령 제12조 제2항 별표4의 규정에 따른다.

나. 산림기술용역과 산림사업시행

산림기술용역이란 "산림기술을 응용하여 산림사업을 설계·감리하고 안전성을 분석"(제2조 제4호)하는 것을 말하며, 이러한 산림기술용역을 영업의 수단으로 하려는 자로서 제15조제1항에 따라 등록한 자를 산림기술용역업자라고 한다(제2조 제6호). 현행법에 따르면 산림기술용역을 영업의 수단으로 하는 산림기술용역업은 종합업과 전문업으로 구분하며, 전문업은 다시 그 업무분야에 따라 산림경영, 산림생태·공학, 산림휴양, 녹지조경으로 나누어진다(시행령 제12조 제2항 별표4).

산림기술용역과 구별되는 것으로 산림사업시행이 있는데, 이는 "산림기술용역 외에 산림사업을 시행하는 것"(제2조 제5호)을 말하며, 이러한 산림사업시행을 영업의 수단으로 하려는 자로서 다음에 해당하는 자를 산림사업시행업자라고 한다(제2조 제7호).

- 산림조합 또는 산림조합중앙회
- 「산림자원의 조성 및 관리에 관한 법률」에 따른 국유림영림단
- 「산림자원의 조성 및 관리에 관한 법률」에 따라 등록한 산림사업법인
- 「목재의 지속가능한 이용에 관한 법률」에 따라 등록한 목재생산업자 중 원목생산업자

2. 등록요건

가. 인적 요건

현행법에 따라 산림기술용역업을 하려는 자는 (1) 「기술사법」에 따른 산림분야 기술사사무소를 등록한 기술사, (2) 「엔지니어링산업 진흥법」에 따른 농림전문분야 엔지니어링사업자, (3) 「기술사법」에 따른 조경분야 기술사사무소를 등록한 기술사, (4) 「엔지니어링산업 진흥법」에 따른 조경전문분야 엔지니어링사업자, (5) 그 밖에 대통령령으로 정하는 자에 해당하는 자로서 현행법에 따른 요건을 모두 갖추어 농림축산식품부령으로 정하는 바에 따라 산림청장에게 등록하여야 한다(제15조 제1항). 이 경우 (3)과 (4)에 해당하는 자가 등록할 수 있는 산림기술용역업은 대통령령으로 정하는 산림사업에 관한 산림기술용역업으로 한정한다.

이와 관련하여 제정 법률에서는 「기술사법」에 따른 산림분야 기술사사무소를 등록한 기술사나 「엔지니어링산업 진흥법」에 따른 산림전문분야 엔지니어링사업자 또는 현행법에 따른 대통령령으로 정하는 자가 산림청장에게 산림기술용역업으로 등록할 수 있도록 하였으나, 2021년 6월 15일 이를 개정하여 「엔지니어링산업 진흥법」에 따른 농림전문분야 엔지니어링사업자, 「기술사법」에 따른 조경분야 기술사사무소를 등록한 기술사 및 「엔지니어링산업 진흥법」에 따른 조경전문분야 엔지니어링사업자의 경우에도 산림기술용역업으로 등록할 수 있도록 하였다. 이는 "공정한 경쟁을 통하여 산림사업의 품질을 제고하기 위해 조경분야 기술사사무소를 등록한 기술사 및 조경전문분야 엔지니어링사업자로 하여금 조경 분야와 업무영역이 유사한 일정한 산림사업에 관한 산림기술용역업에 한정하여 산림기술용역업을 등록할 수 있도록"[78] 한 것으로서 산림분야와 조경 분야가 함께 경쟁하며 발전할 수 있을 것이라는 점에서 긍정적으로 평가된다.

나. 기술수준 및 자본금 등의 요건

A. 종합업

산림기술용역업 중 종합업은 (1) 기술특급 산림경영기술자 자격과 기술특급 산림공학기술자 자격을 모두 보유한 사람 1명을 포함한 산림기술자 5명 이상이나 (2) 기술고급 산림경영기술자 자격과 기술고급 산림공학기술자 자격을 모두 보유

78) 법제처의 국가법령정보센터(www.law.go.kr) 중 「산림기술 진흥 및 관리에 관한 법률」(법률 제18261호, 2021. 6. 15.)의 개정이유를 참고하라. 한편 개정된 이러한 내용은 2021년 12월 16일부터 시행되었다.

한 사람 2명을 포함한 산림기술자 6명 이상에 해당하는 인력을 보유하고, 사무실과 자본금 5천만원 이상을 보유하여야 한다(시행령 제12조 제2항 별표4). 그러나 이 경우에도 기술인력에 관한 요건 중 녹지조경기술자는 1명 이하로 하여야 한다.

B. 전문업

산림기술용역업 중 전문업의 기술수준 및 자본금 등의 등록요건은 그 구분에 따라 다음과 같다(시행령 제12조 제2항 별표4).[79]

- 산림경영전문업: 기술고급 이상인 산림경영기술자 1명 이상과 기술초급 이상인 산림경영기술자 2명 이상을 보유하고 사무실을 갖출 것
- 산림생태·공학전문업: 기술고급 이상인 산림공학기술자 1명 이상과 기술초급 이상인 산림공학기술자 2명 이상을 보유하고 사무실을 갖출 것
- 산림휴양전문업: (1) 기술고급 이상인 산림공학기술자 1명 이상과 (2) 기술초급 이상인 산림경영기술자 1명 이상 및 (2) 기술초급 이상인 산림공학기술자 또는 기술초급 이상인 녹지조경기술자 1명 이상을 보유하고 사무실을 갖출 것
- 녹지조경전문업: (1) 기술고급 이상인 산림경영기술자, 기술고급 이상인 산림공학기술자 또는 기술고급 이상인 녹지조경기술자 1명 이상과 (2) 기술초급 이상인 산림경영기술자, 기술초급 이상인 산림공학기술자 또는 기술초급 이상인 녹지조경기술자 2명 이상을 보유하고 사무실을 갖출 것

이에 따르면 전문업의 경우 산림기술용역업을 수행하는 데 적합한 사무실은 그 등록요건으로 명시되어 있으나 자본금은 별도로 규정되어 있지 않으므로 자본금의 여부는 전문업 등록의 요건에 해당하지 않음에 주의하여야 한다.

다. 결격사유

산림기술용역업을 등록하려는 자에게 일정한 결격사유가 있는 경우에는 산림기술용역업을 등록할 수 없다(제16조). 현행법에 따라 산림기술용역업을 등록할 수 없는 이러한 결격사유란 파산선고를 받고 복권되지 않은 자, 산림기술용역업 등록이 취소된 날부터 2년이 지나지 않은 자, 현행법이나 「산림자원의 조성 및 관리에 관한 법률」을 위반하여 징역형의 실형을 선고받고 그 집행이 끝나거나 면제된 날부터 2년이 지나지 않은 자, 현행법이나 「산림자원의 조성 및 관리에 관한 법률」을 위반

79) 이와 관련하여 시행령 제12조 제2항 별표4에서는 기술인력의 요건에 관하여 제정 당시 대통령령(대통령령 제29310호)의 시행일인 2018년 11월 29일을 기준으로 2년이 경과한 2020년 11월 28일과 그 이후로 나누어 규정하고 있으나, 현재에는 당연히 2020년 11월 28일 이후의 규정만을 따르면 된다.

하여 징역형의 집행유예를 선고받고 그 유예기간 중에 있는 자 등을 말한다.

현행법상 '산림기술용역업 등록이 취소된 날부터 2년이 지나지 않은 자'에는 파산선고를 받고 복권되지 않은 자에 해당하여 산림기술용역업의 등록이 취소된 경우는 제외한다. 따라서 파산선고를 받고 복권되지 않은 자의 경우에는 2년이 지나더라도 산림기술용역업을 등록할 수 없다. 또한 결격사유 중 현행법이나 「산림자원의 조성 및 관리에 관한 법률」을 위반하여 징역형의 실형을 선고받고 '그 집행이 끝난 경우'에는 법률에 의하여 그 집행이 끝난 것으로 보는 경우를 포함한다.

3. 산림기술용역업의 등록

산림기술용역업을 하려는 자로서 종류에 따른 등록요건을 모두 갖춘 자는 농림축산식품부령으로 정하는 바에 따라 산림청장에게 신청하여 등록하여야 한다(제15조 제1항·제2항 및 시행규칙 제10조). 이 경우 등록의 신청을 받은 산림청장은 등록요건을 갖춘 산림기술용역업자에게는 등록증을 발급하여야 한다. 산림청장으로부터 산림기술용역업의 등록증을 받은 산림기술용역업자는 대통령령으로 정하는 등록증의 중요한 사항을 변경하거나 휴업 또는 폐업하는 경우에는 농림축산식품부령으로 정하는 바에 따라 그 사유가 발생한 날부터 30일 이내에 산림청장에게 그 사실을 신고하여야 한다(제15조 제4항). 이 경우 산림기술용역업을 등록 또는 변경등록을 하려는 자는 농림축산식품부령으로 정하는 바에 따라 수수료를 내야 한다(제28조 제3호).

현행법에 따라 산림청장에게 산림기술용역업을 등록한 자는 타인에게 자기의 상호 또는 성명을 사용하여 산림기술용역업을 하게 하거나 등록증을 빌려주어서는 안 되며, 또한 누구든지 등록증의 명의대여 등을 금지하는 행위를 알선하거나 타인의 등록증을 사용해서도 안 된다(제15조 제5항·제6항). 만일 이에 위반하는 경우에는 현행법이 정한 벌칙 규정에 따라 1년 이하의 징역 또는 1천만원 이하의 벌금에 처해질 수 있다(제31조 제1항 제3호·제4호).

4. 등록취소 등

산림청장은 산림기술용역업자에게 일정한 사유가 있는 경우에는 산림기술용역업의 등록을 취소하거나 6개월 이내의 기간을 정하여 영업의 정지를 명할 수 있다(제18조 제1항). 산림청장이 현행법에 따라 산림기술용역업의 등록취소 등을 할 수 있는 이러한 사유에는 거짓이나 그 밖의 부정한 방법으로 등록을 한 경우, 현행법이 정한 등록요건에 맞지 않게 된 경우, 현행법을 위반하여 타인에게 자기의 상호 또는 성명을 사용하여 산림기술용역업을 하게 하거나 등록증을 빌려준 경우, 현행법을 위반하여 명의대여 등과 같은 금지된 행위를 알선하거나 타인의 등록증을 사용한 경우, 영업정지기간 중에 산림기술용역업을 한 경우 등이 있다.

산림청장은 산림기술용역업자에게 이러한 사유가 있다고 하더라도 반드시 그 등록취소나 영업정지 등의 처분을 하여야 하는 것은 아니나, 만일 그 사유가 '현행법이 정한 등록요건에 맞지 않게 된 경우' 이외의 사유에 해당하는 때에는 반드시 그 산림기술용역업의 등록을 취소하여야 한다(제18조 제1항 단서). 산림청장은 현행법에 따라 산림기술용역업자의 등록을 취소하는 처분을 하려면 청문을 하여야 한다(제29조 제3호). 현행법에 따른 산림청장의 등록취소 처분으로 인하여 산림기술용역업의 등록이 취소된 자는 그 등록취소 확정결정 통지를 받은 날부터 7일 이내에 등록증을 반납하여야 하며, 만일 산림기술용역업자가 등록이 취소되거나 휴업 또는 폐업을 하였음에도 불구하고 현행법 제15조 제4항에 따른 신고를 하지 않은 경우에는 산림청장은 해당 산림기술용역업자의 등록을 말소할 수 있다(제18조 제1항 단서 및 제2항 · 제3항).

[2] 산림기술용역업의 업무

1. 산림사업 설계 · 감리의 범위

현행법에 따라 대통령령으로 정하는 종류와 규모 이상의 산림사업을 시행하려는 자는 설계와 감리를 하여야 한다(제15조 제3항 및 시행령 제13조 제1항). 여기에서 설계와 감리를 하여야 하는 '대통령령으로 정하는 종류와 규모 이상의 산림사업'이란 (1) 국가 또는 지방자치단체의 보조나 지원을 받아 시행하는 산림사업으로서 일정한 종류와 규모에 해당하는 산림사업과 (2) 「산지관리법」 제39조 제1항 · 제2항 및 제44조 제1항에 따른 산지복구 · 중간복구 및 불법산지전용지에 대한 복구사업을 말한다.

현행법상 국가 또는 지방자치단체의 보조나 지원을 받아 시행하는 산림사업으로서 설계와 감리를 하여야 하는 대상은 다음과 같다(시행령 제13조 제1항 제1호).

- 3만m^2 이상의 조림사업 및 벌채사업
- 50만m^2 이상의 산림병해충 방제사업 또는 솎아베기를 수반하는 숲가꾸기사업
- 임도사업
- 「사방사업법」에 따른 사방사업
- 「산림교육의 활성화에 관한 법률」에 따른 유아숲체험원 및 산림교육센터의 조성 · 관리를 위하여 시행하는 유아숲체험원 등 조성사업

- 「산림문화 · 휴양에 관한 법률」에 따른 자연휴양림, 산림욕장, 치유의 숲, 숲길, 숲속야영장 및 산림레포츠시설의 조성 · 관리를 위하여 시행하는 자연휴양림 등 조성사업
- 「도시숲 등의 조성 및 관리에 관한 법률」에 따른 도시숲 · 생활숲 및 가로수의 조성 · 관리를 위하여 시행하는 도시숲 등 조성사업
- 「수목원 · 정원의 조성 및 진흥에 관한 법률」에 따른 수목원의 조성 · 관리를 위하여 시행하는 수목원 조성사업
- 「장사 등에 관한 법률」에 따른 수목장림의 조성 · 관리를 위하여 시행하는 수목장림 조성사업
- 「백두대간 보호에 관한 법률」, 「사방사업법」 및 「산지관리법」에 따라 자연적 · 인위적인 원인으로 훼손된 산림을 복원하기 위하여 시행하는 산림복원사업

그러나 국가 또는 지방자치단체의 보조나 지원을 받아 시행하는 이러한 산림사업의 경우에도 설계와는 달리 감리는 (1) 임도사업의 경우에는 관급자재비를 포함한 건당 공사비가 2천만원 이상, (2) 사방사업의 경우에는 건당 공사비가 1억원 이상, (3) 유아숲체험원 등 조성사업, 자연휴양림 등 조성사업, 도시숲 등 조성사업, 수목원 조성사업, 수목장림 조성사업 및 산림복원사업의 경우에는 건당 공사비가 4천만원 이상, (4) 「산지관리법」에 따른 산지복구 · 중간복구 및 불법산지전용지에 대한 복구사업의 경우에는 「산지관리법 시행령」 제48조의2에 따른 면적 이상의 산지를 복구하는 공사인 경우만 해당한다.

현행법에 따라 이러한 산림사업을 시행하려는 자는 시행업자와 감리자를 동일인으로 선정해서는 안 되며, 특히 숲가꾸기사업의 경우에는 설계자와 시행업자, 설계자와 감리자도 동일인으로 선정할 수 없다(시행령 제13조 제2항). 이는 발주자의 권한을 대행하여 산림사업이 설계 및 관계 법령에 따라 적법하게 시공되는지를 확인하는 등 품질과 시공관리를 기술지도하는 감리제도의 실효성을 확보하기 위한 것이다.

2. 종류별 업무범위

산림기술용역업 중 종합업은 산림사업의 설계 · 감리 및 안전성 분석업무를 종합적으로 수행할 수 있다(시행령 제12조 제2항 별표4). 그러나 전문업의 경우에는 분야에 따라 수행할 수 있는 업무의 범위가 구분되어 있는데, 현행법에 따르면 종류별 업무범위는 다음과 같다.

- 산림경영전문업: 산림조사 및 산림경영계획서의 작성, 산림조성사업 및 산림병해충 방제사업의 설계 · 감리 및 안전성 분석
- 산림생태 · 공학전문업: 임도사업, 산불의 예방 및 진화를 위한 사업, 산지의 보전 · 이

용과 토석채취 및 재해방지 · 복구 등에 관한 사업, 사방사업 및 산림복원사업 등의 설계 · 감리 및 안전성 분석. 다만, 이 경우 산불의 예방 및 진화를 위한 사업에는 산불예방 · 진화시설 등 산림관리기반시설의 설치를 포함한다.

- 산림휴양전문업: 자연휴양림 등 조성사업, 유아숲체험원 등 조성사업 및 수목장림 조성사업의 설계 · 감리 및 안전성 분석
- 녹지조경전문업: 수목원 조성사업과 도시숲 등 조성사업의 설계 · 감리 및 안전성 분석

[3] 산림기술용역업의 육성 및 관리

1. 산림기술용역의 대가기준

발주청은 산림기술용역을 산림기술용역업자에게 수행하게 한 경우에는 산림청장이 정하여 고시하는 산림기술용역비 산정기준에 따라 산정한 산림기술용역비를 지급하여야 한다(제21조). 여기에서 발주청이란 "산림기술용역 또는 산림사업시행을 발주하는 국가, 지방자치단체, 국가 또는 지방자치단체가 납입자본금의 2분의 1 이상을 출자한 기관, 그 밖에 대통령령으로 정하는 기관 · 단체의 장"[80]을 말한다(제2조 제8호 및 시행령 제2조 제3항).

현행법의 이러한 규정은 일반적인 엔지니어링사업에 관한 규정과 유사한 것인데, 「엔지니어링산업 진흥법」의 경우에도 발주청이 엔지니어링사업자와 엔지니어링사업의 계약을 체결한 때에는 적정한 엔지니어링사업의 대가를 지급하도록 하면서, 이러한 엔지니어링사업의 대가를 산정하기 위하여 산업통상자원부장관에게 필요한 기준을 정하여 고시하도록 규정하고 있다(같은 법 제31조 제1항 · 제2항).

2. 육성 및 지원시책

산림청장은 산림기술용역업의 기술수준 향상과 건전한 발전 및 고도화를 도모하고, 해외진출을 활성화하기 위하여 필요한 경우에는 산림기술용역업의 육성 및 지원을 위한 시책을 수립하여 시행할 수 있으며. 이를 원활하게 시행하기 위하여 산림기술용역업자에게 현행법 제4조에 따른 산림기술 연구 · 개발사업의 성과 활용, 국내외 산림기술인력의 정보 제공, 해외시장 진출을 위하여 필요한 산림기술자에 대한 전문교육, 그 밖에 산림기술용역업의 발전을 위하여 필요하다고 산림청장

80) 여기에서 '대통령령으로 정하는 기관 · 단체'란 「공공기관의 운영에 관한 법률」에 따른 공기업 또는 준정부기관, 「지방공기업법」에 따른 지방공사 및 지방공단, 국가 또는 지방자치단체의 출연기관, 국가 · 지방자치단체 또는 「공공기관의 운영에 관한 법률」에 따른 공기업이나 준정부기관이 사업의 시행을 위탁한 자, 「사회기반시설에 대한 민간투자법」에 따른 사업시행자(해당 사업시행자의 자본금의 2분의 1 이상을 출자한 자로서 사업의 시행을 위탁받은 자를 포함하되, 관계 중앙행정기관의 장으로부터 발주청이 되는 것을 승인받은 자로 한정한다)를 말한다.

이 인정하는 사항 등을 지원할 수 있다(제14조 제1항·제2항). 산림기술용역업을 육성하기 위한 이러한 규정은 국내외 산림기술인력에 대한 정보 제공뿐만 아니라 해외시장 진출을 위하여 필요한 산림기술자에 대한 전문교육까지 포괄하는 것으로서 산림기술용역업의 활성화에 크게 기여할 것으로 기대된다.

3. 산림기술용역업에 대한 관리

가. 산림기술용역업자 등의 의무

산림기술용역업자와 그 산림기술용역 업무를 수행하는 산림기술자는 관계 법령에 따라 성실하고 정당하게 그 업무를 수행하여야 하며, 특히 산림기술용역업자는 현행법이나 현행법에 따른 명령이나 그 밖의 관계 법령에 맞게 설계 및 감리를 하여야 한다(제17조 제1항·제2항).

산림사업을 감리하는 감리자는 (1) 현행법이나 현행법에 따른 명령 또는 그 밖의 관계 법령에 위반된 사항을 발견한 경우나 (2) 산림사업시행업자가 설계대로 산림사업을 시행하지 않은 경우에는 현행법에 따라 산림사업시행업자에게 시정 또는 재시공을 요구하여야 한다(제17조 제3항·제4항). 만일 산림사업시행업자가 현행법에 따른 감리자의 이러한 요구를 받은 후에도 이에 따른 시정이나 재시공을 하지 않으면, 감리자는 그 산림사업의 중지를 요구할 수 있다. 이 경우 현행법에 따라 공사중지를 요청받은 산림사업시행업자는 정당한 사유가 없으면 즉시 그 산림사업을 중지하여야 한다.

나. 지위승계

산림기술용역업자가 산림기술용역업의 전부 또는 일부를 양도하거나 사망한 경우 또는 법인인 산림기술용역업자가 합병한 경우에는 그 양수인·상속인 또는 합병 후 존속하는 법인이나 합병으로 설립되는 법인[양수인 등]이 그 산림기술용역업자의 지위를 승계한다(제19조 제1항·제2항). 이 경우 산림기술용역업자의 지위를 승계한 자는 그 사유가 발생한 날부터 30일 이내에 농림축산식품부령으로 정하는 바에 따라 산림청장에게 그 사실을 신고하여야 한다.

현행법에 따라 산림기술용역업자의 지위가 승계되면 종전의 산림기술용역업자에 대한 등록취소 등과 같은 행정처분의 효과는 그 처분기간이 끝나는 날까지 양수인 등에 승계된다(제20조 제1항·제2항). 따라서 만일 6개월의 영업정지명령을 받은 후 산림기술용역업자의 지위가 승계된 경우 양수인 등은 그 영업정지명령의 기간이 끝나는 날까지 영업행위가 제한된다.

산림기술용역업자의 지위가 승계되면 종전의 산림기술용역업자에 대하여 행정처분 절차가 진행 중일 때에는 양수인 등에 대하여 그 절차를 계속 진행할 수 있다(제20조 제2항·제3항). 그러나 이 경우에도 양수인 등이 양수 또는 합병 시에 그 처분 또는 위반 사실을 알지 못하였음을 증명하는 경우에는 그렇지 않다. 이는 행정처분을 받았거나 그 절차가 진행 중인 자는 농림축산식품부령으로 정하는 바에 따라 지체 없이 그 사실을 양수인 등에게 알려야 함에도 불구하고 이를 알리지 않음으로써 그러한 사실을 알지 못한 선의의 양수인 등을 보호하기 위한 것이다.

다. 지도 및 감독

산림청장은 산림기술용역업자에 대하여 그 업무수행에 관한 사항을 지도·감독하여야 한다(제22조 제1항~제3항). 이를 위하여 산림청장은 필요하다고 인정하면 산림기술용역업자에게 그 업무에 관한 보고를 하게 하거나 관련 자료의 제출을 명할 수 있으며, 소속 공무원으로 하여금 사무실 및 사업현장 등에 출입하여 검사하게 할 수 있다. 이 경우 현행법에 따라 검사를 하는 자는 그 권한을 표시하는 증표를 지니고 이를 관계인에게 보여주어야 한다.

V. 산림사업의 품질 및 안전관리

[1] 품질관리

1. 실적관리

산림기술용역업자 및 산림사업시행업자가 산림사업의 실적 등을 인정받으려면 산림사업 실적확인서와 같이 그 실적사항을 증명할 수 있는 필요한 서류를 첨부하여 산림청장에게 신고하여야 한다(제23조 제1항·제3항 및 시행규칙 제17조). 이 경우 산림기술용역업자 및 산림사업시행업자는 산림청장에게 산림사업 실적 등을 거짓으로 신고해서는 안 된다.

산림청장은 현행법에 따라 산림기술용역업자 및 산림사업시행업자로부터 신고를 받은 경우에는 산림사업 실적 등에 관한 기록을 유지·관리하여야 하며, 산림기술용역업자 및 산림사업시행업자가 신청하는 경우에는 특별한 사유가 없으면 산림사업 실적에 관한 증명서를 발급하여야 한다(제23조 제2항). 이 경우 산림사업 실적에 관한 증명서의 발급을 신청하는 자는 현행법에서 정하는 바에 따라 수수료를 내야 한다(제28조 제4호).

2. 산림사업 등의 부실측정

산림청장, 지방자치단체의 장 또는 발주청은 산림기술용역업자나 산림사업시행업자 또는 이러한 산림기술용역업자나 산림사업시행업자에게 고용된 산림기술자가 산림기술용역업 또는 산림사업시행업을 성실하게 수행하지 않음으로써 부실이 발생하여 발주청에 손해를 끼친 경우에는 그 부실의 정도를 측정하여 벌점을 주어야 한다(제24조 제1항). 이 경우 부실정도의 측정은 현행법 제15조 제3항 및 시행령 제13조 제1항에 따라 설계와 감리를 해야 하는 산림사업을 대상으로 한다(시행규칙 제18조 제1항).

지방자치단체의 장과 발주청은 현행법에 따라 벌점을 준 경우 그 내용을 산림청장에게 통보하여야 하며, 이를 통보받은 산림청장은 그 벌점을 종합관리하고 산림기술용역업자나 산림사업시행업자 등에 대한 벌점을 공개하여야 한다(제24조 제2항~제4항). 이와 함께 발주청은 현행법에 따라 벌점을 받은 자에게는 그 벌점에 따라 입찰 시에 불이익을 주어야 하며, 만일 산림기술자가 업무를 성실하게 수행하지 않음으로써 산림사업이 부실하게 될 우려가 있으면 농림축산식품부령으로 정하는 바에 따라 그 산림기술자에게 시정명령 등 필요한 조치를 하고 그 결과를 산림청장에게 제출하여야 한다.

3. 산림기술자의 배치

산림기술용역업자 또는 산림사업시행업자는 산림사업의 품질향상을 위하여 대통령령으로 정하는 바에 따라 산림사업 현장에 산림기술자 등을 1명 이상 배치하여야 한다(제25조 제1항). 이 경우 산림기술용역업자 및 산림사업시행업자는 산림사업의 착수와 동시에 시행령 제15조 제1항에 따른 별표5의 배치기준에 따라 산림기술자 등을 배치하고 이에 대하여 발주청의 확인을 받아야 한다(시행령 제15조 제1항~제3항).

그러나 이러한 규정에도 불구하고 사업시행관리, 품질 및 안전에 지장이 없는 경우로서 일정기간 해당 사업이 중단되는 등 농림축산식품부령으로 정하는 요건에 해당하여 발주청이 서면으로 승낙하는 경우에는 산림기술자 등을 배치하지 않을 수 있다(제25조 제1항 단서). 여기에서 산림기술자 등을 배치하지 않을 수 있는 '농림축산식품부령으로 정하는 요건'이란 계절적 요인이나 예산 부족 등의 사유로 사업이 일정기간 중단되는 경우 또는 사업시행관리나 사업의 품질 및 안전에 지장이 없다고 발주청이 인정하는 경우를 말한다(시행규칙 제20조 제2항).

현행법에 따라 산림사업 현장에 배치된 산림기술자 등은 발주청의 승낙을 받지 않고는 정당한 사유 없이 그 산림사업 현장을 이탈해서는 안 되며, 발주청은 산림사업 현장에 배치된 산림기술자 등이 신체적 · 정신적 장애 등의 이유로 업무를 수행할 능력이 없다고 인정하는 경우에는 산림사업시행업자에게 산림기술자를 교체할 것을 요청할 수 있다(제25조 제2항·제3항). 이 경우 발주청으로부터 이러한 요청을 받은 산림사업시행업자는 정당한 사유가 없으면 이에 따라야 한다.

[2] 안전관리

1. 안전관리계획

발주청, 산림기술용역업자 및 산림사업시행업자는 산림사업의 안전관리에 노력하여야 한다(제26조 제1항~제3항). 이를 위하여 산림사업시행업자는 안전점검 및 안전관리조직 등 산림사업의 안전관리계획을 수립하고, 이를 발주청에 제출하여 승인을 받은 후 이에 따라 안전점검을 하여야 한다. 이 경우 산림사업시행업자에게 고용되어 안전점검 업무를 수행하는 산림기술자는 안전관리계획에 따라 성실하게 그 업무를 수행하여야 한다.

현행법에 따른 안전관리계획은 산림사업의 개요, 안전관리조직, 안전점검계획, 사업장 주변 안전관리대책, 통행안전시설의 설치, 안전관리비 집행계획, 안전교육계획, 비상사태 발생 시 긴급조치계획 및 다른 법령에서 요구하는 사항 등의 내용을 정해진 수립기준에 따라 수립하여야 한다(시행령 제16조 제2항 별표6). 현행법에 따르면 이러한 안전관리계획을 수립하여야 하는 산림사업에는 (1) 시행령 제13조 제1항에 해당하는 산림사업으로서 설계와 감리를 해야 하는 산림사업, (2) 국가 또는 지방자치단체의 보조나 지원을 받아 시행하는 산림사업, (3) 그 밖에 발주청이 안전관리가 필요하다고 인정하는 산림사업 등이 있다(시행령 제16조 제1항).

산림사업시행업자는 현행법에 따라 안전관리계획을 수립하고 안전점검을 한 산림사업을 준공한 경우에는 농림축산식품부령으로 정하는 방법 및 절차에 따라 안전점검에 관한 종합보고서를 작성하여 발주청에 제출하여야 하며, 이를 제출받은 발주청은 해당 종합보고서를 농림축산식품부령으로 정하는 바에 따라 보존 · 관리하여야 한다(제26조 제5항·제6항). 이에 따르면 산림사업시행업자는 산림사업을 준공한 날부터 5일 이내에 종합보고서를 작성하여 발주청에 제출하여야 하며, 발주청은 제출받은 그 종합보고서를 해당 산림사업의 하자담보책임기간이 만료되는 날까지 보존 · 관리하여야 한다(시행규칙 제21조 제2항·제3항).

2. 안전교육

산림사업시행업자는 산림사업의 안전관리를 위하여 해당 산림사업의 안전에 관한 업무를 총괄하는 안전총괄책임자와 분야별 안전관리를 담당하는 안전관리담당자를 두어야 하며, 산림사업시행업에 종사하는 사람에 대하여 안전교육을 실시하여야 한다(제27조 제1항).

현행법에 따른 안전총괄책임자와 안전관리담당자는 산림사업 관련 작업을 하는 날에는 작업을 시작하기 전에 해당 작업을 수행하는 인력을 대상으로 안전교육을 실시하여야 한다(제27조 제2항 및 시행령 제19조 제1항~제3항). 이 경우 안전교육에는 작업의 시행방법, 작업의 세부 시행순서 및 시행에 따른 주의사항 등이 포함되어야 한다. 산림사업시행업자는 안전총괄책임자와 안전관리담당자가 현행법에 따라 이러한 안전교육을 실시한 경우에는 그 안전교육의 내용을 기록·관리하여야 하며, 사업준공 후에는 발주청에 그 기록한 내용을 제출하여야 한다.

제5절 산림조합법

Ⅰ. 총 론

[1] 개 요

조선시대 향약의 일종인 '송계'에 뿌리를 두고 있는[81] 산림조합은 1949년 (사)중앙산림조합연합회의 설립을 시작으로 1952년에는 산림보호를 위한 마을단위 조직으로서 산촌주민들에게는 오래전부터 익숙한 제도였던 산림계[82]를 전국 동·리 단위에 조직하여 운영하는 등 산림계를 기반으로 발전해 왔다. 1960년 (사)대한산림조합연합회로 개칭[83]한 이러한 산림조합이 법적 지위를 확보하게 된 것은 1961년 12월 27일 제정된 구「산림법」(법률 제881호)에 그 근거 규정이 신설되면서부터이다. 이에 따라 산림계, 산림조합 및 산림조합연합회는 법인이 되었으며, 특히 산림조합은 시·군·구의 구역 내에 사무소를 가진 산림계를 조합원으로 하여 농림

81) 산림청(2013)의 「녹색성장을 선도하는 산림강국 구현」, 83면.
82) 산림청(2017)의 「산림청 50년사」, 89면.
83) 산림조합중앙회 홈페이지(www.nfcf.or.kr) 산림조합소개-산림조합발자취를 참고하라.

부장관의 인가를 받아 설립하게 되었다(같은 법 제53조 및 제72조·제73조). 사실 구「산림법」과 함께 한 산림조합의 역사는 산림정책상 가장 놀라운 성과를 거둔 「제1·2차 국토(치산)녹화 10개년 계획」의 역사와 완전히 일치하는 것이었는데, 이 시기 산림조합은 국토녹화를 달성하고 화전정리사업과 연료림 조성사업을 성공적으로 완료하는 데 있어 국가와 함께 공동주체로서 그 당당한 역할을 수행하였다.

그러나 산림조합은 산림녹화라는 역사적 사명을 완수함과 함께 새로운 시대적 역할을 끊임없이 부여받았으며, 그 결과 수차례에 걸쳐 중요한 법률적 변화를 겪게 되었는데, 그 최초의 중대한 변화는 1980년 1월 4일 「산림조합법」(법률 제3231호)의 제정이었다. 이는 구「산림법」의 일부에 규정되어 있던 산림조합 관련 규정을 분리하여 제정한 것으로서 산림조합 등의 업무와 사업에 필요하다고 인정될 때에는 정부 등이 관리·운영하는 사업과 시설·장비 등을 다른 자에 우선하여 이용할 수 있도록 하고 그 사업범위도 확대함으로써 국토녹화의 주역이었던 산림계·산림조합 및 산림조합중앙회를 산림경영 주체로 전환하기 위한 것이었다.

1990년대에 이르자 산림조합은 종전의 산림녹화와 산림보호를 목적으로 하는 조직에서 산림경영을 선도하는 조직으로 다시 한번 혁신하기 위하여 1993년 6월 11일 「산림조합법」을 「임업협동조합법」(법률 제4556호)으로 개정하였다. 산림녹화의 성과를 기반으로 이제는 녹화된 산림을 경영하는 데 역점을 두어야 한다는 시대적 소명을 반영한 이러한 변화는 산림조합의 법적 성격 등에 큰 전환을 가져온 것으로서 산주와 현지주민으로 이루어진 산림계를 중심으로 하던 조직을 산주와 산림경영자를 구성원으로 하는 협동조합체제로 개편하고, 사업적 측면에서도 조합원 및 회원을 위한 신용사업을 추가한 것이었다.

「임업협동조합법」에 따라 협동조합체제로 운영되던 임업협동조합과 임업협동조합중앙회는 1990년대 말 농·수·축·임업 관련 협동조합의 개혁이라는 국가적 과제 앞에서 다시 한번 조직의 변화를 겪지 않을 수 없게 되었다. 그 결과 「임업협동조합법」은 2000년 1월 21일 전부개정을 통하여 다시 「산림조합법」(법률 제6187호)으로 바뀌었으며 임업협동조합과 임업협동조합중앙회는 산림조합 및 산림조합중앙회로 개편되었다. 이는 "임업협동조합을 산림소유자와 임업인을 위한 자주적인 산림조합으로 발전시켜 조합원의 경제적·사회적·문화적 지위를 향상시키고 지속가능한 산림경영을 촉진하며, 임업협동조합중앙회를 산림조합중앙회로 개편하고 중앙회의 사업에 대한 상임이사의 책임경영체제를 강화하는 등 중앙회의 조직과 운영체제를 보강"[84]하기 위한 것이었다.

현재의 「산림조합법」은 2000년 이후 전부개정된 「산림조합법」의 이러한 기본 틀을 유지하면서도 시대적 변화에 따른 산림조합의 역할을 충실히 담당할 수 있도록 전문경영인 체제의 도입, 인사추천위원회 및 감사위원회의 신설 등과 같은 산림조합의 책임경영을 강화하기 위한 제도적 노력 등을 법제화하고 있다. 우리 산림의 역사와 함께 성장하고 있는 산림조합의 법적 기반이기도 한 「산림조합법」은 "산림소유자와 임업인의 자주적인 협동조직을 통하여 지속가능한 산림경영을 촉진하고 산림생산력을 증진시키며 그 구성원의 경제적 · 사회적 · 문화적 지위향상을 도모함으로써 국민경제의 균형 있는 발전에 이바지"(제1조)하는 것을 목적으로 하고 있으며 크게 다음과 같은 내용으로 구성되어 있다.

- 명칭 · 법인격 및 책무 등과 같은 총칙에 관한 사항
- 설립, 조합원 및 기관, 사업 등 조합에 관한 사항
- 조합공동사업법인에 관한 사항
- 산림조합중앙회에 관한 사항
- 조합 및 산림조합중앙회에 대한 감독 등에 관한 사항

[2] 조합에 대한 이해

1. 개념 및 명칭

「산림조합법」에 따른 조합이란 지역조합과 전문조합을 말한다(제2조 제1호~제4호). 여기에서 지역조합이란 현행법에 따라 설립된 지역산림조합을 말하며, 전문조합이란 현행법에 따라 설립된 품목별 · 업종별 산림조합을 말한다. 중앙회는 이러한 조합과는 다른 것으로서 현행법에 따라 설립된 산림조합중앙회[중앙회]를 말한다.

지역조합은 지역명을 붙인 산림조합의 명칭을, 전문조합은 그 지역명과 품목명 또는 업종명을 붙인 산림조합의 명칭을, 중앙회는 산림조합중앙회의 명칭을 각각 사용하여야 한다(제3조 제1항). 예를 들어 지역조합의 경우에는 '○○산림조합'으로 하고, 전문조합 중 표고를 전문으로 하는 조합의 경우에는 '○○표고전문조합'으로 하는 것과 같다.

조합과 중앙회는 법률상 보호를 받아야 할 필요가 있으므로 현행법에 따라 설립된 조합과 중앙회가 아니면 산림조합 · 산림조합중앙회 또는 이와 유사한 명칭을

84) 이를 포함하여 「산림조합법」(법률 제3231호, 1980. 1. 4; 법률 제6187호, 2000. 1. 21.) 및 「임업협동조합법」(법률 제4556호, 1993. 6. 11.)의 제 · 개정 이유 등에 대하여는 법제처의 국가법령정보센터(www.law.go.kr)를 참고하라.

사용하지 못한다(제3조 제2항). 그러나 조합 또는 중앙회가 출자하거나 출연한 법인 또는 그 밖에 중앙회가 필요하다고 인정하는 법인으로서 조합 또는 중앙회의 정관으로 정하는 바에 따라 승인을 받은 경우에는 그 명칭을 사용할 수 있다.

2. 법적 성격

「산림조합법」에 따른 조합과 중앙회는 각각 법인으로 하며, 법인으로서의 주소는 그 주된 사무소의 소재지로 한다(제4조 제1항·제2항). 따라서 조합과 중앙회는 명칭에서는 조합이라는 용어를 사용하고 있으나, 법률상으로는 조합이 아닌 법인에 속하는 것이다.[85)]

법인으로서의 조합과 중앙회는 공법에 근거하여 설립된 법인으로서 공법의 규율을 받는 공법인이며,[86)] 행정법상 지방자치단체·공공조합·영조물법인 및 공법상재단과 같은 공공단체 중 공공조합에 속하는 것이다. 여기에서 공공조합이란 특정한 행정목적을 위하여 일정한 자격을 가진 인원의 결합에 공법상의 법인격을 부여한 것으로서 「산림조합법」에 따른 조합과 중앙회를 포함하여 재개발조합, 재건축조합 및 농지개량조합 등이 있음은 앞에서 이미 설명한 것과 같다.

일반적으로 법인은 민법과 상법에 의하여 설립되는 일반법인과 그 이외의 법률에 의하여 설립되는 특수법인으로 구분할 수 있는데, 「산림조합법」에 따라 설립되는 조합과 중앙회는 「농업협동조합법」에 규정된 조합과 중앙회 및 「사립학교법」에 따라 설립되는 학교법인 등과 같이 특수법인에 속한다. 이러한 특수법인에 대

---

85) 법률상 일반적으로 단체란 공동의 목적을 위하여 2인 이상이 결합한 공동체를 말하는데, 이러한 단체에는 단체 자체가 구성원과 독립하여 존재하고 별도의 법인격을 가지며 조직으로서 기관을 두는 사단과 그렇지 않은 조합의 두 유형이 있다. 사단에는 법인격을 가진 사단법인과 아직 법인격을 갖추지 못한 비법인사단이 있으나, 모두 사원총회를 통하여 의사결정을 하고 사단의 이름으로 재산을 소유하며 채무를 부담한다는 점에서는 공통된다. 그러나 조합의 경우에는 조합 자체가 구성원인 조합원과 독립하여 존재하지 못하며 조합원 전체가 그 주체가 된다. 따라서 조합의 경우에는 조직으로서의 기관이 없으며, 조합원의 의사에 따라 조합원 모두의 이름으로 법률행위를 하게 된다.

86) 다만 이와 관련하여 「산림조합법」이 제정되기 이전 구「산림법」(법률 제881호)에 따른 산림조합의 법적 성격에 대하여 대법원은 "산림조합이 산림법의 규정에 의하여 설립되는 것이나 같은 법 제53조 제2항의 규정에 의하면 같은 산림조합에 관하여는 산림법 제6장의 규정 외에 민법의 법인에 관한 규정을 준용한다고 되어 있고 산림법 제6장의 규정 중 산림조합의 설립, 목적, 업무 등에 관한 규정을 종합하여 보아도 같은 조합이 공법인이라고 보기에 족한 규정이 없으므로…"라고 하면서 산림조합이 구「산림법」에 의하여 설립되었다 하여 공법인이라고 볼 수 없다고 판결하였다(대판 1970. 3. 24. 69다2170). 그러나 대법원의 이러한 입장은 「산림조합법」이 제정되기 이전 구「산림법」에 따른 것으로서 현재의 「산림조합법」에 따른 산림조합이 공법인임에는 의문의 여지가 없다고 보아야 할 것이다.

하여는 설립근거인 특별법이 민법에 우선하여 적용된다.

3. 최대봉사의 원칙 및 정치적 중립 등의 의무

조합과 중앙회는 그 업무에 있어서 조합원 또는 회원을 위하여 최대로 봉사하여야 한다(제5조 제1항~제3항). 조합과 중앙회의 이러한 '최대봉사의 원칙'은 「산림조합법」상 업무를 수행하는 데 있어 가장 기본적인 원칙이므로 조합과 중앙회는 일부 조합원이나 일부 회원의 이익에 편중되는 업무를 하거나 영리 또는 투기를 목적으로 하는 업무를 해서는 안 된다.

현행법상 중앙회는 조합과는 다른 특별한 책무를 부담한다. 이에 따르면 중앙회는 그 회원의 건전한 발전을 도모하기 위하여 적극 노력하여야 하며, 회원의 사업과 직접 경합되는 사업을 함으로써 회원의 사업을 위축시켜서는 안 된다(제6조 제1항·제2항). 이는 중앙회의 목적은 현행법 제87조에서 명문으로 규정하고 있는 것처럼 회원의 공동이익을 증진하고 그 건전한 발전을 도모하는 것이기 때문이다.

현행법에 따른 조합 및 현행법 제86조의3에 따른 조합공동사업법인[조합 등]과 중앙회는 공직선거에서 특정정당을 지지하거나 특정인을 당선되게 하거나 당선되지 않도록 하는 행위를 해서는 안 된다(제7조 제1항). 공직선거 관여금지에 관한 이러한 규정은 조합 등과 중앙회의 정치적 중립성을 보장하기 위한 것으로서 「농업협동조합법」 및 「수산업협동조합법」의 경우에도 동일하게 규정되어 있는 내용이다(같은 법의 각 제7조). 「산림조합법」에 따른 이러한 정치적 중립의무는 조합 등과 중앙회에게만 이를 준수하도록 부여된 의무만은 아니며 조합 등과 중앙회가 외부로부터 부당한 정치적 압력 등을 받지 않도록 하고자 하는 의미도 있으므로, 누구든지 조합 등과 중앙회를 이용하여 공직선거에서 특정정당을 지지하거나 특정인을 당선되게 하거나 당선되지 않도록 하는 행위를 하는 것은 엄격히 금지된다(제7조 제2항). 따라서 만일 누구든지 이에 위반하는 행위를 한 경우에는 현행법이 정한 벌칙에 따라 2년 이하의 징역 또는 2천만원 이하의 벌금에 처해질 수 있다(제132조 제1항 제1호).

현행법에 따른 조합 등과 중앙회는 다른 조합이나 조합공동사업법인, 다른 법률에 따른 협동조합 및 외국의 협동조합과의 상호협력, 이해증진 및 공동사업개발 등을 위하여 노력하여야 한다(제10조). 특히 현행법이 국내는 물론 외국의 협동조합과도 상호협력 등을 위하여 노력하도록 규정하고 있는 것은 자주적인 협동조직의 발전과 국제적인 연대를 위한 것으로서 자주 · 자조 및 협동이라는 조합의 정체성과도 밀접한 관계가 있는 것이다.

4. 조합 등에 대한 특례 규정

가. 부과금의 면제

조합 등과 중앙회의 업무 및 재산에 대하여는 국가 및 지방자치단체의 조세 및 「장애인고용촉진 및 직업재활법」 제33조에 따른 장애인 고용부담금 외의 부과금을 면제한다(제8조). 그러나 그 재산이 현행법 제46조 제1항 · 제2항, 제86조의8, 제108조 제1항에 따른 조합 등과 중앙회의 사업 외의 목적으로 사용되는 경우에는 그렇지 않다. 이는 조합 등과 중앙회의 사업을 지원하기 위한 규정의 취지를 감안할 때 그 재산이 조합 등과 중앙회의 사업에 사용되지 않는 경우에까지 부과금을 면제할 이유는 없기 때문이다. 이와 관련하여 「농업협동조합법」 및 「수산업협동조합법」의 경우에는 국가 및 지방자치단체의 '조세 외의 부과금을 면제'하도록 규정하고 있으나(같은법의 각제8조), 현행법의 경우에는 특별히 '조세 및 「장애인고용촉진 및 직업재활법」 제33조에 따른 장애인 고용부담금 외의 부과금을 면제'한다고 하여 장애인 고용부담금은 예외적으로 부담하도록 하고 있다.

부과금 면제에 관한 이러한 규정이 「임금채권보장법」에 대한 관계에서 특별법으로 우선 적용되는지 여부 및 산림조합이나 산림조합중앙회의 업무와 재산에 대하여 「임금채권보장법」에 따른 임금채권부담금을 징수할 수 있는지 여부에 대하여 대법원은 "산림조합중앙회가 회원의 공동이익 증진과 건전한 발전을 도모하기 위하여 각종 사업을 수행하면서 직원을 고용하여 임금을 지급하는 등의 업무는 산림조합법 제8조에서 규정하는 '업무'에 해당하고, 그 업무와 관련하여 임금채권보장법에 따라 징수되는 임금채권부담금은 위 조항에서 말하는 '부과금'에 해당"한다고 하면서, "부과금 면제에 관한 특별법인 산림조합법 제8조는 임금채권보장법에 대한 관계에서도 특별법으로 우선 적용됨으로써 산림조합이나 산림조합중앙회의 업무 및 재산에 대하여는 부과금의 일종인 임금채권부담금을 징수할 수 없다"라고 하였다.[87]

나. 국가 및 공공단체의 협력

국가와 공공단체는 조합 등과 중앙회의 자율성을 침해해서는 안 되며, 그 사업에 적극적으로 협력하여야 한다(제9조 제1항 · 제2항). 이를 위하여 국가 또는 공공단체는 조합 등과 중앙회의 사업에 필요한 경비를 보조하거나 융자할 수 있다. 이와 함께 중앙

---

87) 대판 2016. 10. 13. 2015다233555.

회의 회장[회장]은 조합 등과 중앙회의 발전을 위하여 필요한 사항에 관하여 국가와 공공단체에 의견을 제출할 수 있으며, 이 경우 국가와 공공단체는 그 의견이 반영되도록 최대한 노력하여야 한다(제9조 제3항). 조합 등과 중앙회에 대한 국가와 공공단체의 협력에 관한 이러한 규정은 「농업협동조합법」 및 「수산업협동조합법」의 경우에도 동일하게 규정되어 있다(같은 법의 각 제9조).

다. 다른 법률과의 관계

조합 등과 중앙회의 사업에 대하여는 「보험업법」, 「여객자동차 운수사업법」 제4조 · 제8조 및 제81조, 「화물자동차 운수사업법」 제56조 및 「공인중개사법」 제9조의 규정을 적용하지 않는다(제11조 제1항). 따라서 조합 등과 중앙회는 해당 법률의 규정에도 불구하고 각 법률에서 규정한 관련 사업을 수행할 수 있다. 이와 관련하여 특히 현행법에 따른 조합공동사업법인의 사업에 대하여는 「화물자동차 운수사업법」 제56조를 적용하지 않는다(제11조 제2항). 그러므로 「화물자동차 운수사업법」이 제56조에서 "자가용 화물자동차의 소유자 또는 사용자는 자가용 화물자동차를 유상(그 자동차의 운행에 필요한 경비를 포함한다)으로 화물운송용으로 제공하거나 임대하여서는 아니된다"라고 규정하고 있음에도 불구하고, 조합공동사업법인의 경우에는 현행 규정에 따라 이러한 제한 없이 자가용 화물자동차를 유상으로 화물운송용으로 제공하거나 임대할 수 있다.

지역조합과 중앙회가 현행법 제46조 및 제108조에 따라 하는 조경사업은 「건설산업기본법」에 따른 건설업으로 한정하며, 그 업종과 갖추어야 할 요건 및 범위는 대통령령으로 정한다(제11조 제3항 · 제4항 및 시행령 제3조 제1항). 이에 따르면 현재 지역조합이나 중앙회가 행하는 조경사업의 업종은 조경식재공사업[88]으로 하며, 이를 위하여 갖추어야 할 요건 및 범위는 시행령 별표1에 따른다. 이 경우 지역조합과 중앙회가 그 요건을 갖추어 특별시장 · 광역시장 · 특별자치시장 · 도지사 · 특별자치도지사[시 · 도지사]에게 신고한 경우에는 「건설산업기본법」에 따라 해당 건설업의 등록을 한 것으로 본다.

조합 등과 중앙회의 보관사업에 대하여는 창고업자에 관한 상법 제155조부터

88) 이와 관련하여 2020년 12월 29일 시행령 제3조가 개정됨에 따라 현재의 조경식재공사업은 개정 규정이 시행되는 2022년 1월 1일부터는 '조경식재 · 시설물공사업(조경식재공사로 한정한다)'으로 변경된다. 이는 현행 규정의 근거가 되는 「건설산업기본법 시행령」 제7조에 따른 건설업의 업종과 업종별 업무내용(별표1)의 개정에 따른 것으로서 이에 따르면 개정된 조경식재 · 시설물공사업은 조경식재공사와 조경시설물설치공사로 구분한다. 한편 조경식재공사란 "조경수목 · 잔디 및 초화류 등을 식재하거나 유지 · 관리하는 공사"를 말한다.

제168조까지의 규정을 준용한다(제11조 제5항). 그러므로 조합 등과 중앙회는 보관사업을 하는 경우 창고증권을 발행할 수 있으며, 손해배상 등에 대하여 창고업자와 같은 책임을 진다.

조합 등과 중앙회가 공공기관에 직접 생산하는 물품을 공급하는 경우에는 조합 등과 중앙회를 「중소기업제품 구매촉진 및 판로지원에 관한 법률」 제33조 제1항 각 호 외의 부분에 따른 국가와 수의계약의 방법으로 납품계약을 체결할 수 있는 자로 본다(제11조 의2).[89] 그러나 현행법의 이러한 규정은 2019년 1월 8일 개정 당시 「산림조합법」(법률 제16199호)의 부칙 제2조의 규정에 의하여 시행일부터 5년간 효력을 가지도록 하였으므로 2024년 1월 7일까지 그 유효기한이 정해져 있음에 주의하여야 한다.

Ⅱ. 조합의 설립·조합원 및 기관

[1] 조합의 설립

1. 설립목적 및 구역

조합은 조합원에게 필요한 기술, 자금 및 정보 등을 원활히 제공하여 지속가능한 산림경영을 촉진하고 산림의 생산력을 증진하며, 조합원이 생산한 임산물의 판로 확대 및 유통의 원활화를 통하여 조합원의 경제적 · 사회적 · 문화적 지위향상을 도모하는 것을 목적으로 설립한다(제12조). 이를 위하여 조합은 일정한 구역을 기준으로 설립하는데, 현행법에 따르면 지역조합은 특별자치시 · 특별자치도 및 시 · 군 · 구[시 · 군 · 구]를 구역으로 하며, 전문조합은 경제권역 또는 주 생산단지를 중심으로 정관으로 구역을 정한다(제13조 제1항~제4항). 이 경우 지역조합의 구역을 시 · 군 · 구의 구역으로 조직하는 것이 부적당한 경우에는 산림청장의 승인을 받아 따로 구역을 정할 수 있다. 그러나 같은 구역에서는 지역조합을 2이상, 전문조합을 2이상 각각

89) 현행법에 따른 조합 등과 중앙회 외에 「중소기업제품 구매촉진 및 판로지원에 관한 법률」 제33조 제1항에 따른 중소기업으로 간주되는 특별법인에는 농업협동조합 등 특별법에 따라 설립된 법인, 「국가유공자 등 단체설립에 관한 법률」에 따라 설립된 단체 중 상이를 입은 자들로 구성된 단체, 「고엽제후유의증 등 환자지원 및 단체설립에 관한 법률」에 따라 설립된 단체, 민법 제32조에 따라 설립된 사단법인 중 「장애인복지법」 제63조에 따른 장애인복지단체 또는 장애인을 위한 단체, 그 밖에 대통령령으로 정하는 법인이나 단체 등이 있다. 한편 여기에서 공공기관이란 「중소기업제품 구매촉진 및 판로지원에 관한 법률」 제2조 제2호에 따른 공공기관을 말한다.

설립할 수 없다. 현행법에 따라 조합을 설립하는 경우 그 구역에 주된 사무소를 두며, 조합은 정관으로 정하는 기준과 절차에 따라 지사무소를 둘 수 있다.

2. 설립행위

조합을 설립하고자 하는 때에는 해당 구역의 30인 이상의 조합원 자격을 가진 자가 발기인이 되어 정관을 작성하고 창립총회의 의결을 받은 후 시·도지사의 인가를 받아야 한다(제14조 제1항~제3항). 이 경우 창립총회의 의사는 개의 전까지 발기인에게 설립동의서를 제출한 자 과반수의 찬성으로 의결하며, 발기인 중 현행법에 따른 설립인가의 신청을 거부하는 자가 있을 때에는 나머지 발기인이 신청서에 그 사유서를 첨부하여 신청할 수 있다.

조합설립의 인가는 해당 구역의 시·도지사로부터 인가를 받아야 한다(제14조 제1항). 그러나 지역조합이 아닌 전문조합의 경우에는 주된 사무소 소재지의 시·도지사로부터 인가를 받아야 한다. 법인설립에 있어 이와 같이 주무관청의 인가를 받도록 하는 '인가주의'는 앞에서 이미 설명한 것과 같이 법인을 설립하는 경우 주무관청이 심사는 하나 법률이 정한 요건을 갖춘 경우에는 반드시 인가를 해주도록 하는 것으로서 민법에 따라 비영리법인을 설립하는 경우 일정한 조직을 갖추고 행정관청의 허가를 받도록 하는 '허가주의' 원칙과는 구별되는 것이다.

시·도지사는 현행법에 따라 조합의 설립인가 신청을 받았을 때에는 다음에 해당하는 경우를 제외하고는 인가하여야 한다(제14조 제4항).

- 설립인가기준에 미치지 못하였을 때
- 설립절차, 정관 및 사업계획서의 내용이 법령을 위반하였을 때
- 설립인가에 필요한 구비서류를 갖추지 못하였을 때

시·도지사는 조합 설립인가의 신청을 받은 날부터 60일 이내에 인가 여부를 신청인에게 통지하여야 하며, 만일 시·도지사가 그 정한 기간 내에 인가 여부 또는 민원처리 관련 법령에 따른 처리기간의 연장을 신청인에게 통지하지 않으면, 그 기간이 끝난 날의 다음 날에 인가를 한 것으로 본다(제14조 제5항·제6항). 이 경우 처리기간이 민원처리 관련 법령에 따라 연장 또는 재연장된 경우에는 해당 처리기간을 기준으로 한다.

3. 조합의 정관

조합의 설립을 위한 정관에는 (1) 목적 · 명칭 및 구역, (2) 주된 사무소의 소재지, (3) 조합원의 자격과 가입 · 탈퇴 및 제명에 관한 사항, (4) 출자 1계좌의 금액과 조합원의 출자계좌수 한도 · 납입방법 및 지분계산에 관한 사항, (5) 우선출자에 관한 사항, (6) 총회와 그 밖의 의결기관과 임원의 정수 · 선출 및 해임에 관한 사항, (7) 간부직원의 임면에 관한 사항, (8) 사업의 종류와 그 집행에 관한 사항, (9) 회계연도와 회계에 관한 사항, (10) 적립금의 종류와 적립방법에 관한 사항, (11) 잉여금의 처분과 손실금의 처리방법에 관한 사항, (12) 경비 및 과태금의 부과 · 징수와 사용료 · 수수료에 관한 사항, (13) 공고의 방법에 관한 사항, (14) 존립시기 또는 해산의 사유를 정하였을 때에는 그 시기 또는 사유, (15) 설립 후 현물출자를 약정하였을 때에는 그 출자자산의 명칭 · 수량 · 가격, 출자자의 성명 · 주소와 현금출자로의 전환 및 환매특약조건, (16) 설립 후 양수를 약정한 재산이 있는 경우에는 그 재산의 명칭 · 수량 · 가격과 양도인의 성명 · 주소, (17) 그 밖에 필요한 사항 등이 포함되어야 한다(제15조 제1항).

정관의 형식 및 내용과 관련하여 산림청장은 조합 정관의 표준이 되는 정관례를 정할 수 있다(제16조). 이 경우 신용사업부문에 관하여는 금융위원회와 합의하여야 한다. 만일 조합이 그 정관을 변경하려는 경우에는 조합설립의 인가권자인 시 · 도지사의 인가를 받아야 한다(제15조 제2항). 그러나 이 경우에도 조합이 현행법에 따른 정관례에 따라 그 정관을 변경하는 경우에는 시 · 도지사의 인가를 받은 것으로 본다.

4. 설립등기

조합은 주된 사무소의 소재지에서 현행법 제75조에 따른 설립등기를 함으로써 성립한다(제17조 제1항). 조합이 설립등기를 할 때에는 조합장이 신청인이 되어 출자금의 납입이 완료된 날부터 2주 이내에 등기를 하여야 하며, 현행법에 따른 설립등기 신청서에 설립인가서, 창립총회 의사록 및 정관의 사본을 첨부하여 신청하여야 한다(제75조 제1항 · 제3항 및 제4항).[90)]

조합의 설립무효에 관하여는 설립무효의 소에 관한 상법 제328조를 준용한다

90) 현행법에 따르면 등기소는 조합의 등기부를 갖추어 두어야 하며, 등기사항으로서 시 · 도지사의 인가 · 승인 등이 필요한 것은 그 인가 · 승인 등의 문서가 도달한 날부터 등기기간을 기산한다(제84조~제85조). 한편 조합의 등기에 관하여 현행법에서 정한 사항을 제외하고는 「비송사건절차법」 및 「상업등기법」 중 등기에 관한 규정을 준용한다(제86조).

(제17조 제2항). 이에 따르면 조합설립의 무효는 조합원·이사 또는 감사에 한하여 조합성립의 날로부터 2년 내에 소(訴)만으로 이를 주장할 수 있다(상법 제328조 및 제187조·제190조 및 제192조·제193조). 현행법에 따라 설립무효의 소가 제기된 경우 조합은 이를 지체 없이 공고하여야 하며, 그 판결이 확정된 때에는 본점과 지점의 소재지에서 등기하고 해산의 경우에 준하여 청산하여야 한다. 이 경우 설립무효의 판결은 제3자에 대하여도 그 효력이 있으나 판결확정 전에 생긴 조합과 조합원 및 제3자간의 권리의무에는 영향을 미치지 않는다.

[2] 조합원

1. 조합원과 준조합원의 자격

지역조합은 해당 구역에 주소나 산림이 있는 산림소유자 또는 해당 구역에 주소나 사업장이 있는 임업인을 조합원으로 한다(제18조 제1항). 그러나 이 경우에도 조합원은 2이상 지역조합의 조합원이 될 수 없다. 여기에서 조합원이 될 수 있는 산림소유자란 "정당한 권원에 의하여 산림을 소유하는 자"를 말하며, 임업인이란 "임업에 종사하는 자로서 대통령령으로 정하는 자"를 말한다(제2조 제7호·제10호).[91] 현행법에 따르면 임업인으로서 '대통령령으로 정하는 자'란 다음과 같다(시행령 제2조).

- 3ha 이상의 산림에서 임업을 경영하는 자나 1년 중 90일 이상 임업에 종사하는 자 또는 임업경영을 통한 임산물의 연간 판매액이 120만원 이상인 자
- 「산림자원의 조성 및 관리에 관한 법률」에 따라 등록된 산림용 종묘생산업자
- 3백m^2 이상의 포지를 확보하고 조경수 또는 분재소재를 생산하거나 산채 등 산림부산물을 재배하는 자
- 대추나무 1천m^2 이상이나 호두나무 1천m^2 이상을 재배하는 자
- 밤나무 5천m^2 이상이나 잣나무 1만m^2 이상을 재배하는 자
- 연간 표고자목 20m^3 이상을 재배하는 자

여기에서 임산물이란 "「산림자원의 조성 및 관리에 관한 법률」 제2조 제7호에 따른 임산물"(제2조 제6호)로서 목재, 수목, 낙엽, 토석 등 산림에서 생산되는 산물, 그 밖의 조경수, 분재수 등 대통령령으로 정하는 것을 말하며, 현행법상 조합원이 될 수 있는 산림소유자가 소유하는 산림이란 "「산림자원의 조성 및 관리에 관한 법률」

---

91) 여기에서 임업이란 "「임업 및 산촌 진흥촉진에 관한 법률」 제2조 제1호에 따른 임업과 산림용 종자·묘목 또는 균류(버섯종균을 포함한다)의 생산업"을 말한다(제2조 제9호).

제2조 제1호에 따른 산림"(제2조 제5호)을 말한다. 이와 관련하여 지금까지는 조합원이 되기 위한 산림의 면적이 명확하지 않아 "공동매입, 지분쪼개기 등 조합원 가입 편법사례가 발생하고"[92] 있었으므로 2021년 4월 13일 현행법 제18조에 제3항을 신설하여 '조합원이 될 수 있는 산림소유자의 최소 산림면적에 대해서는 300m^2부터 1천m^2까지의 범위에서 정관으로 정한다'라는 내용을 추가하였다. 이에 따라 앞으로는 조합원의 자격요건을 명확하게 적용할 수 있게 됨으로써 조합의 투명한 운영에도 기여할 것으로 기대된다.

전문조합의 경우에는 그 구역에 주소나 사업장이 있는 임업인으로서 정관으로 정하는 자격을 갖춘 자를 조합원으로 한다(제18조 제2항). 그러나 이 경우에도 전문조합의 조합원은 동일한 품목 또는 업종을 대상으로 하는 2이상의 전문조합에 가입할 수 없다.

조합은 정관으로 정하는 바에 따라 그 조합의 사업을 이용함이 적당하다고 인정되는 자를 준조합원으로 할 수 있다(제19조 제1항~제3항). 이 경우 조합은 준조합원에 대하여 정관으로 정하는 바에 따라 가입금 및 경비를 부담하게 할 수 있다. 현행법에 따르면 이러한 준조합원은 정관으로 정하는 바에 따라 조합의 사업을 이용할 권리를 가진다.

2. 조합원의 권리와 의무

가. 조합에의 가입 및 조합원의 권리

조합원의 자격이 있는 자는 누구든지 자유로이 조합에 가입하고 탈퇴할 수 있으며, 조합은 정당한 사유 없이 조합원의 가입을 거절하거나 그 가입에 관하여 다른 조합원보다 불리한 조건을 붙일 수 없다(제26조 제1항). 조합에 가입한 조합원은 출자액의 다소에 관계없이 평등한 의결권 및 선거권을 가진다(제24조). 이 경우 선거권은 임원 또는 대의원의 임기만료일 전 180일까지 해당 조합의 조합원으로 가입한 자만 행사할 수 있다. 그러나 그 선거가 임원 또는 대의원의 보궐선거 등인 경우에는 임기만료일 대신 그 선거의 실시사유가 확정된 날을 기준으로 한다.

조합원은 대리인으로 하여금 의결권을 행사하게 할 수 있으며, 이 경우 그 조합원은 출석한 것으로 본다(제25조 제1항~제3항). 대리인은 조합원 또는 본인과 동거하는 가족이거나 법인의 경우에는 사원 등과 같은 그 구성원이어야 하며, 대리인이 대리할 수

92) 이에 대하여는 법제처의 국가법령정보센터(www.law.go.kr) 중 「산림조합법」(법률 제18024호, 2021. 4. 13.)의 개정이유를 참고하라.

있는 조합원의 수는 1명으로 한정한다. 대리인이 현행법에 따라 대리권을 행사하는 경우에는 그 대리권을 증명하는 서면을 조합에 제출하여야 한다.

조합원은 창립총회를 포함하여 총회의 소집절차, 의결방법, 의결내용 또는 임원선거가 법령이나 법령에 따른 행정처분 또는 정관을 위반하였다는 것을 사유로 하여 그 의결이나 선거에 따른 당선의 취소 또는 무효확인을 시·도지사에게 청구하거나 이를 청구하는 소를 제기할 수 있다(제30조 제1항·제2항). 이 경우 시·도지사에게 청구할 때에는 의결일 또는 선거일부터 1개월 이내에 조합원 300인 또는 100분의 5 이상의 동의를 받아 청구하여야 한다. 조합원으로부터 이러한 청구를 받은 경우 시·도지사는 그 청구서를 받은 날부터 3개월 이내에 이에 대한 조치결과를 청구인에게 알려야 한다.

조합원이 현행법에 따른 이러한 소를 제기하는 경우 그 소에 관하여는 상법상의 결의취소의 소 또는 결의무효 및 부존재확인의 소 등에 관한 제376조부터 제381조까지의 규정을 준용한다(제30조 제3항). 이에 따르면 결의취소의 소는 총회의 소집절차나 결의방법이 법령 또는 정관에 위반하거나 현저하게 불공정한 때 또는 그 결의의 내용이 정관에 위반한 경우에 제기할 수 있고, 결의무효의 소는 총회의 결의내용이 법령에 위반한 것을 이유로 하여 제기할 수 있으며, 부존재확인의 소는 총회의 소집절차 또는 결의방법에 총회결의가 존재한다고 볼 수 없을 정도의 중대한 하자가 있는 것을 이유로 하여 제기할 수 있다.

나. 조합원의 출자 및 책임

조합원은 정관으로 정하는 계좌수 이상을 출자하여야 한다(제20조 제1항~제7항). 출자 1계좌의 금액은 정관으로 정하되 균일하게 정하여야 한다. 조합원의 이러한 출자액은 질권의 목적이 될 수 없다. 조합원은 출자액의 납입에 있어서 조합에 대한 채권과 상계할 수 없으며, 그 출자액을 한도로 책임을 진다. 따라서 조합원은 출자액의 범위를 넘는 조합의 채무에 대하여는 책임을 부담할 필요가 없다. 조합원은 이러한 출자와 함께 조합의 운영과정에 성실히 참여해야 할 책임이 있으며, 생산한 임산물을 조합을 통하여 출하하는 등 조합의 사업을 성실히 이용하여야 한다.

조합은 현행법 제20조에 따라 조합원이 의무적으로 하는 출자 외에 정관으로 정하는 바에 따라 그 사업의 이용실적에 따라 조합원에게 배당할 금액의 전부 또는 일부를 해당 조합원으로 하여금 출자하게 할 수 있다(제21조 제1항·제2항). 배당금의 전부나 일부를 출자하는 이러한 회전출자의 경우에도 그 납입에 있어서는 현행법 제20조

제5항을 적용하며, 따라서 조합원은 회전출자금을 납입하는 경우 이를 조합에 대한 채권과 상계할 수 없다.

조합원의 지분은 공유할 수 없으며, 조합원은 조합의 승인 없이 그 지분을 양도할 수 없다(제22조 제1항~제4항). 만일 조합원이 아닌 자가 지분을 양수하려면 가입신청 및 자격심사 등과 같은 가입의 예에 따라야 하며, 지분양수인이 이러한 예에 따라 지분을 양수한 경우 그 지분에 관하여는 양도인의 권리·의무를 승계한다. 현행법에 따르면 조합이라도 조합원의 지분을 취득하거나 그 지분에 대하여 질권을 설정하지 못한다(제60조).

조합은 정관으로 정하는 바에 따라 조합원에게 경비와 과태금을 부과할 수 있다(제23조 제1항·제2항). 조합을 운영하고 유지하는 것은 조합원의 기본적인 의무에 속하기 때문이다. 그러므로 조합원은 경비와 과태금의 납입에 있어서는 조합에 대한 채권과 이를 상계할 수 없으며, 이에 해당하는 금액을 실질적으로 납입하여야 한다.

3. 탈퇴 및 제명

가. 탈 퇴

조합원의 자격이 있는 자는 누구든지 자유로이 조합에서 탈퇴할 수 있다(제26조 제1항~제3항). 조합원의 탈퇴에 필요한 사항은 정관으로 정한다. 그러나 조합원에게 다음과 같은 사유가 있는 경우 그 조합원은 당연히 탈퇴된다(제26조 제2항).

- 조합원의 자격이 없을 때
- 사망하였을 때
- 파산하였을 때
- 피성년후견인이 되었을 때
- 조합원인 법인이 해산하였을 때

조합으로부터 탈퇴한 탈퇴조합원은 탈퇴 당시 회계연도의 다음 회계연도부터 정관으로 정하는 바에 따라 그 지분의 환급을 청구할 수 있다(제28조 제1항~제3항). 이 경우 조합은 탈퇴조합원이 조합에 대한 채무를 완전변제할 때까지는 그 지분의 환급을 정지할 수 있다. 탈퇴조합원의 지분환급청구권은 2년간 행사하지 않으면 소멸한다. 현행법에 따른 환급분을 계산하는 경우에 조합이 그 재산으로 조합의 채무를 완전변제할 수 없을 때에는 조합은 정관으로 정하는 바에 따라 탈퇴조합원이 부담해야 할 손실액의 납입을 청구할 수 있다(제29조 제1항).

나. 제 명

조합은 탈퇴와는 별개로 일정한 경우에는 조합원을 총회의 의결을 받아 제명할 수 있다(제27조 제1항·제2항). 조합이 현행법에 따라 조합원을 제명할 수 있는 이러한 사유에는 1년 이상 조합의 사업을 이용하지 않은 조합원, 출자 및 경비의 납입이나 그 밖에 조합에 대한 의무를 이행하지 않은 조합원, 그 밖에 정관에 따라 금지된 행위를 한 조합원 등이 있다. 현행법에 따르면 조합은 조합원이 이러한 사유에 해당하여 제명하고자 하는 경우에는 총회가 열리기 10일 전에 그 조합원에게 제명의 사유를 알리고 총회에서 의견을 진술할 기회를 주어야 한다.

[3] 조합의 기관

1. 총 회

가. 총회의 소집

조합에 총회를 둔다(제31조 제1항·제2항). 총회는 조합의 최고의사결정기관으로서 정기총회와 임시총회로 구분하며, 정기총회는 매년 한 차례 정관으로 정하는 시기에 소집하고, 임시총회는 필요할 때에 수시로 소집한다. 총회는 조합원으로 구성하며 정관으로 정하는 바에 따라 조합장이 소집한다(제31조 제3항). 총회소집의 통지는 총회 개회 7일 전까지 회의목적 등을 적은 총회소집통지서의 발송에 의하나, 같은 목적으로 총회를 다시 소집하려는 경우에는 개회 전날까지 통지한다(제31조의4 제1항·제2항). 이 경우 조합이 조합원에게 통지를 할 때에는 조합원 명부에 적힌 조합원의 주소 또는 거소로 하여야 한다.

총회의 소집과 관련하여 조합원은 조합원 300인 또는 100분의 10 이상의 동의를 받아 소집의 목적과 이유를 적은 서면을 제출하여 조합장에게 총회의 소집을 청구할 수 있다(제31조의3 제1항~제4항). 조합장은 조합원의 이러한 총회소집 청구를 받으면 2주 이내에 총회를 소집하여야 하며, 조합장이 그 기간에 정당한 사유 없이 총회를 소집하지 않으면 감사가 5일 이내에 소집하여야 한다. 이 경우에는 감사가 의장의 직무를 수행한다. 만일 조합장이 정당한 사유 없이 총회를 소집하지 않았음에도 감사가 정해진 기간에 총회를 소집하지 않으면 소집을 청구한 조합원의 대표가 총회를 소집하며, 그 조합원의 대표가 의장의 직무를 수행한다. 조합원에 의한 이러한 총회소집 청구는 “발행주식총수의 100분의 3 이상에 해당하는 주식을 가진 주주는 회의의 목적사항과 소집의 이유를 적은 서면 또는 전자문서를 이사회에 제출하여 임시총회의 소집을 청구할 수 있다"라는 상법상의 소수주주에 의한 소집청구권 제도(같은법 제366조·제542조의6 등)와 유사한 것으로서 소수 조합원의 권리를 보장하기 위한 특별한 규정으로 이해된다.[93]

나. 총회의 의결사항 및 방법

총회는 조합의 최고의사결정기관이므로 조합의 유지 및 해산 등에 관한 중요한 사항을 결정하는 경우에는 반드시 총회의 의결을 거쳐야 한다(제31조 제5항). 현행법에 따라 총회의 의결을 거쳐야 하는 사항은 다음과 같다.

- 정관의 변경, 해산 또는 분할 및 합병
- 조합원의 제명, 임원의 선출 및 해임
- 사업계획 및 수지예산
- 중앙회의 설립발기인이 되거나 중앙회에 가입 또는 탈퇴
- 임원의 보수 및 실비변상
- 사업보고서·재무상태표·손익계산서·잉여금처분안 및 손실금처리안
- 그 밖에 조합장 또는 이사회가 필요하다고 인정하는 사항

총회의 의사에 관하여는 의사록을 작성하여야 하며, 그 의사록에는 의사의 진행상황 및 그 결과를 적고 의장과 총회에서 선출한 3인 이상의 조합원이 기명날인하여야 한다(제31조 의6).

총회는 현행법에 다른 규정이 있는 경우를 제외하고는 조합원 과반수의 출석으로 개의하고, 출석조합원 과반수의 찬성으로 의결한다(제31조 제4항). 그러나 특히 조합의 유지 및 해산에 관련된 중요 사항인 정관의 변경이나 해산·분할 및 조합원의 제명에 관한 사항은 조합원 과반수의 출석과 출석조합원 3분의 2 이상의 찬성으로 의결한다. 총회의 의결에 관한 현행법의 이러한 규정에도 불구하고 해산 또는 분할, 합병, 제35조 제4항 제1호에 따른 총회 외에서의 조합장 선출에 대하여는 조합원 투표로써 총회의 의결을 갈음할 수 있다(제31조의2 제1항·제2항). 이 경우 조합원투표의 통지·방법과 그 밖에 투표에 필요한 사항은 정관으로 정하며, 의결이나 선출방법은 그 사항에 따라 (1) 해산 또는 분할은 조합원 과반수의 투표와 투표조합원 3분의 2 이상의 찬성으로 의결하고, (2) 합병은 조합원 과반수의 투표와 투표조합원 과반수의 찬성으로 의결하며, (3) 총회 외에서의 조합장 선출은 유효투표의 최다득표자를 선출한다. 그러나 이 경우에도 최다득표자가 2명 이상인 경우에는 연장자를 당선

93) 이상수·정태덕의 같은 책, 359면.

인으로 결정한다.

다. 의결권의 제한 및 조합원제안

총회에서는 현행법 제31조의4 제2항에 따라 총회 개회 7일 전까지 발송한 총회소집통지서로 조합원에게 통지한 사항만 의결할 수 있다(제31조의5 제1항·제2항). 그러나 현행법 제31조 제5항 제1호부터 제5호까지에 해당하는 정관의 변경, 해산 또는 분할, 합병, 조합원의 제명, 임원의 선출 및 해임과 같은 사항을 제외한 긴급한 사항으로서 조합원 과반수의 출석과 출석조합원 3분의 2 이상의 찬성이 있을 때에는 그렇지 않다. 총회에서 의결하는 경우 조합과 조합원의 이해가 상반되는 의사에 관하여는 해당 조합원은 그 의결에 참여할 수 없다.

조합원은 조합원 100인 또는 100분의 3 이상의 동의를 받아 총회 개최 30일 전까지 조합장에 대하여 서면으로 일정한 사항을 총회의 목적사항으로 할 것을 제안할 수 있다(제31조의5 제3항). 현행법에 따른 이러한 조합원제안 제도는 소수 조합원에 의한 총회소집 청구권과 유사한 제도로서 소수 조합원의 권리를 보장하기 위한 것이다. 따라서 조합원제안이 있는 경우에는 그 조합원제안의 내용이 법령 또는 정관을 위반하는 경우를 제외하고는 총회의 목적사항으로 하여야 하고, 조합원제안을 한 자의 청구가 있을 때에는 총회에서 그 제안을 설명할 기회를 주어야 한다.

2. 대의원회

조합에는 정관으로 정하는 바에 따라 총회를 갈음하는 대의원회를 둘 수 있다(제32조 제1항~제3항). 대의원회는 조합장과 대의원으로 구성하고, 대의원은 조합원이어야 하며 그 정수와 선출에 관하여는 정관으로 정한다. 여기에서 대의원이 되는 조합원이란 법인인 경우에는 그 법인의 대표자를 말한다. 현행법에 따른 이러한 대의원회에는 총회에 관한 규정을 준용한다(제32조 제6항). 그러나 대의원회의 의결과 관련하여 그 의결권은 현행법 제25조의 규정에도 불구하고 대리인으로 하여금 행사하게 할 수 없다.

대의원의 임기는 2년으로 하나 보궐선거로 선출된 대의원의 임기는 전임자 임기의 남은 기간으로 한다(제32조 제4항·제5항). 그러나 임기가 만료하는 연도의 결산기 마지막 달 이후 그 결산기에 관한 정기총회 전에 임기가 만료될 때에는 그 정기총회가 끝나는 날까지 임기가 연장된다. 대의원은 해당 조합의 조합장을 제외한 임직원과 다른 법률에 따른 협동조합을 포함하여 다른 조합의 임직원을 겸직해서는 안 된다.

3. 이 사 회

조합에는 이사회를 둔다(제33조 제1항~제3항). 이사회는 조합장과 이사로 구성하며, 조합장이 소집한다. 현행법에 따라 이사회의 의결을 거쳐야 하는 사항은 총회의 의결사항에 속하지 않는 조합의 일반적인 운영에 관한 사항들로서 다음과 같다.

- 조합원의 자격심사 및 가입승낙과 간부직원의 임면
- 업무규정의 제정 · 변경 또는 폐지
- 법정적립금의 사용, 차입금의 최고한도 및 기본재산의 취득과 처분
- 법령 또는 정관에 규정된 사항
- 총회에서 위임한 사항 및 총회에 부칠 사항
- 그 밖에 조합장 또는 이사 3분의 1 이상이 필요하다고 인정하는 사항

이사회는 구성원 과반수의 출석으로 개의하고 출석구성원 과반수의 찬성으로 의결하며, 이사회에서 의결된 사항에 대하여 조합장 또는 상임이사의 업무집행상황을 감독한다(제33조 제4항·제5항). 현행법 이외 이사회의 운영에 필요한 사항은 정관으로 정한다.

4. 조합의 임원

가. 임원의 정수

조합에 임원으로서 조합장 1명을 포함한 7명 이상 15명 이하의 이사와 2명의 감사를 두되, 그 정수는 정관으로 정한다(제35조 제1항·제2항 및 제6항). 이 경우 이사 중 2분의 1 이상은 조합원이어야 한다. 조합은 정관으로 정하는 바에 따라 조합장을 포함한 이사 중 2명 이내를 상임으로 할 수 있으며, 상임인 임원을 제외한 조합의 임원은 명예직으로 한다.

그러나 현행법의 이러한 규정에도 불구하고 자산 등 조합의 사업규모가 대통령령으로 정하는 기준 미만인 경우로서 조합장 임기 개시일 이전에 현행법 제57조 제3항에 따라 정기총회의 승인을 받은 조합의 최근 결산보고서에 적힌 '자산총액이 1천억원 미만'인 경우에는 조합장을 상임으로 하며, 조합장을 비상임으로 운영하는 조합의 경우에는 상임이사를 두어야 한다(제35조 제2항 및 시행령 제7조 제1항). 이와 반대로 자산 등 조합의 사업규모가 대통령령으로 정하는 기준 이상에 해당하는 경우로서 조합장 임기 개시일 이전에 현행법 제57조 제3항에 따라 정기총회의 승인을 받은 조합의 최근 결산보고서에 적힌 '자산총액이 2천500억원 이상'인 경우에는 조합장을 비상

임으로 한다(제35조 제3항 및 시행령 제7조 제2항).

현행법에 따른 이러한 임원에 관하여는 민법 제35조 및 제63조와 상법 제382조 제2항, 제385조 제2항 및 제3항, 제386조 제1항, 제402조부터 제408조까지의 규정을 준용한다(제44조). 이 경우 상법 제385조 제2항 중 "발행주식의 총수의 100분의 3 이상에 해당하는 주식을 가진 주주" 또는 같은 법 제402조 및 제403조 제1항 중 "발행주식의 총수의 100분의 1 이상에 해당하는 주식을 가진 주주"는 각각 "조합원 300인 또는 100분의 5 이상의 동의를 받은 조합원"으로 본다.

나. 임원의 결격사유 및 형의 분리 선고

A. 결격사유

현행법이 정하는 일정한 사유에 해당하는 사람은 조합의 임원이 될 수 없다(제39조 제1항~제3항). 이러한 결격사유는 현재 조합의 임원인 경우에도 적용되며, 따라서 이러한 사유가 발생하였을 경우 해당 임원은 당연히 퇴직된다. 그러나 이 경우에도 퇴직한 임원이 퇴직 전에 관여한 행위는 그 효력을 상실하지 않는다.

현행법에 따른 임원의 결격사유에는 (1) 대한민국 국민이 아닌 사람, (2) 미성년자·피성년후견인 또는 피한정후견인, (3) 파산선고를 받고 복권되지 않은 사람, (4) 법원의 판결 또는 다른 법률에 따라 자격이 상실되거나 정지된 사람, (5) 금고 이상의 실형을 선고받고 그 집행이 끝나거나(집행이 끝난 것으로 보는 경우를 포함한다) 집행이 면제된 날부터 3년이 지나지 않은 사람, (6) 형법 제303조 또는 「성폭력범죄의 처벌 등에 관한 특례법」 제10조에 규정된 죄를 저지른 사람으로서 300만원 이상의 벌금형을 선고받고 그 형이 확정된 후 2년이 지나지 않은 사람, (7) 현행법 제125조 제1항 또는 「신용협동조합법」 제84조 제1항에 따른 개선 또는 징계면직의 처분을 받은 날부터 5년이 지나지 않은 사람, (8) 금고 이상의 형의 집행유예를 선고받고 그 유예기간 중에 있는 사람, (9) 현행법 제132조 또는 「공공단체등 위탁선거에 관한 법률」 제58조, 제59조 및 제61조부터 제66조까지에 규정된 죄를 저질러 벌금 100만원 이상의 형을 선고받고 4년이 지나지 않은 사람, (10) 현행법에 따른 임원선거에서 당선되었으나 제133조 제1항 제1호 또는 「공공단체등 위탁선거에 관한 법률」 제70조 제1호에 해당하게 되어 당선이 무효로 된 사람으로서 그 무효가 확정된 날부터 5년이 지나지 않은 사람, (11) 선거일 공고일 현재 해당 조합의 정관으로 정하는 출자계좌수 이상의 납입출자를 2년 이상 계속 보유하고 있지 않은 사람,[94] (12) 선거일 공고일 현재 해당 조합, 중앙회 또는

「은행법」에 따라 설립된 은행, 「한국산업은행법」에 따른 한국산업은행, 「중소기업은행법」에 따른 중소기업은행, 그 밖에 대통령령으로 정하는 금융기관에 대하여 정관으로 정하는 금액과 기간을 초과하여 채무상환을 연체하고 있는 사람, (13) 선거일 공고일 현재 해당 조합의 정관으로 정하는 일정 규모 이상의 사업 이용실적이 없는 사람 등이 있다(제39조 제1항). 그러나 이러한 결격사유 중 (11)과 (13)은 조합원인 임원에게만 적용한다(제39조 제1항 단서).

B. 형의 분리 선고

임원의 결격사유 중 (6)과 (9)에 해당하는 죄와 다른 죄의 경합범에 대하여 형을 선고하는 경우 또는 당선인의 직계존속·비속이나 배우자에게 현행법 제132조 제1항 제2호 또는 같은 항 제3호에 규정된 죄와 다른 죄의 경합범으로 형을 선고하는 경우에는 경합범의 처벌에 관한 형법 제38조[95]에도 불구하고 형을 분리하여 선고하여야 한다(제39조의2).

이는 경합범의 경우에는 동시에 판결한다는 형법 제38조의 규정에도 불구하고 (1) 임원이 형법 제303조에 따른 업무상 위력 등에 의한 간음이나 「성폭력범죄의 처벌 등에 관한 특례법」 제10조에 따른 업무상 위력 등에 의한 추행과 같은 성범죄 또는 선거와 관련된 현행법 제132조나 「공공단체등 위탁선거에 관한 법률」 제58조, 제59조 및 제61조부터 제66조까지의 범죄를 저지른 경우, (2) 당선인의 직계존속·비속이나 배우자가 선거운동 및 기부행위에 관련된 현행법 제132조 제1항 제2호 또는 같은 항 제3호에 규정된 범죄를 저지른 경우에는 이를 다른 범죄와 구별하여 처벌함으로써 본인의 성범죄나 본인이 아닌 직계존속·비속이나 배우자의 선거관련 범죄가 다른 죄의 양형에 영향을 미치는 것을 최소화하기 위한 것이다.[96]

---

94) 다만, 설립 또는 합병 후 2년이 지나지 않은 조합의 경우에는 그렇지 않다.

95) 형법상 경합범이란 판결이 확정되지 않은 여러 개의 죄 또는 금고 이상의 형에 처한 판결이 확정된 죄와 그 판결확정 전에 범한 죄를 말하며(형법 제37조), 형법 제38조는 이러한 경합범을 동시에 판결할 때에는 다음의 구별에 의하여 처벌하도록 하고 있다. ① 가장 중한 죄에 정한 형이 사형 또는 무기징역이나 무기금고인 때에는 가장 중한 죄에 정한 형으로 처벌한다. ② 각 죄에 정한 형이 사형 또는 무기징역이나 무기금고 이외의 동종의 형인 때에는 가장 중한 죄에 정한 장기 또는 다액에 그 2분의 1까지 가중하되 각 죄에 정한 형의 장기 또는 다액을 합산한 형기 또는 액수를 초과할 수 없다. 단 과료와 과료, 몰수와 몰수는 병과할 수 있다. ③ 각 죄에 정한 형이 무기징역이나 무기금고 이외의 이종의 형인 때에는 병과한다. 한편 이와 같이 경합범을 동시에 판결하는 경우 징역과 금고는 동종의 형으로 간주하여 징역형으로 처벌한다. 여기에서 병과란 동시에 형벌을 부과하는 것으로서 징역을 선고하면서 벌금형을 함께 부과하는 경우 등을 말한다.

다. 임원의 선출

조합장은 조합원 중에서 정관으로 정하는 바에 따라 (1) 조합원이 총회 또는 총회 외에서 직접투표로 선출하거나 (2) 대의원회에서 선출한다(제35조 제4항·제5항 및 제7항). 조합장 외의 임원은 총회에서 선출하며, 상임이사는 조합업무에 대한 전문지식과 경험이 풍부한 사람으로서 대통령령으로 정하는 요건을 갖춘 사람 중에서 조합장이 이사회의 동의를 받아 추천한 사람을 총회에서 선출한다. 이 경우 조합장 선거에 입후보하기 위하여 임기 중 그 직을 그만둔 조합의 이사 및 감사는 그 사직으로 인하여 공석이 된 이사 또는 감사의 보궐선거의 후보자가 될 수 없다. 지역조합은 이사 중 1명 이상을 여성조합원 중에서 선출하도록 노력하여야 하며, 특히 여성조합원이 전체 조합원의 100분의 30 이상인 지역조합의 경우에는 이사 중 1명 이상을 반드시 여성조합원 중에서 선출하여야 한다(제35조 제8항).

조합은 임원선거를 공정하게 관리하기 위하여 대통령령으로 정하는 바에 따라 조합선거관리위원회를 구성·운영하며, 특히 현행법에 따라 조합원이 총회 또는 총회 외에서 직접투표로 선출하거나 대의원회에서 선출하는 조합장선거의 관리에 대하여는 정관으로 정하는 바에 따라 그 주된 사무소의 소재지를 관할하는 「선거관리위원회법」에 따른 구·시·군선거관리위원회에 이를 위탁하여야 한다(제40조의3).

라. 선거운동 및 기부행위의 제한

A. 선거운동

조합의 임원이나 대의원의 선거는 엄정한 절차와 방식에 따라 진행되어야 하며, 특히 그 선거운동은 현행법에 따라 엄격하게 제한된다. 이에 따르면 임원선거와 관련하여 할 수 있는 선거운동은 다음과 같으며, 누구든지 이러한 행위 이외의 선거운동은 할 수 없다(제40조 제8항).

- 선전벽보의 부착
- 선거공보의 배부
- 도로·시장 등 농림축산식품부령으로 정하는 곳으로서 많은 사람이 왕래하거나 모이는

96) 이와 관련하여 대법원은 「공직선거 및 선거부정방지법」 제18조 제3항의 입법 취지에 대한 사안에서 "공직선거 및 선거부정방지법 제18조 제3항은 '선거범과 다른 죄의 경합범에 대하여는 형법 제38조의 규정에 불구하고 이를 분리 심리하여 따로 선고하여야 한다'라고 규정하고 있는 바, 그 취지는 선거범이 아닌 다른 죄가 선거범의 양형에 영향을 미치는 것을 최소화하기 위하여 단지 형법 제38조의 적용을 배제하고 분리 심리하여 형을 따로 선고하여야 한다는 것이다"라고 해당 규정의 취지를 확인하였다(대판 2004. 4. 9. 2004도606).

공개된 장소[97]에서의 지지 호소 및 명함 배부

■ 합동연설회 또는 공개토론회의 개최

■ 문자메시지를 포함한 전화 및 컴퓨터통신 · 전자우편을 이용한 지지 호소

선거운동으로 허용되는 이러한 행위 이외 누구든지 자기 또는 특정인을 조합의 임원 또는 대의원으로 당선되거나 당선되게 하거나 당선되지 못하게 할 목적으로 (1) 선거인이나 그 가족 또는 선거인이나 그 가족이 설립 · 운영하고 있는 기관 · 단체 및 시설에 금전 · 물품 · 향응, 그 밖의 재산상 이익 또는 공사의 직의 제공, 제공의 의사표시 또는 그 제공을 약속하는 행위, (2) 후보자가 되지 않도록 하거나 후보자가 된 사람을 사퇴하게 할 목적으로 후보자가 되려는 사람이나 후보자에게 (1)과 같은 행위를 하는 행위, (3) (1) 또는 (2)와 같은 이익이나 직을 제공받거나 그 제공의 의사표시를 승낙하는 행위, (4) (1) 또는 (2)와 같은 이익이나 직의 제공을 요구하거나 알선하는 행위를 할 수 없다(제40조 제1항). 여기에서 '선거인'이란 선거인 명부 작성 전에는 그 선거인 명부에 오를 자격이 있는 사람으로서 이미 조합에 가입한 사람 또는 조합에 가입신청을 한 사람을 포함하며, 현행법상 '가족'이란 선거인의 배우자, 선거인 또는 그 배우자의 직계 존속 · 비속과 형제자매, 선거인의 직계 존속 · 비속 및 형제자매의 배우자를 말한다.

누구든지 조합의 임원 또는 대의원 선거와 관련하여 연설 · 벽보 또는 그 밖의 방법으로 거짓의 사실을 공표하거나 공연히 사실을 적시하여 후보자를 비방할 수 없으며, 특정 임원의 선거에 투표할 목적으로 거짓된 방법으로 선거인 명부에 오르게 할 수 없다(제40조 제3항 · 제4항). 또한 누구든지 해당 후보자의 등록이 끝난 때부터 선거일 전일까지 외에는 선거운동을 할 수 없고, 자기 또는 특정인을 당선되게 하거나 당선되지 못하게 할 목적으로 선거기간 중 포장된 선물 또는 돈 봉투 등 다수의 조합원 및 조합원의 가족 또는 조합원이나 그 가족이 설립 · 운영하고 있는 기관 · 단체 또는 시설에 배부하도록 구분된 형태로 되어 있는 금품을 운반해서는 안 된다(제40조 제5항 · 제6항). 이와 함께 누구라도 조합선거관리위원회의 위원 · 직원, 그 밖에 선거사무에 종사하는 사람을 폭행 · 협박 · 유인 또는 체포 · 감금하거나 폭행이나 협박

97) 여기에서 '도로 · 시장 등 농림축산식품부령으로 정하는 곳으로서 많은 사람이 왕래하거나 모이는 공개된 장소'란 도로 · 도로변 · 광장 · 공터 · 주민회관 · 시장 · 점포 · 공원 · 운동장 · 주차장 · 경로당 등 누구나 오갈 수 있는 공개된 장소를 말하며, ① 선박 · 여객사동차 · 열차 · 전동차 · 항공기의 안과 그 터미널 구내 및 지하철역 구내, ② 병원 · 종교시설 · 극장 · 조합 사무소 및 사업장의 안(담장이 있는 경우에는 담장의 안을 포함한다)에 해당하는 장소는 제외한다(시행규칙 제2조).

을 가하여 투표소 또는 선거관리위원회 사무소를 소요·교란하거나, 투표용지·투표지·투표보조용구·전산조직 등 선거관리 및 단속사무와 관련한 시설·설비·장비·서류·인장 또는 선거인 명부를 은닉·파손·훼손 또는 탈취하는 행위는 엄격히 금지된다(제40조 제7항). 특히 임원 또는 대의원이 되려는 사람은 선거운동을 위하여 선거일 공고일부터 선거일까지 선거인을 호별로 방문하거나 특정 장소에 모이게 할 수 없으며, 조합의 임직원인 경우에는 그 지위를 이용하여 선거운동을 하는 행위, 선거운동의 기획에 참여하거나 그 기획의 실시에 관여하는 행위 및 후보자나 후보자가 되려는 사람에 대한 조합원의 지지도를 조사하거나 발표하는 행위를 할 수 없다(제40조 제2항·제9항).

B. 기부행위의 제한

현행법상 조합의 임원이나 대의원의 선거와 관련하여 기부행위는 더욱 엄격하게 제한된다. 이에 따르면 조합의 임원선거의 후보자, 그 배우자 및 후보자가 속한 기관·단체 및 시설은 임원의 임기만료일 전 180일부터 그 선거일까지 선거인이나 그 가족 또는 선거인이나 그 가족이 설립·운영하고 있는 기관·단체 및 시설에 대하여 금전·물품 또는 그 밖의 재산상 이익의 제공, 이익 제공의 의사표시 또는 그 제공을 약속하는 행위[기부행위]를 할 수 없으며, 또한 누구든지 이러한 행위를 약속·지시·권유·알선 또는 요구할 수 없고, 해당 선거의 후보자를 위하여 이러한 행위를 하거나 하게 할 수 없다(제40조의2 제1항 및 제4항·제5항).

그러나 이러한 기부행위의 금지에도 불구하고 현행법이 정하는 다음과 같은 행위는 기부행위로 보지 않는다(제40조의2 제2항).

- 직무상의 행위
- 의례적 행위
- 「공직선거법」 제112조 제2항 제3호에서 규정하고 있는 구호적·자선적 행위에 준하는 행위
- 그 밖에 이러한 행위에 준하는 행위로서 정관으로 정하는 행위

여기에서 '직무상의 행위'란 (1) 후보자가 소속된 기관·단체 및 시설[(2)에 따른 조합은 제외한다]의 자체사업계획과 예산으로 하는 의례적인 금전·물품을 그 기관·단체 및 시설의 명의로 제공하는 행위로서 포상 및 화환·화분 제공행위를 포함한 행위, (2) 법령과 정관에 따른 조합의 사업계획 및 수지예산에 따라 집행하는 금전·물품을 그 기관·단체 및 시설의 명의로 제공하는 행위로서 포상 및

화환·화분 제공행위를 포함한 행위, (3) 물품구매·공사 및 역무의 제공 등에 대한 대가제공 또는 부담금의 납부 등 채무를 이행하는 행위, (4) (1)~(3)까지의 행위 외에 법령에 따라 물품 등을 찬조·출연 또는 제공하는 행위를 말한다.

이와 함께 현행법이 허용하는 '의례적 행위'란 민법 제777조의 친족의 범위[98]에 따른 친족의 관혼상제의식이나 그 밖의 경조사에 축의·부의금품을 제공하는 행위, 후보자가 민법 제777조에 따른 친족 외의 사람의 관혼상제의식에 일반적인 범위에서 축의·부의금품 및 화환·화분을 제공하거나 주례를 서는 행위, 후보자의 관혼상제의식이나 그 밖의 경조사에 참석한 하객이나 조객 등에게 일반적인 범위에서 음식물 또는 답례품을 제공하는 행위, 후보자가 임원이 되려는 해당 조합 이외 소속 기관·단체 및 시설의 유급사무직원 또는 민법 제777조에 따른 친족에게 연말·설 또는 추석에 의례적인 선물을 제공하는 행위, 친목회·향우회·종친회·동창회 등 사교·친목단체 및 사회단체의 구성원으로서 해당 단체의 정관·규약 또는 운영관례상의 의무에 따라 종전의 범위에서 회비를 납부하는 행위, 후보자가 평소 자신이 다니는 교회·성당·사찰 등에 일반적인 예에 따라 헌금 및 물품을 제공하는 행위 등을 말한다. 이 경우 일반적인 범위에서 1명에게 제공할 수 있는 축의·부의금품, 음식물, 답례품 및 의례적인 선물의 금액 범위는 별표에서 정하는 것에 따른다(제40조의2 제3항).[99]

마. 임원의 직무 및 임기

A. 임원의 직무

조합장은 조합을 대표하며 업무를 집행하고, 총회·대의원회 및 이사회의 의장이 된다(제36조 제1항·제2항). 그러나 조합장이 비상임인 경우에는 상임이사가 업무를 집행하고 그 업무에 관하여 조합을 대표한다.

이사는 조합장 또는 조합장이 비상임인 조합의 상임이사가 궐위·구금되거나 「의료법」에 따른 의료기관에 60일 이상 계속하여 입원한 경우 등의 사유로 그 직무를 수행할 수 없을 때에는 이사회가 정하는 순서에 따라 그 직무를 대행한다

98) 민법 제777조에 따른 친족의 범위란 8촌 이내의 혈족, 4촌 이내의 인척 및 배우자를 말한다.

99) 이에 따르면 '후보자가 민법 제777조에 따른 친족 외의 사람의 관혼상제의식'에 일반적인 범위에서 제공할 수 있는 축의·부의금품은 5만원 이내이며, '후보자의 관혼상제의식이나 그 밖의 경조사'에 참석한 하객이나 조객 등에게 제공할 수 있는 음식물은 3만원 이내, 답례품은 1만원 이내이다. 또한 후보자가 그 소속 기관·단체·시설의 유급사무직원 또는 민법 제777조에 따른 친족에게 '연말·설 또는 추석에 의례적인 선물'을 제공하는 경우 그 금액의 범위는 3만원 이내이어야 한다.

(제36조 제3항). 그러나 조합원이 아닌 이사의 경우에는 그렇지 않다.

감사는 조합의 재산과 업무집행상황을 감사하며, 이를 위하여 전문적인 회계감사가 필요하다고 인정하는 경우에는 중앙회에 회계감사를 의뢰할 수 있다(제36조 제4항~제7항). 감사는 조합의 재산상황 또는 업무집행에 관하여 부정한 사실이 있는 것을 발견하였을 때에는 총회에 보고하여야 하며, 특히 그 내용을 총회에 신속히 보고해야 할 필요가 있는 경우에는 정관으로 정하는 바에 따라 조합장에게 총회의 소집을 요구하거나 총회를 소집할 수 있다. 이와 함께 감사는 현행법에 따라 총회·대의원회 및 이사회에 출석하여 그 의견을 진술할 수 있으며, 조합이 조합장 또는 이사와 계약을 하는 경우나 조합과 조합장 또는 이사 간의 소송에 관하여는 조합을 대표한다(제37조 제1항·제2항). 현행법에 따른 이러한 감사의 직무에 관하여는 주식회사에 있어서의 감사에 관한 상법 제412조의5, 제413조 및 제413조의2를 준용한다.

B. 임원의 임기

조합장과 조합원인 이사의 임기는 4년으로 하고 상임이사 및 조합원이 아닌 이사의 임기는 2년으로 한다(제38조 제1항). 감사의 임기는 3년으로 하며, 상임인 조합장은 2번까지만 연임할 수 있다. 설립 당시의 조합장·이사 및 감사의 임기는 정관으로 정하되, 2년을 초과할 수 없다.

임원의 임기만료에 관하여는 제32조 제4항 단서를 준용한다(제38조 제2항). 따라서 임기가 만료하는 연도의 결산기 마지막 달 이후 그 결산기에 관한 정기총회 전에 임원의 임기가 만료될 때에는 그 정기총회가 끝나는 날까지 임기가 연장된다.

바. 임원의 의무 및 책임

조합장과 이사는 그 조합의 감사를 겸직할 수 없다(제41조 제1항~제3항). 이는 조합의 재산과 업무집행상황을 살피는 감사의 공정한 직무수행을 보장하기 위한 것이다. 또한 조합의 임원은 그 조합의 직원을 겸직할 수 없을 뿐만 아니라 다른 조합의 임원이나 직원을 겸직할 수도 없다.

조합의 사업과 실질적인 경쟁관계에 있는 사업을 경영하거나 이에 종사하는 사람은 조합의 임직원 및 대의원이 될 수 없으며, 특히 조합장 및 이사는 이사회의 승인을 받지 않고는 자기 또는 제3자의 계산으로 해당 조합과 정관으로 정하는 규모 이상의 거래를 할 수 없다(제41조 제4항~제6항). 이 경우 실질적인 경쟁관계에 있는 사업의 범위는 대통령령으로 정한다. 임원의 겸직금지 등을 포함한 이러한 규정들은 조합과 임원 간의 이해관계의 충돌을 방지하기 위한 것으로서 전형적인 규정에 속하는 것이다.

조합의 임원은 현행법과 이에 따른 명령 및 정관의 규정을 준수하여 충실히 그 직무를 수행하여야 한다(제42조 제1항). 만일 이에 위반하여 임원이 (1) 직무를 수행할 때 법령 또는 정관을 위반한 행위를 하거나 그 임무를 게을리하여 조합에 끼친 손해, (2) 직무를 수행하면서 고의나 중대한 과실로 제3자에게 끼친 손해, (3) 거짓의 결산보고 · 등기 또는 공고를 하여 조합 또는 제3자에게 끼친 손해에 대하여는 연대하여 손해배상의 책임을 진다(제42조 제2항·제3항 및 제5항). 이 경우 임원의 행위가 이사회의 의결에 따른 것일 때에는 그 의결에 찬성한 이사도 연대하여 손해배상의 책임을 지며, 의결에 참가한 이사 중 이의를 제기한 사실이 의사록에 적혀 있지 않은 사람은 그 의결에 찬성한 것으로 추정한다(제42조 제4항).

사. 임원의 해임

조합원은 조합원 5분의 1 이상의 동의로 총회에 임원의 해임을 요구할 수 있다(제43조 제1항·제2항 및 제4항). 이 경우 총회는 조합원 과반수의 출석과 출석조합원 3분의 2 이상의 찬성으로 의결한다. 그러나 대의원회에서 선출된 임원은 대의원 3분의 1 이상의 요구로 대의원 과반수의 출석과 출석대의원 3분의 2 이상의 찬성으로 해임의결할 수 있다. 만일 현행법에 따라 임원에 대한 해임의 의결을 하려는 경우에는 해당 임원에게 해임 사유를 통지하고 총회 또는 대의원회에서 의견을 진술할 기회를 주어야 한다.

총회 외에서 직접 선출된 조합장은 대의원 3분의 1 이상의 요구로 대의원회의 의결을 거쳐 조합원투표로 해임의결할 수 있다(제43조 제3항). 이 경우 대의원회의 의결은 대의원회에서 선출된 임원에 대한 해임의결 정족수의 규정을 준용하여 대의원 과반수의 출석과 출석대의원 3분의 2 이상의 찬성으로 의결하며, 조합원투표에 의한 해임결정은 조합원 과반수의 투표와 투표조합원 과반수의 찬성으로 한다.

5. 조합의 직원

조합의 직원은 정관으로 정하는 바에 따라 조합장이 임면하나, 상임이사를 두는 조합의 경우에는 상임이사의 제청으로 조합장이 임면한다(제45조 제1항·제2항). 조합에는 정관으로 정하는 바에 따라 간부직원을 두어야 하며, 이러한 간부직원은 회장이 실시하는 전형시험에 합격한 사람 중에서 회장이 배치하는 사람을 조합장이 이사회의 의결을 얻어 임면한다. 간부직원은 총회 및 이사회에 참석하여 의견을 진술할 수 있다.

현행법에 따른 간부직원에 관하여는 상법상의 상업사용인 중 지배인과 공동지배인에 관한 상법 제11조 제1항 및 제3항, 제12조, 제13조 및 제17조와 「상업등기법」 제23조 제1항, 제50조 및 제51조를 준용한다(제45조 제4항).[100]

6. 운영평가자문회의

조합은 조합의 건전한 발전을 도모하기 위하여 조합원 및 외부전문가 15명 이내로 운영평가자문회의를 구성·운영할 수 있다(제34조 제1항~제3항). 이러한 운영평가자문회의는 조합의 운영상황을 평가하고 그 개선사항을 조합장에게 건의할 수 있으며, 이러한 건의를 받은 조합장은 그 건의사항을 이사회 및 총회에 보고하고 조합 운영에 적극 반영하여야 한다.

Ⅲ. 조합의 사업 및 관리

[1] 사 업

1. 지역조합

가. 사업의 구분

지역조합은 조합의 목적을 달성하기 위하여 현행법이 정하는 사업의 전부 또는 일부를 한다(제46조 제1항·제3항). 지역조합의 사업은 통상의 산림 및 임업의 범위를 넘어 신용사업 및 공제사업 등을 포함하는 매우 포괄적인 것으로서 조합은 이러한 사업을 수행하기 위하여 정관으로 정하는 바에 따라 사업손실보전자금 및 대손보전자금을 조성·운용할 수 있다. 현행법에 따라 지역조합이 하는 주요 사업은 다음과 같다.

- 교육·지원사업
- 경제사업

---

100) 상업사용인은 특정 상인에 종속되어 상인의 영업활동을 대리하는 자로서 자연인만이 해당한다. 따라서 비록 영업주에 종속된 자라고 하더라도 대리권이 없는 내부관리업무종사자나 단순노무종사자 등은 상업사용인에 해당하지 않는다. 한편 지배인이란 영업주의 영업에 관하여 재판상 및 재판외의 모든 행위에 대한 대리권을 가지는 상업사용인을 말하며(상법 제11조 제1항), 이러한 대리권을 공동으로 가진 경우를 공동지배인이라고 한다(상법 제12조 제1항). 이러한 지배인의 행위와 관련하여 대법원은 농업협동조합의 상무에게 지배인성이 있음을 인정하면서, 상무에 의한 어음의 발행은 "외관상 그 직무범위에 속하는 행위라고 보여지므로 조합은 그 어음을 선의로 배서양도 받은 자에게 사용자로서 배상책임이 있다"라고 하였다(대판 1982. 6. 8. 82다150). 이러한 상법상의 상업사용인 등에 대하여는 이상수·정태덕의 같은 책, 28~43면을 참고하라.

- 산림경영사업
- 조합원을 위한 신용사업
- 공제사업 및 복지후생사업 등

나. 사업의 내용

A. 교육 · 지원사업

지역조합이 하는 교육 · 지원사업에는 임업생산 및 경영능력의 향상을 위한 상담 및 교육 · 훈련, 임업생산 및 임산물유통 관련 정보의 수집 및 제공, 임업인 · 영림단 등의 육성 및 지도, 농촌 · 산촌 생활환경개선과 문화향상을 위한 교육 · 지원, 도시와의 교류촉진을 위한 사업, 그 밖에 산림사업의 수행과 관련한 교육 및 홍보사업 등이 있다.

B. 경제사업

지역조합이 하는 경제사업에는 조합원의 사업과 생활에 필요한 물자의 구입 · 제조 · 가공 · 공급 등의 사업, 조합원이 생산하는 임산물의 제조 · 가공 · 판매 · 알선 · 수출 등의 사업, 조합원의 사업 또는 생활에 필요한 공동이용시설의 설치 · 운영 및 기자재의 임대사업, 조합원이 생산한 임산물의 유통조절 및 비축사업, 조합원의 노동력 또는 농촌 · 산촌의 부존자원을 활용한 가공사업 · 관광사업 등 산림외 소득증대사업, 임산물을 이용한 사료 및 비료의 생산 · 판매 · 알선, 산림용 종묘 등 임산물의 채취 · 보관 · 육성 · 판매 · 알선, 가로수 식재 및 조경사업, 임목 · 임야의 매매 · 임대차 · 교환 등의 중개, 임산물을 소재로 하는 건물이나 그 밖의 인공구조물의 건설 및 판매, 보관사업 및 조수보호사업 등이 있다.

C. 산림경영사업

지역조합이 하는 산림경영사업에는 산림의 대리경영, 산림경영계획의 작성과 양묘장조성 · 조림 · 숲가꾸기 · 벌채 및 특수산림사업지구에서의 산림사업, 임도의 시설 및 보수 · 사방 · 산지복구나 그 밖의 산림토목공사의 시공 및 유지 · 관리, 산림복지시설 · 수목원 · 생태숲 · 도시숲 · 생활숲 · 학교숲 · 숲속수련장 · 산림박물관 및 수렵장의 조성과 그 시설의 설치 · 관리, 산촌개발사업, 산림시업의 공동화와 임업노동력의 알선 및 제공 등 효율화사업, 산림병해충 · 산사태 · 산불 등 재해의 예방 · 방제 및 복구 등 산림보호사업, 현행법이 정하는 산림경영사업 중 '산림의 대리경영'과 '산림시업의 공동화와 임업노동력의 알선 및 제공 등 효율화사업'을 제외한 사업의 설계 · 감리사업 등이 있다. 여기에서 특수산림사업지구란 "「산림자원의 조성 및 관리에 관한 법률」 제28조에 따른 특수산림사업지구"(제2조 제8호)를 말한다.

D. 조합원을 위한 신용사업

지역조합이 하는 조합원을 위한 신용사업에는 조합원의 예금과 적금의 수납, 조합원에게 필요한 자금의 대출, 내국환,[101] 조합원의 유가증권·귀금속·중요 물품의 보관 등 보호예수업무, 국가·지방자치단체 등의 공공단체와 금융회사 등의 업무대행 등이 있다.

E. 공제사업 및 복지후생사업 등

지역조합은 공제사업과 복지후생사업을 한다. 복지후생사업에는 복지시설의 설치 및 관리, 공원묘지·수목장림·봉안당의 조성 및 관리·사설묘지관리 등 장제사업이 있다. 현행법에 따라 지역조합이 공제사업을 하려면 공제규정을 정하여 시·도지사의 인가를 받아야 한다(제48조 제1항·제2항). 이는 공제규정을 변경하려는 경우에도 같다. 이러한 공제규정에는 농림축산식품부령으로 정하는 바에 따라 공제사업 실시에 관한 사항, 공제계약 및 공제료에 관한 사항, 책임준비금이나 그 밖의 준비금 적립에 관한 사항 등이 포함되어야 한다.

지역조합은 이외에도 임업자금 등의 관리·운용과 자체자금 조성 및 운용사업, 「신에너지 및 재생에너지 개발·이용·보급 촉진법」에 따른 재생에너지 발전사업 중 산림분야와 관련된 사업, 다른 경제단체·사회단체 및 문화단체와의 교류·협력, 국가·공공단체 및 중앙회 또는 다른 조합에서 위탁하는 사업, 다른 법령에서 지역조합의 사업으로 규정하는 사업, 현행법에 따라 수행하는 사업과 관련되는 부대사업, 그 밖에 설립목적의 달성에 필요한 사업으로서 시·도지사의 승인을 받은 사업을 한다. 다만, 이 경우 지역조합이 '국가·공공단체 및 중앙회 또는 다른 조합에서 위탁하는 사업'의 위탁을 받으려면 해당 기관과 위탁계약을 체결하여야 한다(제46조 제4항).

2. 전문조합

가. 사업의 구분

전문조합은 조합의 목적을 달성하기 위하여 현행법이 정하는 사업의 전부 또는 일부를 한다(제46조 제2항·제3항). 이러한 사업은 전문조합이 품목별·업종별 산림조합이므로

101) 내국환이란 국제간에 이루어지는 외국환과는 달리 국내의 다른 지역 사이에서 이루어지는 송금, 계좌송금 및 대금 추심 등의 업무를 말한다. 이에 대하여는 「은행법」 제27조 제2항 제3호를 참고하라.

그 종류 및 범위가 지역조합보다는 제한적이다. 전문조합의 경우에도 지역조합과 같이 이러한 사업을 수행하기 위하여 정관으로 정하는 바에 따라 사업손실보전자금 및 대손보전자금을 조성·운용할 수 있다. 현행법에 따라 전문조합이 하는 주요 사업은 다음과 같다.

- 생산경영을 위한 기술지도사업
- 경제사업
- 조합원을 위한 복지시설의 운영 등

나. 사업의 내용

A. 생산경영을 위한 기술지도

전문조합이 하는 생산경영을 위한 기술지도사업에는 생산력의 증진과 경영능력의 향상을 위한 상담 및 교육·훈련, 조합원에게 필요한 정보의 수집 및 제공, 신품종의 개발·보급 및 기술확산 등을 위한 시범포·양묘장 및 연구소의 운영, 그 밖의 사업수행과 관련한 교육 및 홍보사업 등이 있다.

B. 경제사업

전문조합이 하는 경제사업에는 조합원의 사업과 생활에 필요한 물자의 구입·제조·가공·공급 등의 사업, 조합원이 생산하는 임산물의 제조·가공·판매·수출 등의 사업, 조합원이 생산한 임산물의 유통조절 및 비축사업, 조합원의 사업 또는 생활에 필요한 공동이용시설의 설치·운영 및 기자재의 임대사업, 노동력의 알선 및 제공, 보관사업 등이 있다.

C. 조합원을 위한 복지시설의 운영 등

전문조합은 생산경영을 위한 기술지도사업 및 경제사업 이외에도 조합원을 위한 복지시설의 운영, 다른 경제단체·사회단체 및 문화단체와의 교류·협력, 국가·공공단체·중앙회 및 다른 조합 또는 조합원이 위탁하는 사업, 다른 법령에서 전문조합의 사업으로 규정하는 사업, 현행법에 따라 수행하는 사업과 관련되는 부대사업, 그 밖에 설립목적의 달성에 필요한 사업으로서 시·도지사의 승인을 받은 사업 등을 한다. 다만, 이 경우 전문조합이 '국가·공공단체·중앙회 및 다른 조합 또는 조합원이 위탁하는 사업'의 위탁을 받으려면 해당 기관과 위탁계약을 체결하여야 한다(세46조 제4항).

3. 사업의 운영

가. 유통지원자금의 조성 · 운용

조합은 조합원이 생산한 임산물 및 그 가공품 등의 유통을 지원하기 위하여 유통지원자금을 조성 · 운용할 수 있다(제47조 제1항). 국가 · 지방자치단체 및 중앙회는 예산의 범위에서 이러한 유통지원자금의 조성을 지원할 수 있으며, 조합은 이렇게 조성된 유통지원자금을 임산물의 계약재배사업, 임산물 및 그 가공품의 출하조절사업, 임산물의 공동규격 출하촉진사업, 조합원이 생산한 임산물 등을 조합이 일괄 구매하여 직접 판매하는 사업, 그 밖에 조합이 필요하다고 인정하는 유통 관련 사업을 위하여 운용할 수 있다(제47조 제2항 · 제3항).

나. 차입금 및 다른 법인에의 출자

조합은 현행법 제46조에서 정한 지역조합과 전문조합의 사업을 하기 위하여 국가, 공공단체 또는 중앙회로부터 필요한 자금을 차입할 수 있다(제49조 제1항 · 제2항). 이와 관련하여 지역조합이 중앙회로부터 차입한 자금 중 신용사업자금은 안정적인 신용사업의 운영을 위하여 압류의 대상으로 할 수 없다. 이는 「농업협동조합법」에 따라 중앙회 또는 농협경제지주회사가 국가로부터 차입한 자금 중 회원 또는 농업인에 대한 여신자금이나 조합이 중앙회 또는 농협경제지주회사로부터 차입한 자금은 압류의 대상이 될 수 없는 것과 동일한 취지이다(같은법 제140조).

조합은 현행법 제46조의 사업목적을 달성하기 위하여 필요할 때에는 자기자본의 범위에서 다른 법인에 출자할 수 있다(제52조). 그러나 이 경우에도 중앙회를 제외한 동일 법인에 대한 출자 한도는 자기자본의 100분의 20을 초과할 수 없다.

다. 수익분배계약

조합은 산림소유자와 수익을 분배할 것을 조건으로 산림의 보호 · 개발과 그 밖에 이와 관련되는 사업을 할 때에는 대통령령으로 정하는 바에 따라 그 계약기간, 수익분배비율 및 사업실행방법 등에 관하여 산림소유자와 협의하여 수익분배계약을 체결하여야 한다(제50조 제1항 및 시행령 제10조). 조합이 산림소유자와 이러한 수익분배계약을 체결한 경우 그 계약이 체결된 산림의 경우에는 소유자가 조합에 대하여 지상권을 설정한 것으로 본다(제50조 제2항).

라. 비조합원의 사업 이용

조합은 조합원의 이용에 지장이 없는 범위에서 조합원이 아닌 자에게 정관으로 정하는 바에 따라 현행법 제46조에 따른 지역조합과 전문조합의 사업을 이용하게 할 수 있다(제51조 제1항·제2항). 이 경우 조합원과 동일한 세대에 속하는 사람, 다른 조합 또는 다른 조합의 조합원이 조합의 사업을 이용하는 경우에는 이를 해당 조합의 조합원이 이용한 것으로 본다.

[2] 관 리

1. 회계의 구분

조합의 회계연도는 정관으로 정하며, 그 회계는 일반회계와 특별회계로 구분한다(제53조 및 제54조 제1항). 지역조합의 일반회계는 신용사업부문과 신용사업 외의 사업부문으로 구분하여야 하며, 특별회계는 특정사업을 운영할 때나 특정자금을 보유하여 운영할 때, 그 밖에 일반회계와 구분할 필요가 있을 때에 정관으로 정하는 바에 따라 설치한다(제54조 제2항·제3항).

일반회계와 특별회계 간, 신용사업부문과 신용사업 외의 사업부문 간의 재무관계 및 조합과 조합원 간의 재무관계에 관한 재무기준은 산림청장이 정한다(제54조 제4항).[102] 이 경우 산림청장이 신용사업부문과 신용사업 외의 사업부문 간의 재무관계에 관한 재무기준을 정할 때에는 금융위원회와 협의하여야 한다. 조합의 회계처리기준에 관하여 필요한 사항은 회장이 정한다(제54조 제5항). 그러나 신용사업의 회계처리기준에 관하여 필요한 사항은 금융위원회가 따로 정할 수 있다.

2. 사업계획 및 운영의 공개

조합은 매 회계연도의 사업계획서와 수지예산서를 작성하여 해당 회계연도가 시작되기 전에 이사회의 심의를 거쳐 총회의 의결을 얻어야 한다(제55조). 이를 변경하는 경우에도 같다. 조합장은 정관으로 정하는 바에 따라 사업보고서를 작성하여 그 운영상황을 공개하여야 한다(제55조의2 제1항~제3항). 이를 위하여 조합장은 정관, 총회와 이사회의 의사록 및 조합원 명부를 주된 사무소에 갖추어 두어야 하며, 조합원과 조합의 채권자는 조합이 정한 비용을 지급하고 이러한 서류를 열람하거나 그 서류의

102) 이에 대하여는 「산림조합 재무기준」(산림청고시 제2019-86호, 2019. 11. 29.)을 참고하라.

사본발급을 청구할 수 있다.

조합원은 조합원 100인 또는 100분의 3 이상의 동의를 받아 조합의 회계장부 및 서류 등의 열람 또는 사본발급을 청구할 수 있으며, 이 경우 조합은 특별한 사유가 없으면 이를 거부할 수 없다(제55조의2 제4항). 또한 조합원은 조합의 업무집행에 관하여 부정행위 또는 법령이나 정관을 위반한 중대한 사실이 있다고 의심이 되는 사유가 있을 때에는 조합원 100인 또는 100분의 3 이상의 동의를 받아 조합의 업무와 재산상태를 조사하게 하기 위하여 법원에 검사인의 선임을 청구할 수 있다(제55조의2 제5항). 이 경우에는 회사의 업무집행에 관하여 현행법과 유사한 사유가 있는 경우 발행주식의 총수의 100분의 3 이상에 해당하는 주식을 가진 주주가 회사의 업무와 재산상태를 조사하게 하기 위하여 법원에 검사인의 선임을 청구하는 상법 제467조를 준용한다. 현행법에 따른 조합원의 이러한 회계장부 및 서류 등의 열람권·사본발급청구권 및 법원에 대한 검사인의 선임청구권 등은 소수 조합원에 의한 총회소집청구권과 유사한 제도로서 모두 소수 조합원의 권리를 보장하기 위한 것이다.

3. 회계의 처리

가. 여유자금의 운용

조합의 업무상 여유자금은 중앙회 또는 대통령령으로 정하는 금융회사 등에 예치하거나 국채·공채 또는 대통령령으로 정하는 유가증권 매입의 방법으로 운용하여야 한다(제56조 제1항·제2항). 이 경우 업무상 여유자금을 중앙회 또는 대통령령으로 정하는 금융회사 등에 예치하는 경우 그 최저비율 또는 금액은 여유자금의 건전한 운용을 저해하지 않는 범위에서 중앙회의 이사회가 정한다.

현행법은 이와 같이 여유자금의 운용과 관련하여 매우 엄격한 제한을 두고 있는데, 대법원도 이와 동일한 입장에서 여유자금의 운용은 원칙적으로 허용하지 않되, 일정한 경우에 한하여 이를 예외적으로 허용하는 것으로 좁게 해석하고 있다.[103)]

---

103) 대법원은 임업협동조합의 조합장이 금융감독위원회의 승인 없이 무보증 전환사채를 매입하였다가 조합에게 손실을 끼친 경우, 구「임업협동조합법」 제47조의2 소정의 여유자금 운용에 관한 규정을 위반한 행위에 해당하는지에 대하여 "구 임업협동조합법(2000. 1. 21. 법률 제6187호 산림조합법으로 전문 개정되기 전의 것)의 입법 취지와 지역조합의 자금관리에 관한 각 규정의 취지에 비추어, 같은 법 제47조의2가 정한 여유자금의 운영에 관한 규정은 원칙적으로 여유자금의 운용은 허용하지 않되, 일정한 경우에 한하여 이를 허용하는 규정"이라고 하면서, "그와 같은 예외적 허용에 관한 내용이 확정되지 않은 상태에서 여유자금을 운용하는 것은 위 법에 위반하는 행위라고 보는 것이 타당하다"라고 하였다(대판 2003. 4. 8. 2003도108).

나. 법정적립금 · 이월금 및 임의적립금

조합은 매 회계연도의 손실보전과 재산에 대한 감가상각에 충당하고 남는 금액이 있을 때에는 자기자본의 3배에 달할 때까지 잉여금의 100분의 10 이상을 법정적립금으로 적립하여야 한다(제56조의2 제1항·제2항). 이 경우 자기자본은 납입출자금, 회전출자금, 가입금, 각종 적립금 및 미처분이익잉여금의 합계액으로 하며, 만일 이월결손금이 있으면 이를 공제한다. 조합의 이러한 법정적립금은 조합의 손실금을 보전할 때 또는 조합의 구역이 다른 조합의 구역으로 된 경우에 그 재산의 일부를 다른 조합에 양여할 때 이외에는 이를 사용하지 못한다(제56조의5).

조합은 현행법 제46조 제1항 제1호의 교육 · 지원사업의 비용에 충당하기 위하여 잉여금의 100분의 20 이상을 다음 회계연도에 이월금으로 이월하여야 하며, 정관으로 정하는 바에 따라 사업준비금 등을 임의적립금으로 적립할 수 있다(제56조의2 제3항·제4항).

다. 손실의 보전과 잉여금의 배당

조합은 매 회계연도의 결산 결과 당기 손실금이 발생하였을 때에는 미처분이월금, 임의적립금, 법정적립금, 자본적립금, 회전출자금의 순서에 따라 보전하며, 보전 후에도 부족할 때에는 다음 회계연도에 이월한다(제56조의3 제1항 및 제56조의4). 여기에서 '자본적립금'이란 조합이 감자에 의한 차익, 자산재평가 차익 및 합병 차익으로 발생하는 금액을 적립한 것을 말한다.

조합은 손실을 보전하고 현행법에 따른 법정적립금, 이월금 및 임의적립금을 공제하기 전에는 잉여금의 배당을 하지 못한다(제56조의3 제2항·제3항). 만일 잉여금이 발생하여 조합이 이를 배당하는 경우에는 정관으로 정하는 바에 따라 (1) 조합원의 사업이용 실적에 대한 배당, (2) 정관으로 정하는 비율의 한도 이내에서 납입출자액에 대한 배당, (3) 준조합원의 사업이용 실적에 대한 배당의 순서에 따라 배당을 실시한다.

라. 결산보고서의 제출 · 비치

조합장은 정기총회일 1주 전까지 결산보고서를 감사에게 제출하고 이를 주된 사무소에 갖추어 두어야 한다(제57조 제1항). 여기에서 '결산보고서'란 사업보고서, 재무상태표, 손익계산서, 잉여금처분안 또는 손실금처리안 등을 말한다. 조합원과 채권자는 조합이 정한 비용을 지급하고 이러한 결산보고서를 열람하거나 사본의 발급을 청구할 수 있다.

조합장은 결산보고서와 감사의 의견서를 정기총회에 제출하여 그 승인을 받아야 한다(제57조 제3항·제4항). 조합장이 정기총회에서 승인을 받은 경우 임원의 책임해제에 관하여는 이사와 감사가 정기총회에서 승인을 받은 후 2년 내에 다른 결의가 없으면 회사는 그 책임을 해제한 것으로 보는 상법 제450조의 규정을 준용한다. 그러나 이 경우에도 이사 또는 감사의 부정행위가 있는 경우에는 그 책임이 해제되지 않는 것은 물론이다.

4. 출　　자

가. 출자감소

조합은 출자 1계좌의 금액이나 출자계좌 수의 감소[출자감소]를 의결하였을 때에는 그 의결이 있은 날부터 2주 이내에 재무상태표를 작성하여야 한다(제58조 제1항·제2항). 이 경우 조합은 출자감소에 대하여 이의가 있는 채권자는 일정한 기일 내에 이를 진술하라는 취지를 정관으로 정하는 바에 따라 1개월 이상 공고하고, 이미 알고 있는 채권자에게는 따로 최고하여야 한다. 이러한 공고 또는 최고는 출자감소의 의결이 있은 날부터 2주 이내에 하여야 한다.

채권자가 현행법 제58조 제2항에 따른 이의제기 기일 내에 조합의 출자감소에 관한 의결에 대하여 이의를 진술하지 않으면 이를 승인한 것으로 본다(제59조 제1항·제2항). 그러나 이와 반대로 채권자가 이의를 진술하였을 때에는 조합이 변제하거나 상당한 담보를 제공하지 않으면 그 의결은 효력을 발생하지 않는다.

나. 우선출자

조합은 자기자본의 확충을 통한 경영의 건전성을 도모하기 위하여 정관으로 정하는 바에 따라 조합원 외의 자를 대상으로 잉여금 배당에서 우선적 지위를 가지는 우선출자를 하게 할 수 있다(제60조의2 제1항·제2항). 이러한 우선출자 1계좌의 금액은 현행법 제20조 제3항에 따른 출자 1계좌의 금액과 동일하여야 하며, 그 총액은 자기자본의 2분의 1을 초과할 수 없다. 우선출자에 대한 배당은 조합원에 대한 배당보다 우선하여 실시하되, 그 배당률은 정관으로 정하는 최저배당률과 최고배당률 사이에서 정기총회에서 정한다(제60조의2 제3항~제5항). 그러나 우선출자자는 의결권 및 선거권을 가지지 않으며, 그가 가진 우선출자의 인수가액을 한도로 조합에 대하여 책임을 진다.

조합은 우선출자의 납입기일 후 지체 없이 우선출자증권을 발행하여야 한다(제60조의3). 우선출자는 양도할 수 있으며, 이를 양도할 때에는 우선출자증권을 내주어야 한다(제60조의4 제1항·제2항). 이 경우 우선출자증권 발행 전의 양도는 조합에 대하여 효력이 없으며, 우선출자증권의 점유자는 적법한 소지인으로 추정한다(제60조의4 제3항~제5항). 우선출자증권의 명의 변경은 취득자의 성명 및 주소를 우선출자자 명부에 등록하고 그 성명을 증권에 적지 않으면 조합과 그 밖의 제3자에게 대항하지 못하며, 우선출자증권을 질권의 목적으로 할 때에도 질권자의 성명 및 주소를 우선출자자 명부에 등록하지 않으면 조합과 그 밖의 제3자에게 대항하지 못한다.

조합은 정관의 변경에 의하여 우선출자자에게 손해를 미치게 될 때에는 우선출자자총회의 의결을 받아야 한다(제60조의5 제1항~제3항). 이 경우 우선출자자총회의 의결은 발행한 우선출자 총 계좌 수의 과반수 출석과 출석한 출자계좌 수의 3분의 2 이상의 찬성이 있어야 한다. 현행법에 따른 우선출자자총회의 운영 등에 필요한 사항은 정관으로 따로 정한다.

Ⅳ. 조합의 합병·분할·해산 및 청산

[1] 합병 및 분할

1. 조합의 합병

조합이 다른 조합과 합병할 때에는 합병계약서를 작성하고 각 총회의 의결을 받아야 한다(제61조 제1항·제2항 및 제62조). 이 경우 조합의 합병은 시·도지사의 인가를 받아야 하며, 국가와 중앙회는 조합의 합병을 촉진하기 위하여 필요하다고 인정하는 경우에는 예산의 범위에서 자금을 지원할 수 있다.

합병으로 조합을 설립할 때에는 각 총회에서 설립위원을 선출하여야 한다(제61조 제3항~제8항). 설립위원의 정수는 20명 이상으로 하며, 합병하려는 각 조합의 조합원 중에서 같은 수로 선임한다. 설립위원은 설립위원회를 개최하여 정관을 작성하고 임원을 선임하여 현행법 제14조에 따른 설립인가를 받아야 한다. 이 경우 설립위원회에서 임원을 선출할 때에는 설립위원이 추천한 사람 중에서 설립위원 과반수의 출석과 출석위원 과반수의 찬성이 있어야 한다. 합병으로 인한 조합의 설립에 관하여는 합병설립의 성질에 반하지 않는 범위에서 조합의 설립인가에 관한 현행법 제14조부터 제17조까지의 규정을 준용하며, 만일 조합의 합병에 대하여 다툼이 있는 경우 그 무효에 관하여는 주식회사의 합병무효의 소에 관한 상법 제529조의 규정을 준용한다.

합병으로 설립되는 조합의 설립 당시 조합장·이사 및 감사의 임기는 임원의 임기에 관한 현행법 제38조 제1항에도 불구하고 설립등기일부터 2년으로 한다(제61조의2 제1항). 그러나 합병으로 소멸되는 조합의 조합장이 합병으로 설립되는 조합의 조합장으로 선출되는 경우 설립등기일 현재 조합장의 종전 임기 중 남은 임기가 2년을 초과하면 그 조합장의 임기는 그 남은 임기로 한다. 한편 합병 후 존속하는 조합의 변경등기 당시 재임 중인 조합장, 이사 및 감사의 남은 임기가 변경등기일 현재 2년 미만이면 제38조 제1항에도 불구하고 그 임기를 변경등기일부터 2년으로 한다(제61조의2 제2항).

합병 후 존속하거나 합병으로 인하여 설립되는 조합은 소멸되는 조합의 권리·의무를 승계하며, 조합의 합병 후 등기부나 그 밖의 공적 장부에 표시된 소멸된 조합의 명의는 존속하거나 설립된 합병조합의 명의로 본다(제63조 및 제64조). 조합의 합병은 합병 후 존속하거나 설립되는 조합이 그 주된 사무소의 소재지에서 현행법에 따라 합병등기를 함으로써 그 효력을 가진다. 이에 따르면 합병등기는 조합이 합병하였을 때 합병한 날부터 2주 이내에 그 사무소의 소재지에서 합병 후 존속하는 조합은 변경등기를, 합병으로 인하여 소멸되는 조합은 해산등기를, 합병으로 인하여 설립된 조합은 현행법 제75조에 따른 설립등기를 각 사무소의 소재지에서 하여야 한다(제80조 제1항). 이 경우 합병에 따른 공고 및 최고에 관하여는 출자감소의 의결에 관한 현행법 제58조 및 제59조를 준용한다(제65조).

2. 조합의 분할

조합이 분할하는 경우에는 분할설립되는 조합이 승계하여야 하는 권리·의무의 범위를 총회에서 의결하여야 한다(제66조 제1항· 제2항). 분할에 의한 이러한 조합 설립에 관하여는 분할설립의 성질에 반하지 않은 범위에서 조합의 설립에 관한 현행법 제14조부터 제17조까지의 규정을 준용한다. 이 경우 조합의 분할에 따른 공고 및 최고에 관하여는 합병의 경우와 같이 출자감소의 의결에 관한 현행법 제58조 및 제59조를 준용한다(제65조).

[2] 조합의 해산

1. 해산사유

조합의 해산은 조합이 그 본래의 활동을 정지하고 청산절차에 들어가는 것을 말한다. 일반적으로 조합 등과 같은 법인은 존립기간의 만료, 법인의 목적의 달성 또는 달성의 불능 기타 정관에 정한 해산사유의 발생, 파산 또는 설립허가의 취소로 해산하며, 특히 사단법인의 경우에는 사원이 없게 되거나 총회의 결의로도 해산한다(민법 제77조).

조합 등과 같은 법인은 자연인의 사망과는 달리 상속제도가 없으므로 해산에 의하여 활동을 정지한 후 재산을 정리하는 청산의 절차를 거쳐 단계적으로 이루어진다. 따라서 조합이 소멸하는 시기는 해산한 때가 아니라 청산을 종료한 때이다. 현행법에 따른 조합의 해산사유는 다음과 같다(제67조).

- 정관으로 정한 해산 사유의 발생
- 총회의 의결
- 합병 또는 분할
- 설립인가 취소

다만, 이와 관련하여 총회의 의결에 의한 해산은 조합원의 임의적인 결의에 의한 것이므로 조합원이 일단 해산을 의결하였다고 하더라도 다시 총회의 결의로써 이를 철회할 수 있다고 해석해야 할 것이다.

2. 파산선고의 경우

조합이 그 채무를 완전변제할 수 없게 되었을 경우 법원은 조합장이나 채권자의 청구에 의하여 또는 직권으로 파산을 선고할 수 있다(제68조). 자연인의 경우 파산원인은 지급을 할 수 없는 때를 그 원인으로 하지만, 조합의 경우에는 '채무를 완전변제할 수 없게 되는 것'으로써 충분하다(채무자 회생 및 파산에 관한 법률 제305조·제306조). 따라서 현행법 제74조는 조합이 채무를 완전변제하지 못하게 된 때에는 민법 제79조의 규정을 준용하여 지체 없이 파산신청을 하도록 하고 있다. 이는 부채의 총액이 자산의 총액을 초과하는 조합을 존속시키는 것은 제3자에게 손해를 줄 염려가 있기 때문이다.

현행법에 따라 조합에 대한 파산선고의 결정이 있는 경우에는 「채무자 회생 및 파산에 관한 법률」에 의하여 엄격한 파산절차가 행해진다(같은법 제294조 이하). 따라서 파산선고의 결정이 있다고 하여 조합이 즉시 해산하여 청산절차를 따르는 것은 아니며, 「채무자 회생 및 파산에 관한 법률」에 따른 파산절차가 종료된 이후 적극재산이 남은 때에 청산절차를 밟게 된다.[104]

---

104) 이와 관련하여 대법원은 파산절차가 종료되었으나 적극재산이 잔존하는 경우 파산법인의 인격 소멸 여부에 대하여 "법인이 잔여재산 없이 그에 대한 파산절차가 종료되면 청산종결의 경우와 마찬가지로 그 인격이 소멸한다고 할 것이나, 아직도 적극재산이 잔존하고 있다면 법인은 그

3. 해산등기

조합이 해산하였을 때에는 합병과 파산의 경우를 제외하고는 주된 사무소의 소재지에서는 2주 이내에, 지사무소의 소재지에서는 3주 이내에 해산등기를 하여야 한다(제81조 제1항~제4항). 해산등기를 할 때에는 청산인이 신청인이 되며, 그 해산등기 신청서에는 해산 사유를 증명하는 서류를 첨부하여야 한다. 그러나 설립인가의 취소로 인하여 조합이 해산하는 경우에는 시·도지사가 해산등기를 촉탁하여야 한다.

[3] 조합의 청산

1. 의 의

청산이란 해산한 조합이 잔무를 처리하고 재산을 정리하여 완전히 소멸할 때까지의 절차를 말하는 것으로서 조합은 이러한 청산이 종료된 때에 소멸한다. 이러한 법인의 청산과 소멸에 대하여 대법원은 사단법인의 구성원들이 법인을 해산하고 신법인을 설립하였으나 구법인의 청산절차가 종료되지 않은 경우 그 신·구법인의 관계에 대한 사안에서 "사단법인의 구성원들이 그 법인을 해산하고 신법인을 결성한 경우 구법인과 신법인의 구성원이 동일하고 그 두 법인의 임원과 대표자가 일시 부분적으로 중복된 때가 있었으며, 두 법인의 설립목적이 같고…신법인이 구법인의 재산을 사실상 인수하여 관리한 바 있더라도, 구법인이 그 청산절차를 종료하지 않은 이상 의연히 법인으로 존속하므로 구법인과 신법인과는 별개의 법인으로 보아야 한다"[105]라고 하여 이를 분명히 하고 있다.

조합의 청산은 현행법에서 정한 해산사유로 인하여 해산하는 경우에는 현행법 제74조에 따라 민법이 준용되는 규정과 현행법이 정하는 절차에 따라 청산을 하게 되나, 파산으로 인하여 조합이 해산하는 경우에는 「채무자 회생 및 파산에 관한 법률」이 정하는 파산절차에 따라 청산을 하게 된다.

2. 청산조합 및 청산인

조합의 청산에 관하여는 민법 제81조, 제87조, 제88조 제1항 및 제2항, 제89조부터 제92조까지 및 제93조 제1항 및 제2항과 「비송사건절차법」 제121조를 준용

재산에 관한 청산목적의 범위 내에서는 존속한다고 보아야 할 것"이라고 하였다(대판 1989. 11. 24. 89다카2483).

105) 대판 1989. 8. 8. 88다카26123.

한다(제74조). 이에 따르면 해산한 조합은 청산의 목적범위 내에서만 권리가 있고 의무를 부담하며(민법 제81조), 따라서 청산조합은 해산 전에 하던 적극적인 사업은 수행할 수 없다. 만일 청산조합이 청산의 목적과 관계없는 행위를 하는 경우 그 행위는 무효가 된다. 그러나 그 이외의 경우에서는 해산 전의 조합과 동일성이 유지된다.

조합이 해산하였을 때에는 파산으로 인한 경우와 총회에서 다른 사람을 청산인으로 선임하였을 경우를 제외하고는 조합장이 청산인이 된다(제69조 제1항~제3항). 청산인은 그 직무의 범위에서 조합장과 동일한 권리·의무를 가진다. 따라서 청산인은 청산법인의 능력범위 내에서 대외적으로는 청산조합을 대표하고, 대내적으로는 현존사무의 종결, 채권의 추심 및 채무의 변제, 잔여재산의 인도와 같은 청산사무를 행하기 위하여 필요한 모든 행위를 할 수 있다(민법 제87조). 현행법에 따른 조합의 청산사무는 시·도지사가 감독한다.

청산인은 취임 후 지체 없이 재산상황을 조사하고 재무상태표를 작성하여 재산처분의 방법을 정한 후 총회에 제출하여 승인을 받아야 한다(제70조 제1항·제2항). 만일 청산인이 이를 승인받기 위하여 두 차례 이상 총회를 소집하여도 총회가 열리지 않아 그 승인을 받을 수 없을 때에는 시·도지사의 승인으로 갈음할 수 있다.

해산한 조합의 청산잔여재산은 따로 법률에서 정하는 것 외에는 정관으로 정하는 바에 따라 처분하며, 청산인은 채무를 변제하거나 변제에 필요한 금액을 공탁하기 전에는 그 재산을 분배해서는 안 된다(제71조 및 제72조). 청산중에 조합의 재산이 그 채무를 완제하기에 부족한 것이 분명하게 된 때에는 청산인은 지체 없이 파산선고를 신청하고 이를 공고하여야 한다(민법 제93조 제1항·제2항). 이 경우 청산인은 파산관재인에게 그 사무를 인계함으로써 그 임무가 종료한다.

청산인은 청산사무가 종결되었을 때에는 지체 없이 결산보고서를 작성하고 총회에 제출하여 승인을 받아야 한다(제73조). 이 경우에도 청산인이 두 차례 이상 총회를 소집하였으나 총회가 열리지 않아 그 승인을 받을 수 없을 때에는 시·도지사의 승인으로 갈음할 수 있다.

3. 청산등기

청산인은 그 취임일부터 2주 이내에 주된 사무소의 소재지에서 그 성명·주민등록번호 및 주소를 등기하여야 한다(제82조 제1항·제2항). 이 경우 조합장이 청산인이 아닌 경우에는 신청인의 자격을 증명하는 서류를 첨부하여야 한다.

청산인은 청산이 종결되었을 때에는 주된 사무소의 소재지에서는 2주 이내에, 지사무소의 소재지에서는 3주 이내에 청산종결의 등기를 하여야 한다(제83조 제1항·제2항). 이 경우 청산종결의 등기신청서에는 현행법 제73조에 따른 결산보고서의 승인을 증명하는 서류를 첨부하여야 한다.

Ⅴ. 조합공동사업법인

[1] 개　　념

조합공동사업법인은 사업의 공동수행을 통하여 임산물의 판매·유통 등과 관련된 사업을 활성화함으로써 임업의 경쟁력 강화와 임업인의 이익 증진에 이바지하는 것을 목적으로 하는 법인을 말한다(제86조의2). 이러한 조합공동사업법인은 조합 및 중앙회를 회원으로 하고, 산림청장의 인가를 받아야 한다는 점에서 해당 구역에 주소 또는 산림이 있는 산림소유자나 임업인을 조합원으로 하여 시·도지사의 인가를 받아야 하는 조합과는 구별되는 것이다.

조합공동사업법인은 법인으로 하며, 그 명칭에는 지역명이나 사업명을 붙여 사용하여야 한다(제86조의3 제1항~제3항). 따라서 현행법에 따라 설립된 조합공동사업법인이 아니면 이러한 명칭이나 이와 유사한 명칭을 사용하지 못한다.

[2] 설립·회원 및 기관

조합공동사업법인을 설립하려면 회원의 자격을 가진 2이상의 조합이나 조합과 중앙회가 발기인이 되어 정관을 작성하고 창립총회의 의결을 거친 후 산림청장의 인가를 받아야 한다(제86조의5 제1항~제3항). 조합공동사업법인의 설립인가에 관하여는 조합의 설립인가에 관한 현행법 제14조 제2항부터 제6항까지의 규정을 준용한다. 출자금 등 조합공동사업법인의 인가에 필요한 기준과 절차는 대통령령으로 정하는데, 이에 따르면 그 설립인가에 필요한 기준은 회원의 자격이 있는 설립동의자가 2이상이고, 그 출자금납입확약총액이 3억원 이상이어야 한다(시행령 제11조의11 제1항).

조합공동사업법인의 설립을 위한 정관에는 목적·명칭 및 주된 사무소의 소재지, 회원의 자격과 가입·탈퇴 및 제명에 관한 사항, 현물출자를 포함한 출자 및 가입금과 경비에 관한 사항, 회원의 권리와 의무, 임원의 선임 및 해임에 관한 사항, 사업의 종류와 집행에 관한 사항, 적립금의 종류와 적립방법에 관한 사항, 잉여금의 처분과 손실금의 처리방법에 관한 사항, 그 밖에 현행법에서 정관으로 정하도록 규정한 사항 등이 포함되어야 한다(제86조의6 제1항·제2항). 만일 조합공동사업법인이 정관을 변경하려면 산림청장의 인가를 받아야 한다. 그러나 그 정관을 산림청장이 정하여 고시한 정관례에 따라 변경하는 경우에는 산림청장의 인가를 받은 것으로 본다.

조합공동사업법인의 회원은 조합 및 중앙회로 하고, 다른 조합공동사업법인은 준회원으로 한다(제86조의4 제1항~제3항). 조합공동사업법인의 회원이 되려는 자는 정관으로 정하는 바에 따라 출자하여야 하며, 조합공동사업법인은 준회원에 대하여 정관으로 정하는 바에 따라 가입금과 경비를 부담하게 할 수 있다. 그러나 조합이 아닌 회원이 출자한 총액은 조합공동사업법인의 출자 총액의 100분의 50 미만으로 한다. 조합공동사업법인의 회원은 출자금에 비례하여 의결권을 가진다. 한편 조합공동사업법인에는 임원으로 대표이사 1명을 포함한 2명 이상의 이사와 1명 이상의 감사를 두며, 그 정수 및 임기는 정관으로 정한다(제86조의7).

[3] 조합의 사업 및 운영

조합공동사업법인은 그 목적을 달성하기 위하여 회원을 위한 물자의 공동구매 및 상품의 공동판매와 이에 수반되는 운반·보관 및 가공사업, 회원을 위한 상품의 생산·유통조절 및 기술의 개발·보급, 회원을 위한 자금대출 알선과 공동사업을 위한 국가·공공단체 및 중앙회로부터의 자금차입, 국가·공공단체·조합·중앙회 또는 다른 조합공동사업법인이 위탁하는 사업, 그 밖에 회원의 공동이익 증진을 위하여 정관으로 정하는 사업의 전부 또는 일부를 수행한다(제86조의8).

조합공동사업법인의 회원·출자·회계 및 해산 등에 관하여는 조합에 관한 규정을 포괄적으로 준용하며, 특히 조합공동사업법인의 우선출자에 관하여는 조합의 우선출자에 관한 현행법 제60조의2부터 제60조의6까지의 규정을 준용한다(제86조의10 제1항·제2항). 현행법에 따른 조합공동사업법인의 회계처리기준은 산림청장이 정하여 고시한다(제86조의9).[106]

---

106) 이에 대하여는 「(산림청) 조합공동사업법인의 회계처리기준」(산림청고시 제2019-87호, 2019. 11. 29.)을 참고하라.

Ⅵ. 중 앙 회

[1] 설립 및 회원

1. 설 립

중앙회는 현행법에 따라 설립된 법인으로서 회원의 공동이익 증진과 건전한 발전을 도모하는 것을 목적으로 한다(제4조 및 제87조). 중앙회는 정관으로 정하는 바에 따라 주된 사무소를 두고, 정관으로 정하는 기준과 절차에 따라 지사무소를 둘 수 있다(제88조 제1항·제2항). 중앙회는 시·군·구를 구역으로 하는 지역조합이나 경제권역 또는 주생산단지를 중심으로 하는 전문조합과는 달리 전국을 그 구역으로 한다.

중앙회를 설립하려면 50개 이상의 조합이 발기인이 되어 정관을 작성하고 창립총회의 의결을 거쳐 산림청장의 인가를 받아야 한다(제93조). 중앙회의 설립을 위한 정관에는 (1) 목적·명칭과 구역, (2) 사무소의 소재지, (3) 회원의 가입과 탈퇴에 관한 사항, (4) 회원의 권리·의무에 관한 사항, (5) 회원의 출자에 관한 사항, (6) 우선출자에 관한 사항, (7) 총회·대의원회 및 이사회에 관한 사항, (8) 임원·집행간부 및 집행간부 외의 간부직원[일반간부직원]에 관한 사항, (9) 재산과 감사에 관한 사항, (10) 사업의 종류 및 업무집행에 관한 사항, (11) 회계에 관한 사항, (12) 적립금에 관한 사항, (13) 잉여금의 처분과 손실금의 처리방법에 관한 사항, (14) 경비 및 과태금의 부과·징수와 사용료·수수료에 관한 사항, (15) 공고의 방법에 관한 사항, (16) 정관의 변경에 관한 사항, (17) 그 밖에 필요한 사항 등이 포함되어야 한다(제92조 제1항·제2항). 이러한 정관의 변경은 산림청장의 인가를 받아야 하는데, 특히 산림청장이 정관변경의 인가를 할 때 신용사업에 관한 사항에 관하여는 금융위원회와 협의하여야 한다.

2. 회원의 자격 및 출자 등

중앙회는 지역조합과 전문조합을 회원으로 하며, 정관으로 정하는 바에 따라 임업과 관련되는 법인 또는 단체를 준회원으로 할 수 있다(제89조 제1항·제2항). 다만, 지역조합이 회원이 되려면 조합원 중 산림소유자의 비율이나 조합원 소유 산림의 면적비율이 중앙회의 정관으로 정하는 기준 이상이어야 한다.

중앙회는 회원의 자격이 있는 조합이 회원가입 신청을 하였을 때에는 (1) 「산림조합의 구조개선에 관한 법률」에 따른 부실조합 또는 부실우려조합의 기준에 해당하는 조합, (2) 제명된 후 2년이 지나지 않은 조합, (3) 그 밖에 대통령령으로 정하는 기준에 해당되어 중앙회 및 그 회원의 발전을 저해할만한 현저한 이유가 있는 조합과 같은 제한사유에 해당하는 경우를 제외하고는 그 신청일부터 60일 이내에 가입을 승낙하여야 한다(제89조 제3항). 여기에서 '대통령령으로 정하는 기준'이란 「산림조합의 구조개선에 관한 법률」에 따른 부실조합 또는 부실우려조합이 해산 또는 분할의 방법에 의하여 조합을 재설립하는 경우를 말한다(시행령 제11조의12). 이 경우 중앙회가 이러한 사유로 조합의 회원가입을 제한하는 경우에는 산림청장의 동의를 받아야 하며, 만일 재설립한 조합이 부실우려가 없는 것이 명백한 경우로서 중앙회의 이사회에서 회원 가입을 의결하는 경우에는 회원가입의 제한기준을 적용하지 않는다.

중앙회의 회원인 조합이 해산하거나 파산하였을 때에는 당연히 중앙회로부터 탈퇴된다(제91조 제1항·제2항). 중앙회의 회장은 회원인 조합의 이러한 당연탈퇴 사유와는 달리 지역조합이 현행법 제89조 제1항 단서에 따라 조합원 중 산림소유자의 비율이나 조합원 소유 산림의 면적비율이 정관으로 정하는 기준에 미치지 못하였을 때에는 해당 조합에 대하여 상당한 기간을 정하여 시정을 요구하여야 하며, 그 기간 이내에 이행하지 않으면 총회의 의결을 받아 제명할 수 있다. 이 경우에는 조합원의 제명에 관한 제27조 제2항의 규정을 준용한다.

회원은 정관으로 정하는 바에 따라 출자하여야 한다(제90조 제1항~제3항). 이 경우 출자 1계좌의 금액은 정관으로 정하며, 회원의 책임은 그 출자액을 한도로 한다. 현행법상 중앙회에 관하여는 조합의 설립·조합원·기관 및 사업과 관리 등에 관한 규정이 광범위하게 준용되며, 특히 중앙회의 해산에 관하여는 따로 법률에서 정하는 바에 따른다(제94조 및 제122조).

[2] 중앙회의 기관

1. 총 회

중앙회에 총회를 둔다(제95조 제1항~제4항). 총회는 회장과 회원으로 구성하고, 정관으로 정하는 바에 따라 회장이 소집한다. 총회는 정기총회와 임시총회로 구분하며, 정기총회는 매년 한 차례 정관으로 정한 시기에 소집하고 임시총회는 필요할 때에 수시로 소집한다. 현행법에 따라 총회의 의결을 받아야 하는 사항은 다음과 같다.

- 정관의 변경
- 회원의 제명
- 임원, 대의원 및 조합감사위원회 위원장의 선출과 해임
- 사업계획, 수지예산 및 결산의 승인
- 그 밖에 이사회 및 회장이 필요하다고 인정하는 사항

2. 대의원회

중앙회에 정관으로 정하는 사항에 대한 총회의 의결에 관하여 총회를 갈음하는 대의원회를 둔다(제96조 제1항·제2항). 다만, 현행법 제104조 제1항에 따른 회장의 선출을 위한 총회의 경우에는 그렇지 않으며, 따라서 이 경우에는 대의원회가 총회를 갈음하지 못한다. 대의원회는 회장과 대의원으로 구성하며 회장이 소집한다.

대의원의 정수는 회원의 3분의 1의 범위에서 정관으로 정하며, 그 선출은 총회를 통하여 회원 중에서 선출하되, 회원인 지역조합 및 전문조합의 대표성이 보장될 수 있도록 하여야 한다(제97조 제1항~제3항). 대의원의 임기는 2년으로 하나 보궐선거로 선출된 대의원의 임기는 전임자 임기의 남은 기간으로 한다. 이 경우 대의원의 임기에 관하여는 현행법 제32조 제4항 단서를 준용한다. 따라서 대의원의 경우 임기가 만료하는 연도의 결산기 마지막 달 이후 그 결산기에 관한 정기총회 전에 임기가 만료될 때에는 그 정기총회가 끝나는 날까지 임기가 연장된다.

3. 이 사 회

중앙회에 이사회를 둔다(제98조 제1항·제2항). 이사회는 회장 및 사업대표이사를 포함한 이사로 구성하나 회장 및 사업대표이사를 제외한 이사의 2분의 1 이상은 회원인 조합의 조합장[회원조합장]이어야 한다. 감사 및 집행간부는 이사회에 출석하여 의견을 진술할 수 있으며, 이사회의 운영과 관련하여 현행법에서 정하는 것 이외에 필요한 사항은 정관으로 정한다(제98조 제5항·제6항).

이사회는 총회의 의결사항이 아닌 중앙회의 주요 사무에 대하여 의결하고, 그 의결사항에 대하여 회장 및 사업대표이사의 업무집행상황을 감독한다(제98조 제3항·제4항). 이사회의 의결사항은 다음과 같다.

- 중앙회의 경영목표 설정
- 중앙회의 사업계획 및 자금계획의 종합조정
- 조직·경영 및 임원에 대한 규정의 제정·개정 및 폐지
- 조합에서 중앙회에 예치하는 여유자금의 최저비율 또는 금액

■ 사업대표이사 소관 업무의 성과평가 및 해임건의에 관한 사항
■ 현행법에 따른 인사추천위원회의 구성에 관한 사항
■ 현행법에 따른 조합감사위원회의 위원 선출
■ 중앙회의 중요한 자산 취득 및 처분에 관한 사항
■ 중앙회 업무의 위험관리에 관한 사항
■ 총회로부터 위임된 사항
■ 그 밖에 회장 또는 이사 3분의 1 이상이 필요하다고 인정하는 사항

4. 임　원

가. 임원의 구성

중앙회에 임원으로서 회장 1명, 사업대표이사 1명을 포함한 18명 이내의 이사와 감사위원 3명을 둔다(제100조 제1항·제2항 및 제106조). 임원 중 사업대표이사와 감사위원장은 상임으로 한다. 이 경우 상임인 임원은 직무와 관련되는 영리를 목적으로 하는 업무에 종사할 수 없으며, 이사회가 승인하는 경우를 제외하고는 다른 직업에 종사할 수 없다.

회장은 총회에서 선출하되 회원인 조합의 조합원이어야 하며, 그 임기는 4년으로 하고 한 차례만 연임할 수 있다(제104조 제1항·제4항 및 제7항). 중앙회는 회장의 선출에 대한 선거관리를 정관으로 정하는 바에 따라 「선거관리위원회법」에 따른 중앙선거관리위원회에 위탁하여야 한다. 이와 같이 회장의 선거관리를 중앙선거관리위원회에 위탁하는 것은 선거의 공정성을 확보하기 위한 것으로서 농업협동조합중앙회 및 수산업협동조합중앙회의 회장 선출에도 동일하게 적용되는 것이다(농업협동조합법 제130조 제8항 및 수산업협동조합법 제134조 제7항).

사업대표이사는 해당 사업에 관한 전문지식과 경험이 풍부한 사람으로서 대통령령으로 정하는 요건을 갖춘 사람 중에서 인사추천위원회에서 추천된 사람을 총회에서 선출한다(제104조 제2항·제5항). 사업대표이사의 임기는 2년으로 한다.

회원조합장인 이사는 정관으로 정하는 바에 따라 추천된 사람을 총회에서 선출하고, 회원조합장이 아닌 이사는 인사추천위원회에서 추천된 사람을 총회에서 선출한다(제104조 제3항·제5항 및 제6항). 이사의 임기는 2년으로 하며, 회원조합장이 현행법 제100조 제2항에 따른 상임인 임원으로 선출된 경우에는 취임 전에 조합장의 직을 사임하여야 한다.

나. 회장의 직무

회장은 중앙회를 대표하며, 총회·대의원회 및 이사회의 의장이 된다(제101조 제1항·제2항). 그러나 현행법 제102조 제1항에 따라 사업대표이사가 전담하여 처리하는 업무에

대하여는 사업대표이사가 중앙회를 대표한다. 현행법이 정한 직무와 관련하여 회장은 집행간부 또는 직원 중에서 중앙회의 업무에 관한 재판상 또는 재판 외의 모든 행위를 할 수 있는 대리인을 선임할 수 있으며, 만일 회장이 궐위·구금되거나 「의료법」에 따른 의료기관에 30일 이상 계속하여 입원한 경우 등의 사유로 직무를 수행할 수 없을 때에는 사업대표이사가 회장의 직무를 대행한다(제101조 제4항 및 제107조).

회장은 현행법 제108조 제1항에 따른 중앙회의 사업 중 (1) 교육·지원에 관한 사업에서 '회원에 대한 감사'와 '회원과 그 조합원의 권익증진을 위한 사업' 이외의 사업과 이에 따른 부대사업, (2) 교육·지원에 관한 사업 중 회원에 대한 감사 및 그 부대사업, (3) 교육·지원에 관한 사업 중 회원과 그 조합원의 권익증진을 위한 사업과 대외활동, (4) 국가나 공공단체가 위탁하거나 보조하는 사업, 다른 법령에서 중앙회의 사업으로 정하는 사업, 그 밖에 설립목적의 달성에 필요한 사업으로서 산림청장의 승인을 받은 사업 및 현행법 제108조 제2항의 사업 중 (1)에 해당하는 사업, (5) (1)과 (4)의 업무에 관한 경영목표, 사업계획 및 자금계획의 수립, (6) (2)의 업무에 관한 경영목표, 사업계획 및 자금계획의 수립, (7) (3)의 업무에 관한 사업계획 및 자금계획의 수립, (8) 현행법 제117조에 따른 중앙회의 지도, (9) 총회 및 이사회에서 위임한 사항, (10) 그 밖에 사업대표이사의 업무에 속하지 않는 업무를 처리한다(제101조 제3항). 다만, 회장은 이러한 업무 중 정관으로 정하는 바에 따라 (1), (4), (5) 및 (8)에 속하는 업무는 사업대표이사에게, (2)와 (6)에 속하는 업무는 조합감사위원회의 위원장에게 위임하여 전결처리하게 하여야 한다.

회장은 전시·사변이나 그 밖에 이에 준하는 비상사태의 경우에 회원 및 중앙회를 위하여 긴급한 조치가 필요하고 총회·대의원회 및 이사회를 소집할 수 없을 때에는 총회·대의원회 및 이사회의 권한의 범위에서 필요한 조치를 할 수 있다(제99조 제1항~제3항). 중앙회의 운영에 관한 이러한 특례는 전시·사변 등과 같은 비상사태로 인하여 긴급한 조치가 필요할 뿐만 아니라 총회·대의원회 및 이사회를 소집할 수 없는 경우에만 적용되는 것으로 좁게 해석하여야 하며, 따라서 비상사태가 발생하여 긴급한 조치가 필요한 경우라도 총회·대의원회 및 이사회를 소집하는데 지장이 없는 경우에는 적용되지 않는다고 보아야 한다. 만일 회장이 이러한 특례 규정에 따라 필요한 조치를 하였을 때에는 지체 없이 총회·대의원회 및 이사회를 소집하고 그 조치사항을 보고하여야 하며, 이 경우 총회·대의원회 및 이사회는 회장의 조치를 수정하거나 정지하게 할 수 있다.

다. 사업대표이사의 직무

사업대표이사는 현행법 제108조 제1항에 따른 중앙회의 사업 중 (1) '교육 · 지원에 관한 사업'을 제외한 임업경제사업, 회원을 위한 신용사업, 회원의 상환준비금과 여유자금의 운용 · 관리, 공제사업, 산림자원조성기금의 설치 · 운용, 「신에너지 및 재생에너지 개발 · 이용 · 보급 촉진법」에 따른 재생에너지 발전사업 중 산림분야와 관련된 사업, 산림분야 정보기술 용역 및 시스템 구축사업, 산림분야 학술 · 연구용역과 이러한 사업의 부대사업 및 이에 관한 경영목표 설정, 사업계획 및 자금조달 · 운영계획의 수립, (2) 국가나 공공단체가 위탁하거나 보조하는 사업, 다른 법령에서 중앙회의 사업으로 정하는 사업, 그 밖에 설립목적의 달성에 필요한 사업으로서 산림청장의 승인을 받은 사업 및 제108조 제2항의 사업 중 (1)에 관한 사업과 그 부대사업, (3) (1)과 (2)의 업무에 관한 경영목표 수립, (4) (1)과 (2)의 업무에 관한 사업계획 및 자금조달 · 운영계획 수립, (5) 총회 · 이사회 및 회장이 위임한 사항을 처리한다(제102조 제1항). 사업대표이사는 현행법에 따른 이러한 업무를 전담하여 처리하며 그 업무에 관하여 중앙회를 대표한다. 현행법에 따르면 사업대표이사의 원활한 업무집행을 지원하기 위하여 조합장 대표로 구성되는 조합장대표자회의를 둘 수 있다(제102조 제3항). 이 경우 조합장대표자회의의 구성 및 운영 등에 필요한 사항은 정관으로 정한다.

현행법이 정한 직무와 관련하여 사업대표이사는 집행간부 또는 직원 중에서 중앙회의 업무에 관한 재판상 또는 재판 외의 모든 행위를 할 수 있는 대리인을 선임할 수 있으며, 만일 사업대표이사가 현행법 제101조 제4항에서 정한 것과 같은 사유로 궐위 · 구금되거나 「의료법」에 따른 의료기관에 30일 이상 계속하여 입원한 경우 등의 사유로 직무를 수행할 수 없을 때에는 정관으로 정하는 순서에 따른 이사가 그 직무를 대행한다(제102조 제2항 및 제107조).

이사회는 사업대표이사의 업무성과를 평가한 결과 경영실적이 부실하여 그 직무를 담당하기 곤란하다고 인정되거나, 현행법이나 현행법에 따른 명령 또는 정관을 위반하는 행위를 한 경우에는 총회에 사업대표이사의 해임을 건의할 수 있다(제104조의2 제1항). 이 경우 사업대표이사에 대한 해임을 의결할 때에는 사업대표이사에게 해임 이유를 통지하여 총회에서 의견을 진술할 기회를 주어야 한다. 사업대표이사에 대한 해임은 총회의 구성원 과반수의 출석과 출석구성원 3분의 2 이상의 찬성으로 의결한다.

5. 감사위원회

중앙회는 재산과 업무집행상황을 감사하기 위하여 감사위원회를 둔다(제103조 제1항~제6항). 감사위원회는 감사위원장을 포함한 3명의 감사위원으로 구성하되, 그 임기는 3년으로 하며 감사위원 중 2명은 대통령령으로 정하는 요건에 적합한 외부전문가 중에서 선출하여야 한다. 감사위원은 인사추천위원회가 추천한 자를 대상으로 총회에서 선출하며, 감사위원장은 감사위원 중에서 호선한다. 감사위원회에 관하여는 조합의 감사에 관한 현행법 제36조 제5항부터 제7항까지 및 제37조를 준용하며, 현행법에서 정한 사항 이외 감사위원회의 운영 등에 관하여 필요한 사항은 정관으로 정한다.

6. 인사추천위원회

중앙회에 감사위원회의 감사위원, 사업대표이사, 회원조합장이 아닌 이사, 조합감사위원장 및 조합감사위원을 추천하기 위하여 인사추천위원회를 둔다(제98조의2 제1항~제3항). 인사추천위원회는 이사회가 위촉하는 회원조합장 3명, 임업 관련 단체 또는 학계 등이 추천하는 학식과 경험이 풍부한 외부전문가 중에서 이사회가 위촉하는 2명의 위원으로 구성하며, 위원장은 위원 중에서 호선한다. 이 경우 외부전문가 중 공무원은 인사추천위원회의 위원이 될 수 없으며, 임업 관련 단체의 경우에는 학식과 경험이 풍부한 외부전문가 중에서 회원조합장이 아닌 이사 후보자를 인사추천위원회에 추천할 수 있다.

7. 집행간부와 직원

중앙회에 사업대표이사의 업무를 보좌하기 위하여 집행간부를 두며, 그 명칭·직무 및 임기 등에 관한 사항은 정관으로 정한다(제105조 제1항~제3항). 집행간부는 사업대표이사가 임면한다. 집행간부를 제외한 직원은 회장이 임면하되, 사업대표이사 소속 직원의 승진·전보 등은 정관으로 정하는 바에 따라 사업대표이사가 수행한다.

집행간부 및 일반간부직원은 직무와 관련되는 영리를 목적으로 하는 업무에 종사할 수 없으며, 이사회가 승인하는 경우를 제외하고는 다른 직업에 종사할 수 없다(제106조). 현행법에 따른 중앙회의 이러한 집행간부 및 일반간부직원에 관하여는 상법상의 상업사용인 중 지배인과 공동지배인에 관한 상법 제10조, 제11조 제1항 및 제3항, 제12조, 제13조 및 제17조와 「상업등기법」 제23조 제1항, 제50조 및 제51

조를 준용한다(제105조 제4항).

[3] 중앙회의 사업

1. 사업의 구분

중앙회는 그 목적을 달성하기 위하여 일정한 사업을 수행한다(제108조 제1항). 현행법에 따라 중앙회가 하는 주요 사업은 다음과 같다.

- 교육 · 지원사업
- 임업경제사업
- 회원을 위한 신용사업
- 회원의 상환준비금과 여유자금의 운용 · 관리
- 공제사업 및 산림자원조성기금의 설치 · 운용 등

중앙회는 회원의 사업과 직접 경합되지 않은 범위에서 현행법 제46조 제1항에 따른 지역조합의 사업을 할 수 있다(제108조 제2항). 따라서 중앙회는 중앙회의 사업이 지역조합의 사업과 경합하는 경우에는 그 사업을 해서는 안 된다. 이는 '회원의 공동이익 증진과 그 건전한 발전을 도모'(제87조)하는 것이 중앙회의 목적임을 감안하여 중앙회와 지역조합의 이해충돌을 방지하기 위한 것이므로, 이에 해당하지 않는 현행법 제46조 제1항 제4호에 따른 조합원을 위한 신용사업 및 현행법에 따라 국가나 공공단체가 시행하는 사업은 회원의 사업과 경합하는 것으로 보지 않는다.

2. 사업의 내용

가. 교육 · 지원사업

중앙회가 하는 교육 · 지원사업에는 회원의 조직 및 경영지도, 회원의 조합원과 직원에 관한 교육 · 훈련 및 정보의 제공, 회원과 그 조합원의 사업에 관한 조사 · 연구 및 홍보, 회원과 그 조합원의 사업 및 생활개선을 위한 정보망 구축 · 정보화 교육 및 보급 등을 위한 사업, 회원과 그 조합원 및 직원에 대한 보조금 교부, 임업 관련 신기술 및 신품종의 연구 · 개발 등을 위한 연구소와 시범사업의 운영, 회원 및 중앙회의 사업에 대한 계획 · 설계 및 감리, 회원에 대한 감사, 회원과 그 조합원의 권익증진을 위한 사업, 「평생교육법」에 따른 평생교육시설의 설치 및 운영, 현행법 제114조의2에 따른 명칭사용료의 관리 및 운영 등이 있다.

나. 임업경제사업

중앙회가 하는 임업경제사업에는 중앙회 및 회원과 그 조합원을 위한 구매·보관·이용·판매, 시설물 조성 및 공동사업과 그 업무대행, 산림의 지하수를 이용한 먹는 물의 개발·공급, 임업용 각종 균류의 배양·개량 및 공급, 수목의 병리치료 및 외과수술과 조경사업, 임산물 또는 그 밖의 임업용 기자재의 수출·수입, 보관사업, 산림경영 구조개선사업, 임도·사방·산지복구나 그 밖의 산림토목사업 등의 관련 사업에 대한 조사·설계 및 감리, 산촌개발·수목원·산림복지시설 및 산림환경 등의 관련 사업에 대한 조사·설계 및 감리, 조림·숲가꾸기 및 병해충방제 등 산림사업에 대한 조사·설계 및 감리, 산림분야 안전진단·계측 및 유지관리, 산림자원조사·산림공간정보체계 구축 및 활용 등을 위한 사업 등이 있다.

다. 회원을 위한 신용사업

중앙회가 하는 회원을 위한 신용사업에는 회원의 여신자금과 사업자금의 대출, 중앙회의 사업부문에 대한 자금공급, 회원의 예탁금 수납, 내국환과 회원을 위한 보호예수업무, 국가·지방자치단체 등의 공공단체와 금융회사 등의 업무대행 등이 있다.

라. 회원의 상환준비금과 여유자금의 운용·관리

중앙회는 대통령령으로 정하는 바에 따른 회원의 상환준비금과 여유자금을 운용·관리한다. 이에 따르면 중앙회는 (1) 회원의 상환준비금은 회원에 대한 대출, 한국은행 또는 금융회사 등에의 예치, 금융회사 등에 대한 1년 이내의 단기대출, 공공기관에 대한 단기대출, 「자본시장과 금융투자업에 관한 법률」 제3조에 따른 금융투자상품의 매입,[107] 「산림조합의 구조개선에 관한 법률」 제17조 제1항에 따른 상호금융예금자보호기금에 대한 대출의 방법으로 운용·관리하여야 하며, (2) 회원의 여유자금은 회원에 대한 대출, 한국은행 또는 금융회사 등에의 예치, 금융회사 등에 대한 대출, 공공기관에 대한 대출, 「자본시장과 금융투자업에 관한 법률」 제3조에 따른 금융투자상품의 매입, 법인에 대한 대출, 중앙회 내에서 다른 사업 부문으로의 운용, 그 밖에 산림청장이 금융위원회와 협의하여 정하는 방법 등으로 운용·관리하여야 한다(시행령 제13조의2 및 제13조의3).

---

107) 그러나 이 경우에도 파생상품의 경우에는 위험회피를 위한 거래로 한정한다(시행령 제13조의2 제5호).

마. 공제사업 및 산림자원조성기금의 설치 · 운용 등

중앙회는 이외에도 공제사업, 산림자원조성기금의 설치 · 운용, 「신에너지 및 재생에너지 개발 · 이용 · 보급 촉진법」에 따른 재생에너지 발전사업 중 산림분야와 관련된 사업, 산림분야 정보기술용역 및 시스템 구축사업, 산림분야 학술 · 연구용역, 국가나 공공단체가 위탁하거나 보조하는 사업, 다른 법령에서 중앙회의 사업으로 정하는 사업, 현행법에 따른 중앙회의 사업과 관련되는 부대사업, 그 밖에 중앙회의 설립목적 달성에 필요한 사업으로서 산림청장의 승인을 받은 사업 등을 한다.

3. 사업의 운영

가. 사업을 위하여 할 수 있는 행위

중앙회는 현행법 제108조 제1항에 따른 사업을 수행하기 위하여 다음의 행위를 할 수 있다(제108조 제3항).

- 국가 · 공공단체 · 한국은행 또는 다른 금융회사 등으로부터 자금을 차입하거나 한국은행 또는 다른 금융회사 등에 예치하는 등의 방법으로 자금을 운용하는 행위
- 대통령령으로 정하는 자로 하여금 중앙회의 사업에 대한 자금 및 물자의 기탁이나 투자를 권고하는 행위
- 해외 임산자원의 개발, 국제기구 · 외국 또는 외국인으로부터의 자금차입이나 물자 및 기술을 도입하는 행위
- 정관으로 정하는 바에 따라 사업손실보전자금, 대손보전자금, 조합상호지원자금 및 조합합병지원자금을 조성 · 운용하는 행위

여기에서 중앙회의 사업에 대한 자금 및 물자의 기탁이나 투자를 권고할 수 있는 '대통령령으로 정하는 자'란 임산물의 수출입 · 해외임산자원의 개발 등과 관련이 있는 법인 또는 단체나 임업과 관련이 있거나 임업에 투자를 하고자 하는 법인 또는 단체를 말한다(시행령 제14조).

나. 유통지원자금의 조성 · 운용

중앙회는 회원과 조합원이 생산한 임산물 및 가공품 등의 원활한 유통을 지원하기 위하여 유통지원자금을 조성 · 운용할 수 있다(제110조 제1항~제4항). 중앙회는 이러한 유통지원자금을 임산물의 계약재배사업, 임산물 및 그 가공품의 출하조절사업, 임산물의 공동규격 출하촉진사업, 회원과 조합원이 생산한 임산물 등을 중앙회가 일괄구매하여 직접 판매하는 사업, 그 밖에 중앙회가 필요하다고 인정하는 유통 관련

사업에 운용할 수 있다. 유통지원자금은 현행법 제114조의2에 따른 명칭사용료 등으로 조성하며, 국가는 예산의 범위에서 현행법에 따른 유통지원자금의 조성을 지원할 수 있다.

다. 사업의 공동운영 및 출자

중앙회는 현행법 제108조에 따른 사업을 수행할 때 회원과 공동으로 출자하여 운영할 수 있다(제111조 제1항·제2항). 이 경우 중앙회는 해당 사업의 이익금 중 일부를 공동출자를 한 회원에게 우선적으로 배당하여야 한다. 이와 함께 중앙회는 현행법 제108조에 따른 사업을 수행하기 위하여 자기자본의 범위에서 다른 법인에 출자할 수 있다(제111조 제3항). 그러나 이 경우에도 중앙회의 동일 법인에 대한 출자한도는 자기자본의 100분의 20 이내에서 정관으로 정한다.

라. 비회원의 사업 이용

중앙회는 회원의 이용에 지장이 없는 범위에서 정관으로 정하는 바에 따라 회원이 아닌 자에게 현행법 제108조 제1항에 따른 사업을 이용하게 할 수 있다(제109조 제1항). 이 경우 회원의 구성원이 한 사업이용은 회원의 이용으로 본다.

4. 전문조합협의회

중앙회는 지역조합 및 전문조합의 공동사업개발과 전문조합의 권익 증진을 위하여 전문조합협의회를 둘 수 있다(제112조 제1항 ~제3항). 전문조합협의회는 중앙회의 회장에게 전문조합의 발전을 위하여 필요한 사항을 건의할 수 있으며, 중앙회의 회장은 전문조합협의회로부터 이러한 건의를 받은 경우 그 건의사항을 이사회에 부쳐 처리하되, 그 건의사항이 최대한 반영되도록 노력하여야 한다.

[4] 중앙회 자금 등의 관리

1. 자금의 관리

중앙회는 그 공급하는 자금이 특정된 목적과 계획에 따라 사용되도록 관리하기 위하여 자금이용자 등에 대하여 감사 또는 그 밖의 조치를 할 수 있다(제113조 제1항·제2항). 그러나 중앙회가 국가로부터 차입한 자금 중 신용사업자금은 압류의 대상으로 할 수 없다. 이는 신용사업을 안정적으로 운영하기 위한 것으로서 현행법에 따라 압류의 대상에서 제외하는 신용사업자금에는 조합이 중앙회로부터 차입한 자금을 포함한다.

2. 사업계획 및 수지예산

중앙회는 매 회계연도의 사업계획서와 수지예산서를 작성하여 해당 회계연도가 시작되기 전에 총회의 의결을 받아야 한다(제114조 제1항·제2항). 이는 총회의 의결 후에 이를 변경할 때에도 같다. 이 경우 중앙회는 정부로부터 자금이나 사업비의 전부 또는 일부를 보조받거나 융자받아 시행하는 사업의 경우에는 그 사업계획서에 대하여 산림청장의 승인을 받아야 한다. 여기에서 정부로부터 받는 자금에는 정부가 관리하는 기금을 포함한다.

3. 명칭사용료

중앙회는 임산물 판매·유통의 활성화와 회원과 조합원에 대한 교육·지원사업 등의 수행에 필요한 재원을 안정적으로 조달하기 위하여 산림조합의 명칭을 사용하는 법인에 대하여 영업수익 또는 매출액의 1천분의 25의 범위에서 정관으로 정하는 기준에 따라 총회에서 정하는 부과율을 곱하여 산정하는 금액을 명칭사용료로 부과할 수 있다(제114조의2 제1항). 그러나 이 경우에도 조합만이 출자한 법인 및 정관으로 정하는 법인에 대해서는 명칭사용료를 부과하지 않는다.

중앙회의 명칭사용료는 다른 수입과 구분하여 관리하여야 하며, 그 수입과 지출은 총회의 승인을 받아야 한다(제114조의2 제2항). 현행법에 따른 명칭사용료의 대상이 되는 '산림조합의 명칭'이란 영문명칭 및 한글·영문약칭 등 정관으로 정하는 문자 또는 표식을 포함하며, 이러한 명칭을 사용하는 법인으로서 명칭사용료의 부과대상이 되는 법인은 영리법인에 한정한다.

4. 결　　산

중앙회는 매 회계연도 종료 후 2개월 이내에 해당 사업연도의 결산을 완료하고, 정관으로 정하는 바에 따라 결산보고서를 작성하여 총회의 승인을 받은 후 재무상태표를 지체 없이 공고하고, 그 결산보고서를 산림청장에게 제출하여야 한다(제115조). 여기에서 '결산보고서'란 사업보고서, 재무상태표, 손익계산서, 잉여금처분안 또는 손실금처리안 등을 말한다.

[5] 회원에 대한 지도 · 감사

1. 중앙회의 지도

중앙회의 회장은 현행법에서 정하는 바에 따라 회원을 지도하며, 이에 필요한 규정 또는 지침 등을 정할 수 있다(제117조 제1항~제3항). 이를 위하여 회장은 회원의 경영상태를 평가하고 그 결과에 따라 그 회원에게 경영개선, 합병권고 등의 필요한 조치를 요구할 수 있다. 중앙회의 회장으로부터 이러한 조치를 요구받은 경우 조합장은 그 사실을 지체 없이 공고하고 서면으로 조합원에게 통지하여야 하며, 조치결과를 조합의 이사회 및 총회에 보고하여야 한다. 이와 함께 중앙회의 회장은 회원에 대하여 그 업무의 건전한 운영과 조합원 또는 제3자의 보호를 위하여 필요하다고 인정할 때에는 해당 업무에 관하여 정관 또는 공제규정의 변경, 업무의 전부 또는 일부의 정지, 재산의 공탁 · 처분금지 등 필요한 처분을 시 · 도지사에게 요청할 수 있다.

2. 조합감사위원회

가. 구 성

회원의 건전한 발전을 도모하기 위하여 회장 소속으로 회원의 업무를 지도 · 감사할 수 있는 조합감사위원회를 둔다(제118조 제1항~제3항). 조합감사위원회는 위원장 1명을 포함한 5명의 위원으로 구성하되 위원장은 상임으로 하며, 그 감사사무를 처리하기 위하여 정관으로 정하는 바에 따라 필요한 기구를 둔다.

조합감사위원회의 위원장은 인사추천위원회가 추천한 사람을 총회에서 선출하며, 위원은 인사추천위원회가 추천하여 이사회에서 선출하는 사람 2명, 산림청장이 위촉하는 사람 1명 및 금융위원회의 위원장이 위촉하는 사람 1명으로 구성한다(제119조 제1항~제4항). 조합감사위원회의 위원장과 위원은 감사 · 회계 또는 산림행정에 관한 전문지식과 경험이 풍부한 사람으로서 대통령령으로 정하는 요건을 갖춘 사람 중에서 선임하나, 회원조합장은 조합감사위원회의 위원장이나 위원이 될 수 없다. 이는 회원의 업무를 지도 · 감사하는 조합감사위원회의 업무를 감안할 때 당연한 규정으로 보인다. 조합감사위원회의 위원장과 위원의 임기는 각각 3년으로 한다.

나. 업 무

조합감사위원회는 회원의 재산 및 업무집행상황에 대하여 2년마다 한번 이상

감사를 실시하여야 하며, 회원의 건전한 발전을 도모하기 위하여 필요하다고 인정할 때에는 회원의 부담으로 회계법인에 회계감사를 요청할 수 있다(제121조 제1항~제3항). 중앙회의 회장은 이러한 재산・업무감사 및 회계감사의 결과를 해당 회원의 조합장과 감사에게 통지하여야 하며, 그 감사결과에 따라 (1) 해당 회원에게 시정 또는 업무 정지를 명하거나 (2) 관련 임직원에 대하여 임원의 경우에는 개선・직무정지・견책 또는 변상을, 직원의 경우에는 징계면직・정직・감봉・견책 또는 변상의 조치를 할 것을 요구할 수 있다.

회원이 감사결과에 따라 임직원에 대한 현행법상의 조치요구를 받았을 때에는 2개월 이내에 필요한 조치를 하고 그 결과를 조합감사위원회에 통지하여야 한다(제121조 제4항・제5항). 그러나 만일 해당 회원이 그 기간 내에 필요한 조치를 하지 않는 경우에는 중앙회의 회장은 1개월 이내에 그 조치를 할 것을 다시 요구하고, 같은 기간 내에도 이를 이행하지 않는 경우에는 필요한 조치를 하여 줄 것을 산림청장에게 요청할 수 있다. 현행법에 따르면 조합감사위원회가 의결할 수 있는 사항은 다음과 같다(제120조).

- 회원에 대한 감사방향 및 감사계획의 수립
- 감사결과에 따른 회원의 임직원에 대한 징계 및 문책 요구 등 필요한 조치
- 감사결과에 따른 변상책임의 판정
- 회원에 대한 시정 및 개선 요구 등 필요한 조치
- 감사규정의 제정・개정 및 폐지
- 회장이 요청하는 사항이나 그 밖에 위원장이 필요하다고 인정하는 사항

3. 분쟁조정위원회의 설치・운영

중앙회의 회장은 조합과 조합, 조합과 중앙회 상호간의 업무구역, 사업영역 등에 대한 분쟁을 자율적으로 조정하기 위하여 중앙회에 분쟁조정위원회를 설치・운영할 수 있다(제121조의2 제1항). 이러한 분쟁조정위원회는 위원장 1명을 포함한 9명의 위원으로 구성하며, 위원장은 회장이 되고 위원은 사업대표이사, 중앙회의 집행간부 중에서 회원조합업무와 신용사업업무를 주관하는 집행간부 각 1명, 이사조합장 및 대의원조합장 중 회장이 지명하는 사람 5명으로 구성한다(시행령 제21조 제1항・제2항).

Ⅶ. 산림청장 등의 감독 및 지도

[1] 감 독

1. 감독 및 검사

산림청장은 현행법에서 정하는 바에 따라 조합 등과 중앙회를 감독하며, 대통령령으로 정하는 바에 따라 감독에 필요한 명령과 조치를 할 수 있다(제123조 제1항·제3항). 다만, 금융위원회의 경우에는 조합의 신용사업에 대하여 그 경영의 건전성 확보를 위한 감독을 하고 이에 필요한 명령을 할 수 있으며, 시·도지사는 인가권자로서 현행법에 따른 조합인 지역조합과 전문조합에 대해서만 해당 규정에 따라 감독한다. 산림청장 또는 시·도지사는 조합 등과 중앙회에 대한 이러한 감독과 관련된 직무를 수행하기 위하여 현행법에 따라 조합과 중앙회를 검사할 수 있으며, 필요하다고 인정할 때에는 금융감독원장에게 조합과 중앙회에 대한 검사를 요청할 수 있다.

산림청장 또는 시·도지사는 현행법에 따른 조합 등에 관한 이러한 감독권의 일부를 대통령령으로 정하는 바에 따라 중앙회의 회장에게 위탁할 수 있으며, 지방자치단체가 보조한 사업과 관련된 업무에 대한 감독권의 일부에 대하여는 지방자치단체의 장에게 위임할 수 있다(제123조 제2항). 이에 따라 중앙회의 회장에게 위탁된 권한에는 (1) 현행법 제46조 제1항 제12호 및 같은 조 제2항 제8호의 규정에 의한 조합의 사업승인, (2) 청산사무의 감독, (3) 현행법 제125조 제1항에 따른 조합 등 직원의 위법행위 등에 대한 조치요구, (4) 조합 등의 일상적인 업무에 대한 감사와 그 결과에 따른 필요한 조치, (5) 조합 등이 국가의 융자 또는 보조를 받아 수행하는 사업에 대한 감사 및 그 결과에 따른 필요한 조치 등이 있다(시행령 제28조 제1항).

2. 회계감사의 의뢰

산림청장 또는 시·도지사는 중앙회 및 대통령령으로 정하는 기준에 해당하는 조합을 대상으로 조합원의 보호를 위하여 외부감사가 필요하다고 인정하는 경우에는 「주식회사 등의 외부감사에 관한 법률」 제2조 제7호 및 제9조에 따른 감사인의 회계감사를 받게 할 수 있다(제123조 제4항 및 시행령 제22조 제2항). 여기에서 '대통령령으로 정하는 기준에 해당하는 조합'이란 직전 회계연도말 자산총액이 회원조합의 평균자산규모 이상인 조합이나 직전 회계연도말 총자산대비 순자본 비율이 2% 미만인 조합을 말한다. 이 경우 직전 회계연도말 평균자산규모 등에 관한 통계자료가 없는 경우에는 전전년도의 통계자료에 의한다.

3. 위법·부당한 의결사항 및 위법행위에 대한 조치

산림청장 또는 시·도지사는 조합 등과 중앙회의 총회 또는 이사회가 의결한 사항이 위법하거나 부당하다고 인정할 때에는 그 전부 또는 일부를 취소하거나 집행을 정지하게 할 수 있다(제124조). 이와 함께 산림청장 또는 시·도지사는 조합 등이나 중앙회의 업무와 회계가 법령, 법령에 따른 행정처분 또는 정관을 위반한다고 인정할 때에는 그 조합 또는 중앙회에 대하여 기간을 정하여 시정을 명하고, 관련 임직원에 대하여 임원의 경우에는 개선 또는 직무의 정지를, 직원의 경우에는 징계면직·정직 또는 감봉의 조치를 할 것을 요구할 수 있다(제125조 제1항·제2항). 만일 이러한 시정명령이나 임직원에 대한 조치요구에 대하여 조합 등이나 중앙회가 이를 이행하지 않았을 때에는 산림청장 또는 시·도지사는 6개월 이내의 기간을 정하여 그 업무의 전부 또는 일부를 정지시킬 수 있다.

[2] 경영지도

1. 경영지도의 사유

산림청장 또는 시·도지사는 조합 등에게 일정한 사유가 있어 조합원의 보호에 지장을 초래할 우려가 있다고 인정할 때에는 그 조합 등에 대하여 경영지도를 한다(제126조 제1항·제7항). 이 경우 산림청장 또는 시·도지사는 경영지도에 관한 이러한 업무를 회장에게 위탁할 수도 있다. 여기에서 '경영지도'란 불법·부실 대출의 회수 및 채권의 확보, 자금의 수급 및 여신·수신에 관한 업무, 그 밖에 조합 등의 경영에 관하여 대통령령으로 정하는 사항으로서 위법·부당한 행위의 시정, 부실한 자산의 정리, 인력 및 조직운영의 개선 등에 대하여 지도하는 것을 말한다(제126조 제2항 및 시행령 제23조 제2항). 현행법에 따라 산림청장 또는 시·도지사가 조합 등에 대하여 경영지도를 할 수 있는 사유는 다음과 같다(제126조 제1항).

- 조합에 대한 감사결과 조합의 부실대출 합계액이 자기자본의 2배를 초과하는 경우로서 단기간 내에 일반적인 방법으로는 회수하기 곤란하여 자기자본 전부가 잠식될 우려가 있다고 인정되는 경우

- 조합 등 임직원의 위법·부당한 행위로 인하여 조합에 재산상 손실이 발생하여 자력으로 경영정상화를 추진하는 것이 어렵다고 인정되는 경우
- 조합의 파산위험이 현저하거나 임직원의 위법·부당한 행위로 인하여 조합의 예금 및 적금 인출이 쇄도하거나 조합이 예금 및 적금을 지급할 수 없는 상태에 이른 경우
- 현행법에 따른 중앙회 회장의 경영평가나 조합감사위원회의 감사결과 경영지도가 필요하다고 인정하여 회장이 건의하는 경우
- 「신용협동조합법」에 따른 금융위원회의 검사결과(같은 법 제83조 및 제95조) 경영지도가 필요하다고 인정하여 금융감독원장이 건의하는 경우

2. 경영지도의 효과

산림청장 또는 시·도지사는 조합 등에 대한 경영지도가 시작되었을 때에는 6개월의 범위에서 채무의 지급을 정지[108]하거나 임원의 직무를 정지하게 할 수 있다(제126조 제3항~제5항). 이 경우 산림청장 또는 시·도지사는 회장으로 하여금 지체 없이 조합 등의 재산상황에 대하여 재산실제조사를 하게 하거나 금융감독원장에게 이를 요청할 수 있다. 회장이나 금융감독원장은 이러한 재산실제조사의 결과 위법·부당한 행위로 조합 등에 손실을 끼친 임직원에 대하여는 재산조회 및 가압류 신청 등 손실금 보전을 위하여 필요한 조치를 하여야 한다. 산림청장 또는 시·도지사는 이러한 조치에 필요한 자료를 중앙행정기관의 장에게 요청할 수 있으며, 현행법에 따라 산림청장 또는 시·도지사로부터 자료를 요청받은 중앙행정기관의 장은 특별한 사유가 없으면 그 요청에 따라야 한다.

산림청장 또는 시·도지사는 재산실제조사의 결과 해당 조합 등의 경영정상화가 가능한 경우 등 특별한 사유가 있을 때에는 현행법에 따라 조합 등에 내린 채무의 지급정지 또는 임원의 직무정지의 전부 또는 일부를 철회하여야 한다(제126조 제6항). 이러한 경우에는 기존의 조치를 유지하는 것보다는 해당 조합 등의 경영을 정상화하는 것이 오히려 조합원의 보호에 유리하기 때문이다.

108) 이 경우 현행법에 따라 산림청장 또는 시·도지사가 지급을 정지할 수 있는 채무는 ① 제세공과금 또는 임차료의 지급채무, ② 「근로기준법」 제38조 제2항의 규정에 의하여 우선변제권이 인정되는 최종 3월분의 임금·재해보상금 및 「근로자퇴직급여 보장법」 제12조 제2항에 따라 우선변제권이 인정되는 최종 3년간의 퇴직급여 등에 관한 채무, ③ 그 밖에 조합 등의 유지·관리상 필요하여 발생하는 것으로서 산림청장 또는 시·도지사가 인정하는 채무를 제외한 채무로 한다(시행령 제26조 제1항).

[3] 설립인가의 취소

산림청장 또는 시 · 도지사는 조합 등에게 일정한 사유가 있는 경우에는 회장의 의견을 들어 그 설립인가를 취소하거나 합병을 명할 수 있다(제127조 제1항). 산림청장 또는 시 · 도지사가 현행법에 따라 조합 등의 설립인가를 취소할 수 있는 이러한 사유란 설립인가일부터 90일이 지나도 설립등기를 하지 않은 때, 정당한 사유 없이 1년 이상 사업을 실시하지 않은 때, 2차례 이상 현행법 제125조에 따라 위법행위에 대한 행정처분을 받고도 시정하지 않았을 때, 조합 등의 설립인가 기준에 미치지 못하게 되었을 때, 조합 등에 대한 감사 또는 경영평가 결과 경영이 부실하여 자본을 잠식한 조합 등으로서 현행법에 따라 이루어진 회장의 경영상태 평가 · 감사 및 경영지도에 따른 조치에 따르지 않아 조합원이나 조합공동사업법인의 회원 및 제3자에게 중대한 손실을 끼칠 우려가 있을 때 등을 말한다. 산림청장 또는 시 · 도지사는 이와 같은 사유를 이유로 조합 등의 설립인가를 취소하려면 현행법에 따라 청문을 하여야 하며, 이를 거쳐 설립인가를 취소하였을 때에는 즉시 그 사실을 공고하여야 한다(제127조 제2항 및 제128조).

제6절 산림조합의 구조개선에 관한 법률

I. 총 론

[1] 개 요

「산림조합의 구조개선에 관한 법률」은 「산림조합법」에 따라 설립된 조합의 합병, 부실자산의 정리 등 구조개선에 관한 사항을 규정함으로써 조합의 조합원과 예금자 등을 보호하고 조합의 부실을 예방하여 조합의 건전한 발전에 이바지하는 것을 목적으로 한다(제1조). 이러한 「산림조합의 구조개선에 관한 법률」은 “1997년 외환위기 이후 급격한 금융환경의 변화로 인한 유가증권 투자의 손실, 대손충당금의 일시 적립 및 사업규모의 영세성 등으로 부실이 심화되어 경영정상화가 어려운 조합에 대한 조기 구조조정을 추진하고, 상시적인 부실정리 및 경영개선 시스템을 마련하여 부실의 발생 및 악화를 사전에 예방”[109]하기 위하여 제정된 것이다.

사실 산림조합은 1993년 6월 11일 「산림조합법」을 「임업협동조합법」(법률 제4556호)으로 개정하면서 그 사업에 조합원 및 회원을 위한 신용사업을 추가하였으나, 이러한 신용사업이 내실있게 정착되기도 전에 1997년 외환위기를 경험함으로써 유가증권 투자액의 가치폭락 및 대출채권의 관리강화에 따른 대손충당금의 일시 충당 등으로 신용사업 운영에 어려움을 겪게 되었다. 이러한 상황 속에서 당시 감사원과 금융감독위원회는 산림조합에 대한 개혁과 경쟁력 강화를 위한 근본대책을 요구하였고, 이에 따라 2005년 산림조합중앙회의 회원조합 전체에 대한 경영진단을 실시하였다.[110] 그 결과 부실하거나 부실우려가 있는 산림조합에 대하여는 강도 높은 구조개선을 지속적으로 추진할 필요가 제기되었으며, 이와 함께 이를 법적으로 지원할 수 있는 별도의 개별법을 제정할 필요성도 함께 요구되었다. 이에 따라 정부에서는 2006년부터 「산림조합의 구조개선에 관한 법률」의 제정에 착수하였으며, 마침내 2007년 8월 3일 「산림조합의 구조개선에 관한 법률」(법률 제8594호)을 제정하고 2008년 2월 4일부터 이를 시행하였다.[111] 현재 시행 중인 이러한 「산림조합의 구조개선에 관한 법률」은 크게 (1) 부실조합이나 부실우려조합에 대한 관리 및 지원, (2) 상호금융예금자보호기금의 설치·운용, (3) 보험사고 등에 대비한 예금보험 등으로 구성되어 있다.

[2] 부실조합 및 부실우려조합

1. 개 념

가. 부실조합

「산림조합의 구조개선에 관한 법률」의 대상이 되는 부실조합이란 「산림조합법」에 따라 설립된 지역조합 및 전문조합 가운데 다음에 해당하는 조합을 말한다(제2조 제1호·제3호).

---

109) 이에 대하여는 법제처의 국가법령정보센터(www.law.go.kr) 중 「산림조합의 구조개선에 관한 법률」(법률 제8594호, 2007. 8. 3.)의 제정이유 등을 참고하라.

110) 당시 경영진단 결과에 따르면 28개 조합이 자본잠식 상태에 있었으며, 신용사업은 92개 조합에서 총 738억원의 결손이 있는 것으로 진단되었다. 이에 대하여는 산림청(2006)의 「2006년도 산림과 임업 동향에 관한 연차보고서」, 461~463면을 참고하라.

111) 산림조합과 같이 부실하거나 부실우려가 있는 농업협동조합 및 수산업협동조합 등의 구조개선을 촉진하기 위해서는 각각 「농업협동조합의 구조개선에 관한 법률」과 「수산업협동조합의 구조개선에 관한 법률」이 별도로 적용된다. 이를 그 제정순서대로 열거하면 「농업협동조합의 구조개선에 관한 법률」(법률 제6514호)이 2001년 9월 12일 가장 먼저 제정되었으며, 「수산업협동조합의 구조개선에 관한 법률」(법률 제6973호)은 2003년 9월 3일 제정되었다. 따라서 제정순서로만 보면 2007년 8월 3일 제정된 「산림조합의 구조개선에 관한 법률」이 가장 늦은 것이었다.

- 경영상태를 실제 조사한 결과 부채가 자산을 초과하거나 거액의 금융사고 또는 부실채권의 발생으로 정상적인 경영이 어려울 것이 명백한 조합으로서 현행법 제18조에 따른 기금관리위원회의 심의를 거쳐 특별시장・광역시장・특별자치시장・도지사・특별자치도지사[시・도지사]가 결정한 조합
- 예금 등 채권의 지급 또는 국가・공공단체 및 중앙회[112]로부터의 차입금의 상환이 정지상태에 있는 조합
- 외부로부터의 자금지원이나 차입이 없이는 예금 등 채권의 지급이나 차입금의 상환이 어렵다고 기금관리위원회의 심의를 거쳐 시・도지사가 결정한 조합

여기에서 '예금 등'이란 조합이 신용사업으로 거두어들인 예금과 적금 또는 조합 및 중앙회가 공제사업으로 거두어들인 공제료에 해당하는 것을 말하며, '예금 등 채권'이란 조합에 대하여 예금 등 채권을 가진 자[예금자 등]가 (1) 조합에 대하여 가지는 예금 또는 적금의 원금・이자, 그 밖의 약정된 금전채권이나 (2) 예금자 등이 공제계약에 따라 조합이나 중앙회에 대하여 가지는 공제금, 그 밖의 약정된 금전채권을 말한다(제2조 제6호・제7호 및 제8호). 그러나 이 경우에도 정부 및 지방자치단체와 대통령령으로 정하는 자[113]로부터 거두어들인 것은 제외할 수 있다(제2조 제6호 단서 및 시행령 제2조). 이는 정부 및 지방자치단체 등의 금전채권은 공적개념의 자금으로서 조합의 조합원과 예금자 등을 보호하려는 현행법의 취지와는 직접적으로 연관되어 있지 않기 때문이다.

나. 부실우려조합

부실우려조합이란 경영상태가 농림축산식품부령으로 정하는 다음과 같은 기준에 미달하여 부실조합이 될 가능성이 높다고 기금관리위원회의 심의를 거쳐 시・도지사가 결정한 조합을 말한다(제2조 제4호 및 시행규칙 제3조).

- 「산림조합의 구조개선에 관한 법률 시행령」 제3조 제1항에 따른 총자산에 대한 순자본의 비율이 100분의 2 미만인 조합
- 「산림조합법」 제117조 제2항에 따라 중앙회장이 조합의 경영상태를 평가한 결과 4등급 이하이거나 자본적정성 또는 자산건전성 부문의 평가등급이 4등급 이하인 조합[114]

---

112) 현행법에서 중앙회란 "「산림조합법」에 따라 설립된 산림조합중앙회"를 말한다(제2조 제1호).

113) 이 경우 '대통령령으로 정하는 자'란 「한국은행법」에 따라 설립된 한국은행, 「금융위원회의 설치 등에 관한 법률」에 따라 설립된 금융감독원, 「예금자보호법」에 따라 설립된 예금보험공사, 「예금자보호법」에 따른 부보금융회사 및 조합을 말한다. 한편 「예금자보호법」에 따른 부보금융회사란 금융회사가 파산 등의 사유로 예금 등을 지급할 수 없는 상황에 대처하기 위하여 운용하는 예금보험의 적용을 받는 자를 말한다(같은 법 제2조 제1호).

114) 이 경우 경영상태의 평가등급 및 평가부문별 구체적인 평가기준 등은 「신용협동조합법」 제89조 제3항에 따라 금융위원회가 정하여 고시한다.

2. 부채 · 자산의 평가 및 산정

부실조합이나 부실우려조합[부실조합 등]으로 지정하기 위해서는 '부채가 자산을 초과하거나 거액의 금융사고 또는 부실채권의 발생으로 정상적인 경영이 어려울 것이 명백한 조합'이거나 '외부로부터의 자금지원이나 차입이 없이는 예금 등 채권의 지급이나 차입금의 상환이 어렵다'라는 사정뿐만 아니라 기금관리위원회의 엄격한 심의와 시 · 도지사의 결정을 거쳐야 한다. 이는 부실조합 등의 기준을 명확히 하여 엄정하게 지정하는 것이야말로 부실조합 등에 대한 구조개선의 공정성과 투명성 등을 확보하는 길이기 때문이다.

부실조합 등의 결정과 관련하여 이전에는 산림청장이 부실조합 등을 결정하도록 하고 이를 위하여 경영상태를 실사하는 경우 그 부채와 자산의 평가 및 산정에 관한 기준도 산림청장이 정하는 기준에 따르도록 하고 있었으나, 2020년 2월 18일 법률개정을 통하여 시 · 도지사가 부실조합 등을 결정하도록 함에 따라 그 기준도 산림청장이 아니라 농림축산식품부령으로 정하는 기준에 따르도록 변경하였다(제2조 제3호 가목후단). 이에 따르면 부채와 자산의 평가 및 산정은 (1) 현금 및 「금융실명거래 및 비밀보장에 관한 법률」에 따른 금융자산, (2) 「보험업법」에 따른 보험상품, (3) 대출금 및 해당 대출금을 회수하기 위하여 지급된 가지급금, (4) 중앙회에 대한 출자금, (5) 「지방세법」 제6조 제14호부터 제18호까지의 규정에 따른 골프회원권, 승마회원권, 콘도미니엄 회원권, 종합체육시설 이용회원권 또는 요트회원권, (6) 그 밖에 (1)~(5)까지에 준하는 것으로서 업무에 반복적 또는 계속적으로 사용되는 자산, (7) 미지급금, 퇴직급여충당금 및 그 밖의 채무를 범위로 하며, 그 평가 및 산정기준은 신용사업부문과 일반사업부문으로 구분하여 부채와 자산의 가액 평가일 또는 산정일을 기준으로 한 재산의 실질적인 가치로 평가하도록 하였다(시행규칙 제2조 제1항 · 제2항).

3. 부실예방을 위한 입법적 관점

부실조합 등에 대하여 현행법과 「농업협동조합의 구조개선에 관한 법률」은 부실조합 등의 구조개선을 중심으로 규정하고 있으나, 「수산업협동조합의 부실예방 및 구조개선에 관한 법률」의 경우에는 「수산업협동조합법」에 따라 설립된 조합의 구조개선뿐만 아니라 부실예방에 관하여도 중점을 두고 있다는 점에서 다른 법률과는 큰 차이를 가지고 있다.

2020년 2월 18일 개정을 통하여 조합의 부실예방에 관한 규정을 신설한 「수산업협동조합의 부실예방 및 구조개선에 관한 법률」에 따르면,[115] 수산업협동조합중앙회는 조합의 부실예방을 위하여 부실조합 등이 아닌 조합인 정상조합에 대하여 매월 경영위험평가를 실시하여 경영위험의 등급을 판정하고 이를 해당 정상조합에 알리는 한편 해양수산부장관에게 보고하도록 하고 있으며, 이러한 보고를 받은 해양수산부장관은 순자본비율의 하락, 금융사고 또는 부실채권의 발생 등으로 경영상 위험이 급증하고 있다고 인정되는 경우에는 해당 조합을 경영관리대상조합으로 지정한 후 경영개선계획을 제출하게 하는 등 특별하게 관리하도록 하고 있다(같은 법 제3조의2~제3조의4).

수산업협동조합의 부실을 예방하기 위한 이러한 적극적인 제도적 장치들은 조합의 부실예방을 위한 사전적인 대응을 강화한다는 측면에서 볼 때 현행법 및 「농업협동조합의 구조개선에 관한 법률」보다는 진일보한 것으로서 앞으로의 개정방향에 대한 의미있는 시사점을 제공하고 있는 것으로 보인다.

Ⅱ. 부실조합 등의 관리 및 지원

[1] 중앙회의 책무

중앙회는 자기자본을 충실히 하고 적절한 유동성을 유지하는 등 경영의 건전성과 효율성을 확보하여야 하며, 조합의 부실을 방지하기 위한 제도를 개발·보완하여야 한다(제3조 제1항·제2항). 현행법에 따른 중앙회의 이러한 책무는 「산림조합법」에 따라 그 업무에 있어서 회원을 위하여 최대로 봉사하여야 한다는 최대봉사의 원칙과 회원의 건전한 발전을 도모하기 위하여 적극 노력해야 할 중앙회의 포괄적인 책무로부터 비롯된 것이다(같은 법 제5조 제1항 및 제6조 제1항).

[2] 부실조합 등에 대한 적기시정조치

1. 적기시정조치

가. 조치의 내용

시·도지사는 부실조합 등이나 그 임원에 대하여 현행법에 따라 일정한 사항을 권고·요구 또는 명령하거나 그 이행계획을 제출할 것을 명하여야 한다(제4조 제1항). 시·도지사가 하는 이러한 적기시정조치는 조합의 부실 등과 같은 비상상황에 대처하

115) 이에 따라 법률명도 「수산업협동조합의 구조개선에 관한 법률」에서 「수산업협동조합의 부실예방 및 구조개선에 관한 법률」로 개정하였다.

여 조합원과 예금자 등을 보호하고 해당 조합의 경영을 조기에 정상화하기 위한 것으로서 포괄적이고 엄격한 조치를 그 내용으로 하는 것이므로 기금관리위원회의 심의를 거쳐야 한다. 현행법에 따르면 이러한 적기시정조치의 내용에는 다음과 같은 것들이 있다.

- 조합에 대한 주의·경고 및 임직원에 대한 주의·경고·견책 또는 감봉
- 출자금의 감소, 자기자본의 증대, 보유자산의 처분 또는 점포나 조직의 축소
- 투자위험이 큰 위험자산의 취득금지 또는 비정상적으로 높은 금리에 따른 수신의 제한
- 임원의 직무정지 또는 임원의 직무를 대행하는 관리인의 선임
- 사업의 전부나 일부의 정지[사업정지]
- 합병
- 사업의 전부 또는 일부의 양도[사업양도]나 사업의 전부 또는 일부와 관련된 계약의 이전[계약이전]
- 그 밖에 이에 준하는 조치로서 조합의 재무건전성을 높이기 위하여 필요하다고 인정하는 조치

여기에서 '사업'이란 「산림조합법」 제46조에 따라 지역조합과 전문조합이 하는 사업을 말하며, 시·도지사가 현행법에 따른 적기시정조치를 하는데 필요한 기준과 내용은 농림축산식품부령으로 정한다(제2조 제5호 및 제4조 제2항). 이에 따르면 적정시정조치는 경영개선권고, 경영개선요구 및 경영개선명령으로 구분하여 각각 그 기준과 내용이 다르게 규정되어 있다(시행규칙 제2조 별표1).

현행법에 따른 시·도지사의 적기시정조치는 그 필요성에도 불구하고 부실조합 등과 법률행위를 한 선의의 상대방에게 피해를 줄 우려가 있으므로 시·도지사는 이러한 조치를 행하기 위한 기준에 일시적으로 미달한 조합이 단기간 이내에 그 기준을 충족할 수 있다고 판단되거나 이에 준하는 사유가 있다고 인정되면 기금관리위원회의 심의를 거쳐 기간을 정하여 적기시정조치를 유예할 수 있으며, 적기시정조치 중 사업의 전부정지, 사업의 전부양도, 계약의 전부이전에 관한 명령 및 이에 준하는 조치는 건전한 신용질서나 예금자 등의 권익을 해칠 우려가 현저하다고 인정되는 경우에만 행하도록 하여야 한다(제4조 제3항·제4항).

나. 조치에 따른 의결

시·도지사의 적기시정조치에 따라 조합이 합병을 의결할 경우에는 「산림조합법」에 따른 총회 및 조합원투표에 있어서의 의결에 관한 제31조 제4항 본문과 같

은 법 제31조의2 제2항 제2호의 규정을 준용한다(제4조 제5항). 따라서 합병의 의결을 위한 총회의 경우에는 조합원 과반수의 출석으로 개의하고 출석조합원 과반수의 찬성으로 의결하며, 총회의 의결에 갈음하는 조합원투표의 경우에는 조합원 과반수의 투표와 투표조합원 과반수의 찬성으로 의결한다. 합병의 의결에 관한 이러한 규정은 부실조합 등과 합병하는 조합이 합병을 의결하는 경우뿐만 아니라 현행법에 따른 적기시정조치에 따라 조합이 사업양도나 계약이전을 의결할 경우와 사업을 양수하거나 계약이전을 받으려는 조합의 경우에도 준용한다(제4조 제5항 후단 및 제6항).

현행법 제19조에 따라 상호금융예금자보호기금을 관리하는 중앙회[관리기관]는 조합이 합병·사업양도 또는 계약이전에 관한 총회 또는 대의원회의 의결이나 조합원투표 등을 실시하려는 경우 미리 그 조합의 조합원이나 대의원에게 조합의 부실정도 및 합병·사업양도 또는 계약이전에 관한 조치 등 의결이나 투표와 관련된 사항을 알려야 한다(제4조 제7항). 이는 총회 또는 대의원회의 의결이나 조합원투표 등에 참여하는 조합원이나 대의원에게 정확한 상황 및 정보를 제공함으로써 신중하고 올바르게 의사결정을 할 수 있도록 지원하기 위한 것이다.

2. 적기시정조치의 이행을 위한 지원조치

시·도지사는 현행법에 따른 적기시정조치로서 합병·사업양도 또는 계약이전을 명하는 경우에는 다른 조합을 지정하여 명령의 대상이 되는 조합과의 합병·사업양수 또는 계약이전을 권고할 수 있다(제5조 제1항·제2항). 이는 부실조합 등의 합병·사업양도 또는 계약이전을 지원함으로써 부실에 따른 문제를 조기에 해결하기 위한 것이다. 이 경우 관리기관은 이러한 조치를 지원하기 위하여 시·도지사로부터 합병·사업양도 또는 계약이전을 권고 받은 조합에 대하여 그 이행을 전제로 자금지원의 금액과 조건 등을 제시할 수 있다.

3. 자금지원

가. 신청 및 지원

부실조합 등을 계약이전 또는 합병에 의하여 인수하거나 사업을 양수하려는 자는 관리기관에 자금지원을 신청할 수 있다(제6조). 여기에서 '자금지원'이란 상호금융예금자보호기금의 관리기관인 중앙회가 부실조합 등에 대한 재무구조의 개선을 위하여 현행법 제17조에 따라 중앙회에 설치·운용되는 상호금융예금자보호기금[기금]으로 (1) 출연 또는 자산의 매입, (2) 채무의 보증이나 인수, (3) 자금의 대출과 같은 지원을 하는 것을 말한다(제2조 제10호). 관리기관이 기금관리위원회의 의결에 따라 자금지원을 할 수 있는 경우는 다음과 같다(제7조 제1항).

- 현행법 제6조에 따른 자금지원 신청이 있는 경우
- 부실조합 등의 합병·사업양도 또는 계약이전이 원활하게 이루어질 수 있도록 하기 위하여 필요하다고 인정되는 경우
- 예금자 등의 보호 및 신용질서의 안정을 위하여 부실조합 등의 재무구조개선이 필요하다고 인정하는 경우

이 경우 관리기관은 지원대상 조합의 부실에 책임이 있는 자의 공평한 손실분담을 전제로 자금을 지원하여야 하며, 자금지원대상 조합의 자체 구조개선 노력을 전제로 자금을 지원하되 2회 이상 분할하여 지원할 수 있다(제8조 제1항·제2항). 관리기관의 자금지원에 대한 이러한 원칙은 산림조합 임직원의 책임경영의식을 고취하고 부실조합 등에 속한 임직원의 도덕적 해이를 방지하면서 자금지원의 효과를 극대화하기 위한 것으로 이해된다.

나. 경영정상화 이행약정의 체결

관리기관이 조합에 자금을 지원하려면 그 조합과 경영정상화 이행약정을 체결하여야 한다(제9조 제1항·제2항). 그러나 이 경우에도 부실조합 등이 아닌 조합의 경우에는 '중앙회에의 예치 등 지원자금의 안정적 운용 및 상환계획에 관한 사항' 이외에는 경영정상화 이행약정을 체결하지 않을 수 있다. 현행법에 따른 경영정상화 이행약정에는 순자본비율 등 대통령령으로 정하는 재무건전성 기준에 관한 목표수준, 자산대비 수익률 등 대통령령으로 정하는 수익성 기준에 관한 목표수준, 중앙회에의 예치 등 지원자금의 안정적 운용 및 상환계획에 관한 사항, 부실채권비율 등 대통령령으로 정하는 자산건전성에 관한 목표수준, 그 밖에 해당 조합의 경영정상화를 위하여 필요하다고 대통령령으로 정하는 사항 등이 포함되어야 한다(제9조 제2항).[116]

관리기관은 조합과 체결한 경영정상화 이행약정의 내용을 인터넷 등을 통하여

116) 경영정상화 이행약정에 포함되어야 할 사항 중 '대통령령으로 정하는 기준'이란 다음과 같다(시행령 제3조 제1항~제4항). ① 대통령령으로 정하는 재무건전성 기준: 「신용협동조합법」 제83조의3 제1항 제1호에 따라 금융위원회가 조합에 대하여 정하는 총자산에 대한 순자본의 비율(이 경우 총자산에 대한 순자본의 비율의 산출과 관련된 대손충당금 및 부실채권은 신용사업 외의 사업에서 발생한 것을 포함한다), ② 대통령령으로 정하는 수익성 기준: 자산 또는 자본에 대한 수익의 비율, 수익에 대한 비용의 비율 및 임직원 1명당 생산성, ③ 대통령령으로 정하는 자산건전성: 대출채권에 대한 연체채권의 비율 및 부실채권의 비율, ④ 해당 조합의 경영정상화를 위하여 필요하다고 대통령령으로 정하는 사항: 자기자본의 증대에 관한 사항.

공개하여야 하며, 국회 소관상임위원회의 요구가 있으면 그 약정의 이행실적을 보고하여야 한다(제9조 제3항·제4항). 그러나 경영정상화 이행약정의 내용이 해당 조합의 경영에 중대한 영향을 미칠 수 있는 내용으로서 부동산·채권 등 보유자산의 매각에 관한 사항이나 경영정상화계획을 추진하기 위한 방법에 관한 사항인 경우에는 공개하지 않을 수 있다(제9조 제3항 단서 및 시행령 제4조).

시·도지사나 관리기관의 장은 현행법에 따라 기금으로 자금지원을 한 조합의 임직원이 약정을 이행하지 못한 경우 또는 현행법 제9조나 약정에 따른 보고서 또는 자료를 거짓으로 작성하거나 그 제출을 게을리하는 경우에는 그 조합의 조합장에게 이를 시정하게 하거나 그 임직원의 해임·직무정지 또는 직원의 징계를 요구할 수 있다(제9조 제5항).

4. 적기시정조치의 실효성 확보를 위한 행정처분

가. 행정처분의 내용

시·도지사는 조합이 현행법에 따른 적기시정조치의 요구나 명령을 위반하거나 이행하지 않은 경우에는 기금관리위원회의 의견을 들어 그 조합 임원의 직무정지를 명하고 그 임원의 직무를 대행할 관리인을 선임하거나 총회에 임원의 해임을 권고할 수 있다(제10조 제1항). 이 경우 대의원회에서 선출된 임원의 경우에는 대의원회에 그 해임을 권고할 수 있다. 현행법에 따른 임원의 해임의결은 「산림조합법」에 따른 해임의결에 관한 제43조 제1항부터 제3항까지의 규정에도 불구하고 조합원이나 대의원 과반수의 출석과 출석조합원이나 출석대의원 과반수의 찬성으로 의결한다.

시·도지사는 부실조합에게 일정한 사유가 있는 경우에는 기금관리위원회의 의견을 들어 그 부실조합에 대하여 계약이전의 결정, 6개월의 범위에서 일정 기간의 사업정지, 설립인가의 취소 등 필요한 처분을 할 수 있다(제10조 제2항). 시·도지사가 현행법에 따라 부실조합에 대하여 이러한 처분을 할 수 있는 사유에는 적기시정조치에 따른 명령을 이행하지 않거나 이행할 수 없게 된 경우, 부채가 자산을 현저히 초과함으로써 적기시정조치에 따른 명령을 이행하기 어렵다고 판단되는 경우, 자금사정의 급격한 악화로 예금 등 채권의 지급이나 차입금의 상환이 어렵게 되어 예금자 등의 권익이나 신용질서를 해칠 것이 명백하다고 인정되는 경우 등이 있다. 그러나 이 경우에도 그 사유가 '적기시정조치에 따른 명령을 이행하지 않거나 이행할 수 없게 된 경우'로서 그 명령 불이행 사유가 현행법 제4조 제5항 및 제6항에 따른 총회·대의원회의 의결 또는 조합원투표 결과에 따른 것일 때에는 시·

도지사는 처분에 앞서 대통령령으로 정하는 바에 따라 그 조합에 소명할 기회를 주어야 하며, 만일 현행법에 따른 사유로 부실조합의 설립인가를 취소하려는 경우에는 청문을 실시하여야 한다(제10조 제3항).

현행법이 이처럼 부실조합이 적기시정조치의 요구나 명령을 위반하거나 이를 이행하지 않은 경우 또는 부실조합에게 일정한 사유가 있는 경우에 시・도지사에게 일정한 행정처분을 할 수 있도록 하고 있는 것은 현행법에 따른 적기시정조치의 실효성을 확보함으로써 조합의 부실이 심화되는 것을 방지하고, 조기에 부실조합 등의 경영을 정상화하기 위한 것으로 이해된다.

나. 행정처분으로서의 계약이전의 결정

시・도지사는 현행법에 따른 행정처분으로서 계약이전을 결정할 때에는 필요한 범위에서 이전되는 계약의 범위・조건 및 이전받는 인수조합을 정하여 미리 그 동의를 받아야 한다(제10조 제4항~제7항). 이 경우 인수조합이 계약이전에 관한 사항을 동의하려는 경우에는 현행법 제4조 제5항을 준용한다. 시・도지사는 계약이전을 명령받은 조합에 대하여 관리인을 선임하여야 하며, 시・도지사가 하는 이러한 계약이전의 결정에 관하여는 현행법 제4조 제6항, 「산림조합법」 및 해당 부실조합의 정관에도 불구하고 총회 또는 대의원회를 운영하는 조합의 경우에는 대의원회의 의결을 받을 필요가 없다(제10조 제7항). 이는 시・도지사에 의한 계약이전의 결정은 적기시정조치의 실효성 확보를 위한 행정처분으로서 하는 것이기 때문이다.

현행법에 따라 시・도지사에 의한 계약이전의 결정이 있으면 그 결정 내용에 포함된 사업과 관련된 계약에 따른 부실조합의 권리와 의무는 그 결정이 있는 때에 인수조합이 승계하며(제11조 제1항), 따라서 당초 부실조합이 부담하고 있던 채무는 그때부터 인수조합이 부담하게 된다. 계약이전의 결정이 있으면 시・도지사는 해당 부실조합 및 인수조합으로 하여금 계약이전과 관련된 자료를 보관・관리하게 하고, 채권자・채무자・물상보증인[117] 및 그 밖의 이해관계인[이해관계인]이 이를 열람할 수 있게 하여야 한다(제11조 제6항).

시・도지사에 의한 행정처분으로서 계약이전의 결정이 있으면 해당 부실조합과

117) 물상보증인이란 본인이 채무자가 아님에도 다른 사람의 채무를 담보하기 위하여 자신의 재산을 담보로 제공한 자를 말한다. 예를 들어 친구를 위하여 자신의 시계를 담보로 제공하는 경우 본인은 친구의 채무를 위한 물상보증인이 되는 것과 같다. 이러한 물상보증인은 담보로 제공한 물건(시계)으로만 책임을 질 뿐 채무를 부담하지는 않는다는 점에서 통상의 보증인과는 다른 것이다.

인수조합은 공동으로 그 결정의 요지 및 계약이전의 사실을 2이상의 일간신문에 지체 없이 공고하여야 한다(제11조 제2항·제3항). 이러한 공고가 있으면 그 계약이전과 관련된 이해관계인과 해당 부실조합 사이의 법률관계는 인수조합이 동일한 내용으로 승계한다. 이 경우 이해관계인은 이러한 공고가 있기 전에 그 부실조합과의 사이에서 발생한 사유로 인수조합에 대항할 수 있다. 이는 공고 전에 발생한 사유에 대하여는 선의인 이해관계인에게 책임을 물을 수 없기 때문이다.

현행법에 따른 공고가 있는 경우에는 그 공고로써 민법 제450조에 따른 지명채권양도의 대항요건을 갖춘 것으로 보며, 등기·등록이 필요한 부동산 등에 관한 권리도 이러한 공고가 있는 때에 인수조합이 취득한다(제11조 제4항·제5항). 여기에서 '지명채권'이란 특정인을 채권자로 하는 채권으로서 증권적 채권이 아닌 통상의 채권을 말한다. 이러한 지명채권을 양도하는 경우에는 선의의 채무자와 제3자를 보호하기 위하여 양도인이 채무자에게 통지하거나 채무자가 승낙하지 않으면 채무자나 제3자에게 대항하지 못하는 것이 원칙이다(민법 제450조). 이는 만일 이러한 원칙에 따르지 않는다면 채권자가 변경된 사실을 모르는 채무자가 이중으로 변제할 수도 있을 뿐만 아니라 이러한 채권에 이해관계가 있는 제3자에게 예상하지 못한 피해가 발생할 수도 있기 때문이다. 따라서 이해관계인은 지명채권양도의 이러한 원칙에 따라 공고가 있기 전에 해당 부실조합과의 사이에서 발생한 사유로는 인수조합에 대항할 수 있다.

5. 관리인의 선임 및 임무

시·도지사의 적기시정조치(제4조 제1항 제4호)나 이에 따른 행정처분(제10조 제1항·제5항)에 따라 선임된 관리인은 그 선임 목적에 따라 해당 임원의 직무를 수행할 권한 또는 계약이전의 결정과 관련된 업무의 범위에서 부실조합의 자산·부채 등을 관리·처분할 권한을 가진다(제12조 제1항). 이 경우 특히 시·도지사는 조합에 대하여 현행법에 따라 사업의 전부정지를 명하거나 계약이전의 결정을 한 경우에는 중앙회의 임직원을 관리인으로 선임할 수 있다(제12조 제7항). 그러나 일시적인 자금부족에 따라 사업의 전부정지 명령을 받은 경우로서 경영정상화가 확실하다고 인정되는 경우에는 이러한 규정을 적용하지 않으며, 그 조합의 경영정상화나 일반채권자의 보호를 위하여 필요한 경우에는 중앙회의 임직원 외의 자를 관리인으로 선임할 수 있다.

시·도지사는 현행법에 따른 관리인에게 그 업무수행에 필요한 명령을 할 수 있으며, 적기시정조치를 원활히 이행하기 위하여 필요하다고 인정하면 그 관리인을 해임할 수 있다(제12조 제3항~제6항). 시·도지사는 관리인을 선임하면 지체 없이 해당 조합의 주된 사무소의 소재지를 관할하는 지방법원에 그 취지를 통지하고, 그 조합의 주된 사무소 및 지사무소의 소재지를 관할하는 등기소에 관리인 선임에 관한 등기를 촉탁하여야 한다. 현행법상 이러한 관리인에 대하여는 지배인의 대리권에 관한 상법 제11조 제1항과 「채무자 회생 및 파산에 관한 법률」에 따른 파산관재인에 관한 제30조와 제360조부터 제362조까지의 규정을 준용한다.

[3] 조합의 파산 및 청산

조합이 해산한 경우 관리기관이 해당 조합에 대하여 대통령령으로 정하는 최대 채권자에 해당하면, 조합장이 청산인이 되도록 하는 「산림조합법」 제69조에도 불구하고 관리기관이 기금관리위원회의 의결을 거쳐 중앙회의 임직원 중에서 선임하는 자가 청산인이 된다(제14조 제1항). 이는 최대 채권자인 관리기관이 그 임직원 중에서 청산인을 선임하도록 함으로써 조합의 청산절차를 조기에 효율적으로 완료하기 위한 것이다. 여기에서 '대통령령으로 정하는 최대 채권자'란 조합의 해산 사유에 따라 (1) 파산으로 해산한 경우에는 사업정지일, (2) 계약이전으로 해산한 경우에는 계약이전 결정일, (3) 그 밖의 사유로 해산한 경우에는 해산 의결일 또는 설립인가 취소일을 기준으로 그 재산상태를 조사한 결과 해당 조합에 대하여 가장 많은 채권을 가진 자를 말한다(시행령 제6조).

시·도지사는 조합에 「채무자 회생 및 파산에 관한 법률」 제306조에 따른 파산의 원인이 되는 사실이 있음을 알게 되면 「산림조합법」 제68조에도 불구하고 파산 신청을 할 수 있다(제13조). 따라서 시·도지사는 「산림조합법」 제68조에 따라 조합이 그 채무를 완전변제할 수 없게 되었는지의 여부와는 관계없이 '부채총액이 자산의 총액을 초과하는 때'(채무자 회생 및 파산에 관한 법률 제306조)에는 해당 조합의 파산을 신청할 수 있다. 만일 조합이 파산하여 「채무자 회생 및 파산에 관한 법률」 제355조에 따라 법원이 파산관재인을 선임하는 경우에는 관리기관이 기금관리위원회의 의결을 거쳐 중앙회의 임직원 중에서 1인을 파산관재인으로 추천할 수 있다(제14조 제2항·제3항). 조합이 파산한 경우에는 그 신용사업의 특성을 감안하여 파산선고의 송달, 채권신고기간 등에 관한 협의, 예금자표의 작성·열람 및 제출 등에 대하여는 「금융산업의 구조개선에 관한 법률」 제17조부터 제23조까지의 규정을 준용한다.

[4] 손해배상청구권의 행사

1. 손해배상청구의 요구 및 대위에 의한 청구

관리기관은 현행법에 따라 자금지원을 결정하거나 자금지원을 한 경우 또는 현행법 제32조 제1항 및 제2항에 따라 보험금을 지급하거나 예금 등 채권의 일부를 미리 지급한 경우에는 해당 부실조합 등에 그 부실 또는 부실우려에 책임이 있다고 인정되는 임직원, 상법 제401조의2 제1항에 해당하는 자, 그 밖의 제3자[부실관련자]에 대하여 손해배상을 청구하도록 요구할 수 있다(제15조 제1항). 이는 조합의 부실 또는 부실우려에 대하여 책임이 있는 부실관련자에 대하여 손해배상을 청구할 수 있도록 함으로써 산림조합 임직원의 책임경영의식을 고취시키고 도덕적 해이를 방지함으로써 조합의 책임경영체제를 유도하기 위한 것이다. 여기에서 '상법 제401조의2 제1항에 해당하는 자'란 회사에 대한 자신의 영향력을 이용하여 이사에게 업무집행을 지시한 자, 이사의 이름으로 직접 업무를 집행한 자 또는 이사가 아니면서 명예회장 · 회장 · 사장 · 부사장 · 전무 · 상무 · 이사 기타 회사의 업무를 집행할 권한이 있는 것으로 인정될 만한 명칭을 사용하여 회사의 업무를 집행한 자를 말하며, 상법은 같은 조에서 이러한 자가 지시하거나 집행한 업무에 관하여는 회사 및 제3자에 대한 책임을 적용함에 있어서 그자를 이사로 의제하고 있다.

현행법에 따라 관리기관이 부실관련자에 대하여 손해배상청구를 하도록 부실조합 등에 요구하는 경우에는 그 이유 · 청구방법 및 청구기간을 적은 서면으로 하여야 하며, 부실조합 등이 관리기관의 요구에 따라 손해배상청구소송을 하는 경우 관리기관은 그 소송의 계속 중에는 해당 부실조합 등을 보조하기 위하여 소송에 참가할 수 있다(제15조 제2항 · 제4항). 이 경우 관리기관에 대하여는 「민사소송법」상의 소송참가에 관한 제71조부터 제77조까지의 규정을 준용한다.

관리기관은 부실조합 등이 부실관련자에 대한 손해배상청구의 요구를 따르지 않으면 즉시 그 부실조합 등을 대위하여 손해배상을 청구할 수 있다(제15조 제3항 및 제5항 · 제6항). 여기에서 '대위'란 법률상 권리의 주체나 객체의 지위를 갈음하여 행사하는 것으로서 관리기관이 부실조합 등의 지위를 갈음하여 부실관련자에 대한 손해배상의 청구를 하는 것을 말한다. 관리기관이 이와 같이 손해배상청구권을 대위행사하여 소송에서 승소하거나 부실조합 등의 요청으로 소송에 참가하는 경우 그 비용은 해당 부실조합 등이 부담하며, 만일 부실조합 등이 파산한 경우 부담하지 않은 소송비용 등에 대한 청구권은 재단채권으로 본다.

현행법에 따른 이러한 손해배상청구의 제도는 부실조합 등과의 합병으로 존속하는 조합에 대하여도 준용한다(제15조 제8항). 이 경우 관리기관은 해당 조합에 대하여 부실관련자에 대한 손해배상청구나 소송참가에 필요한 자료의 제출을 요청할 수 있으며, 이러한 요청을 받은 경우 조합은 특별한 사유가 없으면 이에 따라야 한다.

2. 업무 및 재산상황에 대한 조사 등

관리기관은 현행법에 따른 손해배상청구의 요구, 손해배상청구권의 대위행사 또는 소송참가를 위하여 필요하면 해당 부실조합 등의 청산법인이나 파산재단의 업무 및 재산 상황에 관한 조사를 할 수 있다(제15조 제7항 및 제16조). 이와 함께 시 · 도지사는 관리기관의 부실관련자에 대한 손해배상청구나 소송참가를 위하여 필요하면 관계 중앙행정기관, 지방자치단체, 그 밖에 대통령령으로 정하는 공공기관 및 금융기관[공공기관 등]의 장에게 부실관련자의 재산 및 업무에 관한 자료나 정보제공을 요청할 수 있으며, 그 요청을 받은 공공기관 등의 장은 특별한 사유가 없으면 이에 따라야 한다. 여기에서 '대통령령으로 정하는 공공기관'이란 「공공기관의 운영에 관한 법률」에 따른 공공기관, 「예금자보호법」에 따른 부보금융회사, 「어음법」 또는 「수표법」에 따라 지정된 어음교환소 및 특별법에 따라 설립된 법인을 말한다(시행령 제8조).

Ⅲ. 상호금융예금자보호기금

[1] 기금의 설치 및 재원

상호금융예금자보호기금[기금]은 신용사업이나 공제사업을 실시하는 조합이 파산 등의 사유로 예금 등 채권을 지급할 수 없는 상황에 대처하고 조합을 건전하게 육성하기 위하여 중앙회에 설치 · 운용한다(제17조 제1항 · 제2항). 여기에서 공제사업의 경우에는 중앙회를 포함한다. 현행법에 따른 이러한 기금은 부실조합 등의 구조개선을 원활히 추진하기 위하여 소요되는 재원을 확보하기 위한 것으로서 다음의 재원으로 조성한다.

- 조합이 납부한 보험료
- 정부 및 중앙회의 출연금
- 정부, 「한국은행법」에 따른 한국은행, 중앙회 또는 금융기관으로부터의 차입금

- 현행법 제7조에 따라 부실조합 등에 지원한 자금을 회수한 금액
- 상호금융예금자보호기금채권[기금채]을 발행하여 조성한 자금
- 관리기관이 현행법에 따라 매입·취득한 예금 등 채권을 회수한 자금
- 기금의 운용수익이나 그 밖의 수입금

관리기관은 기금의 적립액이 적정한 수준을 유지하도록 기금적립액의 목표규모를 설정하여야 하며, 이러한 목표규모를 설정하는 경우에는 기금관리위원회의 의결을 거쳐 기금의 효율적 운영을 저해하지 않는 범위에서 조합의 경영 및 재무상황 등을 고려하여 정한다(제31조의2 제1항~제3항). 이 경우 기금의 목표규모는 상한 및 하한을 두어 일정 범위로 정할 수 있으며, 관리기관은 조합의 경영여건과 기금의 안정성 등을 고려하여 이러한 목표규모의 적정성을 주기적으로 검토하고, 필요한 경우에는 기금관리위원회의 의결을 거쳐 목표규모를 재설정할 수 있다.

[2] 기금의 관리

1. 관리기관

기금의 관리기관은 중앙회로 하며, 관리기관은 그 목적을 달성하기 위하여 (1) 현행법 제15조에 따른 손해배상청구권 행사의 요구 등, (2) 보험료의 수납, (3) 보험금의 지급 등, (4) 예금자 등을 보호하기 위하여 정부가 위탁하거나 지정하는 업무, (5) (1)~(4)의 업무에 딸린 업무, (5) 그 밖에 현행법에 따른 부실조합 등의 관리와 지원에 관한 업무를 수행한다(제19조 제1항 및 제20조). 관리기관은 이러한 업무와 관련하여 국회 소관상임위원회에서 요구하면 기금의 운용 등에 관한 보고서를 제출하여야 한다(제19조 제2항).

산림청장은 관리기관의 업무를 감독하며 이에 필요한 명령을 할 수 있다(제39조 제1항 ~제3항). 산림청장은 현행법에 따른 감독이 필요하다고 인정하는 경우에는 관리기관의 업무와 회계 및 재산에 관한 사항 등을 보고하게 하거나 소속 공무원에게 관리기관의 업무상황 또는 장부·서류·시설, 그 밖에 필요한 물건을 검사하게 할 수 있으며, 금융감독원장에게 관리기관에 대한 검사를 요청할 수 있다.

2. 기금관리위원회

가. 구 성

관리기관은 기금의 운용에 관한 사항을 심의·의결하기 위하여 기금관리위원회

를 둔다(제18조 제1항~제2항). 기금관리위원회는 위원장 1인과 부위원장 1인을 포함한 위원으로 구성하며, 위원장은 중앙회의 회장이 되고, 부위원장은 「산림조합법」에 따른 조합감사위원회의 위원장이 된다.

기금관리위원회의 위원은 중앙회의 회장이 조합의 조합장 중에서 위촉하는 자 1인, 중앙회의 임직원 중에서 중앙회의 회장이 지정하는 자 1인, 기획재정부장관·금융위원회 위원장 및 산림청장이 소속 공무원 중에서 지정하는 자 각 1인, 임업과 조합에 관한 학식과 경험이 풍부한 자로서 산림청장이 지정하는 임업 관련 단체가 위촉하는 자 2인, 조합 및 금융·회계에 관한 학식과 경험이 풍부한 자로서 국회 소관상임위원회가 위촉하는 자 2인, 금융 및 회계에 관한 학식과 경험이 풍부한 자로서 산림청장이 위촉하는 자 1인 등으로 구성한다(제18조 제2항). 이 경우 중앙회의 회장이 조합의 조합장 중에서 위원을 위촉하는 경우 현행법에 따라 결정된 부실조합 등의 조합장은 제외하며, 산림청장이 지정하여 위촉할 수 있는 임업 관련 단체에는 민법 제32조에 따라 설립된 비영리법인만 해당한다.

기금관리위원회의 위원 중 위촉직 위원의 임기는 3년으로 하되 연임할 수 있으며, 위원으로서 공무원이 아닌 자는 형법 제129조부터 제132조까지를 적용할 때에는 공무원으로 본다(제18조 제3항·제7항).

나. 운 영

기금관리위원회의 위원장은 기금관리위원회의 회의를 소집하며 그 의장이 된다(시행령 제9조 제1항~제3항). 만일 위원장이 부득이한 사유로 직무를 수행할 수 없을 때에는 부위원장, 위원 중 기금관리위원회에서 정하는 자의 순서로 그 직무를 대행한다. 기금관리위원회는 재적위원 과반수의 출석으로 개의하고 그 출석위원 과반수의 찬성으로 의결한다. 현행법에 따라 기금관리위원회가 심의·의결할 수 있는 사항은 다음과 같다(제18조 제1항).

- 기금의 조성 및 운용·관리에 관한 사항
- 보험금 지급에 관한 사항
- 부실조합 등의 결정·지원 등에 관한 사항
- 자금의 차입에 관한 사항
- 기금채의 발행에 관한 사항
- 기금관련 규정의 제정·개정 및 폐지에 관한 사항
- 그 밖에 산림청장 또는 시·도지사가 요구하거나 위원장이 필요하다고 인정하여 회의에 부치는 사항

기금관리위원회 위원은 일정한 사유가 있는 경우 그 사건의 심의·의결에서 제척된다(제18조 제4항). 현행법에 따르면 위원의 이러한 제척사유에는 해당 사건 조합의 임직원 및 임직원이었던 자 또는 이러한 자의 친족이거나 친족이었던 자, 해당 사건 조합과 직접적인 이해관계가 있는 자, 그 밖에 해당 사건의 공정한 심의·의결을 해칠 수 있다고 위원장이 인정하는 경우 등이 있다.

기금관리위원회에서 심의·의결하는 사항과 직접적 이해관계가 있는 자는 위원에게 심의·의결의 공정을 기대하기 어려운 사정이 있으면 그 사유를 적어 기피신청을 할 수 있으며, 위원은 본인에게 제척 및 기피신청 사유가 있는 경우에는 스스로 그 사건의 심의·의결에서 회피할 수 있다(제18조 제5항·제6항). 현행법에 따른 기피신청이 있는 경우 위원장은 위원회의 의결을 거치지 않고 그 기피 여부를 결정할 수 있다.

[3] 기금의 운용 및 관리

1. 기금의 운용

기금은 (1) 부실조합 등에 대한 자금지원, (2) 정부, 「한국은행법」에 따른 한국은행, 중앙회 또는 금융기관으로부터의 차입금 및 기금채의 원리금 상환, (3) 보험금의 지급 등, (4) 현행법에 따른 예금 등 채권의 매입, (5) 그 밖에 기금의 운용·관리에 필요한 경비의 용도에만 사용할 수 있다(제21조). 여기에서 '보험금의 지급 등'이란 조합에 보험사고가 발생한 경우 현행법 제32조 제1항 및 제2항에 따라 그 조합의 예금자 등의 청구에 의하여 보험금을 지급하는 것을 말한다.

기금의 관리기관은 여유자금이 있는 경우 그 여유자금을 국채·공채, 그 밖의 기금관리위원회가 지정하는 유가증권의 매입, 기금관리위원회가 지정하는 금융기관에의 예치 또는 단기대출, 그 밖에 기금관리위원회가 정하는 방법으로 운용할 수 있다(제22조).

2. 기금의 회계

기금의 회계연도는 정부의 회계연도에 따르며, 그 예산과 결산은 기금관리위원회의 의결을 거쳐 산림청장의 승인을 받아야 한다(제23조 제1항~제3항). 기금과 중앙회의 회계는 구분하여 회계처리를 하되, 기금은 신용사업부문과 공제사업부문을 각각 별도의 계정으로 구분하여야 한다. 정부는 기금의 원활한 조성 및 운용을 위하여 현행법에 따라 정부, 「한국은행법」에 따른 한국은행, 중앙회 또는 금융기관으로부터 차입한 자금의 원리금 상환을 보증할 수 있다(제24조).

3. 기금채의 발행

관리기관은 기금관리위원회의 의결을 거쳐 기금의 부담으로 기금채를 발행할 수 있다(제25조 제1항·제3항). 이러한 기금채는 「자본시장과 금융투자업에 관한 법률」에 따른 특수채증권으로 본다. 여기에서 '특수채증권'이란 「자본시장과 금융투자업에 관한 법률」에 따라 구분하는 증권 중 채무증권에 속하는 것으로서 법률에 의하여 직접 설립된 법인이 발행한 채권을 말한다(같은 법 제4조 제3항).118)

국가는 관리기관이 발행하는 이러한 기금채의 원리금 상환에 대하여 전액 보증할 수 있으며, 따라서 관리기관은 기금채를 발행하는 경우에는 그때마다 금액·조건·발행 및 상환의 방법을 정하여 산림청장에게 신고하여야 한다(제28조 및 제25조 제2항).

기금채가 기명식인 경우 그 명의변경은 채권 취득자의 성명과 주소를 채권원부에 적고 성명을 증권에 적지 않으면 중앙회나 그 밖의 제3자에게 대항하지 못하며, 이러한 기명식 기금채를 질권의 목적으로 할 때에는 질권자의 성명과 주소를 채권원부에 등록하지 않으면 중앙회나 그 밖의 제3자에게 대항하지 못한다(제26조 및 제27조). 이러한 기금채의 소멸시효는 원금은 5년으로 하고, 이자는 2년으로 한다(제29조).

Ⅳ. 예금보험

[1] 보험사고와 예금보험제도

현행법은 보험사고가 발생한 경우 예금자 등의 청구에 따라 보험금을 지급함으로써 그 피해를 최소화할 수 있도록 예금보험제도를 두고 있다. 관리기관·조합 및 예금자 등 사이의 이러한 보험관계는 예금자 등이 조합에 예금 등 채권을 가지게 된 때에 성립한다(제30조). 여기에서 '보험사고'란 예금 등 채권의 지급정지[제1종 보험사고] 또는 조합의 설립인가의 취소, 해산의 인가 또는 파산선고[제2종 보험사고]를 말한다(제2조 제9호).

---

118) 「자본시장과 금융투자업에 관한 법률」에 따르면 증권은 채무증권, 지분증권, 수익증권, 투자계약증권, 파생결합증권, 증권예탁증권으로 구분하며, 이 중 채무증권이란 국채증권, 지방채증권, 특수채증권, 사채권, 기업어음증권, 그 밖에 이와 유사한 것으로서 지급청구권이 표시된 것을 말한다(같은 법 제4조 제2항 및 제3항).

조합은 보험사고가 발생하면 지체 없이 그 사실을 관리기관에 통지하여야 하며, 시 · 도지사의 경우에도 (1) 조합의 예금 등 채권의 지급정지를 명한 경우, (2) 조합에 대하여 사업정지 또는 업무나 채무지급의 정지를 명한 경우, (3) 조합의 설립인가를 취소하거나 해산의결을 인가한 경우에는 지체 없이 그 사실을 관리기관에 통지하여야 한다(제37조). 조합과 시 · 도지사의 관리기관에 대한 이러한 통지의무는 보험사고 상황을 조속히 공유하여 그 피해를 최소화하기 위한 것으로서 여기에서 시 · 도지사가 사업정지 또는 업무나 채무지급의 정지를 명한 경우란 다음과 같은 경우를 말한다.

- 현행법 제4조 제1항 제5호에 따른 적기시정조치로서 사업정지를 명한 경우
- 현행법 제10조 제2항에 따른 행정처분으로서 사업정지를 명한 경우
- 「산림조합법」 제125조 제2항에 따른 위법행위에 대한 행정처분으로서 업무정지를 명한 경우
- 「산림조합법」 제126조 제3항에 따른 경영지도로서 채무지급의 정지를 명한 경우

[2] 보험료 및 보험금

1. 보험료의 납부

조합은 예금 등에 대한 보험료를 상호금융예금자보호기금에 내야 한다(제31조 제1항~제3항). 이 경우 보험료는 조합별로 경영 및 재무상태, 현행법에 따른 계정별 적립금액 등을 고려하여 그 비율을 다르게 할 수 있다. 조합은 기금에 낸 보험료의 반환을 청구할 수 없으며, 만일 조합이 보험료를 납부기한까지 내지 않으면 대통령령으로 정하는 연체료를 가산하여 관리기관에 내야 한다. 관리기관은 조합의 이러한 보험료 납부의무에도 불구하고 기금의 적립액이 목표규모에 도달한 경우에는 향후 예상되는 기금의 수입액과 지출액의 규모를 고려하여 대통령령으로 정하는 바에 따라 조합이 내는 보험료를 감면하여야 한다(제31조의2 제4항).

2. 보험금의 지급

관리기관은 조합에 보험사고가 발생하면 그 조합의 예금자 등의 청구에 의하여 대통령령으로 정하는 바에 따라 보험금을 지급하고, 그 지급의 개시일자 · 기간 및 방법, 그 밖에 필요한 사항을 공고하여야 한다(제32조 제1항 · 제3항). 그러나 이 경우에도 관리기관은 제1종 보험사고에 대하여는 현행법에 따라 시 · 도지사로부터 보험사고 등의 통지를 받은 날부터 2개월 이내에 기금관리위원회의 의결에 따라 보험금을 지급할

지를 결정하여야 한다. 현행법에 따른 예금자 등의 이러한 보험금청구권은 보험금 지급의 개시일부터 5년간 행사하지 않으면 시효로 인하여 소멸한다(제32조 제7항).

제1종 보험사고의 경우 관리기관은 예금자 등의 청구에 의하여 대통령령으로 정하는 바에 따라 보험금의 지급한도 내에서 기금관리위원회가 정하는 금액인 가지급금을 미리 지급할 수 있다(제32조 제2항 및 시행령 제29조). 그러나 이 경우 가지급금이 현행법 제33조 제1항에 따라 계산한 보험금을 넘는 경우에는 그 보험금을 지급 최고한도금액으로 한다.

합병으로 신설되는 조합이나 합병 후 존속하는 조합이 합병으로 없어지는 조합의 업무를 계속하는 경우에는 그 합병등기일부터 1년까지는 보험금의 지급에 관한 규정을 적용할 때 합병으로 신설되는 조합, 합병 후 존속하는 조합 및 합병으로 없어지는 조합이 각각 독립된 조합으로 존재하는 것으로 본다(제32조 제4항·제5항). 이와 함께 제1종 보험사고가 발생한 후 제2종 보험사고가 발생한 경우 보험금의 지급에 관한 규정을 적용할 때에는 제2종 보험사고를 독립된 보험사고로 보지 않는다. 이러한 규정들은 모두 보험금에 대하여 조합이 중복하여 책임을 지도록 함으로써 예금자 등의 보호를 강화하기 위한 것이다.

관리기관은 보험금을 지급할 때 예금자 등이 해당 조합에 대하여 지고 있는 보증채무 등 대통령령으로 정하는 금액에 대하여는 보험금 지급개시일 등의 공고일[보험금 지급 공고일]부터 6개월의 범위에서 보험금의 지급을 보류할 수 있다(제32조 제6항 및 시행령 제31조 제1항). 여기에서 '대통령령으로 정하는 금액'이란 예금자 등이 다른 사람을 위하여 해당 조합에 담보로 제공하고 있는 예금 등 채권의 금액이나 예금자 등이 해당 조합에 대하여 지고 있는 보증채무의 금액을 말한다.

3. 보험금의 계산

관리기관이 예금자 등에게 지급하는 보험금은 보험금 지급 공고일 현재 각 예금자 등의 예금 등 채권의 합계액에서 각 예금자 등이 그 조합에 대하여 지고 있는 채무의 합계액을 뺀 금액으로 한다(제33조 제1항·제2항). 그러나 이에 따라 예금자 등이 조합에 대하여 지고 있는 채무를 계산하는 경우 보증채무는 제외하여야 한다. 이 경우 보험금은 보호되는 예금 등의 규모 등을 고려하여 대통령령으로 정하는 금액을 한도로 한다. 현재 이에 따르면 보험금의 지급한도는 신용사업 및 공제사업별로 각각 5천만원으로 한다(시행령 제32조).

제1종 보험사고의 경우에 각 예금자 등이 현행법에 따라 미리 지급받은 가지급금이 있으면 보험금은 총 보험금에서 가지급금을 뺀 금액으로 하며, 각 예금자 등에게 지급된 가지급금의 금액이 총 보험금을 초과하는 때에는 각 예금자 등은 그 초과 금액을 관리기관에 되돌려주어야 한다(제33조 제3항·제4항).

4. 관리기관의 예금 등 채권의 취득

관리기관은 현행법에 따라 보험금과 가지급금을 지급한 경우에는 그 지급한 금액의 범위에서 해당 조합에 대한 예금자 등의 권리를 취득하며, 보험금을 지급하거나 예금 등 채권의 일부를 미리 지급한 경우에는 예금자 등의 청구에 의하여 해당 보험사고와 관련된 예금 등 채권 중 현행법 제35조에 따라 관리기관이 취득한 권리를 제외한 것을 매입할 수 있다(제34조 제1항·제2항 및 제35조). 이 경우 관리기관은 예금 등 채권의 가치를 추산한 금액을 예금자 등에게 지급하여야 한다. 만일 현행법에 따라 관리기관이 매입한 예금 등 채권을 회수한 금액에서 사용된 비용을 뺀 금액이 예금자 등에게 지급한 금액을 초과하는 때에는 그 초과금액을 그 예금자 등에게 추가로 지급하여야 한다.

관리기관은 예금자 등을 대신하여 보험금 지급 공고일 현재 각 예금자 등의 예금 등 채권을 각 예금자 등이 해당 조합에 지고 있는 채무와 상계할 수 있다(제36조). 이 경우 관리기관은 각 예금자 등이 다른 사람을 위하여 해당 조합에 담보로 제공하고 있는 예금 등 채권과 보증채무는 각각 제외하고 상계하여야 한다.

[3] 배상책임보험 가입 요구

관리기관은 자기자본의 잠식 등 대통령령으로 정하는 기준에 해당하는 조합에 대하여 그 조합 임직원의 채무불이행이나 불법행위로 인한 재산상 손해를 보전하기 위한 배상책임보험에 가입할 것을 요구할 수 있으며, 이러한 조합 이외의 조합에 대하여는 그 가입을 권고할 수 있다(제38조 제1항·제4항 및 시행령 제34조 제1항). 여기에서 '대통령령으로 정하는 기준에 해당하는 조합'이란 「산림조합법」 제117조 제2항에 따라 중앙회의 회장이 조합의 경영상태를 평가한 결과 기금관리위원회가 정하는 기준을 충족하지 못하는 조합을 말하며, 현행법에 따른 배상책임보험에는 「산림조합법」에 따른 공제를 포함한다. 이는 앞에서 이미 설명한 것처럼 조합의 부실관련자에 대하여 손해배상을 청구할 수 있도록 요구하는 제도와 함께 산림조합 임직원의 책임경영의식을 고취시키고 도덕적 해이를 방지함으로써 조합의 책임경영체제를 유도하기 위한 것이다.

관리기관이 현행법에 따라 조합에 배상책임보험에 가입할 것을 요구하는 경우에는 보험금의 지급한도 등 시·도지사가 정하는 사항을 분명하게 밝힌 서면으로 해야 하며, 이러한 요구를 받은 조합은 그 요구를 받은 날부터 6개월 이내에 배상책임보험에 가입하여야 한다(시행령 제34조 제2항·제3항). 그러나 조합이 배상책임보험에 가입할 경우 정상적인 경영이 어렵다고 인정되는 등 기금관리위원회가 인정하는 부득이한 사유에 해당하는 경우에는 2년의 범위에서 관리기관이 정하는 기간 안에 가입할 수 있다.

현행법에 따라 관리기관이 배상책임보험에 가입하도록 요구할 수 있는 조합이 이러한 배상책임보험의 가입요구에 따르지 않으면, 관리기관은 그 조합을 대리하여 배상책임보험가입계약을 체결할 수 있다(제38조 제2항·제3항). 만일 이 경우 조합이 그 배상책임보험가입계약의 보험료 등을 부담하지 않으면 관리기관은 해당 조합이 현행법에 따라 관리기관에 낸 보험료에서 이를 공제할 수 있으며, 그 공제한 만큼의 금액은 보험료로 납부하지 않은 것으로 본다.

제8장 산림보호

제1절 산림보호법

Ⅰ. 총 론

[1] 개 요

「산림보호법」은 산림보호구역을 관리하고 산림병해충을 예찰·방제하며 산불을 예방·진화하고 산사태를 예방·복구하는 등 산림을 건강하고 체계적으로 보호함으로써 국토를 보전하고 국민의 삶의 질 향상에 이바지하는 것을 목적으로 하는 법률이다(제1조). 이에 따르면 현행 「산림보호법」은 주로 산림보호구역을 관리하고 산림병해충·산불 및 산사태로부터 산림을 보호하기 위한 법률로 이해된다.

산림보호 정책은 1967년 산림청이 신설된 이후 가장 핵심적인 산림정책의 하나로서 초기에는 도·남벌과 산불·산림병해충을 중심으로 추진되어 왔다.[1] 그러나 1980년대 이후에는 산림의 도·남벌 대신 산사태가 주요 정책과제로 인식되기 시작하였으며[2] 현재에는 산림병해충·산불 및 산사태를 중심으로 하는 산림보호 정책을 추진하고 있다. 실제로 산림병해충·산불 및 산사태와 같은 산림재해는 산림에 피해를 줄 뿐만 아니라 국민의 생명과 재산에 큰 피해를 주는 일종의 재난으로서 과거 솔잎혹파리 피해의 확산과 2000년 이후 수차례에 걸친 동해안지역의 대형산불 및 2011년의 '우면산 산사태' 등은 커다란 사회적 문제를 야기하기도 하였다. 특히 건조한 날씨와 국지성 집중호우 등과 같은 이상기후로 인하여 산림병해충, 산불 및 산사태와 같은 3대 산림재해의 발생가능성은 계속 증가할 것이 전망되므로,[3] 이러한 산림재해로부터 국민의 생명과 재산을 지키고 산림을 보호하기 위한 산림보호정책의 중요성은 앞으로도 결코 줄어들지 않을 것으로 보인다.

---

1) 산림청(2017)의 「산림청 50년사」, 345~347면.
2) 산림청, 「산림재해 통합관리체계 구축 이야기」, 2018, 2면.
3) 산림청(2018)의 「제6차 산림기본계획(2018년~2037년)」, 114면.

그러나 산림보호에 대한 이러한 중요성과 높은 정책적 관심과는 별도로 이에 대한 법률적 기반은 오랫동안 충분하지 못했던 것이 사실이다. 2001년 제정된 「산림기본법」이 제15조에서 "국가 및 지방자치단체는 산림자원의 보호 및 안정적인 임업경영을 도모하기 위하여 산사태 · 산불 · 산림병해충 등 산림재해[4]의 예방 · 복구와 산림재해로 인한 피해를 합리적으로 보전하는 데 필요한 시책을 수립 · 시행하여야 한다"라고 명확하게 규정하였음에도 불구하고, 산림보호에 관한 개별법인 「산림보호법」(법률 제9763호)은 2009년 6월 9일에 이르러서야 제정되었기 때문이다.

「산림보호법」은 비록 「산림자원의 조성 및 관리에 관한 법률」에서 규정하고 있던 내용을 중심으로 제정된 것이었지만, 기존에 이원적으로 규정되어 있던 보안림과 산림유전자원보호림을 산림보호구역으로 통합하여 일원화된 관리체계를 구축하고, 산림병해충의 경우에는 예찰 · 방제대책본부의 설치 · 운영, 예찰조사의 의무화 및 방제사업에 대한 설계 · 감리제도의 도입 등과 같은 제도적 혁신을 입법화하였으며, 산불에 있어서도 산불방지장기대책의 수립, 산불진화 통합지휘체계의 개선 및 산불조사제도의 도입 등을 명문화함으로써 비로소 산림보호에 관한 통합적이고 체계적인 법률적 근거를 마련하는 성과를 거둔 것으로 평가되었다. 그러나 이를 통해서도 '우면산 산사태' 등과 같은 산림재해에 효과적으로 대응하는 데는 한계가 있었으므로 2012년 2월 22일 법률을 대폭 개정하여 산사태 우려지역에 대한 기초조사 및 산사태취약지역 지정의 법적 근거를 마련하고, 정보체계를 구축하여 산사태예측정보를 제공하는 등 산사태 예방체계 구축에 필요한 내용을 보완하였다. 산림보호에 관한 일반법인 「산림보호법」은 현재 산림보호구역과 산림재해에 관한 규정을 중심으로 보호수 · 생태숲 및 산림정화구역 등을 규정하면서 2016년 이후에는 생활권에서의 산림 · 수목보호를 위한 나무의사 · 나무병원에 관한 내용도 신설하여 함께 규정하고 있다.

---

4) 이러한 산림재해는 「산림기본법」의 현행 규정을 포함하여, 「산지관리법」 제39조 제2항 및 「산림자원의 조성 및 관리에 관한 법률」 제10조 제2항 제3호 · 제15조 제3호 및 제36조의3 제3호 등에서 광범위하게 사용되고 있음에도 불구하고, 그 법적 개념에 대하여는 아직까지 명확하게 규정되어 있지 않은 것으로 보인다. 일반적으로 재해란 "「재난 및 안전관리 기본법」 제3조 제1호에 따른 재난으로 인하여 발생하는 피해"를 말하므로(자연재해대책법 제2조 제1호), 산불과 산사태의 경우에는 「재난 및 안전관리 기본법」에 따른 재난으로 보는 것에 이견이 없을지라도 산림병해충의 경우에는 의문이 있을 수 있기 때문이다. 물론 이와 관련하여 「농어업재해대책법」이 산림작물에 대하여 일부 적용되고 있기는 하나 아무래도 충분하지 못한 것은 사실인 듯하다. 따라서 산림재해의 경우에도 「농어업재해대책법」이 농업재해(같은 법 제2조 제2호)에 대하여 명확하게 정의하고 있는 것처럼 그 법적 개념에 대하여 명문화하는 방안을 적극 검토하는 것이 필요해 보인다.

[2] 기본원칙과 법률의 적용

1. 산림보호의 기본원칙

국가와 지방자치단체는 산림보호의 기본원칙에 따라 산림을 보호하여야 한다(제3조). 현행법에 따른 이러한 기본원칙은 지속가능성의 원칙, 통합성의 원칙, 형평성의 원칙 및 협동성의 원칙이라는 산림법의 4원칙을 충실하게 반영한 것으로서 산림보호의 기본원칙일 뿐만 아니라 현행법의 해석을 위한 기본원칙이기도 하므로 구체적인 규정을 해석하는데 있어서도 이를 적용해야 할 것이다. 산림보호를 위하여 국가와 지방자치단체가 따라야 할 산림보호의 기본원칙은 다음과 같다.

- 산림을 자연적 또는 인위적인 피해로부터 온전하게 보호할 것
- 산림의 건강성을 유지·증진하여 지속가능한 산림관리 기반을 조성할 것
- 산림보호구역의 합리적·체계적 관리로 산림의 공익기능을 증진할 것
- 국가와 지방자치단체 간에 유기적인 산림보호 협조체계를 만들어서 산림피해에 신속히 대응하게 할 것

2. 법률의 적용

「산림보호법」은 산림을 건강하고 체계적으로 보호하기 위한 법률이므로 산림에 적용하는 것이 원칙이나, 현행법은 그 정하는 바에 따라 산림이 아닌 토지나 나무에 대하여도 산림보호구역, 보호수, 산림병해충 및 수목진료에 관한 규정의 전부 또는 일부를 적용한다(제4조). 예를 들어 현행법이 정하는 산림병해충에는 산림에 있는 식물은 물론 '산림이 아닌 지역에 있는 수목'에 해를 끼치는 병과 해충이 포함되며, 나무병원의 수목진료 대상인 수목에는 '산림이 아닌 지역의 수목'이 포함되는 것과 같다(제2조 제3호 및 제21조의9 제4항 제2호).[5] 이러한 산림의 보호에 관하여는 다른 법률에 특별한 규정이 있는 경우를 제외하고는 현행법에서 정하는 바에 따른다(제5조). 이는 산림보호에 관하여는 현행법이 일반법으로서의 지위를 가지고 있기 때문이다.

현행법에 따른 산림의 구분과 산림별 관할 행정청에 대하여는 「산림자원의 조성 및 관리에 관한 법률」 제4조 및 제5조를 적용한다(제6조). 그러므로 「산림보호법」상 산림은 그 소유자에 따라 (1) 국가가 소유하는 산림인 국유림, (2) 지방자치단

---

5) 그러나 이 경우에도 「농어업재해대책법」 제2조 제4호에 따른 농작물은 현행법의 적용대상에서 제외한다. 「농어업재해대책법」에 따른 농작물인 식용작물·공예작물·사료작물·비료작물·원예작물·버섯작물 및 뽕나무에는 해당 법률이 적용되기 때문이다.

체나 그 밖의 공공단체가 소유하는 산림인 공유림, (3) 국유림과 공유림 외의 산림인 사유림으로 구분하고, 그 구분에 따라 산림청 소관 국유림은 산림청장 또는 그 소속 기관의 장이 관할 행정청이 되며, 산림청 소관 국유림 외의 국유림과 공유림 및 사유림은 산림 소재지의 특별시장 · 광역시장 · 특별자치시장 · 도지사 · 특별자치도지사[시 · 도지사] 또는 시장 · 군수 · 구청장이 관할 행정청이 된다.

Ⅱ. 산림보호구역

[1] 개　념

산림보호구역이란 현행법 제정 이전의 「산림자원의 조성 및 관리에 관한 법률」에 따른 보안림과 산림유전자원보호림을 확장한 개념으로서 "산림에서 생활환경 · 경관의 보호와 수원함양, 재해방지 및 산림유전자원의 보전 · 증진이 특별히 필요하여 지정 · 고시한 구역"(제2조 제1호)을 말하며 다음과 같이 구분한다(제7조 제1항).

- 생활환경보호구역: 도시, 공단, 주요 병원 및 요양소의 주변 등 생활환경의 보호 · 유지와 보건위생을 위하여 필요하다고 인정되는 구역
- 경관보호구역: 명승지 · 유적지 · 관광지 · 공원 · 유원지 등의 주위, 그 진입도로의 주변 또는 도로 · 철도 및 해안의 주변으로서 경관보호를 위하여 필요하다고 인정되는 구역
- 수원함양보호구역: 수원의 함양, 홍수의 방지나 상수원 수질관리를 위하여 필요하다고 인정되는 구역
- 재해방지보호구역: 토사유출 및 낙석의 방지와 해풍 · 해일 · 모래 등으로 인한 피해의 방지를 위하여 필요하다고 인정되는 구역
- 산림유전자원보호구역: 산림에 있는 식물의 유전자와 종 또는 산림생태계의 보전을 위하여 필요하다고 인정되는 구역

산림보호구역은 생활환경 · 경관 · 수원함양 · 재해방지 및 산림유전자원의 보전 · 증진을 위하여 특별히 산림을 보호할 필요가 있는 경우에 산림청장 또는 시 · 도지사가 지정하는 것으로서 산림이 오염되었거나 오염될 우려가 있어 이를 방지 · 정화할 필요가 있는 산림이나 산림환경 보전을 위하여 필요하다고 인정되는 산림을 대상으로 하는 산림정화구역(제14조)이나, 산불예방, 자연경관유지, 자연환경보전, 그 밖에 산림보호를 위하여 일정한 기간을 정하여 산림의 일부 지역을 대상으로 사람의 출입 또는 차량의 통행을 제한하는 입산통제구역(제15조)과는 구별되는 것이다.

[2] 지정 및 지정의 고시

1. 지 정

산림보호구역은 산림청장 또는 시·도지사가 지정할 수 있으며(제7조 제1항), 산림정화구역이나 입산통제구역과 같이 시장·군수·구청장 또는 지방산림청장은 이를 지정할 수 없다. 그러나 현행법 제7조 제1항에 따라 시·도지사에 속하는 특별자치시장 및 특별자치도지사의 경우에는 산림보호구역을 지정할 수 있음은 물론이다.

산림보호구역의 구획 및 세부구분 등에 필요한 사항은 농림축산식품부령으로 정한다(제7조 제3항 및 시행규칙 제3조). 이에 따르면 산림보호구역은 그 지정목적에 따라 지번단위 또는 능선·계곡 등 천연경계로 구획하여 지정하되, 경관보호구역은 명승지·유적지 등이나 그 진입도로 등으로부터 2천m 이내의 산림을 대상으로 하여 지정하며, 산림유전자원보호구역은 특별히 보전할 필요가 있는 산림을 대상으로 원시림, 고산식물지대, 우리나라 고유의 진귀한 숲의 모양, 희귀식물 자생지, 유용식물 자생지, 산림습지 및 산림 내의 계곡천 지역, 자연생태계보전지역 등의 산림과 같이 구분하여 핵심구역과 완충구역으로 나누어 지정할 수 있다. 그러나 이 경우에도 산림유전자원보호구역의 경우 그 대상 산림이 「자연공원법」에 따른 국립공원구역인 경우에는 같은 법에 따른 공원관리청과 협의하여 지정하여야 한다(제7조 제1항 제5호 단서).

산림보호구역 중 특히 수원함양보호구역은 제1종·제2종 및 제3종 수원함양보호구역으로 구분하여 지정한다(시행규칙 제3조 제3항). 이에 따르면 (1) 제1종 수원함양보호구역은 하류의 농업용수·발전용수·공업용수 등 주요 산업용수의 저수량에 직접적으로 영향을 준다고 인정되는 저수지 주위의 산림을 대상으로 지정하고,[6] (2) 제2종 수원함양보호구역은 상류 수원유역으로서 가뭄해·수해에 큰 영향을 주는 산림, 계곡의 경사가 급한 산림 또는 자연환경 여건상 임목의 성장이 불량하거나 수종갱신이 곤란한 산림을 대상으로 지정하며, (3) 제3종 수원함양보호구역은 상수원 수질관리를 위하여 필요한 지역으로서 한강·금강·낙동강 및 영산강·섬진강 수계의 양안 5천m 이내에 있는 국유림이나 공유림을 대상으로 지정한다. 이 경우 제2종

6) 산림보호구역은 일반적으로 지번단위나 능선·계곡 등 천연경계로 구획하여 지정하나, 특히 제1종 수원함양보호구역의 요건이 되는 저수지의 경우에는 수위의 변동이 있으므로 그 대상 산림의 경계를 구체적으로 정하여 지정하는 것이 쉽지 않다. 이에 따라 현행법에 따른 시행규칙에서는 이를 특별히 규정하여 제1종 수원함양보호구역을 지정하는 경우 그 지정은 만수위로부터 1천m 이내로 하되, 1천m 이내에 분수령이 있는 경우에는 그 분수령을 경계로 하도록 정하고 있다(시행규칙 제3조 제3항 제1호).

수원함양보호구역의 지정면적은 50만m² 이상으로 하며, 특히 제3종 수원함양보호구역의 경우 수계의 양안 5천m 이내에 분수령이 있는 경우에는 그 분수령을 경계로 하여 상수원의 수질에 영향을 미치지 않는 지역은 제외할 수 있다.

2. 지정의 고시

산림청장 또는 시·도지사는 현행법에 따라 산림보호구역을 지정하려면 지정예정지에 대하여 지정사유, 구역의 구분, 지정대상지의 소재와 면적, 지정에 관한 이의신청기간, 그 밖에 농림축산식품부령으로 정하는 사항을 공고하고, 토지소유자와 관할 시장·군수·구청장 및 「광업법」 제38조에 따른 광업권이 등록되어 있는 자 등 농림축산식품부령으로 정하는 자에게 알려야 한다(제8조 제1항). 여기에서 '농림축산식품부령으로 정하는 자'란 산림보호구역의 지정예정지가 국유림인 경우에는 그 지정예정지에 대하여 「국유림의 경영 및 관리에 관한 법률」에 따라 사용허가 또는 대부를 받은 자나 「국유재산법」에 따른 사용허가를 받거나 대부계약을 체결한 자 또는 변상금을 납부하고 있는 자를 말하며, 그 지정예정지가 공유림인 경우에는 「공유재산 및 물품 관리법」에 따른 사용·수익허가를 받은 자나 대부계약을 체결한 자 또는 변상금을 납부하고 있는 자를 말한다(시행규칙 제4조 제1항).

산림보호구역의 지정과 관련하여 토지소유자나 해당 산림에 직접적인 이해관계가 있는 자는 공고된 이의신청기간에 농림축산식품부령으로 정하는 바에 따라 이의신청을 할 수 있으며, 이러한 이의신청을 받은 산림청장 또는 시·도지사는 그 이의신청을 받은 날부터 20일 이내에 그에 대하여 결정을 하고 지체 없이 그 결과를 신청인에게 알려야 한다(제8조 제2항~제6항). 만일 산림보호구역의 지정에 대하여 이의신청이 없거나 이의신청이 이유가 없다고 인정되면 산림청장 또는 시·도지사는 해당 산림을 산림보호구역으로 지정·고시하고, 토지소유자와 관할 시장·군수·구청장에게 알려야 한다. 이 경우 산림청장 또는 시·도지사는 「토지이용규제 기본법」 제8조에 따른 지형도면 등을 함께 고시하여야 하며, 그 지정의 효력은 고시한 날부터 발생한다.

[3] 행위제한

1. 금지되는 행위

산림보호구역 안에서는 (1) 입목·죽의 벌채, (2) 임산물의 굴취·채취, (3) 입목 · 죽 또는 임산물을 손상하거나 말라 죽게 하는 행위, (4) 가축의 방목, (5) 그 밖에 대통령령으로 정하는 토지의 형질을 변경하는 행위는 하지 못한다(제9조 제1항). 여기에서 '대통령령으로 정하는 토지의 형질을 변경하는 행위'란 절토, 성토 또는 정지 등으로 토지의 형상을 변경하는 행위나 토석을 굴취 · 채취하는 행위를 말한다(시행령 제3조 제1항).

산림보호구역에서의 이러한 행위제한에 관한 규정은 「산림문화 · 휴양에 관한 법률」에 따라 자연휴양림 조성계획을 작성하거나 승인받은 구역에는 적용하지 않으며, 따라서 해당 지역에서는 산림보호구역이라고 하더라도 입목 · 죽의 벌채나 임산물 굴취 · 채취 등의 행위를 할 수 있다.

2. 허용되는 행위

가. 산림청장 또는 시 · 도지사의 허가를 받으면 할 수 있는 행위

산림보호구역 안에서의 일반적인 행위제한에도 불구하고 산림청장 또는 시 · 도지사의 허가를 받은 경우에는 농림축산식품부령으로 정하는 산림보호시설의 설치, 산림병해충의 방제, 그 밖에 대통령령으로 정하는 행위[7]를 하기 위하여 부수적으

---

7) 여기에서 '대통령령으로 정하는 행위'란 ① 병해충, 산불 또는 자연적인 재해로 인하여 피해를 입은 입목의 벌채(다만, 산불피해지에서의 입목벌채로 인하여 토사유출, 산사태 등의 재해가 발생될 우려가 있는 경우는 제외한다), ② 조림실패지에 다시 조림을 하기 위한 벌채 또는 형질불량림의 수종을 바꾸기 위한 벌채(이 경우 벌채면적은 5만m^2 이하로 한다), ③ 표고버섯 재배용으로 이용하기 위하여 총 입목수량의 3분의 1 이내에서 연간 50m^3 범위에서 하는 입목벌채, ④ 산림소유자 또는 산림을 사용 · 수익할 수 있는 자가 객토용으로 또는 비영리 목적의 자가소비용으로 동일 지역에서 30m^3 이하의 토사를 채취하는 행위, ⑤ 「산림문화 · 휴양에 관한 법률」에 따른 너비 1m50cm 이내의 숲길의 설치(다만, 배향곡선지 또는 휴식을 위한 장소 등 부득이한 경우에는 1m50cm를 초과할 수 있다), ⑥ 산림의 보전 및 관리에 필요한 임도 및 임산물을 운반하는 도로 · 작업로 시설의 설치, ⑦ 전신주나 이동통신기지국의 설치, ⑧ 현행법 제11조 제1항 제1호 다목 및 제2호 나목과 시행령 제3조 제2항 제7호, 제10호부터 제14호까지, 제16호 및 제17호의 시설을 설치하기 위한 진입로 및 현장사무실 등 부대시설의 설치, ⑨ 산림유전자원보호구역의 지정목적에 위배되지 않는 범위에서 하는 숲가꾸기를 위한 벌채, 그 밖에 산림의 기능을 증진시키기 위한 입목 · 죽의 벌채나 임산물의 굴취 · 채취, ⑩ 송전탑 등의 안전관리 · 긴급복구 등을 위한 행위, ⑪ 「사방사업법」의 사방시설 및 산불이나 산사태 등 산림재해의 예방을 위한 시설의 설치, ⑫ 병해충의 구제 및 예방을 위한 시설의 설치, ⑬ 「장사 등에 관한 법률」에 따른 10만m^2 미만의 수목장림의 조성, ⑭ 「산림교육의 활성화에 관한 법률」에 따른 유아숲체험원의 조성, ⑮ 입목이 농경지 또는 주택에 연접된 지역에 있어 해가림이나 그 밖의 피해우려가 있는 경우(농경지 또는 주택의 외곽 경계선으로부터 그 입목까지의 거리가 나무 높이에 해당하는 거리 이내인 경우로 한정한다) 해당 입목을 산림소유자의 동의를 얻어 벌채하는 행위, ⑯ 「광업법」에 따른 광물의 탐사 · 시추시설의 설치, ⑰ 「6 · 25 전사자유해의 발굴 등에 관한 법률」 제9조에 따른 전사자유해의 조사 · 발굴, ⑱ 「매장문화재 보호 및 조사에 관한 법률」 제6조에 따른 매장문화재 지표조사 및 같은 법 제11조 제1항 단서에 따른 매장문화재의 발굴행위를 말한다. 그러나 이 경우에도 ②~④, ⑭ 및 ⑯은 산림유전자원보호구역에는 적용하지 않으며, ⑬은 수원함양보호구역 중 농림축산식품부령으로 정하는 구역, 현행법에 따

로 하는 행위를 할 수 있다(제9조 제2항 제1호). 여기에서 '농림축산식품부령으로 정하는 산림보호시설'이란 산불예방 안내간판, 산림보호 안내간판, 근무초소, 관리사, 산림유전자원 증식 및 연구시설, 소화전, 무인감시카메라시설물, 무인안내방송시설물, 차량차단기 등을 말한다(시행규칙 제5조 제2항).

산림청장 또는 시·도지사는 산림보호구역 안에서 허용되는 이러한 행위를 하기 위하여 현행법에 따라 허가의 신청을 받은 경우에는 그 신청을 받은 날부터 15일 이내에 허가 여부를 신청인에게 통지하여야 하며, 만일 그 정한 기간 내에 허가 여부나 민원처리 관련 법령에 따른 처리기간의 연장을 신청인에게 통지하지 않으면 그 기간이 끝난 날의 다음 날에 허가를 한 것으로 본다(제9조 제3항·제4항). 이 경우 처리기간이 민원처리 관련 법령에 따라 연장 또는 재연장된 경우에는 해당 처리기간을 기준으로 한다.

나. 산림청장 또는 시·도지사에게 신고하면 할 수 있는 행위

산림보호구역 안이라고 하더라도 그 지정목적에 위배되지 않는 범위에서 숲가꾸기를 위한 벌채, 그 밖에 산림의 기능을 증진하기 위한 입목·죽의 벌채나 임산물의 굴취·채취 행위로서 대통령령으로 정하는 경우는 산림청장 또는 시·도지사에게 신고하고 그 행위를 할 수 있다(제9조 제2항 제2호). 그러나 산림유전자원보호구역에는 이러한 규정이 적용되지 않으며, 따라서 산림유전자원보호구역에서는 산림청장 또는 시·도지사에게 신고를 하더라도 이러한 행위를 해서는 안 된다. 이는 보안림에서 유래한 일반적인 산림보호구역과 산림유전자원보호림에 그 기원을 두는 산림유전자원보호구역의 본질적 차이에 따른 것으로서 현행법의 제정에 따라 보안림과 산림유전자원보호림이 통합되었음에도 불구하고 여전히 그 구분이 지속되고 있다는 것을 반증하는 것이다.

현행법에 따라 산림청장 또는 시·도지사에게 신고하면 할 수 있는 행위로서 '대통령령으로 정하는 경우'란 (1) 수원의 함양·증진을 위하여 활엽수림 또는 혼효림을 조성하려고 벌채하는 경우, (2) 복층림을 조성하기 위하여 벌채하는 경우, (3) 입목벌채를 수반하지 않는 경우로서 수실류, 버섯류, 산나물류, 약초류 또는 약용류를 재배 및 굴취·채취하는 경우를 말한다(시행령 제3조 제3항). 그러나 현행법에 따라 수원의 함양·증진을 위하여 활엽수림 또는 혼효림을 조성하려고 벌채하는 경우에도 그 벌채면적은 5만m^2 이내로 한정하며, 벌채 후에는 토사 등이 유출되지 않도록

른 재해방지보호구역 및 산림유전자원보호구역에는 적용하지 않는다(시행령 제3조 제2항).

조치하여야 한다.

산림청장 또는 시·도지사는 산림보호구역 안에서 허용되는 이러한 행위를 하기 위하여 현행법에 따라 신고를 받은 경우에는 그 신고를 받은 날부터 15일 이내에 신고수리 여부를 신청인에게 통지하여야 하며, 만일 그 정한 기간 내에 신고수리 여부나 민원처리 관련 법령에 따른 처리기간의 연장을 신청인에게 통지하지 않으면 그 기간이 끝난 날의 다음 날에 신고수리를 한 것으로 본다(제9조 제3항·제4항). 이 경우 처리기간이 민원처리 관련 법령에 따라 연장 또는 재연장된 경우에는 해당 처리기간을 기준으로 한다.

다. 산림청장 또는 시·도지사의 허가나 신고 없이 할 수 있는 행위

산림보호구역 안에서도 그 지정목적에 위배되지 않는 범위에서 방화선을 설치하기 위한 입목벌채 등 대통령령으로 정하는 행위는 할 수 있다(제9조 제2항 제3호). 여기에서 '방화선을 설치하기 위한 입목벌채 등 대통령령으로 정하는 행위'란 (1) 방화선을 설치하기 위하여 입목을 벌채하거나 임산물을 굴취·채취하는 경우, (2) 「산림자원의 조성 및 관리에 관한 법률 시행령」 제43조 제1호부터 제9호까지의 규정에 따라 임의로 하는 입목벌채에 해당하는 경우, (3) 자연적인 재해지역에 대하여 「자연재난 구호 및 복구 비용 부담기준 등에 관한 규정」 제3조 제6호의 기능복원사업[8]을 시행하는 경우를 말한다(시행령 제3조 제4항). 그러나 이 경우에도 산림유전자원보호구역에는 이러한 규정이 적용되지 않으며, 따라서 산림유전자원보호구역에서는 방화선을 설치하기 위한 입목벌채 등의 행위도 할 수 없음에 주의하여야 한다.

[4] 산림보호구역의 관리

1. 관리원칙 및 방안

산림청장 또는 시·도지사는 산림보호구역을 지정하였으면 그 지정목적대로 보호·관리하도록 노력하여야 하며, 이를 위하여 산림보호구역의 보호·관리나 기능증진에 필요하다고 인정하면 관리인을 지정하거나 산림보호구역의 소유자 또는 관리인과 산림보호에 관한 협약[산림보호관리협약]을 체결하여 산림을 관리하게 할 수 있다(제10조 제1항·제2항). 이 경우 산림청장 또는 시·도지사는 산림보호구역의 소유자·관

8) 「자연재난 구호 및 복구 비용 부담기준 등에 관한 규정」 제3조 제6호에 따르면 '기능복원사업'이란 피해시설의 본래 기능을 유지할 수 있도록 현지 여건에 맞추어 피해시설을 복원하는 사업을 말한다.

리인 또는 산림보호관리협약을 체결한 자에 대하여 보호·관리 등에 필요한 사항을 명하거나 그 보호·관리에 필요한 비용을 대통령령으로 정하는 바에 따라 지원할 수 있다. 여기에서 '산림보호구역의 보호·관리에 필요한 비용'이란 산림보호구역의 보호를 위한 시설물의 설치에 드는 비용, 산림보호구역의 기능 유지·증진을 위한 비용, 그 밖에 산림보호관리협약의 이행에 필요한 비용을 말한다(시행령 제4조).

국가나 지방자치단체는 공익상의 이유로 현행법에 따라 허용되는 행위를 허가받지 못한 산림보호구역의 토지 및 입목·죽의 소유자 또는 이를 사용·수익할 수 있는 권리를 가진 자에 대하여 그 허가를 받지 못하여 일반적으로 받게 될 손실을 대통령령으로 정하는 바에 따라 보상하여야 한다(제10조 제3항 및 시행령 제5조 제1항·제2항). 현행법에 따라 손실보상을 받으려는 산림보호구역의 소유자는 그 허가를 하지 않기로 결정된 날부터 1개월 이내에 농림축산식품부령으로 정하는 바에 따라 산림청장 또는 시·도지사에게 이를 청구하여야 하며, 이러한 청구를 받은 산림청장 또는 시·도지사는 그 손실보상 청구를 접수한 날부터 15일 이내에 보상에 관한 결정을 하고 그 결과를 청구인에게 통지하여야 한다.

2. 산림유전자원보호구역의 관리

가. 산림유전자원보호구역 관리기본계획

산림청장은 산림유전자원보호구역의 보호·관리를 위하여 5년마다 산림유전자원보호구역 관리기본계획[관리기본계획]을 수립·시행하여야 한다(제10조의3 제1항). 산림청장이 수립·시행하는 이러한 관리기본계획에는 산림유전자원보호구역 보호·관리목표의 설정에 관한 사항, 산림유전자원의 조사·연구에 관한 사항, 산림유전자원의 분포 현황에 관한 사항, 산림유전자원보호구역의 지속가능한 이용에 필요한 사항, 그 밖에 산림유전자원의 보호·관리에 필요한 사항 등이 포함되어야 한다.

산림청장은 관리기본계획을 수립하거나 변경하려는 경우에는 대통령령으로 정하는 경미한 사항을 변경하는 경우를 제외하고는 관계 행정기관의 장 및 지방자치단체의 장과 미리 협의하여야 하며, 수립된 관리기본계획에 따라 매년 산림유전자원보호구역 시행계획[시행계획]을 수립·시행하고 이에 필요한 재원을 확보하기 위하여 노력하여야 한다(제10조의3 제2항·제3항 및 제5항). 산림청장은 관리기본계획 및 시행계획의 수립을 위하여 필요한 경우에는 관계 행정기관의 장 및 지방자치단체의 장에게 자료의 제출을 요구할 수 있으며, 산림청장으로부터 이러한 자료의 제출을 요구받은 관계 행정기관의 장 및 지방자치단체의 장은 정당한 사유가 없으면 이에 따라야 한다.

산림청장은 관리기본계획 및 시행계획을 수립하거나 변경한 때에는 농림축산식품부령으로 정하는 바에 따라 이를 공표하여야 하고, 관계 중앙행정기관의 장 및 시·도지사에게 통보하며, 국회 소관상임위원회에 수립 또는 변경한 관리기본계획 및 시행계획을 제출하여야 한다(제10조의3 제4항).

시·도지사와 지방산림청장은 산림청장이 수립한 관리기본계획에 따라 5년마다 관할 산림유전자원보호구역에 대한 관리계획[지역관리계획]을 수립·시행하여야 하며, 이러한 관리기본계획과 지역관리계획에 따라 매년 연차별 시행계획을 각각 수립·시행하여야 한다(제10조의3 제6항·제7항).

나. 보호·관리행위

산림청장 또는 시·도지사는 면적·위치 등 농림축산식품부령으로 정하는 기준에 부합하는 산림유전자원보호구역의 경우에는 그 보호·관리에 필요한 시설로서 산림유전자원의 조사·보존 및 연구를 위한 시설, 산림유전자원보호구역의 교육·탐방 및 안내시설, 그 밖에 산림유전자원보호구역의 보호·관리를 위한 시설로서 농림축산식품부령으로 정하는 시설을 설치·운영할 수 있다(제10조 제4항). 여기에서 '농림축산식품부령으로 정하는 기준에 부합하는 산림유전자원보호구역'이란 다음에 해당하는 산림유전자원보호구역을 말하며, 이를 보호·관리하기 위한 시설로서 '농림축산식품부령으로 정하는 시설'이란 산림유전자원의 증식을 위한 시설, 근무초소 및 관리사를 말한다(시행규칙 제6조 제4항·제5항).

- 면적이 100만m^2 이상인 산림유전자원보호구역
- 「백두대간 보호에 관한 법률」에 따른 백두대간보호지역, 「민간인 통제선 이북지역의 산지관리에 관한 특별법」에 따른 민간인 통제선 이북지역 또는 도서지역에 지정된 산림유전자원보호구역
- 희귀식물 자생지 등 보존의 필요성이나 학술적 가치가 높은 지역에 지정된 산림유전자원보호구역
- 「산림문화·휴양에 관한 법률」에 따른 숲길 주변 등 사람의 왕래가 잦은 지역에 지정된 산림유전자원보호구역

산림유전자원보호구역의 관리와 관련하여 특히 지방산림청장은 「자연공원법」에 따른 국립공원 안의 산림유전자원보호구역의 보호·관리를 위하여 산림유전자원의 조사·보존 및 연구, 산림병해충의 방제, 산불예방, 그 밖에 필요한 일정한 행위로서 대통령령으로 정하는 행위를 할 수 있다(제10조의2 제1항). 이는 현행법에 따라 지정된 산

림유전자원보호구역이 「자연공원법」을 따르는 국립공원 안에 있는 경우라도 지방산림청장에게 일정한 행위를 할 수 있도록 허용함으로써 산림유전자원보호구역의 지정목적 및 보호·관리를 위한 최소한의 범위에서는 국립공원과 산림유전자원보호구역이 서로 보완·협력할 수 있도록 하기 위한 것이다. 그러므로 지방산림청장은 국립공원 안의 산림유전자원보호구역의 보호·관리를 위하여 현행법에 따른 행위를 하는 경우에는 상호간에 이러한 보완·협력 효과를 높일 수 있도록 공원관리청에 미리 통보하여야 한다.

이와 함께 지방산림청장은 국립공원 안의 산림유전자원보호구역을 보호·관리하기 위하여 필요한 경우에는 농림축산식품부령으로 정하는 바에 따라 사람의 출입을 제한할 수 있는데(제10조의2 제2항), 이에 따르면 지방산림청장은 국립공원 안의 산림유전자원보호구역의 훼손방지를 위하여 일정 기간 휴식기가 필요한 경우나 산림유전자원의 연구를 위하여 필요한 경우, 그 밖에 산림유전자원의 보호·관리를 위하여 필요한 경우에는 국립공원 안의 산림유전자원보호구역의 일부 지역을 입산통제구역으로 지정할 수 있다(시행규칙 제6조의2 제1항·제2항). 그러나 이 경우 지방산림청장은 그 지정 사실, 대상 지역 및 출입이 금지되는 기간 등을 공원관리청에 통보하여야 하며, 현행법에 따라 이러한 출입제한 조치를 하는 경우에도 공원관리청이 개설·운영하는 탐방로나 공원관리청이 공원관리 업무수행을 위하여 출입하는 경우에는 이를 적용하지 않는다.

다. 효과성평가

산림청장은 산림유전자원보호구역의 보호 및 관리의 효과성에 관한 평가를 실시할 수 있으며, 그 결과를 현행법에 따라 수립하는 산림유전자원보호구역 관리기본계획에 반영하여야 한다(제10조의4 제1항·제2항). 산림유전자원보호구역에 대한 이러한 효과성평가는 산림유전자원보호구역의 현재 상황 및 향후 보호·관리계획, 산림유전자원보호구역의 보호·관리자원 투입현황 및 보호·관리경과, 산림유전자원보호구역의 보호·관리성과 등을 중심으로 5년마다 실시한다(시행령 제5조의4).

3. 산림보호구역 토지의 매수 및 교환

국가나 지방자치단체는 산림보호구역의 지정목적을 달성하기 위하여 필요하면 토지소유자와 협의하거나 토지소유자의 신청을 받아 산림보호구역의 토지 및 입목·죽이나 대통령령으로 정하는 산림보호구역 인근의 토지를 예산의 범위에서 매수하거나 국유림 또는 공유림과 교환할 수 있다(제12조 제1항 및 시행규칙 제10조의3). 이 경우 곶자왈이나 풍혈지 및 농림축산식품부령으로 정하는 토지인 산림습지는 다른 산림보호구역의 토지에 우선하여 매수·교환의 대상으로 선정할 수 있다.[9] 여기에서 '대통령령으로 정하는 산림보호구역 인근의 토지'란 산림보호구역의 보호나 기능의 유지·증진을 위하여 필요한 산림보호구역 인근의 토지, 산림보호구역과 잇닿은 토지로서 분할하기 어려운 토지 및 산림보호구역으로 둘러싸여 있는 토지를 말한다(시행령 제7조). 국가나 지방자치단체에 의한 이러한 토지 및 입목·죽의 매수·교환절차 등은 「국유재산법」, 「국유림의 경영 및 관리에 관한 법률」 또는 「공유재산 및 물품관리법」을 준용하며, 그 매수·교환의 가격은 「공익사업을 위한 토지 등의 취득 및 보상에 관한 법률」에 따라 산정된 가격으로 한다(제12조 제2항·제3항).

산림보호구역 토지의 매수·교환과 관련하여 「국유재산법」 제2조 제11호에 따른 중앙관서의 장 등은 소관 국유림 중 농림축산식품부령으로 정하는 수원함양보호구역으로 지정된 재산을 같은 법에 따라 매각·교환하려는 경우에는 해당 지정권자와 미리 협의하고, 그 협의결과를 매각·교환하려는 상대방에게 알려야 한다(제12조의2 및 시행규칙 제10조의4). 여기에서 '농림축산식품부령으로 정하는 수원함양보호구역'이란 제3종 수원함양보호구역을 말한다. 이는 「국유재산법」상 중앙관서의 장 등으로서 그 소관 국유림을 매각·교환하는 경우에도 제3종 수원함양보호구역으로 지정된 재산인 경우에는 산림청장이나 시·도지사와 같은 해당 지정권자와 미리 협의하도록 함으로써 제3종 수원함양보호구역 지정의 실효성을 유지하기 위한 것이다. 따라서 현행법에 따른 「국유재산법」상 중앙관서의 장 등의 소관 국유림에는 제3종 수원함양보호구역의 지정권자인 산림청장이 경영·관리하는 산림청 소관 국유림은 해당하지 않는다.

[5] 산림보호원의 고용

산림청장, 시·도지사, 시장·군수·구청장 또는 지방산림청장은 산림보호구역

---

9) '곶자왈'은 제주도의 동부·서부 및 북부에 걸쳐 분포하는 지형으로서 열대 북방한계 식물과 한대 남방한계 식물이 공존하는 제주도의 독특한 숲이나 지형으로서 자연생태계의 보전을 위하여 중요한 가치를 가진 것으로 알려져 있다. 곶자왈이란 용어는 나무·덩굴식물·암석 등이 수풀처럼 뒤섞여 어수선한 곳을 일컫는 제주도의 방언이다. 한편 '풍혈지'란 지하에 저온층이 존재하는 크고 작은 바위들의 집적지로서 지하로부터 자연적인 냉풍이 불어나와 저온환경이 형성된 지역을 말하며 통상적으로는 '얼음골'이라고도 한다. 이러한 풍혈지에는 희귀식물을 포함하여 주변지역과는 다른 식생이 분포하는 것으로 알려져 있다. 이러한 풍혈지에 대하여는 "기후변화 취약식물들에겐 바람구멍이 멸종 막을 숨구멍", 한겨레, 2020. 10. 16. 등을 참고하라.

의 훼손이나 오염방지 등 산림보호를 위하여 필요하면 산림보호원을 둘 수 있다(제17조 제1항~제3항). 산림보호원은 산림의 훼손·오염방지 및 계도, 산림식물의 보호, 산림병해충의 예찰, 산불예방활동, 그 밖에 산림보호에 필요한 활동 등을 수행한다. 산림청장, 시·도지사, 시장·군수·구청장 또는 지방산림청장은 산림보호원의 이러한 업무수행을 위하여 필요한 경우 예산의 범위에서 그 활동에 필요한 경비를 지급할 수 있다.

산림보호원은 산림보호를 위하여 산림청장, 시·도지사, 시장·군수·구청장 또는 지방산림청장이 현행법에 따라 고용하는 사람으로서 산림보호활동을 증진하기 위하여 산림청장 등이 위촉하는 숲사랑지도원(제46조 제1항)과는 전혀 다른 것이다. 현행법상 숲사랑지도원이란 임업인, 산림이나 환경관련 단체의 회원, 산림청장이 설립을 허가한 법인의 회원, 그 밖에 숲을 사랑하는 마음과 산림보호활동을 증진하기 위하여 필요하다고 인정되는 사람으로서 농림축산식품부령으로 정하는 요건을 갖춘 자를 위촉한 것으로 일종의 자원봉사적인 성격이 강한 것이기 때문이다. 현행법에 따르면 이러한 숲사랑지도원은 산불방지, 산림훼손방지 및 산림정화 등 산림보호에 관한 활동과 산림보호에 대한 대국민 홍보 및 지도활동을 수행하는데, 특히 산림청장은 숲사랑지도원 중 그 활동이 특별히 우수하거나 숲사랑 활동의 확산·정착에 기여할 것으로 기대되는 사람은 숲사랑지도위원으로 위촉할 수 있다(시행규칙 제39조 제6항).

[6] 지정해제 및 재지정

1. 지정해제

가. 지정해제 사유

산림청장 또는 시·도지사는 일정한 사유가 있는 경우에는 산림보호구역 중 생활환경보호구역·경관보호구역·수원함양보호구역 및 재해방지보호구역의 전부 또는 일부의 지정을 해제할 수 있다(제11조 제1항 제1호). 산림청장 또는 시·도지사가 현행법에 따라 생활환경보호구역 등의 전부 또는 일부의 지정을 해제할 수 있는 사유에는 (1) 지정목적을 달성하여 산림보호구역으로 계속 둘 필요가 없다고 인정하는 경우, (2) 천재지변 등으로 인한 피해, 그 밖에 대통령령으로 정하는 사유로 지정목적이 상실되었다고 인정하는 경우, (3) 학교시설, 농로시설, 주요 산업시설, 군사시설, 하천시설, 도로 및 철도시설 등 대통령령으로 정하는 공용·공공용 시설의 용지로 사용하려는 경우, (4) 농업·임업·어업 및 광업과 관련된 용도로서 농지 등의 개발, 농가주택 등의 시설, 어류양식 등의 시설 등 대통령령으로 정하는 용도로 사용하려는 경우, (5) 「문화재보호법」에 따른 보호구역의 지정 및 관리 등 공익목적을 위하여 지정해제가 불가피하다고 인정되는 경우로서 대통령령으로 정하는 사유가 발생한 경우, (6) 산림보호구역의 지정목적에 지장이 없는 범위에서 산림보호구역의 일부 구역에서 토석을 채취하는 등 대통령령으로 정하는 용도로 사용하려는 경우, (7) 현행법에 따라 산림청장이 지정한 수원함양보호구역에 대하여 지정목적에 지장이 없도록 농림축산식품부령으로 정하는 범위에서 수원함양보호구역의 일부 구역이 대통령령으로 정하는 다른 목적의 부지로 편입되는 경우,[10] (8) 「문화재보호법」에 따른 시·도지정문화재 보호구역의 지정 및 관리 등 공익목적을 위하여 지정해제가 불가피하다고 인정되는 경우로서 대통령령으로 정하는 사유가 발생한 경우 등이 있다. 다만, 여기에서 「문화재보호법」에 따른 보호구역과 시·도지정문화재 보호구역에는 국가지정문화재 및 시·도지정문화재의 점유면적을 포함한다.

현행법은 산림보호구역 중 특히 산림유전자원보호구역의 경우에는 이러한 사유와는 별도로 그 해제사유를 규정하고 있는데(제11조 제1항 제2호), 이에 따르면 (1) 지정목적을 달성하여 산림보호구역으로 계속 둘 필요가 없다고 인정하는 경우, (2) 천재지변 등으로 인한 피해, 그 밖에 대통령령으로 정하는 사유[11]로 지정목적이 상실되었다고 인정하는 경우, (3) 군사시설이나 그 밖에 대통령령으로 정하는 공용·공공용 시설[12]의 용지로 사용하거나 공익목적을 위하여 지정해제가 불가피하다고 인정하

10) 여기에서 '농림축산식품부령으로 정하는 범위'란 수원함양보호구역이 다른 목적의 부지로 편입되는 면적이 2만m^2 미만이면서 다른 목적의 부지에서 수원함양보호구역이 차지하는 비율이 30% 미만인 경우를 말하며(시행규칙 제10조), '대통령령으로 정하는 다른 목적의 부지'란 ① 「체육시설의 설치·이용에 관한 법률」의 체육시설업에 따른 체육시설을 설치하기 위한 부지나 ② 그 밖에 다른 법령에서 현행법의 수원함양보호구역의 지정을 해제할 수 있도록 정하고 있는 부지에 해당하는 부지를 말한다(시행령 제6조 제6항).

11) 여기에서 '대통령령으로 정하는 사유'란 지정된 산림보호구역이 ① 주변 토지가 도시화되었거나 개발되어 산림보호구역의 기능을 하지 못하고 있다고 인정되는 경우나 ② 「산림자원의 조성 및 관리에 관한 법률」 제2조 제1호의 산림이 아닌 다른 토지로 둘러싸여 있고 면적이 1만m^2 미만으로서 산림보호구역의 기능을 할 수 없다고 인정되는 경우를 말한다(시행령 제6조 제1항).

12) 현행법에 따른 '대통령령으로 정하는 공용·공공용 시설'이란 ① 「철도산업발전기본법」 제3조 제2호 가목부터 라목까지의 철도시설, 「기상관측표준화법」의 관측시설, 「도로법」의 도로, 「공항시설법」의 공항시설, ② 「전원개발촉진법」의 전원설비 중 같은 법 제5조에 따라 실시계획의 승인을 받은 시설, 「전기통신기본법」의 전기통신설비, ③ 시행령 제6조 제2항 제7호부터 제10호까지의 시설에 해당하는 것으로서 국가 또는 지방자치단체 소속의 임업시험연구를 위한 시설, 현행법에 따른 산림생태원 또는 생태숲의 기능증진을 위한 시설, 국립수목원 및 「수목원·정원의 조성 및 진흥에 관한 법률」에 따라 수목원조성계획의 승인을 받아 조성되는 수목원에

는 경우 등이 있다. 현행법이 이처럼 산림유전자원보호구역의 경우 그 해제사유를 따로 규정한 것은 산림보호구역 중 산림유전자원보호구역의 해제사유를 보다 제한함으로써 산림유전자원보호구역을 특별히 보호하려는 취지로 이해된다.

나. 시 · 도지사의 사전협의가 필요한 경우

시 · 도지사는 일정한 사유로 인하여 산림보호구역의 전부 또는 일부의 지정을 해제하고자 하는 경우에는 산림청장과 미리 협의하여야 한다(제11조 제2항). 현행법에 따라 시 · 도지사가 산림보호구역의 지정을 해제하는 경우 산림청장과 미리 협의하여야 하는 사유는 다음과 같다.

- 생활환경보호구역 · 경관보호구역 · 수원함양보호구역 및 재해방지보호구역: 현행법에 따른 지정해제 사유 중 (1), (2), (7) 및 (8)에 해당하는 경우
- 산림유전자원보호구역: 지정목적을 달성하여 산림보호구역으로 계속 둘 필요가 없다고 인정하는 경우 또는 천재지변 등으로 인한 피해, 그 밖에 대통령령으로 정하는 사유로 지정목적이 상실되었다고 인정하는 경우에 해당하는 때

시 · 도지사는 현행법에 따른 산림보호구역이 이러한 사유에 해당하여 그 지정을 해제하고자 하는 경우에는 산림청장과 미리 협의하여야 한다. 이 경우 산림청장은 시 · 도지사로부터 협의를 요청받으면, 「산지관리법」에 따른 중앙산지관리위원회의 심의를 거쳐 그 결과에 따른 협의의견을 시 · 도지사에게 통보하여야 한다(제11조 제3항 · 제4항).

2. 재 지 정

산림보호구역 중 생활환경보호구역 · 경관보호구역 · 수원함양보호구역 및 재해방지보호구역이 그 지정해제 사유 가운데 (3)~(8)의 사유로 해제되었거나, 산림유전자원보호구역이 '군사시설이나 그 밖에 대통령령으로 정하는 공용 · 공공용 시설의 용지로 사용하거나 공익 목적을 위하여 지정해제가 불가피하다고 인정하는 경우'에 해당하여 지정해제된 경우로서 그 산림보호구역이 지정해제가 고시된 날부터 3년이 되는 날까지 관련 사업이 시작되지 않은 경우 또는 인가 · 허가의 취소나 기간만료 등으로 관련 사업을 위한 사업구역 등의 지정이 효력을 잃게 된 경우에는 지정을 해제하였던 그 구역을 산림보호구역으로 다시 지정할 수 있다(제11조의2 제1항).

설치하는 시설, 「산림자원의 조성 및 관리에 관한 법률」에 따른 시험림의 유지 · 관리에 필요한 시설을 말한다(시행령 第6조 第8항).

이 경우 지정권자는 산림보호구역으로 재지정하는 사유, 구역의 구분, 재지정 대상지의 소재와 면적, 재지정 기준 연월일을 고시하고, 토지소유자와 관할 시장 · 군수 · 구청장 및 현행법 제8조 제1항에 따라 농림축산식품부령으로 정하는 자에게 알려야 한다(제11조의2 제2항). 그러나 이 경우에도 당초 산림보호구역으로 지정되었다가 해제한 것을 재지정하는 것이므로 별도로 이의신청기간은 두지 않는다. 여기에서 현행법 제8조 제1항에 따라 '농림축산식품부령으로 정하는 자'란 재지정 예정지에 대하여 「광업법」 제38조에 따른 광업권이 등록되어 있는 자나 재지정 예정지가 국유림인 경우에는 「국유림의 경영 및 관리에 관한 법률」에 따라 사용허가 또는 대부를 받은 자, 「국유재산법」에 따른 사용허가를 받거나 대부계약을 체결한 자 또는 변상금을 납부하고 있는 자를 말하며, 만일 재지정 예정지가 공유림인 경우에는 그 재지정 예정지에 대하여 「공유재산 및 물품 관리법」에 따른 사용 · 수익허가를 받은 자나 대부계약을 체결한 자 또는 변상금을 납부하고 있는 자를 말한다(시행규칙 제4조 제1항).

Ⅲ. 보호수·산림정화구역 및 입산통제구역 등

[1] 보 호 수

1. 지정대상 및 절차

시 · 도지사 또는 지방산림청장은 역사적 · 학술적 가치 등이 있는 노목 · 거목 및 희귀목 등으로서 특별히 보호할 필요가 있는 나무를 보호수로 지정하여야 한다(제13조 제1항 · 제2항). 이 경우 시 · 도지사 또는 지방산림청장은 지정사유, 지정대상 나무의 소재지, 지정대상 나무의 나무종류 · 나이 · 높이 · 가슴높이지름 및 수관폭 등과 지정에 관한 이의신청 기간, 그 밖에 농림축산식품부령으로 정하는 사항 등을 공고하고, 지정대상 나무의 소유자와 관할 시장 · 군수 · 구청장 등 농림축산식품부령으로 정하는 자에게 알려야 한다. 여기에서 '관할 시장 · 군수 · 구청장 등 농림축산식품부령으로 정하는 자'란 관할 시장 · 군수 · 구청장, 지정대상 나무가 자라는 토지의 사용 · 수익권자 및 지정대상 나무가 소재하는 마을의 통 · 리장을 말한다(시행규칙 제10조의5 제1항).

현행법에 따른 이러한 보호수의 지정과 관련하여 지정대상 나무의 소유자나 지정대상 나무에 직접적인 이해관계가 있는 자는 이의신청 기간에 농림축산식품부령으로 정하는 바에 따라 이의신청을 할 수 있으며, 이 경우 시 · 도지사 또는 지방산림청장은 이의신청을 받은 날부터 20일 이내에 그 이의신청에 대하여 결정을 하고 지체 없이 그 결과를 신청인에게 알려야 한다(제13조 제3항~제6항). 만일 현행법에 따른 이러한 보호수의 지정과 관련하여 이의신청이 없거나 그 이의신청이 이유가 없다고 인정되면 시·도지사 또는 지방산림청장은 지정대상 나무를 보호수로 지정·고시하고, 그 보호수의 소유자와 관할 시장·군수·구청장에게 알려야 한다. 이러한 절차에 따른 보호수의 지정은 고시한 날부터 그 효력이 발생한다.

2. 행위제한 및 보호·관리

가. 행위제한

보호수는 특별한 보호가 필요한 나무이므로 누구든지 보호수의 전부 또는 일부를 훼손하는 행위를 해서는 안 된다(제13조의3 제1항). 만일 이에 위반하여 보호수의 전부 또는 일부를 훼손한 자는 벌칙 제54조 제3항에 따라 3년 이하의 징역이나 3천만원 이하의 벌금에 처해질 수 있다.

시·도지사 또는 지방산림청장은 보호수의 보호에 관한 이러한 규정에도 불구하고 보호수의 질병예방 및 치료, 보호수 주변 농작물의 보호, 그 밖에 농림축산식품부령으로 정하는 경우에는 보호수의 일부를 자르거나 보호장비를 설치하는 등의 행위를 할 수 있다(제13조의3 제2항). 이 경우 시·도지사 또는 지방산림청장은 나무의사 등과 같은 전문가의 의견을 들어야 한다. 여기에서 '농림축산식품부령으로 정하는 경우'란 보호수에 대한 학술적 연구·조사, 보호수의 후계목 육성 및 이전을 위하여 필요한 경우와 현행법에 따른 보호수 심의위원회에서 보호장비 설치 등이 타당하다고 의결한 경우 등을 말한다(시행규칙 제10조의6).

시·도지사 또는 지방산림청장은 보호수를 보호·관리하기 위하여 보호수가 자라는 토지 중 보호수의 수관폭에 해당하는 구역에서의 개발행위를 제한할 수 있다(제13조의3 제3항). 이 경우 시·도지사 또는 지방산림청장은 해당 구역의 토지 소유자 등에게 사전에 그 사유를 설명하여야 한다.

나. 보호수에 대한 보호·관리

시·도지사 또는 지방산림청장은 원칙적으로 보호수를 현재 있는 장소에서 안전하게 관리하여야 한다(제13조의2 제1항). 그러나 보호수가 자라는 토지를 학교시설, 농로시설, 주요 산업시설, 군사시설, 하천시설, 도로, 철도시설 등 대통령령으로 정하는 공용·공공용 시설의 용지로 사용하거나 주민의 생명·신체에 대한 위해를 방지하기 위하여 불가피한 경우에는 보호수를 이전하여 관리할 수 있다. 이 경우 시·도지사 또는 지방산림청장은 나무의사 등과 같은 전문가의 의견을 들어 보호수를 이전하여야 한다.

시·도지사 또는 지방산림청장은 보호수의 보호·관리를 위하여 보호수의 질병 및 훼손 여부 등을 매년 정기적으로 점검하여야 하며, 산림청장은 보호수의 현황 등을 파악하기 위하여 지방자치단체의 장, 관련 기관 및 단체의 장에게 자료의 제출을 요청할 수 있다(제13조의2 제3항·제4항). 이 경우 산림청장으로부터 보호수에 관한 자료의 제출을 요청받은 자는 특별한 사유가 없으면 이에 따라야 한다.

국가나 지방자치단체는 보호수의 보호·관리를 위한 이러한 조치는 물론 필요한 경우에는 보호수가 점유하고 있는 토지를 매수하거나 그 토지를 다른 토지와 교환하는 방법으로 보호수를 보호·관리할 수 있으며, 특히 보호수 관리의 하자로 인하여 인명 또는 재산피해를 입은 자에 대한 지원을 위하여 「한국지방재정공제회법」 제16조 제1항 제2호에 따른 영조물배상공제 가입 등 보상방안을 마련할 수 있다(제13조의2 제5항 및 제13조의6).[13] 이 경우 해당 토지의 매수 및 교환에 대하여는 산림보호구역 토지의 매수·교환에 관한 현행법 제12조의 규정을 준용한다.

시·도지사 또는 지방산림청장은 보호수의 지정·지정해제 및 이전 등에 관한 업무의 전문성을 제고하기 위하여 보호수 심의위원회를 둘 수 있다(제13조의5 제1항·제2항). 현행법에 따른 보호수 심의위원회는 보호수의 지정 및 지정해제에 관한 사항, 보호수의 이전에 관한 사항, 그 밖에 시·도지사 또는 지방산림청장이 중요하다고 인정하는 사항을 심의한다. 보호수 심의위원회는 위원장과 부위원장 각 1명을 포함한 7명 이내의 위원으로 구성하되, 민간위원이 과반수가 되도록 해야 한다(시행령 제7조의4 제1항·제4항). 이 경우 위촉된 위원의 임기는 2년으로 하며, 한 차례만 연임할 수 있다.

3. 지정해제

시·도지사 또는 지방산림청장은 천재지변이나 화재 등으로 인한 소실·손상 등으로 지정목적이 소멸되었거나 지정목적에 미달된 경우에는 보호수의 지정을 해제할 수 있다(제13조의4 제1항). 이 경우 보호수의 지정해제에 관하여 보호수의 소유자나 해당 보호수와 직접적인 이해관계가 있는 자는 지정해제에 관한 이의신청 기간에 농림

13) 여기에서 국가나 지방자치단체가 보호수 관리의 하자로 인한 피해를 입은 자에 대하여 지원하는 경우 그 보호수란 ① 보호수 주변을 다수인이 휴식장소로 이용하는 보호수, ② 보호수 주변에 주택·주차장 등이 있어 피해를 줄 수 있는 보호수, ③ 그 밖에 시·도지사 또는 지방산림청장이 보호수로 인한 피해지원이 필요하다고 인정하는 보호수를 말한다(시행령 제7조의8 제1항).

축산식품부령으로 정하는 바에 따라 이의신청을 할 수 있다(제13조의4 제3항 및 시행령 제7조의3 제2항).

만일 보호수의 지정해제에 관하여 이와 같은 이의신청이 없거나 이의신청이 이유가 없다고 인정되면 시·도지사 또는 지방산림청장은 보호수의 지정을 해제하고 이를 공고하여야 하며, 해당 보호수의 소유자와 관할 시장·군수·구청장에게 알려야 한다(제13조의4 제2항 및 시행령 제7조의3 제4항).

[2] 산림정화구역 및 입산통제구역

1. 산림정화구역

누구든지 산림에서는 오물 또는 쓰레기를 버리거나 산림의 보호·관리를 위하여 산림행정관서에서 설치한 표지를 옮기거나 더럽히거나 망가뜨리는 행위를 해서는 안 된다(제16조). 만일 이에 위반하는 경우에는 제57조에 따라 100만원 이하(제3항 제1호) 또는 20만원 이하(제5항 제2호)의 과태료에 처해질 수 있다. 그러나 산림의 오염방지를 위한 이러한 일반적인 금지에도 불구하고 산림이 오염되었거나 오염될 우려가 있어 이를 방지·정화하거나 산림환경보전을 위하여 필요하다고 인정되는 경우에는 산림청장, 특별자치시장·특별자치도지사·시장·군수·구청장 또는 지방산림청장은 해당 산림의 전부 또는 일부를 대통령령으로 정하는 기준에 따라 산림정화구역으로 지정할 수 있다(제14조 제1항·제4항). 이 경우 산림청장 등은 그 지정사실을 고시하여야 한다.

산림정화구역의 지정권자인 산림청장, 특별자치시장·특별자치도지사·시장·군수·구청장 또는 지방산림청장은 현행법에 따른 산림정화구역에 오염방지시설을 설치하는 등 산림오염의 방지·정화 및 산림환경보전을 위하여 필요한 조치를 할 수 있다(제14조 제2항). 현행법에 따르면 이러한 산림오염방지시설에는 이동 자연발효식 간이화장실, 이동식 쓰레기수거함, 생태계변화모니터링 장비, 간이식사대, 간이음식조리대, 오수정화시설 및 화기물보관소 등이 있으며, 산림환경보전시설에는 정화구역 안내판, 동·식물서식 현황도, 학습·산림욕·수련방법 등에 관한 교육·안내시설 등이 있다(시행규칙 제12조 제2항).

산림청장, 시·도지사, 시장·군수·구청장 또는 지방산림청장은 산림정화구역의 훼손 및 오염방지 등 산림보호를 위하여 필요하면 산림보호원을 둘 수 있으며, 만일 그 지정목적을 달성하였거나 계속 둘 필요가 없다고 인정하면 그 지정을 해제하고 이를 고시하여야 한다(제17조 제1항·제3항 및 제14조 제3항·제4항). 이 경우 산림청장, 시·도지사, 시장·군수·구청장 또는 지방산림청장은 그 산림보호원의 업무수행을 위하여 필요한 경우 예산의 범위에서 활동에 필요한 경비를 지급할 수 있음은 앞에서 이미 설명한 것과 같다.

2. 입산통제구역

가. 지 정

특별자치시장 · 특별자치도지사 · 시장 · 군수 · 구청장 또는 지방산림청장은 산불예방, 자연경관유지, 자연환경보전, 그 밖에 산림보호를 위하여 필요하면 일정한 기간을 정하여 산림의 일부 지역을 입산통제구역으로 지정하여 사람의 출입이나 차량의 통행을 제한할 수 있다(제15조 제1항). 그러나 「자연공원법」에 따른 공원구역의 경우에는 해당 법률에 따라 출입금지 등의 조치(같은법 제28조)가 이루어지므로 입산통제구역에 관한 현행법의 규정은 적용되지 않는다.

당초 이와 같은 입산통제제도는 1972년 구「산림개발법」을 제정하면서 조림 및 사방사업을 실시한 산림에 대하여 타인의 출입을 제한(같은법 제63조)하는 취지로 도입[14]된 것으로서 1980년 구「산림개발법」이 폐지되자 구「산림법」(법률 제3232호, 1980. 1. 4.)에 입산통제구역(같은법 제97조~제99조)으로 옮겨 규정된 것이 「산림자원의 조성 및 관리에 관한 법률」을 거쳐 현재에 이르게 된 것이다.

입산통제구역의 지정권자인 특별자치시장 · 특별자치도지사 · 시장 · 군수 · 구청장 또는 지방산림청장은 입산통제구역을 지정하면 그 사실, 대상지역 및 사람의 출입이나 차량통행이 제한되는 기간 등을 고시하고 입산통제구역에 농림축산식품부령으로 정하는 표시를 하여야 한다(제15조 제2항 및 시행규칙 제13조 제2항). 그러나 급박한 산불위험 등 부득이한 사유가 있는 경우에는 특별자치시 · 특별자치도 · 시 · 군 · 구 또는 지방산림청의 게시판 및 인터넷 홈페이지 등에 공고함으로써 이러한 고시에 갈음할 수 있다.

나. 출입의 허가

차량통행을 포함하여 입산통제구역에 들어가려는 자는 입산통제구역 지정권자의 허가를 받아야 한다(제15조 제3항~제5항). 이 경우 특별자치시장 · 특별자치도지사 · 시장 · 군수 · 구청장 또는 지방산림청장은 입산통제구역에 대한 출입허가의 신청을 받은 날부터 3일 이내에 허가여부를 신청인에게 통지하여야 하며, 만일 그 정한 기간 내에 허가여부나 민원처리 관련 법령에 따른 처리기간의 연장을 신청인에게 통지하지 않으면 그 기간이 끝난 날의 다음 날에 허가를 한 것으로 본다. 이 경우 처리

---

14) 산림청(2017)의 「산림청 50년사」, 347면.

기간이 민원처리 관련 법령에 따라 연장 또는 재연장된 경우에는 해당 처리기간을 기준으로 한다.

입산통제구역에 대한 이러한 출입허가 규정에도 불구하고 산림사업의 시행, 산불진화, 그 밖에 농림축산식품부령으로 정하는 사유에 해당하는 경우에는 허가 없이 들어갈 수 있다(제15조 제3항 단서). 여기에서 입산통제구역에 허가 없이 들어갈 수 있는 '농림축산식품부령으로 정하는 사유'란 (1) 조림, 숲가꾸기, 사방, 벌채, 임도시설 등 산림사업을 위하여 입산하는 경우, (2) 산불방지 및 병해충 방제를 위하여 입산하는 경우, (3) 군 및 예비군의 작전업무 수행을 위하여 입산하는 경우, (4) 학술연구 · 자원조사를 위하여 입산하는 경우, (5) 입산통제구역으로 지정된 산림에 거주하는 주민이 일상 생업상의 목적으로 입산하는 경우, (6) 성묘 및 분묘 설치를 위하여 입산하는 경우, (7) 현행법에 따라 위촉된 숲사랑지도원이나 숲사랑지도위원이 산림보호활동을 위하여 입산하는 경우, (8) 「야생생물 보호 및 관리에 관한 법률」 제42조에 따라 설정된 수렵장 내의 정당한 수렵을 위하여 입산하는 경우, (9) 송 · 배전 선로의 점검 및 유지 · 보수를 위하여 입산하는 경우, (10) 문화재보호구역을 포함한 문화재의 조사, 연구 및 보존 · 관리를 위하여 입산하는 경우 등을 말한다(시행규칙 제14조 제3항).

다. 지정해제

입산통제구역의 지정권자인 특별자치시장 · 특별자치도지사 · 시장 · 군수 · 구청장 또는 지방산림청장은 입산통제구역의 지정목적이 달성되었거나 지정목적이 상실된 경우에는 지체 없이 그 지정을 해제하고 그 사실을 고시하여야 한다(제15조 제6항). 이 경우 지정해제를 고시하는 방법은 입산통제 구역을 지정하는 경우와 같다.

[3] 생대숲 및 특별산림보호대상종

1. 생 태 숲

산림청장은 산림생태계의 안정과 산림생물의 다양성을 유지 · 증진하고 연구 · 교육 · 탐방 및 체험 등을 위하여 필요한 산림을 생태숲으로 지정할 수 있다(제18조 제1항). 여기에서 생태숲이란 "산림생태계가 안정되어 있거나 산림생물다양성이 높아 특별히 현지내 보전 · 관리가 필요한 숲"(제2조 제2호)을 말한다.

지방자치단체의 장이나 지방산림청장이 현행법에 따라 일정한 산림을 생태숲으로 지정받으려는 경우에는 농림축산식품부령으로 정하는 바에 따라 산림청장에게 생태숲 지정을 신청하여야 하며, 이러한 신청을 받은 경우 산림청장은 해당 산림의 입지여건 및 면적 등이 대통령령으로 정하는 지정기준에 맞는 경우에는 그 산림을 생태숲으로 지정하여야 한다(제18조 제2항·제3항 및 시행령 제9조). 현행법에 따르면 '대통령령으로 정하는 지정기준'이란 산림생태계가 안정되어 있거나 산림생물의 다양성이 높은 산림으로서 30만m^2 이상 또는 자연휴양림이나 도시숲 등과 잇닿아 있어 교육·탐방 및 체험 등의 기능을 높일 수 있는 경우에는 20만m^2 이상인 지역을 말한다.

산림청장은 현행법에 따른 생태숲을 활성화하기 위하여 생태숲이나 그 주변 토지에 연구·교육·탐방 및 체험 등을 위한 시설인 산림생태원을 설치하거나 훼손된 산림생태계를 복원하려는 지방자치단체에게 필요한 지원을 할 수 있다(제18조 제4항 및 시행규칙 제18조 제1항·제2항). 산림청장은 산림생태원을 설치하는 경우 그 시설 중 건축물의 설치비용은 산림생태원 총 사업예산의 2분의 1 이내로 하여야 하며, 지방자치단체의 장 또는 지방산림청장은 생태숲의 산림생태계 안정과 산림생물다양성의 유지·증진을 위하여 식생조사 및 식생복원 등 필요한 사업을 시행하여야 한다.

2. 특별산림보호대상종

가. 특별산림보호대상종의 지정

산림청장 또는 시·도지사는 기후변화, 산림재해, 인위적 산림훼손 등에 특히 취약하거나 산림생태계의 안정 및 경제적·문화적·학술적으로 가치가 높아 우선적인 보호가 필요한 산림자원에 대하여 특별산림보호대상종[보호종]으로 지정·관리할 수 있다(제18조의2 제1항). 그러나 이 경우에도 「야생생물 보호 및 관리에 관한 법률」에 따른 멸종위기 야생생물이나 「문화재보호법」에 따른 국가지정문화재 중 천연기념물과 같이 다른 법령에 따라 보호대상으로 지정된 종을 현행법에 따른 보호종으로 지정·관리하고자 하는 경우에는 관계 중앙행정기관의 장과 미리 협의하여야 한다. 산림청장 또는 시·도지사는 현행법에 따라 보호종을 지정한 경우 그 보호종의 보존·관리·증식·이용·품종개발 및 보급 등에 필요한 비용의 전부 또는 일부를 예산의 범위에서 지원할 수 있다(제18조의2 제4항).

산림청장 또는 시·도지사가 지정할 수 있는 보호종의 종류는 산림에 있거나 산림에서 자라고 있는 수목, 초본류, 이끼류 및 버섯류 등으로 하며, 만일 산림청장이 현행법에 따라 보호종을 지정하거나 그 지정을 해제하는 경우에는 「수목원·정원의 조성 및 진흥에 관한 법률 시행령」에 따른 국가수목유전자원목록심의회의 심의를 거쳐야 하고 그 내용을 고시하여야 한다(제18조의2 제5항 및 시행규칙 제18조의2).

나. 특별산림보호대상종의 관리

누구든지 현행법에 따라 지정된 보호종을 벌채·굴취·채취·손상 또는 말라 죽게 하거나 그 자생지를 훼손하는 행위를 해서는 안 된다(제18조의3 제1항). 그러나 보호종에 대한 이러한 행위제한 규정에도 불구하고 보호종을 학술·연구·보전·증식 또는 복원의 목적으로 사용하고자 하는 경우, 「수목원·정원의 조성 및 진흥에 관한 법률」에 따라 등록한 수목원에서 전시·교육의 목적으로 사용하고자 하는 경우, 그 밖에 보호종의 지속적인 생장·번식에 지장을 주지 않는 범위에서 농림축산식품부령으로 정하는 경우[15]로서 산림청장, 시·도지사 또는 지방산림청장의 허가를 받은 경우에는 이를 굴취·채취할 수 있다. 그러나 이 경우에도 다른 관계 법령에 따라 보호종의 굴취·채취 허가를 받은 경우에는 그 법령에서 정한 바에 따른다.

산림청장, 시·도지사 또는 지방산림청장은 현행법에 따라 지정된 보호종이 굴취·채취되어 그 자생지가 훼손된 경우에는 이를 복원 또는 복구할 수 있으며, 보호종이 집단적으로 서식하고 있는 지역 중 특별히 보전할 필요가 있는 구역에 대하여는 현행법에 따른 산림유전자원보호구역이나 생태숲으로 지정할 수 있다(제18조의2 제2항 및 제18조의3 제3항). 이와 함께 산림청장, 시·도지사 또는 지방산림청장은 「산림자원의 조성 및 관리에 관한 법률」에 따른 산림사업을 하는 경우에도 보호종과 그 자생지의 피해를 최소화할 수 있는 방안을 수립하여 시행하여야 한다(제18조의2 제3항).

[4] 산림의 건강·활력도

산림청장은 산림의 기능을 증진시키기 위하여 산림생태계가 건강하고 다양하게 유지되고 있는 정도[산림의 건강·활력도]를 조사·평가할 수 있으며, 그 조사·평가한 결과에 따라 특별히 보호할 필요가 있다고 인정되는 산림에 대하여는 보전대책을 수립·시행하여야 한다(제19조 제1항·제2항).

산림청장은 매년 농림축산식품부령으로 정하는 바에 따라 산림의 건강·활력도에 관한 조사계획을 수립하고, 그 조사계획을 관계 행정기관의 장 및 시·도지사

---

15) 여기에서 '농림축산식품부령으로 정하는 경우'란 ① 「공익사업을 위한 토지 등의 취득 및 보상에 관한 법률」 제4조에 따른 공익사업을 시행하거나 다른 법령에 따라 인·허가 등을 받은 사업을 시행하기 위하여 보호종을 옮겨 심는 것이 불가피한 경우, ② 지역주민이 생활하기 위한 목적으로 전체 결실량의 3분의 2를 넘지 않는 범위의 종자채취가 필요한 경우, ③ 산림병해충·산사태 등 산림재해로 인하여 보호종이 자생지에서 생육하기가 곤란하여 보호종을 옮겨 심는 것이 불가피한 경우를 말한다(시행규칙 제18조의3 제1항).

에게 통보하여야 한다(시행령 제10조 제1항~제3항). 산림의 건강·활력도는 식물의 생장 정도, 토양의 산성화 정도 등 토양환경의 건전성 정도, 대기오염 또는 산림병해충 등에 의한 산림의 피해 정도, 산림생태계의 다양성 정도, 그 밖에 산림의 건강에 영향을 미치는 요인을 기준으로 조사하며, 이에 대한 평가는 조사기준에 따른 결과를 연도별 또는 5년 주기별로 비교하여 평가하는 방법으로 한다.

산림청장은 현행법에 따른 산림의 건강·활력도 조사를 위하여 필요하면 관계 공무원 또는 산림의 건강·활력도 조사를 하는 자에게 타인의 토지나 이에 붙어 있는 건물, 그 밖의 인공구조물에 출입하거나 이를 잠시 사용하게 할 수 있으며, 부득이한 경우에는 식물 등을 옮기거나 제거할 수 있다(제49조 제1항·제2항). 이 경우 현행법에서 정한 사항 이외 토지의 출입 등에 관하여는 「산지관리법」 제47조 제2항부터 제5항까지 및 같은 법 제48조를 준용한다.

Ⅳ. 산림병해충의 예찰 및 방제

[1] 산림병해충 예찰·방제계획

1. 계획수립 전

가. 조사·연구 및 기술개발

산림청장, 시·도지사 또는 지방산림청장은 산림병해충과 이와 관련된 산림곤충 등의 종류·분포 및 생태적 특성 등에 관하여 조사·연구하고 방제기술을 개발하여야 한다(제21조의2 제1항). 여기에서 '산림병해충'이란 산림에 있는 식물과 산림이 아닌 지역에 있는 수목에 해를 끼치는 병과 해충으로서 「농어업재해대책법」 제2조 제4호에 따른 농작물은 제외한 것을 말한다(제2조 제3호). 이와 관련하여 '산림곤충 등'의 개념과 범위에 대해서는 현행법상 분명하게 정의되어 있지 않으나, 산림 내에 서식하는 산림곤충뿐만 아니라 수목에 해를 끼치는 진균·점균·세균 및 바이러스를 포함하는 것으로 이해된다(시행규칙 제10조의2).[16] 산림청장, 시·도지사 또는 지방산림청장은 이러

16) 이러한 산림곤충과는 달리 농림축산식품부 소관 법률인 「곤충산업의 육성 및 지원에 관한 법률」에서는 곤충을 "사슴벌레, 장수풍뎅이, 반딧불이, 동애등에, 꽃무지, 뒤영벌, 그 밖에 농림축산식품부령으로 정하는 동물"로 정의하고, 이러한 곤충과 관련된 재화 또는 용역을 제공하는 업으로서 곤충산업을 육성하는 방안에 대하여 구체적으로 규정하고 있다. 물론 곤충산업의 대상이 되는 곤충과 산림병해충과 관련된 산림곤충은 전혀 다른 것이지만, 이를 참고한다면 산림병해충 방제 정책의 직접적 대상이 되는 산림곤충의 법적 개념과 범위를 정하는 것은 충분한 실익이 있어 보인다.

한 산림병해충 및 이와 관련된 산림곤충 등에 대한 조사·연구의 결과를 산림병해충의 예찰·방제에 관한 전국 및 지역의 장기계획 또는 연도별계획에 각각 반영하여야 한다(제21조의2 제2항).

나. 정보체계에 대한 법적 근거의 필요성

현행법은 산림병해충에 관한 조사·연구 및 기술개발과 관련하여 정보체계의 구축에 관하여는 명문으로 규정하고 있지 않다. 그러나 현행법의 이러한 태도는 산림병해충에 효과적으로 대응하기 위해서는 그 발생 현황 및 예찰·방제 등에 관한 정보와 자료를 통합관리하는 정보체계의 구축이 반드시 필요하다는 점에서 이해하기 어려운 것이 사실이다. 이는 산림병해충을 포함한 산림재해에 효과적으로 대처하기 위해서는 객관적인 정보와 자료에 기반하여 장·단기 계획을 마련하고 이에 따라 신속하고 정확한 대응정책을 수립·시행하면서 이를 국민과 적극적으로 공유하는 것이 중요하기 때문이다.

이러한 관점에서 현재 산림청이 산림병해충에 관한 정보체계를 산불 및 산사태와 같은 산림재해와 통합하여 구축해 나가고 있는 것은 큰 의미가 있어 보인다.[17] 그러나 이러한 성과에도 불구하고 통합된 정보체계가 법적 기반을 갖추지 못한다면, 현재 구축중인 정보체계가 실제 정책을 추진하는 과정에서 제한적인 역할을 하는데 그칠 수도 있다는 우려를 갖게 된다. 따라서 앞으로는 「재난 및 안전관리 기본법」에 따른 안전정보통합관리시스템(같은법 제66조의9)과 같이 현행법에 이러한 정보체계의 구축 및 운영에 대한 법적 근거를 마련하는 방안을 적극적으로 검토하는 것이 필요해 보인다.

2. 장기계획

산림청장은 효율적이고 체계적인 산림병해충의 예찰·방제를 위하여 전국 산림병해충 예찰·방제 장기계획[전국장기계획]을 10년마다 수립·시행하여야 한다(제20조 제1항). 현행법에 따라 산림청장이 수립하는 이러한 전국장기계획에는 그 목표 및 추진방향, 산림병해충의 예찰·방제를 위한 예산·인력 등의 확충과 관련 법령의 정비 등 제도개선에 관한 사항, 산림병해충의 예찰·방제의 교육·연구 및 국제협력에 관한 사항, 산림병해충 피해지의 복구·복원에 관한 사항, 그 밖에 산림병해충의

17) 2012년부터 추진한 이러한 '산림재해 통합관리체계'의 구축과정에 대하여는 산림청(2018)의 「산림재해 통합관리체계 구축 이야기」를 참고하라.

예찰·방제에 관하여 대통령령으로 정하는 사항[18] 등이 포함되어야 한다. 산림청장은 이러한 내용이 포함된 전국장기계획을 수립 또는 변경하였을 때에는 시·도지사와 지방산림청장에게 통지하고, 국민들이 그 내용을 알 수 있도록 게시판 및 인터넷 홈페이지 등에 공고하여야 한다(제20조 제3항 및 시행령 제11조 제2항).

시·도지사와 지방산림청장은 산림청장이 수립한 전국장기계획에 따라 관할 지역의 특수성을 고려한 지역 산림병해충 예찰·방제 장기계획[지역장기계획]을 10년마다 수립·시행하여야 한다(제20조 제2항 및 시행령 제11조 제3항). 시·도지사와 지방산림청장은 현행법에 따라 이러한 지역장기계획을 수립 또는 변경하였을 때에는 예찰·방제기관의 장에게 통지하고, 주민들이 그 내용을 알 수 있도록 게시판 및 인터넷 홈페이지 등에 공고하여야 한다.

3. 연도별 계획

산림청장은 매년 전국 산림병해충 예찰·방제계획[전국연도별계획]을 수립하여 시·도지사와 지방산림청장에게 알려야 한다(제21조제1항 및 시행령 제12조 제1항). 이는 산림청장이 전국연도별계획을 변경한 때에도 같다. 산림청장이 수립하는 이러한 전국연도별계획에는 주요 산림병해충의 예찰조사 및 방제 추진계획, 산림병해충의 방제효과에 대한 조사 추진계획, 산림병해충 방제 관련 예산 및 인력 확보계획, 산림병해충에 대한 대국민 홍보계획 및 예찰·방제 유관기관과의 협조사항 등이 포함되어야 한다.

시·도지사와 지방산림청장은 현행법에 따라 산림청장으로부터 전국연도별계획을 통보받은 경우에는 이에 따라 관할 지역의 특수성을 고려하여 매년 지역 산림병해충 예찰·방제계획[지역연도별계획]을 수립·시행하고, 해당 연도의 추진실적을 산림청장에게 제출하여야 한다(제21조 제2항 및 시행령 제12조 제3항).

[2] 산림병해충 예찰·방제대책본부

산림청장은 현행법에 따른 산림병해충의 예찰과 방제에 필요한 지원을 하기 위하여 산림청에 중앙 산림병해충 예찰·방제대책본부[중앙예찰·방제대책본부]를 설치·운영하여야 한다(제22조 제1항·제3항 및 시행령 제13조 제2항). 중앙예찰·방제대책본부의 본부장은 산림청장이 되며, 현행법에 따라 산림병해충 방제대책을 총괄하고 산림병해충에 대한 예찰·

18) 이에 따라 '대통령령으로 정하는 사항'에는 ① 산림병해충 예찰·방제의 홍보에 관한 사항, ② 산림병해충 방제사업의 설계·감리에 관한 사항, ③ 산림병해충 예찰·방제 관련 단체 등의 육성에 관한 사항 등이 있다(시행령 제11조 제1항).

확산방지 및 산림병해충 피해목의 제거・처리 등을 위하여 부문별로 실무대책반을 운영할 수 있다.

지방자치단체의 장, 지방산림청장 및 국유림관리소장은 산림병해충의 예찰・방제를 효율적으로 추진하기 위하여 지역 산림병해충 예찰・방제대책본부[지역예찰・방제대책본부]를 설치・운영하여야 한다(제22조 제2항・제3항 및 시행령 제14조 제2항). 지역예찰・방제대책본부의 본부장은 지방자치단체의 장, 지방산림청장 및 국유림관리소장이 되며, 이러한 지역예찰・방제대책본부장은 현행법에 따라 산림병해충 예찰・방제 유관기관의 장으로 구성되는 산림병해충 방제 지역협의회를 운영하고 산림병해충의 방제사업을 총괄하며, 지역주민에 대한 홍보와 산림병해충에 대한 예찰・확산방지 및 피해목의 제거・처리 등을 위하여 부문별로 실무대책반을 운영할 수 있다.

[3] 산림병해충의 예찰 및 방제

1. 예　　찰

산림청장 또는 예찰・방제기관의 장은 산림병해충이 발생할 우려가 있거나 발생한 지역에 대하여 예찰을 하여야 하며, 이러한 예찰결과에 따라 산림병해충 방제계획을 수립하여 방제하여야 한다(제23조 제1항 및 시행규칙 제20조 제3항). 여기에서 예찰・방제기관이란 "산림병해충의 예찰・방제를 하는 지방자치단체나 산림청 소속 기관"(제2조 제6호)을 말한다.

현행법은 산림병해충에 대한 예찰과 방제를 엄격히 구분하고 있는데, 이에 따르면 예찰이란 "산림병해충이 발생할 우려가 있거나 발생한 지역에 대하여 발생여부, 발생정도 및 피해상황 등을 조사하거나 진단하는 것"(제2조 제4호)을 말하며, 방제란 "산림병해충이 발생하지 아니하도록 예방하거나 이미 발생한 산림병해충을 약화시키거나 제거하는 모든 활동"(제2조 제5호)을 말한다. 예찰은 산림병해충의 효과적인 방제를 위한 가장 기본이 되는 활동 중의 하나인데, 특히 앞으로는 겨울철 기온의 상승으로 기존 산림병해충의 피해가 지속적으로 발생하면서 갈색날개매미충이나 호두갈색썩음병 등과 같은 외래병해충의 유입・정착 및 돌발병해충의 발생 위험도 증가할 것으로 전망[19]되므로 이러한 예찰의 중요성은 더욱 강조되어야 할 것이다.

산림병해충의 예찰은 항공기에서 촬영장비를 이용하거나 탑승자가 맨눈으로 예찰하는 항공예찰과 지상에서 예찰조사요원이 장비를 이용하거나 맨눈으로 예찰하는 지상예찰로 구분하여 실시한다(시행규칙 제20조 제1항・제2항). 이러한 예찰은 산림청장이 따로 정하

19) 산림청(2018)의 「제6차 산림기본계획(2018년~2037년)」, 114면.

는 산림병해충별 발생조사시기에 실시하는데, 만일 새로운 산림병해충이 발생하거나 발생할 우려가 있는 경우 또는 갑자기 산림병해충이 발생한 경우에는 연중 실시할 수 있다.

산림청장 또는 예찰·방제기관의 장은 산림병해충의 예찰·방제를 위하여 필요하면 관계 공무원 또는 산림병해충의 예찰·방제를 하는 자에게 타인의 토지나 이에 붙어 있는 건물, 그 밖의 인공구조물에 출입하거나 이를 잠시 사용하게 할 수 있으며, 부득이한 경우에는 식물 등을 옮기거나 제거할 수 있다(제49조 제1항·제2항). 이 경우 현행법에서 정한 사항 이외 토지의 출입 등에 관하여는 앞에서 이미 살펴본 것처럼 「산지관리법」 제47조 제2항부터 제5항까지 및 같은 법 제48조를 준용한다.

2. 방제조치 및 명령

가. 산림소유자의 조치의무

산림소유자는 산림병해충이 발생할 우려가 있거나 발생하였을 때에는 예찰·방제에 필요한 조치를 하여야 한다(제24조 제1항). 따라서 산림병해충에 대한 예찰·방제조치의 책임은 우선적으로 산림소유자에게 있으며, 국가 및 지방자치단체에게 있는 것이 아니다. 산림병해충에 대한 산림소유자의 이러한 조치의무는 산림소유권의 본질적인 권한과 책임에 기반한 것으로서 「소나무재선충병 방제특별법」에 따른 산림소유자 등의 소나무재선충병 구제·예방조치 및 국가·지방자치단체의 방제조치에 대한 협조의무와 동일한 취지의 규정으로 이해된다(같은 법 제3조 제1항·제4항).

나. 방제명령

산림청장, 시·도지사, 시장·군수·구청장 또는 지방산림청장은 산림병해충이 발생할 우려가 있거나 발생하였을 때에는 예찰·방제에 필요한 조치를 할 수 있으며, 특히 산림청장을 제외한 시·도지사, 시장·군수·구청장 또는 지방산림청장은 산림소유자, 산림관리자, 산림사업종사자, 수목의 소유자 또는 판매자 등에게 다음과 같은 조치를 하도록 명할 수 있다(제24조 제2항·제3항).

- 산림병해충이 있는 수목이나 가지 또는 뿌리 등의 제거
- 산림병해충이 발생할 우려가 있거나 발생한 산림용 종묘, 베어낸 나무, 조경용 수목, 떼, 토석 등의 이동제한이나 사용금지
- 산림병해충을 옮기거나 피해를 일으키는 곤충 등 동물의 방제나 병해충의 피해를 확산시키는 식물의 제거
- 산림병해충이 발생할 우려가 있거나 발생한 종묘·토양의 소독

현행법에 따라 시·도지사, 시장·군수·구청장 또는 지방산림청장으로부터 이러한 방제명령을 받은 자는 특별한 사유가 없으면 그 명령에 따라야 한다(제24조 제3항 후단 및 제24조 제6항). 이 경우 시·도지사, 시장·군수·구청장 또는 지방산림청장은 이러한 방제명령에 따른 조치를 이행하기 위하여 발생한 비용을 대통령령으로 정하는 바에 따라 지원할 수 있다.[20] 시·도지사, 시장·군수·구청장 또는 지방산림청장은 현행법에 따른 방제명령 중 산림용 종묘, 베어낸 나무, 조경용 수목 등의 이동제한이나 사용금지를 명한 경우에는 그 내용을 해당 기관의 게시판 및 인터넷 홈페이지 등에 10일 이상 공고하여야 하며, 이와 같은 이동제한이나 사용금지의 명령을 받은 자가 그 해제를 신청하면 산림병해충의 방제가 완료되었다고 인정되는 경우에만 이동제한이나 사용금지를 해제할 수 있다(제24조 제4항·제5항).

다. 방제사업

산림청장 또는 예찰·방제기관의 장이 산림병해충을 방제하려면 방제사업 시작 14일 전까지 방제 일시 및 대상지역, 방제대상 병해충의 종류, 방제방법 및 내용, 그 밖에 방제와 관련하여 필요한 사항 등을 공고하여야 한다(제25조 제1항). 그러나 긴급하게 방제할 필요가 있는 경우에는 우선 방제를 한 후에 공고할 수 있다. 여기에서 '방제사업'이란 현행법에 따라 산림병해충이 발생하지 않도록 예방하거나 이미 발생한 산림병해충을 약화시키거나 제거하기 위하여 시행하는 사업을 말하며, 이러한 방제사업의 개념을 포함하여 산림병해충의 방제방법에 관한 세부적인 사항은 산림청장이 따로 정하는 바에 따른다.[21]

예찰·방제기관의 장은 대통령령으로 정하는 규모의 방제사업을 시행하려는 경우에는 설계·감리를 하여야 한다(제26조 제1항 및 시행령 제16조 제1항). 이에 따르면 설계·감리를 하여야 하는 '대통령령으로 정하는 규모의 방제사업'이란 1백만m^2 이상의 산림병해충 방제사업을 말하나, 예외적으로 산림병해충 발생 선단지[22] 등 산림청장 또는 예찰·방제기관의 장이 필요하다고 인정하는 경우에는 1백만m^2 미만인 경우에도 설계·감리를 할 수 있다.

---

20) 이에 따르면 시·도지사, 시장·군수·구청장 또는 지방산림청장은 산림병해충 예찰·방제 조치의 이행 시 발생한 농약대금, 인건비 등의 방제비용을 예산의 범위에서 지원할 수 있다(시행령 제15조 제1항).

21) 「산림병해충 방제규정」(산림청훈령 제1433호, 2019. 12. 11.)을 참고하라.

22) 산림병해충 발생 선단지란 산림병해충의 피해가 최근에 발생하였고 향후 피해 규모가 커질 가능성이 많은 지역을 말한다(시행령 제16조 제1항).

현행법에 따른 방제사업에 대한 설계 · 감리는 「기술사법」에 따라 산림분야 사무소를 개설한 기술사, 「엔지니어링산업 진흥법」에 따른 산림전문분야 엔지니어링 사업자, 그 밖에 대통령령으로 정하는 자가 할 수 있다(제26조 제2항 및 시행령 제16조 제2항). 여기에서 '대통령령으로 정하는 자'란 현행법에 따른 1종 나무병원, 「산림자원의 조성 및 관리에 관한 법률」 시행령 제25조 및 별표1에 따른 숲가꾸기 및 병해충방제 법인, 「산림조합법」에 따른 산림조합 또는 산림조합중앙회를 말한다.

방제사업을 설계하거나 감리하는 자는 현행법이나 현행법에 따른 명령 또는 그 밖의 관계 법령에 맞게 설계 · 감리하여야 하며, 이러한 방제사업의 감리자는 이에 위반한 사항을 발견하거나 방제사업 시공자가 설계대로 방제사업을 하지 않으면 방제사업 시공자에게 이를 시정하거나 재시공하도록 요청하여야 한다(제26조 제3항 ~제5항). 방제사업의 감리자는 만일 방제사업 시공자가 감리자의 이러한 요청에 따르지 않으면 서면으로 그 방제사업을 중지하도록 요청할 수 있으며, 이 경우 공사중지를 요청받은 방제사업 시공자는 정당한 사유가 없으면 즉시 그 공사를 중지하여야 한다.

현행법에 따라 방제작업을 실시한 결과에 대한 점검과 조치에 필요한 세부사항은 농림축산식품부령으로 정하는데(제25조 제2항 및 시행규칙 제22조), 이에 따르면 중앙예찰 · 방제대책본부의 장이 현행법에 따라 방제작업을 실시한 경우에는 그 방제결과에 대한 점검을 실시한 후 3주 이내에 그 결과와 개선 및 권장 사항을 해당 지역예찰 · 방제대책본부의 장에게 통보하고, 지역예찰 · 방제대책본부의 장이 현행법에 따라 방제작업을 실시한 경우에는 그 방제결과에 대한 점검을 실시한 후 3주 이내에 그 점검 결과를 중앙예찰 · 방제대책본부의 장에게 보고하여야 한다. 이는 확산 · 전파하는 산림병해충의 특성을 감안하여 방제작업을 실시한 경우에는 그 결과를 반드시 점검하고, 이에 대한 정보를 서로 공유하도록 함으로써 산림병해충 방제작업의 성과를 높이려는 것으로 이해된다.

3. 산림병해충 특별방제구역

산림청장은 산림병해충의 확산을 방지하기 위하여 긴급하게 예찰 · 방제할 필요가 있는 지역을 산림병해충 특별방제구역으로 지정할 수 있다(제27조 제1항 · 제2항 및 제4항). 산림청장은 현행법에 따라 이러한 특별방제구역을 지정하면 그 지정내용을 고시하고, 해당 특별방제구역을 관할하는 예찰 · 방제기관의 장에게 알려야 하며, 만일 지정목적이 달성되었거나 이를 계속 둘 필요가 없다고 인정하면 지정을 해제하고 그 사실을 고시하여야 한다.

예찰 · 방제기관의 장은 산림병해충 특별방제구역에서 신속하게 예찰 · 방제하기 위하여 산림병해충에 감염된 나무를 긴급하게 베어내는 등 대통령령으로 정하는 바에 따라 예찰 · 방제에 필요한 조치를 할 수 있다(제27조 제3항 및 시행령 제17조). 이에 따르면 예찰 · 방제기관의 장이 대통령령으로 정하는 바에 따라 신속하게 조치할 수 있는 사항에는 산림병해충에 감염된 나무를 긴급하게 베어내는 조치나 베어낸 나무의 반출금지 조치 또는 중앙예찰 · 방제대책본부 및 지역예찰 · 방제대책본부의 설치 · 운영 등이 있다. 이 경우 산림병해충에 감염된 나무를 긴급하게 베어내거나 베어낸 나무의 반출을 금지하는 때에는 그 사실을 산림소유자에게 지체 없이 알려야 한다.

4. 산림병해충 모니터링센터

산림청장은 산림병해충의 신속한 예찰 · 방제 및 교육 · 홍보 등을 위하여 「임업 및 산촌 진흥촉진에 관한 법률」에 따른 한국임업진흥원에 산림병해충 모니터링센터를 설치한다(제27조의2 제1항). 현행법에 따른 산림병해충 모니터링센터는 산림병해충의 발생현황 모니터링 및 통계관리, 산림병해충의 발생추이 분석 및 예측, 산림병해충 등의 방제 품질관리 모니터링, 산림병해충 등에 대한 예찰 · 방제의 교육 및 홍보, 그 밖에 산림청장이 위탁하는 산림병해충과 관련된 사업을 수행한다.

산림청장은 현행법에 따른 산림병해충 모니터링센터를 「소나무재선충병 방제특별법」에 따른 소나무재선충병 모니터링센터와 통합하여 운영할 수 있으며, 국가 또는 지방자치단체는 현행법에 따른 산림병해충 모니터링센터의 운영 및 업무수행에 필요한 예산을 지원할 수 있다(제27조의2 제2항 · 제3항).

V. 수목진료 및 나무의사 · 나무병원

[1] 수목진료

산림청장, 시 · 도지사 또는 지방산림청장은 수목의 피해예방 · 진단 및 치유방법에 관한 사항, 수목진료 관련 전문인력의 양성에 관한 사항, 그 밖에 수목진료에 필요한 사항으로서 대통령령으로 정하는 사항[23]이 포함된 수목진료에 관한 시

23) 여기에서 '대통령령으로 정하는 사항'이란 수목진료 체계의 구축에 관한 사항, 수목진료를 위한 기술의 개발 · 보급에 관한 사항, 수목진료 종사자에 대한 교육 · 홍보 및 컨설팅 등의 지원에 관한 사항, 수목진료 관련 산업의 육성 · 지원에 관한 사항, 그 밖에 수목진료의 육성 · 발전을 위하여 필요한 사항 등을 말한다(시행령 제12조의2).

책을 수립 · 시행하여야 한다(제21조의3 제1항). 여기에서 수목진료란 "수목의 피해를 진단 · 처방하고 그 피해를 예방하거나 치료하기 위한 모든 활동"(제2조 제6호의2)을 말한다.

산림청장은 현행법에 따라 매년 전국을 대상으로 하는 수목진료에 관한 시책을 수립하여 시 · 도지사와 지방산림청장에게 알려야 하며, 이를 통지받은 시 · 도지사와 지방산림청장은 산림청장이 수립한 전국 수목진료에 관한 시책에 따라 관할 지역의 특수성을 고려하여 매년 지역 수목진료에 관한 시책을 수립 · 시행하여야 한다(제21조의3 제2항 및 시행령 제12조의3 제1항 · 제2항). 산림청장, 시 · 도지사 또는 지방산림청장은 이와 같은 수목진료에 관한 시책을 효율적으로 수립 · 시행하기 위하여 수목피해의 현황 및 원인 등에 대한 실태조사를 실시할 수 있다(시행령 제12조의4 제1항).

[2] 나무의사 및 수목치료기술자

1. 개 념

나무의사가 되려는 사람은 현행법에 따른 나무의사 양성기관에서 교육을 이수한 후 산림청장이 시행하는 나무의사 자격시험에 합격하여야 하며, 수목치료기술자가 되려는 사람은 현행법에 정하는 수목치료기술자 양성기관에서 교육을 이수하여야 한다(제21조의4 제1항 · 제3항). 여기에서 나무의사란 수목진료를 담당하는 사람으로서 현행법에 따라 나무의사 자격증을 발급받은 사람을 말하며, 수목치료기술자란 나무의사의 진단 · 처방에 따라 예방과 치료를 담당하는 사람으로서 현행법에 따라 수목치료기술자 자격증을 발급받은 사람을 말한다(제2조 제6호의3 · 제6호의4).

수목에 대한 예방 · 진단 및 치료를 일정한 양성기관에서 교육을 이수한 후 자격증을 발급받은 나무의사와 수목치료기술자[나무의사 등]가 전담하도록 하는 이러한 나무의사제도는 전문성을 갖춘 나무의사에 의한 수목진료체계를 마련함으로써 쾌적한 생활환경을 조성하고 국민들의 건강과 직결되는 생활권역의 수목병해충 관리를 안전하게 수행하기 위하여 2016년 12월 27일 도입된 것이다.[24)]

24) 이와 관련하여 헌법재판소는 나무의사만이 수목진료를 할 수 있도록 규정한 현행법 제21조의4 제1항이 과잉금지원칙에 위배되어 청구인들의 직업선택의 자유를 침해하는지의 여부에 대하여 "나무의사조항은 나무의사 양성기관에서 교육을 이수한 후 나무의사 자격시험에 합격한 나무의사만이 수목을 진료하도록 하여 수목을 체계적으로 보호하기 위한 것으로, 목적의 정당성과 수단의 적합성이 인정된다. 식물보호기사 · 산업기사는 농작물을 포함한 식물 전체를 다루는 점, 산림보호법은 기존에 수목진료를 해오던 식물보호기사 · 산업기사의 기본권 제한을 최소화하기 위한 조치를 취하고 있는 점 등을 고려하면, 나무의사조항은 침해의 최소성에 반하지 않는다. 청구인들이 교육을 이수한 후 나무의사 자격시험에 합격하지 않으면 수목진료를 할 수 없게 되

2. 자격의 취득 및 상실

가. 나무의사 등의 자격

나무의사 자격시험의 응시자격 및 시험과목 등 시험에 필요한 세부적인 사항은 대통령령으로 정한다(제21조의4 제2항 및 시행령 제12조의6 제3항·제4항). 이에 따르면 나무의사 자격시험은 1차 시험인 선택형 필기시험과 2차 시험인 서술형 필기시험 및 실기시험으로 구분하여 실시하며, 1차 시험에 합격한 사람만이 2차 시험에 응시할 수 있다. 나무의사 자격시험에 응시하려는 사람은 농림축산식품부령으로 정하는 바에 따라 수수료를 내야 하며, 만일 나무의사 자격시험에서 부정행위를 한 응시자가 있는 경우에는 산림청장은 그 응시자에 대하여 해당 시험을 정지시키거나 무효로 하고, 그 시험 시행일부터 3년간 응시자격을 정지한다(제21조의8 및 제48조의2 제1호).

나무의사 등의 자격증 발급신청서 접수일을 기준으로 현행법에 정한 결격사유에 해당하는 사람은 나무의사 등의 자격을 취득할 수 없다(제21조의4 제6항 및 제21조의5). 현행법에 따르면 나무의사 등이 될 수 없는 이러한 결격사유란 (1) 미성년자, (2) 피성년후견인 또는 피한정후견인, (3) 현행법이나 「농약관리법」 또는 「소나무재선충병 방제특별법」을 위반하여 징역의 실형을 선고받고 그 집행이 종료되거나 집행이 면제된 날부터 2년이 지나지 않은 사람을 말한다. 여기에서 집행의 종료에는 가석방의 경우와 같이 '집행이 종료된 것으로 보는 경우'를 포함한다.

나. 자격증의 발급 및 재발급

산림청장은 현행법에 따라 나무의사 자격시험에 합격한 사람에게는 나무의사 자격증을 발급하고, 수목치료기술자 교육을 이수한 사람에게는 수목치료기술자 자격증을 발급하여야 한다(제21조의6 제1항~제3항). 만일 현행법에 따라 자격증을 발급받은 사람이 그 자격증을 잃어버리거나 훼손되어 못쓰게 된 경우에는 산림청장으로부터 재발급을 받을 수 있다. 이 경우 나무의사 등의 자격증을 발급 또는 재발급 받으려는 사람은 농림축산식품부령으로 정하는 바에 따라 수수료를 내야 한다(제48조의2 제2호).

나무의사 등의 자격을 취득한 사람은 동시에 2개 이상의 나무병원에 취업해서는 안 되며, 현행법에 따른 나무의사 등의 자격을 보유한 자가 아니면 나무의사 등의 명칭이나 이와 유사한 명칭을 사용하지 못한다(제21조의4 제4항·제5항). 이와 함께 나무의사

는 불이익이 나무의사조항이 추구하는 공익에 비하여 중대하다고 볼 수 없으므로, 나무의사조항은 법익의 균형성에도 반하지 않는다"라고 하면서 "나무의사조항은 과잉금지원칙에 위배되어 청구인들의 직업선택의 자유를 침해하지 않는다"라고 결정하였다(헌재 2020. 6. 25. 2018헌마974).

등의 자격증을 다른 사람에게 빌리거나 빌려주거나 이를 알선하는 행위 또한 엄격히 제한된다(제21조의6 제4항).

다. 자격취소 및 정지

산림청장은 나무의사 등에게 일정한 사유가 있는 경우에는 그 자격을 취소하거나 3년의 범위에서 자격정지를 명할 수 있다(제21조의6 제6항). 산림청장이 현행법에 따라 나무의사 등의 자격을 취소 또는 정지할 수 있는 이러한 사유에는 거짓이나 부정한 방법으로 나무의사 등의 자격을 취득한 경우, 현행법을 위반하여 동시에 2개 이상의 나무병원에 취업한 경우, 나무의사 등의 결격사유에 해당하게 된 경우, 나무의사 등의 자격증을 빌려준 경우, 나무의사 등의 자격정지기간에 수목진료를 행한 경우, 고의나 과실로 수목진료를 사실과 다르게 행한 경우, 거짓이나 그 밖의 부정한 방법으로 현행법에 따른 처방전 등을 발급한 경우 등이 있다.

산림청장은 나무의사 등에게 이러한 사유가 있다고 하더라도 반드시 그 자격을 취소하거나 자격정지 처분을 하여야 하는 것은 아니나, 만일 그 사유가 (1) 거짓이나 부정한 방법으로 나무의사 등의 자격을 취득한 경우, (2) 결격사유에 해당하게 된 경우, (3) 자격정지기간에 수목진료를 행한 경우, (4) 고의로 수목진료를 사실과 다르게 행한 경우에 해당하는 때에는 반드시 그 나무의사 등의 자격을 취소하여야 한다(제21조의6 제6항 단서). 산림청장은 현행법에 따라 나무의사 등의 자격을 취소하거나 자격정지에 해당하는 처분을 하려는 경우에는 청문을 하여야 한다(제48조의3 제1호).

3. 나무의사의 업무 및 교육

가. 업무의 수행

나무의사는 진료부를 갖추어 두고 자기가 직접 수행한 수목진료 사항에 대하여 진료부에 기록·서명하여야 하며, 필요한 경우에는 처방전·진단서 또는 증명서[처방전 등]를 발급한다(제21조의12 제1항~제3항). 나무의사는 직접 진료한 수목에 대하여 수목진료 신청인으로부터 처방전 등의 발급을 요구받았을 때에는 정당한 사유 없이 이를 거부해서는 안 되며, 자기가 직접 진료하지 않고는 처방전 등을 발급해서는 안 된다. 그러나 직접 진료한 나무의사가 부득이한 사유로 진단서 또는 증명서를 발급할 수 없을 때에는 같은 나무병원에 종사하는 다른 나무의사가 진료부 등에 의하여 발급할 수 있다.

수목진료 사업을 수행하는 나무병원이 「농약관리법」에 따른 농약을 수목진료

과정에서 사용할 경우에는 반드시 나무의사의 처방전을 발급받아야 하며, 나무병원은 그 처방전에 따라 농약을 사용하여야 한다(제21조의12 제4항·제5항). 이 경우 처방전을 발급한 나무의사는 농약을 사용하는 자가 처방전에 표시된 농약의 명칭·용법 및 용량 등에 대하여 문의한 때에는 즉시 이에 응답하여야 한다.

나. 나무의사에 대한 교육

나무병원에 종사하는 나무의사는 전문성과 윤리의식을 높이기 위하여 보수교육을 정기적으로 받아야 한다(제21조의13 제1항). 그러나 질병·휴직 등 대통령령으로 정하는 사유로 교육을 받을 수 없는 경우에는 그렇지 않다. 이와 관련하여 군복무가 보수교육을 받을 수 없는 경우에 해당하는지에 대하여는 의문이 있으나, 정기적으로 교육을 받기에 곤란한 사유인 경우에는 이를 포괄적으로 인정하는 것이 타당하다는 점에서 군복무는 보수교육을 받을 수 없는 경우에 해당한다고 해석해야 할 것이다. 현행법도 이러한 입장에서 군복무를 질병·휴직 등과 함께 보수교육을 받을 수 없는 사유로서 명문으로 인정하고 있다(시행령 제12조의12).

산림청장은 농림축산식품부령으로 정하는 시설·인력 및 교육실적 등의 기준에 적합한 기관 및 단체를 보수교육을 실시하는 기관[보수교육기관]으로 지정할 수 있으나, 지정된 보수교육기관에게 일정한 사유가 있는 경우에는 그 지정을 취소할 수 있다(제21조의13 제2항·제3항). 산림청장이 현행법에 따라 보수교육기관의 지정을 취소할 수 있는 이러한 사유에는 거짓이나 부정한 방법으로 지정을 받은 경우, 보수교육을 이수하지 않은 자를 이수한 것으로 처리한 경우, 보수교육기관의 지정기준에 미치지 못하는 경우, 현행법 제21조의14 제1항에 따른 보고 또는 자료제출을 정당한 사유 없이 이행하지 않거나 조사·검사를 거부한 경우 등이 있다. 산림청장은 보수교육기관에게 이러한 사유가 있다고 하더라도 반드시 그 지정을 취소하여야 하는 것은 아니나, 만일 그 사유가 '거짓이나 부정한 방법으로 지정을 받은 경우'에 해당하는 때에는 반드시 그 지정을 취소하여야 한다(제21조의13 제3항 단서).

4. 나무의사 등의 양성기관

산림청장은 대통령령으로 정하는 요건을 갖춘 수목의학 관련 교육기관·시설 및 단체를 나무의사 등의 양성기관으로 지정할 수 있다(제21조의7 제1항·제4항). 이 경우 산림청장은 나무의사 등의 양성기관을 광역지방자치단체별로 1개 이상 지정 및 운영할 수 있도록 노력하여야 한다. 이는 나무의사 등의 제도를 활성화하기 위하여 2021년

4월 13일 법령개정을 통하여 신설한 것이다. 현행법에 따라 이러한 나무의사 등의 양성기관으로 지정을 받으려는 자는 산림청장에게 그 지정을 신청하여야 하며, 그 절차에 따라 산림청장이 양성기관을 지정한 경우에는 농림축산식품부령으로 정하는 지정서를 신청인에게 발급하고 그 사실을 홈페이지 등에 공고하여야 한다(시행령 제12조의8 제3항·제4항).

산림청장은 나무의사 등의 양성기관으로 지정된 경우에도 일정한 사유가 있는 경우에는 농림축산식품부령으로 정하는 바에 따라 그 지정을 취소하거나 시정명령을 할 수 있다(제21조의7 제2항). 산림청장이 현행법에 따라 지정취소나 시정명령을 할 수 있는 이러한 사유에는 거짓이나 부정한 방법으로 지정을 받은 경우, 지정요건에 적합하지 않게 된 경우, 지정 당시 제출한 나무의사 등의 양성과정과 다르게 운영하는 경우 등 대통령령으로 정하는 경우,[25] 현행법 제21조의14 제1항에 따른 보고 또는 자료제출을 정당한 사유 없이 이행하지 않거나 조사·검사를 거부한 경우 등이 있다. 산림청장은 나무의사 등의 양성기관에게 이러한 사유가 있다고 하더라도 반드시 그 지정을 취소하거나 시정명령의 처분을 하여야 하는 것은 아니나, 만일 그 사유가 '거짓이나 부정한 방법으로 지정을 받은 경우'에 해당하는 때에는 반드시 그 지정을 취소하여야 한다(제21조의7 제2항 단서 및 제3항).

현행법에 따른 나무의사 등의 양성기관의 지정취소 및 시정명령에 관한 세부적인 기준은 위반 행위의 종류와 위반 정도 등을 고려하여 대통령령으로 정하나, 만일 산림청장이 나무의사 등의 양성기관 지정의 취소 또는 시정명령에 해당하는 처분을 하려는 경우에는 현행법에 따라 청문을 하여야 한다(제21조의7 제6항 및 제48조의3 제2호). 산림청장은 현행법에 따라 지정이 취소된 자에 대하여는 그 지정이 취소된 날부터 1년 이내에 나무의사 등의 양성기관으로 지정해서는 안 된다. 이 경우 산림청장은 특히 그 지정취소의 사유가 '거짓이나 부정한 방법으로 지정을 받은 경우'에 해당하는 때에는 그 지정이 취소된 날부터 3년 이내에 나무의사 등의 양성기관으로 지정해서는 안 된다.

5. 한국나무의사협회

현행법에 따른 나무의사는 나무의사의 복리증진과 수목진료기술의 발전을 위하

25) 여기에서 '대통령령으로 정하는 경우'란 지정 당시 제출한 나무의사 등의 양성과정과 다르게 운영한 경우, 양성기관으로 지정받은 날부터 1년 이내에 양성과정을 개설하지 않거나 1년 이상 양성기관을 운영하지 않은 경우, 양성기관으로 지정받은 교육장소가 아닌 곳에서 양성과정을 운영한 경우, 산림청장의 시정명령을 1개월 내에 이행하지 않은 경우를 말한다(시행령 제12조의8 제5항).

여 산림청장의 인가를 받아 한국나무의사협회를 설립할 수 있다(제21조의11 제1항~제4항). 현행법에 따른 한국나무의사협회는 법인으로 하며, 이에 관하여 현행법에서 규정한 사항을 제외하고는 민법 중 사단법인에 관한 규정을 준용한다. 한국나무의사협회 회원의 자격과 임원에 관한 사항, 협회의 업무 등은 정관으로 정하며, 그 밖에 정관에 포함되어야 할 사항은 대통령령으로 정한다.

[3] 나무병원

1. 나무병원의 등록

수목진료 사업을 하려는 자는 법인으로서 대통령령으로 정하는 나무병원의 종류별 기술수준 · 자본금 등의 등록기준을 갖추어 시 · 도지사에게 등록하여야 한다(제21조의9 제1항). 여기에서 나무병원이란 수목진료 사업을 하려는 자로서 현행법에 따라 등록증을 발급받은 자를 말한다(제2조 제6호의5). 나무병원의 기술수준 및 자본금 등의 등록기준은 제1종 나무병원과 제2종 나무병원으로 구분한다(시행령 제12조의9 제1항 별표1의6). 이에 따르면 수목진료의 업무를 수행하는 제1종 나무병원의 경우에는 나무의사 2명 이상 또는 나무의사 1명과 수목치료기술자 1명 이상의 인력과 자본금 1억원 이상 및 사무실을 갖추어야 하며, 수목진료 중 처방에 따른 약제살포를 업무로 하는 제2종 나무병원의 경우에는 나무의사 또는 수목치료기술자 1명 이상의 인력과 자본금 1억원 이상 및 사무실을 갖추어야 한다. 나무병원의 이러한 인력기준은 2020년 6월 28일 이후부터 적용되는 것으로서 특히 제2종 나무병원의 경우에는 '제2종 나무병원의 등록에 관한 경과조치'에 관한 부칙[26]에 따라 이러한 인력기준이 2023년 6월 27일까지만 적용됨을 주의하여야 한다.

시 · 도지사는 현행법에 따라 나무병원의 등록을 한 자에게는 등록증을 발급하여야 하며, 만일 그 등록 이후 등록한 사항 중 중요 사항이 변경된 경우에는 농림축산식품부령으로 정하는 기간 내에 변경등록을 신청하여야 한다(제21조의9 제2항 · 제3항 및 제5항). 현행법에 따르면 특히 등록한 나무병원은 그 등록증을 다른 자에게 빌려주어서는 안 되며, 이에 위반하여 나무병원의 등록증을 다른 자에게 빌려준 자는 현행법 제21조

---

26) 이에 따르면 등록기준에 관한 현행 규정 중 제2종 나무병원에 관한 내용은 2023년 6월 27일까지 효력을 가지므로 현행법에 따라 등록한 제2종 나무병원은 2023년 6월 27일까지 제1종 나무병원의 등록기준을 갖추어 제1종 나무병원으로 등록하여야 한다. 이에 대하여는 「산림보호법 시행령」(대통령령 제28998호, 2018. 6. 26) 부칙 제2조(유효기간) 및 제3조(제2종 나무병원의 등록에 관한 경과조치)를 참고하라.

의10 제1항 제4호에 따라 등록취소 및 영업정지의 사유에 해당하는 것은 물론 현행법상의 벌칙 규정에 따라 500만원 이하의 벌금에 처해질 수 있다(제54조 제5항 제7호).

2. 나무병원의 업무

나무병원을 등록하지 않고는 「산림자원의 조성 및 관리에 관한 법률」 제2조에 따른 산림에 서식하고 있는 수목 또는 산림이 아닌 지역의 수목으로서 「농어업재해대책법」 제2조 제4호에 따른 농작물을 제외한 수목을 대상으로 수목진료를 할 수 없다(제21조의9 제4항). 이 경우 나무병원은 현행법이 정한 종류에 따라 제1종 나무병원의 경우에는 수목진료의 업무를 수행하며, 제2종 나무병원의 경우에는 수목진료 중 처방에 따른 약제살포를 수행한다(시행령 제12조의9 제1항 별표1의6).

그러나 국가 또는 지방자치단체가 산림병해충 방제사업을 시행하거나 국가 · 지방자치단체 또는 수목의 소유자가 직접 수목진료를 하는 경우에는 현행법의 규정이 적용되지 않는다(제21조의9 제4항 단서). 따라서 예를 들어 수목의 소유자가 자기의 수목에 대하여 직접 수목진료를 하는 경우에는 현행법에 따라 나무병원으로 등록하지 않더라도 당연히 이를 할 수 있다.

3. 등록취소 및 영업정지의 처분

시 · 도지사는 나무병원에게 일정한 사유가 있는 경우에는 그 등록을 취소하거나 1년의 범위에서 영업정지를 명할 수 있다(제21조의10 제1항). 시 · 도지사가 현행법에 따라 나무병원에게 등록취소 또는 영업정지의 처분을 할 수 있는 이러한 사유에는 거짓이나 부정한 방법으로 등록을 한 경우, 등록기준에 미치지 못하게 된 경우, 변경등록을 하지 않거나 부정한 방법으로 변경등록을 한 경우, 현행법을 위반하여 다른 자에게 등록증을 빌려준 경우, 현행법 제21조의14 제1항에 따른 보고 또는 자료제출을 정당한 사유 없이 이행하지 않거나 조사 · 검사를 거부한 경우, 영업정지 기간에 수목진료 사업을 하거나 최근 5년간 3회 이상 영업정지 명령을 받은 경우, 폐업한 경우 등이 있다. 산림청장은 나무병원에게 이러한 사유가 있다고 하더라도 반드시 그 등록을 취소하거나 영업정지의 처분을 하여야 하는 것은 아니나, 만일 그 사유가 (1) 거짓이나 부정한 방법으로 등록을 한 경우, (2) 영업정지 기간에 수목진료 사업을 하거나 최근 5년간 3회 이상 영업정지 명령을 받은 경우, (3) 폐업한 경우에 해당하는 때에는 반드시 그 나무병원의 등록을 취소하여야 한다(제21조의10 제1항 단서).

현행법에 따른 등록의 취소 또는 영업정지의 세부기준은 위반행위의 종류와 위반 정도 등을 고려하여 대통령령으로 정하나, 만일 시·도지사가 나무병원의 등록 취소 또는 영업정지의 처분을 하려는 경우에는 현행법에 따라 청문을 하여야 한다(제21조의10 제3항 및 제48조의3 제3호). 나무병원이 '폐업한 경우' 이외의 사유로 등록이 취소된 경우에는 그 등록이 취소된 후 3년이 지나지 않은 자는 현행법에 따라 나무병원의 등록을 할 수 없으며, 시·도지사가 현행법에 따라 나무병원의 등록을 취소하거나 영업정지를 명한 경우에는 산림청장에게 그 사실을 알려야 한다(제21조의10 제2항·제4항).

[4] 보고 및 검사

산림청장 또는 시·도지사는 필요한 경우에 소관업무와 관련하여 (1) 나무의사 등의 양성기관, (2) 나무병원, (3) 한국나무의사협회, (4) 보수교육기관에게 업무에 관하여 보고를 명하거나 관련 자료를 제출하게 할 수 있고, 소속 공무원으로 하여금 사업장·사무소 등에 출입하여 장부·서류나 그 밖의 물건을 조사·검사하거나 관계인에게 필요한 질문을 하게 할 수 있다(제21조의14 제1항·제3항). 이 경우 현행법에 따라 조사·검사 또는 질문[조사 등]을 하는 공무원은 그 권한을 표시하는 증표를 지니고 이를 관계인에게 보여 주어야 한다.

산림청장 또는 시·도지사는 이러한 조사 등을 하려는 경우에는 조사 등을 하기 7일 전까지 그 일시·이유 및 내용 등을 포함한 계획을 조사·검사의 대상자에게 서면으로 통지하여야 한다(제21조의14 제2항). 그러나 긴급하거나 사전에 통지하면 증거인멸 등으로 그 목적을 달성할 수 없다고 인정되는 경우 또는 대상자의 자발적인 협조를 얻어 조사 등을 실시하는 경우에는 조사·검사의 개시와 동시에 그 대상자에게 구두로 통지할 수 있다.

시·도지사는 나무병원이 현행법에 따른 등록기준에 적합한지 여부를 조사·확인하기 위하여 필요한 경우 나무병원에 고용된 나무의사 등의 국민건강보험, 국민연금, 고용보험 및 산업재해보상보험 등에 관한 가입자료의 제공을 관계 기관의 장에게 요청할 수 있다(제21조의14 제4항). 이 경우 시·도지사로부터 자료의 제공을 요청받은 관계 기관의 장은 정당한 사유가 없으면 이에 따라야 한다.

산림청장은 나무병원이 현행법에 따른 등록취소 또는 영업정지 처분의 사유에 해당하는 사실을 알게 된 경우 시·도지사에게 그 사실을 알리고 해당 나무병원의 등록취소 또는 영업정지를 요청할 수 있으며, 또한 시·도지사의 경우에도 나무의사 등이 자격취소 또는 자격정지 처분의 사유에 해당하는 사실을 알게 된 경우 산림청장에게 그 사실을 통보하여야 한다(제21조의14 제5항·제6항). 이는 나무의사 등과 나무병원에 일정한 자격 및 등록취소 등의 사유가 있는 경우 이를 감독해야 할 산림청장과 시·도지사가 관련 사실을 공유하도록 함으로써 관리감독의 효율성을 제고하기 위한 것으로 이해된다.

Ⅵ. 산불방지 및 복구

[1] 산불방지대책

1. 산불에 대한 이해

산불이란 "산림이나 산림에 잇닿은 지역의 나무·풀·낙엽 등이 인위적으로나 자연적으로 발생한 불에 타는 것"(제2조 제7호)을 말한다. 이러한 산불은 '산림이나 산림에 잇닿은 지역'을 핵심요건으로 하는 법적 개념으로서 사람의 의도에 반하거나 고의에 의해 발생하여 통제를 벗어난 연소현상을 이르는 단순한 화재와는 구별되는 것이다. 화재는 산불과는 달리 관련 법률에 별도로 그 용어가 정의되어 있지 않은 사회적인 개념에 불과하기 때문이다. 다만, 화재와 관련하여 「소방기본법」은 소방대상물의 개념을 사용하여 화재에 대한 법적 범위를 명확히 하고 있는데, 이에 따르면 '소방대상물'이란 기본적으로 소방대에 의한 소화가 가능한 것으로서 건축물, 차량, 선박, 선박건조구조물, 산림, 그 밖의 인공구조물 또는 물건을 말한다(같은 법 제2조 제1호).[27]

산불은 산림이나 산림에 잇닿은 지역에서 발생하는 화재이므로 이러한 지역 이외에서 발생하는 화재는 산불에 해당하지 않으며, 따라서 현행법은 적용되지 않는다. 이와 관련하여 현행법이 산림이나 산림인접지역에서 불을 피우거나 불을 가지고 들어간 자 또는 농림축산식품부령으로 정하는 기간에 풍등 등 소형열기구를 날린 자에게 100만원 이하의 과태료(제57조 제3항 제2호·제3호)를 부과하고, 인접한 산림의 소유자·사용자 또는 관리자에게 알리지 않고 불을 놓은 자에게는 30만원 이하의 과태료(제57조 제4항 제2호)를 부과할 수 있도록 규정하고 있는 것은, 현행법 제34조 제1항 및 제3항에 따라 산불을 예방하기 위하여 '산림인접지역'이나 '인접한 산림'에서 일정한 행

---

27) 소방대상물에 산림이 포함되어 있다고 하여 산불의 경우에도 당연히 소방활동의 대상이 된다고 할 수 없는 것은 분명하다. 이는 소방대상물과 소방청의 업무영역은 전혀 다른 개념에 기반한 것일 뿐만 아니라 「소방기본법」상으로도 '산불에 대한 예방·진압 등'은 자연재해에 따른 급수·배수 및 제설 등과 같이 소방활동이 아닌 소방지원활동에 속하기 때문이다(같은 법 제16조의2 제1항).

위를 하는 것을 제한하고자 하는 취지이므로 산불의 정의에 대한 개념과 혼동하지 않도록 주의해야 할 것이다.

산불방지란 이러한 "산불을 예방하고 진화하는 모든 활동"(제2조 제8호)을 말하며, 현행 법상 사용되는 '산불유관기관'이란 산불방지 업무와 관련되는 중앙행정기관과 그 소속 기관 등 대통령령으로 정하는 기관을 말한다(제2조 제9호 및 시행령 제2조 제1항). 여기에서 '대통령령으로 정하는 기관'이란 산불의 예방 및 진화에 밀접한 연관이 있는 기관으로서 「정부조직법」 제26조 제1항에 따른 중앙행정기관, 대검찰청·경찰청·소방청·문화재청·기상청·농촌진흥청 및 해양경찰청, 육군본부·해군본부 및 공군본부, 국립공원공단·한국전력공사·한국도로공사 및 한국철도공사를 말한다.

2. 산불방지대책의 수립

산림청장은 효율적이고 체계적인 산불방지를 위하여 전국산불방지장기대책을 5년마다 수립·시행하여야 한다(제28조 제1항). 이러한 전국산불방지장기대책에는 그 목표 및 추진 방향, 산불방지 인력·시설·장비 등의 확충 및 산불방지 관련 법령의 정비 등 제도개선에 관한 사항, 산불방지를 위한 협력요청에 관한 사항, 산불방지 교육 훈련 및 연구에 관한 사항, 산불피해지의 복구·복원에 관한 사항, 그 밖에 산불방지에 관하여 대통령령으로 정하는 사항[28] 등이 포함되어야 한다.

산림청장은 전국산불방지장기대책을 수립하거나 변경하였을 때에는 시·도지사, 지방산림청장, 산불방지업무와 관련되는 중앙행정기관의 장이나 산불유관기관의 장에게 통지하고, 국민들이 그 내용을 알 수 있도록 게시판 및 인터넷 홈페이지 등에 공고하여야 한다(제28조 제4항 및 시행령 제18조 제3항). 현행법에 따른 이러한 전국산불방지장기대책은 비록 '대책'이라는 용어를 사용하고는 있으나, 그 실질적인 성격은 행정계획적인 것으로 보아야 할 것이다.

시·도지사 또는 지방산림청장은 산림청장이 수립한 전국산불방지장기대책에 따라 관할 지역의 특수성을 고려하여 지역산불방지장기대책을 5년마다 수립·시행하여야 한다(제28조 제2항). 시·도지사, 지방산림청장은 지역산불방지장기대책을 수립하거나 변경하였을 때에는 산림청장과 지방자치단체, 지방산림청 및 지방산림청 국유림관리소[지역산불관리기관]의 장이나 산불유관기관의 장에게 통지하고, 주민들이 그 내

28) 여기에서 '대통령령으로 정하는 사항'이란 ① 산불위험을 낮추기 위한 사업에 관한 사항, ② 산불방지의 민간단체 참여·육성에 관한 사항, ③ 산불방지 국제협력에 관한 사항, ④ 산불방지 홍보에 관한 사항 등을 말한다(시행령 제18조 제1항).

용을 알 수 있도록 게시판 및 인터넷 홈페이지 등에 공고하여야 한다(제28조 제4항 및 시행령 제18조 제4항). 산림청장, 시·도지사 또는 지방산림청장은 현행법에 따른 이러한 전국산불방지장기대책 및 지역산불방지장기대책의 수립과 관련하여 산불유관기관의 장에게 그 수립이나 변경에 필요한 자료의 제출을 요청할 수 있으며, 산림청장 등으로부터 이러한 자료의 제공을 요청받은 산불유관기관의 장은 정당한 사유가 없으면 이에 따라야 한다(제28조 제3항).

산림청장은 매년 전국을 대상으로 하는 산불방지연도별대책을 수립하여야 하며, 이를 수립하거나 변경하였을 때에는 시·도지사, 산림청 소속 기관의 장 및 산불유관기관의 장에게 알려야 한다(제29조 제1항·제2항). 산림청장으로부터 전국산불방지연도별대책을 통보받은 지역산불관리기관의 장은 이에 따라 관할 지역의 특수성을 고려하여 매년 지역산불방지연도별대책을 수립·시행하여야 한다. 현행법에 따른 이러한 전국산불방지연도별대책 및 지역산불방지연도별대책에는 해당 연도의 산불방지 추진목표와 전략, 주요 산불방지 분야별 세부 추진계획, 산불방지대책본부의 운영에 관한 사항, 산불유관기관 협조사항, 그 밖에 산불방지를 위하여 필요하다고 인정되는 사항 등이 포함되어야 한다(시행령 제19조 제1항).

3. 산불방지대책본부

산림청장은 산불조심기간 동안 전국산불방지연도별대책의 체계적인 추진과 산불방지에 필요한 조치를 신속히 마련하기 위하여 산림청에 중앙산불방지대책본부를 설치·운영하여야 한다(제30조 제1항·제3항). 중앙산불방지대책본부의 장은 산림청장이 된다. 중앙산불방지대책본부는 전국의 산불방지활동 총괄 지휘, 관계 중앙행정기관과의 협조체계 구축, 지역산불관리기관의 운영상황 점검 및 지도, 산불진화계획의 수립, 산림항공기[29]의 투입 및 공중진화를 위한 통신체계 구축, 관계 중앙행정기관의 장

29) 현행법에 따르면 산림청장은 산불의 예방·진화, 산림병해충의 예찰·방제 등 농림축산식품부령으로 정하는 산림사업을 위하여 산림항공기를 운영하도록 하고 있다(제50조 제1항). 여기에서 산림항공기란 "「항공안전법」 제2조 제1호부터 제3호까지에 따른 항공기, 경량항공기 및 초경량비행장치"를 말하며, '농림축산식품부령으로 정하는 산림사업'이란 ① 산불예방 및 진화, ② 산림병해충 방제를 위한 약제 및 비료 살포, ③ 공중순찰 및 단속, ④ 산림정화, ⑤ 국가 또는 지방자치단체가 하는 산림사업의 현지 확인·조사, 자재 및 인원의 수송, ⑥ 재난 또는 사고 발생 시 인명구조 및 구호활동, ⑦ 산불진화훈련 또는 헬기의 기능시험·이동·조종기술 훈련 등을 위한 비행, ⑧ 그 밖에 산림행정을 위하여 산림청장이 필요하다고 인정하는 사업 등을 말한다. 현행법에 따라 산불의 예방 및 진화 등을 위하여 산림항공기의 지원을 받고자 하는 기관의 장 또는 통합지휘본부장은 별도로 정하는 산림항공기의 지원요청 절차에 따라 산림청장에게 요청하여야 하며, 이러한 요청을 받은 산림청장은 산림항공기를 지원하고자 하는 때에는

에 대한 인력 및 진화자원 등의 지원요청 임무를 수행한다(시행령 제20조 제3항).

지역산불관리기관의 장은 산불조심기간 동안 지역산불방지연도별대책의 체계적 추진과 산불방지에 필요한 조치를 신속히 마련하기 위하여 그 지역산불관리기관에 지역산불방지대책본부를 설치・운영하여야 한다(제30조 제2항・제3항). 지역산불방지대책본부의 장은 지역산불관리기관의 장이 된다. 지역산불방지대책본부는 지역의 산불방지업무 총괄, 관련 예산 및 인력운용, 지역 산불유관기관과의 협조체계 구축, 주민에 대한 산불방지 관련 홍보, 산불방지사업 실시, 산불신고 접수・진화의 상황 및 진화결과 보고 등의 임무를 수행한다(시행령 제20조 제4항).

현행법에 따른 이러한 중앙산불방지대책본부와 지역산불방지대책본부는 산불조심기간 동안 운영하며, 중앙산불방지대책본부의 장과 지역산불방지대책본부의 장은 대통령령으로 정하는 바에 따라 산불유관기관으로 구성된 산불방지협의회를 구성・운영할 수 있다(제30조 제4항).

4. 산불조심기간 및 산불경보

가. 산불조심기간

산림청장은 산림에 있는 불이 탈 가능성이 있는 물질의 상태와 기상상태에 따라 산불 발생의 위험정도를 나타내는 지수[산불위험지수]를 계산하여 국민에게 알려야 한다(제31조 제1항~제3항). 산림청장 또는 지방자치단체의 장은 대통령령으로 정하는 바에 따라 계절별로 산불위험지수가 높아 산불이 발생할 위험이 높은 기간을 산불조심기간으로 정하고, 산불조심기간 중 산불방지에 관한 특별한 대책이 필요한 기간을 산불특별대책기간으로 정할 수 있다. 이 경우 산림청장 또는 지방자치단체의 장은 산불조심기간이나 산불특별대책기간을 정하거나 변경・해제하는 때에는 그 내용을 농림축산식품부령으로 정하는 바에 따라 공고하여야 한다. 현행법에 따르면 봄철 산불조심기간은 매년 2월 1일부터 5월 15일까지로 하며, 가을철 산불조심기간은 매년 11월 1일부터 12월 15일까지로 한다(시행령 제22조). 그러나 산림청장 또는 지방자치단체의 장은 기상상태 및 지역여건을 고려하여 그 기간을 조정할 수 있다.

별도로 정하는 비행지시서에 따라 항공기 운항을 지시하여야 한다(시행규칙 제43조 및 제44조). 그러나 산불예방 및 진화를 위하여 운항하고자 하는 때에는 구두로 비행을 지시할 수 있다. 한편 산림청장은 산불위험이 예상되는 지역에 대하여는 기간을 정하여 산림항공기를 미리 이동・배치할 수 있으며(시행규칙 제44조 제2항), 주로 산불예방 및 진화임무를 수행하는 헬리콥터를 주력으로 하는 산림항공기의 운영을 위하여 산림청 소속 기관으로 산림항공본부를 두고 있다.

나. 산불경보

산림청장은 「재난 및 안전관리 기본법」 제38조 제1항에 따라 산불재난 국가위기경보[산불경보]를 발령할 수 있다(제32조 제1항). 「재난 및 안전관리 기본법」에 따른 이러한 위기경보는 재난에 대한 징후를 식별하거나 재난발생이 예상되는 경우 그 위험 수준 및 발생 가능성 등을 판단하여 그에 부합되는 조치를 할 수 있도록 재난관리 주관기관의 장이 발령한다. 현행법에 따른 산불경보의 발령기준은 다음과 같으며, 이 경우 산림청장은 특히 범정부 차원의 조치가 요구되는 심각의 산불경보를 발령하려면 행정안전부장관과 미리 협의하여야 한다(시행령 제23조 제1항 별표1의8).

- 관심경보: 산불 발생시기 등을 고려하여 산불예방에 관한 관심이 필요한 경우로서 주의경보 발령기준에 미달되는 경우
- 주의경보: 전국의 산림 중 산불위험지수가 51 이상인 지역이 70% 이상이거나 산불발생의 위험이 높아질 것으로 예상되어 특별한 주의가 필요하다고 인정되는 경우
- 경계경보: 전국의 산림 중 산불위험지수가 66 이상인 지역이 70% 이상이거나 발생한 산불이 대형산불로 확산될 우려가 있어 특별한 경계가 필요하다고 인정되는 경우
- 심각경보: 전국의 산림 중 산불위험지수가 86 이상인 지역이 70% 이상이거나 산불이 동시다발적으로 발생하고 대형산불로 확산될 개연성이 높다고 인정되는 경우

산림청장, 지방자치단체의 장, 산림청 소속 기관의 장 또는 국립공원공단 소속 공원사무소의 장은 산불경보가 발령되면 대통령령으로 정하는 산불경보별 조치기준에 따라 입산통제, 감시인력의 배치 및 소속 공무원·직원의 비상대기 등 필요한 조치를 하여야 한다(제32조 제2항 및 시행령 제23조 제2항 별표2).

[2] 산불의 예방과 진화

1. 산불예방 및 진화를 위한 조치의무

가. 산림의 소유자 및 관리자

산림의 소유자 또는 관리자는 산불의 예방과 진화에 필요한 시설을 설치하여야 하며, 산불이 발생하면 진화에 필요한 조치를 하여야 한다(제33조 제1항). 산불의 예방 및 진화를 위한 산림소유자나 관리자의 이러한 조치의무는 산림소유자와 관리자의 본질적인 권한과 책임에 기반한 것으로서 앞에서 이미 설명한 것과 같이 산림병해충에 대한 예찰·방제 및 「소나무재선충병 방제특별법」에 따른 산림소유자 등의 소나무재선충병 구제·예방조치 등에 관한 규정과 동일한 취지로 이해된다. 이와 관련

하여 산림청장은 산림소유자가 산불 등으로 손해를 입을 경우 이를 보전할 수 있도록 산림소유자에게 「산림조합법」에 따른 산림공제를 포함하여 산림재해보험에 가입하도록 권장할 수 있다(제47조).

나. 산림청장 및 지역산불관리기관의 장

산림청장은 산불의 효율적인 예방·진화체계를 마련하여야 하며, 지역산불관리기관의 장은 이에 따라 산불을 예방하고 산불이 발생하면 진화하여야 한다(제33조 제2항~제5항). 이를 위하여 산림청장 또는 지역산불관리기관의 장은 산불방지에 관한 연구 및 조사를 수행하고, 산불예방과 진화에 필요한 인력·장비 및 예산을 확보하는 등의 조치를 하여야 하며, 이러한 장비 등이 정상적으로 가동될 수 있도록 정기적으로 점검하여야 한다. 이와 관련하여 특히 산림청장은 지방자치단체가 산불진화 헬리콥터 등 산불진화장비를 도입하는 경우 그 비용의 일부를 지원할 수 있는데, 이는 2021년 4월 13일 법률개정을 통하여 신설한 것으로서 현재 산불진화에 있어 핵심적인 역할을 하는 산불진화 헬리콥터를 지방자치단체에서도 확보할 수 있는 계기를 마련했다는 점에서 큰 의미가 있는 것으로 평가된다.

산림청장 또는 지역산불관리기관의 장은 산불방지를 위하여 필요하면 관계 공무원 또는 산불방지를 하는 자에게 타인의 토지나 이에 붙어 있는 건물, 그 밖의 인공구조물에 출입하거나 이를 잠시 사용하게 할 수 있으며, 부득이한 경우에는 식물 등을 옮기거나 제거할 수 있다(제49조 제1항·제2항). 이 경우 현행법에서 정한 사항 이외 토지의 출입 등에 관하여는 「산지관리법」 제47조 제2항부터 제5항까지 및 같은 법 제48조의 규정을 준용함은 앞에서 이미 설명한 것과 같다.

2. 산불의 예방

가. 산불예방을 위한 행위제한

누구든지 산림이나 농림축산식품부령으로 정하는 산림인접지역에서 (1) 불을 피우거나 불을 가지고 들어가는 행위, (2) 담배를 피우거나 담배꽁초를 버리는 행위, (3) 농림축산식품부령으로 정하는 기간에 풍등 등 소형열기구를 날리는 행위를 해서는 안 된다(제34조 제1항·제4항). 이와 관련하여 특별자치시장·특별자치도지사·시장·군수·구청장 또는 지방산림청장은 산불예방을 위하여 필요하다고 인정하면 산림에 들어가는 사람이 화기·인화물질 및 발화물질을 지니는 것을 금지하여야 한다. 여기에서 '농림축산식품부령으로 정하는 산림인접지역'이란 산림으로부터 100m 이내에 위치한 토지로서 건물의 부속 토지는 제외한 것을 말하며, '농림축산식품부령으로 정하는 기간으로서 풍등 등 소형열기구를 날리는 행위가 금지되는 기간'이란 봄철 및 가을철 산불조심기간을 말한다(시행규칙 제28조 제1항·제2항). 산불의 예방을 위하여 제한되는 이러한 행위 중 특히 일정한 기간에 풍등 등 소형열기구를 날리는 행위를 금지한 것은 산불예방을 강화하기 위하여 2020년 2월 18일 법률개정을 통하여 신설한 것이다.

산불예방을 위하여 현행법이 일정한 행위를 엄격하게 금지하고 있는 것은 산림이나 산림인접지역에서의 이러한 행위가 산불발생의 주요 원인이 되기 때문이다. 이와 관련하여 어느 정도의 행위를 실화로 인한 산불발생에 있어 중대한 과실로 볼 것인가에 대하여 대법원은 "담배불을 완전히 끄지 않은 채 담배꽁초를 불이 붙기 쉬운 잡초가 나 있는 곳에 버리고, 더구나 당시는 건조한 날씨로 산불이 자주 발생하는 봄철로서 특히 그 달에는 주로 담배불 등에 의한 실화로 전국적으로 산불이 빈발하여 건조주의보와 산불위험주의보 및 산불방지특별경계령 등이 내려져 있는 상태에서 산불예방을 위한 국민계몽을 겸하여 신문, 라디오, 텔레비전 등에서 산불발생 보도가 연일 계속되고 있었던 것이라면, 위와 같은 경위로 화재가 발생할 수 있다는 것을 쉽게 예견할 수 있었는데도 불구하고 이를 간과하였다고 보아야 한다"라고 하면서, 해당 행위에 대하여 "실화로 인한 산불발생에 있어서 중대한 과실을 인정"하였다.[30]

그러나 이와 같은 행위제한 규정에도 불구하고 산불확산을 방지하기 위하여 불이 탈 가능성이 있는 물질을 제거하는 등 대통령령으로 정하는 경우로서 농림축산식품부령으로 정하는 바에 따라 특별자치시장·특별자치도지사·시장·군수·구청장 또는 지방산림청장의 허가를 받은 경우 또는 야영이 허가된 야영장 등 대통령령으로 정하는 지역에서는 현행법에 따라 제한되는 행위라도 이를 할 수 있다(제34조 제2항·제3항). 이 경우 특별자치시장·특별자치도지사·시장·군수·구청장 또는 지방산림청장은 이러한 행위를 허가하는 때에는 산불예방에 필요한 조치를 할 것을 조건으로 허가할 수 있으며, 허가를 받은 자는 불을 놓기 전에 인접한 산림의 소유자·사용자 또는 관리자에게 그 사실을 알려야 한다.

30) 대판 1994. 11. 25. 94다35107. 이와 함께 대법원은 구「산림법」 제120조의 산림실화죄에 있어서의 인과관계에 대하여도 "산림법 제120조의 산림실화죄는 과실로 인하여 산림을 소훼케 한 것을 그 구성요건으로 하고 있다"라고 하면서 산림실화죄가 성립하기 위해서는 "그 과실과 산림소훼와 사이에 상당인과관계가 있어야 한다"라고 판결하였다(대판 1987. 4. 28. 87도297).

현행법에 따른 행위제한 규정의 적용을 받지 않는 이러한 행위로서 '불이 탈 가능성이 있는 물질을 제거하는 등 대통령령으로 정하는 경우'란 산림인접지역의 인화물질을 사전에 제거하기 위한 경우, 조림예정지의 정지작업을 하기 위한 경우, 산림병해충을 방제하기 위한 경우, 학술연구조사를 하기 위한 경우, 그 밖에 산불의 확산방지를 위하여 필요한 경우 등을 말하며, '야영이 허가된 야영장 등 대통령령으로 정하는 지역'이란 「청소년활동 진흥법」에 따른 청소년야영장과 「산림문화·휴양에 관한 법률 시행령」에 따른 야영장, 숲속의 집, 산림휴양관 및 취사장을 말한다(시행령 제24조 제1항·제2항). 그러나 현행법에 따라 특별자치시장·특별자치도지사·시장·군수·구청장 또는 지방산림청장의 허가를 받아 불이 탈 가능성이 있는 물질을 제거하는 등과 같은 행위를 하는 경우라도 「자연공원법」에 따른 공원구역에서는 「자연공원법」에서 정하는 바에 따라야 한다.

나. 산불방지 교육

산림청장은 산불방지분야 전문인력의 양성과 국민의 산불방지 의식을 기르고 지식을 얻도록 하기 위하여 교육의 목표 및 운영방향과 내용·방법·대상 및 기간 등이 포함된 산불방지 교육계획을 수립·실시하여야 하며, 지역산불관리기관의 장은 소속 산불방지업무 담당자에게 농림축산식품부령으로 정하는 바에 따라 산불방지 교육을 받도록 하여야 한다(제35조 제1항·제2항).

지역산불관리기관의 장은 현행법에 따른 산불전문예방진화대원 및 산불방지 업무수행을 위하여 지역산불관리기관에 고용된 사람으로서 농림축산식품부령으로 정하는 사람[31]에게 산불방지 교육을 하여야 하며, 현행법 제39조 제1항에 따른 산불진화 협조기관 또는 단체의 장이 해당 기관 또는 단체에 소속된 산불진화 인력에 대한 산불방지 교육을 요청하는 경우에는 농림축산식품부령으로 정하는 바에 따라 이들을 대상으로 산불방지 교육을 할 수 있다(제35조 제3항~제5항). 이 경우 지역산불관리기관의 장은 이러한 산불방지 교육업무를 현행법에 따른 한국산불방지기술협회에 위탁할 수 있다.

다. 한국산불방지기술협회

산불방지에 관한 교육·훈련, 산불방지에 관한 연구·조사 및 기술·정보에 관한 국제교류, 행정기관이 위탁하는 업무, 그 밖에 산불방지 관련 업무의 수행을

31) 여기에서 '농림축산식품부령으로 정하는 사람'이란 산불감시를 위하여 고용된 사람 및 산림보호를 위하여 고용된 사람으로서 산불 관련 업무를 수행하는 사람을 말한다(시행규칙 제29조 제3항).

위하여 한국산불방지기술협회를 설립한다(제35조의2 제1항~제3항 및 제35조의3). 한국산불방지기술협회는 법인으로 하며, 이에 관하여 현행법에 규정된 것을 제외하고는 민법 중 사단법인에 관한 규정을 준용한다. 현행법에 따른 이러한 한국산불방지기술협회가 아닌 자는 한국산불방지기술협회 또는 이와 유사한 명칭을 사용해서는 안 된다(제35조의7).

한국산불방지기술협회의 회원은 산불방지 분야와 관련된 연구단체나 용역업에 종사하는 사람, 산불방지에 관하여 전문성이 있거나 경험이 풍부한 사람, 현행법 제35조 제3항에 따른 산불전문예방진화대원이나 산불방지 업무수행을 위하여 지역산불관리기관에 고용된 사람으로서 농림축산식품부령으로 정하는 사람, 그 밖에 산불방지와 관련된 사람으로서 정관으로 정하는 사람으로 한다(제35조의4~제35조의6). 한국산불방지기술협회의 운영경비는 회비와 사업 수입 등으로 충당하며, 만일 한국산불방지기술협회가 그 정관을 변경하려면 산림청장의 인가를 받아야 한다.

3. 산불의 진화

가. 산불신고 및 진화

산림이나 산림인접지역에서 불씨를 보거나 산불을 발견한 사람은 지체 없이 산림청, 지역산불관리기관 또는 산불유관기관에 신고하여야 한다(제36조 제1항 및 시행규칙 제30조 제3항). 만일 군항공기·경찰항공기 및 민간항공기의 조종사 등이 항공기의 운항 중에 산불을 발견한 때에는 지체 없이 관제탑을 통하여 산림청이나 지역산불관리기관에 이를 알려야 한다.

산림청 또는 산불유관기관이 산불발생 신고를 접수하였을 때에는 지체 없이 관할 지역산불관리기관에 알려야 하며, 산불유관기관으로부터 산불발생 신고를 통보받은 관할 지역산불관리기관은 현장에 신속하게 출동하여 산불진화에 필요한 활동을 하여야 한다(제36조 제2항·제3항). 이 경우 관할 지역산불관리기관이 산불을 진화할 때에는 다음의 우선순위에 따라야 한다(시행규칙 제31조).

- 인명보호
- 국가기간산업시설·군사시설 및 문화재의 보호
- 가옥 등 재산보호
- 산림보호구역, 채종림 및 시험림 등 중요 산림자원의 보호
- 그 밖에 산림지역의 산불확산 방지

나. 산불진화 통합지휘

산불은 산림의 소유구분이나 행정구역을 구분하지 않고 확산하며, 특히 기상상황에 따라서는 동시에 다수의 지역에서 대형산불로 확산되기도 한다. 그러므로 이러한 산불에 대응하여 인명과 재산피해를 최소화하고 이를 효과적으로 진화하기 위해서는 지역 내의 진화자원을 최대로 동원할 수 있는 통합된 지휘체계를 구축하는 것이 필요하다. 이에 따라 현행법은 그동안의 산불진화 경험에 따라 산림의 소유권 및 행정구역과 산불의 규모 등을 기준으로 산불진화를 위한 통합지휘권에 대하여 다음과 같이 구체적으로 규정하고 있다(제37조 제1항~제3항 및 시행령 제25조 제1항). 이 경우 통합지휘권의 구분기준이 되는 '대형산불'이란 산림의 피해면적이 100만m^2 이상으로 확산된 산불 또는 24시간 이상 지속된 산불을 말하며, '중형·소형 산불'이란 이러한 대형산불에 해당되지 않는 산불을 말한다.

첫째, 특별자치시장·특별자치도지사·시장·군수·구청장 또는 국유림관리소장은 그 관할 지역에서 대통령령으로 정하는 기준에 해당하는 중형·소형 산불이 발생하면 그 산불의 진화를 통합적으로 지휘한다. 다만, 이에 해당하는 산불이 국유림·공유림 또는 사유림에 걸쳐 발생하면 특별자치시장·특별자치도지사·시장·군수·구청장이 통합지휘하여야 한다.

둘째, 시·도지사는 산불이 대형산불로 확산되면 그 산불의 진화를 통합지휘하여야 한다. 그러나 관할 지역 중 2군데 이상에서 대형산불이 발생하는 경우에는 대통령령으로 정하는 바에 따라 나중에 발생한 대형산불에 대한 통합지휘권을 시장·군수·구청장에게 위임할 수 있다(시행령 제25조 제3항).

셋째, 산불이 2이상의 시·군·구에 걸쳐 발생하면 시·도지사가 통합지휘하고, 2이상의 시·도에 걸쳐 발생하면 산림청장이 통합지휘한다. 이 경우 시·도지사 또는 산림청장은 대통령령으로 정하는 바에 따라 산불이 중형·소형 산불인 경우나 전국 또는 시·도에서 동시다발적으로 산불이 발생한 경우에는 지리적 여건 및 피해 상황 등을 고려하여 시·도지사 또는 시장·군수·구청장에게 해당 산불의 진화를 통합적으로 지휘하는 권한을 위임할 수 있다(시행령 제25조 제4항).

현행법 제37조에 따라 산불진화를 통합지휘하는 지방자치단체의 장 또는 국유림관리소장은 산불이 발생한 현장에 산불현장 통합지휘본부를 설치하여 산불진화를 지휘하고 진화대원에게 진화에 필요한 명령을 할 수 있다(제38조 제1항). 이러한 산불현장 통합지휘본부의 장[산불현장 통합지휘본부장]은 산불현장에 지원된 산불유관기관과의 통합지휘체계를 구축하기 위하여 산불유관기관의 관계관을 소집하여 산불현장대책회의를 개최하고 기관별 임무를 부여하여야 하며, 진화전략 수립과 진화자원의 배치, 산불상황 전파 및 홍보·의료구호 지원 등을 포함한 대책을 강구하여야 한다(제38조 제2항 및 시행규칙 제33조 제1항).

다. 산불진화의 협조

산불현장 통합지휘본부장은 산불진화와 관련하여 필요하다고 인정되면 산불진화 협조기관 또는 단체의 장에게 산불진화 및 현장통제 등에 필요한 장비 및 인력의 협조를 요청할 수 있다(제39조 제1항·제2항). 이 경우 산불현장 통합지휘본부장으로부터 이러한 요청을 받은 기관 및 단체의 장은 특별한 사유가 없으면 이에 적극 협조하여야 하며, 산불현장 통합지휘본부장의 협조 요청을 받고 산불현장에 파견된 자는 산불현장 통합지휘본부장의 지휘에 따라 주어진 임무를 수행하여야 한다. 만일 산불진화와 관련하여 산불현장 통합지휘본부장이 민간항공기의 지원을 요청한 경우에는 그 항공기의 운항에 따른 손실을 보상하여야 한다(시행령 제26조 제2항).

현행법에 따른 이러한 산불진화 협조기관 및 단체에는 소방관서, 경찰관서, 군부대, 문화재청 및 그 소속 기관, 국립공원공단 및 그 소속 공원사무소와 이의 하부조직, 기상관서, 그 밖에 대통령령으로 정하는 산림 관련 기관 및 단체가 있다. 여기에서 '대통령령으로 정하는 산림 관련 기관 및 단체'란 「산림조합법」에 따른 산림조합 및 산림조합중앙회, 민간항공기 운영자, 그 밖에 산림보호 또는 자연환경보전을 목적으로 설립된 법인 등을 말한다(시행령 제26조 제1항).

라. 산불진화단 등의 설치

산림청장은 농림축산식품부령으로 정하는 교육을 마친 공무원으로 조직된 산불진화단을 설치하고, 이러한 산불진화단에 속한 산불진화단원에게 산불의 진화, 산불전문예방진화대원 및 산불재난특수진화대원의 지휘·통솔, 산불현장 통합지휘본부장의 지휘 보좌, 산불진화전략 수립을 위한 기초정보 수집과 전달, 산불의 예방과 진화에 대한 대국민 교육과 홍보 등의 업무를 수행하게 한 수 있다(제41조 제1항 및 시행규칙 제35조). 여기에서 '농림축산식품부령으로 정하는 교육을 마친 공무원'이란 산림청 또는 지방자치단체 소속 교육기관 등에서 산불방지 교육 및 훈련을 받은 사람으로서 「청원산림보호직원 배치에 관한 법률」에 따른 청원산림보호직원을 포함한다.

산불진화단은 산불진화단장 1명을 포함한 10명 내외로 조직하며, 1개의 공중진화대와 2~3개의 지상진화조로 구성하여 운영한다(제41조 제3항 및 시행령 제28조 제1항~제4항). 이러한 산불진화단은 산림청 산하의 산림항공본부 및 산림항공관리소, 지방산림청 및 지방산림청 국유림관리소에 각각 설치할 수 있으며, 산불진화단장은 산불현장에서 산불을 진화할 때에는 통합지휘본부장의 지휘에 따른다.

특별자치시장·특별자치도지사·시장·군수·구청장 또는 국유림관리소장은 산불방지를 위하여 관할 지역의 주민 중에서 농림축산식품부령으로 정하는 산불진화교육과 훈련을 받은 사람[32]으로 산불전문예방진화대 및 산불재난특수진화대를 구성하여 설치할 수 있다(제41조 제2항). '산불전문예방진화대'는 10명 내외로 구성하여 산불방지 계도 및 산불요인 사전제거 등 예방사업, 산불진화 및 뒷불감시, 장비의 유지·관리 등 산불방지와 관련된 업무를 수행하며, '산불재난특수진화대'는 12명 내외로 구성하여 대형산불로 확산될 우려가 있는 산불진화, 접근이 용이하지 않은 지역에서의 산불진화, 관할 지역 외의 지역에서의 산불진화 지원, 산불진화 장비의 유지·관리, 산불진화 교육·대응훈련 및 산불예방활동의 임무를 수행한다(시행령 제29조 및 제29조의2). 이 가운데 특히 산불재난특수진화대는 대형산불 등에 신속하게 대응할 수 있도록 하기 위하여 전문적인 재난대응 인력으로 구성한 조직으로서 2020년 2월 18일 법률개정을 통하여 신설한 것이다.

[3] 산불피해지의 복구

1. 산불조사

산림청장 또는 지역산불관리기관의 장은 대통령령으로 정하는 바에 따라 모든 산불피해지에 대하여 산불원인과 산불피해 현황에 관한 조사를 실시하여야 한다(제42조 제1항·제2항). 이를 위하여 산림청장 또는 지역산불관리기관의 장은 대통령령으로 정하는 바에 따라 산불전문조사반을 구성·운영할 수 있다. 이에 따르면 산불전문조사반은 산불의 발화원인, 발화지점 및 확산 경로 등과 함께 산불로 인한 사상자 및 재산피해 등에 대한 조사를 실시하며, 이외에도 산불가해자 검거를 위한 증거조사 등의 임무를 수행한다(시행령 제30조 제2항·제5항). 산림청장 또는 지역산불관리기관의 장은 산불전문조사반원으로 임명 또는 위촉되어 조사를 하는 사람에게는 예산의 범위에서 산불전문조사 활동에 필요한 수당과 여비, 그 밖의 필요한 경비를 지급할 수 있다. 그

32) 여기에서 '농림축산식품부령으로 정하는 산불진화 교육과 훈련을 받은 사람'이란 산불진화단을 구성하는 공무원의 경우와 같이 산림청 또는 지방자치단체 소속 교육기관 등에서 산불진화 교육과 훈련을 받은 사람을 말한다(시행규칙 제35조).

러나 산불전문조사반원이 공무원인 경우에는 이를 별도로 지급하지 않는다.

지역산불관리기관의 장은 산불전문조사반이 산불가해자 검거를 위한 증거조사를 하는 경우 그 조사의 대상이 대형산불이나 방화에 의한 산불일 경우에는 관할 경찰관서에 가해자 검거에 관한 협조를 요청할 수 있으며, 산불전문조사반은 현행법에 따라 산불의 발화원인, 발화지점 및 확산 경로 등과 산불로 인한 사상자 및 재산피해 등에 대한 조사를 실시한 경우에는 그 조사결과를 산림청장 또는 지역산불관리기관의 장에게 지체 없이 보고하여야 한다(시행령 제30조 제3항·제4항).

2. 산불피해지 복구 및 사상자에 대한 보상

산림청장 또는 지역산불관리기관의 장은 농림축산식품부령으로 정하는 바에 따라 산불피해지를 복구하거나 산림복원계획을 세워 시행하여야 한다(제43조 및 시행규칙 제36조). 이를 위하여 산림청장 또는 지역산불관리기관의 장은 산불피해지에 대하여 토사유출 등 피해가 없도록 응급조치를 하고, 산지의 붕괴, 토석·피해목의 유출 및 모래날림 등이 발생할 우려가 있는 산불피해지는 항구적인 복구를 시행하며, 산불피해로 입목이 고사한 지역은 피해지의 입지특성, 경영목적 및 산림기능을 고려하여 복구 또는 복원하는 계획을 수립·시행하여야 한다.

산림청장 또는 지역산불관리기관의 장은 산불방지작업 또는 인명구조작업으로 사망하거나 부상을 입은 사람에게는 대통령령으로 정하는 바에 따라 보상금을 지급할 수 있다(제44조 및 시행령 제31조 제1항). 이에 따르면 산림청장 또는 지역산불관리기관의 장은 산불방지와 직접적으로 관련된 산불방지작업이나 인명구조작업뿐만 아니라 산불진화 교육훈련 등으로 인하여 사망하거나 부상을 입은 사람의 경우에도 보상을 할 수 있는데, 그 보상의 범위는 요양보상·장애보상·장례보상 또는 유족보상으로 한다. 그러나 현행법에 따라 산림청장 또는 지역산불관리기관의 장이 보상금을 지급하는 경우에도 산불을 낸 책임이 있는 사람에게는 보상금을 지급하지 않을 수 있다.

3. 산불대응의 평가 및 분석

산림청장은 산불이 발생한 지역의 산불대응의 문제점 및 개선방안 등을 대통령령으로 정하는 바에 따라 평가·분석하여 그 결과를 지역산불관리기관의 장에게 알릴 수 있다(제45조 및 시행령 제32조 제1항). 이에 따르면 산림청장은 대형산불이 발생하였을 때 그 산불대응에 대하여 평가·분석하되, 구체적으로는 산불예방 및 대응과정에서의 문제점과 효율성, 인력·장비의 확보를 위한 노력의 정도 등과 산불현장 통합지휘본부 운영의 체계성, 산불예방·대응의 준비 및 실행 관련 개선방안, 그 밖에 상황별 조치사항이나 진화상황의 기록 유지 등을 중심으로 평가·분석한다.

현행법에 따른 이러한 산불대응의 평가·분석과 관련하여 산림청장은 필요한 경우에는 관계 행정기관의 장 및 지역산불관리기관의 장에게 자료의 제출을 요청할 수 있으며, 특히 대형산불이 발생하여 인명피해와 이재민 등이 발생한 경우에는 중앙행정기관의 장 등이 참석하는 평가보고회를 개최할 수 있다(시행령 제32조 제2항·제3항). 이 경우 산림청장으로부터 산불대응의 평가 및 분석을 위하여 자료의 제출을 요청받은 관계 행정기관의 장 및 지역산불관리기관의 장은 특별한 사유가 없으면 이에 따라야 한다.

4. 산불방지에 대한 문책 요구 등

산림청장이나 지역산불관리기관의 장은 산불의 예방·진화 및 복구에 관한 업무를 수행할 때 지시를 위반하거나 주어진 임무를 게을리한 지역산불관리기관과 산불유관기관의 공무원이나 직원의 명단을 그 사실을 증명할 수 있는 관계 자료와 함께 그 소속 기관의 장 또는 단체의 장에게 통보하여야 하며, 산불현장 통합지휘본부장의 경우에도 현행법 제38조에 따른 지휘에 따르지 않거나 주어진 임무를 게을리한 지역산불관리기관과 산불유관기관의 공무원이나 직원의 명단을 그 사실을 증명할 수 있는 관계 자료와 함께 그 소속 기관의 장 또는 단체의 장에게 통보하여야 한다(제40조 제1항~제3항). 이 경우 산림청장, 지역산불관리기관의 장 또는 산불현장 통합지휘본부장으로부터 이러한 통보를 받은 소속 기관의 장 또는 단체의 장은 해당 공무원이나 직원을 문책하는 등 적절한 조치를 하고 그 결과를 해당 기관의 장에게 알려야 한다.

산림청장, 지역산불관리기관의 장 또는 산불현장 통합지휘본부장은 소속 공무원으로 하여금 현행법에 따라 지시위반 등의 사실 증명에 필요한 조사를 하게 할 수 있다(제40조 제4항 및 시행령 제27조 제3항). 이 경우 조사공무원은 그 권한을 표시하는 증표를 지니고 이를 관계인에게 내보여야 한다. 현행법에 따르면 여기에서 조사공무원의 증표란 그 조사권한을 표시하는 조사명령공문서를 말하며, 따라서 일반적인 경우와 같이 공무원임을 증명하는 것으로는 부족하다고 할 것이다.

Ⅶ. 산사태의 예방·대응 및 복구

[1] 산사태예방대책

1. 산사태에 대한 이해

산사태란 "사방사업법 제2조 제5호에 따른 산사태"(제2조 제10호)를 말한다. 그러므로 현행법상 산사태란 자연적 또는 인위적인 원인으로 산지가 일시에 붕괴되는 것을 말한다. 이러한 산사태는 산지가 붕괴되는 것이므로 산지 또는 계곡에서 토석·나무 등이 물과 섞여 빠른 속도로 유출되는 '토석류'(사방사업법 제2조 제6호)와는 구분하기 어려운 것이 사실이다. 그러나 「사방사업법」에서는 이러한 산사태와 토석류를 구분하여 별도로 정의하고 있으며, 사방사업의 종류에 있어서도 그 대상지역에 따라 산사태는 산지사방사업의 대상으로 하나 토석류의 경우에는 야계사방사업으로 시행하도록 하는 등 엄격히 구분하고 있다(같은법 제3조).

현행법에 따르면 산사태예방이란 "산사태의 발생이 우려되는 지역에 대하여 미리 대처하여 막는 모든 활동"(제2조 제11호)을 말하며, 이러한 산사태예방과 관련된 산사태 유관기관이란 "산사태예방 업무와 관련되는 중앙행정기관과 그 소속 기관 등 대통령령으로 정하는 기관"(제2조 제12호 및 시행령 제2조 제2항)을 말한다. 여기에서 '중앙행정기관과 그 소속 기관 등 대통령령으로 정하는 기관'이란 다음과 같다.

- 국방부, 행정안전부, 농림축산식품부, 환경부, 국토교통부 및 국무조정실
- 경찰청, 소방청, 문화재청, 기상청, 농촌진흥청 및 해양경찰청
- 육군본부, 해군본부 및 공군본부
- 국립공원공단, 한국전력공사, 한국도로공사 및 한국철도공사
- 「산림조합법」에 따른 산림조합중앙회, 「사방사업법」에 따른 한국치산기술협회
- 그 밖에 산림청장이 산사태 예방·대응 및 복구를 위하여 특별히 필요하다고 인정하여 고시하는 기관·단체

2. 산사태예방대책의 수립·시행

가. 산사태예방장기대책

산림청장은 체계적인 산사태예방을 위하여 전국산사태예방장기대책을 5년마다 수립·시행하여야 한다(제45조의2 제1항·제2항). 현행법에 따르면 전국산사태예방장기대책에는 목표 및 추진 방향, 사방댐 등 「사방사업법」에 따른 사방시설의 설치·관리에 관한 사

항, 산사태예방을 위한 예산·인력 및 시설 등의 확충에 관한 사항, 산사태예방 관련 법령의 정비 등 제도개선에 관한 사항, 산사태예방을 위한 협력요청에 관한 사항, 산사태정보체계의 구축 및 산사태취약지역의 지정·관리 등에 관한 사항, 산사태예방의 교육 및 연구에 관한 사항, 산사태 피해지의 복구·복원에 관한 사항, 그 밖에 산사태예방에 관하여 대통령령으로 정하는 사항[33] 등이 포함되어야 한다.

산림청장은 현행법에 따라 전국산사태예방장기대책을 수립한 경우 시·도지사, 지방산림청장 및 산사태유관기관의 장에게 통보하여야 한다. 이는 산림청장이 전국산사태예방장기대책을 변경할 때에도 같다. 이와 관련하여 현행법은 산사태의 경우에도 전국산불방지대책과 같이 전국산사태예방장기대책이라는 용어를 사용하고 있으나, 그 실질적인 성격이 행정계획적인 것임은 앞에서 이미 설명한 것과 같다.

시·도지사 또는 지방산림청장은 전국산사태예방장기대책에 따라 관할 지역의 특수성을 고려하여 지역산사태예방장기대책을 5년마다 수립·시행하여야 한다(제45조의2 제3항·제4항). 시·도지사 또는 지방산림청장이 현행법에 따라 지역산사태예방장기대책을 수립한 경우에는 산림청장, 관할 시장·군수·구청장, 지방산림청장, 국유림관리소장 및 산사태유관기관의 장에게 통보하여야 한다. 이는 시·도지사 또는 지방산림청장이 지역산사태예방장기대책을 변경할 때에도 같다. 현행법에 따른 이러한 전국산사태예방장기대책 및 지역산사태예방장기대책의 수립 또는 변경과 관련하여 산림청장, 시·도지사 또는 지방산림청장은 이에 필요한 자료의 제출을 산사태유관기관의 장에게 요청할 수 있으며, 산림청장, 시·도지사 또는 지방산림청장으로부터 이러한 요청을 받은 산사태유관기관의 장은 정당한 사유가 없으면 이에 따라야 한다(제45조의2 제5항).

나. 산사태예방연도별대책

산림청장은 전국산사태예방장기대책에 따라 매년 전국산사태예방연도별대책을 수립하여야 한다(제45조의3 제1항·제2항). 전국산사태예방연도별대책에는 해당 연도의 산사태예방 추진목표와 전략, 주요 산사태예방 분야별 세부추진계획, 산사태유관기관 협조사항, 그 밖에 산사태예방을 위하여 필요하다고 인정되는 사항 등이 포함되어야 한다(시행령 제32조의3 제1항). 산림청장은 현행법에 따라 이러한 전국산사태예방연도별대책을 수립한 경우에는 시·도지사, 지방산림청장 및 산사태유관기관의 장에게 통보하여야 한다.

---

33) 여기에서 '대통령령으로 정하는 사항'이란 ① 산사태예방의 민간단체 참여·육성에 관한 사항, ② 산사태예방 국제협력에 관한 사항, ③ 산사태예방 홍보에 관한 사항 등을 말한다(시행령 제32조의2 제1항).

이는 산림청장이 전국산사태예방연도별대책을 변경할 때에도 같다.

지방자치단체, 지방산림청 및 국유림관리소[지역산사태예방기관]의 장은 산림청장이 수립한 전국산사태예방연도별대책에 따라 관할 지역의 특수성을 고려하여 매년 지역산사태예방연도별대책을 수립·시행하여야 한다(제45조의3 제3항 및 시행령 제32조의3 제2항). 지역산사태예방기관의 장은 현행법에 따라 지역산사태예방연도별대책을 수립한 경우에는 관련 지역산사태예방기관의 장 및 산사태유관기관의 장에게 이를 통보하여야 한다. 이는 지역산사태예방기관의 장이 지역산사태예방연도별대책을 변경한 경우에도 같다.

3. 산사태예방지원본부의 설치·운영

산림청장은 「재난 및 안전관리 기본법」 제14조에 따른 중앙재난안전대책본부에서 정하는 여름철 재해대책기간 동안 전국산사태예방연도별대책의 체계적인 추진과 산사태 발생위험 정보의 수집·전파, 신속한 대응 및 상황관리 등을 위하여 산림청장 소속으로 산사태예방지원본부를 설치·운영하여야 한다(제45조의4 제1항·제2항). 현행법에 따르면 이러한 산사태예방지원본부의 장은 산림청장이 되며, 현행법에서 정한 사항 외에 산사태예방지원본부의 구성·운영에 필요한 사항은 산사태예방지원본부의 장이 정한다(시행령 제32조의4 제2항).

4. 산사태정보체계 및 산사태위기경보

가. 산사태정보체계의 구축 및 운영

산림청장은 산사태예측정보, 산사태위험지도 및 산사태 피해범위 예측 등 산사태와 관련된 정보를 누구든지 이용할 수 있도록 산사태정보체계를 구축·운영하여야 한다(제45조의5 제1항). 산림청장은 이를 위하여 필요한 경우에는 산사태유관기관의 장에게 자료의 제출을 요청할 수 있으며, 산림청장으로부터 이러한 자료의 제출을 요청받은 산사태유관기관의 장은 정당한 사유가 없으면 이에 따라야 한다(시행령 제32조의5 제2항).

현행법에 따르면 산사태정보체계란 "산사태 위험등급을 구분하여 제공하고, 산사태의 발생위험 정도를 분석하여 알려주는 일련의 체계"(제2조 제14호)로서 산사태예측정보, 산사태위험지도 및 산사태 피해범위 예측에 관한 정보 등을 제공하는 것을 말한다. 여기에서 '산사태예측정보'란 기상청 강우정보를 활용하여 산사태정보 관련시스템으로 분석한 산사태 발생위험 관련 정보를 말하며, '산사태위험지도'란 공간정보(GIS) 기술을 활용하여 산지의 지형, 임상 및 토질 등을 분석한 산사태 위험등급을 색깔로 표현한 지도를 말하고, '산사태 피해범위 예측'이란 산사태 또는 토석

류가 발생할 경우 그 피해범위를 예측한 정보를 말한다.[34)]

산림청장은 현행법에 따라 이러한 산사태정보체계를 구축할 경우 산림청과 지역산사태예방기관이 산사태에 대하여 공동으로 대응할 수 있도록 데이터베이스 전달체계를 갖추어야 하며, 지역산사태예방기관의 장은 이러한 산사태정보체계를 산사태 예방활동에 활용하여야 한다(제45조의5 제2항 및 시행령 제32조의5 제1항).

나. 산사태예측정보의 제공 및 산사태위기경보의 발령

산림청장은 산사태정보체계에 따른 산사태예측정보를 대통령령으로 정하는 바에 따라 지역산사태예방기관의 장 등에게 제공할 수 있다(제45조의6 제1항). 이에 따르면 산림청장은 산사태가 발생할 우려가 있는 경우에는 현행법에 따른 산사태예측정보를 데이터베이스 전달체계나 「정보통신망 이용촉진 및 정보보호 등에 관한 법률」에 따른 정보통신망을 통한 문자, 음성 등의 방법으로 지역산사태예방기관의 장에게 제공할 수 있다(시행령 제32조의6 제1항·제2항). 이와 관련하여 지역산사태예방기관의 장은 산림청장으로부터 산사태예측정보를 신속·정확하게 받을 수 있도록 관련 업무담당자의 전화번호 등 정보의 변경이 있으면 그 변경내용을 즉시 산림청장에게 알려야 한다.

산림청장은 「재난 및 안전관리 기본법」 제38조 제1항에 따라 산사태위기경보를 발령할 수 있다(제45조의6 제2항·제4항). 산림청장이 발령하는 이러한 산사태위기경보는 현행법 제32조 제1항에 따른 산불경보와 유사한 것으로서 다음의 발령기준에 따라 전국 또는 시·도 단위로 발령한다(시행령 제32조의6 제4항별표3의2).

- 관심경보: 산사태 빈발시기, 산사태예방지원본부 운영기간 등 산사태에 관한 관심이 필요한 시기라고 인정하는 경우 또는 지진 규모 4.0~4.4의 지진이 발생한 경우
- 주의경보: 산사태 발생위험이 높아져 산사태가 발생할 가능성이 있다고 인정하는 경우나 산사태주의보 예측정보가 30% 이상의 시·군·구에서 발생한 경우 또는 지진 규모 4.5~4.9의 지진이 발생한 경우
- 경계경보: 중·소규모의 산사태가 발생하였거나 대규모 산사태가 발생할 가능성이 크다고 인정하는 경우, 산사태주의보 예측정보가 50% 이상의 시·군·구에서 발생하거나 산사태경보 예측정보가 30% 이상의 시·군·구에서 발생한 경우 또는 지진 규모 5.0~5.9의 지진이 발생한 경우[35)]

---

34) 「산사태정보체계의 구축 및 운영 등에 관한 규정」(산림청훈령 제1408호, 2019. 7. 4.) 제2조 제3항·제5항 및 제6항을 참고하라.

35) 산사태위기경보의 발령기준 중 ① '산사태주의보 예측정보'란 강우량이 토양함수지수 대비 80%에 도달한 경우를 말하며, ② '산사태경보 예측정보'란 강우량이 토양함수지수 대비 100%에 도달한 경우를 말한다. 여기에서 토양함수지수란 강우량 및 지질 등 지역 특성을 고려하여 산정

■ 심각경보: 대규모 산사태가 발생하였거나 발생할 것이 확실한 경우 또는 산사태로 인명피해가 발생했을 경우, 산사태경보 예측정보가 50% 이상의 시·군·구에서 발생한 경우 또는 지진 규모 6.0 이상의 지진이 발생한 경우

지역산사태예방기관의 장은 산사태가 발생하거나 발생할 우려가 있는 때에는 산림청장으로부터 제공받은 이러한 산사태예측정보나 현행법에 따라 발령된 산사태위기경보 등을 고려하여 해당 지역주민이나 산사태 발생 우려지역에 있는 자에게 「재난 및 안전관리 기본법」 제40조부터 제43조까지의 규정을 준용하여 대피명령, 강제대피 및 통행제한 등 적절한 피해예방 조치를 할 수 있다(제45조의6 제3항).

[2] 산사태의 예방

1. 산사태 발생 우려지역에 대한 조사

산림청장은 전국을 대상으로 5년마다 산사태의 발생 우려지역에 대한 기초조사를 실시하고 그 결과를 지역산사태예방기관의 장 등에게 통보하여야 하며, 지역산사태예방기관의 장은 이에 따라 5년마다 산사태의 발생 우려지역에 대하여 실태조사를 실시하여야 한다(제45조의7 제1항·제2항). 산림청장이 실시하는 기초조사에는 산사태 발생 우려지역의 위치·규모 및 유형별 분류가 포함되어야 하며, 지역산사태예방기관의 장이 실시하는 실태조사에는 산사태 발생 우려지역의 토석유출·붕괴 및 침식의 정도나 토지·산림현황 등 산사태 발생 원인요소별 특성, 그 밖에 지역산사태예방기관의 장이 필요하다고 인정하는 사항이 포함되어야 한다(시행규칙 제37조의2 제1항~제2항). 이 경우 기초조사는 현지 직접조사와 항공기·인공위성 등을 통한 원격탐사 또는 의견조사·자료 및 문헌 등을 통한 간접조사의 방법으로 하며, 실태조사는 현지 직접조사를 원칙으로 하나 원격탐사 및 간접조사의 방법을 병행할 수 있다.

2. 산사태취약지역

가. 산사태취약지역의 지정

지역산사태예방기관의 장은 산사태 발생의 우려가 있는 지역에 예방시설을 설치하는 등 산사태로부터 국민의 생명과 재산 및 산림자원을 보호하기 위하여 현행법에 따른 산사태의 발생 우려지역에 대한 실태조사 결과를 기초로 산사태취약지역을 지정할 수 있다(제45조의8 제1항). 이 경우 지역산사태예방기관의 장은 현행법 제45조의9

한 지수로서 토양이 수용가능한 물의 양을 말한다(시행령 제32조의6 제4항, 별표3의2 비고).

에 따른 산사태취약지역지정위원회의 심의 및 주민의 의견을 수렴하는 절차를 거쳐야 한다.

현행법에 따르면 산사태취약지역이란 "산사태로 인하여 인명 및 재산피해가 우려되는 지역으로 제45조의8에 따라 지정·고시한 지역"(제2조 제13호)을 말하며, 「급경사지 재해예방에 관한 법률」에 따른 급경사지 및 붕괴위험지역, 「도로법」 제10조에 따른 도로, 「시설물의 안전 및 유지관리에 관한 특별법」에 따른 시설물에 관하여는 적용하지 않는다.[36] 따라서 일반인의 관념으로는 산사태에 취약한 지역으로 인식되더라도 다른 법률이 적용되는 급경사지나 붕괴위험지역, 도로 및 일정한 시설물은 현행법에 따른 산사태취약지역에는 해당하지 않으며, 각각 개별 법률에 따라 안전조치가 이루어지게 된다.

지역산사태예방기관의 장은 현행법에 따라 산사태취약지역을 지정하려면 지정예정지에 대하여 지정사유, 지정대상지의 소재와 면적, 지정에 관한 이의신청기간, 그 밖에 농림축산식품부령으로 정하는 사항을 공고하고 해당 토지의 소유자와 관할 시장·군수·구청장에게 알려야 한다(제45조의8 제2항~제4항). 이 경우 산사태취약지역의 지정과 관련하여 토지의 소유자나 해당 산림에 직접적인 이해관계가 있는 관계인은 지정에 관한 이의신청기간에 이의신청을 할 수 있으며, 토지의 소유자 등으로부터 이러한 이의신청을 받은 지역산사태예방기관의 장은 그 이의신청을 받은 날부터 20일 이내에 그 이의신청에 대하여 결정을 하고 지체 없이 그 결과를 신청인에게 알려야 한다.

현행법에 따른 산사태취약지역의 지정을 심의하기 위하여 지방산림청장은 대통령령으로 정하는 바에 따라 지방산림청장 소속으로 산사태취약지역지정위원회를 구성·운영하며, 지방자치단체의 장은 대통령령으로 정하는 바에 따라 지방자치단체의 조례로 지방자치단체의 장 소속에 산사태취약지역지정위원회를 구성·운영할 수 있다(제45조의9 제1항·제2항). 따라서 지역산사태예방기관의 장 가운데 지방산림청 국유림관리소장의 경우에는 산사태취약지역을 지정하는 경우 지방산림청장 소속 산사태취약지

36) 「급경사지 재해예방에 관한 법률」에 따른 '급경사지'란 택지·도로·철도 및 공원시설 등에 부속된 자연비탈면이나 옹벽 및 축대 등을 포함한 인공비탈면 또는 이와 접한 산지로서 대통령령으로 정하는 것을 말하며, '붕괴위험지역'이란 붕괴·낙석 등으로 국민의 생명과 재산의 피해가 우려되는 급경사지와 그 주변토지로서 같은 법 제6조에 따라 지정·고시된 지역을 말한다(같은 법 제2조 제1호 및 제2호). 한편 「시설물의 안전 및 유지관리에 관한 특별법」에 따른 '시설물'이란 건설공사를 통하여 만들어진 교량·터널·항만·댐·건축물 등 구조물과 그 부대시설로서 같은 법 제7조에 따른 제1종시설물, 제2종시설물 및 제3종시설물을 말한다(같은 법 제2조 제1호).

역지정위원회의 심의를 거쳐야 한다.

지역산사태예방기관의 장은 토지의 소유자 등으로부터 이의신청이 없거나 이의신청의 이유가 없다고 인정하면 공고한 지정예정지를 산사태취약지역으로 지정·고시하고, 토지의 소유자와 관계인 및 관할 시장·군수·구청장에게 알려야 한다(제45조의8 제5항). 그러나 토지의 소유자와 관계인의 주소·거소가 분명하지 않은 때에는 농림축산식품부령으로 정하는 바에 따라 고시로써 이를 갈음한다. 이는 산사태취약지역으로 고시한 지역을 변경한 때에도 같다. 산사태취약지역의 지정과 관련하여 특히 그 지정이 필요함에도 불구하고 지역산사태예방기관의 장이 산사태취약지역으로 지정하지 않는 경우에는 산림청장 및 시·도지사는 해당 지역을 산사태취약지역으로 지정·고시하도록 통보할 수 있다(제45조의8 제11항). 이 경우 지역산사태예방기관의 장은 특별한 사유가 없으면 이에 따라야 한다. 지역산사태예방기관의 장은 산사태취약지역을 지정·고시한 경우에는 관할 시·도지사를 거쳐 산림청장과 관계 중앙행정기관의 장에게 보고하여야 하며, 현행법에 따른 산사태취약지역의 지정은 지역산사태예방기관의 장이 고시한 날부터 그 효력이 발생한다(제45조의8 제6항·제8항).

나. 산지의 매수 또는 교환

지역산사태예방기관의 장은 산사태취약지역의 지정목적을 달성하기 위하여 필요하면 산지소유자와 협의하거나 산지소유자의 신청을 받아 산사태취약지역의 산지나 대통령령으로 정하는 산사태취약지역 인근의 산지를 예산의 범위에서 매수하거나 국유림 또는 공유림과 교환할 수 있다(제45조의12 제1항 및 시행령 제32조의12). 여기에서 지역산사태예방기관의 장이 매수 또는 교환할 수 있는 산지에는 입목·죽을 포함하며, '대통령령으로 정하는 산사태취약지역 인근의 산지'란 산사태취약지역과 연접한 산지 또는 산사태취약지역으로 둘러싸여 있는 산지를 말한다. 현행법에 따른 이러한 산지의 매수 또는 교환절차 등은 「국유재산법」, 「국유림의 경영 및 관리에 관한 법률」 또는 「공유재산 및 물품 관리법」을 준용하며, 그 매수·교환 가격은 「공익사업을 위한 토지 등의 취득 및 보상에 관한 법률」에 따라 산정된 가격으로 한다(제45조의12 제2항·제3항).

다. 산사태취약지역의 관리 및 행위제한

지역산사태예방기관의 장은 산사태취약지역에 위험을 알리는 표지를 설치하여야 하며, 산사태취약지역의 산사태예방을 위하여 「사방사업법」 제5조 및 제6조에 따른 사방사업을 우선적으로 시행하여야 한다(제45조의8 제9항 및 제45조의11 제1항). 지역산사태예방기관의 장은 산사태취약지역에 대하여 연 2회 이상 현지점검을 실시하고 응급조치 및 보수·보강 등의 필요한 조치를 하여야 한다(제45조의11 제1항~제3항). 지역산사태예방기관의 장은 현행법에 따라 이러한 현지점검을 실시한 결과 산사태 발생의 우려가 있는 때에는 대통령령으로 정하는 바에 따라 토지의 소유자 및 관계인에게 관련 시설·토지 등의 사용을 제한·금지하거나 보수·보강 또는 제거하는 등 안전조치를 명령할 수 있다.[37] 이 경우 지역산사태예방기관의 장으로부터 안전조치 명령을 받은 토지의 소유자 및 관계인은 안전조치를 이행하고, 농림축산식품부령으로 정하는 바에 따라 그 결과를 관할 지역산사태예방기관의 장에게 통보하여야 한다. 만일 현행법에 따라 안전조치 명령을 받은 자가 그 명령을 이행하지 않는 경우에는 지역산사태예방기관의 장이 그에 대신하여 필요한 안전조치를 취할 수 있다. 이 경우 「행정대집행법」을 준용한다(제45조의11 제4항).

누구든지 지역산사태예방기관의 장이 설치한 산사태취약지역의 위험표지를 허락 없이 이전하거나 훼손해서는 안 되며, 현행법에 따라 지역산사태예방기관의 장에 의하여 지정·고시된 산사태취약지역에서는 산사태의 예방을 위한 사방댐 등 「사방사업법」에 따른 사방시설을 훼손하거나 설치·관리하는 것을 거부 또는 방해하는 행위를 해서는 안 된다(제45조의8 제10항 및 제45조의10). 여기에서 '「사방사업법」에 따른 사방시설'이란 사방사업에 따라 설치된 인공구조물과 파종·식재된 식물로서 사방사업의 시행 전부터 사방사업의 시행지역에서 자라고 있는 식물을 포함한 것을 말한다(같은 법 제2조 제3호). 산사태취약지역에서의 이러한 행위제한에 관한 규정은 현행법에 따른 산사태취약지역 지정제도의 실효성을 보장하기 위한 것으로서 특히 이에 위반하여 산사태취약지역에서 사방시설을 훼손하거나 이를 설치·관리하는 것을 거부 또는 방해하는 때에는 벌칙 규정에 따라 5년 이하의 징역이나 5천만원 이하의 벌금에 처해질 수 있다(제54조 제2항 제4호)

라. 지정해제

지역산사태예방기관의 장은 현행법에 따라 지정된 산사태취약지역이 사방댐 등 「사방사업법」 제3조에 따른 사방사업의 시행 등으로 인하여 그 지정목적이 달성되었을 경우에는 이를 해제할 수 있다(제45조의8 제7항·제8항). 이 경우 지역산사태예방기관의 장은 관할 시·도지사를 거쳐 산림청장과 관계 중앙행정기관의 장에게 그 해제사실을

37) 이에 따르면 지역산사태예방기관의 장이 현행법에 따라 안전조치를 명령할 때에는 현지점검의 결과, 안전조치를 명령하는 이유, 안전조치를 하여야 하는 사항, 안전조치의 방법 및 실시기한을 적은 안전조치명령서를 토지의 소유자 및 관계인에게 발급하여야 한다(시행령 제32조의11).

보고하여야 한다. 이는 지역산사태예방기관의 장이 산사태취약지역을 지정·고시한 경우 관할 시·도지사를 거쳐 산림청장과 관계 중앙행정기관의 장에게 보고하도록 하고 있는 취지에 따라 해당 산사태취약지역을 해제한 경우에도 동일한 절차에 따라 산림청장과 관계 중앙행정기관의 장에게 보고하도록 한 것이다.

3. 산사태예방 교육

산림청장은 산사태예방 분야 전문인력의 양성과 국민의 산사태예방 의식을 기르고 지식을 얻도록 하기 위하여 교육의 목표 및 운영방향과 교육의 내용·방법·대상 및 기간 등이 포함된 산사태예방 교육계획을 수립·실시하여야 한다(제45조의13 제1항·제2항). 이와 함께 지역산사태예방기관의 장은 소속 산사태예방 업무담당자에게 그 직무와 관련된 학식·기술 및 산사태 대응능력을 향상시키기 위하여 농림축산식품부령으로 정하는 바에 따라 산림청 또는 지방자치단체 소속 교육기관 등에서 산사태예방 교육을 받도록 하여야 한다.

[3] 산사태에 대한 대응

1. 산사태 발생의 신고

산림이나 인접지역에서 산사태를 보거나 산사태의 징후를 감지한 사람은 지체 없이 산림청, 지역산사태예방기관 또는 산사태유관기관에 신고하여야 한다(제45조의14 제1항~제3항). 이 경우 산림청이나 산사태유관기관이 산사태 신고를 접수하였을 때에는 지체 없이 지역산사태예방기관에 알려야 하며, 이러한 산사태 신고를 접수한 관할 지역산사태예방기관은 현장 상황을 신속하게 파악하고 추가적인 피해가 발생되지 않도록 응급복구 등 필요한 활동을 하여야 한다.

2. 산사태대응팀 및 산사태현장예방단

산림청장 및 지역산사태예방기관의 장은 농림축산식품부령으로 정하는 산사태예방 교육을 이수한 공무원으로 조직된 산사태대응팀을 설치하고, 이러한 산사태대응팀에게 산사태의 예방 및 대응활동, 산사태 예방을 위한 사방댐 등 「사방사업법」에 따른 사방시설의 설치 및 관리, 산사태취약지역의 지정 및 관리, 산사태현장예방단의 구성 및 운영, 산사태예방대책의 수립을 위한 기초정보의 수집과 전달, 산사태의 예방과 대응에 대한 지역주민 교육 및 홍보에 관한 업무를 수행하게 할 수 있다(제45조의15 제1항). 현행법에 따른 산사태대응팀은 산림청장이 산림청 또는 지방자치단체 소속 교육기관 등에서 산불방지 교육 및 훈련을 마친 공무원으로 조직하는 산불진화단과 유사한 것으로서 산사태대응팀을 구성하는 공무원에는 「청원산림보호직원 배치에 관한 법률」에 따른 청원산림보호직원을 포함한다.

지역산사태예방기관의 장은 산사태의 예방 및 대응을 위하여 산사태대응팀과는 별도로 대통령령으로 정하는 바에 따라 산사태현장예방단을 구성·운영할 수 있다(제45조의15 제2항 및 시행령 제32조의13). 이에 따르면 '산사태현장예방단'은 만 20세 이상인 관할 지역의 주민 중에서 지역산사태예방기관의 장이 선발하는 10명 내외로 구성하여 관할 지역의 산사태 예방 및 대응활동, 관할 지역 내 산사태취약지역의 조사 등 산사태예방 대책수립을 위한 기초정보의 수집, 관할 지역주민에 대한 교육 및 홍보의 임무를 수행한다. 현행법에 따른 이러한 산사태현장예방단은 지역주민 중에서 선발하여 구성하는 것이므로 산사태예방 교육을 이수한 공무원으로 조직되는 산사태대응팀과는 다르나, 그 단원은 농림축산식품부령으로 정하는 바에 따라[38] 일정한 산사태예방 교육을 받아야 하는 점에서는 동일하다.

[4] 산사태 발생지의 복구 및 대응 평가

1. 산림복구 및 복원계획

산림청장 또는 지역산사태예방기관의 장은 농림축산식품부령으로 정하는 바에 따라 산사태 발생지에 대하여 토석의 유출 등 피해가 없도록 응급조치를 하고, 산사태 발생지의 입지특성, 경영목적 및 산림기능 등을 고려하여 산사태 발생지에 대한 복구 또는 산림복원계획을 수립·시행하여야 한다(제45조의16 시행규칙 제37조의8). 현행법에 따른 이러한 산림복구 또는 산림복원계획에는 산지의 추가 붕괴 및 침식방지, 토석이나 나무의 유출 및 모래의 날림방지, 경관의 조성과 수원의 함양 등에 관한 사항이 포함되어야 한다.

2. 산사태 대응의 평가 및 분석

산림청장은 산사태가 발생한 지역에 대하여 산사태 대응의 문제점 및 개선방안 등을 대통령령으로 정하는 바에 따라 평가·분석하여 그 결과를 다음 연도 전국산사태예방연도별대책에 반영하여야 하며, 이를 지역산사태예방기관의 장에게 통보

---

38) 이에 따르면 산사태현장예방단의 단원은 산사태현장예방단의 임무 및 역할, 산사태취약지역의 점검 및 응급조치 요령, 산사태 예방·대응·조사 및 복구요령에 대하여 매년 10시간 이상 교육을 받아야 한다(시행규칙 제37조의7 제2항).

할 수 있다(제45조의17 제1항·제2항). 이 경우 산림청장으로부터 평가·분석 결과를 통보받은 지역산사태예방기관의 장은 그 결과를 관할 지역의 특수성을 고려하여 다음 연도 지역산사태예방연도별대책에 반영하여야 한다.

현행법에 따른 이러한 산사태대응의 평가·분석과 관련하여 산림청장은 필요한 경우에는 지역산사태예방기관의 장 및 산사태유관기관의 장에게 자료의 제출을 요청할 수 있으며, 그 평가를 효율적으로 시행하기 위하여 산사태 전문가로 구성된 평가단을 운영할 수 있다(시행령 제32조의14 제2항·제3항). 이 경우 산림청장으로부터 산사태대응의 평가·분석을 위하여 자료의 제출을 요청받은 지역산사태예방기관의 장 및 산사태유관기관의 장은 특별한 사유가 없으면 이에 따라야 한다.

3. 산사태예방에 대한 문책요구

산림청장이나 지역산사태예방기관의 장은 산사태의 예방 및 복구에 관한 업무를 수행할 때 지시를 위반하거나 주어진 임무를 게을리한 지역산사태예방기관과 산사태유관기관의 공무원이나 직원의 명단을 그 사실을 증명할 수 있는 관계 자료와 함께 그 소속 기관의 장에게 통보하여야 한다(제45조의18 제1항·제2항). 산림청장이나 지역산사태예방기관의 장으로부터 이러한 내용을 통보받은 소속 기관의 장은 해당 공무원이나 직원을 문책하는 등 적절한 조치를 하고 그 결과를 산림청장 또는 지역산사태예방기관의 장에게 알려야 한다.

산사태의 예방 및 복구에 관한 업무를 수행하는 공무원이나 직원이 이를 엄정하고 성실하게 이행할 책임을 부여하고 있는 이러한 규정은 현행법 제40조에 따른 산불방지에 있어서의 문책요구와 유사한 것으로서 재난관리를 담당하는 공무원이나 직원의 경우에는 일반적으로 인정되는 것이므로 그 문책요구에 관하여 현행법에 특별한 규정이 있는 경우를 제외하고는 「재난 및 안전관리 기본법」 제77조를 준용한다(제45조의18 제3항).

제2절 사방사업법

I. 총 론

[1] 개 요

「사방사업법」은 1962년 1월 15일 제정(법률 제977호)된 법률로서 현재 시행되고 있는 산림법 체계의 법률 중에서 가장 오래된 법률에 속한다. 이러한 「사방사업법」은 제정 이후 대규모의 사방사업을 실시할 수 있도록 지원해 온 법적 기반으로서 1963년과 1964년 2년 동안 시행한 산지사방사업 면적이 광복 이후 18년 동안 시행한 실적과 대등한 획기적인 성과를 거두는 토대가 되었으며, 사방사업의 역사가 된 '영일지구 사방사업'의 밑거름이 되기도 하였다.[39)]

사방사업은 국가적인 차원에서 국토를 보전하고 수해를 예방하는 가장 핵심적인 정책수단 중의 하나로서 1907년 우리나라 최초의 사방사업이 실행된 이래 100년 이상 축적된 경험과 기술을 바탕으로 헐벗었던 황폐지를 성공적으로 녹화하는 데 크게 기여하였을 뿐만 아니라 현재에도 대형화하고 빈발하는 산림재해에 대응하는 '최초 저지선'[40)]으로서 그 중요성은 여전히 줄어들지 않고 있다. 이러한 사방사업은 「제2차 치산녹화 10년 계획(1979~1988)」 이후 산림기본계획에 반영[41)]하여 장기적인 관점에서 추진해 오고 있는데, 현재에는 주요 생활권의 산사태취약지역과 토석류위험지역을 중심으로 사방사업을 실시하고 위험지역을 관리하는 등 인명 및 재산피해를 예방하는 데 중점을 두어 시행하고 있다.[42)]

「사방사업법」은 제정 이후 1968년 5월 21일 법률개정(법률 제2006호)을 통하여 사방사업을 산지사방·해안사방 및 야계사방으로 구분하고 사방지 안에서의 엄격

39) 당시 2년 동안 시행한 산지사방사업의 면적은 무려 29만 5,303ha에 이르렀다. 한편 '영일지구 사방사업'은 1971년부터 2년 동안 조사와 연구·설계를 마치고 1973년부터 1977년까지 시행하였는데, 대상지역에 적절한 사방공법을 적용하고 입지환경에 적합한 수종을 식재함으로써 4,538ha의 황폐지를 완전히 복구하는 대역사를 이루어 낸 대표적인 사방사업으로 평가받고 있다. 이러한 사방사업의 역사에 대하여는 산림청(2017)의 「산림청 50년사」, 66면 및 110면을 참고하라.

40) 산림청(2013)의 「녹색성장을 선도하는 산림강국 구현」, 193면.

41) 산림청, 「제2차 치산녹화 10년 계획(1979~1988)」, 1978, 89면.

42) 산림청에 따르면 토석류피해예측지도에서 분석된 토석류위험지역 18만 개소 중 주요 생활권 지역에 7만 8,000개소를 집중적으로 선정하여 관리할 계획이다. 이에 대하여는 산림청(2018)의 「제6차 산림기본계획(2018년~2037년)」, 117~120면을 참고하라.

한 행위제한을 신설하는 등 수차례에 걸쳐 법률개정이 이루어졌다. 특히 1994년 3월 24일 전부개정(법률 제4748호) 이후에는 사회적 여건과 재난발생에 더욱 적극적으로 대응하기 위하여 중요한 개정작업들이 이루어졌는데,[43] 우선 2007년 8월 3일 법률개정 시에는 사후복구에 치중된 사방사업을 사전예방적 방식으로 전환하기 위하여 사방사업에 대한 기본계획제도 및 타당성평가제도를 신설하고 사방협회를 설치하도록 하였으며, 또한 2011년 7월 14일 법률개정에서는 사방지의 지정 및 지정해제 등과 관련된 산림청장의 권한을 시ㆍ도지사 및 지방산림청장의 권한으로 하고 「산지관리법」에 따른 복구비 예치제도로 인하여 실효성이 거의 없는 원인자부담제도를 폐지하였다.

그러나 최근에 이루어진 개정작업 중 가장 의미있는 것은 2011년 '우면산 산사태'를 계기로 추진된 개정작업이었는데, 이에 따라 이루어진 2013년 8월 13일 개정법률(법률 제12052호)에 따르면 (1) 산사태와 함께 토석류 재해를 보다 적극적으로 예방하기 위하여 토석류의 개념을 구체적으로 정의하고 사방사업을 시행하는 경우 토석류 방지기능을 추가하였으며, (2) 시ㆍ도지사 및 지방산림청장으로 하여금 관할 지역의 특성을 고려하여 5년마다 지역사방사업계획을 수립ㆍ시행하도록 하고, (3) 사방댐 등 야계사방사업에 편입되는 토지 등에 대한 보상 규정을 신설함으로써 토지소유자의 동의를 얻어 적기적소에 사방시설을 조성할 수 있는 법적 근거를 마련하였다.

현재 시행 중인 이러한 「사방사업법」은 사방사업 기본계획의 수립 등을 포함하여 사방지의 지정 및 지정해제, 사방사업의 시행ㆍ관리 등 사방사업에 관한 사항을 전반적으로 규정하고 있는 법률로서 특히 「산림보호법」의 산사태 예방ㆍ대응 및 복구에 관한 규정과 밀접하게 연관되어 있는 만큼 이를 연계하여 해석하려는 관점에서 벗어나지 않도록 노력해야 할 것이다.

[2] 사방사업의 개념 및 구분

1. 개　　념

「사방사업법」은 국토의 황폐화를 방지하고 산사태 등으로부터 국민의 생명과

43) 보다 자세한 개정이유 및 주요 내용에 대하여는 법제처의 국가법령정보센터(www.law.go.kr) 중 「사방사업법」의 연혁(법률 제977호, 1962. 1. 15; 법률 제2006호, 1968. 5. 21; 법률 제4748호, 1994. 3. 24; 법률 제8592호, 2007. 8. 3; 법률 제10844호, 2011. 7. 14; 법률 제12052호, 2013. 8. 13.)에 따른 각 제정이유 및 주요 개정내용을 참고하라.

재산을 보호하며 국토를 보전하기 위하여 사방사업을 효율적으로 시행함으로써 공공이익의 증진과 산업발전에 이바지하는 것을 목적으로 한다(제1조). 여기에서 사방사업이란 "황폐지를 복구하거나 산지의 붕괴, 토석·나무 등의 유출 또는 모래의 날림 등을 방지 또는 예방하기 위하여 인공구조물을 설치하거나 식물을 파종·식재하는 사업 또는 이에 부수되는 경관의 조성이나 수원의 함양을 위한 사업"(제2조 제2호)을 말한다.

이와 관련하여 현행법은 '황폐지'를 자연적 또는 인위적인 원인으로 산지가 붕괴되거나 토석·나무 등의 유출 또는 모래의 날림 등이 발생하는 지역으로서 국토의 보전, 재해의 방지, 경관의 조성 또는 수원의 함양을 위하여 복구공사가 필요한 지역으로 규정하고(제2조 제1호), '사방시설'은 사방사업에 따라 설치된 인공구조물과 파종·식재된 식물로서 사방사업의 시행 전부터 사방사업의 시행지역에서 자라고 있는 식물을 포함하는 것으로 정의하고 있으므로(제2조 제3호), 이에 따르면 사방사업이란 결국 '황폐지를 복구하거나 황폐지로 인한 피해를 예방·방지하기 위하여 사방시설을 설치하거나 이에 부수되는 경관조성 및 수원함양을 위한 사업'을 의미한다고 할 것이다. 다만, 이러한 사방사업의 개념을 따를 때 황폐지의 개념 중 자연적 또는 인위적인 원인으로 붕괴되는 산지에는 산지뿐만 아니라 산지 이외의 토지도 포함됨을 주의해야 할 것이다.

사방사업은 국토를 보존하고 산사태 등의 산림재해로부터 국민의 생명과 재산을 보호하며, 경관을 조성하고 수원을 함양하기 위한 것으로서 공익성이 큰 기반사업이므로 누구든지 사방사업을 시행하거나 사방시설을 관리하는 것을 거부하거나 방해하여서는 안 되며(제13조), 만일 이에 위반하는 경우에는 벌칙 제28조에 따라 1년 이하의 징역이나 1천만원 이하의 벌금에 처해질 수 있다.

2. 구 분

사방사업은 그 대상지역에 따라 (1) 산지사방사업, (2) 해안사방사업, (3) 야계사방사업으로 구분한다. 이에 따르면 산지사방사업이란 산지에 대하여 시행하는 사방사업으로서 산사태의 발생을 방지하기 위한 산사태예방사업, 산사태가 발생한 지역을 복구하기 위한 산사태복구사업, 산지의 붕괴·침식 또는 토석의 유출을 방지하기 위한 산지보전사업 및 자연적·인위적인 원인으로 훼손된 산지를 복원하기 위하여 시행하는 산지복원사업으로 나누어진다(제3조 제1호). 여기에서 산사태란 「산림보호법」에서 이미 살펴본 것과 같이 현행법 제2조 제5호에 따른 산사태로서 "자연적 또는 인위적인 원인으로 산지가 일시에 붕괴되는 것"(제2조 제5호)을 말한다.

해안사방사업이란 산지에 시행하는 이러한 산지사방사업과는 달리 해안 모래언덕 등 해안과 연접한 지역에 대하여 시행하는 사방사업으로서 해일 · 풍랑 · 모래날림 및 염분 등에 의한 피해를 줄이기 위한 해안방재림 조성사업과 파도 등에 의한 해안침식을 방지하거나 침식된 해안을 복구하기 위한 해안침식 방지사업으로 구분한다(제3조 제2호).

야계사방사업이란 산지의 계곡, 산지에 연결된 시내 또는 하천에 대하여 시행하는 사방사업으로서 계류의 유속을 줄이고 침식 및 토석류를 방지하기 위한 계류보전사업, 자연적 · 인위적인 원인으로 훼손된 계류를 복원하기 위한 계류복원사업 및 계류의 경사도를 완화시켜 침식을 방지하고 상류에서 내려오는 토석 · 나무 등과 토석류를 차단하며 수원함양을 위하여 계류를 횡단하여 소규모 댐을 설치하는 사방댐 설치사업으로 구분한다(제3조 제3호). 여기에서 토석류란 2013년 8월 13일 법률개정을 통하여 규정된 개념으로서 "산지 또는 계곡에서 토석 · 나무 등이 물과 섞여 빠른 속도로 유출되는 것"(제2조 제6호)을 말한다. 이러한 토석류의 개념에 대해서는 이를 산사태와 혼용하여 사용하는 경우도 있으나, 현행법에 따를 경우 산사태는 산지사방사업의 대상이고 토석류는 야계사방사업에 속하는 것으로서 서로 분명하게 다른 것이므로 신중하게 구별하여 사용하여야 함은 앞에서 이미 설명한 것과 같다.

Ⅱ. 황폐지 실태조사 및 사방사업 기본계획

[1] 황폐지 실태조사

산림청장은 사방사업의 효율적인 추진을 위하여 황폐지의 실태에 대한 기초조사를 5년마다 실시하고 그 결과를 사방사업 기본계획에 반영하여야 한다(제3조의3 제1항). 현행법이 이처럼 황폐지의 실태에 대하여 5년마다 기초조사를 하도록 규정하고 있는 것은 정확한 황폐지의 실태를 파악하는 것이야말로 사방사업 정책을 성공적으로 수행하는데 있어 가장 기본적이면서도 중요한 일이기 때문이다. 현행법에 따른 기초조사는 직접 현지조사를 하거나 항공기 · 인공위성 등을 통한 원격탐사 또는 의견조사 · 자료 및 문헌 등을 통한 간접조사의 방법으로 실시하며, 황폐지의 위치 · 규모 · 특성 및 황폐화의 원인, 황폐지 인근의 주택 · 농경지 등과 같은 주변여건, 사방사업의 필요성 여부, 그 밖에 산림청장이 필요하다고 인정하는 사항을 포함하여 조사하여야 한다(시행규칙 제1조의2 제1항 제1호 및 제2항).

산림청장은 황폐지의 실태에 대한 기초조사 결과 집중호우 등으로 인하여 지형의 변화, 생태계 또는 생활권에 피해가 발생할 우려가 있는 지역에 대하여는 정밀조사를 할 수 있다(제3조의3 제2항). 현행법에 따르면 이러한 정밀조사는 직접 현지조사를 원칙으로 하나 원격탐사 및 간접조사의 방법을 병행할 수 있으며, 그 조사에는 황폐지의 토석유출·붕괴 및 침식의 위험정도, 황폐지와 황폐지 인근의 지황·임황 등 황폐지 발생 인자별 특성, 그 밖에 산림청장이 필요하다고 인정하는 사항이 포함되어야 한다(시행규칙 제1조의2 제1항 제2호 및 제3항).

산림청장은 황폐지의 실태에 대한 이러한 기초조사 및 정밀조사를 효율적으로 수행하기 위하여 관계 행정기관의 장, 시·도지사, 시장·군수·구청장에게 필요한 자료의 제공을 요청할 수 있다(제3조의3 제3항). 이 경우 산림청장으로부터 기초조사 및 정밀조사에 필요한 자료의 제공을 요청받은 자는 특별한 사유가 없으면 이에 따라야 한다.

[2] 사방사업 기본계획

산림청장은 사방사업을 계획적·체계적으로 추진하기 위하여 5년마다 사방사업 기본계획[기본계획]을 수립·시행하여야 한다(제3조의2 제1항·제2항). 산림청장이 수립하는 이러한 기본계획에는 사방사업의 기본목표 및 추진방향, 사방기술의 개발촉진 및 그 활용을 위한 사항, 사방사업 대상지 및 사후관리에 관한 사항, 사방사업 기술인력의 육성에 관한 사항, 사방기술의 국제교류 확대에 관한 사항, 그 밖에 산림청장이 필요하다고 인정하는 사항이 포함되어야 한다. 산림청장은 사방사업의 여건 및 경제사정 등에 현저한 변경사유가 있는 경우에는 현행법에 따라 이를 변경할 수 있다.

산림청장은 기본계획을 수립하거나 변경하려는 경우에는 관계 행정기관의 장 및 시·도지사의 의견을 들어야 하며, 이를 수립하거나 변경한 경우에는 지체 없이 그 내용을 시·도지사 또는 지방산림청장에게 통지하고 그 개요를 고시하여야 한다(제3조의2 제3항·제4항). 시·도지사 및 지방산림청장은 현행법에 따라 산림청장으로부터 이러한 기본계획을 통지받은 경우에는 그에 따라 관할 지역의 특성을 고려하여 5년마다 지역사방사업계획을 수립·시행하여야 한다.

Ⅲ. 사방지의 지정 및 지정해제

[1] 사방지의 지정

사방지는 대통령령으로 정하는 바에 따라 시·도지사 또는 지방산림청장이 지정한다(제4조 제1항·제2항). 이 경우 시·도지사 또는 지방산림청장은 사방지 지정대상지가 대통령령으로 정하는 규모 이하인 경우에는 사방지로 지정하지 않을 수 있다. 여기에서 '사방지'란 사방사업을 시행하였거나 시행하기 위한 지역으로서 현행법 제4조에 따라 특별시장·광역시장·특별자치시장·도지사·특별자치도지사[시·도지사] 또는 지방산림청장이 지정·고시한 지역을 말하며(제2조 제4호), 현행법에 따라 사방지로 지정하지 않을 수 있는 '대통령령으로 정하는 규모'란 현행법 제3조 제1호의 산지사방사업으로서 1개소의 면적이 1천m^2 이하인 것을 말한다(제4조 제3항 및 시행령 제2조의2).

시·도지사 또는 지방산림청장은 사방지를 지정하는 경우 시장·군수·구청장의 의견을 듣고, 현행법에 따라 토지 등의 수용이 필요한 경우에는 토지 등의 소유자·점유자 또는 이해관계자의 의견을 들어야 하며, 「하천법」에 따른 하천에 대하여 야계사방사업을 시행할 사방지를 지정하려면 미리 하천관리청과 협의하여야 한다(제4조 제1항 후단). 시·도지사 또는 지방산림청장은 이러한 절차를 거쳐 사방지를 지정하였을 때에는 지체 없이 그 사실을 고시하고, 지정 내용을 토지 등의 소유자·점유자 또는 이해관계자에게 통지하여야 한다. 이는 시·도지사 또는 지방산림청장이 고시한 지역을 변경하려는 경우에도 같다.

현행법에 따라 시·도지사 또는 지방산림청장이 사방지를 지정·고시한 경우에는 「공익사업을 위한 토지 등의 취득 및 보상에 관한 법률」 제20조 제1항 및 제22조에 따른 사업인정 및 사업인정의 고시가 있는 것으로 본다(제10조의2 제2항). 그러므로 시·도지사 또는 지방산림청장은 「공익사업을 위한 토지 등의 취득 및 보상에 관한 법률」에 따라 별도로 토지 등의 수용 또는 사용을 위한 국토교통부장관의 사업인정을 받을 필요가 없으며, 현행법의 규정 외에 따로 토지소유자 및 관계인에게 통지하거나 관보에 고시하지 않아도 된다.

[2] 사방지에서의 행위제한

사방지에서는 특별자치시장, 특별자치도지사, 시장·군수·구청장 또는 지방산림청장의 허가를 받지 않고는 입목·죽의 벌채, 토석·나무뿌리 또는 풀뿌리의 채취, 가축의 방목, 그 밖에 사방시설을 훼손·변경하거나 토지의 형질을 변경하는 행위를 하지 못한다(제14조 제1항). 만일 누구든지 이에 위반하는 경우에는 벌칙 제27조에 따라 5년 이하의 징역이나 5천만원 이하의 벌금에 처해질 수 있다. 현행법의 이러한 제한은 사방사업에 따라 설치된 인공구조물과 파종·식재된 식물인 사방시설의 효용과 기능을 유지하기 위한 것으로 이해된다. 그러므로 「하천법」에 따라 하천공사를 시행하거나 하천구역에 대한 점용허가를 받은 경우에는 이미 해당 법률에 따라 이에 대한 검토를 마친 것으로 보아야 하므로 현행법이 적용되지 않는다(제14조 제1항 단서).

특별자치시장, 특별자치도지사, 시장·군수·구청장 또는 지방산림청장은 사방지에서의 행위를 위한 허가신청을 받은 경우 그 신청 내용이 사방사업에 의하여 설치된 기초인공구조물을 훼손하거나 원형을 변경하는 행위, 피해목이 아닌 입목·죽의 벌채로서 사방지의 지정목적에 장해가 되는 벌채, 사방지의 지정목적 달성을 저해할 정도로 토사유출 등이 예상되는 떼·풀·토석의 채취 또는 가축의 방목에 해당하는 경우를 제외하고는 허가를 하여야 한다(제14조 제2항·제3항). 현행법에 따라 이러한 허가를 받은 경우에는 「산지관리법」에 따른 산지전용허가·신고, 산지일시사용허가·신고, 토석채취허가 및 「산림자원의 조성 및 관리에 관한 법률」에 따른 입목벌채 등의 허가를 받거나 신고를 한 것으로 본다.

[3] 지정해제

시·도지사 또는 지방산림청장은 사방지에 일정한 사유가 있는 경우에는 대통령령으로 정하는 바에 따라 그 지정을 해제할 수 있다(제20조 제1항 및 시행령 제17조 제1항·제2항). 이에 따르면 시·도지사 또는 지방산림청장은 신청이나 직권에 의하여 사방지의 지정을 해제할 수 있으며, 이를 해제하는 경우에는 반드시 시장·군수·구청장의 의견을 들어야 한다. 시·도지사 또는 지방산림청장이 사방지를 해제할 수 있는 이러한 사유에는 (1) 국가 또는 지방자치단체가 직접 경영하는 사업을 위하여 필요하다고 인정될 때, (2) 국가 또는 지방자치단체가 그 시책으로 권장하는 사업을 위하여 필요하다고 인정될 때, (3) 「공익사업을 위한 토지 등의 취득 및 보상에 관한 법률」 제4조에 따른 공익사업을 위하여 필요하다고 인정될 때, (4) 대통령령으로 정하는 사업[44]을 위한 토석채취를 위하여 필요하다고 인정될 때, (5) 대통령령으로 정하는

44) 여기에서 '대통령령으로 정하는 사업'이란 ① 철도·항만·공항·도로·간척 등 공공사업, ②

사방지의 지정목적이 달성되었을 때, (6) 대통령령으로 정하는 사방지의 지정목적이 상실되었을 때 등이 있다.[45]

현행법에 따른 이러한 지정해제 사유 가운데 (2)~(4)에 해당하여 그 지정해제를 받으려는 자는 사방사업 시행에 든 비용과 그 밖에 대통령령으로 정하는 비용을 사방시설의 관리자에게 변상하여야 한다(제21조 및 시행령 제19조 제1항). 여기에서 사방사업 시행에 소요된 비용 이외 '대통령령으로 정하는 비용'이란 지방자치단체의 장이 인정하는 현금으로 투자된 사방시설 보수비, 덧거름비용, 병해충방제비용, 보살펴기른작업비용 및 산불방지비용 기타 이에 준하는 비용을 말한다. 그러나 이에 해당하는 경우라도 대통령령으로 정하는 경우로서 예를 들어 「농어촌정비법」에 따른 농어촌 생활환경정비 및 농어촌관광휴양지의 개발이나 비영리법인이 설치하는 시설로서 「의료법」에 의한 농어촌지역의 의료기관 및 「사회복지사업법」에 의한 사회복지시설의 설치 등과 같은 경우에는 그 비용의 변상을 면제한다(제21조 단서 및 시행령 제19조 제3항).

시 · 도지사 또는 지방산림청장은 현행법에 따라 사방지의 지정을 해제한 경우에는 그 사실을 고시하여야 하며, 사방지를 지정하였을 때와 마찬가지로 토지 등의 소유자 · 점유자 또는 이해관계자에게 통지하여야 한다(제4조 제2항 후단 및 제20조 제2항). 특히 이 경우 시 · 도지사 또는 지방산림청장은 국가사방사업으로 설치된 사방시설을 대통령령으로 정하는 바에 따라 그 토지의 소유자에게 통보하고 무상으로 양여할 수 있다(제20조 제3항 및 시행령 제18조).

국가 또는 지방자치단체가 직접 시행하거나 위탁하여 시행하는 사업, ③ 농지의 지력증진을 위한 객토사업, ④ 지방자치단체의 장이 시책상 특히 필요하다고 인정하는 토석채취사업을 말한다(시행령 제17조 제3항).

45) 이 경우 '대통령령으로 정하는 사방지의 지정목적이 달성되었을 때'란 사방사업 시행 후 5년이 지난 사방지 또는 「산림보호법」 제45조의8 제7항에 따라 산사태취약지역의 지정이 해제된 사방지로서 사방시설에 의하여 지반이 안정되어 있는 등 사방지로 계속 관리할 필요가 없는 때를 말하며, '대통령령으로 정하는 사방지의 지정목적이 상실되었을 때'란 ① 사방지 주위의 토지가 산림 외 다른 목적으로 개발되어 사방지로 존치시킬 필요가 없다고 인정될 때, ② 자연적인 조건으로 모래언덕의 이동 등에 의한 토지의 형상변경에 의하여 사방시설이 없어지거나 수몰되어 다시 사방사업을 시행할 필요가 없을 때, ③ 야계사방사업 시행지의 시내 또는 하천의 물흐름이 자연적인 현상 또는 다른 목적의 개발로 인하여 변경되어 사방지로 존치시킬 필요가 없다고 인정될 때 등이다(시행령 제17조 제4항 및 제5항).

Ⅳ. 사방사업의 시행

[1] 국가사방사업

1. 시행자 및 비용의 부담

사방사업은 국가의 사업으로 하며, 현행법에 따라 국가의 사업으로 시행하는 이러한 사방사업[국가사방사업]은 대통령령으로 정하는 바에 따라 시·도지사 또는 지방산림청장이 시행한다(제5조 제1항·제2항 및 시행령 제3조). 이에 따르면 국가사방사업은 산림청소관 국유림이 아닌 사방지의 경우에는 시·도지사가 시행하고, 산림청소관 국유림인 사방지의 경우에는 지방산림청장이 이를 시행한다.

사방사업의 시행에 따른 비용은 국가가 부담한다(제7조). 이는 사방사업은 국가의 사업으로 시행하는 것이므로 그에 따른 비용은 당연히 국가가 부담하여야 한다는 원칙을 재확인하는 규정으로서 국가사방사업에만 적용된다. 따라서 현행법 제6조에 따라 지방자치단체, 공공단체, 그 밖에 국가 외의 자가 사방사업을 시행하는 경우에는 해당 시행자가 원칙적으로 그 비용을 부담하여야 하며, 국가는 사방사업의 공공성을 감안하여 그 비용의 전부 또는 일부를 보조할 수 있을 뿐이다.

2. 설계 및 시공기준

시·도지사 또는 지방산림청장은 사방사업을 시행하려는 경우에는 국토의 보존, 재해의 방지, 경관의 조성 또는 수원의 함양을 고려하여 설계·시공하여야 한다(제7조의2 제1항). 이 경우 특히 사방사업의 시공기준은 다음에 따라야 한다(제7조의2 제2항 및 시행규칙 제3조 별표).

- 사방사업 대상지의 상·하단부에 있는 주택과 산업시설 등의 피해방지를 우선적으로 고려하여 시공한다.
- 산사태가 발생된 산지의 경우 인근 지역을 포함하여 2차적인 붕괴·침식 또는 토석의 유출 등을 방지하기 위한 공법 등을 적용한다.
- 야계사방사업의 경우 계류의 유속을 줄이고 침식 또는 토석류를 저감하기 위한 공법 등을 적용한다.
- 상시 물이 흐르고 어류 등이 서식하는 계류에는 어류 등의 이동이 가능하도록 생태통로를 설치한다.

3. 사방사업의 시행

가. 사방사업의 타당성 평가

시·도지사 또는 지방산림청장이 사방사업을 시행하려는 경우에는 미리 기본계획과 「산림보호법」에 따른 산사태취약지역을 고려하여 사방사업의 필요성·적합성 및 환경성 등에 대한 종합적인 타당성을 평가하여야 한다(제7조의3 제1항). 그러나 산사태 등 자연재해를 복구하기 위하여 사방사업을 하는 경우에는 이러한 타당성평가를 실시하지 않을 수 있다. 현행법에 따르면 시·도지사, 시장·군수·구청장 또는 지방산림청장은 이러한 타당성평가에 관한 업무를 대통령령으로 정하는 바에 따라 한국치산기술협회에 위탁할 수 있다(제22조의2 제6항 및 제22조의3). 이 경우 위탁받은 업무에 종사하는 한국치산기술협회의 임직원은 형법 제129조부터 제132조까지의 규정을 적용할 때에는 공무원으로 본다.

현행법에 따른 타당성평가의 기준, 방법, 대상사업, 그 밖에 필요한 사항은 대통령령으로 정한다(제7조의3 제2항 및 시행령 제4조의2 별표1). 이에 따르면 타당성평가의 기준은 (1) 사방사업 대상지가 산지이거나 산지와 연접한 토지일 것, (2) 다른 용도로 개발이 예정 또는 확정되어 있거나 사방사업이 필요하지 않은 지역은 대상지에서 제외할 것, (3) 멸종위기 동·식물의 서식지가 아닐 것 등과 같은 공통사항과 함께 산지사방사업, 해안사방사업 및 야계사방사업별로 각각의 개별기준을 적용하여 평가한다. 이러한 타당성평가는 사방사업대상지를 선정한 후 사방사업 실시설계를 하기 전에 평가자가 평가기준에 따라 그 사업의 타당성 여부를 결정하여야 하며, 이 경우 해당 사방사업이 타당성이 있는 것으로 평가받기 위해서는 사방사업 또는 산림환경 분야에 전문지식이 있는 평가자 중 3분의 2 이상이 타당성이 있다고 판정하여야 한다. 현행법에 따르면 타당성평가의 대상사업은 다음과 같다.

- 추정 공사금액이 1억원 이상인 사방사업
- 산사태예방사업, 산사태복구사업, 산지보전사업, 산지복원사업 및 해안방재림조성사업 중 사업대상지 면적이 1만m^2 이상인 사방사업
- 해안침식방지사업, 계류보전사업 및 계류복원사업 중 사업대상지 거리가 500m 이상인 사방사업

나. 산림공학기술자의 배치

현행법에 따라 농림축산식품부령으로 정하는 일정 규모 이상의 사방사업을 시

행하는 자는 사방사업에 관한 계획의 작성 및 그 시행에 관한 업무를 지도하고 이를 수행하게 하기 위하여 「산림기술 진흥 및 관리에 관한 법률」 제8조에 따른 산림기술자 중 산림공학기술자를 배치하여야 한다(제8조 제1항). 여기에서 '사방사업을 시행하는 자'에는 현행법 제26조에 따라 시·도지사 또는 지방산림청장으로부터 대통령령으로 정하는 사방사업을 위탁받아 시행하는 「산림조합법」에 따른 산림조합 또는 산림조합중앙회를 포함하며,[46] '산림공학기술자를 배치하여야 하는 사방사업의 규모'는 건당 공사금액이 5천만원 이상인 사방사업으로 한다(시행규칙 제4조 제1항).

사방사업을 위하여 배치된 산림공학기술자는 그 기술등급에 따라 특급·고급 및 중급 산림공학기술자는 사방사업에 대한 설계·시공·시공지도 및 감리업무를 수행하고, 초급 산림공학기술자는 건당 공사금액의 규모가 2억원 미만인 사방사업에 대한 설계·시공 및 시공지도 업무를 담당한다(제8조 제2항 및 시행규칙 제4조 제2항·제3항). 현행법에 따라 산림공학기술자를 사방사업 현장에 배치한 자는 해당 산림공학기술자가 정당한 사유 없이 그 현장을 벗어나지 않도록 하고, 특히 심신장애 등으로 업무수행 능력이 없다고 인정될 때에는 산림공학기술자를 교체하여야 한다.

다. 타인의 토지에의 출입 등

시·도지사 또는 지방산림청장은 국가사방사업에 관한 조사·측량을 하기 위하여 필요한 경우에는 소속 공무원으로 하여금 타인의 토지에 출입하거나 입목·죽·토석 또는 그 밖의 장애물을 변경하거나 제거하게 할 수 있다(제9조 제1항·제2항). 이 경우 타인의 토지에 출입하거나 장애물을 변경 또는 제거하는 공무원은 그 권한을 표시하는 증표를 지니고 이를 관계인에게 내보여야 한다.

시·도지사 또는 지방산림청장은 국가사방사업의 시행을 위하여 필요한 경우에는 대통령령으로 정하는 바에 따라 사방지 및 그 인근의 토지에 대하여 재료의 적치장이나 임시도로로의 일시사용, 형질의 변경 또는 인공구조물의 설치, 입목·죽·토석·떼 또는 풀의 채취와 같은 행위를 할 수 있다(제9조 제3항). 이 경우 현행법에 따른 시·도지사 또는 지방산림청장의 이러한 행위에는 「산지관리법」에 따른 산지전용허가·신고, 산지일시사용허가·신고, 토석채취허가 및 「산림자원의 조성 및 관리에 관한 법률」에 따른 입목벌채 등의 허가나 신고에 관한 규정을 적용하지

46) 현행법에 따라 시·도지사 또는 지방산림청장이 산림조합 또는 산림조합중앙회에 위탁할 수 있는 사방사업으로서 '대통령령으로 정하는 사방사업'이란 산지·해안·야계사방사업의 설계 및 시공을 말한다(시행령 제23조).

않는다.

관계 공무원은 사방사업의 시행에 필요한 경우에는 해당 사방지를 관할하는 등기소, 세무관서, 특별자치시·특별자치도·시·군·구 또는 읍·면의 사무소에서 필요한 서류 및 도면을 무료로 열람 또는 복사하거나 그 등본의 발급을 청구할 수 있다(제22조). 국가사방사업의 시행자 또는 관계 공무원을 특별하게 지원하는 이러한 규정들은 모두 사방사업의 원활한 시행을 지원하기 위한 것으로서 현행법에 따른 사방사업의 강한 공공성을 잘 보여주는 것으로 이해된다.

라. 손실보상 및 토지의 매수·교환

시·도지사 또는 지방산림청장은 현행법에 따른 타인의 토지에의 출입 등이나 사방지 등에 대한 일시사용 등의 행위로 인하여 손실을 입은 자가 있는 경우에는 대통령령으로 정하는 바에 따라 그 손실을 보상하여야 한다(제10조 제1항 및 시행령 제6조·제7조 제1항). 이 경우 손실보상을 받으려는 자는 손실발생의 원인이 된 행위가 종료한 날부터 6개월 이내에 해당 행위를 한 시·도지사 또는 지방산림청장에게 손실보상을 신청하여야 하며, 이와 별도로 당해 사방사업시행자는 형질변경지의 복구를 위한 표토의 정지, 입목·죽의 메워심기나 떼·풀의 파종 등과 같은 필요한 작업을 하여야 한다.

현행법에 따라 손실보상을 받으려는 자가 이를 신청한 경우 그 손실보상에 관하여는 시·도지사 또는 지방산림청장과 손실을 입은 자가 협의하여야 하며, 만일 당사자 간에 협의가 이루어지지 않거나 협의를 할 수 없는 경우에는 대통령령으로 정하는 바에 따라 「공익사업을 위한 토지 등의 취득 및 보상에 관한 법률」 제51조에 따른 관할 토지수용위원회에 재결을 신청할 수 있다(제11조 및 제12조).

시·도지사 또는 지방산림청장은 현행법에 따른 사방사업의 시행을 위하여 필요한 경우에는 산사태취약지역 등의 산지 매수·교환에 관한 「산림보호법」 제45조의12를 준용하여 토지소유자와 협의하거나 토지소유자의 신청을 받아 예산의 범위에서 사방지 및 그 인근의 토지를 매수 또는 교환할 수 있다(제10조 제2항). 이 경우 사방지 및 인근 토지의 매수·교환 절차 등에 대하여는 「국유재산법」, 「국유림의 경영 및 관리에 관한 법률」 또는 「공유재산 및 물품 관리법」을 준용하며, 그 매수·교환 가격은 「공익사업을 위한 토지 등의 취득 및 보상에 관한 법률」에 따라 산정된 가격으로 한다.

마. 토지 등의 수용 · 사용

시 · 도지사 또는 지방산림청장은 현행법에 따른 사방사업의 시행을 위하여 필요한 경우에는 사업구역 안에 있는 토지 · 물건 또는 권리[토지 등]를 수용하거나 사용할 수 있다(제10조의2 제1항 · 제3항). 이 경우 토지 등의 수용이나 사용에 관하여는 현행법에 특별한 규정이 있는 경우를 제외하고는 「공익사업을 위한 토지 등의 취득 및 보상에 관한 법률」을 준용한다. 이 경우 사업시행자가 취득하거나 사용할 수 있는 토지 등은 다음과 같다(같은법 제3조).

- 토지 및 이에 관한 소유권 외의 권리
- 토지와 함께 공익사업을 위하여 필요한 입목, 건물, 그 밖에 토지에 정착된 물건 및 이에 관한 소유권 외의 권리
- 광업권 · 어업권 · 양식업권 또는 물의 사용에 관한 권리
- 토지에 속한 흙 · 돌 · 모래 또는 자갈에 관한 권리

시 · 도지사 또는 지방산림청장이 사방지를 지정 · 고시한 경우에는 「공익사업을 위한 토지 등의 취득 및 보상에 관한 법률」 제20조 제1항 및 제22조에 따른 사업인정 및 사업인정의 고시가 있는 것으로 본다(제10조의2 제2항). 그러므로 시 · 도지사 또는 지방산림청장은 앞에서 이미 설명한 것과 같이 별도로 토지 등의 수용 또는 사용을 위한 국토교통부장관의 사업인정을 받을 필요가 없으며, 현행법의 규정 외에 따로 토지소유자 및 관계인에게 통지하거나 관보에 고시하지 않아도 된다.

[2] 국가 외의 자의 사방사업

1. 사방사업계획 및 사방지 지정

지방자치단체, 공공단체, 그 밖에 국가 외의 자는 사방사업을 국가의 사업으로 하여 시 · 도지사 또는 지방산림청장이 시행하도록 하는 현행법 제5조의 규정에도 불구하고 사방사업을 시행할 수 있다(제6조 제1항 및 시행령 제4조 제1항). 이 경우 사방사업을 시행하려는 자는 대통령령으로 정하는 사방사업계획을 시 · 도지사 또는 지방산림청장에게 제출하여야 한다. 여기에서 '대통령령으로 정하는 사방사업계획'에는 사방사업 시행의 목적, 사방사업의 종류 및 지번별 사업량 · 면적이 포함되어야 한다.

시 · 도지사 또는 지방산림청장은 사방사업을 시행하려는 자로부터 이러한 사방사업계획을 제출받은 경우 그 사업계획이 타당하다고 인정하는 때에는 현행법에

따라 해당 지역을 사방지로 지정·고시하여야 한다(제6조 제2항·제3항). 그러나 그 대상사업이 「하천법」에 따른 하천에 대하여 야계사방사업을 시행하는 것인 경우에는 사방지를 지정·고시하기 전에 하천관리청과 사방사업을 시행할 지역에 관한 협의를 하여야 한다. 현행법에 따라 사방지를 지정·고시하는 경우 시·도지사 또는 지방산림청장은 재해예방 등을 위하여 필요한 조건을 붙일 수 있다.

2. 사방사업의 시행

지방자치단체, 공공단체, 그 밖에 국가 외의 자가 사방사업을 시행하는 경우에는 해당 시행자가 그 비용을 부담하되 국가는 그 비용의 전부 또는 일부를 보조할 수 있다(제7조 단서). 이는 지방자치단체, 공공단체, 그 밖에 국가 외의 자가 시행하는 사방사업은 국가의 사업으로 시행하는 것이 아니므로 해당 시행자가 당연히 그 비용을 부담하여야 하나, 현행법에 따른 사방사업의 경우 특히 그 공공성이 강한 점을 감안하여 이러한 경우에도 국가가 비용의 전부 또는 일부를 보조할 수 있도록 한 것이다.

지방자치단체가 시행하는 사방사업 및 사방시설의 관리 등에 관하여는 국가사방사업에 적용하는 사방사업의 타당성평가, 타인의 토지에의 출입 등, 손실보상 및 매수·교환, 토지 등의 수용·사용, 보상금의 결정 및 재결의 신청, 수익의 귀속, 사방지를 지정해제하는 경우 사방시설의 무상양여 등에 관한 현행법의 규정을 준용한다(제23조). 또한 국가·지방자치단체가 아닌 공공단체나 그 밖에 국가 외의 자가 시행하는 사방사업의 경우 그 사업을 시행하는 사방지에서는 「산지관리법」에 따른 산지전용허가·신고, 산지일시사용허가·신고, 토석채취허가 및 「산림자원의 조성 및 관리에 관한 법률」에 따른 입목벌채 등의 허가나 신고에 관한 규정을 적용하지 않는다(제24조). 그러므로 국가나 지방자치단체가 아닌 공공단체나 그 밖에 국가 외의 자도 현행법에 따라 사방사업을 하는 경우에는 별도의 허가나 신고 없이 형질변경 및 입목벌채 등을 할 수 있음은 물론이다. 현행법의 이러한 태도는 그 시행주체를 구분하지 않고 현행법에 따른 사방사업의 원활한 추진을 지원하려는 것으로서 타당한 것으로 생각된다.

V. 사방시설의 관리 등

[1] 사방시설의 관리

사방시설은 사방사업을 시행한 자가 관리한다(제15조 제1항). 따라서 산림청소관 국유림이 아닌 사방지에 대하여 시·도지사가 사방사업을 시행한 경우에는 시·도지사가 그 사방시설을 관리하며, 산림청소관 국유림인 사방지로서 지방산림청장이 사방사업을 시행한 경우에는 지방산림청장이 그 사방시설을 관리한다. 그러나 사방사업을 시행한 후 「산림자원의 조성 및 관리에 관한 법률」 제5조에 따른 관할 행정청이 변경되었을 경우에는 변경된 관리주체가 관리한다. 현행법에 따른 사방시설의 관리자는 사방시설의 안전성을 확보하기 위하여 필요한 경우에는 점검 및 안전진단을 실시하고 그 결과에 따라 안전조치를 하여야 한다(제15조 제2항·제3항).

사방시설의 관리에 필요한 비용은 그 관리자가 부담하며, 시·도지사 또는 지방산림청장은 국가사방사업으로 설치된 사방시설로부터 생기는 이익을 대통령령으로 정하는 바에 따라 사방지의 소유자·점유자 또는 그 시설의 관리자에게 지급할 수 있다(제16조 및 제17조). 이 경우 시·도지사 또는 지방산림청장이 그 수익을 교부할 비율은 사방지의 소유자 및 점유자는 10%로 하고 사방시설의 관리자는 90%로 하며, 만일 그 수익의 교부를 받을 자가 그 수령을 거부하거나 기피하는 때 또는 교부를 받을 자의 주소나 거소가 불분명하거나 기타의 사유로 인하여 수익을 교부할 수 없을 때에는 시·도지사 또는 지방산림청장은 교부할 수익을 매각하여 그 매각대금을 공탁하여야 한다(시행령 제13조 제1항 및 제14조).

[2] 사방댐 데이터베이스의 구축·운영

산림청장은 사방댐의 체계적인 유지·관리와 안전점검을 위하여 사방댐의 시공연도, 규격 및 안전점검의 여부 등이 포함된 데이터베이스를 구축하여 운영할 수 있다(제6조의2 제1항). 데이터베이스에는 시공위치 및 시공연도 등 사방댐에 관한 일반 현황, 사방댐의 종류·규모 등 설계도면과 사진 등을 포함한 시공현황, 사방댐 설치 등에 대한 타당성평가의 결과, 사방댐에 대한 안전점검 및 안전조치 결과, 그 밖에 사방댐의 유지·관리에 필요한 사항 등이 포함되어야 한다(시행규칙 제2조의2 제2항).

산림청장은 관계 행정기관의 장 또는 시·도지사에게 데이터베이스의 구축 및 운영에 필요한 자료의 제출을 요청할 수 있으며, 이 경우 산림청장으로부터 자료의 제출을 요청받은 관계 행정기관의 장 또는 시·도지사는 특별한 사유가 없으면 이에 따라야 한다(제6조의2 제2항~제4항). 사방댐에 대한 이러한 데이터베이스는 「산림보호법」에 따른 산사태정보체계와 연계하여 구축·운영하며(시행규칙 제2조의2 제1항), 산림청장은 이의 효율적인 구축·운영을 위하여 필요한 경우 그 구축 및 운영을 전문기관에 위탁할 수 있다.

[3] 기술개발 및 국제협력

국가는 산사태·토석류의 방지 등을 위한 사방사업 기술의 연구·개발 및 교육·홍보 등 필요한 시책을 수립·시행하여야 하며, 국가 및 지방자치단체는 현행법에 따른 이러한 사방사업 기술의 연구·개발 및 교육 등을 농림축산식품부령으로 정하는 기관 또는 단체에 위임·위탁할 수 있다(제24조의3 제1항~제3항). 이 경우 국가 또는 지방자치단체는 현행법에 따라 위임·위탁하는 경우 필요한 행정적·재정적 지원을 할 수 있다.

국가 또는 지방자치단체는 사방기술 및 정보에 관한 국제교류, 국제전문인력의 양성 및 국제공동 연구·개발 등 사방에 관한 국제적인 협력을 강화하고 이에 필요한 지원을 할 수 있다(제24조의2). 이와 관련하여 특히 영일지구 사방사업의 성공사례와 같은 1960년대 이래 우리의 사방사업 경험은 여전히 산사태와 토석류의 위험에 노출되어 있는 저개발국가에게는 중요한 인적·기술적 지원의 밑거름이 될 수 있을 것이므로 이에 대한 적극적인 협력 및 지원노력이 필요할 것으로 보인다.

[4] 한국치산기술협회

사방기술의 지원과 국제기술교류, 산사태·토석류 방지사업과 관련한 조사·평가·진단 및 사방정책의 교육·홍보 등의 사업을 하기 위하여 한국치산기술협회를 둔다(제22조의2 제1항·제2항 및 제5항). 한국치산기술협회는 법인으로 하며, 한국치산기술협회에 관하여 현행법에 규정되지 않은 사항에 관하여는 민법 중 사단법인에 관한 규정을 준용한다. 한국치산기술협회에 관한 이러한 규정은 2021년 4월 13일 법률개정을 통하여 신설한 것으로서 부칙 제2조에 따르면 종전의 규정에 따른 사방협회는 현행법에 따른 한국치산기술협회로 본다.

한국치산기술협회는 사방사업 및 임도[47]사업과 관련한 조사 및 사방시설·임도

47) 여기에서 임도란 「산림자원의 조성 및 관리에 관한 법률」 제2조 제1호 라목에 따른 임도를 말

시설의 점검·안전진단, 사방기술·임도기술 및 정보 등에 관한 국제교류, 사방사업 및 임도사업과 관련한 각종 프로그램의 개발·보급, 긴급하게 필요한 재해의 복구 등 지원, 산사태 방지 지원사업, 북한 황폐지복구 지원사업, 현행법 또는 다른 법령에 따라 한국치산기술협회가 수행할 수 있는 사업, 그 밖에 협회의 설립 목적을 달성하기 위하여 정관으로 정하는 사업을 수행한다(제22조의2 제3항). 현행법에 따라 새롭게 출발하는 이러한 한국치산기술협회는 기존에 사방협회가 수행하던 사방사업 및 사방시설에 관한 업무뿐만 아니라 임도사업과 관련한 조사 및 임도시설의 점검·안전진단 등의 업무를 새롭게 수행할 수 있게 됨으로써 산지의 안정성을 확보하는데 있어 중요한 역할을 수행하게 될 것으로 기대된다.

제3절 소나무재선충병 방제특별법

Ⅰ. 총 론

[1] 개 요

소나무재선충병은 "소나무재선충에 감염되어 소나무류가 고사하는 병"(제2조 제1호)으로서 소나무재선충에 의하여 피해를 입을 수 있는 이러한 소나무류에는 "소나무, 해송, 잣나무와 그 밖에 산림청장이 재선충병에 감염되는 것으로 인정하여 고시하는 수종"(제2조 제2호)이 있다.[48] 소나무재선충병의 원인이 되는 소나무재선충은 크기가 1mm 내외의 실과 같은 선충으로 나무에 침입한 후 조직 내에서 수분 및 양분의 이동통로를 막아 짧은 기간 내에 소나무를 고사시키며 솔수염하늘소 등 해충[매개충]에 의하여 이동이 가능한 것으로 알려져 있다. 이러한 소나무재선충병은 다른 병해충과 달리 피해속도가 빠르고 일단 감염된 나무는 대부분 1년 이내에 100% 고사하게 되며 현재까지 알려진 치료약도 없으므로 방제하기가 매우 어려운 것이 사실이다.

소나무재선충병은 1988년 부산의 금정산에서 최초로 발생[49]한 것으로 확인된

한다.

48) 현재 소나무재선충병에 감염되는 것으로 인정하여 산림청장이 고시한 수종에는 섬잣나무(P. parviflora)가 있다. 이에 대하여는 「소나무재선충병에 감염되는 것으로 인정하는 수종」(산림청 고시 제2016-126호, 2016. 12. 26.)을 참고하라.

49) 산림청(2017)의 「산림청 50년사」, 365면.

이래 2005년에는 백두대간 지역인 강원도 강릉 및 동해지역에까지 확산되는 등 전국적으로 큰 피해를 입히며 사회문제가 되었으나,[50] 2005년 5월 31일 「소나무재선충병 방제특별법」(법률 제7549호)을 제정하고 긴급하게 예비비를 편성하는 등 정부 전체의 적극적인 대응과 국민의 협조로 급격한 감소추세를 보여 마치 단기간에 소나무재선충병의 위협에서 벗어나는 듯이 보이기도 하였다.[51] 그러나 이상고온 및 가뭄 등의 기후적 요인과 감염목의 무단이동 등과 같은 인위적 요인이 복합적으로 작용하여[52] 2013년 말부터 다시 피해가 급증하였으며,[53] 2015년 4월에는 서울 남산지역에서도 소나무재선충병의 감염이 확인되는 상황에 이르렀다. 이에 따라 정부에서는 2015년 6월 22일 「소나무재선충병 방제특별법」을 개정하여 방제전략을 재확립한 후 예산과 인력을 집중함으로써 피해본수를 감소시키는 노력을 이어오고 있으며, 앞으로도 이를 지속적으로 추진하여 2032년까지는 전국을 소나무재선충병으로부터 청정한 지역으로 전환하려는 목표를 제시하고 있다.[54]

소나무재선충병의 방제를 위한 핵심적인 역할을 담당한 「소나무재선충병 방제특별법」은 2005년 제정 이후 수차례에 걸쳐 의미있는 개정이 이루어졌다. 이러한 개정 가운데 소나무재선충병의 피해가 극심하였던 2006년과 2015년에 개정된 내용은 특히 의미있는 것으로서 소나무재선충병 방제에 획기적인 전환을 이룬 법적 기반이 되었던 것으로 평가된다.[55] 이에 따르면 2006년 9월 27일 개정법률(법률

---

50) 이에 대하여 당시 언론은 "소나무재선충 빠른 확산 이유 있다", 내일신문, 2005. 3. 23; "전국 어느 곳이든 안전지대 없다", 강원일보, 2005. 11. 28일 등과 같은 내용으로 중요하게 취급하여 보도하였다.

51) 당시 정부는 산림청을 중심으로 비상대책을 수립하여 시행하고, 「소나무류 이동제한 특별지침」을 제정하여 이동제한에 대한 특별단속을 실시하면서 방제작업을 현장에서 지도할 지역담당관 제도를 운영하였으며, 또한 현장의 방제역량을 강화하기 위하여 지방자치단체의 산림부서 인력을 보강하고 소나무재선충병 방제를 담당하는 공무원에 대한 인사상의 인센티브를 우선하여 부여할 것을 전국 지방자치단체에 요청하기도 하였다. 한편 국민들은 이러한 정부의 적극적인 대응노력에 부응하여 능동적으로 소나무류 이동제한에 참여하였으며, '소나무 지키기 국민연대'를 창립하여 소나무재선충병 방제를 지원하기도 하였다(산림청 내부자료, 2005년도 소나무재선충병 방제 자료집, 2005).

52) 산림청(2020)의 「2019년도 산림과 임업 동향에 관한 연차보고서」, 408면

53) 산림청에 따르면 당시 2013년 5월부터 2014년 4월 기간 중에 발생한 소나무류 피해만도 2,183,996본에 달하는 것으로 조사되었다. 한편 2019년의 경우에도 소나무재선충병으로 인한 소나무류 피해본수는 406,362본에 이른다. 이러한 소나무재선충병 피해본수에 대하여는 산림청, 「2018 임업통계연보(제48호)」, 190면; 산림청(2020)의 「2020 임업통계연보(제50호)」, 192면을 참고하라.

54) 산림청(2018)의 「제6차 산림기본계획(2018~2037)」, 121면.

55) 보다 자세한 내용에 대해서는 법제처의 국가법령정보센터(www.law.go.kr) 중 「소나무재선충병 방제특별법」(법률 제7993호, 2006. 9. 27; 법률 제13358호, 2015. 6. 22.)의 개정이유를 참고하라.

제7993호)에서는 소나무재선충병 감염우려목의 개념을 도입하여 소나무재선충병 확산의 주요 원인인 소나무류의 인위적인 이동을 제한하고 이를 효율적으로 관리할 수 있는 법적·제도적 장치를 마련하였으며, 반출금지구역이 아닌 지역에서의 소나무류 이동에 대한 확인제도 및 소나무류의 생산·유통업체에 대한 단속근거 등을 신설하였다. 또한 2015년 6월 22일 개정된 법률(법률 제13358호)에서는 소나무재선충병의 재확산이 기후적인 영향뿐만 아니라 현장관리 소홀과 방제품질 저하 및 일부 지방자치단체의 관심 저하 등에 있다는 인식에 기반하여 소나무재선충병 예비관찰 및 방제에 대한 국가관리를 강화하는 차원에서 다음과 같은 내용을 신설하였다.

- 소나무재선충병 방제사업의 설계·감리 시행 및 위탁·대행의 근거 마련
- 소나무류에 대한 일시 이동중지 명령제도 도입
- 모두베기에 의한 방제사업을 시행하는 경우 사유입목을 매수할 수 있는 절차 마련
- 반출금지구역에 포함된 산지를 전용하는 경우 방제계획서 및 완료서 제출을 의무화
- 신속한 예비관찰 및 방제 등을 위하여 소나무재선충병 모니터링센터 설치

「소나무재선충병 방제특별법」에 대한 최근의 개정 중 의미있는 개정작업은 2019년 1월 15일에 이루어졌는데, 이는 소나무재선충병 방제를 위하여 타인의 토지를 훼손할 경우 보상대상의 범위를 구제·예방대상이 아닌 토지로 한정하고, 소나무재선충이 발생하지 않은 지역에서 생산된 소나무의 생산확인을 생산확인표 발급으로 일원화하며, 소나무재선충병 예비관찰·방제에 관한 조사·측량과 방제작업을 하기 위한 타인의 토지에의 출입 등에 관한 절차를 명확하게 규정하기 위한 것이었다.

[2] 산림소유자 등의 의무 등

1. 산림소유자 등의 의무

「소나무재선충병 방제특별법」은 소나무재선충병으로 피해를 받고 있는 산림을 보호하고 산림자원으로서의 기능을 확보하기 위한 피해방지대책을 강구하여 추진함으로써 국토의 보전에 이바지하는 것을 목적으로 한다(제1조). 이를 위하여 현행법은 산림소유자뿐만 아니라 산림소유자 외에 감염목 또는 감염우려목[감염목 등]의 소유자 및 그 대리인[산림소유자 등]에게도 소나무재선충병이 발생하였거나 발생할 우려가 있을 때에는 이를 구제·예방해야 할 기본적인 의무를 부여하면서 산림소

유자 등이 이러한 의무를 이행하여 소나무재선충병을 구제·예방하였을 때에는 국가 및 지방자치단체가 예산의 범위 안에서 그 비용을 지원할 수 있도록 하고 있다(제3조 제1항·제5항). 여기에서 감염목이란 "소나무재선충병에 감염된 소나무류"(제2조 제4호)를 말하며, 감염우려목이란 "제9조 제1항에 따른 소나무류반출금지구역의 소나무류 중 재선충병의 감염여부 확인을 받지 아니한 소나무류"(제2조 제3호)를 말한다.

산림소유자 등은 농림축산식품부령이 정하는 바에 따라 연접하고 있는 타인의 토지에 들어가서 소나무재선충과 이를 매개하는 매개충을 구제·예방할 수 있으며,[56] 또한 국가 및 지방자치단체가 소나무재선충병 방제를 위하여 필요한 조치를 할 경우 이에 협조하여야 한다(제3조 제2항~제4항). 이 경우 해당 산림의 연접 토지소유자는 소나무재선충병의 피해를 방제하기 위한 산림소유자 등의 토지 출입에 응하여야 한다.

2. 국가 및 지방자치단체의 책무

소나무재선충병을 구제·예방하여야 하는 산림소유자 등의 의무에 대응하여 산림청장 및 지방자치단체의 장은 소나무재선충병을 예방하고 그 확산을 방지하기 위하여 소나무재선충병 방제대책을 수립하여 시행할 책무를 진다(제4조). 현행법에 따른 이러한 소나무재선충병 방제대책에는 소나무재선충병의 방제를 위한 조직·인력·예산 및 장비의 확충, 소나무재선충병의 예방 및 조기발견 신고체계, 소나무재선충병의 방제를 위한 기술연구개발과 지원 및 관계 기관과의 협조대책, 소나무재선충병에 대한 교육·홍보 및 정보수집·분석 등에 관한 사업이 포함되어야 한다.

소나무재선충병 방제를 위한 국가 및 지방자치단체의 이러한 책무와 관련하여 현행법은 "국가 및 지방자치단체는 민간단체 또는 지역주민 등이 자발적으로 재선충병 예방활동 등을 할 경우 이에 필요한 비용의 전부 또는 일부를 보조하거나 지원을 할 수 있다"(제14조의2)라고 하면서, 특히 산림청장이 소나무재선충병의 방제를 위한 협조요청을 할 경우 관련 부처에서는 소나무류의 자원을 보호하고 국토를 보전하는 목적이 달성될 수 있도록 최대한 협조하도록 함으로써 소나무재선충병의 방제를 위한 국가 및 지방자치단체의 책임을 구체적으로 규정하고 있다(제16조 제4항).

---

56) 이에 따르면 산림소유자 등이 현행법에 따라 타인의 토지에 들어가고자 하는 때에는 들어가고자 하는 날의 3일 전까지 해당 토지소유자 또는 그 대리인에게 일시와 장소 및 출입사유를 서면 또는 구두로 통지하여야 한다. 다만, 토지소유자 또는 대리인의 소재가 불분명하여 통지가 어려울 경우에는 해당 읍·면·동의 게시판에 이를 공고함으로써 그 통지에 갈음할 수 있다(시행규칙 제2조).

3. 다른 법률과의 관계

현행법은 소나무재선충병을 예방하고 그로 인하여 피해를 받은 소나무류를 방제하기 위한 특별법으로서 소나무재선충병에 대해서는 다른 법률에 우선하여 적용한다(제16조 제1항·제3항). 그러므로 소나무재선충병 감염목 등은 「폐기물관리법」 제13조 및 제17조에 따른 폐기물의 처리기준 및 사업장폐기물배출자의 의무 등에 관한 규정과 「대기환경보전법」 제23조에 따른 배출시설의 설치허가 및 신고에 관한 규정에도 불구하고 현행법에 따라 소각·파쇄할 수 있다.

그러나 일정한 지역에서는 현행법의 적용이 제한되기도 하는데, 이에 따르면 특히 「자연환경보전법」에 따른 생태·경관보전지역 및 「문화재보호법」에 따른 천연기념물 지정지역내 소나무류의 보호를 위하여 방제를 실시하는 경우에는 환경부 및 문화재청의 관련 부서와 사전협의한 후 추진하여야 한다(제16조 제2항·제4항). 이는 「자연환경보전법」 및 「문화재보호법」에 따른 해당 지역에서 소나무재선충병을 방제하는 경우에는 각각 생태·경관보전지역과 천연기념물 지정제도의 취지 등을 감안하여 구체적인 방제방법 등을 신중히 결정하여 추진하기 위한 것으로 이해된다.

Ⅱ. 예비관찰조사 및 역학조사

[1] 예비관찰조사

1. 예비관찰조사의 방법

시장·군수·구청장 또는 국유림관리소장은 소나무재선충병 발생지역 및 그 연접지역에 대하여 정기적으로 예비관찰조사를 실시하여야 한다(제6조 제1항·제2항). 여기에서 '시장'에는 특별자치시장 및 특별자치도지사를 포함한다. 소나무재선충병은 일단 감염이 되면 그 감염목은 예외 없이 고사하고 그 피해속도 또한 빠른 것이 특징이므로 조기에 발견하여 신속하게 방제하는 것이 가장 중요하다. 이러한 관점에서 소나무재선충병 발생지역 및 그 연접지역의 소나무류를 신중하게 관찰하고, 만일 감염이 의심되는 경우에는 해당 지역 소나무류의 일부를 채취하여 진단함으로써 실제 감염여부를 파악하는 예비관찰조사 활동은 소나무재선충병 방제에 있어 가장 기본이 되는 것이라고 할 수 있다.

일반적으로 예비관찰조사는 지상과 공중에서 이루어지는데, 최근에는 무인항공기와 드론 등을 활용하여 고사목을 탐지하는 방식이 도입되는 등 점차 정밀하고 광범위한 지역을 예비관찰조사하기 위한 노력이 추진되고 있다. 한편 소나무재선충병은 감염목 등의 인위적인 요인에 의한 이동으로도 발생할 수 있으므로 시장·군수·구청장 또는 국유림관리소장은 예비관찰조사를 하는 경우 발생지역 및 그 연접지역뿐만 아니라 소나무류를 유통·사용하는 장소 및 업체 등에 대하여도 이를 누락하지 않도록 주의해야 할 것이다.

2. 타인의 토지에의 출입 등

시장·군수·구청장 또는 지방산림청장은 소나무재선충병 예비관찰·방제에 관한 조사·측량과 방제작업을 하기 위하여 필요한 경우에는 소속 공무원 및 현행법에 따른 소나무재선충병 모니터링센터의 직원[공무원 등]으로 하여금 (1) 타인의 토지에의 출입, (2) 재료의 적치장 또는 임시도로로의 일시사용, (3) 형질의 변경 또는 공작물의 설치, (4) 입목·죽·떼 또는 풀의 채취, (5) 입목·죽·토석 또는 그 밖의 장애물의 변경·제거와 같은 행위를 하게 할 수 있다(제6조의2 제1항). 이 경우 공무원 등은 해당 행위 7일 전까지 그 행위의 목적·내용 및 기간 등을 대상 토지와 입목 등의 소유자 또는 점유자에게 통지하여야 한다.

시장·군수·구청장 또는 지방산림청장은 소나무재선충병이 발생하였거나 발생이 의심되는 경우로서 해당 소나무재선충병이 다른 지역으로 급속하게 확산될 우려가 큰 경우에는 공무원 등으로 하여금 긴급하게 예비관찰조사를 위하여 타인의 토지에 출입하게 하거나 또는 소나무재선충병의 감염 및 확산여부를 확인하기 위하여 소나무류의 일부를 채취하는 행위를 하게 할 수 있다(제6조의2 제2항). 이 경우 시장·군수·구청장 또는 지방산림청장은 그 긴급성 등을 감안하여 7일 전까지 통지하도록 하는 일반적인 경우와는 달리 48시간 전까지 그 행위의 목적·내용 및 기간 등을 통지하여야 한다.

공무원 등이 현행법에 따라 타인의 토지에 출입하거나 일정한 행위를 하는 경우에는 그 권한을 표시하는 증표를 지니고 이를 관계인에게 내보여야 하며(제6조의2 제3항), 현행법에 따른 이러한 조치로 인하여 손실이 발생하였을 때에는 시장·군수·구청장 또는 지방산림청장은 이를 보상하여야 한다(제6조의3 제1항~제4항). 그러나 손실이 소나무재선충병의 구제·예방의 대상인 토지에서 발생한 경우에는 보상에서 제외한다. 현행법에 따른 이러한 손실보상에 대하여는 손실을 입은 자와 그 조치를 한 시장·군수·구청장 또는 지방산림청장이 협의하여야 하며, 만일 이에 따른 협의가 성립되지 않았을 때에는 대통령령으로 정하는 바에 따라 「공익사업을 위한 토지 등의 취득 및 보상에 관한 법률」 제51조에 따른 관할 토지수용위원회에 재결을 신청할 수 있다. 이러한 재결에 관하여는 「공익사업을 위한 토지 등의 취득 및 보상에 관한 법률」 제83조부터 제86조까지의 규정을 준용한다.

[2] 신고 및 보고 · 진단

소나무재선충병에 감염된 것으로 의심되는 소나무류를 발견한 자는 산림청, 지방산림청, 지방산림청 국유림관리소, 특별시 · 광역시 · 특별자치시 · 도 및 특별자치도[시 · 도], 시 · 군 · 구, 읍 · 면 · 동사무소 등 인근 행정기관에 신속하게 신고하여야 한다(제7조 제1항~제3항). 현행법에 따라 국민으로부터 이러한 신고를 받은 행정기관은 산림청장이 별도로 정하는 바에 따라 소나무재선충병에 대한 보고를 하고 이에 대하여 진단을 하여야 한다. 소나무재선충병에 대한 이러한 신고는 소나무재선충병 방제를 위한 국민적 관심과 참여를 보여주는 것이므로 현행법은 이러한 신고행위가 더욱 적극적으로 이루어질 수 있도록 포상금[57]에 관한 규정을 두고 있다(제15조 제1호).

[3] 역학조사

산림청장 또는 지방자치단체의 장은 소나무재선충병이 발생하였거나 발생할 우려가 있다고 인정하는 경우에는 지체 없이 역학조사를 실시하여야 한다(제7조의2 제1항). 일반적으로 역학조사란 감염병이 발생한 경우 이를 차단하고 확산을 방지하기 위하여 그 발생규모를 파악하고 감염원의 유입 및 전파 · 확산의 위험요인 등을 밝히는 활동을 말한다. 현행법에 따른 이러한 역학조사에는 소나무재선충병의 감염시기 · 원인 및 경로, 발생지역 주변의 피해현황, 감염목의 반출 · 이용 여부에 관한 사항, 그 밖에 소나무재선충병의 예방 및 방제에 필요한 사항 등이 포함되어야 한다(제7조의2 제6항 및 시행규칙 제2조의3).

현행법에 따라 산림청장 또는 지방자치단체의 장이 역학조사를 실시하는 경우 누구든지 정당한 사유 없이 이를 거부 · 방해 또는 회피해서는 안 된다(제7조의2 제2항 · 제4항). 산림청장 또는 지방자치단체의 장은 현행법에 따라 역학조사를 실시하는 경우 역학조사 실시 7일 전까지 그 조사의 목적 · 일시 및 내용 등을 조사대상자에게 서면

---

57) 현행법 제15조에 따르면 이외에도 산림청장은 ① 제10조 제1항 및 제3항에 따른 소나무류 이동제한 등의 위반행위를 신고한 사람, ② 제10조의2 제1항에 따른 생산확인표를 붙이지 않고 이동하는 소나무류를 신고한 사람, ③ 제13조 제4항을 위반한 소나무류 취급업체를 신고한 사람에게 포상금을 지급할 수 있다.

으로 통지하여야 한다. 그러나 역학조사를 실시하기 전에 관련 사항을 미리 통지하는 때에는 감염목 등을 이동시킬 우려가 있거나 증거인멸 등으로 역학조사의 목적을 달성할 수 없다고 판단되는 경우 또는 조사대상자의 자발적인 협조를 얻어 역학조사를 실시하는 경우에는 역학조사의 실시와 동시에 해당 조사의 목적 및 내용 등을 조사대상자에게 구두로 통지할 수 있다.

산림청장 또는 지방자치단체의 장은 역학조사를 실시하기 위하여 그 소속하에 각각 역학조사반을 설치·운영할 수 있으며, 특히 역학조사의 실시를 위하여 지방자치단체의 장으로부터 협조요청이 있는 경우 국립산림과학원장은 이에 적극 협조하여야 한다(제7조의2 제3항·제5항). 현행법에 따르면 역학조사반은 산림청장 소속하에 두는 중앙역학조사반과 지방자치단체의 장 소속하에 두는 지역역학조사반으로 구분하며, 각각 역학조사계획의 수립·실시 및 평가, 소나무재선충병과 관련된 국내·외 자료의 수집 및 분석, 지역역학조사반의 활동에 대한 기술지도, 그 밖에 역학조사와 관련된 조사·연구 등의 임무를 수행한다. 이 경우 지역역학조사반의 활동에 대한 기술지도는 중앙역학조사반이 담당하며, 현행법에 따른 역학조사반원은 역학조사를 실시하는 경우 역학조사반원임을 표시하는 증표를 지니고 이를 관계인에게 내보여야 한다(시행규칙 제2조의4 제1항·제4항 및 제2조의5).

Ⅲ. 소나무재선충병의 방제

[1] 방제대책본부의 설치·운영

산림청장은 소나무재선충병이 발생한 지역에 대한 방제와 확산을 방지하고 현행법에 따른 예비관찰조사에 필요한 지원을 신속히 강구하기 위하여 산림청에 소나무재선충병 중앙방제대책본부[중앙방제대책본부]를 설치·운영하여야 한다(제5조 제1항·제3항 및 제4항). 중앙방제대책본부는 산림청장을 본부장으로 하여 국가 차원의 방제대책 수립, 관련 예산 및 인력확보 대책의 추진, 관계 부처와의 협조체계 구축 및 국민홍보 계획의 추진, 지역별 감염목방제계획 지원, 지역별 방제사업에 대한 주기적 점검, 감염목 발견을 위한 전국 예비관찰조사계획의 추진, 역학조사 방법의 개발 및 역학조사반에 대한 지도·감독, 그 밖에 중앙방제대책본부장이 소나무재선충병 방제를 위하여 지시하는 사항을 처리하며(시행령 제2조 제3항), 이와 함께 현행법에 따른 방제작업의 실행결과에 대한 점검을 실시하고 이에 따라 시정해야 할 사항을 지역방제대책본부에 통보하는 등 방제작업에 대한 전반적인 통제와 관리임무를 수행한다(제14조 제1항).

지방자치단체의 장, 지방산림청장 및 지방산림청 국유림관리소장은 소나무재선충병이 발생한 지역에서 방제대책을 효율적으로 추진하기 위하여 소나무재선충병 지역방제대책본부[지역방제대책본부]를 설치·운영하여야 한다(제5조 제2항 ~제4항). 지역방제대책본부는 특별시장·광역시장·특별자치시장·도지사·특별자치도지사[시·도지사], 시장·군수·구청장, 지방산림청장 또는 국유림관리소장을 본부장으로 하여 지역 방제대책의 수립, 관련 예산 및 인력의 확보, 관내 유관기관과의 협조체계 구축 및 주민홍보, 감염목 방제사업의 실시, 감염목 발견을 위한 지역 예비관찰조사·진단의 실시 및 주민신고제도 운영, 역학조사반에 대한 지도·감독, 그 밖에 지역방제대책본부장이 소나무재선충병 방제를 위하여 지시하는 사항을 처리한다(시행령 제3조 제3항). 이와 관련하여 특히 지역방제대책본부장은 현행법에 따른 중앙방제대책본부의 방제작업 실행결과에 대한 점검결과나 자체점검 결과 시정해야 할 사항이 있는 경우에는 이를 자체 방제대책에 반영하여야 한다(제14조 제2항).

[2] 방제명령 및 방제방법

1. 방제명령

산림청장 또는 지방자치단체의 장은 산림 또는 산림이 아닌 지역의 소나무류에 소나무재선충병이 발생하였거나 발생할 우려가 있을 때에는 농림축산식품부령이 정하는 바에 따라 다음의 방제조치를 명할 수 있다(제8조 제1항).

- 감염목 등의 소유자 또는 대리인에 대한 해당 임목의 벌채명령
- 감염목 등의 소유자 또는 대리인에 대한 해당 임목의 훈증·소각 및 파쇄 등의 조치명령
- 감염목 등의 소유자 또는 대리인에 대한 해당 임목 등의 양도·이동의 제한이나 금지명령
- 발생지역의 운반용구, 작업도구 등 물품이나 작업장 등 시설의 소유자 또는 대리인에 대한 해당 물품 또는 시설의 소독 등의 조치명령

현행법에 따르면 산림청장 또는 지방자치단체의 장은 방제명령을 내리는 경우에는 소나무재선충병 방제조치명령서를 교부하여야 하며, 이에 따라 산림청장 또는 지방자치단체의 장으로부터 방제명령을 받은 자는 그 정한 기간 내에 방제조치를 이행하여야 한다(시행규칙 제3조 제1항·제2항). 만일 현행법에 따라 방제명령을 받은 자가 이를 위반

하는 경우에는 벌칙 규정에 따라 500만원 이하의 벌금에 처해질 수 있다(제17조 제2항 제2호).

산림청장 또는 지방자치단체의 장은 현행법에 따른 이러한 방제명령 중 감염목 등의 벌채·소각 또는 파쇄 등의 명령을 받은 입목의 소유자에게는 예산의 범위에서 대통령령으로 정하는 바에 따라 방제비용을 지원할 수 있다(제8조의2 및 시행령 제3조의4 제3항). 그러나 현행법 제13조 제5항에 따라 자동차·선박 등 교통수단으로 소나무류를 운송하는 자에 대한 운송정지명령은 방제비용을 지원할 수 있는 이러한 명령에 포함되지 않으며, 따라서 교통수단으로 소나무류를 운송하는 자에게는 방제비용을 지원하지 않는다. 현행법에 따라 산림청장 또는 지방자치단체의 장으로부터 지원받을 수 있는 방제비용은 방제명령의 이행에 따라 발생한 농약비용, 인건비, 그 밖에 산림청장이 정하여 고시하는 비용으로 한다. 이와 관련하여 현행법에 따르면 감염목 등에 대한 훈증의 조치명령을 받은 경우에는 방제비용을 지원하는 대상에서 제외하고 있는데, 이는 벌채·소각 또는 파쇄 등과는 달리 훈증처리를 한 경우에는 감염목 등의 손실이 발생하지 않는다는 점을 감안한 것으로 보인다.

2. 방제방법 및 벌채된 감염목 등의 처리

가. 방제방법

소나무재선충병의 방제방법은 항공방제와 감염목 등을 벌채하는 방법으로 하며, 그 밖의 방제방법에 관하여는 농림축산식품부령이 정하는 바에 따른다(제11조 제1항 및 시행규칙 제6조). 여기에서 '농림축산식품부령이 정하는 방제방법'이란 소나무재선충을 죽이는 효과가 인정된 농약을 사전에 소나무류 입목의 목질부에 주입하는 방법, 소나무재선충을 죽이는 효과가 인정된 농약을 소나무류 입목의 뿌리 주위의 토양에 스며들게 하는 방법, 그 밖에 산림청장이 방제효과를 인정하여 고시한 방법[58]으로서 지상약제살포, 매개충 포획, 매개충 서식처 제거 및 매개충을 죽이는 효과가 인정된 농약을 사전에 소나무류 입목의 목질부에 주입하는 방법 등을 말한다. 소나무재선충병의 방제방법 중 항공방제에는 일반적으로 산림항공기를 이용하는 산림항공방제와 산림병해충 방제용 드론을 이용하여 방제사업을 시행하는 드론방제가 있다.[59] 현행

---

58) 「산림청장이 방제효과를 인정한 방제방법」(산림청고시 제2017-110호, 2017. 12. 5.) 제2조를 참고하라.

59) 항공방제의 개념은 「산림병해충 방제규정」(산림청훈령 제1433호, 2019. 12. 11.) 제3조 제18호에 따른 것이다. 이에 따르면 산림항공기는 "「항공안전법」 제2조 제1호에서 정하는 항공기 중에서 산림병해충 방제용으로 운영하는 헬리콥터"를 말하며, 드론은 "「드론 활용의 촉진 및 기반조성에 관한 법률」 제2조 제1항 제1호에서 정하는 조종자가 탑승하지 아니한 상태로 조종하는(또는 알아서 비행하는) 모든 항공기(비행장치)를 말한다. 한편 산림병해충 방제용 드론이란

법에 따르면 이러한 항공방제 방법으로 소나무재선충병을 방제하는 경우에는 발생지역 이외 연접지역까지 확대하여 방제할 수 있다(제11조 제2항).

나. 벌채된 감염목 등의 처리

소나무재선충병 방제를 위하여 벌채된 감염목 등은 훈증·파쇄 또는 소각 등의 처리를 하여야 한다(제11조 제3항 ~제5항). 여기에서 '훈증'이란 감염목 또는 감염우려목을 벌채·집재한 후 소나무재선충과 이를 매개하는 솔수염하늘소 등 해충의 유충을 죽이는 효과가 인정된 농약을 넣은 후 비닐로 밀봉하는 것을 말한다(제2조 제4호). 이러한 훈증에 의한 방제방법은 농약을 사용하는 것이므로 특히 안전에 유의하여야 하며, 이에 따라 현행법은 훈증처리 방제의 경우 작업이 완료되면 일련번호, 작업일, 작업자 및 처리약품 등을 기록·관리하고 지역방제대책본부장이 훈증처리 방제를 실시한 경우에는 중앙방제대책본부의 본부장에게 그 결과를 보고하도록 하고 있다. 현행법에 따른 이러한 훈증처리 방법을 포함하여 파쇄 및 소각 등의 처리에 대한 세부 방제방법은 산림청장이 별도로 정하는 바에 따른다.

산림청장 또는 지방자치단체의 장은 방제작업을 실시할 때에는 실시 14일 전까지 방제를 실시할 지역 및 일시, 방제대상 병해충의 종류, 방제방법과 내용, 그 밖에 방제와 관련하여 필요한 사항을 공고하여야 한다(제11조 제7항). 그러나 이 경우에도 산림청장 또는 지방자치단체의 장이 긴급하게 방제작업을 실시할 필요가 있는 경우에는 우선 방제작업을 실시한 후에 이를 공고할 수 있다.

[3] 방제사업

1. 직접방제사업 및 공동방제사업

국가 또는 지방자치단체의 장은 현행법 제8조 제1항에 따라 산림청장 또는 지방자치단체의 장으로부터 방제명령을 받은 자가 소나무재선충병 방제를 소홀히 하는 경우 또는 소나무재선충병이 다른 지역으로 확산될 우려가 있어 긴급히 방제가 필요한 경우에는 직접 소나무재선충병에 대한 방제·예방사업[직접방제사업]을 실시할 수 있다(제8조 제2항). 여기에서 '방제사업'이란 소나무재선충병이 발생하지 않도록 예방하거나 이미 발생한 소나무재선충병을 약화시키거나 제거하기 위하여 시행하는 사업으로서 방제명령에 의하지 않은 것을 말한다.[60] 국가 또는 지방자치단체의 장

「항공안전법」 제2조 제3호에 따른 초경량비행장치의 무인비행장치 중에서 무인동력비행장치(무인헬리콥터 또는 무인멀티콥터)"를 의미한다(같은 규정 제3조 제16호 및 제17호).

은 현행법에 따라 직접방제사업을 실시한 경우에는 그 사실을 방제명령을 받은 자에게 지체 없이 알려야 한다. 이는 국가 또는 지방자치단체의 장이 실시하는 이러한 직접방제사업은 방제명령을 받은 자가 방제를 소홀히 하는 경우에 이를 대신하여 시행한 것이기 때문이다.

지방산림청장은 「산림자원의 조성 및 관리에 관한 법률」 제5조에도 불구하고 소나무재선충병이 시·도 또는 국유림·공유림과 사유림 간에 걸쳐서 발생한 경우나 문화재보호구역과 같이 보존가치가 큰 산림에 소나무재선충병이 확산될 우려가 큰 경우 등 대통령령으로 정하는 경우에는 산림청 소관 국유림이 아닌 지역에 대하여도 관계 행정기관의 장 또는 지방자치단체의 장과 협의하여 공동으로 방제사업[공동방제사업]을 시행할 수 있다(제8조 제3항 및 시행령 제3조의3). 여기에서 '대통령령으로 정하는 경우'란 다음과 같은 경우를 말한다.

- 소나무재선충병이 2이상의 시·도에 걸쳐서 발생하거나 국유림·공유림과 사유림 간에 걸쳐서 발생한 경우
- 「백두대간 보호에 관한 법률」에 따른 백두대간보호지역, 「문화재보호법」에 따른 보호구역, 「산림보호법」에 따른 산림유전자원보호구역 또는 「자연공원법」에 따른 국립공원에 소나무재선충병이 확산될 우려가 높은 경우
- 「군사기지 및 군사시설 보호법」에 따른 군사기지 및 군사시설 보호구역에서 소나무재선충병이 확산될 우려가 높은 경우
- 소나무재선충병이 발생한 지역의 작업인력이 일시적으로 부족하거나 방제작업 기간이 촉박하다고 산림청장이 인정하는 경우
- 관계 행정기관의 장 또는 지방자치단체의 장이 요청하는 경우
- 그 밖에 국가 주요시설 지역 등 공공의 이해에 미치는 영향이 크다고 산림청장이 인정하는 지역에서 소나무재선충병이 확산될 우려가 높은 경우

지방산림청장이 산림별 관할 행정청에 관한 「산림자원의 조성 및 관리에 관한 법률」 제5조에도 불구하고 산림청 소관 국유림이 아닌 지역을 대상으로 관계 행정기관의 장 또는 지방자치단체의 장과 공동으로 방제사업을 할 수 있도록 한 이러한 규정은 행정구역 및 소관 행정청을 구별하지 않고 발생하는 소나무재선충병을 효과적으로 방제하기 위한 것으로서 소나무재선충병의 방제를 위한 정부의 단호한 정책의지를 잘 보여주는 것이라고 할 수 있다.

---

60) 현행법은 이러한 방제사업을 시행하는 경우로서 ① 국가 또는 지방자치단체의 장이 직접 시행하는 경우(제8조 제2항)와 ② 일정한 경우 지방산림청장이 관계 행정기관의 장 또는 지방자치단체의 장과 협의하여 공동으로 시행하는 경우(제8조 제3항)를 구분하여 규정하고 있다.

2. 방제사업의 설계 · 감리

국가 또는 지방자치단체의 장은 현행법 제8조 제2항 및 제3항에 따라 직접방제사업이나 공동방제사업을 시행하려는 경우에는 설계 · 감리를 할 수 있다(제8조의3 제1항 · 제2항). 이 경우 국가 또는 지방자치단체의 장은 이러한 설계 · 감리를 「기술사법」에 따라 산림분야 사무소를 개설한 기술사, 「엔지니어링산업 진흥법」에 따른 산림전문분야 엔지니어링사업자 또는 「산림조합법」에 따른 산림조합중앙회에 위탁하거나 대행하게 할 수 있다.

방제사업을 설계하거나 감리하는 자는 현행법이나 현행법에 따른 명령 또는 그 밖의 관계 법령에 맞게 설계 · 감리하여야 하며, 특히 방제사업의 감리자는 현행법이나 현행법에 따른 명령 또는 그 밖의 관계 법령을 위반한 사항을 발견하거나 방제사업 시공자가 설계대로 방제사업을 하지 않으면 방제사업 시공자에게 시정하거나 재시공하도록 요청하여야 한다(제8조의3 제3항~제5항). 이 경우 만일 방제사업 시공자가 이러한 요청에 따르지 않으면 방제사업의 감리자는 서면으로 그 방제사업을 중지하도록 요청할 수 있으며, 방제사업의 감리자로부터 이와 같은 공사중지를 요청받은 방제사업 시공자는 정당한 사유가 없으면 즉시 공사를 중지하여야 한다.

3. 방제사업의 대행

국가 또는 지방자치단체의 장은 현행법 제8조 제2항 및 제3항에 따라 직접방제사업이나 공동방제사업을 시행하고자 할 경우에는 「산림자원의 조성 및 관리에 관한 법률」에 따라 등록한 산림사업법인이나 국유림영림단 또는 「산림조합법」에 따른 산림조합에게 방제사업을 위탁하거나 대행하게 할 수 있다(제8조의4 제1항). 그러나 이 경우에도 방제사업을 위탁하거나 대행하게 할 수 있는 산림사업법인은 숲가꾸기 및 산림병해충 방제 산림사업법인에 한정한다.

현행법에 따라 국가 또는 지방자치단체의 장으로부터 방제사업을 위탁받거나 대행하여 방제사업을 시행하는 자는 관계 법령에 따라 성실하고 정당하게 업무를 수행하여야 한다(제8조의4 제2항 · 제3항). 국가 또는 지방자치단체의 장은 위탁 또는 대행방식으로 방제사업을 시행하는 경우에는 설계자와 시공자, 시공자와 감리자를 동일인으로 선정해서는 안 된다. 이는 공정하고 엄정한 사업시행을 위한 것으로서 현행법은 동일한 취지에 따라 산림조합이 방제사업을 시행하는 경우에는 산림조합중앙회를 감리자로 선정할 수 없도록 하고 있다.

[4] 발생지역 주변의 산림관리

1. 소나무류 조림 및 육림의 금지

소나무재선충병의 피해확산을 방지하기 위하여 농림축산식품부령이 정하는 바에 따라 소나무재선충병이 발생한 지역으로부터 일정거리 이내의 지역에서는 소나무류의 조림 및 육림을 금지한다(제12조 제1항 및 시행규칙 제7조 제1항). 여기에서 '소나무류의 조림 및 육림이 금지되는 일정거리 이내의 지역'이란 발생지역으로부터 도면상 직선거리 2km 이내에 해당되는 행정동·리의 전체구역을 말한다. 그러나 이 경우에도 (1) 학술연구 등 공익적 목적으로 하는 조림 및 육림사업으로서 산림청장이 정하는 경우나 (2) 육림사업으로서 직경 2cm 이상의 나뭇가지 등 산물을 수집하여 현행법 제11조 제3항에 따라 훈증·파쇄 또는 소각 등의 방제조치를 할 경우에는 예외적으로 허용된다.

2. 모두베기에 의한 방제

산림소유자는 모두베기 방법으로 감염목 등의 벌채작업을 한 경우에는 사전에 전용허가를 받은 경우를 제외하고는 농림축산식품부령이 정하는 바에 따라 3년 이내에 그 벌채지에 소나무류 외의 수종으로 조림을 하여야 한다(제12조 제2항 및 시행규칙 제7조 제2항). 그러나 이에 해당하더라도 천연갱신이 가능하다고 인정되는 경우에는 조림을 하지 않을 수 있다. 이는 조림을 하지 않더라도 자연적으로 숲이 조성되는 천연갱신이 가능하다면 별도로 조림을 할 필요가 없기 때문이다.

지방산림청장 또는 지방자치단체의 장은 모두베기에 의한 방법으로 소나무재선충병 방제를 하고자 하는 경우에는 입목의 소유자로부터 입목을 매수하여 시행할 수 있다(제12조 제3항~제5항). 이 경우 지방산림청장 또는 지방자치단체의 장은 현행법 제8조의3에 따른 방제사업의 설계·감리 규정에 따라 모두베기에 대하여 설계·감리를 할 수 있으며, 입목을 매수할 경우 그 가격은 「부동산 가격공시 및 감정평가에 관한 법률」에 따른 2개 이상의 감정평가 기관이 감정한 입목 가격의 평균금액으로 한다.

지방산림청장 또는 지방자치단체의 장이 감염목 등을 목재로 활용하기 위하여 현행법에 따라 모두베기를 시행하는 경우에는 「산림자원의 조성 및 관리에 관한 법률」에 따라 등록한 산림사업법인이나 국유림영림단, 「산림조합법」에 따른 산림조합 또는 「목재의 지속가능한 이용에 관한 법률」에 따른 목재생산업자에게 그 모두베기를 위탁하거나 대행하게 할 수 있다(제12조 제6항). 다만, 이 경우에도 모두베기를 위탁하거나 대행할 수 있는 산림사업법인은 숲가꾸기 및 산림병해충 방제 산림사업법인에 한정하며, 목재생산업자는 원목생산업자만을 말한다.

Ⅳ. 소나무류의 이동제한

[1] 소나무류 반출금지구역

1. 반출금지구역의 지정

시장 · 군수 · 구청장은 소나무재선충병의 방제 및 확산방지를 위하여 발생지역과 발생지역으로부터 5km 이내의 범위로 대통령령으로 정하는 일정거리 이내인 지역에 대하여는 「지방자치법」에 따른 행정동 · 리 단위로 소나무류 반출금지구역으로 지정하여야 한다(제9조 제1항 · 제3항 및 시행령 제3조의5). 이 경우 시장 · 군수 · 구청장은 그 내용을 게시판 등을 통하여 공고하고, 그 지정사실을 신속히 시 · 도를 거쳐 산림청에 보고하여야 한다. 여기에서 '대통령령으로 정하는 일정거리 이내'란 소나무재선충병 발생지역으로부터 2km 이내로 발생지역 주변의 산림관리를 위하여 현행법에 따라 소나무류의 조림 및 육림이 금지되는 지역의 범위와 같다.

사실 감염병의 전파 · 확산을 막는 가장 효과적인 방법은 감염원의 이동을 억제하는 것이며, 이는 소나무재선충병의 방제에 있어서도 마찬가지이다. 이에 따라 현행법은 소나무재선충병이 발생한 지역은 물론 매개충인 솔수염하늘소 등의 이동거리를 감안하여 발생지역으로부터 일정거리 이내를 소나무류 반출금지구역으로 지정함으로써 소나무재선충병의 전파 및 확산을 근원적으로 차단하려는 것으로 이해된다.

2. 지정 효과

가. 소나무류의 이동제한

현행법에 따라 지정된 소나무류 반출금지구역에서는 소나무류의 이동을 금지한다(제10조 제1항 · 제2항). 이는 소나무류 반출금지구역으로 지정된 지역 내의 소나무류는 감염목 등으로 추정하는 것이 합리적일 뿐만 아니라 현실적으로도 이러한 감염목 등의 이동을 금지하는 방법이야말로 감염병인 소나무재선충병의 방제 및 확산방지를 위한 가장 효과적인 방제방법 중의 하나이기 때문이다. 그러므로 소나무류 반출금지구역이라고 하더라도 해당 소나무류가 감염목 등이 아닌 것으로 확인된 경우나 소나무재선충병의 방제 및 확산방지에 위협이 되지 않는 경우에는 그 이동을 금지할 이유가 없으며, 따라서 다음과 같은 경우에는 소나무류 반출금지구역이라고 하더라도 소나무류의 이동이 예외적으로 허용된다.

- 훈증 등 산림청장이 별도로 정하는 처리방식으로 방제하여 관계 공무원이 소나무재선충이 죽은 것을 확인한 경우
- 파쇄 등 산림청장이 별도로 정하는 처리방식으로 방제하여 이동하는 경우
- 소나무재선충병 방제를 위한 감염목 등인 원목의 이동 등 대통령령으로 정하는 경우
- 예방약제를 주사하였거나 다른 예방조치를 하여 소나무재선충병의 감염이 없다는 시·도 산림환경 관련 연구기관의 장의 확인증을 받은 굴취된 조경수 및 분재 용도의 소나무류로서 (1) 「산림자원의 조성 및 관리에 관한 법률」에 따라 산림경영계획의 인가를 받아 생산된 경우, (2) 「산지관리법」 제15조의2 제4항 제4호[61]에 따라 산지일시사용신고를 하여 생산된 경우, (3) 그 밖에 포지 또는 분에서 생산되는 소나무류 등 그 생산지역·생산경위 및 생산특성 등을 고려하여 농림축산식품부령으로 정하는 경우
- 산지전용허가·신고지 또는 산지일시사용허가·신고지에서 생산되는 소나무류를 해당 허가·신고지 내에서 이동하는 경우

여기에서 '감염목 등인 원목의 이동 등 대통령령으로 정하는 경우'란 산림청장이 정하여 고시하는 기간 동안 훈증, 파쇄, 소각, 건조, 그 밖에 산림청장이 정하여 고시하는 방법에 따라 방제를 하기 위하여 감염목 등인 원목을 해당 발생지역이 포함된 소나무류 반출금지구역 안에서 이동하는 경우를 말하며(시행령 제3조의6), '농림축산식품부령으로 정하는 경우'란 조경수 및 분재용도의 소나무류가 포지나 분에서 생산된 경우, 논·밭·과수원에서 생산된 경우, 건물 담장안의 토지에서 생산된 경우 또는 주택지[62]에서 생산된 경우를 말한다(시행규칙 제4조의3).

나. 산지전용 등의 신청 및 신고

소나무류 반출금지구역이 포함된 산지를 전용하려는 자는 「산지관리법」의 규정에도 불구하고 산지전용허가·신고 또는 산지일시사용허가·신고[산지전용 등]를 신청하거나 신고할 때에는 소나무재선충병 방제계획서를 함께 제출하여야 하며,

---

61) 현행법에서는 '「산지관리법」 제15조의2 제2항 제4호에 따라 산지일시사용신고를 하여 생산된 경우'라고 하고 있으나, 이는 「산지관리법」 제15조의2 제4항 제4호를 잘못 인용한 것이 명백하므로 여기에서는 인용조항을 바로잡아 서술하였다.

62) 주택지란 주택지조성사업이 완료되어 「공간정보의 구축 및 관리 등에 관한 법률」 제67조 제1항에 따른 지목이 대로 변경된 토지를 말한다(시행규칙 제4조의3 제4호).

이에 따라 방제·처리를 완료한 후에는 소나무재선충병 방제완료서를 산지전용 등의 신청·신고를 한 행정기관의 장에게 제출하여야 한다(제13조의2 제1항·제2항). 이는 산지전용 등의 경우에는 산지의 형질변경이 있게 되므로 이로 인하여 반출금지구역 내의 소나무류가 벌채·굴취되어 이동될 우려가 있기 때문이다. 그러므로 산지전용 등을 하려는 산지에 소나무류가 없는 경우에는 소나무재선충병 방제계획서를 제출할 필요가 없다(제13조의2 제1항 단서).

소나무재선충병 방제계획서와 방제완료서는 현행법 제8조의3 제2항에 따라 국가 또는 지방자치단체의 장이 방제사업의 설계·감리를 위탁하거나 대행하게 할 수 있는 자에 해당하는 「기술사법」에 따라 산림분야 사무소를 개설한 기술사, 「엔지니어링산업 진흥법」에 따른 산림전문분야 엔지니어링사업자 또는 「산림조합법」에 따른 산림조합중앙회가 작성하여야 한다(제13조의2 제3항). 그러나 대통령령으로 정하는 경우로서 산지전용 등의 대상 면적이 660m^2 미만인 경우 또는 대상산지 내 감염목 등인 입목이 50그루 미만인 경우에는 현행법에 따라 대통령령으로 정하는 자[63]가 작성할 수 있다(시행령 제3조의8 제1항·제2항).

현행법에 따라 소나무류 반출금지구역이 포함된 산지에 대한 산지전용 등의 신청·신고를 받은 기관의 장은 소나무재선충병 방제계획서와 방제완료서가 현행법 제11조에 따른 방제방법 등 농림축산식품부령으로 정하는 기준에 맞게 작성되었는지 심사한 후 그 승인여부를 신청자에게 통보하여야 한다(제13조의2 제4항 및 시행규칙 제8조의2). 이 경우 '농림축산식품부령으로 정하는 기준'이란 (1) 소나무재선충병 방제계획서의 경우에는 방제사업 실시설계에 따라 방제계획서가 작성되었는지 여부를 기준으로 하고, (2) 소나무재선충병 방제완료서의 경우에는 방제계획서에 따른 설계기준에 따라 방제가 완료되었는지 여부를 그 기준으로 한다.

다. 인·허가 등의 의제 및 협의

현행법에 따라 소나무류 반출금지구역으로 지정하여 공고한 경우에는 「산지관리법」을 포함하여 「산림자원의 조성 및 관리에 관한 법률」, 「자연공원법」 및 「자연환경보전법」 등에 따른 허가·신고 및 협의 등을 받은 것으로 본다(제16조의3 제1항).[64] 따

63) 여기에서 '대통령령으로 정하는 자'란 「산림기술 진흥 및 관리에 관한 법률 시행령」 별표3에 따른 기술초급 이상 산림경영기술자로서 ① 「산림기술 진흥 및 관리에 관한 법률」 제2조 제6호에 따른 산림기술용역업자, ② 「산림기술 진흥 및 관리에 관한 법률」 제2조 제7호 가목에 따른 산림조합 또는 산림조합중앙회, ③ 「산림자원의 조성 및 관리에 관한 법률」 제24조에 따라 등록한 산림사업법인에 소속된 사람을 말한다(시행령 제3조의8 제2항).

라서 소나무류 반출금지구역으로 지정하여 공고한 경우에는 이에 해당하는 법률에 따른 허가·신고 및 협의 등을 별도로 받을 필요가 없다.

국가 또는 지방자치단체의 장은 방제작업의 내용에 현행법에 따른 이러한 허가·신고 및 협의 등이 의제되는 사항이 포함된 경우에는 미리 관계 행정기관의 장과 협의하여야 한다(제16조의3 제2항). 그러나 소나무재선충병이 신규 발생지 또는 중요지역에 발생하여 긴급히 방제가 필요한 경우에는 방제 후에 이를 통보할 수 있다.

3. 지정해제

시장·군수·구청장은 소나무류 반출금지구역의 지정사유가 소멸되었다고 인정되는 경우에는 소나무류 반출금지구역의 지정을 해제할 수 있다(제9조 제2항·제3항). 이 경우 시장·군수·구청장은 그 내용을 게시판 등을 통하여 공고하고, 해제사실을 신속히 시·도를 거쳐 산림청에 보고하여야 한다. 여기에서 '지정사유가 소멸되었다고 인정되는 경우'란 반출금지구역에서 발생한 감염목을 전량 방제한 후 소나무림 및 해송림 지역에서는 1년, 잣나무림 지역에서는 2년 동안 감염목이 추가로 발견되지 않으면서 항공방제 등 확산저지 조치를 한 경우를 말한다(시행규칙 제4조 제2항).

[2] 감염목 등의 판매·이용금지

산림소유자 등은 감염목 등을 판매하거나 이용할 수 없으며, 감염목 등을 보유하고 있거나 발견하였을 때에는 지체 없이 관할 시장·군수·구청장 및 국유림관리소장에게 신고하여야 한다(제10조 제3항). 이 경우 신고를 받은 해당 기관에서는 소나무재선충병의 방제에 관한 현행법 제11조에 따라 감염목 등을 처리하여야 한다. 만일 산림소유자 등이 감염목 등을 판매·이용하거나 감염목 등을 보유·발견하고 신고하지 않은 경우에는 벌칙 규정에 따라 500만원 이하의 벌금에 처해질 수 있다(제17조 제2항 제3호).

---

64) 현행법에 따라 다른 법률에 의한 허가·신고 및 협의 등을 받은 것으로 보는 사항에는 ①「산지관리법」에 따른 산지일시사용허가·신고, ②「산림자원의 조성 및 관리에 관한 법률」에 따른 입목벌채 등의 허가·신고, ③「자연공원법」 제71조 제1항에 따른 행위허가의 협의, ④「자연환경보전법」 제15조 제2항 제7호에 따른 협의, ⑤「문화재보호법」 제35조 제1항에 따른 허가, ⑥「개발제한구역의 지정 및 관리에 관한 특별조치법」 제12조에 따른 행위제한의 허가, ⑦「급경사지 재해예방에 관한 법률」 제10조 제1항에 따른 협의, ⑧「도시공원 및 녹지 등에 관한 법률」 제24조 제1항·제38조 제1항에 따른 점용허가 및 제27조 제1항에 따른 허가, ⑨「백두대간 보호에 관한 법률」 제8조 제1항에 따른 사전협의 등이 있다.

[3] 소나무류 반출금지구역이 아닌 지역에서의 소나무류의 이동

소나무류 반출금지구역이 아닌 지역에서 생산된 소나무류를 이동하고자 하는 자는 농림축산식품부령으로 정하는 바에 따라 산림청장 또는 시장·군수·구청장으로부터 생산확인표를 발급받아야 한다(제10조의2 제1항). 생산확인표는 이를 발급받으려는 자가 별도로 정하는 서식에 따른 소나무류 생산확인신청서를 시장·군수·구청장 또는 지방산림청장에게 제출하면, 이를 제출받은 시장·군수·구청장 또는 지방산림청장이 그 신청서를 접수한 날부터 10일 이내에 발급하여야 한다(시행규칙 제5조 제1항·제2항).

산림청장 또는 시장·군수·구청장은 현행법에 따라 생산확인표를 발급받지 않은 소나무류에 대하여는 해당 임목의 훈증·소각 및 파쇄 등의 조치명령이나 양도·이동의 제한 또는 금지명령과 같은 방제조치를 명할 수 있으며, 이와 별도로 이러한 규정을 위반한 자에게는 200만원 이하의 벌금에 처할 수 있다(제10조의2 제2항 및 제17조 제3항).

[4] 소나무류에 대한 일시 이동중지명령

산림청장은 소나무재선충병이 급속히 발생하여 전국적으로 확산될 우려가 있거나 중요한 지역에 확산되어 산림자원의 심각한 피해가 발생할 것으로 판단되는 경우 소나무재선충병의 피해확산을 방지하기 위하여 전국 또는 일부 지역을 지정하여 일시적으로 소나무류의 이동을 중지하도록 명할 수 있다(제10조의3 제1항·제3항). 그러나 산림청장의 이러한 일시 이동중지명령에도 불구하고 부득이하게 소나무류의 이동이 필요한 경우에는 지방산림청장이나 지방자치단체의 장의 승인을 얻어 이동할 수 있다. 산림청장의 이러한 일시 이동중지명령은 소나무재선충병의 방제를 위한 가장 강력한 대응방안 중의 하나로서 「가축전염병 예방법」에 따라 가축전염병이 전국적으로 확산되어 국가경제에 심각한 피해가 발생할 것으로 판단되는 경우 등에 농림축산식품부장관, 시·도지사 또는 특별자치시장이 명하는 가축 등에 대한 일시 이동중지명령과 유사한 제도이다(같은 법 제19조의2 제1항).

산림청장의 소나무류에 대한 일시 이동중지기간은 48시간을 초과할 수 없다(제10조의3 제3항). 그러나 소나무재선충병의 급속한 확산방지를 위한 조치를 완료하기 위하여 그 기간의 연장이 필요한 경우에는 산림청장은 1회 48시간의 범위에서 그 기간을 연장할 수 있다. 산림청장 또는 지방자치단체의 장은 일시 이동중지명령이 내려진 경우 그 명령이 차질 없이 이행될 수 있도록 농림축산식품부령으로 정하는 바에 따라 명령의 공표 및 대상자에 대한 고지 등 필요한 조치를 하여야 하며, 일시 이동중지기간 동안 소나무재선충병의 확산을 방지하기 위하여 필요한 조치를 하여야 한다(제10조의3 제4항). 현행법에 따라 산림청장 또는 지방자치단체의 장이 시행하는 이러한 조치에는 피해가 심각한 지역에 대한 긴급방제와 감염목 등의 판매·이용 및 보유 여부에 대한 집중단속 등이 포함된다고 보아야 할 것이다.

[5] 이동제한에 대한 단속

1. 이동제한금지 소나무류의 취급에 대한 단속

누구든지 현행법 제10조에 따른 소나무류 이동제한 및 제10조의2에 따른 소나무류 반출금지구역이 아닌 지역에서의 소나무류 이동에 관한 규정을 위반한 소나무류를 취급해서는 안 된다(제13조 제4항). 따라서 (1) 소나무재선충병에 감염된 감염목 등이나 (2) 소나무류 반출금지구역으로부터 무단으로 이동된 소나무류, (3) 반출금지구역이 아닌 지역에서 생산되었으나 생산확인표가 없는 소나무류를 이동·판매 및 사용 등과 같이 취급하는 행위는 현행법에 따라 위법한 것이 된다.

이는 감염목 등의 이동으로 인한 소나무재선충병의 인위적 확산을 방지하기 위한 것으로서 산림청장 및 시장·군수·구청장은 이러한 행위를 단속하기 위하여 소속 공무원에게 자동차·선박 등 교통수단으로 소나무류를 운송하는 자에 대하여 운송정지를 명하고 그 위반 여부를 확인하게 할 수 있다(제13조 제5항~제7항). 이 경우 현행법에 따른 직무를 수행하는 단속공무원은 그 권한을 표시하는 증표를 지니고 이를 관계인에게 내보여야 하며, 만일 이러한 단속을 통하여 그 위반사실이 확인되는 경우 산림청장 및 시장·군수·구청장은 현행법 제8조에 따른 방제조치와 함께 그 위반자에 대해서는 벌칙 규정에 따라 200만원 이하의 과태료를 부과할 수 있다(제19조 제1항 제2호).

2. 소나무류 취급업체에 대한 조사 등

산림청장 및 시장·군수·구청장은 감염목 등을 인위적으로 이동시켜 소나무재선충병 피해를 확산시키는 것을 방지하기 위하여 소나무류를 취급하는 업체에 대하여 관련 자료를 제출하게 할 수 있으며, 소속 공무원에게 사업장 또는 사무소 등에 출입하여 장부·서류 등을 조사·검사하게 하거나 소나무재선충병 감염여부 확인에 필요한 최소량의 시료를 무상으로 수거하게 할 수 있다(제13조 제1항). 여기에서 '소나무류를 취급하는 업체'란 조경업체, 제재소, 톱밥공장 또는 목가공업체 등 소나무류를 생산 · 가공 · 유통 및 이용하는 업체를 말하며(제13조 제8항 및 시행규칙 제8조 제1항), 소속 공무원이 현행법에 따라 장부 · 서류 등을 조사 · 검사하는 때에는 장부 · 서류 등의 작성 · 비치 여부만이 아니라 그 자료의 진위 여부에 대해서도 조사 · 검사할 수 있다고 보아야 할 것이다.

산림청장 및 시장 · 군수 · 구청장은 소나무류 취급업체에 대한 조사 · 검사 및 시료수거[조사 등]를 하는 경우에는 관계 공무원의 성명, 조사 등의 목적 · 기간 및 장소, 조사 등의 범위와 내용 등에 관한 사항을 조사 등을 실시하기 7일 전까지 서면으로 알려야 한다(제13조 제2항). 그러나 긴급히 조치해야 할 때나 미리 알리는 경우 증거인멸 등으로 조사 등의 목적을 달성할 수 없다고 인정하는 때에는 그렇지 않다. 현행법에 따라 소나무류 취급업체에 대한 이러한 조사 등의 직무를 수행하는 단속공무원은 그 권한을 표시하는 증표를 지니고 이를 관계인에게 내보여야 하며, 산림청장 및 시장 · 군수 · 구청장은 조사 등을 통하여 위반사실이 확인된 경우에는 현행법에 따른 과태료의 부과와 함께 제8조에 따른 방제조치를 명할 수 있다(제13조 제6항 · 제7항).

Ⅴ. 소나무재선충병 모니터링센터 등

[1] 소나무재선충병 모니터링센터

산림청장은 소나무재선충병의 관리를 강화하기 위한 신속한 예비관찰 · 방제 및 교육 · 홍보 등을 위하여 「임업 및 산촌 진흥촉진에 관한 법률」에 따른 한국임업진흥원에 소나무재선충병 모니터링센터를 둔다(제14조의4 제1항 · 제2항). 이러한 소나무재선충병 모니터링센터는 소나무재선충병에 대한 국가관리를 강화하는 차원에서 신설된 것으로서 소나무재선충병 등의 발생현황 모니터링 및 통계관리, 발생추이 분석 및 예측, 방제품질관리 모니터링, 예비관찰 · 방제의 교육 및 홍보, 그 밖에 산림청장이 위탁하는 소나무재선충병 등 산림병해충과 관련된 사업을 수행한다. 현행법에 따르면 국가 또는 지방자치단체는 소나무재선충병 모니터링센터가 이러한 업무를 원활하게 수행하고 운영할 수 있도록 필요한 예산을 지원할 수 있다.

현행법에 따른 소나무재선충병 모니터링센터의 직원이 소나무재선충병 예비관찰 · 방제에 관한 조사 · 측량과 방제작업을 위하여 필요한 경우에는 타인의 토지에의 출입, 재료의 적치장 또는 임시도로로의 일시사용, 형질의 변경 또는 공작물의 설치, 입목·죽·떼 또는 풀의 채취, 입목·죽·토석 또는 그 밖의 장애물의 변경·제거와 같은 행위를 할 수 있음은 앞에서 이미 설명한 것과 같다(제6조의2 제1항~제3항).

[2] 소나무재선충병명예감시원

산림청장은 소나무재선충병을 예방하고 확산을 방지하기 위하여 소나무재선충병명예감시원을 위촉할 수 있다(제14조의3 제1항 및 시행규칙 제10조 제1항). 소나무재선충병명예감시원은 산림·환경분야 비영리법인의 회원, 소나무재선충병 예방 및 방제사업에 참여한 실적이 6개월 이상인 자, 그 밖에 소나무재선충병의 예방 및 방제에 기여할 수 있다고 산림청장이 인정하는 자 중에서 위촉한다. 소나무재선충병명예감시원은 현행법에 따른 감염목 등의 이동제한 등에 대한 위반사항의 감시 및 신고, 소나무류의 생산확인에 대한 위반사항의 감시 및 신고, 소나무재선충병의 예방·방제에 관한 지도·계몽 및 홍보 등의 임무를 수행하며, 산림청장은 이러한 임무를 수행하는 소나무재선충병명예감시원에게 그 활동에 필요한 경비를 지급할 수 있다(제14조의3 제2항 및 시행규칙 제10조 제2항).

제4절 청원산림보호직원 배치에 관한 법률

Ⅰ. 총 론

「청원산림보호직원 배치에 관한 법률」(법률 제1267호)은 1963년 2월 9일 제정된 법률로서 현재 시행되고 있는 산림법 체계의 법률 중 1962년 1월 15일 제정된 「사방사업법」 다음으로 오래된 법률에 속한다. 이러한 「청원산림보호직원 배치에 관한 법률」에 따르면 '청원산림보호제도'란 당초 산림보호를 위한 인력 및 예산의 제한으로 산림보호담당 공무원이 부족한 것을 보완하기 위하여 청원산림보호직원을 배치하고, 그 경비는 이를 청원한 자가 부담하도록 마련된 것으로서 이에 따르면 '청원산림보호직원'이란 산림소유자나 관리자의 청원에 따라 산림의 피해방지와 보호·육성을 위하여 배치하는 직원을 말한다.

청원산림보호제도는 1962년 4월 3일 제정된 「청원경찰법」(법률 제1049호)에 따른 청원경찰제도와 유사하다. 이는 청원경찰을 통하여 건물 등의 경비 및 공안업무 등에 필요한 경찰인력의 부족을 보완하고자 하는 청원경찰제도와 산림소유자나 관리자의 청원에 따라 산림보호를 위한 인력을 배치하는 청원산림보호제도는 기본적으로 동일한 취지에 기반한 것이기 때문이다. 특히 1960년대 초 도벌 등으로 인한 산림피해가 만연한 상황에서 당시 민유림의 산주는 자신이 재정을 부담해서라도 사법권을 가진 직원의 배치를 원하고 희망하였다는 당시의 상황을 감안한다면,[65) 「청원산림보호직원 배치에 관한 법률」에 따른 이러한 청원산림보호제도는 정부와 산주의 필요를 모두 만족시키는 좋은 대안이었던 것으로 보인다.

실제로 「청원산림보호직원 배치에 관한 법률」은 시행 이후 산림보호를 위한 행정인력의 확보를 법적으로 지원함으로써 정부의 산림보호담당 인력을 실질적으로 증원하는 효과를 가져왔으며, 이를 통하여 산불 및 산사태 등과 같은 산림재해로부터 산림을 보호하는 데 기여해 오고 있는 것이 사실이다. 물론 청원산림보호제도의 이러한 제도적 의의는 국가 주도의 산림보호 정책이 정착되면서 그 역할에 있어 일정한 한계를 가지게 된 것은 사실이지만, 특히 「산림보호법」에 따를 경우 산불진화단 및 산사태대응팀을 구성하는 공무원에 「청원산림보호직원 배치에 관한 법률」에 따른 청원산림보호직원이 포함되는 등(같은 법 제41조 제1항 및 제45조의15 제1항) 현행법에 따르더라도 청원산림보호제도는 여전히 산림보호를 위한 제도적 기반의 하나로서 그 역할을 수행하고 있다는 것은 부인할 수 없다고 보아야 할 것이다.

Ⅱ. 청원산림보호직원의 배치 및 직무

[1] 배치 및 경비

1. 배　　치

「청원산림보호직원 배치에 관한 법률」은 산림의 소유자 또는 관리자의 청원에 의하여 청원산림보호직원을 배치함으로써 산림의 피해방지와 보호·육성을 도모하는 것을 목적으로 한다(제1조). 현행법은 이를 위하여 산림의 소유자 또는 관리자가 청원할 때에는 다음과 같은 청원산림보호직원의 배치권자가 청원산림보호직원을 배치할 수 있도록 하고 있다(제2조 제1항 및 시행령 제2조 제1항).

■ 특별시장·광역시장·도지사 또는 특별자치도지사

---

65) 산림청(2017)의 「산림청 50년사」, 66면.

- 시장 · 군수 및 자치구의 구청장
- 국립산림과학원장 및 지방산림청장
- 그 밖에 대통령령으로 정하는 산림청장 소속 기관의 장으로서 국립수목원장, 산림인력개발원장, 국립산림품종관리센터장 및 국립자연휴양림관리소장

산림의 소유자 또는 관리자가 청원산림보호직원의 배치를 청원할 때에는 신청서를 작성하여 청원산림보호직원의 배치권자에게 제출하여야 한다(시행령 제2조 제1항 · 제2항). 이 경우 청원을 받은 배치권자는 청원산림보호직원의 배치가 필요하다고 인정하는 경우에는 그 배치를 청원한 청원자에게 청원산림보호직원 배치통지서를 발급하여야 한다. 현행법에 따르면 청원산림보호직원의 이러한 배치와 관련하여 배치권자는 해당 산림에 청원산림보호직원을 배치할 필요가 없다고 인정하거나 배치인원을 감축할 필요가 있다고 인정할 때에는 그 배치를 폐지하거나 배치인원을 감축할 수 있다(제9조 제2항).

청원산림보호직원의 배치권자는 농림축산식품부령으로 정하는 일정규모 이상의 집단화된 사유림을 소유하고 있는 산림소유자에게는 산림보호직원의 배치를 청원하도록 권장할 수 있다(제2조 제2항 및 시행규칙 제2조 제1항). 여기에서 '농림축산식품부령으로 정하는 일정규모 이상의 집단화된 사유림'이란 (1) 「산림자원의 조성 및 관리에 관한 법률」에 따른 시험림, 「산림문화휴양에 관한 법률」에 따른 자연휴양림, 「수목원 · 정원의 조성 및 진흥에 관한 법률」에 따른 수목원 또는 정원으로 조성된 사유림, (2) (1) 이외의 사유림으로서 산림소유자가 인접한 산림소유자와 협업에 의하여 산림경영을 하는 경우 협업 총면적이 500ha 이상의 사유림 또는 이에 해당하지 않는 경우에는 300ha 이상의 사유림을 말한다.

2. 경비의 납입

청원산림보호직원에 대한 경비는 대통령령으로 정하는 바에 따라 그 배치를 청원한 청원자가 배치권자에게 내야 한다(제3조 및 시행령 제3조 제1항 · 제2항). 이 경우 청원자가 납입하여야 하는 경비는 청원산림보호직원에게 지급할 봉급 및 제수당, 피복비 · 교육비 · 여비 및 복리후생비에 해당하는 경비이며, 청원자는 이를 청원산림보호직원 배치통지서를 받은 때에 납입하여야 한다. 청원산림보호직원에 대한 이러한 경비의 납입기준액, 납입기간 및 납입방법에 관한 사항은 매년 1월에 산림청장이 정하여 고시한다.[66)]

---

66) 「청원산림보호직원 배치에 따른 경비 납입기준액 등에 관한 고시」(산림청고시 제2020-8호, 2020. 1. 17.)를 참고하라.

청원산림보호직원의 배치를 청원한 자가 그에 소요되는 경비를 스스로 지불하는 것은 청원산림보호제도의 본질에 속하는 것으로서 청원자는 납입기간 내에 반드시 이를 납입하여야 한다. 따라서 배치권자는 청원산림보호직원의 배치를 청원한 자가 산림보호직원에 대한 경비를 납입 기한까지 내지 않은 경우에는 그 청원산림보호직원의 배치를 보류하거나 중지할 수 있다(제9조 제1항). 이와 함께 현행법 제9조 제2항에 따라 배치권자가 청원산림보호직원의 배치를 폐지하거나 배치인원을 감축한 경우 배치권자는 청원자가 이미 낸 청원산림보호직원의 경비 중 남은 금액은 반환하여야 한다(제9조 제2항 후단).

국가는 청원산림보호직원에 대한 경비의 일부를 대통령령으로 정하는 바에 따라 예산의 범위에서 보조할 수 있다(제3조의2 및 시행령 제3조의2 제1항·제2항). 이는 청원산림보호직원의 배치를 청원한 청원자의 경비에 대한 부담을 덜어 주기 위한 것으로서 산림청장이 청원자로부터 경비보조금 신청서를 제출받은 경우 그 신청서에 따라 청원자에게 배치된 청원산림보호직원의 직무내용과 경비보조 항목을 확인하고, 그 결과 신청이 타당하다고 인정되면 경비를 보조하게 된다.

[2] 직 무

1. 직무의 내용

청원산림보호직원은 그 배치된 지역을 관할하는 배치권자 또는 청원자 중 대통령령으로 정하는 기관의 장의 감독을 받아 그 보호지역에서 임업서기의 직무를 수행한다(제4조). 여기에서 '청원자 중 대통령령으로 정하는 기관의 장'이란 국가행정기관의 장, 국립학교의 장, 그 밖에 농림축산식품부령이 정하는 기관의 장으로서 공·사립학교의 장, 「산림조합법」에 의한 조합의 조합장 및 중앙회의 회장, 「정부투자기관 관리기본법」에 의한 정부투자기관의 사장을 말한다(시행령 제4조 및 시행규칙 제5조). 따라서 시·군 및 자치구에 배치된 청원산림보호직원은 현행법 제2조 제1항에 따른 배치권자인 시장·군수 및 자치구의 구청장의 감독을 받으며, 만일 청원자가 국립학교의 장이라면 해당 청원산림보호직원은 현행 규정에 따라 국립학교의 장의 감독을 받아 직무를 수행하여야 한다.

청원산림보호직원은 해당 보호지역에서 임업서기의 직무를 수행한다. 따라서 청원산림보호직원은 직무를 맡은 보호지역 내의 산림에 대한 피해방지와 보호·육성을 위하여 임업서기가 수행하는 산림병해충의 예찰·방제, 산불예방 및 진화,

산사태 예방·대응 등과 같은 산림보호업무를 수행한다. 이와 관련하여 청원산림보호직원이 산불 및 산사태의 업무를 수행하는 경우 「산림보호법」에 따라 산불진화단 및 산사태대응팀을 구성하는 공무원에 포함될 수 있음은 앞에서 이미 설명한 것과 같다.

2. 승진체계의 도입 여부

청원산림보호직원의 직무수행과 관련하여 현행법에 따른 청원산림보호직원의 경우에는 산불예방과 산림보호 및 산림훼손에 관한 중요한 업무를 수행하고 있음에도 불구하고, 공무원과 달리 승진체계가 없어 사기저하의 우려와 함께 안정적인 장기근무를 유도하는 데 어려움이 있으므로 그 재직기간에 따라 임업서기보부터 임업주사에 이르는 체계를 마련하는 것이 필요하다는 주장이 있다.[67] 그러나 이에 대하여는 청원산림보호직원의 경우 현행법에 따라 "배치된 지역을 관할하는 배치권자 또는 청원자 중 대통령령으로 정하는 기관의 장의 감독을 받아 그 보호지역에서 임업서기의 직무를 수행"(제4조)하는 자로서 임용과 신분보장 등에 있어 「국가공무원법」 등이 준용될 뿐이지 그 법적 신분이 공무원인 것은 아니므로[68] 재직기간과 연계하여 승진의 개념을 적용하는 것은 무리가 있어 보이는 것이 사실이다.

이는 현행법이 제4조에서 "그 보호지역에서 임업서기의 직무를 수행한다"라고 하고 있을 뿐 '임업서기로 보한다'라고 규정하고 있지는 않다는 점과 「청원경찰법」의 경우에도 "국가기관 또는 지방자치단체에 근무하는 청원경찰의 보수는…재직기간에 해당하는 경찰공무원의 보수를 감안하여 대통령령으로 정한다"(같은법 제6조 제2항)라고 하면서 그 재직기간에 따라 순경부터 경위에 이르는 경찰공무원의 보수를 감안하도록 하고 있을 뿐이지 청원경찰에게 승진의 개념을 적용하고 있는 것은 아니라는 점에서 분명하다. 그러므로 청원산림보호직원의 처우를 개선한다는 측면에서 「청원경찰법」의 관련 규정을 참고하여 재직기간에 따라 보수를 차등하는 방안에 대해서는 검토하되 이를 승진체계와 혼동하지 않도록 해야 할 뿐만 아니라, 특히 청원산림보호직원의 보수는 청원자의 경비부담을 가중시킴으로써 당초의 의도와는 달

67) 2017년에는 이러한 내용을 담은 「청원산림보호직원 배치에 관한 법률」 일부개정법률안이 국회에 제출되기도 하였으나 실제 개정에까지 이르지는 못하였다. 이에 대한 내용에 대해서는 "청원산림보호직원 승진기회 발판 마련", 농수축산신문, 2017. 8. 2; "청원산림보호직원, 승진체계 구체화한다", 노컷뉴스, 2017. 8. 3일 등을 참고하라.

68) 헌법재판소는 청원산림보호직원과 유사한 청원경찰에 대하여 "청원경찰은 일반근로자일 뿐 공무원이 아니라고" 확인하고 있다(헌재 2017. 9. 28. 2015헌마653).

리 오히려 청원산림보호제도의 활성화에 장애가 될 수 있다는 점을 감안하여, 이러한 차별화된 보수체계를 도입하더라도 「청원경찰법」의 입법례를 따라 국가기관 또는 지방자치단체에 근무하는 청원산림보호직원의 경우에 한정하여 이를 도입하는 방안을 검토하는 것이 타당할 것으로 보인다.

Ⅲ. 청원산림보호직원의 임면 및 신분보장

[1] 임 명

배치권자는 청원자가 배치를 신청한 사람 중에서 청원산림보호직원으로 임용한다(제5조 제1항·제2항). 그러나 「국가공무원법」 제33조에 따른 결격사유[69]에 해당하는 사람은 청원산림보호직원으로 임용될 수 없다. 청원산림보호직원의 임용자격, 보수, 교육, 복무, 복제 및 그 밖에 필요한 사항은 대통령령으로 정한다(제5조 제3항 및 시행령 제5조·제6조 제1항 및 제8조). 이에 따르면 청원산림보호직원으로 임용될 수 있는 사람은 만 18세 이상이어야 하며, 봉급 및 수당 등의 지급에 관하여는 「공무원보수규정」 및 「공무원수당 등에 관한 규정」 중 임업서기에 관한 규정을 준용하고, 그 복무에 관하여는 「국가공무원복무규정」을 준용한다.

청원자는 청원산림보호직원으로 임용된 자를 당해 산림에 배치하기 전에 산림교육원에서 직무수행상 필요한 교육을 받게 하여야 한다(시행령 제7조 제1항·제2항). 그러나 산림교육원의 교육계획상 부득이하다고 인정하는 때에는 우선 배치하고 임용 후 1년 이내에 교육을 받게 할 수 있으며, 산림관계 공무원 또는 청원산림보호직원에서 퇴직한 자가 퇴직한 날부터 3년 이내에 청원산림보호직원으로 임용된 때에는 그 교육

69) 이에 따르면 ① 피성년후견인, ② 파산선고를 받고 복권되지 않은 자, ③ 금고 이상의 실형을 선고받고 그 집행이 종료되거나 집행을 받지 않기로 확정된 후 5년이 지나지 않은 자, ④ 금고 이상의 형을 선고받고 그 집행유예 기간이 끝난 날부터 2년이 지나지 않은 자, ⑤ 금고 이상의 형의 선고유예를 받은 경우에 그 선고유예 기간 중에 있는 자, ⑥ 법원의 판결 또는 다른 법률에 따라 자격이 상실되거나 정지된 자, ⑦ 공무원으로 재직기간 중 직무와 관련하여 형법 제355조 및 제356조에 규정된 죄를 범한 자로서 300만원 이상의 벌금형을 선고받고 그 형이 확정된 후 2년이 지나지 않은 자, ⑧ 「성폭력범죄의 처벌 등에 관한 특례법」 제2조에 규정된 죄를 범한 사람으로서 100만원 이상의 벌금형을 선고받고 그 형이 확정된 후 3년이 지나지 않은 사람, ⑨ 미성년자에 대한 「성폭력범죄의 처벌 등에 관한 특례법」 제2조에 따른 성폭력범죄 또는 「아동·청소년의 성보호에 관한 법률」 제2조 제2호에 따른 아동·청소년대상 성범죄에 해당하는 죄를 저질러 파면·해임되거나 형 또는 치료감호를 선고받아 그 형 또는 치료감호가 확정된 사람(집행유예를 선고받은 후 그 집행유예기간이 경과한 사람을 포함한다), ⑩ 징계로 파면처분을 받은 때부터 5년이 지나지 않은 자, ⑪ 징계로 해임처분을 받은 때부터 3년이 지나지 않은 자 등은 공무원으로 임용될 수 없다.

을 면제할 수 있다.

[2] 신분보장 및 징계

1. 신분보장

청원산림보호직원은 형의 선고, 징계처분 및 현행법에서 정하는 사유 및 그 밖의 정당한 사유 없이 그 의사에 반하여 면직되지 않는다(제6조 및 제7조 제2항). 그러나 배치권자는 청원산림보호직원이 신체상 또는 정신상의 장애로 직무를 감당하지 못하게 된 경우, 현행법에 따라 해당 산림에 산림보호직원의 배치가 중지된 경우 또는 현행법에 따라 배치인원이 감축되어 과원이 된 경우에는 직권으로 면직시킬 수 있다.

이와 관련하여 면직 외에 '의사에 반하는 휴직'에 대해서도 현행법 제6조가 적용되는지에 대하여는 의문이 있다. 이는 공무원의 신분보장에 관하여 「국가공무원법」은 제68조에서 "공무원은 형의 선고, 징계처분 또는 이 법에서 정하는 사유에 따르지 아니하고는 본인의 의사에 반하여 휴직…면직을 당하지 아니한다"라고 하고 있음에도 불구하고, 현행법에서는 본인의 의사에 반한 면직의 경우만을 규정하고 있기 때문이다. 이에 대하여는 비록 현행법 제6조에서는 면직만을 규정하고 의사에 반하는 휴직에 대하여는 이를 규정하고 있지 않으나, (1) 현행법이 청원산림보호직원의 신분에 대해서는 기본적으로 「국가공무원법」을 준용하는 태도를 보이고 있고, (2) 국가기관 또는 지방자치단체에 근무하는 청원산림보호직원의 휴직에 대하여 「국가공무원법」 제71조부터 제73조까지를 준용(제7조의2)하고 있으며, (3) 특히 의사에 반하는 휴직의 경우에만 이를 신분보장의 범위에서 제외할 이유가 없으므로 청원산림보호직원은 현행법에서 정하는 사유 없이 그 의사에 반하여 휴직되지 않는다고 해석해야 할 것이다.

2. 징 계

배치권자는 청원산림보호직원이 현행법 제4조에 따른 직무를 수행할 때 국가공무원에 준하여 그 직무상의 의무를 위반하거나 직무를 게을리한 경우 또는 품위를 손상하는 행위를 한 경우에는 그 해당자를 징계하여야 한다(제8조 제1항·제2항). 이는 청원자로부터 이러한 징계사유에 해당하는 이유로 청원산림보호직원에 대한 징계요청을 받은 경우에도 같다. 청원산림보호직원에 대한 징계는 파면·해임·정직·감봉 및 견책으로 하며, 정직 및 감봉의 효력에 대하여는 「국가공무원법」 제80조 제3항 및

제4항을 준용한다. 그러므로 정직은 1개월 이상 3개월 이하의 기간으로 하고, 정직처분을 받은 자는 그 기간 중 청원산림보호직원의 신분은 보유하나 직무에 종사하지 못하며 보수는 전액을 감한다. 이 경우 만일 감봉처분을 받은 경우에는 1개월 이상 3개월 이하의 기간 동안 보수의 3분의 1을 감한다.

배치권자는 현행법에 따라 청원산림보호직원을 징계하려는 경우에는 그 징계혐의자에게 충분히 진술할 수 있는 기회를 주어야 하며, 그 밖의 징계절차에 관하여는 「국가공무원법」 제82조를 준용한다(제8조 제3항·제4항). 현행법이 청원산림보호직원에 대한 징계에 대하여 이와 같이 「국가공무원법」을 준용하는 것은 청원산림보호직원의 신분보장을 강화하고자 하는 것으로서 매우 바람직한 입법적 태도로 보인다.

[3] 휴직 및 퇴직

1. 휴　　직

국가기관 또는 지방자치단체에 근무하는 청원산림보호직원의 휴직에 관하여는 「국가공무원법」 제71조부터 제73조까지의 규정을 준용한다(제7조 의2). 그러므로 배치권자는 청원산림보호직원에게 신체·정신상의 장애로 장기요양이 필요한 경우 등과 같은 일정한 사유가 있는 경우에는 본인의 의사에도 불구하고 휴직을 명하여야 하며, 만일 청원산림보호직원이 만 8세 이하 또는 초등학교 2학년 이하의 자녀를 양육하기 위하여 필요하거나 여성인 청원산림보호직원이 임신 또는 출산하게 되는 사유 등으로 휴직을 원하면 휴직을 명할 수 있다(국가공무원법 제71조 제1항·제2항 및 제4항). 이 경우 특히 배치권자는 이러한 자녀양육 및 임신·출산으로 인한 휴직을 이유로 인사에 불리한 처우를 해서는 안 된다.

2. 퇴　　직

청원산림보호직원은 「국가공무원법」 제33조에 따른 결격사유에 해당하는 경우, 현행법 제9조 제2항에 따라 해당 산림에 청원산림보호직원의 배치가 폐지된 경우 또는 나이가 60세가 된 경우에는 당연히 퇴직한다(제7조 제1항). 이 경우 나이가 60세가 된 경우로서 그 날이 1월부터 6월 사이에 있으면 6월 30일에, 7월부터 12월 사이에 있으면 12월 31일에 당연히 퇴직하게 된다.

청원산림보호직원이 퇴직한 때에는 「근로자퇴직급여 보장법」에 의한 퇴직금을 지급하여야 한다(제5조 제3항 및 시행령 제6조 제2항). 그러나 이 경우에도 국가기관 또는 지방자치단체가 청원하여 배치하는 청원산림보호직원에 대하여는 공무원연금 법령이 정하는 바에 따른다. 국가기관 또는 지방자치단체에 근무하는 청원산림보호직원의 명예퇴직에 관하여는 「국가공무원법」 제74조의2를 준용한다(제7조의2). 따라서 청원산림보호직원으로 20년 이상 근속한 자가 정년 전에 스스로 퇴직하면 예산의 범위에서 명예퇴직 수당을 지급할 수 있으며, 직제와 정원의 개폐 또는 예산의 감소 등에 따라 폐직 또는 과원이 되었을 때에 20년 미만 근속한 자가 정년 전에 스스로 퇴직하는 경우에는 예산의 범위에서 수당을 지급할 수 있다(국가공무원법 제74조의2 제1항·제2항).

제5절 수목원 · 정원의 조성 및 진흥에 관한 법률

Ⅰ. 총 론

1992년 6월 유엔환경개발회의에서 「생물다양성에 관한 국제협약」(UNCBD)이 채택된 이후 자생식물의 보전에 대한 중요성은 더욱 강조되고 있으며, 이와 함께 수목유전자원을 국가의 중요자원으로 인식하고 이를 체계적으로 관리할 필요성도 커지게 되었다. 특히 생명공학과 정보기술의 발전은 자생식물을 포함한 생물유전자원의 보전과 이용을 국가적 전략차원에서 다루어야 한다는 공감대를 확산시키는 계기가 되었는데, 그 결과 정부에서는 이러한 변화에 능동적으로 대응하기 위하여 1999년 5월 24일 광릉숲을 기반으로 국립수목원을 신설하고 2001년 3월 28일에는 구「산림법」(법률 제6382호)의 수목원에 관한 규정(같은 법 제34조 및 제34조의2)을 기본으로 「수목원 조성 및 진흥에 관한 법률」(법률 제6446호)을 제정하게 되었다. 이러한 「수목원 조성 및 진흥에 관한 법률」은 그 제정이유에서 스스로 밝히고 있듯이 "생명공학의 발전으로 수목유전자원의 보전 및 이용의 중요성이 증대됨에 따라 수목유전자원의 보전기능을 수행하는 수목원에 대한 지원제도를 마련"[70]하기 위한 것으로서 수목유전자원의 가치와 중요성에 대하여 구「산림법」과는 전혀 다른 새로운 관점을 반영한 법률이었다.

「수목원 조성 및 진흥에 관한 법률」은 이후 2015년 1월 20일 정원의 개념을 도입하면서 그 법률명도 「수목원 · 정원의 조성 및 진흥에 관한 법률」로 개정되었

---

70) 보다 자세한 내용에 대해서는 법제처의 국가법령정보센터(www.law.go.kr) 중 「수목원 조성 및 진흥에 관한 법률」(법률 제6446호, 2001. 3. 28.)의 제정이유를 참고하라.

다. 이러한 개정작업은 정원전문가 교육과정의 인증제도를 도입하고, 정원산업 개발 및 창업지원 등의 근거를 마련함으로써 정원정책을 활성화하기 위한 것이었는데, 이를 통하여 비로소 "국가적으로 유용한 수목유전자원의 보전 및 자원화를 촉진하고, 정원을 체계적으로 관리하여 국민의 삶의 질 향상과 국민경제의 발전에 이바지"(제1조)하려는 「수목원 · 정원의 조성 및 진흥에 관한 법률」의 기본 틀이 확립되었다.

2001년 제정 당시 산림법의 분법화를 이끌었던 법률 중의 하나인 「수목원 · 정원의 조성 및 진흥에 관한 법률」은 이제 또 다른 변화에 직면하고 있다. 기후변화의 영향으로 인한 생태계 교란과 서식환경의 악화로 인하여 유전자원의 확보 및 생물종다양성 보전의 필요성은 더욱 강조되고 있으며,[71] 또한 국내적으로는 수목유전자원에 대한 국민적 관심이 높아지면서 수목원을 지역 · 기후 및 기능별로 차별화하여 확충하고, 이러한 수목원과 새로 마련된 정원제도를 통하여 산림교육 · 체험 및 휴양 등의 다양한 서비스를 함께 누리려는 수요도 증가하고 있기 때문이다. 이러한 변화는 모두 수목원과 정원의 정책적 중요성을 잘 나타낼 뿐만 아니라 수목원과 정원에 거는 기대를 반영하는 것이기도 하다. 이처럼 새로운 도전과 기대에 직면한 「수목원 · 정원의 조성 및 진흥에 관한 법률」은 크게 다음과 같은 내용으로 구성되어 있다.

- 수목원 · 정원진흥기본계획
- 수목원의 조성 및 등록 · 운영
- 정원의 조성 및 운영
- 정원산업의 진흥

71) 예를 들어 '지구식물보전전략'(GSPC)은 희귀 식물종의 75% 이상을 '현지외 보전'(ex situ conservation)하도록 의무화하고 있다. 이에 대하여는 산림청(2020)의 「2019년도 산림과 임업 동향에 관한 연차보고서」, 359면을 참고하라. 한편 지구식물보전전략(GSPC: Global Strategy for Plant Conservation)은 '세계식물보전지구전략'이라고도 하며, 2002년 「생물다양성에 관한 국제협약」(UNCBD) 제6차 당사국총회에서 채택되어 2010년부터 회원국들에게 의무적인 이행을 촉구하고 있다.

Ⅱ. 수목원과 정원에 대한 이해

[1] 수목원

1. 개념 및 구분

수목원이란 수목을 중심으로 수목유전자원을 수집·증식·보존·관리 및 전시하고, 그 자원화를 위한 학술적·산업적 연구 등을 하는 시설로서 농림축산식품부령으로 정하는 기준에 따라 수목유전자원의 증식 및 재배시설, 수목유전자원의 관리시설, 화목원·자생식물원 등 농림축산식품부령으로 정하는 수목유전자원 전시시설, 그 밖에 수목원의 관리·운영에 필요한 시설 등을 갖춘 것을 말한다(제2조 제1호). 여기에서 '수목유전자원'이란 자생·재배식물을 포함한 수목 등 산림식물과 그 식물의 종자·조직·세포·화분·포자 및 이들의 유전자 등으로서 학술적·산업적 가치가 있는 유전자원을 말한다(제2조 제2호).

현행법에 따르면 수목원은 수목유전자원의 증식·재배시설, 관리시설, 전시시설 및 편의시설 등과 같은 시설별로 일정한 기준에 따라 설치하여야 하며, 특히 전시시설의 경우에는 전시원·생태관찰로 및 전시온실을 갖추어야 한다(시행규칙 제2조 제1항 별표1 및 제2항 별표1의2). 현행법에 따른 이러한 수목원은 그 조성 및 운영주체에 따라 다음과 같이 구분한다(제4조 제1항).[72]

- 국립수목원: 산림청장이 조성·운영하는 수목원
- 공립수목원: 지방자치단체가 조성·운영하는 수목원
- 사립수목원: 법인·단체 또는 개인이 조성·운영하는 수목원
- 학교수목원: 「초·중등교육법」 및 「고등교육법」에 따른 학교 또는 다른 법률에 따라 설립된 교육기관이 교육지원시설로 조성·운영하는 수목원

수목원 중 지방자치단체가 조성·운영하는 공립수목원의 경우 그 운영 등에 필요한 사항은 해당 지방자치단체의 조례로 정하되, 향토 수목유전자원의 보전기능을 원활히 수행할 수 있도록 운영되어야 한다(제5조 제4항·제5항). 수목원 중 특히 법인·단체

72) 이러한 구분에 따를 경우 현재 운영 중인 수목원은 국립수목원 2개소, 공립수목원 30개소, 학교수목원을 포함한 사립수목원 32개소로 총 64개소에 이른다. 이에 대하여는 산림청(2020)의 「2020 임업통계연보(제50호)」, 358면을 참고하라. 다만, 이에 따르면 2020년 현재 국립수목원은 2개소가 운영 중인 것으로 표기되어 있으나, 2020년 10월 17일 국립세종수목원이 개원한 것을 감안하면 현재 국립수목원은 3개소이며, 따라서 수목원의 총 개소 수는 65개소라고 보아야 할 것이다.

또는 개인이 조성・운영하는 사립수목원의 경우에는 그 시설 및 운영 등이 국립수목원이나 공립수목원보다 부족할 수 있으므로 국가 및 지방자치단체는 수목유전자원의 보전・전시 및 자원화 등을 통하여 이러한 사립수목원이 임업의 소득증진 기반시설로 발전할 수 있도록 지원・육성하여야 한다.

2. 수목원의 사업

현행법에 따른 수목원은 (1) 수목유전자원의 수집・증식・보존・복원・관리 및 전시, (2) 수목유전자원의 이용, 품종개발 및 보급, (3) 수목유전자원에 관한 학술적・산업적 조사 및 연구, (4) 수목유전자원에 관한 데이터베이스의 구축 및 운영, (5) 수목유전자원에 관한 각종 간행물의 제작 및 배포, (6) 수목유전자원에 관한 자연학습 및 관련 행사의 개최, (7) 국내외 수목원 간의 수목유전자원 및 이에 관한 정보의 교류 등 유기적인 협력, (8) 희귀식물・특산식물의 현지 외 보전 및 점검, (9) 각종 산림표본의 수집・제작 및 수장 관리, (10) 수목원의 설립 목적을 달성하기 위하여 필요한 범위에서 전시품 및 기념품의 제작・판매 등 경영활성화를 위한 수익사업으로서 대통령령으로 정하는 사업,[73] (11) 수목유전자원의 분류・명명 및 등록, (12) 수목유전자원 목록의 작성, (13) 국내 다른 수목원에 대한 기술지도・지원 및 업무협조, (14) 그 밖에 국가를 대표하는 수목원으로서의 기능 수행에 필요한 사업 등을 수행한다(제3조 제1항・제3항). 수목원의 이러한 사업 중 (11)~(14)에 해당하는 사업은 국립수목원에서 수행하며, 특히 수목유전자원 목록의 작성에 관한 기준・절차・방법 및 관리 등에 필요한 사항은 대통령령으로 정하는 방법에 따른다.

현행법에 따른 이러한 사업 중 '희귀식물・특산식물의 현지외 보전 및 점검'사업에서 희귀식물이란 "자생식물 중 개체수와 자생지가 감소되고 있어 특별한 보호・관리가 필요한 식물로서 농림축산식품부령으로 정하는 식물"(제2조 제4호)을 말하며, 특산식물이란 "자생식물 중 우리나라에만 분포하고 있는 식물로서 농림축산식품부령으로 정하는 식물"(제2조 제5호)을 말한다.[74]

73) 이는 2021년 4월 13일 개정에 따라 신설된 내용으로서 2021년 6월 23일부터 시행되었다.

74) 이에 따르면 희귀식물에는 야생멸종(EW), 멸종위기종(CR), 위기종(EN), 취약종(VU), 약관심종(LC), 자료부족종(DD)으로 구분하여 총 571종이 지정되어 있으며(시행규칙 제2조 제3항 별표1의3), 특산식물로는 총 360종이 지정되어 있다(같은 규칙 제2조 제4항 별표1의4).

3. 국립수목원

가. 설치 및 운영

국가를 대표하는 수목원으로서 산림청의 소속 기관으로 국립수목원을 둔다(제5조 제1항·제2항). 국립수목원의 조직 및 운영 등에 필요한 사항은 대통령령으로 정하는데, 이에 따르면 국립수목원은 산림생물의 보전·관리 및 광릉숲의 보전에 관한 사무를 관장하며, 하부조직의 설치와 분장 사무는 「책임운영기관의 설치·운영에 관한 법률」에 따른 기본운영규정으로 정한다(산림청과 그 소속기관 직제 제29조의2·제29조의3 제1항).

현행법에 따르면 산림청장은 수목유전자원의 보전 및 자원화 등에 필요한 경우 산림청의 소속 기관으로 두는 국립수목원 외에 기후 및 식생대별로 국립수목원을 조성·운영할 수 있다(제5조 제3항). 이에 따라 산림청은 현재 국립백두대간수목원(2018년) 및 국립세종수목원(2020년)을 개원하였으며, 2027년 개원을 목표로 국립새만금수목원을 조성 중이다.

나. 국립수목원 완충지역

산림청장은 국립수목원의 수목유전자원을 보호하기 위하여 필요하다고 인정하는 경우에는 국립수목원과 인접한 지역을 대통령령으로 정하는 기준에 따라 국립수목원 완충지역[완충지역]으로 지정할 수 있다(제19조 제1항). 여기에서 '대통령령으로 정하는 기준에 따라 산림청장이 국립수목원 완충지역으로 지정할 수 있는 지역'이란 국립수목원과 인접하여 동등한 정도의 생태적 가치를 가진다고 인정되는 지역, 국립수목원의 생태적 고립을 막기 위하여 필요하다고 인정되는 지역, 국립수목원 내의 천연림과 생물다양성 보호를 위하여 필요하다고 인정되는 지역으로서 광릉숲시험림을 포함한다(시행령 제9조 제1항). 이는 1990년대 이후 광릉숲 주변이 급속도로 개발되면서 난개발과 훼손우려가 커짐에 따라 광릉숲의 유전적·생태적 가치를 보전하기 위한 방안으로 현행법 제정 당시에 마련된 것이다.

산림청장은 완충지역을 지정하고자 하는 때에는 당해 지역주민의 의견을 수렴하고 미리 시·도지사나 그 밖의 관계 행정기관의 장과 협의하여야 하며, 이러한 절차를 거쳐 완충지역을 지정한 경우에는 그 사실을 관할 시·도지사나 그 밖의 관계 행정기관의 장에게 통지하고 농림축산식품부령으로 정하는 바에 따라 고시하여야 한다(제19조 제1항 후단·제3항 및 시행령 제9조 제2항). 이러한 완충지역에서는 시·도지사나 그 밖의 관계 행정기관의 장이 「건축법」, 「산지관리법」, 「산림자원의 조성 및 관리에 관한 법률」, 「농지법」 또는 그 밖의 법령에 따라 개발행위를 인가·허가 또는 승인하려면 미리 산림청장과 협의하여야 한다(제20조).

산림청장은 완충지역을 보전하기 위하여 필요한 경우에는 완충지역의 토지, 건축물, 그 밖에 그 토지에 정착된 물건[토지 등]을 그 소유자와 협의하여 매수할 수 있다(제19조의2 제1항·제2항). 이 경우 그 매수가격의 산정 등에 관하여는 「공익사업을 위한 토지 등의 취득 및 보상에 관한 법률」을 준용한다. 한편 완충지역이 지정·고시된 경우 그 지역에 토지 등을 소유하고 있는 자는 산림청장에게 그 토지 등의 매수를 청구할 수 있다(제19조의3 제1항~제3항). 산림청장은 현행법에 따라 토지 등의 소유권자로부터 이러한 매수청구를 받은 경우에는 예산의 범위에서 그 토지 등을 매수하여야 하며, 이 경우 그 가격의 산정시기·방법 및 기준 등에 관하여는 「공익사업을 위한 토지 등의 취득 및 보상에 관한 법률」을 준용한다.

산림청장은 완충지역으로 지정된 지역이 그 지정목적을 달성할 수 없는 등 대통령령으로 정하는 변경 또는 해제사유가 발생한 경우에는 그 완충지역을 변경하거나 해제할 수 있다(제19조 제2항·제3항 및 시행령 제10조). 여기에서 대통령령으로 정하는 '변경사유'란 완충지역의 지정목적 달성을 위하여 완충지역의 변경이 불가피하다고 인정될 때를 말하며, 또한 '해제사유'란 완충지역의 지정목적을 달성하였거나 지정목적이 상실되었다고 인정될 때를 말한다. 현행법에 따른 이러한 변경 또는 해제사유가 발생한 경우 산림청장은 미리 시·도지사나 그 밖의 관계 행정기관의 장과 협의하여야 하며, 만일 이를 변경 또는 해제한 경우에는 그 사실을 관할 시·도지사나 그 밖의 관계 행정기관의 장에게 통지하고 농림축산식품부령으로 정하는 바에 따라 그 사실을 고시하여야 한다.

[2] 정 원

1. 개념 및 구분

정원이란 식물·토석 및 시설물 등을 전시·배치하거나 재배·가꾸기 등을 통하여 지속적인 관리가 이루어지는 공간을 말한다(제2조 제1호의2). 여기에서 시설물이란 조형물을 포함하며, 공간에는 시설과 그 토지를 포함한다. 그러나 「문화재보호법」에 따른 문화재, 「자연공원법」에 따른 자연공원, 「도시공원 및 녹지 등에 관한 법률」에 따른 도시공원 등과 대통령령으로 정하는 공간인 「건축법」 제42조에 따른 대지에 조경을 한 공간은 현행법상 정원에는 포함되지 않는다(시행령 제1조의2). 현행법에 따르면 이러한 정원은 그 조성 · 운영주체, 기능 및 주제에 따라 다음과 같이 구분한다(제4조 제2항).[75]

- 국가정원: 국가가 조성 · 운영하는 정원
- 지방정원: 지방자치단체가 조성 · 운영하는 정원
- 민간정원: 법인 · 단체 또는 개인이 조성 · 운영하는 정원
- 공동체정원: 국가 또는 지방자치단체와 법인, 마을 · 공동주택 또는 일정지역 주민들이 결성한 단체 등[공동체]이 공동으로 조성 · 운영하는 정원
- 생활정원: 국가, 지방자치단체 또는 「공공기관의 운영에 관한 법률」에 따른 공공기관으로서 대통령령으로 정하는 기관이 조성 · 운영하는 정원으로서 휴식 또는 재배 · 가꾸기 장소로 활용할 수 있도록 유휴공간에 조성하는 개방형 정원
- 주제정원: (1) 학생들의 교육 및 놀이를 목적으로 조성하는 교육정원, (2) 정원치유를 목적으로 조성하는 치유정원, (3) 정원 설계, 조성 및 관리 등을 통하여 전문인력 양성을 목적으로 조성하는 실습정원, (4) 정원산업 진흥을 위하여 새롭게 도입되는 정원 관련 기술을 활용하여 조성하는 모델정원, (5) 그 밖에 지방자치단체의 조례로 정하는 정원

여기에서 특히 주제정원을 이루는 치유정원 중 정원치유란 "정원의 다양한 기능과 자원을 활용하여 신체적, 정신적 건강을 회복하고 유지 · 증진시키는 활동"(제2조 제7호)으로서 산림치유의 개념과 활동을 정원에 적용한 것으로 이해된다. 이러한 정원치유는 영국 등 정원 선진국의 경우에는 정원을 단순히 가꾸는 공간으로 활용하는 것을 넘어서 도시재생과 공동체 회복, 정신적 · 육체적 치유를 위한 사회적 처방요법을 위한 공간으로 적극 활용하고 있는 현실과 국내에서도 식물의 치유기능에 대한 긍정적인 효과가 부각되고 있는 점 등을 반영한 것으로서 타당한 입법적 조치로 이해된다.[76]

2. 정원의 사업

현행법에 따르면 정원은 정원에 이용되는 식물 및 재료 등의 조사 · 수집 · 보급 및 관리, 정원의 유지관리 및 전시, 정원에 관한 기술지도 및 교육, 국내외 정원

---

75) 이러한 구분에 따를 경우 현재 개원 중인 정원은 국가정원 2개소, 지방정원 2개소, 민간정원 30개소로서 총 34개소에 이른다. 이에 대하여는 산림청(2020)의 「2020 임업통계연보(제50호)」 361면을 참고하라.

76) 법제처의 국가법령정보센터(www.law.go.kr) 중 「수목원 · 정원의 조성 및 진흥에 관한 법률」(법률 제제17723호, 2020. 12. 22.)의 개정이유를 참고하라. 한편 산림치유란 "향기, 경관 등 자연의 다양한 요소를 활용하여 인체의 면역력을 높이고 건강을 증진시키는 활동"을 말하는데, 이에 대하여는 「산림문화 · 휴양에 관한 법률」 제2조 제4호를 참고하라.

간의 식물 등에 관한 정보교류 및 협력, 정원에 관한 자연학습 및 행사개최, 정원에 관한 간행물 발간, 그 밖에 정원의 기능 수행에 필요한 사업 등을 수행한다(제3조 제2항). 현행법상 정원이 수행하는 이러한 사업과 정원산업은 구별하여야 하는데, 현행법에 따르면 정원산업이란 "정원용 식물, 시설물 및 재료를 생산·유통하거나 이에 필요한 서비스 등을 제공하는 산업"(제2조 제6호)으로서 정원의 산업적 측면을 강조하는 개념이기 때문이다. 정원산업과 관련하여 현행법은 특히 국가 또는 지방자치단체에게 정원산업에 관한 창업을 촉진하고 이에 필요한 지원을 할 수 있도록 하면서, 산림청장에게는 산업화를 위한 동향조사 및 관련 기술의 수요조사 등 정원산업의 연구 및 기술개발을 촉진하고 정원지원센터를 설치·운영할 수 있는 근거를 명문으로 규정하고 있다(제18조의10~제18조의14).

[3] 수목원·정원진흥기본계획

산림청장은 수목원의 확충 및 현행법에 따른 수목원 사업과 정원 사업의 육성 등을 위하여 수목원·정원진흥기본계획[기본계획]을 관계 중앙행정기관의 장과 협의하여 5년마다 수립·시행하여야 한다(제6조 제1항·제2항).[77] 산림청장이 수립하는 이러한 기본계획에는 수목원·정원의 진흥을 위한 기본방향 및 목표, 수목원·정원의 조성 현황, 수목원·정원에 대한 지원 및 수목원·정원 간의 교류확대, 수목원·정원의 정보화 및 활용, 그 밖에 수목원·정원의 조성 및 진흥에 필요한 사항으로서 대통령령으로 정하는 사항[78] 등이 포함되어야 한다.

산림청장은 현행법에 따라 기본계획을 수립한 경우 이에 따른 연도별 시행계획[시행계획]을 수립·시행하고 이에 필요한 재원을 확보하기 위하여 노력하여야 한다(제6조 제3항). 이와 같이 현행법이 산림청장에게 시행계획에 필요한 재원의 확보를 위하여 노력하여야 한다고 규정하고 있는 것은 시행계획이 단지 서류상의 계획에 그치지 않고 이행력이 있는 실질적인 계획이 되기 위해서는 재원의 확보가 가장 중요

77) 이와 관련하여 현행법은 산림청장이 기본계획을 수립·시행하는 경우에는 관계 중앙행정기관의 장과 협의하도록 하고 있으나, 시행령에서는 이와 함께 시·도지사와도 이를 협의하도록 하고 있음에 주의하여야 한다(시행령 제2조 제2항).

78) 여기에서 '대통령령으로 정하는 사항'이란 ① 수목원·정원의 확충 및 활성화에 관한 사항, ② 수목원·정원 전문인력 양성에 관한 사항, ③ 수목원·정원의 해외조성 및 수목원·정원과 관련한 국제교류·협력에 관한 사항, ④ 정원산업의 육성 및 활성화에 관한 사항, ⑤ 그 밖에 수목원·정원 관련 제도의 정비 등 수목원·정원의 조성 및 진흥을 위하여 필요한 사항을 말한다(시행령 제2조 제1항).

한 과제 중의 하나이기 때문이다.

산림청장은 기본계획 및 시행계획을 수립하기 위하여 필요한 경우에는 관계 중앙행정기관의 장 또는 특별시장 · 광역시장 · 특별자치시장 · 도지사 또는 특별자치도지사[시 · 도지사]에게 관련 자료의 제출을 요청할 수 있으며, 산림청장으로부터 이러한 자료의 제출을 요구받은 관계 기관의 장은 정당한 사유가 없으면 이에 따라야 한다(제6조 제4항~제6항). 산림청장은 기본계획 및 시행계획을 수립하거나 변경한 때에는 관계 중앙행정기관의 장 및 시 · 도지사에게 통보하고 국회 소관상임위원회에 제출하여야 하며, 농림축산식품부령으로 정하는 바에 따라 이를 공표하여야 한다.

시 · 도지사 및 현행법 제5조 제1항에 따른 국립수목원의 장은 산림청장이 수립 · 시행하는 기본계획에 따라 수목원 · 정원진흥실시계획을 수립 · 시행할 수 있다(제6조 제7항). 이러한 실시계획은 시 · 도지사 및 국립수목원장이 그 소관사항에 대하여 기본계획을 이행하기 위한 내용을 구체화한 것으로서 산림청장이 기본계획을 시행하기 위하여 연도별로 수립하는 시행계획과는 다른 것이다.

Ⅲ. 수목원의 조성 및 등록·운영

[1] 수목원의 조성

1. 수목원조성예정지

가. 지정기간 및 절차

산림청장 또는 지방자치단체의 장은 국립수목원 또는 공립수목원을 조성하려는 경우에는 농림축산식품부령으로 정하는 바에 따라 수목원을 조성하려는 구역[수목원조성예정지]을 지정할 수 있다(제6조의2 제1항 · 제3항). 현행법에 따른 이러한 수목원조성예정지의 지정기간은 5년 이내로 하나, 농림축산식품부령으로 정하는 사유에 해당하는 경우에는 3년의 범위에서 한 차례만 그 지정기간을 연장할 수 있다. 여기에서 '농림축산식품부령으로 정하는 사유'란 현행법에 따른 수목원조성예정지의 변경으로 지정기간의 연장이 필요한 경우 또는 수목원조성예정지의 토지 등의 매수지연 등 그 밖에 지정기간의 연장이 불가피하다고 인정되는 경우를 말한다(시행규칙 제4조의2).

산림청장 또는 지방자치단체의 장이 수목원조성예정지를 지정하려는 경우에는 대통령령으로 정하는 바에 따라 미리 주민의 의견을 듣고 관계 행정기관의 장과 협의하여야 하며, 수목원조성예정지의 지정목적 및 사업개요, 명칭 및 위치 · 면적,

지정기간, 토지의 지번 · 지목별 내역, 그 밖에 필요한 사항 등을 포함하여 지정하여야 한다(제6조의2 제1항 후단 및 시행규칙 제4조 제1항).

지방자치단체의 장이 현행법에 따라 수목원조성예정지를 지정하려는 경우에는 농림축산식품부령으로 정하는 바에 따라 미리 산림청장의 승인을 받아야 한다(제6조의2 제2항 및 시행규칙 제4조 제2항). 이 경우 시 · 도지사가 수목원조성예정지를 지정하려는 경우에는 산림청장에게 직접 승인을 요청할 수 있으나, 시장 · 군수 · 구청장이 이를 지정하려는 경우에는 관할 시 · 도지사를 경유하여 산림청장에게 승인을 요청하여야 한다. 산림청장은 현행법에 따라 지방자치단체의 장으로부터 이러한 승인 요청을 받은 경우에는 그 지정의 필요성, 지정면적 · 입지여건의 적정성 등에 따라 검토하여야 한다.

나. 지정의 변경 및 해제

산림청장 또는 지방자치단체의 장은 수목원조성예정지의 전부 또는 일부에 일정한 사유가 발생한 경우에는 그 지정을 변경하거나 해제할 수 있다(제6조의2 제4항). 현행법에 따르면 산림청장 또는 지방자치단체의 장이 수목원조성예정지의 지정을 변경 · 해제할 수 있는 이러한 사유에는 천재지변 등으로 인한 피해로 토지의 면적 등이 현행법 제2조 제1호의 기준을 충족하지 못하는 경우, 군사시설이나 그 밖에 대통령령으로 정하는 공용 · 공공용 시설[79]의 용지로 사용하려는 경우, 그 밖에 공익목적이나 지정목적을 달성하기 위하여 지정구역의 변경 또는 해제가 불가피하다고 인정하는 경우 등이 있다.

산림청장 또는 지방자치단체의 장은 현행법에 따라 수목원조성예정지를 지정하거나 그 지정을 변경 또는 해제한 경우에는 그 사실을 토지소유자 및 관계 행정기관의 장에게 통보하고, 그 명칭과 지번 · 지목 · 면적, 그 밖에 필요한 사항을 고시하여야 한다(제6조의2 제5항). 이 경우 지형도면의 고시 등에 관하여는 「토지이용규제 기본법」 제8조에 따른다.

다. 행위제한

산림청장 또는 지방자치단체의 장은 현행법에 따라 지정하거나 지정변경한 수목원조성예정지에서는 (1) 산지 · 농지의 전용, (2) 수목의 벌채나 토석 등 임산물

79) 여기에서 '대통령령으로 정하는 공용 · 공공용 시설'이란 ① 「도로법」에 따른 고속국도 · 일반국도, ② 「철도의 건설 및 철도시설 유지관리에 관한 법률」에 따른 철도시설, ③ 「항만법」에 따른 항만시설, ④ 「공항시설법」에 따른 공항시설, ⑤ 「댐건설 및 주변지역지원 등에 관한 법률」에 따른 댐, 방송 · 통신 또는 발전시설을 말한다(시행령 제3조의2 제1항).

의 굴취 · 채취, (3) 건축물의 건축, (4) 인공구조물의 설치와 같은 행위를 할 수 없다(제6조의2 제6항). 그러나 이 경우에도 대통령령으로 정하는 바에 따라 산사태 등 재해의 복구를 위한 경우 또는 수목유전자원과 경관에 손상을 끼치지 않고 수목원 조성에 지장이 없는 경우로서 산림청장 또는 지방자치단체의 장의 허가를 받은 경우에는 그렇지 않다(제6조의2 제6항 단서 및 시행령 제3조의2 제2항).

2. 수목원조성계획

가. 국립수목원조성계획

산림청장이 국립수목원을 조성하려는 경우에는 대통령령으로 정하는 기준에 따라 국립수목원조성계획을 수립하고 그 내용을 관보에 고시하여야 한다(제6조의3 제1항). 이는 국립수목원조성계획을 변경하려는 경우에도 같다. 여기에서 '대통령령으로 정하는 기준'이란 국립수목원조성계획의 구체성 · 타당성, 입지여건의 적정성 및 운영 · 관리계획의 적정성과 그에 따른 세부기준을 말한다(시행령 제3조의3 별표1의2).

산림청장은 현행법에 따라 국립수목원조성계획을 수립하거나 변경하려는 경우에는 미리 주민의 의견을 듣고 관계 행정기관의 장과 협의하여야 한다(제6조의3 제2항). 그러나 현행법에 따라 수목원조성예정지를 지정할 때 주민의 의견을 들은 경우에는 이미 주민의 의견을 듣는 절차를 거친 것이므로 이를 생략할 수 있다.

나. 국립수목원 이외 수목원조성계획

A. 승인기준 및 절차

시 · 도지사는 국립수목원 이외 수목원을 조성하려는 자의 신청을 받으면 농림축산식품부령으로 정하는 바에 따라 수목원조성계획을 승인할 수 있다(제7조 제1항 · 제2항). 만일 현행법에 따라 이미 승인을 받은 자가 수목원조성계획 중 대통령령으로 정하는 사항을 변경하려는 경우에는 시 · 도지사로부터 변경승인을 받아야 한다. 여기에서 '대통령령으로 정하는 사항'이란 수목원의 조성면적 또는 경계를 변경하고자 하는 경우, 시설물을 추가로 설치하고자 하는 경우, 시설물의 구조 및 규모를 변경하고자 하는 경우, 그 밖에 현행법 제8조의 규정에 의하여 다른 법률에 의한 허가 또는 인가 등을 받거나 신고를 한 것으로 보는 내용을 변경하고자 하는 경우를 말한다(시행령 제4조 제1항).

시 · 도지사는 수목원조성계획을 승인하거나 변경승인하려면 사업계획이 구체적이고 타당한지 여부, 입지 여건 및 부지확보 여부 등 대통령령으로 정하는 기준에 적합한 경우에만 승인하여야 한다(제7조 제3항·제4항 및 시행령 제4조 제2항 별표2). 이 경우 시·도지사는 현행법에 따른 수목원조성계획을 승인하거나 변경승인하려면 다른 법률에 따른 인·허가 사항 등 현행법 제8조에서 정하는 사항을 미리 관계 행정기관의 장과 협의하여야 한다. 이는 시·도지사가 수목원조성계획을 승인 또는 변경승인하는 경우에는 다른 법률에서 정하는 허가 또는 인가 등을 받거나 신고한 것으로 의제되기 때문이다.

시·도지사는 수목원조성계획에 대한 승인 또는 변경승인의 신청을 받은 경우 그 신청을 받은 날부터 20일 이내에 승인여부나 승인처리 지연사유를 통보하여야 한다(제7조 제8항·제9항). 이 경우 만일 시·도지사가 다른 법률에 따른 인·허가 사항 등 현행법 제8조에서 정하는 사항을 관계 행정기관의 장과 미리 협의하기 위하여 추가적인 기간이 필요한 경우에는 우선 승인처리 지연사유를 통보하고, 그 승인여부 통보기간을 10일 이내의 범위에서 연장할 수 있다. 시·도지사가 현행법에 따른 이러한 절차를 거쳐 수목원조성계획을 승인 또는 변경승인한 경우에는 그 사실을 현행법 제7조 제4항에 따른 협의기관과 이해관계가 있는 자에게 통보하고 농림축산식품부령으로 정하는 바에 따라 고시하여야 한다(제7조 제7항).

B. 승인 취소

시·도지사는 수목원조성계획을 승인받은 자가 정당한 사유 없이 승인을 받은 날부터 1년 이내에 수목원 조성사업을 시작하지 않거나 1년 이상 그 사업을 중단한 경우 또는 수목원 조성사업의 부실 등으로 인하여 수목원조성계획을 수행할 수 없다고 인정하는 경우에는 그 승인을 취소할 수 있다(제7조 제5항). 이 경우 시·도지사는 수목원조성계획의 승인을 취소하기 전에 일정한 기간을 정하여 그 승인을 받은 자가 시정할 수 있는 기회를 주어야 하며, 만일 그 승인을 취소하는 처분을 하려면 현행법에 따라 청문을 하여야 한다(제21조 제1호).

시·도지사는 현행법에 따라 수목원조성계획의 승인을 취소한 경우 그 사실을 현행법 제7조 제4항에 따른 협의기관과 이해관계가 있는 자에게 통보하고 농림축산식품부령으로 정하는 바에 따라 고시하여야 하며, 그 수목원조성계획의 승인을 받은 자에게 일정한 기간을 정하여 해당 산림을 원상회복시킬 것을 명할 수 있다(제7조 제6항·제7항). 이 경우 시·도지사는 산림의 원상회복 명령을 하려면 현행법에 따라 청문을 하여야 한다(제21조 제1호의2).

다. 수목원조성계획의 고시 및 승인의 효과

현행법에 따라 국립수목원조성계획을 고시하거나 수목원조성계획의 승인 또는 변경승인을 받은 경우에는 「국토의 계획 및 이용에 관한 법률」, 「건축법」 및 「하천법」 등 다른 법률에서 정하는 사항에 대한 허가 또는 인가 등을 받거나 신고한 것으로 본다(제8조).[80] 따라서 국립수목원조성계획을 고시하거나 수목원조성계획의 승인 또는 변경승인을 받은 경우에는 이러한 법률에 따른 허가 또는 인가 등을 별도로 받을 필요가 없다.

국가 또는 지방자치단체는 수목원 조성을 위하여 필요한 경우에는 그 대상토지와 그 토지에 정착된 물건에 대한 소유권, 그 밖의 권리를 수용 또는 사용할 수 있으며, 특히 현행법에 따라 수목원조성계획을 승인받은 자에게는 조성에 필요한 경비를 예산의 범위에서 보조할 수 있다(제8조의2 제1항 · 제2항 및 제22조). 이 경우 현행법에 따른 토지 등에 대한 수용 또는 사용에 관하여는 현행법에 특별한 규정이 있는 경우를 제외하고는 「공익사업을 위한 토지 등의 취득 및 보상에 관한 법률」을 준용한다.

[2] 수목원의 등록

1. 등 록

수목원을 운영하는 자는 그 설립목적을 달성하기 위하여 필요한 전문관리인, 수목유전자원 및 수목유전자원의 증식 및 재배 · 관리 · 전시 등의 시설을 갖추어 대통령령으로 정하는 바에 따라 일정한 사항을 시 · 도지사에게 등록할 수 있으며, 시 · 도지사는 현행법에 따라 해당 수목원을 등록한 경우에는 그 신청인에게 수목원 등록증을 발급하여야 한다(제9조 제1항 및 제10조). 이에 따르면 수목원을 운영하는 자가 시 · 도지사에게 등록할 수 있는 사항에는 수목원의 명칭 및 소재지, 수목원 운영자의 성명 · 주소, 수목원의 시설명세서, 보유하고 있는 수목유전자원의 목록, 그 밖에

---

80) 현행법에 따라 다른 법률에 의한 허가 또는 인가 등을 받은 것으로 보는 사항에는 ① 「국토의 계획 및 이용에 관한 법률」에 따른 개발행위의 허가, ② 「건축법」에 따른 건축허가 및 가설건축물의 건축허가나 신고, ③ 「하천법」에 따른 하천점용의 허가, ④ 「도로법」에 따른 도로공사 시행 또는 유지의 허가, 도로점용의 허가, ⑤ 「수도법」에 따른 전용상수도 설치의 인가, ⑥ 「하수도법」에 따른 공공하수도에 관한 공사 또는 유지의 허가, ⑦ 「전기안전관리법」에 따른 자가용전기설비의 공사계획 인가 또는 신고, ⑧ 「농지법」에 따른 농지전용의 허가 또는 협의, ⑨ 「산지관리법」에 따른 산지전용허가 및 산지전용신고, ⑩ 「산림자원의 조성 및 관리에 관한 법률」에 따른 입목벌채 등의 허가 · 신고 및 「산림보호법」에 따른 산림보호구역(산림유전자원보호구역은 제외한다)에서의 행위의 허가 · 신고와 산림보호구역의 지정해제 등이 있다.

시·도지사가 필요하다고 인정하는 사항 등이 있다. 이 경우 현행법에 따라 수목원을 등록한 자는 수목유전자원의 목록을 제외하고 그 등록사항이 변경된 경우에는 변경등록을 하여야 한다(제9조 제2항).

현행법상의 이러한 수목원 등록제도는 임의적인 것이므로 시·도지사에게 등록을 하여야만 수목원을 운영할 수 있는 것은 아니며, 또한 수목원의 등록은 시·도지사에게 하는 것이므로 산림청장이 조성·운영하는 국립수목원은 당연히 그 등록대상에서 제외한다. 현행법에 따라 시·도지사에게 등록한 수목원[등록수목원]은 연간 농림축산식품부령으로 정하는 일수 이상을 일반인이 이용할 수 있도록 개원하여야 하며, 만일 6개월 이상 계속 휴원하려면 미리 시·도지사에게 이를 신고하여야 하는 등 일정한 의무를 부담하기도 하나(제12조 제1항· 제2항), 다른 한편으로는 국가 또는 지방자치단체로부터 수목원의 수목유전자원을 무상 또는 유상으로 우선적으로 제공받거나 운영에 필요한 경비를 예산의 범위에서 보조받을 수 있으며, 특히 산림청장 또는 지방자치단체의 장으로부터 정보교류 등을 위한 사업을 우선적으로 지원받을 수도 있다(제14조 제2항· 제16조 및 제22조).

2. 등록의 취소 및 말소

가. 등록의 취소

시·도지사는 등록수목원에 일정한 사유가 있는 경우에는 그 등록을 취소할 수 있다(제18조 제1항· 제2항). 시·도지사가 현행법에 따라 등록을 취소할 수 있는 이러한 사유에는 속임수나 그 밖의 부정한 방법으로 등록을 한 경우, 등록요건을 유지하지 못하여 현행법에 따른 수목원의 사업을 수행할 수 없다고 인정되는 경우 또는 현행법 제17조 제1항에 따라 시·도지사로부터 수목원의 시설 및 관리·운영에 대한 시정요구를 받고도 시정을 하지 않은 경우 등이 있다. 시·도지사는 등록수목원에게 이러한 사유가 있다고 하더라도 반드시 그 등록을 취소하여야 하는 것은 아니나, 만일 그 사유가 '속임수나 그 밖의 부정한 방법으로 등록을 한 경우'에 해당하는 때에는 반드시 그 등록을 취소하여야 하며, 만일 천재지변이나 그 밖의 부득이한 사유로 '제17조 제1항에 따른 시정요구를 받고도 시정을 하지 않은 경우'에 해당하였으나 6개월 이내에 그 사유가 없어진 경우에는 그 등록을 취소할 수 없다(제18조 제1항 단서).

시·도지사는 현행법에 따라 등록수목원의 등록을 취소하는 처분을 하려면 청문을 하여야 하며(제21조 제2호), 그 대상인 등록수목원이 「야생생물 보호 및 관리에 관한 법률」 제7조에 따라 환경부장관이 서식지외보전기관으로 지정한 수목원인 경우에는 그 등록을 취소하려면 미리 환경부장관과 협의하여야 한다. 현행법에 따라 시·도지사에 의하여 등록이 취소된 수목원의 운영자는 그 등록이 취소된 날부터 7일 이내에 수목원등록증을 시·도지사에게 반납하여야 하며, 이와 함께 그 취소된 날부터 2년 이내에 취소된 그 등록사항을 다시 등록할 수 없다(제18조 제3항·제4항).

나. 등록의 말소

현행법에 따른 수목원의 등록취소와는 별개로 시·도지사는 등록수목원을 운영하는 자가 등록수목원의 폐원신고를 하는 경우 또는 수목원등록의 말소를 신청하는 경우에는 해당 수목원의 등록을 말소할 수 있다(제13조 제1항·제2항). 등록수목원에 대한 이러한 등록의 말소는 일반적으로 폐업이나 당사자의 신청에 따라 등록 자체를 소멸시키는 것으로서 일정한 취소사유에 해당하는 경우 행정처분으로서 하는 등록취소와는 다른 것이다.

[3] 수목원의 운영

1. 입장료 및 시설이용료

수목원을 운영하는 자는 수목원에 입장하는 사람으로부터 입장료 및 시설이용료를 받을 수 있다(제11조 제1항·제2항). 이 경우 입장료 및 시설이용료의 징수기준과 그 밖에 필요한 사항은 농림축산식품부령으로 정하는 바에 따라 해당 시설의 설치에 소요된 비용과 그 유지·관리비용을 고려하여 정하며(시행규칙 제11조 제1항), 공립수목원의 경우에는 농림축산식품부령으로 정하는 기준의 범위에서 지방자치단체의 조례로 정한다. 이와 관련하여 특히 국공립수목원은 일정한 자에 대하여는 입장료를 징수하지 않으며,[81] 공무수행을 위하여 수목원 시설을 이용하는 경우에는 시설이용료를 징수하지 않을 수 있다(시행규칙 제11조 제2항~제3항).

81) 이에 따르면 입장료를 징수하지 않는 자에는 ① 국빈과 그 수행자, ② 외국사절단과 그 수행자, ③ 만 6세 이하의 자 및 만 65세 이상인 자, ④「장애인복지법」에 따라 등록된 장애인과 그와 동행하는 보호자, ⑤「국가유공자 등 예우 및 지원에 관한 법률」에 따라 등록된 국가유공자, 그 유족 또는 가족, ⑥「독립유공자예우에 관한 법률」에 따라 등록된 독립유공자, 그 유족 또는 가족, ⑦「참전유공자 예우 및 단체설립에 관한 법률」에 따라 등록된 참전유공자, ⑧「국민기초생활 보장법」에 의한 수급자, ⑨ 공무수행을 위하여 출입하는 자, ⑩「산림보호법 시행규칙」에 따라 위촉된 숲사랑지도원 및 숲사랑지도위원, ⑪「5·18민주유공자예우에 관한 법률」에 따라 등록된 5·18민주유공자, 그 유족 또는 가족, ⑫「특수임무유공자 예우 및 단체설립에 관한 법률」에 따라 등록된 특수임무유공자, 그 유족 또는 가족, ⑬ 국군의 날에 입장하는 군인, 어린이날에 입장하는「아동복지법」에 따른 아동 등이 있다.

2. 개원 및 휴원

시 · 도지사에게 등록한 등록수목원은 연간 농림축산식품부령으로 정하는 일수 이상을 일반인이 이용할 수 있도록 개원하여야 하며, 만일 6개월 이상 계속 휴원하려면 농림축산식품부령으로 정하는 바에 따라 미리 시 · 도지사에게 신고하여야 한다(제12조 제1항 · 제2항). 이에 따르면 현재 등록수목원은 연간 90일 이상을 개방하되, 1일 개방시간은 4시간 이상이 되도록 하여야 한다(시행규칙 제12조 제1항).

3. 수목유전자원의 교류 및 정보교류 등의 지원

수목원은 다른 수목원과 수목유전자원 및 그에 관한 정보를 상호 교류할 수 있다(제14조 제1항 · 제2항). 이를 위하여 국가 또는 지방자치단체는 수목원의 수목유전자원을 「국유재산법」, 「물품관리법」 또는 「공유재산 및 물품 관리법」에 따라 등록수목원에 무상 또는 유상으로 우선적으로 제공할 수 있다.

수목원이 외국의 수목원이나 그 밖의 관련 기관 등과 수목유전자원을 교류하려는 경우에는 산림청장에게 신고하여야 한다(제15조 제1항). 그러나 이 경우에도 「생물다양성 보전 및 이용에 관한 법률」에 따른 수목유전자원의 국외반출 등에 관하여는 「생물다양성 보전 및 이용에 관한 법률」에서 정하는 바에 따라 환경부장관의 승인을 받아야 한다(같은 법 제11조 제2항).

산림청장 또는 지방자치단체의 장은 등록수목원에 대하여는 수목유전자원의 효율적인 교류 · 관리 및 이용과 각종 수목원 간의 상호협력을 도모할 수 있도록 수목유전자원의 정리 및 정보처리 등의 표준화사업, 수목유전자원에 관한 통합 데이터베이스 구축사업, 정보통신망을 통한 수목유전자원에 관한 정보 및 자료의 교류사업, 그 밖에 농림축산식품부령으로 정하는 수목원 간의 정보교류에 관한 사항 등을 우선적으로 지원할 수 있다(제16조).

4. 시정요구

시 · 도지사는 수목원의 시설 및 관리 · 운영에 일정한 사유가 있는 경우에는 그 운영자에게 6개월 이내의 기간을 정하여 시정을 요구할 수 있다(제17조 제1항 · 제3항). 이 경우 산림청장 또는 시 · 도지사는 수목원에 대한 이러한 시정요구를 위하여 필요하다고 인정하는 경우에는 해당 수목원을 운영하는 자에 대하여 그 시설 및 관리 · 운영에 관한 자료를 제출하게 할 수 있다. 시 · 도지사가 현행법에 따라 시정을 요구할 수 있는 이러한 사유는 다음과 같다.

- 수목원을 등록한 자가 변경등록을 하지 않은 경우
- 등록수목원이 일정 일수 이상 개원을 하지 않은 경우
- 등록수목원이 휴원 신고를 하지 않은 경우
- 외국의 수목원이나 관련 기관 등과의 교류에 관한 사항을 신고하지 않은 경우

이와 관련하여 수목원이 '외국의 수목원이나 관련 기관 등과의 교류에 관한 사항을 신고하지 않은 경우'란 현행법 제15조 제1항에 따라 당초부터 산림청장에게 신고하여야 하는 의무를 위반한 것이므로 시·도지사를 대신하여 산림청장이 시정요구를 하여야 한다.

현행법에 따른 시정요구를 받은 수목원 운영자는 정당한 사유가 없으면 그 요구에 따라야 한다(제17조 제2항). 만일 등록수목원이 시·도지사로부터 수목원의 시설 및 관리·운영에 대한 이러한 시정요구를 받고도 시정을 하지 않는 경우에는 현행법 제18조 제1항 제3호에 따라 등록취소의 사유에 해당하게 됨은 물론이다. 현행법에 따르면 산림청장은 수목원에 대한 이러한 시정요구와 자료제출 요구에 대하여 2015년 1월 1일을 기준으로 3년이 되는 시점마다 그 타당성을 검토하여 개선 등의 조치를 하여야 한다(제23조의2). 특정한 규제에 대하여 기준일에 따라 3년마다 그 규제의 타당성을 재검토하도록 하는 이러한 제도는 불필요한 규제를 개선하려는 정부의 의지를 법제화한 것이다.

5. 금지되는 행위

누구든지 국립수목원 또는 공립수목원 안에서 식물을 훼손하거나 이물질을 주입하여 말라죽게 하는 행위, 식물의 꽃과 열매 등을 무단으로 채취하는 행위, 그 밖에 수목원의 운영·관리에 현저한 장애가 되는 행위로서 대통령령으로 정하는 행위[82]를 해서는 안 된다(제17조의2). 만일 누구든지 이에 위반하는 행위를 하는 경우에

82) 여기에서 '대통령령으로 정하는 행위'란 ① 수목원 시설을 훼손하는 행위, ② 오물이나 폐기물을 지정된 장소 외의 장소에 버리는 행위, ③ 심한 소음이나 악취를 나게 하는 등 다른 사람에게 혐오감을 주는 행위, ④ 야영행위, 취사행위 및 불을 피우는 행위, ⑤ 지정된 장소 외의 장소에서의 주차행위, ⑥ 이륜 이상의 바퀴가 있는 동력장치를 이용하는 영업행위, ⑦ 이륜 이상의 바퀴가 있는 동력장치를 이용하여 차도 외의 장소에 출입하는 행위(다만, 유모차를 이용하여 출입하는 행위, 장애인·노약자 및 임산부가 휠체어를 이용하여 출입하는 행위 또는 공무로 출입하는 행위는 제외한다), ⑧ 애완동물과 함께 입장하는 행위(다만, 「장애인복지법」 제40조 제3항에 따라 장애인이 장애인 보조견과 함께 입장하는 행위는 제외한다), ⑨ 그 밖에 해당 수목원을 관리하는 지방자치단체의 조례로 정하는 금지행위 등을 말한다(시행령 제8조의2 제1항).

는 그 행위유형에 따라 100만원 이하 또는 10만원 이하의 과태료가 부과될 수 있다(제24조 제1항 제1호 및 제2항).

국립수목원 또는 공립수목원이 아닌 사립수목원 및 학교수목원의 경우에는 현행법이 적용되지 않는다. 산림청장, 시・도지사 또는 시장・군수・구청장이 아닌 사립수목원 및 학교수목원의 운영자가 행정벌인 과태료를 부과할 수는 없기 때문이다. 따라서 이 경우에는 해당 수목원이 따로 정하는 규정에 따라야 할 것이다. 다만, 이 경우라도 고의로 식물을 훼손하거나 이물질을 주입하여 말라죽게 하는 행위 등이 민사상의 손해배상책임(민법 제750조)의 대상이 되거나 형법상 재물손괴죄(형법 제366조) 등을 구성하게 될 수도 있음은 물론이다.

Ⅳ. 정원의 조성 및 운영

[1] 정원의 조성

1. 수목원 관련 규정의 준용

정원의 조성을 위한 정원조성예정지의 지정・해제, 국가정원조성계획의 수립, 정원조성계획의 승인, 다른 법률과의 관계 및 토지 등의 수용에 관하여는 수목원에 관한 규정과 이에 따른 청문의 규정을 준용한다(제18조의2 및 제21조 제2호의2・제2호의3). 그러나 이 경우에도 수목원조성예정지의 지정변경 및 지정해제 사유 중 시설기준과 관련된 사유인 '천재지변 등으로 인한 피해로 토지의 면적 등이 제2조 제1호의 기준을 충족하지 못하는 경우'(제6조의2 제4항 제1호)는 준용하지 않는다. 이는 정원의 경우에는 수목원과는 달리 따로 정하여진 시설기준이 없기 때문이다.

수목원 규정의 준용과 관련하여 국가 또는 지방자치단체가 정원을 조성하는 경우 수목원의 조성을 위한 토지 등의 수용에 관한 현행법 제8조의2를 준용하도록 한 것은 2020년 3월 24일 법률개정을 통하여 신설한 것으로서 정원조성의 공익적 성격과 수목원조성과의 법적 형평성을 감안할 때 타당한 입법적 조치인 것으로 보인다.

2. 국가정원의 지정

국가는 국토의 균형발전을 도모하고 정원문화 수혜의 지역 간 불균형 해소 및 여가 활성화를 통하여 국민의 삶의 질을 향상시키기 위하여 권역별로 국가정원이 확충될 수 있도록 노력하여야 한다(제18조의3 제1항). 이를 위하여 산림청장은 국가가 조성 · 운영하는 정원을 국가정원으로 한다는 현행법 제4조 제2항 제1호의 규정에도 불구하고 지방정원의 면적, 시설의 종류, 구성요소 및 운영실적 등이 대통령령으로 정하는 국가정원의 지정요건에 적합한 경우에는 관할 시 · 도지사의 의견을 듣고 관계 중앙행정기관의 장과의 협의를 거쳐 국가정원으로 지정하여 관리할 수 있다(제18조의3 제2항 · 제3항). 이 경우 산림청장은 현행법에 따라 국가정원을 지정하려는 경우에는 지정대상 정원의 특성 · 면적, 식물 · 시설의 종류 및 운영실적 등 그 지정에 필요한 사항을 조사하여야 한다.

이러한 국가정원 지정제도는 실제로는 국가가 조성하였거나 운영하는 것이 아니므로 엄격한 의미로는 국가정원이 될 수 없음에도 일정한 요건을 충족시키는 지방정원을 국가정원으로 지정하여 관리함으로써 국가정원에 대한 국민적 수요를 충족시키고 이를 통하여 정원을 활성화하고자 하는 취지로 이해된다.[83] 현행법에 따라 국가정원으로 지정된 지방정원은 해당 지방자치단체가 운영하며, 산림청장은 현행법에 따라 지정된 국가정원을 운영하거나 지방자치단체와 공동체가 지방정원 및 공동체정원을 조성하려는 경우에는 필요한 예산을 지원할 수 있다(제18조의3 제4항 및 시행령 제8조의3 제4항).

[2] 정원의 등록

정원을 운영하는 자는 정원의 명칭 및 소재지, 정원 운영자의 성명 · 주소, 정원의 시설명세서, 보유하고 있는 식물의 목록, 그 밖에 정원의 관리에 관한 사항으로서 시 · 도지사가 필요하다고 인정하는 사항 등을 시 · 도지사에게 등록할 수 있다(제18조의4 제1항 · 제2항). 이 경우 현행법에 따라 정원을 등록한 자는 식물의 목록을 변경한 경우를 제외하고 그 등록사항을 변경한 경우에는 변경등록을 하여야 한다. 현행법에 따른 정원의 등록은 시 · 도지사에게 하는 것이므로 국립수목원의 경우와 같이 국가가 조성 · 운영하는 국가정원은 당연히 그 등록대상에서 제외한다.

현행법에 따른 이러한 정원 등록제도는 수목원의 경우와 같이 임의적인 것이므로 시 · 도지사에게 등록을 하여야만 정원을 운영할 수 있는 것은 아니다. 그러나 현행법에 따른 지방정원과 현행법 제18조의6 제3항에 따라 일반에 공개하는 정원은 반드시 등록하여야 하며, 이를 등록하는 경우에도 특히 현행법이 정한 등록사항 이외 정원 전문관리인 및 시설 등을 갖추어 등록하여야 한다(제18조의4 제1항 단서 및 제3항).

83) 이에 따라 현재 국가정원으로 지정된 정원에는 '순천만 국가정원'과 '태화강 국가정원'이 있다.

정원의 등록과 관련하여 등록된 정원의 등록증 발급, 개원 및 휴원, 등록의 말소, 시정요구 및 등록의 취소에 관하여는 수목원의 등록 및 이에 따른 청문에 관한 규정을 준용한다(제18조의4 제5항 및 제21조 제2호의4). 그러나 이 경우에도 정원의 개원 및 휴원에 관한 규정은 공개되는 등록정원에만 준용한다.

[3] 정원의 운영 및 평가

1. 입장료 및 시설사용료

정원을 운영하는 자는 정원에 입장하는 사람으로부터 입장료 및 시설사용료를 받을 수 있다(제18조의5 제1항·제2항 및 시행규칙 제15조의5 제1항~제3항). 이 경우 입장료 및 시설사용료의 징수기준 등은 농림축산식품부령으로 정하는 바에 따라 정하며, 지방정원에 대하여는 지방자치단체의 조례로 정한다. 이와 관련하여 특히 국가정원의 입장료 및 시설사용료의 면제에 대하여는 국공립수목원에 관한 규정을 준용하며, 현행법에 따라 민간정원을 운영하는 자가 그 입장료 및 시설사용료를 정하는 경우에는 국가정원 및 지방정원의 입장료 및 시설사용료를 고려하여 정할 수 있다.

2. 정원의 운영 및 관리

국가 및 지방자치단체의 장은 정원관리 자동화 기술 등 신기술이 정원의 운영·관리에 활용될 수 있도록 노력하여야 하며, 정원을 운영하는 자는 정원 내 식물의 보존·증식 및 시설물의 안전·위생관리 등 정원을 체계적으로 유지·관리하여야 한다(제18조의6 제1항·제2항). 현행법에 따른 정원의 운영·관리에 관한 이러한 규정은 정원 이용자의 만족도를 제고하기 위하여 2021년 4월 13일 개정된 내용으로서 특히 정원의 효율적인 관리를 지원하기 위하여 정원관리 자동화 기술 등이 정원의 운영·관리에 활용될 수 있도록 국가 및 지방자치단체의 장이 노력해야 할 의무는 이번 개정을 통하여 신설된 것이다.

산림청장 또는 지방자치단체의 장은 민간정원을 일반에 공개하도록 장려할 수 있으며, 정원을 운영하는 자가 현행법에 따라 민간정원을 등록하여 공개하는 경우 보존가치가 있는 정원 내 식물의 보존·증식과 정원의 운영관리 등에 필요한 경비의 전부 또는 일부를 지원할 수 있다(제18조의6 제3항·제4항). 이는 민간정원 중 일반에 공개하는 등록정원의 경우 정원 내 식물의 보존·증식과 운영관리 등을 지원함으로써 민간정원을 육성하고 그 공개를 장려하기 위한 것으로 이해된다.

3. 정원에 대한 평가

국가는 등록된 정원을 대상으로 그 품질 및 운영·관리에 관한 평가를 실시할 수 있다(제18조의7 제1항). 이 경우 그 평가는 (1) 정원의 조성·입지 등과 관련하여 다른 정원과 구별되는 정원의 역사성 또는 특수성이 있는지 여부, (2) 정원의 조성 및 관리상태의 적정성, (3) 시설물의 안전·위생관리 상태의 적정성, (4) 체험활동 프로그램의 운영실적 등 정원의 활용도 등을 기준으로 한다(제18조의7 제4항 및 시행령 제8의5 제1항).

국가는 현행법에 따른 이러한 평가업무를 농림축산식품부령으로 정하는 전문기관 또는 단체에 위탁할 수 있으며, 그 평가결과에 따라 정원별로 예산 등의 지원을 달리 할 수 있다(제18조의7 제2항·제3항 및 시행규칙 제15조의6). 현재 정원에 대한 이러한 평가는 한국수목원정원관리원이 국가로부터 위탁을 받아 실시하고 있다.

Ⅴ. 정원산업의 진흥

[1] 정원산업의 개념

정원산업이란 “정원용 식물, 시설물 및 재료를 생산·유통하거나 이에 필요한 서비스 등을 제공하는 산업”(제2조 제6호)을 말한다. 이러한 정원산업과 현행법 제3조 제2항에 따른 정원의 사업이 전혀 다른 개념임은 앞에서 이미 설명한 것과 같다. 국내의 정원산업 규모는 2025년의 경우 약 1조7,210억원에 이를 것으로 추정되며,[84] 따라서 이러한 정원산업을 이루는 정원용 식물의 재배와 소재개발·가공은 물론 관련 유통산업을 육성하고 정원문화를 활성화하는 것은 매우 시급한 정책적 과제임이 분명하다.

현행법은 이에 따라 정원산업을 진흥하고 정원문화를 활성화하기 위하여 정원의 조성 및 운영과는 별도로 정원산업 진흥 및 정원문화 활성화에 관한 사업의 추진, 정원산업에 대한 실태조사 및 통계의 작성, 정원산업 관련 연구 및 기술개발의 촉진, 창업지원, 국제교류 및 해외시장 진출의 활성화, 국내외 정원 박람회 등의 지원 및 정원지원센터의 설치·운영 등에 관하여 규정하고 있다(제18조의8~제18조의14). 이 가운데 진흥사업의 추진, 실태조사 및 통계의 작성, 정원산업 관련 연구·기술개발의 촉진, 국제교류 및 해외시장 진출의 활성화에 관한 규정은 2021년 4월 13일 법률개

84) 산림청, 「제1차 정원진흥기본계획(2016~2020)」, 2016, 9면.

정을 통하여 신설된 규정이다. 현행법에 신설된 이러한 규정들은 이전의 규정과 함께 정원산업 및 정원문화와 관련된 다양한 정책적 과제들을 포괄하고 있는 것으로서 정원산업을 진흥하고 정원문화를 활성화하는 법적 기반이 될 것으로 기대된다.

[2] 정원산업의 진흥 및 정원문화의 활성화

1. 진흥사업의 추진

산림청장은 현행법에 따른 기본계획 및 시행계획을 효율적으로 실행하기 위하여 정원확충, 정원소재 육성 및 전문인력 양성 등 정원산업 진흥 및 정원문화 활성화에 관한 사업[진흥사업]을 추진할 수 있다(제18조의8 제1항~제3항). 이 경우 산림청장은 이러한 진흥사업을 효율적으로 시행하기 위하여 필요한 경우 대통령령으로 정하는 관계 전문기관 등에 이를 위탁할 수 있으며, 현행법에 따라 사업을 위탁하는 경우에는 그 사업의 수행에 필요한 비용의 전부 또는 일부를 예산의 범위에서 지원할 수 있다.

2. 실태조사 및 통계 작성

산림청장은 정원산업 진흥 및 정원문화 활성화를 위하여 정원산업 현황에 대한 실태를 조사하고 정원산업에 관한 통계를 작성·관리하여야 하며, 이와 관련된 정보와 자료 등을 국민에게 체계적으로 전달하기 위하여 그 실태조사 및 통계 결과를 기초로 정보망을 구축·운영할 수 있다(제18조의9 제1항·제3항).

산림청장은 통계를 작성할 때에는 「통계법」을 준용하며, 현행법에 따른 이러한 실태조사 및 통계 작성을 위하여 필요한 경우에는 관계 중앙행정기관의 장, 지방자치단체의 장, 「공공기관의 운영에 관한 법률」에 따른 공공기관의 장, 정원 관련 기관·단체의 장에게 자료의 제공을 요청할 수 있다(제18조의9 제1항 후단·제2항). 이 경우 산림청장으로부터 이러한 자료의 제공을 요청받은 관계 중앙행정기관의 장 등은 정당한 사유가 없으면 이에 따라야 한다.

3. 연구 및 기술개발의 촉진

산림청장은 정원산업의 연구 및 기술개발을 촉진하기 위하여 정원산업 관련 동향조사 및 관련 기술의 수요조사, 정원산업 관련 연구 및 기술개발, 정원산업 관련 정보교류 및 기술의 협력, 정원산업 관련 연구성과와 기술의 보급 촉진, 그 밖에 정원산업 관련 연구 및 기술개발에 필요한 사항 등을 추진할 수 있다(제18조의10 제1항~제3항). 이 경우 산림청장은 정원산업과 관련된 기술개발 등을 효과적으로 수행하기 위하여 학계·연구기관 및 산업계 간의 협동연구를 촉진하여야 하며, 정원산업 관련 기술개발을 촉진하기 위하여 현행법에 따른 연구 및 기술개발을 추진하거나 그 결과를 산업화하는 자에 대하여 필요한 경비를 지원할 수 있다.

정원산업의 연구 및 기술개발을 촉진하는 이러한 규정은 이전에는 '정원산업의 진흥 및 창업지원'이라는 내용으로 국가 또는 지방자치단체가 이를 추진할 수 있도록 하고 있었으나, 2021년 4월 13일 현재의 내용으로 개정하며 그 내용을 연구 및 기술개발로 구체화하고 협동연구에 관한 근거를 신설하면서 그 주체도 국가 또는 지방자치단체 대신 산림청장으로 하여금 이를 추진하도록 분명히 하였다.

4. 창업지원

국가 또는 지방자치단체는 정원산업 진흥을 위하여 정원산업에 관한 창업을 촉진하고 이에 필요한 지원을 할 수 있다(제18조의11). 국가 또는 지방자치단체가 정원산업에 관한 창업을 촉진하고 지원하는 근거에 관한 이러한 규정은 앞에서 이미 살펴본 것처럼 이전에는 '정원산업의 진흥 및 창업지원'이라는 내용으로 함께 규정하였던 것을 2021년 4월 13일 현재의 조문을 신설하면서 별도로 규정하게 된 것이다.

그러나 이와 관련하여 이전의 규정에서는 창업지원에 관한 내용을 정원산업의 진흥과 함께 규정하면서 예산지원의 근거 및 그 지원의 대상·방법 및 절차 등에 필요한 사항은 대통령령으로 정하도록 하고 있었으나,[85] 2021년 4월 13일 이를 별도의 조문으로 신설하면서 예산지원의 근거만을 남기고 그 지원을 위한 구체적인 대상·방법 및 절차 등에 관하여 대통령령으로 위임하는 근거는 삭제되어 버렸다. 이는 입법과정에서의 착오로 보이며, 따라서 조속한 시일 내에 관련 근거를 명문화하는 것이 필요해 보인다.

5. 국제교류 ·해외시장 진출의 활성화 및 박람회 등 지원

산림청장은 정원산업의 진흥을 위하여 국제교류 및 해외시장 진출이 활성화되도록 노력하여야 하며 이에 필요한 지원을 할 수 있다(제18조의12 제1항 및 제18조의13). 특히 이와 관련하

85) 당시 법률에서는 "국가 또는 지방자치단체는 제1항 각 호의 사항을 추진하기 위하여 필요한 예산을 지원할 수 있다"라고 하면서, "제2항에 따른 지원의 대상·방법 및 절차 등에 필요한 사항은 대통령령으로 정한다"라고 규정하고 있었다(「수목원·정원의 조성 및 진흥에 관한 법률」(법률 제17171호) 제18조의9 제2항 및 제3항). 이에 따라 당시의 법률에 따른 시행령에서는 그 지원대상을 「중소기업창업 지원법」 제2조 제2항에 따른 창업자로서 정원산업 분야의 창업자 또는 정원과 관련하여 「사회적기업 육성법」 제8조에 따라 사회적기업으로 인증을 받은 자를 그 지원대상으로 규정하고 있었다(시행령 제8조의6 제1항).

여 국가 또는 지방자치단체의 장은 정원산업의 진흥을 위하여 국내외의 정원 박람회 등 행사개최에 필요한 예산을 지원할 수 있다. 박람회 등의 지원범위에 대해서는 현행법이 구체적으로 규정하고 있지는 않으나, 행사의 원활한 개최 및 다른 법률과의 형평성[86] 등을 고려할 때 홍보비, 국외참가자의 초청경비 및 운영경비의 일부 등이 그 지원대상에 포함된다고 보아야 할 것이다.

[3] 정원지원센터의 설치 · 운영

산림청장은 정원산업의 진흥에 필요한 업무를 지원하기 위하여 정원지원센터를 설치 · 운영할 수 있다(제18조의14 제1항 및 시행령 제8조의8). 현행법에 따른 이러한 정원지원센터는 국가정원이나 현행법에 따라 국가정원으로 지정된 지방정원에 설치 · 운영한다. 정원지원센터는 다음의 업무를 수행하며, 산림청장은 정원지원센터의 이러한 업무수행에 필요한 비용을 지원할 수 있다(제18조의14 제2항 · 제3항).

- 정원산업의 창업 및 경영컨설팅 지원
- 정원산업 관련 기술의 연구개발 및 지원
- 정원산업에 대한 자료수집 · 보존 및 전시
- 그 밖에 정원산업의 진흥을 지원하기 위하여 필요한 사항

Ⅵ. 교육기관의 지정 및 한국수목원정원관리원

[1] 수목원 또는 정원전문가 교육기관의 지정

1. 지정절차

산림청장 또는 시 · 도지사는 수목원 또는 정원전문가를 육성하기 위하여 수목원 또는 정원전문가 교육기관을 지정할 수 있다(제18조의15 제1항). 여기에서 수목원 또는 정원전문가란 "수목유전자원 또는 식물에 대한 지식을 체계적으로 전달하고 수목원 또는 정원을 효과적으로 조성 · 관리 및 보전 · 전시하기 위하여 제18조의15 제1항에 따라 지정된 수목원 또는 정원전문가 교육기관에서 수목원 또는 정원전문가 교

86) 예를 들어 「소방기본법」의 경우에는 "국가는 우수소방제품의 전시 · 홍보를 위하여 「대외무역법」 제4조 제2항에 따른 무역전시장 등을 설치한 자에게 다음 각 호에서 정한 범위에서 재정적인 지원을 할 수 있다"라고 하면서 소방산업전시회 운영에 따른 경비의 일부, 소방산업전시회 관련 국외 홍보비 및 소방산업전시회 기간 중 국외의 구매자 초청 경비를 명문으로 규정하고 있다(같은 법 제39조의5 제2항).

육과정을 이수한 사람"(제2조 제3호)을 말한다.

현행법에 따라 수목원 또는 정원전문가 교육기관으로 지정을 받으려는 기관은 수목원 또는 정원전문가 교육에 필요한 교육과정 및 교육시설 등 대통령령으로 정하는 지정기준을 갖추어 산림청장 또는 시 · 도지사에게 지정을 신청하여야 한다(제18조의15 제2항). 이 경우 신청을 받은 산림청장 또는 시 · 도지사는 교육기관 지정신청의 내용이 현행법에 따른 지정기준에 적합하다고 인정되면 그 지정서를 발급하여야 한다(시행규칙 제15조의8 제3항).

2. 지정에 따른 효과

산림청장 또는 시 · 도지사로부터 지정을 받은 수목원 또는 정원전문가 교육기관은 농림축산식품부령으로 정하는 바에 따라 지정을 나타내는 표시[지정표시]를 사용할 수 있으며, 이러한 지정을 받지 않은 교육기관에 대해서는 현행법에 따른 지정표시 또는 이와 유사한 표시를 사용해서는 안 된다(제18조의15 제3항 · 제4항). 산림청장은 현행법에 따라 지정받은 수목원 또는 정원전문가 교육기관에 교육에 필요한 예산을 지원할 수 있으며(제18조의15 제5항 및 제18조의17), 특히 산림청장 또는 지방자치단체의 장은 수목원 또는 정원전문가를 선발하여 활용하거나 수목원 또는 정원을 운영하는 자로 하여금 수목원 또는 정원전문가를 활용하게 할 수 있다.

3. 지정의 취소 등

산림청장 또는 시 · 도지사는 수목원 또는 정원전문가 교육기관이 지정기준에 적합하지 않게 된 경우에는 그 지정을 받은 자에게 6개월 이내의 기간을 정하여 시정을 요구할 수 있다(제18조의16 제1항). 이 경우 만일 수목원 또는 정원전문가 교육기관이 산림청장 또는 시 · 도지사로부터 이러한 시정요구를 받고도 이를 이행하지 않는 경우에는 그 지정을 취소할 수 있는 사유에 해당하게 된다.

산림청장 또는 시 · 도지사는 이러한 시정요구와는 별도로 현행법에 따라 지정을 받은 수목원 또는 정원전문가 교육기관에게 일정한 사유가 있는 경우에는 그 지정을 취소할 수 있다(제18조의16 제2항). 산림청장이나 시 · 도지사가 수목원 또는 정원전문가 교육기관의 지정을 취소할 수 있는 이러한 사유에는 속임수나 그 밖의 부정한 방법으로 지정을 받은 경우, 현행법에 따른 시정요구를 받고도 이를 이행하지 않은 경우, 정당한 사유 없이 3년 이상 수목원 또는 정원전문가 교육과정을 운영한 실적이 없는 경우, 현행법 제18조의15 제5항에 따라 지원받은 예산을 교육 외의 다른 목적으로 사용한 경우 등이 있다.

산림청장 또는 시·도지사는 수목원 또는 정원전문가 교육기관에게 이러한 사유가 있다고 하더라도 반드시 그 지정을 취소하여야 하는 것은 아니나, 만일 그 사유가 '속임수나 그 밖의 부정한 방법으로 지정을 받은 경우'에 해당하는 때에는 반드시 그 지정을 취소하여야 한다(제18조의16 제2항 단서). 산림청장 또는 시·도지사는 현행법에 따라 수목원 또는 정원전문가 교육기관의 지정을 취소하는 처분을 하려면 청문을 하여야 한다(제21조 제3호).

[2] 한국수목원정원관리원

1. 설립 및 사업

수목원 및 정원과 관련된 사업 및 업무를 효율적으로 추진하기 위하여 한국수목원정원관리원을 설립한다(제18조의18 제1항). 현행법에 따르면 한국수목원정원관리원은 (1) 현행법 제5조 제3항에 따른 기후 및 식생대별 국립수목원의 운영 및 관리업무, (2) 정원산업 진흥 및 정원문화의 활성화에 관한 사업, (3) 다른 법령에서 한국수목원정원관리원이 수행할 수 있도록 한 사업, (4) 수목원 및 정원의 진흥 등을 위하여 국가·지방자치단체 또는 그 밖의 기관으로부터 위탁받은 사업, (5) 그 밖에 한국수목원정원관리원의 목적 달성을 위하여 필요한 사업으로서 대통령령으로 정하는 사업을 추진한다. 현행법에 따른 이러한 한국수목원정원관리원은 주로 기후 및 식생대별 국립수목원의 운영 및 관리업무를 담당했던 이전의 한국수목원관리원을 2021년 4월 13일 일부개정을 통하여 그 업무범위를 정원산업의 진흥과 정원문화의 활성화에 관한 사업 등으로 확대하면서 명칭도 한국수목원정원관리원으로 변경한 것이다.

한국수목원정원관리원은 법인으로서 그 주된 사무소의 소재지에 설립등기를 함으로써 성립하며, 「임업 및 산촌 진흥촉진에 관한 법률」에 따른 한국임업진흥원 및 「산림복지 진흥에 관한 법률」에 따른 한국산림복지진흥원과 함께 위탁집행형 준정부기관에 속한다(제18조의18 제2항·제3항 및 제5항). 현행법에 따르면 한국수목원정원관리원이 아닌 자는 한국수목원정원관리원 또는 이와 유사한 명칭을 사용하지 못하며, 한국수목원정원관리원에 대해서는 현행법과 「공공기관의 운영에 관한 법률」에 규정된 것을 제외하고는 민법 중 재단법인에 관한 규정을 준용한다(제18조의24).

2. 임원 및 직원 등

한국수목원정원관리원에는 임원으로 이사장 1명을 포함하여 13명 이내의 이사와 감사 1명을 두되, 이사장과 5명 이내의 이사는 상임으로 하고 그 외의 임원은 비상임으로 한다(제18조의19 제1항~제4항). 이사장은 한국수목원정원관리원을 대표하고 그 업무를 총괄하며, 상임이사는 정관으로 정하는 바에 따라 한국수목원정원관리원의 업무를 분장하고, 이사장이 부득이한 사유로 업무를 수행할 수 없을 때에는 정관으로 정하는 순위에 따라 그 직무를 대행한다. 감사는 한국수목원정원관리원의 업무와 회계를 감사한다.

한국수목원정원관리원의 직원은 정관으로 정하는 바에 따라 이사장이 임면하며, 산림청장은 이사장의 요청이 있는 경우에는 산림청 또는 그 소속 기관의 공무원 중 일부를 한국수목원정원관리원에 파견근무하게 할 수 있다(제18조의20 제1항·제2항).

3. 운영 및 회계

한국수목원정원관리원의 이사장은 대통령령으로 정하는 바에 따라 매 사업연도가 시작되기 전까지 사업계획서와 예산안을 작성하여 국립수목원장의 검토를 거친 후 산림청장으로부터 승인을 받아야 한다(제18조의23 제1항·제2항). 이를 변경하려는 경우에도 같다. 또한 이사장은 업무 추진사항과 그 밖에 대통령령으로 정하는 사항을 산림청장에게 보고하고, 이를 국립수목원장에게 통지하여야 한다.

한국수목원정원관리원의 운영에 필요한 비용은 국가 또는 국가 외의 자의 출연금 또는 보조금, 한국수목원정원관리원의 운영을 위하여 산림청장이 승인한 차입금, 국가·지방자치단체 또는 그 밖의 기관으로부터 위탁받은 사업에 따른 수입금, 기부금품, 그 밖의 수입금을 재원으로 충당한다(제18조의21 제1항·제2항). 한국수목원정원관리원은 잉여금이 발생한 경우에는 매 회계연도의 잉여금을 부채상환에 우선 충당하고 남은 잉여금은 다음 회계연도로 이월하거나 그 사업수행을 위하여 사용하여야 한다.

한국수목원정원관리원은 「기부금품의 모집 및 사용에 관한 법률」 제5조 제2항에 따라 국가 또는 지방자치단체 등에서 출자·출연하여 설립된 법인·단체의 경우에는 자발적으로 기탁하는 금품이라도 원칙적으로 접수할 수 없도록 한 규정에도 불구하고 자발적으로 기탁되는 기부금품을 사업목적에 부합하는 범위에서 접수할 수 있다(제18조의22 제1항·제3항). 이는 주로 수목유전자원과 식물을 기부 등의 형식으로 교류하는 한국수목원정원관리원의 특성과 공공성 등을 반영한 것으로 이해된다. 그러나 이 경우에도 한국수목원정원관리원은 접수한 기부금품을 별도 계정으로 관리하여야 하는 것은 물론이다.

제 9 장 산림복지

제1절 산림복지 진흥에 관한 법률

Ⅰ. 총 론

[1] 개 요

산림복지란 "국민에게 산림을 기반으로 하는 산림복지서비스를 제공함으로써 국민의 복리증진에 기여하기 위한 경제적 · 사회적 · 정서적 지원"(제2조 제1호)을 말한다. 이러한 산림복지의 개념은 「산림기본법」 제2조 제3호에서도 거의 동일한 의미로 사용되고 있는데, 특히 「산림기본법」은 이와 관련하여 "국가 및 지방자치단체는 다양한 산림휴양 · 산림치유 · 산림교육 시설을 조성하여 국민에게 쾌적한 산림복지 공간을 제공하는 등 산림복지를 증진하고…필요한 시책을 수립 · 시행하여야 한다"(같은법 제20조)라고 하여 이를 위한 시책의 방향까지 제시하고 있다.

산림복지를 현재와 같은 법적 용어로 사용하기 시작한 것은 2015년 1월 20일 「산림기본법」을 개정하여 산림복지에 관한 내용을 추가하고, 같은 해 3월 27일 「산림복지 진흥에 관한 법률」을 제정하면서부터이나, 산림정책에 있어 산림복지라는 용어는 '사람과 숲이 어우러진 산림복지국가'를 지향한 「4차 산림기본계획」에서부터 자연스럽게 사용되어 온 것으로 보인다.[1] 이후 산림복지는 「21세기 산림비전」[2]의 기본목표로 설정된 이래 2000년대에 들어 더욱 적극적인 의미로 사용되기 시작하였는데, 특히 2002년에는 국제연합(UN)이 정한 「세계 산의 해」(International

---

1) 당시 「제4차 산림기본계획(1998~2007)」은 지속가능한 산림경영기반의 구축을 그 정책목표로 수립하였으나, 서문에 해당하는 '제4차 산림기본계획서를 발간하면서'가 스스로 밝히고 있듯이 "따라서 모든 임업인의 지혜와 의지를 모아…우리가 궁극적으로 추구하고자 하는 목표인 '사람과 숲이 어우러진 산림복지국가'가 이룩될 것이며…"라고 하여 산림정책의 최종목표가 산림복지국가임을 분명히 하고 있다[산림청(1997)의 「제4차 산림기본계획」, 서문 및 35면]. 이런 점에서 볼 때 산림복지의 개념이 「제5차 산림기본계획」에서 처음으로 제시되었다는 주장[산림청(2017)의 「산림청 50년사」, 310면]은 받아들이기 어려운 것으로 보인다.

2) 산림청(2000)의 「21세기 산림비전」, 8면.

Year of Mountains)를 계기로 매년 10월 18일을 '산의 날'로 지정하는 등 산림복지 정책에 있어 중요한 전환점이 되었던 해로 평가받고 있다.[3] 당시 제정한 이러한 '산의 날'은 나무심기를 권장하는 식목일과는 달리 국민들이 다양한 산림문화를 공유하면서 산을 찾아 누리는 날로서 점차 산림복지를 상징하는 날이 되었다.

산림복지에 관한 정책은 2005년 8월 4일 「산림문화·휴양에 관한 법률」이 제정되면서 비로소 법적 기반을 마련한 후 점차 산림문화·휴양 중심에서 숲해설가 등에 대한 인증, 산림치유 및 수목장 등으로 그 정책범위를 확대하여 2011년에는 「산림교육의 활성화에 관한 법률」을 제정하기에 이르렀다. 그러나 이러한 성과에도 불구하고 산림복지를 이루는 산림문화·휴양, 산림치유 및 산림교육 등을 보다 체계적으로 정비하여 정책수요에 대응하고 산림복지서비스를 제공하는 시설을 보다 효과적으로 활용하며, 산림복지와 관련된 일자리를 만들고 인적 자원을 육성하기 위해서는 지금까지와는 다른 법적 기반이 필요하게 되었다.

이에 따라 정부에서는 산림복지 관련 단체 및 전문가와 시민의 의견을 수렴하여 산림복지에 관한 개별법의 제정을 추진하였으며, 특히 '산지전용을 통한 개발지역의 확장이 아닌 산지의 자연친화적 저밀도 이용이라는 원칙하에 산림복지시설을 조성하여 국민에게는 생애주기 산림복지서비스를 체계적으로 제공하면서 산림복지 소외계층에 대한 지원도 강화할 수 있는 방안'[4]에 중점을 두어 법안을 마련한 후 마침내 2015년 3월 27일 「산림복지 진흥에 관한 법률」(법률 제13255호)을 제정·공포하게 되었다. 그 결과 그동안에는 표어와 같은 정책비전으로만 표현되던 산림복지가 법적 개념으로 명문화되었으며, 산림복지서비스를 제공하는 틀도 자연휴양림 등 공간 제공에 그쳤던 방식을 뛰어넘어 숲을 복지자원으로 삼아 숲으로 찾아오도록 하는 방식으로 전환함으로써 비로소 체계적인 산림복지서비스를 제공할 수 있는 법적 기반이 확립되었다.[5]

[2] 산림복지에 대한 이해

산림복지란 산림을 기반으로 하는 산림복지서비스를 제공하는 것이다. 여기에서 산림복지서비스란 "산림문화·휴양, 산림교육 및 치유 등 산림을 기반으로 하

3) 산림청(2017)의 「산림청 50년사」, 307~308면. 한편 '산의 날'에 대하여는 산림청(2003)의 「2002 세계 산의 해 결과보고서」, 100~104면을 참고하라.
4) 법제처의 국가법령정보센터(www.law.go.kr) 중 「산림복지 진흥에 관한 법률」(법률 제13255호, 2015. 3. 27.)의 제정이유를 참고하라.
5) 산림청(2017)의 「산림청 50년사」, 313면.

여 제공하는 서비스"(제2조 제2호)를 말한다. 따라서 산림복지의 내용인 산림문화·휴양, 산림교육 및 산림치유 등은 산림을 기반으로 하지 않고서는 제공할 수 없는 것이며, 이런 점에서 산림은 산림복지정책에 있어 가장 본질적인 요소라고 할 것이다. 산림복지가 이처럼 산림을 기반으로 한다는 것은 산림복지정책이 투자의 장기성, 낮은 수익성 및 시장실패의 가능성 등과 같이 산림이 가지고 있는 일반적인 특성에서 결코 자유로울 수 없다는 것을 시사하는 것이다. 그러므로 산림복지정책을 바라볼 때에는 산림의 특성에서 비롯된 이러한 제약요인이 산림복지의 정책적 한계를 결정짓지 않도록 특히 주의해야 할 것이다.

산림복지는 산림뿐만 아니라 복지라는 측면에서도 살펴보아야 한다. 일반적으로 복지란 '삶의 질을 높이고 행복한 삶을 추구하는 것'을 의미하며, 헌법상의 권리인 행복추구권(헌법 제10조) 및 인간다운 생활을 할 권리(헌법 제34조 제1항) 등과 밀접하게 연관되어 있다. 현대복지국가의 핵심적인 정책목표이기도 한 이러한 복지에 관한 정책을 수립·집행하는 일련의 정책과정을 복지행정이라고 하는데, 이러한 복지행정은 산림행정과는 달리 가치와 이념이 강하게 작용하는 정책 분야로서 사람을 대상으로 그 기본적 필요를 비시장성·비영리성을 바탕으로 직접 해결하는 특성을 가지고 있는 행정 분야이기도 하다.[6] 복지행정의 이러한 특성은 산림복지의 개념에 '국민의 복리증진에 기여하기 위한 경제적·사회적·정서적 지원'이라는 내용으로 표현되어 있으며, 특히 그 지원의 범위를 경제적 지원에 한정하지 않고 사회적·정서적 지원까지 포함함으로써 산림의 다양한 가치를 산림복지에 최대한 활용할 수 있도록 하고 있다.

이렇게 볼 때 산림복지란 산림과 복지의 개념이 융합된 것으로서 산림을 사회과학적인 측면에서 바라보는 태도라고 할 수 있다. 산림에 대한 이러한 사회과학적인 시각은 산림을 산림 그 자체가 아니라 사람과 사회 속에서 인식하고 이해한다는 것을 의미하며,[7] 따라서 산림을 바라볼 때 자연스럽게 경제학·정책학 및 사

6) 강희갑 외 5인, 「사회복지정책론」, 양성원, 2019, 19~21면. 한편 현외성은 사회복지정책의 개념에 대하여 "학문적으로는 소득, 의료, 주택, 교육, 고용 및 개인적 서비스 등을 포함하는 광의의 사회복지 개념과 연관되어 있는데, 즉 이들에 대한 일련의 행동지침이나 이들을 통하여 인간다운 생활을 유지할 수 있도록 하는 제반 서비스 및 급여의 배분원칙이나 목표달성을 위한 행동지침"이라고 하면서, 실정법이나 제도상으로 사용하는 협의의 개념으로서는 "공공부조와 사회복지서비스 관련 정책을 말하는 것으로서 이들의 배분과 급여를 통하여 일정한 목적을 달성하려는 일련의 행동지침"으로 정의하고 있다(현외성, 「사회복지정책강론」, 양서원, 2019, 39면).

7) 산림청은 2005년 이후 산림휴양정책과 관련하여 '심는 정책으로부터 누리는 정책으로'라는 표어를 사용하면서 국민을 위한 '누리는 산림정책'이라는 표현을 사용하였는데, 이는 모두 이러한 관점을 잘 나타내고 있는 것으로 보인다(산림청, 「푸른 숲으로의 행복한 초대: 숲에 On 그 대

회복지학적 관점이 덧붙여지게 된다. 이것은 예를 들어 우리나라와 미국의 1인당 국민소득의 변화추세와 야영·캠핑 등의 휴양인구 및 아웃도어 산업의 성장추세를 비교분석함으로써 소득과 산림휴양 및 연관산업 간의 상관관계를 살펴보는 것과 같은 것이다.

사실 현행법이 산림과 복지가 융합된 이러한 산림복지의 개념을 명문으로 규정하고 있는 것은 매우 예외적인 것으로 보인다. 이는 환경복지 또는 농업복지라는 개념은 여전히 법제화되어 있지 않기 때문이다. 어떤 사람들은 산림정책의 이러한 융합적 경향이 결국에는 산림정책의 정체성을 약화시킬 것이라고 우려하기도 하지만, 융합되는 것이 무엇이든지 간에 산림을 중심으로 하는 관점을 놓지 않는다면 산림정책의 정체성은 결코 흔들리지 않을 것이며, 오히려 그 외연을 확장하는 계기가 될 것으로 보인다. 이것은 마치 숲이 그 속에 다양한 생태계를 품고 있는 것처럼 산림이 가진 다양한 가치와 기능이 산림정책과 다른 정책 분야의 융합을 이루는 기반이 될 것이기 때문이다.

[3] 목적 및 책무

「산림복지 진흥에 관한 법률」은 산림복지의 진흥에 필요한 사항을 정하여 산림을 기반으로 체계적인 산림복지서비스를 제공함으로써 국민의 건강 증진, 삶의 질 향상 및 행복 추구에 이바지하는 것을 목적으로 한다(제1조). 따라서 현행법의 목적은 국민의 건강 증진, 삶의 질 향상 및 행복 추구에 이바지하는 것이며, 산림을 기반으로 체계적인 산림복지서비스를 제공하는 것은 이러한 목적을 이루기 위한 주요 수단이 된다.

현행법은 이러한 법률의 목적을 달성하기 위하여 국가 및 지방자치단체에게 일정한 책무를 부여하고 있는데, 이에 따르면 국가와 지방자치단체는 산림복지서비스 진흥 등을 통하여 모든 국민이 산림복지 혜택을 누릴 수 있도록 필요한 시책을 수립·시행하여야 하며, 특히 산림복지소외자에 대한 산림복지서비스를 확대하기 위하여 필요한 시책을 강구하여야 한다(제3조 제1항·제2항). 현행법의 이러한 책무는 앞에서 이미 살펴본 것처럼 「산림기본법」 제20조의 내용과 유사한 것으로서 "다양한 산림휴양·산림치유·산림교육 시설을 조성하여 국민에게 쾌적한 산림복지 공간을 제공하는 등"이라는 표현을 '산림복지서비스 진흥 등을 통하여'로 바꾸어 규정하였을

장정의 기록」, 2006, 9면.

뿐이다.

Ⅱ. 산림복지진흥계획 및 정보체계의 구축

[1] 산림복지진흥계획

1. 실태조사 및 통계작성

산림청장은 산림복지진흥계획을 효율적으로 수립·추진하기 위하여 산림복지서비스의 이용현황과 산림복지서비스에 대한 수요 및 산림자원의 현황 등에 관한 실태조사를 실시할 수 있다(제6조 제1항). 현행법에 따른 이러한 조사에는 산림복지서비스에 대한 수요와 공급 현황, 산림복지소외자의 현황, 산림복지서비스제공자의 등록 현황, 산림복지전문가의 양성·배치 및 산림복지전문업의 등록 현황, 산림복지지구의 지정 현황, 산림복지시설 및 산림복지단지의 조성·운영 현황, 산림복지시설의 조성을 위한 산림자원의 현황과 주변지역의 토지이용실태, 그 밖에 조사에 필요하다고 산림청장이 인정하는 사항 등이 포함되어야 한다(제6조 제5항 및 시행규칙 제3조 제1항). 산림청장은 현행법에 따른 이러한 실태조사를 위하여 필요한 경우에는 관계 중앙행정기관의 장, 지방자치단체의 장, 「공공기관의 운영에 관한 법률」에 따른 공공기관의 장, 관련 기관 및 단체의 장에게 필요한 자료의 제출을 요구할 수 있으며, 산림청장으로부터 이러한 자료의 제출을 요구받은 관계 기관의 장 등은 정당한 사유가 없으면 이에 따라야 한다(제6조 제3항).

산림청장은 실태조사를 하는 경우 효율적인 조사를 위하여 필요한 때에는 이를 대통령령으로 정하는 전문기관[8]에 위탁할 수 있다(제6조 제2항). 이 경우 실태조사를 실시하는 전문기관 종사자는 이를 위하여 필요한 경우에는 타인의 토지에 출입을 할 수 있으며, 특히 현행법에 따른 업무수행 중 알게 된 비밀을 누설해서는 안 된다(제41조 제2항·제3항 및 제63조 제3호). 이는 실태조사의 내용 중에는 산림복지소외자에 대한 정보 등과 같은 민감한 내용이 포함되어 있기 때문이다. 현행법에 따라 전문기관의 종사자가 실태조사를 하는 경우 타인의 토지에의 출입절차 및 이에 따른 손실보상 등에 관하여 현행법에서 정하지 않은 사항은 「국토의 계획 및 이용에 관한 법률」 제130조 제2항부터 제9항까지 및 같은 법 제131조를 준용한다.

산림청장은 현행법에 따른 실태조사 결과를 활용하여 산림복지서비스의 제공

8) 이에 따라 현행법에 따른 실태조사는 현재 한국산림복지진흥원에 위탁되어 있다(시행령 제6조).

및 이용에 관한 통계를 작성·관리 및 공표하여야 하며, 통계의 작성 등과 관련하여 필요한 경우에는 통계청장과 협의할 수 있다(제6조 제4항). 산림복지 전반에 관한 실태조사 결과를 통계적으로 활용하고 공표하도록 하는 이러한 규정은, 이전의 기초조사를 실태조사로 바꾸면서 실태조사 전문기관의 종사자가 타인의 토지에 출입할 수 있는 근거를 마련한 현행법 제41조 제2항과 함께 2021년 6월 15일 법률개정을 통하여 신설된 것으로서 앞으로 산림복지정책의 수준을 높이고 산림복지에 대한 국민적 공감대를 넓히는 데도 기여할 것으로 기대된다.

2. 산림복지진흥계획의 수립

산림청장은 산림복지의 진흥을 위하여 산림복지진흥계획을 5년마다 수립·시행하여야 한다(제5조 제1항·제2항). 그러나 이 경우에도 산림청장은 산림복지의 수요와 산림자원 여건의 변화로 산림복지진흥계획을 변경할 필요가 있는 경우에는 이를 변경할 수 있다. 산림청장이 수립하는 이러한 산림복지진흥계획에는 다음과 같은 사항이 포함되어야 한다.

- 산림복지서비스의 진흥 목표 및 추진방향
- 산림복지서비스, 산림복지서비스이용권, 산림복지서비스제공자, 산림복지전문가 및 산림복지시설의 수요·공급에 관한 사항
- 산림복지단지와 산림복지시설의 현황, 확충계획, 운영평가 및 향후 개선에 관한 사항
- 그 밖에 산림복지 진흥과 관련된 사항

산림청장은 산림복지진흥계획을 수립하거나 변경하려면 미리 관계 중앙행정기관의 장과 협의하고, 현행법에 따른 산림복지심의위원회의 심의를 거쳐야 한다(제5조 제4항·제5항). 그러나 산림복지진흥계획 중 대통령령으로 정하는 경미한 사항[9]을 변경하는 경우에는 이러한 절차를 거치지 않을 수 있다. 현행법에 따라 산림복지진흥계획을 수립하거나 변경하기 위하여 산림청장으로부터 협의요청을 받은 관계 중앙행정기관의 장은 특별한 사유가 없으면 그 요청을 받은 날부터 30일 이내에 의견을 제시하여야 한다.

9) 여기에서 '대통령령으로 정하는 경미한 사항'이란 ① 산림복지진흥계획의 시행기간 내에 현행법 제5조 제1항 제2호 또는 제3호와 관련된 사업의 시행시기를 변경하는 경우, ② 산림복지진흥계획에 따른 산림복지단지 또는 산림복지시설의 확충계획 중 산림복지단지 또는 산림복지시설의 수·면적을 100분의 10 범위에서 변경하는 경우, ③ 산림복지진흥계획에 따른 총 사업비를 100분의 10 범위에서 변경하는 경우, ④ 다른 법률의 제정·개정 또는 폐지에 따라 변경된 사항을 반영하는 경우, ⑤ 그 밖에 단순한 착오·누락 등으로 인한 사항을 정정하는 경우를 말한다(시행령 제5조).

산림청장은 산림복지진흥계획을 수립하거나 그 내용을 변경한 때에는 이를 관계 중앙행정기관의 장 및 특별시장 · 광역시장 · 특별자치시장 · 도지사 · 특별자치도지사[시 · 도지사]에게 통보하여야 한다(제5조 제6항). 그러나 이 경우에도 현행법에는 「산림기본법」 제11조 제6항과 같이 기본계획을 수립하거나 변경한 때에는 지체 없이 국회 소관상임위원회에 제출하여야 한다는 명문의 규정이 없으므로, 산림청장은 산림복지진흥계획을 수립하거나 변경한 때에도 현행법상으로는 이를 국회 소관상임위원회에 제출할 의무는 부담하지 않는다.

3. 산림문화 · 휴양기본계획 등과의 관계

산림청장은 산림복지진흥계획을 수립하거나 변경하는 경우에는 「산림문화 · 휴양에 관한 법률」에 따른 산림문화 · 휴양기본계획 및 숲길의 조성 · 관리기본계획, 「산림교육의 활성화에 관한 법률」에 따른 산림교육종합계획과 연계되도록 하여야 한다(제5조 제3항). 이와 관련하여 '연계되도록 하여야 한다'의 의미가 무엇인지에 대하여는 논란의 여지가 있다. 이에 대하여는 「산림복지 진흥에 관한 법률」은 산림복지정책과 관련된 사항에 관하여는 기본법적 성격을 가지고 있으며, 산림복지진흥계획의 내용을 살펴보더라도 '산림문화 · 휴양, 산림교육 및 치유 등'을 포괄하는 개념으로서 산림복지서비스에 대한 것이 포함되어 있으므로 산림복지진흥계획이 산림복지정책과 관련된 다른 기본계획이나 종합계획보다 우선한다고 볼 수도 있으나, 다음과 같은 점을 고려할 때 현행법에 따른 산림복지진흥계획과 「산림문화 · 휴양에 관한 법률」에 따른 산림문화 · 휴양기본계획, 숲길의 조성 · 관리기본계획 및 「산림교육의 활성화에 관한 법률」에 따른 산림교육종합계획은 서로 동등한 것으로 보는 것이 타당할 것이다.

이는 (1) 현행법이 산림복지진흥계획을 수립하거나 변경하는 경우 다른 기본계획이나 종합계획이 산림복지진흥계획을 '따르는 것이 아니라' 연계되도록 하여야 한다고 표현하고 있는 취지를 볼 때 「산림복지 진흥에 관한 법률」과 다른 법률 간에는 우선순위가 없는 것으로 보는 것이 합리적이고, (2) 「산림문화 · 휴양에 관한 법률」에 따른 숲길의 조성 · 관리기본계획을 수립하거나 변경하는 경우에도 이를 산림복지진흥계획과 연계(같은 법 제22조의3 제4항)하도록 하고 있는 것은 이러한 입장을 재확인하는 것으로 볼 수 있으며, (3) 연혁적으로도 산림문화 · 휴양기본계획이나 숲길의 조성 · 관리기본계획이 산림복지진흥계획보다 우선하기 때문이다. 현행법에 따른 산림복지진흥계획과 산림문화 · 휴양기본계획, 숲길의 조성 · 관리기본계획 및 산림교육종합계획 간의 우선순위에 관한 이러한 의문은 결국 산림복지정책에 있어서 「산림복지 진흥에 관한 법률」이 가지는 법적 지위와 관련된 논쟁이라고 보아야 할 것이다. 그러므로 앞으로는 이러한 논란을 없애기 위해서라도 「산림복지 진흥에 관한 법률」이 산림복지정책에 있어서 가지는 기본법적 지위를 강화하고, 이에 걸맞게 산림복지진흥계획이 산림복지와 관련된 다른 기본계획이나 종합계획보다는 우선적 지위를 가지도록 명확하게 개정하는 것이 필요해 보인다.

[2] 산림복지정보체계

산림청장은 산림복지에 관한 정보와 자료 등을 국민들에게 효율적으로 전달하고 산림복지의 진흥에 필요한 정책을 효율적으로 수립·시행하기 위하여 산림복지에 관한 정보체계[산림복지정보체계]를 구축·운영하여야 하며, 이러한 산림복지정보체계로 관리하는 정보와 자료 등을 인터넷 등을 통하여 국민에게 제공할 수 있다(제7조 제1항·제2항 및 시행규칙 제4조 제1항). 그러나 이 경우에도 산림복지정보체계의 운영을 위하여 불가피한 사유가 있거나 개인정보 보호를 위하여 필요하다고 인정될 때에는 제공하는 정보와 자료 등의 종류 및 내용을 제한할 수 있음은 물론이다.

현행법에 따라 산림복지정보체계를 구축·운영하는 경우에는 개인정보와 관련된 정보와 자료의 보호에 특별히 유의하여야 한다. 이는 산림복지정보체계에는 산림복지시설 이용자에 대한 개인정보는 물론 산림복지서비스이용권과 관련하여 산림복지소외자의 소득·병력 및 신체 등과 같은 민감한 개인정보도 포함될 수 있기 때문이다. 특히 산림복지정책을 효과적으로 수행하기 위하여 생애주기별로 고객맞춤형 정보제공 체계를 구축하거나 산림복지서비스를 국가복지시스템에 통합하는 것을 정책과제로 추진[10]하는 경우에는 산림복지소외자에 대한 개인정보를 과다하게 수집·활용하게 될 가능성이 있으며, 이에 따라 개인정보 침해의 우려도 높아지게 될 것이다. 따라서 산림복지정보체계를 구축·운영하는 경우에는 건강에 관한 정보 등 정보주체의 사생활을 현저히 침해할 우려가 있는 '민감정보'를 처리하지 않는 등 「개인정보 보호법」에 따른 개인정보의 보호에 각별히 유의하여야 할 것이다(같은 법 제18조·제23조).[11]

---

10) 산림청(2017)의 「산림청 50년사」, 313면.

11) 이는 개인정보에 대한 보호야말로 자유와 인권보장을 위한 가장 최소한의 요구로서 우리의 미래가 다음과 같은 어두운 모습이 되지 않도록 하는 마지막 보루 중의 하나이기 때문이다. "혼자 있을 때라도 그는 혼자 있다는 것을 확신할 수 없다. 잠을 자든 깨어 있든, 일하든 쉬고 있

이와 관련하여 현행법은 산림복지심의위원회의 위원 중 공무원이 아닌 위원이나 한국산림복지진흥원의 임원 및 직원에 대해서는 형법 제127조의 공무상 비밀의 누설죄를 적용할 때에는 공무원으로 의제하여 처벌하고(제62조), 산림복지서비스의 제공과 관련된 자로서 (1) 산림복지서비스제공자나 산림복지서비스제공자이었던 자, (2) 산림복지서비스제공자의 종사자이거나 종사자였던 자, (3) 현행법 제6조 제2항에 따른 실태조사 및 현행법 제12조 제4항에 따른 산림복지서비스제공자에 대한 평가 및 교육·훈련을 위탁받은 전문기관에 종사하거나 종사하였던 자에게는 현행법에 따른 업무수행 중 알게 된 비밀의 누설을 금지하고 있다(제63조). 만일 이러한 비밀누설의 금지 의무가 있는 자가 이에 위반하는 경우에는 벌칙에 따라 1년 이하의 징역 또는 1천만원 이하의 벌금에 처해질 수 있다(제64조 제3항 제6호).

Ⅲ. 산림복지서비스

[1] 개념 및 공급체계

산림복지서비스란 "산림문화·휴양, 산림교육 및 치유 등 산림을 기반으로 하여 제공하는 서비스"(제2조 제2호)로서 숲태교, 유아숲체험, 산악레포츠 및 수목장림 등 출생부터 사망까지 전 생애주기(life cycle)에 걸쳐 산림을 통하여 제공되는 서비스를 말한다. 일반적으로 이러한 산림복지서비스를 이해하는 방법에는 공급자 측면과 수요자 측면에서 살펴보는 2가지 방법이 있을 수 있다. 이에 따르면 산림복지서비스의 공급자 측면에서는 산림복지시설을 조성·운영하는 자, 산림복지서비스제공자 및 산림복지전문업 등으로 구분하고, 수요자 측면으로는 일반 국민을 대상으로 하는 산림복지서비스와 특별한 배려가 필요한 산림복지소외자를 대상으로 하는 산림복지서비스로 나누어 볼 수 있을 것이다. 그러나 현행법은 제9조부터 제26조까지 산림복지서비스에 대하여 규정하면서 이러한 공급자 또는 수요자 측면에 따라 체계적으로 규정하고 있지는 않으며, 따라서 이 책에서는 공급자나 수요자 측면의 어느 한쪽을 따르기보다는 2가지 측면을 혼용하면서 산림복지서비스를 살펴보기로 한다.

든, 목욕탕에 있든 침대에 있든 그는 아무런 예고도 없이, 그리고 감시받고 있다는 사실도 모른 채 감시를 받고 있다. 그가 하는 행동은 무엇이든 관심의 대상이 된다. 친구나 친척관계, 아내와 자식에 대한 태도, 혼자 있을 때의 얼굴 표정, 잠잘 때의 잠꼬대, 몸짓의 특징 등 무엇이든 세밀하게 관찰된다…"[George Orwell(정회성 옮김), 「1984」, 민음사, 2003, 293면].

[2] 산림복지시설을 통한 산림복지서비스의 제공

1. 산림복지시설

산림복지서비스는 산림복지시설을 통하여 제공된다. 현행법에 따르면 이러한 산림복지시설이란 '산림복지서비스를 제공하기 위하여 조성된 시설'로서 다음과 같은 것을 말한다(제2조 제9호).

- 「산림문화 · 휴양에 관한 법률」에 따른 자연휴양림, 산림욕장, 치유의 숲 및 숲길
- 「산림교육의 활성화에 관한 법률」에 따른 유아숲체험원 또는 산림교육센터
- 그 밖에 산림복지서비스 제공 및 산림복지단지 운영에 직접 관련된 시설로서 대통령령으로 정하는 시설

여기에서 '대통령령으로 정하는 시설'이란 「산림문화 · 휴양에 관한 법률」에 따른 숲속야영장 및 산림레포츠시설, 「장사 등에 관한 법률」에 따른 수목장림, 그 밖에 산림을 기반으로 산림치유, 산림문화 · 휴양 및 산림교육 등의 산림복지서비스를 제공하는 시설로서 현행법에 따른 산림복지심의위원회의 심의를 거쳐 산림청장이 고시하는 시설[12]을 말한다(시행령 제4조).

현행법에 따른 이러한 산림복지시설의 범위와 관련하여 현재에는 「국유림의 경영 및 관리에 관한 법률」에 따른 국민의 숲이나 「도시숲 등의 조성 및 관리에 관한 법률」에 따른 도시숲 · 생활숲은 포함되어 있지 않은데, 이러한 국민의 숲이나 도시숲 · 생활숲을 산림복지시설에서 특별히 제외할 합리적인 이유가 있는지에 대하여는 의문이 있다. 따라서 앞으로는 국민의 숲이나 도시숲 · 생활숲 등도 산림복지시설에 포함될 수 있도록 산림복지시설의 범위를 확대하려는 노력이 필요할 것으로 생각된다. 이런 점에서 앞으로 주택단지, 아파트숲 및 학교숲 등에서 체험할 수 있는 산림복지프로그램을 개발하여 도심권 산림복지서비스를 확대하려는 정책은 매우 바람직한 것으로 보인다.[13]

산림복지시설은 그 조성 및 운영의 주체에 따라 (1) 국가 또는 지방자치단체의 산림복지시설, (2) 한국산림복지진흥원 등 공공기관의 산림복지시설, (3) 사유휴양림 등과 같은 개인 산림복지시설로 구분할 수 있다. 이러한 구분은 산림복지시설

12) 현재 산림청장이 고시한 이러한 시설로는 경상북도 영주시에 위치한 국립산림치유원이 있다. 이에 대하여는 「산림복지서비스 제공을 위한 산림복지시설 지정」(산림청고시 제2018-111호, 2018. 12. 28.) 제3조 별표를 참고하라.

13) 산림청(2018)의 「제6차 산림기본계획(2018~2037)」, 90면.

의 조성 및 운영주체에 따라 비정규직 근로자의 정규직 근로자로의 전환을 촉진하는 규정(제19조 제2항)과 같이 일부의 규정은 국가, 지방자치단체 및 「공공기관의 운영에 관한 법률」에 따른 공공기관에게만 적용된다는 점에서 그 구별의 실익이 있다.

2. 산림복지서비스의 제공

산림복지시설을 조성·운영하는 자는 그 주체의 구분 없이 산림복지시설을 통하여 수요자에게 산림복지서비스를 공급할 수 있다. 따라서 산림복지시설을 통하여 산림복지서비스를 제공받을 수 있는 수혜자에는 제한이 없으므로 일반 국민은 누구나 이를 이용할 수 있다. 그러나 현행법에 따르면 산림복지시설을 조성·운영하는 자와 산림복지서비스제공자는 다른 개념이므로 현행법 제25조 제1항에 따라 산림복지소외자가 산림복지서비스이용권을 활용하여 산림복지서비스를 제공받으려는 경우에는 산림복지시설을 조성·운영하는 자가 산림복지서비스제공자로 등록하였는지 여부를 확인하여야 한다.

산림복지시설을 이용하는 경우에는 그 대가로 통상적인 방법에 따라 시설이용에 따른 비용을 지불하여야 한다. 그러나 앞에서 살펴본 것처럼 산림복지서비스이용권자는 산림복지시설을 조성·운영하는 자가 현행법 제10조에 따라 산림복지서비스제공자로 등록한 경우에는 산림복지서비스이용권을 활용하여 비용을 지불할 수 있으며, 이 경우 산림복지서비스제공자는 정당한 이유 없이 산림복지서비스이용권자의 산림복지서비스이용권 사용을 거부할 수 없다(제25조 제1항·제2항).

3. 산림복지시설을 조성·운영하는 자의 권한 및 의무

가. 산촌주민지원사업

산림복지시설을 조성·운영하는 자는 해당 시설이 있는 읍·면에 소재한 「산림기본법」에 따른 산촌의 주민생활 환경개선 및 복리증진 등을 위하여 산촌주민지원사업을 시행할 수 있다(제17조 제1항·제2항). 현행법에 따른 이러한 산촌주민지원사업의 종류에는 마을진입로, 관정(우물), 공중화장실 등 교통·편의시설의 설치에 관한 사업이 있다(시행령 제23조 제1항).

산림복지시설을 조성·운영하는 자가 현행법에 따라 산촌주민지원사업을 시행하려는 경우에는 산촌주민지원사업의 목적 및 필요성, 세부사업별 추진 계획, 그 밖에 산촌주민지원사업의 추진에 필요한 사항 등이 포함된 산촌주민지원사업계획을 미리 수립하여야 한다(시행령 제23조 제2항·제3항 및 제5항). 이 경우 산림복지시설을 조성·운영하는 자는 그 내용에 대하여 미리 해당 산촌주민지원사업을 실시하려는 읍·면에 거주하는 지역주민 및 관계 행정기관의 의견을 들어야 하며, 만일 산림복지시설을 조성·운영하는 자가 국가 또는 지방자치단체인 경우에는 산촌주민지원사업의 필요성, 산촌주민지원사업에 소요되는 예산 등에 관하여 미리 관계 행정기관의 장과 협의하여야 한다.

나. 우선구매

산림복지시설을 조성·운영하는 자는 「임업 및 산촌 진흥촉진에 관한 법률」 제11조 제1항에 따른 지속가능한 산림경영을 이행하기 위하여 국산재로 만든 제품, 「목재의 지속가능한 이용에 관한 법률」 제19조에 따른 목재제품, 산림복지시설이 있는 특별자치시·특별자치도 또는 시·군·구[시·군·구] 지역 내에서 생산된 임산물, 그 밖에 농림축산식품부령으로 정하는 제품 등을 우선구매하여 사용할 수 있다(제18조 및 시행규칙 제9조). 여기에서 '농림축산식품부령으로 정하는 제품'이란 (1) 「농수산물 품질관리법」에 따른 표준규격품, 우수관리인증농산물, 품질인증품, 이력추적관리농산물 및 지리적표시 등록을 받은 농수산물 또는 농수산가공품, (2) 「중증장애인생산품 우선구매 특별법」에 따른 중증장애인생산품, (3) 「장애인고용촉진 및 직업재활법」에 따른 장애인표준사업장에서 생산한 물품을 말한다. 그러나 이 경우에도 「중증장애인생산품 우선구매 특별법」에 따른 중증장애인생산품에는 노무용역 등의 서비스는 제외되며, 중증장애인생산품 생산시설에서 생산된 제품만 해당된다.

다. 지역주민의 우선고용

산림복지시설을 조성·운영하는 자는 사업시행에 따른 이주자와 해당 시설이 있는 시·군·구 지역 주민을 우선하여 고용할 수 있다(제19조 제1항·제2항). 이 경우 산림복지시설을 조성·운영하는 자가 국가, 지방자치단체 및 「공공기관의 운영에 관한 법률」에 따른 공공기관인 경우에는 우선 고용한 이주자와 지역주민이 「기간제 및 단시간근로자 보호 등에 관한 법률」에 따른 기간제근로자·단시간근로자 등 대통령령으로 정하는 비정규직 근로자에 해당하는 경우 정규직 근로자로 전환될 수 있도록 노력하여야 한다. 여기에서 '정규직 근로자'란 기간의 정함이 없는 근로계약을 체결하여 직접 고용한 근로자를 말하며, '대통령령으로 정하는 비정규직 근로자에 해당하는 경우'란 「기간제 및 단시간근로자 보호 등에 관한 법률」에 따라 기간의 정함이 있는 근로계약을 체결한 기간제근로자와 「근로기준법」 제2조의 단시간근로자를 말한다(시행령 제23조의2 및 같은 법 제2조 제1호·제2호). 현행법의 이러한 규정은 비정규직 근로자의 정규직 근로자로의 전환을 촉진하기 위하여 2019년 1월 15일 신설된 규정으로서 국가·지방자치단체 및 「공공기관의 운영에 관한 법률」에 따른 공공기관에게만 적용되며, 이러한 점에서 산림복지시설의 조성 및 운영주체를 구분할 실익이 있다는 점은 앞에서 이미 설명한 것과 같다.

라. 산림복지전문가의 배치의무

산림복지시설을 조성·운영하여 산림복지서비스를 제공하려는 자는 대통령령으로 정하는 바에 따라 각 산림복지시설별로 산림복지전문가를 배치하여야 한다(제20조 제1항). 여기에서 '산림복지전문가'란 산림복지서비스를 제공하는 자로서 (1) 「산림교육의 활성화에 관한 법률」에 따른 숲해설가, 유아숲지도사 및 숲길등산지도사, (2) 「산림문화·휴양에 관한 법률」에 따른 산림치유지도사 및 산림레포츠지도사, (3) 그 밖에 이에 준하는 사람으로서 대통령령으로 정하는 사람을 말한다(제2조 제6호). 이 중에서 「산림문화·휴양에 관한 법률」에 따른 산림레포츠지도사는 2021년 6월 15일 법률 개정을 통하여 신설된 것이다.

「산림문화·휴양에 관한 법률」에 따른 자연휴양림·산림욕장 및 치유의 숲과 「산림교육의 활성화에 관한 법률」에 따른 유아숲체험원 및 산림교육센터 등 산림복지시설에는 대통령령으로 정하는 기준에 따라 산림복지전문가를 배치하여야 한다(제20조 제1항·제2항).[14] 이 경우 산림청장 또는 지방자치단체의 장은 현행법에 따른 산림복지전문가의 활용에 필요한 비용 등을 지원할 수 있다. 현행법이 이처럼 산림복지시설에 산림복지전문가를 의무적으로 배치하도록 한 것은 수준 높은 산림복지서비스를 제공하기 위한 것으로서 산림복지서비스의 공공성을 인정한 것으로 이해된다.

---

14) 이에 따르면 (1) 자연휴양림에는 「산림교육의 활성화에 관한 법률 시행령」 별표2의 기준에 따른 숲해설가 또는 숲길등산지도사, (2) 산림욕장에는 「산림교육의 활성화에 관한 법률 시행령」 별표2의 기준에 따른 숲해설가 또는 숲길등산지도사, (3) 치유의 숲에는 「산림문화·휴양에 관한 법률 시행령」 제4조의4 제1호 및 제2호의 기준에 따른 산림치유지도사, (4) 유아숲체험원에는 「산림교육의 활성화에 관한 법률 시행령」 별표3 제4호의 기준에 따른 유아숲지도사, (5) 산림교육센터에는 「산림교육의 활성화에 관한 법률 시행령」 별표4 제4호의 기준에 따른 전문인력, (6) 현행법 제10조 제1항 제4호에 따라 산림청장이 지정하는 시설에는 산림청장이 고시하는 기준에 따른 인력을 각각 배치하여야 한다(시행령 제24조 별표4).

[3] 산림복지서비스제공자를 통한 산림복지서비스의 제공

1. 산림복지서비스제공자

가. 등 록

산림복지서비스제공자란 "산림복지시설에서 산림복지서비스이용권을 산림복지서비스 제공에 활용하기 위하여 제10조에 따라 산림청장에게 등록한 기관 또는 단체"(제2조 제5호)를 말한다. 현행법에 따르면 이러한 산림복지서비스제공자는 다음의 시설을 운영하는 자가 될 수 있다(제10조 제1항).

- 산림복지단지
- 「산림문화 · 휴양에 관한 법률」에 따른 자연휴양림, 산림욕장 및 치유의 숲
- 「산림교육의 활성화에 관한 법률」에 따른 유아숲체험원 및 산림교육센터
- 그 밖에 산림청장이 지정하는 시설

산림복지서비스제공자는 산림복지서비스이용권을 활용하여 산림복지서비스를 제공하는 자로서 대통령령으로 정하는 시설 및 인력기준을 갖추어 산림청장에게 등록하여야 한다(제10조 제2항). 이는 산림복지서비스제공자가 그 등록한 사항을 변경하려는 경우에도 같다. 현행법에 따르면 산림복지서비스제공자로 등록하려는 자는 시설 및 인력보유 현황 등을 첨부하여 한국산림복지진흥원에 등록신청서를 제출하여야 하며, 이를 제출받은 한국산림복지진흥원은 그 신청내용이 시설 및 인력기준에 적합한 경우에는 산림복지서비스제공자 등록증을 신청인에게 발급하여야 한다(시행규칙 제5조 제1항 · 제2항). 이 경우 산림복지서비스제공자의 등록을 신청하는 자는 농림축산식품부령으로 정하는 바에 따라 산림청장에게 수수료를 납부하여야 한다(제60조 제1호).

나. 권한 및 의무

산림복지서비스제공자는 산림복지소외자에게 산림복지서비스를 제공하는 자이므로 산림복지시설을 조성 · 운영하는 경우 이를 특별히 고려하는 것이 필요하다. 따라서 현행법에 따르면 산림복지서비스제공자가 산림복지시설을 조성 · 운영하고자 할 때에는 「교통약자의 이동편의 증진법」에 따른 교통수단의 제공 등 교통약자를 위한 배려를 하여야 한다(제16조 제1항). 여기에서 '「교통약자의 이동편의 증진법」에 따른 교통수단'이란 사람을 운송하는 데 이용되는 것으로서 버스 · 도시철도 · 철도 · 비행기 및 선박 등의 운송수단을 말한다(같은법 제2조 제2호). 현행법은 또한 교통약자를 배려하기

위하여 갖추어야 할 시설의 종류 등을 대통령령으로 정하고 있는데(제16조 제2항 및 시행령 제22조 별표3), 이에 따르면 출입구, 화장실, 주차구역, 계단·승강기 및 경사로, 객실 및 침실, 목재데크와 같은 숲체험 편의시설 등에 따라 각각 그 설치기준을 정하고 있다.[15)]

산림복지서비스제공자는 산림복지서비스제공자로서 특별히 부담하는 이러한 의무만이 아니라 산림복지시설을 조성·운영하는 자로서 현행법이 정하는 권한 및 의무를 함께 가진다. 산림복지서비스제공자가 산림복지시설의 조성 및 운영자로서 가지는 이러한 권한과 의무에는 앞에서 이미 설명한 것과 같이 산촌주민지원사업의 시행, 국산재로 만든 제품 및 산림복지시설이 있는 시·군·구 지역 내에서 생산된 임산물 등의 우선구매, 지역주민의 우선고용, 산림복지전문가의 배치의무 등이 있다(제17조~제20조).

다. 부당이득의 환수 및 관리

산림청장은 산림복지서비스제공자가 산림복지서비스이용자에게 거짓이나 그 밖의 부정한 방법으로 산림복지서비스 비용을 수령한 경우에는 대통령령으로 정하는 바에 따라 기지급한 비용을 돌려받아야 한다(제15조 제1항·제2항 및 시행령 제21조 제1항). 이 경우 산림청장은 환수사유 발생 사실, 환수금액, 납부기한, 수납기관 및 이의신청 방법 등을 서면으로 해당 산림복지서비스제공자에게 알려야 하며, 만일 산림청장으로부터 청구받은 비용을 납부해야 할 자가 이를 납부하지 않는 때에는 국세 체납처분의 예에 따라 징수하여야 한다.

산림청장은 산림복지서비스제공자가 현행법 제10조 제2항에 따른 시설 및 인력기준 등에 따라 적정하게 운영하였는지를 평가한 후 그 결과를 공개하여야 한다(제12조 제1항·제2항). 이 경우 산림청장은 그 평가결과가 우수한 자에 대하여는 포상을 할 수 있다. 이와 함께 산림청장은 산림복지서비스제공자 및 관련 종사자에게 산림복지서비스 제공과 관련된 교육과 훈련을 실시할 수 있다(제12조 제3항). 산림청장의 이러한 교육과 훈련은 산림복지서비스의 수준을 높이기 위한 것이므로 산림복지서비스제공자에 대한 평가결과를 그 교육과 훈련계획의 수립을 위한 자료로 활용할 수 있다.

---

15) 예를 들어 산림복지시설에 설치하는 화장실은 교통약자가 편리하게 이용할 수 있도록 구조, 바닥의 재질 및 마감과 부착물 등을 고려하여 설치하되, 장애인용 대변기는 남자용 및 여자용 각 1개 이상을 설치하여야 하며, 영유아용 거치대 등 임산부 및 영유아가 안전하고 편리하게 이용할 수 있는 시설을 구비하여 설치하여야 한다. 또한 산림복지시설에는 장애인 등 교통약자가 건축물의 1개 층에서 다른 층으로 편리하게 이동할 수 있도록 그 이용에 편리한 구조로 계단을 설치하거나 장애인용 경사로를 1곳 이상 설치하여야 한다. 다만, 교통약자가 이용하는 시설이 1층에만 있는 경우는 그렇지 않다(시행령 제22조 별표 3 중 화장실 및 계단·경사로의 설치기준).

산림청장은 현행법에 따른 산림복지서비스제공자에 대한 평가 및 산림복지서비스 제공과 관련된 교육과 훈련에 관한 업무를 대통령령으로 정하는 전문기관에 위탁할 수 있으며, 이를 위탁하는 경우에는 그 평가 및 교육과 훈련에 필요한 예산을 지원할 수 있다(제12조 제4항 및 시행령 제20조 제1항). 여기에서 '대통령령으로 정하는 전문기관'이란 현행법에 따른 한국산림복지진흥원 또는 「산지관리법」에 따른 한국산지보전협회를 말한다. 그러나 이 경우에도 한국산림복지진흥원이 산림복지서비스제공자로서 평가를 받는 경우에는 그 평가를 한국산림복지진흥원에 위탁할 수 없다. 이는 평가의 공정성을 담보하기 위한 것으로서 당연한 규정이라고 할 것이다. 한편 현행법에 따르면 이러한 평가 및 교육·훈련 업무를 위탁받은 전문기관에 종사하거나 종사하였던 자는 산림복지소외자에 대한 정보 등 업무수행 중 알게 된 비밀을 누설해서는 안 된다(제63조 제3호).

라. 등록 취소

산림청장은 현행법에 따라 등록한 산림복지서비스제공자에게 일정한 사유가 있는 경우에는 그 등록을 취소하거나 6개월 이내의 기간을 정하여 영업을 정지하게 할 수 있다(제11조 제1항). 산림청장이 현행법에 따라 산림복지서비스제공자에게 등록취소 등의 처분을 할 수 있는 이러한 사유에는 거짓이나 그 밖의 부정한 방법으로 등록한 경우, 정당한 사유 없이 등록한 후 1년 이내에 운영을 시작하지 않거나 1년 이상 휴업한 경우, 현행법에서 정한 시설 및 인력기준에 적합하지 않은 경우, 산림복지전문가를 배치하지 않은 경우, 현행법을 위반하여 정당한 이유 없이 산림복지서비스이용권자의 산림복지서비스이용권 사용을 거부한 경우, 산림청장의 지도·명령에 따르지 않거나 조사를 거부·방해·기피하거나 거짓으로 보고하거나 거짓자료를 제출한 경우, 거짓이나 그 밖의 부정한 방법으로 산림복지서비스이용자에게 산림복지서비스 비용을 청구한 경우 등이 있다.

산림청장은 산림복지서비스제공자에게 이러한 사유가 있다고 하더라도 반드시 그 등록을 취소하여야 하는 것은 아니나, 만일 그 사유가 '거짓이나 그 밖의 부정한 방법으로 등록한 경우'에 해당하는 때에는 반드시 그 등록을 취소하여야 한다(제11조 제1항 단서). 산림청장은 현행법에 따라 산림복지서비스제공자의 등록을 취소하는 처분을 하려면 미리 청문을 하여야 하며, 이러한 절차를 거쳐 등록이 취소되면 해당 산림복지서비스제공자는 그 등록이 취소된 날부터 2년 이내에 취소된 등록 사항을 다시 등록할 수 없다(제11조 제2항 및 제59조 제1호).

2. 산림복지서비스이용권

가. 개 념

산림복지서비스이용권이란 "산림복지소외자가 각종 산림복지서비스를 이용할 수 있도록 금액이나 수량이 기재된 증표"(제2조 제4호)를 말하며, 그 기재방법으로는 전자적 또는 자기적 방법에 의한 기록을 포함한다. 이러한 산림복지서비스이용권은 「사회서비스 이용 및 이용권 관리에 관한 법률」에 따른 사회서비스이용권[16]과 유사한 개념으로서 산림복지서비스이용권에 관하여 현행법에서 정하지 않은 사항은 「사회서비스 이용 및 이용권 관리에 관한 법률」을 준용한다(제4조 제2항).

산림청장은 매년 산림복지서비스이용권의 발급계획, 발급기준 및 비용부담 등에 대한 계획을 수립·시행하여야 한다(제9조 제1항 및 시행령 제17조 제1항). 이는 산림복지소외자에 대한 산림복지서비스를 차질 없이 제공하기 위한 것으로서 이러한 계획에는 산림복지서비스이용권 사업의 추진방향, 산림복지서비스이용권의 발급내용 및 절차 등 발급계획, 산림복지서비스이용권의 발급기준, 산림복지서비스이용자의 비용부담에 관한 사항, 그 밖에 산림복지서비스이용권 사업의 추진에 필요한 사항 등이 포함되어야 한다.

나. 산림복지소외자

산림복지소외자란 "「국민기초생활 보장법」 제2조 제2호에 따른 수급자, 그 밖에 소득수준이 낮은 저소득층 등 대통령령으로 정하는 자"(제2조 제3호)를 말한다. 여기에서 '「국민기초생활 보장법」 제2조 제2호에 따른 수급자'란 「국민기초생활 보장법」에 따른 급여를 받는 사람으로서 그 급여란 건강하고 문화적인 최저생활을 유지할 수 있도록 연령, 가구의 규모, 거주 지역, 그 밖의 생활여건 등을 고려하여 생계급여·주거급여 및 의료급여 등과 같이 종류별로 정한 것을 말한다(같은 법 제4조 제1항·제2항 및 제7조). 이와 함께 현행법이 규정하고 있는 산림복지소외자로서 '소득수준이 낮은 저소득층 등 대통령령으로 정하는 자'란 (1) 「장애인복지법」에 따른 장애수당 수급자 및 장애아동수당 수급자, (2) 「장애인연금법」에 따른 장애인연금 수급자, (3) 「국민기초생

16) 「사회서비스 이용 및 이용권 관리에 관한 법률」에 따르면 '사회서비스이용권'이란 그 명칭 또는 형태와 상관없이 사회서비스 이용자가 사회서비스 제공자에게 제시하여 일정한 사회서비스를 제공받을 수 있도록 그 사회서비스의 수량 또는 그에 상응하는 금액이 기재(전자적 또는 자기적 방법에 의한 기록을 포함한다)된 증표를 말한다(같은 법 제2조 제2호). 한편 「사회서비스 이용 및 이용권 관리에 관한 법률」은 이러한 사회서비스이용권의 사용 및 제공자 등록 등에 대하여 규정하고 있는 법률로서 사회서비스 이용 및 이용권에 관한 기본법적 성격을 갖고 있다.

활 보장법」에 따른 차상위계층에 해당하는 사람을 말한다(시행령 제2조).

현행법에 따르면 이러한 산림복지소외자는 산림복지서비스이용권을 활용하여 산림복지서비스제공자로부터 서비스를 제공받을 수 있다(제24조 제1항·제2항 및 제25조 제1항). 사실 산림복지서비스는 모든 국민을 대상으로 하는 것이 당연하나 현행법은 특히 산림복지의 혜택을 받기 어려운 산림복지소외자의 경우에는 이를 특별히 고려하여 산림복지서비스를 제공하도록 하고 있는데, 이는 산림복지소외자에 대한 산림복지서비스를 확대하기 위하여 국가와 지방자치단체에게 필요한 시책을 강구하도록 책무(제3조 제2항)를 부여하고 있는 현행법의 취지를 반영한 것으로 이해된다.

현행법에 따른 산림복지소외자는 주로 경제적인 관점에 따라 규정된 것으로서 경제수준의 차이가 산림복지의 수준을 결정하는 주요 인자임을 충분히 감안하더라도 산림복지소외자를 정하는 다른 기준은 없는지에 대해서는 더 깊이 고민할 필요가 있어 보인다. 예를 들어 「청소년복지 지원법」에 따른 위기청소년이나 예방적·회복적 보호지원이 필요한 청소년(같은 법 제2조 제4호 및 제19조 제1항) 또는 「노인복지법」에 따라 노인복지시설(같은 법 제31조)에 속한 노인 및 위험직군에 속하는 업무에 종사하는 자로서 소방·경찰 및 해양경찰 등의 경우에는 경제적인 문제는 논외로 하더라도 실제로는 산림복지서비스를 누릴 기회를 얻기가 쉽지 않다는 점을 감안한다면 이들을 산림복지소외자로 지정하지 않을 이유가 없기 때문이다.

산림복지소외자에게 제공되는 산림복지서비스는 그 양뿐만 아니라 구체적인 서비스 제공의 수준도 매우 중요하다. 따라서 산림청장은 현행법 제12조에 따라 산림복지서비스제공자를 평가하는 경우 산림복지소외자의 관점에서 이러한 부분에 대한 평가가 엄정하게 이루어지도록 평가를 실시해야 할 것이다. 이러한 측면에서 현재 산림복지서비스제공자에 대한 평가사항[17] 중 산림복지서비스 제공의 적절성이나 산림복지서비스 이용자 만족도에 대해서는 가중적 평가가 이루어질 필요가 있으며, 또한 그 평가시기도 3년마다 1회 이상 실시하는 것이 아니라 매년 실시하도록 개선하는 방안을 적극적으로 검토할 필요가 있어 보인다(시행규칙 제7조 제1항·제2항).

다. 산림복지서비스에 대한 비용부담

산림복지서비스제공자는 산림복지서비스이용자에게 산림복지서비스 제공에 따

17) 현재 산림복지서비스제공자에 대한 평가에는 ① 산림복지서비스제공자의 기관운영의 합리성, ② 산림복지서비스 제공의 적절성, ③ 산림복지서비스 이용자 만족도, ④ 그 밖에 산림청장이 산림복지서비스제공자 관리를 위하여 평가가 필요하다고 인정하는 사항 등이 포함되어야 한다(시행규칙 제7조 제2항).

른 비용을 부담하게 할 수 있다(제23조 제1항 및 시행령 제27조 제1항). 따라서 산림복지소외자의 경우에도 무상으로 산림복지서비스를 제공받을 수 있는 것은 아니며, 다만 산림복지소외자가 현행법에 따라 산림복지서비스이용권을 발급받은 경우에는 이를 활용하여 비용을 지불할 수 있을 뿐이다. 현행법에 따르면 산림복지서비스제공자가 산림복지서비스 이용자에게 부담하게 할 수 있는 이러한 비용에는 산림복지시설의 입장료 및 사용료, 체험료, 그 밖에 산림복지서비스의 제공에 필요한 비용 등이 포함된다.

산림복지서비스제공자는 산림복지서비스이용자의 이러한 비용부담 원칙에도 불구하고 산림복지서비스이용자와 그 부양의무자의 소득 및 재산이 농림축산식품부령으로 정하는 금액 이하인 사람이나 그 밖에 대통령령으로 정하는 사람[18]에 대하여는 그 부담비용을 감면할 수 있다(제23조 제2항). 이 경우 산림복지서비스제공자가 현행법에 따라 감면할 수 있는 비용은 산림복지서비스이용자가 부담하는 비용 중 산림복지시설 입장료 및 사용료로 하며, '농림축산식품부령으로 정하는 금액 이하인 사람'이란 「국민기초생활 보장법」 제8조 제2항에 따른 생계급여 수급권자를 말한다(시행령 제27조 제3항 및 시행규칙 제12조).

라. 산림복지서비스이용권의 발급

산림복지서비스이용권은 산림복지소외자, 산림복지소외자의 친족 또는 산림복지소외자의 법정대리인이 산림복지서비스이용권 제공계획에 따라 산림청장에게 신청하여 발급받을 수 있다(제24조 제1항). 그러나 현행법에 따라 산림복지서비스이용권의 발급을 신청하려는 사람이 「사회복지사업법」에 따른 사회복지시설에 거주하는 경우에는 그 사회복지시설의 대표자가 신청서와 함께 산림복지서비스이용권을 발급받으려는 사람이 사회복지시설에 거주함을 확인할 수 있는 서류, 사회복지시설 대표자의 신분증명서 사본 및 위임장 등을 첨부하여 신청할 수 있다(시행규칙 제13조 제2항).

---

18) 여기에서 '대통령령으로 정하는 사람'이란 ① 6세 이하 또는 65세 이상인 사람, ② 「장애인복지법」에 따라 등록된 장애인(장애의 정도가 심한 장애인의 경우에는 그 보호자를 포함한다), ③ 「국가유공자 등 예우 및 지원에 관한 법률」에 따라 등록된 국가유공자와 그 유족, ④ 「독립유공자예우에 관한 법률」에 따라 등록된 독립유공자와 그 유족, ⑤ 「참전유공자 예우 및 단체설립에 관한 법률」에 따라 등록된 참전유공자, ⑥ 「5·18민주유공자예우 및 단체설립에 관한 법률」에 따라 등록된 5·18민주유공자와 그 유족, ⑦ 「특수임무유공자 예우 및 단체설립에 관한 법률」에 따라 등록된 특수임무유공자와 그 유족, ⑧ 「산림보호법」에 따라 위촉된 숲사랑지도원, ⑨ 「산림교육의 활성화에 관한 법률」에 따른 한국숲사랑청소년단의 단원, ⑩ 산림복지서비스제공자가 소재하는 읍·면·동에 거주하는 사람, ⑪ 공무수행을 위하여 해당 시설을 이용하는 사람, ⑫ 그 밖에 산림청장 또는 지방자치단체의 장이 그 이용료를 면제할 필요가 있다고 인정하여 고시하는 자를 말한다. 다만, ⑧부터 ⑩까지 및 ⑫의 경우는 국가 또는 지방자치단체가 산림복지서비스제공자인 경우만 해당한다(시행령 제27조 제2항).

산림청장은 신청권자로부터 산림복지서비스이용권 발급의 신청이 있는 경우에는 예산 등을 고려하여 산림복지소외자에게 산림복지서비스이용권을 발급할 수 있다(제24조 제2항~제4항). 이를 위하여 필요한 경우 산림청장은 관계 중앙행정기관의 장, 지방자치단체의 장, 공공기관의 장, 관련 기관 및 단체의 장에게 당사자의 동의를 받아 필요한 자료의 제출을 요구할 수 있으며, 산림청장으로부터 이러한 자료의 제출을 요구받은 관계 기관의 장 등은 정당한 사유가 없으면 이에 따라야 한다. 이 경우 특히 산림청장은 산림복지서비스이용권의 발급에 필요한 자료의 확인을 위하여 「사회복지사업법」 제6조의2 제2항에 따른 정보시스템을 연계하여 사용할 수 있다.

현행법에 따른 산림복지서비스이용권은 전자적 또는 자기적 방법으로 발급하여야 하나, 전자적 또는 자기적 방법으로 발급하는 것이 불가능한 경우에는 서면으로도 발급할 수 있다(제24조 제5항 및 시행규칙 제14조 제1항·제2항). 이러한 산림복지서비스이용권에는 산림복지서비스이용자의 이름 및 생년월일, 산림복지서비스이용권의 일련번호, 산림복지서비스이용권의 제공금액 및 사용기간, 이용할 수 있는 산림복지서비스의 내용, 산림복지서비스이용권의 발급일 및 발급기관, 그 밖에 산림복지서비스이용권의 사용과 관련하여 기재할 필요가 있는 사항 등을 적어야 한다.

마. 산림복지서비스이용권의 사용

현행법에 따라 산림복지서비스이용권을 발급받은 산림복지서비스이용권자가 산림복지서비스를 제공받으려는 경우에는 산림복지서비스제공자에게 산림복지서비스이용권과 주민등록증 등 본인을 확인할 수 있는 신분증을 제시하여야 한다(제25조 제1항 및 시행규칙 제15조 제1항). 이 경우 산림복지서비스제공자는 정당한 이유 없이 산림복지서비스이용권자의 산림복지서비스이용권 사용을 거부할 수 없다(제25조 제2항).

산림청장은 산림복지서비스이용권자의 산림복지서비스 선택권을 보장하고 산림복지서비스의 질을 높이기 위하여 산림복지서비스제공자의 현황, 산림복지서비스제공자의 제공 실적 및 품질, 그 밖에 대통령령으로 정하는 사항 등을 공개하여야 한다(제25조 제3항 및 시행령 제28조). 여기에서 '대통령령으로 정하는 사항'이란 산림복지서비스제공자가 제공하는 산림복지서비스의 종류와 내용, 산림복지전문가의 배치 현황, 그 밖에 산림복지서비스이용권자의 산림복지서비스의 선택 및 이용과 관련하여 공개할 필요가 있다고 산림청장이 인정하는 사항 등을 말한다.

[4] 산림복지전문업을 통한 산림복지서비스의 제공

1. 개 념

산림복지전문업이란 "숲해설, 산림치유 등 산림복지서비스 제공을 영업의 수단으로 하는 업으로서 대통령령으로 정하는 것"(제2조 제7호)을 말한다. 이러한 산림복지전문업은 산림치유 프로그램을 개발·보급하거나 기존의 산림복지시설을 이용하여 해설 및 지도·교육 등과 같은 산림복지서비스를 제공하는 사업으로서 산림복지시설을 조성·운영하는 자나 산림복지서비스제공자와 같이 반드시 산림복지시설의 보유를 전제로 하는 것은 아니다. 현행법에 따른 산림복지전문업은 그 사업내용에 따라 다음과 같은 구분한다(시행령 제3조).

- 산림치유업: 산림치유를 지도하거나 산림치유 프로그램을 개발·보급하는 사업
- 숲해설업: 국민이 산림문화·휴양에 관한 활동을 통하여 산림에 대한 지식을 습득하고 올바른 가치관을 가질 수 있도록 해설을 제공하거나 지도·교육하는 사업
- 유아숲교육업: 유아가 산림교육을 통하여 정서를 함양하고 전인적으로 성장할 수 있도록 지도·교육하는 사업
- 숲길등산지도업: 국민이 안전하고 쾌적하게 등산 또는 트레킹을 할 수 있도록 해설을 제공하거나 지도·교육하는 사업
- 종합산림복지업: 산림치유업과 산림치유업 이외 숲해설업·유아숲교육업 및 숲길등산지도업 중 하나 이상의 사업을 모두 포함하여 산림복지서비스를 종합적으로 제공하는 사업

여기에서 유아숲교육업의 유아란 「유아교육법」에 따른 유아로서 "만 3세부터 초등학교 취학전까지의 어린이"(같은법 제2조 제1호)를 말하며, 숲길등산지도업 중 '트레킹'이란 길을 걸으면서 지역의 역사·문화를 체험하고 경관을 즐기며 건강을 증진하는 활동을 말한다.

2. 등록 및 관리

가. 산림복지전문업의 등록

산림복지전문업을 하려는 자는 산림청장에게 등록하여야 한다(제21조 제1항). 이 경우 산림복지전문업을 등록하려는 자는 농림축산식품부령으로 정하는 등록신청서에 그 자격요건을 충족하는지를 확인할 수 있는 서류를 첨부하여 수수료와 함께 한국산림복지진흥원에 제출하여야 한다(제60조 제3호·시행령 제25조 및 시행규칙 제10조 제1항).

산림청장은 산림복지전문업의 등록을 신청한 자가 자격요건에 적합한 경우에는 그 신청인에게 등록증을 발급하여야 한다(제21조 제1항 후단 및 제2항·제3항). 현행법에 따라 이와 같이 산림복지전문업을 등록한 자는 다른 사람에게 등록증을 양도 또는 대여해서는 안 되며, 산림청장 및 지방자치단체의 장은 산림복지전문업을 등록한 자에게 산림복지서비스의 제공을 대행(제61조 제3항)하게 하거나 필요한 지원을 할 수 있다. 산림복지전문업을 등록한 자에 대한 이러한 규정은 산림복지전문업이 효율적인 산림복지서비스를 제공하고 그 서비스의 수준을 높이는 데 중요한 역할을 수행한다는 점을 감안한 것으로서 매우 타당한 입법적 조치로 이해된다.

나. 산림복지전문업의 관리

산림청장은 산림복지전문업을 등록한 자가 현행법에 따른 업무범위 및 자격요건 등에 따라 산림복지전문업을 적정하게 운영하였는지를 평가한 후 결과를 공개하여야 하며, 그 평가결과가 우수한 자에 대하여는 포상을 할 수 있다(제22조의2 제1항·제2항). 이에 따르면 산림복지전문업에 대한 평가는 한국산림복지진흥원이 필요한 경우 현장평가를 포함하여 경영역량, 산림복지서비스 제공의 적절성 및 만족도 등을 기준으로 3년마다 1회 이상 실시하며, 평가를 마친 후에는 그 결과를 평가 대상자 및 산림청장에게 통보하고 한국산림복지진흥원 홈페이지 또는 산림복지정보체계를 통하여 공개하여야 한다(시행규칙 제11조의2 제1항~제3항).

산림청장은 산림복지전문업을 등록한 자와 관련 종사자에게 산림복지서비스 제공과 관련된 교육과 훈련을 실시할 수 있다(제22조의2 제3항·제4항). 이 경우 산림청장은 산림복지전문업에 대한 평가결과를 산림복지서비스 제공과 관련된 교육과 훈련의 계획을 수립하기 위한 자료로 활용할 수 있다. 현행법에 따르면 이러한 교육과 훈련은 산림청장의 위탁에 따라 한국산림복지진흥원이 신규자 과정과 경력자 과정으로 구분하여 매년 1회 이상 실시하여야 한다(시행규칙 제11조의3 제1항·제2항).

3. 등록취소

산림청장은 산림복지전문업을 등록한 자에게 일정한 사유가 있는 경우에는 그 산림복지전문업의 등록을 취소하거나 6개월 이내의 기간을 정하여 영업을 정지하게 할 수 있다(제22조 제1항). 산림청장이 현행법에 따라 산림복지전문업 등록취소 등의 처분을 할 수 있는 이러한 사유에는 거짓이나 그 밖의 부정한 방법으로 등록한 경우, 현행법을 위반하여 산림복지전문업 등록증을 양도 또는 대여한 경우, 현행법에 따른 지도·명령에 따르지 않거나 조사를 거부·방해·기피하거나 거짓으로 보고하거나 거짓 자료를 제출한 경우, 영업정지 기간 내에 영업을 한 경우 등이 있다. 산림청장은 산림복지전문업을 등록한 자에게 이러한 사유가 있다고 하더라도 반드시 그 등록을 취소하여야 하는 것은 아니나, 만일 그 사유가 '거짓이나 그 밖의 부정한 방법으로 등록한 경우'에 해당하는 때에는 반드시 그 등록을 취소하여야 한다(제22조 제1항 단서). 산림청장은 현행법에 따라 산림복지전문업의 등록을 취소하는 처분을 하려면 미리 청문을 하여야 한다(제59조 제3호).

[5] 지도·명령 및 조사

산림청장은 원활한 산림복지서비스 지원을 위하여 산림복지서비스제공자 및 산림복지전문업을 등록한 자에 대하여 필요한 지도와 명령을 할 수 있으며, 산림복지서비스 제공에 관련된 자료의 제출을 명하거나 소속 공무원으로 하여금 관계인에게 질문을 하게 할 수 있고, 그 업무에 관하여 보고를 명할 수 있다(제26조 제1항 ~제3항). 현행법에 따라 관계 공무원이 이러한 직무를 수행할 때에는 그 권한을 표시하는 증표를 지니고 이를 관계인에게 내보여야 한다. 현행법에 따른 산림복지서비스제공자 또는 산림복지전문업을 등록한 자가 산림청장의 이러한 지도·명령에 따르지 않거나 조사를 거부·방해·기피하거나 거짓으로 보고하거나 거짓 자료를 제출한 경우에는 각각 등록취소 또는 6개월 이내의 기간을 정한 영업정지 처분의 사유에 해당하게 됨은 앞에서 이미 설명한 것과 같다(제11조 제1항 제6호 및 제22조 제1항 제3호).

Ⅳ. 산림복지지구

[1] 지정 및 지정기준

1. 지정절차

산림청장은 산림복지서비스에 대한 수요와 산림복지단지 조성을 위한 산림자원 등의 여건을 고려하여 현행법에 따른 산림복지심의위원회의 심의를 거쳐 산림복지지구를 지정할 수 있다(제27조 제1항). 여기에서 '산림복지지구'란 산림자원을 활용한 산림복지서비스를 제공하기 위하여 산림청장이 지정한 지역으로서 산림복지단지를 조성하기 위한 지역(제2조 제8호·제10호)이므로 당연히 산림복지단지보다 넓은 개념이다. 이러한 산림복지지구의 지정에 관하여는 현행법 제4조 제1항에 따라 현행법이 다른 법률에 우선하여 적용된다.

산림청장은 산림복지지구를 지정하거나 지정된 산림복지지구를 변경하려는 경우에는 미리 관계 행정기관의 장과 협의하고 해당 지역주민의 의견을 들어야 하며, 현행법에 따라 산림복지지구의 위치·면적, 산림복지지구 조성의 기본방향, 그 밖에 대통령령으로 정하는 사항으로서 산림복지지구의 명칭, 지정목적, 지정일 또는 지정변경일 및 산림복지단지의 조성자 등을 고시하여야 한다(제27조 제2항~제4항 및 시행령 제30조).

현행법에 따르면 산림복지지구의 지정을 위하여 필요한 경우 관계 공무원 및 사업시행자는 타인의 토지에 출입하거나 타인의 토지를 재료적치장·통로 또는 임시도로로 일시 사용할 수 있으며 입목·죽, 토석 및 그 밖의 장애물을 변경하거나 제거할 수 있다(제41조 제1항·제3항). 이 경우 토지에의 출입절차 및 이에 따른 손실보상 등에 관하여 현행법에서 정하지 않은 사항은 「국토의 계획 및 이용에 관한 법률」 제130조 제2항부터 제9항까지 및 같은 법 제131조를 준용한다.

2. 지정기준

산림청장이 산림복지지구를 지정하려면 현행법에 따른 다음의 지정기준에 부합되어야 한다(제28조 제1항).

- 산림복지진흥계획의 추진방향에 부합할 것
- 다른 법률에서 정하는 지역이 아닐 것[19]
- 산림복지지구의 지정목적, 산지의 이용계획 및 주변 여건 등을 고려할 때 지정 규모가 적정할 것
- 산지의 경사도, 모암 및 표고 등을 고려할 때 산사태 및 토사의 유출 등 재해발생 우려가 없을 것
- 산림의 수원함양 및 수질보전 기능을 저해하지 않을 것
- 인체의 면역력을 높이고 심신의 건강을 증진시키는 데 기여할 수 있는 산림자원과 경관을 충분히 구비하고 있을 것

이 경우 특히 산림복지지구의 지정 규모는 (1) 국가 또는 지방자치단체가 조성

---

19) 여기에서 '다른 법률에서 정하는 지역'이란 ① 「자연공원법」에 따른 공원구역, ② 「야생생물 보호 및 관리에 관한 법률」에 따른 야생생물 특별보호구역 및 야생생물 보호구역, ③ 「수도법」에 따른 상수원보호구역, ④ 「자연환경보전법」에 따른 생태·경관보전지역, ⑤ 「습지보전법」에 따른 습지보호지역, ⑥ 「독도 등 도서지역의 생태계 보전에 관한 특별법」에 따른 특정도서, ⑦ 「백두대간 보호에 관한 법률」에 따른 백두대간보호지역 중 핵심구역, ⑧ 「산림보호법」에 따른 산림유전자원보호구역, ⑨ 「산림자원의 조성 및 관리에 관한 법률」에 따른 채종림, 시험림을 말한다.

할 경우에는 산림면적이 80만m^2 이상이어야 하며, (2) 국가 또는 지방자치단체 외의 자가 조성할 경우에는 산림면적이 50만m^2 이상이어야 한다(제28조 제2항 및 시행령 제31조 제1항·제2항). 또한 현행법에 따르면 산림복지지구의 지정대상 지역은 상수원·취수장 등의 수량 및 수질에 영향을 미치지 않기 위하여 상수원보호구역으로부터 상류방향 유하거리 10km를 초과하는 지역이면서 동시에 하천 양안 경계로부터도 500m를 초과하는 지역이어야 한다. 그러나 이 경우에도 상수원보호구역으로서 취수시설 용량이 1일 20만m^3 이상인 경우에는 그 상류방향 유하거리가 20km를 초과하여야 하며, 만일 상수원보호구역으로 지정·고시되지 않은 취수장의 경우에는 15km를 초과하여야 한다. 현행법이 산림복지지구의 지정기준으로서 수원에 대하여 이처럼 엄격한 기준을 요구하고 있는 것은 '산림의 수원함양 및 수질보전 기능'을 저해하지 않기 위한 것이며, 따라서 산림복지지구에서 발생하는 하수를 「하수도법」 제2조 제9호에 따른 공공하수처리시설로 유입·처리하는 경우에는 이러한 규정을 적용하지 않는다(시행령 제31조 제2항 단서).

[2] 지정해제

산림청장은 현행법에 따라 지정된 산림복지지구가 (1) 산림복지지구 지정·고시일부터 3년 이내에 해당 산림복지지구에 산림복지단지 조성계획의 승인 신청이 없는 경우나 (2) 해당 산림복지지구에서 산림복지단지 조성 등 사업의 추진상황으로 보아 산림복지지구의 지정목적을 달성할 수 없다고 인정되는 경우에는 산림복지심의위원회의 심의를 거쳐 그 산림복지지구의 지정을 해제할 수 있다(제29조 제1항). 이 경우 산림청장은 산림복지지구의 지정을 해제하는 처분을 하려면 현행법에 따라 미리 청문을 하여야 한다(제59조 제4호).

산림청장은 산림복지지구의 지정을 해제한 때에는 대통령령으로 정하는 바에 따라 그 내용을 고시하고 관계 중앙행정기관의 장에게 이를 통보하여야 한다(제29조 제2항 및 시행령 제32조). 여기에서 산림복지지구의 지정을 해제할 때 산림청장이 고시하여야 하는 내용이란 산림복지지구의 명칭, 지정해제일 및 지정해제 사유를 말한다.

V. 산림복지단지

[1] 개 요

1. 개념 및 조성원칙

산림복지단지란 "산림복지지구에서 산림복지서비스를 제공하기 위하여 다수의 산림복지시설로 조성된 지역"(제2조 제10호)을 말한다. 현행법에 따른 이러한 산림복지단지는 산림복지지구 내에서 자연휴양림, 숲길, 유아숲체험원 및 산림교육센터 등 다수의 산림복지시설이 단지를 이루고 있는 지역으로서 그 조성에 관하여는 현행법 제4조 제1항에 따라 현행법이 다른 법률에 우선하여 적용된다.

산림복지단지는 현행법이 정하는 원칙에 따라 조성되도록 노력하여야 한다(제30조). 이에 따르면 산림복지단지의 조성원칙에는 (1) 산지전용을 통한 개발지역의 확장이 아닌 산지의 지속가능한 이용이라는 원칙에 부합할 것, (2) 산림복지단지는 산림복지서비스 기능을 고려하여 불가피한 사정이 없으면 산림 내에 위치하여야 하며, 체류시설의 경우에는 충분한 일조량 확보가 가능할 것, (3) 산림복지단지를 조성하려는 지역의 목재 및 토석 등 자연재료를 최대한 활용하고, 해당 지역의 경관적인 특성을 건축과 조경에 반영할 것, (4) 물, 식량, 에너지 및 쓰레기 등을 최대한 재활용하는 선순환시스템이 구축될 수 있도록 필요한 시설 등을 구비할 것, (5) 대기·수질·토양 및 해양 오염, 야생동식물의 서식지 파괴, 생태계 질서의 교란, 자연경관의 훼손 및 표토의 유실을 최소화할 것, (6) 산림복지단지의 이용자가 산림자원 육성과 보호, 치유활동을 할 수 있는 여건을 조성할 것, (7) 산림복지단지의 이용자에게 산림문화·휴양, 산림교육 및 치유 등의 산림복지서비스를 제공하기 위한 산림복지서비스 시설 등을 구비할 것, (8) 그 밖에 산림복지단지의 조성과 관련하여 대통령령으로 정하는 사항[20]에 적합할 것 등이 있다. 현행법에 따른 이러한 산림복지단지의 조성원칙은 산림복지단지를 조성하는 경우 산지전용을 통한 개발지역의 확장이 아니라 산지의 자연친화적 저밀도 이용을 지향한다는 제정 당시의 입법 취지를 직접적으로 반영한 것이며, 따라서 현행법이 정하고 있

20) 여기에서 '대통령령으로 정하는 사항'이란 ①「산림문화·휴양에 관한 법률」및「산림교육의 활성화에 관한 법률」에 따라 이미 조성된 산림복지시설을 최대한 활용하여 조성할 것, ② 해당 지역의 역사·문화·관광 등의 자원을 최대한 활용할 수 있도록 조성할 것을 말한다(시행령 제33조).

는 원칙을 단순히 선언적인 내용으로만 해석해서는 안 될 것이다.

2. 생태적 산지이용기준

산림복지단지는 생태적 산지이용기준에 적합하게 조성하여야 한다(제31조 제1항·제2항). 현행법에 따르면 이러한 생태적 산지이용기준이란 (1) 시설물이 설치되거나 산지의 형질이 변경되는 부분 사이에 100분의 60 이상의 산림을 존치하거나 폭 30m 이상의 수림대를 조성할 것, (2) 산지의 지형이 유지되도록 절토량·성토량·토공량 및 형질변경 면적을 최소화하고 비탈면의 높이는 12m 이하가 되도록 할 것, (3) 산지의 수질 및 토양이 보전되도록 빗물 비투과율은 전용면적의 100분의 30 이하로 하고 별도의 오염방지 대책을 마련할 것, (4) 산지의 수량변화를 최소화하고 산사태 및 토사유출에 대비하여 사방시설을 설치하는 등 재해방지대책을 마련할 것, (5) 건축물의 디자인, 색채 및 소재를 주변 산지경관과 조화되도록 할 것, (6) 건축물의 높이·길이·밀도·건폐율 및 용적률을 적정하게 할 것, (7) 건축물의 에너지 이용효율 및 신·재생에너지 사용비율을 제고하고 온실가스 배출을 최소화할 것 등을 말한다.

현행법이 정하는 이러한 생태적 산지이용기준은 산림복지단지의 조성원칙을 구체화한 것으로서 그 세부기준에 따라 엄격하게 적용하여야 하나, 이를 그대로 적용하는 것이 산지의 지형여건 또는 사업수행 상 불합리하다고 인정되는 경우에는 산림복지심의위원회의 심의를 거쳐 현행법이 정한 세부기준을 완화할 수 있다(제31조 제3항 및 시행령 제34조 제1항 별표7·제2항).

[2] 조성계획

1. 사업시행자

산림복지단지의 조성 및 운영사업은 다음과 같은 자[사업시행자]가 할 수 있다(제32조).

- 국가 또는 지방자치단체
- 한국산림복지진흥원
- 공공기관 중 대통령령으로 정하는 기관으로서 「공무원연금법」에 따른 공무원연금공단, 「한국토지주택공사법」에 따른 한국토지주택공사 및 「산업재해보상보험법」에 따른 근로복지공단(시행령 제35조)
- 「지방공기업법」에 따른 지방공사
- 「공익법인의 설립·운영에 관한 법률」에 따른 공익법인

이에 따르면 현행법상 산림복지단지의 사업시행자는 국가 또는 지방자치단체 및 공익성이 강한 법인으로 제한되어 있음을 알 수 있다. 현행법의 이러한 규정은 산림복지단지의 조성 및 운영을 개인이나 영리를 추구하는 법인에게는 허용하지 않겠다는 입장으로서 현행법이 산림복지서비스의 확충보다는 산지의 보전에 그 무게를 좀 더 두고 있다는 추정을 가능하게 하는 근거이기도 하다. 사실 현행법은 산림복지를 진흥하기 위한 법률임에도 불구하고 여러 곳에서 산림복지시설의 조성·운영으로 인한 산지의 훼손을 지나칠 정도로 우려하고 있는 것으로 보인다. 이는 앞에서 이미 살펴본 바와 같이 산림복지단지의 조성원칙이나 생태적 산지이용기준에 관한 규정뿐만 아니라 실시계획이 승인된 경우 「산지관리법」의 적용에 특례를 두거나 산림복지시설 중 숙박 등을 위한 시설에 대한 분양 및 회원모집의 금지 등에 관한 규정으로도 유추하여 볼 수 있다(제40조·제38조 및 제45조).

현행법의 이러한 태도는 산림복지단지를 활성화할 필요와 그로 인하여 산림복지단지의 조성과 운영이 또 다른 유형의 개발사업이 됨으로써 산지를 훼손하는 요인이 되지 않도록 이를 제한할 필요에 대한 입법적 타협의 산물로 보인다. 그러나 현행법의 이러한 입장은 충분히 수긍이 됨에도 불구하고 산림복지의 진흥을 위해서는 아쉬운 측면이 있는 것이 사실이다. 「산림복지 진흥에 관한 법률」은 결국 산지의 보전이 아니라 산림복지를 진흥하기 위한 법률이어야 하기 때문이다. 이러한 관점은 국가 또는 지방자치단체 및 공공기관 등이 조성·운영하는 산림복지단지로는 산림복지제도를 활성화하거나 수준 높은 산림복지서비스를 제공하는 데 있어 제한적일 수밖에 없다는 의문에서 비롯된 것으로 산림청이 장기계획에 따라 추진하는 권역별 산림복지단지와 국립산림복지단지 시범사업[21]만으로 해결할 수 있는 과제는 아닌 것으로 보인다.

사실 이러한 의문은 누가 산림복지서비스의 '주된' 공급자가 되어야 하는가라는 근본적인 질문에 이어져 있는 것이다. 개인이나 영리법인 등에게 산림복지의 건전한 공급자 역할을 기대하는 것은 과연 우려스러운 일인가? 만일 산림복지에 시장경제적 접근을 허용한다면 그로 인하여 산림복지의 공공성은 무뎌지게 될까? 실제로 이에 대한 해답을 찾는 것은 결코 쉽지 않을 일인지도 모른다. 그러나 산림을 기반으로 하는 산림복지정책을 전혀 다른 시각에서 바라본다면, 이를 통하여 투자의 장기성이나 낮은 수익성은 물론 시장실패와 같은 산림이 가지는 본질적인 정책

21) 산림청(2018)의 「제6차 산림기본계획(2018~2037)」, 89면.

적 한계를 뛰어넘는 성과를 거두게 될지도 모르는 일이다.

2. 조성계획의 수립

사업시행자가 산림복지단지를 조성하고자 하는 경우에는 현행법 제34조 제1항에 따른 타당성조사 결과를 첨부한 산림복지단지 조성계획[조성계획]을 수립하여 산림청장에게 승인을 받아야 한다(제33조 제1항). 이 경우 조성계획의 승인을 신청하는 자는 농림축산식품부령으로 정하는 바에 따라 산림청장에게 수수료를 납부하여야 한다(제60조 제4호).

현행법에 따라 사업시행자가 수립하는 이러한 조성계획에는 사업시행자, 산림복지단지의 규모·산림복지시설 및 운영계획, 기존 산림복지서비스제공자와의 효율적인 연계 방안, 산림복지서비스 제공계획, 산림생태보전 등에 필요한 사업, 그 밖에 대통령령으로 정하는 사항 등이 포함되어야 한다(제33조 제2항 및 시행령 제36조). 여기에서 '대통령령으로 정하는 사항'이란 산림복지단지 투자계획, 산림복지단지 조성부지의 지번·지목·지적·소유자 및 시설별 면적에 관한 사항, 시설배치 상황 등이 포함된 조감도, 그 밖에 산림복지단지 조성에 필요한 사항 등을 말한다.

사업시행자는 산림청장에게 조성계획의 승인을 신청하는 경우 조성계획의 경제적·사회적 타당성 및 현행법에 따른 조성원칙에의 적합성에 대한 조사[타당성조사]를 대통령령으로 정하는 전문기관에 신청하여야 한다(제34조 제1항~제3항 및 시행령 제37조 제2항). 여기에서 '대통령령으로 정하는 전문기관'이란 한국산림복지진흥원, 「산지관리법」에 따른 한국산지보전협회, 그 밖에 산림청장이 타당성조사 전문기관으로 인정하여 고시하는 법인을 말한다. 그러나 이 경우에도 한국산림복지진흥원이 사업시행자인 경우에는 타당성조사의 공정성을 위하여 한국산림복지진흥원은 그 타당성조사를 실시할 수 없음은 물론이다. 현행법에 따라 사업시행자로부터 이러한 신청을 받은 전문기관은 타당성조사를 실시한 후 그 결과를 사업시행자에게 알려주어야 하며, 타당성조사를 신청한 사업시행자는 그에 필요한 수수료를 전문기관에 납부하여야 한다.

산림청장은 조성계획을 승인하고자 하는 때에는 관계 행정기관의 장과 협의한 후 산림복지심의위원회의 심의를 거쳐야 한다(제33조 제3항·제4항). 산림청장은 만일 현행법에 따라 조성계획의 승인을 받은 사업시행자가 그 승인일부터 2년 이내에 정당한 사유 없이 현행법 제35조 제1항에 따른 산림복지단지 조성을 위한 실시계획[실시계획]을 수립하여 제출하지 않으면, 그 사업추진 현황 및 지연사유 등을 조사하여 사업시행자로 하여금 조성계획을 변경하게 하거나 조성계획의 승인을 취소할 수 있다. 이 경우 산림청장은 조성계획의 승인을 취소하는 처분을 하려면 현행법에 따라 미리 청문을 하여야 한다(제59조 제5호).

[3] 실시계획

1. 실시계획의 승인

산림복지단지를 조성하려는 사업시행자는 실시계획을 수립하여 산림청장에게 승인을 받아야 한다(제35조 제1항). 이는 이미 승인된 실시계획을 변경하려는 경우에도 같으나, 만일 변경하는 사항이 실시계획 중 대통령령으로 정하는 경미한 사항인 경우에는 그렇지 않다. 이 경우 실시계획의 승인을 신청하는 자는 농림축산식품부령으로 정하는 바에 따라 산림청장에게 수수료를 납부하여야 한다(제60조 제5호).

사업시행자가 수립하는 실시계획에는 산림복지단지의 위치 및 면적 등 입지선정, 산림복지단지의 조성목적, 산림복지단지 내 산림복지시설 등 시설물의 배치계획과 수용규모, 산림복지서비스 증진을 위한 산림자원 보전대책, 산림복지단지 조성에 따른 책임감리 시행계획, 산림복지시설 활용 및 산림복지서비스의 제공계획, 토지 소유자 · 점유자 또는 이해관계자의 의견수렴, 산림복지소외자에 대한 산림복지서비스 내용, 산림복지전문가의 활용, 재원조달 계획 및 조성비용의 적정성, 조성사업 추진기간 및 연도별 사업추진계획, 그 밖에 산림복지단지 조성에 필요한 사항으로서 조성계획과의 연계성 등 대통령령으로 정하는 사항 등이 포함되어야 한다(제35조 제3항 및 시행령 제39조).

산림청장은 실시계획을 승인하고자 하는 때에는 관계 행정기관의 장과 협의한 후 산림복지심의위원회의 심의를 거쳐야 하며, 만일 산림청장이 실시계획을 승인한 경우에는 농림축산식품부령으로 정하는 바에 따라 그 내용을 고시하여야 한다(제35조 제2항 및 제4항 · 제5항). 이 경우 산림청장은 현행법에 따라 고시한 실시계획에 토지, 건물 또는 토지에 정착한 물건이나 이에 관한 소유권 외의 권리, 광업권, 어업권, 양식업권 및 물의 사용에 관한 권리[토지 등]의 수용이 필요한 계획이 포함되어 있을 때에는 사업시행자의 주소, 성명, 사업의 종류, 수용할 토지 및 건물 등의 세목을 함께 고시하고 그 토지 등의 소유자 및 권리자에게 통지하여야 한다.

사업시행자는 실시계획의 시행과 관련하여 환지를 할 필요가 있을 경우에는 「도시개발법」의 환지에 관한 규정을 준용한다(제35조 제6항). 여기에서 「도시개발법」에 따른 환지란 높은 지가 등으로 토지의 수용이 어려운 경우에 토지소유자가 사업시행지

안의 토지를 도시개발사업의 시행자에게 내주고 사업이 완료된 이후 일정한 토지를 다시 돌려받는 것을 말한다.

2. 실시계획의 승인에 따른 효과

가. 다른 법률에 따른 인·허가 등의 의제

산림복지단지 조성을 위한 실시계획의 승인 또는 변경승인이 있는 때에는 현행법이 정하는 다른 법률에 의한 승인·허가·인가·결정·신고·협의·해제 등 [인·허가 등]을 받은 것으로 보며, 실시계획 승인고시가 있는 때에는 다른 법률에 의한 인·허가 등의 고시 또는 공고가 있는 것으로 본다(제37조 제1항·제3항). 현행법에 따라 다른 법률에 의한 인·허가 등이 의제되는 이러한 사항에는 「산지관리법」을 포함하여 「산림자원의 조성 및 관리에 관한 법률」, 「임업 및 산촌 진흥촉진에 관한 법률」, 「사방사업법」 및 「건축법」 등에서 정하는 사항 등이 있으며,[22] 이에 따라 다

---

22) 현행법에 따라 다른 법률에 의한 인·허가 등이 의제되는 이러한 사항에는 「산지관리법」에 따른 산지전용허가·신고 및 산지일시사용허가·신고, 「산림자원의 조성 및 관리에 관한 법률」에 따른 입목벌채 등의 허가·신고, 「임업 및 산촌 진흥촉진에 관한 법률」에 따른 임업진흥권역의 지정변경 및 해제, 「사방사업법」에 따른 벌채 등의 허가 및 사방지 지정의 해제, 「건축법」에 따른 건축허가·건축신고 및 허가·신고사항의 변경, 가설건축물의 허가·신고 및 건축협의, 「도로법」에 따른 도로공사 시행의 허가, 도로점용의 허가 및 도로관리청과의 협의 또는 승인, 「사도법」에 따른 사도의 개설허가, 「국토의 계획 및 이용에 관한 법률」에 따른 도시·군관리계획의 결정(「국토의 계획 및 이용에 관한 법률」 제2조 제6호의 시설만 해당한다), 개발행위의 허가, 도시·군계획시설사업의 시행자의 지정 및 실시계획의 작성·인가, 「공간정보의 구축 및 관리 등에 관한 법률」에 따른 사업의 시작·변경 또는 완료의 신고, 「농지법」에 따른 농업진흥지역의 변경·해제 및 농지전용의 허가 또는 협의, 「초지법」에 따른 토지의 형질변경 등의 허가 및 초지전용의 허가, 「낙농진흥법」에 따라 지정된 낙농지구의 해제, 「농어촌정비법」에 따른 농업생산기반시설의 사용허가, 「광업법」에 따른 광업권설정의 불허가처분 및 광업권 취소처분 또는 광구 감소처분, 「공유수면 관리 및 매립에 관한 법률」에 따른 공유수면의 점용·사용허가 및 협의 또는 승인, 점용·사용 실시계획의 승인 또는 신고, 공유수면의 매립면허 및 매립면허의 고시, 국가 등이 시행하는 매립의 협의 또는 승인 및 공유수면매립실시계획의 승인·고시, 「수도법」에 따른 수도사업의 인가 및 전용상수도의 설치인가, 「하수도법」에 따른 공공하수도공사 시행의 허가 및 공공하수도의 점용허가, 「집단에너지사업법」에 따른 집단에너지의 공급타당성에 관한 협의, 「에너지이용 합리화법」에 따른 에너지사용계획의 협의, 「전기안전관리법」에 따른 자가용전기설비의 공사계획의 인가 또는 신고, 「대기환경보전법」·「물환경보전법」 및 「소음·진동관리법」에 따른 배출시설 설치의 허가 및 신고, 「소하천정비법」에 따른 소하천정비종합계획의 수립·승인 및 소하천정비시행계획의 수립, 소하천공사 시행의 허가 및 소하천 점용 등의 허가 또는 신고, 「자연재해대책법」에 따른 개발사업의 재해영향평가 등의 협의, 「장사 등에 관한 법률」에 따른 무연분묘의 개장허가, 「체육시설의 설치·이용에 관한 법률」에 따른 사업계획의 승인, 「폐기물관리법」에 따른 폐기물처리시설의 설치승인 또는 신고, 「국유재산법」에 따른 국유재산의 사용·수익허가 및 행정재산의 용도폐지, 「공유재산 및 물품 관리법」에 따른 행정재산의 용도폐지 및 사용·수익허가, 「부동산 거래신고 등에 관한 법률」에 따른 토지거래계약에 관한 허가, 「산림문화·휴양에 관한 법률」에 따른 자연휴양림의 지정, 자연휴양림조성계획의 승인, 산림욕장 등 조성계획의 승인 및 이에 따른 타당성 평가 등이 있다(제37조 제1항

른 법률에 따른 인·허가 등을 받은 것으로 보는 경우에는 관계 법률에 따라 부과되는 면허세·수수료 또는 사용료 등을 면제한다.

산림청장은 현행법에 따른 이러한 인·허가 등이 포함되어 있는 실시계획을 승인하고자 하는 경우에는 사업시행자가 제출한 관계 서류를 첨부하여 미리 관계 행정기관의 장과 협의하여야 하며, 산림청장으로부터 이러한 협의요청을 받은 경우 관계 행정기관의 장은 특별한 사유가 없으면 그 협의요청을 받은 날부터 30일 이내에 의견을 제시하여야 한다(제37조 제2항).

나. 「산지관리법」의 적용 특례

현행법에 따라 실시계획이 승인된 산림복지단지 내 토지 중 「산지관리법」에 따른 산지는 같은 법 제5조에 따라 보전산지로 지정된 것으로 본다(제38조 제1항·제2항). 그러나 이 경우에도 실시계획의 승인을 받은 날부터 5년이 지날 때까지 산림복지단지 조성사업이 시작되지 않은 경우에는 보전산지의 지정이 해제된 것으로 보며, 산림복지단지 조성사업이 착수되었으나 사업이 중단된 경우에는 산림청장이 조성상황 등을 고려하여 보전산지의 지정을 해제할 수 있다.

사업시행자는 「산지관리법」 제12조에 따른 보전산지에서의 행위제한에도 불구하고 보전산지에 산림복지단지를 조성할 수 있다(제38조 제3항·제4항). 이 경우 사업시행자가 산림복지단지의 조성을 위하여 산지전용허가를 받으려는 때에는 「산지관리법」 제18조 제1항의 산지전용허가기준 중 제1호·제2호·제5호·제7호 및 제8호의 기준은 적용하지 않는다. 따라서 산림복지단지의 조성을 위한 산지전용허가의 경우에는 「산지관리법」의 산지전용허가기준 중 (1) 집단적인 조림성공지 등 우량한 산림이 많이 포함되지 않을 것, (2) 희귀 야생동·식물의 보전 등 산림의 자연생태적 기능유지에 현저한 장애가 발생하지 않을 것, (3) 산림의 수원함양 및 수질보전 기능을 크게 해치지 않을 것과 같은 기준만을 적용하여야 한다(같은 법 제18조 제1항 제3호·제4호 및 제6호).

산림복지단지 조성에 수반되는 산지전용지 등의 복구, 복구설계서의 승인 및 복구비의 예치 등에 관한 사항은 「산지관리법」에 따른다(제38조 제5항·제6항). 그러나 복구설계서를 승인하는 경우 현행법 제31조 제2항의 생태적 산지이용기준과 「산지관리법」 제40조에 따른 복구설계서의 승인기준이 다른 경우에는 현행법이 정하는 생태적 산지이용기준을 적용하여야 한다.

제1호~제30호).

다. 산지의 지목변경 제한

현행법에 따라 실시계획이 승인된 산림복지단지는 임야 외의 다른 지목으로 변경할 수 없다(제40조). 따라서 산림청장으로부터 실시계획이 승인되더라도 해당 지역은 임야로 남으며 대지 등 다른 지목으로 변경되는 것은 아니다. 이는 실시계획이 승인되어 「산지관리법」에 따른 산지전용허가 등이 의제되더라도 해당 산림복지단지의 지목을 변경할 수 없도록 함으로써 법률이 정하는 일정한 경우가 아니면 해당 산지를 임야 외의 지목으로 변경하지 못하도록 하고 있는 「산지관리법」 제21조의3[23] 과의 형평성을 고려한 것으로 보인다.

3. 실시계획의 승인취소

산림청장은 현행법 제35조에 따라 실시계획의 승인을 받은 사업시행자가 거짓이나 그 밖의 부정한 방법으로 승인을 받은 경우 또는 실시계획의 승인을 받은 날부터 5년이 지날 때까지 정당한 사유 없이 산림복지단지 조성사업을 시작하지 않은 경우에는 그 승인을 취소하여야 한다(제36조). 이 경우 산림청장은 실시계획의 승인을 취소하는 처분을 하려면 현행법에 따라 미리 청문을 하여야 한다(제59조 제6호).

[4] 조성사업

1. 조성사업의 시행

산림복지단지의 사업시행자는 현행법에 따라 승인된 조성계획 및 실시계획에 따라 조성사업을 시행한다. 이 경우 산림청장은 산림복지단지의 조성을 위하여 필요한 경우에는 국유림의 대부나 사용허가를 제한하는 「국유림의 경영 및 관리에 관한 법률」 제21조 제1항에도 불구하고 준보전국유림을 대부하거나 보전국유림을 사용허가할 수 있다(제39조). 현행법이 이처럼 「국유림의 경영 및 관리에 관한 법률」의 특례를 규정한 것은 산림복지단지의 조성을 위하여 국유림을 활용하는 것이 필요한 경우 이를 허용함으로써 산림복지단지를 차질 없이 조성하기 위한 것임은 물론이다.

---

23) 이에 따르면 산지전용허가의 목적사업을 완료한 후 복구의무를 면제받거나 복구준공검사를 받은 경우 또는 「공간정보의 구축 및 관리 등에 관한 법률」 제86조에 따른 도시개발사업 등의 원활한 추진을 위하여 사업시행자가 토지의 합병을 신청하는 경우로서 산지전용허가를 받은 경우에만 지목을 변경할 수 있다. 이러한 산지의 지목변경에 관하여는 「산지관리법」의 관련 내용을 참고하라.

관계 공무원 및 사업시행자는 산림복지단지의 조성을 위하여 필요한 경우 타인의 토지에 출입하거나 타인의 토지를 재료적치장·통로 또는 임시도로로 일시 사용할 수 있으며, 입목·죽, 토석 및 그 밖의 장애물을 변경하거나 제거할 수 있다(제41조 제1항·제3항). 이 경우 토지에의 출입절차 및 이에 따른 손실보상 등에 관하여 현행법에서 정하지 않은 사항은 「국토의 계획 및 이용에 관한 법률」 제130조 제2항부터 제9항까지 및 같은 법 제131조를 준용한다.

2. 토지 등의 수용·사용

사업시행자는 산림복지단지의 조성을 위하여 필요한 경우에는 토지 등을 수용 또는 사용할 수 있다(제42조 제1항·제2항). 이 경우 현행법 제35조 제4항에 따라 실시계획의 승인내용을 고시한 때에는 「공익사업을 위한 토지 등의 취득 및 보상에 관한 법률」에 따라 사업시행자가 토지 등을 수용하거나 사용하기 위하여 국토교통부장관으로부터 받는 사업인정 및 사업인정의 고시가 있는 것으로 본다(같은 법 제20조 제1항 및 제22조).

산림복지단지의 조성을 위하여 필요한 토지를 협의나 재결에 의하여 취득하는 경우 그 보상은 「공익사업을 위한 토지 등의 취득 및 보상에 관한 법률」 제70조 제1항에 따라 「부동산 가격공시에 관한 법률」에 따른 공시지가를 기준으로 하여 보상하되, 그 공시기준일부터 가격시점까지의 관계 법령에 따른 그 토지의 이용계획, 해당 공익사업으로 인한 지가의 영향을 받지 않는 지역의 대통령령으로 정하는 지가변동률, 생산자물가상승률과 그 밖에 그 토지의 위치·형상·환경 및 이용상황 등을 고려하여 평가한 적정가격으로 보상하여야 한다.

이 경우 그 공시지가는 현행법에 따르면 (1) 산림복지지구가 지정 고시된 날부터 5년 이후에 현행법에 따른 실시계획의 고시가 최초로 이루어지는 경우에는 실시계획 고시일 전의 시점을 공시기준일로 하는 공시지가로서 해당 토지의 가격시점 당시 공시된 공시지가 중 '실시계획 고시일에 가장 가까운 시점에 공시된 공시지가'로 하며, (2) 현행법 제27조 제5항에 따른 주민 등의 의견청취 공고로 인하여 취득해야 할 토지가격이 변동되었다고 인정되는 등 대통령령으로 정하는 요건에 해당하는 경우에는 「공익사업을 위한 토지 등의 취득 및 보상에 관한 법률」 제70조 제3항부터 제5항까지의 규정에도 불구하고 주민 등의 의견청취 공고일 전의 시점을 공시기준일로 하는 공시지가로서 해당 토지의 가격시점 당시 공시된 공시지가 중 '주민 등의 의견청취 공고일에 가장 가까운 시점에 공시된 공시지가'로 한다(제42조 제4항·제5항).

산림복지단지의 조성을 위한 토지 등의 수용 또는 사용에 대한 재결의 관할 토지수용위원회는 중앙토지수용위원회로 하며, 토지 등의 수용 또는 사용에 관하여 현행법에 특별한 규정이 있는 것을 제외하고는 「공익사업을 위한 토지 등의 취득 및 보상에 관한 법률」을 준용한다(제42조 제3항·제6항).

3. 이주대책

사업시행자는 산림복지단지 조성 사업의 시행에 따른 토지 등을 제공함으로써 생활의 근거를 잃게 되는 자를 위하여 대통령령으로 정하는 바에 따라 이주대책을 수립·실시하여야 한다(제43조 제1항·제2항). 이 경우 사업시행자는 이주대책을 수립하려면 「공익사업을 위한 토지 등의 취득 및 보상에 관한 법률」 제78조 제2항을 준용하여 미리 관할 지방자치단체의 장과 협의하여야 한다.

현행법에 따른 이주대책의 구체적인 수립 및 실시에 관하여는 「공익사업을 위한 토지 등의 취득 및 보상에 관한 법률」시행령 제40조 제1항 및 제5항을 준용한다(시행령 제41조). 이에 따르면 사업시행자는 이주대책을 수립하려는 경우 미리 그 내용을 이주대책대상자에게 통지하여야 하며, 다음에 해당하는 자는 이주대책대상자에서 제외하여야 한다.

- 허가를 받거나 신고를 하고 건축 또는 용도변경을 하여야 하는 건축물을 허가를 받지 않거나 신고를 하지 않고 건축 또는 용도변경을 한 건축물의 소유자
- 해당 건축물에 공익사업을 위한 관계 법령에 따른 고시 등이 있은 날부터 계약체결일 또는 수용재결일까지 계속하여 거주하고 있지 않은 건축물의 소유자[24)]
- 타인이 소유하고 있는 건축물에 거주하는 세입자[25)]

4. 부담금의 감면 및 금지행위

산림복지단지 조성사업에 부과되는 부담금 중 「초지법」 제23조에 따른 대체초지조성비, 「농지법」 제38조에 따른 농지보전부담금 및 「개발이익 환수에 관한 법률」 제5조에 따른 개발부담금에 대하여는 관계 법령으로 정하는 바에 따라 이를 감면하거나 부과하지 않을 수 있다(제44조).

---

24) 그러나 이 경우에도 ① 질병으로 인한 요양, 징집으로 인한 입영, 공무 및 취학, ② 해당 공익사업지구 내 타인이 소유하고 있는 건축물에의 거주, ③ 그 밖에 ①에 준하는 부득이한 사유로 거주하고 있지 않은 경우에는 그렇지 않다.

25) 다만, 해당 공익사업지구에 주거용 건축물을 소유한 자로서 타인이 소유하고 있는 건축물에 거주하는 세입자는 제외한다.

누구든지 현행법 제35조에 따라 산림복지단지의 실시계획을 승인받지 않은 경우에는 그 명칭에 산림복지단지 또는 이와 유사한 명칭을 사용하지 못하며, 현행법에 따른 사업시행자는 산림복지시설 중 숙박 등을 위한 시설에 대하여 분양 또는 장기 임대를 조건으로 회원을 모집해서는 안 된다(제45조 및 제46조). 이는 산림복지단지를 산림복지서비스의 제공 이외의 목적으로 사용하는 일탈행위를 방지하기 위한 것으로서 만일 이에 위반하여 분양 또는 임대를 조건으로 회원을 모집하는 경우에는 벌칙 규정에 따라 3년 이하의 징역 또는 3천만원 이하의 벌금에 처해질 수 있다(제64조 제2항 제2호).

5. 조성공사의 시정명령

사업시행자는 산림복지단지의 공사착공일부터 6개월 이내에 현행법 제34조 제1항에 따른 전문기관으로부터 실시계획의 이행여부에 대하여 조사를 받고, 그 결과를 산림청장에게 제출하여야 한다(제47조 제1항 및 시행령 제37조 제2항). 여기에서 '현행법 제34조 제1항에 따른 전문기관'이란 산림복지단지 조성계획의 타당성조사를 실시하는 기관으로서 한국산림복지진흥원, 「산지관리법」에 따른 한국산지보전협회, 그 밖에 산림청장이 타당성조사 전문기관으로 인정하여 고시하는 법인을 말한다.

산림청장은 사업시행자가 산림복지단지를 조성할 때 현행법이나 다른 법률을 위반한 경우, 현행법에 따라 산림청장으로부터 승인받은 실시계획과 다르게 조성한 경우 또는 현행법에 따른 전문기관에 의한 실시계획의 이행여부 조사결과가 농림축산식품부령으로 정하는 기준에 부적합하다고 인정되는 경우에는 공사의 중지, 인공구조물의 개축·이전 및 시정명령 등 필요한 조치를 할 수 있다(제47조 제2항 및 시행규칙 제22조). 이 경우 '농림축산식품부령으로 정하는 기준에 부적합하다고 인정되는 경우'란 「자연재해대책법」에 따른 자연재해로 인하여 인공구조물의 붕괴가 우려되는 경우, 절토·성토 등 형질변경을 실시한 부분의 안전관리 미흡으로 안전사고 발생이 우려되는 경우 또는 산림복지단지 외의 지역에서 발생한 산사태로 인하여 산림복지단지 조성공사에 지장을 줄 우려가 있는 경우를 말한다.

[5] 준공검사

사업시행자는 산림복지단지 조성사업을 완료하였을 때에는 산림청장에게 준공검사를 신청하여야 하며, 사업시행자로부터 이러한 신청을 받은 경우 산림청장은 지체 없이 준공검사를 하고 그 조성사업이 실시계획대로 완료되었다고 인정할 때에는 사업시행자에게 준공확인증을 발급하여야 한다(제48조 제1항·제2항 및 제4항). 이 경우 산림청장은 준공검사의 내용이 현행법 제37조 제1항에 따라 의제되는 인·허가 등에 따른 준공검사 및 준공인가 등에 해당하는 사항의 변경이 있으면 미리 관계 행정기관의 장과 협의하여야 한다.

산림청장은 효율적인 준공검사를 위하여 공공기관, 연구기관, 그 밖의 전문기관 등에 준공확인에 필요한 검사를 의뢰할 수 있으며, 준공검사 신청내용에 포함된 산림복지단지를 관리하게 될 국가기관·지방자치단체 또는 공공기관의 장 등에게 준공검사에 참여할 것을 요청할 수 있다(제48조 제2항 후단·제3항). 이 경우 산림청장으로부터 준공검사에 참여할 것을 요청받은 자는 특별한 사유가 없으면 이에 따라야 한다.

현행법에 따라 산림복지단지 조성사업의 준공검사를 신청하는 자는 농림축산식품부령으로 정하는 바에 따라 산림청장에게 수수료를 납부하여야 하며, 만일 준공검사 결과 그 조성사업이 현행법에 따른 실시계획대로 완료되지 않았을 때에는 산림청장은 지체 없이 보완시공 등 필요한 조치를 명하여야 한다(제48조 제5항 및 제60조 제6호).

Ⅵ. 산림복지 관련 조직

[1] 산림복지심의위원회

1. 심의사항

산림복지에 관한 사항을 심의하기 위하여 산림청장 소속으로 산림복지심의위원회를 둔다(제8조 제1항·제6항). 현행법에 따른 이러한 산림복지심의위원회의 심의사항은 다음과 같다.

- 산림복지진흥계획의 수립 및 변경
- 산림복지지구 지정 및 지정해제
- 산림복지단지 조성계획 및 실시계획의 승인
- 한국산림복지진흥원의 운영과 관련하여 위원장이 심의에 부치는 사항
- 그 밖에 산림복지에 관한 사항으로서 대통령령으로 정하는 사항인 (1) 산림복지시설의 범위, (2) 생태적 산지이용의 세부기준 완화에 관한 사항, (3) 다른 법령에서 산림복지심의위원회의 심의를 받도록 한 사항, (4) 그 밖에 산림복지 진흥을 위하여 필요한 사항으로서 산림청장이 산림복지심의위원회의 심의에 부치는 사항(시행령 제7조)

2. 구성 및 임기

산림복지심의위원회는 위원장 1명과 부위원장 1명을 포함한 20명 이상 30명 이내의 위원으로 구성하며, 그 업무를 효율적으로 수행하기 위하여 분과위원회와 전문위원을 둘 수 있다(제8조 제2항·제4항 및 제6항). 산림복지심의위원회의 위원장은 산림청 차장이 되며, 부위원장은 위원 중에서 호선된 사람이 된다.

산림복지심의위원회의 위원은 (1) 산림문화·휴양, 산림교육 및 치유 분야의 전문가로서 산림청장이 위촉하는 사람 6명 이내, (2) 농업·농촌·농지 및 식품관련 전문가로서 농림축산식품부장관이 추천하는 사람 1명, (3) 「산지관리법」에 따른 중앙산지관리위원회의 전직·현직 위원 중 해당 위원회의 위원장이 추천하는 사람 3명 이상 6명 이내와 「건축법」에 따른 중앙건축위원회, 「국토의 계획 및 이용에 관한 법률」에 따른 중앙도시계획위원회 및 「환경정책기본법」에 따른 중앙환경정책위원회의 전직·현직 위원 중 해당 위원회의 위원장이 추천하는 사람 각 2명 이내, (4) 「비영리민간단체 지원법」에 따른 비영리민간단체를 대표하는 사람 중 산림청장이 위촉하는 사람 3명 이내, (5) 산림청의 산림복지업무를 담당하는 3급 공무원 또는 고위공무원단에 속하는 공무원 1명과 행정안전부·농림축산식품부·보건복지부·환경부·여성가족부 및 국토교통부 등 관계 중앙행정기관의 고위공무원단에 속하는 공무원 중에서 해당 기관의 장이 지명하는 사람 중 7명 이내로 구성한다.

현행법에 따라 산림복지심의위원회를 구성할 때에는 위촉 및 추천되는 위원의 특정 성(性)이 전체 위촉 및 추천위원 수의 10분의 6을 초과하지 않도록 하여야 한다(제8조 제3항). 그러나 이 경우에도 해당 분야에 특정 성의 전문인력이 부족한 것과 같은 부득이한 사유가 있다고 위원장이 인정할 때에는 이러한 제한을 따르지 않을 수 있다. 산림복지심의위원회를 구성하는 위원의 성에 대한 이러한 제한은 양성평등을 실천하기 위한 것으로서 2019년 12월 3일 신설되었으며, 산림복지정책을 남성과 여성의 균형잡힌 시각에서 심의할 수 있다는 점에서 매우 바람직한 입법적 조치로 보인다.

현행법에 따른 산림복지심의위원회의 위원 중 공무원이 아닌 위원은 형법 제127조 및 제129조부터 제132조까지의 규정에 따른 벌칙을 적용할 때에는 공무원으로 보며, 그 임기는 2년으로 한다(제8조 제5항 및 제62조 제1호). 그러나 공무원인 위원의 경우에는 그 직위에 재직하는 기간 동안 재임한다.

[2] 한국산림복지진흥원

1. 설립 및 사업

산림복지단지의 조성・운영 등 산림복지서비스의 활성화를 위하여 한국산림복지진흥원을 설립한다(제49조 제1항~제3항 및 제58조). 한국산림복지진흥원은 법인으로서 그 주된 사무소의 소재지에 설립등기를 함으로써 성립하며, 「임업 및 산촌 진흥촉진에 관한 법률」에 따른 한국임업진흥원 및 「수목원・정원의 조성 및 진흥에 관한 법률」에 따른 한국수목원정원관리원과 함께 위탁집행형 준정부기관에 속한다. 한국산림복지진흥원에 관하여 현행법에 규정된 것을 제외하고는 민법 중 재단법인에 관한 규정을 준용하며, 현행법에 따라 설립된 한국산림복지진흥원이 아닌 자는 한국산림복지진흥원 또는 이와 유사한 명칭을 사용하지 못한다.

한국산림복지진흥원은 정관을 제정하거나 변경하려면 산림청장의 인가를 받아야 한다(제50조 제1항・제2항). 이는 한국산림복지진흥원에 대한 주무관청으로서의 지도・감독 권한에 따른 것으로서 현행법에 따른 이러한 정관에는 목적, 명칭, 주된 사무소・지부와 그 밖의 사무소에 관한 사항, 임원 및 직원에 관한 사항, 이사회에 관한 사항, 업무 및 그 집행에 관한 사항, 자산 및 그 회계에 관한 사항, 정관변경에 관한 사항, 공고의 방법, 규약・규정의 제정・개정 및 폐지에 관한 사항, 그 밖에 한국산림복지진흥원의 운영에 관한 사항으로서 대통령령으로 정하는 사항[26] 등이 포함되어야 한다.

한국산림복지진흥원은 산림복지에 관한 전문기관으로서 산림복지에 관련된 다음의 사업과 함께 「산림자원의 조성 및 관리에 관한 법률」 제58조에 따른 녹색자금의 운용 및 관리에 관한 업무를 담당한다(제53조).

- 국가가 조성한 산림복지단지의 운영 및 산림복지시설의 조성・운영
- 한국산림복지진흥원이 조성한 산림복지단지의 관리, 임대 및 매각[27]
- 산림복지에 관한 조사 및 연구
- 산림복지진흥계획의 수립을 위한 실태조사
- 산림복지서비스이용권의 발급, 정보시스템의 구축・운영 등 산림복지서비스이용권 관리

---

26) 여기에서 '대통령령으로 정하는 사항'이란 ① 사업에 관한 사항, ② 조직구성 및 운영에 관한 사항, ③ 해산 및 합병에 관한 사항, ④ 그 밖에 한국산림복지진흥원의 운영에 관한 중요사항을 말한다(시행령 제43조).

27) 그러나 이 경우에도 매각을 하는 경우에는 산림청장의 승인을 받아야 한다.

- 산림복지단지의 타당성조사
- 산림복지서비스의 활성화와 관련한 교육·홍보 및 국내외 산림복지 관련 단체와의 교류·협력
- 산림복지서비스와 관련하여 산림청장 또는 지방자치단체의 장이 위탁하는 사업
- 그 밖에 산림복지서비스의 활성화를 위한 사업으로서 대통령령으로 정하는 사업[28)]

한국산림복지진흥원은 한국산림복지진흥원이 운영하는 산림복지시설에서 산림복지소외자에게 일상생활지원, 재활 등에 필요한 시설 및 산림복지서비스를 제공할 수 있다(제54조 제1항~제3항). 이 경우 한국산림복지진흥원이 산림복지소외자에게 제공하는 산림복지시설과 산림복지서비스의 내용 및 방법 등은 대통령령으로 정하며, 국가 또는 지방자치단체는 한국산림복지진흥원이 현행법에 따라 산림복지시설 및 산림복지서비스를 제공하는 데 필요한 재정지원을 하여야 한다.

2. 임원 및 직원

한국산림복지진흥원에는 정관으로 정하는 바에 따라 임원과 필요한 직원을 둔다(제51조 제1항·제2항 및 제52조). 이 경우 임원의 임명에 대하여는 「공공기관의 운영에 관한 법률」 제26조를 준용하고, 그 임원의 임기는 같은 법 제28조를 준용한다. 그러나 이 경우에도 「공공기관의 운영에 관한 법률」 제34조 제1항 및 제2항에 해당하는 사람은 임원이 될 수 없다. 한국산림복지진흥원의 직원은 이사장이 임면하며, 현행법에 따른 한국산림복지진흥원의 임원 및 직원은 형법 제127조 및 제129조부터 제132조까지의 규정에 따른 벌칙을 적용할 때에는 공무원으로 본다(제62조 제2호).

한국산림복지진흥원의 이사장은 한국산림복지진흥원의 운영을 위하여 필요하다고 인정하는 때에는 관계 중앙행정기관의 장에게 요청하여 그 소속 공무원을 일정기간 한국산림복지진흥원에 근무하게 할 수 있다(제51조 제5항·제6항). 이 경우 현행법에 따른 교류근무를 위한 근무기간 등 세부사항은 관계 행정기관의 장과 이사장이 협의하여 정한다.

---

28) 한국산림복지진흥원의 사업으로서 '대통령령으로 정하는 사업'이란 ① 산림복지 진흥에 필요한 정보 및 시스템 등의 종합적 관리·제공, ② 산림복지서비스의 개발과 보급, ③ 산림복지전문가의 연수 및 자격사항 관리, ④ 지방자치단체 등 국가 외의 자가 조성한 산림복지단지 및 산림복지시설의 운영, ⑤ 「산림문화·휴양에 관한 법률」에 따른 산림치유지도사 양성기관에서 교육을 받은 사람에 대한 평가 및 산림문화자산의 지정 또는 지정해제를 위한 실태조사, ⑥ 그 밖에 산림청장이 지정하거나 한국산림복지진흥원의 목적을 수행하기 위하여 필요한 사업을 말한다(시행령 제44조).

3. 운영 및 지도 · 감독

한국산림복지진흥원의 운영에 필요한 비용은 (1) 정부 또는 정부 외의 자의 출연금 또는 보조금, (2) 사업으로부터 생기는 수입금, (3)「산림자원의 조성 및 관리에 관한 법률」제58조에 따른 녹색자금, (4) 기부금, (5) 국가, 지방자치단체 또는 민간의 위탁사업 및 용역수행에 따른 수입금, (6) 그 밖의 수입금 등을 재원으로 충당한다(제55조). 한국산림복지진흥원은 사업연도마다 총수입과 총지출을 예산으로 편성하여 산림청장의 승인을 받아야 하며, 이를 변경하는 경우에도 같다. 이 경우 한국산림복지진흥원이 현행법에 따른 승인을 받으려는 경우에는 예산안을 회계연도 개시 20일 전까지 산림청장에게 제출하여야 한다(제56조 제1항·제2항).

한국산림복지진흥원은 매 회계연도가 끝난 후 3개월 이내에 재무제표와 그 부속서류, 그 밖에 결산의 내용을 명확하게 하기 위하여 농림축산식품부령으로 정하는 서류를 첨부한 결산서를 산림청장에게 제출하고 그 승인을 받아 결산을 확정하여야 한다(제56조 제3항·제4항). 이 경우 재무제표에는 공인회계사나 회계법인의 감사의견서를 포함한다. 한국산림복지진흥원은 매 회계연도의 결산결과 이익금이 생겼을 때에는 이월손실금의 보전에 우선 충당하고, 남은 이익금은 다음 회계연도로 이월하거나 산림청장의 승인을 받아 한국산림복지진흥원의 사업수행을 위하여 사용할 수 있다.

산림청장은 한국산림복지진흥원의 업무를 지도 · 감독하여야 한다(제57조 제1항). 현행법에 따르면 산림청장은 이를 위하여 관련된 자료의 제출을 명하거나 소속 공무원으로 하여금 현지 확인, 서류검사 또는 관계인에게 질문을 하게 할 수 있고, 그 업무에 관하여 보고를 명할 수 있다(시행령 제46조 제1항·제4항). 이 경우 현행법에 따라 현지 확인 및 검사를 하는 공무원은 그 권한을 표시하는 증표를 관계인에게 내보여야 한다.

제2절 산림문화 · 휴양에 관한 법률

I. 총 론

[1] 개 요

산림문화 · 휴양에 관한 정책의 시작을 시기적으로 확정하려는 시도는 어쩌면

무의미할 지도 모른다. 나무를 심고 그 나무가 자란 숲에서 즐기고 휴식한다는 것은 어쩌면 아주 자연스러운 것이므로 서로 분리해서 생각할 수 없기 때문이다. 따라서 이러한 관점에서 산림문화·휴양정책을 일반적인 산림의 조성·육성 및 보호정책의 범주에서 분리할 필요가 없다는 다소 극단적인 관점도 전혀 이해가 가지 않는 것은 아니다. 그러나 산림문화·휴양에 대하여 어떠한 관점을 가지든지 간에 1988년은 충분한 의미를 가진 해인 것이 분명해 보인다. 그것은 바로 이 해에 가평 유명산, 강릉 대관령 및 울주 신불산 3개소에 최초의 자연휴양림이 조성되어 그 이듬해에 개장하였기 때문이다. 이러한 자연휴양림의 시작은 '산림의 다목적 경영'이라는 취지아래 시작[29]되었지만, 실제로는 1970년대 후반부터 시작된 급속한 경제성장에 따라 국민의 생활수준이 향상되고 생활양식이 바뀌면서 숲과 자연을 즐기려는 국민적 수요를 산림정책에 반영한 결과였다.

사실 자연휴양림의 조성을 시작으로 산림을 휴양시설이나 문화·교육공간 등으로 이용하기 위한 산림휴양정책이 본격적으로 시작되었다고 보는 것은 무리가 있어 보인다. 그러나 앞에서도 언급한 것과 같이 급증하는 산림휴양 수요를 충족하고, 국민의 건전한 정서함양에 기여하기 위하여 자연휴양림을 시작으로 다양한 산림문화·휴양정책을 수립하여 추진한 것은 산림을 바라보는 관점에 있어 대단한 변화라고 부를 만한 것이었다. 실제로 자연휴양림은 나무를 심고 가꾸는 것을 넘어 숲을 즐기고 누리려는 국민의 수요에 부응하는 새로운 정책의 상징이었던 것이다. 이러한 자연휴양림 제도는 1990년 1월 13일 구「산림법」에 그 조성 및 운영에 관한 규정이 신설[30]되면서 법적 기반을 마련한 후 점차 대표적인 산림정책의 하나로서 자리를 잡게 되었다.

자연휴양림을 중심으로 하는 산림문화·휴양정책은 2004년 7월 1일부터 시행된 '주 5일 근무제'로 또 다른 전환점을 맞이하였는데, 이는 국민의 산림휴양 수요가 증가하고, 가족 단위의 생태관광과 청소년을 위한 자연학습 및 체험수요가 급증[31]하였을 뿐만 아니라 산림을 바라보는 국민의 인식에도 획기적인 전환을 가져왔기 때문이다. 이러한 변화는 산림을 조림·육림 등을 위한 자원만이 아니라 건

29) 산림청(2017)의 「산림청 50년사」, 305면.

30) 구「산림법」(법률 제4206호)은 제31조부터 제33조까지 자연휴양림의 지정과 조성, 위탁관리 및 입장료 등에 관한 규정을 신설하였는데, 이에 따르면 자연휴양림에는 산책로·야영장 등 편익시설, 어린이놀이터·체력단련시설 등 체육시설, 취사장·오물처리장 등 위생시설 및 자연관찰원·야외교실 등 교육시설을 갖추도록 하였다. 이런 점에서 현재의 모습과 같은 자연휴양림의 조성과 운영 등에 관한 기본 틀은 이미 당시에 갖추어진 것으로 보인다.

31) 산림청, 「주5일 근무제 실시에 따른 산림문화·휴양 종합대책」, 2006. 5, 3~4면.

전한 여가활동 및 체험 · 휴식 등을 위한 자원과 공간으로 인식하게 하였으며, 나무와 산림에 대한 국민의 관심 또한 자연스럽게 증가하게 하였다. 이에 따라 구「산림법」의 일부 조항만으로 이러한 변화에 대처하는 데는 한계가 있으므로 별도로 법률을 제정할 필요성이 있다는 의견이 제기되었으며, 그 결과 마침내 2005년 8월 4일「산림문화 · 휴양에 관한 법률」(법률 제7676호)을 제정하고, 2006년 8월 5일부터 이를 시행하게 되었다.

숲에 대한 국민의 인식 변화를 수용하고 급증하는 산림문화 · 휴양 수요에 적극적으로 대처하기 위하여 제정된「산림문화 · 휴양에 관한 법률」은 자연휴양림의 조성 및 운영에 관하여 제한적으로 규정하였던 구「산림법」과는 달리 산림휴양 시설을 친환경적으로 설치하고, 이용자의 안전과 편의를 도모할 수 있도록 자연휴양림에 설치하는 휴양시설의 타당성평가제도와 산림욕장 및 등산로의 조성 · 관리 등에 관한 사항을 정하였으며, 특히 숲해설가 및 등산안내인 제도를 신설함으로써 산림을 국민의 정서순화와 자연학습공간으로 활용할 수 있도록 하였다. 이러한「산림문화 · 휴양에 관한 법률」은 2005년 함께 제정된「산림자원의 조성 및 관리에 관한 법률」,「국유림의 경영 및 관리에 관한 법률」과 함께 구「산림법」을 뛰어넘어「산림기본법」을 중심으로 하는 새로운 시대를 여는 핵심적인 법률이 되었다.

「산림문화 · 휴양에 관한 법률」은 2010년 3월 17일 법률개정(법률 제10116호)을 통하여 숲이 가지고 있는 인체에 대한 치유기능을 효과적으로 활용할 수 있도록 산림에 치유의 숲을 조성할 수 있는 근거를 신설함으로써 새로운 전기를 마련하였다. 사실 '치유'라는 용어는「산림문화 · 휴양에 관한 법률」이 제정될 당시부터 산림문화 · 휴양의 개념에 포함되어 있었던 것이나, 이처럼 별도로 치유의 숲에 대한 정의를 신설하고, 산림청장 및 공 · 사유림의 소유자 등이 치유의 숲을 조성할 수 있도록 법적 근거를 마련한 것은 대단한 성과였다. 이를 통하여 비로소 산림문화 · 휴양정책이「산림복지 진흥에 관한 법률」제2조 제2호에서 정하는 것과 같이 '산림문화 · 휴양, 산림교육 및 치유 등'을 포괄하는 산림복지정책으로 확장되는 길이 열리게 되었기 때문이다. 현재 이러한「산림문화 · 휴양에 관한 법률」은 국가 및 지방자치단체가「산림기본법」제20조에 따른 산림복지의 증진 및 산림문화의 진흥을 위한 시책을 추진하는 데 있어 중요한 법적 기반으로서의 역할을 수행하고 있으며,「산림복지 진흥에 관한 법률」및「산림교육의 활성화에 관한 법률」과 함께 산림복지정책을 위한 법적 틀을 구성하고 있다.

[2] 산림문화 · 휴양에 대한 이해

1. 개 념

산림문화 · 휴양이란 "산림과 인간의 상호작용으로 형성되는 총체적 생활양식과 산림 안에서 이루어지는 심신의 휴식 및 치유 등"(제2조 제1호)을 말한다. 이러한 산림문화 · 휴양은 산림문화와 산림휴양을 포괄하는 개념으로서 산림에서 이루어지는 문화 및 휴양활동을 총칭하는 것으로 이해된다. 따라서 산림문화 · 휴양은 단순히 산림에서의 휴식이나 등산을 넘어 산림교육 · 산악레포츠 및 숲체험 등은 물론 숲속음악회 · 청소년 백두대간탐방 등과 같은 산림문화프로그램 등을 포괄하는 것이다.

산림문화 · 휴양과 생태관광의 개념적 범위에 대하여는 좀 더 논의가 필요해 보이지만, 생태관광을 「자연환경보전법」의 경우와 같이 "생태계가 특히 우수하거나 자연경관이 수려한 지역에서 자연자산의 보전 및 현명한 이용을 통하여 환경의 중요성을 체험할 수 있는 자연친화적인 관광"(같은법 제2조 제18호)으로 이해하는 한 산림문화 · 휴양의 개념 속에는 산림에서 이루어지는 광의의 생태관광이 포함되어 있는 것으로 이해된다. 따라서 이러한 관점에서 산림문화 · 휴양의 개념을 다시 정리해 본다면 산림문화 · 휴양이란 결국 "산림 속에 마련된 최소한의 시설을 활용하여 국민의 보건휴양 · 정서함양 및 산림교육 등을 위한 육체적 · 정서적 · 정신적 증진을 제고할 수 있고 산림자원과 산림생태계에 최소한의 영향을 끼치는 활동"[32]을 의미한다고 보아야 할 것이다.

2. 산림문화 · 휴양시설의 비교

현행법에 따르면 산림문화 · 휴양서비스를 제공하는 시설인 자연휴양림, 산림욕장, 치유의 숲, 숲길, 숲속야영장 및 산림레포츠시설 등의 개념은 다음과 같다(제2조 제2호 · 제3호 · 제5호 · 제6호 및 제8호 · 제9호).

- 자연휴양림: 국민의 정서함양 · 보건휴양 및 산림교육 등을 위하여 조성한 산림으로서 휴양시설과 그 토지를 포함하는 것
- 산림욕장: 국민의 건강증진을 위하여 산림 안에서 맑은 공기를 호흡하고 접촉하며 산책 및 체력단련 등을 할 수 있도록 조성한 산림으로서 시설과 토지를 포함하는 것
- 치유의 숲: 산림치유를 할 수 있도록 조성한 산림으로서 시설과 토지를 포함하는 것

32) 산림청(2017)의 「산림청 50년사」, 314면.

- 숲길: 등산·트레킹·레저스포츠·탐방 또는 휴양·치유 등의 활동을 위하여 현행법 제23조에 따라 산림에 조성한 길로서 이와 연결된 산림 밖의 길을 포함하는 것
- 숲속야영장: 산림 안에서 텐트와 자동차 등을 이용하여 야영을 할 수 있도록 적합한 시설을 갖추어 조성한 공간으로서 시설과 토지를 포함하는 것
- 산림레포츠시설: 산림레포츠에 지속적으로 이용되는 시설과 그 부대시설

현행법에 따른 이러한 산림문화·휴양시설은 그 이용목적 및 조성형태 등에 따라 비교적 쉽게 구분할 수 있으나, 자연휴양림과 산림욕장 및 치유의 숲은 서로 유사한 점이 많으므로 숙박시설의 유무, 조성규모의 차이 및 의료기능과의 연계여부 등을 기준으로 보다 신중하게 구분할 필요가 있다. 이러한 기준에 따르면 자연휴양림은 경관이 수려하고 국민이 쉽게 이용할 수 있는 지역에 숙박시설을 중심으로 하여 비교적 큰 규모로 조성한 것을 말하나 산림욕장은 이와는 달리 도시민이 쉽게 이용할 수 있도록 도시근교에 별도의 숙박시설이나 의료기능이 없이 비교적 간단한 운동시설이나 산림욕코스 등을 갖추도록 소규모로 조성한 것을 말하며, 치유의 숲은 "산림치유를 할 수 있도록 조성한 산림"(제2조 제5호)으로서 숙박시설과 건강증진센터 등 의료기능과 연계하여 대규모의 산림에 조성한 것으로 이해된다.[33]

[3] 목적 및 국가 등의 책무

「산림문화·휴양에 관한 법률」은 산림문화와 산림휴양자원의 보전·이용 및 관리에 관한 사항을 규정하여 국민에게 쾌적하고 안전한 산림문화·휴양서비스를 제공함으로써 국민의 삶의 질 향상에 이바지함을 목적으로 한다(제1조). 현행법은 이를 위하여 제3조에서 국가 및 지방자치단체에게 "산림문화·휴양의 진흥을 위한 시책을 수립·시행하여야 하며, 산림문화·휴양자원의 보전과 이용이 조화와 균형을 이루도록 하여야 한다"라는 책무를 부여하고 있는데, 이는 「산림복지 진흥에 관한 법률」 제3조 제1항에 따라 모든 국민이 산림복지 혜택을 누릴 수 있도록 필요한 시책을 수립·시행해야 할 국가 및 지방자치단체의 책무를 보다 구체적으로 이행하기 위한 것으로 보아야 할 것이다.

33) 이런 점에서 치유의 숲이란 "원생적인 숲 자체를 의미하기 보다는 일반인에게 건강증진 및 심신의 안정과 치유의 기능을 제공하고 특정 목적별·증상별 환자의 치유효능을 도와주도록 기획·운영할 수 있는 별도의 공간"을 갖춘 산림으로 이해하여야 할 것이다. 이에 대하여는 임영석, 「치유의 숲 계획기준에 관한 연구」, 조경학석사학위논문, 서울대학교(2008), 38면을 참고하라.

Ⅱ. 산림문화·휴양기본계획 및 정보망의 구축 등

[1] 산림문화 · 휴양기본계획

1. 기초조사

산림청장 또는 특별시장 · 광역시장 · 특별자치시장 · 도지사 · 특별자치도지사[시 · 도지사]는 산림문화 · 휴양기본계획 및 지역산림문화 · 휴양계획을 수립하거나 이를 변경하고자 하는 때에는 산림문화 · 휴양자원의 현황과 주변지역의 토지이용실태 등에 관한 기초조사를 실시하여야 한다(제5조 제1항). 현행법에 따른 이러한 기초조사의 대상이 되는 산림문화 · 휴양자원에 속하는 것이 무엇인지에 대해서는 규정된 것이 없으나 산림문화 · 휴양에 활용할 수 있는 것으로서 임상 · 지형 · 경관 · 수자원 및 산림문화자산 등을 포괄하는 것으로 이해해야 할 것이다.

산림청장 또는 시 · 도지사는 효율적인 조사를 위하여 필요한 경우에는 이러한 기초조사 업무를 「산림조합법」에 의한 산림조합 등 대통령령으로 정하는 법인 · 단체 등에 위탁할 수 있다(제5조 제2항 및 시행령 제4조). 여기에서 산림청장 또는 시 · 도지사가 기초조사를 위탁할 수 있는 '대통령령으로 정하는 법인 · 단체 등'이란 「산림조합법」에 따른 산림조합중앙회, 「산림자원의 조성 및 관리에 관한 법률」에 따른 산림사업법인, 「산림복지 진흥에 관한 법률」에 따른 한국산림복지진흥원 및 민법에 따라 산림문화 · 휴양을 목적으로 산림청장의 허가를 받아 설립된 비영리법인을 말한다.

2. 산림문화 · 휴양기본계획

가. 기본계획

산림청장은 관계중앙행정기관의 장과 협의하여 전국의 산림을 대상으로 산림문화 · 휴양기본계획[기본계획]을 5년마다 수립 · 시행할 수 있다(제4조 제1항 · 제2항). 산림청장이 수립 · 시행하는 이러한 기본계획에는 산림문화 · 휴양시책의 기본목표 및 추진방향, 산림문화 · 휴양의 여건 및 전망에 관한 사항, 산림문화 · 휴양의 수요 및 공급에 관한 사항, 산림문화 · 휴양자원의 보전 · 이용 · 관리 및 확충 등에 관한 사항, 산림문화 · 휴양을 위한 시설 및 그 안전관리에 관한 사항, 산림문화 · 휴양정보망의 구축 · 운영에 관한 사항, 그 밖에 산림문화 · 휴양에 관련된 주요시책에 관한 사항 등이 포함되어야 한다.

산림청장은 기본계획을 수립하거나 변경하는 경우에는 산림문화, 산림휴양, 산림치유 및 산림레포츠 등과 같이 부문별로 수립할 수 있으며, 「산림복지 진흥에 관한 법률」에 따른 산림복지진흥계획과 연계되도록 하여야 한다(제4조 제5항·제6항). 여기에서 '연계되도록 하여야 한다'라는 의미에 대해서는 앞에서 이미 살펴본 것과 같이 서로 동등한 입장에서 산림복지진흥계획을 고려하여 산림문화·휴양에 관한 기본계획을 수립하여야 한다는 의미로 이해해야 할 것이다.

산림청장은 기본계획을 수립한 경우라도 사회적·지역적·산림환경적 여건변화 등을 고려하여 필요하다고 인정하면 이를 변경할 수 있으며, 현행법에 따른 기본계획을 수립한 경우에는 이에 따라 연도별 시행계획[시행계획]을 수립·시행하고 필요한 재원을 확보하기 위하여 노력하여야 한다(제4조 제4항·제8항). 산림청장은 현행법에 따른 이러한 기본계획 및 시행계획을 수립하기 위하여 필요한 경우에는 관계 중앙행정기관의 장 또는 시·도지사에게 관련 자료의 제출을 요청할 수 있으며, 이 경우 산림청장으로부터 자료의 제출을 요청받은 관계 기관의 장은 정당한 사유가 없으면 이에 따라야 한다(제4조 제9항~제11항). 산림청장은 현행법에 따라 기본계획 및 시행계획을 수립하거나 변경한 때에는 이를 관계 중앙행정기관의 장 및 시·도지사에게 통보하고 국회 소관상임위원회에 제출하여야 하며, 그 내용을 대통령령으로 정하는 바에 따라 공표하여야 한다.

나. 지역계획

산림청장[34] 또는 시·도지사는 기본계획에 따라 관할구역의 특수성을 고려하여 지역산림문화·휴양계획[지역계획]을 5년마다 수립·시행할 수 있다(제4조 제3항·제4항 및 제6항). 산림청장 또는 시·도지사는 현행법에 따라 이러한 지역계획을 수립하는 경우 산림문화, 산림휴양, 산림치유 및 산림레포츠 등 부문별로 수립할 수 있으며, 이를 수립한 경우라도 사회적·지역적·산림환경적 여건변화 등을 고려하여 필요하다고 인정하면 그 지역계획을 변경할 수 있다.

산림청장은 지역계획의 추진실적을 평가하고, 그 결과에 따라 지방자치단체에 차등하여 지원할 수 있다(제4조 제7항). 이는 지역계획의 효과적인 이행을 담보하기 위한 것으로서 이러한 평가제도가 실효성을 가지려면 평가의 공정성과 엄정한 실행력 및 차등지원하는 예산의 규모 등이 중요하다는 점은 산림기본계획과 관련하여 앞에서

34) 다만, 현행법에 따르면 지역계획의 수립 등에 관한 산림청장의 이러한 권한은 지방산림청장 및 국립자연휴양림관리소장에게 위임되어 있다(제34조 및 시행령 제15조 제2항).

이미 설명한 것과 같다.

[2] 산림문화 · 휴양정보망

산림청장은 산림문화 · 휴양에 관한 정보와 자료 등을 수요자에게 효율적으로 전달하기 위하여 산림문화 · 휴양정보망을 구축 · 운영하여야 한다(제6조). 현행법에 따른 이러한 산림문화 · 휴양정보망에는 자연휴양림, 치유의 숲 및 숲길 등을 포함한 산림문화 · 휴양시설에 관한 기본정보 및 자료는 물론 예약방법 등과 같이 이를 이용하기 위한 방법과 이용자의 평가정보 등이 포함되어야 한다. 이와 관련하여 산림청장은 특히 「산림복지 진흥에 관한 법률」 제10조에 따라 등록한 산림복지서비스제공자의 경우에는 산림복지소외자가 이를 이용하는 것을 예상하여 그 이용에 불편이 없도록 다양한 방법으로 산림문화 · 휴양에 관한 정보 및 자료 등을 제공하는데 관심을 기울여야 할 것이다.

[3] 산림문화 · 휴양발전 지역협의회

지방자치단체의 장은 산림문화 · 휴양서비스의 활성화와 산림문화 · 휴양자원의 보전 · 이용 및 관리 등을 위하여 지역사회의 주민단체, 자원봉사자, 관계 전문가 및 공공기관이 참여하는 산림문화 · 휴양발전 지역협의회를 구성 · 운영할 수 있다(제6조의2 제1항).[35] 현행법에 따른 이러한 산림문화 · 휴양발전 지역협의회는 지역의 산림문화 · 휴양 발전을 도모하기 위한 것이므로 이를 구성 · 운영하는 경우에는 산림문화 · 휴양시설의 관리인과 자연휴양림 또는 산림욕장 등[자연휴양림 등]이 위치한 지역주민의 자발적인 참여가 실질적으로 보장되고, 그 협의과정도 공개적으로 이루어지도록 운영해야 할 것이다(시행령 제4조의2 제1항).

---

35) 이에 따르면 산림문화 · 휴양발전 지역협의회는 지방자치단체 소속 공무원, 자연휴양림 등의 관리인, 현행법 제30조 제1항에 따른 지정산림문화자산의 관리인, 자연휴양림 등이 위치한 지역의 주민, 산림문화 · 휴양 분야에 관하여 전문적인 지식이나 경험을 가진 사람, 「산림복지 진흥에 관한 법률」에 따른 한국산림복지진흥원의 임직원으로 구성하여 운영할 수 있다(시행령 제4조의2 제1항). 한편 현행법은 산림욕장 · 치유의 숲 · 숲속야영장 및 산림레포츠시설을 '산림욕장 등'(제20조 제1항)이라고 표현하면서 자연휴양림 또는 산림욕장 등은 '자연휴양림 등(제21조의2 제1항)'으로 줄여 부르고 있음에 주의해야 할 것이다.

Ⅲ. 산림치유지도사 및 산림레포츠지도사

[1] 산림치유지도사

1. 산림치유

산림치유란 "향기, 경관 등 자연의 다양한 요소를 활용하여 인체의 면역력을 높이고 건강을 증진시키는 활동"(제2조 제4호)을 말한다. 이러한 산림치유는 산림문화ㆍ휴양의 하위개념에 속하는 것으로서 인체의 면역력을 높이고 건강을 증진시키는 활동이므로 '의료인이 하는 의료ㆍ조산 및 간호 등 의료기술의 시행'을 의미하는 의료행위(의료법 제12조 제1항)와는 구별되는 것이며, 또한 산림을 기반으로 하는 활동이라는 점에서 실내나 소규모의 공간에 조성된 식물을 활용하는 원예치료와도 차이가 있는 것이다.[36)]

산림치유는 산림을 단순한 휴양공간을 넘어 건강을 유지ㆍ증진하는 차원이나 보건ㆍ의학적 치료차원에서 활용하는 방안을 모색하는 것으로 현대의학의 문제점과 한계를 극복하려는 통합의학적 관점과 연계되어 있는 것이다.[37)] 이러한 산림치유는 초기에는 일본ㆍ독일 등의 사례[38)]를 발전적으로 도입한 다양한 프로그램을 통하여 그 효능을 검증하고 숲의 보건ㆍ의학적 기능을 알리는 데 초점을 두어 왔으나,[39)] 점차 그 개념을 확장하여 치유의 숲 및 산림치유지도사 제도를 신설하는 등 생애주기별 산림복지의 중요한 한 축을 담당하는 데까지 그 영역을 확대해 오고 있다.

2. 산림치유지도사의 자격 등

가. 자격의 부여 및 결격사유

산림청장은 산림치유를 활성화하기 위하여 대통령령으로 정하는 자격기준을 갖춘 사람에게 산림치유를 지도하는 산림치유지도사의 자격을 부여하고 이를 육성할

---

36) 「수목원ㆍ정원의 조성 및 진흥에 관한 법률」에서는 "정원이 다양한 기능과 자원을 활용하여 신체적, 정신적 건강을 회복하고 유지ㆍ증진시키는 활동"(같은 법 제2조 제7호)으로서 정원치유라는 개념도 사용하고 있음은 앞에서 이미 설명한 것과 같다. 이러한 정원치유의 개념은 산림치유를 정원에 적용한 것으로 이해된다. 한편 「수목원ㆍ정원의 조성 및 진흥에 관한 법률」에 따르면 이러한 정원치유를 목적으로 조성하는 정원을 '치유정원'이라고 한다(같은 법 제4조 제2항 제6호 나목).

37) 산림청(2017)의 「산림청 50년사」, 329~336면.

38) 산림청(2007)의 「제5차 산림기본계획(2008~2017)」, 146면.

39) 산림청, 「산림문화ㆍ휴양기본계획(2008~2017)」, 2007, 71~73면.

수 있다(제11조의2 제1항·제2항). 이에 따르면 산림치유지도사가 되려는 사람은 산림치유지도사의 자격기준을 갖추어 농림축산식품부령으로 정하는 바에 따라 수수료를 납부하고(제31조의2 제1호), 산림청장에게 자격증의 발급을 신청하여야 한다.

법률에서 정한 일정한 사유에 해당하는 자는 산림치유지도사가 될 수 없다(제11조의2 제4항). 현행법에 따르면 산림치유지도사가 될 수 없는 이러한 결격사유에는 (1) 피성년후견인 또는 피한정후견인, (2) 현행법 또는 「산림교육의 활성화에 관한 법률」에 따른 죄, 형법·「성폭력범죄의 처벌 등에 관한 특례법」 및 「아동·청소년의 성보호에 관한 법률」에 따른 성범죄[40]나 이에 해당하는 죄로서 다른 법률에 따라 가중처벌 되는 죄를 저질러 금고 이상의 실형을 선고받고 그 집행이 종료되거나 집행을 받지 않기로 확정된 후 2년이 지나지 않은 사람, (3) (2)에 해당하는 죄를 저질러 금고 이상의 형의 집행유예를 선고받고 그 유예기간 중에 있는 사람, (4) 법원의 판결 또는 법률에 따라 자격이 상실되거나 정지된 사람 등이 있다.

나. 업무 및 의무

현행법에 따른 산림치유지도사는 자연휴양림, 산림욕장, 치유의 숲 및 숲길 등에서 농림축산식품부령으로 정하는 산림치유 프로그램을 개발·보급하거나 지도하는 업무를 담당한다(제11조의2 제3항). 여기에서 '농림축산식품부령으로 정하는 산림치유 프로그램'이란 자연의 다양한 요소와의 접촉·관찰 등 체험프로그램, 보행·등산·체조 등 운동프로그램 및 휴식·놀이 등 여가프로그램을 말하며, 현행법에 따른 '산림치유지도사'란 다음과 같은 업무를 담당하는 자로서 산림치유 프로그램의 기획·개발을 담당하는 1급 산림치유지도사와 산림치유 프로그램의 관리·실행을 담당하는 2급 산림치유지도사로 구분한다(시행규칙 제12조의2 제1항 및 제2항 별표3).

- 1급 산림치유지도사: 산림치유 프로그램의 기획·개발, 산림치유 프로그램의 매뉴얼 작성, 산림치유 프로그램의 실행계획 수립, 산림치유 프로그램의 실행을 위한 산림치유지도사 자체능력배양 교육계획의 수립, 산림치유 프로그램에 대한 평가, 2급 산림치유지도사의 업무를 포함한 산림치유 프로그램 관련 관리 및 실행업무
- 2급 산림치유지도사: 산림치유 프로그램의 활동계획 수립, 산림치유 프로그램의 참가자 관리, 산림치유 프로그램의 실행을 위한 시설 및 이용자의 안전관리, 산림치유 프

40) ① 형법 제297조, 제297조의2, 제298조부터 제301조까지, 제301조의2, 제302조, 제303조, 제305조, 제305조의2 또는 제339조의 죄, ② 「성폭력범죄의 처벌 등에 관한 특례법」 제3조부터 제11조까지 또는 제15조(같은 법 제3조부터 제9조까지의 미수범으로 한정한다)의 죄, ③ 「아동·청소년의 성보호에 관한 법률」 제7조부터 제10조까지의 죄를 말한다(제11조의2 제4항 제2호 나목~라목).

로그램 활동의 지도

산림치유지도사는 현행법에 따라 자격이 부여된 사람이 아니면 산림치유지도사 명칭이나 이와 비슷한 명칭을 사용하지 못하며, 다른 사람에게 그 명의를 사용하게 하거나 자격증을 대여해서는 안 된다(제11조의2 제5항~제7항). 또한 누구든지 현행법에 따른 산림치유지도사의 자격을 취득하지 않고 그 명의를 사용하거나 자격증을 대여받아서는 안 되며, 명의의 사용이나 자격증의 대여를 알선해서도 안 된다. 만일 이에 위반하는 경우에는 벌칙 규정에 따라 1년 이하의 징역 또는 1천만원 이하의 벌금(제35조 제5항 제4호 · 제5호)이나 300만원 이하의 과태료(제38조 제1항 제1호)에 처해질 수 있다.

3. 산림치유지도사의 활용

국가 또는 지방자치단체는 국민들이 치유의 숲[41]을 효과적으로 이용할 수 있도록 하기 위하여 산림치유지도사를 활용하거나 활용하게 할 수 있다(제11조의3 제1항 · 제2항). 이 경우 산림청장 또는 지방자치단체의 장은 산림치유지도사의 활동에 필요한 비용 등을 지원할 수 있다. 다만, 이와 관련하여 현행법은 국가 또는 지방자치단체가 산림치유지도사를 임의적으로 활용할 수 있도록 규정하고 있으나, 「산림복지 진흥에 관한 법률」 제20조 제1항에 따르면 산림복지시설을 조성 · 운영하여 산림복지서비스를 제공하려는 자는 대통령령으로 정하는 바에 따라 의무적으로 산림복지전문가를 배치하여야 하므로 산림복지시설에 해당하는 자연휴양림, 산림욕장, 치유의 숲 및 숲길 등에는 산림복지전문가로서 산림치유지도사를 반드시 배치하여야 함에 주의해야 할 것이다(같은 법 제2조 제6호 · 제9호 및 시행령 제24조 별표4). 이 경우 산림청장 또는 지방자치단체의 장은 현행법뿐만 아니라 「산림복지 진흥에 관한 법률」 제20조 제2항에 따라 산림치유지도사를 포함한 산림복지전문가의 활용에 필요한 비용 등을 지원할 수 있음은 물론이다.

---

41) 이와 관련하여 현행법은 국민들이 '치유의 숲'을 효과적으로 이용할 수 있도록 하기 위하여 국가 또는 지방자치단체가 산림치유지도사를 활용하거나 활용하게 할 수 있다고 하고 있으나, 현행법 제11조의2 제3항에 따르면 산림치유지도사는 "자연휴양림, 산림욕장, 치유의 숲, 숲길 등에서 농림축산식품부령으로 정하는 산림치유 프로그램을 개발 · 보급하거나 지도하는 업무를 담당"하는 사람이므로 현행 규정은 그 조문의 표현을 치유의 숲보다는 '산림치유'를 사용하여 '국가 또는 지방자치단체는 국민들에게 산림치유를 효과적으로 제공할 수 있도록 하기 위하여 산림치유지도사를 활용하거나 활용하게 할 수 있다'라고 개정하는 것이 보다 바람직할 것으로 생각된다. 이는 산림치유지도사가 마치 치유의 숲에서만 활동하는 것처럼 오해될 여지를 남기지 않기 위해서도 필요해 보인다.

4. 자격취소 및 정지

산림청장은 산림치유지도사의 자격을 취득한 사람이 일정한 사유에 해당하는 경우에는 그 자격을 취소하거나 3년의 범위에서 자격을 정지할 수 있다(제11조의5). 산림청장이 현행법에 따라 산림치유지도사 자격취소 등의 처분을 할 수 있는 이러한 사유에는 거짓이나 그 밖의 부정한 방법으로 자격을 취득한 경우, 자격정지 기간에 업무를 수행한 경우, 현행법을 위반하여 다른 사람에게 산림치유지도사의 명의를 사용하게 하거나 그 자격증을 대여한 경우 또는 산림치유지도사 명의의 사용이나 자격증의 대여를 알선한 경우 등이 있다.

산림청장은 산림치유지도사의 자격을 취득한 사람에게 이러한 사유가 있다고 하더라도 반드시 그 자격을 취소하여야 하는 것은 아니나, 만일 그 사유가 '거짓이나 그 밖의 부정한 방법으로 자격을 취득한 경우' 또는 '자격정지 기간에 업무를 수행한 경우'에 해당하는 때에는 반드시 그 자격을 취소하여야 한다(제11조의5 본문 단서). 산림청장은 현행법에 따라 산림치유지도사의 자격을 취소하거나 정지하려는 경우에는 청문을 실시하여야 한다(제33조 제1호의2).

[2] 산림치유지도사 양성기관

1. 양성기관의 지정

산림청장은 국공립 교육시설, 산림치유 관련 교육·기관 단체를 운영시설·인력 및 교육과정 등 대통령령으로 정하는 요건 및 절차에 따라 산림치유지도사 양성기관으로 지정할 수 있다(제11조의4 제1항~제3항). 이 경우 산림청장은 산림치유지도사 양성기관이 현행법에 따른 지정요건에 맞게 운영하는지 여부를 조사하기 위하여 양성기관에 관련 자료를 요구하거나 현장점검을 할 수 있다. 만일 현행법에 따라 산림치유지도사 양성기관으로 지정받은 후 양성과정·교육설비 및 장비 등 농림축산식품부령으로 정하는 사항이 변경된 경우에는 그 지정받은 자가 산림청장에게 변경신고를 하여야 한다.

현행법에 따라 산림치유지도사 양성기관으로 지정할 수 있는 기관에는 「평생교육법」에 따라 평생교육과정을 운영하는 대학, 「공무원 인재개발법」에 따른 국가공무원인재개발원 및 전문교육훈련기관, 「근로자직업능력 개발법」에 따른 직업능력개발훈련시설 및 민법에 따라 산림치유를 목적으로 산림청장의 허가를 받아 설립된 비영리법인 등이 있다(제11조의4 제1항 및 시행령 제4조의5 제1항).

산림치유지도사 양성교육은 1급 산림치유지도사 양성과정과 2급 산림치유지도사 양성과정으로 구분하며, 각각 이론과 실습을 통하여 교육한다(제11조의4 제6항 및 시행규칙 제12조의3 제8항 별표5). 이 경우 양성과정의 교육생은 각 과정에 따른 총 교육시간의 8할 이상을 출석하여야 하며, 산림청장이 정하여 고시하는 바에 따라 각 과정별로 정해진 평가에 합격해야만 해당 과정을 이수한 것으로 본다. 양성과정에 따른 해당 과정을 이수한 자에게는 산림치유지도사 양성기관에서 이수증명서를 발급한다.

2. 지정취소

산림청장은 산림치유지도사 양성기관이 일정한 사유에 해당하는 경우에는 농림축산식품부령으로 정하는 바에 따라 그 지정을 취소하거나 시정을 명할 수 있다(제11조의4 제4항). 산림청장이 현행법에 따라 산림치유지도사 양성기관에게 지정취소 등을 할 수 있는 이러한 사유에는 거짓이나 그 밖의 부정한 방법으로 지정을 받은 경우, 지정요건에 적합하지 않게 된 경우, 정당한 사유 없이 현행법에 따른 산림청장의 자료요구 또는 현장점검을 거부 · 방해 · 기피하거나 거짓으로 자료를 제출한 경우, 그 밖에 대통령령으로 정하는 사항을 위반한 경우[42] 등이 있다. 산림청장은 산림치유지도사 양성기관에게 이러한 사유가 있다고 하더라도 반드시 그 지정을 취소하여야 하는 것은 아니나, 만일 그 사유가 '거짓이나 그 밖의 부정한 방법으로 지정을 받은 경우'에 해당하는 때에는 반드시 그 지정을 취소하여야 한다(제11조의4 제4항 단서).

산림청장은 현행법에 따라 산림치유지도사 양성기관의 지정을 취소하려는 경우에는 청문을 실시하여야 하며. 이러한 절차를 거쳐 지정이 취소된 자에 대해서는 그 지정이 취소된 날부터 1년 이내에 산림치유지도사 양성기관으로 지정해서는 안 된다(제11조의4 제5항 및 제33조 제1호). 이 경우 특히 그 사유가 '거짓이나 그 밖의 부정한 방법으로 지정을 받은 경우'에 해당하여 지정이 취소된 경우에는 그 지정이 취소된 날부터 3년 이내에 양성기관으로 지정해서는 안 된다. 만일 현행법을 적용하는 때에 지정이 취소된 자가 법인인 경우에는 그 대표자를 포함하여 이러한 제한을 적용한다

42) 여기에서 '대통령령으로 정하는 사항을 위반한 경우'란 ① 현행법에 따라 양성기관으로 지정받은 날부터 1년 이내에 산림치유지도사 양성과정을 개설하지 않거나 1년 이상 양성기관을 운영하지 않는 경우, ② 현행법에 따라 양성기관으로 지정받은 기관이 아닌 곳에서 산림치유지도사 양성과정을 운영하거나 지정 당시 제출한 산림치유지도사 양성과정과 다르게 운영하는 경우를 말한다(시행령 제4조의5 제5항).

[3] 산림레포츠지도사

1. 자격의 부여 및 업무 등

산림청장은 산림레포츠를 활성화하기 위하여 대통령령으로 정하는 자격기준을 갖춘 사람에게 산림레포츠를 지도하는 산림레포츠지도사의 자격을 부여하고 이를 육성할 수 있다(제12조 제1항 및 시행령 제5조 별표1의3). 이에 따르면 산림레포츠지도사가 되려는 사람은 산림레포츠지도사의 자격기준을 갖추어 농림축산식품부령으로 정하는 바에 따라 수수료를 납부하고(제31조의2 제2호), 산림청장에게 그 자격증의 발급을 신청하여야 한다. 여기에서 산림레포츠란 "산림 안에서 이루어지는 모험형·체험형 레저스포츠"(제2조 제8의2)로서 그 자격기준은 산악승마, 산악자전거, 행글라이딩 또는 패러글라이딩, 산악스키, 산악마라톤, 암벽등반, 오리엔티어링 및 로프체험시설 등 종목별로 구분하여 정하는 기준에 따른다.

산림레포츠지도사는 산림레포츠시설에서 농림축산식품부령으로 정하는 산림레포츠 프로그램을 개발·보급하거나 지도하는 업무를 담당한다(제12조 제3항 및 시행규칙 제12조의5). 이에 따르면 산림레포츠지도사가 담당하는 프로그램에는 산림레포츠 종목별로 구성된 프로그램은 물론 그와 관련된 안전사고 예방 및 대처를 위한 안전교육 프로그램 등이 있다.

현행법에 따라 자격이 부여된 사람이 아니면 산림레포츠지도사 명칭이나 이와 비슷한 명칭을 사용하지 못한다(제12조 제4항). 만일 누구든지 이에 위반하는 경우에는 산림치유지도사의 경우와 같이 현행법 제38조 제1항 제2호에 따라 300만원 이하의 과태료에 처해질 수 있다.

2. 산림레포츠지도사의 활용

국가 또는 지방자치단체는 국민들이 산림레포츠시설을 효과적으로 이용할 수 있도록 하기 위하여 산림레포츠지도사를 활용하거나 산림레포츠시설을 운영하는 자로 하여금 산림레포츠지도사를 활용하게 할 수 있다(제12조의2 제1항·제2항). 이 경우 산림청장 또는 지방자치단체의 장은 산림레포츠지도사의 활동에 필요한 비용 등을 지원할 수 있다. 이와 관련하여 이전에는 산림치유지도사와는 달리 산림레포츠지도사는 「산림복지 진흥에 관한 법률」 제2조 제6호에 따른 산림복지전문가가 아니었으나, 2021년 6월 15일 법률개정으로 산림레포츠지도사도 산림복지전문가에 포함되었으므로 이제는 「산림복지 진흥에 관한 법률」 제20조 제1항에 따라 산림복지시설을 조성 · 운영하여 산림복지서비스를 제공하려는 자는 해당 산림복지시설에 산림레포츠지도사를 배치해야 할 것이다. 이 경우 산림청장 또는 지방자치단체의 장은 현행법뿐만 아니라 「산림복지 진흥에 관한 법률」 제20조 제2항에 따라 산림레포츠지도사를 포함한 산림복지전문가의 활용에 필요한 비용 등을 지원할 수 있음은 앞에서 이미 설명한 것과 같다.

Ⅳ. 자연휴양림

[1] 자연휴양림의 지정 및 지정해제

1. 자연휴양림의 지정

가. 지정신청

자연휴양림으로 지정하는 절차는 산림의 소유에 따라 (1) 산림청장이 소관 국유림을 자연휴양림으로 지정하는 경우와 (2) 산림청장 소관 국유림 이외 공유림이나 사유림의 소유자 또는 국유림의 대부 또는 사용허가[대부 등]를 받은 자의 지정신청에 따라 그가 소유하고 있거나 대부 등을 받은 산림을 산림청장이 자연휴양림으로 지정하는 경우로 구분할 수 있다(제13조 제1항·제2항). 여기에서 공유림 또는 사유림의 소유자에는 해당 산림을 사용 · 수익할 수 있는 자를 포함한다.

공유림이나 사유림의 소유자 또는 국유림의 대부 등을 받은 자가 자연휴양림의 지정 또는 지정구역의 변경을 신청하는 경우에는 신청서를 작성하여 시장 · 군수 · 구청장에게 제출하여야 하며, 이를 제출받은 시장 · 군수 · 구청장은 그 지정신청서 등과 타당성평가의 결과에 대한 서류를 시 · 도지사를 경유하여 산림청장에게 제출하여야 한다(제13조 제2항 후단·제5항 및 시행규칙 제13조 제1항·제3항). 그러나 이 경우에도 지정구역의 변경을 신청하는 때에는 자연휴양림의 지정에 필요한 서류 중 「자연환경보전법」 제7조에 따라 환경부장관과의 협의에 필요한 사전입지조사서는 새로 포함되는 구역만을 대상으로 한다(시행규칙 제13조 제1항 단서).

나. 타당성 평가

산림청장은 현행법에 따라 자연휴양림을 지정하는 경우 그 대상지의 경관, 위치 및 면적 등이 대통령령으로 정하는 기준에 적합한지에 대한 타당성 평가를 하여야 한다(제21조의2 제1항 제1호). 이는 자연휴양림의 면적을 확대하는 경우에도 같다. 이 경우 그 평가항목 및 기준은 다음과 같다(시행령 제9조의5 제1항).

- 경관: 표고차, 임목수령, 식물다양성 및 생육상태 등이 적정할 것
- 위치: 접근도로 현황 및 인접도시와의 거리 등에 비추어 그 접근성이 용이할 것
- 면적: 조성대상지의 산림면적이 국가 또는 지방자치단체가 조성하는 경우에는 30만m^2 이상, 그 밖의 자가 조성하는 경우에는 20만m^2 이상일 것. 다만, 「도서개발 촉진법」에 따른 도서지역의 경우에는 조성주체와 관계없이 10만m^2 이상일 것
- 개발여건: 개발비용, 토지이용 제한요인 및 재해빈도 등이 적정할 것
- 조성목적 등: 자연휴양림의 조성목적 및 프로그램 운영 등이 적정할 것

자연휴양림의 지정을 위한 이러한 타당성 평가는 각 평가항목에 대하여 산림청장이 정하여 고시하는 평가방식[43]에 따라 실시하며, 시·도지사 또는 관계분야 전문가의 의견을 듣고 각 평가항목에 대한 평가 시에는 현지조사결과서를 작성하여야 한다(제21조의4 제4항 및 시행규칙 제19조의2).

산림청장은 자연휴양림의 지정을 위한 타당성 평가를 대통령령으로 정하는 기관 또는 단체에 위탁하여 실시할 수 있으며, 이 경우 예산의 범위에서 그 필요한 경비를 지원할 수 있다(제21조의2 제2항~제4항 및 시행령 제9조의6). 현행법에 따라 산림청장이 타당성 평가를 위탁하여 실시할 수 있는 이러한 기관 또는 단체에는 (1) 「산림조합법」에 따른 산림조합중앙회, (2) 「산림복지 진흥에 관한 법률」에 따른 한국산림복지진흥원, (3) 「산지관리법」에 따른 한국산지보전협회, (4) 「산림자원의 조성 및 관리에 관한 법률」에 따라 등록한 산림사업법인 중 같은 법 시행령 별표1 제5호에 따른 자격요건을 갖춘 산림사업법인, (5) 민법에 따라 산림문화·휴양을 목적으로 산림청장의 허가를 받아 설립된 비영리법인이 있다.

다. 자연휴양림의 지정

산림청장은 자연휴양림 지정대상지에 대한 타당성 평가결과에 따라 산림청장 소관 국유림의 경우에는 직권으로, 산림청장 소관 국유림 이외 공유림이나 사유림의 소유자 또는 국유림의 대부 등을 받은 경우에는 그 소유자 등의 신청에 따라 해당 산림을 자연휴양림으로 지정할 수 있다(제13조 제1항·제2항). 이 경우 산림청장은 자연휴양림으로 지정하려는 산림에 둘러싸인 토지 중 자연휴양림으로 관리할 필요가 있

43) 이에 대하여는 「자연휴양림 등 타당성 평가의 세부기준」(산림청고시 제2018-71호, 2018. 8. 9.) 중 자연휴양림 타당성평가 조사서를 참고하라.

는 것으로서 대통령령으로 정하는 면적 이내의 토지를 자연휴양림에 포함하여 지정할 수 있다(제13조 제3항 및 시행령 제6조). 여기에서 '대통령령으로 정하는 면적'이란 1만m^2를 말하며, 현행법에 따라 이처럼 자연휴양림으로 지정된 토지는 「산림자원의 조성 및 관리에 관한 법률」 제2조 제1호의 산림으로 본다. 산림청장은 현행법에 따라 자연휴양림을 지정한 때에는 이를 신청인 및 관계 행정기관의 장에게 통보하고, 자연휴양림의 명칭 · 위치 · 지번 · 지목 및 면적 등 필요한 사항을 고시하여야 한다(제13조 제4항).

2. 지정해제

산림청장은 자연휴양림으로 지정된 산림에 일정한 사유가 발생한 경우에는 그 지정을 해제하거나 지정된 구역의 일부를 변경할 수 있다(제19조 제1항). 산림청장이 현행법에 따라 자연휴양림의 지정을 해제할 수 있는 이러한 사유에는 자연휴양림의 지정을 받은 자가 지정해제 또는 지정구역의 변경을 요청하는 경우, 천재지변 등으로 인한 피해로 산림의 임상 · 면적 등이 현행법에 따른 자연휴양림 타당성평가의 기준에 적합하지 않게 된 경우, 공공사업의 시행 등으로 인하여 지정목적을 달성할 수 없거나 지정구역의 변경이 필요한 경우 등이 있다. 산림청장은 현행법에 따라 자연휴양림의 지정을 해제하거나 지정된 구역의 일부를 변경한 때에는 이를 산림소유자 또는 대부 등을 받은 자 및 관계 행정기관의 장에게 통보하고, 그 명칭 · 위치 · 지번 · 지목 및 면적 등 필요한 사항을 고시하여야 한다(제19조 제2항).

[2] 자연휴양림의 조성

1. 자연휴양림 조성계획

가. 조성계획의 작성 및 승인

산림청장은 현행법에 따라 자연휴양림으로 지정된 국유림에 휴양시설의 설치 및 숲가꾸기 등을 하려는 경우에는 농림축산식품부령으로 정하는 바에 따라 휴양시설 및 숲가꾸기 등의 조성계획[자연휴양림 조성계획]을 작성하여야 하며, 국유림 이외의 산림으로서 산림청장으로부터 자연휴양림으로 지정된 산림에 휴양시설의 설치 및 숲가꾸기 등을 하려는 자는 농림축산식품부령으로 정하는 바에 따라 자연휴양림 조성계획을 작성하여 시 · 도지사의 승인을 받아야 한다(제14조 제1항 · 제2항). 이는 산림청장이 자연휴양림 조성계획을 변경하려는 경우나 시 · 도지사로부터 승인받은 자연휴양림 조성계획을 변경하는 경우에도 같다.

시·도지사는 현행법에 따라 자연휴양림 조성계획을 승인한 때에는 이를 산림청장에게 통보하여야 하며, 산림청장 또는 시·도지사가 현행법에 따라 자연휴양림 조성계획을 작성 또는 변경작성하거나 승인 또는 변경승인한 경우에는 농림축산식품부령으로 정하는 바에 따라 그 내용을 고시하여야 한다(제14조 제3항·제5항).

나. 시설의 설치 및 지원

산림청장이 작성하거나 시·도지사가 승인하는 자연휴양림 조성계획에 따라 자연휴양림 안에 설치할 수 있는 시설에는 숙박시설, 편익시설, 위생시설, 체험·교육시설, 체육시설, 전기·통신 및 안전시설 등이 있으며,[44] 자연휴양림 안에 이를 설치하는 경우에는 그 각각의 설치기준에 따라야 한다(제14조 제4항 및 시행령 제7조 제1항 별표1의4). 이 경우 그 시설의 규모는 다음과 같다(시행령 제7조 제2항).

- 자연휴양림시설의 설치에 따른 산림의 형질변경 면적은 10만m² 이하가 되도록 할 것. 다만, 이 경우에도 자연휴양림 조성 전에 설치된 임도·순환로·산책로·숲체험코스 및 등산로의 면적은 산림의 형질변경 면적에서 제외한다.
- 자연휴양림시설 중 건축물이 차지하는 총 바닥면적은 1만m² 이하가 되도록 할 것
- 개별 건축물의 연면적은 900m² 이하로 할 것. 다만, 「식품위생법 시행령」에 따른 휴게음식점영업소 또는 일반음식점영업소의 연면적[45]은 200m² 이하로 하여야 한다.
- 건축물의 층수는 3층 이하가 되도록 할 것

산림청장 또는 지방자치단체의 장은 자연휴양림 조성계획에 따라 자연휴양림을 조성하는 자에게 그 사업비의 전부 또는 일부를 보조하거나 융자할 수 있다(제14조 제6항). 이 경우 자연휴양림 조성사업비의 전부 또는 일부를 보조하거나 융자할 수 있는 자는 산림청장 또는 지방자치단체의 장으로서 여기에서의 지방자치단체의 장에는 시·도지사뿐만 아니라 시장·군수·구청장도 포함됨에 유의해야 할 것이다.

2. 다른 법률에 따른 인·허가 등의 의제

현행법에 따라 산림청장이 자연휴양림 조성계획을 작성 또는 변경작성하거나 시·도지사가 자연휴양림 조성계획을 승인 또는 변경승인한 경우에는 다른 법률에

---

44) 「공중위생관리법」 제2조 제1항 제2호·제3호 단서 및 같은 법 시행령 제2조 제1항 제2호 및 제2항 제3호에 따르면 「산림문화·휴양에 관한 법률」에 따라 자연휴양림 안에 설치된 시설은 숙박업에 속하지 않으며, 그에 부속된 욕실 또한 목욕장업에서 제외되어 있다. 한편 이에 대하여는 대판 2013. 12. 12. 2013도7947; 대판 2017. 7. 11. 2017도2793의 내용도 참고하라.

45) 여기에서 연면적이란 국가 또는 지방자치단체 외의 자가 소유한 자연휴양림의 경우에는 각 층의 바닥면적 중 가장 넓은 바닥면적을 말한다.

의한 승인 · 허가 · 인가 · 신고 · 협의 등[인 · 허가 등]을 받거나 한 것으로 보며, 현행법 제14조 제5항에 따라 이를 고시한 경우에는 다른 법률에 의한 인 · 허가 등의 고시 또는 공고가 있는 것으로 본다(제20조의2 제1항 · 제3항). 현행법에 따라 인 · 허가 등이 의제되는 이러한 사항에는 「건축법」을 포함하여 「하천법」, 「수도법」, 「산림자원의 조성 및 관리에 관한 법률」, 「도로법」, 「국토의 계획 및 이용에 관한 법률」 및 「산지관리법」에서 정하는 사항[46]으로 하며, 이에 따라 다른 법률에 따른 인 · 허가 등을 받은 것으로 보는 경우에는 관계 법률에 따라 부과되는 수수료 또는 사용료 등을 면제한다.

산림청장 또는 시 · 도지사는 이러한 인 · 허가 등이 포함되어 있는 자연휴양림 조성계획을 작성 또는 변경작성하거나 승인 또는 변경승인하려는 경우에는 관계 서류를 첨부하여 미리 관계 행정기관의 장과 협의하여야 한다(제20조의2 제2항). 이 경우 산림청장 또는 시 · 도지사로부터 이러한 협의요청을 받은 관계 행정기관의 장은 그 요청을 받은 날부터 30일 이내에 의견을 제출하여야 하며, 만일 같은 기간 이내에 의견제출이 없는 경우에는 의견이 없는 것으로 본다.

3. 조성계획의 승인취소

시 · 도지사는 자연휴양림 조성계획의 승인을 받은 자에게 일정한 사유가 있는 경우에는 그 승인을 취소할 수 있다(제16조 제1항 · 제2항). 시 · 도지사가 현행법에 따라 자연휴양림 조성계획의 승인을 취소할 수 있는 이러한 사유에는 거짓이나 그 밖의 부정한 방법으로 승인을 받은 경우, 정당한 사유 없이 승인을 받은 날부터 1년 이내에 자연휴양림 조성사업을 시작하지 않거나 1년 이상 사업을 중단한 경우 또는 정당한 사유 없이 승인을 받은 자연휴양림 조성계획의 내용대로 사업을 이행하지 않은 경우 등이 있다. 시 · 도지사는 자연휴양림 조성계획의 승인을 받은 자에게 이러한

---

46) 현행법에 따라 인 · 허가 등이 의제되는 이러한 사항에는 ① 「건축법」에 따른 건축허가, 건축신고, 허가 · 신고사항의 변경, 가설건축물의 허가 · 신고 및 건축 협의, ② 「하천법」에 따른 하천점용허가 또는 변경허가, ③ 「수도법」에 따른 수도사업의 인가 또는 변경인가, 전용상수도의 설치인가 또는 변경인가 · 변경신고, ④ 「산림자원의 조성 및 관리에 관한 법률」에 따른 입목벌채 등의 허가 · 신고 또는 변경허가, ⑤ 「도로법」에 따른 도로공사 시행의 허가, 도로점용의 허가 또는 변경허가, 도로관리청과의 협의 또는 승인, ⑥ 「국토의 계획 및 이용에 관한 법률」에 따른 도시 · 군관리계획의 결정 또는 변경결정(같은 법 제2조 제6호의 시설만 해당한다), 개발행위의 허가 또는 변경허가, 도시 · 군계획시설사업의 시행자의 지정, 실시계획의 작성 및 인가 또는 변경인가, 「부동산 거래신고 등에 관한 법률」에 따른 토지거래계약에 관한 허가 또는 변경허가, ⑦ 「산지관리법」에 따른 산지전용허가 또는 변경허가, 산지전용신고 또는 변경신고, 산지일시사용허가 또는 변경허가 및 산지일시사용신고 또는 변경신고 등이 있다.

사유가 있다고 하더라도 반드시 그 승인을 취소하여야 하는 것은 아니나, 만일 그 사유가 '거짓이나 그 밖의 부정한 방법으로 승인을 받은 경우'에 해당하는 때에는 반드시 그 승인을 취소하여야 한다(제16조 제1항 단서).

시·도지사는 현행법에 따라 자연휴양림 조성계획의 승인을 취소하려는 때에는 청문을 실시하여야 하며, 이러한 절차를 거쳐 자연휴양림 조성계획의 승인을 취소한 때에는 산림청장에게 그 승인취소 사실을 통보하여야 한다(제16조 제2항 및 제33조 제2호). 현행법에 따라 시·도지사로부터 이러한 사실을 통보받은 경우 산림청장은 그 승인이 취소된 자에 대하여 산림의 원상복구를 명하거나 자연휴양림 조성사업비로 보조 또는 융자한 비용이 있는 경우에는 그 전부 또는 일부를 회수할 수 있다(제16조 제3항·제4항). 이 경우 산림청장은 만일 산림의 원상복구 명령을 받은 자가 이를 이행하지 않는 때에는 「행정대집행법」을 준용하여 대집행할 수 있으며, 그 대집행에 소요되는 비용은 「산지관리법」 제38조의 규정에 따라 예치한 복구비로 충당할 수 있다.

[3] 자연휴양림의 운영

1. 입장료 등

자연휴양림의 소유자는 자연휴양림을 이용하는 자로부터 입장료, 시설사용료 및 체험료를 징수할 수 있다(제21조의5 제1항). 이 경우 자연휴양림의 입장료, 시설사용료 및 체험료 등은 대통령령으로 정하는 바에 따라 해당 자연휴양림의 조성·유지 및 관리에 필요한 비용을 고려하여 적정하게 정하여야 하며, 그 세부기준은 국가가 조성한 자연휴양림의 경우에는 산림청장이 정하여 고시하고, 지방자치단체가 조성한 자연휴양림의 경우에는 대통령령으로 정하는 바에 따라 해당 지방자치단체의 조례로 정한다(제21조의5 제2항 및 시행령 제9조의7 제1항·제3항). 그러나 국가 및 지방자치단체 외의 자가 조성한 자연휴양림의 경우에는 그 자연휴양림을 조성한 자가 정할 수 있다.

현행법이 정하는 일정한 사람에 대해서는 자연휴양림의 입장료를 면제할 수 있다(시행령 제9조의7 제2항).[47] 이 경우 특히 숲사랑지도원, 한국숲사랑청소년단의 단원 및 해당 자

47) 이에 따라 자연휴양림의 입장료가 면제되는 사람에는 ① 국빈 및 그 수행원, ② 외교사절단 및 그 수행원, ③ 만 6세 이하 또는 만 65세 이상인 사람, ④ 공무수행을 위하여 출입하는 사람, ⑤ 「장애인복지법」에 따라 등록된 장애인, ⑥ 「독립유공자예우에 관한 법률」에 따라 등록된 독립유공자와 그 배우자 및 유족, ⑦ 「국가유공자 등 예우 및 지원에 관한 법률」에 따라 등록된 국가유공자와 그 배우자 및 유족, ⑧ 「5·18민주유공자예우 및 단체설립에 관한 법률」에 따라 등록된 5·18민주유공자와 그 배우자 및 유족, ⑨ 「참전유공자 예우 및 단체설립에 관한 법률」에 따라 등록된 참전유공자, ⑩ 「특수임무유공자 예우 및 단체설립에 관한 법률」에 따라 등록

연휴양림이 소재하는 시·군·구에 거주하거나 사찰 등에 상시 출입하는 사람의 경우에는 국가 또는 지방자치단체가 조성한 자연휴양림의 경우에 한하여 그 입장료를 면제한다. 그러나 현행법에 따라 면제대상자에 해당한다고 하더라도 그 면제되는 범위는 입장료에 한정된 것이므로 이를 제외한 시설사용료 및 체험료는 징수할 수 있다.

2. 안전관리 및 금지행위

가. 안전관리

현행법에 따라 조성된 자연휴양림을 관리하는 자는 재난·사고예방 및 재난·사고의 발생 시 이용자 보호 등 피해의 최소화를 위한 조치를 포함한 안전관리계획을 수립하고, 자연휴양림에 대한 정기적인 안전점검을 실시하여야 한다(제16조의2 제1항·제3항 및 시행령 제7조의2 제1항). 이 경우 안전관리계획에는 자연휴양림의 시설물·이용객 등에 대한 안전관리를 담당하는 조직의 구성, 직원에 대한 안전관리 교육·훈련, 안전점검의 방법 및 점검주기, 재난·사고가 발생한 경우의 조치방안, 그 밖에 자연휴양림의 안전관리를 위하여 산림청장이 필요하다고 인정하는 사항 등이 포함되어야 한다.

산림청장 및 지방자치단체의 장은 자연휴양림을 대상으로 그 안전관리를 위하여 정기적인 안전점검을 실시하여야 한다(제16조의2 제2항 및 시행령 제7조의2 제2항). 산림청장 및 지방자치단체의 장이 실시하는 이러한 안전점검은 반기별 1회 이상 실시하여야 하며, 이 경우 산림청장 및 지방자치단체의 장은 자연휴양림을 관리하는 자가 실시한 안전점검의 결과를 요청할 수 있다.

된 특수임무유공자와 그 배우자 및 유족, ⑪ 「고엽제후유의증 등 환자지원 및 단체설립에 관한 법률」에 따라 등록된 고엽제후유증환자 중 국가보훈처장이 실시하는 신체검사에서 「국가유공자 등 예우 및 지원에 관한 법률」에 따른 상이등급에 해당하지 않는 것으로 판정된 사람, ⑫ 「고엽제후유의증 등 환자지원 및 단체설립에 관한 법률」에 따라 등록된 고엽제후유의증환자, ⑬ 「의사상자 등 예우 및 지원에 관한 법률 시행령」에 따른 의상자, 의사자유족, 의상자가족 중 배우자 및 자녀, ⑭ 「국민기초생활 보장법」에 따른 수급자, ⑮ 「산림보호법」에 따라 위촉된 숲사랑지도원, ⑯ 「산림교육의 활성화에 관한 법률」에 따른 한국숲사랑청소년단의 단원, ⑰ 해당 자연휴양림이 소재하는 시·군·구에 거주하는 사람, ⑱ 해당 자연휴양림에 있는 사찰 등에 상시 출입하는 사람, ⑲ 이와 유사한 사람으로서 입장료의 면제가 필요하다고 산림청장이 고시하는 사람 등이 있다. 다만, 이 경우에도 장애인의 경우에는 그 보호자를 포함하며, 국가유공자 중 애국지사 및 상이등급 1급·2급·3급에 해당하는 경우, 5·18민주유공자 중 장해등급 1급·2급·3급에 해당하는 경우, 특수임무유공자 중 상이등급 1급·2급·3급에 해당하는 경우 및 의상자 중 부상등급이 1급 또는 2급에 해당하는 경우에는 그 활동을 보조하는 사람 1명을 포함한다.

나. 금지행위

누구든지 자연휴양림에서는 지정된 장소 외에서의 취사행위 및 흡연행위, 오물이나 쓰레기를 버리는 행위, 그 밖에 자연휴양림의 운영·관리에 현저한 지장을 주는 행위로서 대통령령으로 정하는 행위를 해서는 안 된다(제21조의6 및 시행령 제9조의8). 여기에서 '대통령령으로 정하는 행위'란 자연휴양림에 설치된 시설을 관리인의 허락 없이 이동·반출하거나 훼손하는 행위, 심한 소음 또는 악취가 나게 하는 등 다른 사람에게 혐오감을 주는 행위, 지정된 장소 외의 장소에서의 주차행위나 상행위 등을 말한다. 만일 누구든지 이에 위반되는 행위를 하는 경우에는 그 위반행위의 유형에 따라 50만원 또는 20만원 이하의 과태료에 처해질 수 있다(제38조 제2항 및 제3항 제3호).

3. 휴식년제

산림청장 또는 지방자치단체의 장은 자연휴양림의 보호 및 이용자의 안전 등을 위하여 국유 또는 공유자연휴양림의 전부 또는 일부 구역에 대하여 일정 기간 동안 일반인의 출입을 제한하거나 금지하는 휴식년제를 실시할 수 있으며, 국유 또는 공유자연휴양림 이외 사유림의 소유자나 국유림의 대부 등을 받은 자가 조성한 사유자연휴양림의 경우에는 그 소유자의 신청에 따라 특별자치시장·특별자치도지사 및 시장·군수·구청장이 휴식년제를 실시할 수 있다(제18조 제1항·제2항). 여기에서 국유자연휴양림이란 산림청장이 소관 국유림에 지정하여 조성한 자연휴양림으로서 국립자연휴양림이라고도 하며, 공유자연휴양림이란 지방자치단체의 장이 산림청장 소관 국유림 이외 공유림에 지정하여 조성한 자연휴양림을 말한다.

산림청장 또는 지방자치단체의 장은 현행법에 따라 자연휴양림에 대한 휴식년제를 실시하는 경우에는 해당 자연휴양림의 위치·면적·출입의 제한 또는 금지 기간 그 밖에 농림축산식품부령이 정하는 사항을 고시하여야 한다(제18조 제3항·제4항). 이 경우 특히 산림청장 또는 지방자치단체의 장이 국유 또는 공유자연휴양림에 대하여 휴식년제를 실시하려는 경우에는 재해 또는 안전 등에 관련된 특별한 사유가 없으면 시행 1년 전에 이를 인터넷 홈페이지 등을 통하여 알려야 한다.

휴식년제를 실시하는 자연휴양림에 출입하고자 하는 자는 산림청장 또는 지방자치단체의 장의 허가를 받아야 한다(제18조 제5항 및 시행규칙 제17조 제2항). 그러나 이 경우에도 산림사업의 시행, 산불진화 그 밖에 농림축산식품부령으로 정하는 사유가 있는 경우에는 허가를 받지 않고 출입할 수 있다. 여기에서 '농림축산식품부령으로 정하는 사유'란 산불예방 · 병해충방제 및 유해조수제거를 위한 출입, 군 · 예비군 및 경찰의 작전업무 수행을 위한 출입, 산림 내 원주민의 일상생업에 필요한 출입, 「산림보호법 시행규칙」에 따라 위촉된 숲사랑지도원 및 숲사랑지도위원의 산림보호 활동을 위한 출입, 송 · 배전선로의 순시 및 유지 · 보수를 위한 출입 등을 말한다.

4. 자연휴양림 조성 · 관리의 위탁

산림청장 또는 지방자치단체의 장은 자연휴양림의 효율적인 조성 또는 관리를 위하여 필요한 때에는 지방자치단체 또는 산림조합 등 대통령령으로 정하는 법인 · 단체 등에게 자연휴양림의 조성 또는 관리를 위탁할 수 있다(제22조 및 시행령 제10조 제1항). 이에 따르면 '산림조합 등 대통령령으로 정하는 법인 · 단체 등'이란 (1) 현행법에 따른 한국등산 · 트레킹지원센터, (2) 「산림조합법」에 따른 산림조합중앙회 또는 산림조합, (3) 「산림복지 진흥에 관한 법률」에 따른 한국산림복지진흥원, (4) 민법에 따라 산림문화 · 휴양을 목적으로 산림청장 또는 시 · 도지사의 허가를 받아 설립된 비영리법인, (5) 「지방공기업법」에 따라 설립된 지방공사 및 지방공단, (6) 독림가, 임업후계자 또는 산림기술자 5명 이상으로 구성된 법인 · 단체로서 자연휴양림의 조성 또는 관리에 필요한 재정적 능력이 있는 법인 · 단체를 말한다.

현행법에 따르면 자연휴양림의 조성 · 관리를 위한 위탁기간은 3년부터 5년까지의 기간으로 하나 산림청장 또는 지방자치단체의 장이 필요하다고 인정하는 경우에는 2년부터 5년까지의 범위에서 그 위탁기간을 연장할 수 있다(시행령 제10조 제2항). 그러나 이 경우에도 지방자치단체의 장이 연장하는 경우 그 횟수에 관하여는 「공유재산 및 물품 관리법 시행령」 제19조 제2항 및 제3항을 준용한다.

Ⅴ. 산림욕장 등

[1] 산림욕장 등의 조성

1. 산림욕장 등 조성계획

가. 조성계획의 작성 및 승인

현행법에 따라 산림에 산림욕장 · 치유의 숲 · 숲속야영장 및 산림레포츠시설[산림욕장 등]을 조성하려면 그 산림의 소유구분에 따라 (1) 산림청장이 소관 국유림에 산림욕장 등을 조성하는 경우에는 산림욕장 등에 필요한 시설 등의 조성계획

[산림욕장 등 조성계획]을 농림축산식품부령으로 정하는 바에 따라 작성하여야 하며, (2) 공유림 또는 사유림의 소유자 또는 국유림의 대부 등을 받은 자가 소유하고 있거나 대부 등을 받은 산림을 산림욕장 등으로 조성하는 경우에는 농림축산식품부령으로 정하는 바에 따라 산림욕장 등 조성계획을 작성하여 시·도지사의 승인을 받아야 한다(제20조 제1항·제2항). 이는 산림청장이 작성한 조성계획을 변경하거나 시·도지사로부터 승인을 받은 조성계획을 변경하려는 경우에도 같다. 산림의 소유구분에 따라 구분되는 이러한 절차는 자연휴양림의 지정 및 조성절차와 유사하나, 산림욕장 등의 경우에는 자연휴양림과 같은 지정절차가 없으므로 바로 조성계획을 작성하거나 승인하는 절차가 적용된다는 점에서 구별된다.

산림청장 또는 시·도지사는 현행법에 따라 산림욕장 등으로 조성하려는 산림에 둘러싸인 토지 중 산림욕장 등으로 조성할 필요가 있는 것으로서 대통령령으로 정하는 면적[48] 이내의 토지를 산림욕장 등 조성계획에 포함하여 작성하거나 승인할 수 있다(제20조 제3항). 이 경우 산림청장 또는 시·도지사에 의하여 작성하거나 승인된 토지는 「산림자원의 조성 및 관리에 관한 법률」 제2조 제1호에 따른 산림으로 본다.

나. 조성계획의 통보

시·도지사는 현행법에 따라 산림욕장 등 조성계획을 승인한 때에는 산림청장에게 이를 통보하여야 하며, 산림청장 또는 시·도지사가 현행법에 따라 산림욕장 등 조성계획을 작성 또는 변경작성하거나 승인 또는 변경승인한 경우에는 농림축산식품부령으로 정하는 바에 따라 그 내용을 고시하여야 한다(제20조 제4항·제6항).

2. 산림욕장 등의 조성

가. 설치할 수 있는 시설의 종류 및 설치기준

현행법에 따라 산림욕장 등에 설치할 수 있는 시설의 종류는 다음과 같으며, 각 시설별 설치기준[49]은 대통령령이 정하는 바에 따른다(제20조 제5항 및 시행령 제9조~제9조의4).

---

48) 여기에서 '대통령령으로 정하는 면적'이란 산림욕장, 치유의 숲, 숲속야영장 또는 산림레포츠시설 각각의 조성면적의 100분의 10을 말한다. 그러나 그 조성면적의 100분의 10이 ① 산림욕장의 경우 5천m^2, ② 치유의 숲의 경우 1만m^2, ③ 숲속야영장의 경우 3천m^2, ④ 산림레포츠시설의 경우 3천m^2를 초과하는 경우에는 이에 따른 면적을 말한다(시행령 제8조).

49) 예를 들어 산림욕장의 편익시설은 경사가 완만한 산림을 대상으로 하여, 산책로·의자·간이쉼터 등 산림욕에 필요한 시설을 설치하여야 하며(시행령 제9조 제1항 별표2), 치유의 숲에 설치하는 산림치유시설은 ① 향기·경관·빛·바람·소리 등 산림의 다양한 요소를 활용할 수 있도록 하되, 건축물은 흙·나무 등 자연재료를 사용하여 저층·저밀도로 시설하고 운동시설은 접근성·안전성 등을 고려하여 설치하여야 하며, ② 치유숲길은 폭을 1m50cm 이내(안전·대

■ 산림욕장: 편익시설, 위생시설, 체험 · 교육시설, 체육시설, 전기 · 통신 및 안전시설 등
■ 치유의 숲: 숲속의 집, 치유센터, 치유숲길 및 「산림교육의 활성화에 관한 법률」에 따른 유아숲체험원 등을 포함한 산림치유시설과 편익시설, 위생시설, 전기 · 통신 및 안전시설 등
■ 숲속야영장: 일반야영장, 자동차야영장 및 숲속의 집 등을 포함한 기본시설과 편익시설 · 위생시설, 체험 · 교육시설, 체육시설, 전기 · 통신 및 안전시설 등
■ 산림레포츠시설: 산악승마, 산악자전거, 행글라이딩 또는 패러글라이딩, 산악스키 및 산악마라톤 등 산림레포츠 종류별로 활동에 필요한 시설

이에 따르면 산림욕장 및 산림레포츠시설에는 숲속의 집 등 숙박시설을 설치할 수 없으나, 치유의 숲에는 숲속의 집 등 숙박시설과 함께 치유센터 등의 시설을 설치할 수 있으며, 숲속야영장의 경우에도 야영을 할 수 있는 기본시설로서 일정한 숙박시설을 설치할 수 있다.

나. 설치할 수 있는 시설의 규모

A. 치유의 숲

치유의 숲 안에 설치할 수 있는 시설은 치유의 숲 시설의 설치에 따른 산림의 형질변경 면적이 치유의 숲 전체면적의 10% 이하가 되어야 하며, 치유의 숲 시설 중 건축물의 층수는 2층 이하로 하고 건축물이 차지하는 총 바닥면적은 치유의 숲 전체면적의 2% 이하가 되어야 한다. 그러나 이 경우에도 치유의 숲 조성 전에 설치된 임도 · 순환로 · 산책로 · 숲체험코스 및 등산로의 면적은 산림의 형질변경 면적에서 제외한다(시행령 제9조의2 제3항).

B. 숲속야영장

숲속야영장의 경우 산림의 형질변경 면적은 국가 또는 지방자치단체가 조성하는 경우에는 숲속야영장 면적의 100분의 10 이하로 하고, 국가 또는 지방자치단체 외의 자가 조성하는 경우에는 숲속야영장의 면적 크기에 따라 (1) 숲속야영장 면적이 1만m^2 이하인 경우에는 그 면적의 100분의 30 이하, (2) 숲속야영장 면적이 1만m^2 초과 5만m^2 이하인 경우에는 그 면적 중 1만m^2를 초과하는 면적의 100분의 5에 3천m^2를 합한 면적 이하, (3) 숲속야영장 면적이 5만m^2 초과인 경우에는 그 면적의 100분의 10 이하로 한다(시행령 제9조의3 제2항). 그러나 이 경우에도 숲속야영장 조성

피를 위한 장소 등 불가피한 경우에는 1m50cm를 초과할 수 있다)로 하되, 접근성 · 안전성 · 산림에의 영향 등을 고려하여 산림형질변경이 최소화될 수 있도록 설치하여야 한다(시행령 제9조의2 제1항 별표3).

전에 설치된 임도·순환로·산책로·숲체험코스 및 등산로의 면적은 산림의 형질 변경 면적에서 제외한다. 또한 숲속야영장에 위생복합시설·관리센터 등을 설치하는 경우에는 그 건축물의 층수가 2층 이하가 되도록 하고, 건축물이 차지하는 총 바닥면적은 숲속야영장 면적의 100분의 10 미만이 되도록 하여야 한다.

C. 산림레포츠시설

산림레포츠시설의 경우 건축물이 차지하는 총 바닥면적은 5천m^2 이하가 되도록 하고 개별 건축물의 연면적은 900m^2 이하로 하며, 건축물의 층수는 2층 이하가 되도록 하여야 한다(시행령 제9조의4 제2항). 그러나 「식품위생법 시행령」에 따른 휴게음식점영업소의 연면적은 200m^2 이하로 한다.

다. 타당성 평가

산림청장 또는 시·도지사는 산림욕장 등을 조성하거나 산림욕장 등 조성계획을 승인하는 경우 그 대상지의 경관·위치 및 면적 등이 대통령령으로 정하는 기준에 적합한지에 대한 타당성 평가를 하여야 한다(제21조의2 제1항 제2호·제3호). 이는 산림욕장 등의 면적을 확대하는 경우에도 같다. 현행법에 따른 이러한 타당성 평가는 자연휴양림을 지정하는 경우와 유사하며, 따라서 대상지에 대한 평가항목과 기준, 평가방법, 평가의 위탁 및 이에 따른 경비지원 등에 관한 사항은 앞에서 이미 설명한 것과 같이 자연휴양림을 지정하는 경우의 타당성 평가에 관한 내용을 따르면 된다(제21조의2 제1항~제4항 및 시행령 제9조의5 제1항).[50]

그러나 현행법은 자연휴양림과 산림욕장 등의 이러한 유사성에도 불구하고 각각의 평가항목에 따른 세부기준에 있어서는 자연휴양림과 치유의 숲, 산림욕장, 숲속야영장 및 산림레포츠시설의 종류에 따라 세분화하고 있으며,[51] 특히 치유의 숲의 경우에는 그 조성대상지의 산림면적에 있어 자연휴양림과는 다른 기준을 적용하고 있다. 이에 따르면 치유의 숲의 경우 그 조성 대상지의 산림면적은 (1) 국가 또는 지방자치단체가 조성하는 경우에는 50만m^2 이상, (2) 그 밖의 자가 조성하는 경우에는 30만m^2 이상, (3) 특별시 또는 광역시의 관할구역에 국가 또는 지방자치단체가 조성하는 경우에는 25만m^2 이상, (4) 특별시 또는 광역시의 관할구역에 국

50) 이와 관련하여 현행법은 제21조의2 제1항에서 자연휴양림과 산림욕장 등을 통합하여 '자연휴양림 등'이라고 표현하면서, 이를 자연휴양림 등의 입장료 등의 징수(제21조의5), 자연휴양림 등에서의 금지행위(제21조의6), 자연휴양림 등의 위탁(제22조)에 관한 규정에서 사용하고 있다. 이에 대하여는 앞에서 산림문화·휴양발전 지역협의회를 살펴보면서 이미 설명한 것과 같다.

51) 「자연휴양림 등 타당성 평가의 세부기준」(산림청고시 제2018-71호, 2018. 8. 9.)을 참고하라.

가 또는 지방자치단체 외에 그 밖의 자가 조성하는 경우에는 15만m^2 이상이어야 하며, (5) 특히 「도서개발 촉진법」에 따른 도서지역의 경우에는 조성주체와 관계 없이 10만m^2 이상이 되어야 한다(시행령 제9조의5 제1항 제3호 나목).

라. 조성지원

산림청장 또는 지방자치단체의 장은 현행법에 따른 조성계획에 따라 산림욕장 등을 조성하는 자에게는 그 사업비의 전부 또는 일부를 보조하거나 융자할 수 있다(제20조 제7항). 이 경우 조성사업비의 전부 또는 일부를 보조하거나 융자할 수 있는 자는 산림청장 또는 지방자치단체의 장으로서 여기에서 지방자치단체의 장에는 시 · 도지사뿐만 아니라 시장 · 군수 · 구청장도 포함됨은 자연휴양림의 조성과 관련하여 이미 설명한 것과 같다.

3. 다른 법률에 따른 인 · 허가 등의 의제

산림청장이 산림욕장 등 조성계획을 작성 또는 변경작성하거나 시 · 도지사가 산림욕장 등 조성계획을 승인 또는 변경승인한 경우에는 다른 법률에 의한 인 · 허가 등을 받거나 한 것으로 보며, 제20조 제6항에 따라 이를 고시한 경우에는 다른 법률에 의한 인 · 허가 등의 고시 또는 공고가 있는 것으로 본다(제20조의2 제1항~제3항). 이 경우 현행법에 따라 인 · 허가 등이 의제되는 법률, 관계 행정기관의 장과의 협의절차 및 수수료 또는 사용료 등의 면제에 대하여는 자연휴양림에 관한 부분에서 이미 설명한 것과 같다.

4. 조성계획의 승인취소

시 · 도지사는 산림욕장 등 조성계획의 승인[52)]을 받은 자에게 일정한 사유가 있는 경우에는 그 승인을 취소할 수 있다(제21조 제1항). 시 · 도지사가 현행법에 따라 산림욕장 등 조성계획의 승인을 취소할 수 있는 이러한 사유에는 거짓이나 그 밖의 부정한 방법으로 승인을 받은 경우, 정당한 사유 없이 승인을 받은 날부터 1년 이내에 산림욕장 등 조성사업을 시작하지 않거나 1년 이상 사업을 중단한 경우 또는 정당한 사유 없이 승인을 받은 산림욕장 등 조성계획의 내용대로 사업을 이행하지 않은 경우 등이 있다. 시 · 도지사는 산림욕장 등 조성계획의 승인을 받은 자에게 이러한 사유가 있다고 하더라도 반드시 그 승인을 취소하여야 하는 것은 아니나, 만

52) 현행법 제20조 제3항에 따라 일정한 면적 이내의 토지를 산림욕장 등 조성계획에 포함하여 승인을 받은 경우를 포함한다.

일 그 사유가 '거짓이나 그 밖의 부정한 방법으로 승인을 받은 경우'에 해당하는 때에는 반드시 그 승인을 취소하여야 한다.

시·도지사는 현행법에 따라 산림욕장 등 조성계획의 승인을 취소하려는 경우에는 청문을 실시하여야 하며, 이러한 절차를 거쳐 산림욕장 등 조성계획의 승인을 취소한 때에는 산림청장에게 그 승인취소 사실을 통보하여야 한다(제21조 제2항 및 제33조 제3호). 현행법에 따라 시·도지사로부터 이러한 사실을 통보받은 경우 산림청장은 그 승인이 취소된 자에 대하여 산림의 원상복구를 명하거나 현행법에 따라 산림욕장 등 조성사업비로 보조 또는 융자한 비용이 있는 경우에는 그 전부 또는 일부를 회수할 수 있다(제21조 제3항·제4항). 이 경우 만일 산림의 원상복구 명령을 받은 자가 이를 이행하지 않는 때에는 산림청장은 「행정대집행법」을 준용하여 대집행할 수 있으며, 그 대집행에 소요되는 비용은 「산지관리법」 제38조의 규정에 따라 예치한 복구비로 충당할 수 있다.

[2] 산림욕장 등의 운영

산림욕장 등의 운영에 관하여는 자연휴양림의 운영에 관한 사항을 적용한다. 그러므로 산림욕장 등에서의 입장료 등의 징수, 금지행위 및 위탁에 관한 내용은 자연휴양림과 관련하여 앞에서 이미 설명한 것과 같다(제21조의5·제21조의6 및 제22조). 그러나 자연휴양림의 안전관리와 휴식년제에 관한 사항은 자연휴양림에 특유한 규정으로서 산림욕장 등의 경우에는 적용되지 않는다(제16조의2 및 제18조).

Ⅵ. 숲길 등

[1] 숲 길

1. 개념 및 구분

숲길이란 "등산·트레킹·레저스포츠·탐방 또는 휴양·치유 등의 활동을 위하여 제23조에 따라 산림에 조성한 길"(제2조 제6호)로서 이와 연결된 산림 밖의 길을 포함하는 것을 말한다. 현행법에 따른 이러한 숲길은 그 목적 및 특성에 따라 다음과 같이 구분한다(제22조의2).

■ 등산로: 산을 오르면서 심신을 단련하는 활동[등산]을 하는 길

- 트레킹길: 길을 걸으면서 지역의 역사 · 문화를 체험하고 경관을 즐기며 건강을 증진하는 활동[트레킹]을 하는 길로서 (1) 시점과 종점이 연결되도록 산의 둘레를 따라 조성한 둘레길과 (2) 산줄기나 산자락을 따라 길게 조성하여 시점과 종점이 연결되지 않는 트레일로 구분한다.
- 산림레포츠길: 산림레포츠를 하는 길
- 탐방로: 산림생태를 체험 · 학습 또는 관찰하는 활동[탐방]을 하는 길
- 휴양 · 치유숲길: 산림에서 휴양 · 치유 등 건강증진이나 여가 활동을 하는 길

2. 숲길기본계획

산림청장은 등산 · 트레킹 · 산림레포츠 · 탐방 및 휴양 · 치유 등의 활동을 증진하기 위하여 현행법에 따른 숲길의 종류별로 전국 산림에 대한 숲길의 조성 · 관리 기본계획[숲길기본계획]을 5년마다 수립 · 시행할 수 있다(제22조의3 제1항 · 제2항). 현행법에 따른 이러한 숲길기본계획에는 숲길 시책의 기본목표 및 추진방향, 숲길에 관한 수요와 여건 및 전망, 숲길조성 추진체계 및 관리기반 구축에 관한 사항, 숲길 정보망의 구축 · 운영에 관한 사항, 그 밖에 숲길과 관련된 주요 시책에 관한 사항 등이 포함되어야 한다.

산림청장은 숲길기본계획의 시행성과 및 사회적 · 지역적 · 산림환경적 여건변화 등을 고려하여 필요하다고 인정하면 숲길기본계획을 변경할 수 있으며, 현행법에 따라 숲길기본계획을 수립하거나 변경하는 경우에는 「산림복지 진흥에 관한 법률」에 따른 산림복지진흥계획과 연계되도록 하여야 한다(제22조의3 제3항 · 제4항). 여기에서 '연계되도록 하여야 한다'의 의미에 대하여는 앞에서 이미 설명한 것과 같이 서로 동등한 입장에서 산림복지진흥계획을 충분히 고려하여 숲길기본계획을 수립하여야 한다는 의미로 이해해야 할 것이다.

지방산림청장과 지방자치단체의 장[숲길관리청]은 숲길기본계획이 수립된 경우 관할 산림에 대하여 숲길기본계획에 따라 매년 숲길의 조성 · 관리 연차별계획[숲길연차별계획]을 수립하여야 한다(제22조의3 제5항). 이 경우 현행법에 따르면 숲길관리청인 지방산림청장과 지방자치단체의 장이 관할하는 산림에는 「자연공원법」에 따른 자연공원은 포함되지 않으므로 숲길관리청은 이에 대하여는 숲길연차별계획을 수립하지 않아도 된다.

산림청장 및 숲길관리청은 숲길기본계획 및 숲길연차별계획을 수립하거나 이를 변경하기 위한 기초자료로 사용하기 위하여 숲길의 예정노선 및 그 주변 산림의 현황과 이미 조성한 숲길의 운영 · 관리실태를 조사하여야 한다(제22조의3 제6항 · 제7항). 이 경우 산

림청장 및 숲길관리청은 이러한 조사업무를 「산림조합법」에 따른 산림조합 등 대통령령으로 정하는 법인·단체에 위탁할 수 있다. 여기에서 '대통령령으로 정하는 법인·단체'란 「산림조합법」에 따른 산림조합 및 산림조합중앙회, 「산림자원의 조성 및 관리에 관한 법률」에 따른 산림사업법인, 민법에 따라 등산·트레킹의 교육·훈련 등을 목적으로 산림청장의 허가를 받아 설립된 비영리법인 또는 현행법에 따른 한국등산·트레킹지원센터를 말한다.

3. 숲길의 조성 및 국가숲길의 지정

가. 숲길의 조성

숲길관리청은 숲길을 조성하려면 숲길연차별계획에 따라 해당 숲길의 노선이 포함된 숲길조성계획을 수립하여 노선선정·조성계획의 적절성 및 생태계와 지역사회에 미치는 영향 등에 관하여 대통령령으로 정하는 기준에 따라 그 타당성을 평가하고, 토지소유자를 포함한 이해관계인의 의견을 수렴하여야 한다(제23조 제1항). 이 경우 숲길관리청은 효율적인 타당성 평가를 위하여 필요한 경우에는 대통령령으로 정하는 법인·단체[53]에게 그 타당성 평가를 위탁할 수 있다. 현행법에 따라 숲길조성계획의 타당성을 평가하기 위하여 '대통령령으로 정하는 기준'이란 다음과 같다(시행령 제11조의2 제1항).

- 노선선정의 적절성: 숲길의 노선이 조성대상지의 경관조건, 숲길 간의 연결성 및 안전성 등을 고려하여 적절하게 선정될 것
- 조성계획의 적절성: 숲길의 명칭 및 위치, 조성목적, 조성거리, 접근성 및 운영·관리 등을 고려하여 조성계획이 수립될 것
- 생태계에 미치는 영향: 멸종위기 동·식물의 서식지를 훼손하지 않는 등 산림생태계에 미치는 영향이 적을 것
- 지역사회에 미치는 영향: 지역의 역사·문화 및 관광자원 등과 연계하여 지역사회 활성화에 기여할 수 있을 것

숲길관리청은 현행법에 따른 타당성 평가 및 의견수렴 결과 숲길의 조성이 타

---

53) 여기에서 '대통령령으로 정하는 법인·단체'란 ① 현행법에 따른 한국등산·트레킹지원센터, ② 「산림조합법」에 따른 산림조합 및 산림조합중앙회, ③ 「산림자원의 조성 및 관리에 관한 법률」에 따라 등록한 산림사업법인 중 같은 법 시행령 별표1 제7호에 따른 자격요건을 갖춘 산림사업법인, ④ 「산림기술 진흥 및 관리에 관한 법률」에 따라 등록한 산림기술용역업자 중 같은 법 시행령 별표4에 따른 종합업 또는 산림휴양전문업 산림기술용역업자, ⑤ 민법에 따라 숲길 조성 및 숲길 이용자의 활동지원을 목적으로 산림청장의 허가를 받아 설립된 비영리법인을 말한다(시행령 제11조의4 제1항).

당하다고 인정되면 숲길의 명칭을 부여하고, 그 노선을 지정하여 고시하여야 한다(제23조 제2항·제3항). 이는 숲길관리청에 의하여 지정된 노선을 변경하거나 그 지정을 해제하는 경우에도 같다. 현행법에 따라 숲길의 노선이 지정 · 고시되면 「산지관리법」에 따른 산지일시사용신고를 하거나 「산림자원의 조성 및 관리에 관한 법률」에 따른 입목벌채 등의 허가를 받은 것으로 본다. 따라서 숲길관리청은 숲길을 조성하기 위하여 별도로 산지일시사용신고를 하거나 입목벌채 등의 허가를 받을 필요가 없다.

나. 숲길 조성 등의 지원

산림청장은 지방자치단체에게 숲길의 조성 및 운영 · 관리 등에 필요한 경비를 지원할 수 있다(제24조). 이 경우 산림청장은 (1) 산의 정상 지점들을 연결하는 능선부의 주요 등산로, (2) 농림축산식품부령으로 정하는 주요 산의 둘레길, (3) 역사 · 문화유적지와 연계되거나 역사적 · 문화적으로 보전 · 관리할 필요가 있는 트레일 · 탐방로 또는 옛길, (4) 전국 또는 국제 규모의 산림레포츠 대회를 개최하기 위하여 필요한 산림레포츠길에 대하여는 그 필요한 경비를 우선적으로 지원할 수 있다. 여기에서 '농림축산식품부령으로 정하는 주요 산의 둘레길'이란 2개 이상 특별시 · 광역시 · 도에 걸치는 둘레길, 3개 이상 시 · 군 · 구에 걸치는 둘레길, 그 밖에 산림청장이 산림생태 · 문화 · 휴양 및 치유의 가치가 있다고 인정하는 둘레길을 말한다(시행규칙 제20조의4).

다. 국가숲길의 지정

산림청장은 현행법에 따라 조성된 숲길 중 산림생태적 가치나 역사 · 문화적 가치가 높아 체계적인 운영 · 관리가 필요한 숲길을 국가숲길로 지정하여 고시할 수 있다(제23조의3 제1항). 이 경우 지방자치단체의 장이 관리하는 숲길을 국가숲길로 지정하려는 경우에는 해당 지방자치단체의 장과 사전에 협의하여야 한다.

현행법에 따라 숲길을 국가숲길로 지정받으려는 숲길관리청은 농림축산식품부령으로 정하는 바에 따라 지정신청서를 산림청장에게 제출하여야 하며, 숲길관리청으로부터 이러한 지정신청을 받은 산림청장은 현행법에 따라 조성된 숲길이 그 지정기준에 적합하면 「산림복지 진흥에 관한 법률」에 따른 산림복지심의위원회의 심의를 거쳐 국가숲길로 지정할 수 있다(제23조의3 제2항 및 시행령 제11조의6 제2항·제3항).

4. 운영 및 관리

가. 운영 및 관리원칙

숲길관리청은 현행법에 따라 조성된 숲길을 보전하고 이용 및 안전·편의가 증진되도록 대통령령으로 정하는 바에 따라 운영·관리하여야 한다(제23조의2 및 시행령 제11조의5 제1항·제3항). 숲길관리청은 이를 위하여 숲길의 안전시설·종합안내판, 전망대 및 해설표시판 등의 시설물 설치 및 보수·관리, 숲길에 대한 매년 1회 이상 실태조사의 실시, 숲길에 대한 안내센터의 설치 및 운영·관리, 「산림교육의 활성화에 관한 법률」에 따른 숲길등산지도사의 배치·활용 등의 업무를 수행하고, 이러한 숲길 운영·관리 프로그램에 지역주민·시민단체 등이 참여할 수 있도록 하여야 한다.

숲길의 노선 중 다른 숲길의 노선과 연접·중복되는 구간의 노선은 관계 숲길관리청이 협의하여 정한 숲길관리청이 운영·관리할 수 있으며, 숲길관리청은 숲길을 보전하기 위하여 필요한 경우에는 숲길 또는 그 주변 지역의 토지와 입목 등을 그 소유자와 협의하여 매수할 수 있다(제26조 및 시행령 제11조의5 제2항). 이 경우 그 매수가격은 「공익사업을 위한 토지 등의 취득 및 보상에 관한 법률」의 규정에 의하여 산정한 가액으로 한다.

나. 금지행위

누구든지 숲길 또는 주변의 토지에서는 숲길을 훼손하는 행위, 다른 사람 소유의 건조물·농작물이나 그 밖의 재물을 손괴하는 행위, 오물이나 쓰레기를 버리는 행위 또는 숲길관리청에서 설치한 표지를 옮기거나 더럽히거나 망가뜨리는 행위를 해서는 안 된다(제23조의4). 만일 누구든지 이에 위반하여 숲길을 훼손하거나 다른 사람 소유의 건조물·농작물이나 그 밖의 재물을 손괴하는 경우에는 벌칙 규정에 따라 3년 이하의 징역 또는 3천만원 이하의 벌금에 처해질 수 있으며, 오물·쓰레기를 버리거나 숲길관리청에서 설치한 표지를 옮기거나 더럽히거나 망가뜨리는 경우에는 20만원 이하의 과태료가 부과될 수 있다(제35조 제4항 제2호 및 제38조 제3항 제3호·제4호).

다. 숲길의 휴식기간제

숲길관리청은 숲길의 보호와 숲길 이용자의 안전 등을 위하여 숲길의 전부 또는 일부를 지정하여 일정 기간 동안 일반인의 출입을 제한하거나 금지하는 휴식년제 또는 휴식기간제를 실시할 수 있다(제25조 제1항). 여기에서 휴식년제와 휴식기간제의 차이는 숲길의 휴식기간을 연간 단위로 하는지의 여부에 따라 구분한다.

숲길관리청은 현행법에 따라 숲길의 휴식년제 또는 휴식기간제를 실시하고자 하는 때에는 해당 숲길의 위치 · 면적 · 출입의 제한 또는 금지기간 그 밖에 농림축산식품부령으로 정하는 사항을 고시하여야 하며, 이를 실시하는 경우에는 재해 또는 안전 등에 관련된 특별한 사유가 없으면 시행 1년 전에 인터넷 홈페이지 등을 통하여 알려야 한다(제25조 제2항·제3항). 현행법에 따라 휴식년제 또는 휴식기간제를 실시하는 숲길에 출입하고자 하는 자는 숲길관리청의 허가를 받아야 한다(제25조 제4항). 그러나 이 경우에도 산림사업의 시행, 산불진화 그 밖에 농림축산식품부령으로 정하는 사유[54]가 있는 경우에는 허가 없이 출입할 수 있다.

라. 숲길 예약탐방제

산림청장 또는 숲길관리청은 숲길의 보호와 산림생태계의 훼손을 방지하기 위하여 필요한 경우에는 이용날짜 및 이용경로 등을 예약하여 숲길을 탐방할 수 있도록 하는 예약탐방제를 실시할 수 있다(제25조의2 제1항·제2항). 이 경우 산림청장 또는 숲길관리청은 해당 숲길의 위치 · 면적 등 농림축산식품부령으로 정하는 사항을 고시하여야 한다.

마. 차마의 진입 제한

숲길관리청은 숲길 이용자의 안전과 숲길의 보호를 위하여 숲길의 전부 또는 일부를 지정하여 「도로교통법」에 따른 차마의 진입을 금지할 수 있다(제25조의3 제1항·제4항). 만일 차마의 운전자가 숲길관리청에 의하여 차마의 진입을 금지하는 이러한 숲길에 진입하고자 하는 경우에는 해당 숲길관리청의 허가를 받아야 한다.

현행법에 따라 숲길에 진입을 제한할 수 있는 '차마'란 자동차, 건설기계, 원동기장치자전거, 자전거 및 사람 또는 가축의 힘이나 그 밖의 동력으로 도로에서 운전되는 것과 교통이나 운수에 사용되는 가축을 함께 이르는 것을 말한다(도로교통법 제2조 제17호). 그러나 철길이나 가설된 선을 이용하여 운전되는 것, 유모차 및 행정안전부령으로 정하는 보행보조용 의자차[55]는 차에 속하지 않으므로 현행법이 적용되지 않는다.

54) 이 경우 '농림축산식품부령으로 정하는 사유'란 ① 산불예방, 병해충방제 및 유해조수제거를 위한 출입, ② 군 · 경찰 및 예비군의 작전업무 수행을 위한 출입, ③ 산림 내 원주민의 일상생업에 필요한 출입, ④ 「산림보호법」에 따라 위촉된 숲사랑지도원의 산림보호 활동을 위한 출입, ⑤ 송 · 배전선로의 순시 및 유지 · 보수를 위한 출입, ⑥ 그 밖에 숲길관리청이 필요하다고 인정하는 경우 등을 말한다(시행규칙 제21조 제2항).

55) 이에 해당하는 '행정안전부령으로 정하는 보행보조용 의자차'란 식품의약품안전처장이 정하는 의료기기의 규격에 따른 수동휠체어, 전동휠체어 및 의료용 스쿠터의 기준에 적합한 것을 말한다(도로교통법 시행규칙 제2조).

숲길관리청은 현행법에 따라 숲길에 차마의 진입을 금지하고자 하는 때에는 해당 숲길의 위치·구간·거리 및 금지기간, 그 밖에 농림축산식품부령으로 정하는 사항을 고시하여야 하며, 만일 숲길 이용자의 안전이나 숲길 보호의 필요성이 없는 경우로서 대통령령으로 정하는 사유가 발생한 때에는 그 지정을 해제할 수 있다(제25조의3 제2항·제3항 및 시행령 제11조의7). 여기에서 '대통령령으로 정하는 사유가 발생한 때'란 현행법에 따라 차마의 진입이 금지된 숲길 내에 숲길 이용자가 이용하는 숲길의 경로와 차마의 통행경로가 시설물 등의 설치에 의하여 완전히 분리되어 숲길 이용자가 이용하는 숲길의 경로를 차마가 통행할 수 없게 된 때를 말한다.

[2] 등산 및 트레킹

1. 등산·트레킹학교

산림청장 또는 시·도지사는 건전한 등산·트레킹문화의 정립 및 확산을 위하여 등산·트레킹교육을 실시하는 등산·트레킹학교를 개설하여 운영할 수 있으며, 이를 이용하는 자로부터 시설사용료 및 체험료 등을 징수할 수 있다(제27조 제1항·제4항). 이 경우 그 시설사용료 및 체험료 등은 등산·트레킹 관련 시설의 설치·운영 및 유지·관리에 소요되는 비용, 체험활동에 필요한 실비를 기준으로 하여 정하여야 한다(제27조 제5항 및 시행령 제11조의8 제1항). 그러나 시·도지사가 개설하는 등산·트레킹학교의 경우에는 해당 지방자치단체의 조례로 정한다.

산림청장 또는 시·도지사는 현행법에 따라 등산·트레킹학교를 운영하는 자에게 그 사업비의 전부 또는 일부를 보조할 수 있으며, 그 운영을 현행법에 따른 한국등산·트레킹지원센터 또는 등산·트레킹의 교육·훈련 등을 목적으로 설립된 비영리 법인으로서 농림축산식품부령으로 정하는 자[56]에게 위탁할 수 있다(제27조 제2항·제3항).

2. 한국등산·트레킹지원센터

산림청장은 건전한 등산·트레킹문화의 확산과 국민의 등산·트레킹 활동을 지원하기 위하여 한국등산·트레킹지원센터를 설치·운영할 수 있다(제27조의2 제1항·제3항 및 제5항). 한국등산·트레킹지원센터는 법인으로서 기타 공공기관에 속하며, 국가 또는 지방자치단체는 그 설치 및 운영에 필요한 경비의 전부 또는 일부를 보조할 수 있다. 한국

56) 여기에서 '농림축산식품부령으로 정하는 자'란 「공익법인의 설립·운영에 관한 법률」에 따라 등산·트레킹의 교육·훈련 등을 목적으로 설립된 법인 또는 민법에 따라 산림청장의 허가를 받아 등산·트레킹의 교육·훈련 등을 목적으로 설립된 법인을 말한다(시행규칙 제22조).

등산 · 트레킹지원센터에는 현행법에 따라 임원으로서 이사장 · 이사 및 감사를 두며, 특별시 · 광역시 · 특별자치시 · 도 또는 특별자치도[시 · 도]에 그 지부를 둘 수 있다(제27조의2 제4항 및 시행령 제11조의9 제1항 및 제11조의11 제1항).

한국등산 · 트레킹지원센터는 등산 · 트레킹교육 및 국제협력사업, 전문산악인 양성 및 지원사업, 등산 · 트레킹학교 간의 협력체계 및 정보네트워크 구축 · 운영사업, 숲길 및 그 안내시설 등 등산 · 트레킹 관련 시설의 조성 · 정비 또는 운영 · 관리사업, 등산 · 트레킹기술의 개발 및 등산 · 트레킹시설의 표준화사업, 조난등산객의 구조 기술개발 및 교육 · 훈련사업, 건전한 등산 · 트레킹문화의 확산과 발전을 위한 조사 · 연구 및 홍보사업, 등산 · 트레킹과 관련하여 국가 또는 지방자치단체가 위탁하는 사업, 등산 · 트레킹 관련 정보의 수집 · 공유 및 활용 촉진, 그 밖에 건전한 등산 · 트레킹문화의 확산에 필요한 사업으로서 농림축산식품부령으로 정하는 사업[57]을 수행한다(제27조의2 제2항). 여기에서 현행법에 따라 한국등산 · 트레킹지원센터에 위탁하는 사업은 숲길 참여프로그램의 개발 및 정보네트워크 구축 · 운영사업, 숲길 관련 전시관 · 박물관 등의 건립 및 운영 · 관리사업, 숲길관리청이 조성한 숲길의 운영 · 관리사업으로 한다(시행령 제11조의12).

[3] 산악구조대

숲길관리청은 등산인 등 숲길 이용자의 조난 · 실종 및 추락 등의 사고에 대비하고 이를 예방하기 위하여 대통령령으로 정하는 바에 따라 산악구조대를 편성하여 운영할 수 있다(제28조 제1항 및 시행령 제12조 제1항). 이에 따르면 숲길관리청이 편성 · 운영하는 산악구조대는 다음과 같다.

- 산림항공구조대: 항공기를 이용하여 숲길 및 산악지역에서 발생한 조난, 실종 및 추락 등의 사고에 대한 구조활동을 하는 구조대로서 산림청 산림항공본부에 편성하여 운영
- 산행안전지원대: 산림항공구조대의 활동을 지원하거나 예방 · 응급처치 및 구급에 대한 교육과 홍보활동을 하는 구조대로서 숲길관리청별로 편성하여 운영
- 민간산악구조대: 산림항공구조대 및 산행안전지원대의 활동을 지원하거나 숲길 이용자의 조난 · 실종 및 추락 등 산악사고 예방, 산악사고 발생 시 응급처치 · 구급활동 등과

57) 현행법에 따라 '농림축산식품부령으로 정하는 사업'이란 ① 등산 · 트레킹 관련 교육 · 훈련 및 홍보에 필요한 영화 · 미디어 제작사업, ② 이동이 불편한 장애인, 노인 및 아동을 위한 시설 등의 지원사업, ③ 숲길 관련 문화전시관, 트레킹문화센터, 기념관의 설치 및 전시 · 교육 등의 사업, ④ 「산림교육의 활성화에 관한 법률」에 따른 숲길등산지도사 양성 및 지원사업, ⑤ 숲길 관광 관련 교육프로그램 개발 및 교육과정의 운영사업 등을 말한다(시행규칙 제22조의2).

관련한 교육 및 홍보활동을 하는 구조대로서 관련 법인이나 단체의 구성원 등으로 편성하여 운영

현행법에 따른 산악구조대는 관할구역의 산림 안에서 숲길 이용자의 조난 · 실종 및 추락 등의 사고가 발생할 경우 환자를 응급처치하거나 의료기관에 이송할 수 있으며, 특히 산림항공구조대의 경우에는 「119구조 · 구급에 관한 법률」에 따른 구조대 및 구급대와 업무수행에 협력하여 운영하여야 한다(시행령 제12조 제2항 · 제3항). 현행법에 따라 산악구조대에 편성된 산악구조대원은 그 업무를 효율적으로 수행하기 위하여 대통령령으로 정하는 바에 따라 연 1회 이상 교육 · 훈련을 받아야 한다(제28조 제2항 · 제3항 및 시행령 제13조). 이 경우 숲길관리청은 예산의 범위에서 교육 · 훈련에 필요한 경비를 지원할 수 있으며, 산악구조대가 현행법에 따른 산악구조 업무를 수행하는 경우에는 예산의 범위에서 수당 · 구조물품 등을 지원할 수 있다.

Ⅶ. 산림문화자산

[1] 개 념

산림문화자산이란 "산림 또는 산림과 관련되어 형성된 것으로서 생태적 · 경관적 · 정서적으로 보존할 가치가 큰 유형 · 무형의 자산"(제2조 제7호)을 말한다. 이러한 산림문화자산은 (1) 토지 · 숲 · 나무 · 건축물 · 목재제품 및 기록물 등 형체를 갖춘 것으로서 생태적 · 경관적 · 예술적 · 역사적 · 정서적 · 학술적으로 보존가치가 높은 산림문화자산인 유형산림문화자산과 (2) 전설 · 전통의식 · 민요 · 민간신앙 · 민속 및 기술 등 형체를 갖추지 않은 것으로서 예술적 · 역사적 · 학술적으로 보존가치가 높은 산림문화자산인 무형산림문화자산으로 구분하여 지정한다(제29조 제1항 및 시행령 제14조 제1항).

산림청에 따르면 이러한 산림문화자산제도는 보존가치가 있음에도 불구하고 분산 · 방치되고 있는 산림문화자산을 체계적으로 보존 · 관리하고, 이를 지역주민의 소득원으로 활용하기 위하여 도입[58]한 것으로서 2008년 「산림문화자산 지정 · 관리계획」을 수립한 후 2010년 3월 17일 현행법에 제도화되었다.[59]

---

58) 산림청(2007)의 「산림문화 · 휴양기본계획(2008~2017)」, 57면.

59) 산림청에 따르면 2014년 홍릉숲을 국가 산림문화자산 제1호로 지정한 이래 2019년까지 지정된 국가 산림문화자산은 총 60건으로 2019년에만 14건이 추가로 지정되었다. 이에 대하여는 산림청(2020)의 「2019년도 산림과 임업 동향에 관한 연차보고서」, 309~310면을 참고하라.

[2] 지정 및 지정해제

1. 지정기준 및 절차

산림청장 또는 시·도지사는 산림문화자산을 대통령령으로 정하는 기준 및 방법 등에 따라 국가 또는 시·도 산림문화자산으로 지정할 수 있다.(제29조 제1항 및 시행령 제14조 제2항·제3항) 이에 따르면 산림청장은 (1) 국유림 안에 소재하는 산림문화자산, (2) 2이상의 시·도에 걸쳐있는 산림문화자산, (3) 시·도지사가 국가 산림문화자산으로 지정하여 줄 것을 산림청장에게 신청하는 시·도 산림문화자산, (4) 그 밖에 국가적 차원에서 지정·관리가 필요하다고 산림청장이 인정하는 산림문화자산을 국가 산림문화자산으로 지정할 수 있으며, 이러한 국가 산림문화자산 이외의 산림문화자산은 시·도지사가 시·도 산림문화자산으로 지정할 수 있다. 이 경우 산림청장 또는 시·도지사는 산림문화자산을 지정하려면 관계 행정기관의 장 및 관련 분야 전문가의 의견을 들어야 한다.

그러나 현행법에 따른 산림문화자산의 지정기준에 해당하는 것이라도 「문화재보호법」에 따른 지정문화재·임시지정문화재·등록문화재 및 보호물 또는 보호구역은 그 지정대상에서 제외한다(제29조 제1항 단서). 이는 「문화재보호법」에 따른 지정문화재 등은 별도의 법적 체계에 의하여 보존·관리되고 있으므로 중복하여 국가 또는 시·도 산림문화자산으로 지정할 필요가 없기 때문이다.

산림청장 또는 시·도지사는 현행법에 따라 산림문화자산을 지정하려면 대통령령으로 정하는 바에 따라 이를 공고하고 해당 소유자 및 이해관계자 등의 의견을 들어야 하며, 이러한 절차를 거쳐 국가 또는 시·도 산림문화자산을 지정한 경우에는 농림축산식품부령으로 정하는 바에 따라 그 사실을 고시하고, 해당 소유자 및 관할 시장·군수·구청장에게 알려야 한다(제29조 제2항·제4항).

2. 지정해제

산림청장 또는 시·도지사는 현행법에 따라 지정된 국가 또는 시·도 산림문화자산[지정산림문화자산]이 일정한 사유에 해당하게 된 경우에는 해당 지정산림문화자산의 전부 또는 일부에 대하여 그 지정을 해제할 수 있다(제29조 제3항). 산림청장 또는 시·도지사가 지정산림문화자산의 지정을 해제할 수 있는 이러한 사유에는 「문화재보호법」에 따른 지정문화재·보호물 또는 보호구역으로 지정되거나 등록문화재로 등록된 경우, 천재지변이나 그 밖의 사유로 지정목적을 달성하기 어렵게 되거나 지정가치를 상실한 경우, 도로·철도·학교·군사시설이나 그 밖에 대통령령으로 정하는 공용·공공용 시설[60]의 용지로 사용하려는 경우, 그 밖에 공익목적으로 사용하기 위하여 그 지정의 해제가 불가피하다고 인정되는 경우 등이 있다.

산림청장 또는 시·도지사는 지정산림문화자산이 현행법이 정하는 지정해제 사유에 해당하게 된 경우 반드시 그 지정을 해제하여야 하는 것은 아니나, 만일 그 사유가 '「문화재보호법」에 따른 지정문화재·보호물 또는 보호구역으로 지정되거나 등록문화재로 등록된 경우'에 해당하게 된 때에는 반드시 그 지정을 해제하여야 한다(제29조 제3항 단서). 산림청장 또는 시·도지사는 현행법에 따라 지정산림문화자산을 지정해제한 경우에는 농림축산식품부령으로 정하는 바에 따라 그 사실을 고시하고, 해당 소유자 및 관할 시장·군수·구청장에게 알려야 한다(제29조 제4항).

[3] 산림문화자산의 관리

1. 보호·관리 및 지원

산림청장 또는 시·도지사는 지정산림문화자산을 그 지정목적대로 보호·관리하여야 하며, 필요하다고 인정하는 경우에는 관리인을 지정하여 보호·관리하게 하고 그 소유자 및 관리인에 대하여 보호·관리에 필요한 사항을 명할 수 있다(제30조 제1항 ~제3항). 이 경우 산림청장 또는 시·도지사는 현행법에 따른 보호·관리에 필요한 비용을 대통령령으로 정하는 바에 따라 지원할 수 있으며, 특히 산림청장은 지방자치단체에게도 그 보호·관리에 필요한 비용을 지원할 수 있다. 여기에서 산림청장 또는 시·도지사가 지정산림문화자산의 소유자 또는 관리인에게 예산의 범위에서 지원할 수 있는 비용의 범위에는 지정산림문화자산의 보호·관리를 위한 시설의 설치·운영에 드는 비용, 지정산림문화자산의 유지·관리 및 복구·복원에 드는 비용, 그 밖에 지정산림문화자산을 보호·관리하기 위하여 산림청장이 필요하다고 인정하는 비용을 포함한다(시행령 제14조 의4 제1항).

2. 실태점검

산림청장 또는 시·도지사는 지정산림문화자산의 보호 및 관리실태에 대한 점

60) 여기에서 '대통령령으로 정하는 공용·공공용 시설'이란 ① 사방시설·하천·제방 및 이에 준하는 국토보전시설, ② 전기·방송·통신시설 및 전력·석유·가스 공급시설, ③ ①과 ②에 유사한 시설로서 산림청장이 지정하는 시설을 말한다(시행령 제14조의3).

검을 실시하여야 한다(제30조 제4항). 이 경우 개인 또는 법인이 소유하는 산림문화자산에 대하여 실태점검을 하는 공무원은 그 권한을 표시하는 증표를 지니고 이를 관계인에게 내보여야 한다. 현행법에 따른 이러한 실태점검은 산림청장 또는 시 · 도지사가 지정산림문화자산의 소유자 및 관리인 현황과 복원 · 복구 등 보호 · 관리조치 현황, 지정산림문화자산의 보호 · 관리를 위한 시설 및 장비의 설치 · 운영 현황, 그 밖에 산림청장 또는 시 · 도지사가 필요하다고 인정하는 사항을 대상으로 하며, 매년 1회 이상 실시하여야 한다(시행령 제14조의4 제4항 · 제5항).

3. 토지 등의 매수

산림청장 또는 시 · 도지사는 지정산림문화자산의 지정목적을 달성하기 위하여 필요한 경우에는 소유자와 협의하여 지정산림문화자산이나 지정산림문화자산이 위치한 토지 또는 지정산림문화자산의 유지 · 관리에 필요한 토지를 매수 · 교환할 수 있으며, 특히 현행법에 따라 매수한 지정산림문화자산 중 보존가치가 높고 이동이 가능한 지정산림문화자산의 경우에는 대통령령으로 정하는 시설에 보관하여 관리할 수 있다(제31조 제1항 · 제2항).

여기에서 산림청장 또는 시 · 도지사가 매수 · 교환할 수 있는 토지에는 입목 · 죽을 포함하며, 보존가치가 높고 이동이 가능한 지정산림문화자산을 보관하여 관리할 수 있는 '대통령령으로 정하는 시설'이란 국가 또는 지방자치단체가 운영하는 시설로서 「수목원 · 정원의 조성 및 진흥에 관한 법률」에 따른 수목원 및 정원, 현행법 시행령에 따른 산림박물관(시행령 별표1의4 제1호 라목), 그 밖에 시설의 위치 · 특성 및 규모 등을 고려하여 산림청장이 지정하여 고시하는 시설을 말한다(시행령 제14조의5).

산림청장 또는 시 · 도지사는 현행법에 따라 매수 · 교환을 하려는 경우 그 매수 · 교환 가격은 「공익사업을 위한 토지 등의 취득 및 보상에 관한 법률」에 따라 산정된 가격으로 하며, 그 절차와 그 밖에 필요한 사항에 관하여는 「국유재산법」, 「국유림의 경영 및 관리에 관한 법률」 또는 「공유재산 및 물품 관리법」을 준용한다(제31조 제3항 · 제1항).

제3절 산림교육의 활성화에 관한 법률

Ⅰ. 총 론

[1] 개 요

산림을 효과적으로 보호·육성하기 위해서는 산림의 가치와 중요성을 체계적으로 알릴 수 있는 산림교육을 강화할 필요가 있으며, 그 교육방법도 산림에 대한 단순한 지식의 전달 대신 숲을 느끼고 체험하는 방식으로 전환할 필요가 있다. 이러한 산림교육은 특히 감수성이 예민하고 인성이 형성되는 시기에 있는 유아 및 청소년의 경우에는 더욱 그 필요성을 실감하게 되는데, 만일 그들에게 어두운 숲 속에서 친구와 손을 잡고 함께 하룻밤을 지내보게 하거나 숲이 큰 나무만이 아니라 이름도 알지 못하는 작은 나무와 그 속에 있는 풀과 꽃이 어우러져 이루어진 것임을 깨닫는 기회를 줄 수 있다면 이러한 교육이야말로 사실 그 어떠한 교훈보다도 놀라운 교육적 경험이 될 것이 분명하기 때문이다.

우리나라에서 제도화된 산림교육은 제4차 교육과정(1981~1987)에 따라 이루어진 환경교육[61]의 한 부분으로서 시작된 것으로 보이나, 산림법 체계 내에서 산림교육이 법적 기반을 가지게 된 것은 2005년 8월 4일 「산림문화·휴양에 관한 법률」(법률 제7676호)에 그 기원을 두는 것으로 보는 것이 합리적일 것으로 생각된다.[62] 이는 당시 「산림문화·휴양에 관한 법률」을 제정하면서 "국민을 대상으로 산림에 대한 지식을 체계적으로 전달하고 산림문화·휴양 활동을 지도"하기 위하여 숲해설가 제도를 신설하여 도입하였을 뿐만 아니라 "산림에 대한 올바른 이해와 산림사랑 정신을 함양시키기 위하여" 청소년들을 선발하여 육성하는 푸른숲선도원 제도를 명문화하였기 때문이다(같은법 제10조·제12조).

산림교육을 위한 초기의 이러한 노력은 2006년 도입된 주 5일 수업제의 확대

---

61) 우리나라의 환경교육은 1970년대 자연보호운동을 계기로 연구되기 시작하였으나, 본격적으로 체계화된 것은 환경문제가 심각해짐에 따라 제4차 교육과정에 환경교육 내용이 신설되고 관련 학회 및 학술지 등이 출간되면서부터인 것으로 생각된다. 이 시기에 중앙행정조직으로서 환경청이 신설(1980년 1월 5일)된 것도 이러한 환경교육의 활성화에 큰 영향을 미쳤음은 충분히 짐작해 볼 수 있는 일이다.

62) 이러한 입장이 숲해설과 산림교육을 동일시하려는 것은 아니라는 사실에 주의하여야 한다. 이에 대하여는 산림교육에 관한 부분을 참고하라.

시행과 2008년 이후 시범적으로 운영한 숲유치원이 큰 관심을 끌게 되면서 그 수요가 획기적으로 증가하게 되었으며, 또한 성인의 경우에도 등산·휴양 등을 통하여 산림의 가치와 기능에 대한 관심이 높아지면서 그 필요성이 자연스럽게 제기되었다. 이에 따라 정부에서는 유아부터 성인에 이르기까지 보다 체계적이고 효율적으로 산림교육을 실시할 수 있는 법률적 기반을 마련하는데 착수하였으며, 그 결과 마침내 2011년 7월 25일 「산림교육의 활성화에 관한 법률」(법률 제10940호)을 제정하였다. 산림교육에 대한 다음과 같은 내용을 기본 틀로 하는 이러한 「산림교육의 활성화에 관한 법률」은 "국가 및 지방자치단체는 다양한…산림교육 시설을 조성하여 국민에게 쾌적한 산림복지 공간을 제공하는 등 산림복지를 증진하고…" 라는 「산림기본법」 제20조의 내용을 구체적으로 실현하기 위한 법률로서 제정 이후 「산림복지 진흥에 관한 법률」 및 「산림문화·휴양에 관한 법률」과 함께 산림복지정책을 위한 핵심적인 법적 기반으로서의 역할을 수행하고 있다.

- 산림교육의 개념을 분명히 하고 산림교육종합계획의 수립 근거를 신설
- 산림교육전문가를 숲해설가, 유아숲지도사 및 숲길등산지도사로 체계화
- 산림교육전문가 양성기관 지정제도를 마련
- 유아숲체험원과 산림교육센터의 법적 근거를 신설

[2] 산림교육에 대한 이해

산림교육이란 "산림의 다양한 기능을 체계적으로 체험·탐방·학습함으로써 산림의 중요성을 이해하고 산림에 대한 지식을 습득하며 올바른 가치관을 가지도록 하는 교육"(제2조 제1호)을 말한다. 이러한 산림교육은 숲의 환경적이고 경제적인 기능에 대한 지식 전달적인 교육뿐만 아니라, 우리 사회에 필요한 소통·존중·배려 및 생명 등의 정서를 숲 생태계를 이루는 나무·물·흙·동식물 등의 관계에서 인식하고 함양할 수 있게 하는 교육을 포괄하는 것이다.[63] 이러한 산림교육은 산림을 대상으로 하는 교육이라는 점에서 숲해설과 유사한 점이 많으나, 일반적으로 숲해설이란 교육이 아닌 자연환경해설 분야에서 특히 숲에 한정하여 실시하는 활동으로 '숲의 아름다움과 자연자원 및 동식물의 생태 등을 이해시키기 위한 교육적 활동'을 의미하는 것이므로 서로 다른 것으로 보아야 할 것이다. 산림교육은 특히 유아 및 청소년의 사회성 발달, 학습능력 향상, 심리안정 및 면역력 제고, 환경감수성

63) 산림청(2020)의 「2019년도 산림과 임업 동향에 관한 연차보고서」, 296면.

증진 등에 효과가 있는 것으로 알려져 있는데, 실제로 사회성 점수가 평균 이하인 초등학생을 대상으로 2박 3일간의 숲체험 프로그램을 진행한 결과 학습태도, 친밀감 및 정서적 만족 등 친구관계 전반이 개선되는 결과를 보이기도 하였다.[64]

현행법은 이러한 산림교육의 활성화에 필요한 사항을 정하여 "국민이 산림에 대한 올바른 지식을 습득하고 가치관을 가지도록 함으로써 산림을 지속가능하게 보전하고 국가와 사회발전 및 국민의 삶의 질 향상에 이바지"하는 것을 목적으로 하면서, 국가 및 지방자치단체에게 이를 활성화하기 위한 시책을 수립·시행하고 산림교육이 체계적으로 실시되도록 노력해야 할 책무를 부여하고 있다(제1조 및 제3조). 이와 관련하여 현행법은 산림교육전문가 양성기관, 유아숲체험원, 산림교육센터 및 한국숲사랑청소년단에 대하여 「조세특례제한법」, 「지방세특례제한법」 등에 따라 특별히 조세를 감면할 수 있도록 하고 있는데(제17조 제1항), 이는 현행법에 따른 책무를 적극적으로 이행하려는 국가 및 지방자치단체의 의지를 잘 보여주는 것으로 이해된다.

Ⅱ. 산림교육종합계획

[1] 실태조사

산림청장은 매년 산림교육의 현황과 산림교육전문가 양성기관 등 관련 시설의 운영·관리실태에 관한 조사를 실시하고 그 결과를 산림교육 종합계획과 연차별 시행계획에 반영하여야 하며, 그 내용을 「공공기관의 정보공개에 관한 법률」에 따라 국민에게 제공하도록 노력하여야 한다(제5조 제1항·제4항 및 시행령 제3조). 산림청장이 실시하는 이러한 실태조사는 산림교육전문가 양성기관의 운영현황, 현행법에 따라 인증된 산림교육 프로그램의 보급 및 운영현황, 산림교육전문가의 자격증 교부현황 및 배치현황, 유아숲체험원의 시설·인력 등 운영현황, 산림교육센터의 운영현황, 한국숲사랑청소년단의 시설·사업 및 운영현황 등 산림교육에 필요한 사항을 대상으로 실시한다.

산림청장은 현행법에 따른 이러한 실태조사를 위하여 필요한 경우에는 관계 중앙행정기관의 장, 지방자치단체의 장, 공공기관의 장, 관련 기관 및 단체의 장 등에게 필요한 자료 및 정보의 제공을 요청할 수 있으며, 산림청장으로부터 이러한 자료 및 정보의 제공을 요청받은 자는 정당한 사유가 없으면 이를 제공하여야 한

64) 이러한 숲해설과 산림교육의 효과에 대하여는 산림청 홈페이지(www.forest.go.kr) 중 행정정보-산림용어사전(산림임업용어사전)과 휴양복지-산림교육(산림교육효과)을 참고하라.

다(제5조 제3항).

산림청장은 현행법에 따른 산림교육의 현황 등에 관한 이러한 실태조사 업무를 관련 법인 또는 단체에 위탁할 수 있다(제22조 제2항 및 시행령 제18조 제2항).65) 이 경우 현행법에 따라 위탁받은 업무에 종사하는 관련 법인 또는 단체의 임원과 직원은 형법 제129조부터 제132조까지의 규정에 따른 벌칙을 적용할 때에는 공무원으로 본다(제23조).

[2] 산림교육종합계획의 수립 및 시행

산림청장은 산림교육을 활성화하기 위하여 산림교육 종합계획[종합계획]을 5년마다 수립·시행하고 이에 따라 연차별 시행계획을 수립·시행하여야 한다(제4조 제1항 및 제4항·제5항).66) 현행법에 따른 종합계획에는 산림교육의 기본목표와 추진방향, 산림교육전문가의 체계적 육성 및 지원방안, 산림교육의 활성화를 위한 기반구축 방안, 산림교육 자료의 개발 및 보급, 산림교육에 대한 실태조사 및 평가에 관한 사항, 산림교육의 활성화를 위한 재원조달 방안, 그 밖에 산림교육의 활성화를 위하여 필요한 사항 등이 포함되어야 한다(제4조 제1항). 산림청장은 이러한 종합계획의 수립을 위하여 필요한 때에는 관계 중앙행정기관의 장 및 시·도지사에게 자료의 제출을 요구할 수 있으며, 산림청장으로부터 이러한 자료의 제출을 요구받은 관계 중앙행정기관의 장 및 시·도지사는 특별한 사정이 없으면 이를 제출하여야 한다.

산림청장은 종합계획을 수립하거나 변경할 때에는 미리 관계 중앙행정기관의 장과 협의하고, 특별시장·광역시장·도지사 또는 특별자치도지사·특별자치시장[시·도지사]의 의견을 들은 후 현행법에 따른 산림교육심의위원회의 심의를 거쳐 확정하여야 한다(제4조 제2항). 그러나 수립된 종합계획 중 대통령령으로 정하는 경미한 사항67)을 변경하고자 하는 경우에는 산림교육심의위원회의 심의를 거치지 않고 이를

---

65) 한편 시행령 제18조 제2항에 따르면 산림청장 또는 시·도지사가 위탁할 수 있는 업무에는 산림교육의 현황 등에 관한 이러한 실태조사 업무 외에 ① 산림교육전문가 자격증의 교부, ② 유아숲체험원의 운영·관리, ③ 산림교육센터의 운영·관리 등이 있다.

66) 산림청은 현재 「제2차 산림교육종합계획(2018~2022)」을 수립하여 시행하고 있다. 이에 따르면 제2차 산림교육종합계획은 산림교육에 있어서의 통합성·연속성·지속성 및 자발성을 원칙으로 '누구나 쉽게 누릴 수 있는 산림교육'을 목표로 하고 있는데, 특히 평생교육 관점에서 성인 및 노인 맞춤형 산림교육 콘텐츠를 발굴하고 산림교육센터에서 성인 및 노인을 대상으로 하는 프로그램을 확대 운영하는 등 맞춤형 산림교육의 강화를 핵심내용으로 하고 있다. 이에 대하여는 산림청, 「제2차 산림교육종합계획(2018~2022)」, 2018, 20면 및 39~40면을 참고하라.

67) 여기에서 '대통령령으로 정하는 경미한 사항'이란 현행법 제4조 제1항에 따른 종합계획의 내용 중 산림교육 자료의 개발·보급과 그 밖에 산림교육의 활성화를 위하여 필요한 사항을 말한다(시행령 제2조).

변경할 수 있다.

산림청장은 종합계획을 확정한 경우에는 관계 중앙행정기관의 장 및 시·도지사에게 통보하여야 하며, 산림청장으로부터 이를 통보받은 시·도지사는 그 종합계획의 내용과 해당 지역의 여건을 고려하여 5년마다 산림교육지역계획[지역계획]을 수립하거나 변경하여야 한다(제4조 제3항 및 제6항·제7항). 시·도지사는 특히 산림청장으로부터 종합계획의 변경에 관한 통보를 받으면 특별한 사유가 없는 한 이를 지역계획에 반영하여야 하며, 현행법에 따른 지역계획에 따라 연차별 시행계획을 수립·시행하고 농림축산식품부령으로 정하는 바에 따라 지역계획의 매 연도별 추진실적을 산림청장에게 제출하여야 한다.

Ⅲ. 산림교육전문가 및 양성기관 등

[1] 산림교육전문가

1. 개념 및 자격

가. 개 념

산림교육전문가란 "산림교육전문가 양성기관에서 산림교육 전문과정을 이수한 사람"(제2조 제2호)으로서 다음과 같이 구분한다.

- 숲해설가: 국민이 산림문화·휴양에 관한 활동을 통하여 산림에 대한 지식을 습득하고 올바른 가치관을 가질 수 있도록 해설하거나 지도·교육하는 사람
- 유아숲지도사: 유아가 산림교육을 통하여 정서를 함양하고 전인적 성장을 할 수 있도록 지도·교육하는 사람
- 숲길등산지도사: 국민이 안전하고 쾌적하게 등산 또는 트레킹을 할 수 있도록 해설하거나 지도·교육하는 사람

여기에서 '산림문화·휴양에 관한 활동'이란 「산림문화·휴양에 관한 법률」에 따른 산림문화·휴양을 말하며, 유아숲지도사가 지도·교육하는 '유아'란 「유아교육법」 제2조 제1호의 유아로서 만 3세부터 초등학교 취학전까지의 어린이를 말한다. 현행법에 따른 이러한 산림교육전문가는 「산림문화·휴양에 관한 법률」에서 정하는 산림치유지도사와 함께 「산림복지 진흥에 관한 법률」에 의한 산림복지전문가로서 산림교육을 통하여 산림복지서비스를 제공하는 역할도 함께 수행한다.

나. 자격의 부여 및 결격사유

산림청장은 산림교육전문가 양성기관에서 산림교육 전문과정을 이수한 사람에게 대통령령으로 정하는 바에 따라 산림교육전문가의 종류별로 그 자격증을 교부하여야 한다(제10조 제1항). 이 경우 산림청장은 산림교육전문가 자격증을 교부받으려는 사람에게는 농림축산식품부령으로 정하는 바에 따라 수수료를 납부하게 할 수 있다(제10조 제5항).

현행법에서 정하는 일정한 사유에 해당하는 사람은 산림교육전문가가 될 수 없다(제11조). 이에 따르면 산림교육전문가가 될 수 없는 결격사유에는 (1) 피성년후견인 또는 피한정후견인, (2) 현행법을 위반하여 금고 이상의 실형을 선고받고 그 집행이 종료되거나 집행이 면제된 날부터 2년이 경과되지 않은 사람, (3) 현행법을 위반하여 금고 이상의 형을 선고받고 그 집행유예의 기간이 종료되지 않은 사람, (4) 법원의 판결이나 법률에 따라 자격이 상실되거나 정지된 사람 등이 있다. 여기에서 집행이 종료된 경우란 가석방의 경우와 같이 '집행이 종료된 것으로 보는 경우'를 포함한다.

2. 산림교육전문가의 의무

현행법에 따라 자격증을 교부받은 산림교육전문가는 다른 사람이 그 명의를 사용하게 하거나 다른 사람에게 그 자격증을 대여해서는 안 되며, 현행법에 따른 산림교육전문가인 숲해설가, 유아숲지도사 및 숲길등산지도사가 아닌 자는 숲해설가, 유아숲지도사 및 숲길등산지도사 또는 이와 유사한 명칭을 사용할 수 없다(제10조 제3항·제4항 및 19조). 그러므로 누구든지 산림교육전문가의 자격을 취득하지 않고 그 명의를 사용하거나 자격증을 대여받아서는 안 되며, 명의의 사용이나 자격증의 대여를 알선해서도 안 된다. 만일 이에 위반하는 행위를 하는 경우에는 벌칙의 규정에 따라 1년 이하의 징역이나 1천만원 이하의 벌금에 처해질 수 있다(제24조 제5호).

3. 산림교육전문가의 활용

국가 또는 지방자치단체가 산림 또는 이와 관련된 시설에서 산림교육을 실시하려면 대통령령으로 정하는 바에 따라 산림교육전문가를 배치하여야 한다(제10조 제6항). 현행법의 이러한 규정은 「산림복지 진흥에 관한 법률」에 따라 산림복지시설을 조성·운영하여 산림복지서비스를 제공하려는 경우에는 산림복지전문가를 배치하도록 한 규정(같은 법 제2조 제6호 및 제20조 제1항)과 밀접하게 관련되어 있는 것으로서 현행법과 「산림복지 진흥에 관한 법률」 간의 긴밀한 연계성을 잘 보여주는 것이다.

현행법에 따르면 산림교육전문가는 그 종류별로 대통령령으로 정하는 기준에 따라 배치하여야 하는데, 예를 들어 숲해설가의 경우에는 자연휴양림, 산림욕장, 국민의 숲, 수목원·생태숲 및 도시숲·생활숲은 물론 「자연공원법」에 따른 국립공원을 제외한 자연공원에도 정해진 인원을 배치하도록 규정하고 있다(시행령 제12조 별표2).[68] 현행법이 이와 같이 산림교육전문가를 산림이나 이와 관련된 시설에 광범위하게 배치하도록 하고 있는 것은 산림교육을 활성화한다는 측면에서뿐만 아니라 산림교육전문가의 안정적인 일자리를 창출함으로써 장기적으로는 산림교육의 수준을 높이는데도 기여할 수 있다는 점을 감안한 것으로 보인다. 이러한 관점에서 산림교육전문가를 활용하는 자에게 산림청장 또는 지방자치단체의 장이 그 산림교육에 필요한 비용의 전부 또는 일부를 지원할 수 있도록 하는 현행법의 규정(제20조 제3호)은 매우 바람직한 것으로 생각된다.

4. 자격취소 및 자격정지

산림청장은 산림교육전문가의 자격증을 교부받은 사람에게 일정한 사유가 있는 경우에는 그 자격을 취소하거나 3년 이내의 범위에서 자격을 정지할 수 있다(제10조 제2항). 산림청장이 현행법에 따라 산림교육전문가에 대하여 자격취소 등의 처분을 할 수 있는 이러한 사유에는 거짓이나 그 밖의 부정한 방법으로 자격을 취득한 경우, 자격정지기간에 업무를 수행한 경우, 현행법에 따른 명의사용 및 자격증 대여금지를 위반한 경우 등이 있다. 산림청장은 산림교육전문가에게 이러한 사유가 있는 경우 반드시 그 자격을 취소하여야 하는 것은 아니나, 만일 그 사유가 '거짓이나 그 밖의 부정한 방법으로 자격을 취득한 경우'에 해당하는 때에는 반드시 그 자격을 취소하여야 한다(제10조 제2항 단서).

산림청장은 현행법에 따라 산림교육전문가의 자격을 취소하거나 정지하는 처분을 하고자 하는 때에는 청문을 실시하여야 한다(제21조 제3호). 이와 관련하여 현행법은 산림교육전문가가 자격취소의 처분을 받은 경우에는 산림기술자 자격취소의 경우(산림기술 진흥 및 관리에 관한 법률 제12조 제4항)와 같이 일정 기간 동안 다시 산림교육전문가의 자격을 취득할 수 없

68) 「자연환경보전법」의 경우에도 이와 유사하게 환경부장관 또는 지방자치단체의 장은 자연환경해설사 양성기관의 교육과정을 이수한 사람을 자연환경해설사로 채용하여 생태·경관보전지역, 습지보호지역 및 자연공원 등을 이용하는 사람에게 자연환경해설·홍보·교육 및 생태탐방안내 등을 전문적으로 수행하도록 하고 있다(같은 법 제59조 제1항 및 제2항).

도록 하는 제한규정을 두고 있지 않으나, (1) 산림교육전문가의 경우에는 산림에 대한 지식만이 아니라 숲을 통하여 정서적 교감을 나누고 올바른 가치관을 가지도록 교육하는 사람으로서 높은 수준의 법적·도덕적 책임이 요구된다는 점과 (2) 「초·중등교육법」 제21조의5 제2항 및 「유아교육법」 제22조의5 제2항에 따르면 해당 법률에 의한 교원의 경우 자격취소의 처분을 받은 때에는 2년이 지나지 않으면 교원자격의 검정을 받을 수 없도록 명문화하고 있음을 감안할 때[69] 앞으로는 산림교육전문가가 자격취소의 처분을 받은 경우에는 일정 기간 동안 그 자격의 취득을 제한하는 규정을 두는 것이 바람직해 보인다.

[2] 산림교육전문가 양성기관

1. 양성기관의 지정 및 지원

산림청장은 산림교육을 효율적으로 실시하기 위하여 산림교육전문가 양성기관을 지정할 수 있다(제7조 제1항). 여기에서 산림교육전문가 양성기관이란 "산림교육전문가를 양성하기 위하여 제7조 제1항에 따라 지정된 기관 또는 단체"(제2조 제3호)를 말한다. 현행법에 따르면 이러한 산림교육전문가 양성기관으로 지정받으려는 자는 산림청장에게 지정을 신청하여야 하며, 이러한 신청을 받은 산림청장은 산림교육심의위원회의 심의를 거쳐 그 지정여부를 결정하여야 한다(시행령 제9조 제3항·제4항).

현행법에 따라 산림교육전문가 양성기관으로 지정받을 수 있는 자는 (1) 「고등교육법」 제4조에 따라 설립된 학교로서 산림분야 또는 유아교육분야 대학이거나 (2) 민법에 따라 설립된 법인 또는 「비영리민간단체 지원법」에 따라 등록된 비영리민간단체로서 산림교육을 위하여 설립된 법인 또는 단체이어야 한다(제7조 제4항 및 시행령 제9조 제1항 별표1). 다만, 이 경우에도 산림분야 대학은 숲해설가 및 숲길등산지도사의 경우에만 해당하며, 유아교육분야 대학은 유아숲지도사의 경우에만 해당한다.

국가 및 지방자치단체는 현행법에 따라 지정된 산림교육전문가 양성기관에 대하여 「조세특례제한법」, 「지방세특례제한법」, 그 밖에 조세 관련 법률에서 정하는 바에 따라 조세를 감면할 수 있으며, 이와 함께 산림청장 또는 지방자치단체의 장은 산림교육에 필요한 비용의 전부 또는 일부를 지원할 수 있다(제17조 및 제20조 제1호). 현행법이 이처럼 산림교육전문가 양성기관에게 조세감면의 특례와 비용지원에 관한 내용을

69) 「초·중등교육법」 및 「유아교육법」의 관련 규정은 2020년 12월 22일 신설되어 2021년 6월 23일부터 시행되고 있다.

규정하고 있는 것은 산림교육의 중요성을 국가적 차원에서 인정하고, 이를 진흥하기 위한 시책을 효율적으로 추진하기 위한 것으로 이해된다.

2. 산림교육 전문과정

산림교육전문가가 될 수 있는 산림교육 전문과정은 공통과정과 숲해설가, 유아숲지도사 및 숲길등산지도사의 분야별 과정으로 구성하며, 각 교육과정은 전문강사가 교육하여야 한다(제7조 제4항 및 시행령 제9조 제1항 별표1). 이 경우 만일 숲해설가, 유아숲지도사 및 숲길등산지도사 자격을 취득한 사람이 다른 종류의 산림교육전문가 자격을 취득하기 위하여 산림교육 전문과정을 이수하려는 경우에는 공통과정의 이수를 면제할 수 있다.

3. 보고 및 검사

산림청장 및 지방자치단체의 장은 현행법에 따른 산림교육에 관한 시책의 원활한 시행을 위하여 필요한 때에는 산림교육전문가 양성기관의 장에 대하여 필요한 보고를 하게 하거나 자료를 제출하도록 할 수 있으며, 소속 공무원에게 현행법에 따른 산림교육의 진흥에 관한 업무를 검사하게 할 수 있다(제18조). 만일 산림교육전문가 양성기관의 장이 이러한 보고를 하지 않거나 거짓으로 보고하는 경우 또는 현행법에 따른 검사를 거부·방해 또는 기피하는 경우에는 20만원 이하의 과태료가 부과될 수 있다(제26조 제2항 제4호·제5호).

4. 지정취소

산림청장은 산림교육전문가 양성기관이 일정한 사유에 해당하는 경우에는 그 지정을 취소하거나 대통령령으로 정하는 바에 따라 6개월 이내의 기간을 정하여 시정을 명할 수 있다(제7조 제2항). 산림청장이 현행법에 따라 산림교육전문가 양성기관에 대하여 지정취소 등의 처분을 할 수 있는 이러한 사유에는 거짓이나 그 밖의 부정한 방법으로 지정을 받은 경우, 현행법이 정한 지정기준에 적합하지 않게 된 경우, 그 밖에 대통령령으로 정하는 사항[70]을 위반한 경우 등이 있다. 산림청장은 산림교육전문가 양성기관에게 현행법에서 정하는 이러한 지정취소 사유가 있는 경우

70) 여기에서 지정취소 등의 처분사유가 되는 '대통령령으로 정하는 사항을 위반한 경우'란 ① 산림교육전문가 양성기관으로 지정을 받고 1년 이내에 산림교육 전문과정을 개설하지 않거나 1년 이상 산림교육전문가 양성기관을 운영하지 않는 경우, ② 산림교육 전문과정을 지정받은 교육시설이 아닌 곳에서 운영하거나 지정받은 교육과정과 달리 운영하는 경우, ③ 현행법에 따른 산림청장 및 지방자치단체의 장의 보고·자료제출 명령을 정당한 사유 없이 이행하지 않거나 거짓으로 이행한 경우 또는 검사를 거부·기피 및 방해한 경우 등을 말한다(시행령 제10조).

반드시 그 지정을 취소하여야 하는 것은 아니나, 만일 그 사유가 '거짓이나 그 밖의 부정한 방법으로 지정을 받은 경우'에 해당하는 때에는 반드시 그 자격을 취소하여야 한다(제7조 제2항 단서).

산림청장은 현행법에 따라 산림교육전문가 양성기관의 지정을 취소하는 처분을 하고자 하는 경우에는 청문을 실시하여야 하며, 이러한 절차를 거쳐 지정이 취소된 자에 대하여는 그 지정이 취소된 날부터 1년 이내에 산림교육전문가 양성기관으로 지정해서는 안 된다(제21조 제1호 및 제7조 제3항). 이 경우 지정이 취소된 자가 법인인 경우에는 그 대표자를 포함한다. 한편 산림교육전문가 양성기관에 대한 현행법상의 처분 중에서 대통령령으로 정하는 바에 따라 6개월 이내의 기간을 정하여 시정을 명할 수 있도록 한 규정은 2021년 6월 15일 법률개정으로 신설된 내용이다.

[3] 산림교육프로그램

1. 개발 · 보급 및 인증

산림청장 또는 지방자치단체의 장은 산림교육을 효과적으로 실시하기 위하여 산림교육프로그램을 개발 · 보급할 수 있으며, 이를 운영하거나 개발 · 보급하려는 자는 농림축산식품부령으로 정하는 바에 따라 산림청장에게 산림교육프로그램의 인증을 신청할 수 있다(제8조 제1항 · 제2항). 그러나 현행법을 위반하여 인증을 받지 않은 산림교육프로그램에 인증표시나 이와 유사한 표시를 한 자 또는 현행법에 따라 인증이 취소된 자는 3년간 인증을 신청할 수 없다.

산림청장은 현행법에 따라 신청된 산림교육프로그램이 농림축산식품부령으로 정하는 인증기준에 적합하면 산림교육심의위원회의 심의를 거쳐 이를 인증하여야 한다(제8조 제3항). 이 경우 산림교육프로그램은 2시간 이상 교육할 수 있도록 구성하여야 하며, 그 인증여부는 교육내용 및 구성기준에 따라 심사한다. 현행법에 따르면 산림교육프로그램은 체험 · 해설 · 놀이 및 토론 등의 활동교육프로그램과 교재교육프로그램으로 구성되나 2개의 프로그램 중 어느 하나만으로도 구성할 수 있다(시행규칙 제4조 제2항 별표1).

현행법에 따라 산림청장으로부터 인증을 받은 산림교육프로그램의 내용을 변경하려는 자는 농림축산식품부령으로 정하는 바에 따라 산림청장에게 그 인증내용의 변경을 신청하여야 한다(제9조 제1항). 그러나 이 경우에도 인증된 산림교육프로그램을 변경하는 내용이 대통령령으로 정하는 경미한 사항[71]인 경우에는 산림청장에게 통보하

---

71) 여기에서 '대통령령으로 정하는 경미한 사항'이란 ① 인증을 받은 자의 성명(법인의 경우에는

는 것으로 그 변경신청을 갈음할 수 있다.

2. 인증에 따른 지원 및 의무

산림청장 또는 지방자치단체의 장은 산림교육프로그램의 인증을 받은 자에게는 산림교육에 필요한 비용의 전부 또는 일부를 지원할 수 있으며, 현행법에 따라 그 인증을 받은 자는 해당 산림교육프로그램에 대하여 농림축산식품부령으로 정하는 바에 따라 인증표시를 할 수 있다(제8조 제4항·제5항 및 제20조 제2호). 그러나 인증을 받지 않은 산림교육프로그램에는 현행법에 따른 인증표시를 하거나 이와 유사한 표시를 해서는 안 된다. 현행법에 따르면 산림교육프로그램 인증의 유효기간은 인증을 받은 날부터 3년으로 하며, 그 유효기간은 산림교육심의위원회의 심의를 거쳐 연장할 수 있다(제8조 제6항·제7항).

3. 인증의 취소

산림청장은 인증을 받은 산림교육프로그램이 일정한 사유에 해당하는 경우에는 그 인증을 취소할 수 있다(제9조 제2항). 산림청장이 현행법에 따라 산림교육프로그램의 인증을 취소할 수 있는 이러한 사유에는 거짓이나 그 밖의 부정한 방법으로 인증을 받은 경우, 인증기준에 적합하지 않게 된 경우, 현행법에서 정하는 인증표시와 다르게 인증표시를 한 경우 또는 인증내용의 변경신청 절차에 위반하여 산림교육프로그램의 내용을 변경한 경우 등이 있다. 산림청장은 인증을 받은 산림교육프로그램에게 이러한 인증취소 사유가 있는 경우에도 반드시 그 지정을 취소하여야 하는 것은 아니나, 만일 그 사유가 '거짓이나 그 밖의 부정한 방법으로 인증을 받은 경우'에 해당하는 때에는 반드시 그 인증을 취소하여야 한다(제9조 제2항 단서). 산림청장은 현행법에 따라 산림교육프로그램의 인증을 취소하는 처분을 하려면 청문을 실시하여야 하며, 현행법에 따른 이러한 인증취소 사유에 해당하여 인증이 취소된 자는 3년간 인증을 신청할 수 없음은 앞에서 이미 설명한 것과 같다(제8조 제2항 단서 및 제21조 제2호).

대표자의 성명) 및 주소, ② 산림교육프로그램의 운영을 위한 교육인원의 수 및 홍보방안, ③ 그 밖에 산림청장이 경미하다고 인정하는 사항을 말한다(시행령 제11조).

Ⅳ. 산림교육시설

[1] 유아숲체험원

1. 등록기준 및 절차

유아가 산림의 다양한 기능을 체험함으로써 정서를 함양하고 전인적 성장을 할 수 있도록 지도·교육하는 시설[유아숲체험원]을 조성·운영하려는 자는 현행법에 따라 대통령령으로 정하는 기준에 맞는 시설과 인력을 갖추어 그 명칭·소재지, 그 밖에 대통령령으로 정하는 사항[72]을 등록하여야 한다(제12조 제1항·제2항). 여기에서 유아숲체험원을 이용하는 유아란 앞에서 이미 살펴본 것과 같이 「유아교육법」 제2조 제1호에 따른 유아로서 만 3세부터 초등학교 취학전까지의 어린이를 말한다(제2조 제2호 나목).

유아숲체험원의 등록기준은 (1) 입지조건, (2) 규모 및 시설, (3) 운영프로그램 및 교구, (4) 운영인력 등으로 구분할 수 있는데, 특히 다음의 입지조건과 함께 그 규모는 1만m^2 이상이어야 하며 야외체험학습장과 대피·안전시설 등을 갖추어야 한다(제12조 제7항 및 시행령 제13조 제1항 별표3).

- 숲의 식생이 다양하여야 하고 숲의 건전성을 유지하고 있어야 한다.
- 「주택건설기준 등에 관한 규정」 제9조의2 제1항에서 정하고 있는 위험시설[73]로부터 50m 이상 떨어진 곳에 위치하여야 한다.
- 차량의 접근이 가능한 지역에서부터 1km 이내에 위치하여야 한다.

그러나 이 경우에도 시·도지사는 지역의 특수성 등을 고려할 필요가 있는 경우 대통령령으로 정하는 범위에서 유아숲체험원의 등록을 위한 시설과 인력 기준을 해당 지방자치단체의 조례로 달리 정할 수 있다(제12조 제4항).

유아숲체험원을 등록하려는 경우 지방자치단체의 장이 조성하는 유아숲체험원은 산림청장에게 등록하여야 하며, 법인 또는 개인이 조성하는 유아숲체험원은

---

72) 여기에서 '대통령령으로 정하는 사항'이란 ① 유아숲체험원의 대표자 또는 법인명, ② 유아숲체험원의 토지명세 및 시설현황, ③ 유아숲지도사 채용현황을 말한다(시행령 제13조 제2항).

73) 이에 따르면 공동주택·어린이놀이터·약국 이외 의료시설·유치원·어린이집 및 경로당은 소음 등으로부터의 보호를 위하여 ① 「대기환경보전법」에 따른 특정대기유해물질을 배출하는 공장 등과 「소음·진동관리법」에 따른 소음배출시설이 설치되어 있는 공장, ② 「건축법 시행령」 별표1에 따른 위험물 저장 및 처리시설, ③ 그 밖에 사업계획승인권자가 주거환경에 특히 위해하다고 인정하는 시설 등으로부터 수평거리 50m 이상 떨어진 곳에 배치하여야 한다. 이에 대하여 보다 구체적인 내용은 「주택건설기준 등에 관한 규정」 제9조의2 제1항을 참고하라.

시 · 도지사에게 등록하여야 한다(제12조 제2항 및 제5항 · 제6항). 이 경우 유아숲체험원을 등록한 자가 그 등록사항을 변경한 때에는 이러한 등록권자의 구분에 따라 그 변경등록을 하여야 하며, 시 · 도지사는 유아숲체험원의 등록이나 변경등록이 있는 때에는 그 내용을 산림청장에게 통보하여야 한다. 그러나 이러한 규정에도 불구하고 산림청장을 제외한 국가행정기관의 장이 유아숲체험원을 조성하는 경우에는 산림청장 또는 시 · 도지사에게 등록을 하는 대신 현행법에 따라 산림청장에게 통보만 하면 된다(제12조 제3항). 이는 국가행정기관의 장이 유아숲체험원을 조성하는 경우 그 절차를 간소화함으로써 국가행정기관이 유아숲체험원을 보다 적극적으로 조성 · 운영하도록 지원하기 위한 것으로 이해된다.

2. 운영관리 및 지원

가. 시정 · 운영정지 명령

산림청장 또는 시 · 도지사는 유아숲체험원의 등록을 한 자에 대하여 대통령령으로 정하는 바에 따라 그 원활한 운영에 필요한 지도와 명령을 할 수 있으며, 만일 유아숲체험원의 등록을 한 자가 일정한 사유에 해당하는 경우에는 기간을 정하여 그 시정 또는 운영정지를 명할 수 있다(제15조 제1항 · 제2항). 산림청장 또는 시 · 도지사가 현행법에 따라 시정명령이나 운영정지명령의 처분을 할 수 있는 이러한 사유에는 유아숲체험원이 현행법 제12조 제1항에 따른 기준을 위반하여 운영한 경우, 등록 및 변경등록을 하지 않고 유아숲체험원을 운영한 경우, 그 밖에 현행법에 따른 명령을 위반한 경우 등이 있다. 이 경우 산림청장 또는 시 · 도지사는 시정명령이나 운영정지명령에 해당하는 처분을 하고자 하는 때에는 현행법에 따라 청문을 실시하여야 한다(제21조 제5호).

나. 조세감면 및 비용지원

국가 및 지방자치단체는 산림교육의 진흥에 관한 시책을 효율적으로 추진하기 위하여 유아숲체험원에 대하여 「조세특례제한법」, 「지방세특례제한법」, 그 밖에 조세 관련 법률에서 정하는 바에 따라 조세를 감면할 수 있으며, 이와 함께 산림청장 또는 지방자치단체의 장은 유아숲체험원을 활성화하기 위하여 유아숲체험원의 등록을 한 자에게 산림교육에 필요한 비용의 전부 또는 일부를 지원할 수 있다(제17조 및 제20조 제4호).

다. 보고 및 검사

산림청장 및 지방자치단체의 장은 현행법에 따른 산림교육에 관한 시책의 원활한 시행을 위하여 필요한 때에는 유아숲체험원의 장에 대하여 필요한 보고를 하게 하거나 자료를 제출하도록 할 수 있으며, 소속 공무원에게 현행법에 따른 산림교육의 진흥에 관한 업무를 검사하게 할 수 있다(제18조). 이러한 보고 및 검사의무를 위반한 경우에는 현행법에 따라 20만원 이하의 과태료가 부과될 수 있음은 앞에서 이미 설명한 것과 같다(제26조 제2항 제4호·제5호).

3. 등록취소

산림청장 또는 시·도지사는 유아숲체험원의 등록을 한 자가 일정한 사유에 해당하는 경우에는 그 등록을 취소할 수 있다(제14조 제1항). 산림청장 또는 시·도지사가 현행법에 따라 유아숲체험원의 등록을 취소할 수 있는 이러한 사유에는 거짓이나 그 밖의 부정한 방법으로 등록한 경우, 정당한 사유 없이 1년 이상 운영을 중단한 경우, 현행법에 따른 시설 및 인력이 등록기준에 미달한 경우, 현행법 제15조 제2항의 시정명령이나 운영정지명령에 따르지 않은 경우, 유아숲체험원의 등록을 한 사람이 등록취소를 신청하는 경우 등이 있다. 산림청장 또는 시·도지사는 유아숲체험원의 등록을 한 자가 이러한 등록취소 사유에 해당하더라도 반드시 그 등록을 취소하여야 하는 것은 아니나, 만일 그 사유가 '거짓이나 그 밖의 부정한 방법으로 등록한 경우'에 해당하는 때에는 반드시 그 등록을 취소하여야 한다(제14조 제1항 단서).

산림청장 또는 시·도지사는 현행법에 따라 유아숲체험원의 등록을 취소하고자 하는 경우에는 청문을 실시하여야 하며, 이러한 절차를 거쳐 시·도지사가 유아숲체험원의 등록을 취소한 때에는 그 내용을 산림청장에게 통보하여야 한다(제14조 제3항 및 제21조 제4호). 이 경우 특히 현행법에 따른 등록취소 사유에 해당하여 산림청장 또는 시·도지사로부터 등록이 취소된 유아숲체험원은 그 등록이 취소된 날부터 2년 이내에 다시 유아숲체험원의 등록을 할 수 없다(제14조 제2항).

[2] 산림교육센터

1. 지정기준 및 절차

산림청장은 국민의 창의성과 정서를 함양하고 산림에 대한 가치관을 증진시키기 위하여 필요한 경우에는 산림교육센터를 설치하거나 대통령령으로 정하는 기관 또는 단체를 산림교육센터로 지정할 수 있다(제13조 제1항 및 시행령 제15조). 여기에서 '대통령령으로 정하는 기관 또는 단체'란 다음과 같다.

- 국가나 지방자치단체 소속의 교육기관
- 「고등교육법」에 따라 설립된 산림분야 대학
- 민법에 따라 설립된 비영리법인
- 「수목원 · 정원의 조성 및 진흥에 관한 법률」에 따라 등록한 수목원

현행법에 따라 산림교육센터로 지정을 받으려는 자는 산림청장에게 지정을 신청하여야 하며, 신청인으로부터 이러한 신청을 받은 산림청장은 산림교육심의위원회의 심의를 거쳐 그 지정여부를 결정하여야 한다(제13조 제3항 및 시행령 제16조 제2항 · 제3항). 산림교육센터로 지정을 받기 위해서는 일반기준과 기본시설, 지원시설, 전문인력 및 프로그램 등이 현행법에 따른 지정기준에 적합하여야 하는데, 특히 일반기준으로는 자연림 또는 인공적으로 조성한 산림을 10만m^2 이상 소유하거나 임대하여 산림교육에 활용할 수 있어야 한다(시행령 제16조 제1항 별표4). 여기에서 '자연림 또는 인공적으로 조성한 산림'이란 공원을 포함한다.

2. 산림교육센터의 사업

산림교육센터는 (1) 청소년 및 소외계층 등 일반인에 대한 산림교육, (2) 산림교육에 관한 교재 및 프로그램의 개발과 보급, (3) 학교 내 산림교육 교재개발 및 프로그램의 지원과 교원에 대한 산림분야의 연수, (4) 그 밖에 산림교육의 활성화에 필요한 사항에 관한 업무를 수행한다(제13조 제2항). 산림교육센터의 이러한 사업은 산림교육을 위한 핵심시설로서 산림교육센터를 육성하고, 이를 통하여 산림교육을 활성화하려는 현행법의 취지를 잘 보여주는 것이다.

3. 운영관리 및 지원

산림청장은 산림교육센터의 지정을 받은 자에 대하여 대통령령으로 정하는 바에 따라 원활한 운영에 필요한 지도와 명령을 할 수 있으며, 만일 산림교육센터의 지정을 받은 자가 일정한 사유에 해당하는 경우에는 대통령령으로 정하는 바에 따라 기간을 정하여 그 시정 또는 운영정지를 명할 수 있다(제15조 제1항 · 제2항). 산림청장이 현행법에 따라 시정명령이나 운영정지명령의 처분을 할 수 있는 이러한 사유에는 현행법에 따른 산림교육센터의 지정기준을 위반하여 운영한 경우나 그 밖에 현행법에 따른 명령을 위반한 경우 등이 있다. 이 경우 산림청장은 시정명령 또는 운영

정지명령에 해당하는 처분을 하고자 하는 때에는 현행법에 따라 청문을 실시하여야 한다(제21조 제5호).

산림청장은 현행법에 따른 산림교육에 관한 시책의 원활한 시행을 위하여 필요한 때에는 산림교육센터의 장에게 필요한 보고를 하게 하거나 자료를 제출하도록 할 수 있으며, 소속 공무원에게 현행법에 따른 산림교육의 진흥에 관한 업무를 검사하게 할 수 있다(제18조). 국가 및 지방자치단체는 산림교육센터에 대하여 유아숲체험원의 경우와 같이 「조세특례제한법」, 「지방세특례제한법」, 그 밖에 조세 관련 법률에서 정하는 바에 따라 조세를 감면할 수 있으며, 이와 함께 산림청장은 현행법에 따라 산림교육센터의 지정을 받아 운영하는 자에게는 산림교육에 필요한 비용의 전부 또는 일부를 지원할 수 있다(제17조 및 제20조 제5호).

4. 지정의 취소

산림청장은 산림교육센터의 지정을 받은 자가 일정한 사유에 해당하는 때에는 그 지정을 취소할 수 있다(제14조 제1항). 산림청장이 현행법에 따라 산림교육센터의 지정을 취소할 수 있는 이러한 사유에는 거짓이나 그 밖의 부정한 방법으로 지정받은 경우, 정당한 사유 없이 1년 이상 운영을 중단한 경우, 현행법에 따른 지정기준에 미달하게 된 경우, 현행법 제15조 제2항의 시정명령이나 운영정지명령에 따르지 않은 경우, 산림교육센터의 지정을 받은 자가 그 지정취소를 신청하는 경우 등이 있다.

산림청장은 산림교육센터의 지정을 받은 자가 이러한 지정취소 사유에 해당하더라도 반드시 그 지정을 취소하여야 하는 것은 아니나, 만일 그 사유가 '거짓이나 그 밖의 부정한 방법으로 지정받은 경우'에 해당하는 경우에는 반드시 그 지정을 취소하여야 한다(제14조 제1항 단서). 산림청장은 현행법에 따라 산림교육센터의 지정을 취소하는 처분을 하고자 하는 때에는 청문을 실시하여야 하며, 이러한 절차를 거쳐 산림청장으로부터 산림교육센터의 지정이 취소된 때에는 그 취소된 날부터 2년 이내에 다시 산림교육센터의 지정을 받을 수 없다(제14조 제2항 및 제21조 제1호).

V. 산림교육 관련 조직

[1] 산림교육심의위원회

산림교육에 관한 사항을 심의하기 위하여 산림청장 소속으로 산림교육심의위원회를 둔다(제6조 제1항). 현행법에 따른 이러한 산림교육심의위원회가 심의할 사항은 다음과 같다.

- 산림교육 종합계획의 수립에 관한 사항
- 산림교육의 활성화 및 지원에 관한 사항
- 산림교육전문가 양성기관의 지정에 관한 사항
- 산림교육프로그램의 인증에 관한 사항
- 산림교육센터의 설치 및 지정에 관한 사항
- 그 밖에 산림교육의 활성화를 위하여 대통령령으로 정하는 사항으로서 산림교육의 진흥에 필요하여 위원장이 산림교육심의위원회의 심의에 부치는 사항(시행령 제4조 제1항)

산림교육심의위원회는 위원장 1명을 포함한 20명 이내의 위원으로 구성하며, 위원장은 산림청 차장이 되고 위원은 관계 중앙행정기관의 소속 공무원과 산림교육에 관한 학식과 경험이 풍부한 사람 중에서 위원장이 임명 또는 위촉한다(제6조 제2항·제3항 및 시행령 제4조 제3항). 이 경우 위촉하는 위원의 임기는 2년으로 한다. 산림교육심의위원회에는 산림교육에 관한 전문적인 사항을 조사·연구하고 현행법 제8조 제3항에 따른 산림교육프로그램의 인증심의 업무를 효율적으로 수행하기 위하여 전문위원을 둘 수 있다(제6조 제4항).

[2] 한국숲사랑청소년단

청소년에게 산림에 대한 올바른 이해와 산림사랑 정신을 함양시키기 위하여 한국숲사랑청소년단을 설립한다(제16조 제1항· 제2항 및 제5항). 한국숲사랑청소년단은 법인으로 하며, 그 주된 사무소의 소재지에 설립등기를 함으로써 성립한다. 한국숲사랑청소년단에 관하여는 현행법에서 규정한 것을 제외하고는 민법 중 사단법인에 관한 규정을 준용하며, 한국숲사랑청소년단이 아닌 자는 한국숲사랑청소년단 또는 이와 유사한 명칭을 사용할 수 없다(제19조).

현행법에 따른 한국숲사랑청소년단은 단원의 선발·육성과 활동지원, 청소년 산림교육 · 산림체험 프로그램의 개발 및 운영, 청소년 산림교육과 관련된 학문 · 기술의 연구 · 교육 및 홍보, 한국숲사랑청소년단 단원 지도를 위한 전문인력의 양성, 학교 등 관련 기관 · 단체와의 산림교육 관련 자문 및 협력사업, 청소년 산림교육 · 산림체험 증진을 위한 국제교류 및 협력사업, 그 밖에 설립목적에 부합하는 사업을 수행한다(제16조 제4항 및 시행규칙 제10조 제1항). 현행법에 따르면 개인 · 법인 또는 단체는 한국숲사랑청소년단의 이러한 사업 및 시설 · 운영 등을 지원하기 위하여 금전이나 그 밖의 재산을 기부할 수 있으며, 산림청장은 한국숲사랑청소년단에게 산림교육에 필요한 비용의 전부 또는 일부를 지원할 수 있다(제16조 제3항 및 제20조 제6호).

산림청장은 현행법에 따른 산림교육에 관한 시책의 원활한 시행을 위하여 필요한 때에는 한국숲사랑청소년단의 장에 대하여 필요한 보고를 하게 하거나 자료를 제출하도록 할 수 있으며, 소속 공무원에게 현행법에 따른 산림교육의 진흥에 관한 업무를 검사하게 할 수 있다(제18조). 국가 및 지방자치단체는 산림교육의 진흥에 관한 시책을 효율적으로 추진하기 위하여 한국숲사랑청소년단에 대하여 「조세특례제한법」, 「지방세특례제한법」, 그 밖에 조세 관련 법률에서 정하는 바에 따라 조세를 감면할 수 있으며, 특히 현행법 제16조 제3항에 따라 한국숲사랑청소년단에 기부한 금전 및 그 밖의 재산에 대하여는 「조세특례제한법」에서 정하는 바에 따라 소득계산의 특례를 적용할 수 있다(제17조 제1항 · 제2항).

제10장 기후변화 및 해외산림자원개발협력

제1절 탄소흡수원 유지 및 증진에 관한 법률

Ⅰ. 총 론

[1] 개 요

1997년 12월 기후변화협약 제3차 당사국총회에서 채택된 「기후변화에 관한 국제연합 기본협약에 관한 교토의정서」(Kyoto Protocol)는 온실가스 흡수원으로서 산림이 가지는 역할을 인정하였으며, 이에 따라 적절한 토지이용, 토지이용 변화 및 임업(LULUCF) 활동은 비용효과적인 측면에서 온실가스를 감축할 수 있는 방안으로 평가받아오고 있다.[1] 여기에서 온실가스란 "「저탄소 녹색성장 기본법」 제2조 제9호에 따른 온실가스"(제2조 제13호)[2]를 말하며, 토지이용, 토지이용 변화 및 임업(LULUCF)[3]이란 "국토를 토지이용 목적과 형태에 따라 산림, 농지, 초지, 습지, 주거지, 그 밖의 범주로 구분하여 각 토지이용 범주별 인위적인 활동에 따른 온실가스 흡수량·배출량과 토지이용변화에 따른 온실가스 흡수량·배출량을 산출하기 위하여 규정한 정의·방식·규칙"(제2조 제9호)을 말한다.

정부에서는 기후변화[4]에 대응하기 위한 이러한 국제적인 노력에 부응하여 다양한 기후변화 대책을 수립하여 시행하였는데, 특히 2010년 1월 13일에는 "다수 부처에서 개별 법률을 통하여 부분적으로 실시하고 있는 기후변화와 지구온난화,

---

1) 산림청(연구수행기관: 서울대학교), 「탄소흡수원 확충에 관한 법제화 방안 연구」, 2010, 3면.

2) 현행법이 이처럼 온실가스를 "「저탄소 녹색성장 기본법」 제2조 제9호에 따른 온실가스"로 정의하고 있는 것은 기후변화 관련 법률 간의 개념적 통일성을 유지하기 위한 것으로서 이에 따르면 온실가스란 "이산화탄소(CO2), 메탄(CH4), 아산화질소(N2O), 수소불화탄소(HFCs), 과불화탄소(PFCs), 육불화황(SF6) 및 그 밖에 대통령령으로 정하는 것으로 적외선 복사열을 흡수하거나 재방출하여 온실효과를 유발하는 대기 중의 가스 상태의 물질"을 말한다.

3) LULUCF: Land Use, Land Use Change and Forestry.

4) 기후변화란 "사람의 활동으로 인하여 온실가스의 농도가 변함으로써 상당 기간 관찰되어 온 자연적인 기후변동에 추가적으로 일어나는 기후체계의 변화"를 말한다(「저탄소 녹색성장 기본법」 제2조 제12호).

신·재생에너지 및 지속가능발전대책 등을 유기적으로 연계·통합하여 추진"[5]하기 위하여 「저탄소 녹색성장 기본법」을 제정하였으며, 2012년 5월 14일에는 국가 온실가스 감축목표를 효율적으로 달성하기 위하여 「온실가스 배출권의 할당 및 거래에 관한 법률」을 제정하는 등 범정부적인 차원에서 전 세계적인 기후변화 대응 노력에 능동적으로 동참하여 왔다.

산림분야의 경우에도 기후변화에 대응하는 정부의 이러한 노력에 적극적으로 참여해 왔는데, 특히 2008년에는 정부 차원에서 수립한 「기후변화 제4차 종합대책」[6] 중 산림을 통한 탄소흡수원 확충계획에 대한 산림분야의 이행계획으로서 「기후변화 대응 산림종합대책」을 마련하고, 이를 이행하기 위하여 지속가능한 산림경영[7]을 기반으로 하는 다양한 정책들을 수립하여 추진하였다. 그러나 이러한 노력에도 불구하고 기후변화에 대응하는 효율적인 산림정책을 추진하기 위해서는 (1) 다소 선언적인 지속가능한 산림경영의 원칙만을 반영한 개별 법률로는 종합적으로 대응하는데 한계가 있고, (2) 온실가스를 줄이는 2가지 방법 중 배출원 관리에 치중하고 있는 「온실가스 배출권의 할당 및 거래에 관한 법률」과는 달리 이와 충돌하지 않으면서 '흡수원 관리'를 규율하는 별도의 개별법이 필요하며,[8] (3) 특히 「저탄소 녹색성장 기본법」 제55조 제3항을 구체적으로 이행함으로써 온 국민이 함께 가꿔온 산림을 국제협상에서 온실가스 감축수단으로 인정받기 위해서는 산림분야에 적용되는 독립된 법적 기반을 갖추어야 한다는 필요성이 제기되었다. 이에 따라 정부에서는 2010년 탄소흡수원의 확충을 위한 법제화 연구를 마친 후 이에 대한 전문가 간담회를 거쳐 입법을 추진하였으며, 그 결과 2011년 국회 본회의에서 법안이 의결되어 마침내 2012년 2월 22일 「탄소흡수원 유지 및 증진에 관한 법률」(법률 제11360호)을 제정하기에 이르렀다.

「탄소흡수원 유지 및 증진에 관한 법률」은 온실가스 흡수원으로서 산림이 가지는 역할을 종합적으로 발휘할 수 있도록 체계화한 법률로서 법률제정 이후 기후변

5) 법제처의 국가법령정보센터(www.law.go.kr) 중 「저탄소 녹색성장 기본법」(법률 제9931호, 2010. 1. 13.)의 제정이유를 참고하라.

6) 국무조정실 기후변화대책기획단, 「새로운 전환, 기후변화 제4차 종합대책(5개년 계획)」, 2007.

7) 예를 들어 「산림기본법」 제13조는 지속가능한 산림경영의 원칙을 이행하기 위하여 "국가 및 지방자치단체는…산림의 지속가능성을 측정·평가하기 위한 기준 및 지표를 설정·운영하여야 한다"라고 하면서 그 평가기준으로 '산림생태계의 온실가스의 흡수 기여도'를 명문화하고 있으며(같은 법 시행령 제11조 제5호), 이와 함께 「산림자원의 조성 및 관리에 관한 법률」의 경우에도 지속가능한 산림경영의 원칙을 선언하면서 특별히 유휴토지의 산림으로의 전환에 대하여 규정하고 있다(시행령 제6조 및 제12조).

8) 산림청(2010)의 「탄소흡수원 확충에 관한 법제화 방안 연구」, 84~85면.

화 대응을 위한 산림정책을 효과적으로 추진하는 법적 토대로서의 기능을 수행하고 있는 것으로 평가된다. 이러한 「탄소흡수원 유지 및 증진에 관한 법률」은 기후변화 대응을 위한 「산림기본법」상의 원칙을 구체적으로 이행하기 위한 법률로도 큰 의미를 가지고 있는데, 특히 국가 및 지방자치단체에게 '국내외 탄소흡수원의 지속적인 유지 · 증진을 위하여 산림자원을 활용하는 시책이나 신 · 재생에너지의 개발 · 생산 · 이용 · 보급이 촉진 · 확대될 수 있도록 산림자원을 활용하는 시책'을 수립 · 시행해야 할 의무와 '목재제품의 사용 활성화가 기후변화 대응에 중요한 수단이 됨을 고려하여 국내 목재산업을 육성하기 위하여 필요한 시책'을 수립 · 시행하여야 한다는 규정(산림기본법 제20조의2 및 제22조 제3항)은 현행법과 직접적으로 연관된 규정으로 이해하여도 될 것이다. 이처럼 「저탄소 녹색성장 기본법」과 「산림기본법」상의 기후변화 관련 내용을 구체적으로 이행하기 위하여 다소 기술적인 내용을 담고 있는 현행법은 다음과 같은 내용을 기본 틀로 하여 이루어져 있다.

- 탄소흡수원 증진 종합계획
- 신규조림 등 탄소흡수원 유지 및 증진활동
- 산림탄소상쇄제도
- 탄소흡수원 증진 기반의 조성

[2] 산림의 정의 등

「탄소흡수원 유지 및 증진에 관한 법률」에서 산림이란 "「산림자원의 조성 및 관리에 관한 법률」 제2조 제1호에 따른 산림 중에서 대통령령으로 정하는 산림"(제2조 제1호)으로서 (1) 면적 5천m^2 이상, (2) 수관울폐도 10% 이상, (3) 평균 나무높이 5m 이상의 요건에 모두 해당하는 산림을 말한다(시행령 제2조 제1항). 그러나 이 경우에도 현행법에 따라 산림바이오매스에너지를 공급하기 위한 산림의 경우에는 평균 나무높이 요건은 적용하지 않는다. 여기에서 '수관울폐도'란 일정 토지면적 중 수관에 대한 수직투영면적이 차지하는 비율로서 구체적인 계산방법은 산림청장이 정하여 고시한 것을 말하며, '산림바이오매스에너지를 공급하기 위한 산림'이란 현행법 시행령 제13조 제1항 제1호에 따른 것으로서 산림바이오매스에너지를 공급하기 위하여 지목이 임야가 아닌 토지에 조성된 산림을 말한다.

현행법에 따른 산림의 이러한 정의는 「기후변화에 관한 국제연합 기본협약에 관한 교토의정서」상의 산림활동에 대한 정의[9]를 기반으로 한 것으로서 현재 우리나라가 실시하는 국가산림자원조사도 이러한 산림의 정의를 따르고 있다. 사실 현행법상의 이러한 산림의 개념은 기후변화에 대응하기 위한 국제기준에 따른 것으로서 산림법 체계 내의 다른 법률에서 사용하는 산림의 개념보다는 좁은 의미로 이해된다. 이는 「산림자원의 조성 및 관리에 관한 법률」에 따른 통상의 산림 중에서 면적·수관울폐도 및 평균 나무높이의 요건을 모두 갖춘 경우에만 현행법이 인정하는 산림에 해당하기 때문이다.

기후변화와 산림의 관계는 앞에서 이미 설명한 것처럼 산림법이 가진 여러 특성 중에서 국제성을 가장 잘 드러내는 분야이다. 그러므로 기후변화에 대응하기 위한 산림정책 분야에서는 이를 다루기 위한 용어의 기본적인 개념이 「기후변화에 관한 국제연합 기본협약에 관한 교토의정서」 등과 같은 국제협약에 의하여 정의되는 경우가 많다. 이는 현행법에 사용되고 있는 용어의 경우에도 마찬가지인데, 특히 신규조림이나 재조림 등과 같은 것은 그 좋은 예에 해당한다. 따라서 현행법은 탄소흡수원의 유지 및 증진과 관련된 법률적 용어에 대하여 가능한 범위에서 현행법에 이를 직접 정의하고 있으나, 만일 별도의 인용이 없는 경우에는 국제연합(UN)에서 기후변화에 대응하기 위하여 정의한 내용을 적용하도록 하고 있다(제2조 본문 단서).

[3] 목적 및 책무

1. 목 적

「탄소흡수원 유지 및 증진에 관한 법률」은 「저탄소 녹색성장 기본법」 제55조에 따라 산림의 탄소흡수 기능을 유지하고 증진시킴으로써 기후변화에 대응하고 저탄소 사회 구현에 이바지하는 것을 목적으로 한다(제1조). 이에 따르면 현행법의 궁극적인 목적은 기후변화에 대응하고 저탄소 사회 구현에 이바지하는 것이며, 「저탄소 녹색성장 기본법」 제55조에 따라 산림의 탄소흡수 기능을 유지하고 이를 증진하는 것은 이러한 목적을 위한 주요 수단이 된다. 여기에서 탄소흡수원이란 "탄소를 흡수하고 저장하는 입목, 죽, 고사유기물, 토양, 목제품 및 산림바이오매스에너지"(제2조 제10호)를 말하며, 저탄소 사회란 "화석연료에 대한 의존도를 낮추고 청정에너지의 사용 및 보급을 확대하며 녹색기술 연구개발, 탄소흡수원 확충 등을 통하여 온실가스를 적정수준 이하로 줄이는"(저탄소 녹색성장 기본법 제2조 제1호) 사회를 말한다.

---

9) 「기후변화에 관한 국제연합 기본협약에 관한 교토의정서」에 따르면 산림이란 최소면적이 500~1만m^2이고, 수관울폐도가 10~30%이며, 최소 나무높이가 2~5m인 지역으로서 어린 천연임분과 앞으로 산림으로 환원될 것으로 기대되는 경우도 포함한다.

「저탄소 녹색성장 기본법」 제55조는 친환경 농림수산의 촉진 및 탄소흡수원 확충에 관한 내용을 규정하고 있는데, 이에 따르면 제1항에서는 "정부는…나무제품의 생산·유통 및 소비를 확산하여야 한다"라고 하면서, 제3항에서는 "정부는 산림의 보전 및 조성을 통하여 탄소흡수원을 대폭 확충하고, 산림바이오매스 활용을 촉진하여야 한다"라고 하여 탄소흡수원의 확충을 위한 산림의 역할을 농지의 보전·조성 및 바다숲의 조성(같은법 제55조 제2항)과 별도로 규정함으로써 이를 특별히 강조하고 있다.

이러한 관점에서 보면 현행법은 「저탄소 녹색성장 기본법」 제55조를 산림분야에서 구체적으로 이행하기 위한 법률로서 「저탄소 녹색성장 기본법」과의 관계에서는 하위에 속한다고 보아야 할 것이다.[10] 그러나 현행법이 비록 「저탄소 녹색성장 기본법」의 하위 법률적 성격을 가지고 있다고 하더라도 이는 「저탄소 녹색성장 기본법」과의 관계에서만 그러한 것으로 이해하여야 하며, 산림의 탄소흡수 기능을 유지하고 증진하기 위한 관점에서는 가장 기본적인 법률관계를 정하는 지위에 있다고 보아야 할 것이다. 그러므로 「탄소흡수원 유지 및 증진에 관한 법률」은 탄소흡수원의 유지 및 증진과 관련하여 다른 법률에 우선하며 그 기본이 된다(제4조).

2. 책　　무

산림청장과 지방자치단체의 장, 공공기관·민간단체 및 기업과 국민[사업자]은 산림의 탄소흡수 기능을 유지하고 증진시킴으로써 기후변화에 대응하고 저탄소 사회 구현에 이바지하기 위하여 다음과 같은 책무를 가진다(제3조 제1항~제5항).

- 산림청장은 산림의 탄소흡수 기능을 유지하고 증진시킬 수 있도록 산림을 지속적으로 관리하여야 하며, 이를 위하여 「기후변화에 관한 국제연합 기본협약」 및 관련 국제규범에 따른 원칙을 고려하여야 한다.
- 산림청장은 국내 및 국제 탄소시장과의 연계를 고려하여 시장기능을 최대한 활용하여야 한다.
- 산림청장과 지방자치단체의 장은 사업자가 탄소흡수원 유지 및 증진을 통한 온실가스 감축활동을 자율적이고 적극적으로 수행할 수 있도록 장려하고 필요한 시책을 지원하여야 한다.
- 사업자는 탄소흡수원을 최대한 유지 및 증진할 수 있도록 노력하여야 한다.

10) 산림청(2010)의 「탄소흡수원 확충에 관한 법제화 방안 연구」 중 법안의 위계(85면)에 관한 그림 및 설명은 이를 분명히 보여주고 있다.

Ⅱ. 탄소흡수원 증진 종합계획 및 정보·통계

[1] 탄소흡수원 증진 종합계획

1. 내용 및 수립절차

산림청장은 현행법의 목적을 효율적으로 달성하기 위하여 탄소흡수원의 유지 및 증진에 관한 정책목표와 기본방향을 정하는 탄소흡수원 증진 종합계획[종합계획]을 5년마다 수립·시행하여야 한다(제5조 제1항·제2항). 현행법에 따른 이러한 종합계획에는 탄소흡수원 유지 및 증진에 관한 목표와 기본방향, 탄소흡수원 유지 및 증진에 관한 국내외 여건 및 전망에 관한 사항, 탄소흡수원 유지 및 증진기술의 개발·보급에 관한 사항, 탄소흡수원 유지 및 증진을 위한 국제협력 및 해외시장 진출에 관한 사항, 산림부문 온실가스 정보 및 통계구축에 관한 사항, 산림탄소등록부의 구축과 운영에 관한 사항, 그 밖에 연구개발, 전문인력양성, 재원조달 및 교육·홍보 등 효과적인 탄소흡수원 유지 및 증진을 위하여 필요한 사항으로서 대통령령으로 정하는 사항[11] 등이 포함되어야 한다.

산림청장이 종합계획을 수립하거나 변경할 때에는 미리 관계 중앙행정기관의 장과 협의하고, 특별시장·광역시장·특별자치시장·도지사 또는 특별자치도지사[시·도지사] 및 관련 이해관계자의 의견을 들은 후 현행법에 따른 탄소흡수원증진위원회의 심의를 거쳐야 한다(제5조 제3항·제4항). 그러나 종합계획 중 경미한 사항을 변경하는 경우에는 탄소흡수원증진위원회의 심의를 거치지 않는다. 산림청장은 종합계획의 수립과 시행을 위하여 관계 중앙행정기관의 장과 지방자치단체의 장에게 이에 필요한 자료의 제출 또는 협조를 요청할 수 있으며, 현행법에 따라 산림청장으로부터 이러한 자료의 제출 또는 협조를 요청받은 관계 중앙행정기관의 장과 지방자치단체의 장은 특별한 사유가 없으면 그 요청에 따라야 한다.

산림청장은 현행법에 따라 수립·시행하는 종합계획에서 과학기술 연구개발에 관한 것은 「국가과학기술자문회의법」에 따른 국가과학기술자문회의의 심의를 별도로 거쳐야 하며, 종합계획을 수립하거나 변경하는 경우 「저탄소 녹색성장 기본법」

11) 여기에서 '대통령령으로 정하는 사항'이란 ① 종합계획의 시행에 필요한 재원의 조달에 관한 사항, ② 현행법 제9조, 제10조, 제13조 및 제15조부터 제18조까지의 탄소흡수원 유지 및 증진 활동에 관한 사항, ③ 현행법에 따른 연구개발에 관한 사항, ④ 현행법에 따른 교육훈련 및 홍보에 관한 사항, ⑤ 그 밖에 종합계획의 이행에 필요한 사항을 말한다(시행령 제3조 제1항).

제9조에 따른 저탄소 녹색성장 국가전략 및 「온실가스 배출권의 할당 및 거래에 관한 법률」 제4조에 따른 배출권거래제 기본계획과의 정합성을 유지하여야 한다(제5조 제5항 및 시행령 제3조 제3항). 여기에서 '정합성을 유지하여야 한다'라는 것은 종합계획의 목표 및 내용 등이 저탄소 녹색성장 국가전략이나 배출권거래제 기본계획과 서로 모순되거나 상충되지 않고 일관성이 있게 들어맞아야 하는 것을 의미한다.

산림청장은 종합계획을 수립하거나 변경하였을 때에는 그 주요 내용을 관보에 고시하여야 하며, 종합계획을 수립한 경우에는 그 수립한 전체 내용을 산림청의 인터넷 홈페이지에 게시하고, 이를 변경한 경우에는 변경한 종합계획의 전체 내용과 변경한 내용을 게시하여야 한다(제5조 제6항 및 시행령 제3조 제4항).

2. 연차별 실행계획

산림청장은 종합계획을 효과적으로 실행하기 위하여 연차별 실행계획을 수립·시행하여야 한다(제6조 제1항). 현행법에 따른 이러한 연차별 실행계획에는 국내외 탄소흡수원 유지 및 증진 세부추진계획, 탄소흡수원 관련 법·제도 개선에 관한 사항, 그 밖에 해당 계획연도의 탄소흡수원 유지 및 증진을 위하여 필요한 사항 등이 포함되어야 한다.

산림청장은 종합계획과의 연계성 강화나 종합계획의 효율적인 시행을 위하여 필요하다고 인정하는 경우에는 연차별 실행계획을 변경할 수 있으며, 이를 수립하거나 변경하였을 때에는 종합계획의 고시 및 게시에 관한 절차를 준용하여 그 내용을 관보에 고시하고 인터넷 홈페이지에 게시하여야 한다(제6조 제2항 및 시행령 제4조 제2항·제3항). 따라서 산림청장은 연차별 실행계획을 수립하였을 때에는 그 수립한 전체 내용을 산림청의 인터넷 홈페이지에 게시하고, 이를 변경한 경우에는 변경한 연차별 실행계획의 전체 내용과 변경한 내용을 게시하여야 한다.

[2] 탄소흡수원 정보 및 통계

1. 탄소흡수원 정보 및 통계의 작성

산림청장은 탄소흡수원의 유지 및 증진활동을 원활하게 추진하고 이를 국제적으로 인정받기 위하여 「기후변화에 관한 국제연합 기본협약」 및 관련 국제규범에 적합하도록 탄소흡수원 정보 및 통계를 작성하여야 한다(제8조 제1항). 탄소흡수원에 관하여 산림청장이 작성해야 할 이러한 정보 및 통계에는 현행법에 따른 신규조림 등의 실적, 보호지역 산림관리의 실적, 목제품 유통 및 이용실태, 목재산업 에너지정보, 산림바이오매스에너지 활용실적, 산림전용 억제 및 산림황폐화 방지실적, 복합형 탄소흡수원의 유지 및 증진실적, 그 밖에 산림탄소배출량 · 흡수량, 배출 · 흡수 계수의 토지이용, 토지이용 변화 및 임업(LULUCF) 등 대통령령으로 정하는 탄소흡수원 정보 및 통계 등이 포함되어야 한다. 여기에서 '대통령령으로 정하는 탄소흡수원 정보 및 통계'란 산림탄소흡수량 산정을 위한 계수와 활동자료 및 산림탄소흡수량을 말한다(시행령 제9조 제1항).

산림청장은 현행법에 따른 탄소흡수원 정보 및 통계를 작성하기 위하여 관계 중앙행정기관의 장과 지방자치단체의 장에게 이에 필요한 자료의 제출 또는 협조를 요청할 수 있다. 이 경우 산림청장으로부터 자료의 제출 또는 협조를 요청받은 관계 중앙행정기관의 장과 지방자치단체의 장은 특별한 사유가 없으면 그 요청에 따라야 한다(제8조 제3항).

2. 탄소흡수원 정보체계의 구축 및 운영

산림청장은 탄소흡수원에 관한 정보 및 통계를 체계적으로 관리하기 위하여 대통령령으로 정하는 바에 따라 탄소흡수원 정보체계를 구축하고 운영하여야 한다(제8조 제2항 및 시행령 제9조 제2항). 이 경우 산림청장은 현행법에 따라 탄소흡수원 정보체계를 구축하는 경우 「저탄소 녹색성장 기본법」 제45조 제1항에 따른 온실가스 종합정보관리체계와 연계될 수 있도록 구축하여야 한다.

Ⅲ. 탄소흡수원 유지 및 증진활동

[1] 탄소흡수원의 확충

1. 신규조림 등

가. 대상 활동

산림청장은 탄소흡수원의 유지 및 증진을 위하여 신규조림 · 재조림 · 식생복구 및 산림경영[신규조림 등]을 실시하거나 사업자가 자발적으로 실시하고자 할 때에는 이에 필요한 기술지원 등을 할 수 있다(제9조 제1항). 이에 따르면 탄소흡수원의 확충을 위한 것으로 인정받을 수 있는 활동에는 (1) 신규조림, (2) 재조림, (3) 식생복구, (4) 산림경영 등이 있다. 현행법상의 이러한 활동은 모두 식생조성 등을 통하여 탄소흡수원을 유지·증진시키는 활동에 속하는 것이지만 그 내용은 서로 다르므로 주의하여야 한다.

나. 신규조림 등의 이해

A. 신규조림

신규조림이란 "최소한 과거 50년 동안 산림이 아니었던 토지에 대하여 인위적인 식재·파종 및 천연갱신 유도를 통하여 산림으로 전환하는 것"(제2조 제2호)을 말한다. 이러한 신규조림은 인위적인 식재·파종 및 천연갱신 유도를 통하여 산림으로 전환하는 활동인 점에서는 재조림과 동일하나, 그 활동의 대상이 '최소한 과거 50년 동안 산림이 아니었던 토지'라는 점에서 재조림과는 다르다.

B. 재조림

재조림이란 "본래 산림이었다가 다른 용도로 전용되어 대통령령으로 정하는 시점 이전까지 산림이 아니었던 토지에 대하여 인위적인 식재·파종 및 천연갱신 유도를 통하여 산림으로 전환하는 것"(제2조 제3호)을 말한다. 여기에서 재조림의 기준이 되는 '대통령령으로 정하는 시점'이란 「기후변화에 관한 국제연합 기본협약에 관한 교토의정서」에서 정한 온실가스 감축의 기준연도인 1990년 직전인 1989년 12월 31일을 말한다(시행령 제2조 제2항).

재조림은 일정한 토지를 산림으로 전환하는 활동인 점에서는 신규조림과 같으나 그 대상인 토지가 '본래 산림이었다가 다른 용도로 전용되어 대통령령으로 정하는 시점 이전까지 산림이 아니었던 토지'라는 점에서 최소한 과거 50년 동안 산림이 아니었던 토지를 대상으로 하는 신규조림과는 구별된다. 이런 점에서 볼 때 다소 단순하게 비교하면 재조림은 일시적으로 수목이 없는 지역을 대상으로 하는 것이지만, 신규조림은 산림이 아니었던 토지를 대상으로 산림으로 전환하는 것이라고 할 수 있다.

C. 식생복구

식생복구란 "신규조림이나 재조림 외에 식생 조성을 통하여 그 입지에서의 산림탄소흡수량을 증가시키는 인위적인 활동(제2조 제5호)"을 말한다. 여기에서 '신규조림이나 재조림 외'라는 것의 의미는 일정한 토지를 대상으로 한 식생 조성활동은 있었으나 그러한 활동이 신규조림이나 재조림의 정의에 부합되지 않는 경우를 말한다. 예를 들어 식생을 조성한 토지가 신규조림의 대상인 최소한 과거 50년 동안 산림이 아니었던 토지에 해당하지 않거나 재조림 기준연도인 1989년 12월 31일 이전까지 산림이 아니었던 토지에 해당하지 않는 경우가 그것이다. 대표적인 식생복구로는 도시숲이나 생활숲 등을 조성하는 활동을 들 수 있다.

D. 산림경영

산림경영이란 "「산림자원의 조성 및 관리에 관한 법률」 제6조에 따라 산림을 지속가능한 방식으로 보전·이용하기 위한 모든 활동 중에서 대통령령으로 정하는 것"(제2조 제4호)을 말한다. 여기에서 현행법상 탄소흡수원의 유지 및 증진에 기여하는 산림경영으로서 '대통령령으로 정하는 것'에는 다음과 같은 활동이 있다(시행령 제2조 제3항).

- 산림갱신, 풀베기, 덩굴제거, 어린나무가꾸기 또는 솎아베기 등을 통한 숲가꾸기 활동
- 모두베기 또는 골라베기 등을 통한 목재수확 활동
- 그 밖에 국제기준에 따른 산림탄소흡수량 유지 및 증진을 위한 활동

다. 신규조림 등의 지원 등

산림청장은 사업자가 신규조림 등을 위하여 필요한 경우에는 대통령령으로 정하는 바에 따라 「국유림의 경영 및 관리에 관한 법률」 제21조에 따른 국유림의 대부 등을 할 수 있으며, 신규조림 등으로 추가된 산림탄소흡수량은 현행법에 따른 산림탄소상쇄 실적으로 사용할 수 있다(제9조 제2항 ~제4항). 이 경우 산림탄소상쇄를 목적으로 하는 신규조림 등은 현행법 제27조에 따른 산림탄소상쇄 운영 등에 관한 표준[운영표준]을 적용한다. 현행법의 이러한 규정이 국가 및 지방자치단체는 국내외 탄소흡수원의 지속적인 유지·증진을 위하여 산림자원을 활용하는 시책을 수립·시행하여야 한다는 「산림기본법」의 내용을 구체적으로 이행하기 위한 것이라는 점은 앞에서 이미 설명한 것과 같다(같은 법 제20조 의2 제1호).

2. 보호지역

산림청장은 대통령령으로 정하는 보호지역의 탄소흡수원을 유지하고 증진하기 위하여 그 지정목적 달성에 지장이 없는 범위에서 관리하거나 사업자가 자발적으로 관리할 수 있도록 필요한 기술지원 등을 할 수 있다(제10조 제1항 ~제3항). 이 경우 보호지역 관리로 추가된 산림탄소흡수량은 산림탄소상쇄 실적으로 사용할 수 있으며, 해당 보호지역별로 차별화된 관리방안은 현행법에 따른 운영표준을 적용하여야 한다.

탄소흡수원의 유지 및 증진을 위하여 현행법에 따라 '대통령령으로 정하는 보호지역'이란 「산림보호법」에 따른 산림보호구역을 말한다(시행령 제10조 및 산림보호법 제2조 제1호·제7조). 그러므로

현행법에 따른 보호지역은 생활환경 · 경관의 보호와 수원함양, 재해방지 및 산림유전자원의 보전 · 증진이 특별히 필요하여 산림청장 또는 시 · 도지사가 지정 · 고시한 구역으로서 생활환경보호구역, 경관보호구역, 수원함양보호구역, 재해방지보호구역 및 산림유전자원보호구역을 포함한다.

현행법이 보호지역으로서 「산림보호법」에 따른 산림보호구역을 이처럼 그대로 규정하고 있는 것에 대하여는 탄소흡수원의 유지 및 증진을 위한 보호지역과 「산림보호법」에 따른 산림보호구역의 지정목적이 서로 다르다는 점을 충분히 고려하지 않았을 뿐만 아니라, 현행법에 따라 탄소흡수원의 유지 및 증진활동으로서 국제적으로 인정받을 수 있는 보다 광의의 보호지역을 제외하고 있다는 지적이 있다.[12] 이러한 지적은 비록 보호지역의 확대에 따른 관리상의 현실적인 어려움을 고려하더라도 충분히 수긍할 만한 것이라고 생각된다. 따라서 앞으로는 탄소흡수원의 유지 및 증진활동을 위한 보호지역을 다른 법률에 의한 보호지역으로까지 확대하고, 그 관리는 현행법에 따른 운영표준과 부처 간의 협력을 통하여 이행해 나가는 방안을 신중히 검토할 필요가 있을 것이다.

3. 재해방지

산림청장은 산불, 산사태, 병충해 및 이상기후로 인한 재해로부터 탄소흡수원을 보호하기 위하여 내화수림대 및 해안방재림 조성 등 필요한 시책을 수립하고 추진하여야 한다(제11조 제1항). 이는 산림재해의 경우에는 탄소를 흡수하고 저장하는 탄소흡수원으로부터 오히려 탄소를 방출하는 작용을 한다는 점과 특히 산불의 경우에는 일시적으로 다량의 온실가스를 방출함으로써 사회 · 경제적 측면만이 아니라 기후변화적 관점에서도 큰 피해를 야기한다는 사실을 감안한 것으로 이해된다.

재해로부터 탄소흡수원을 실질적으로 보호하기 위해서는 더욱 빈발하고 예상하기 어려운 재해에도 대응할 수 있도록 보다 능동적인 재해방지 정책을 마련할 필요가 있다. 따라서 현행법이 예시하고 있는 것과 같이 산불발생 위험이 큰 산림에 내화수림대를 조성하거나 해일 · 바람 및 모래 등의 피해를 방지할 수 있도록 해안가에 해안방재림을 조성하는 등 재해별로 각각 시책을 수립하는 것도 필요하지만, 지역적 차원에서 재해에 강한 산림구조를 구축할 수 있도록 종합적인 관점으로 대응방안을 마련하여 추진하는 것도 중요해 보인다.

---

12) 황진후 · 장래익 · 전성우, "「탄소흡수원 유지 및 증진에 관한 법률」 제10조의 보호지역 범위 설정 개선방안에 관한 연구", 「한국기후변화학회지」, 제10권 제4호, 2019, 291~297면.

재해를 방지하기 위하여 신규조림 등을 하는 경우에는 특별한 사유가 없으면 지구온난화에 대비한 지역별 육성수종을 고려하여 선정하고 시업하여야 한다(제11조 제2항). 이는 직접적으로 탄소흡수원을 유지하고 증진하기 위한 경우만이 아니라 재해를 방지하기 위하여 신규조림 등을 실시하는 경우에도 지구온난화를 고려하여 수종을 선정하고 시업하도록 한 것으로서 재해방지를 위한 신규조림 등도 넓은 의미에서는 탄소흡수원의 유지 및 증진에 기여하도록 하여야 한다는 점과 지구온난화에 따라 점차 증가하는 산림재해를 방지하는 데 효과적인 산림을 조성하여야 한다는 측면을 감안한 것으로 보인다. 여기에서 지구온난화란 "「저탄소 녹색성장 기본법」 제2조 제11호에 따른 지구온난화"(제2조 제14호)를 의미하는 것으로서 사람의 활동에 수반하여 발생하는 온실가스가 대기 중에 축적되어 온실가스 농도를 증가시킴으로써 지구 전체적으로 지표 및 대기의 온도가 추가적으로 상승하는 현상을 말한다. 이와 관련하여 현행법은 재해방지를 위한 신규조림 등의 경우 지구온난화에 대비한 지역별 육성수종의 선정에 대해서만 특별히 강조하고 있으나, 재해를 방지하기 위해서는 수종의 선정뿐만 아니라 양묘 및 시업관리 등을 위한 전반적인 기술지도가 더욱 중요하다는 점에서 산림청의 난대·아열대연구소의 기능과 역할을 강화하는 방안도 적극적으로 검토할 필요가 있을 것이다.

[2] 탄소저장 목제품 및 산림바이오매스에너지의 이용증진

1. 목제품의 이용증진

산림청장은 목제품에 저장된 탄소를 유지하고 증진할 수 있도록 목제품의 이용증진 시책을 수립하고 시행하여야 한다(제12조 제1항·제2항). 이 경우 현행법에 따른 목제품 이용증진 활동을 통하여 추가된 산림탄소흡수량을 산림탄소상쇄 실적으로 사용할 수 있음은 물론이다. 여기에서 목제품(HWP)[13]이란 "수확된 목새 및 목재를 원료로 가공된 제품"(제2조 제6호)을 말한다. 현행법의 이러한 규정은 "국가 및 지방자치단체는 목재제품의 사용 활성화가 기후변화 대응에 중요한 수단이 됨을 고려하여 국내 목재산업을 육성하기 위하여 필요한 시책을 수립·시행하여야 한다"라는 「산림기본법」 제22조 제3항의 내용과 직접적으로 관련된 것으로서 「목재의 지속가능한 이용에 관한 법률」에 따라 구체적으로 이행되고 있다.

---

13) HWP: Harvested Wood Products.

2. 목제품의 이용실태조사

산림청장은 목제품에 저장된 탄소의 흐름을 파악하기 위하여 목제품 생산 전 과정에 관한 유통 및 이용실태를 조사하여야 한다(제13조 제1항·제4항 및 시행령 제1항~제3항). 이 경우 산림청장이 조사해야 할 항목은 국내외의 원목수급 현황, 산업별 목재사용 현황, 목제품별 제조·가공·유통 및 소비 현황 등으로서 산림청장은 이러한 항목에 대한 조사를 매년 실시하여야 한다. 산림청장은 현행법에 따른 이러한 실태조사를 위하여 필요한 경우 「목재의 지속가능한 이용에 관한 법률」 제8조에 따른 목재의 지속가능한 이용에 관한 통계조사 및 실태조사에 따라 수집된 자료 또는 정보 등을 활용할 수 있다.

3. 목재산업의 에너지 효율화

산림청장은 「한국표준산업분류」에 따른 목재·제지 관련 제조업부문의 에너지 효율화 대책을 수립하고 시행하여야 한다(제14조 제1항·제2항). 이를 위하여 목재·제지 관련 제조업체는 대통령령으로 정하는 절차와 방법에 따라 사업장별로 매년 온실가스 배출량 및 에너지 소비량을 작성하여 산림청장에게 제출하여야 한다. 여기에서 「한국표준산업분류」에 따른 목재·제지 관련 제조업부문이란 「한국표준산업분류」상 제조업 중 목재 및 나무제품 제조업과 제지 관련 제조업으로서 가구는 제외한 것을 말한다. 이는 「한국표준산업분류」상 가구의 경우에는 목재 및 나무제품 제조업이 아니라 별도로 정하는 가구 제조업에 속하기 때문이다.[14]

그러나 이러한 규정에도 불구하고 목재·제지 관련 제조업체가 「저탄소 녹색성장 기본법 시행령」 제34조 제1항에 따른 온실가스 배출량 및 에너지 소비량에 관한 명세서 또는 「온실가스 배출권의 할당 및 거래에 관한 법률 시행령」 제39조 제1항에 따른 명세서를 환경부장관에게 제출한 경우에는 현행법에 따라 온실가스 배출량 및 에너지 소비량을 작성하여 제출한 것으로 본다(시행령 제12조 제1항). 이는 「한국표준산업분류」에 따른 목재·제지 관련 제조업부문에 속하는 업체가 현행법이 아닌 다른 기후변화 관련 법령에 따라 온실가스 배출량 및 에너지 소비량에 관한 명세서 등을 제출한 경우에도 이를 인정함으로써 관련 업체의 편의를 도모하기 위한 것으로 보인다. 다만, 이 경우 산림청장은 농림축산식품부장관 또는 산업통상자원부장관에게 이미 제출된 온실가스 배출량 및 에너지 소비량에 관한 정보를 요청할

---

14) 이에 대하여는 통계청(http://kostat.go.kr/portal/korea/index.action)의 통계분류포털을 참고하라.

수 있고, 산림청장으로부터 이러한 요청을 받은 농림축산식품부장관 또는 산업통상자원부장관은 정당한 이유가 있는 경우를 제외하고는 이러한 요청에 따르도록 하여(시행령 제12조 제2항), 산림청장이 목재·제지 관련 제조업부문의 에너지 효율화 대책을 수립하고 시행하는 데 차질이 없도록 하고 있다.

4. 산림바이오매스에너지의 활용

산림청장과 지방자치단체의 장은 산림바이오매스에너지 원료의 안정적인 공급을 위하여 산림바이오매스를 공급하는 산림을 지속적으로 조성하고, 산림바이오매스에너지의 활용을 촉진하기 위한 시책을 수립하여 추진하여야 한다(제15조 제1항·제2항 및 제4항·제5항). 이 경우 현행법에 따른 산림바이오매스에너지의 활용을 통하여 줄어든 온실가스 배출량은 산림탄소상쇄 실적으로 사용할 수 있으며, 산림탄소상쇄를 목적으로 하는 산림바이오매스에너지의 활용촉진 활동은 운영표준을 적용한다. 여기에서 산림바이오매스에너지란 "「산림자원의 조성 및 관리에 관한 법률」 제2조 제7호에 따른 임산물과 임산물이 혼합된 원료(폐목재를 포함한다)를 사용하여 생산된 에너지"(제2조 제7호)로서 입목·죽, 고사유기물, 토양 및 목제품 등과 함께 현행법 제2조 제10호에 따른 탄소흡수원의 하나로서 현행법이 인정하는 것이다.

산림청장과 지방자치단체의 장은 산림바이오매스에너지 시장의 안정화를 위하여 산림바이오매스에너지와 이용시설에 대한 종합 모니터링 및 품질관리를 대통령령으로 정하는 바에 따라 직접 또는 위탁하여 실시할 수 있으며, 특히 산림바이오매스에너지의 활용을 촉진하기 위하여 다음과 같은 사업이 포함된 시책을 수립·추진하여야 한다(제15조 제2항·제3항 및 시행령 제13조 제1항).

- 지목이 임야가 아닌 토지에 산림바이오매스에너지를 공급하기 위한 산림을 조성하는 사업
- 임목부산물의 자원화 확대사업
- 산림바이오매스에너지 자원의 효율적인 수집·선별을 위한 기계·기술의 개발 및 보급 사업
- 산림바이오매스에너지 생산설비 설치지원 사업
- 산림바이오매스에너지 유통지원 사업
- 산림바이오매스에너지의 보급 확대를 위한 연구지원 사업

[3] 산지전용 억제 등과 복합형 탄소흡수원의 유지 · 증진

1. 산지전용 억제 및 산림황폐화 방지

산림청장은 산지전용 및 산림황폐화로 인한 온실가스 배출을 줄이기 위하여 산지전용 억제 및 산림황폐화 방지[산지전용 억제 등] 대책을 수립하고 시행하여야 한다(제16조 제1항). 현행법에 따르면 산지전용 억제 등을 위하여 산림청장이 수립 · 시행해야 할 이러한 대책에는 산지전용으로 인한 온실가스 배출을 최소화할 수 있는 자연친화적 산지전용기법의 개발과 산림황폐화로 인한 탄소흡수기능 저하를 방지할 수 있는 산림관리기법을 개발하는 것 등이 있다(시행령 제14조 제1항). 산림청장은 또한 산지전용 억제 등을 위하여 산지전용 억제 등에 관한 「기후변화에 관한 국제연합 기본협약」 및 관련 국제규범에 대응하기 위하여 관련 연구를 수행하거나 민간의 연구를 지원할 수 있으며, 국외에서 산지전용 억제 등을 통하여 국제시장에서 거래가 가능한 탄소배출권을 확보할 수 있도록 국제협력 및 지원 체계도 구축할 수 있다(제17조 제1항 · 제2항).

일반적으로 산지를 다른 용도로 전용하거나 산림이 황폐되는 경우에는 이를 통하여 온실가스가 배출되므로 이러한 산지전용을 억제하고 산림황폐화를 방지하는 활동은 탄소흡수원의 유지 및 증진활동으로 인정받게 된다. 이러한 활동을 산지전용 및 산림황폐화로 인한 배출 감축(REDD+)[15]이라고 하는데, 현행법에 따르면 이는 "산지전용 및 산림황폐화로 인한 온실가스 배출을 감축하고 산림탄소흡수량을 유지 · 증진하기 위하여 합의한 활동"(제2조 제8호)을 말한다. 이러한 산지전용 및 산림황폐화로 인한 배출 감축(REDD+)은 일반적으로 (1) 산지전용 및 산림황폐화로 인한 온실가스 배출의 감축(REDD)과 (2) 산림식생의 회복 및 산림황폐화의 방지 등을 통하여 산림탄소흡수량을 유지 · 증진하는 활동이 결합(Plus)된 것을 의미하는 개념이다.[16]

---

15) 현행법은 제2조 제8호에서 산지전용 및 산림황폐화로 인한 배출 감축을 영문으로 REDD+로 표기하면서 "REDD+: Reduced Emissions from Deforestation and forest Degradation"으로 정의하고 있으나, 이는 REDD와 REDD+를 엄격하게 구분하지 않은 것으로서 오해의 소지가 있어 보인다. REDD+는 현행법의 REDD에 'enhancement of forest carbon stock'이 덧붙여진 (plus) 개념이기 때문이다.

16) Edited by Arild Angelsen, 「Realising REDD+: National Strategy and Policy Options」, CIFOR, 2009, 2면. 우리나라 최초의 산지전용 및 산림황폐화로 인한 배출 감축(REDD+) 사업은 인도네시아 롬복(Lombok) 중부지역에서 시범적으로 이루어진 한국국제협력단(KOICA)의 '한-인도네시아 산림분야 기후변화 대응역량 강화사업'일 것이다. 우리나라에서는 처음으로 소규모 A/R

현행법에 따르면 산지전용 억제 등을 위하여 산지소유자의 요청에 따라 보호지역으로 지정된 이후에 추가적으로 감축된 온실가스 배출량은 산림탄소상쇄 실적으로 사용할 수 있다(제16조 제2항). 여기에서 산지전용 억제 등을 위하여 지정할 수 있는 보호지역이란 「산림보호법」 제2조 제1호에 따른 산림보호구역을 말한다(시행령 제14조 제2항). 이와 관련하여 현행법은 제16조 제3항에서 보호지역의 종류와 지정절차·방법 및 온실가스 배출량 상쇄기준 등 필요한 사항에 대하여는 대통령령으로 정하도록 하고 있으나, 아직까지 이에 대한 내용이 구체화되어 있지 않은 실정이므로 법률의 취지에 따라 관련 내용이 조속히 정비되어야 할 것이다.

2. 복합형 탄소흡수원 유지 및 증진

지방자치단체의 장 및 사업자는 현행법 제9조의 신규조림 등, 제10조의 보호지역 관리, 제12조의 목제품 이용, 제15조의 산림바이오매스에너지 활용 및 제16조의 산지전용 억제 등과 같은 개별 탄소흡수원 유지 및 증진활동을 결합한 복합형 탄소흡수원 유지 및 증진활동[복합 탄소흡수원 활동]에 따른 산림탄소흡수량을 산림탄소상쇄 실적으로 사용할 수 있다(제18조 제1항). 이는 개별적인 탄소흡수원 유지 및 증진활동을 인정하면서 이러한 개별적인 활동을 결합한 복합적인 활동을 탄소흡수원 유지 및 증진활동으로 인정하지 않을 이유가 없기 때문이다.

현행법에 따르면 이러한 복합 탄소흡수원 활동으로 인정되는 활동에는 (1) 신규조림 등의 실시로 발생한 임목부산물을 이용하여 산림바이오매스에너지로 활용하는 활동과 (2) 신규조림 등의 실시로 수확한 임목을 이용하여 생산한 목제품을 활용하는 활동이 있다(제18조 제2항 및 시행령 제15조 제1항·제2항). 이 경우 복합 탄소흡수원 활동에 따른 온실가스 배출 감축량은 현행법 제18조 제1항에 따른 개별 탄소흡수원 유지 및 증진활동 결과로 감축되는 온실가스 배출량을 합하여 산정한다.

CDM 사업과 REDD 사업을 함께 추진했던 이 사업은 비록 초창기 시범사업으로서의 한계를 넘지 못하고 당초에 기대했던 성과에는 미치지 못한 것으로 평가되었으나, 본격적인 REDD+ 사업을 위한 방법론 개발 등에 있어서는 새로운 개척자로서의 역할을 수행했다는 것은 부인할 수 없는 일이다. 이에 대하여 보다 자세한 내용은 산림청, 「KOICA 사업 결과보고서: 한-인도네시아 산림분야 기후변화 대응역량 강화사업」, 2013을 참고하라.

Ⅳ. 산림탄소상쇄제도

[1] 개 념

산림탄소상쇄제도란 지방자치단체와 사업자가 자발적으로 온실가스 배출을 줄이기 위하여 현행법에 따른 탄소흡수원 유지 및 증진활동을 하고, 이를 통하여 추가적으로 확보한 산림탄소흡수량을 정부가 인증해주는 제도를 말한다. 여기에서 산림탄소상쇄란 "산림탄소흡수량을 온실가스 감축에 사용하는 것"(제2조 제12호)을 말한다. 이러한 산림탄소상쇄제도는 지방자치단체와 사업자가 온실가스 흡수주체로서 상쇄권(offsets)을 설정하여 자발적으로 활동하는 '임의시장'을 상정하고 있다는 점에서, 온실가스 배출허용량으로서 배출권을 설정하고 이를 각 관리업체에게 할당하는 「온실가스 배출권의 할당 및 거래에 관한 법률」에 따른 '강제시장'의 개념과는 구별되는 것이다.[17] 따라서 현행법에 따른 산림탄소상쇄제도는 앞에서 이미 살펴본 것과 같이 「온실가스 배출권의 할당 및 거래에 관한 법률」에 따른 배출권제도와 모순되거나 저촉되는 것이 아니다. 현행법에 따르면 이러한 산림탄소상쇄제도의 기본적인 운영체계는 다음과 같다.

- 산림탄소상쇄는 (1) 온실가스 감축의무자가 감축목표를 상쇄하는 데 사용할 수 있는 감축실적[크레딧]형과 (2) 사업자 등이 자발적으로 참여할 수 있는 사회공헌형으로 구분하며, 사회공헌형 산림탄소상쇄는 다시 추가된 산림탄소흡수량을 자발적 탄소시장에서 거래할 수 있는 거래형 사업과 거래를 하지 않고 쉽게 참여할 수 있는 비거래형 사업으로 구분한다.
- 사회공헌형 산림탄소상쇄 중 비거래형 사업의 경우에는 사업대상지 등에 완화된 기준을 적용하고 모니터링 결과에 대한 검증절차를 생략한다.
- 추가된 산림탄소흡수량을 인증할 수 있는 모니터링 및 검증체계를 마련하고, 상쇄실적 및 거래내용 등을 투명하게 관리할 수 있도록 산림탄소등록부를 구축한다.

[2] 인정되는 활동 · 유형 및 사업등록

1. 인정되는 활동

산림청장은 현행법에 따른 탄소흡수원 유지 및 증진활동을 통하여 지방자치단체의 장이나 사업자가 추가로 확보한 산림탄소흡수량을 활용할 수 있는 산림탄소

---

17) 산림청(2010)의 「탄소흡수원 확충에 관한 법제화 방안 연구」, 85~86면.

상쇄 기반을 구축하여야 한다(제19조 제1항). 현행법에 따라 추가된 산림탄소흡수량을 산림탄소상쇄 실적으로 사용할 수 있는 사업은 개별 탄소흡수원 활동과 복합 탄소흡수원 활동으로 구분할 수 있는데, 이에 따르면 개별 탄소흡수원 활동에는 제9조에 따른 신규조림 등, 제10조에 따른 보호지역 관리, 제12조에 따른 목제품 이용, 제15조에 따른 산림바이오매스에너지 활용 및 제16조에 따른 산지전용 억제 등이 있으며, 복합 탄소흡수원 활동에는 현행법 제18조에 따라 2가지 이상의 개별사업을 연계하여 추진하는 활동으로 나누어진다.[18)]

2. 산림탄소상쇄의 유형 및 구별의 실익

현행법에 따른 탄소흡수원 유지 및 증진활동으로 추가된 산림탄소흡수량을 활용할 수 있는 산림탄소상쇄의 유형은 다음과 같다.

- 감축실적[크레딧]형 산림탄소상쇄: 다른 법률이나 규정에 따라 온실가스 감축의무가 있는 지방자치단체의 장이나 사업자가 온실가스 감축목표를 상쇄하는 데 사용할 수 있도록 국제적으로 통용되는 기준을 적용하는 산림탄소상쇄
- 사회공헌형 산림탄소상쇄: 지방자치단체의 장이나 사업자가 사회에 공헌하기 위하여 자발적으로 산림탄소흡수원을 유지하고 증진시키고자 하는 경우로 대통령령으로 정하는 완화된 기준을 적용하는 산림탄소상쇄

산림탄소상쇄의 유형을 이와 같이 감축실적[크레딧]형과 사회공헌형 산림탄소상쇄로 구분하는 실익은 사회공헌형 산림탄소상쇄의 경우에는 감축실적[크레딧]형 산림탄소상쇄에 적용되는 국제적으로 통용되는 기준보다 완화된 기준을 적용하는 데 있다. 이에 따르면 사회공헌형 산림탄소상쇄의 경우에는 「기후변화에 관한 국제연합 기본협약에 관한 교토의정서」 제12조에 따른 청정개발체제 사업에 적용되는 완화된 기준에 준하여 현행법 제27조에 따른 운영표준으로 정하는 기준을 적용한다(제19조 제1항 제2호 및 시행령 제16조). 그러나 이 경우에도 산림탄소흡수량을 거래하기 위한 경우와 거래 외의 목적으로 사용하기 위한 경우를 구별하여 기준의 완화 정도를 달리할 수 있다.

---

18) 2019년 기준으로 현행법에 따른 산림탄소상쇄사업에는 기업·지방자치단체 및 공공기관 등 다양한 사업자가 참여하여 총 251건의 사업을 등록하였으며 이에 따른 연간 탄소흡수량은 316천톤CO2에 이른다. 이러한 사업에는 조림·산림경영 및 식생복구 등 다양한 사업유형이 포함되어 있는데, 이는 자발적인 참여에 기반한 비규제시장에서의 온실가스 감축활동이 활발하게 전개되고 있음을 보여주는 것으로 생각된다. 이에 대하여는 산림청(2020)의 「2019년도 산림과 임업 동향에 관한 연차보고서」, 451면을 참고하라.

3. 사업의 등록 및 등록취소

산림탄소상쇄를 실시하고자 하는 지방자치단체의 장이나 사업자는 농림축산식품부령으로 정하는 사업계획서 등을 작성하여 산림탄소센터의 장[산림탄소센터장]에게 제출하여야 한다(제19조 제2항·제3항 및 시행규칙 제2조 제2항). 지방자치단체의 장이나 사업자로부터 이러한 사업계획서 등을 제출받은 산림탄소센터장은 이를 검토하여 사업의 타당성이 인정된 경우에는 현행법에 따른 산림탄소등록부에 등록하여야 한다. 이 경우 산림탄소센터장은 산림탄소상쇄제도 목적과의 정합성, 산림탄소흡수량 모니터링 계획의 적절성, 산림탄소흡수량 산정 계수의 정확성, 그 밖에 산림청장이 고시하는 사항 등을 검토하여야 한다.

산림탄소센터장은 현행법에 따라 등록된 사업이 일정한 사유에 해당하는 경우에는 그 등록을 취소하고, 지체 없이 지방자치단체의 장이나 사업자에게 이를 통보하여야 한다(제19조 제4항 및 시행령 제17조). 산림탄소센터장이 현행법에 따라 등록된 사업을 취소할 수 있는 이러한 사유에는 사업계획서에 기술된 내용이 허위인 경우, 현행법에 따라 사업자가 작성한 모니터링결과보고서의 내용이 거짓인 경우, 그 밖에 등록된 사업이 부득이한 사유로 수행될 수 없다고 대통령령으로 정하는 경우 등이 있다. 여기에서 '대통령령으로 정하는 경우'란 (1) 천재지변이나 그 밖의 불가항력적인 사유로 사업계획서의 내용대로 사업을 수행하는 것이 불가능하다고 인정되는 경우, (2) 경영악화나 질병 또는 이민 등의 사유로 사업계획서의 내용대로 사업을 수행하는 것이 불가능하다고 인정되는 경우, (3) 현행법에 따라 산림탄소등록부에 산림탄소상쇄사업을 등록한 지방자치단체의 장이나 사업자가 등록취소를 요청하는 경우를 말한다. 현행법에 따르면 산림탄소센터장이 산림탄소상쇄 등록을 취소하는 이러한 처분을 하려는 때에는 미리 청문을 하여야 한다(제35조 제1호).

[3] 산림탄소흡수량의 모니터링·검증 및 인증

1. 모니터링

현행법 제19조 제3항에 따라 산림탄소상쇄사업을 등록한 지방자치단체의 장이나 사업자는 운영표준에 따라 산림탄소흡수량을 주기적으로 모니터링하고, 그 모니터링 결과보고서를 산림탄소센터장에게 제출하여야 한다(제20조 제1항). 여기에서 '모니터링'(monitoring)이란 「사회공헌형 산림탄소상쇄 운영표준」 제2조 제3호에 따르면 사업자가 산림탄소상쇄사업을 통하여 확보한 탄소흡수량을 정량적으로 산출하기 위하여 직접 또는 간접 데이터를 지속적이고 정기적으로 수집 및 기록·관리하는 활동을 말한다.

현행법에 따른 모니터링의 대상이 되는 산림탄소흡수량이란 “제2호부터 제8호까지와 관련된 활동을 통하여 온실가스 흡수를 증대시키거나 배출을 줄인 탄소량”(제2조 제11호)으로서 여기에서 ‘제2호부터 제8호까지와 관련된 활동’이란 현행법 제2조 제2호부터 제8호까지에 정의되어 있는 신규조림 및 재조림, 산림경영, 식생복구, 목제품 이용, 산림바이오매스에너지 활용, 산지전용 및 산림황폐화로 인한 배출 감축활동 등을 말한다. 이러한 산림탄소흡수량의 개념과 관련된 활동은 현행법 제19조 제1항에 따라 산림탄소상쇄 실적으로 사용할 수 있는 개별 탄소흡수원 활동의 범위와 유사하나, 산림탄소상쇄를 위한 개별 탄소흡수원 활동 중 현행법 제10조에 따른 보호지역 관리활동만은 산림탄소흡수량의 정의에 직접 규정하지 않고 현행법 제2조 제8호에 따른 산지전용 및 산림황폐화로 인한 배출 감축활동에 포함되어 있는 점만이 다를 뿐이다.

2. 검　　증

산림탄소센터장은 산림탄소상쇄사업을 등록한 지방자치단체의 장이나 사업자로부터 제출받은 모니터링 결과보고서를 객관적으로 검증하기 위하여 국제적으로 통용되는 검증기준에 적합한 국내외 제3의 검증기관을 지정하여 운영할 수 있다(제20조 제2항). 여기에서 ‘검증’(verification)이란 「사회공헌형 산림탄소상쇄 운영표준」 제2조 제5호에 따르면 「저탄소 녹색성장 기본법 시행령」 제32조 및 「온실가스 배출권의 할당 및 거래에 관한 법률 시행령」 제32조에 따라 환경부장관 또는 기획재정부장관이 지정·고시한 검증기관 중 산림탄소센터장이 지정한 검증기관에서 모니터링 결과보고서를 객관적으로 검토하는 것을 말한다. 현행법에 따르면 산림탄소센터장이 이러한 검증을 위하여 지정할 수 있는 국내외 제3의 검증기관에는 「저탄소 녹색성장 기본법 시행령」 제32조에 따라 환경부장관이 지정·고시한 기관 또는 「온실가스 배출권의 할당 및 거래에 관한 법률 시행령」 제40조 제3항에 따라 환경부장관이 지정·고시한 기관[19]이 있다(제20조 제4항 및 시행령 제18조 제1항).

---

19) 이에 따라 현재 국립환경과학원이 온실가스 검증기관으로 지정되어 있다. 이에 대하여는 「온실가스 검증기관 지정기관 사무국 운영 및 지정업무 등에 관한 규정」(국립환경과학원예규 제776호, 2019. 11. 4.)을 참고하라.

산림탄소센터장이 지정한 검증기관은 현행법에 따른 운영표준에 따라 지방자치단체의 장 또는 사업자가 제출한 모니터링 결과보고서 등 근거자료를 검토하고 현장조사 및 관계 공무원 또는 사업자의 의견청취 절차를 거친 후에 검증보고서를 작성하여 산림탄소센터장에게 제출하여야 한다(제20조 제3항 및 시행령 제18조 제2항). 이 경우 산림탄소센터장은 지정된 검증기관이 고의나 중대한 과실로 검증을 부실하게 수행하였다고 판단되는 경우에는 검증기관의 지정을 취소할 수 있다.

3. 인　　증

산림탄소센터장은 운영표준에 따라 검증보고서를 검토하여 그 내용이 타당하다고 인정하는 경우에는 산림청장의 인증을 거친 후에 모니터링 결과보고서를 제출한 지방자치단체의 장이나 사업자에게 인증서를 발급하여야 한다(제21조 제1항). 여기에서 '인증'(certification)이란 「사회공헌형 산림탄소상쇄 운영표준」 제2조 제6호에 따르면 산림탄소상쇄 사업자가 산림탄소상쇄사업을 통하여 확보한 이산화탄소 흡수(저장)량을 산림청장이 인정해 주는 행위를 말한다.

현행법에 따라 인증받은 산림탄소흡수량의 유효기간과 연장가능횟수[유효기간 등]는 사업의 종류와 규모에 따라 대통령령으로 정하는데(제22조 제1항 및 시행령 제19조 제1항·제2항), 이에 따르면 현재 산림탄소흡수량의 유효기간은 30년 이하로 하나 (1) 유효기간이 20년 이하로 정해졌고, (2) 산림탄소상쇄사업이 계속 진행 중이거나 그 사업으로 인한 탄소흡수 기능이 유지되고 있는 경우에는 1회당 20년의 범위에서 총 2회까지 그 유효기간을 연장할 수 있다. 산림탄소흡수량의 유효기간 등이 지나거나 상쇄실적으로 사용된 산림탄소흡수량은 유효기간이 지난 날, 상쇄실적으로 사용된 날부터 그 효력이 상실된다(제22조 제2항·제3항). 이 경우 현행법에 따른 산림탄소흡수량의 유효기간 등과 효력이 상실된 산림탄소흡수량에 관한 정보는 산림탄소흡수량의 이중사용을 방지하기 위하여 산림탄소등록부에 기재하여야 한다.

산림탄소센터장은 인증을 받은 사업이 일정한 사유에 해당하는 경우에는 그 인증을 취소하고, 지체 없이 지방자치단체의 장이나 사업자에게 통보하여야 한다(제21조 제2항). 산림탄소센터장이 현행법에 따라 인증취소의 처분을 할 수 있는 이러한 사유에는 산림탄소상쇄사업이 현행법 제19조 제4항에 따른 등록취소 사유에 해당하는 경우, 그 밖에 인증된 사업이 부득이한 사유로 지속될 수 없다고 대통령령으로 정하는 경우 등이 있다. 다만, 이러한 인증취소와 관련하여 그 사유 중 인증된 사업이 부득이한 사유로 지속될 수 없다고 '대통령령으로 정하는 경우'는 아직까지 규정된 것이 없으므로 산림탄소상쇄사업의 인증을 취소할 수 있는 사유에는 해당 산림탄소상쇄사업이 등록취소 사유에 해당하는 경우뿐이라고 할 것이다. 현행법에 따르면 산림탄소센터장이 산림탄소흡수량의 인증을 취소하는 이러한 처분을 하려는 때에는 미리 청문을 하여야 한다(제35조 제2호).

[4] 산림탄소등록부의 구축 및 운영

산림청장은 탄소흡수원 유지·증진 활동과 산림탄소흡수량 정보·통계의 투명한 관리와 유통을 위하여 산림탄소등록부를 구축하고 운영하여야 한다(제24조 제1항·제2항 및 시행령 제21조 제1항). 이러한 산림탄소등록부에는 신규조림 등의 실적 등 현행법 제8조 제1항에 따른 탄소흡수원에 관한 정보·통계, 산림탄소상쇄사업에 관한 정보·통계, 산림탄소흡수량의 모니터링·검증 및 인증에 관한 정보·통계, 산림탄소흡수량의 유효기간과 연장가능횟수에 관한 정보·통계, 그 밖에 산림청장이 필요하다고 인정하여 고시하는 탄소흡수원 유지 및 증진활동과 산림탄소흡수량 정보·통계를 포함하여야 한다. 산림청장은 현행법에 따른 산림탄소등록부를 전자적 방식으로 구축·운영하여야 하며,[20] 이를 안정적이고 독립적으로 구축·운영하기 위하여 필요한 경우 국내외 제3의 기관에 있는 등록체계를 활용할 수 있다(시행령 제21조 제2항).

[5] 산림탄소흡수량의 거래

1. 거래형식

현행법 제21조 제1항에 따라 산림탄소센터장으로부터 인증받은 산림탄소흡수량은 다음과 같이 거래하거나 사용할 수 있다(제25조 제1항).

- 감축실적[크레딧]형 산림탄소상쇄: 「저탄소 녹색성장 기본법」 제42조에 따른 기후변화 대응 및 에너지의 목표관리와 같은 법 제46조에 따른 총량제한 배출권 거래제 등 대통령령으로 정하는 온실가스 감축목표의 상쇄 및 매매
- 사회공헌형 산림탄소상쇄: 대통령령으로 정하는 온실가스 및 에너지절감 사업에 참여

여기에서 (1) 감축실적[크레딧]형 산림탄소상쇄의 경우 '대통령령으로 정하는 온실가스 감축목표의 상쇄 및 매매'란 지방자치단체의 장이나 사업자가 현행법에 따

20) 결국 산림탄소등록부란 "산림탄소상쇄 사업계획의 등록, 검·인증 및 인증실적의 등록·거래·취소·만료 등의 이력을 관리하기 위하여 산림청장이 구축·운영하는 전산관리시스템"(「사회공헌형 산림탄소상쇄 운영표준」 제2조 제7호)을 말하는 것이다.

라 인증받은 산림탄소흡수량을 「저탄소 녹색성장 기본법」 제42조에 따른 온실가스 감축목표의 상쇄에 사용하거나 「저탄소 녹색성장 기본법」 제46조에 따른 용도로 사용하거나 거래하는 것을 말하며, (2) 사회공헌형 산림탄소상쇄의 경우 '대통령령으로 정하는 온실가스 및 에너지 절감 사업에 참여'란 지방자치단체의 장이나 사업자가 현행법에 따라 인증받은 산림탄소흡수량을 현행법에 따른 신규조림 등의 사업, 보호지역 탄소흡수원 유지 및 증진사업, 산림바이오매스에너지활용 촉진사업, 산지전용 억제 등 사업, 복합형 탄소흡수원 유지 및 증진사업, 그 밖에 산림청장이 정하여 고시하는 사업에 참여한 실적으로 사용하거나 이를 위하여 거래하는 것을 말한다(시행령 제22조 제1항·제2항).

2. 거래방식

산림탄소흡수량은 대통령령으로 정하는 바에 따라 1이산화탄소톤으로 환산한 단위로 거래하며,[21] 현행법에 따라 산림탄소흡수량을 거래하려는 자는 산림탄소센터장에게 거래계정 등록신청서를 제출하여 산림탄소등록부에 거래계정 및 산림탄소흡수량을 등록하여야 한다(제25조 제2항·제3항 및 시행령 제22조 제4항). 이 경우 산림탄소흡수량을 거래하려는 자는 1이산화탄소톤당 대통령령으로 정하는 일정비율의 등록비를 납부하여야 하는데, 현행법상 이에 따른 등록비는 1이산화탄소상당량톤당 평균 거래가격의 0.5% 범위에서 산림청장이 정하여 고시하는 비용으로 한다. 그러나 현행법의 이러한 규정에도 불구하고 감축실적[크레딧]형 산림탄소상쇄의 경우에는 「저탄소 녹색성장 기본법」 및 「온실가스 배출권의 할당 및 거래에 관한 법률」에 따라 외부사업 승인 및 온실가스 감축량 인증을 받아야 하며, 그 밖의 거래방법 및 거래절차 등은 「온실가스 배출권의 할당 및 거래에 관한 법률」에서 정하는 바에 따라야 한다(시행령 제22조 제5항).

사회공헌형 산림탄소상쇄사업을 통하여 획득한 산림탄소흡수량은 「저탄소 녹색성장 기본법 시행령」에 따른 외부사업 감축실적 및「온실가스 배출권의 할당 및 거래에 관한 법률에 따른 외부사업 온실가스 감축량으로 사용할 수 없다(사회공헌형 산림탄소 운영표준 제5조 제2항) 이는 의무적인 배출원 관리에 치중하는 「온실가스 배출권의 할당 및 거래에 관한 법률」과 자발적인 흡수원 관리에 그 법적 의의를 두는 현행법 간에 균형을 유지하

---

21) 이에 따르면 산림탄소흡수량은 온실가스를 「온실가스 배출권의 할당 및 거래에 관한 법률 시행령」 별표2에 따른 온실가스별 지구온난화 계수에 따라 이산화탄소상당량톤으로 환산하여 거래하며, 최소 거래단위는 1이산화탄소상당량톤으로 한다(시행령 제22조 제3항).

기 위한 것으로 이해된다. 한편 산림청장은 현행법에 따른 산림탄소흡수량의 공정한 가격형성과 매매 및 그 밖의 거래의 안정성과 효용성을 도모하기 위하여 국제적으로 통용되는 탄소거래소를 지정하거나 설치·운영할 수 있다(제25조 제4항).

V. 탄소흡수원 증진 기반 조성

[1] 탄소흡수원 지수의 개발 및 공표

산림청장은 지방자치단체 및 공공기관과 민간을 대상으로 탄소흡수원 유지 및 증진실적에 대한 탄소흡수원 지수를 측정하고, 개인정보 및 기업경영상의 비밀 등 「개인정보 보호법」, 「부정경쟁방지 및 영업비밀보호에 관한 법률」, 「산업기술의 유출방지 및 보호에 관한 법률」 및 「신용정보의 이용 및 보호에 관한 법률」에 위배되지 않는 범위에서 그 결과를 공표할 수 있다(제26조 제1항). 여기에서 '탄소흡수원 지수'란 특정기간 동안의 탄소흡수원 유지 및 증진실적과 해당 실적이 사회·경제 및 환경에 미치는 영향을 평가하는 점수를 말한다.

산림청장은 현행법에 따른 탄소흡수원 지수를 설정할 때에는 산림탄소상쇄사업으로 인한 추가적이고 실질적인 온실가스 감축실적, 산림탄소상쇄사업으로 인한 사회·경제·환경적 영향, 그 밖에 탄소흡수원 유지 및 증진지수 측정에 관하여 국제적으로 인정되는 기준을 고려하여야 한다(제26조 제4항 및 시행령 제23조 제1항). 산림청장은 현행법에 따라 탄소흡수원 지수를 측정하는 경우 지방자치단체, 공공기관 및 민간으로 구분하여 실시하며, 이 경우 그 측정대상이 되는 단체, 기업 및 공공기관은 특별한 사유가 없으면 측정에 적극 협조하여야 한다(제26조 제2항·제3항 및 시행령 제23조 제2항). 산림청장은 현행법에 따라 탄소흡수원 지수를 측정한 결과 기후변화대응 수준이 우수하다고 인정되는 지방자치단체 및 공공기관과 민간에 대하여는 포상을 실시할 수 있다.

[2] 산림탄소상쇄제도의 운영

1. 산림탄소상쇄 운영 등에 관한 표준

산림청장은 현행법에 따른 탄소흡수원 유지 및 증진활동에 적용할 수 있도록 「기후변화에 관한 국제연합 기본협약」 및 관련 국제규범에 적합하도록 운영표준을 작성하여 현행법에 따른 탄소흡수원증진위원회의 심의를 거친 후 이를 고시하여야 한다(제27조 제1항).

현행법에 따른 이러한 운영표준에는 신규조림 등에 관한 사항, 보호지역의 탄소흡수원 관리에 관한 사항, 목제품 이용증진 활동에 관한 사항, 산림바이오매스에너지활용 촉진 활동에 관한 사항, 산림탄소흡수량 모니터링 및 검증에 관한 사항, 산림탄소흡수량 인증에 관한 사항, 그 밖에 산림탄소상쇄 운영을 위하여 대통령령으로 정하는 사항 등이 포함되어야 한다(제27조 제2항 및 시행령 제24조). 여기에서 산림탄소상쇄 운영을 위하여 '대통령령으로 정하는 사항'이란 사회공헌형 산림탄소상쇄의 기준에 관한 사항을 말한다.

현재 이러한 운영표준으로는 사회공헌형 산림탄소상쇄사업의 사업유형 및 참여유형, 사업계획의 등록, 산림탄소상쇄사업 방법론, 사업실행과 모니터링 · 검증 및 인증, 산림탄소흡수량의 거래 등에 관하여 구체적으로 규정하고 있는 「사회공헌형 산림탄소상쇄 운영표준」(산림청고시 제2017-103호, 2017. 11. 8.)이 고시되어 있다.

2. 산림탄소흡수량의 측정 · 보고 및 검증

산림청장은 산림부문의 온실가스 흡수량 · 배출량 및 이의 산정에 사용된 흡수 · 배출계수, 산림탄소흡수량 관련 각종 정보 및 통계를 측정 · 보고 · 검증[22]할 수 있는 체계를 구축하여야 하며, 현행법에 따라 측정 · 보고 · 검증된 산림탄소흡수량을 탄소흡수원증진위원회의 심의를 거쳐 확정한 후 산림탄소등록부에 등록하고 매년 공표하여야 한다(제28조 제1항 · 제2항).

이 경우 산림청장은 탄소흡수원 유지 및 증진활동을 원활하게 추진하고, 특히 국제적으로도 그 활동이 인정받을 수 있도록 국제기준을 최대한 반영한 산림탄소흡수량의 측정 · 보고 · 검증 표준을 작성함으로써 전문성과 투명성 및 신뢰성을 제고하여야 한다(제28조 제3항). 이는 현행법에 따라 산림청장이 구축하는 이러한 측정 · 보고 · 검증 체계가 산림탄소상쇄제도를 운영하는 기반이 될 뿐만 아니라 현행법 제8조에 따라 산림청장이 구축 · 운영하는 국가 차원의 탄소흡수원 정보체계의 토대가 되기 때문이다.

22) 산림탄소흡수량에 대한 이러한 측정 · 보고 · 검증을 통상 'MRV'라고 하는데, 이는 Measuring(측정), Reporting(보고) 및 Verifying(검증)을 함께 이르는 용어로서 일반적으로 사용되고 있다.

[3] 연구개발 · 교육 및 훈련

1. 연구개발 및 기술의 이용 · 보급촉진

산림청장은 탄소흡수원 유지 · 증진, 탄소흡수원 평가 및 기후변화 적응을 위한 연구개발을 수행하거나 공공기관 · 연구소 및 대학 등에 이와 관련된 연구개발을 위탁할 수 있다(제29조 제1항·제2항). 이 경우 산림청장은 연구개발 성과가 우수하다고 인정하는 때에는 관련 기술의 보급과 이용을 촉진하기 위한 시책을 수립하고 추진하여야 한다.

2. 탄소흡수원 특성화 학교의 지정

가. 지정 및 운영지원

산림청장은 탄소흡수원 유지 및 증진에 필요한 전문인력을 양성하기 위하여 (1) 「고등교육법」에 따른 대학원 및 대학원대학 중에서 대통령령으로 정하는 기준에 적합한 대학원이나 대학원대학, (2) 「초 · 중등교육법」에 따른 고등학교 및 고등기술학교 중에서 대통령령으로 정하는 기준에 적합한 고등학교나 고등기술학교를 각각 탄소흡수원 특성화 대학원 또는 탄소흡수원 특성화 고등학교[탄소흡수원 특성화 학교]로 지정할 수 있다(제30조 제1항).

산림청장은 현행법에 따라 지정된 탄소흡수원 특성화 학교에 대하여 운영에 필요한 행정적 · 기술적 · 재정적 지원을 할 수 있다(제30조 제2항). 이 경우 산림청장은 현행법에서 정한 사항을 수행하기 위하여 필요하다고 인정하는 때에는 재정지원을 받는 탄소흡수원 특성화 학교에게 전문인력의 양성 등 그 사업에 관한 사항을 보고하게 하거나 필요한 자료를 요청할 수 있으며, 관계 공무원으로 하여금 탄소흡수원 특성화 학교에 출입하여 관계 서류나 시설 · 장비 등을 검사하게 할 수 있다(제36조 제1항·제2항). 이 경우 관계 공무원은 그 권한을 표시하는 증표를 지니고 이를 관계인에게 제시하여야 한다.

나. 지정취소

산림청장은 현행법에 따라 지정된 탄소흡수원 특성화 학교가 일정한 사유에 해당하는 경우에는 그 지정을 취소하고, 지체 없이 대학원이나 대학원대학의 장 또는 고등학교나 고등기술학교의 장에게 통보하여야 한다(제30조 제3항). 산림청장이 현행법에 따라 탄소흡수원 특성화 학교의 지정을 취소하여야 하는 이러한 사유에는 현행법에 따른 지정요건에 적합하지 않게 된 경우, 거짓이나 부정한 방법으로 탄소흡수원 특성화 학교로 지정된 경우 또는 탄소흡수원 특성화 학교가 지원받은 자금을 지원목적 외의 용도로 사용한 경우 등이 있다. 이 경우 산림청장은 탄소흡수원 특성화 학교의 지정을 취소하는 처분을 하려는 때에는 현행법에 따라 미리 청문을 하여야 한다(제35조 제4호).

탄소흡수원 특성화 학교의 지정취소와 관련하여 특히 주의해야 할 점은 지정된 탄소흡수원 특성화 학교에게 이와 같은 지정취소 사유가 있는 경우 산림청장은 반드시 그 지정을 취소하여야 한다는 것이다. 이는 현행 규정이 '취소할 수 있다'라는 임의적인 표현 대신 "그 지정을 취소하고, 지체 없이…통보하여야 한다"라고 강행적으로 규정한 것으로 보아 분명하다.

3. 교육훈련 및 홍보

산림청장은 탄소흡수원의 지속적인 유지 및 증진에 필요한 국내 인력양성 및 해외협력과 국내외 전문가 육성을 위한 교육훈련을 실시하여야 하며, 지방자치단체의 장 및 사업자에게 탄소흡수원의 유지 및 증진을 위하여 자발적인 탄소흡수원 증진활동에 참여하도록 홍보를 실시할 수 있다(제31조 제1항·제2항). 현행법에 따라 산림청장이 실시하는 이러한 교육훈련은 산림탄소상쇄제도의 운영에 관한 사항, 산림탄소흡수량의 측정·보고·검증 방법에 관한 사항, 산림탄소흡수량의 유지 및 증진기술에 관한 사항, 기후변화협상에 관한 사항, 국외 산림탄소흡수량 사업의 추진에 관한 사항 및 운영표준의 적용에 관한 사항 등을 내용으로 한다(제31조 제3항 및 시행령 제28조 제1항).

[4] 탄소흡수원 유지 및 증진활동의 지원

산림청장 또는 지방자치단체의 장은 사업자의 탄소흡수원 유지 및 증진활동에 대하여 인센티브 등 행정적·재정적 지원을 할 수 있으며, 특히 산림청장은 지방자치단체의 탄소흡수원 유지 및 증진활동과 지역별로 특성화된 탄소흡수원 유지 및 증진을 위한 연구·개발을 지원할 수 있다(제32조 제1항·제2항).

산림청장은 사업자가 국외에서 탄소배출권확보 사업을 실시하고자 하는 경우에는 이를 원활히 수행할 수 있도록 행정적·재정적으로 지원할 수 있으며, 특히 「저탄소 녹색성장 기본법」 제42조 제5항에 따라 지정된 온실가스 배출업체 및 에너지 소비업체에 대하여는 산림탄소상쇄 도입을 위한 기술 및 재원, 온실가스 배출통계 작성을 위한 기술적 사항, 그 밖에 산림청장이 정하는 사항에 대한 지원을 할 수 있다(제32조 제3항·제4항).

산림청장은 현행법에서 정한 사항을 수행하기 위하여 필요하다고 인정하는 때에는 현행법에 따라 재정지원을 받는 공공기관, 민간단체 및 기업 등 사업자에 대하여 그 사업에 관한 사항을 보고하게 하거나 필요한 자료를 요청할 수 있으며, 관계 공무원으로 하여금 공공기관, 민간단체 및 기업 등에 출입하여 관계 서류나 시설·장비 등을 검사하게 할 수 있다(제36조 제1항·제2항). 이 경우 관계 공무원은 그 권한을 표시하는 증표를 지니고 이를 관계인에게 제시하여야 한다.

[5] 시장 및 관련 산업의 육성과 국제협력 등의 강화

1. 산림탄소흡수량 시장 및 관련 산업의 육성

산림청장은 산림탄소흡수량 시장을 활성화하고 관련 산업을 육성하기 위하여 다음과 같은 사항을 시행할 수 있으며, 특히 기존의 기술과 중복되지 않고 실현 가능한 산림탄소 관련 기술을 육성대상 기술로 선정하고 예산의 범위에서 이에 필요한 지원을 할 수 있다(제33조 제1항·제2항 및 시행령 제29조 제2항).

- 산림탄소흡수량 시장모델의 개발 및 확산에 관한 사항
- 산림탄소흡수량 거래가격의 분석 및 거래소 설립에 관한 사항
- 산림탄소흡수량 유지 및 증진활동 정보서비스체계 개발과 보급에 관한 사항
- 온실가스·에너지 목표관리제 대상 사업장에 대한 산림탄소상쇄기술 개발 및 보급에 관한 사항
- 산림바이오매스에너지 생산시설의 설치, 연소기 보급 및 관련 기술개발 등 산림바이오매스에너지의 이용·보급을 촉진하기 위하여 필요한 사항
- 산림탄소흡수량 유지 및 증진 컨설팅 등 기후변화 관련 서비스사업 활성화에 관한 사항
- 그 밖에 산림탄소흡수량 시장 및 관련 산업의 육성을 위하여 대통령령으로 정하는 사항으로서 국외의 자발적 산림탄소흡수량 시장과의 연계에 관한 사항 및 새로운 산림탄소흡수량 증진기술의 개발에 관한 사항(시행령 제29조 제1항)

2. 국제협력 및 지원의 강화

산림청장은 탄소흡수원의 유지 및 증진을 위하여 (1) 현행법에 따른 신규조림 등, 보호지역 관리, 목제품 이용, 목재산업 에너지의 효율화 및 산림바이오매스에너지활용 촉진에 해당하는 국외 탄소배출권 확보에 관한 사항, (2) 국외 탄소흡수원 유지 및 증진에 필요한 전문인력의 양성 및 국제전문인력 교류에 관한 사항,

(3) 공공기관 또는 민간단체, 기업의 국외 탄소배출권 확보사업 지원에 관한 사항, (4) 그 밖에 기후변화 대응을 위한 외국과의 양자 및 다자간 협력 · 지원사업 등 대통령령으로 정하는 사항을 마련하고 추진하여야 한다(제34조 제1항). 산림청장은 또한 현행법에 따른 이러한 국제협력 및 지원뿐만 아니라 국제적인 차원에서의 탄소흡수원 유지 및 증진활동에도 기여할 수 있도록 탄소 관련 국제기구 및 관련 기구와도 지속적인 협력관계를 유지하고 관련 정책교류 및 연구 등을 수행하여야 한다(제34조 제2항).

Ⅵ. 탄소흡수원 유지 및 증진 관련 조직

[1] 탄소흡수원증진위원회

탄소흡수원의 유지 및 증진에 관한 사항을 심의하기 위하여 산림청에 탄소흡수원증진위원회를 둔다(제7조 제1항 및 시행령 제5조). 현행법에 따른 이러한 탄소흡수원증진위원회는 종합계획의 수립 및 변경, 국외 산지전용 억제 등의 시책수립 및 지원, 산림탄소상쇄 운영 등에 관한 표준의 제정 및 운용, 산림탄소흡수량 측정 · 보고 · 검증 결과의 심의, 그 밖에 탄소흡수원 유지 및 증진에 관한 사항 중 대통령령으로 정하는 사항을 심의한다. 여기에서 '대통령령으로 정하는 사항'이란 국외 자발적 산림탄소흡수량 시장과의 연계 및 국제협력에 관한 사항, 현행법에 따른 산림탄소흡수량 인증에 관한 사항, 현행법 제29조 제2항에 따른 육성대상 기술선정에 관한 사항, 그 밖에 탄소흡수원의 유지 및 증진을 위하여 산림청장이 필요하다고 인정하는 사항을 말한다.

탄소흡수원증진위원회는 위원장 1명과 부위원장 2명을 포함하여 20명 이내의 위원으로 구성한다(제7조 제2항 및 시행령 제6조 제1항~제4항). 위원회의 위원장은 산림청 차장이 되며, 위원은 관계 중앙행정기관 소속 고위공무원단에 속하는 공무원 중에서 해당 기관의 장이 추천하는 사람과 기후변화 · 산림 · 경제 · 환경 및 국제협약 등에 관한 학식과 경험이 풍부한 사람으로서 관련 기관이나 단체의 장이 추천하는 사람 중에서 산림청장이 임명하거나 위촉한다. 이 경우 산림청장은 「비영리민간단체 지원법」에 따른 비영리민간단체가 추천하는 사람과 여성이 각각 1명 이상 포함되도록 하여야 한다. 공무원이 아닌 위원으로서 위촉된 위원의 임기는 2년으로 하며, 두 차례만 연임할 수 있다.

[2] 산림탄소센터

산림청장은 산림탄소상쇄제도의 효율적인 시행을 위하여 「임업 및 산촌 진흥촉진에 관한 법률」에 따른 한국임업진흥원 산하에 산림탄소센터를 둔다(제23조 제1항). 현행법에 따른 이러한 산림탄소센터는 산림탄소상쇄제도의 운영 및 관리에 관한 사항, 해외 산림조사 및 탄소배출권 확보사업에 관한 사항, 산림탄소흡수량 검증 전문인력의 교육 및 교육프로그램 개발에 관한 사항, 그 밖에 탄소흡수원의 유지 및 증진에 관하여 산림청장이 정하는 사항을 수행한다. 현행법에 따르면 이러한 업무를 수행하는 산림탄소센터의 임원 및 직원은 형법 제129조부터 제132조까지의 규정을 적용할 때에는 공무원으로 본다(제37조의2 제1호).

산림청장은 산림탄소센터의 업무수행을 위하여 필요한 자금의 전부 또는 일부를 지원할 수 있다(제23조 제2항). 이는 현행법상 산림탄소센터가 산림탄소상쇄제도의 운영 및 관리 등 탄소흡수원 유지 및 증진을 위한 핵심적인 역할을 수행하는 조직임을 감안한 것이다. 다만, 이와 관련하여 산림청장은 현행법에서 정한 사항을 수행하기 위하여 필요하다고 인정하는 때에는 산림탄소센터에 대하여 그 사업에 관한 사항을 보고하게 하거나 필요한 자료를 요청할 수 있고 관계 공무원으로 하여금 산림탄소센터에 출입하여 관계 서류나 시설·장비 등을 검사하게 할 수 있다(제36조 제1항· 제2항). 이 경우 관계 공무원은 그 권한을 표시하는 증표를 지니고 이를 관계인에게 제시하여야 함은 물론이다.

제2절 해외농업·산림자원 개발협력법

I. 총 론

[1] 개 요

우리나라는 1964년 말레이시아의 사라와크에서 최초로 원목사업을 추진한 이래 1967년 인도네시아의 남부 칼리만탄 지역에 27만ha의 임지를 확보하여 진출하면서 해외산림자원개발을 시작하였다. 인도네시아에서의 이러한 성과는 우리 산림역사상 첫 해외에서의 산림자원개발이었을 뿐만 아니라 우리나라의 해외투자로서도 첫 사례일 정도로 의미있는 것이었다.[23] 해외산림자원개발은 이후 많은 업체가 동남아시아로 진출하면서 활성화되었으나, 1970년대 들어 원목보유국이 수출을 제한하고 국제적으로도 벌채에 대한 규제가 강화되면서 어려워지게 되었다. 이에 따라 정부에서는 인도네시아를 중심으로 이루어지던 해외산림자원개발을 솔로몬제도와 파푸아뉴기니 등으로 다변화하고 그 개발방향도 조림투자로 바꾸었는데, 특히 1993년에는 이러한 노력의 결과로 호주에 유칼립투스 508ha를 조림하는 첫 성과를 거두기도 하였다.

해외산림자원개발은 이처럼 초기에는 합판산업으로 대표되던 국내 목재산업의 안정적인 원료확보 차원에서 시작하였으나, 이후 점차 해외조림 투자가 활성화되면서 국내조림이 가지는 공간적 한계를 벗어나 투자측면에서 장기적이고 안정적인 목재공급원을 확보하는 데에 중점을 두게 되었다. 특히 2012년 도입된 신재생에너지공급의무화(RPS) 제도[24]는 국내 발전용 목재펠릿 수요의 확대를 가져왔는데, 그 결과 해외 산림바이오매스 조림에 관심을 갖는 기업이 크게 증가하게 되었다.

산림청에서는 이에 따라 2011년 해외산림자원개발을 체계적으로 지원할 수 있도록 개별법을 제정하기로 하고 내부적으로 이를 추진하였으나, 당시 농림축산식품부가 2011년 7월 14일 「해외농업개발협력법」(법률 제10843호)을 제정하면서 해외산림자원에 관한 내용을 이에 포함시키기로 함에 따라 개별법 제정은 무산되었다. 그러나 당시 「해외농업개발협력법」은 해외농업자원 및 해외농업개발의 정의에 임산물을 포함하고 해외농업개발사업계획을 신고하는 경우 임산물은 산림청장에게 하도록 하는 규정을 신설하는 정도였으므로,[25] 대규모의 토지와 장기적인 투자가

---

23) 산림청(2017)의 「산림청 50년사」, 436면. 1960년대 우리나라가 해외산림자원개발을 이처럼 적극적으로 추진한 것은 국내소비 목재의 90% 이상을 수입에 의존할 정도로 낮은 목재자급률 때문이었다. 당시 대표적인 목재산업인 합판산업은 해외수출을 선도하였지만 수입목재를 가공하여 다시 수출하는 가공무역의 형태를 띠고 있었으므로 원료인 원목의 확보는 합판산업의 성패를 좌우할 정도로 중요한 과제였다. 이러한 해외산림자원개발 과정에 대한 보다 자세한 내용은 산림청(2017)의 「산림청 50년사」 중 436~439면을 참조하라.

24) 신재생에너지공급의무화(RPS: Renewable Portfolio Standard) 제도란 국내 50만 KW 이상의 발전설비를 보유한 대형발전사업자 등을 공급의무자로 하여 총 발전량의 일정량을 신재생에너지로 공급하도록 의무화하는 제도를 말한다(「신에너지 및 재생에너지 개발 · 이용 · 보급 촉진법」 제12조의5 등).

25) 당시 「해외농업개발협력법」은 해외농업자원을 대통령령으로 정하는 국외의 농산물, 축산물 및 '임산물(「신에너지 및 재생에너지 개발 · 이용 · 보급 촉진법」 제2조 제1호 나목에 해당하는 바이오에너지의 원료를 획득하기 위한 작물을 포함한다)'로 정의하면서 해외농업개발은 대한민국 국민이 국외에서 이러한 해외농업자원을 개발하는 것으로 규정하고, 이러한 해외농업개발사업을 하려는 자가 개발하고자 하는 해외농업자원이 농산물 또는 축산물인 경우에는 농림수산식품부장관, 임산물인 경우에는 산림청장에게 해외농업개발사업계획을 신고하도록 하였다(같은 법

필요한 해외산림자원개발의 특성을 충분히 고려하지 못한 한계를 가지고 있어 해외산림자원개발에 대한 법적 수요는 여전히 충족되지 못한 상태가 지속되었다. 이에 따라 해외산림자원개발에 대한 법적 토대를 분명히 해야 한다는 의견은 더욱 강해졌으며, 그 결과 이러한 요구를 반영하여 마침내 2015년 1월 20일 「해외농업개발협력법」이 「해외농업 · 산림자원 개발협력법」(법률 제13032호)으로 개정되기에 이르렀다.

「해외농업 · 산림자원 개발협력법」은 해외산림자원개발에 대한 그 동안의 법적 요구를 반영한 것으로서 "해외농업자원의 개발과 국제협력사업에 관한 농림축산식품부와 산림청의 업무 소관을 명확히 하는 등 산림분야 해외자원개발을 활성화하기 위하여 법률의 제명을 「해외농업 · 산림자원 개발협력법」으로 변경하고, 관련 업무를 농업분야와 산림분야로 구분하여 정비하며, 해외농업자원 및 해외산림자원개발에 대한 투자를 활성화시키기 위하여 집합투자업자 등의 인력 요건을 완화"하고자 한 것이었다.[26] 「해외농업 · 산림자원 개발협력법」은 이러한 개정을 통하여 이전까지 불분명하였던 해외산림자원개발에 대한 법적 태도를 분명히 하였으며, 그 결과 앞으로는 보다 다양한 국가에서의 해외산림자원개발이 더욱 촉진되고 이에 대한 지원도 한층 체계적으로 추진될 것으로 기대된다. 현재 「해외농업 · 산림자원 개발협력법」 중 해외산림자원개발에 대한 기본적인 법적 틀은 다음과 같다.

- 해외산림자원개발종합계획 등 기반구축
- 국제산림협력사업
- 해외산림자원개발의 신고 및 보조 · 융자 등 지원
- 해외산림자원개발투자회사 및 해외산림자원개발투자전문회사

[2] 해외산림자원개발에 대한 이해

1. 해외산림자원 및 해외산림자원개발

해외산림자원개발이란 "대한민국국민이 국외에서 해외산림자원을 제3조의 방법에 따라 개발(개발을 위한 조사 및 개발에 부대되는 사업을 포함한다)하는 것으로서 대통령령으로 정하는 것"(제2조 제5호)을 말한다.[27] 여기에서 '대통령령으로 정하는 것'이란

제2조 제3호 · 제4호 및 제7조).

26) 법제처의 국가법령정보센터(www.law.go.kr) 중 「해외농업 · 산림자원 개발협력법」(법률 제13032호, 2015. 1. 20.)의 개정이유를 참고하라.

27) 해외산림자원개발의 주무관청인 산림청에 따르면 현재 해외산림자원개발 사업계획을 신고한 자

(1) 조림, 육림 및 벌채, (2) 확보된 해외산림자원의 가공, 유통 및 판매와 그에 따른 부대사업, (3) (1)과 (2)의 사업을 위한 조사, (4) 그 밖에 해외산림자원개발에 필요하다고 산림청장이 정하여 고시하는 사업을 말한다(시행령 제2조 제5항). 이러한 해외산림자원개발은 대한민국국민이 국외에서 해외산림자원을 개발한다는 점에서 현행법에 따라 국가, 지방자치단체 또는 공공기관이 외국의 임업 · 산촌지역 개발과 산림환경 증진을 위하여 추진하는 사업인 국제산림협력사업과는 구별되는 것이다(제2조 제8호).

해외산림자원개발의 대상이 되는 '해외산림자원'이란 대통령령으로 정하는 국외의 임산물로서 원목, 제재목, 합판, 단판, 우드칩, 파티클보드, 목재펠릿, 섬유판, 집성재, 성형재, 마루판, 팜유나무, 자트로파, 석재, 그 밖에 산림청장이 정하여 고시하는 임산물을 말한다(제2조 제3호의2 및 시행령 제2조 제3항 별표2). 현행법에 따른 이러한 해외산림자원에는 「신에너지 및 재생에너지 개발 · 이용 · 보급 촉진법」 제2조 제2호 바목에 해당하는 바이오에너지의 원료를 획득하기 위한 것이 포함된다.

2. 대한민국국민과 외국인

현행법에 따라 해외산림자원개발의 주체가 되는 대한민국국민이란 '대한민국의 국적을 가진 사람과 대한민국 법률에 따라 설립된 법인'을 의미하며, 따라서 외국의 국적을 가진 사람과 외국의 법률에 따라 설립된 법인 및 외국정부는 외국인에 속하게 된다(제2조 제1호 · 제2호). 그러나 대한민국 법률에 따라 설립된 법인이라도 자본금의 과반액 또는 의결권의 과반수가 외국인에 속하는 법인 중 외국인이 사실상 지배하는 법인으로서 대통령령으로 정하는 법인[28]은 외국인으로 본다.

는 23개국에 109개 기업으로 조림 62건, 가공 47건, 벌채 15건 등 총 124건에 이르며, 특히 해외조림의 경우에는 1993년 이래 인도네시아, 파라과이 및 솔로몬 등 14개국에 39개 기업이 진출하여 서울시 면적의 8배에 달하는 50만3천ha를 조림하는 성과를 거둔 것으로 평가되고 있다[산림청(2020)의 「2019년도 산림과 임업 동향에 관한 연차보고서」, 431면]. 한편 장기계획에 따르면 산림청은 이러한 해외산림자원개발의 성과를 확대하기 위하여 2037년까지 121만ha에 이르는 해외산림자원을 조성하고, 해외산림자원개발투자를 위한 정책자금 융자의 한계성을 극복하기 위하여 해외산림자원개발투자회사 및 해외산림자원개발투자전문회사 설립을 적극 유도할 계획이다[산림청(2018)의 「제6차 산림기본계획(2018~2037)」, 128면].

28) 여기에서 '외국인이 사실상 지배하는 법인'이란 ① 단독으로 또는 「자본시장과 금융투자업에 관한 법률 시행령」 제141조에 따른 특별관계자와 합하여 해당 주식회사의 발행주식 중 의결권 있는 주식 총수의 100분의 30 이상을 소유하는 외국인이 단독으로 또는 특별관계자와 공동으로 대표이사를 임면하거나 전체 이사의 과반수를 선임하여 해당 주식회사의 조직변경 또는 신규사업에의 투자 등 주요 의사결정이나 업무집행에 지배적인 영향력을 행사하는 주식회사나 ② 주식회사가 아닌 법인으로서 이사나 업무집행을 하는 사원의 과반수가 외국인인 법인을 말한다(시행령 제2조 제1항).

3. 개발의 방법

현행법에 따르면 해외산림자원의 개발은 대통령령으로 정하는 바에 따라 (1) 대한민국국민이 단독 또는 외국인과 합작으로 개발하는 방법, (2) 대한민국국민이 외국인에게 기술용역을 제공하여 개발하는 방법, (3) 대한민국국민이 외국인에게 개발자금을 융자·투자 또는 지원하여 개발하는 방법으로 한다(제3조 및 시행령 제3조). 여기에서 대한민국국민이 단독 또는 외국인과 합작으로 개발하는 방법에는 해외 현지법인을 통하여 개발하는 경우를 포함하며, 단독개발 및 합작개발 등의 방법은 다음에 따른다.

- 단독개발: 대한민국국민이 조사 및 개발에 관한 권리를 취득하여 해외산림자원을 생산하거나 이를 활용하는 시설을 갖추고 해외산림자원을 확보하는 방법
- 합작개발: 대한민국국민이 외국인과 합작으로 조사 및 개발에 관한 권리를 취득하여 해외산림자원을 생산하거나 이를 활용하는 시설을 갖추고 해외산림자원을 확보하는 방법
- 기술용역 제공: 조사 및 개발에 관한 권리를 취득한 외국인에게 대한민국국민이 조사 및 개발에 관한 기술용역을 제공하여 해외산림자원을 생산하거나 확보하는 방법
- 개발자금 융자·투자 또는 지원: 조사 및 개발에 관한 권리를 취득한 외국인에게 대한민국국민이 개발자금을 융자·투자 또는 지원하여 해외산림자원을 생산하거나 확보하는 방법

[3] 목적 및 다른 법률과의 관계

1. 목　　적

「해외농업·산림자원 개발협력법」은 "해외 농업 및 산림자원에 대한 개발과 협력에 관한 사항을 정하여 이를 촉진함으로써…해외산림자원의 안정적 확보와 국제협력을 통하여 국민경제에 이바지하고 국제사회에 기여하는 것을 목적"(제1조)으로 한다. 이에 따르면 현행법은 해외산림자원을 안정적으로 확보하여 국민경제에 이바지할 뿐만 아니라 국제산림협력을 촉진함으로써 국제사회에도 기여하고자 하는 것이다. 따라서 현행법을 해석할 때에는 해외산림자원의 개발만이 아니라 국제산림협력에도 관심을 두는 균형적인 시각을 유지해야 할 것이다.

2. 다른 법률과의 관계

현행법이 정하는 해외산림자원개발의 지원 및 육성에 관하여는 다른 법률의 규정에도 불구하고 현행법에 따른다(제4조 제1항). 그러나 해외산림자원개발사업자가 그 해외

산림자원개발을 하기 위하여 「외국환거래법」의 적용을 받는 행위나 거래 등을 하고자 하는 경우에는 「외국환거래법」에 따른다. 이는 해외산림자원개발의 지원 및 육성을 위한 현행법의 취지를 감안할 때 정당한 외국환 거래에까지 특례를 인정할 필요는 없기 때문이다. 여기에서 해외산림자원개발사업자란 "제7조에 따라 해외산림자원개발 사업계획을 신고한 자"(제2조 제6호의2)를 말한다.

현행법의 이러한 취지는 해외산림자원개발을 위한 회사 등에도 적용된다. 따라서 현행법에 따른 (1) 해외산림자원개발투자회사 및 해외산림자원개발투자회사의 집합투자업자·신탁업자·일반사무관리회사나 (2) 해외산림자원개발투자전문회사는 현행법에서 특별히 정하는 경우를 제외하고는 「자본시장과 금융투자업에 관한 법률」의 적용을 받는다(제4조 제2항). 그러나 이 경우에도 「자본시장과 금융투자업에 관한 법률」상 투자목적회사의 요건에 관한 제249조의13 제1항은 해외산림자원개발투자전문회사에는 적용하지 않는다.[29)]

현행법에 따른 해외산림자원개발투자회사 및 해외산림자원개발투자전문회사[해외산림자원개발투자회사 등]의 경우에는 해외산림자원개발을 위한 투자를 촉진하기 위하여 「독점규제 및 공정거래에 관한 법률」의 적용이 일부 제한된다(제4조 제3항). 따라서 해외산림자원개발투자회사 등은 「독점규제 및 공정거래에 관한 법률」에 따른 지주회사에 해당하더라도 지주회사가 자회사의 주식을 그 자회사 발행주식총수의 100분의 40미만으로 소유하는 행위를 제한하는 같은 법 제8조의2 제2항 제2호의 규정은 적용하지 않는다.

Ⅱ. 해외산림자원개발 기반 구축 및 국제산림협력사업

[1] 해외산림자원개발종합계획의 수립

산림청장은 해외산림자원개발을 지원·육성하기 위하여 대통령령으로 정하는 바에 따라 해외산림자원개발에 관한 종합계획[해외산림자원개발종합계획]을 5년 단위로 수립하여야 한다(제5조의2 제1항·제2항). 현행법에 따른 이러한 해외산림자원개발종합계획에는 해외산림자원개발의 목표와 전략 및 단계별 추진계획, 임산물의 국제수급 변화와 전망, 해외산림자원의 조사에 관한 사항, 해외산림자원개발의 육성·지원에 관한

29) 이와 관련하여 이전에는 해외산림자원개발투자전문회사의 경우에는 「자본시장과 금융투자업에 관한 법률」상 경영참여형 사모집합투자기구의 지분증권 처분제한에 관한 제249조의12 제4항부터 제6항까지의 규정을 적용하지 않았으나 2021년 4월 21일 법률개정을 통하여 이를 삭제하였다.

사항, 국제산림기구 등과의 국제협력에 관한 사항, 국제산림협력사업에 관한 사항, 해외산림자원의 반입에 관한 사항, 그 밖에 해외산림자원개발의 효율적인 추진을 위하여 필요한 사항 등이 포함되어야 한다. 그러나 이 경우에도 해외산림자원개발종합계획의 대상이 되는 국제산림협력사업은 산림청과 그 소속 기관 및 산하 공공기관의 사업에 한정한다.

산림청장은 해외산림자원개발종합계획을 수립하는 경우에는 관계 중앙행정기관의 장과 미리 협의하여야 하며, 이를 수립한 때에는 현행법에 따른 해외농업·산림자원개발심의회의 심의를 거쳐 확정하고 공고하여야 한다(제5조의2 제1항·제3항). 산림청장은 만일 경제사정이나 국내외 산림자원의 수급사정 등이 변동되어 필요하다고 인정할 때에는 현행법에 따라 해외산림자원개발종합계획을 변경할 수 있다(제5조의2 제4항 및 시행령 제4조의2 제2항).

[2] 해외산림자원개발 기반 구축

1. 해외산림자원의 조사 등

산림청장은 해외산림자원개발을 활성화하기 위하여 해외산림자원에 대한 조사 등을 시행할 수 있다(제10조의2 제2항). 현행법에 따라 산림청장이 시행할 수 있는 이러한 조사에는 해외산림자원의 조사 및 평가, 해외산림자료의 수집·제공 및 해외산림시장의 조사·분석은 물론 새로운 해외산림시장 개척을 위한 국제협력의 추진, 그 밖에 산림청장이 필요하다고 인정하는 사항 등이 포함된다.

2. 해외산림자원개발 종합정보시스템

해외산림자원개발의 종합적·체계적인 추진과 정보의 제공 등을 위하여 산림청장은 해외산림자원개발 종합정보시스템을 구축·운영할 수 있다(제27조 제1항 및 시행령 제22조 제2항). 이러한 해외산림자원개발 종합정보시스템에는 해외산림자원의 조사 및 평가결과, 해외산림자료 및 해외산림시장의 조사·분석결과, 주요국의 산림현황 및 투자 관련 정보, 산림에 관한 국제적인 동향 등의 정보, 연구기관 및 금융회사나 그 밖의 전문가의 해외산림 관련 투자컨설팅에 관한 자료 등이 포함되어야 한다.

3. 인력의 육성 및 관리

산림청장은 해외산림자원개발에 경험이 있는 인력의 육성 및 관리 등을 위하여 이에 관한 시책을 수립·추진할 수 있다(제28조 제1항·제3항 및 시행령 제23조 제2항). 현행법에 따라 산림청장이 수립·추진하는 이러한 시책에는 해외산림자원개발 인력의 수급 및 활용에 관한 사항, 해외산림자원개발 인력의 육성 및 교육훈련에 관한 사항, 그 밖에 해외산림자원개발 인력의 육성 및 관리에 필요한 사항으로서 대통령령으로 정하는 사항 등이 있다. 여기에서 '대통령령으로 정하는 사항'이란 해외산림자원개발 관련 법령 · 관세 및 회계 등의 교육에 관한 사항, 해외산림자원개발에 경험이 있는 인력의 육성 · 관리에 필요한 비용조달 및 외국의 해외산림자원개발인력 육성 · 관리 사례분석, 그 밖에 해외산림자원개발인력의 육성 및 관리에 필요하다고 산림청장이 인정하는 사항을 말한다.

[3] 국제산림협력사업

국제산림협력사업이란 "국가, 지방자치단체 또는 공공기관이 외국의 임업 · 산촌지역 개발과 산림환경 증진을 위하여 추진하는 사업으로서 대통령령으로 정하는 사업"(제2조 제8호)을 말한다. 여기에서 '대통령령으로 정하는 사업'이란 다음과 같다(시행령 제2조 제7항).

- 해외산림자원개발과 연계된 임업생산기반 정비사업 및 생활환경 정비사업
- 산림의 보전과 지속가능한 관리 및 산림환경기능 증진사업
- 비정부간기구를 포함한 산림 관련 국제기구 등 국제사회와 공동으로 개발도상국을 지원하는 사업
- 산림의 조성, 이용 및 관리 등 임업분야 기술협력 및 인력양성 사업
- 그 밖에 국제산림협력사업의 활성화를 위하여 산림청장이 필요하다고 인정하여 고시하는 사업

현행법에 따른 이러한 국제산림협력사업은 앞에서 이미 살펴본 것과 같이 대한민국국민이 아닌 국가 · 지방자치단체 또는 공공기관이 외국의 임업 · 산촌지역 개발과 산림환경 증진을 위하여 추진하는 사업이라는 점에서 대한민국국민이 투자적 관점으로 국외의 산림자원을 개발하는 해외산림자원개발과는 구별되는 것이다. 이와 관련하여 특히 이전의 「해외농업개발협력법」(법률 제11965호)은 국제농업협력사업에 대하여 "정부가 개발도상국의 농업 · 농촌지역개발을 위하여…'무상으로' 지원하는 사업"(같은 법 제2조 제7호)으로 규정하고 있었으나, 현행법은 개정시에 국제농업협력사업과 국제산림협력사업을 구분하면서 국제산림협력사업의 경우에는 외국의 임업 · 산촌지역에 대하여 '유상으로' 추진하는 사업에까지 그 범위를 확대함으로써 보다 다양한 방식으로 산림분야 국제협력을 추진할 수 있도록 하였다.

현행법에 따르면 산림청장은 외국과의 산림협력체계를 구축하기 위하여 국제산

림협력사업의 촉진을 위한 시책을 수립 · 시행하여야 한다(제31조 제1항~제3항 및 시행령 제26조의2). 이 경우 산림청장은 특히 일정한 국제산림협력사업에 대하여는 대통령령으로 정하는 바에 따라 필요한 경비의 전부나 일부를 지원할 수 있으며, 국제산림 관련 기관이나 단체의 국제산림협력사업을 촉진하기 위하여 필요한 행정적 · 재정적 지원을 할 수 있다. 산림청장은 현행법에 따라 국제산림협력사업에 필요한 이러한 경비를 지원하는 경우에는 미리 그 집행계획과 지급기준을 공고하여야 한다.

현행법에 따르면 산림청장이 필요한 경비의 전부나 일부를 지원할 수 있는 사업에는 국제산림협력사업을 위한 외국 정부와의 교섭 및 협정체결, 외국 임업 · 산촌지역 개발사업, 국제산림협력사업 관련 정보 · 기술 · 시설 및 인력의 국제교류, 국제산림협력사업 추진에 관한 정책개발, 산림분야 관련 국제협약에 대응하기 위한 사업의 발굴 및 이행, 그 밖에 국제산림협력사업을 위하여 필요하다고 인정되는 사항 등이 있다(제31조 제2항).

[4] 정부의 지원 및 관계 기관의 협조

1. 정부의 지원

가. 비용의 보조

정부는 해외산림자원개발을 촉진하기 위하여 필요한 경우에는 대통령령으로 정하는 바에 따라 다음에 해당하는 비용을 보조할 수 있다(제23조 제1항).

- 해외산림자원개발을 위한 조사에 소요되는 비용
- 해외산림자원개발을 위한 기술개발 및 전문인력의 양성에 소요되는 비용
- 해외산림자원개발에 따른 외국과의 국제협력 및 기술교류에 소요되는 비용
- 그 밖에 해외산림자원개발의 촉진을 위하여 필요한 비용으로서 대통령령으로 정하는 비용

여기에서 '대통령령으로 정하는 비용'이란 해외산림자원개발에 관한 평가 및 분석비용, 해외산림자원개발 촉진을 위한 기술개발 및 연구에 드는 비용, 해외산림자원개발 자금지원을 위하여 현행법에 따라 운영하는 융자심의회의 운영에 드는 비용, 그 밖에 해외산림자원개발 활성화를 위하여 필요한 사업 추진에 드는 비용을 말한다(시행령 제17조 제2항).

정부는 해외산림자원개발의 효율적 추진을 위하여 필요하다고 인정하는 경우에는 대통령령으로 정하는 기관에게 해외산림자원개발 정보의 수집 · 분석 및 제공업

무를 수행하게 하고 이에 소요되는 경비를 보조할 수 있다(제23조 제2항 및 시행령 제17조 제3항). 여기에서 '정부가 해외산림자원개발과 관련된 업무를 수행하게 하고 그 소요경비를 보조할 수 있는 기관'이란 현행법 제6조 제3항 제2호에 따라 해외농업 · 산림자원개발심의회의 위원을 추천할 수 있는 대통령령으로 정하는 관계 기관[30] 중 해외산림자원개발협회, 「산림조합법」에 따른 산림조합중앙회, 「임업 및 산촌 진흥촉진에 관한 법률」에 따른 한국임업진흥원을 말한다.[31] 이와 관련하여 이러한 기관 또는 단체가 산림청장으로부터 업무의 위탁을 받은 경우에는 벌칙 적용에서의 공무원 의제에 관한 현행법 제35조의2가 적용되며, 따라서 현행법에 따라 위탁받은 업무에 종사하는 관련 기관 또는 단체의 임직원은 그 위탁받은 업무에 관하여 형법 제129조부터 제132조까지의 규정을 적용할 때에는 공무원으로 본다(제35조 의2).

나. 해외협력센터

산림청장은 해외산림자원개발 지원업무 및 국제산림협력사업을 효율적으로 추진하기 위하여 필요한 경우에는 대통령령으로 정하는 바에 따라 해외협력센터를 설치 · 운영할 수 있다(제23조 제3항 및 시행령 제17조 제4항). 현행법에 따른 해외협력센터는 해외산림자원개발 및 국제산림협력사업을 효율적으로 추진하기 위한 해외진출기업 지원, 국제산림협력사업의 발굴 및 추진, 산림분야 국제협력 추진지원, 해외산림자원에 대한 정보수집 및 제공, 그 밖에 산림청장이 해외협력센터의 업무에 필요하다고 인정하는 사항에 관한 업무를 수행한다. 그러나 이 경우에도 해외협력센터 업무의 대상이 되

30) 여기에서 '대통령령으로 정하는 관계 기관'이란 ① 현행법에 따른 해외농업자원개발협회 및 해외산림자원개발협회, ② 「산림조합법」 에 따른 산림조합중앙회, ③ 「한국농어촌공사 및 농지관리기금법」에 따른 한국농어촌공사, ④ 「한국농수산식품유통공사법」에 따른 한국농수산식품유통공사, ⑤ 「임업 및 산촌 진흥촉진에 관한 법률」에 따른 한국임업진흥원, ⑥ 그 밖에 농림축산식품부장관이 필요하다고 인정하는 기관을 말한다(시행령 제5조).

31) 이와 관련하여 「한국농어촌공사 및 농지관리기금법」에 따른 한국농어촌공사와 「한국농수산식품유통공사법」에 따른 한국농수산식품유통공사가 현행법에 따라 해외산림자원개발과 관련된 업무를 수행할 수 있는지에 대하여는 논란의 여지가 있다. 이는 해외에서 산림자원개발을 하는 경우 현실적으로 한국농어촌공사 및 한국농수산식품유통공사와 협력해야 할 경우가 있고, 특히 해외산림자원개발의 경우에는 지역 내 농업과의 연관성을 부정할 수 없다는 점에서 한국농어촌공사 및 한국농수산식품유통공사를 현행법이 정하는 기관에서 굳이 배제할 이유는 없기 때문이다. 그러나 현행법에 따라 정부가 소요되는 경비를 보조하는 업무의 범위가 '해외산림자원개발과 관련된 정보의 수집 · 분석 및 제공'임을 감안할 때 특별히 산림분야의 전문성이 요구된다고 보는 것이 합리적이며, 현행법 제35조 제2항 및 같은 법 시행령 제29조 제2항이 산림청장의 업무를 위탁받는 자로서 한국임업진흥원, 산림조합중앙회 및 해외산림자원개발협회만을 규정하고 있음을 감안할 때 한국농어촌공사 및 한국농수산식품유통공사는 해외산림자원개발과 관련된 업무를 수행할 수 있는 기관에는 속하지 않는다고 보아야 할 것이다.

는 국제산림협력사업은 산림청과 그 소속 기관 및 산하 공공기관의 사업으로 한정한다.

2. 관계 기관의 협조

산림청장은 현행법에 따른 해외산림자원개발종합계획의 수립, 해외산림자원의 조사 등, 종합정보시스템의 구축·운영, 해외산림자원개발 인력의 육성 및 관리 등을 위하여 필요하면 관계 중앙행정기관의 장이나 지방자치단체의 장에게 관련 자료의 제출이나 협조를 요청할 수 있다(제33조 의2). 이 경우 산림청장으로부터 자료제출이나 협조를 요청받은 관계 중앙행정기관의 장이나 지방자치단체의 장은 특별한 사유가 없으면 이에 따라야 한다.

Ⅲ. 해외산림자원개발

[1] 사업계획의 신고

1. 신고절차

해외산림자원개발을 하려는 자는 산림청장에게 해외산림자원개발 사업계획을 신고하여야 한다(제7조 제1항·제2항). 이는 신고한 해외산림자원개발 사업계획 중 대통령령으로 정하는 중요한 사항[32]을 변경하려는 경우에도 같다. 현행법에 따르면 해외산림자원개발을 하려는 자가 신고할 때에는 해외산림자원개발을 위한 조사사업과 개발사업으로 구분하여 신고할 수 있다.

동일한 해외산림자원개발에 대하여 2인 이상이 공동으로 사업계획을 신고하려는 자[공동신고인]는 대표자를 정하여 산림청장에게 신고하여야 한다(제8조 제1항 ~제3항). 이 경우 공동신고인은 공동신고인 중 1명이나 공동신고인이 해당 해외산림자원개발을 위하여 대한민국의 법률에 따라 설립한 법인 중 하나를 그 대표자로 정하여야 한다. 현행법에 따라 이와 같이 정해진 대표자는 정부에 대하여 공동신고인을 대표한다. 만일 동일한 해외산림자원개발을 하려는 자가 2인 이상 경합하는 경우에는 산림청장은 경합 관계에 있는 자에게 해외산림자원개발에 대한 투자의 중복을 방

32) 여기에서 '대통령령으로 정하는 중요한 사항'이란 ① 현행법 제3조에 따른 해외산림자원개발의 방법, ② 해외산림자원개발을 위한 투자규모와 투자회사별 투자비율, ③ 해외산림자원개발에 관한 계약의 상대방, ④ 해외산림자원개발의 대표자, 대표자의 지분 및 사업장 소재지를 말한다(시행령 제7조 제2항).

지하기 위하여 필요한 사항을 실시하도록 요구할 수 있다(제32조).

2. 내용의 보완 및 신고 수리

산림청장은 현행법에 따른 신고를 받은 경우에 필요하다고 인정하는 때에는 대통령령으로 정하는 관계 기관에 신고내용의 사실여부 등에 대한 조사를 의뢰할 수 있으며 또한 해당 사업계획에 대하여 보완을 요구할 수 있다(제7조 제3항·제4항). 여기에서 '대통령령으로 정하는 관계 기관'이란 현행법 제6조 제3항 제2호에 따라 해외농업·산림자원개발심의회의 위원을 추천할 수 있는 기관으로서 앞에서 이미 살펴본 바와 같이 현행법에 따라 정부가 해외산림자원개발과 관련된 업무를 수행하게 하고 그 소요경비를 보조할 수 있는 기관과 동일한 기관을 말하며, '신고내용의 사실여부에 대한 조사를 의뢰할 수 있는 사항'이란 현행법 제2조 제5호에 따라 대통령령으로 정하는 해외산림자원개발사업[33]의 실현가능성 및 타당성 여부를 말한다(시행령 제7조 제3항·제4항).

산림청장은 해외산림자원개발 사업계획의 신고를 받은 경우에는 그 신고를 받은 날부터 14일 이내에 신고수리 여부를 신고인에게 통지하여야 한다(제7조 제5항·제6항). 만일 산림청장이 그 정한 기간 내에 신고수리 여부 또는 민원처리 관련 법령에 따른 처리기간의 연장을 신고인에게 통지하지 않으면 그 기간이 끝난 날의 다음 날에 신고를 수리한 것으로 본다. 이 경우 산림청장이 현행법에 따라 신고인에게 사업계획에 대한 보완요구를 한 경우에는 신고를 수리하지 않은 것으로 보며, 처리기간과 관련하여 그 처리기간이 민원처리 관련 법령에 따라 연장 또는 재연장된 경우에는 해당 처리기간을 기준으로 한다.

[2] 해외산림자원개발사업자에 대한 지원

1. 회사설립 및 운영의 지원

산림청장은 해외산림자원개발사업자가 해외산림자원개발을 하기 위하여 별도의 회사를 설립하는 경우 대통령령으로 정하는 바에 따라 그 설립 및 운영을 지원할 수 있다(제24조). 이에 따라 산림청장은 해외산림자원개발사업자가 관련회사를 설립하여 (1) 해외산림자원개발을 통하여 생산되거나 확보된 해외산림자원의 저장·가공·유통·판매 및 그에 따른 부대사업, (2) 해외산림자원개발을 위한 임업생산기

---

33) 이에 해당하는 해외산림자원개발사업은 ① 조림·육림 및 벌채, ② 확보된 해외산림자원의 가공·유통·판매 및 그에 따른 부대사업, ③ ①과 ②의 사업을 위한 조사, ④ 그 밖에 해외산림자원개발에 필요하다고 산림청장이 정하여 고시하는 사업을 말한다(시행령 제2조의5).

반 정비사업, (3) 그 밖에 해외산림자원개발의 활성화를 위하여 산림청장이 필요하다고 인정하는 사업을 수행하는 경우에는 그에 필요한 지원을 할 수 있다(시행령 제18조 제2항).

현행법에 따른 산림청장의 이러한 지원은 해외산림자원개발을 위한 회사설립에 소요되는 절차와 시간 등을 최대한 줄일 수 있도록 행정적 절차 등을 지원하고, 그 운영에 있어서도 불필요한 간섭과 규제 등을 제한하고자 하는 취지로서 해외산림자원개발을 촉진하고자 하는 정책적 의지를 잘 보여주는 규정이라고 할 것이다.

2. 자금의 융자지원

가. 융자범위

정부는 해외산림자원개발의 원활한 추진을 위하여 현행법에 따른 해외산림자원개발사업자, 해외산림자원개발투자회사 등에게 다음에 해당하는 자금을 융자할 수 있다(제25조 제1항).

- 해외산림자원개발을 수행하는 데 필요한 사업권의 취득 및 조림사업에 필요한 자금
- 해외산림자원개발에 소요되는 시설의 설치 및 운영자금
- 해외산림자원개발을 수행하는 데 필요한 토지의 임차 및 매입자금
- 그 밖에 해외산림자원개발을 원활히 수행하는 데 필요한 자금으로서 대통령령으로 정하는 자금

여기에서 '대통령령으로 정하는 자금'이란 해외산림자원을 구매하는 데 필요한 자금, 해외산림자원개발을 통하여 생산되거나 확보된 해외산림자원의 저장·가공·유통·판매 등에 필요한 자금, 그 밖에 산림청장이 해외산림자원개발의 활성화를 위하여 필요하다고 인정하는 자금을 말한다(시행령 제19조). 현행법에서 정하고 있는 이러한 융자범위는 해외산림자원개발을 위한 사업권의 취득과 운영자금 및 토지임차자금 등은 물론 토지매입 자금과 해외산림자원을 구매하는 데 필요한 자금 등을 포함하는 매우 포괄적인 것으로서 비록 융자지원이라고 하더라도 해외산림자원개발을 촉진하려는 정부의 의지를 잘 보여주는 것이다.

나. 융자금 원리금의 면제

정부는 현행법에 따라 융자받은 자금 중 해외산림자원개발을 수행하는 데 필요한 사업권의 취득 및 조림사업에 필요한 자금의 경우에는 이를 융자받은 해외산림자원개발사업자가 해당 사업의 실패로 인하여 융자금의 상환이 불가능할 때에는 대통령령으로 정하는 바에 따라 그 원리금의 전부 또는 일부를 면제할 수 있다

(제25조 제3항).

현행법의 이러한 규정은 해외산림자원개발이 가지는 사업적 측면에서의 위험성과 불확실성 등을 특별히 감안한 것으로서 해외산림자원개발을 지원하기 위한 매우 예외적인 규정이라고 할 수 있다. 그러나 이 경우에도 정부가 현행법에 따라 융자금 원리금의 전부 또는 일부를 면제할 수 있는 사유는 천재지변, 국내외 경제사정의 급변 등 사업경영상의 귀책사유가 아닌 사유로 융자금 원리금의 전부 또는 일부의 상환이 불가능하게 된 경우로 제한한다(시행령 제21조 제1항).

다. 융자심의회

산림청장은 현행법에 따른 해외산림자원개발 자금의 융자에 관한 사항을 심의하기 위하여 융자심의회를 설치한다(제25조 제2항 및 시행령 제20조 제1항 · 제2항). 융자심의회는 위원장 1명을 포함하여 15명 이내의 위원으로 구성하며, 그 위원은 관련 분야에 관한 학식과 경험이 풍부한 자와 관계 공무원 중에서 산림청장이 위촉 또는 임명한다. 이 경우 위원 중 공무원이 아닌 위원의 임기는 2년으로 하며 연임할 수 있다(시행규칙 제4조 제1항 · 제2항 및 제5항).

3. 조세에 대한 특례

국가는 해외산림자원개발을 촉진하기 위하여 「조세특례제한법」, 그 밖의 관계 법률에서 정하는 바에 따라 소득세 · 법인세 등을 감면할 수 있다(제26조). 이는 해외산림자원개발을 국가적 차원에서 지원하려는 의지를 법제화한 것으로서 회사설립 및 운영의 지원, 사업자금의 융자지원 및 융자금 원리금의 면제규정 등과 함께 해외산림자원개발이 가지는 국가적 의의를 확인해 주는 규정이라고 할 것이다.

[3] 해외산림자원개발사업자의 의무

1. 현황보고

해외산림자원개발사업자가 해외산림자원개발을 하는 경우에는 그 활동 및 진행상황 등에 관하여 대통령령으로 정하는 바에 따라 산림청장에게 보고하여야 한다(제10조 및 시행령 제9조). 이에 따라 해외산림자원개발사업자가 산림청장에게 보고해야 할 사항에는 계약의 체결 및 변경에 관한 사항, 사업의 시작일 및 종료일, 사업 진행상황, 계약의 해지 또는 만료에 관한 사항, 해외사업소의 설치 및 폐쇄, 현행법에 따라 신고한 공동신고인의 대표자 변경 등이 있다. 해외산림자원개발사업자는 이러한 사유가 발생한 경우에는 그 날부터 60일 이내에 이를 산림청장에게 보고하여야 한다.

그러나 현황보고 사항 중 '사업 진행상황'의 경우에는 매 반기 종료 후 30일 이내에 보고하여야 한다.

현행법에 따른 이러한 현황보고와 관련하여 이전의 「해외농업개발협력법」은 '해외농업개발사업자가 현지법인을 설립하거나 인수하는 경우에는 그 현황을 주무부장관에게 신고'하도록 하고 있었으나(같은법 제9조), 실제로 현지법인의 설립 · 인수 현황은 사업 현황보고 등을 통해서도 파악할 수 있는 것이므로 현행법은 개정시에 사업자의 불필요한 부담을 덜어준다는 취지에서 이를 폐지하였다.

2. 비상시 해외산림자원의 국내반입

산림청장은 국내외의 임산물 수급에 중대한 차질이 생기거나 생길 우려가 있어 국민경제의 안정과 원활한 운용을 해치거나 해칠 우려가 있는 경우에는 임산물 수급의 안정을 기하기 위하여 해외산림자원개발사업자에 대하여 그가 개발한 해외산림자원의 전부 또는 일부를 적정하고 합리적인 조건으로 국내에 반입할 것을 명할 수 있다(제33조 제2항 · 제3항). 이 경우 반입명령을 받은 해외산림자원개발사업자는 정당한 사유가 없는 한 반입명령에 따라 해외산림자원을 국내에 반입하여야 한다.

산림청장의 이러한 반입명령은 비록 미리 반입대상 · 물량 및 반입가격과 반입시기 등 반입조건에 대하여 의견을 들은 후(시행령 제27조 제1항) 적정하고 합리적인 조건에 따라 반입하는 것이라고 하더라도 해외산림자원개발사업자의 헌법상 자유권 및 재산권 등에 제한을 가하는 것이 분명한 만큼 '국내외의 임산물 수급에 중대한 차질이 생기거나 생길 우려가 있어 국민경제의 안정과 원활한 운용을 해치거나 해칠 우려가 있는 경우'와 같은 비상시에만 제한적으로 허용되는 것으로 해석해야 할 것이다. 다만, 이와 관련하여 현행법의 규정은 별도의 기준 없이 '중대한 차질'이나 '생길 우려' 또는 '해칠 우려'와 같은 불분명한 표현을 사용함으로써 자의적인 기준에 의하여 반입명령이 행사될 가능성이 있으므로 이러한 표현은 삭제하거나 별도의 합리적인 기준을 설정하도록 개정할 필요가 있어 보인다.

산림청장은 정당한 사유 없이 해외산림자원의 국내반입의무를 이행하지 않은 해외산림자원개발사업자가 해당 사업의 수행을 위하여 현행법에 따른 융자를 받은 경우에는 아직 상환하지 않은 원리금을 지체 없이 회수하여야 한다(제33조 제4항 및 시행령 제28조 제1항 · 제2항). 따라서 산림청장은 현행법에 따라 해당 해외산림자원개발사업자에게 미상환 원리금을 지체 없이 상환할 것을 알려야 하며, 산림청장으로부터 이러한 통지를 받은 자는 그 통지를 받은 날부터 30일 이내에 산림청장에게 미상환 원리금을 상환하여야 한다. 이 경우 만일 해외산림자원개발사업자가 상환통지를 받고도 기한 내에 상환하지 않는 경우에는 그 다음 날부터 연체이자율을 적용한다.

3. 보고 및 검사

산림청장은 필요하다고 인정할 때에는 해외산림자원개발사업자에 대하여 그 사업에 관한 보고를 하게 하거나 자료의 제출을 명할 수 있으며, 해외산림자원개발사업자의 사무소에서 소속 공무원으로 하여금 장부 · 서류 및 물건, 그 밖에 사업의 운영에 필요한 사항을 조사 또는 검사하게 할 수 있다(제34조 제1항~제3항). 이 경우 현행법에 따라 조사 또는 검사를 하는 공무원은 그 권한을 표시하는 증표를 지니고 이를 관계인에게 내보여야 한다.

Ⅳ. 해외산림자원개발투자회사 및 해외산림자원개발투자전문회사

[1] 법적근거 및 준용규정

현행법에 따르면 해외산림자원개발 등에 자산을 투자하여 그 수익을 주주 또는 사원에게 배분하는 것을 목적으로 해외산림자원개발투자회사 또는 해외산림자원개발투자전문회사를 설립할 수 있다(제22조의2). 이러한 해외산림자원개발투자회사 등은 그 본질상 해외농업자원개발투자회사 및 해외농업자원개발투자전문회사[해외농업자원개발투자회사 등]와 유사하므로, 현행법 제22조의3에 따라 해외산림자원개발투자회사 등에 관하여는 해외농업자원개발투자회사 등에 관한 규정 중 현행법 제11조 제3항 · 제4항 및 제13조부터 제22조까지의 규정을 준용한다. 그러나 이 경우에도 해외산림자원개발투자회사와 해외산림자원개발투자전문회사는 회사의 성격이 다르므로(제11조 제3항 및 제22조의3), 해외농업자원개발투자회사 등을 준용하는 경우에도 재산운용의 방법 및 자금차입 등에 있어 각각 다른 규정을 따로 준용하여야 한다.

[2] 설립 및 존립기간

1. 설 립

해외산림자원개발투자회사는 제19조의 재산운용 방법에 따라 해외산림자원개발 등에 자산을 투자하여 그 수익을 주주에게 배분하는 것을 목적으로 하며, 해외산림자원개발투자전문회사는 제21조의 재산운용 방법에 따라 해외산림자원개발 등에 자산을 투자하여 그 수익을 사원에게 배분하는 것을 목적으로 한다(제22조의2 제1항·제2항). 이 경우 금융위원회는 「자본시장과 금융투자업에 관한 법률」 제182조 또는 제249조의10에 따른 해외산림자원개발투자회사 등의 등록에 관하여 미리 산림청장과 협의하여야 한다(제13조 및 제22조의3).

해외산림자원개발투자회사 등이 투자하는 해외산림자원개발은 대통령령으로 정하는 해외산림자원의 개발을 말하는데(제22조의2 제3항), 이에 따르면 여기에서 '대통령령으로 정하는 해외산림자원'이란 "별표2에 따른 해외산림자원 중 원목, 제재목, 목재펠릿 및 그 밖에 산림청장이 정하여 고시하는 임산물"(시행령 제16조의2)을 말한다.[34]

2. 회사의 성격

현행법에 따라 설립된 해외산림자원개발투자회사는 「자본시장과 금융투자업에 관한 법률」에 따른 투자회사로 보며, 해외산림자원개발투자전문회사는 같은 법에 따른 기관전용 사모집합투자기구로 본다(제11조 제3항·제4항 및 제22조의3).[35] 현행법에 따른 해외산림자원개발투자회사나 해외산림자원개발투자전문회사가 아닌 자는 해외산림자원개발투자회사나 해외산림자원개발투자전문회사 또는 이와 유사한 명칭을 사용해서는 안 된다.

해외산림자원개발투자회사는 「자본시장과 금융투자업에 관한 법률」 제230조 제1항에 따른 환매금지형집합투자기구로 한다(제18조 및 제22조의3). 따라서 해외산림자원개발투자회사의 경우에는 「자본시장과 금융투자업에 관한 법률」 제235조 제1항에 따라 일반적으로 투자자가 언제든지 집합투자증권의 환매를 청구할 수 있는 것과는 달리 존속기간을 정한 집합투자기구로서 환매를 청구할 수 없다.

---

34) 이에 따라 산림청장이 고시한 「해외산림자원에서 임산물의 범위」(산림청고시 제2016-113호, 2016. 12. 1.) 제3조에 따르면 그 투자대상자원은 같은 고시 제2조 해외산림자원의 범위와 같으며, 따라서 시행령 제2조 제3항 관련 별표 2의 원목, 제재목, 합판, 단판, 우드칩(목재칩), 파티클보드, 목재펠릿, 섬유판, 집성재, 성형재, 마루판, 팜유나무, 자트로파, 석재, 그 밖에 「산림자원의 조성 및 관리에 관한 법률」 제2조 7항의 임산물로 한다(같은 고시 제2조).

35) 「자본시장과 금융투자업에 관한 법률」에 따르면 '투자회사'란 집합투자를 수행하기 위한 집합투자기구 중 상법에 따른 주식회사 형태의 집합투자기구를 말하며, '기관전용 사모집합투자기구'란 집합투자증권을 사모로만 발행하는 집합투자기구로서 대통령령으로 정하는 투자자의 총수가 대통령령으로 정하는 방법에 따라 산출한 100인 이하인 사모집합투자기구 중 같은 법 제249조의11 제6항에 해당하는 자만을 사원으로 하는 투자합자회사인 사모집합투자기구를 말한다(같은 법 제9조 제18항 제2호 및 제19항 제1호). 여기에서 같은 법 제249조의11 제6항에 해당하는 자란 개인이 아닌 자로서 ① 전문투자자로서 대통령령으로 정하는 투자자나 ② 그 밖에 전문성 또는 위험감수능력 등을 갖춘 자로서 대통령령으로 정하는 투자자를 말한다. 한편 이전에는 해외산림자원개발투자전문회사를 「자본시장과 금융투자업에 관한 법률」에 따른 경영참여형 사모집합투자기구로 보았으나, 2021년 4월 20일 이를 기관전용 사모집합투자기구로 보도록 개정하였다.

3. 존립기간

해외산림자원개발투자회사 등의 존립기간은 「자본시장과 금융투자업에 관한 법률」 제182조 또는 제249조의10에 따라 해외산림자원개발투자회사 등으로 등록된 날부터 20년 이내에서 해외산림자원개발투자회사 등의 정관으로 정한다(제14조 제1항 · 제2항 및 제22조의3). 그러나 이 경우에도 해외산림자원개발투자회사 등은 해외산림자원개발의 계속 등으로 존립기간의 연장이 필요한 경우에는 금융위원회의 승인을 받아 당초 존립기간 만료일부터 기산하여 20년 이내에서 존립기간을 연장할 수 있다. 이 경우 금융위원회는 해외산림자원개발투자회사 등의 존립기간의 연장을 승인하는 때에는 미리 산림청장과 협의하여야 한다.

[3] 영업보고서의 제출 및 감독 · 검사

해외산림자원개발투자회사 등은 대통령령으로 정하는 바에 따라 해외산림자원개발투자회사 등의 재산에 관한 영업보고서를 산림청장 및 금융위원회에 각각 제출하여야 한다(제15조 및 제22조의3). 이와 관련하여 산림청장 및 금융위원회는 (1) 해외산림자원개발투자회사, (2) 해외산림자원개발투자회사의 자산운용회사 · 자산보관회사 및 일반사무관리회사, (3) 해외산림자원개발투자전문회사에게 그 업무와 재산에 관한 자료의 제출이나 보고를 요구할 수 있으며, 산림청장은 또한 필요한 경우 금융위원회에 (1), (2) 및 (3)에 해당하는 자의 업무와 재산에 관한 검사를 요청할 수 있다(제16조 제1항 · 제2항 및 제22조의3). 이 경우 현행법에 따라 산림청장의 요청을 받은 금융위원회는 금융감독에 관하여 필요하다고 인정하는 때에는 그 소속 직원 또는 「금융위원회의 설치 등에 관한 법률」 제29조에 따른 금융감독원장에게 그 업무와 재산에 관하여 검사하게 할 수 있다. 그러나 현행법에 따라 업무와 재산에 관한 검사를 하는 때에도 특히 (2)에 해당하는 해외산림자원개발투자회사의 자산운용회사 · 자산보관회사 및 일반사무관리회사의 경우에는 해외산림자원개발투자회사와 관련된 업무와 재산에 한정하여 검사하여야 하며, 검사를 하는 금융위원회는 산림청장에게 그 결과를 지체 없이 알려야 한다(제16조 제2항 · 제3항 및 제22조의3).

[4] 집합투자업에 대한 특례

해외산림자원개발투자회사의 자산만을 운용하기 위하여 「자본시장과 금융투자업에 관한 법률」에 따른 집합투자업 인가를 받고자 하는 자[전문집합투자업자]는 같은 법 제12조 제2항 제2호[36]의 규정에도 불구하고 그 자본금 요건은 10억원 이상으로 하며, 현행법에 따라 해외산림자원개발투자회사의 자산을 운용하는 경우 대통령령으로 정하는 바에 따라 운용실적에 따른 보수나 수수료를 받을 수 있다(제17조 제1항·제4항 및 제22조의3).

「자본시장과 금융투자업에 관한 법률」에 따라 설립된 집합투자업자[일반집합투자업자]는 「자본시장과 금융투자업에 관한 법률」 제42조 제4항이 '위탁받는 업무가 본질적 업무인 경우 그 본질적 업무를 위탁받는 자는 그 업무수행에 필요한 인가를 받거나 등록을 한 자이어야 한다'라고 규정하고 있음에도 불구하고, 대통령령으로 정하는 바에 따라 해외산림자원개발투자회사의 투자자와 이해가 상충되지 않는 범위에서 해외산림자원개발에 관한 해외산림자원개발투자회사의 자산운용업무 중 일부를 해외산림자원개발에 전문성이 있는 자에게 위탁계약을 체결하고 위탁할 수 있다(제17조 제3항·제4항 및 제22조의3). 이 경우 일반집합투자업자가 현행법에 따라 해외산림자원개발투자회사의 자산을 운용하는 때에는 대통령령으로 정하는 바에 따라 운용실적에 따른 보수나 수수료를 받을 수 있다.

이와 관련하여 이전의 「해외농업개발협력법」은 해외농업개발투자회사의 자산을 운용하는 집합투자업자에 대해서는 「자본시장과 금융투자업에 관한 법률」에 따른 투자운용인력 이외에도 해외농업개발사업에 관한 투자운용인력을 추가로 확보하도록 하여 집합투자업자의 시장진입을 저해하는 문제가 있었으나(같은 법 제17조 제1항·제2항), 현행법은 개정시에 해외산림자원개발 분야에 대한 집합투자업자의 진출을 촉진하기 위하여 전문집합투자업자나 해외산림자원개발투자회사의 자산을 운용하려는 집합투자업자에 대하여 추가적인 운용인력을 확보하도록 하는 규정을 삭제하였다.

[5] 재산운용의 방법

1. 해외산림자원개발투자회사

해외산림자원개발투자회사는 '자본금'의 100분의 50 이상에 해당하는 금액을 다음에 정하는 것에 사용하여야 한다(제19조 제1항 및 제22조의3).

- 투자대상 해외산림자원에 대한 현행법 제3조의 방법에 따른 투자

---

36) 이에 따르면 금융투자업인가를 받으려는 자는 인가업무 단위별로 5억원 이상으로서 대통령령으로 정하는 금액 이상의 자기자본을 갖추어야 한다.

- 해외산림자원개발의 투자 및 시행만을 목적으로 하는 법인인 해외산림자원개발 전담회사[전담회사]에 대한 출자
- 전담회사의 주식·지분·채권 및 수익권의 취득
- 전담회사에 대한 대출채권의 취득
- 자본금의 100분의 10 이내에서 대통령령으로 정하는 비율의 범위[37]에서 위험회피 외의 목적으로 투자대상자원을 기초로 한 장내파생상품 또는 장외파생상품에 대한 투자
- 해외산림자원의 개발·생산·저장·가공·운송·판매 등이 매출액의 100분의 50 이상을 차지하는 외국의 해외산림자원개발 기업의 경영권 참여를 위한 주식 및 지분의 투자
- 그 밖에 산림청장이 금융위원회와 협의하여 해외산림자원개발을 위하여 필요한 것으로 승인한 투자

해외산림자원개발투자회사의 재산운용에 대한 이러한 제한은 그 자본금이 해외산림자원개발에 집중하여 사용될 수 있도록 하기 위한 것이다. 그러므로 투자대상사업이 개발·생산 단계에 이르지 않는 타당성조사사업인 경우에는 100분의 30 이상에 해당하는 금액만을 사용하면 된다.

해외산림자원개발투자회사는 현행법에서 정한 것에 사용하고 남은 재산이 있는 경우에는 그 남은 재산을 (1) 「자본시장과 금융투자업에 관한 법률」 제83조 제4항에 따른 단기대출, (2) 금융기관 예치, (3) 국채·공채매입, (4) 그 밖에 대통령령으로 정하는 방법으로 운용하여야 한다(제19조 제2항·제22조의3 및 시행령 제13조 제2항). 여기에서 '대통령령으로 정하는 방법'이란 「자본시장과 금융투자업에 관한 법률」 제4조에 따른 증권의 어느 하나에 해당하는 것의 매입을 말한다. 그러나 이 경우에도 국채증권과 지방채증권은 제외하며, 그 재산운용에 관하여는 「자본시장과 금융투자업에 관한 법률」 제81조에 따른다.

2. 해외산림자원개발투자전문회사

해외산림자원개발투자전문회사는 '출자총액'의 100분의 50 이상에 해당하는 금액을 현행법 제19조 제1항에서 정한 것에 집중하여 사용하여야 한다. 그러나 투자대상사업이 개발·생산 단계에 이르지 않는 타당성조사사업인 경우에는 출자총액의 100분의 30 이상만을 사용하면 된다(제21조 제1항·제2항 및 제22조의3). 이 경우 특히 해외산림자원개발투자전문회사는 사원이 출자한 날부터 6개월 이상의 기간으로서 대통령령으로 정하는 기간 이내에 대통령령으로 정하는 비율 이상의 금액을 현행법 제19조 제1항에

37) 여기에서 '대통령령으로 정하는 비율'이란 100분의 10을 말한다(시행령 제13조 제1항).

정하는 것에 사용하여야 한다. 여기에서 '대통령령으로 정하는 기간'이란 2년을 말하고, '대통령령으로 정하는 비율'이란 출자총액의 100분의 50을 말한다(시행령 제15조 제1항).

해외산림자원개발투자전문회사는 현행법에서 정한 것에 사용하고 남은 재산이 있는 경우에는 그 남은 재산을 (1) 「자본시장과 금융투자업에 관한 법률」 제83조 제4항에 따른 단기대출, (2) 금융기관 예치, (3) 출자총액의 100분의 5 이내에서 대통령령으로 정하는 비율 이내에서 하는 투자증권에 대한 투자, (4) 출자총액의 100분의 5 이내에서 대통령령으로 정하는 비율 이내에서 하는 해외산림자원개발투자회사의 주식에 대한 투자, (5) 그 밖에 대통령령으로 정하는 방법으로 운용하여야 한다(제21조 제3항 및 제22조의3).[38]

[6] 자금차입 등

1. 해외산림자원개발투자회사

해외산림자원개발투자회사는 운영비용에 충당할 자금이 부족한 경우 또는 현행법 제19조 제1항에서 정한 것에 사용할 자금이 일시적으로 부족한 경우에는 현행법에 따른 융자를 받는 외에 자금차입·담보제공 및 채무보증을 할 수 있다(제20조 제1항 및 제22조의3). 이 경우 운영비용에 충당할 자금이 부족하여 자금차입·담보제공 및 채무보증을 하는 경우에는 주주총회의 승인을 받아야 한다.

해외산림자원개발투자회사는 현행법에 따라 정부로부터 융자를 받은 경우에는 그 융자금액을 현행법 제19조 제1항에서 정한 것에 사용하여야 하며, 정부로부터 받은 융자금액과 자금차입금액·담보제공금액 및 채무보증금액의 합계가 그 자본금의 100분의 30 이내에서 대통령령으로 정하는 비율[39]에 따른 금액을 넘지 않아야 한다(제20조 제2항·제3항 및 제22조의3).

2. 해외산림자원개발투자전문회사

해외산림자원개발투자전문회사는 사원의 퇴사에 따른 출자금을 지급하기 위하여 불가피한 경우, 운영비용에 충당할 자금이 부족한 경우 또는 현행법 제19조 제1항에서 정한 것에 사용할 자금이 일시적으로 부족한 경우에는 현행법에 따른 융자를 받는 외에 자금차입·담보제공 및 채무보증을 할 수 있다(제22조 제1항 및 제22조의3). 해외산림

38) 여기에서 '대통령령으로 정하는 비율'이란 (3)과 (4)의 경우 각각 100분의 5를 말한다(시행령 제15조 제2항).

39) 이 경우 '대통령령으로 정하는 비율'이란 100분의 30을 말한다(시행령 제14조).

자원개발투자전문회사의 경우에는 해외산림자원개발투자회사와는 달리 '사원의 퇴사에 따른 출자금을 지급하기 위하여 불가피한 경우'에도 자금차입 등을 할 수 있다는 점에서 구별된다.

해외산림자원개발투자전문회사는 현행법에 따라 정부로부터 받은 융자금액과 자금차입금액 · 담보제공금액 및 채무보증금액의 합계가 그 출자총액의 100분의 30 이내에서 대통령령으로 정하는 비율[40]을 넘지 않도록 하여야 한다(제22조 제2항 및 제22조의3).

V. 해외산림자원개발 관련 조직

[1] 해외농업 · 산림자원개발심의회

해외농업 · 산림자원개발에 관한 사항을 심의하기 위하여 농림축산식품부에 해외농업 · 산림자원개발심의회를 둔다(제6조 제1항). 현행법에 따른 이러한 해외농업 · 산림자원개발심의회는 해외농업자원개발에 관한 사항과 함께 해외산림자원개발에 관한 사항으로서 해외산림자원개발종합계획의 수립에 관한 사항, 해외산림자원에 관한 사항, 해외산림자원의 반입에 관한 사항, 해외산림자원개발의 경쟁력 강화와 발전 기반의 조성에 관한 사항, 해외산림자원개발 촉진을 위한 행정적 · 재정적 지원에 관한 사항, 국제산림협력사업의 추진에 관한 사항, 그 밖에 해외산림자원개발에 관한 중요한 사항으로서 농림축산식품부장관이 부의하는 사항을 심의한다. 다만, 여기에서 해외농업 · 산림자원개발심의회의 심의대상이 되는 국제산림협력사업은 산림청과 그 소속 기관 및 산하 공공기관의 사업에 한정한다.

해외농업 · 산림자원개발심의회는 위원장 1명을 포함한 18명 이내의 위원으로 구성한다(제6조 제2항 ~제6항). 위원장은 농림축산식품부차관이 되며, 해외농업 · 산림자원개발심의회를 대표하고 업무를 총괄한다. 해외농업 · 산림자원개발심의회의 위원은 관계 중앙행정기관의 장이 추천한 고위공무원단에 속하는 공무원, 해외농업 · 산림자원개발과 관련이 있는 대통령령으로 정하는 관계 기관이 추천한 사람 및 해외농업 · 산림자원개발에 관한 학식과 경험이 풍부한 사람 중에서 농림축산식품부장관이 임명 또는 위촉한다. 이 경우 공무원이 아닌 위원의 수는 재적위원 과반수로 하고 그 임기는 2년으로 하되 연임할 수 있으며, 보궐위원의 임기는 전임자의 남은 임

---

40) 여기에서 '대통령령으로 정하는 비율'이란 해외산림자원개발투자회사의 경우와 같이 100분의 30을 말한다(시행령 제16조).

기로 한다.

[2] 해외산림자원개발협회

해외산림자원개발사업자는 그 권익의 보호 및 해외산림자원개발의 건전한 발전과 효율적인 수행을 위하여 대통령령으로 정하는 바에 따라 산림청장의 인가를 받아 해외산림자원개발협회를 설립할 수 있다(제29조 제2항·제4항·제5항 및 제8항). 현행법에 따른 해외산림자원개발협회는 법인으로 하며, 산림청장의 설립인가를 받아 주된 사무소의 소재지에 설립등기를 함으로써 성립한다. 해외산림자원개발협회에 관하여 현행법에서 정한 사항을 제외하고는 민법 중 사단법인에 관한 규정을 준용한다.

해외산림자원개발협회는 해외산림자원개발에 관한 자료 및 정보의 수집·분석, 해외산림자원개발의 진흥을 위한 국제민간협력의 추진, 해외산림자원개발에 관련된 제도의 연구 및 개선 건의, 해외산림자원개발에 관련된 교육훈련 및 복지사업, 해외산림자원개발의 홍보 및 간행물의 발간, 산림청장으로부터 위탁받은 업무, 그 밖에 정관으로 정하는 사항 등의 업무를 수행한다(제29조 제3항·제6항). 해외산림자원개발사업자가 가입할 수 있는 이러한 해외산림자원개발협회는 장기간에 걸친 대규모의 투자가 요구되고 불확실성이 많은 해외산림자원개발을 추진하는 해외산림자원개발사업자의 권익을 대변하고 공동으로 이를 추진하기 위한 것으로서 그 의의가 크다고 할 것이다.

주요 참고문헌

[산림/환경]

관계부처합동(환경부), 제5차 국가환경종합계획(2020~2040), 2019

권오상, 환경경제학, 박영사, 2013

국립산림과학원, 2020 산림 · 임업 전망, 2020

국무조정실 기후변화대책기획단, 새로운 전환, 기후변화 제4차 종합대책(5개년 계획), 2007

김경훈 · 성현찬 · 최재용 · 허영진, 훼손지 생태복원: 생태복원 실행을 위한 국제표준, 기문당, 2018

김기동 · 하시연, 목공예 체험활동 목재재료의 유통실태 분석, 국립산림과학원: NIFOS 산림정책이슈(제94호), 2017

김남균, 산림정책학, 메이킹북스, 2020

김홍균, 환경법, 홍문사, 2019

농림부, 2000년도 농정에 관한 연차보고서, 2000

대한민국정부, 제5차 국토종합계획(2020~2040), 2020

목재문화진흥회, 목재교육개론, 산림청, 2020

______, 목재교육방법론, 산림청, 2020

박균성 · 함태성, 환경법, 박영사, 2017

박광국 · 이종열 · 이종원 외 14인, 산림행정 이해와 관리, 조명문화사, 2017

박종원, 국제환경협약의 국내법적 이행에 관한 연구, 환경법연구(39권 1호), 2017. 4

박태식 외 13인, 산림정책학, 향문사, 1997

변우혁 · 김기원, 도시숲 이론과 실제, 도서출판 이채, 2010

변우혁 외 13인, 세계의 도시숲을 걷는다, 도서출판 이채, 2009

산림청, 결사반대를 넘어 개원축하에 이르기까지 기록으로 보는 수목장, 2010

______, 녹색아시아의 꿈, AFoCO와 함께 한 날들, 2013

______, 녹색성장을 선도하는 산림강국 구현, 2013

______, 산림과 임업 동향에 관한 연차보고서, 2006; 산림과 임업 동향에 관한 연차보고서, 2019; 산림과 임업 동향에 관한 연차보고서, 2020

______, 산림교육종합계획(2018~2022), 2018

______, 산림기본계획; 제1차~제3차 산림기본계획(1973~1997), 2013; 제2차 치산녹화 10년 계획(1979~1988), 1978; 제3차 산지자원화계획(1988~1997), 1987; 제4차 산림기본계획(1998~2007), 1997; 제4차 산림기본계획 변경(2003~2007), 2003; 제5차 산림기본계획(2008~2017), 2007; 제5차 산림기본계획 변경(2013~2017), 2012; 제6차 산림기본계획(2018년~2037년), 2018

_____, 산림기본법 제정 자료 모음집, 2002
_____, 산림문화 · 휴양기본계획(2008~2017), 2007
_____, 산림재해 통합관리체계 구축 이야기, 2018
_____, 산림청 50년사, 2017
_____, 세계 산의 해 결과보고서, 2003
_____, 세계 일류의 산림복지국가를 향한 21세기 산림비전, 2000
_____, 소나무재선충병 방제 자료집(내부자료), 2005
_____, 유엔사막화방지협약 제10차 당사국 총회 참가 결과보고서, 2011
_____, 임업경영실태조사(2018), 2019
_____, 임업통계요람(제1호), 1968; 임업통계요람(제6호), 1973; 임업통계요람(제10호), 1979; 임업통계요람(제13호), 1983; 임업통계연보(제28호), 1998; 임업통계연보(제48호), 2018; 임업통계연보(제49호), 2019; 임업통계연보(제50호), 2020
_____, 정원진흥기본계획(2016~2020), 2016
_____, 정책담당자가 본 산림행정의 문제점과 개선방안(Ⅰ), 2001
_____, 조선임업사(상), 2001
_____, 주5일 근무제 실시에 따른 산림문화 · 휴양 종합대책, 2006
_____, 푸른 숲으로의 행복한 초대: 숲에 On 그 대장정의 기록, 2006
_____, 탄소흡수원 확충에 관한 법제화 방안 연구(연구수행: 서울대학교), 2010
_____, KOICA 사업 결과보고서: 한-인도네시아 산림분야 기후변화 대응역량 강화사업, 2013
서승진, 지속가능한 산림경영을 위한 기준 및 지표의 개발, 농학박사학위논문, 서울대학교(2000)
세계환경발전위원회(조형준 · 홍성태 옮김), 우리 공동의 미래, 새물결, 2005
우종춘 외 12인, 신고 산림경영학, 향문사, 2017
이규태, 지속가능한 발전을 위한 녹색전략, 도서출판 심지, 2006
이돈구 대표저자, 숲의 생태적 관리, 서울대학교출판문화원, 2012
임영석, 치유의 숲 계획기준에 관한 연구, 조경학석사학위논문, 서울대학교(2008)
정호근 · 김수석 · 정은미 · 변승연, 산촌의 경제 · 사회적 활성화를 위한 국 · 공유림 활용방안, 한국농촌경제연구원(연구보고: R851), 2018
환경부 온실가스종합정보센터, 2019년 국가 온실가스 인벤토리(1990~2017) 보고서(NIR), 2020
_____, 2020 환경백서, 2020
한국산림복지진흥원, 한국산림복지진흥원 설립백서, 2017
허경태, 산지관리법 해설, 법문사, 2012
_____, 산지 인 · 허가 해설, 박영사, 2020
황진후 · 장래익 · 전성우, 「탄소흡수원 유지 및 증진에 관한 법률」 제10조의 보호지역

범위 설정 개선방안에 관한 연구, 한국기후변화학회지, 제10권 제4호, 2019

[법 학]

권영성, 헌법학원론, 법문사, 2010
곽윤직 · 김재형, 민법총칙(민법강의Ⅰ), 박영사, 2013
김남진 · 김연태, 행정법Ⅰ, 법문사, 2018
김동근 외 7인, 법학개론, 법률출판사, 2016
김동희, 행정법Ⅰ, 박영사, 2018
김상용, 자연법론과 법정책, 피앤씨미디어, 2015
김선복, 법철학, 세종출판사, 2014
김정오 외 4인, 법철학: 이론과 쟁점, 박영사, 2012
김준호, 민법강의, 법문사, 2019
김철수, 헌법학신론, 박영사, 2013
김철용 편, 행정절차와 행정소송, 피앤씨미디어, 2017
김형배 · 김규완 · 김명숙 공저, 민법학강의, 신조사, 2016
박균성, 행정법론(상), 박영사, 2018
______, 행정법론(하), 박영사, 2018
박명수 · 김학범, 법학개론, 법문사, 2017
박영하, 법학개론, 청목출판사, 2016
배종대, 형법각론, 홍문사, 2018
성낙인, 헌법학, 법문사, 2019
송덕수, 민법총칙, 박영사, 2018
양건, 헌법강의, 법문사, 2018
오세혁, 법의 한계: 법철학 및 사회철학 입문, 세창출판사, 2013
이상수 · 정태덕, 상법 기본강의, 피앤씨미디어, 2015
이홍민 · 명순구, 민법상 조문제목의 법적 효력: 민법 제정과정상의 문제점을 중심으로, 법조, 제61권 제10호, 2012
전장헌, 법학원론, 박영사, 2016
최문기 외 16인, 법학통론, 신지서원, 2016
표시열, 정책과 법: 원리 · 판례, 박영사, 2014
한수웅, 헌법학, 법문사, 2018
허영, 한국헌법론, 박영사, 2018
홍성찬, 법학원론, 박영사, 2017
홍정선, 행정법원론(상), 박영사, 2019
홍준형, 법정책의 이론과 실제, 법문사, 2008
______, 행정법, 법문사, 2011

[정책학/행정학 등]

강희갑 외 5인, 사회복지정책론, 양성원, 2019

권기현, 정책학 강의, 박영사, 2018

남궁 근, 정책학, 법문사, 2017

노화준, 정책학원론: 복잡성 과학과의 융합학문적 시각, 박영사, 2016

박세일 외 6인, 박세일 경제학, 박영사, 2019

백승기, 행정학원론, 피앤씨미디어, 2019

변태섭 · 신형식 공저, 한국사통론, 삼영사, 2006

사공영호, 정책이란 무엇인가?: 정책의 수단적 가치에 대한 반성, 한국정책학회보, 제17권 제4호, 2008

정용덕 외 14인, 현대국가의 행정학, 법문사, 2014

정정길 외 4인, 정책학원론, 대명출판사, 2020

현외성, 사회복지정책강론, 양서원, 2019

[번역서]

George Orwell(정회성 옮김), 1984, 민음사, 2003

Henry D. Thoreau(강승영 옮김), 시민의 불복종, 은행나무, 2019

Michael E. Mann · Tom Toles(정태영 옮김), 누가 왜 기후변화를 부정하는가, 미래인, 2017

Michael J. Sandel(이창신 옮김), 정의란 무엇인가, 김영사, 2013

J. Rawls(황경식 옮김), A Theory of Justice 정의론, 이학사, 2003

하시우치 타케시 · 홋타 슈고 편저(서경숙 · 니시야마 치나 옮김), 법과 언어: 법언어학으로의 초대, ㈜박이정, 2016

홍성우, 존 롤즈의 정의론 읽기, 세창미디어, 2015

[외국서적/논문 등]

Andrew S. Goudie, *Human Impact on the Natural Environment: Past, Present and Future*, Oxford: Blackwell Publishers Ltd., 2018

Antonia Layard et al., *Planning for a Sustainable Future*, London: Spon Press, 2001

Arild Angelsen et al., *Realising REDD+: National Strategy and Policy Options*, CIFOR, 2009

B.L. Turner et al., *The Earth as transformed by Human Action*, Cambridge: Cambridge University Press, 1990

Clive Ponting, *A Green History of the World*, London: Penguin Books, 1991

David Pearce et al., *Blueprint for a Green Economy*, London: Earthscan Publications Ltd., 1996

FAO, *Global Forest Resources Assessment 2020: Desk Study, Democratic People's Republic of Korea*, Rome, 2020,

FAO and UNEP, *The State of the World's Forests 2020: forests, biodiversity and people*, Rome, 2020

Frances Cairncross, *Costing the Earth*, London: Business Books Ltd., 1991

Lester R. Brown, *Eco-Economy: Building an Economy for the Earth*, Earthscan Publications Ltd., 2001

Luca Tacconi(ed), *Illegal Logging: Law Enforcement, Livelihoods and the Timber Trade*, London: Earthscan Publications Ltd., 2008

Nick Hanley, Jason F. Shogren and Ben White, *Introduction to Environmental Economics*, Oxford University Press, 2001

Michael P. Todaro · Stephen C. Smith, *Economic Development*, Pearson Education Limited., 2015

Robert Costanza et al., *The Value of the World's Ecosystem Services and Natural Capital*, Nature, 15 May 1997

WMO, *Greenhouse Gas Bulletin*, NO. 15

판례색인

[헌법재판소]

헌재 1991. 6. 3. 89헌마204 ························ 59
헌재 1995. 12. 15. 95헌마221 ···················· 17
헌재 1996. 2. 29. 93헌마186 ······················ 99
헌재 1997. 7. 16. 97헌마38 ························ 21
헌재 1997. 9. 25. 97헌가4 ························· 17
헌재 2000. 7. 20. 98헌바63 ······················ 224
헌재 2004. 4. 29. 2003헌마814 ·················· 98
헌재 2004. 10. 21. 2004헌마554 · 566(병합) ··· 30, 38
헌재 2008. 7. 31. 2006헌마711 ······· 177, 179
헌재 2008. 11. 27. 2006헌마1244 ··········· 466
헌재 2012. 3. 29. 2010헌마541 ··············· 374
헌재 2012. 12. 27. 2010헌바489 ············· 421
헌재 2014. 6. 26. 2011헌마150 ··············· 179
헌재 2015. 2. 26. 2009헌바17 ······················ 5
헌재 2017. 9. 28. 2015헌마653 ··············· 817
헌재 2018. 5. 31. 2017헌바204 · 421(병합) ··· 490
헌재 2020. 6. 25. 2018헌마974 ··············· 744

[대 법 원]

대판 1960. 1. 27. 4290행상139 ··············· 103
대판 1963. 2. 21. 62다913 ························ 74
대판 1967. 12. 18. 66다2382, 2383 ········ 416
대판 1967. 12. 26. 67다2405 ····················· 82
대판 1970. 3. 24. 69다2170 ····················· 633
대판 1970. 5. 26. 69다1239 ······················ 73
대판 1970. 9. 22. 70다1494 ······················ 73
대판 1975. 4. 8. 74도3323 ························ 17
대판 1975. 5. 13. 73누96 · 97 ················ 108
대판 1982. 3. 9. 80누105 ························ 133
대판 1982. 6. 8. 82다150 ························· 656
대판 1983. 2. 8. 81도1170 ························ 373
대판 1983. 7. 12. 83누59 ························· 108
대판 1984. 7. 10. 84도1001 ····················· 374
대판 1986. 12. 23. 86도2299 ··················· 374
대판 1987. 4. 28. 87도297 ······················· 757
대판 1987. 7. 7. 86다카1004 ······················ 81
대판 1988. 12. 13. 88도668 ··········· 232, 374
대판 1989. 8. 8. 88다카26123 ················· 668
대판 1989. 11. 24. 89다카2483 ················ 668
대판 1992. 4. 10. 91누7767 ····················· 291
대판 1993. 5. 27. 93누4854 ····················· 120
대판 1994. 8. 12. 94누5489 ··········· 120, 291
대판 1994. 11. 25. 94다35107 ················· 757
대판 1995. 5. 23. 94마2218 ····················· 178
대판 1995. 7. 11. 94누4615(전) ··············· 129
대판 1995. 9. 15. 95다23378 ··················· 178
대판 1995. 11. 10. 94누11866 ················· 125
대판 1997. 3. 11. 96다49650 ··················· 127
대판 1997. 5. 28. 95다15735 ··················· 129
대판 1997. 8. 29. 96누15213 ··················· 120
대판 1997. 9. 12. 97누1228 ··········· 120, 178
대판 1998. 4. 24. 97누3286 ····················· 108
대판 1998. 6. 26. 97다42823 ····················· 64
대판 1998. 9. 25. 97누19564 ··················· 116
대판 1998. 12. 23. 98도588 ····················· 305
대판 1999. 3. 9. 97다7721 ························· 81
대판 1999. 7. 23. 99도1981 ····················· 306
대판 2000. 7. 7. 99두66 ·························· 120
대판 2001. 4. 13. 2000두3337 ················· 136
대판 2001. 11. 13. 2001도3716 ··············· 306
대판 2001. 11. 30. 2001두5866 ······ 120, 420
대판 2002. 7. 26. 2001두7985 ················· 232
대판 2003. 1. 10. 2000도5716 ··················· 56
대판 2003. 4. 8. 2003도108 ····················· 662
대판 2003. 4. 22. 2003다2390 ··················· 61
대판 2003. 7. 24. 2001다48781(전) ··········· 37
대판 2004. 4. 9. 2004도606 ····················· 650
대판 2004. 7. 8. 2002두8350 ··················· 135
대판 2007. 5. 17. 2006다19054(전) ··········· 39
대판 2007. 6. 14. 2004두619 ··················· 129
대판 2007. 6. 15. 2005두9736 ········ 120, 292

대판 2008. 4. 10. 2007두4841 ·················· 261
대판 2009. 6. 11. 2009다11556 ················ 232
대판 2009. 6. 11. 2009두4487 ·················· 291
대판 2009. 6. 23. 2009두2672 ·················· 291
대판 2010. 2. 25. 2009두102 ····················· 129
대판 2010. 6. 10. 2010도3232 ·················· 259
대판 2010. 7. 22. 2010두5745 ·················· 255
대판 2011. 12. 22. 2011다64669 ················ 81
대판 2012. 5. 24. 2010도2008 ·················· 248
대판 2013. 1. 17. 2011다83431(전) ··········· 53
대판 2013. 4. 25. 2012다118594 ················ 64
대판 2013. 9. 26. 2013다26746(전) ··········· 62
대판 2013. 12. 12. 2013도7947 ················ 906
대판 2014. 2. 27. 2012두15005 ················ 195
대판 2014. 5. 16. 2013두27487 ················ 248
대판 2014. 9. 4. 2014두267 ······················· 268
대판 2014. 9. 26. 2011두18687 ················ 288
대판 2015. 10. 29. 2013다218248 ··········· 267
대판 2015. 11. 26. 2013두765 ·················· 294
대판 2016. 10. 13. 2015다233555 ··········· 635
대판 2017. 7. 11. 2017도2793 ·················· 906
대판 2018. 6. 28. 2015두55769 ················ 232
대판 2020. 2. 6. 2018다241083 ················ 502
대판 2020. 2. 6. 2019두43474 ·················· 232
대판 2020. 5. 14. 2018다298409 ·············· 471

사항색인

ㄱ

가구 959
가로수 479
가축의 방목 345, 717
간선임도 378
간주 93
감사위원회 678
감염목 794
감염우려목 794
감축실적[크레딧]형 964
강제규범 2
강제력 115
강제시장 963
개발부담금 883
개인독림가 518
개인적 공권 107
객토용 296
거래형 사업 963
검증(verification) 966, 971
검증기관 966
겸업임업 508
경개 84
경계표시 확인 282
경관보호구역 714
경관숲 479
경관자원 371
경성헌법 30
경영정상화 이행약정 696
경영지도 687
경쟁입찰 471
경제림육성단지 424
경제사업 657
경합범 649
계류보전사업 779
계류복원사업 779
계약이전 698
계약자유의 원칙 59
계획행정 100
고령토 305
고유사무 104
골라베기 956
골재 284
골재채취업 594
공공근로사업 395
공공재 157
공공조합 65, 105
공과행정 100
공기업 105
공동방제사업 802
공동산림사업 454
공동연구 382
공동체정원 827
공립수목원 823
공무수탁사인 100, 106
공법상 대리 122
공법상재단 106
공법인 65
공시지가 250, 882
공원관리청 715
공원구역 476
공원녹지기본계획 481
공유림경영계획구 385
공유자연휴양림 910
공익용산지 239
공정력 114
공제사업 658
공증행위 123
곶자왈 723
과실책임의 원칙 59
과잉금지의 원칙 21
관리관계 102
관리전환 444
관리지역 245

관습법 7, 27, 37
관습헌법 30
광구에서의 토석채취 305
광릉숲 821
광물 73, 305
광산피해 308
광업권 73
교육·지원사업 657
교토의정서 947
교통약자 862
교환 444, 462
교회법 8
구속력 114
국가긴급권 21, 32
국가사무 104
국가사방사업 784
국가산림자원조사 950
국가생물다양성전략 430
국가숲길 919
국가정원 827
국가정원 지정제도 839
국가지방행정기관 104
국가행정 99
국가행정기관 104
국고관계 41, 102
국공립수목원 835
국내법 39
국립백두대간수목원 825
국립세종수목원 825
국립수목원 823
국립수목원 완충지역 825
국립자연휴양림 910
국민의 숲 453
국산목재 576
국산목재제품 576
국유림 441
국유림경영계획 448
국유림경영관리자문위원회 447
국유림영림단 404
국유림의 경영대행 451
국유림의 재구분 460
국유림의 조사 444
국유림종합계획 445
국유림확대계획 456
국유임산물 465
국유임산물매각계약 469
국유자연휴양림 910
국제기구 224
국제법 39
국제사법 40
국제산림협력 224
국제산림협력사업 983
국제연합 950
국제환경협약 37
국토종합계획 198
국회입법원칙 31
굴취 418
권력관계 102
권력분립제도 20
권리남용금지의 원칙 63
권리능력 64
권리능력 없는 법인 64
권리의 불행사 63
권한의 대행 143
권한의 위임 143
권한의 위탁 143
권한의 이양 143
귀산촌 515
귀임업인 515
규사 305
규제심사 47
금강소나무림 432
금반언(禁反言)의 원칙 61
급부행정 100
기간제근로자 860
기계화영림단 521
기관위임 103
기관전용 사모집합투자기구 992
기금관리위원회 703
기금의 관리기관 703
기금채 706
기능구분도 377
기능인영림단 521
기부채납 497

기부행위 652
기산점 88
기성조건 86
기속재량행위 115
기속행위 112, 115
기업경영림 425
기업경영림계획구 385
기업임업 508
기준벌기령 384
기한의 이익 87
기후변화 149
기후변화협약 947
기후영향조사·평가 431
긴급명령 32
긴급재정·경제처분 및 명령 32

ㄴ

나무병원 748
나무의사 등의 양성기관 746
난대·아열대연구소 958
난연목재 561
남북 간의 산림협력 223
남북교류협력 225
녹색관광 539
녹색문제 216
녹색복권 438
녹색복지국가 168
녹색자금 438
녹색자금운용심의회 439
녹색전략 441
녹지 477
녹지조경기술자 613
녹지조경전문업 621
녹지총량제 482
논리해석 56
농림어업인 주택 257
농림지역 245
농어촌구조개선특별회계 428
농어촌휴양시설 344
농지보전부담금 233, 883
능동대리 79

ㄷ

단독개발 980
단독적 행정행위 112
단독행위 75
단시간근로자 860
단심계 400
단체위임 103
대리 78
대리경영 506, 507
대리권 80
대리행위 81
대물적 행정행위 113
대부 447, 464
대부계약 469
대부료 465
대위 701
대인적 행정행위 113
대집행 144
대체산림자원조성비 263
대체토론 50
대한민국식품명인 557
대형산불 760
도로구역 479
도시·군계획 478
도시·군관리계획 477, 478
도시·군기본계획 478
도시녹화사업 489
도시림 474
도시숲 473
도시숲 등 기본계획 480
도시숲 등의 총량제 482
도시숲지원센터 493
도시지역 245
도시지역 산림 213
독림가 517, 518
둘레길 917
드론방제 801
등록수목원 834
등록정원 840
등산로 916

등산 · 트레킹학교 922

ㄹ

라드브루흐 공식 16
리우회의 166

ㅁ

마라케쉬협정 428
마루판 979
마을숲 479
매각 462
매각계약 472
매개충 792
매장문화재 344
면제 121
명령적 행정행위 118
명인방법 74
명칭사용료 683
모니터링(monitoring) 965
모두베기 805
모범 도시숲 496
모순행위금지의 원칙 61
목구조관리기술자 584
목구조기술자 584
목구조시공기술자 584
목재 550
목재교육 561
목재교육전문가 562, 565
목재교육전문가 양성기관 562
목재교육프로그램 562, 563
목재등급평가사 571
목재문화 555
목재문화지수 556
목재문화진흥회 589
목재문화체험장 556
목재부후균 572
목재브리켓 424, 561
목재비축기능 449
목재비축림 513
목재산업 586
목재산업단지 587
목재생산업 579
목재수입유통업 579, 580
목재유통단지 587
목재의 지속가능한 이용 548, 551
목재이용명예감시원 577
목재자급률 548
목재자원 순환형 사회 559
목재전문기관 561
목재제품 550
목재제품명인 557
목재제품 신기술 573
목재제품의 규격 567
목재제품의 안전성평가 572
목재제품의 인증제도 574
목재종합집하장 508
목재칩 424, 561
목재펠릿 424, 561
목재 플라스틱 복합재 561
목적설 373
목제품(HWP) 958
목조주택전원단지 514
목질바닥재 561
묘목생산사업의 대행 390
무궁화 398
무궁화진흥계획 399
무권대리 79
무생물자원 371
무인감시카메라 718
무효등 확인소송 130
무효인 행정행위 129
무효행위의 전환 82
무효행위의 추인 83
문리해석 55
문화재 344
문화재복원용 537
물건 71
물론해석 57
물상보증인 698
미기후 473
미래자산 220
미분리의 과실 74

민간위탁 143
민간인 통제선 327
민간인 통제선 이북지역[민북지역] 327
민간정원 827
민북지역 산지관리계획 330
민북지역 산지전용허가기준 345

ㅂ

반대해석 57
반사적 이익 108
반입명령 990
발주청 625
방부목재 561
방제 738
방제명령 739, 800
방제사업 740, 802
방화선 719
배상책임보험 709
배출권제도 963
배향성 스트랜드보드 561
백두대간 348
백두대간보호 기본계획 353
백두대간보호지역 355
버섯종균 389
버섯종균생산업자 388
벌채지 394
법규명령 31
법규하명 119
법률요건 75
법률행위 75
법률행위의 무효 82
법률행위적 행정행위 111
법실증주의 11
법원(法源, source of law) 27
법의 지배 19
법인 65
법인독림가 518
법인의 권리능력 69
법인의 해산 70
법적 보호이익 108
법정과실 72
법정광물 305
법정대리 79
법정부관 124
법정추인 84
법치국가 19
법치주의 4
법해석 53
벤처임업 515
보고 971
보류거부 51
보전국유림 458
보전산지 238
보조 414
보충해석 57
보통법 28
보통지방행정기관 104
보편적 정의 14
보험사고 706
보호수 727
보호협약 452
복구 315
복구공사 319
복구대상산지 316
복구비 311, 337
복구비산정기준 312
복구비의 반환 320
복구비의 예치 312
복구설계서 318
복구의무면제 320
복구전문기관 321
복구준공검사 320
복대리 80
복원 315
복원비 337
복지행정 851
복지후생사업 658
복합경영 510
복합 탄소흡수원 활동 962
복합형 탄소흡수원 962
복효적 행정행위 112
부과금 635
부관 85

부담 125
부담권유보 126
부당결부금지원칙 127
부당이득 75
부령 33, 52
부실예방 692
부실우려조합 691
부실조합 690
부패영향평가 47
분배적 정의 14
분수림 518
분재생산업 501
분쟁조정위원회 685
불가변력 114
불가쟁력 114
불능조건 86
불문법 7, 27
불문헌법 44
불법벌채 552
불법산지전용지 322
불법전용산지 322
불법조건 86
불법행위 75
불법행위능력 69
비거래형 사업 963
비교해석 57
비목재임산물 511
비무장지대 327
비영리민간단체 324
비영리법인 65
비정규직 근로자 860
빗물 비투과율 875

ㅅ

사단법인 66
사립수목원 823
사방댐 790
사방댐 설치사업 779
사방사업 776, 778
사방사업의 타당성 평가 785
사방시설 778
사방지 781
사법경찰권 574
사법의 공법화 41
사법인 65
사실인 관습 38
사업대표이사 675, 677
사용료 465
사용허가 447, 464
사유림경영계획구 385
사유재산권 존중의 원칙 59
사인증여 93
사자 79
사적자치의 원칙 58
사정변경의 원칙 62
사회공헌형 산림탄소상쇄 964
사회공헌형 산림탄소상쇄 운영표준 966
사회규범 1
사회법 41
사회복지시설 867
사회서비스이용권 865
사회적기업 455
사후부관 127
산림경영 954
산림경영계획 384
산림경영관리사 344
산림경영기술자 611
산림경영사업 657
산림경영인증 376
산림경영전문업 621
산림경영지도원 400
산림계 630
산림계획구 199
산림곤충 735
산림공학기술자 612
산림과학기술 기본계획 381
산림관리기반시설 378
산림교육 929
산림교육센터 941
산림교육심의위원회 944
산림교육전문가 932
산림교육전문가 양성기관 935
산림교육종합계획 930

산림교육프로그램 937
산림기본계획 195
산림기본계획구 199
산림기술 608
산림기술개발전문기관 609
산림기술경력증명서 616
산림기술연구기관 609
산림기술용역 619
산림기술용역업자 619
산림기술자 611
산림기술정보체계 610
산림기술진흥계획 607
산림레포츠길 917
산림레포츠시설 893
산림레포츠지도사 902
산림문화 892
산림문화자산 924
산림문화·휴양기본계획 894
산림문화·휴양발전 지역협의회 896
산림문화·휴양정보망 896
산림문화·휴양정책 890
산림바이오매스에너지 424, 583, 960
산림박물관 927
산림법의 분법화 184
산림병해충 735
산림병해충 모니터링센터 742
산림병해충 발생 선단지 740
산림병해충 예찰·방제대책본부 737
산림병해충 특별방제구역 741
산림보호관리협약 719
산림보호구역 714
산림보호원 723
산림복원 433
산림복원 기본계획 433
산림복원지원센터 437
산림복지 849
산림복지단지 874
산림복지단지의 조성원칙 874
산림복지서비스 857
산림복지서비스업 503
산림복지서비스이용권 865
산림복지서비스제공자 862
산림복지소외자 862, 865
산림복지시설 858
산림복지심의위원회 885
산림복지전문가 861
산림복지전문업 869
산림복지정보체계 856
산림복지정책 851
산림복지지구 871
산림복지진흥계획 853
산림복지프로그램 858
산림분야 특성화고등학교 520
산림사업 401
산림사업 도급계약 411
산림사업법인 409
산림사업보조금 415
산림사업 설계·감리 623
산림사업시행 619
산림사업시행업자 619
산림산업 403
산림생명산업 503
산림생물 429
산림생물다양성 기본계획 430
산림생태·공학전문업 621
산림생태원 733
산림소유자 404
산림습지 723
산림욕 730
산림욕장 892
산림용 묘목 388
산림용 종묘 388
산림용 종묘생산업자 388
산림용 종자 388
산림원칙성명 150
산림유전자원보호구역 714, 720
산림의 건강·활력도 734
산림의 공익적 가치 155
산림의 공익적 기능 209, 216
산림의 구분 375
산림의 기능별 구분 377
산림인접지역 96, 751
산림인증 376
산림입지토양도 380

산림자원 371
산림자원정보체계 380
산림자원조사 379
산림정책 159
산림정화구역 730
산림조합중앙회 632
산림지속성지수 376
산림청 소관 국유림 447
산림축적 151
산림치유 897·
산림치유업 869
산림치유지도사 897
산림치유지도사 양성기관 900
산림치유 프로그램 898
산림탄소등록부 968
산림탄소상쇄 운영 등에 관한 표준 970
산림탄소상쇄제도 963
산림탄소센터 976
산림탄소센터장 965
산림탄소흡수량 963, 966
산림탄소흡수량의 거래 968
산림통합관리권역 199
산림항공기 753
산림항공방제 801
산림행정계획 134
산림헌장 167
산림환경기능증진자금 438
산림황폐화 961
산림휴양 892
산림휴양전문업 621
산림휴양정책 890
산물수집 395
산불 751
산불경보 755
산불방지 교육 758
산불방지대책 752
산불방지대책본부 753
산불예방 755
산불위험지수 754
산불유관기관 752
산불재난특수진화대 762
산불전문예방진화대 762
산불전문조사반 763
산불조심기간 754
산불진화단 761
산불진화 통합지휘 760
산불진화 헬리콥터 756
산불특별대책기간 754
산불현장 통합지휘본부 760
산사태 765
산사태대응팀 773
산사태복구사업 778
산사태예방 765
산사태예방대책 765
산사태예방사업 778
산사태예방지원본부 767
산사태예측정보 767
산사태위기경보 768
산사태위험지도 767
산사태유관기관 765
산사태의 발생 우려지역 769
산사태정보체계 767
산사태취약지역 770
산사태 피해범위 예측 767
산사태현장예방단 774
산악구조대 923
산양삼 522
산의 날 167
산주대회 505
산지관리기본계획 233
산지관리위원회 324
산지관리의 기본원칙 229
산지관리정보체계 234, 244
산지관리제도 245
산지구분도 240, 243
산지기본조사 235
산지목재비축계약 512
산지복구 310
산지복원사업 778
산지사방사업 778
산지생태 332
산지에서 제외되는 토지 231
산지에 해당하는 토지 230
산지의 난개발 228

산지의 지목변경 269
산지이용을 위한 협의 278
산지일시사용 247
산지일시사용신고 276
산지일시사용허가 273
산지자원화 165
산지전문기관 279
산지전용 247
산지전용기간 266
산지전용 및 산림황폐화로 인한 배출 감축 (REDD+) 961
산지전용신고 271
산지전용・일시사용제한지역 249
산지전용지 등의 복구 315
산지전용타당성조사 259, 262
산지전용통합정보시스템 244
산지전용허가 258
산지전용허가기준 262
산지전용허가의 취소 270
산지태양광발전설비 274
산지특별관리지역 341
산지특별보호지역 341
산지특성평가 242
산촌 221, 504
산촌개발사업 541
산촌진흥기본계획 538, 539
산촌진흥지역 540
산촌진흥특화사업 540
산촌활성화지원센터 544
삼권분립 51
상계 265
상쇄권(offsets) 963
상수원보호구역 873
상호금융예금자보호기금 702
상환준비금 680
생계급여 수급권자 867
생물다양성 429
생물유전자원 821
생물자원 371
생물자원의 지속가능한 이용 429
생산적합성조사 523
생산확인표 810
생애주기 857
생잎 417
생태관광 539, 892
생태관찰로 823
생태숲 732
생태적 산지이용기준 875
생태적 산지전용 332
생태적 산지전용기준 336
생태적 산지전용지구 332
생태탐방로 344
생태통로 344
생활숲 478
생활정원 827
생활환경보호구역 714
석재 284, 589
석재가공업 593
석재사업자 597
석재사업자협회 605
석재산업 590
석재산업진흥지구 602
석재제품 592
석재채취업 593
석회석 307
선도 산림경영단지 424, 425
선의 93
선의취득 93
설립 중인 법인 64
섬유판 561
성년후견인 69
성문법 27
성형숯 561
성형재 979
성형탄 425
세계보건기구 474
세계 산의 해 228, 849
소각 801
소급효 94
소나무류 반출금지구역 806
소나무류의 이동제한 806
소나무류 취급업체 811
소나무재선충 792
소나무재선충병 792

소나무재선충병명예감시원 813
소나무재선충병 모니터링센터 812
소나무재선충병 방제완료서 808
소득감소분의 지원사업 348
소멸시효 90
소멸시효의 정지 91
소멸시효의 중단 91
소방대상물 751
소수 조합원 645
소유구조개선 506
소택지 231
솎아베기 395
솔잎채취 370
솔잎혹파리 711
송계 630
송이버섯 428
수관울폐도 949
수동대리 79
수렵자원 371
수리행위 124
수목원 823
수목원 등록제도 834
수목원 또는 정원전문가 844
수목원·정원진흥기본계획 828
수목원조성예정지 829
수목유전자원 821, 823
수목장림 402
수목조사업 501
수목진료 742, 743
수원함양보호구역 714, 715
수의계약 471
수익분배림(분수림) 517
수익적 행정작용 100
수익적 행정행위 112
수익행정 101
수입추천제도 428
수정동의 51
수종갱신 396
수형목 392
숯 417, 561
숲가꾸기사업 167
숲길 893
숲길관리청 918
숲길기본계획 917
숲길등산지도사 932
숲길등산지도업 869
숲길 예약탐방제 921
숲길의 휴식기간제 920
숲사랑지도원 724
숲속야영장 893
숲태교 857
숲해설 929
숲해설가 932
숲해설업 869
승계 323
시민법 11
시민불복종 18
시범림 450
시장실패 156
시장접근물량 428
시험림 382
시효 90
식목일 228
식물종자 391
식생복구 954
신규조림 954
신뢰보호의 원칙 21
신용사업 658
신용사업자금 660
신의성실의 원칙 39
신재생에너지공급의무화(RPS) 제도 977
신·재생에너지 설비 311
실정법 10
실질적 법치주의 22
실효의 원칙 62
쌍방적 행정행위 112

ㅇ

아시아산림협력기구 37, 170
악의 93
암석지 231
야계사방사업 778
야생조수사육업 501

양벌규정 141
양여 444
어린나무가꾸기 395
어업권 71
여성임업인 515
역법적 계산법 88
역사법학 11
역학조사 798
연간입목생장량 450
연고자 472
연대보호제도 453
연료림 161
연변가시지역 286
연성헌법 30
연차보고 203
연혁해석 57
영리법인 65
영림계획 196
영림업 501
영일지구 사방사업 776
영조물배상공제 729
영조물법인 65, 105
예금보험 706
예방약제 807
예비관찰조사 796
예찰 738
예찰·방제기관 738
예찰·방제조치 739
온실가스 149, 875, 947
온실가스 감축 963
온실가스 감축실적 970
온실가스 배출권 948
온실가스 배출허용량 963
온실가스 종합정보관리체계 954
온실가스 흡수원 947
완충구역 333
외국환 거래 981
외래종 436
외부효과 155
용도구역 245
용도변경 268
용도지구 245
용도지역 245
용재 154
우량종자 391
우면산 산사태 711
우선출자 664
운영평가자문회의 656
운영표준 964
운재로 384
원목 550
원목생산업 579, 580
원목의 규격 567
원목의 품등 567
원산지 표시제도 603
원인자부담의 원칙 435
위임명령 32
위임행정 99
위탁집행형 준정부기관 105
유권대리 79
유권해석 54
유도행정 100
유아숲교육업 869
유아숲지도사 932
유아숲체험원 939
유엔식량농업기구 225
유엔환경개발회의 821
유증 68
유추해석 57
유통인증 377
유통지원자금 660
유휴토지 395
육림의 날 164
융자 414
의례적 행위 653
의료행위 897
의사주의 76
의사표시 76
의원입법 46
이산화탄소 흡수원 150
이주대책 883
이중효과적 행정 101
이중효과적 행정행위 112
이해관계인 등 262

인가 122
인가주의 67
인사추천위원회 678
인삼 522
인접한 산림 751
인증(certification) 967
인화물질 758
일물일권주의 71
일반경영계획구 385
일반경쟁입찰 471
일반법인 66
일반음식점영업소 906
일반재산 459
일반적으로 승인된 국제법규 36
일반집합투자업자 994
일시 이동중지명령 810
임금채권부담금 635
임도 378
임도의 타당성평가제도 379
임산물 417, 504
임산물가공업 502, 511
임산물 생산 376
임산물생산업 501
임산물소득원 509
임산물소득원 지원대상 510
임산물 운반로 420
임산물유통 · 가공업 501
임산물유통정보 509
임산물의 유통제한 427
임산물의 총생산액 154
임산업 502
임상도 378
임시부대시설 252
임야 230
임업 403
임업경제사업 680
임업기계장비 530
임업기계장비의 품질인증 531
임업기계화계획 531
임업기능인 520
임업용산지 238
임업의 구조개선 505
임업의 기계화 529
임업인 503
임업인의 날 505
임업정책 158
임업진흥계획 535
임업진흥권역 424, 534
임업진흥촉진지역 534
임업협동조합 631
임업협동조합중앙회 631
임업후계자 517
임의대리 79
임의시장 963
임총설 373
입목 416
입목벌채 418
입법예고 47
입산통제구역 731
입산통제제도 731

ㅈ

자가소비용 296
자력집행력 115
자생식물 436, 821
자연공원 476
자연법 10
자연법론 11
자연석 72, 284
자연재료 436
자연적 계산법 88
자연학습 890
자연환경 176
자연환경보전림 386
자연환경보전지역 245
자연휴양림 892
자연휴양림의 조성 905
자연휴양림의 지정 904
자연휴양림 조성계획 905
자유재량행위 115
자체검사공장 568
자치법규 35
자치사무 104

자치행정 99
자트로파 979
작업로 384, 420
작업임도 378
장작 417
재단법인 66
재량행위 112, 115
재생가능자원 156
재생가능한 자원 548
재조림 954
재판규범 2
재해방지보호구역 714
재해방지 조치명령 313
저당권 416
저탄소 녹색성장 948
저탄소 사회 950
저항권 17
적기시정조치 693
전문조합 632
전문조합협의회 682
전문지도원 401
전시온실 823
전시원 823
전업임업 508
전통목재문화 557
전통사찰 344
전통석재제품 597
전통석재제품명 599
접경지역 327
정간 349
정맥 349, 352
정부입법 46
정원 826
정원 등록제도 839
정원산업 828, 841
정원지원센터 844
정원치유 827
정지조건 86
정책협의체 366
제재목 561
제재업 579, 580
제지 관련 제조업 959
제척기간 90
제한경쟁입찰 471
조경사업 636
조경수 397
조경식재공사업 636
조경업 501
조광권 305
조달행정 100
조례 36
조리 27, 39
조림명령 394
조림성공지 450
조사협의체 280
조약 36
조의 제목 490
조직규범 2
조합감사위원회 684
조합공동사업법인 670
조합원 640
조합원의 출자 642
조합의 분할 666
조합의 청산 668
조합의 합병 665
조합의 해산 666
조합장대표자회의 677
종묘생산업자 388
종물 71
종합산림복지업 869
주물 71
주민지원사업 347
주산단지 510
주 5일 근무제 890
주제정원 827
준법률행위 75
준법률행위적 행정행위 111
준보전국유림 458
준보전산지 238, 240
준용 92
준정부기관 105
준조합원 641
중간복구 315
중앙행정기관 104

중형·소형 산불 760
증여 68
지구온난화 431, 958
지리적표시 등록제도 603
지명채권 699
지목 230
지목설 373
지방정원 827
지상약제살포 801
지상예찰 738
지선임도 378
지속가능발전지표 206
지속가능성 148, 181
지속가능한 목재이용위원회 554, 588
지속가능한 발전 148
지속가능한 산림경영 150, 375
지역 간벌재 559
지역 간벌재 이용제품 559
지역산림계획 196, 202
지역산림계획구 199
지역산불관리기관 752, 756
지역조합 632
지정산림문화자산 925
지주회사 981
지하암반 302
직접방제사업 802
진단서 745
진의 아닌 의사표시 76
진입로 252
질서행정 100
집성재 561
집합투자업 993
집행간부 678
집행명령 32

ㅊ

차마 921
착오에 의한 의사표시 77
채굴계획 295
채석경제성에 관한 평가 289
채석단지 297
채수포 392
채종림 392
채종원 392
처방전 745
처분 110
천연갱신 805
천연과실 72
천연림보육 395
철회권의 유보 126
청문 135
청문절차 136
청문조서 138
청문 주재자 137
청산 70
청산인 668
청산조합 668
청원경찰제도 814
청원산림보호제도 813
청원산림보호직원 813
청원산림보호직원의 배치권자 815
총리령 33, 52
최대봉사의 원칙 634
추정 93
축소해석 56
축조심사 50
출연 68
출자감소 664
취득시효 92
취소소송 111
취소할 수 있는 법률행위 83
취소할 수 있는 행정행위 129
측정 971
치산녹화 162
치유의 숲 892
침해적 행정행위 112
침해행정 101

ㅌ

탄소거래소 970
탄소배출권확보 사업 973
탄소저장량 560

탄소흡수원 948, 950, 953
탄소흡수원의 확충 948
탄소흡수원 정보체계 954
탄소흡수원증진위원회 970, 975
탄소흡수원 증진 종합계획 952
탄소흡수원 지수 970
탄소흡수원 특성화 학교 972
탐방로 917
태양에너지 316
토사채취신고 296
토석 284
토석류 765, 779
토석의 매각 307
토석의 무상양여 308
토석채취제한지역 285
토석채취허가 289
토지의 정착물 73
토지이용 947
토지이용 변화 및 임업 947
톱밥 417
통지행위 124
통치행위 98
통합성 182
투자회사 992
트레일 917
트레킹길 917
특별관리임산물 522
특별관리임산물유통센터 529
특별권력관계 142
특별법 우선의 원칙 43
특별산림보호대상종 733
특별수종육성권역 431
특별지방행정기관 104
특산식물 824
특수법인 66
특수산림사업지구 396
특수용도목재생산구역 537
특수적 정의 14
특수채증권 706
특허 121

ㅍ

파산 70
파쇄 801
파티클보드 425, 561
판례법 27, 38
팜유나무 979
펄프용 586
평균산림축적 152
평균적 정의 14
포상금 577
표고자목용 537
표시주의 76
표현대리 79
풀베기 395
품종등록 391
품종보호 출원 391
풍등 등 소형열기구 756
풍력설비 316
풍혈지 723
피성년후견인 84
피특정후견인 84
피한정후견인 84

ㅎ

하명 118
하자보수보증금 320
하자의 치유 130
하자있는 의사표시 78
하층식생 395
학교수목원 823
학교숲 479
학제적 연구방법 26
한국나무의사협회 747
한국등산・트레킹지원센터 922
한국산림기술인회 618
한국산림복지진흥원 887
한국산림토석협회 326
한국산불방지기술협회 758
한국산지보전협회 326

한국수목원정원관리원 846
한국숲사랑청소년단 944
한국임업진흥원 545
한국치산기술협회 791
한국표준산업분류 154
합동행위 75
합법벌채 551
합작개발 980
합판 561
합판산업 586
항고소송 132
항공방제 801
항공예찰 738
해안방재림 조성사업 779
해안사방사업 778
해안침식 방지사업 779
해외농업개발 977
해외농업 · 산림자원개발심의회 997
해외농업자원 977
해외농업자원개발투자전문회사 991
해외농업자원개발투자회사 991
해외산림자원 979
해외산림자원개발 978, 986
해외산림자원개발사업자 981
해외산림자원개발종합계획 981
해외산림자원개발투자전문회사 991
해외산림자원개발투자회사 991
해외산림자원개발협회 998
해외협력센터 985
해제 94
해제조건 86
해지 94
핵심구역 355
행위규범 2
행위능력 69
행정객체 103
행정계획 130
행정규칙 31
행정명령 31
행정벌 139
행정법관계 102
행정사법관계 102
행정상 강제집행 144
행정상 강제징수 145
행정상 즉시강제 145
행정심판 116
행정심판전치주의 130
행정입법 31
행정재산 444, 459
행정쟁송 129, 144
행정주체 103
행정지도 143
행정질서벌 139
행정처분 110
행정청 142
행정행위 109
행정행위의 부관 124
행정행위의 부존재 128
행정행위의 하자[흠] 128
행정형벌 139
허가 119
허가주의 67
허위표시 77
헌법개정 44
헌법개혁 44
현명주의 81
현장관리업무담당자 295
현지조사 262
현황설 373
협동성 183
협동조합의 개혁 631
협업경영 506, 507
협업경영계획구 385
형성적 행정행위 121
형식적 법치주의 22
형의 선고유예 140
형의 집행유예 140
형질변경 247
형평성 148, 182
혼합적 행정행위 113
화전정리사업 164
확인행위 123
확장된 산림정책 172
확장해석 56

확정력 114
환경교육 928
환경권 177
환경법 171
환경영향평가 293
환경재 155
환매금지형집합투자기구 992
환부거부 51
황폐지 778
회원조합장 674, 675
회장 675
후계목 728
훈증 802
훈증처리 802
휴게음식점영업소 906
휴식년제 910
휴양 · 치유숲길 917
흡수원 관리 948
희귀식물 824

저자 약력

고려대학교 법과대학 졸업
한양대학교 법과대학원(헌법전공) 수료
영국 글래스고대학(University of Glasgow) 경제학 석사
제35회 행정고등고시(일반행정) 합격
산림청 기획담당 서기관, 소나무재선충병방제팀장, 창의혁신담당관, 산림휴양정책과장, 임업정책과장, 국제협력추진단장, 산림보호국장, 기획조정관
초당대학교 소방행정학과 초빙교수
현재, 충남대학교 농업과학연구소 연구교수
(1216ktajy@gmail.com)

[주요 저서]
지속가능한 발전을 위한 녹색전략(도서출판 심지, 2006)
조문별 소방관계법규 강의(U&I 문화정보, 2018)
핵심강의 소방관계법규(하움출판사, 2019)
나의 주 My Lord(하움출판사, 2019)

산림법강의

2021년 8월 10일 초판 인쇄
2021년 8월 15일 초판 1쇄 발행
2021년 9월 15일 초판 2쇄 발행

저 자 이 규 태
발행인 배 효 선
발행처 도서출판 法 文 社

주 소 10881 경기도 파주시 회동길 37-29
등 록 1957년 12월 12일/제2-76호(윤)
전 화 (031)955-6500~6 FAX (031)955-6525
E-mail (영업) bms@bobmunsa.co.kr
(편집) edit66@bobmunsa.co.kr
홈페이지 http://www.bobmunsa.co.kr
조 판 법 문 사 전 산 실

정가 49,000원 ISBN 978-89-18-91222-6